2025 민준호

독학 행정법
시행처별

기출문제집

2024 ▶▶▶▶ 2016

동영상 강의
gong.conects.com

호인북스

민준호 행정법 카페
cafe.naver.com/mjhlaw

CONTENTS

		문제편	정답과 해설편
국가직 9급	2024년 국가직 9급 행정법총론	004	012
	2023년 국가직 9급 행정법총론	010	022
	2022년 국가직 9급 행정법총론	015	031
	2021년 국가직 9급 행정법총론	021	044
	2020년 국가직 9급 행정법총론	027	055
	2019년 국가직 9급 행정법총론	032	067
	2018년 국가직 9급 행정법총론	037	075
	2017년 국가직(하반기) 9급 행정법총론	043	085
	2017년 국가직 9급 행정법총론	049	095
	2016년 국가직 9급 행정법총론	055	106
지방직 9급	2024년 지방직 9급 행정법총론	062	115
	2023년 지방직 9급 행정법총론	068	124
	2022년 지방직 9급 행정법총론	073	134
	2021년 지방직 9급 행정법총론	078	146
	2020년 지방직 9급 행정법총론	083	154
	2019년 지방직 9급 행정법총론	088	164
	2018년 지방직 9급 행정법총론	093	173
	2017년 지방직(하반기) 9급 행정법총론	099	185
	2017년 지방직 9급 행정법총론	105	194
	2016년 지방직 9급 행정법총론	110	204
서울시 9급	2019년 서울시 9급 행정법총론	116	214
	2019년 서울시(사회복지직) 9급 행정법총론	121	223
	2018년 서울시 9급 행정법총론	126	231
	2017년 서울시 9급 행정법총론	130	242
	2017년 서울시(사회복지직) 9급 행정법총론	135	252
	2016년 서울시 9급 행정법총론	139	261
기타 9급	2018년 교육행정직 9급 행정법총론	146	270
	2017년 교육행정직 9급 행정법총론	150	280
	2016년 교육행정직 9급 행정법총론	153	288
	2016년 사회복지직 9급 행정법총론	156	295

민준호 독학 행정법
시행처별 기출문제집

2024 ~ 2016

국가직 9급

2024년 국가직 9급
행정법총론 책형: 가

정답/해설 p.12

※ 지문의 내용에 대해 학설의 대립 등 다툼이 있는 경우 판례에 의함

01 「행정기본법」상 기간의 계산에 대한 설명으로 옳지 않은 것은?

① 행정에 관한 기간의 계산에 관하여는 「행정기본법」 또는 다른 법령 등에 특별한 규정이 있는 경우를 제외하고는 「민법」을 준용한다.
② 법령 등을 공포한 날부터 일정 기간이 경과한 날부터 시행하는 경우 그 기간의 말일이 토요일 또는 공휴일인 때에는 그 말일로 기간이 만료한다.
③ 법령 등을 공포한 날부터 일정 기간이 경과한 날부터 시행하는 경우 법령 등을 공포한 날을 첫날에 산입한다.
④ 법령 등 또는 처분에서 국민의 권익을 제한하거나 의무를 부과하는 경우 권익이 제한되거나 의무가 지속되는 기간을 계산할 때에 기간을 일, 주, 월 또는 연으로 정한 경우에는 기간의 첫날을 산입한다. 다만, 그러한 기준을 따르는 것이 국민에게 불리한 경우에는 그러하지 아니하다.

02 행정절차에 대한 설명으로 옳지 않은 것은?

① 청문은 당사자가 공개를 신청하거나 청문 주재자가 필요하다고 인정하는 경우 공개할 수 있다. 다만, 공익 또는 제3자의 정당한 이익을 현저히 해칠 우려가 있는 경우에는 공개하여서는 아니 된다.
② 일반적으로 당사자가 근거규정 등을 명시하여 신청하는 인·허가 등을 거부하는 처분을 함에 있어 당사자가 그 근거를 알 수 있을 정도로 상당한 이유를 제시한 경우에는 당해 처분의 근거 및 이유를 구체적 조항 및 내용까지 명시하지 않았더라도 그로 말미암아 그 처분이 위법한 것이 된다고 할 수 없다.
③ 공무원 인사관계 법령에 따른 처분에 관하여는 「행정절차법」 적용을 배제하고 있으므로, 군인사법령에 의하여 진급예정자명단에 포함된 자에 대하여 의견제출의 기회를 부여하지 아니하고 진급선발취소처분을 한 것이 절차상 하자가 있어 위법하다고 할 수 없다.
④ 과세의 절차 내지 형식에 위법이 있어 과세처분을 취소하는 판결이 확정되었을 때는 그 확정판결의 기판력은 거기에 적시된 절차 내지 형식의 위법사유에 한하여 미치는 것이므로 과세관청은 그 위법사유를 보완하여 다시 새로운 과세처분을 할 수 있다.

03 국가배상에 대한 설명으로 옳은 것은?

① 국가배상청구의 요건인 '공무원의 직무'에는 행정주체가 사경제 주체로서 하는 작용도 포함된다.
② 청구기간 내에 헌법소원이 적법하게 제기되었음에도 헌법재판소 재판관이 청구기간을 오인하여 각하결정을 한 경우, 이에 대한 불복절차 내지 시정절차가 없는 때에는 국가배상책임을 인정할 수 있다.
③ 군 복무 중 사망한 군인 등의 유족인 원고가 「국가배상법」에 따른 손해배상금을 지급받은 경우, 국가는 「군인연금법」 소정의 사망보상금을 지급함에 있어 원고가 받은 손해배상금 상당 금액을 공제할 수 없다.
④ 외국인이 피해자인 경우 해당 국가와 상호보증이 없더라도 「국가배상법」이 적용된다.

04. 정보공개에 대한 설명으로 옳지 않은 것은?

① 구 「학교폭력예방 및 대책에 관한 법률」에 따른 학교폭력대책자치위원회의 회의록은 「공공기관의 정보공개에 관한 법률」 소정의 '공개될 경우 업무의 공정한 수행에 현저한 지장을 초래한다고 인정할 만한 상당한 이유가 있는 정보'에 해당한다.
② 정보공개를 청구하는 자가 공공기관에 대해 정보의 사본 또는 출력물의 교부 방법으로 공개방법을 선택하여 정보공개청구를 한 경우, 공개청구를 받은 공공기관은 「공공기관의 정보공개에 관한 법률」에서 규정한 정보의 사본 또는 복제물의 교부를 제한할 수 있는 사유에 해당하지 않는 한 그 공개방법을 선택할 재량권이 없다.
③ '2002학년도부터 2005학년도까지의 대학수학능력시험 원데이터'는 연구목적으로 그 정보의 공개를 청구하는 경우 「공공기관의 정보공개에 관한 법률」 소정의 비공개대상정보에 해당한다.
④ 「공공기관의 정보공개에 관한 법률」상 '공개하는 것이 공익 또는 개인의 권리구제를 위하여 필요하다고 인정되는 정보'에 해당하는지 여부는 비공개에 의하여 보호되는 개인의 사생활의 비밀 등 이익과 공개에 의하여 보호되는 국정운영의 투명성 확보 등의 공익 또는 개인의 권리구제 등 이익을 비교·교량하여 구체적 사안에 따라 신중히 판단하여야 한다.

05. 행정행위의 직권취소 및 철회에 대한 설명으로 옳지 않은 것은?

① 처분에 대하여 행정심판이나 행정소송이 제기되어 쟁송이 진행되고 있는 도중에는 행정청은 스스로 대상 처분을 취소할 수 없다.
② 행정청은 사정변경으로 적법한 처분을 더 이상 존속시킬 필요가 없게 된 경우 그 처분의 전부 또는 일부를 장래를 향하여 철회할 수 있다.
③ 제소기간의 경과 등으로 처분에 불가쟁력이 발생하였다 하여도 행정청은 실권의 법리에 해당하지 않는다면 직권으로 처분을 취소할 수 있다.
④ 행정청은 위법 또는 부당한 처분의 전부나 일부를 소급하여 취소할 수 있다. 다만, 당사자의 신뢰를 보호할 가치가 있는 등 정당한 사유가 있는 경우에는 장래를 향하여 취소할 수 있다.

06. 과징금에 대한 설명으로 옳지 않은 것은?

① 구 「독점규제 및 공정거래에 관한 법률」 소정의 부당지원행위에 대한 과징금은 부당지원행위의 억지라는 행정목적을 실현하기 위한 행정상 제재금으로서의 성격에 부당이득환수적 요소도 부가되어 있으므로 국가형벌권 행사로서의 처벌에 해당하지 아니한다.
② 행정기본법령에 따르면, 과징금 납부 의무자가 과징금을 분할 납부하려는 경우에는 납부기한 7일 전까지 과징금의 분할 납부를 신청하는 문서에 해당 사유를 증명하는 서류를 첨부하여 행정청에 신청해야 한다.
③ 관할 행정청이 여객자동차운송사업자의 여러 가지 위반행위를 인지하였다면 전부에 대하여 일괄하여 최고한도 내에서 하나의 과징금 부과처분을 하는 것이 원칙이고, 인지한 위반행위 중 일부에 대해서만 우선 과징금 부과처분을 하고 나머지에 대해서는 차후에 별도의 과징금 부과처분을 하는 것은 다른 특별한 사정이 없는 한 허용되지 않는다.
④ 과징금의 근거가 되는 법률에는 과징금에 관한 부과·징수 주체, 부과 사유, 상한액, 가산금을 징수하려는 경우 그 사항, 과징금 또는 가산금 체납 시 강제징수를 하려는 경우 그 사항을 명확하게 규정하여야 한다.

07 다음 사례에 대한 설명으로 옳은 것만을 모두 고르면?

A시는 관광지개발사업을 시행하기 위하여 「공익사업을 위한 토지 등의 취득 및 보상에 관한 법률」의 절차에 따라 甲 소유 토지 및 건물을 포함하고 있는 지역 일대의 토지 및 건물들을 수용하였다. A시 시장은 甲에게 적법하게 토지의 인도와 건물의 철거 및 퇴거를 명하였으나 甲이 건물을 점유한 채 그 의무를 이행하지 않고 있다.

ㄱ. A시 시장의 토지인도명령에 대해 甲이 이를 불이행하더라도 그 불이행에 대해서 A시 시장은 행정대집행을 할 수 없다.

ㄴ. 甲이 위 건물철거의무를 이행하지 않을 경우, A시 시장은 행정대집행의 방법으로 건물의 철거 등 대체적 작위의무의 이행을 실현할 수 있는 경우에는 따로 민사소송의 방법으로 그 의무의 이행을 구할 수 없다.

ㄷ. 甲이 토지 인도의무를 이행하지 않을 경우, 甲의 토지 인도의무는 공법상 의무에 해당하므로 그 권리에 끼칠 현저한 손해를 피하기 위한 경우라 하더라도 A시 시장이 그 권리를 피보전권리로 하는 민사상 명도단행가처분을 구할 수는 없다.

ㄹ. 甲이 위력을 행사하여 적법한 행정대집행을 방해하는 경우 대집행 행정청은 필요한 경우에는 「경찰관 직무집행법」에 근거한 위험발생 방지조치 또는 「형법」상 공무집행방해죄의 범행방지 내지 현행범체포의 차원에서 경찰의 도움을 받을 수 있다.

① ㄱ, ㄷ
② ㄴ, ㄹ
③ ㄱ, ㄴ, ㄹ
④ ㄴ, ㄷ, ㄹ

08 신뢰보호의 원칙에 대한 설명으로 옳지 않은 것은?

① 개발사업을 시행하기 전에 사건 토지 지상에 예식장 등을 건축하는 것이 관계 법령상 가능한지 여부를 질의하여 민원 부서로부터 '저촉사항 없음'이라고 기재된 민원예비심사 결과를 통보받았다면, 이는 이후의 개발부담금부과처분에 관하여 신뢰보호의 원칙을 적용하기 위한 공적인 견해표명을 한 것에 해당한다.

② 시의 도시계획과장과 도시계획국장이 도시계획사업의 준공과 동시에 사업부지에 편입한 토지에 대한 완충녹지 지정을 해제함과 아울러 당초의 토지소유자들에게 환매하겠다는 약속을 했음에도 이를 믿고 토지를 협의매매한 토지소유자의 완충녹지지정해제신청을 거부한 것은 신뢰보호의 원칙을 위반하거나 재량권을 일탈·남용한 위법한 처분이다.

③ 국회에서 일정한 법률안을 심의하거나 의결한 적이 있다고 하더라도 그것이 법률로 확정되지 아니한 이상 국가가 이해관계자들에게 위 법률안에 관련된 사항을 약속하였다고 볼 수 없으며, 이러한 사정만으로 어떠한 신뢰를 부여하였다고 볼 수도 없다.

④ 헌법재판소의 위헌결정은 행정청이 개인에 대하여 신뢰의 대상이 되는 공적인 견해를 표명한 것이라고 할 수 없으므로 그 결정에 관련한 개인의 행위에 대하여는 신뢰보호의 원칙이 적용되지 아니한다.

09 행정처분에 대한 설명으로 옳지 않은 것은?

① 과징금부과처분이 법이 정한 한도액을 초과하여 위법할 경우 법원으로서는 그 한도액을 초과한 부분이나 법원이 적정하다고 인정되는 부분을 초과한 부분만을 취소할 수 있다.
② 건축물대장의 용도는 건축물의 소유권을 제대로 행사하기 위한 전제요건으로서 건축물 소유자의 실체적 권리관계에 밀접하게 관련되어 있으므로, 건축물대장 소관청의 용도변경신청 거부행위는 국민의 권리관계에 영향을 미치는 것으로서 항고소송의 대상이 되는 행정처분에 해당한다.
③ 한국철도시설공단(현 국가철도공단)이 공사낙찰적격심사 감점처분의 근거로 내세운 규정은 공사낙찰적격심사세부기준이고, 이러한 규정은 공공기관이 사인과의 계약관계를 공정하고 합리적·효율적으로 처리할 수 있도록 관계 공무원이 지켜야 할 계약사무처리에 관한 필요한 사항을 규정한 것으로서 공공기관의 내부규정에 불과하여 대외적 구속력이 없다.
④ 「식품위생법」에 따른 식품접객업(일반음식점영업)의 영업신고의 요건을 갖춘 자라고 하더라도, 그 영업신고를 한 당해 건축물이 「건축법」 소정의 허가를 받지 아니한 무허가 건물이라면 적법한 신고를 할 수 없다.

10 「공익사업을 위한 토지 등의 취득 및 보상에 관한 법률」상 손실보상에 대한 설명으로 옳지 않은 것은?

① 영업을 하기 위해 투자한 비용이나 그 영업을 통해 얻을 것으로 기대되는 이익에 대한 손실은 영업손실보상의 대상이 된다고 할 수 없다.
② 토지소유자가 손실보상금의 액수를 다투고자 하는 경우 토지수용위원회가 아니라 사업시행자를 상대로 보상금의 증액을 구하는 소송을 제기해야 한다.
③ 토지수용위원회의 재결에 대한 토지소유자의 행정소송 제기는 사업의 진행 및 토지의 수용 또는 사용을 정지시키지 아니한다.
④ 어떤 보상항목이 손실보상대상에 해당함에도 관할 토지수용위원회가 사실을 오인하거나 법리를 오해함으로써 손실보상대상에 해당하지 않는다고 잘못된 내용의 재결을 한 경우에는, 피보상자는 관할 토지수용위원회를 상대로 재결취소소송을 제기하여야 한다.

11 행정심판 재결의 효력에 대한 설명으로 옳지 않은 것은?

① 행정심판 재결의 내용이 처분청의 처분을 스스로 취소하는 것일 때에는 그 재결의 형성력이 발생하여 당해 행정처분은 별도의 행정처분을 기다릴 것 없이 당연히 취소되어 소멸된다.
② 행정처분이나 행정심판 재결이 불복기간의 경과로 확정될 경우 그 확정력은 처분으로 법률상 이익을 침해받은 자가 당해 처분이나 재결의 효력을 더 이상 다툴 수 없다는 의미일 뿐 판결과 같은 기판력이 인정되는 것은 아니다.
③ 당사자의 신청을 받아들이지 않은 거부처분이 재결에서 취소된 경우에 행정청은 종전 거부처분 또는 재결 후에 발생한 새로운 사유를 내세워 다시 거부처분을 할 수 없다.
④ 교원소청심사위원회의 결정은 처분청에 대하여 기속력을 가지고 이는 그 결정의 주문에 포함된 사항뿐 아니라 처분 등의 구체적 위법사유에 관한 판단에까지 미친다.

12 판례의 입장으로 옳지 않은 것만을 모두 고르면?

ㄱ. 정보의 부분 공개가 허용되는 경우란 당해 정보에서 비공개대상정보에 관련된 기술 등을 제외 혹은 삭제하고 나머지 정보만 공개하는 것이 가능하고 나머지 부분의 정보만으로도 공개의 가치가 있는 경우를 의미한다.
ㄴ. 음주운전으로 적발된 주취운전자가 도로 밖으로 차량을 이동하겠다며 단속경찰관으로부터 보관중이던 차량열쇠를 반환받아 몰래 차량을 운전하여 가던 중 사고를 일으킨 경우, 국가배상책임이 인정되지 않는다.
ㄷ. 원고적격의 요건으로서 법률상 이익에는 당해 처분의 근거법률에 의하여 보호되는 직접적이고 구체적인 이익뿐만 아니라 간접적이거나 사실적·경제적 이해관계를 가지는 경우도 여기에 포함된다.
ㄹ. 영어 과목의 2종 교과용 도서에 대하여 검정신청을 하였다가 불합격결정처분을 받은 자는 자신들이 검정신청한 교과서의 과목과 전혀 관계가 없는 수학 과목의 교과용 도서에 대한 합격결정처분에 대하여 그 취소를 구할 법률상 이익이 없다.

① ㄱ, ㄴ
② ㄱ, ㄹ
③ ㄴ, ㄷ
④ ㄷ, ㄹ

13. 행정벌에 대한 설명으로 옳지 않은 것은?

① 지방자치단체 소속 공무원이 지방자치단체 고유의 자치사무를 수행하던 중 「도로법」 규정에 의한 위반행위를 한 경우 지방자치단체는 「도로법」 소정의 양벌규정에 따라 처벌대상이 되는 법인에 해당하지 않는다.
② 「개인정보 보호법」에 따르면, 죄형법정주의의 원칙상 '법인격 없는 공공기관'을 「개인정보 보호법」 소정의 양벌규정에 의하여 처벌할 수 없고, 그 경우 행위자 역시 위 양벌규정으로 처벌할 수 없다.
③ 과태료의 부과·징수, 재판 및 집행 등의 절차에 관한 다른 법률의 규정 중 「질서위반행위규제법」의 규정에 저촉되는 것은 「질서위반행위규제법」으로 정하는 바에 따른다.
④ 「질서위반행위규제법」에 따르면, 당사자와 검사는 과태료 재판에 대하여 즉시항고를 할 수 있으며, 이 경우 항고는 집행정지의 효력이 있다.

14. 다음 사례에 대한 설명으로 옳지 않은 것만을 모두 고르면?

> 세무서장 A가 甲에게 과세처분을 하였는데, 그 후 과세처분의 근거가 되었던 법률규정은 헌법재판소에 의해 위헌으로 선언되었다. 그러나 그 과세처분에 대한 제소기간은 이미 경과하여 확정되었고, A는 甲 명의의 예금에 대한 압류처분을 하였다. 한편, 과세처분의 집행을 위한 위 압류처분의 근거규정 자체는 따로 위헌결정이 내려진 바 없다.

> ㄱ. 甲에 대한 과세처분과 압류처분은 별개의 행정처분이므로 선행처분인 과세처분이 당연무효가 아닌 이상 압류처분을 다툴 수 있는 방법은 존재하지 않는다.
> ㄴ. 압류처분은 과세처분 근거규정이 직접 적용되지 않고 압류처분 관련 규정이 적용될 뿐이므로, 과세처분 근거규정에 대한 위헌결정의 기속력은 압류처분과는 무관하다.
> ㄷ. 과세처분 이후 조세부과의 근거가 되었던 법률규정에 대하여 위헌결정이 내려진 경우, 과세처분이 당연무효가 아니더라도 위헌결정 이후에 과세처분의 집행을 위한 압류처분을 하는 것은 더 이상 허용되지 않는다.

① ㄱ
② ㄱ, ㄴ
③ ㄱ, ㄷ
④ ㄴ, ㄷ

15. 공법상 계약에 대한 설명으로 옳은 것만을 모두 고르면?

> ㄱ. 행정청은 법령 등을 위반하지 아니하는 범위에서 행정목적을 달성하기 위하여 필요한 경우에는 공법상 법률관계에 관한 계약을 체결할 수 있고, 이 경우 계약의 목적 및 내용을 명확하게 적은 계약서를 작성하여야 한다.
> ㄴ. 계약직공무원 채용계약해지의 의사표시를 하는 경우 징계해고 등에서와 같이 그 징계사유에 한하여 효력 유무를 판단하여야 하거나, 행정처분과 같이 「행정절차법」에 의하여 근거와 이유를 제시하여야 한다.
> ㄷ. 공익사업을 위한 토지 등의 취득 및 보상에 관한 법령에 의한 협의취득은 사법상의 법률행위이지만 당사자 사이의 자유로운 의사에 따라 채무불이행책임이나 매매대금 과부족금에 대한 지급의무를 약정할 수 있는 것은 아니다.
> ㄹ. 「지방자치단체를 당사자로 하는 계약에 관한 법률」에 따라 지방자치단체가 일방 당사자가 되는 이른바 공공계약이 사경제의 주체로서 상대방과 대등한 위치에서 체결하는 사법상의 계약에 해당하는 경우 그에 관한 법령에 특별한 정함이 있는 경우를 제외하고는 사적 자치와 계약자유의 원칙 등 사법의 원리가 그대로 적용된다.

① ㄱ, ㄴ
② ㄱ, ㄹ
③ ㄱ, ㄷ, ㄹ
④ ㄴ, ㄷ, ㄹ

16. 행정행위의 부관에 대한 설명으로 옳지 않은 것은?

① 기부채납받은 행정재산에 대한 사용·수익허가에서 공유재산의 관리청이 정한 사용·수익허가의 기간은 그 허가의 효력을 제한하기 위한 행정행위의 부관으로서 이러한 사용·수익허가의 기간에 대해서는 독립하여 행정소송을 제기할 수 없다.
② 토지소유자가 토지형질변경행위허가에 붙은 기부채납의 부관에 따라 토지를 국가나 지방자치단체에 기부채납(증여)한 경우, 기부채납의 부관이 당연무효이거나 취소되지 아니한 이상 토지소유자는 위 부관으로 인하여 증여계약의 중요부분에 착오가 있음을 이유로 증여계약을 취소할 수 없다.
③ 행정행위의 부관인 부담에 정해진 바에 따라 당해 행정청이 아닌 다른 행정청이 그 부담상의 의무이행을 요구하는 의사표시를 하였을 경우, 이러한 행위가 당연히 항고소송의 대상이 되는 처분에 해당한다고 할 수는 없다.
④ 행정처분에 부담인 부관을 붙인 경우 부관의 무효화에 의하여 본체인 행정처분 자체의 효력에도 영향이 있게 될 수 있으며, 그 처분을 받은 사람이 부담의 이행으로 사법상 매매 등의 법률행위를 한 경우 그 법률행위 자체는 당연무효이다.

17 행정계획에 대한 설명으로 옳지 않은 것은?

① 행정청은 구체적인 행정계획을 입안·결정할 때 비교적 광범위한 형성의 재량을 가진다.
② 행정청이 행정계획을 입안·결정할 때 이익형량을 하였으나 정당성과 객관성이 결여된 경우에는 그 행정계획 결정은 위법하게 될 수 있다.
③ 도시계획의 결정·변경 등에 관한 권한을 가진 행정청은 이미 도시계획이 결정·고시된 지역에 대하여도 다른 내용의 도시계획을 결정·고시할 수 있고, 이때에 후행 도시계획에 선행 도시계획과 서로 양립할 수 없는 내용이 포함되어 있다면, 특별한 사정이 없는 한 선행 도시계획은 후행 도시계획과 같은 내용으로 변경된다.
④ 도시기본계획은 도시의 장기적 개발 방향과 미래상을 제시하는 도시계획 입안의 지침이 되는 장기적·종합적인 개발계획으로서 직접적인 구속력이 있으므로, 도시계획시설결정 대상면적이 도시기본계획에서 예정했던 것보다 증가할 경우 도시기본계획의 범위를 벗어나 위법하다.

18 행정행위에 대한 설명으로 옳지 않은 것은?

① 여객자동차운송사업의 한정면허는 특정인에게 권리나 이익을 부여하는 수익적 행정행위로서 재량행위에 해당한다.
② 난민 인정에 관한 신청을 받은 행정청은 원칙적으로 법령이 정한 난민 요건에 해당하는지를 심사하여 난민 인정 여부를 결정할 수 있을 뿐이고, 법령이 정한 난민 요건과 무관한 다른 사유만을 들어 난민 인정을 거부할 수는 없다.
③ 자동차관리사업자로 구성하는 사업자단체 설립인가는 인가권자가 가지는 지도·감독 권한의 범위 등과 아울러 설립인가에 관하여 구체적인 기준이 정하여져 있지 않은 점 등에 비추어 재량행위로 보아야 한다.
④ 공익법인의 기본재산 처분허가에 부관을 붙인 경우, 그 처분허가의 법적 성질은 명령적 행정행위인 허가에 해당하며 조건으로서 부관의 부과가 허용되지 아니한다.

19 행정입법에 대한 설명으로 옳지 않은 것은?

① 정부는 권한 있는 기관에 의하여 위헌으로 결정되어 법령이 헌법에 위반되거나 법률에 위반되는 것이 명백한 경우 등 대통령령으로 정하는 경우에는 해당 법령을 개선하여야 한다.
② 헌법 제107조 제2항은 구체적 규범통제를 규정하고 있기 때문에 당사자는 구체적 사건의 심판을 위한 선결문제로서 행정입법의 위법성을 주장하여 법원에 대하여 당해 사건에 대한 적용 여부의 판단을 구할 수 있다.
③ 일반적으로 법률의 위임에 따라 효력을 갖는 법규명령의 경우에 위임의 근거가 없어 무효였다면 나중에 법 개정으로 위임의 근거가 부여되었다고 하여 그때부터 유효한 법규명령이 되는 것은 아니다.
④ 법률의 시행령은 모법인 법률에 의하여 위임받은 사항이나 법률이 규정한 범위 내에서 법률을 현실적으로 집행하는 데 필요한 세부적인 사항만을 규정할 수 있을 뿐, 법률에 의한 위임이 없는 한 법률이 규정한 개인의 권리·의무에 관한 내용을 변경·보충하거나 법률에 규정되지 아니한 새로운 내용을 규정할 수는 없다.

20 판례의 입장으로 옳지 않은 것은?

① 「여객자동차 운수사업법」에 따르면, 여객자동차 운수사업자가 거짓이나 부정한 방법으로 지급받은 보조금에 대한 국토교통부장관 또는 시·도지사의 환수처분은 기속행위에 해당한다.
② 재량권의 일탈·남용에 관하여는 행정행위의 효력을 다투는 사람이 주장·증명책임을 부담한다.
③ 사업주가 당연가입자가 되는 고용보험 및 산업재해보상보험에서 보험료 납부의무 부존재확인은 당사자소송으로 다투어야 한다.
④ 지방자치단체의 장이 「공유재산 및 물품관리법」에 근거하여 기부채납 및 사용·수익허가 방식으로 민간투자사업을 추진하는 과정에서 사업시행자를 지정하기 위한 전 단계에서 공모 제안을 받아 일정한 심사를 거쳐 우선협상대상자를 선정하는 행위는 항고소송의 대상이 되는 행정처분에 해당하지 않는다.

2023년 국가직 9급
행정법총론 [책형: 나]

정답/해설 p.22

※ 지문의 내용에 대해 학설의 대립 등 다툼이 있는 경우 판례에 의함

01 행정절차법령상 처분의 신청에 대한 설명으로 옳지 않은 것은?

① 행정청은 신청인의 편의를 위하여 다른 행정청에 신청을 접수하게 할 수 있다.
② 행정청은 신청에 구비서류의 미비 등 흠이 있는 경우 접수를 거부하여야 한다.
③ 행정청은 처리기간이 "즉시"로 되어 있는 신청의 경우에는 접수증을 주지 아니할 수 있다.
④ 행정청은 다수의 행정청이 관여하는 처분을 구하는 신청을 접수한 경우에는 관계 행정청과의 신속한 협조를 통하여 그 처분이 지연되지 아니하도록 하여야 한다.

02 행정행위의 취소와 철회에 대한 설명으로 옳지 않은 것은?

① 「행정기본법」은 직권취소나 철회의 일반적 근거규정을 두고 있고, 직권취소나 철회는 개별법률의 근거가 없어도 가능하다.
② 행정행위의 철회사유는 행정행위가 성립되기 이전에 발생한 것으로서 행정행위의 효력을 존속시킬 수 없는 사유를 말한다.
③ 수익적 처분이 상대방의 허위 기타 부정한 방법으로 인하여 행하여졌다면 상대방은 그 처분이 그와 같은 사유로 인하여 취소될 것임을 예상할 수 있으므로, 이러한 경우까지 상대방의 신뢰를 보호하여야 하는 것은 아니다.
④ 수익적 행정처분을 직권취소할 때에는 이를 취소하여야 할 중대한 공익상 필요와 취소로 인하여 처분상대방이 입게 될 기득권과 법적 안정성에 대한 침해 정도 등 불이익을 비교·교량한 후 공익상 필요가 처분상대방이 입을 불이익을 정당화할 만큼 강한 경우에 한하여 취소할 수 있다.

03 행정행위의 부관에 대한 설명으로 옳지 않은 것은?

① 수익적 행정처분에 있어서는 법령에 특별한 근거규정이 있는 경우에만 그 부관으로서 부담을 붙일 수 있다.
② 기선선망어업의 허가를 하면서 운반선, 등선 등 부속선을 사용할 수 없도록 제한한 부관은 그 어업허가의 목적달성을 사실상 어렵게 하여 그 본질적 효력을 해하는 것이므로 위법한 것이다.
③ 부관은 면허 발급 당시에 붙이는 것뿐만 아니라 면허 발급 이후에 붙이는 것도 법률에 명문의 규정이 있거나 변경이 미리 유보되어 있는 경우 또는 상대방의 동의가 있는 경우 등에는 특별한 사정이 없는 한 허용된다.
④ 토지소유자가 토지형질변경행위허가에 붙은 기부채납의 부관에 따라 토지를 국가나 지방자치단체에 기부채납한 경우, 기부채납의 부관이 당연무효이거나 취소되지 아니한 이상 토지소유자는 위 부관으로 인하여 기부채납계약의 중요부분에 착오가 있음을 이유로 기부채납계약을 취소할 수 없다.

04 공법관계와 사법관계의 구별에 대한 설명으로 옳지 않은 것은?

① 국유재산 중 행정재산의 사용허가는 공법관계이나, 한국공항공단이 무상사용허가를 받은 행정재산에 대하여 하는 전대행위는 사법관계이다.
② 조달청장이 「예산회계법」에 따라 계약을 체결하거나 입찰보증금 국고귀속조치를 취하는 것은 사법관계에 해당한다.
③ 국유재산의 무단점유에 대한 변상금부과는 공법관계에 해당하나, 국유 일반재산의 대부행위는 사법관계에 해당한다.
④ 조달청장이 법령에 근거하여 입찰참가자격을 제한하는 것은 사법관계에 해당한다.

05 「행정기본법」상 제재처분의 제척기간인 5년이 지나면 제재처분을 할 수 없는 경우는?

① 제재처분을 하지 아니하면 국민의 안전·생명 또는 환경을 심각하게 해치거나 해칠 우려가 있는 경우
② 거짓이나 그 밖의 부정한 방법으로 인허가를 받거나 신고를 한 경우
③ 정당한 사유 없이 행정청의 조사·출입·검사를 기피·방해·거부하여 제척기간이 지난 경우
④ 당사자가 인허가나 신고의 위법성을 경과실로 알지 못한 경우

06 행정입법에 대한 설명으로 옳지 않은 것은?

① 총리령·부령의 제정절차는 대통령령의 경우와는 달리 국무회의 심의는 거치지 않아도 된다.
② 법령보충적 행정규칙은 물론이고 재량권 행사의 준칙이 되는 행정규칙이 행정의 자기구속원리에 따라 대외적 구속력을 가지는 경우에는 헌법소원의 대상이 될 수 있다.
③ 상위법령의 위임이 없음에도 상위법령에 규정된 처분 요건에 해당하는 사항을 부령에서 변경하여 규정한 경우 그 부령의 규정은 국민에 대한 대외적 구속력이 있다.
④ 「특정다목적댐법」에서 댐 건설로 손실을 입으면 국가가 보상해야 하고 그 절차와 방법은 대통령령으로 제정토록 명시되어 있음에도 미제정된 경우, 법령제정의 여부는 「행정소송법」상 부작위위법확인소송의 대상이 될 수 없다.

07 행정행위의 하자에 대한 설명으로 옳은 것은?

① 과세처분의 취소를 구하는 행정소송에서 선행처분인 개별공시지가결정의 위법을 독립된 위법사유로 주장할 수 있다.
② 재건축조합설립인가처분 당시 동의율을 충족하지 못한 하자는 후에 추가동의서가 제출되었다는 사정만으로도 치유된다.
③ 적법한 건축물에 대한 철거명령은 그 하자가 중대하고 명백하여 당연무효라고 할 것이지만, 그 후행행위인 건축물철거 대집행계고처분은 당연무효라고 할 수 없다.
④ 세액산출근거가 기재되지 아니한 납세고지서에 의한 부과처분은 강행법규에 위반하여 취소대상이 된다고 할 것이지만 이와 같은 하자는 납세의무자가 전심절차에서 이를 주장하지 아니하였거나, 그 후 부과된 세금을 자진납부하였다거나, 또는 조세채권의 소멸시효기간이 만료된 경우 치유된다.

08 항고소송의 대상에 대한 설명으로 옳지 않은 것은?

① 어떠한 처분에 법령상 근거가 있는지, 「행정절차법」에서 정한 처분절차를 준수하였는지는 소송요건 심사단계에서 고려하여야 한다.
② 병무청장이 「병역법」에 따라 병역의무 기피자의 인적사항 등을 인터넷 홈페이지에 게시하는 등의 방법으로 공개한 경우 병무청장의 공개결정은 항고소송의 대상이 되는 행정처분이다.
③ 국민건강보험공단이 행한 '직장가입자 자격상실 및 자격변동안내' 통보는 가입자 자격의 변동 여부 및 시기를 확인하는 의미에서 한 사실상 통지행위에 불과할 뿐, 항고소송의 대상이 되는 행정처분에 해당하지 않는다.
④ 행정청의 행위가 '처분'에 해당하는지가 불분명한 경우에는 그에 대한 불복방법 선택에 중대한 이해관계를 가지는 상대방의 인식가능성과 예측가능성을 중요하게 고려하여 규범적으로 판단하여야 한다.

09 공익신고자 丙은 甲이 「국민기초생활 보장법」상의 복지급여를 부정수급하고 있다고 관할 乙행정청에 신고하였다. 이에 대하여 甲은 乙에게 부정수급 신고를 한 자와 그 내용에 대해 정보공개청구를 하였다. 이후 甲은 乙의 비공개결정통지를 받았고(2022. 8. 26.) 이에 대해 국민권익위원회에 고충민원을 제기하였으나(2022. 9. 16.), 국민권익위원회로부터 乙의 결정은 문제가 없다는 안내를 받았다 (2022. 10. 26.). 그리고 甲은 乙의 비공개결정의 취소를 구하는 행정심판을 제기하게 되었다(2022. 12. 27.). 이에 대한 설명으로 옳은 것만을 모두 고르면?

ㄱ. 「개인정보 보호법」상 정보주체에게 열람청구권이 보장되어 있더라도, 甲은 이에 근거하여 乙에게 신고자에 대한 정보공개를 요구하여 그 정보를 받을 수 없다.
ㄴ. 甲의 행정심판청구는 행정심판 제기기간 내에 이루어졌으므로 적법하다.
ㄷ. 甲의 국민권익위원회에 대한 고충민원 제기는 이의신청에 해당하므로, 고충민원에 대한 답변을 받은 날이 행정심판 제기기간의 기산점이 된다.
ㄹ. 학술·연구를 위하여 일시적으로 체류하는 외국인 丙은 「국민기초생활 보장법」상의 복지급여 지급기준에 대해 정보공개를 청구할 권리가 인정된다.

① ㄱ, ㄴ
② ㄱ, ㄹ
③ ㄴ, ㄷ
④ ㄱ, ㄷ, ㄹ

10 「행정절차법」상 송달과 처분절차에 대한 설명으로 옳지 않은 것은?

① 처분기준의 설정·공표의 규정은 침익적 처분뿐만 아니라 수익적 처분의 경우에도 적용된다.
② 정보통신망을 이용하여 전자문서로 송달하는 경우에는 송달받을 자가 지정한 컴퓨터 등에 입력된 때에 도달된 것으로 본다.
③ 공청회가 개최는 되었으나 정상적으로 진행되지 못하고 무산된 횟수가 2회인 경우 온라인공청회를 단독으로 개최할 수 있다.
④ 송달이 불가능한 경우에는 송달받을 자가 알기 쉽도록 관보, 공보, 게시판, 일간신문 중 하나 이상에 공고하고 인터넷에도 공고하여야 한다.

11 「질서위반행위규제법」상 과태료에 대한 설명으로 옳지 않은 것은?

① 신분에 의하여 성립하는 질서위반행위에 신분이 없는 자가 가담한 때에는 신분이 없는 자에 대하여도 질서위반행위가 성립한다.
② 하나의 행위가 2 이상의 질서위반행위에 해당하는 경우에는 각 질서위반행위에 대하여 정한 과태료 중 가장 중한 과태료를 부과한다.
③ 자신의 행위가 위법하지 아니한 것으로 오인하고 행한 질서위반행위는 그 오인에 정당한 이유가 있는 때에 한하여 과태료를 부과하지 아니한다.
④ 행정청이 위반사실을 적발하면 과태료를 부과받을 자의 주소지를 관할하는 지방법원에 통보하여야 하고, 당해 법원은 「비송사건절차법」에 따라 결정으로써 과태료를 부과한다.

12 「행정조사기본법」상 행정조사에 대한 설명으로 옳지 않은 것은?

① 행정기관의 장은 조사원이 조사목적의 달성을 위하여 한 시료채취로 조사대상자에게 손실을 입힌 때에는 그 손실을 보상하여야 한다.
② 개별 법령 등에서 행정조사를 규정하고 있지 않더라도, 행정기관은 조사대상자가 자발적으로 협조하는 경우에는 행정조사를 실시할 수 있다.
③ 행정기관의 장은 조사대상자의 신상이나 사업비밀 등이 유출될 우려가 있으므로 인터넷 등 정보통신망을 통하여 조사대상자로 하여금 자료의 제출 등을 하게 할 수 없다.
④ 행정기관의 장은 당해 행정기관 내의 2 이상의 부서가 동일하거나 유사한 업무분야에 대하여 동일한 조사대상자에게 행정조사를 실시하는 경우에는 공동조사를 하여야 한다.

13 판례의 입장으로 옳지 않은 것은?

① 거부처분에 대한 집행정지는 그 거부처분으로 인하여 신청인에게 생길 손해를 방지하는 데 아무런 보탬이 되지 아니하므로 허용되지 않는다.
② 사정판결의 요건인 처분의 위법성은 변론종결시를 기준으로 판단하고, 공공복리를 위한 사정판결의 필요성은 처분시를 기준으로 판단하여야 한다.
③ 집행정지의 요건으로 규정하고 있는 '공공복리에 중대한 영향을 미칠 우려'가 없을 것이라고 할 때의 '공공복리'는 그 처분의 집행과 관련된 구체적이고도 개별적인 공익을 말하는 것으로서 이러한 집행정지의 소극적 요건에 대한 주장·소명책임은 행정청에게 있다.
④ 「도시 및 주거환경정비법」에 근거한 조합설립인가처분은 행정주체로서의 지위를 부여하는 설권적 처분이고, 조합설립결의는 조합설립인가처분의 요건이므로, 조합설립결의에 하자가 있다면 그 하자를 이유로 직접 항고소송의 방법으로 조합설립인가처분의 취소 또는 무효확인을 구하여야 한다.

14 「국가배상법」상 이중배상금지에 대한 판례의 입장으로 옳지 않은 것은?

① 「국가배상법」 제2조 제1항 단서에서 정한 '다른 법령의 규정'에 따른 보상금청구권이 모두 시효로 소멸된 경우라고 하더라도 「국가배상법」 제2조 제1항 단서 규정이 적용된다.
② 경찰공무원인 피해자가 「공무원연금법」에 따라 공무상 요양비를 지급받는 것은 「국가배상법」 제2조 제1항 단서에서 정한 '다른 법령의 규정'에 따라 보상을 지급받는 것에 해당하지 않는다.
③ 훈련으로 공상을 입은 군인이 「국가배상법」에 따라 손해배상금을 지급받은 다음 「보훈보상대상자 지원에 관한 법률」이 정한 보훈급여금의 지급을 청구하는 경우, 국가는 「국가배상법」 제2조 제1항 단서에 따라 그 지급을 거부할 수 있다.
④ 군인이 교육훈련으로 공상을 입은 경우라도 「군인연금법」 또는 「국가유공자예우등에관한법률」에 의하여 재해보상금·유족연금·상이연금 등 별도의 보상을 받을 수 없는 경우에는 「국가배상법」 제2조 제1항 단서의 적용 대상에서 제외하여야 한다.

15 다음 사례에 대한 설명으로 옳은 것은?

> A구 의회 의원인 甲은 공무원을 폭행하는 등 의원으로서 품위를 손상시키는 행위를 하였다. 이러한 사유를 들어 A구 의회는 甲을 의원직에서 제명하는 의결을 하였다. 이에 甲은 위 제명의결을 행정소송의 방법으로 다투고자 한다.

① 甲이 제명의결을 행정소송으로 다투는 경우 소송의 유형은 무효확인소송으로 하여야 하며 취소소송으로는 할 수 없다.
② A구 의회는 입법기관으로서 행정청의 지위를 가지지 못하므로 甲에 대한 제명의결을 다투는 행정소송에서는 A구 의회 사무총장이 피고가 되어야 한다.
③ 「행정소송법」 제12조의 '법률상 이익' 개념에 관하여 법률상 이익구제설에 따르는 판례에 의하면 甲은 제명의결을 다툴 원고적격을 갖지 못한다.
④ 법원이 甲이 제기한 행정소송을 받아들여 소송의 계속 중에 甲의 임기가 만료되었더라도 수소법원은 소의 이익을 인정할 수 있다.

16 행정소송에 대한 설명으로 옳지 않은 것은?

① 건축물의 하자를 다투는 입주예정자들은 건물의 사용검사처분에 대해 제3자효 행정행위의 차원에서 행정소송을 통해 다툴 수 있다.
② 당사자소송으로 서울행정법원에 제기할 것을 민사소송으로 지방법원에 제기하여 판결이 내려진 경우, 그 판결은 관할위반에 해당한다.
③ 민사소송인 소가 서울행정법원에 제기되었는데도 피고가 제1심 법원에서 관할위반이라고 항변하지 않고 본안에서 변론을 한 경우에는 제1심 법원에 변론관할이 생긴다.
④ 환경부장관이 생태·자연도 1등급으로 지정되었던 지역을 2등급으로 변경하는 내용의 생태·자연도 수정·보완을 고시하는 경우, 1등급지역에 거주하던 인근 주민은 생태·자연도 등급변경처분의 무효 확인을 구할 원고적격이 없다.

17 손실보상에 대한 설명으로 옳은 것은?

① 「공익사업을 위한 토지 등의 취득 및 보상에 관한 법률」상 사업시행자와 토지소유자 사이의 협의취득에 대한 분쟁은 민사소송으로 다투어야 한다.
② 「공익사업을 위한 토지 등의 취득 및 보상에 관한 법률」에 따라 사업인정고시가 된 후 토지의 사용으로 인하여 토지의 형질이 변경되는 경우에 토지소유자는 중앙토지수용위원회에 그 토지의 매수청구권을 행사할 수 있다.
③ 헌법재판소는 「개발제한구역의 지정 및 관리에 관한 특별조치법」 제11조 제1항 등에 대한 위헌소원사건에서 토지의 효용이 감소한 토지소유자에게 토지매수청구권을 인정하는 등 보상규정을 두었지만 적절한 손실보상에 해당하지 않는다고 위헌결정을 하였다.
④ 사업시행자는 동일한 사업지역에 보상시기를 달리하는 동일인 소유의 토지 등이 여러 개가 있는 경우 토지 등의 소유자가 일괄보상을 요구하더라도 「공익사업을 위한 토지 등의 취득 및 보상에 관한 법률」에 따라 단계적으로 보상금을 지급하여야 한다.

18 행정의 실효성 확보수단에 대한 대법원 판례의 입장으로 옳지 않은 것은?

① 행정법상의 질서벌인 과태료의 부과처분과 형사처벌은 그 성질이나 목적을 달리하는 별개의 것이므로 행정법상의 질서벌인 과태료를 납부한 후에 형사처벌을 한다고 하여 이를 일사부재리의 원칙에 반하는 것이라고 할 수는 없다.
② 「건축법」상 시정명령을 받은 의무자가 그 시정명령의 취지에 부합하는 의무를 이행하기 위한 정당한 방법으로 행정청에 신청 또는 신고를 하였으나 행정청이 위법하게 이를 거부 또는 반려함으로써 결국 그 처분이 취소되기에 이르렀더라도, 이행강제금 제도의 취지에 비추어 볼 때 그 시정명령의 불이행을 이유로 이행강제금을 부과할 수 있다.
③ 건물의 소유자에게 위법건축물을 일정기간까지 철거할 것을 명함과 아울러 불이행할 때에는 대집행한다는 내용의 철거대집행 계고처분을 고지한 후 이에 불응하자 다시 제2차, 제3차 계고서를 발송하여 일정기간까지의 자진철거를 촉구하고 불이행하면 대집행을 한다는 뜻을 고지한 경우, 제2차, 제3차의 계고처분은 새로운 철거의무를 부과한 것이 아니라 대집행기한을 연기통지한 것에 불과하다.
④ 관할 행정청이 여객자동차운송사업자가 범한 여러 가지 위반행위 중 일부만 인지하여 과징금 부과처분을 하였는데 그 후 과징금 부과처분 시점 이전에 이루어진 다른 위반행위를 인지하여 이에 대하여 별도의 과징금 부과처분을 하게 되는 경우, 종전 과징금 부과처분의 대상이 된 위반행위와 추가 과징금 부과처분의 대상이 된 위반행위에 대하여 일괄하여 하나의 과징금 부과처분을 하는 경우와의 형평을 고려하여 추가 과징금 부과처분의 처분양정이 이루어져야 한다.

19 서훈 또는 서훈취소에 대한 설명으로 옳은 것만을 모두 고르면?

ㄱ. 서훈취소는 대통령이 국가원수로서 행하는 행위이지만 통치행위는 아니다.
ㄴ. 서훈은 서훈대상자의 특별한 공적에 의하여 수여되는 고도의 일신전속적 성격을 가지는 것이므로 유족이라고 하더라도 처분의 상대방이 될 수 없다.
ㄷ. 건국훈장 독립장이 수여된 망인에 대한 서훈취소를 국무회의에서 의결하고 대통령이 결재함으로써 서훈취소가 결정된 후에 국가보훈처장이 망인의 유족에게 독립유공자 서훈취소결정 통보를 하였다면 서훈취소처분취소소송에서의 피고적격은 국가보훈처장에 있다.
ㄹ. 국가보훈처장이 서훈추천 신청자에 대한 서훈추천을 거부한 것은 항고소송의 대상으로 볼 수는 없어 항고소송을 제기할 수는 없으나 행정권력의 부작위에 대한 헌법소원으로서 다툴 수 있다.

① ㄱ, ㄴ ② ㄱ, ㄹ
③ ㄱ, ㄷ, ㄹ ④ ㄴ, ㄷ, ㄹ

20 행정대집행에 대한 설명으로 옳지 않은 것은?

① 행정대집행은 「행정기본법」상 행정상 강제에 해당한다.
② 대집행에 요한 비용은 「국세징수법」의 예에 의하여 징수할 수 있다.
③ 「행정대집행법」상 대집행의 대상이 되는 대체적 작위의무는 공법상 의무이어야 한다.
④ 대집행에 요한 비용에 대하여서는 행정청은 사무비의 소속에 따라 국세와 동일한 순위의 선취득권을 가지며, 대집행에 요한 비용을 징수하였을 때에는 그 징수금은 국고의 수입으로 한다.

2022년 국가직 9급
행정법총론 책형: 가

정답/해설 p.31

01 신뢰보호의 원칙에 대한 설명으로 옳지 않은 것은? (다툼이 있는 경우 판례에 의함)

① 건축주와 그로부터 건축설계를 위임받은 건축사가 관계법령에서 정하고 있는 건축한계선의 제한이 있다는 사실을 간과한 채 건축설계를 하고 이를 토대로 건축물의 신축 및 증축허가를 받은 경우, 그 신축 및 증축허가가 정당하다고 신뢰한 데에는 귀책사유가 있다.
② 행정청이 상대방에게 장차 어떤 처분을 하겠다고 공적 견해표명을 하였더라도 그 후에 그 전제로 된 사실적·법률적 상태가 변경되었다면, 그와 같은 공적 견해표명은 효력을 잃게 된다.
③ 수강신청 후에 징계요건을 완화하는 학칙개정이 이루어지고 이어 시험이 실시되어 그 개정학칙에 따라 대학이 성적불량을 이유로 학생에 대하여 징계처분을 한 경우라면 이는 이른바 부진정소급효에 관한 것으로서 특별한 사정이 없는 한 위법이라고 할 수 없다.
④ 병무청 담당부서의 담당공무원에게 공적 견해의 표명을 구하지 아니한 채 민원봉사 담당공무원이 상담에 응하여 안내한 것을 신뢰한 경우에도 신뢰보호의 원칙이 적용된다.

02 행정행위의 효력에 대한 설명으로 옳지 않은 것은? (다툼이 있는 경우 판례에 의함)

① 영업허가취소처분이 나중에 행정쟁송절차에 의하여 취소되었더라도, 그 영업허가취소처분 이후의 영업행위는 무허가 영업이다.
② 연령미달 결격자가 다른 사람 이름으로 교부받은 운전면허는 당연무효가 아니고 취소되지 않는 한 유효하므로 그 연령미달 결격자의 운전행위는 무면허운전에 해당하지 아니한다.
③ 구「도시계획법」상 원상회복 등의 조치명령을 받고도 이를 따르지 않은 자에 대해 형사처벌을 하기 위해서는 적법한 조치명령이 전제되어야 하며, 이때 형사법원은 그 적법 여부를 심사할 수 있다.
④ 조세부과처분을 취소하는 행정판결이 확정된 경우 부과처분의 효력은 처분시에 소급하여 효력을 잃게 되므로 확정된 행정판결은 조세포탈에 대한 무죄를 인정할 명백한 증거에 해당한다.

03 다단계행정결정에 대한 설명으로 옳지 않은 것은? (다툼이 있는 경우 판례에 의함)

①「공유재산 및 물품 관리법」에 근거하여 공모제안을 받아 이루어지는 민간투자사업 '우선협상대상자 선정행위'나 '우선협상대상자 지위배제행위'에서 '우선협상대상자 지위배제행위'만이 항고소송의 대상인 처분에 해당한다.
② 구「원자력법」상 원자로 및 관계시설의 부지사전승인처분 후 건설허가처분까지 내려진 경우, 선행처분은 후행처분에 흡수되어 건설허가처분만이 행정쟁송의 대상이 된다.
③ 공정거래위원회가 부당한 공동행위를 한 사업자에게 과징금 부과처분을 한 뒤 다시 자진신고 등을 이유로 과징금 감면처분을 한 경우, 선행처분은 후행처분에 흡수되어 소멸하므로 선행처분의 취소를 구하는 소는 부적법하다.
④ 자동차운송사업 양도·양수인가신청에 대하여 행정청이 내인가를 한 후 그 본인가신청이 있음에도 내인가를 취소한 경우, 다시 본인가에 대하여 별도로 인가 여부의 처분을 한다는 사정이 보이지 않는다면 내인가취소는 행정처분에 해당한다.

04 행정행위의 하자에 대한 설명으로 옳지 않은 것은? (다툼이 있는 경우 판례에 의함)

① 이미 불가쟁력이 발생한 보충역편입처분에 하자가 있다고 하더라도 그것이 당연무효의 사유가 아닌 한 공익근무요원 소집처분에 승계되는 것은 아니다.
② 건물철거명령이 당연무효가 아니고 불가쟁력이 발생하였다면 건물철거명령의 하자를 이유로 후행 대집행계고처분의 효력을 다툴 수 없다.
③ 도시계획시설사업 시행자 지정처분이 처분요건을 충족하지 못하여 당연무효인 경우, 도시계획시설사업의 시행자가 작성한 실시계획을 인가하는 처분도 무효이다.
④ 선행처분인 공무원직위해제처분과 후행 직권면직처분 사이에는 하자의 승계가 인정된다.

05 다음 사례에 대한 설명으로 옳은 것은? (다툼이 있는 경우 판례에 의함)

> 민간시민단체 A는 관할 행정청 B에게 개발사업의 승인과 관련한 정보공개를 청구하였으나 B는 현재 재판 진행 중인 사안이 포함되어 있다는 이유로 「공공기관의 정보공개에 관한 법률」 제9조 제1항 제4호의 사유를 들어 A의 정보공개청구를 거부하였다.

① A는 공개청구한 정보에 대해 개별·구체적 이익이 없는 경우에도 B의 정보공개거부에 대해 취소소송으로 다툴 수 있다.
② A가 공개청구한 정보에 대해 직접적인 이해관계가 있는 경우에는 B의 정보공개거부에 대해 정보공개의 이행을 구하는 당사자소송을 제기하여 다툴 수 있다.
③ A가 공개청구한 정보의 일부가 「공공기관의 정보공개에 관한 법률」상 비공개사유에 해당하는 때에는 그 나머지 정보만을 공개하는 것이 가능한 경우라 하더라도 법원은 공개가능한 정보에 관한 부분만의 일부취소를 명할 수는 없다.
④ B의 비공개사유가 정당화되기 위해서는 A가 공개청구한 정보가 진행 중인 재판의 소송기록 자체에 포함된 내용이어야 한다.

06 항고소송에서 수소법원의 판결에 대한 설명으로 옳지 않은 것은? (다툼이 있는 경우 판례에 의함)

① 행정처분의 취소를 구하는 소에서, 비록 행정처분의 위법을 이유로 취소판결을 받더라도 처분에 의하여 발생한 위법상태를 원상회복시키는 것이 불가능한 경우에는 원칙적으로 취소를 구할 법률상 이익이 없으므로, 수소법원은 소를 각하하여야 한다.
② 해임처분 취소소송 계속 중 임기가 만료되어 해임처분의 취소로 지위를 회복할 수는 없다고 할지라도, 그 취소로 해임처분일부터 임기만료일까지 기간에 대한 보수지급을 구할 수 있는 경우에는 해임처분의 취소를 구할 법률상 이익이 있으므로, 수소법원은 본안에 대하여 판단하여야 한다.
③ 관할청이 「농지법」상의 이행강제금 부과처분을 하면서 재결청에 행정심판을 청구하거나 관할 행정법원에 행정소송을 할 수 있다고 잘못 안내한 경우 행정법원의 항고소송 재판관할이 생긴다.
④ 「행정소송법」 제19조에서 말하는 '재결 자체에 고유한 위법'이란 원처분에는 없고 재결에만 있는 재결청의 권한 또는 구성의 위법, 재결의 절차나 형식의 위법, 내용의 위법 등을 뜻한다.

07 행정법관계에 대한 설명으로 옳지 않은 것은? (다툼이 있는 경우 판례에 의함)

① 군인연금법령상 급여를 받으려고 하는 사람이 국방부장관에게 급여지급을 청구하였으나 거부된 경우, 곧바로 국가를 상대로 한 당사자소송으로 급여의 지급을 청구할 수 있다.
② 법무사가 사무원을 채용할 때 소속 지방법무사회로부터 승인을 받아야 할 의무는 공법상 의무이다.
③ 사무처리의 긴급성으로 인하여 해양경찰의 직접적인 지휘를 받아 보조로 방제작업을 한 경우, 사인은 그 사무를 처리하며 지출한 필요비 내지 유익비의 상환을 국가에 대하여 민사소송으로 청구할 수 있다.
④ 「공익사업을 위한 토지 등의 취득 및 보상에 관한 법률」상 환매권의 존부에 관한 확인을 구하는 소송 및 환매금액의 증감을 구하는 소송은 민사소송이다.

08 행정법규의 양벌규정에 대한 설명으로 옳지 않은 것은? (다툼이 있는 경우 판례에 의함)

① 양벌규정은 행위자에 대한 처벌규정임과 동시에 그 위반행위의 이익귀속주체인 영업주에 대한 처벌규정이다.
② 종업원의 범죄성립이나 처벌이 영업주처벌의 전제조건이 되는 것은 아니다.
③ 법인대표자의 법규위반행위에 대한 법인의 책임은 법인 자신의 법규위반행위로 평가될 수 있는 행위에 대한 법인의 직접책임이다.
④ 양벌규정에 의한 법인의 처벌은 어디까지나 행정적 제재처분일 뿐 형벌과는 성격을 달리한다.

09 과징금 부과처분에 대한 설명으로 옳지 않은 것은? (다툼이 있는 경우 판례에 의함)

① 「독점규제 및 공정거래에 관한 법률」상의 과징금은 법이 규정한 범위 내에서 그 부과처분 당시까지 부과관청이 확인한 사실을 기초로 일의적으로 확정되어야 할 것이지, 추후에 부과금 산정기준이 되는 새로운 자료가 나왔다고 하여 새로운 부과처분을 할 수 있는 것은 아니다.
② 영업정지에 갈음하여 부과되는 이른바 변형된 과징금의 부과 여부는 통상 행정청의 재량행위이다.
③ 과징금은 행정상 제재금이고 범죄에 대한 국가 형벌권의 실행이 아니므로 행정법규 위반에 대해 벌금 이외에 과징금을 부과하는 것은 이중처벌금지의 원칙에 위반되지 않는다.
④ 「부동산 실권리자명의 등기에 관한 법률」상 명의신탁자에 대한 과징금의 부과 여부는 행정청의 재량행위이다.

10 행정상 손해배상에 대한 설명으로 옳지 않은 것은? (다툼이 있는 경우 판례에 의함)

① 국가배상청구권의 소멸시효기간은 지났으나 국가가 소멸시효 완성을 주장하는 것이 신의성실의 원칙에 반하는 권리남용으로 허용될 수 없어 배상책임을 이행한 경우, 국가는 원칙적으로 해당 공무원에 대해 구상권을 행사할 수 있다.
② 공무원이 관계법령의 해석이 확립되기 전에 어느 한 설을 취하여 업무를 처리한 것이 결과적으로 위법하더라도 처분 당시 그 이상의 업무처리를 성실한 평균적 공무원에게 기대하기 어려웠던 경우라면 원칙적으로 공무원의 과실을 인정할 수 없다.
③ 공무원이 직무를 수행하면서 그 근거가 되는 법령의 규정에 따라 구체적으로 의무를 부여받았어도 그것이 국민의 이익과 관계없이 순전히 행정기관 내부의 질서를 유지하기 위한 것이라면 그 의무에 위반하여 국민에게 손해를 가하여도 국가 등은 배상책임을 부담하지 않는다.
④ 행정처분이 후에 항고소송에서 취소되었다고 할지라도 그 기판력에 의하여 당해 행정처분이 곧바로 공무원의 고의 또는 과실로 인한 것으로서 불법행위를 구성한다고 단정할 수는 없다.

[11~12] 다음 사례에 대한 설명으로 옳지 않은 것을 고르시오. (다툼이 있는 경우 판례에 의함)

11

> 건축주 甲은 토지소유자 乙과 매매계약을 체결하고 乙로부터 토지사용승낙서를 받아 乙의 토지 위에 건축물을 건축하는 건축허가를 관할 행정청인 A시장으로부터 받았다. 매매계약서에 의하면 甲이 잔금을 기일 내에 지급하지 못하면 즉시 매매계약이 해제될 수 있고 이 경우 토지사용승낙서는 효력을 잃으며 甲은 건축허가를 포기·철회하기로 甲과 乙이 약정하였다. 乙은 甲이 잔금을 기일 내에 지급하지 않자 甲과의 매매계약을 해제하였다.

① 착공에 앞서 甲의 귀책사유로 해당 토지를 사용할 권리를 상실할 경우, 乙은 A시장에 대하여 건축허가의 철회를 신청할 수 있다.
② 건축허가는 대물적 성질을 갖는 것이어서 행정청으로서는 그 허가를 할 때에 건축주 또는 토지소유자가 누구인지 등 인적 요소에 관하여는 형식적 심사만 한다.
③ A시장은 건축허가 당시 별다른 하자가 없었고 철회의 법적 근거가 없으므로 건축허가를 철회할 수 없다.
④ 철회권의 행사는 기득권의 침해를 정당화할 만한 중대한 공익상의 필요 또는 제3자의 이익을 보호할 필요가 있고, 공익상의 필요 등이 상대방이 입을 불이익을 정당화할 만큼 강한 경우에 한해 허용될 수 있다.

12

> A시 시장은 「학교용지 확보 등에 관한 특례법」 관계조항에 따라 공동주택을 분양받은 甲, 乙, 丙, 丁 등에게 각각 다른 시기에 학교용지 부담금을 부과하였다. 이후 해당 조항에 대하여 법원의 위헌법률심판제청에 따라 헌법재판소가 위헌결정을 하였다. (단, 甲, 乙, 丙, 丁은 모두 위헌법률심판제청신청을 하지 않은 것으로 가정함)

① 甲이 부담금을 납부하였고 부담금부과처분에 불가쟁력이 발생한 상태라면, 해당 조항이 위헌으로 결정되더라도 이미 납부한 부담금을 반환받을 수 없다.
② 乙은 부담금을 납부한 후 부담금부과처분에 대해 행정소송을 제기하였고 현재 소가 계속 중인 경우에도, 乙이 위헌법률심판제청신청을 하지 않았으므로 乙에게 위헌결정의 소급효는 미치지 않는다.
③ 丙이 부담금부과처분에 대한 행정심판청구를 하여 기각재결서를 송달받았으나, 재결서 송달일로부터 90일 이내에 취소소송을 제기하였다면 丙의 청구는 인용될 수 있다.
④ 부담금부과처분에 대한 제소기간이 경과하여 丁의 부담금 납부의무가 확정되었고 위헌결정 전에 丁의 재산에 대한 압류가 이루어진 상태라도, 丁에 대해 부담금 징수를 위한 체납처분을 속행할 수는 없다.

13 행정입법에 대한 설명으로 옳지 않은 것은? (다툼이 있는 경우 판례에 의함)

① 부령의 형식으로 정해진 제재적 행정처분의 기준은 그 규정의 성질과 내용이 행정청 내부의 사무처리준칙을 정한 것에 불과하므로 대외적으로 국민이나 법원을 구속하는 것은 아니다.
② 항정신병 치료제의 요양급여 인정기준에 관한 보건복지부고시가 다른 집행행위의 매개 없이 그 자체로서 직접 국민의 구체적인 권리·의무와 법률관계를 규율하는 성격을 가질 때에는 항고소송의 대상이 되는 행정처분에 해당한다.
③ 법률의 위임에 의하여 효력을 갖는 법규명령이 법개정으로 위임의 근거가 없어지게 되더라도 효력을 상실하지 않는다.
④ 한국수력원자력 주식회사가 조달하는 기자재, 용역 및 정비공사, 기기수리의 공급자에 대한 관리업무절차를 규정함을 목적으로 제정·운용하고 있는 '공급자관리지침' 중 등록취소 및 그에 따른 일정기간의 거래제한조치에 관한 규정들은 상위법령의 구체적 위임 없이 정한 것이어서 대외적 구속력이 없는 행정규칙이다.

14 행정작용에 대한 설명으로 옳은 것은? (다툼이 있는 경우 판례에 의함)

① 구체적인 계획을 입안함에 있어 지침이 되거나 특정사업의 기본방향을 제시하는 내용의 행정계획은 항고소송의 대상인 행정처분에 해당하지 않는다.
② 공법상 계약이 법령위반 등의 내용상 하자가 있는 경우에도 그 하자가 중대명백한 것이 아니면 취소할 수 있는 하자에 불과하고 이에 대한 다툼은 당사자소송에 의하여야 한다.
③ 지도, 권고, 조언 등의 행정지도는 법령의 근거를 요하고 항고소송의 대상이 된다.
④ 「국가를 당사자로 하는 계약에 관한 법률」에 따라 국가가 당사자가 되는 이른바 공공계약에 관한 법적 분쟁은 원칙적으로 행정법원의 관할사항이다.

15 「행정절차법」상 처분의 사전통지 및 의견제출 절차에 대한 설명으로 옳지 않은 것은? (다툼이 있는 경우 판례에 의함)

① 법령 등에서 요구된 자격이 없거나 없어지게 되면 반드시 일정한 처분을 하여야 하는 경우에 그 자격이 없거나 없어지게 된 사실이 법원의 재판에 의하여 객관적으로 증명된 경우에는 사전통지를 생략할 수 있다.
② 행정청의 처분으로 의무가 부과되거나 권익이 제한되는 경우라도 당사자가 의견진술의 기회를 포기한다는 뜻을 명백히 표시한 경우에는 의견청취를 생략할 수 있다.
③ 별정직 공무원인 대통령기록관장에 대한 직권면직처분에는 처분의 사전통지 및 의견청취 등에 관한 「행정절차법」 규정이 적용되지 않는다.
④ 대통령이 한국방송공사 사장을 해임하면서 사전통지절차를 거치지 않은 경우에는 그 해임처분은 위법하다.

16 「행정소송법」상 취소소송에 대한 설명으로 옳지 않은 것은? (다툼이 있는 경우 판례에 의함)

① 대한민국에서 출생하여 오랜 기간 대한민국 국적을 보유하면서 거주한 재외동포는 사증발급 거부처분의 취소를 구할 법률상 이익이 있다.
② 국민권익위원회가 소방청장에게 일정한 의무를 부과하는 내용의 조치요구를 한 경우 소방청장은 조치요구의 취소를 구할 당사자능력 및 원고적격이 인정되지 않는다.
③ 임용지원자가 특별채용 대상자로서 자격을 갖추고 있고 유사한 지위에 있는 자에 대하여 정규교사로 특별채용한 전례가 있다 하더라도, 교사로의 특별채용을 요구할 법규상 또는 조리상의 권리가 있다고 할 수 없다.
④ 피해자의 의사와 무관하게 주민등록번호가 유출된 경우, 조리상 주민등록번호의 변경을 요구할 신청권을 인정함이 타당하다.

17 행정상 즉시강제에 대한 설명으로 옳은 것만을 모두 고르면?

ㄱ. 항고소송의 대상이 되는 처분의 성질을 갖는다.
ㄴ. 과거의 의무위반에 대하여 가해지는 제재이다.
ㄷ. 목전에 급박한 장해를 예방하기 위한 경우에는 예외적으로 법률의 근거가 없이도 발동될 수 있다는 것이 일반적인 견해이다.
ㄹ. 강제 건강진단과 예방접종은 대인적 강제수단에 해당한다.
ㅁ. 위법한 즉시강제작용으로 손해를 입은 자는 국가나 지방자치단체를 상대로 「국가배상법」이 정한 바에 따라 손해배상을 청구할 수 있다.

① ㄴ, ㄷ
② ㄱ, ㄴ, ㅁ
③ ㄱ, ㄹ, ㅁ
④ ㄷ, ㄹ, ㅁ

18. 다음 중 「행정심판법」에 따른 행정심판을 제기할 수 없는 경우만을 모두 고르면? (다툼이 있는 경우 판례에 의함)

ㄱ. 「공공기관의 정보공개에 관한 법률」상 정보공개와 관련한 공공기관의 비공개결정에 대하여 이의신청을 한 경우
ㄴ. 「공익사업을 위한 토지 등의 취득 및 보상에 관한 법률」상 토지수용위원회의 수용재결에 이의가 있어 중앙토지수용위원회에 이의를 신청한 경우
ㄷ. 「난민법」상 난민불인정결정에 대해 법무부장관에게 이의신청을 한 경우
ㄹ. 「민원 처리에 관한 법률」상 법정민원에 대한 행정기관의 장의 거부처분에 대해 그 행정기관의 장에게 이의신청을 한 경우

① ㄱ, ㄴ
② ㄱ, ㄹ
③ ㄴ, ㄷ
④ ㄷ, ㄹ

[19~20] 다음 사례에 대한 설명으로 옳은 것을 고르시오. (다툼이 있는 경우 판례에 의함)

19

건설회사 A는 택지개발사업을 위해 관련법령에 따른 절차를 거쳐 甲 소유의 토지 등을 취득하고자 甲과 보상에 관한 협의를 하였으나 협의가 성립되지 않았다. 이에 관할 지방토지수용위원회에 재결을 신청하여 토지의 수용 및 보상금에 대한 수용재결을 받았다.

① 甲이 수용재결에 대하여 이의신청을 제기하면 사업의 진행 및 토지의 수용 또는 사용을 정지시키는 효력이 있다.
② 甲이 수용 자체를 다투는 경우 관할 지방토지수용위원회를 상대로 수용재결에 대하여 취소소송을 제기할 수 있다.
③ 甲은 보상금 증액을 위해 A를 상대로 손실보상을 구하는 민사소송을 제기할 수 있다.
④ 甲이 계속 거주하고 있는 건물과 토지의 인도를 거부할 경우 행정대집행의 대상이 될 수 있다.

20

A시 시장은 식품접객업주 甲에게 청소년고용금지업소에 청소년을 고용하였다는 사유로 식품위생법령에 근거하여 영업정지 2개월 처분에 갈음하는 과징금부과처분을 하였고, 甲은 부과된 과징금을 납부하였다. 그러나 甲은 이후 과징금부과처분에 하자가 있음을 알게 되었다.

① 甲은 납부한 과징금을 돌려받기 위해 관할 행정법원에 과징금반환을 구하는 당사자소송을 제기할 수 있다.
② A시 시장이 과징금부과처분을 함에 있어 과징금부과통지서의 일부 기재가 누락되어 이를 이유로 甲이 관할 행정법원에 과징금부과처분의 취소를 구하는 소를 제기한 경우, A시 시장은 취소소송 절차가 종결되기 전까지 보정된 과징금부과처분 통지서를 송달하면 일부 기재누락의 하자는 치유된다.
③ 「식품위생법」이 청소년을 고용한 행위에 대하여 영업허가를 취소하거나 6개월 이내의 기간을 정하여 그 영업의 전부 또는 일부를 정지하거나 영업소 폐쇄를 명할 수 있다고 하면서 행정처분의 세부기준은 총리령으로 위임한다고 정하고 있는 경우에, 총리령에서 정하고 있는 행정처분의 기준은 재판규범이 되지 못한다.
④ 甲이 자신은 청소년을 고용한 적이 없다고 주장하면서 제기한 과징금부과처분의 취소소송 계속 중에 A시 시장은 甲이 유통기한이 경과한 식품을 판매한 사실을 처분사유로 추가·변경할 수 있다.

2021년 국가직 9급
행정법총론 책형: 나

01 행정법의 법원(法源)에 대한 설명으로 옳지 않은 것은? (다툼이 있는 경우 판례에 의함)

① 지방자치단체가 제정한 조례가 헌법에 의하여 체결·공포된 조약에 위반되는 경우 그 조례는 효력이 없다.
② 행정소송에 관하여「행정소송법」에 특별한 규정이 없는 사항에 대하여는「법원조직법」과「민사소송법」및「민사집행법」의 규정을 준용한다.
③ 평등원칙은 일체의 차별적 대우를 부정하는 절대적 평등을 의미하는 것이 아니라 입법과 법의 적용에 있어서 합리적인 근거가 없는 차별을 배제하는 상대적 평등을 뜻한다.
④ 개정법령이 기존의 사실 또는 법률관계를 적용대상으로 하면서 국민의 재산권과 관련하여 종전보다 불리한 법률효과를 규정하고 있는 경우, 그러한 사실 또는 법률관계가 개정법률이 시행되기 이전에 이미 완성 또는 종결된 것이 아니라면 소급입법금지원칙에 위반된다.

02 행정법의 일반원칙에 관련된 다음의 설명 중 옳은 것은? (다툼이 있는 경우 판례에 의함)

① 국가가 국민의 생명·신체의 안전에 대한 보호의무를 다하지 않았는지 여부를 헌법재판소가 심사할 때에는 국가가 이를 보호하기 위하여 적어도 적절하고 효율적인 최소한의 보호조치를 취하였는가 하는 '과소보호 금지원칙'의 위반 여부를 기준으로 삼는다.
② 행정청이 조합설립추진위원회의 설립승인심사에서 위법한 행정처분을 한 선례가 있는 경우에는, 행정청에 대해 자기구속력을 갖게 되어 이후에도 그러한 기준에 따라야 한다.
③ 공무원 임용신청 당시 잘못 기재된 호적상 출생년월일을 생년월일로 기재하고, 임용 후 36년 동안 이의를 제기하지 않다가, 정년을 1년 3개월 앞두고 정정된 출생년월일을 기준으로 정년연장을 요구하는 것은 신의성실의 원칙에 반한다.
④ 일반적으로 행정청이 폐기물처리업 사업계획에 대한 적정통보를 한 경우 이는 토지에 대한 형질변경신청을 허가하는 취지의 공적 견해표명까지도 포함한다.

03 행정행위의 부관에 대한 설명으로 옳은 것은? (다툼이 있는 경우 판례에 의함)

① 행정처분과 부관 사이에 실제적 관련성이 있다고 볼 수 없는 경우, 공무원이 공법상의 제한을 회피할 목적으로 행정처분의 상대방과 사이에 사법상 계약을 체결하는 형식을 취하였더라도 법치행정의 원리에 반하는 것으로서 위법하다고 볼 수 없다.
② 처분 당시 법령을 기준으로 처분에 부가된 부담이 적법하였더라도, 처분 후 부담의 전제가 된 주된 행정처분의 근거법령이 개정됨으로써 행정청이 더 이상 부관을 붙일 수 없게 되었다면 그때부터 부담의 효력은 소멸한다.
③ 부담의 이행으로서 하게 된 사법상 매매 등의 법률행위는 부담을 붙인 행정처분과는 별개의 법률행위이므로, 그 부담의 불가쟁력의 문제와는 별도로 법률행위가 사회질서 위반이나 강행규정에 위반되는지 여부 등을 따져 보아 그 법률행위의 유효 여부를 판단하여야 한다.
④ 허가에 붙은 기한이 그 허가된 사업의 성질상 부당하게 짧아서 이 기한이 허가 자체의 존속기간이 아니라 허가조건의 존속기간으로 해석되는 경우에는 허가 여부의 재량권을 가진 행정청은 허가조건의 개정만을 고려할 수 있고, 그 후 당초의 기한이 상당기간 연장되어 그 기한이 부당하게 짧은 경우에 해당하지 않게 된 때라도 더 이상의 기간연장을 불허가할 수는 없다.

04 정보공개에 대한 판례의 입장으로 옳지 않은 것은?

① 국민의 알 권리의 내용에는 일반국민 누구나 국가에 대하여 보유·관리하고 있는 정보의 공개를 청구할 수 있는 이른바 일반적인 정보공개청구권이 포함된다.
② 정보공개청구권은 법률상 보호되는 구체적인 권리이므로 청구인이 공공기관에 대하여 정보공개를 청구하였다가 거부처분을 받은 것 자체가 법률상 이익의 침해에 해당한다.
③ 「공공기관의 정보공개에 관한 법률」상 공개청구의 대상이 되는 정보란 공공기관이 직무상 작성 또는 취득하여 현재 보유·관리하고 있는 원본인 문서만을 의미한다.
④ 정보공개가 신청된 정보를 공공기관이 보유·관리하고 있지 아니한 경우에는 특별한 사정이 없는 한 정보공개거부처분의 취소를 구할 법률상의 이익이 없다.

05 공법상 계약에 대한 설명으로 옳지 않은 것은? (다툼이 있는 경우 판례에 의함)

① 행정청이 자신과 상대방 사이의 법률관계를 일방적인 의사표시로 종료시켰다고 하더라도 곧바로 그 의사표시가 행정청으로서 공권력을 행사하여 행하는 행정처분이라고 단정할 수는 없고, 관계법령이 상대방의 법률관계에 관하여 구체적으로 어떻게 규정하고 있는지에 따라 개별적으로 판단하여야 한다.
② 채용계약상 특별한 약정이 없는 한, 지방계약직공무원에 대하여 「지방공무원법」, 「지방공무원 징계 및 소청 규정」에 정한 징계절차에 의하지 않고서는 보수를 삭감할 수 없다.
③ 중소기업 정보화지원사업에 대한 지원금출연협약의 해지 및 환수통보는 공법상 계약에 따른 의사표시가 아니라 행정청이 우월한 지위에서 행하는 공권력의 행사로서 행정처분이다.
④ 계약직공무원 채용계약해지는 국가 또는 지방자치단체가 대등한 지위에서 행하는 의사표시로서 처분이 아니므로 「행정절차법」에 의하여 근거와 이유를 제시하여야 하는 것은 아니다.

06 인·허가의제에 대한 설명으로 옳지 않은 것은? (다툼이 있는 경우 판례에 의함)

① 주택건설사업계획 승인권자가 구 「주택법」에 따라 도시·군관리계획 결정권자와 협의를 거쳐 관계 주택건설사업계획을 승인하면 도시·군관리계획결정이 이루어진 것으로 의제되고, 이러한 협의절차와 별도로 「국토의 계획 및 이용에 관한 법률」 등에서 정한 도시·군관리계획 입안을 위한 주민의견 청취절차를 거칠 필요는 없다.
② 건축물의 건축이 「국토의 계획 및 이용에 관한 법률」상 개발행위에 해당할 경우 그 건축의 허가권자는 국토계획법령의 개발행위허가기준을 확인하여야 하므로, 국토계획법상 건축물의 건축에 관한 개발행위허가가 의제되는 건축허가신청이 국토계획법령이 정한 개발행위허가기준에 부합하지 아니하면 허가권자로서는 이를 거부할 수 있다.
③ 「건축법」에서 관련 인·허가의제제도를 둔 취지는 인·허가 의제사항 관련 법률에 따른 각각의 인·허가요건에 관한 일체의 심사를 배제하려는 것이 아니다.
④ 주택건설사업계획 승인처분에 따라 의제된 인·허가가 위법함을 다투고자 하는 이해관계인은, 주택건설사업계획 승인처분의 취소를 구해야지 의제된 인·허가의 취소를 구해서는 아니 되며, 의제된 인·허가는 주택건설사업계획 승인처분과 별도로 항고소송의 대상이 되는 처분에 해당하지 않는다.

07 「행정심판법」상 행정심판위원회가 취소심판의 청구가 이유가 있다고 인정하는 경우에 행할 수 있는 재결에 해당하지 않는 것은?

① 처분을 취소하는 재결
② 처분을 할 것을 명하는 재결
③ 처분을 다른 처분으로 변경하는 재결
④ 처분을 다른 처분으로 변경할 것을 명하는 재결

08 「국가배상법」상 공무원의 위법한 직무행위로 인한 손해배상에 대한 설명으로 옳은 것은? (다툼이 있는 경우 판례에 의함)

① 일반적으로 공무원이 필요한 지식을 갖추지 못하고 법규의 해석을 그르쳐 행정처분을 하였다면 그가 법률전문가가 아닌 행정직공무원이라고 하여 과실이 없다고는 할 수 없다.
② 국가배상의 요건인 '공무원의 직무'에는 국가나 지방자치단체의 비권력적 작용과 사경제주체로서 하는 작용이 포함된다.
③ 손해배상책임을 묻기 위해서는 가해공무원을 특정하여야 한다.
④ 국가가 가해공무원에 대하여 구상권을 행사하는 경우 국가가 배상한 배상액 전액에 대하여 구상권을 행사하여야 한다.

09 행정행위에 대한 설명으로 옳은 것만을 모두 고르면? (다툼이 있는 경우 판례에 의함)

ㄱ. 행정의사가 외부에 표시되어 행정청이 자유롭게 취소·철회할 수 없는 구속을 받게 되는 시점에 처분이 성립하고, 그 성립 여부는 행정청이 행정의사를 공식적인 방법으로 외부에 표시하였는지를 기준으로 판단해야 한다.
ㄴ. 구 「공중위생관리법」상 공중위생영업에 대하여 영업을 정지할 위법사유가 있다면, 관할 행정청은 그 영업이 양도·양수되었다 하더라도 양수인에 대하여 영업정지처분을 할 수 있다.
ㄷ. 「도시 및 주거환경정비법」상 주택재건축조합에 대해 조합설립인가처분이 행하여진 후에는, 조합설립결의의 하자를 이유로 조합설립의 무효를 주장하려면 조합설립인가처분의 취소 또는 무효확인을 구하는 소송으로 다투어야 하며, 따로 조합설립결의의 하자를 다투는 확인의 소를 제기할 수 없다.
ㄹ. 공정거래위원회가 부당한 공동행위를 한 사업자들 중 자진신고자에 대하여 구 독점규제 및 공정거래에 관한 법령에 따라 과징금부과처분(선행처분)을 한 뒤, 다시 자진신고자에 대한 사건을 분리하여 자진신고를 이유로 과징금 감면처분(후행처분)을 한 경우라도 선행처분의 취소를 구하는 소는 적법하다.

① ㄴ, ㄷ
② ㄱ, ㄴ, ㄷ
③ ㄱ, ㄴ, ㄹ
④ ㄱ, ㄷ, ㄹ

10 행정계획에 대한 설명으로 옳지 않은 것은? (다툼이 있는 경우 판례에 의함)

① 구 「도시계획법」상 도시기본계획은 도시의 기본적인 공간구조와 장기발전방향을 제시하는 종합계획으로서 도시계획입안의 지침이 되므로 일반국민에 대한 직접적인 구속력은 없다.
② 장래 일정한 기간 내에 관계법령이 규정하는 시설 등을 갖추어 일정한 행정처분을 구하는 신청을 할 수 있는 법률상 지위에 있는 자의 국토이용계획변경신청을 거부하는 것이 실질적으로 당해 행정처분 자체를 거부하는 결과가 되는 경우라도, 구 「국토이용관리법」상 주민이 국토이용계획의 변경에 대하여 신청을 할 수 있다는 규정이 없으므로 그 신청인에게 국토이용계획변경을 신청할 권리가 인정된다고 볼 수 없다.
③ 구속력 없는 행정계획안이나 행정지침이라도 국민의 기본권에 직접적으로 영향을 끼치고 법령의 뒷받침에 의하여 그대로 실시될 것이 틀림없을 것으로 예상되는 때에는 예외적으로 헌법소원의 대상이 된다.
④ 도시계획의 결정·변경 등에 대한 권한행정청은 이미 도시계획이 결정·고시된 지역에 대하여도 다른 내용의 도시계획을 결정·고시할 수 있고, 이때에 후행 도시계획에 선행 도시계획과 양립할 수 없는 내용이 포함되어 있다면 특별한 사정이 없는 한 선행 도시계획은 후행 도시계획과 같은 내용으로 변경된다.

11 「행정대집행법」상 대집행과 이행강제금에 대한 甲과 乙의 대화 중 乙의 답변이 옳지 않은 것은? (다툼이 있는 경우 판례에 의함)

① 甲 : 행정대집행의 절차가 인정되는 경우에도 행정청이 민사상 강제집행수단을 이용할 수 있나요?
  乙 : 행정대집행의 절차가 인정되어 실현할 수 있는 경우에는 따로 민사소송의 방법을 이용할 수 없습니다.
② 甲 : 대집행의 적용대상은 무엇인가요?
  乙 : 대집행은 공법상 대체적 작위의무의 불이행이 있는 경우에 행할 수 있습니다.
③ 甲 : 행정청은 대집행의 대상이 될 수 있는 것에 대하여 이행강제금을 부과할 수도 있나요?
  乙 : 행정청은 개별사건에 있어서 위법건축물에 대하여 대집행과 이행강제금을 선택적으로 활용할 수 있습니다.
④ 甲 : 만약 이행강제금을 부과받은 사람이 사망하였다면 이행강제금의 납부의무는 상속인에게 승계되나요?
  乙 : 이행강제금의 납부의무는 상속의 대상이 되므로, 상속인이 납부의무를 승계합니다.

12 행정의 실효성 확보수단의 예와 그 법적 성질의 연결이 옳지 않은 것은? (다툼이 있는 경우 판례에 의함)

① 「건축법」에 따른 이행강제금의 부과 - 집행벌
② 「식품위생법」에 따른 영업소 폐쇄 - 직접강제
③ 「공유재산 및 물품 관리법」에 따른 공유재산 원상복구명령의 강제적 이행 - 즉시강제
④ 「부동산등기 특별조치법」에 따른 과태료의 부과 - 행정벌

13 행정상 즉시강제에 대한 설명으로 옳지 않은 것은? (다툼이 있는 경우 판례에 의함)

① 행정상 즉시강제는 국민의 권리침해를 필연적으로 수반하므로, 이에 대해서는 항상 영장주의가 적용된다.
② 행정상 즉시강제는 직접강제와는 달리 행정상 강제집행에 해당하지 않는다.
③ 구 「음반·비디오물 및 게임물에 관한 법률」상 불법게임물에 대한 수거 및 폐기 조치는 행정상 즉시강제에 해당한다.
④ 다른 수단으로는 행정목적을 달성할 수 없는 경우에만 허용되며, 이 경우에도 최소한으로만 실시하여야 한다.

14 개인정보의 보호에 대한 판례의 설명으로 옳은 것만을 모두 고르면?

ㄱ. 개인정보자기결정권의 보호대상이 되는 개인정보는 반드시 개인의 내밀한 영역에 속하는 정보에 국한되지 않고 공적 생활에서 형성되었거나 이미 공개된 개인정보까지 포함한다.
ㄴ. 이미 공개된 개인정보를 정보주체의 동의가 있었다고 객관적으로 인정되는 범위 내에서 처리를 할 때는 정보주체의 별도의 동의는 불필요하다고 보아야 하고, 별도의 동의를 받지 아니하였다고 하여 「개인정보 보호법」을 위반한 것으로 볼 수 없다.
ㄷ. 개인정보 처리위탁에 있어 수탁자는 정보제공자의 관리·감독 아래 위탁받은 범위 내에서만 개인정보를 처리하게 되지만, 위탁자로부터 위탁사무처리에 따른 대가를 지급받는 이상 개인정보처리에 관하여 독자적인 이익을 가지므로, 그러한 수탁자는 「개인정보 보호법」 제17조에 의해 개인정보처리자가 정보주체의 개인정보를 제공할 수 있는 '제3자'에 해당한다.
ㄹ. 인터넷 포털사이트 등의 개인정보 유출사고로 주민등록번호가 불법유출되어 그 피해자가 주민등록번호 변경을 신청했으나 구청장이 거부통지를 한 사안에서, 피해자의 의사와 무관하게 주민등록번호가 유출된 경우에는 조리상 주민등록번호의 변경요구신청권을 인정함이 타당하다.

① ㄱ, ㄷ
② ㄴ, ㄹ
③ ㄱ, ㄴ, ㄷ
④ ㄱ, ㄴ, ㄹ

15 취소소송의 제소기간에 대한 설명으로 옳은 것(O)과 옳지 않은 것(X)을 바르게 연결한 것은? (다툼이 있는 경우 판례에 의함)

> ㄱ. 행정청이 행정심판청구를 할 수 있다고 잘못 알려 행정심판을 청구한 경우에는 재결서 정본을 송달받은 날이 아닌 처분이 있음을 안 날로부터 제소기간이 기산된다.
> ㄴ. 행정심판을 청구하였으나 심판청구기간을 도과하여 각하된 후 제기하는 취소소송은 재결서를 송달받은 날부터 90일 이내에 제기하면 된다.
> ㄷ. '처분이 있음을 안 날'은 처분이 있었다는 사실을 현실적으로 안 날을 의미하므로, 처분서를 송달받기 전 정보공개청구를 통하여 처분을 하는 내용의 일체의 서류를 교부받았다면 그 서류를 교부받은 날부터 제소기간이 기산된다.
> ㄹ. 동일한 처분에 대하여 무효확인의 소를 제기하였다가 그 처분의 취소를 구하는 소를 추가적으로 병합한 경우, 주된 청구인 무효확인의 소가 적법한 제소기간 내에 제기되었다면 추가로 병합된 취소청구의 소도 적법하게 제기된 것으로 볼 수 있다.

	ㄱ	ㄴ	ㄷ	ㄹ
①	X	X	O	X
②	O	O	X	O
③	O	X	O	X
④	X	X	X	O

16 위임명령의 한계에 대한 설명으로 옳지 않은 것은? (다툼이 있는 경우 판례에 의함)

① 법률이 공법적 단체 등의 정관에 자치법적 사항을 위임한 경우에는 헌법 제75조가 정하는 포괄적인 위임입법의 금지는 원칙적으로 적용되지 않지만, 그 사항이 국민의 권리·의무에 관련되는 것일 경우에는 적어도 국민의 권리·의무에 관한 기본적이고 본질적인 사항은 국회가 정하여야 한다.
② 헌법에서 채택하고 있는 조세법률주의의 원칙상 과세요건과 징수절차에 관한 사항을 명령·규칙 등 하위법령에 구체적·개별적으로 위임하여 규정할 수 없다.
③ 법률에서 위임받은 사항에 관하여 대강을 정하고 그 중의 특정사항을 범위를 정하여 하위법령에 다시 위임하는 경우에는 재위임이 허용된다. 이러한 법리는 조례가 「지방자치법」에 따라 주민의 권리제한 또는 의무부과에 관한 사항을 법률로부터 위임받은 후, 이를 다시 지방자치단체장이 정하는 '규칙'이나 '고시' 등에 재위임하는 경우에도 마찬가지이다.
④ 법률의 시행령이나 시행규칙의 내용이 모법 조항의 취지에 근거하여 이를 구체화하기 위한 것인 때에는 모법의 규율범위를 벗어난 것으로 볼 수 없다. 이러한 경우에는 모법에 이에 관하여 직접 위임하는 규정을 두지 않았다고 하여도 이를 무효라고 볼 수 없다.

17 판례상 항고소송의 원고적격이 인정되는 경우만을 모두 고르면?

> ㄱ. 중국 국적자인 외국인이 사증발급 거부처분의 취소를 구하는 경우
> ㄴ. 소방청장이 처분성이 인정되는 국민권익위원회의 조치요구에 불복하여 조치요구의 취소를 구하는 경우
> ㄷ. 지방법무사회가 법무사의 사무원 채용승인 신청을 거부하여 사무원이 될 수 없게 된 자가 지방법무사회를 상대로 거부처분의 취소를 구하는 경우
> ㄹ. 개발제한구역 중 일부 취락을 개발제한구역에서 해제하는 내용의 도시관리계획변경결정에 대하여 개발제한구역 해제대상에서 누락된 토지의 소유자가 위 결정의 취소를 구하는 경우

① ㄱ, ㄴ
② ㄴ, ㄷ
③ ㄷ, ㄹ
④ ㄱ, ㄷ, ㄹ

18 甲 회사는 '토석채취허가지 진입도로와 관련 우회도로 개설 등은 인근주민들과의 충분한 협의를 통해 민원발생에 따른 분쟁이 생기지 않도록 조치 후 사업을 추진할 것'이란 조건으로 토석채취허가를 받았다. 그러나 甲은 위 조건이 법령에 근거가 없다는 이유로 이행하지 아니하였고, 인근주민이 민원을 제기하자 관할 행정청은 甲에게 공사중지명령을 하였다. 甲은 공사중지명령의 해제를 신청하였으나 거부되자 거부처분취소소송을 제기하였다. 이에 대한 설명으로 옳지 않은 것은? (다툼이 있는 경우 판례에 의함)

① 일반적으로 기속행위의 경우 법령의 근거 없이 위와 같은 조건을 부가하는 것은 위법하다.
② 공사중지명령의 원인사유가 해소되었다면 甲은 공사중지명령의 해제를 신청할 수 있고, 이에 대한 거부는 처분성이 인정된다.
③ 甲에게는 공사중지명령 해제신청 거부처분에 대한 집행정지를 구할 이익이 인정되지 아니한다.
④ 甲이 앞서 공사중지명령 취소소송에서 패소하여 그 판결이 확정되었더라도, 甲은 그 후 공사중지명령의 해제를 신청한 후 해제신청 거부처분취소소송에서 다시 그 공사중지명령의 적법성을 다툴 수 있다.

19 다음 사례에 관한 설명으로 옳은 것은? (다툼이 있는 경우 판례에 의함)

- 甲은 자신의 토지에 대한 개별공시지가결정을 통지받은 후 90일이 넘어 과세처분을 받았는데, 과세처분이 위법한 개별공시지가결정에 기초하였다는 이유로 과세처분의 취소를 구하고자 한다.
- 甲은 토지대장에 전(田)으로 기재되어 있는 지목을 대(垈)로 변경하고자 지목변경신청을 하였다.
- 乙은 甲의 토지가 사실은 자신 소유라고 주장하면서 토지대장상의 소유자명의변경을 신청하였으나 거부되었다.

① 甲은 과세처분이 있기 전에는 개별공시지가결정에 대해서 취소소송을 제기할 수 없다.
② 甲은 과세처분의 위법성이 인정되지 않더라도 과세처분취소소송에서 개별공시지가결정의 위법을 독립된 위법사유로 주장할 수 있다.
③ 토지대장에 등재된 사항을 변경하는 행위는 행정사무집행의 편의와 사실증명의 자료로 삼기 위한 것이므로, 甲은 지목변경신청이 거부되더라도 이에 대하여 취소소송으로 다툴 수 없다.
④ 乙에 대한 토지대장상의 소유자명의변경신청 거부는 처분성이 인정된다.

20 다음 사례에 관한 설명으로 옳지 않은 것은? (다툼이 있는 경우 판례에 의함)

A도(道) B군(郡)에서 식품접객업을 하는 甲은 청소년에게 술을 팔다가 적발되었다. 「식품위생법」은 위법하게 청소년에게 주류를 제공한 영업자에게 "6개월 이내의 기간을 정하여 그 영업의 전부 또는 일부를 정지할 수 있다."라고 규정하고, 「식품위생법 시행규칙」[별표 23]은 청소년 주류제공(1차 위반)시 행정처분기준을 '영업정지 2개월'로 정하고 있다. B군수는 甲에게 2개월의 영업정지처분을 하였다.

① 甲은 영업정지처분에 불복하여 A도 행정심판위원회에 행정심판을 청구할 수 있다.
② 甲은 행정심판을 청구하지 않고 영업정지처분에 대한 취소소송을 제기할 수 있다.
③ 「식품위생법 시행규칙」의 행정처분기준은 행정규칙의 형식이나, 「식품위생법」의 내용을 보충하면서 「식품위생법」의 규정과 결합하여 위임의 범위 내에서 대외적인 구속력을 가진다.
④ 甲이 취소소송을 제기하는 경우 법원은 재량권의 일탈·남용이 인정되면 영업정지처분을 취소할 수 있다.

2020년 국가직 9급
행정법총론 책형: 가

01 행정법의 법원(法源)의 효력에 대한 설명으로 옳지 않은 것은? (다툼이 있는 경우 판례에 의함)

① 학교급식을 위해 국내 우수농산물을 사용하는 자에게 식재료나 구입비의 일부를 지원하는 것 등을 내용으로 하는 지방자치단체의 조례안이 '1994년 관세 및 무역에 관한 일반협정'을 위반하여 위법한 이상, 그 조례안은 효력이 없다.
② 국민의 권리제한 또는 의무부과와 직접 관련되는 법률, 대통령령, 총리령 및 부령은 긴급히 시행하여야 할 특별한 사유가 있는 경우를 제외하고는 공포일부터 적어도 30일이 경과한 날부터 시행되도록 하여야 한다.
③ 진정소급입법이라 하더라도 예외적으로 국민이 소급입법을 예상할 수 있었거나 신뢰보호의 요청에 우선하는 심히 중대한 공익상의 사유가 소급입법을 정당화하는 경우 등에는 허용될 수 있다.
④ 범죄의 성립과 처벌에 관하여 규정한 형벌법규로부터 위임을 받은 법령의 변경에 따라 범죄를 구성하지 아니하게 되거나 형이 가벼워진 경우에는, 종전 법령이 범죄로 정하여 처벌한 것이 부당하였다거나 과형이 과중하였다는 반성적 고려에 따라 변경된 것인지 여부를 따져 유리하게 변경된 신법령의 적용 여부를 결정한다.

02 신뢰보호의 원칙에 대한 설명으로 옳지 않은 것은? (다툼이 있는 경우 판례에 의함)

① 관할관청이 폐기물처리업 사업계획에 대하여 적정통보를 한 것만으로도 그 사업부지토지에 대한 국토이용계획변경신청을 승인하여 주겠다는 취지의 공적인 견해표명을 한 것으로 볼 수 있다.
② 행정청의 확약 또는 공적인 의사표명이 있은 후에 사실적·법률적 상태가 변경되었다면, 그와 같은 확약 또는 공적인 의사표명은 행정청의 별다른 의사표시를 기다리지 않고 실효된다.
③ 행정청의 공적 견해표명이 있었는지 여부를 판단하는 데 있어 반드시 행정조직상의 형식적인 권한분장에 구애될 것은 아니고 담당자의 조직상의 지위와 임무, 당해 언동을 하게 된 구체적인 경위 및 그에 대한 상대방의 신뢰가능성에 비추어 실질에 의하여 판단하여야 한다.
④ 입법예고를 통해 법령안의 내용을 국민에게 예고한 적이 있다고 하더라도 그것이 법령으로 확정되지 아니한 이상 국가가 이해관계자들에게 그 법령안에 관련된 사항을 약속하였다고 볼 수 없으며, 이러한 사정만으로 어떠한 신뢰를 부여하였다고 볼 수도 없다.

03 신고에 대한 설명으로 옳지 않은 것은? (다툼이 있는 경우 판례에 의함)

① 「건축법」상 인·허가의제 효과를 수반하는 건축신고는 특별한 사정이 없는 한 행정청이 그 실체적 요건에 관한 심사를 한 후 수리하여야 하는 이른바 '수리를 요하는 신고'이다.
② 「건축법」상의 착공신고의 경우에는 신고 그 자체로서 법적 절차가 완료되어 행정청의 처분이 개입될 여지가 없으므로, 행정청의 착공신고 반려행위는 항고소송의 대상인 처분에 해당하지 않는다.
③ 주민등록의 신고는 행정청에 도달하기만 하면 신고로서의 효력이 발생하는 것이 아니라 행정청이 수리한 경우에 비로소 신고의 효력이 발생한다.
④ 행정청이 구 「식품위생법」상의 영업자지위승계신고 수리처분을 하는 경우, 행정청은 종전의 영업자에 대하여 「행정절차법」 소정의 행정절차를 실시하여야 한다.

04 행정규칙에 대한 설명으로 옳지 않은 것은? (다툼이 있는 경우 판례에 의함)

① 법령의 위임이 없음에도 법령에 규정된 처분요건에 해당하는 사항을 부령에서 변경하여 규정한 경우에는 그 부령의 규정은 행정명령의 성격을 지닐 뿐 국민에 대한 대외적 구속력은 없다.
② 행정관청 내부의 사무처리규정에 불과한 전결규정에 위반하여 원래의 전결권자 아닌 보조기관 등이 처분권자인 행정관청의 이름으로 행정처분을 한 경우, 그 처분은 권한 없는 자에 의하여 행하여진 것으로 무효이다.
③ 법령의 규정이 특정 행정기관에게 법령내용의 구체적 사항을 정할 수 있는 권한을 부여하면서 권한 행사의 절차나 방법을 특정하지 아니한 경우에는 수임행정기관은 행정규칙으로 법령내용이 될 사항을 구체적으로 정할 수 있다.
④ 재량권 행사의 준칙인 행정규칙이 그 정한 바에 따라 되풀이 시행되어 행정관행이 형성되어 행정기관이 그 상대방에 대한 관계에서 그 행정규칙에 따라야 할 자기구속을 당하게 되는 경우에는 그 행정규칙은 헌법소원의 심판대상이 될 수도 있다.

05 행정행위의 하자에 대한 설명으로 옳지 않은 것은? (다툼이 있는 경우 판례에 의함)

① 행정청이 「식품위생법」상의 청문절차를 이행함에 있어 청문서 도달기간을 다소 어겼지만 영업자가 이의하지 아니한 채 청문일에 출석하여 의견을 진술하고 변명하는 등 방어의 기회를 충분히 가졌다면 청문서 도달기간을 준수하지 아니한 하자는 치유되었다고 본다.
② 행정처분을 한 처분청은 그 처분의 성립에 하자가 있는 경우 이를 취소할 별도의 법적 근거가 없다고 하더라도 직권으로 이를 취소할 수 있다.
③ 행정처분에 있어 여러 개의 처분사유 중 일부가 적법하지 않으면 다른 처분사유로써 그 처분의 정당성이 인정된다고 하더라도, 그 처분은 위법하게 된다.
④ 계고처분의 후속절차인 대집행에 위법이 있다고 하더라도 그와 같은 후속절차에 위법성이 있다는 점을 들어 선행절차인 계고처분이 부적법하다는 사유로 삼을 수는 없다.

06 행정행위의 부관에 대한 설명으로 옳은 것만을 모두 고르면? (다툼이 있는 경우 판례에 의함)

ㄱ. 허가에 붙은 기한이 그 허가된 사업의 성질상 부당하게 짧아 그 기한을 허가조건의 존속기간으로 볼 수 있는 경우에 허가기간이 연장되기 위하여는 그 종기가 도래하기 전에 그 허가기간의 연장에 관한 신청이 있어야 한다.
ㄴ. 토지소유자가 토지형질변경행위허가에 붙은 기부채납의 부관에 따라 토지를 기부채납(증여)한 경우, 기부채납의 부관이 당연무효이거나 취소되지 않은 상태에서 그 부관으로 인하여 증여계약의 중요부분에 착오가 있음을 이유로 증여계약을 취소할 수 없다.
ㄷ. 행정청이 수익적 행정처분을 하면서 사전에 상대방과 체결한 협약상의 의무를 부담으로 부가하였는데, 부담의 전제가 된 주된 행정처분의 근거법령이 개정되어 부관을 붙일 수 없게 된 경우에는 곧바로 협약의 효력이 소멸한다.
ㄹ. 행정처분과 실제적 관련성이 없어 부관으로 붙일 수 없는 부담이라고 하더라도 행정처분의 상대방에게 사법상 계약의 형식으로 이를 부과할 수 있다.

① ㄱ, ㄴ
② ㄴ, ㄷ
③ ㄷ, ㄹ
④ ㄱ, ㄴ, ㄹ

07 행정절차에 대한 설명으로 옳은 것은? (다툼이 있는 경우 판례에 의함)

① 퇴직연금의 환수결정은 당사자에게 의무를 과하는 처분이기는 하나 관련법령에 따라 당연히 환수금액이 정하여지는 것이므로, 퇴직연금의 환수결정에 앞서 당사자에게 의견진술의 기회를 주지 아니하여도 「행정절차법」에 어긋나지 아니한다.
② 수익적 행정행위의 신청에 대한 거부처분은 직접 당사자의 권익을 제한하는 처분에 해당하므로, 그 거부처분은 「행정절차법」상 처분의 사전통지대상이 된다.
③ 절차상의 하자를 이유로 과세처분을 취소하는 판결이 확정된 후 그 위법사유를 보완하여 이루어진 새로운 부과처분은 확정판결의 기판력에 저촉된다.
④ 행정청이 당사자와 사이에 도시계획사업의 시행과 관련한 협약을 체결하면서 관련법령상 요구되는 청문절차를 배제하는 조항을 두었다면, 이는 청문을 실시하지 않아도 되는 예외적인 경우에 해당한다.

08 정보공개에 대한 설명으로 옳지 않은 것은? (다툼이 있는 경우 판례에 의함)

① 정보공개거부처분의 취소를 구하는 소송에서 공공기관이 청구정보를 증거 등으로 법원에 제출하여 법원을 통하여 그 사본을 청구인에게 교부 또는 송달되게 하여 청구인에게 정보를 공개하는 셈이 되었다면, 이러한 우회적인 방법에 의한 공개는 「공공기관의 정보공개에 관한 법률」에 의한 공개라고 볼 수 있다.
② 정보공개청구권자에는 자연인은 물론 법인, 권리능력 없는 사단·재단도 포함되고, 법인, 권리능력 없는 사단·재단 등의 경우에는 설립목적을 불문한다.
③ 공개청구의 대상이 되는 정보가 이미 다른 사람에게 공개되어 널리 알려져 있다거나 인터넷 등을 통하여 공개되어 인터넷검색 등을 통하여 쉽게 알 수 있다는 사정만으로는 비공개결정이 정당화될 수 없다.
④ 「공공기관의 정보공개에 관한 법률」은 정보공개청구권자가 공개를 청구하는 정보와 어떤 관련성을 가질 것을 요구하거나 정보공개청구의 목적에 특별한 제한을 두고 있지 아니하므로 정보공개청구권자의 권리구제 가능성 등은 정보의 공개 여부 결정에 아무런 영향을 미치지 못한다.

09 인가에 대한 설명으로 옳지 않은 것은? (다툼이 있는 경우 판례에 의함)

① 공유수면매립면허의 공동명의자 사이의 면허로 인한 권리·의무 양도약정은 면허관청의 인가를 받지 않은 이상 법률상 아무런 효력도 발생할 수 없다.
② 재단법인의 임원취임을 인가 또는 거부할 것인지 여부는 주무관청의 권한에 속하는 사항이라고 할 것이고, 재단법인의 임원취임승인 신청에 대하여 주무관청이 이에 기속되어 이를 당연히 승인(인가)하여야 하는 것은 아니다.
③ 인가처분에 하자가 없다면 기본행위에 하자가 있다 하더라도 따로 그 기본행위의 하자를 다투는 것은 별론으로 하고 기본행위의 무효를 내세워 바로 그에 대한 행정청의 인가처분의 취소 또는 무효확인을 소구할 법률상의 이익이 없다.
④ 공익법인의 기본재산 처분에 대한 허가의 법률적 성질이 형성적 행정행위로서의 인가에 해당하므로, 그 허가에 조건으로서의 부관의 부과가 허용되지 아니한다.

10 「행정심판법」에 의해 행정청이 행정심판위원회의 재결의 취지에 따라 재처분을 할 의무가 있음에도 그 의무를 이행하지 않은 경우에 행정심판위원회가 직접 처분을 할 수 있는 재결은?

① 당사자의 신청에 따른 처분을 절차가 부당함을 이유로 취소하는 재결
② 당사자의 신청을 거부한 처분의 이행을 명하는 재결
③ 당사자의 신청을 거부하는 처분을 취소하는 재결
④ 당사자의 신청을 거부하는 처분을 부존재로 확인하는 재결

11 「질서위반행위규제법」의 내용으로 옳은 것만을 모두 고르면?

> ㄱ. 행정청이 질서위반행위에 대하여 과태료를 부과하고자 하는 때에는 미리 당사자에게 대통령령으로 정하는 사항을 통지하고, 10일 이상의 기간을 정하여 의견을 제출할 기회를 주어야 한다.
> ㄴ. 행정청에 의해 부과된 과태료는 질서위반행위가 종료된 날(다수인이 질서위반행위에 가담한 경우에는 최종행위가 종료된 날을 말한다)부터 5년간 징수하지 아니하거나 집행하지 아니하면 시효로 인하여 소멸한다.
> ㄷ. 과태료사건은 다른 법령에 특별한 규정이 있는 경우를 제외하고는 과태료 부과관청의 소재지의 지방법원 또는 그 지원의 관할로 한다.
> ㄹ. 다른 법률에 특별한 규정이 없는 경우, 14세가 되지 아니한 자의 질서위반행위는 과태료를 부과하지 아니한다.

① ㄱ, ㄹ
② ㄴ, ㄹ
③ ㄱ, ㄴ, ㄷ
④ ㄱ, ㄷ, ㄹ

12 행정의 실효성 확보수단에 대한 설명으로 옳지 않은 것은? (다툼이 있는 경우 판례에 의함)

① 대집행과 이행강제금 중 어떠한 강제수단을 선택할 것인지에 대하여 행정청의 재량이 인정된다.
② 「건축법」상 시정명령을 받은 의무자가 이행강제금이 부과되기 전에 그 의무를 이행한 경우에는 비록 시정명령에서 정한 기간을 지나서 이행한 경우라도 이행강제금을 부과할 수 없다.
③ 「여객자동차 운수사업법」상 과징금부과처분은 원칙적으로 위반자의 고의·과실을 요하지 않는다.
④ 「국세징수법」상 공매통지에 하자가 있는 경우, 다른 특별한 사정이 없는 한 체납자는 공매통지 자체를 항고소송의 대상으로 삼아 그 취소 등을 구할 수 있다.

13 「행정대집행법」상 대집행에 대한 설명으로 옳지 않은 것은? (다툼이 있는 경우 판례에 의함)

① 「공익사업을 위한 토지 등의 취득 및 보상에 관한 법률」상의 협의취득시에 매매대상 건물에 대한 철거의무를 부담하겠다는 취지의 약정을 건물소유자가 하였다고 하더라도, 그 철거의무는 대집행의 대상이 되지 않는다.
② 공유수면에 설치한 건물을 철거하여 공유수면을 원상회복하여야 할 의무는 대체적 작위의무에 해당하므로 행정대집행의 대상이 된다.
③ 행정청이 건물철거의무를 행정대집행의 방법으로 실현하는 과정에서, 건물을 점유하고 있는 철거의무자들에 대하여 제기한 건물퇴거를 구하는 소송은 적법하다.
④ 철거대상건물의 점유자들이 적법한 행정대집행을 위력을 행사하여 방해하는 경우, 행정청은 필요하다면 「경찰관 직무집행법」에 근거한 위험발생 방지조치 차원에서 경찰의 도움을 받을 수 있다.

14 甲은 A 지방자치단체가 관리하는 도로를 운행하던 중 도로에 방치된 낙하물로 인하여 손해를 입었고, 이를 이유로 「국가배상법」상 손해배상을 청구하려고 한다. 이에 대한 설명으로 옳지 않은 것은? (다툼이 있는 경우 판례에 의함)

① A 지방자치단체가 위 도로를 권원 없이 사실상 관리하고 있는 경우에는 A 지방자치단체의 배상책임이 인정될 수 없다.
② 위 도로의 설치·관리상의 하자가 있는지 여부는 위 도로가 그 용도에 따라 통상 갖추어야 할 안전성을 갖추었는지 여부에 따라 결정된다.
③ 위 도로가 국도이며 그 관리권이 A 지방자치단체의 장에게 위임되었다면, A 지방자치단체가 도로의 관리에 필요한 일체의 경비를 대외적으로 지출하는 자에 불과하더라도 甲은 A 지방자치단체에 대해 국가배상을 청구할 수 있다.
④ 甲이 배상을 받기 위하여 소송을 제기하는 경우에는 민사소송을 제기하여야 한다.

15 「행정소송법」상 피고 및 피고의 경정에 대한 설명으로 옳은 것은? (다툼이 있는 경우 판례에 의함)

① 취소소송에서 원고가 처분청 아닌 행정관청을 피고로 잘못 지정한 경우, 법원은 석명권의 행사 없이 소송요건의 불비를 이유로 소를 각하할 수 있다.
② 소의 종류의 변경에 따른 피고의 변경은 교환적 변경에 한한다고 봄이 상당하므로 예비적 청구만이 있는 피고의 추가경정신청은 예외적 규정이 있는 경우를 제외하고는 원칙적으로 허용되지 않는다.
③ 상급행정청의 지시에 의해 하급행정청이 자신의 명의로 처분을 하였다면, 당해 처분에 대한 취소소송에서는 지시를 내린 상급행정청이 피고가 된다.
④ 취소소송에서 피고가 될 수 있는 행정청에는 대외적으로 의사를 표시할 수 있는 기관이 아니더라도 국가나 공공단체의 의사를 실질적으로 결정하는 기관이 포함된다.

16 「행정소송법」상 취소소송에서 확정된 청구인용판결의 효력에 대한 설명으로 옳지 않은 것은? (다툼이 있는 경우 판례에 의함)

① 취소판결의 효력은 원칙적으로 소급적이므로, 취소판결에 의해 취소된 영업허가취소처분 이후의 영업행위는 무허가영업에 해당하지 않는다.
② 취소된 행정처분을 기초로 하여 새로 형성된 제3자의 권리가 취소판결 자체의 효력에 의해 당연히 그 행정처분 전의 상태로 환원되는 것은 아니다.
③ 취소판결의 기속력은 주로 판결의 실효성 확보를 위하여 인정되는 효력으로서 판결의 주문뿐만 아니라 그 전제가 되는 처분 등의 구체적 위법사유에 관한 이유 중의 판단에 대하여도 인정된다.
④ 행정처분이 판결에 의해 취소된 경우, 취소된 처분의 사유와 기본적 사실관계에서 동일성이 인정되지 않는 다른 사유를 들어 새로이 처분을 하는 것은 기속력에 반한다.

17 행정계획에 대한 설명으로 옳지 않은 것은? (다툼이 있는 경우 판례에 의함)

① 행정주체가 구체적인 행정계획을 입안·결정할 때 가지는 형성의 자유의 한계에 관한 법리는 주민의 입안제안 또는 변경신청을 받아들여 도시관리계획결정을 하거나 도시계획시설을 변경할 것인지를 결정할 때에도 동일하게 적용된다.
②「도시 및 주거환경정비법」에 기초하여 주택재건축정비사업조합이 수립한 사업시행계획은 인가·고시를 통해 확정되어도 이해관계인에 대한 직접적인 구속력이 없는 행정계획으로서 독립된 행정처분에 해당하지 아니한다.
③ 장래 일정한 기간 내에 관계법령이 규정하는 시설 등을 갖추어 일정한 행정처분을 구하는 신청을 할 수 있는 법률상 지위에 있는 자의 국토이용계획변경신청을 거부하는 것이 실질적으로 당해 행정처분 자체를 거부하는 결과가 되는 경우에는 예외적으로 그 신청인에게 국토이용계획변경을 신청할 권리가 인정된다.
④ 장기미집행 도시계획시설결정의 실효제도에 의해 개인의 재산권이 보호되는 것은 입법자가 새로운 제도를 마련함에 따라 얻게 되는 법률에 기한 권리일 뿐 헌법상 재산권으로부터 당연히 도출되는 권리는 아니다.

18 다음 사례에 대한 설명으로 옳은 것은? (다툼이 있는 경우 판례에 의함)

- 2020. 1. 6. 인기 아이돌 가수인 甲의 노래가 수록된 음반이 청소년 유해매체물로 결정 및 고시되었는데, 여성가족부장관은 이 고시를 하면서 그 효력발생시기를 구체적으로 밝히지 않았다.
- A시의 시장이「식품위생법」위반을 이유로 乙에 대해 영업허가를 취소하는 처분을 하고자 하나 송달이 불가능하다.

①「행정업무의 운영 및 혁신에 관한 규정」에 따르면 여성가족부장관의 고시의 효력은 2020. 1. 20.부터 발생한다.
② 甲의 노래가 수록된 음반을 청소년 유해매체물로 지정하는 결정 및 고시는 항고소송의 대상이 될 수 없다.
③ A시의 시장이 영업허가취소처분을 송달하려면 乙이 알기 쉽도록 관보, 공보, 게시판, 일간신문 중 하나 이상에 공고하고 인터넷에도 공고하여야 한다.
④ 乙의 영업허가취소처분이 공보에 공고된 경우, 乙이 자신에 대한 영업허가취소처분이 있음을 알고 있지 못하더라도 영업허가취소처분에 대한 취소소송을 제기하려면 공고가 효력을 발생한 날부터 90일 안에 제기해야 한다.

19 판례의 입장으로 옳은 것은?

① 변상금부과처분이 당연무효인 경우, 당해 변상금부과처분에 의하여 납부한 오납금에 대한 납부자의 부당이득반환청구권의 소멸시효는 변상금부과처분의 부과시부터 진행한다.
② 행정소송에서 쟁송의 대상이 되는 행정처분의 존부에 관한 사항이 상고심에서 비로소 주장된 경우에 행정처분의 존부에 관한 사항은 상고심의 심판범위에 해당한다.
③ 어떠한 처분의 근거나 법적인 효과가 행정규칙에 규정되어 있다면, 그 처분이 행정규칙의 내부적 구속력에 의하여 상대방의 권리·의무에 직접 영향을 미치는 행위라도 항고소송의 대상이 되는 행정처분이라 볼 수 없다.
④ 어떠한 허가처분에 대하여 타법상의 인·허가가 의제된 경우, 의제된 인·허가는 통상적인 인·허가와 동일한 효력을 갖는 것은 아니므로 '부분 인·허가의제'가 허용되는 경우에도 의제된 인·허가에 대한 쟁송취소는 허용되지 않는다.

20「행정소송법」상 부작위위법확인소송에 대한 설명으로 옳지 않은 것은? (다툼이 있는 경우 판례에 의함)

① 어떠한 처분에 대하여 그 근거법률에서 행정소송 이외의 다른 절차에 의하여 불복할 것을 예정하고 있는 경우, 그 처분이「행정소송법」상 처분의 개념에 해당한다고 하더라도 그 처분의 부작위는 부작위위법확인소송의 대상이 될 수 없다.
② 어떠한 행정처분에 대한 법규상 또는 조리상의 신청권이 인정되지 않는 경우, 그 처분의 신청에 대한 행정청의 무응답이 위법하다고 하여 제기된 부작위위법확인소송은 적법하지 않다.
③ 취소소송의 제소기간에 관한 규정은 부작위위법확인소송에 준용되지 않으므로 행정심판 등 전심절차를 거친 경우에도 부작위위법확인소송에 있어서는 제소기간의 제한을 받지 않는다.
④ 처분의 신청 후에 원고에게 생긴 사정의 변화로 인하여, 그 처분에 대한 부작위가 위법하다는 확인을 받아도 종국적으로 침해되거나 방해받은 원고의 권리·이익을 보호·구제받는 것이 불가능하게 되었다면, 법원은 각하판결을 내려야 한다.

2019년 국가직 9급
행정법총론 [책형 : 나]

01 행정소송의 대상에 대한 판례의 입장으로 옳지 않은 것은?

① 「수도법」에 의하여 지방자치단체인 수도사업자가 그 수돗물의 공급을 받는 자에게 하는 수도료 부과·징수와 이에 따른 수도료 납부관계는 공법상의 권리·의무관계이므로, 이에 관한 분쟁은 행정소송의 대상이다.
② 구 「예산회계법」상 입찰보증금의 국고귀속조치는 국가가 공권력을 행사하는 것이라는 점에서, 이를 다투는 소송은 행정소송에 해당한다.
③ 「도시 및 주거환경정비법」상 주택재건축정비사업조합을 상대로 관리처분계획안에 대한 조합총회결의의 효력 등을 다투는 소송은 「행정소송법」상 당사자소송에 해당한다.
④ 공익사업을 위한 토지 등의 취득 및 보상에 관한 법령에 의한 협의취득은 사법상의 법률행위이므로, 이에 관한 분쟁은 민사소송의 대상이다.

02 행정행위의 효력에 대한 설명으로 옳지 않은 것은? (다툼이 있는 경우 판례에 의함)

① 과·오납세금반환 청구소송에서 민사법원은 그 선결문제로서 과세처분의 무효 여부를 판단할 수 있다.
② 행정처분이 위법임을 이유로 국가배상을 청구하기 위한 전제로서 그 처분이 취소되어야만 하는 것은 아니다.
③ 영업허가취소처분이 청문절차를 거치지 않았다 하여 행정심판에서 취소되었더라도 그 허가취소처분 이후 취소재결시까지 영업했던 행위는 무허가영업에 해당한다.
④ 건물소유자에게 소방시설 불량사항을 시정·보완하라는 명령을 구두로 고지한 것은 「행정절차법」에 위반한 것으로 하자가 중대·명백하여 당연무효이다.

03 행정행위의 부관에 대한 설명으로 옳지 않은 것은? (다툼이 있는 경우 판례에 의함)

① 도로점용허가의 점용기간을 정함에 있어 위법사유가 있다면 도로점용허가처분 전부가 위법하게 된다.
② 기속행위에 대해서는 법령상 특별한 근거가 없는 한 부관을 붙일 수 없고, 가사 부관을 붙였다고 하더라도 이는 무효이다.
③ 행정처분에 부담인 부관을 붙인 경우, 부관이 무효라면 부담의 이행으로 이루어진 사법상 매매행위도 당연히 무효가 된다.
④ 사정변경으로 당초에 부담을 부가한 목적을 달성할 수 없게 된 경우에도 그 목적달성에 필요한 범위 내에서 예외적으로 부담의 사후변경이 허용된다.

04 다른 법률행위를 보충하여 그 법적 효력을 완성시키는 행위에 해당하지 않는 것만을 모두 고르면? (다툼이 있는 경우 판례에 의함)

> ㄱ. 사설법인묘지의 설치에 대한 행정청의 허가
> ㄴ. 토지거래허가구역 내의 토지거래계약에 대한 행정청의 허가
> ㄷ. 재단법인의 정관변경에 대한 행정청의 허가
> ㄹ. 재건축조합이 수립하는 관리처분계획에 대한 행정청의 인가

① ㄱ
② ㄱ, ㄹ
③ ㄴ, ㄹ
④ ㄱ, ㄴ, ㄷ

05 법률유보의 원칙에 대한 설명으로 옳지 않은 것은? (다툼이 있는 경우 판례에 의함)

① 법률유보의 원칙에서 요구되는 법적 근거는 작용법적 근거를 의미한다.
② 개인택시운송사업자의 운전면허가 아직 취소되지 않았더라도 운전면허취소사유가 있다면 행정청은 명문규정이 없더라도 개인택시운송사업면허를 취소할 수 있다.
③ 법률유보의 원칙은 국민의 기본권 실현과 관련된 영역에 있어서는 입법자가 그 본질적 사항에 대해서 스스로 결정하여야 한다는 요구까지 내포하고 있다.
④ 국회가 형식적 법률로 직접 규율하여야 하는 필요성은 규율대상이 기본권 및 기본적 의무와 관련된 중요성을 가질수록, 그에 관한 공개적 토론의 필요성 또는 상충하는 이익 사이의 조정 필요성이 클수록 더 증대된다.

06 「행정절차법」상 사전통지와 의견제출에 대한 판례의 입장으로 옳은 것은?

① 항만시설 사용허가신청에 대하여 거부처분을 하는 경우, 사전에 통지하여 의견제출기회를 주어야 한다.
② 용도를 무단변경한 건물의 원상복구를 명하는 시정명령 및 계고처분을 하는 경우, 사전에 통지할 필요가 없다.
③ 고시의 방법으로 불특정다수인을 상대로 권익을 제한하는 처분을 하는 경우, 상대방에게 사전에 통지하여 의견제출기회를 주어야 한다.
④ 공매를 통하여 체육시설을 인수한 자의 체육시설업자 지위승계신고를 수리하는 경우, 종전 체육시설업자에게 사전에 통지하여 의견제출기회를 주어야 한다.

07 건축허가와 건축신고에 대한 설명으로 옳지 않은 것만을 모두 고르면? (다툼이 있는 경우 판례에 의함)

ㄱ. 「건축법」 제14조 제2항에 의한 인·허가의제 효과를 수반하는 건축신고에 대한 수리거부는 처분성이 인정되나, 동 규정에 의한 인·허가의제 효과를 수반하지 않는 건축신고에 대한 수리거부는 처분성이 부정된다.
ㄴ. 「국토의 계획 및 이용에 관한 법률」에 의해 지정된 도시지역 안에서 토지의 형질변경행위를 수반하는 건축허가는 재량행위에 속한다.
ㄷ. 건축허가권자는 중대한 공익상의 필요가 없음에도 관계 법령에서 정하는 제한사유 이외의 사유를 들어 건축허가 요건을 갖춘 자에 대한 허가를 거부할 수 있다.
ㄹ. 건축허가는 대물적 허가에 해당하므로, 허가의 효과는 허가대상 건축물에 대한 권리변동에 수반하여 이전되고 별도의 승인처분에 의하여 이전되는 것은 아니다.

① ㄱ, ㄴ   ② ㄱ, ㄷ
③ ㄴ, ㄷ   ④ ㄷ, ㄹ

08 「공공기관의 정보공개에 관한 법률」상 정보공개에 대한 설명으로 옳은 것은? (다툼이 있는 경우 판례에 의함)

① 공개청구된 정보가 인터넷을 통하여 공개되어 인터넷검색을 통하여 쉽게 알 수 있다는 사정만으로 비공개결정이 정당화될 수는 없다.
② 정보공개청구 후 20일이 경과하도록 정보공개결정이 없는 경우, 이의신청은 허용되나 행정심판청구는 허용되지 않는다.
③ 정보의 공개 및 우송 등에 드는 비용은 정보공개청구를 받은 행정청이 부담한다.
④ 행정소송의 재판기록 일부의 정보공개청구에 대한 비공개결정은 전자문서로 통지할 수 없다.

09 행정입법에 대한 설명으로 옳은 것은? (다툼이 있는 경우 판례에 의함)

① 상위 법령 등의 단순한 집행을 위해 총리령을 제정하려는 경우, 행정상 입법예고를 하지 아니할 수 있다.
② 특히 긴급한 필요가 있거나 미리 법률로 자세히 정할 수 없는 부득이한 사정이 있어 법률에 형벌의 종류·상한·폭을 명확히 규정하더라도, 행정형벌에 대한 위임입법은 허용되지 않는다.
③ 교육부장관이 대학입시기본계획의 내용에서 내신성적 산정기준에 관한 시행지침을 정한 경우, 각 고등학교는 이에 따라 내신성적을 산정할 수밖에 없어 이는 행정처분에 해당된다.
④ 행정소송에 대한 대법원 판결에 의하여 명령·규칙이 헌법 또는 법률에 위반된다는 것이 확정된 경우, 대법원은 지체 없이 그 사유를 해당 법령의 소관부처의 장에게 통보하여야 한다.

10 행정강제에 대한 설명으로 옳은 것은? (다툼이 있는 경우 판례에 의함)

① 행정대집행의 방법으로 건물철거의무이행을 실현할 수 있는 경우, 철거의무자인 건물점유자의 퇴거의무를 실현하려면 퇴거를 명하는 별도의 집행권원이 있어야 하고, 철거대집행과정에서 부수적으로 건물점유자들에 대한 퇴거조치를 할 수는 없다.
② 즉시강제란 법령 또는 행정처분에 의한 선행의 구체적 의무의 불이행으로 인한 목전의 급박한 장해를 제거할 필요가 있는 경우에 행정기관이 즉시 국민의 신체 또는 재산에 실력을 행사하여 행정상의 필요한 상태를 실현하는 작용을 말한다.
③ 공법인이 대집행권한을 위탁받아 공무인 대집행 실시에 지출한 비용을 「행정대집행법」에 따라 강제징수할 수 있음에도 민사소송절차에 의하여 상환을 청구하는 것은 허용되지 않는다.
④ 이행강제금은 심리적 압박을 통하여 간접적으로 의무이행을 확보하는 수단인 행정벌과는 달리 의무이행의 강제를 직접적인 목적으로 하므로, 강학상 직접강제에 해당한다.

11 행정지도에 대한 설명으로 옳지 않은 것은? (다툼이 있는 경우 판례에 의함)

① 행정지도는 상대방의 의사에 반하여 부당하게 강요하여서는 안 된다.
② 행정지도는 작용법적 근거가 필요하지 않으므로, 비례원칙과 평등원칙에 구속되지 않는다.
③ 교육인적자원부장관의 대학총장들에 대한 학칙시정 요구는 법령에 따른 것으로 행정지도의 일종이지만, 단순한 행정지도로서의 한계를 넘어 헌법소원의 대상이 되는 공권력의 행사라고 볼 수 있다.
④ 세무당국이 주류제조회사에 대하여 특정업체와의 주류거래를 일정기간 중지하여 줄 것을 요청한 행위는 권고적 성격의 행위로서 행정처분이라고 볼 수 없다.

12 행정벌에 대한 설명으로 옳지 않은 것은? (다툼이 있는 경우 판례에 의함)

① 과실범을 처벌한다는 명문의 규정이 없더라도 행정형벌법규의 해석에 의하여 과실행위도 처벌한다는 뜻이 도출되는 경우에는 과실범도 처벌될 수 있다.
② 통고처분에 따른 범칙금을 납부한 후에 동일한 사건에 대하여 다시 형사처벌을 하는 것이 일사부재리의 원칙에 반하는 것은 아니다.
③ 과태료는 행정질서벌에 해당할 뿐 형벌이라고 할 수 없어 죄형법정주의의 규율대상에 해당하지 아니한다.
④ 과태료를 부과하는 근거법령이 개정되어 행위시의 법률에 의하면 과태료 부과대상이었지만 재판시의 법률에 의하면 부과대상이 아니게 된 때에는 특별한 사정이 없는 한 과태료를 부과할 수 없다.

13 취소소송에서 협의의 소의 이익에 대한 설명으로 옳지 않은 것은? (다툼이 있는 경우 판례에 의함)

① 현역입영대상자가 현역병입영통지처분에 따라 현실적으로 입영을 한 후에는 처분의 집행이 종료되었고 입영으로 처분의 목적이 달성되어 실효되었으므로 입영통지처분을 다툴 법률상 이익이 인정되지 않는다.
② 가중요건이 법령에 규정되어 있는 경우, 업무정지처분을 받은 후 새로운 제재처분을 받음이 없이 법률이 정한 기간이 경과하여 실제로 가중된 제재처분을 받을 우려가 없어졌다면 특별한 사정이 없는 한 업무정지처분의 취소를 구할 법률상 이익이 인정되지 않는다.
③ 공장등록이 취소된 후 그 공장시설물이 철거되었고 다시 복구를 통하여 공장을 운영할 수 없는 상태라 하더라도 대도시 안의 공장을 지방으로 이전할 경우 조세감면 및 우선입주 등의 혜택이 관계법률에 보장되어 있다면, 공장등록취소처분의 취소를 구할 법률상 이익이 인정된다.
④ 지방의회의원에 대한 제명의결 취소소송 계속 중 의원의 임기가 만료된 경우에도 여전히 제명의결의 취소를 구할 법률상 이익이 인정된다.

14 행정의 실효성 확보수단에 대한 설명으로 옳은 것만을 모두 고르면? (다툼이 있는 경우 판례에 의함)

ㄱ. 조세부과처분에 취소사유인 하자가 있는 경우 그 하자는 후행 강제징수절차인 독촉·압류·매각·청산절차에 승계된다.
ㄴ. 세법상 가산세는 과세권 행사 및 조세채권 실현을 용이하게 하기 위하여 납세자가 정당한 이유 없이 법에 규정된 신고, 납세 등의 의무를 위반한 경우에 개별세법에 따라 부과하는 행정상 제재로서, 납세자의 고의·과실은 고려되지 아니하고 법령의 부지·착오 등은 그 의무위반을 탓할 수 없는 정당한 사유에 해당하지 아니한다.
ㄷ. 세무공무원은 국세징수법에 따른 압류, 수색, 질문·검사를 하는 경우 그 신분을 나타내는 증표 및 압류·수색 등 통지서를 지니고 이를 관계자에게 보여주어야 한다.
ㄹ. 구 「국세징수법」상 가산금은 국세를 납부기한까지 납부하지 아니하면 과세청의 확정절차 없이도 법률에 의하여 당연히 발생하는 것이므로 가산금의 고지는 항고소송의 대상이 되는 처분이라고 볼 수 없다.

① ㄱ, ㄴ
② ㄴ, ㄷ
③ ㄷ, ㄹ
④ ㄴ, ㄷ, ㄹ

15 「행정심판법」상 행정심판에 대한 설명으로 옳지 않은 것은? (다툼이 있는 경우 판례에 의함)

① 대통령의 처분 또는 부작위에 대하여는 다른 법률에서 행정심판을 청구할 수 있도록 정한 경우 외에는 행정심판을 청구할 수 없다.
② 당사자의 신청에 대한 행정청의 부당한 거부처분에 대하여 일정한 처분을 하도록 하는 행정심판의 청구는 현행법상 허용되고 있다.
③ 「행정심판법」에 따른 서류의 송달에 관하여는 「행정절차법」 중 송달에 관한 규정을 준용한다.
④ 행정심판 청구인이 경제적 능력으로 인해 대리인을 선임할 수 없는 경우에는 행정심판위원회에 국선대리인을 선임하여 줄 것을 신청할 수 있다.

16 항고소송의 대상인 처분에 대한 설명으로 옳은 것은? (다툼이 있는 경우 판례에 의함)

① 국립대학교 총장의 임용권한은 대통령에게 있으므로, 교육부장관이 대통령에게 임용제청을 하면서 대학에서 추천한 복수의 총장후보자들 중 일부를 임용제청에서 제외한 행위는 처분에 해당하지 않는다.
② 인터넷 포털사이트의 개인정보 유출사고로 주민등록번호가 불법유출되었음을 이유로 주민등록번호 변경신청을 하였으나 관할구청장이 이를 거부한 경우, 그 거부행위는 처분에 해당하지 않는다.
③ 검사의 불기소결정은 공권력의 행사에 포함되므로, 검사의 자의적인 수사에 의하여 불기소결정이 이루어진 경우 그 불기소결정은 처분에 해당한다.
④ 국가인권위원회가 진정에 대하여 각하 및 기각결정을 할 경우 피해자인 진정인은 인권침해 등에 대한 구제조치를 받을 권리를 박탈당하게 되므로, 국가인권위원회의 진정에 대한 각하 및 기각결정은 처분에 해당한다.

17 「국가배상법」상 국가배상에 대한 설명으로 옳은 것(O)과 옳지 않은 것(X)을 바르게 연결한 것은? (다툼이 있는 경우 판례에 의함)

ㄱ. 재판에 대하여 불복절차 내지 시정절차 자체가 없는 경우, 부당한 재판으로 인하여 불이익 내지 손해를 입은 사람에게는 배상책임의 요건이 충족되는 한 국가배상책임이 인정될 수 있다.
ㄴ. 국가가 일정한 사항에 관하여 헌법에 의하여 부과되는 구체적인 입법의무를 부담하고 있음에도 불구하고 그 입법에 필요한 상당한 기간이 경과하도록 고의·과실로 입법의무를 이행하지 아니하는 경우, 국가배상책임이 인정될 수 있다.
ㄷ. 직무집행과 관련하여 공상을 입은 군인이 먼저 「국가배상법」상 손해배상을 받은 다음 구 「국가유공자 등 예우 및 지원에 관한 법률」상 보훈급여금을 지급청구하는 경우, 국가배상을 받았다는 이유로 그 지급을 거부할 수 없다.
ㄹ. 피해자에게 손해를 직접 배상한 경과실이 있는 공무원은 특별한 사정이 없는 한, 국가의 피해자에 대한 손해배상책임의 범위 내에서 자신이 변제한 금액에 관하여 국가에 대한 구상권을 취득한다.

	ㄱ	ㄴ	ㄷ	ㄹ
①	O	O	X	O
②	X	O	O	X
③	O	X	X	X
④	O	O	O	O

18 甲은 관할 A 행정청에 토지형질변경허가를 신청하였으나 A 행정청은 허가를 거부하였다. 이에 甲은 거부처분취소소송을 제기하여 재량의 일탈·남용을 이유로 취소판결을 받았고, 그 판결은 확정되었다. 이에 대한 설명으로 옳은 것은? (다툼이 있는 경우 판례에 의함)

① A 행정청이 거부처분 이전에 이미 존재하였던 사유 중 거부처분 사유와 기본적 사실관계의 동일성이 없는 사유를 근거로 다시 거부처분을 하는 것은 허용되지 않는다.
② A 행정청이 재처분을 하였더라도 취소판결의 기속력에 저촉되는 경우에는 甲은 간접강제를 신청할 수 있다.
③ A 행정청의 재처분이 취소판결의 기속력에 저촉되더라도 당연무효는 아니고 취소사유가 될 뿐이다.
④ A 행정청이 간접강제결정에서 정한 의무이행기한 내에 재처분을 이행하지 않아 배상금이 이미 발생한 경우에는 그 이후에 재처분을 이행하더라도 甲은 배상금을 추심할 수 있다.

19 甲은 「영유아보육법」에 따라 보건복지부장관의 평가인증을 받아 어린이집을 설치·운영하고 있다. 甲은 어린이집을 운영하면서 부정한 방법으로 보조금을 교부받아 사용하였고, 보건복지부장관은 이를 근거로 관련법령에 따라 평가인증을 취소하였다. 이에 대한 설명으로 옳은 것은? (다툼이 있는 경우 판례에 의함)

① 평가인증의 취소는 강학상 취소에 해당하며, 행정청이 평가인증취소처분을 하면서 별도의 법적 근거 없이도 평가인증의 효력을 취소사유 발생일로 소급하여 상실시킬 수 있다.
② 평가인증의 취소는 강학상 철회에 해당하며, 행정청이 평가인증취소처분을 하면서 별도의 법적 근거 없이는 평가인증의 효력을 취소사유 발생일로 소급하여 상실시킬 수 없다.
③ 평가인증의 취소는 강학상 취소에 해당하며, 행정청이 평가인증취소처분을 하면서 별도의 법적 근거 없이는 평가인증의 효력을 취소사유 발생일로 소급하여 상실시킬 수 없다.
④ 평가인증의 취소는 강학상 철회에 해당하며, 행정청이 평가인증취소처분을 하면서 별도의 법적 근거 없이도 평가인증의 효력을 취소사유 발생일로 소급하여 상실시킬 수 있다.

20 항고소송에서 수소법원이 하여야 하는 판결에 대한 설명으로 옳지 않은 것은? (다툼이 있는 경우 판례에 의함)

① 무효확인소송의 제1심 판결시까지 원고적격을 구비하였는데 제2심 단계에서 원고적격을 흠결하게 된 경우, 제2심 수소법원은 각하판결을 하여야 한다.
② 행정처분이 있음을 안 날부터 90일을 넘겨 행정심판을 청구하였다가 각하재결을 받은 후 그 재결서를 송달받은 날부터 90일 내에 원래의 처분에 대하여 취소소송을 제기한 경우, 수소법원은 각하판결을 하여야 한다.
③ 허가처분 신청에 대한 부작위를 다투는 부작위위법확인소송을 제기하여 제1심에서 승소판결을 받았는데 제2심 단계에서 피고행정청이 허가처분을 한 경우, 제2심 수소법원은 각하판결을 하여야 한다.
④ 행정심판을 청구하여 기각재결을 받은 후 재결 자체에 고유한 위법이 있음을 주장하며 그 기각재결에 대하여 취소소송을 제기한 경우, 수소법원은 심리결과 재결 자체에 고유한 위법이 없다면 각하판결을 하여야 한다.

2018년 국가직 9급
행정법총론 책형: 가

01 행정의 자기구속의 원칙에 대한 설명으로 옳지 않은 것은? (다툼이 있는 경우 판례에 의함)

① 헌법재판소는 평등의 원칙이나 신뢰보호의 원칙을 근거로 행정의 자기구속의 원칙을 인정하고 있다.
② 반복적으로 행해진 행정처분이 위법하더라도 행정의 자기구속의 원칙에 따라 행정청은 선행처분에 구속된다.
③ 행정의 자기구속의 원칙은 법적으로 동일한 사실관계, 즉 동종의 사안에서 적용이 문제되는 것으로 주로 재량의 통제법리와 관련된다.
④ 재량준칙이 공표된 것만으로는 행정의 자기구속의 원칙이 적용될 수 없고, 재량준칙이 되풀이 시행되어 행정관행이 성립한 경우에 행정의 자기구속의 원칙이 적용될 수 있다.

02 법규명령에 대한 설명으로 옳지 않은 것은? (다툼이 있는 경우 판례에 의함)

① 법규명령이 구체적인 집행행위 없이 직접 개인의 권리·의무에 영향을 주는 경우 처분성이 인정된다.
② 법규명령이 법률상 위임의 근거가 없어 무효이더라도 나중에 법률의 개정으로 위임의 근거가 부여되면 그때부터는 유효한 법규명령으로서 구속력을 갖는다.
③ 행정 각부의 장이 정하는 고시(告示)는 법령의 규정으로부터 구체적 사항을 정할 수 있는 권한을 위임받아 그 법령내용을 보충하는 기능을 가진 경우라도 그 형식상 대외적으로 구속력을 갖지 않는다.
④ 법규명령이 법률에서 위임받은 사항에 관하여 대강을 정하고 그 중의 특정사항에 대하여 범위를 정하여 하위법령에 다시 위임하는 경우에는 재위임이 허용된다.

03 「개인정보 보호법」상 개인정보 보호에 대한 설명으로 옳지 않은 것은? (다툼이 있는 경우 판례에 의함)

① 헌법재판소는 개인정보자기결정권을 사생활의 비밀과 자유, 일반적 인격권 등을 이념적 기초로 하는 독자적 기본권으로서 헌법에 명시되지 않은 기본권으로 보고 있다.
② 「개인정보 보호법」에는 개인정보 단체소송을 제기할 수 있는 단체에 대한 제한을 두고 있지 않으므로 법인격이 있는 단체라면 어느 단체든지 권리침해행위의 금지·중지를 구하는 소송을 제기할 수 있다.
③ 개인정보처리자의 「개인정보 보호법」 위반행위로 손해를 입은 정보주체는 개인정보처리자에게 손해배상을 청구할 수 있고, 그 개인정보처리자는 고의 또는 과실이 없음을 입증하지 않으면 책임을 면할 수 없다.
④ 「개인정보 보호법」은 집단분쟁조정제도에 대하여 규정하고 있다.

04 「행정절차법」상 행정절차에 대한 설명으로 옳지 않은 것은?

① 단순·반복적인 처분 또는 경미한 처분으로서 당사자가 그 이유를 명백히 알 수 있는 경우라 하더라도 처분 후 당사자가 요청하는 경우에는 행정청은 그 근거와 이유를 제시하여야 한다.
② 행정청이 당사자에게 의무를 과하거나 권익을 제한하는 처분을 하는 경우라도 당사자가 명백히 의견진술의 기회를 포기한다는 뜻을 표시한 경우에는 의견청취를 하지 않을 수 있다.
③ 행정청은 대통령령을 입법예고하는 경우에는 이를 국회 소관상임위원회에 제출하여야 한다.
④ 인·허가 등의 취소 또는 신분·자격의 박탈, 법인이나 조합 등의 설립허가의 취소시 공청회를 개최한다.

05 행정행위의 하자의 승계에 대한 설명으로 옳지 않은 것은? (다툼이 있는 경우 판례에 의함)

① 「도시 및 주거환경정비법」상 사업시행계획에 관한 취소사유인 하자는 관리처분계획에 승계되지 않는다.
② 「행정대집행법」상 선행처분인 계고처분의 하자는 대집행영장발부 통보처분에 승계된다.
③ 「국토의 계획 및 이용에 관한 법률」상 도시·군계획시설결정과 실시계획인가는 동일한 법률효과를 목적으로 하는 것이므로 선행처분인 도시·군계획시설결정의 하자는 실시계획인가에 승계된다.
④ 구 「부동산 가격공시 및 감정평가에 관한 법률」상 선행처분인 표준지공시지가의 결정에 하자가 있는 경우에 그 하자는 보상금 산정을 위한 수용재결에 승계된다.

06 행정청이 법률의 근거규정 없이도 할 수 있는 조치로 옳은 것만을 모두 고른 것은? (다툼이 있는 경우 판례에 의함)

> ㄱ. 하자 있는 처분을 직권으로 취소하는 것
> ㄴ. 재량권이 인정되는 영역에서 재량권 행사의 기준이 되는 지침을 제정하는 것
> ㄷ. 중대한 공익상의 필요가 발생하여 처분을 철회하는 것
> ㄹ. 사정변경으로 인하여 처분에 부가되어 있는 부담의 목적을 달성할 수 없게 되어 부담의 내용을 변경하는 것

① ㄱ, ㄴ ② ㄷ, ㄹ
③ ㄱ, ㄷ, ㄹ ④ ㄱ, ㄴ, ㄷ, ㄹ

07 행정계약에 대한 판례의 입장으로 옳지 않은 것은?

① 계약직공무원 채용계약해지의 의사표시는 일반공무원에 대한 징계처분과는 다르지만, 「행정절차법」의 처분절차에 의하여 근거와 이유를 제시하여야 한다.
② 구 「중소기업 기술혁신 촉진법」상 중소기업 정보화지원사업의 일환으로 중소기업기술정보진흥원장이 甲 주식회사와 중소기업 정보화지원사업에 관한 협약을 체결한 후 甲 주식회사의 협약 불이행으로 인해 사업실패가 초래된 경우, 중소기업기술진흥원장이 협약에 따라 甲에 대해 행한 협약의 해지 및 지급받은 정부지원금의 환수통보는 행정처분에 해당하지 않는다.
③ 구 「도시계획법」상 도시계획사업의 시행자가 그 사업에 필요한 토지를 협의취득하는 행위는 사경제주체로서 행하는 사법상의 법률행위이므로 행정소송의 대상이 되지 않는다.
④ 「지방공무원법」상 지방전문직공무원 채용계약에서 정한 채용기간이 만료한 경우에는 채용계약의 갱신이나 기간연장 여부는 기본적으로 지방자치단체장의 재량이다.

08 행정입법에 대한 설명으로 옳지 않은 것은? (다툼이 있는 경우 판례에 의함)

① 국민의 구체적인 권리·의무에 직접적으로 변동을 초래하지 않는 추상적인 법령의 제정 여부 등은 부작위위법확인소송의 대상이 될 수 없다.
② 보건복지부 고시인 구 「약제급여·비급여목록 및 급여상한금액표」는 그 자체로서 국민건강보험가입자, 국민건강보험공단, 요양기관 등의 법률관계를 직접 규율하는 성격을 가지므로 항고소송의 대상이 되는 행정처분에 해당한다.
③ 행정규칙의 공표는 행정규칙의 성립요건이나 효력요건은 아니나, 「행정절차법」에서는 행정청은 필요한 처분기준을 당해 처분의 성질에 비추어 될 수 있는 한 구체적으로 공표하도록 하고 있다.
④ 일반적으로 시행령이 헌법이나 법률에 위반된다는 사정은 그 시행령의 규정을 위헌 또는 위법하여 무효라고 선언한 대법원의 판결이 선고되지 않은 상태에서도 그 시행령 규정의 위헌 내지 위법 여부가 객관적으로 명백하다고 할 수 있으므로, 이러한 시행령에 근거한 행정처분의 하자는 무효사유에 해당한다.

09 행정청의 확약에 대한 설명으로 옳은 것은? (다툼이 있는 경우 판례에 의함)

① 행정청의 확약은 위법하더라도 중대·명백한 하자가 있어 당연무효가 아닌 한 취소되기 전까지는 유효한 것으로 통용된다.
② 재량행위에 대해 상대방에게 확약을 하려면 확약에 대한 법적 근거가 있어야 한다.
③ 행정청이 상대방에게 확약을 한 후에 사실적·법률적 상태가 변경되었다면 확약은 행정청의 별다른 의사표시가 없더라도 실효된다.
④ 행정청의 확약에 대해 법률상 이익이 있는 제3자는 확약에 대해 취소소송으로 다툴 수 있다.

11 판례에 의할 때 ㉠과 ㉡에서 甲과 乙이 적법하게 제기할 수 있는 소송의 종류를 바르게 연결한 것은?

㉠ 법관 甲이 이미 수령한 명예퇴직수당액이 구 「법관 및 법원공무원 명예퇴직수당 등 지급규칙」에서 정한 정당한 명예퇴직수당액에 미치지 못한다고 주장하며 차액의 지급을 신청하였으나 법원행정처장이 이를 거부한 경우
㉡ 乙이 군인연금법령에 따라 국방부장관의 인정을 받아 퇴역연금을 지급받아 오던 중 「군인보수법」 및 「공무원 보수규정」에 의한 호봉이나 봉급액의 개정 등으로 퇴역연금액이 변경되어 국방부장관이 乙에게 법령의 개정에 따른 퇴역연금액 감액조치를 한 경우

	㉠	㉡
①	미지급명예퇴직수당액 지급을 구하는 당사자소송	퇴역연금차액지급을 구하는 당사자소송
②	법원행정처장의 거부처분에 대한 취소소송	퇴역연금차액지급을 구하는 당사자소송
③	미지급명예퇴직수당액 지급을 구하는 당사자소송	국방부장관의 퇴역연금감액처분에 대한 취소소송
④	법원행정처장의 거부처분에 대한 취소소송	국방부장관의 퇴역연금감액처분에 대한 취소소송

10 행정행위의 효력발생요건으로서의 통지에 대한 설명으로 옳지 않은 것은? (다툼이 있는 경우 판례에 의함)

① 처분의 통지는 행정처분을 상대방에게 표시하는 것으로서 상대방이 인식할 수 있는 상태에 둠으로써 족하고, 객관적으로 보아 행정처분으로 인식할 수 있도록 고지하면 된다.
② 처분서를 보통우편의 방법으로 발송한 경우에는 그 우편물이 상당한 기간 내에 도달하였다고 추정할 수 없다.
③ 구 「청소년 보호법」에 따라 정보통신윤리위원회가 특정 웹사이트를 청소년유해매체물로 결정하고 청소년보호위원회가 효력발생시기를 명시하여 고시하였으나 정보통신윤리위원회와 청소년보호위원회가 웹사이트 운영자에게는 위 처분이 있었음을 통지하지 않았다면 그 효력이 발생하지 않는다.
④ 등기에 의한 우편송달의 경우라도 수취인이 주민등록지에 실제로 거주하지 않는 경우에는 우편물의 도달사실을 처분청이 입증해야 한다.

12 행정심판에 대한 설명으로 옳은 것은? (다툼이 있는 경우 판례에 의함)

① 종중이나 교회와 같은 비법인사단은 사단 자체의 명의로 행정심판을 청구할 수 없고 대표자가 청구인이 되어 행정심판을 청구하여야 한다.
② 행정심판의 대상과 관련되는 권리나 이익을 양수한 특정승계인은 행정심판위원회의 허가를 받아 청구인의 지위를 승계할 수 있다.
③ 행정심판에서는 항고소송에서와 달리 처분청이 당초 처분의 근거로 삼은 사유와 기본적 사실관계가 동일성이 인정되지 않는 다른 사유를 처분사유로 추가하거나 변경할 수 있다.
④ 행정심판의 재결이 확정되면 피청구인인 행정청을 기속하는 효력이 있고 그 처분의 기초가 된 사실관계나 법률적 판단이 확정되므로 이후 당사자 및 법원은 이에 모순되는 주장이나 판단을 할 수 없다.

13. 행정심판과 행정소송에 대한 설명으로 옳지 않은 것은? (다툼이 있는 경우 판례에 의함)

① 행정심판을 청구하려는 자는 행정심판위원회뿐만 아니라 피청구인인 행정청에도 행정심판청구서를 제출할 수 있으나 행정소송을 제기하려는 자는 법원에 소장을 제출하여야 한다.
② 행정심판에서는 행정청이 상대방에게 심판청구기간을 법정 심판청구기간보다 긴 기간으로 잘못 알린 경우에 그 잘못 알린 기간 내에 심판청구가 있으면 그 심판청구는 법정 심판청구기간 내에 제기된 것으로 보나 행정소송에서는 그렇지 않다.
③ 「행정심판법」은 「행정소송법」과는 달리 집행정지뿐만 아니라 임시처분도 규정하고 있다.
④ 행정심판에서 행정심판위원회는 행정청의 부작위가 위법, 부당하다고 판단되면 직접 처분을 할 수 있으나 행정소송에서 법원은 행정청의 부작위가 위법한 경우에만 직접 처분을 할 수 있다.

14. 「행정대집행법」상 행정대집행에 대한 설명으로 옳지 않은 것은? (다툼이 있는 경우 판례에 의함)

① 퇴거의무 및 점유인도의무의 불이행은 행정대집행의 대상이 되지 않는다.
② 건물철거명령 및 철거대집행계고를 한 후에 이에 불응하자 다시 제2차, 제3차의 계고를 하였다면 철거의무는 처음에 한 건물철거명령 및 철거대집행계고로 이미 발생하였고 그 이후에 한 제2차, 제3차의 계고는 새로운 철거의무를 부과한 것이 아니라 대집행기한을 연기하는 통지에 불과하다.
③ 관계법령에서 금지규정 및 그 위반에 대한 벌칙규정은 두고 있으나 금지규정 위반행위에 대한 시정명령의 권한에 대해서는 규정하고 있지 않은 경우에 그 금지규정 및 벌칙규정은 당연히 금지규정 위반행위로 인해 발생한 유형적 결과를 시정하게 하는 것도 예정하고 있다고 할 것이어서 금지규정 위반으로 인한 결과의 시정을 명하는 권한도 인정하고 있는 것으로 해석된다.
④ 대집행계고를 함에 있어서는 의무자가 스스로 이행하지 않는 경우에 대집행할 행위의 내용 및 범위가 구체적으로 특정되어야 하는데 그 내용과 범위는 대집행계고서뿐만 아니라 계고처분 전후에 송달된 문서나 기타 사정 등을 종합하여 특정될 수 있다.

15. 행정의 실효성 확보수단에 대한 설명으로 옳지 않은 것은? (다툼이 있는 경우 판례에 의함)

① 질서위반행위에 대하여 과태료를 부과하는 근거법령이 개정되어 행위시의 법률에 의하면 과태료 부과대상이었지만 재판시의 법률에 의하면 부과대상이 아니게 된 때에는 개정법률의 부칙 등에서 행위시의 법률을 적용하도록 명시하는 등 특별한 사정이 없는 한 재판시의 법률을 적용하여야 한다.
② 「건축법」상 이행강제금은 시정명령의 불이행이라는 과거의 위반행위에 대한 제재이므로, 건축주가 장기간 시정명령을 이행하지 않았다면 그 기간 중에 시정명령의 이행기회가 제공되지 않았다가 뒤늦게 이행기회가 제공된 경우라 하더라도 이행기회가 제공되지 않은 과거의 기간에 대한 이행강제금까지 한꺼번에 부과할 수 있다.
③ 세법상 가산세를 부과할 때 납세자에게 조세납부를 거부 또는 지연하는 데 고의 또는 과실이 있었는지는 원칙적으로 고려하지 않지만, 납세의무자의 의무해태를 탓할 수 없는 정당한 사유가 있는 경우에는 가산세를 부과할 수 없다.
④ 재량행위인 과징금부과처분이 해당 법령이 정한 한도액을 초과하여 부과된 경우 이러한 과징금부과처분은 법이 정한 한도액을 초과하여 위법하므로 법원으로서는 그 전부를 취소할 수밖에 없고, 그 한도액을 초과한 부분만 취소할 수는 없다.

16 행정조사에 대한 설명으로 옳지 않은 것은? (다툼이 있는 경우 판례에 의함)

① 「행정조사기본법」에 따르면, 행정기관은 법령 등에서 행정조사를 규정하고 있는 경우에 한하여 행정조사를 실시할 수 있지만 조사대상자가 자발적으로 협조하는 경우에는 법령 등에서 행정조사를 규정하고 있지 않더라도 행정조사를 실시할 수 있다.
② 「행정조사기본법」에 따르면, 행정조사를 실시하는 경우 조사 개시 7일 전까지 조사대상자에게 출석요구서, 보고요구서·자료제출요구서, 현장출입조사서를 서면으로 통지하여야 하나, 조사대상자의 자발적인 협조를 얻어 행정조사를 실시하는 경우에는 미리 서면으로 통지하지 않고 행정조사의 개시와 동시에 이를 조사대상자에게 제시할 수 있다.
③ 헌법 제12조 제1항에서 규정하고 있는 적법절차의 원칙은 형사소송절차에 국한되지 않고 모든 국가작용 전반에 대하여 적용되는 원칙이므로 세무공무원의 세무조사권의 행사에서도 적법절차의 원칙은 준수되어야 한다.
④ 행정조사는 처분성이 인정되지 않으므로 세무조사결정이 위법하더라도 이에 대해서는 항고소송을 제기할 수 없다.

17 판례에 따를 경우 甲이 제기하는 소송이 적법하게 되기 위한 설명으로 옳은 것은?

> A 시장은 2016. 12. 23. 「식품위생법」 위반을 이유로 甲에 대하여 3월의 영업정지처분을 하였고, 甲은 2016. 12. 26. 처분서를 송달받았다. 甲은 이에 대해 행정심판을 청구하였고, 행정심판위원회는 2017. 3. 6. "A시장은 甲에 대하여 한 3월의 영업정지처분을 2월의 영업정지에 갈음하는 과징금부과처분으로 변경하라."라는 일부인용의 재결을 하였으며, 그 재결서 정본은 2017. 3. 10. 甲에게 송달되었다. A 시장은 재결취지에 따라 2017. 3. 13. 甲에 대하여 과징금부과처분을 하였다. 甲은 여전히 자신이 「식품위생법」 위반을 이유로 한 제재를 받을 이유가 없다고 생각하여 취소소송을 제기하려고 한다.

① 행정심판위원회를 피고로 하여 2016. 12. 23.자 영업정지처분을 대상으로 취소소송을 제기하여야 한다.
② 행정심판위원회를 피고로 하여 2017. 3. 13.자 과징금부과처분을 대상으로 취소소송을 제기하여야 한다.
③ 과징금부과처분으로 변경된 2016. 12. 23.자 원처분을 대상으로 2017. 3. 10.부터 90일 이내에 제기하여야 한다.
④ 2017. 3. 13.자 과징금부과처분을 대상으로 2017. 3. 6.부터 90일 이내에 제기하여야 한다.

18 행정상 손해배상에 대한 설명으로 옳은 것은? (다툼이 있는 경우 판례에 의함)

① 국가나 지방자치단체는 공무원이 직무를 집행하면서 고의 또는 과실로 위법하게 타인에게 손해를 가한 때에 「국가배상법」상 배상책임을 지고, 공무원의 선임 및 감독에 상당한 주의를 한 경우에도 그 배상책임을 면할 수 없다.
② 국가 또는 지방자치단체가 공무원의 위법한 직무집행으로 발생한 손해에 대해 「국가배상법」에 따라 배상한 경우에 당해 공무원에게 구상권을 행사할 수 있는지에 대해 「국가배상법」은 규정을 두고 있지 않으나, 판례에 따르면 당해 공무원에게 고의 또는 중과실이 인정될 경우 국가 또는 지방자치단체는 그 공무원에게 구상권을 행사할 수 있다.
③ 「국가배상법」상 공무원의 직무행위는 객관적으로 직무행위로서의 외형을 갖추고 있어야 할 뿐만 아니라 주관적 공무집행의 의사도 있어야 한다.
④ 민간인과 직무집행 중인 군인의 공동불법행위로 인하여 직무집행 중인 다른 군인이 피해를 입은 경우 민간인이 피해군인에게 자신의 과실비율에 따라 내부적으로 부담할 부분을 초과하여 피해금액 전부를 배상한 경우에 대법원 판례에 따르면 민간인은 국가에 대해 가해군인의 과실비율에 대한 구상권을 행사할 수 있다.

19 신고에 대한 설명으로 옳은 것은? (다툼이 있는 경우 판례에 의함)

① 신고는 사인이 행하는 공법행위로 행정기관의 행위가 아니므로 「행정절차법」에는 신고에 관한 규정을 두고 있지 않다.
② 신고의 수리는 타인의 행위를 유효한 행위로 받아들이는 행정행위를 말하며, 이는 강학상 법률행위적 행정행위에 해당한다.
③ 「행정절차법」상 사전통지의 상대방인 당사자는 행정청의 처분에 대하여 직접 그 상대가 되는 자를 의미하므로, 「식품위생법」상의 영업자지위승계신고를 수리하는 행정청은 영업자지위를 이전한 종전의 영업자에 대하여 사전통지를 할 필요가 없다.
④ 숙박업을 하고자 하는 자가 법령이 정하는 시설과 설비를 갖추고 행정청에 신고를 하면 행정청은 공중위생관리법령의 규정에 따라 원칙적으로 이를 수리하여야 하므로, 새로 숙박업을 하려는 자가 기존에 다른 사람이 숙박업신고를 한 적이 있는 시설 등의 소유권 등 정당한 사용권한을 취득하여 법령에서 정한 요건을 갖추어 신고하였다면, 행정청으로서는 특별한 사정이 없는 한 이를 수리하여야 하고, 기존의 숙박업신고가 외관상 남아 있다는 이유로 이를 거부할 수 없다.

20 제시문을 전제로 한 설명으로 옳지 않은 것은? (다툼이 있는 경우 판례에 의함)

> 甲이 A시에 공장을 설립하였는데 그 공장이 들어선 이후로 공장 인근에 거주하는 주민들에게 중한 피부질환과 호흡기질환이 발생하였다. 환경운동실천시민단체와 주민들은 역학조사를 실시하였고 그 결과에 따라 甲의 공장에서 배출되는 매연물질과 오염물질이 주민들에게 발생한 질환의 원인이라고 판단하고 있다. 주민들은 규제권한이 있는 A 시장에게 甲의 공장에 대해 개선조치를 해줄 것을 요청하였으나, A 시장은 상당한 기간이 지나도록 아무런 조치를 취하지 않고 있다.

① 관계법령에서 A 시장에게 일정한 조치를 취하여야 할 작위의무를 규정하고 있지 않더라도 甲의 공장에서 나온 매연물질과 오염물질로 인해 질환을 앓게 된 주민들이 많고 그 정도가 심각하여 주민들의 생명, 신체에 가해지는 위험이 절박하고 중대하다고 인정된다면 A시장에게 그러한 위험을 배제하는 조치를 하여야 할 작위의무를 인정할 수 있다.
② 개선조치를 요청한 주민이 A시장을 상대로 개선조치를 해달라는 행정쟁송을 하고자 할 때 가능한 쟁송유형으로 의무이행심판은 가능하나 의무이행소송은 허용되지 않는다.
③ 甲의 공장에서 배출된 물질 때문에 피해를 입은 주민이 A 시장의 부작위를 원인으로 하여 국가배상을 청구한 경우에 국가배상책임이 인정되기 위해서는 A 시장의 작위의무 위반이 인정되면 충분하고, A 시장이 그와 같은 결과를 예견하여 그 결과를 회피하기 위한 조치를 취할 수 있는 가능성까지 인정되어야 하는 것은 아니다.
④ 부작위위법확인소송에서 A 시장의 부작위가 위법하다고 확인한 인용판결이 확정되어도 A 시장의 부작위를 원인으로 한 국가배상소송에서 A 시장의 부작위가 고의 또는 과실에 의한 불법행위를 구성한다는 점이 곧바로 인정되는 것은 아니다.

2017년 국가직(하반기) 9급
행정법총론 책형: 나

01 사인의 공법행위에 대한 설명으로 옳지 않은 것은? (다툼이 있는 경우 판례에 의함)

① 주민등록전입신고는 행정청에 도달하기만 하면 신고로서의 효력이 발생하는 것이 아니라 행정청이 수리한 경우에 비로소 신고의 효력이 발생한다.
② 수리를 요하는 신고의 경우, 수리행위에 신고필증의 교부가 필수적이므로 신고필증 교부의 거부는 「행정소송법」상 처분으로 볼 수 있다.
③ 공무원이 한 사직의 의사표시는 그에 터 잡은 의원면직처분이 있을 때까지 철회나 취소할 수 있는 것이고, 일단 면직처분이 있고 난 이후에는 철회나 취소할 수 없다.
④ 행정청은 법령상 규정된 형식적 요건을 갖추지 못한 신고서가 제출된 경우에는 지체 없이 상당한 기간을 정하여 신고인에게 보완을 요구하여야 한다.

02 행정법의 법원(法源)에 대한 설명으로 옳은 것은? (다툼이 있는 경우 판례에 의함)

① 회원국 정부의 반덤핑부과처분이 WTO협정 위반이라는 이유만으로 사인이 직접 국내법원에 회원국 정부를 상대로 그 처분의 취소를 구하는 소를 제기할 수 있다.
② 재량준칙이 공표된 것만으로도 자기구속의 원칙이 적용될 수 있으며, 재량준칙이 되풀이 시행되어 행정관행이 성립될 필요는 없다.
③ 사회의 거듭된 관행으로 생성된 사회생활규범이 관습법으로 승인되었다고 하더라도 사회구성원들이 그러한 관행의 법적 구속력에 대하여 확신을 갖지 않게 되었다면 그러한 관습법은 법적 규범으로서의 효력이 부정될 수밖에 없다.
④ 신뢰보호의 원칙이 적용되기 위한 요건의 하나인 행정청의 공적 견해표명이 있었는지의 여부를 판단함에 있어서는 반드시 행정조직상의 형식적인 권한분장에 따라야 한다.

03 행정상 즉시강제에 대한 설명으로 옳지 않은 것은? (다툼이 있는 경우 판례에 의함)

① 행정강제는 행정상 강제집행을 원칙으로 하고, 행정상 즉시강제는 예외적으로 인정되는 강제수단이다.
② 행정상 즉시강제는 실정법의 근거를 필요로 하고, 그 발동에 있어서는 법규의 범위 안에서도 행정상의 장해가 목전에 급박하고, 다른 수단으로는 행정목적을 달성할 수 없는 경우이어야 하며, 이러한 경우에도 그 행사는 필요 최소한도에 그쳐야 함을 내용으로 하는 한계에 기속된다.
③ 개별법에서 행정상 즉시강제에 해당하는 수단을 규정하고 있다.
④ 불법게임물을 발견한 경우 관계공무원으로 하여금 영장 없이 이를 수거하여 폐기하게 할 수 있도록 규정한 구 「음반·비디오물 및 게임물에 관한 법률」의 조항은 급박한 상황에 대처하기 위해 행정상 즉시강제를 행할 불가피성과 정당성이 인정되지 않으므로 헌법상 영장주의에 위배된다.

04 국가배상제도에 대한 설명으로 옳지 않은 것은? (다툼이 있는 경우 판례에 의함)

① 「국가배상법」은 외국인이 피해자인 경우에는 해당 국가와 상호보증이 있는 때에만 「국가배상법」이 적용된다고 규정하고 있다.
② 국가나 지방자치단체가 공무원의 위법한 직무집행으로 발생한 손해를 배상한 경우에 공무원에게 고의 또는 중과실이 있으면 국가나 지방자치단체는 그 공무원에게 구상권을 행사할 수 있다.
③ 국가나 지방자치단체가 배상책임을 지는 외에 공무원 개인도 고의 또는 중과실이 있는 경우에는 피해자에 대하여 불법행위로 인한 손해배상책임을 진다.
④ 공무원이 직무를 집행하면서 고의 또는 과실로 위법하게 타인에게 손해를 가하였어도 국가나 지방자치단체가 그 공무원의 선임 및 감독에 상당한 주의를 하였다면 국가나 지방자치단체는 국가배상책임을 면한다.

05 강학상 인가에 대한 설명으로 옳지 않은 것은? (다툼이 있는 경우 판례에 의함)

① 공유수면매립면허로 인한 권리·의무의 양도·양수약정은 이에 대한 면허관청의 인가를 받지 않은 이상 법률상 효력이 발생하지 않는다.
② 기본행위에 하자가 있을 때에는 그에 대한 인가가 있었다고 하여도 기본행위가 유효한 것으로 될 수 없다.
③ 기본행위는 적법하고 인가 자체에만 하자가 있다면 그 인가의 무효나 취소를 주장할 수 있다.
④ 인가의 대상이 되는 기본행위는 법률적 행위일 수도 있고, 사실행위일 수도 있다.

06 행정입법에 대한 설명으로 옳지 않은 것은? (다툼이 있는 경우 판례에 의함)

① 법령의 규정이 특정 행정기관에게 법령내용의 구체적 사항을 정할 수 있는 권한을 부여하면서 권한 행사의 절차나 방법을 특정하지 아니하였다면, 수임행정기관은 행정규칙이나 규정 형식으로 법령내용이 될 사항을 구체적으로 정할 수 없다.
② 법률의 시행령이나 시행규칙의 내용이 모법의 입법취지와 관련 조항 전체를 유기적·체계적으로 살펴보아 모법의 해석상 가능한 것을 명시한 것에 지나지 아니하거나 모법 조항의 취지에 근거하여 이를 구체화하기 위한 것인 때에는, 모법에 이에 관하여 직접 위임하는 규정을 두지 아니하였다고 하더라도 이를 무효라고 볼 수는 없다.
③ 입법부가 법률로써 행정부에게 특정한 사항을 위임했음에도 불구하고 행정부가 정당한 이유 없이 이를 이행하지 않는다면 권력분립의 원칙과 법치국가 내지 법치행정의 원칙에 위배된다.
④ 대통령령을 제정하려면 국무회의의 심의와 법제처의 심사를 거쳐야 한다.

07 행정대집행에 대한 설명으로 옳은 것은? (다툼이 있는 경우 판례에 의함)

① 부작위의무의 근거규정인 금지규정으로부터 그 의무를 위반함으로써 생긴 결과를 시정할 작위의무나 위반 결과의 시정을 명할 행정청의 권한이 당연히 추론되는 것은 아니다.
② 관계법령상 행정대집행의 절차가 인정되어 행정청이 행정대집행의 방법으로 대체적 작위의무의 이행을 실현할 수 있는 경우에「민사소송법」상 강제집행의 방법으로도 그 의무의 이행을 구할 수 있다.
③ 관계법령에 위반하여 장례식장 영업을 한 사람이 행정청으로부터 장례식장 사용중지명령을 받고도 이에 따르지 않은 경우에 그의 사용중지의무 불이행은 행정청의 명령에 의한 대체적 작위의무의 불이행에 해당하므로 대집행의 대상이 된다.
④ 대집행할 행위의 내용과 범위는 반드시 철거명령서와 대집행계고서에 의해 구체적으로 특정되어야 한다.

08 행정행위의 하자에 대한 설명으로 옳지 않은 것은? (다툼이 있는 경우 판례에 의함)

① 행정행위의 내용상의 하자에 대해서는 하자의 치유가 인정되지 않는다.
② 행정처분을 한 처분청은 그 처분의 성립에 하자가 있는 경우 이를 취소할 별도의 법적 근거가 없다고 하더라도 직권으로 취소할 수 있다.
③ 납세의무자가 부과된 세금을 자진납부하였다고 하더라도 세액산출근거 등의 기재사항이 누락된 납세고지서에 의한 과세처분의 하자는 치유되지 않는다.
④ 수익적 행정행위의 거부처분을 함에 있어서 당사자에게 사전통지를 하지 아니하였다면, 그 거부처분은 위법하여 취소를 면할 수 없다.

09 다음 사례에 대한 설명으로 옳은 것은? (다툼이 있는 경우 판례에 의함)

> 국토교통부장관은 몰디브 직항 항공노선 1개의 면허를 국내 항공사에 발급하기로 결정하고, 이 사실을 공고하였다. 이에 따라 A 항공사와 B 항공사는 각각 노선면허취득을 위한 신청을 하였는데, 국토교통부장관은 심사를 거쳐 A 항공사에게 노선면허를 발급(이하 '이 사건 노선면허발급처분'이라 한다)하였다.

① B 항공사는 이 사건 노선면허발급처분에 대해 취소소송을 제기할 원고적격이 인정되지 않는다.
② B 항공사가 자신에 대한 노선면허발급거부처분에 대해 취소소송을 제기하여 인용판결을 받더라도 이 사건 노선면허발급처분이 취소되지 않는 이상 자신이 노선면허를 발급받을 수는 없으므로 B 항공사에게는 자신에 대한 노선면허발급거부처분의 취소를 구할 소의 이익이 인정되지 않는다.
③ 만약 B 항공사가 이 사건 노선면허발급처분에 대한 행정심판을 청구하여 인용재결을 받는다면, A 항공사는 그 인용재결의 취소를 구하는 소송을 제기할 수 있다.
④ 만약 위 사례와 달리 C 항공사가 몰디브 직항 항공노선에 관하여 이미 노선면허를 가지고 있었는데, A 항공사가 국토교통부장관에게 몰디브 직항 항공노선면허를 신청하였고 이에 대해 국토교통부장관이 A 항공사에게도 신규로 노선면허를 발급한 것이라면, C 항공사는 A 항공사에 대한 노선면허발급처분에 대해 취소소송을 제기할 원고적격이 없다.

10 다음 중 판례의 입장으로 옳지 않은 것은?

① 납세의무자에 대한 국가의 부가가치세 환급세액 지급의무에 대응하는 국가에 대한 납세의무자의 부가가치세 환급세액 지급청구는 민사소송이 아니라 당사자소송의 절차에 따라야 한다.
② 변상금부과처분에 대한 취소소송이 진행 중이면 변상금부과권의 권리 행사에 법률상의 장애사유가 있는 경우에 해당하므로 그 부과권의 소멸시효는 진행되지 않는다.
③ 개별공시지가결정에 대한 재조사청구에 따른 감액조정에 대하여 더 이상 불복하지 아니한 경우에는 선행처분의 불가쟁력이나 구속력이 수인한도를 넘는 가혹한 것이거나 예측 불가능하다고 볼 수 없어 이를 기초로 한 양도소득세 부과처분 취소소송에서 다시 개별공시지가결정의 위법을 당해 과세처분의 위법사유로 주장할 수 없다.
④ 「국토의 계획 및 이용에 관한 법률」에 따른 토지의 형질변경허가는 그 금지요건이 불확정개념으로 규정되어 있어 그 금지요건에 해당하는지 여부를 판단함에 있어서 행정청에 재량권이 부여되어 있다고 할 것이므로, 이 법에 따른 토지의 형질변경행위를 수반하는 건축허가는 재량행위에 속한다.

11 행정행위의 부관에 대한 설명으로 옳지 않은 것은? (다툼이 있는 경우 판례에 의함)

① 행정처분과 실제적 관련성이 없어서 부관으로는 붙일 수 없는 부담을 사법상 계약의 형식으로 행정처분의 상대방에게 부과하였더라도 이는 법치행정의 원리에 반하는 것은 아니다.
② 기속행위도 법률에서 명시적으로 부관을 허용하고 있으면 부관을 붙일 수 있다.
③ 부담의 경우에는 다른 부관과는 달리 행정행위의 불가분적인 요소가 아니고 그 존속이 본체인 행정행위의 존재를 전제로 하는 것일 뿐이므로 부담 그 자체로서 행정쟁송의 대상이 될 수 있다.
④ 부관의 사후변경은 법률에 명문의 규정이 있거나 그 변경이 미리 유보되어 있는 경우 또는 상대방의 동의가 있는 경우에 한하여 허용되는 것이 원칙이지만, 사정변경으로 인하여 당초에 부담을 부가한 목적을 달성할 수 없게 된 경우에도 그 목적달성에 필요한 범위 내에서 예외적으로 허용된다.

12 「행정심판법」상 행정심판에 대한 설명으로 옳지 않은 것은?

① 행정심판청구는 처분의 효력이나 그 집행 또는 절차의 속행에 영향을 주지 않는다.
② 「행정심판법」에서 규정한 행정심판의 종류로는 「행정소송법」상 항고소송에 대응하는 취소심판, 무효등확인심판, 의무이행심판과 당사자소송에 대응하는 당사자심판이 있다.
③ 행정심판위원회는 취소심판청구가 이유 있다고 인정하는 경우에도 이를 인용하는 것이 공공복리에 크게 위배된다고 인정하면 그 심판청구를 기각하는 재결을 할 수 있다.
④ 행정심판청구에 대한 재결이 있으면 그 재결에 대하여 다시 행정심판을 청구할 수 없다.

13 행정상 손실보상에 대한 설명으로 옳지 않은 것은? (다툼이 있는 경우 판례에 의함)

① 손실보상은 공공필요에 의한 행정작용에 의하여 사인에게 발생한 특별한 희생에 대한 전보이므로 재산권 침해로 인한 손실이 특별한 희생에 해당하여야 한다.
② 「공익사업을 위한 토지 등의 취득 및 보상에 관한 법률」상 손실보상은 원칙적으로 토지 등의 현물로 보상하여야 하고, 현금으로 지급하는 것은 다른 법률에 특별한 규정이 있는 경우에 예외적으로 허용된다.
③ 당해 공익사업으로 인한 개발이익을 손실보상액 산정에서 배제하는 것은 헌법상 정당보상의 원칙에 위배되지 아니한다.
④ 이주대책은 이주자들에게 종전의 생활상태를 회복시키기 위한 생활보상의 일환으로서 국가의 정책적인 배려에 의하여 마련된 제도이므로, 이주대책의 실시 여부는 입법자의 입법정책적 재량의 영역에 속한다.

14 행정행위에 대한 설명으로 옳지 않은 것은? (다툼이 있는 경우 판례에 의함)

① 기속행위에 대한 사법심사는 법원이 사실인정과 관련법규의 해석·적용을 통하여 일정한 결론을 도출한 후 그 결론에 비추어 행정청이 한 판단의 적법 여부를 독자의 입장에서 판정하는 방식에 의하게 된다.
② 구 「원자력법」상 원자로 및 관계시설의 부지사전승인처분은 그 자체로서 건설부지를 확정하고 사전공사를 허용하는 법률효과를 지닌 독립한 행정처분이다.
③ 귀화허가는 외국인에게 대한민국 국적을 부여함으로써 국민으로서의 법적 지위를 포괄적으로 설정하는 행위에 해당하므로 법무부장관은 귀화신청인이 「국적법」 소정의 귀화요건을 모두 갖춘 경우에는 관계법령에서 정하는 제한사유 외에 공익상의 이유로 귀화허가를 거부할 수 없다.
④ 지적공부 소관청의 지목변경신청 반려행위는 국민의 권리관계에 영향을 미치는 것으로서 항고소송의 대상이 되는 행정처분에 해당한다.

15 행정소송의 피고적격에 대한 설명으로 옳지 않은 것은? (다툼이 있는 경우 판례에 의함)

① 행정권한을 위탁받은 공공단체 또는 사인이 자신의 이름으로 처분을 한 경우에는 그 공공단체 또는 사인이 항고소송의 피고가 된다.
② 납세의무부존재확인 청구소송은 공법상 법률관계 그 자체를 다투는 소송이므로 과세처분청이 아니라 그 법률관계의 한쪽 당사자인 국가·공공단체 그 밖의 권리주체에게 피고적격이 있다.
③ 행정처분을 행할 적법한 권한이 있는 상급행정청으로부터 내부위임을 받은 데 불과한 하급행정청이 권한 없이 자신의 이름으로 행정처분을 한 경우에는 하급행정청이 항고소송의 피고가 된다.
④ 대외적으로 의사를 표시할 수 없는 내부기관이라도 행정처분의 실질적인 의사가 그 기관에 의하여 결정되는 경우에는 그 내부기관에게 항고소송의 피고적격이 있다.

16 다음 사례에 대한 설명으로 옳지 않은 것은? (다툼이 있는 경우 판례에 의함)

> 「식품위생법」에 따르면 식품접객업자가 청소년에게 주류를 제공하는 행위는 금지되고, 이를 위반할 경우 관할 행정청이 영업허가 또는 등록을 취소하거나 6개월 이내의 기간을 정하여 그 영업의 전부 또는 일부를 정지할 수 있으며, 관할 행정청이 영업허가 또는 등록의 취소를 하는 경우에는 청문을 실시하여야 한다. 식품접객업자인 甲은 영업장에서 청소년에게 술을 팔다 적발되었고, 관할 행정청인 乙은 청문절차를 거쳐 甲에게 영업허가취소처분을 하였다.

① 부령인 「식품위생법 시행규칙」에 위반행위의 종류 및 위반횟수에 따른 행정처분의 기준을 구체적으로 정하고 있는 경우에 이 행정처분기준은 행정기관 내부의 사무처리준칙을 규정한 것에 불과하여 법적 구속력이 인정되지 않는다.

② 甲이 청소년에게 주류를 제공한 것이 인정되더라도 영업허가취소처분으로 인하여 甲이 입게 되는 불이익이 공익상 필요보다 막대한 경우에는 영업허가취소처분이 위법하다고 인정될 수 있다.

③ 乙이 청문을 실시할 때 청문서 도달기간을 준수하지 않았는데 甲이 이에 대하여 이의를 제기하지 않고 청문일에 출석하여 그 의견을 진술하고 변명함으로써 방어의 기회를 충분히 가졌다면 청문서 도달기간을 준수하지 아니한 영업허가취소처분의 하자는 치유되었다고 볼 수 있다.

④ 甲이 영업허가취소처분 취소소송을 제기하여 인용판결이 확정되어도 영업허가취소처분의 효력이 바로 소멸하는 것은 아니고 그 판결의 기속력에 따라 영업허가취소처분이 乙에 의해 취소되면 비로소 영업허가취소처분의 효력이 소멸한다.

17 행정절차에 대한 설명으로 옳지 않은 것은? (다툼이 있는 경우 판례에 의함)

① 행정청은 「식품위생법」 규정에 의하여 영업자지위승계신고 수리처분을 함에 있어서 종전의 영업자에 대하여 「행정절차법」상 사전통지를 하고 의견제출기회를 주어야 한다.

② 퇴직연금의 환수결정은 당사자에게 의무를 과하는 처분이므로 퇴직연금의 환수결정에 앞서 당사자에게 의견진술의 기회를 주지 아니하였다면 위법하다.

③ 행정청은 원칙적으로 「행정절차법」 제38조에 따른 공청회와 병행하여 정보통신망을 이용한 공청회를 실시할 수 있다.

④ 행정청이 정당한 처리기간 내에 처분을 처리하지 아니하였을 때에는 신청인은 해당 행정청 또는 그 감독행정청에 신속한 처리를 요청할 수 있다.

18 甲은 행정청 A가 보유·관리하는 정보 중 乙과 관련이 있는 정보를 사본 교부의 방법으로 공개하여 줄 것을 청구하였다. 이에 대한 설명으로 옳은 것은? (다툼이 있는 경우 판례에 의함)

① A는 甲이 청구한 사본 교부의 방법이 아닌 열람의 방법으로 정보를 공개할 수 있는 재량을 가진다.

② A가 정보의 주체인 乙로부터 의견을 들은 결과, 乙이 정보의 비공개를 요청한 경우에는 A는 정보를 공개할 수 없다.

③ A가 내부적인 의사결정과정임을 이유로 정보공개를 거부하였다가 정보공개거부처분 취소소송의 계속 중에 개인의 사생활침해 우려를 공개거부사유로 추가하는 것은 허용되지 않는다.

④ 甲이 공개청구한 정보가 甲과 아무런 이해관계가 없는 경우라면, 정보공개가 거부되더라도 甲은 이를 항고소송으로 다툴 수 있는 법률상 이익이 없다.

19 판례의 입장에 의할 때, 행정소송의 대상인 행정처분에 해당하는 것만을 모두 고른 것은?

> ㄱ. 「공익사업을 위한 토지 등의 취득 및 보상에 관한 법률」상 공익사업시행자가 하는 이주대책대상자 확인·결정
> ㄴ. 공무원연금관리공단이 퇴직연금의 수급자에 대하여 공무원연금법령의 개정으로 퇴직연금 중 일부금액의 지급정지대상자가 되었음을 통보하는 행위
> ㄷ. 구 「남녀차별금지 및 구제에 관한 법률」상 국가인권위원회가 한 성희롱결정과 이에 따른 시정조치의 권고
> ㄹ. 공무원시험승진후보자명부에 등재된 자에 대하여 이전의 징계처분을 이유로 시험승진후보자명부에서 삭제하는 행위
> ㅁ. 「질서위반행위규제법」에 따라 행정청이 부과한 과태료처분

① ㄱ, ㄷ
② ㄱ, ㅁ
③ ㄴ, ㄷ, ㄹ
④ ㄴ, ㄹ, ㅁ

20 행정계획에 대한 설명으로 옳지 않은 것은? (다툼이 있는 경우 판례에 의함)

① 「국토의 계획 및 이용에 관한 법률」상 도시·군계획시설결정에 이해관계가 있는 주민에 의한 도시·군계획시설결정 변경신청에 대해 관할 행정청이 거부한 경우, 그 거부행위는 항고소송의 대상이 되는 행정처분에 해당한다.
② 「행정절차법」은 행정계획의 절차상 통제방법으로 관계행정기관과의 협의와 주민·이해관계인의 참여에 관한 일반적인 규정을 두고 있다.
③ 행정주체가 행정계획을 결정함에 있어서 이익형량을 전혀 행하지 아니하거나 이익형량의 고려 대상에 마땅히 포함시켜야 할 사항을 누락한 경우 또는 이익형량을 하였으나 정당성과 객관성이 결여된 경우에는 그 행정계획결정은 형량에 하자가 있어 위법하게 된다.
④ 구속력 없는 행정계획안이라도 국민의 기본권에 직접적으로 영향을 끼치고 법령의 뒷받침에 의하여 그대로 실시될 것이 틀림없을 것으로 예상되는 때에는 예외적으로 헌법소원의 대상이 된다.

2017년 국가직 9급
행정법총론 책형: 나

01 개인적 공권에 대한 설명으로 옳지 않은 것은? (다툼이 있는 경우 판례에 의함)

① 환경영향평가에 관한 자연공원법령 및 환경영향평가법령들의 취지는 환경공익을 보호하려는 데 있으므로 환경영향평가 대상지역 안의 주민들이 수인한도를 넘는 환경침해를 받지 아니하고 쾌적한 환경에서 생활할 수 있는 개별적 이익까지 보호하는 데 있다고 볼 수는 없다.

② 행정처분에 있어서 불이익처분의 상대방은 직접 개인적 이익의 침해를 받은 자로서 취소소송의 원고적격이 인정되지만 수익처분의 상대방은 그의 권리나 법률상 보호되는 이익이 침해되었다고 볼 수 없으므로 달리 특별한 사정이 없는 한 취소를 구할 이익이 없다.

③ 상수원보호구역 설정의 근거가 되는 규정이 보호하고자 하는 것은 상수원의 확보와 수질보전일 뿐이고, 그 상수원에서 급수를 받고 있는 지역주민들이 가지는 이익은 상수원의 확보와 수질보호라는 공공의 이익이 달성됨에 따라 반사적으로 얻게 되는 이익에 불과하다.

④ 개인적 공권이 성립하려면 공법상 강행법규가 국가 기타 행정주체에게 행위의무를 부과해야 한다. 과거에는 그 의무가 기속행위의 경우에만 인정되었으나, 오늘날에는 재량행위에도 인정된다고 보는 것이 일반적이다.

02 행정지도에 대한 설명으로 옳지 않은 것은? (다툼이 있는 경우 판례에 의함)

① 위법한 행정지도에 따라 행한 사인의 행위는 법령에 명시적으로 정함이 없는 한 위법성이 조각된다고 할 수 없다.

② 행정지도의 상대방은 행정지도의 내용에 동의하지 않는 경우 이를 따르지 않을 수 있으므로, 행정지도의 내용이나 방식에 대해 의견제출권을 갖지 않는다.

③ 행정지도가 말로 이루어지는 경우에 상대방이 행정지도의 취지 및 내용, 행정지도를 하는 자의 신분에 관한 사항을 적은 서면의 교부를 요구하면 그 행정지도를 하는 자는 직무수행에 특별한 지장이 없으면 이를 교부하여야 한다.

④ 「국가배상법」이 정한 배상청구의 요건인 '공무원의 직무'에는 권력적 작용만이 아니라 행정지도와 같은 비권력적 작용도 포함된다.

03 행정행위의 취소와 철회에 대한 판례의 입장으로 옳지 않은 것은?

① 행정처분을 한 처분청은 그 처분에 하자가 있는 경우에는 원칙적으로 별도의 법적 근거가 없더라도 스스로 이를 직권으로 취소할 수 있고, 이러한 경우 이해관계인에게는 처분청에 대하여 그 취소를 요구할 신청권이 부여된 것으로 볼 수 있다.

② 변상금부과처분에 대한 취소소송이 진행 중이라도 그 부과권자는 위법한 처분을 스스로 취소하고 그 하자를 보완하여 다시 적법한 부과처분을 할 수도 있다.

③ 행정행위를 한 처분청은 사정변경이 생겼거나 또는 중대한 공익상의 필요가 발생한 경우에는 그 효력을 상실케 하는 별개의 행정행위로 이를 철회할 수 있다고 할 것이나, 기득권을 침해하는 경우에는 기득권의 침해를 정당화할 만한 중대한 공익상의 필요 또는 제3자의 이익보호의 필요가 있는 때에 한하여 상대방이 받는 불이익과 비교·교량하여 철회하여야 한다.

④ 행정청이 의료법인의 이사에 대한 이사취임승인취소처분을 직권으로 취소하면 이사의 지위가 소급하여 회복된다.

04 「행정절차법」의 내용에 대한 설명으로 옳은 것은?

① 행정청이 신청내용을 모두 그대로 인정하는 처분을 하는 경우 당사자에게 그 근거와 이유를 제시하여야 한다.
② 행정청이 신분·자격의 박탈처분을 할 때에는 청문을 한다.
③ 법령 등에서 행정청에 일정한 사항을 통지함으로써 의무가 끝나는 신고를 규정하고 있는 경우 신고가 본법 제40조 제2항 각호의 요건을 갖춘 경우에는 신고서가 접수기관에 발송된 때에 신고의무가 이행된 것으로 본다.
④ 행정청은 직권으로 또는 당사자 및 이해관계인의 신청에 따라 여러 개의 사안을 병합하거나 분리하여 청문을 할 수 있다.

05 법률유보의 원칙에 대한 설명으로 옳지 않은 것은?

① 다수설에 따르면 행정지도에 관해서 개별법에 근거규정이 없는 경우 행정지도의 상대방인 국민에게 미치는 효력을 고려하여 행정지도를 할 수 없다고 본다.
② 대법원은 지방의회의원에 대하여 유급보좌인력을 두는 것은 지방의회의원의 신분·지위 및 그 처우에 관한 현행 법령상의 제도에 중대한 변경을 초래하는 것으로서, 이는 개별 지방의회의 조례로써 규정할 사항이 아니라 국회의 법률로써 규정하여야 할 입법사항이라고 한다.
③ 헌법재판소는 토지등소유자가 도시환경정비사업을 시행하는 경우, 사업시행인가 신청시 필요한 토지등소유자의 동의정족수를 정하는 것은 국민의 권리와 의무의 형성에 관한 기본적이고 본질적인 사항으로 법률유보 내지 의회유보의 원칙이 지켜져야 할 영역이라고 한다.
④ 헌법재판소는 법률에 근거를 두면서 헌법 제75조가 요구하는 위임의 구체성과 명확성을 구비하는 경우에는 위임입법에 의하여도 기본권을 제한할 수 있다고 한다.

06 다음 사례에 대한 판례의 입장으로 옳지 않은 것은?

> 고속국도 관리청이 고속도로 부지와 접도구역에 송유관 매설을 허가하면서 상대방인 甲과 체결한 협약에 따라 송유관시설을 이전하게 될 경우 그 비용을 甲이 부담하도록 하였는데, 그 후 「도로법 시행규칙」이 개정되어 접도구역에는 관리청의 허가 없이도 송유관을 매설할 수 있게 되었다.

① 협약에 따라 송유관시설을 이전하게 될 경우 그 비용을 甲이 부담하도록 한 것은 행정행위의 부관 중 부담에 해당한다.
② 甲과의 협약이 없더라도 고속국도 관리청은 송유관매설허가를 하면서 일방적으로 송유관 이전시 그 비용을 甲이 부담한다는 내용의 부관을 부가할 수 있다.
③ 「도로법 시행규칙」의 개정 이후에도 위 협약에 포함된 부관은 부당결부금지의 원칙에 반하지 않는다.
④ 「도로법 시행규칙」의 개정으로 접도구역에는 관리청의 허가 없이도 송유관을 매설할 수 있게 되었기 때문에 위 협약 중 접도구역에 대한 부분은 효력이 소멸된다.

07 공법상 계약에 대한 설명으로 옳은 것은?

① 현행 「행정절차법」은 공법상 계약에 대한 규정을 두고 있다.
② 대법원은 구 「농어촌 등 보건의료를 위한 특별조치법」 및 관계법령에 따른 전문직공무원인 공중보건의사의 채용계약해지의 의사표시는 일반공무원에 대한 징계처분과 같은 성격을 가지며, 따라서 항고소송의 대상이 된다고 본다.
③ 공법상 계약은 행정주체와 사인 간에만 체결 가능하며, 행정주체 상호 간에는 공법상 계약이 성립할 수 없다.
④ 다수설에 따르면 공법상 계약은 당사자의 자유로운 의사의 합치에 의하므로 원칙적으로 법률유보의 원칙이 적용되지 않는다고 본다.

08 불확정개념과 판단여지 및 기속행위와 재량행위에 대한 설명으로 옳지 않은 것은?

① 판단여지를 긍정하는 학설은 판단여지는 법률효과 선택의 문제이고 재량은 법률요건에 대한 인식의 문제라는 점, 양자는 그 인정근거와 내용 등을 달리하는 점에서 구별하는 것이 타당하다고 한다.
② 대법원은 재량행위에 대한 사법심사를 하는 경우에 법원은 행정청의 재량에 기한 공익판단의 여지를 감안하여 독자적인 판단을 하여 결론을 도출하지 않고, 당해 처분이 재량권의 일탈·남용에 해당하는지의 여부만을 심사하여야 한다고 한다.
③ 대법원은 처분을 할 것인지 여부와 처분의 정도에 관하여 재량이 인정되는 과징금납부명령에 대하여 그 명령이 재량권을 일탈하였을 경우, 법원으로서는 재량권의 일탈 여부만 판단할 수 있을 뿐이지 재량권의 범위 내에서 어느 정도가 적정한 것인지에 관하여는 판단할 수 없어 그 전부를 취소할 수밖에 없고, 법원이 적정하다고 인정하는 부분을 초과한 부분만 취소할 수는 없다고 한다.
④ 다수설에 따르면 불확정개념의 해석은 법적 문제이기 때문에 일반적으로 전면적인 사법심사의 대상이 되고, 특정한 사실관계와 관련하여서는 원칙적으로 일의적인 해석(하나의 정당한 결론)만이 가능하다고 본다.

09 행정입법에 대한 판례의 입장으로 옳지 않은 것은?

① 헌법재판소는 대법원규칙인 구 「법무사법 시행규칙」에 대해, 법규명령이 별도의 집행행위를 기다리지 않고 직접 기본권을 침해하는 것일 때에는 헌법 제107조 제2항의 명령·규칙에 대한 대법원의 최종심사권에도 불구하고 헌법소원심판의 대상이 된다고 한다.
② 대법원은 구 「여객자동차 운수사업법 시행규칙」 제31조 제2항 제1호, 제2호, 제6호는 구 「여객자동차 운수사업법」 제11조 제4항의 위임에 따라 시외버스운송사업의 사업계획변경에 관한 절차, 인가기준 등을 구체적으로 규정한 것으로서 행정청 내부의 사무처리준칙을 규정한 행정규칙에 불과하다고 할 수는 없다고 한다.
③ 대법원은 재량준칙이 되풀이 시행되어 행정관행이 성립된 경우에는 당해 재량준칙에 자기구속력을 인정한다. 따라서 당해 재량준칙에 반하는 처분은 법규범인 당해 재량준칙을 직접 위반한 것으로서 위법한 처분이 된다고 한다.
④ 헌법재판소는 법률이 일정한 사항을 행정규칙에 위임하더라도 그 위임은 전문적·기술적 사항이나 경미한 사항으로서 업무의 성질상 위임이 불가피한 사항에 한정된다고 한다.

10 행정벌에 대한 설명으로 옳은 것은? (다툼이 있는 경우 판례에 의함)

① 종업원 등의 범죄에 대해 법인에게 어떠한 잘못이 있는지를 전혀 묻지 않고, 곧바로 그 종업원 등을 고용한 법인에게도 종업원 등에 대한 처벌조항에 규정된 벌금형을 과하도록 규정하는 것은 책임주의에 반한다.
② 행정벌과 이행강제금은 장래에 의무의 이행을 강제하기 위한 제재로서 직접적으로 행정작용의 실효성을 확보하기 위한 수단이라는 점에서는 동일하다.
③ 「질서위반행위규제법」상 개인의 대리인이 업무에 관하여 그 개인에게 부과된 법률상의 의무를 위반한 때에는 행위자인 대리인에게 과태료를 부과한다.
④ 일반형사소송절차에 앞선 절차로서의 통고처분은 그 자체로 상대방에게 금전납부의무를 부과하는 행위로서 항고소송의 대상이 된다.

11 「공공기관의 정보공개에 관한 법률」에 따른 정보공개에 대한 설명으로 옳지 않은 것은? (다툼이 있는 경우 판례에 의함)

① 한국증권업협회는 증권회사 상호 간의 업무질서를 유지하고 유가증권의 공정한 매매거래 및 투자자 보호를 위하여 구성된 회원조직으로, 「증권거래법」 또는 그 법에 의한 명령에 대하여 특별한 규정이 있는 것을 제외하고는 「민법」 중 사단법인에 관한 규정을 적용받으므로 구 「공공기관의 정보공개에 관한 법률 시행령」상의 '특별법에 의하여 설립된 특수법인'에 해당하지 않는다.
② 정보공개청구에 대하여 공공기관이 비공개결정을 한 경우 청구인이 이에 불복한다면 이의신청 절차를 거치지 않고 행정심판을 청구할 수 있다.
③ 모든 국민은 정보의 공개를 청구할 권리를 가진다고 규정하고 있고, 여기의 국민에는 자연인과 법인이 포함되지만 권리능력 없는 사단은 포함되지 않는다.
④ 공공기관은 정보공개의 청구를 받으면 그 청구를 받은 날부터 10일 이내에 공개 여부를 결정하여야 하나 부득이한 사유로 이 기간 이내에 공개 여부를 결정할 수 없는 때에는 그 기간이 끝나는 날의 다음 날부터 기산하여 10일의 범위에서 공개 여부 결정기간을 연장할 수 있다.

12 취소소송에서의 처분사유의 추가·변경에 대한 설명으로 옳은 것은? (다툼이 있는 경우 판례에 의함)

① 처분청은 원고의 권리방어가 침해되지 않는 한도 내에서 당해 취소소송의 대법원 확정판결이 있기 전까지 처분사유의 추가·변경을 할 수 있다.
② 처분사유의 추가·변경이 인정되기 위한 요건으로서의 기본적 사실관계의 동일성 유무는, 처분사유를 법률적으로 평가하기 이전의 구체적인 사실에 착안하여 그 기초인 사회적 사실관계가 기본적인 점에서 동일한지 여부에 따라 결정된다.
③ 추가 또는 변경된 사유가 당초의 처분시 그 사유를 명기하지 않았을 뿐 처분시에 이미 존재하고 있었고 당사자도 그 사실을 알고 있었다면 당초의 처분사유와 동일성이 인정된다.
④ 처분사유의 추가·변경이 절차적 위법성을 치유하는 것인 데 반해, 처분이유의 사후제시는 처분의 실체법상의 적법성을 확보하기 위한 것이다.

13 공공의 영조물의 설치·관리의 하자로 인한 국가배상책임에 대한 판례의 입장으로 옳지 않은 것은?

① '공공의 영조물'이라 함은 강학상 공물을 뜻하므로 국가 또는 지방자치단체가 사실상의 관리를 하고 있는 유체물은 포함되지 않는다.
② '공공의 영조물의 설치·관리의 하자'에는 영조물이 공공의 목적에 이용됨에 있어 그 이용 상태 및 정도가 일정한 한도를 초과하여 제3자에게 사회통념상 참을 수 없는 피해를 입히고 있는 경우가 포함된다.
③ 영조물의 설치 및 관리에 있어서 항상 완전무결한 상태를 유지할 정도의 고도의 안전성을 갖추지 아니하였다고 하여 영조물의 설치 또는 관리에 하자가 있다고 단정할 수 없다.
④ 국가배상청구소송에서 공공의 영조물에 하자가 있다는 입증책임은 피해자가 지지만, 관리주체에게 손해발생의 예견가능성과 회피가능성이 없다는 입증책임은 관리주체가 진다.

14 「행정대집행법」상 행정대집행에 대한 설명으로 옳은 것은? (다툼이 있는 경우 판례에 의함)

① 의무를 명하는 행정행위가 불가쟁력이 발생하지 않은 경우에는 그 행정행위에 따른 의무의 불이행에 대하여 대집행을 할 수 없다.
② 부작위하명에는 행정행위의 강제력의 효력이 있으므로 당해 하명에 따른 부작위의무의 불이행에 대하여는 별도의 법적 근거 없이 대집행이 가능하다.
③ 원칙적으로 '의무의 불이행을 방치하는 것이 심히 공익을 해하는 것으로 인정되는 경우'의 요건은 계고를 할 때에 충족되어 있어야 한다.
④ 「행정대집행법」 제2조에 따른 대집행의 실시 여부는 행정청의 재량에 속하지 않는다.

15 「국세징수법」상 강제징수절차에 대한 판례의 입장으로 옳지 않은 것은?

① 세무공무원이 국세의 징수를 위해 납세자의 재산을 압류하는 경우 그 재산의 가액이 징수할 국세액을 초과한다면 당해 압류처분은 무효이다.
② 구 「국세징수법」에 의하면, 국세를 납부기한까지 납부하지 아니하면 과세권자의 가산금 확정절차 없이 구 「국세징수법」 제21조에 의하여 가산금이 당연히 발생하고 그 액수도 확정된다.
③ 조세부과처분의 근거규정이 위헌으로 선언된 경우, 그에 기한 조세부과처분이 위헌결정 전에 이루어졌다 하더라도 위헌결정 이후에 조세채권의 집행을 위해 새로이 착수된 체납처분은 당연무효이다.
④ 공매통지가 적법하지 아니하다면 특별한 사정이 없는 한, 공매통지를 직접 항고소송의 대상으로 삼아 다툴 수 없고 통지 후에 이루어진 공매처분에 대하여 다투어야 한다.

16 다음 사례에 대한 설명으로 옳지 않은 것은?

> 유흥주점영업허가를 받아 주점을 운영하는 甲은 A 시장으로부터 연령을 확인하지 않고 청소년을 주점에 출입시켜 「청소년보호법」을 위반하였다는 사실을 이유로 한 영업허가취소처분을 받았다. 甲은 이에 불복하여 취소소송을 제기하였고 취소확정판결을 받았다.

① A 시장은 甲이 청소년을 유흥접객원으로 고용하여 유흥행위를 하게 하였다는 이유로 다시 영업허가취소처분을 할 수는 있다.
② 영업허가취소처분은 지나치게 가혹하다는 이유로 취소확정판결이 내려졌다면, A 시장은 甲에게 연령을 확인하지 않고 청소년을 출입시켰다는 이유로 영업허가정지처분을 할 수는 있다.
③ 청소년들을 주점에 출입시킨 사실이 없다는 이유로 취소확정판결이 내려졌다면, A 시장은 甲에게 연령을 확인하지 않고 청소년을 출입시켰다는 이유로 영업허가취소처분을 할 수는 없다.
④ 청문절차를 거치지 않았다는 이유로 취소확정판결이 내려졌다면, A 시장은 적법한 청문절차를 거치더라도 甲에게 연령을 확인하지 않고 청소년을 출입시켰다는 이유로 영업허가취소처분을 할 수는 없다.

17 행정상 손실보상에 대한 설명으로 옳은 것은?

① 손실보상의 이론적 근거로서 특별희생설에 의하면, 공공복지와 개인의 권리 사이에 충돌이 있는 경우에는 개인의 권리가 우선한다.
② 손실보상청구권을 공권으로 보게 되면 손실보상청구권을 발생시키는 침해의 대상이 되는 재산권에는 공법상의 권리만이 포함될 뿐 사법상의 권리는 포함되지 않는다.
③ 헌법재판소는 헌법 제23조 제3항의 '공공필요'는 '국민의 재산권을 그 의사에 반하여 강제적으로라도 취득해야 할 공익적 필요성'을 의미하고, 이 요건 중 공익성은 기본권 일반의 제한사유인 '공공복리'보다 좁은 것으로 보고 있다.
④ 헌법 제23조 제3항을 국민에 대한 직접적인 효력이 있는 규정으로 보는 견해는 동조항의 재산권의 수용·사용·제한 규정과 보상규정을 불가분조항으로 본다.

18 행정행위에 대한 설명으로 옳은 것은?

① 행정행위를 '행정청이 법 아래서 구체적 사실에 대한 법집행으로서 행하는 공법행위'로 정의하면, 공법상 계약과 공법상 합동행위는 행정행위의 개념에서 제외된다.
② 강학상 허가와 특허는 의사표시를 요소로 한다는 점과 반드시 신청을 전제로 한다는 점에서 공통점이 있다.
③ 행정행위의 효력으로서 구성요건적 효력과 공정력은 이론적 근거를 법적 안정성에서 찾고 있다는 공통점이 있다.
④ 「행정소송법」상 처분의 개념과 강학상 행정행위의 개념이 다르다고 보는 견해는 처분의 개념을 강학상 행정행위의 개념보다 넓게 본다.

19 대법원 판례의 입장으로 옳은 것은?

① 행정청이 「도시 및 주거환경정비법」등 관련법령에 근거하여 행하는 조합설립인가처분은 강학상 인가처분으로서 그 조합설립결의에 하자가 있다면 조합설립결의에 대한 무효확인을 구하여야 한다.
② 지적공부 소관청의 지목변경신청 반려행위는 행정사무의 편의와 사실증명의 자료로 삼기 위한 것이지 그 대장에 등재 여부는 어떠한 권리의 변동이나 상실효력이 생기지 않으므로 이를 항고소송의 대상으로 할 수 없다.
③ 지방자치단체가 제정한 조례가 1994년 관세 및 무역에 관한 일반협정(General Agreement on Tariffs and Trade 1994)이나 정부조달에 관한 협정(Agreement on Government Procurement)에 위반되는 경우, 그 조례는 무효이다.
④ 어떠한 행정처분이 후에 항고소송에서 취소되었다면 그 기판력에 의하여 당해 행정처분은 곧바로 「국가배상법」 제2조의 공무원의 고의 또는 과실로 인한 불법행위를 구성한다.

20 대법원 판례의 입장으로 옳지 않은 것은?

① 「행정소송법」 제26조는 행정소송에서 직권심리주의가 적용되도록 하고 있지만, 행정소송에서도 당사자주의나 변론주의의 기본구도는 여전히 유지된다.
② 영업자에 대한 행정제재처분에 대하여 행정심판위원회가 영업자에게 유리한 적극적 변경명령재결을 하고 이에 따라 처분청이 변경처분을 한 경우, 그 변경처분에 의해 유리하게 변경된 행정제재가 위법하다는 이유로 그 취소를 구하려면 변경된 내용의 당초처분을 취소소송의 대상으로 하여야 한다.
③ 원자로 및 관계시설의 부지사전승인처분은 그 자체로서 독립한 행정처분은 아니므로 이의 위법성을 직접 항고소송으로 다툴 수는 없고 후에 발령되는 건설허가처분에 대한 항고소송에서 다투어야 한다.
④ 구 「폐기물관리법」 관계법령상의 폐기물처리업허가를 받기 위한 사업계획에 대한 부적정통보는 허가신청 자체를 제한하는 등 개인의 권리 내지 법률상의 이익을 개별적이고 구체적으로 규제하고 있어 행정처분에 해당한다.

2016년 국가직 9급
행정법총론 (책형: 2)

01. 행정법관계에서 「민법」의 적용에 대한 설명으로 옳지 않은 것은?

① 「민법」상의 일반법원리적인 규정은 행정법상 권력관계에 대해서도 적용될 수 있다.
② 행정법관계에서 기간의 계산에 관하여 특별한 규정이 없으면 「민법」의 기간계산에 관한 규정이 적용된다.
③ 현행법상 국가에 대한 금전채권의 소멸시효에 대하여는 「민법」의 규정이 그대로 적용된다.
④ 현행법상 행정목적을 위하여 제공된 행정재산에 대해서는 공용폐지가 되지 않는 한 「민법」상 취득시효규정이 적용되지 않는다.

02. 행정소송에 대한 설명으로 옳지 않은 것은? (다툼이 있는 경우 판례에 의함)

① 재량행위의 경우 법원은 독자의 결론을 도출함이 없이 당해 행위에 재량권의 일탈·남용이 있는지의 여부만을 심사한다.
② 사정판결을 하는 경우 처분의 위법성은 변론종결시를 기준으로 판단하여야 한다.
③ 조례가 집행행위의 개입 없이도 그 자체로서 직접 국민의 구체적인 권리·의무나 법적 이익에 영향을 미치는 경우에는 항고소송의 대상이 된다.
④ 취소소송의 기각판결이 확정되면 기판력은 발생하나 기속력은 발생하지 않는다.

03. 공법상 계약에 대한 설명으로 옳은 것은? (다툼이 있는 경우 판례에 의함)

① 국립의료원 부설 주차장에 관한 위탁관리용역운영계약은 공법상 계약에 해당한다.
② 공법상 계약에 대해서도 「행정절차법」이 적용된다.
③ 「사회기반시설에 대한 민간투자법」상 민간투자사업의 사업시행자 지정은 공법상 계약이 아니라 행정처분에 해당한다.
④ 부담은 그 자체로서 독립된 행정처분이므로 행정청이 행정처분을 하면서 일방적으로 부가하는 것이지, 사전에 상대방과 협의하여 부담의 내용을 협약의 형식으로 미리 정한 후에 행정처분을 하면서 이를 부가할 수는 없다.

04. 행정조사에 대한 설명으로 옳지 않은 것은? (다툼이 있는 경우 판례에 의함)

① 행정조사는 조사목적을 달성하는 데 필요한 최소한의 범위 안에서 실시하여야 한다.
② 위법한 행정조사로 손해를 입은 국민은 「국가배상법」에 따른 손해배상을 청구할 수 있다.
③ 위법한 세무조사를 통하여 수집된 과세자료에 기초하여 과세처분을 하였더라도 그러한 사정만으로 그 과세처분이 위법하게 되는 것은 아니다.
④ 우편물 통관검사절차에서 이루어지는 우편물 개봉 등의 검사는 행정조사의 성격을 가지는 것으로서 수사기관의 강제처분이라고 할 수 없으므로, 압수·수색영장 없이 검사가 진행되었다 하더라도 특별한 사정이 없는 한 위법하다고 볼 수 없다.

05 행정행위의 직권취소에 대한 설명으로 옳지 않은 것은? (다툼이 있는 경우 판례에 의함)

① 처분청이라도 자신이 행한 수익적 행정행위를 위법 또는 부당을 이유로 취소하려면 취소에 대한 법적 근거가 있어야 한다.
② 과세처분을 직권취소한 경우 그 취소가 당연무효가 아닌 한 과세처분은 확정적으로 효력을 상실하므로, 취소처분을 직권취소하여 원과세처분의 효력을 회복시킬 수 없다.
③ 위법한 행정행위에 대하여 불가쟁력이 발생한 이후에도 당해 행정행위의 위법을 이유로 직권취소할 수 있다.
④ 행정행위의 위법이 치유된 경우에는 그 위법을 이유로 당해 행정행위를 직권취소할 수 없다.

06 사인의 공법행위로서의 신고에 대한 설명으로 옳은 것은? (다툼이 있는 경우 판례에 의함)

① 식품접객업 영업신고에 대해서는 「식품위생법」이 「건축법」에 우선 적용되므로, 영업신고가 「식품위생법」상의 신고요건을 갖춘 경우라면 그 영업신고를 한 해당 건축물이 「건축법」상 무허가건축물이라도 적법한 신고에 해당된다.
② 건축신고가 수리를 요하지 않는 신고라면 인·허가의제 효과를 수반하는 경우에도 그러한 건축신고는 특별한 사정이 없는 한 수리를 요하지 않는 신고로 보아야 한다.
③ 법령 등에서 행정청에 대하여 일정한 사항을 통지함으로써 의무가 끝나는 신고를 규정하고 있는 경우에는 법령상 요건을 갖춘 적법한 신고서를 발송하였을 때에 신고의 의무가 이행된 것으로 본다.
④ 주민등록전입신고는 수리를 요하는 신고에 해당하지만, 이를 수리하는 행정청은 거주의 목적에 대한 판단 이외에 부동산 투기목적 등의 공익상의 이유를 들어 주민등록전입신고의 수리를 거부할 수는 없다.

07 「국가배상법」 제5조에 따른 배상책임에 대한 설명으로 옳지 않은 것은? (다툼이 있는 경우 판례에 의함)

① '공공의 영조물'이란 국가 또는 지방자치단체가 소유권, 임차권 그 밖의 권한에 기하여 관리하고 있는 경우를 의미하고, 그러한 권원 없이 사실상의 관리를 하고 있는 경우는 제외된다.
② '영조물의 설치 또는 관리의 하자'란 공공의 목적에 제공된 영조물이 그 용도에 따라 통상 갖추어야 할 안전성을 갖추지 못한 상태에 있음을 말한다.
③ 예산부족 등 설치·관리자의 재정사정은 배상책임 판단에 있어 참작사유는 될 수 있으나 안전성을 결정지을 절대적 요건은 아니다.
④ 소음 등을 포함한 공해 등의 위험지역으로 이주하여 거주하는 것이 피해자가 위험의 존재를 인식하고 그로 인한 피해를 용인하면서 접근한 것이라고 볼 수 있는 경우 가해자의 면책이 인정될 수 있다.

08 갑은 관할 행정청 A에 도로점용허가를 신청하였고, 이에 대하여 행정청 A는 주민의 민원을 고려하여 갑에 대하여 공원부지를 기부채납할 것을 부관으로 하여 도로점용허가를 하였다. 이와 관련한 판례의 입장으로 옳지 않은 것은?

① 위 부관을 조건으로 본다면, 갑은 부관부 행정행위 전체를 취소소송의 대상으로 하여 부관만의 일부취소를 구하여야 한다.
② 위 부관을 부담으로 본다면, 부관만 독립하여 취소소송의 대상으로 할 수 있으며 부관만의 독립취소가 가능하다.
③ 위 부관을 부담으로 보는 경우, 갑이 정해진 기간 내에 공원부지를 기부채납하지 않은 경우에도 도로점용허가를 철회하지 않는 한 도로점용허가는 유효하다.
④ 부가된 부담이 무효임에도 불구하고 갑이 부관을 이행하여 기부채납을 완료한 경우, 갑의 기부채납행위가 당연히 무효로 되는 것은 아니다.

09 다음 사례 상황에 대한 설명으로 옳은 것은? (다툼이 있는 경우 판례에 의함)

> 갑은 「식품위생법」상 유흥주점 영업허가를 받아 영업을 하던 중 경기부진을 이유로 2015. 8. 3. 자진폐업하고 관련법령에 따라 폐업신고를 하였다. 이에 관할시장은 자진폐업을 이유로 2015. 9. 10. 갑에 대한 위 영업허가를 취소하는 처분을 하였으나 이를 갑에게 통지하지 아니하였다. 이후 갑은 경기가 활성화되자 유흥주점 영업을 재개하려고 관할시장에 2016. 2. 3. 재개업신고를 하였으나, 영업허가가 이미 취소되었다는 회신을 받았다. 허가취소사실을 비로소 알게 된 갑은 2016. 3. 10.에 위 2015. 9. 10.자 영업허가취소처분의 취소를 구하는 소송을 제기하였다.

① 갑에 대한 유흥주점 영업허가의 효력은 2015. 9. 10.자 영업허가취소처분에 의해서 소멸된다.
② 위 2015. 9. 10.자 영업허가취소처분은 갑에게 통지되지 않아 효력이 발생하지 아니하였으므로 갑의 영업허가는 여전히 유효하다.
③ 갑이 2015. 9. 10.자 영업허가취소처분에 대하여 제기한 위 취소소송은 부적법한 소송으로서 각하된다.
④ 갑에 대한 유흥주점 영업허가는 2016. 2. 3. 행한 갑의 재개업신고를 통하여 다시 효력을 회복한다.

10 취소소송에서 협의의 소의 이익에 대한 판례의 입장으로 옳지 않은 것은?

① 장래의 제재적 가중처분기준을 대통령령이 아닌 부령의 형식으로 정한 경우에는 이미 제재기간이 경과한 제재적 처분의 취소를 구할 법률상 이익이 인정되지 않는다.
② 건축허가가 「건축법」에 따른 이격거리를 두지 아니하고 건축물을 건축하도록 되어 있어 위법하다 하더라도 건축이 완료되어 위법한 처분을 취소한다 하더라도 원상회복이 불가능한 경우에는 그 취소를 구할 법률상 이익이 없다.
③ 현역입영대상자가 입영한 후에도 현역입영통지처분이 취소되면 원상회복이 가능하므로 이미 처분이 집행된 후라고 할지라도 현역입영통지처분의 취소를 구할 소의 이익이 있다.
④ 지방의회의원이 제명의결 취소소송 계속 중 임기가 만료되어 제명의결의 취소로 의원 지위를 회복할 수 없다고 할지라도 제명의결시부터 임기만료일까지의 기간에 대한 월정수당의 지급을 구할 수 있으므로 그 제명의결의 취소를 구할 법률상 이익이 인정된다.

11 과태료에 대한 설명으로 옳지 않은 것은? (다툼이 있는 경우 판례에 의함)

① 행정법규 위반행위에 대하여 과하여지는 과태료는 행정형벌이 아니라 행정질서벌에 해당한다.
② 「질서위반행위규제법」에 따르면 고의 또는 과실이 없는 질서위반행위에는 과태료를 부과하지 아니한다.
③ 지방자치단체의 조례도 과태료 부과의 근거가 될 수 있다.
④ 「질서위반행위규제법」에 따른 과태료부과처분은 항고소송의 대상인 행정처분에 해당한다.

12 「행정소송법」상 집행정지에 대한 설명으로 옳은 것은? (다툼이 있는 경우 판례에 의함)

① 집행정지는 적법한 본안소송이 계속 중일 것을 요한다.
② 거부처분에 대한 취소소송에서도 집행정지가 허용된다.
③ 「민사집행법」에 따른 가처분은 항고소송에서도 인정된다.
④ 집행정지결정은 판결이 아니므로 기속력은 인정되지 않는다.

13 「공공기관의 정보공개에 관한 법률」에 따른 정보공개에 대한 설명으로 옳은 것은? (다툼이 있는 경우 판례에 의함)

① 국·공립의 초등학교는 공공기관의 정보공개에 관한 법령상 공공기관에 해당하지만, 사립초등학교는 이에 해당하지 않는다.
② 공개방법을 선택하여 정보공개를 청구하였더라도 공공기관은 정보공개청구자가 선택한 방법에 따라 정보를 공개하여야 하는 것은 아니며, 원칙적으로 그 공개방법을 선택할 재량권이 있다.
③ 정보공개청구에 대해 공공기관의 비공개결정이 있는 경우 이의신청절차를 거치지 않더라도 행정심판을 청구할 수 있다.
④ 정보공개청구자는 정보공개와 관련한 공공기관의 비공개결정에 대해서는 이의신청을 할 수 있지만, 부분공개의 결정에 대해서는 따로 이의신청을 할 수 없다.

14 행정심판에 대한 설명으로 옳지 않은 것은?

① 행정청의 위법·부당한 거부처분이나 부작위에 대하여 일정한 처분을 하도록 하는 의무이행심판은 현행법상 인정된다.
② 행정심판위원회는 심판청구의 대상이 되는 처분보다 청구인에게 불리한 재결을 하지 못한다.
③ 행정심판의 재결에 대해서는 재결 자체에 고유한 위법이 있음을 이유로 하는 경우에 한하여 다시 행정심판을 청구할 수 있다.
④ 행정심판위원회는 당사자의 신청에 의한 경우는 물론 직권으로도 임시처분을 결정할 수 있다.

15 행정상 강제집행에 대한 설명으로 옳은 것은? (다툼이 있는 경우 판례에 의함)

① 법령에 의해 행정대집행의 절차가 인정되는 경우에도 행정청은 따로 민사소송의 방법으로 시설물의 철거를 구할 수 있다.
② 행정대집행을 함에 있어 비상시 또는 위험이 절박한 경우에 당해 행위의 급속한 실시를 요하여 절차를 취할 여유가 없을 때에는 계고 및 대집행영장 통지 절차를 생략할 수 있다.
③ 체납자에 대한 공매통지는 체납자의 법적 지위나 권리·의무에 직접적인 영향을 주는 행정처분에 해당한다.
④ 사망한 건축주에 대하여 「건축법」상 이행강제금이 부과된 경우 그 이행강제금 납부의무는 상속인에게 승계된다.

16 행정소송에 대한 설명으로 옳은 것은? (다툼이 있는 경우 판례에 의함)

① 납세의무자에 대한 국가의 부가가치세 환급세액 지급의무는 부당이득 반환의무에 해당하므로, 그에 대한 지급청구는 민사소송의 절차에 따라야 한다.
② 국가기관인 시·도 선거관리위원회 위원장은 국민권익위원회가 그에게 소속직원에 대한 중징계 요구를 취소하라는 등의 조치 요구를 한 것에 대해서 취소소송을 제기할 원고적격을 가진다고 볼 수 없다.
③ 생태·자연도 1등급으로 지정되었던 지역을 2등급 또는 3등급으로 변경하는 내용의 환경부장관의 결정에 대해 해당 1등급 권역의 인근주민은 취소소송을 제기할 원고적격이 인정된다.
④ 처분청이 처분 당시 적시한 구체적 사실을 변경하지 아니하는 범위 내에서 단지 처분의 근거법령만을 추가·변경하는 경우에 법원은 처분청이 처분 당시 적시한 구체적 사실에 대하여 처분 후 추가·변경한 법령을 적용하여 처분의 적법 여부를 판단할 수 있다.

17 행정행위의 하자에 대한 설명으로 옳은 것은? (다툼이 있는 경우 판례에 의함)

① 임용 당시 법령상 공무원 임용결격사유가 있었더라도 임용권자의 과실에 의하여 임용결격자임을 밝혀 내지 못한 경우라면 그 임용행위가 당연무효가 된다고 할 수는 없다.
② 철거명령이 당연무효인 경우에는 그에 근거한 후행행위인 건축물철거 대집행 계고처분도 당연무효이다.
③ 행정행위의 내용상의 하자는 치유의 대상이 될 수 있으나, 형식이나 절차상의 하자에 대해서는 치유가 인정되지 않는다.
④ 부담금 부과처분 이후에 처분의 근거법률이 위헌결정된 경우, 그 부과처분에 불가쟁력이 발생하였고 위헌결정 전에 이미 관할 행정청이 압류처분을 하였다면, 위헌결정 이후에도 후속절차인 체납처분절차를 통하여 부담금을 강제징수할 수 있다.

18 항고소송의 대상이 되는 행정처분에 대한 판례의 입장으로 옳지 않은 것은?

① 교도소장이 특정 수형자를 '접견내용 녹음·녹화 및 접견시 교도관 참여대상자'로 지정한 행위는 수형자의 구체적 권리·의무에 직접적 변동을 가져오는 행위로서 항고소송의 대상이 되는 행정처분에 해당한다.
② 토지대장의 기재는 토지소유권을 제대로 행사하기 위한 전제요건으로서 토지소유자의 실체적 권리관계에 밀접하게 관련되어 있으므로 토지대장상의 소유자명의변경신청을 거부한 행위는 국민의 권리관계에 영향을 미치는 것이어서 항고소송의 대상이 되는 행정처분에 해당한다.
③ 금융감독원장으로부터 문책경고를 받은 금융기관의 임원이 일정기간 금융업종 임원선임의 자격제한을 받도록 관계법령에 규정되어 있는 경우, 금융기관 임원에 대한 문책경고는 상대방의 권리·의무에 직접 영향을 미치는 행위이므로 행정처분에 해당한다.
④ 「국가공무원법」상 당연퇴직의 인사발령은 법률상 당연히 발생하는 퇴직사유를 공적으로 확인하여 알려 주는 이른바 관념의 통지에 불과하므로 행정소송의 대상이 되는 독립한 행정처분이라고 할 수 없다.

19 「사립학교법」은 학교법인의 임원은 정관이 정하는 바에 의하여 학교법인의 이사회에서 선임하고, 관할청의 승인을 얻어 취임하는 것으로 규정하고 있다. A 사립학교법인은 이사회를 소집하지 않은 채 B를 임원으로 선임하여 취임승인을 요청하였고, 이에 대하여 관할청은 취임을 승인하였다. 이에 대한 설명으로 옳은 것은? (다툼이 있는 경우 판례에 의함)

① 관할청의 임원취임승인으로 선임절차상의 하자는 치유되고 B는 임원으로서의 지위를 취득한다.
② 임원선임 절차상의 하자를 이유로 관할청의 취임승인처분에 대한 취소를 구하는 소송은 허용되지 않는다.
③ A 학교법인의 임원선임행위에 대해서는 선임처분취소소송을 제기하여 그 효력을 다툴 수 있다.
④ 관할청의 임원취임승인은 B에 대해 학교법인의 임원으로서의 포괄적 지위를 설정하여 주는 특허에 해당한다.

20 「행정절차법」의 적용에 대한 설명으로 옳은 것은? (다툼이 있는 경우 판례에 의함)

① 상대방의 귀책사유로 야기된 처분의 하자를 이유로 수익적 행정행위를 취소하는 경우에는 특별한 규정이 없는 한 「행정절차법」상 사전통지의 대상이 되지 않는다.
② 행정절차법령이 '공무원 인사관계법령에 의한 처분에 관한 사항'에 대하여 「행정절차법」의 적용이 배제되는 것으로 규정하고 있는 이상, '공무원 인사관계법령에 의한 처분에 관한 사항' 전부에 대해 「행정절차법」의 적용이 배제되는 것으로 보아야 한다.
③ 「식품위생법」상 허가영업에 대해 영업자지위승계신고를 수리하는 처분은 종전의 영업자에 대하여 다소 권익을 침해하는 효과가 발생한다고 하더라도 「행정절차법」상 사전통지를 거쳐야 하는 대상이 아니다.
④ 행정청과 당사자 사이에 「행정절차법」상 규정된 청문절차를 배제하는 내용의 협약이 체결되었다고 하여, 그러한 협약이 청문의 실시에 관한 「행정절차법」규정의 적용이 배제된다거나 청문을 실시하지 않아도 되는 예외적인 경우에 해당한다고 할 수 없다.

민준호 독학 행정법
시행처별 기출문제집

2024 ~ 2016

지방직 9급

2024년 지방직 9급
행정법총론 [책형 : C]

※ 지문의 내용에 대해 학설의 대립 등 다툼이 있는 경우 판례에 의함

01 신뢰보호의 원칙에 대한 설명으로 옳지 않은 것은?

① 행정청의 공적 견해의 표명 후 그 견해표명 당시의 사정이 변경된 경우에도 행정청이 공적 견해표명에 반하는 처분을 하는 경우에는 특별한 사정이 없는 한 신뢰보호의 원칙에 위반된다.
② 신뢰보호의 원칙에서 개인의 귀책사유라 함은 행정청의 견해표명의 하자가 상대방 등 관계자의 사실은폐나 기타 사위의 방법에 의한 신청행위 등 부정행위에 기인한 것이거나 그러한 부정행위가 없더라도 하자가 있음을 알았거나 중대한 과실로 알지 못한 경우 등을 의미한다.
③ 행정청의 공적 견해표명이 있었는지 여부를 판단함에 있어서는, 반드시 행정조직상의 형식적인 권한분장에 구애될 것은 아니고, 담당자의 조직상의 지위와 임무, 당해 언동을 하게 된 구체적인 경위 및 그에 대한 상대방의 신뢰가능성에 비추어 실질에 의하여 판단하여야 한다.
④ 행정청은 권한 행사의 기회가 있음에도 불구하고 장기간 권한을 행사하지 아니하여 국민이 그 권한이 행사되지 아니할 것으로 믿을 만한 정당한 사유가 있는 경우에는 그 권한을 행사해서는 아니 되지만, 공익 또는 제3자의 이익을 현저히 해칠 우려가 있는 경우는 예외이다.

02 개인적 공권에 대한 설명으로 옳지 않은 것은?

① 환경영향평가 대상지역 밖의 주민이라 할지라도 공유수면매립면허 처분 등으로 인하여 그 처분 전과 비교하여 수인한도를 넘는 환경피해를 받거나 받을 우려가 있는 경우에는, 공유수면매립면허 처분 등으로 인하여 환경상 이익에 대한 침해 또는 침해우려가 있다는 것을 입증함으로써 그 처분 등의 무효확인을 구할 원고적격을 인정받을 수 있다.
② 공무원연금 수급권과 같은 사회보장수급권은 헌법규정만으로는 이를 실현할 수 없어 법률에 의한 형성이 필요하고, 그 구체적인 내용 즉 수급요건 등은 법률에 의하여 비로소 확정된다.
③ 행정처분에 있어서 수익처분의 상대방은 그의 권리나 법률상 보호되는 이익이 침해되었다고 볼 수 없으므로 달리 특별한 사정이 없는 한 그 수익처분의 취소를 구할 이익이 없다.
④ 행정계획은 행정기관 내부의 행동 지침에 불과하므로, 도시계획구역 내 토지 등을 소유하고 있는 주민은 입안권자에게 도시계획입안을 요구할 수 있는 법규상 또는 조리상의 신청권이 없다.

03 무효등확인소송에 대한 설명으로 옳은 것은?

① 무효확인판결에는 취소판결의 기속력에 관한 규정이 준용되지 않는다.
② 무효등확인소송의 제기 당시에 원고적격을 갖추었다면 상고심 계속 중에 원고적격을 상실하더라도 그 소는 적법하다.
③ 행정처분의 무효란 행정처분이 처음부터 아무런 효력도 발생하지 아니한다는 의미이므로 무효등확인소송에 대해서는 집행정지가 인정되지 아니한다.
④ 행정처분의 당연무효를 주장하여 그 무효확인을 구하는 행정소송에 있어서는 원고에게 그 행정처분이 무효인 사유를 주장·입증할 책임이 있다.

04. 행정소송의 피고에 대한 설명으로 옳지 않은 것은?

① 취소소송은 다른 법률에 특별한 규정이 없는 한 그 처분 등을 행한 행정청을 피고로 하지만, 처분 등이 있은 뒤에 그 처분 등에 관계 되는 권한이 다른 행정청에 승계된 때에는 이를 승계한 행정청을 피고로 한다.
② 조례가 집행행위의 개입 없이도 그 자체로서 직접 국민의 구체적인 권리·의무나 법적 이익에 영향을 미치는 등의 법률상 효과를 발생하는 경우 무효확인소송의 피고는 당해 조례를 통과시킨 지방의회가 된다.
③ 「행정소송법」상 원고가 피고를 잘못 지정한 때에는 법원은 원고의 신청에 의하여 결정으로써 피고의 경정을 허가할 수 있다.
④ 행정처분을 행할 적법한 권한 있는 상급행정청으로부터 내부위임을 받은 데 불과한 하급행정청이 권한 없이 행정처분을 한 경우 실제로 그 처분을 행한 하급행정청을 피고로 하여야 할 것이지 그 처분을 행할 적법한 권한 있는 상급행정청을 피고로 할 것은 아니다.

05. 행정조사에 대한 설명으로 옳지 않은 것은?

① 우편물 통관검사절차에서 이루어지는 우편물의 개봉, 시료채취, 성분분석 등의 검사는 수출입물품에 대한 적정한 통관 등을 목적으로 한 행정조사의 성격을 가지는 것으로서 압수·수색영장 없이도 이러한 검사를 진행할 수 있다.
② 세무조사결정은 납세자의 권리·의무에 직접 영향을 미치는 공권력의 행사에 따른 행정작용으로서 항고소송의 대상이 된다.
③ 「행정조사기본법」에 따르면 조사대상자의 자발적인 협조에 따라 실시하는 행정조사에 대하여 조사대상자가 조사에 응할 것인지에 대한 응답을 하지 아니하는 경우에는 법령 등에 특별한 규정이 없는 한 그 조사를 거부한 것으로 본다.
④ 「행정조사기본법」상 행정조사를 실시하기 전에 관련 사항을 미리 통지하는 경우 증거인멸 등으로 행정조사의 목적을 달성할 수 없다고 판단되는 때에는, 행정기관의 장은 행정조사 종료 후 지체 없이 행정조사의 목적 등을 조사대상자에게 구두로 통지할 수 있다.

06. 위법한 직무집행행위로 인한 손해배상책임에 대한 설명으로 옳지 않은 것은?

① 「국가배상법」상 '공무원'이라 함은 널리 공무를 위탁받아 실질적으로 공무에 종사하고 있는 일체의 자를 가리키는 것으로서, 단지 공무의 위탁이 일시적인 사항에 관한 활동을 위한 것은 포함되지 않는다.
② 「국가배상법」이 정한 배상청구의 요건인 '공무원의 직무'에는 권력적 작용만이 아니라 행정지도와 같은 비권력적 공행정작용도 포함된다.
③ 어떠한 행정처분이 후에 항고소송에서 위법한 것으로서 취소되었다고 하더라도 그로써 곧 당해 행정처분이 공무원의 고의 또는 과실에 의한 불법행위를 구성한다고 단정할 수는 없다.
④ 헌법상 과잉금지의 원칙 내지 비례의 원칙을 위반하여 국민의 기본권을 침해한 국가작용은 국가배상책임에 있어 법령을 위반한 가해행위가 된다.

07. 행정행위에 대한 설명으로 옳은 것만을 모두 고르면?

ㄱ. 변상금 부과처분에 대한 취소소송이 진행 중인 경우 부과권자는 위법한 처분을 스스로 취소하고 그 하자를 보완하여 다시 적법한 부과처분을 할 수 없다.
ㄴ. 행정청이 「도시 및 주거환경정비법」 등 관련 법령에 근거하여 행하는 조합설립인가처분은 사인들의 조합설립행위에 대한 보충행위로서의 성질을 갖는 것에 그친다.
ㄷ. 「여객자동차 운수사업법」에 따른 개인택시운송사업면허는 특정인에게 권리나 이익을 부여하는 재량행위이다.
ㄹ. 귀화허가는 외국인에게 대한민국 국적을 부여함으로써 국민으로서의 법적 지위를 포괄적으로 설정하는 행위에 해당한다.

① ㄱ, ㄴ
② ㄴ, ㄷ
③ ㄷ, ㄹ
④ ㄱ, ㄷ, ㄹ

08 국가배상에 대한 설명으로 옳은 것은?

① 「국가배상법」에 따른 손해배상의 소송은 배상심의회에 배상신청을 하지 아니하면 제기할 수 없다.
② 국가배상소송을 제기하는 경우 민사소송이 아니라 공법상 당사자소송으로 제기하여야 한다.
③ 군 복무 중 사망한 사람의 유족이 국가배상을 받은 경우, 관할 행정청 등은 「군인연금법」상 사망보상금에서 소극적 손해배상금 상당액을 공제할 수 있을 뿐, 이를 넘어 정신적 손해배상금까지 공제할 수는 없다.
④ 공공시설물의 하자로 손해를 입은 외국인에게는 해당 국가와 상호보증이 없더라도 「국가배상법」이 적용된다.

09 행정절차에 대한 설명으로 옳지 않은 것은?

① 「행정절차법」상 행정청은 처분을 할 때에 단순·반복적인 처분 또는 경미한 처분으로서 당사자가 그 이유를 명백히 알 수 있는 경우에는 처분 후 당사자가 요청하더라도 당사자에게 그 근거와 이유를 제시하지 않아도 된다.
② 육군3사관학교의 사관생도에 대한 징계절차에서 징계심의대상자가 대리인으로 선임한 변호사가 징계위원회 심의에 출석하여 진술하려고 하였음에도, 징계권자나 그 소속 직원이 변호사가 징계위원회의 심의에 출석하는 것을 막은 후 내린 징계위원회의 징계의결에 따른 징계처분은 특별한 사정이 없는 한 위법하여 원칙적으로 취소되어야 한다.
③ 공무원 인사관계 법령에 의한 처분에 관한 사항 전부에 대하여 「행정절차법」의 적용이 배제되는 것이 아니라 성질상 행정절차를 거치기 곤란하거나 불필요하다고 인정되는 처분이나 행정절차에 준하는 절차를 거치도록 하고 있는 처분의 경우에만 「행정절차법」의 적용이 배제된다.
④ 군인사법령에 의하여 진급예정자명단에 포함된 자에 대하여 「행정절차법」상 의견제출의 기회를 부여하지 아니한 채 진급선발을 취소한 처분은 위법하다.

10 「공공기관의 정보공개에 관한 법률」상 정보공개청구에 대한 설명으로 옳지 않은 것은?

① 정보의 공개를 청구하는 자는 정보공개청구서에 청구대상정보를 기재함에 있어서 사회일반인의 관점에서 청구대상정보의 내용과 범위를 확정할 수 있을 정도로 특정함을 요한다.
② 공공기관이 공개청구의 대상이 된 정보를 공개는 하되, 청구인이 신청한 공개방법 이외의 방법으로 공개하기로 하는 결정을 하였다면, 이는 정보공개청구 중 정보공개방법에 관한 부분에 대하여 일부 거부처분을 한 것이고, 청구인은 그에 대하여 항고소송으로 다툴 수 있다.
③ 「유아교육법」에 따른 사립유치원은 공공기관의 정보공개에 관한 법령상 공공기관에 해당하지 않는다.
④ 행정청이 정보를 공개하는 경우에 그 정보의 원본이 더럽혀지거나 파손될 우려가 있거나 그 밖에 상당한 이유가 있다고 인정할 때에는 그 정보의 사본·복제물을 공개할 수 있다.

11 행정소송에 대한 설명으로 옳지 않은 것은?

① 해당 처분을 다툴 법률상 이익이 있는지 여부는 직권조사사항으로 이에 관한 당사자의 주장은 직권발동을 촉구하는 의미밖에 없으므로, 원심법원이 이에 관하여 판단하지 않았다고 하여 판단유탈의 상고이유로 삼을 수 없다.
② 행정청은 「민사소송법」상의 보조참가를 할 수 있을 뿐만 아니라 「행정소송법」에 의한 소송참가를 할 수 있고 공법상 당사자소송의 원고가 된다.
③ 부작위위법확인의 소에 있어 당사자가 행정청에 대하여 어떠한 행정행위를 하여 줄 것을 요구할 수 있는 법규상 또는 조리상 권리를 갖고 있지 아니한 경우에는 원고적격이 없거나 항고소송의 대상인 위법한 부작위가 있다고 볼 수 없어 그 부작위위법확인의 소는 부적법하다.
④ 국가가 국토이용계획과 관련한 지방자치단체의 장의 기관위임사무의 처리에 관하여 지방자치단체의 장을 상대로 취소소송을 제기하는 것은 허용되지 않는다.

12. 행정대집행에 대한 설명으로 옳지 않은 것은?

① 관계 법령상 행정대집행의 절차가 인정되어 행정청이 행정대집행의 방법으로 건물의 철거 등 대체적 작위의무의 이행을 실현할 수 있는 경우에는 따로 민사소송의 방법으로 그 의무의 이행을 구할 수 없다.
② 「공익사업을 위한 토지 등의 취득 및 보상에 관한 법률」에 따른 토지 등의 협의취득은 사법상 계약에 해당하므로, 협의취득시 부담한 의무는 행정대집행의 대상이 되지 않는다.
③ 「행정대집행법」에 따르면 대집행에 요한 비용을 징수하였을 때에는 그 징수금은 사무비의 소속에 따라 국고 또는 지방자치단체의 수입으로 한다.
④ 자기완결적 신고에 해당하는 대문설치신고가 형식적 하자가 없는 적법한 요건을 갖춘 신고임에도 불구하고 관할 행정청이 수리를 거부한 후 당해 대문의 철거명령을 하였더라도, 후행행위인 대문철거 대집행계고처분이 당연무효가 되는 것은 아니다.

13. 행정의 실효성 확보수단에 대한 설명으로 옳지 않은 것은?

① 행정법상의 질서벌인 과태료의 부과처분과 형사처벌을 병과하는 것은 일사부재리의 원칙에 반하지 않는다는 것이 대법원의 입장이다.
② 계고서라는 명칭의 1장의 문서로서 일정기간 내에 위법건축물의 자진철거를 명함과 동시에 그 소정기한 내에 자진철거를 하지 아니할 때에는 대집행할 뜻을 미리 계고한 경우라면 「건축법」에 의한 철거명령과 「행정대집행법」에 의한 계고처분의 요건이 충족된 것은 아니다.
③ 직접강제는 행정대집행이나 이행강제금 부과의 방법으로는 행정상 의무 이행을 확보할 수 없거나 그 실현이 불가능한 경우에 실시하여야 한다.
④ 과세관청이 체납처분으로서 행하는 공매는 우월한 공권력의 행사로서 행정소송의 대상이 되는 공법상의 행정처분이며 공매에 의하여 재산을 매수한 자는 그 공매처분이 취소된 경우에 그 취소처분의 위법을 주장하여 행정소송을 제기할 법률상 이익이 있다.

14. 행정입법에 대한 설명으로 옳지 않은 것은?

① 위임명령이 위임 내용을 구체화하는 단계를 벗어나 새로운 입법을 한 것으로 평가할 수 있다면 이는 위임의 한계를 일탈한 것으로서 허용되지 않는다.
② 교육부장관이 대학입시기본계획에서 내신성적 산정기준에 관한 시행지침을 마련하여 시·도교육감에게 통보한 경우, 각 고등학교에서 위 지침에 일률적으로 기속되어 내신성적을 산정할 수밖에 없고 대학에서도 이를 그대로 내신성적으로 인정하여 입학생을 선발할 수밖에 없으므로 내신성적 산정지침은 항고소송의 대상이 되는 행정처분에 해당한다.
③ 법규명령이 법률상 위임의 근거가 없어 무효였더라도 사후에 법 개정으로 위임의 근거가 부여되면 그때부터는 유효한 법규명령이 된다.
④ 행정청이 개인택시운송사업면허발급 여부를 심사함에 있어서 이미 설정된 면허기준의 해석상 당해 신청이 면허발급의 우선순위에 해당함이 명백함에도 면허거부처분을 하였다면 특별한 사정이 없는 한 그 거부처분은 위법한 처분이 된다.

15. 행정행위의 부관에 대한 설명으로 옳지 않은 것은?

① 행정처분에 붙은 부담인 부관이 제소기간 도과로 확정되어 이미 불가쟁력이 생긴 경우에도 그 부담의 이행으로서 하게 된 사법상 매매 등의 법률행위의 효력을 다툴 수 있다.
② 부담부 행정처분에 있어서 처분의 상대방이 부담을 이행하지 아니한 경우에 처분청이 이를 들어 당해 처분을 철회할 수 없다.
③ 지방국토관리청장이 일부 공유수면매립지에 대하여 한 국가귀속처분은 매립준공인가를 함에 있어서 매립의 면허를 받은 자의 매립지에 대한 소유권취득을 규정한 구 「공유수면매립법」의 법률효과를 일부 배제하는 부관을 붙인 것이다.
④ 부담이 처분 당시 법령을 기준으로 적법하다면 처분 후 부담의 전제가 된 주된 행정처분의 근거 법령이 개정됨으로써 행정청이 더 이상 부관을 붙일 수 없게 되었다 하더라도 곧바로 위법하게 되거나 그 효력이 소멸하게 되는 것은 아니다.

16 행정행위의 하자에 대한 설명으로 옳지 않은 것은?

① 수익적 행정처분의 취소 제한에 관한 법리는 처분청이 수익적 행정처분을 직권으로 취소하는 경우에 적용되는 법리일 뿐 쟁송취소의 경우에는 적용되지 않는다.
② 구 「학교보건법」상 학교환경위생정화구역에서의 금지행위 및 시설의 해제 여부에 관한 행정처분을 함에 있어 학교환경위생정화위원회 심의절차를 누락하였다면, 특별한 사정이 없는 한 이는 행정처분을 위법하게 하는 취소사유가 된다.
③ 행정청이 청문서 도달기간을 어겼다면 당사자가 이에 대하여 이의하지 아니한 채 스스로 청문일에 출석하여 방어의 기회를 충분히 가졌더라도 청문서 도달기간을 준수하지 아니한 하자가 치유되는 것은 아니다.
④ 토지등급결정내용의 개별통지가 있었다고 볼 수 없어 토지등급결정이 무효라면, 토지소유자가 그 결정 이전이나 이후에 토지등급결정내용을 알았다 하더라도 개별통지의 하자가 치유되는 것은 아니다.

17 행정계획에 대한 설명으로 옳지 않은 것은?

① 후행 도시계획결정을 하는 행정청이 선행 도시계획의 결정·변경 등에 관한 권한을 가지고 있지 아니한 경우 선행 도시계획과 양립할 수 없는 내용이 포함된 후행 도시계획결정은 다른 특별한 사정이 없는 한 무효이다.
② 「도시 및 주거환경정비법」에 따라 인가·고시된 관리처분계획은 구속적 행정계획으로서 처분성이 인정된다.
③ 도시계획시설의 지정으로 말미암아 당해 토지의 이용가능성이 배제되거나 또는 토지소유자가 토지를 종래 허용된 용도대로도 사용할 수 없기 때문에 이로 인하여 현저한 재산적 손실이 발생하는 경우에는, 원칙적으로 국가나 지방자치단체는 이에 대한 보상을 해야 한다.
④ 도시계획시설결정의 장기미집행으로 인해 재산권이 침해된 경우, 도시계획시설결정의 실효를 주장할 수 있고, 이는 헌법상 재산권으로부터 당연히 직접 도출되는 권리이다.

18 이행강제금에 대한 설명으로 옳지 않은 것은?

① 「건축법」상 이행강제금은 시정명령의 불이행이라는 과거의 위반행위에 대한 제재이다.
② 행정청은 이행강제금을 부과받은 자가 납부기한까지 이행강제금을 내지 아니하면 국세강제징수의 예 또는 「지방행정제재·부과금의 징수 등에 관한 법률」에 따라 징수한다.
③ 처분의 근거법령에 의하면 「비송사건절차법」에 따라 이행강제금 부과처분에 불복하도록 규정하고 있었지만, 관할청이 이행강제금 부과처분을 하면서 재결청에 행정심판을 청구하거나 관할 행정법원에 행정소송을 할 수 있다고 잘못 안내한 경우라도 이행강제금 부과처분에 대해 행정법원에 항고소송을 제기할 수 없다.
④ 「건축법」상 이행강제금을 부과받은 사람이 이행강제금사건의 제1심결정 후 항고심결정이 있기 전에 사망한 경우, 항고심결정은 당연무효이고, 이미 사망한 사람의 이름으로 제기된 재항고는 보정할 수 없는 흠결이 있는 것으로서 부적법하다.

19 손실보상에 대한 설명으로 옳은 것만을 모두 고르면?

ㄱ. 공공필요에 의한 재산권의 수용·사용 또는 제한 및 그에 대한 보상은 법률로써 하되, 정당한 보상을 지급하여야 한다.
ㄴ. 「하천법」 부칙과 이에 따른 특별조치법이 하천구역으로 편입된 토지에 대하여 손실보상청구권을 규정하였다고 하더라도 당해 법률규정이 아니라 관리청의 보상금지급결정에 의하여 비로소 손실보상청구권이 발생한다.
ㄷ. 「공익사업을 위한 토지 등의 취득 및 보상에 관한 법률」상 보상금의 증감에 관한 소송인 경우 그 소송을 제기하는 자가 토지소유자 또는 관계인일 때에는 지방토지수용위원회 또는 중앙토지수용위원회를 피고로 한다.
ㄹ. 수용재결에 불복하여 취소소송을 제기하는 때에는 이의신청을 거친 경우에도 수용재결을 한 중앙토지수용위원회 또는 지방토지수용위원회를 피고로 하여 수용재결의 취소를 구하여야 하지만, 이의신청에 대한 재결 자체에 고유한 위법이 있는 경우에는 그 이의재결을 한 중앙토지수용위원회를 피고로 하여 이의재결의 취소를 구할 수 있다.

① ㄱ, ㄴ ② ㄱ, ㄹ
③ ㄴ, ㄷ ④ ㄴ, ㄷ, ㄹ

20 판례의 입장으로 옳지 않은 것은?

① 교원소청심사위원회의 결정은 학교법인에 대하여 기속력을 가지지만 기속력은 그 결정의 주문에 포함된 사항에 미치는 것이지 그 전제가 된 요건사실의 인정과 불리한 처분 등의 구체적 위법사유에 관한 판단에까지 미치는 것은 아니다.

② 어업권면허에 선행하는 우선순위결정은 행정청이 우선권자로 결정된 자의 신청이 있으면 어업권면허처분을 하겠다는 것을 약속하는 행위로서 행정처분이 아니다.

③ 행정지도가 강제성을 띠지 않은 비권력적 작용으로서 행정지도의 한계를 일탈하지 않았다면, 그로 인하여 상대방에게 어떤 손해가 발생하였다 하더라도 행정기관은 그에 대한 손해배상책임이 없다.

④ 「공익사업을 위한 토지 등의 취득 및 보상에 관한 법률」상 적법하게 시행된 공익사업으로 인하여 이주하게 된 주거용 건축물 세입자의 주거이전비 보상청구권은 공법상의 권리이고, 따라서 그 보상을 둘러싼 쟁송은 민사소송이 아니라 공법상의 법률관계를 대상으로 하는 행정소송에 의하여야 한다.

2023년 지방직 9급 행정법총론 [책형: B]

※ 지문의 내용에 대해 학설의 대립 등 다툼이 있는 경우 판례에 의함

01 자동화된 행정결정에 대한 설명으로 옳지 않은 것은?

① 자동화된 행정결정의 예로는 컴퓨터를 통한 중·고등학생의 학교배정, 신호등에 의한 교통신호 등이 있다.
② 「행정기본법」상 자동적 처분은 항고소송의 대상이 된다.
③ 「행정기본법」상 자동적 처분을 할 수 있는 '완전히 자동화된 시스템'에는 '인공지능 기술을 적용한 시스템'이 포함되지 않는다.
④ 「행정기본법」은 재량행위에 대해서 자동적 처분을 허용하지 않고 있다.

02 법치행정의 원칙에 대한 설명으로 옳지 않은 것은?

① 규율대상이 국민의 기본권 및 기본적 의무와 관련한 중요성을 가질수록 그리고 그에 관한 공개적 토론의 필요성 또는 상충하는 이익 사이의 조정 필요성이 클수록, 그것이 국회의 법률에 의해 직접 규율될 필요성은 더 증대된다고 보아야 한다.
② 법률의 시행령은 법률에 의한 위임 없이도 법률이 규정한 개인의 권리·의무에 관한 내용을 변경·보충하거나 법률에 규정되지 아니한 새로운 내용을 규정할 수 있다.
③ 법률유보의 원칙은 '법률에 의한 규율'만을 요청하는 것이 아니라 '법률에 근거한 규율'을 요청하는 것이기 때문에 기본권의 제한에는 법률의 근거가 필요할 뿐이고 기본권제한의 형식이 반드시 법률의 형식일 필요는 없다.
④ 행정작용은 법률에 위반되어서는 아니 되며, 국민의 권리를 제한하거나 의무를 부과하는 경우와 그 밖에 국민생활에 중요한 영향을 미치는 경우에는 법률에 근거해야 한다.

03 행정입법의 사법적 통제에 대한 설명으로 옳지 않은 것은?

① 중앙선거관리위원회규칙은 법규명령이므로 구체적 규범통제의 대상이 될 수 있다.
② 처분적 법규명령은 무효등확인소송 또는 취소소송의 대상이 된다.
③ 대법원 이외의 각급법원도 구체적 규범통제의 방법으로 법규명령 조항에 대한 위헌·위법 판단을 할 수 있다.
④ 행정입법부작위는 부작위위법확인소송의 대상이 된다.

04 행정의 실효성 확보수단에 대한 설명으로 옳지 않은 것은?

① 구 「국세징수법」상 가산금 또는 중가산금의 고지는 항고소송의 대상이 되는 처분이 아니다.
② 지방자치단체 소속 공무원이 지방자치단체 고유의 자치사무를 수행하던 중 구 「도로법」에 위반하는 행위를 한 경우 지방자치단체는 구 「도로법」상 양벌규정에 따라 처벌대상이 되는 법인에 해당한다.
③ 구 「음반·비디오물 및 게임물에 관한 법률」상 불법게임물에 대한 수거 및 폐기조치는 행정상 즉시강제에 해당한다.
④ 공매처분을 하면서 체납자에게 공매통지를 하지 않았거나 공매통지를 하였지만 그것이 적법하지 아니하다 하더라도 공매처분 자체는 위법하지 않다.

05 사인의 공법행위에 대한 설명으로 옳은 것은?

① 공무원에 의해 제출된 사직원은 그에 터잡은 의원면직처분이 있을 때까지 철회될 수 있고, 일단 면직처분이 있고 난 이후에도 자유로이 취소 및 철회될 수 있다.
② 시장 등의 주민등록전입신고 수리 여부에 대한 심사는 「주민등록법」의 입법 목적의 범위 내에서 제한적으로 이루어져야 하는바, 전입신고자가 30일 이상 생활의 근거로서 거주할 목적으로 거주지를 옮기는지 여부가 심사 대상으로 되어야 한다.
③ 행정청은 신청에 구비서류의 미비 등 흠이 있는 경우 원칙상 형식적·절차적인 요건만을 보완요구하여야 하므로 실질적인 요건에 관한 흠이 민원인의 단순한 착오나 일시적인 사정 등에 기인한 경우에도 보완을 요구할 수 없다.
④ 사인의 공법행위는 원칙적으로 발신주의에 따라 그 효력이 발생한다.

06 행정소송의 판결에 대한 설명으로 옳지 않은 것은?

① 처분 등을 취소하는 확정판결은 제3자에 대하여도 효력이 있다.
② 취소 확정판결의 기속력은 판결의 주문 및 전제가 되는 처분 등의 구체적 위법사유에 관한 판단에도 미치므로, 종전 처분이 판결에 의하여 취소되었다면 종전 처분의 처분사유와 기본적 사실관계에서 동일하지 않은 다른 사유를 들어서 새로이 동일한 내용을 처분하는 것 또한 확정판결의 기속력에 저촉된다.
③ 법원은 원고의 청구가 이유있다고 인정하는 경우에도 처분 등을 취소하는 것이 현저히 공공복리에 적합하지 아니하다고 인정하는 때에는 원고의 청구를 기각할 수 있다.
④ 과세의 절차 내지 형식에 위법이 있어 과세처분을 취소하는 판결이 확정되었을 경우 과세관청은 그 위법사유를 보완하여 다시 새로운 과세처분을 할 수 있고, 그 새로운 과세처분은 확정판결에 의하여 취소된 종전의 과세처분과는 별개의 처분이다.

07 행정상 사실행위에 대한 설명으로 옳지 않은 것은?

① 행정상 사실행위의 예로는 폐기물 수거, 행정지도, 대집행의 실행, 행정상 즉시강제 등이 있다.
② 행정청이 위법 건축물에 대한 단전 및 전화통화 단절조치를 요청한 것은 항고소송의 대상이 되는 행정처분이라고 볼 수 없다.
③ 교도소장이 영치품인 티셔츠 사용을 재소자에게 불허한 행위는 항고소송의 대상이 되는 행정처분에 해당한다.
④ 교도소 내 마약류 관련 수형자에 대한 교도소장의 소변강제채취는 권력적 사실행위이나 헌법소원의 대상은 아니다.

08 행정의 실효성 확보수단에 대한 설명으로 옳지 않은 것은?

① 「농지법」상 이행강제금 부과처분에 대한 불복은 「비송사건절차법」에 따른 재판절차뿐만 아니라 「행정소송법」상 항고소송절차에 따를 수 있다.
② 관계 법령상 행정대집행의 절차가 인정되어 행정청이 행정대집행의 방법으로 건물의 철거 등 대체적 작위의무의 이행을 실현할 수 있는 경우에는 따로 민사소송의 방법으로 그 의무의 이행을 구할 수 없다.
③ 「행정조사기본법」에 따르면 조사대상자의 자발적인 협조를 얻어 행정조사를 실시하고자 하는 경우 조사대상자는 문서·전화·구두 등의 방법으로 당해 행정조사를 거부할 수 있다.
④ 통고처분은 상대방의 임의의 승복을 그 발효요건으로 하기 때문에 그 자체만으로는 통고이행을 강제하거나 상대방에게 아무런 권리·의무를 형성하지 않으므로 행정심판이나 행정소송의 대상으로서의 처분성을 인정할 수 없다.

09 다음 각 사례에 대한 설명으로 옳은 것만을 모두 고르면?

- 행정청 甲은 국유 일반재산인 건물 1층을 5년간 대부하는 계약을 乙과 체결하면서 대부료는 1년에 1억으로 정하였고 6회에 걸쳐 분납하기로 하였다. 甲은 乙이 1년간 대부료를 납부하지 않자, 체납한 대부료를 납부할 것을 통지하였다. 「국유재산법」에 따르면 국유재산의 대부료 등이 납부기한까지 납부되지 아니한 경우에는 「국세징수법」상의 강제징수에 관한 규정을 준용하고 있다.
- 행정청 甲은 국가 소유의 땅을 무단점유하여 사용하고 있는 丙에게 변상금 100만 원 부과처분을 하였다.

ㄱ. 甲이 乙에게 대부하는 행위는 공권력의 주체로서 상대방의 의사 여하에 불구하고 일방적으로 행하는 행정처분이 아니다.
ㄴ. 甲은 대부료를 납부하지 않은 乙을 상대로 민사소송을 제기하여 대부료 지급을 구해야 한다.
ㄷ. 변상금 부과처분은 순전히 사경제 주체로서 행하는 사법상의 법률행위이므로, 丙은 그 처분에 대해 민사소송을 제기하여 다툴 수 있다.

① ㄱ
② ㄴ
③ ㄱ, ㄷ
④ ㄱ, ㄴ, ㄷ

10 행정지도에 대한 설명으로 옳지 않은 것은?

① 행정기관은 행정지도의 상대방이 행정지도에 따르지 아니하였다는 것을 이유로 불이익한 조치를 하여서는 아니 된다.
② 행정기관이 같은 행정목적을 실현하기 위하여 많은 상대방에게 행정지도를 하려는 경우에는 특별한 사정이 없으면 행정지도에 공통적인 내용이 되는 사항을 공표하여야 한다.
③ 위법한 행정지도에 따라 행한 사인의 행위는 위법성이 조각되어 범법행위가 되지 않는다.
④ 행정지도가 강제성을 띠지 않은 비권력적 작용으로서 행정지도의 한계를 일탈하지 아니하였다면, 그로 인하여 상대방에게 손해가 발생하였다 하더라도 행정기관은 손해배상책임이 없다.

11 행정행위의 하자의 승계에 대한 설명으로 옳지 않은 것은?

① 2개 이상의 행정처분이 연속적 또는 단계적으로 이루어지는 경우 선행처분과 후행처분이 서로 합하여 1개의 법률효과를 완성하는 때에는 선행처분에 하자가 있으면 그 하자는 후행처분에 승계된다.
② 선행처분과 후행처분이 서로 독립하여 별개의 법률효과를 발생시키는 경우에는 선행처분에 불가쟁력이 생겨 그 효력을 다툴 수 없게 되면 수인한도를 넘는 가혹함을 가져오며 그 결과가 당사자에게 예측가능하지 않더라도 하자의 승계가 인정되지 않는다.
③ 과세관청의 선행처분인 소득금액변동통지에 하자가 존재하더라도 당연무효사유에 해당하지 않는 한 후행처분인 징수처분에 대한 항고소송에서 그 하자를 다툴 수 없다.
④ 수용보상금의 증액을 구하는 소송에서는 선행처분으로서 그 수용대상 토지 가격 산정의 기초가 된 비교표준지공시지가 결정의 위법을 독립된 사유로 주장할 수 있다.

12 「행정소송법」상 당사자소송에 대한 설명으로 옳지 않은 것은?

① 당사자소송이란 행정청의 처분 등을 원인으로 하는 법률관계에 관한 소송, 그 밖에 공법상의 법률관계에 관한 소송으로서 그 법률관계의 한쪽 당사자를 피고로 하는 소송을 의미한다.
② 공법상 계약의 한쪽 당사자가 다른 당사자를 상대로 효력을 다투거나 이행을 청구하는 소송은 공법상의 법률관계에 관한 분쟁이므로 분쟁의 실질이 공법상 권리·의무의 존부·범위에 관한 다툼이 아니라 손해배상액의 구체적인 산정방법·금액에 국한되는 등의 특별한 사정이 없는 한 당사자소송으로 제기하여야 한다.
③ 명예퇴직한 법관이 미지급 명예퇴직수당액에 대하여 가지는 권리는 명예퇴직수당 지급대상자 결정 절차를 거쳐 명예퇴직수당규칙에 의하여 확정된 공법상 법률관계에 관한 권리로서, 그 지급을 구하는 소송은 당사자소송에 해당하며, 그 법률관계의 당사자인 국가를 상대로 제기하여야 한다.
④ 당사자소송은 공법상 법률관계에 관한 소송이므로 이를 본안으로 하는 가처분에 대하여는 「민사집행법」상 가처분에 관한 규정이 준용되지 않는다.

13. 「공공기관의 정보공개에 관한 법률」상 정보공개에 대한 설명으로 옳은 것만을 모두 고르면?

ㄱ. 모든 국민은 정보의 공개를 청구할 권리를 가진다.
ㄴ. 법무부령인 「검찰보존사무규칙」은 행정기관 내부의 사무처리준칙인 행정규칙이지만, 「검찰보존사무규칙」상의 열람·등사의 제한은 「공공기관의 정보공개에 관한 법률」 제9조 제1항 제1호의 '다른 법률 또는 법률에 의한 명령에 의하여 비공개사항으로 규정된 경우'에 해당한다.
ㄷ. 해당 정보를 취득 또는 활용할 의사가 전혀 없이 정보공개제도를 이용하여 사회통념상 용인될 수 없는 부당한 이득을 얻으려 하거나, 오로지 공공기관의 담당 공무원을 괴롭힐 목적으로 정보공개청구를 하는 경우 권리 남용에 해당함이 명백하므로 정보공개청구권의 행사가 허용되지 아니한다.
ㄹ. 청구인이 정보공개와 관련한 공공기관의 결정에 대하여 불복이 있거나 정보공개청구 후 10일이 경과하도록 정보공개결정이 없는 때에는 「행정심판법」에서 정하는 바에 따라 행정심판을 청구할 수 있다.

① ㄱ, ㄴ
② ㄱ, ㄷ
③ ㄴ, ㄹ
④ ㄷ, ㄹ

14. 국가배상에 대한 설명으로 옳지 않은 것은?

① 시·도경찰청장 또는 경찰서장이 지방자치단체의 장으로부터 권한을 위탁받아 설치·관리하는 신호기의 하자로 인해 손해가 발생한 경우 「국가배상법」 제5조 소정의 배상책임의 귀속 주체는 국가뿐이다.
② 헌법재판소 재판관이 청구기간 내에 제기된 헌법소원심판청구사건에서 청구기간을 오인하여 각하결정을 한 경우, 이에 대한 불복절차 내지 시정절차가 없는 때에는 배상책임의 요건이 충족되는 한 국가배상책임을 인정할 수 있다.
③ 영조물의 설치·관리자와 비용부담자가 다른 경우 피해자에게 손해를 배상한 자는 내부관계에서 그 손해를 배상할 책임이 있는 자에게 구상할 수 있다.
④ 군 복무 중 사망한 군인 등의 유족이 「국가배상법」에 따른 손해배상금을 지급받은 경우 그 손해배상금 상당 금액에 대해서는 「군인연금법」에서 정한 사망보상금을 지급받을 수 없다.

15. 행정소송의 심리에 대한 설명으로 옳지 않은 것은?

① 「행정소송법」에 따르면 법원은 필요하다고 인정할 때에는 직권으로 증거조사를 할 수 있으나, 당사자가 주장하지 아니한 사실에 대하여는 판단할 수 없다.
② 법원은 행정처분 당시 행정청이 알고 있었던 자료뿐만 아니라 사실심 변론종결 당시까지 제출된 모든 자료를 종합하여 처분당시 존재하였던 객관적 사실을 확정하고 그 사실에 기초하여 처분의 위법 여부를 판단할 수 있다.
③ 「행정소송법」에 따르면 법원은 당사자의 신청이 있는 때에는 결정으로써 재결을 행한 행정청에 대하여 행정심판에 관한 기록의 제출을 명할 수 있고, 제출명령을 받은 행정청은 지체 없이 당해 행정심판에 관한 기록을 법원에 제출하여야 한다.
④ 결혼이민[F-6 (다)목] 체류자격을 신청한 외국인에 대하여 행정청이 그 요건을 충족하지 못하였다는 이유로 거부처분을 하는 경우 '그 요건을 갖추지 못하였다는 판단', 즉 '혼인파탄의 주된 귀책사유가 국민인 배우자에게 있지 않다는 판단' 자체가 처분사유가 되는바, 결혼이민[F-6 (다)목] 체류자격 거부처분취소소송에서 그 처분사유에 관한 증명책임은 피고 행정청에 있다.

16. 「공익사업을 위한 토지 등의 취득 및 보상에 관한 법률」에 대한 설명으로 옳지 않은 것은?

① 구 「하천법」에 의한 하천수 사용권은 「공익사업을 위한 토지 등의 취득 및 보상에 관한 법률」이 손실보상의 대상으로 규정하고 있는 '물의 사용에 관한 권리'에 해당한다.
② 토지수용위원회의 재결에 대한 토지소유자의 행정소송 제기는 사업의 진행 및 토지의 수용 또는 사용을 정지시키지 아니한다.
③ 사업인정은 공익사업의 시행자에게 그 후 일정한 절차를 거칠 것을 조건으로 일정한 내용의 수용권을 설정하여 주는 형성행위이다.
④ 어떤 보상항목이 공익사업을 위한 토지 등의 취득 및 보상에 관한 법령상 손실보상대상에 해당함에도 관할 토지수용위원회가 사실을 오인하거나 법리를 오해함으로써 손실보상대상에 해당하지 않는다고 잘못된 내용의 재결을 한 경우에는, 피보상자는 관할 토지수용위원회를 상대로 재결취소소송을 제기하여야 한다.

17 다음 사례에 대한 설명으로 옳은 것은?

> 식품접객업을 하는 甲은 청소년의 연령을 확인하지 않고 주류를 판매한 사실이 적발되어 관할 행정청 乙로부터 「식품위생법」 위반을 이유로 영업정지 2개월을 부과받자 관할 행정심판위원회 丙에 행정심판을 청구하였다.

① 丙은 영업정지 2개월에 갈음하여 「식품위생법」 소정의 과징금으로 변경할 수 없다.
② 甲이 丙의 기각재결을 받은 후 재결 자체에 고유한 하자가 있음을 주장하며 그 기각재결에 대하여 취소소송을 제기한 경우, 수소법원은 심리 결과 재결 자체에 고유한 위법이 없다면 각하판결을 하여야 한다.
③ 丙이 영업정지처분을 취소하는 재결을 할 경우, 乙은 이 인용재결의 취소를 구하는 행정소송을 제기할 수 없다.
④ 丙은 행정심판의 심리과정에서 甲의 「식품위생법」상의 또 다른 위반 사실을 인지한 경우, 乙의 2개월 영업정지와는 별도로 1개월 영업정지를 추가하여 부과하는 재결을 할 수 있다.

18 「행정절차법」에 대한 설명으로 옳지 않은 것은?

① 처분기준을 공표하는 것이 해당 처분의 성질상 현저히 곤란하거나 공공의 안전 또는 복리를 현저히 해치는 것으로 인정될 만한 상당한 이유가 있는 경우에는 처분기준을 공표하지 아니할 수 있다.
② 행정처분의 상대방에 대한 청문통지서가 반송되었거나 행정처분의 상대방이 청문일시에 불출석하였다는 이유만으로 행정청이 관계 법령상 그 실시가 요구되는 청문을 실시하지 아니하고 한 침해적 행정처분은 위법하다.
③ 「행정절차법」상 사전통지 및 의견제출에 대한 권리를 부여하고 있는 '당사자 등'에는 불이익처분의 직접 상대방인 당사자와 행정청이 직권으로 또는 신청에 따라 행정절차에 참여하게 한 이해관계인, 그 밖에 제3자가 포함된다.
④ 행정청이 처분을 하면서 당사자가 그 근거를 알 수 있을 정도로 이유를 제시한 경우에는 처분의 근거와 이유를 구체적으로 명시하지 않았더라도 그로 말미암아 그 처분이 위법하다고 볼 수는 없다.

19 「질서위반행위규제법」에 대한 설명으로 옳지 않은 것은?

① 질서위반행위 후 법률이 변경되어 그 행위가 질서위반행위에 해당하지 아니하게 되거나 과태료가 변경되기 전의 법률보다 가볍게 된 때에는 법률에 특별한 규정이 없는 한 변경된 법률을 적용하여야 한다.
② 고의 또는 과실이 없는 질서위반행위라고 하더라도 과태료를 부과할 수 있다.
③ 행정청의 과태료 부과에 불복하는 당사자는 과태료 부과 통지를 받은 날부터 60일 이내에 해당 행정청에 서면으로 이의제기를 할 수 있다.
④ 법원이 심문 없이 과태료 재판을 하고자 하는 때에는 당사자와 검사는 특별한 사정이 없는 한 약식재판의 고지를 받은 날부터 7일 이내에 이의신청을 할 수 있다.

20 인가에 대한 설명으로 옳지 않은 것은?

① 「자동차관리법」상 자동차관리사업자로 구성하는 사업자단체인 조합 또는 협회의 설립인가처분은 자동차관리사업자들의 단체결성행위를 보충하여 효력을 완성시키는 처분에 해당한다.
② 구 「도시 및 주거환경정비법」상 조합설립추진위원회 구성승인처분은 조합의 설립을 위한 주체인 추진위원회의 구성행위를 보충하여 그 효력을 부여하는 처분이다.
③ 주택재개발정비사업조합이 수립한 사업시행계획에 하자가 있음에도 불구하고 관할 행정청이 해당 사업시행계획에 대한 인가처분을 하였다면, 그 인가처분에는 고유한 하자가 없더라도 사업시행계획의 무효를 주장하면서 곧바로 그에 대한 인가처분의 무효확인이나 취소를 구하여야 한다.
④ 구 「도시 및 주거환경정비법」상 토지소유자들이 조합을 설립하지 아니하고 직접 도시환경정비사업을 시행하고자 하는 경우에 내려진 사업시행인가처분은 설권적 처분의 성격을 가진다.

2022년 지방직 9급
행정법총론 [책형:A]

01 행정입법에 대한 설명으로 옳지 않은 것은? (다툼이 있는 경우 판례에 의함)

① 자치조례에 대한 법률의 위임은 반드시 구체적으로 범위를 정하여 할 필요가 없으며 포괄적인 것으로 족하다.
② 부령형식으로 정해진 제재적 행정처분의 기준은 법규성이 있어서 대외적으로 국민이나 법원을 기속하는 효력이 있다.
③ 고시가 법령의 수권에 의하여 법령을 보충하는 사항을 정하는 경우 위임의 한계를 벗어나지 않는 한 그 근거법령과 결합하여 대외적으로 구속력이 있는 법규명령으로서의 효력을 가진다.
④ 법률의 시행령이 형사처벌에 관한 사항을 규정하면서 법률의 명시적인 위임범위를 벗어나 처벌의 대상을 확장하는 것은 위임입법의 한계를 벗어난 것으로 그 시행령은 무효이다.

02 행정행위의 부관에 대한 설명으로 옳은 것은? (다툼이 있는 경우 판례에 의함)

① 행정처분에 부가한 부담이 무효인 경우에는 그 부담의 이행으로 이루어진 사법상 법률행위도 무효가 된다.
② 부관의 사후변경은 종전의 부관을 변경하지 아니하면 해당 처분의 목적을 달성할 수 없는 경우가 아니라면 인정되지 않는다.
③ 행정처분과 실제적 관련성이 없어 부관을 붙일 수 없는 경우에도 사법상 계약의 형식으로 공법상 제한을 회피할 수 있다.
④ 행정재산에 대한 기한부 사용·수익허가를 받은 경우, 그 사용·수익허가의 기간에 대하여 독립하여 행정소송을 제기할 수 없다.

03 판례상 재량행위에 해당하는 것만을 모두 고르면?

ㄱ. 「여객자동차 운수사업법」상 개인택시운송사업면허
ㄴ. 구「수도권대기환경특별법」상 대기오염물질 총량관리사업장 설치허가
ㄷ. 「국가공무원법」상 휴직사유 소멸을 이유로 한 신청에 대한 복직명령
ㄹ. 「출입국관리법」상 체류자격 변경허가

① ㄱ, ㄹ
② ㄴ, ㄷ
③ ㄱ, ㄴ, ㄹ
④ ㄱ, ㄴ, ㄷ, ㄹ

04 행정절차에 대한 설명으로 옳지 않은 것은? (다툼이 있는 경우 판례에 의함)

① 계약직공무원 채용계약해지의 의사표시는 「행정절차법」에 의하여 근거와 이유를 제시하여야 하는 것은 아니다.
② 교육부장관이 부적격사유가 없는 후보자들 사이에서 어떤 후보자를 상대적으로 더욱 적합하다고 판단하여 국립대학교의 총장으로 임용제청을 하였다면, 그러한 임용제청행위 자체로서 이유제시의무를 다한 것이다.
③ 「국가공무원법」상 직위해제처분에는 처분의 사전통지 및 의견청취 등에 관한 「행정절차법」의 규정이 적용된다.
④ 과세처분시 납세고지서에 법으로 규정한 과세표준 등의 기재가 누락되면 그 과세처분 자체가 위법한 처분이 되어 취소의 대상이 된다.

05 행정법의 일반원칙에 대한 설명으로 옳은 것만을 모두 고르면? (다툼이 있는 경우 판례에 의함)

> ㄱ. 비례의 원칙은 법치국가원리에서 당연히 파생되는 헌법상의 기본원리이다.
> ㄴ. 평등의 원칙은 본질적으로 같은 것을 자의적으로 다르게 취급함을 금지하는 것이므로, 위법한 행정처분이 수차례에 걸쳐 반복적으로 행하여졌다면 행정청에 대하여 자기구속력을 갖게 된다.
> ㄷ. 국가가 임용결격사유가 있는 자에 대하여 결격사유가 있는 것을 알지 못하고 공무원으로 임용하였다가 나중에 결격사유가 있음을 발견하고 그 임용행위를 취소하는 경우 신의칙이 적용된다.
> ㄹ. 지방자치단체장이 사업자에게 주택사업계획승인을 하면서 그 주택사업과는 아무런 관련이 없는 토지를 기부채납하도록 하는 부관을 주택사업계획승인에 붙인 경우, 그 부관은 부당결부금지의 원칙에 위반되어 위법하다.

① ㄱ, ㄴ
② ㄱ, ㄹ
③ ㄴ, ㄷ
④ ㄷ, ㄹ

06 행정행위에 대한 설명으로 옳지 않은 것은? (다툼이 있는 경우 판례에 의함)

① 건축허가는 대물적 성질을 갖는 것이어서 행정청으로서는 허가를 할 때에 건축주 또는 토지소유자가 누구인지 등 인적요소에 관하여는 형식적 심사만 한다.
② 시·도경찰청장이 횡단보도를 설치하여 보행자 통행방법 등을 규제하는 것은 국민의 권리·의무에 직접 관계가 있는 행위로서 행정처분이다.
③ 국유재산의 무단점유에 대한 변상금 징수의 요건은 「국유재산법」에 명백히 규정되어 있으므로 변상금을 징수할 것인가는 처분청의 재량을 허용하지 않는 기속행위이다.
④ 공유수면의 점용·사용허가는 특정인에게 공유수면 이용권이라는 독점적 권리를 설정하여 주는 처분이 아니라 일반적인 상대적 금지를 해제하는 처분이다.

07 「공공기관의 정보공개에 관한 법률」상 정보공개에 대한 설명으로 옳지 않은 것은? (다툼이 있는 경우 판례에 의함)

① 정보공개청구권자의 권리구제 가능성은 정보의 공개 여부 결정에 아무런 영향을 미치지 못한다.
② 학교환경위생구역 내 금지행위 해제결정에 관한 학교환경위생정화위원회의 회의록에 기재된 발언내용에 대한 해당 발언자의 인적사항 부분에 관한 정보는 비공개대상에 해당하지 아니한다.
③ 공공기관이 정보공개를 거부하는 경우에는 어느 부분이 어떠한 법익 또는 기본권과 충돌되어 비공개사유에 해당하는지를 주장·증명하여야 하고, 그에 이르지 아니한 채 개괄적인 사유만을 들어 공개를 거부하는 것은 허용되지 아니한다.
④ 공개를 구하는 정보를 공공기관이 한때 보유·관리하였으나 후에 그 정보가 담긴 문서 등이 폐기되어 존재하지 않게 된 것이라면 그 정보를 더 이상 보유·관리하고 있지 아니하다는 점에 대한 증명책임은 공공기관에게 있다.

08 행정처분의 위법성에 대한 설명으로 옳지 않은 것은? (다툼이 있는 경우 판례에 의함)

① 행정청이 행정처분을 하면서 상대방에게 불복절차에 관한 고지의무를 이행하지 않았다면 이는 절차적 하자로서 그 행정처분은 위법하게 된다.
② 행정처분이 나중에 항고소송에서 위법하다고 판단되어 취소되더라도 그러한 사실만으로 바로 행정처분이 공무원의 고의나 과실로 인한 불법행위를 구성한다고 할 수 없다.
③ 절차상의 하자를 이유로 행정처분을 취소하는 판결이 선고되어 확정된 경우, 그 확정판결의 기속력은 취소사유로 된 절차의 위법에 한하여 미치는 것이므로 행정청은 적법한 절차를 갖추어 동일한 내용의 처분을 다시 할 수 있다.
④ 권한 없는 행정청이 한 위법한 행정처분을 취소할 수 있는 권한은 그 행정처분을 한 처분청에게 속하는 것이고, 그 행정처분을 할 수 있는 적법한 권한을 가지는 행정청에게 그 취소권이 귀속되는 것은 아니다.

09 영업의 양도와 영업자지위승계에 대한 설명으로 옳지 않은 것은? (다툼이 있는 경우 판례에 의함)

① 「식품위생법」상 허가영업자의 지위승계신고수리처분을 하는 경우 「행정절차법」 규정 소정의 당사자에 해당하는 종전의 영업자에게 행정절차를 실시하여야 한다.
② 관할 행정청은 여객자동차운송사업의 양도·양수에 대한 인가를 한 후에도 그 양도·양수 이전에 있었던 양도인에 대한 운송사업면허 취소사유를 들어 양수인의 사업면허를 취소할 수 있다.
③ 영업양도행위가 무효임에도 행정청이 승계신고를 수리하였다면 양도자는 민사쟁송이 아닌 행정소송으로 신고수리처분의 무효확인을 구할 수 있다.
④ 사실상 영업이 양도·양수되었지만 승계신고 및 수리처분이 있기 전에 양도인이 허락한 양수인의 영업 중 발생한 위반행위에 대한 행정적 책임은 양수인에게 귀속된다.

10 여객자동차운송사업을 하는 甲은 관련법규 위반을 이유로 사업정지처분에 갈음하는 과징금부과처분을 받았다. 이에 대한 설명으로 옳지 않은 것은? (다툼이 있는 경우 판례에 의함)

① 甲이 현실적인 위반행위자가 아닌 법령상 책임자인 경우에도 甲에게 과징금을 부과할 수 있다.
② 甲에게 고의·과실이 없는 경우에는 과징금을 부과할 수 없다.
③ 과징금부과처분에 대해 甲은 취소소송을 제기하여 다툴 수 있다.
④ 甲에게 부과된 과징금이 법이 정한 한도액을 초과하여 위법한 경우, 법원은 그 초과부분에 대하여 일부 취소할 수 없고 그 전부를 취소하여야 한다.

11 국가배상제도에 대한 설명으로 옳은 것은? (다툼이 있는 경우 판례에 의함)

① 공무원에게 부과된 직무상 의무가 단순히 공공일반의 이익만을 위한 경우라면 그러한 직무상 의무위반에 대해서는 국가배상책임이 인정되지 않는다.
② 국가의 비권력적 작용은 국가배상청구의 요건인 직무에 포함되지 않는다.
③ 경과실로 불법행위를 한 공무원이 피해자에게 손해를 배상하였다면 이는 타인의 채무를 변제한 경우에 해당하므로 피해자는 공무원에게 이를 반환할 의무가 있다.
④ 지방자치단체가 권원 없이 사실상 관리하고 있는 도로는 국가배상책임의 대상이 되는 영조물에 해당하지 않는다.

12 행정벌에 대한 설명으로 옳은 것은? (다툼이 있는 경우 판례에 의함)

① 양벌규정에 의한 영업주의 처벌은 금지위반행위자인 종업원의 처벌에 종속되는 것이므로 영업주만 따로 처벌할 수는 없다.
② 통고처분은 법정기간 내에 납부하지 않는 것을 해제조건으로 하는 행정처분이므로 행정소송의 대상이 된다.
③ 행정청의 과태료 부과에 대해 서면으로 이의가 제기된 경우 과태료 부과처분은 그 효력을 상실한다.
④ 법원이 하는 과태료재판에는 원칙적으로 행정소송에서와 같은 신뢰보호의 원칙이 적용된다.

13 행정상 강제집행에 대한 설명으로 옳은 것만을 모두 고르면? (다툼이 있는 경우 판례에 의함)

ㄱ. 행정청은 퇴거를 명하는 집행권원이 없더라도 건물철거 대집행과정에서 부수적으로 철거의무자인 건물의 점유자들에 대해 퇴거조치를 할 수 있다.
ㄴ. 권원 없이 국유재산에 설치한 시설물에 대하여 관리청이 행정대집행을 통해 철거를 하지 않는 경우 그 국유재산에 대하여 사용청구권을 가진 자는 국가를 대위하여 민사소송으로 그 시설물의 철거를 구할 수 있다.
ㄷ. 공유일반재산의 대부료 지급은 사법상 법률관계이므로 행정상 강제집행절차가 인정되더라도 따로 민사소송으로 대부료의 지급을 구하는 것이 허용된다.
ㄹ. 관계법령에 위반하여 장례식장영업을 하고 있는 자에게 부과된 장례식장 사용중지의무는 공법상 의무로서 행정대집행의 대상이 된다.

① ㄱ, ㄴ
② ㄱ, ㄹ
③ ㄴ, ㄷ
④ ㄷ, ㄹ

14 선결문제에 대한 판례의 입장으로 옳지 않은 것은?

① 조세부과처분이 무효임을 이유로 이미 납부한 세금의 반환을 청구하는 민사소송에서 법원은 그 조세부과처분이 무효라는 판단과 함께 세금을 반환하라는 판결을 할 수 있다.
② 영업허가취소처분으로 손해를 입은 자가 제기한 국가배상청구소송에서 법원은 영업허가취소처분에 취소사유에 해당하는 하자가 있는 경우에는 영업허가취소처분의 위법을 이유로 배상청구를 인용할 수 없다.
③ 물품을 수입하고자 하는 자가 세관장에게 수입신고를 하여 그 면허를 받고 물품을 통관한 경우에는, 세관장의 수입면허가 중대하고도 명백한 하자가 있는 행정행위이어서 당연무효가 아닌 한 「관세법」 소정의 무면허수입죄가 성립될 수 없다.
④ 영업허가취소처분 이후에 영업을 한 행위에 대하여 무허가영업으로 기소되었으나 형사법원이 판결을 내리기 전에 영업허가취소처분이 행정소송에서 취소되면 형사법원은 무허가영업행위에 대해서 무죄를 선고하여야 한다.

15 공법상 계약에 대한 설명으로 옳은 것은? (다툼이 있는 경우 판례에 의함)

① 지방자치단체가 일방 당사자가 되는 이른바 '공공계약'이 사법상 계약에 해당하는 경우에도 법령에 특별한 규정이 없다면 사적자치와 계약자유의 원칙 등 사법의 원리가 그대로 적용되지 않는다.
② 국립의료원 부설 주차장 위탁관리용역운영계약은 공법상 계약에 해당한다.
③ 공법상 계약이더라도 한쪽 당사자가 다른 당사자를 상대로 계약의 이행을 청구하는 소송은 민사소송으로 제기하여야 한다.
④ 지방자치단체가 A 주식회사를 자원회수시설과 부대시설의 운영·유지관리 등을 위탁할 민간사업자로 선정하고 A 주식회사와 체결한 위 시설에 관한 위·수탁 운영협약은 사법상 계약에 해당한다.

16 취소소송의 판결에 대한 설명으로 옳은 것은? (다툼이 있는 경우 판례에 의함)

① 원고의 청구가 이유 있다고 인정하는 경우에도 이를 인용하는 것이 현저히 공공복리에 적합하지 않다고 판단되면 법원은 피고 행정청의 주장이나 신청이 없더라도 사정판결을 할 수 있다.
② 영업정지처분에 대한 취소소송에서 취소판결이 확정되면 처분청은 영업정지처분의 효력을 소멸시키기 위하여 영업정지처분을 취소하는 처분을 하여야 할 의무를 진다.
③ 공사중지명령의 상대방이 제기한 공사중지명령 취소소송에서 기각판결이 확정된 경우 특별한 사정변경이 없더라도 그 후 상대방이 제기한 공사중지명령 해제신청 거부처분취소소송에서는 그 공사중지명령의 적법성을 다시 다툴 수 있다.
④ 행정청은 취소판결에서 위법하다고 판단된 처분사유와 기본적 사실관계의 동일성이 없는 사유이더라도 처분시에 존재한 사유를 들어 종전의 처분과 같은 처분을 다시 할 수 없다.

17 A 행정청이 甲에게 한 처분에 대하여 甲은 B 행정심판위원회에 행정심판을 청구하였다. 이에 대한 설명으로 옳은 것은? (다툼이 있는 경우 판례에 의함)

① B 행정심판위원회의 기각재결이 있은 후에는 A 행정청은 원처분을 직권으로 취소할 수 없다.
② 甲이 취소심판을 제기한 경우, B 행정심판위원회는 심판청구가 이유가 있다고 인정하면 처분변경명령재결을 할 수 있다.
③ 甲이 무효확인심판을 제기한 경우, B 행정심판위원회는 심판청구가 이유 있다고 인정하면서도 이를 인용하는 것이 공공복리에 크게 위배된다고 인정하면 甲의 심판청구를 기각할 수 있다.
④ B 행정심판위원회의 재결에 고유한 위법이 있는 경우에는 甲은 다시 행정심판을 청구할 수 있다.

18 다음 각 사례에 대한 설명으로 옳은 것은? (다툼이 있는 경우 판례에 의함)

- A시장으로부터 3월의 영업정지처분을 받은 숙박업자 甲은 이에 불복하여 행정쟁송을 제기하고자 한다.
- B시장으로부터 건축허가거부처분을 받은 乙은 이에 불복하여 행정쟁송을 제기하고자 한다.

① 甲이 취소소송을 제기하면서 집행정지신청을 한 경우 법원이 집행정지결정을 하는 데 있어 甲의 본안청구의 적법 여부는 집행정지의 요건에 포함되지 않는다.
② 甲이 2022. 1. 5. 영업정지처분을 통지받았고, 행정심판을 제기하여 2022. 3. 29. 1월의 영업정지처분으로 변경하는 재결이 있었고 그 재결서 정본을 2022. 4. 2. 송달받은 경우 취소소송의 기산점은 2022. 1. 5.이다.
③ 乙이 의무이행심판을 제기하여 처분명령재결이 있었음에도 B시장이 허가를 하지 않는 경우 행정심판위원회는 직권으로 시정을 명하고 이를 이행하지 아니하면 직접 건축허가처분을 할 수 있다.
④ 乙이 건축허가거부처분에 대해 제기한 취소소송에서 인용판결이 확정되었으나 B시장이 기속력에 위반하여 다시 거부처분을 한 경우 乙은 간접강제신청을 할 수 있다.

19 다음 사례에 대한 설명으로 옳은 것은? (다툼이 있는 경우 판례에 의함)

「도시 및 주거환경정비법」에 따라 설립된 A주택재건축정비사업조합은 관할 B구청장으로부터 ㉠조합설립인가를 받은 후, 조합총회에서 재건축 관련 ㉡관리처분계획에 대한 의결을 하였고, 관할 B구청장으로부터 위 ㉢관리처분계획에 대한 인가를 받았다. 이후 조합원 甲은 위 관리처분계획의 의결에는 조합원 전체의 4/5 이상의 결의가 있어야 함에도 불구하고, 이를 위반하여 위법한 것임을 이유로 ㉣관리처분계획의 무효를 주장하며 소송으로 다투려고 한다.

① ㉠과 ㉢의 인가의 강학상 법적 성격은 동일하다.
② 甲이 ㉡에 대해 소송으로 다투려면 A주택재건축정비사업조합을 상대로 민사소송을 제기하여야 한다.
③ 甲이 ㉣에 대해 소송으로 다투려면 항고소송을 제기하여야 한다.
④ 甲이 ㉣에 대해 소송으로 다투려면 B구청장을 피고로 하여야 한다.

20 행정쟁송에 대한 설명으로 옳은 것은? (다툼이 있는 경우 판례에 의함)

① 행정심판의 재결에도 판결에서와 같은 기판력이 인정되는 것이어서 재결이 확정되면 처분의 기초가 된 사실관계나 법률적 판단이 확정되는 것이므로 당사자는 이와 모순되는 주장을 할 수 없게 된다.
② 무효인 처분에 대해 무효선언을 구하는 취소소송을 제기하는 경우에는 제소기간의 제한이 없다.
③ 거부행위가 항고소송의 대상인 처분이 되기 위해서는 그 거부행위가 신청인의 실체상의 권리관계에 직접적인 변동을 일으키는 것이어야 하며, 신청인이 실체상의 권리자로서 권리를 행사함에 중대한 지장을 초래하는 것만으로는 부족하다.
④ 처분시에 행정청으로부터 행정심판 제기기간에 관하여 법정 심판청구기간보다 긴 기간으로 잘못 통지받은 경우에 보호할 신뢰 이익은 그 통지받은 기간 내에 행정소송을 제기한 경우에까지 확대되지 않는다.

2021년 지방직 9급
행정법총론 책형: A

01 행정법의 법원(法源)의 효력에 대한 설명으로 옳지 않은 것은?

① 헌법개정·법률·조약·대통령령·총리령 및 부령의 공포는 관보에 게재함으로써 한다.
② 「국회법」에 따라 하는 국회의장의 법률 공포는 서울특별시에서 발행되는 둘 이상의 일간신문에 게재함으로써 한다.
③ 법령의 공포일은 해당 법령을 게재한 관보 또는 신문이 발행된 날로 한다.
④ 관보의 내용해석 및 적용시기 등에 대하여 종이관보가 전자관보보다 우선적 효력을 가진다.

02 행정행위의 취소와 철회에 대한 설명으로 옳지 않은 것은? (다툼이 있는 경우 판례에 의함)

① 과세관청은 과세처분의 취소를 다시 취소함으로써 이미 효력을 상실한 과세처분을 소생시킬 수 있다.
② 행정청은 적법한 처분이 중대한 공익을 위하여 필요한 경우에는 그 처분을 장래를 향하여 철회할 수 있다.
③ 수익적 행정행위의 철회는 특별한 다른 규정이 없는 한 「행정절차법」상의 절차에 따라 행해져야 한다.
④ 처분청은 처분의 성립에 하자가 있는 경우 별도의 법적 근거가 없더라도 직권으로 이를 취소할 수 있다.

03 행정행위의 부관에 대한 설명으로 옳지 않은 것은? (다툼이 있는 경우 판례에 의함)

① 행정청은 처분에 재량이 없는 경우에는 법률에 근거가 있는 경우에 부관을 붙일 수 있다.
② 부담이 처분 당시 법령을 기준으로 적법하다면 처분 후 부담의 전제가 된 주된 처분의 근거법령이 개정됨으로써 행정청이 더 이상 부관을 붙일 수 없게 되었다 하더라도 곧바로 그 효력이 소멸하게 되는 것은 아니다.
③ 처분과 실제적 관련성이 없어 부관으로 붙일 수 없는 부담이라도 사법상 계약의 형식으로 처분의 상대방에게 부과할 수 있다.
④ 행정재산에 대한 사용·수익허가에서 공유재산의 관리청이 정한 사용·수익허가의 기간에 대해서는 독립하여 행정소송을 제기할 수 없다.

04 공법상 계약에 대한 설명으로 옳지 않은 것은? (다툼이 있는 경우 판례에 의함)

① 공중보건의사 채용계약해지의 의사표시에 대하여는 공법상의 당사자소송으로 그 의사표시의 무효확인을 청구할 수 있다.
② 공법상 계약에는 법률우위의 원칙이 적용된다.
③ 계약직공무원 채용계약해지의 의사표시는 항고소송의 대상이 되는 처분 등의 성격을 가진 것으로 행정처분과 같이 「행정절차법」에 의하여 근거와 이유를 제시하여야 한다.
④ 행정청은 공법상 계약의 상대방을 선정하고 계약내용을 정할 때 공법상 계약의 공공성과 제3자의 이해관계를 고려하여야 한다.

05. 신뢰보호의 원칙에 대한 설명으로 옳은 것(O)과 옳지 않은 것(X)을 바르게 연결한 것은? (다툼이 있는 경우 판례에 의함)

(가) 행정청이 공적인 의사표명을 하였다면 이후 사실적·법률적 상태의 변경이 있더라도 행정청이 이를 취소하지 않는 한 여전히 공적인 의사표명은 유효하다.
(나) 재량권 행사의 준칙인 행정규칙의 공표만으로 상대방은 보호가치 있는 신뢰를 갖게 되었다고 볼 수 있다.
(다) 행정청이 공적 견해를 표명하였는지를 판단할 때는 반드시 행정조직상의 형식적인 권한분장에 구애될 것은 아니다.
(라) 신뢰보호원칙의 위반은 「국가배상법」상의 위법개념을 충족시킨다.

	(가)	(나)	(다)	(라)
①	X	X	O	O
②	O	O	X	O
③	O	X	O	X
④	X	O	O	X

06. 행정행위의 효력에 대한 설명으로 옳지 않은 것은? (다툼이 있는 경우 판례에 의함)

① 행정처분이 아무리 위법하다고 하여도 그 하자가 중대하고 명백하여 당연무효라고 보아야 할 사유가 있는 경우를 제외하고는 아무도 그 하자를 이유로 무단히 그 효과를 부정하지 못한다.
② 민사소송에 있어서 어느 행정처분의 당연무효 여부가 선결문제로 되는 때에는 이를 판단하여 당연무효임을 전제로 판결할 수 있고 반드시 행정소송 등의 절차에 의하여 그 취소나 무효확인을 받아야 하는 것은 아니다.
③ 불가쟁력이 발생한 행정행위로 손해를 입은 국민은 국가배상청구를 할 수 있다.
④ 행정행위의 불가변력은 당해 행정행위에 대해서만 인정되는 것이 아니고, 동종의 행정행위라면 그 대상을 달리하더라도 인정된다.

07. 행정입법에 대한 설명으로 옳은 것은? (다툼이 있는 경우 판례에 의함)

① 법규명령이 위임의 근거가 없어 무효였더라도 나중에 법 개정으로 위임의 근거가 부여되면, 법규명령 제정 당시로 소급하여 유효한 법규명령이 된다.
② 법률의 시행령 내용이 모법 조항의 취지에 근거하여 이를 구체화하기 위한 것인 때에는 모법에 직접 위임하는 규정을 두지 않았더라도 이를 무효라고 볼 수 없다.
③ 대통령령의 입법부작위에 대한 국가배상책임은 인정되지 않는다.
④ 법규명령의 위임근거가 되는 법률에 대하여 위헌결정이 선고되더라도 그 위임에 근거하여 제정된 법규명령은 별도의 폐지행위가 있어야 효력을 상실한다.

08. 신고에 대한 설명으로 옳은 것은? (다툼이 있는 경우 판례에 의함)

① 구 「관광진흥법」에 의한 지위승계신고를 수리하는 허가관청의 행위는 사실적인 행위에 불과하여 항고소송의 대상이 되지 않는다.
② 정보통신매체를 이용하여 학습비를 받고 불특정 다수인에게 원격평생교육을 실시하기 위해 구 「평생교육법」에서 정한 형식적 요건을 모두 갖추어 신고한 경우, 행정청은 신고대상이 된 교육이나 학습이 공익적 기준에 적합하지 않는다는 등의 실체적 사유를 들어 신고수리를 거부할 수 없다.
③ 「건축법」에 의한 인·허가의제 효과를 수반하는 건축신고는 건축을 하고자 하는 자가 적법한 요건을 갖춘 신고만 하면 건축을 할 수 있고, 행정청의 수리 등 별단의 조처를 기다릴 필요가 없다.
④ 주민등록의 신고는 행정청에 도달하기만 하면 신고로서의 효력이 발생한다.

09 행정절차에 대한 설명으로 옳은 것은? (다툼이 있는 경우 판례에 의함)

① 「국가공무원법」상 직위해제처분은 공무원의 인사상 불이익을 주는 처분이므로 「행정절차법」상 사전통지 및 의견청취 절차를 거쳐야 한다.
② 처분 당시 당사자가 어떠한 근거와 이유로 처분이 이루어진 것인지를 충분히 알 수 있어서 그에 불복하여 행정구제절차로 나아가는 데에 별다른 지장이 없었던 것으로 인정되는 경우에도 처분서에 처분의 근거와 이유가 구체적으로 명시되어 있지 않았다면 그 처분은 위법하다.
③ 세액산출근거가 기재되지 아니한 납세고지서에 의한 부과처분은 그 후 부과된 세금을 자진납부하였다거나 또는 조세채권의 소멸시효기간이 만료되었다 하여 하자가 치유되는 것이라고는 할 수 없다.
④ 당사자 등은 청문조서의 내용을 열람·확인할 수 있을 뿐, 그 청문조서에 이의가 있더라도 정정을 요구할 수는 없다.

10 「공공기관의 정보공개에 관한 법률」상 정보공개에 대한 설명으로 옳지 않은 것은? (다툼이 있는 경우 판례에 의함)

① 정보의 공개 및 우송 등에 드는 비용은 실비의 범위에서 청구인이 부담한다.
② 공공기관은 공개청구된 정보가 공공기관이 보유·관리하지 아니하는 정보인 경우로서 「민원 처리에 관한 법률」에 따른 민원으로 처리할 수 있는 경우에는 민원으로 처리할 수 있다.
③ 청구인이 공공기관에 대하여 정보공개를 청구하였다가 거부처분을 받은 것 자체가 법률상 이익의 침해에 해당한다.
④ 오로지 공공기관의 담당 공무원을 괴롭힐 목적으로 정보공개청구를 하는 경우에도 정보공개청구권의 행사는 허용되어야 한다.

11 이행강제금에 대한 설명으로 옳지 않은 것은? (다툼이 있는 경우 판례에 의함)

① 이행강제금은 대체적 작위의무의 위반에 대하여도 부과될 수 있다.
② 이미 사망한 사람에게 「건축법」상의 이행강제금을 부과하는 내용의 처분이나 결정은 당연무효이다.
③ 「부동산 실권리자명의 등기에 관한 법률」상 장기미등기자가 이행강제금 부과 전에 등기신청의무를 이행하였더라도 동법에 규정된 기간이 지나서 등기신청의무를 이행하였다면 이행강제금을 부과할 수 있다.
④ 「건축법」상 위법건축물에 대한 이행강제수단으로 대집행과 이행강제금이 인정되고 있는데, 행정청은 개별사건에 있어서 위반내용, 위반자의 시정의지 등을 감안하여 대집행과 이행강제금을 선택적으로 활용할 수 있다.

12 사정판결에 대한 설명으로 옳지 않은 것은? (다툼이 있는 경우 판례에 의함)

① 사정판결은 본안심리 결과 원고의 청구가 이유 있다고 인정됨에도 불구하고 처분을 취소하는 것이 현저히 공공복리에 적합하지 아니하다고 인정하는 때 원고의 청구를 기각하는 판결을 말한다.
② 사정판결은 항고소송 중 취소소송 및 무효등확인소송에서 인정되는 판결의 종류이다.
③ 법원이 사정판결을 함에 있어서는 미리 원고가 그로 인하여 입게 될 손해의 정도와 배상방법 그 밖의 사정을 조사하여야 한다.
④ 원고는 피고인 행정청이 속하는 국가 또는 공공단체를 상대로 손해배상, 제해시설의 설치 그 밖에 적당한 구제방법의 청구를 당해 취소소송 등이 계속된 법원에 병합하여 제기할 수 있다.

13 행정벌에 대한 설명으로 옳지 않은 것은? (다툼이 있는 경우 판례에 의함)

① 법률에 따르지 아니하고는 어떤 행위도 질서위반행위로 과태료를 부과하지 아니한다.
② 경찰서장이 범칙행위에 대하여 통고처분을 한 이상, 통고처분에서 정한 범칙금 납부기간까지는 원칙적으로 경찰서장은 즉결심판을 청구할 수 없고, 검사도 동일한 범칙행위에 대하여 공소를 제기할 수 없다.
③ 행정청의 과태료부과에 대해 이의가 제기된 경우에는 행정청의 과태료부과처분은 그 효력을 상실한다.
④ 신분에 의하여 성립하는 질서위반행위에 신분이 없는 자가 가담한 경우 신분이 없는 자에 대하여는 질서위반행위가 성립하지 않는다.

14 행정대집행에 대한 설명으로 옳지 않은 것은? (다툼이 있는 경우 판례에 의함)

① 도시공원시설 점유자의 퇴거 및 명도의무는 「행정대집행법」에 의한 대집행의 대상이 아니다.
② 후행처분인 대집행비용납부명령 취소청구소송에서 선행처분인 계고처분이 위법하다는 이유로 대집행비용납부명령의 취소를 구할 수 없다.
③ 대집행에 요한 비용을 징수하였을 때에는 그 징수금은 사무비의 소속에 따라 국고 또는 지방자치단체의 수입으로 한다.
④ 대집행에 대하여는 행정심판을 제기할 수 있다.

15 국가배상에 대한 설명으로 옳지 않은 것은? (다툼이 있는 경우 판례에 의함)

① 국가나 지방자치단체가 손해를 배상할 책임이 있는 경우에 공무원의 선임·감독 또는 영조물의 설치·관리를 맡은 자와 공무원의 봉급·급여, 그 밖의 비용 또는 영조물의 설치·관리 비용을 부담하는 자가 동일하지 아니하면 그 비용을 부담하는 자도 손해를 배상하여야 한다.
② 국가배상책임에 있어서 국가는 직무상의 의무위반과 피해자가 입은 손해 사이에 상당인과관계가 인정되는 범위 내에서만 배상책임을 지는 것이고, 이 경우 상당인과관계가 인정되기 위해서는 공무원에게 부과된 직무상 의무의 내용이 전적으로 또는 부수적으로 사회구성원 개인의 안전과 이익을 보호하기 위하여 설정된 것이어야 한다.
③ 「국가배상법」상 '공공의 영조물'은 지방자치단체가 소유권, 임차권 그 밖의 권한에 기하여 관리하고 있는 경우는 포함하지만, 사실상의 관리를 하고 있는 경우는 포함하지 않는다.
④ 공무원 개인이 고의 또는 중과실이 있는 경우에는 불법행위로 인한 손해배상책임을 진다고 할 것이지만, 공무원의 위법행위가 경과실에 기한 경우에는 공무원은 손해배상책임을 부담하지 않는다.

16 「행정소송법」에 따른 집행정지에 대한 설명으로 옳지 않은 것은? (다툼이 있는 경우 판례에 의함)

① 처분의 효력정지결정을 하려면 그 효력정지를 구하는 당해 행정처분에 대한 본안소송이 법원에 제기되어 계속 중임을 요건으로 한다.
② 거부처분의 효력정지는 그 거부처분으로 인하여 신청인에게 생길 손해를 방지하는 데 필요하므로 신청인에게는 그 효력정지를 구할 이익이 있다.
③ 처분의 효력정지는 처분의 집행 또는 절차의 속행을 정지함으로써 목적을 달성할 수 있는 경우에는 허용되지 아니한다.
④ 신청인의 본안청구의 이유 없음이 명백할 때는 집행정지가 인정되지 않는다.

17 「행정심판법」상 행정심판에 대한 설명으로 옳지 않은 것은? (다툼이 있는 경우 판례에 의함)

① 심판청구기간의 기산점인 '처분이 있음을 안 날'이라 함은 당사자가 통지·공고 기타의 방법에 의하여 당해 처분이 있었다는 사실을 현실적으로 안 날을 의미한다.
② 행정청의 부작위에 대한 의무이행심판은 심판청구기간 규정의 적용을 받지 않고, 사정재결이 인정되지 아니한다.
③ 심판청구에 대한 재결이 있으면 그 재결 및 같은 처분 또는 부작위에 대하여 다시 행정심판을 청구할 수 없다.
④ 재결이 확정된 경우에도 처분의 기초가 된 사실관계나 법률적 판단이 확정되고 당사자들이나 법원이 이에 기속되어 모순되는 주장이나 판단을 할 수 없게 되는 것은 아니다.

18 행정소송상 협의의 소익에 대한 설명으로 옳은 것만을 모두 고르면? (다툼이 있는 경우 판례에 의함)

ㄱ. 월정수당을 받는 지방의회의원에 대한 제명의결취소소송 계속 중 의원의 임기가 만료된 경우 지방의회의원은 그 제명의결의 취소를 구할 법률상 이익이 있다.
ㄴ. 파면처분취소소송의 사실심 변론종결 전에 금고 이상의 형을 선고받아 당연퇴직된 경우에도 해당 공무원은 파면처분의 취소를 구할 이익이 있다.
ㄷ. 공익근무요원 소집해제신청을 거부한 후에 원고가 계속하여 공익근무요원으로 복무함에 따라 복무기간 만료를 이유로 소집해제처분을 한 경우, 원고는 거부처분의 취소를 구할 소의 이익이 있다.

① ㄱ　　② ㄴ
③ ㄱ, ㄴ　　④ ㄴ, ㄷ

19 판례의 입장으로 옳지 않은 것은?

① 개인의 고유성, 동일성을 나타내는 지문은 그 정보주체를 타인으로부터 식별가능하게 하는 개인정보이다.
② 거부처분의 처분성을 인정하기 위한 전제요건이 되는 신청권은 신청인이 그 신청에 따른 단순한 응답을 받을 권리를 넘어서 신청의 인용이라는 만족적 결과를 얻을 권리를 의미한다.
③ 지적공부 소관청의 지목변경신청 반려행위는 국민의 권리관계에 영향을 미치는 것으로서 항고소송의 대상이 되는 행정처분에 해당한다.
④ 산업단지개발계획상 산업단지 안의 토지소유자로서 산업단지개발계획에 적합한 시설을 설치하여 입주하려는 자는 산업단지지정권자 또는 그로부터 권한을 위임받은 기관에 대하여 산업단지개발계획의 변경을 요청할 수 있는 법규상 또는 조리상 신청권이 있다.

20 재결의 기속력에 대한 설명으로 옳은 것만을 모두 고르면? (다툼이 있는 경우 판례에 의함)

ㄱ. 재결에 의하여 취소되거나 무효 또는 부존재로 확인되는 처분이 당사자의 신청을 거부하는 것을 내용으로 하는 경우에는 그 처분을 한 행정청은 재결의 취지에 따라 다시 이전의 신청에 대한 처분을 하여야 한다.
ㄴ. 재결의 기속력은 인용재결의 경우에만 인정되고, 기각재결에서는 인정되지 않는다.
ㄷ. 기속력은 재결의 주문에만 미치고, 처분 등의 구체적 위법사유에 관한 판단에는 미치지 않는다.
ㄹ. 행정심판 인용재결에 따른 행정청의 재처분의무에도 불구하고 행정청이 인용재결에 따른 처분을 하지 아니하는 경우에, 행정심판위원회는 청구인의 신청이 없어도 결정으로 일정한 배상을 하도록 명할 수 있다.

① ㄱ, ㄴ　　② ㄱ, ㄴ, ㄹ
③ ㄱ, ㄷ, ㄹ　　④ ㄴ, ㄷ, ㄹ

2020년 지방직 9급
행정법총론 책형: B

01 행정법의 일반원칙에 대한 설명으로 옳은 것은? (다툼이 있는 경우 판례에 의함)

① 비례의 원칙은 행정에만 적용되는 원칙이므로 입법에서는 적용될 여지가 없다.
② 신뢰보호의 원칙이 적용되기 위한 요건인 행정권의 행사에 관하여 신뢰를 주는 선행조치가 되기 위해서는 반드시 처분청 자신의 적극적인 언동이 있어야만 한다.
③ 동일한 사항을 다르게 취급하는 것은 합리적 이유가 없는 차별이므로, 같은 정도의 비위를 저지른 자들은 비록 개전의 정이 있는지 여부에 차이가 있다고 하더라도 징계 종류의 선택과 양정에 있어 동일하게 취급받아야 한다.
④ 재량권 행사의 준칙인 행정규칙이 그 정한 바에 따라 되풀이 시행되어 행정관행이 이루어지게 되면 평등의 원칙이나 신뢰보호의 원칙에 따라 행정기관은 그 상대방에 대한 관계에서 그 규칙에 따라야 할 자기구속을 받게 된다.

02 「행정절차법」상 처분의 사전통지 및 의견청취 등에 대한 설명으로 옳은 것은? (다툼이 있는 경우 판례에 의함)

① 고시의 방법으로 불특정 다수인을 상대로 권익을 제한하는 처분을 할 경우 당사자는 물론 제3자에게도 의견제출의 기회를 주어야 한다.
② 청문은 다른 법령 등에서 규정하고 있는 경우 이외에 행정청이 필요하다고 인정하는 경우에도 실시할 수 있으나, 공청회는 다른 법령 등에서 규정하고 있는 경우에만 개최할 수 있다.
③ 행정청이 당사자에게 의무를 과하거나 권익을 제한하는 처분을 하는 경우에는 처분의 사전통지를 하여야 하는데, 이때의 처분에는 신청에 대한 거부처분도 포함된다.
④ 행정청이 당사자와 사이에 도시계획사업시행 관련 협약을 체결하면서 청문실시를 배제하는 조항을 두었더라도, 이와 같은 협약의 체결로 청문실시규정의 적용을 배제할 만한 법령상 규정이 없는 한, 이러한 협약이 체결되었다고 하여 청문을 실시하지 않아도 되는 예외적인 경우에 해당한다고 할 수 없다.

03 행정상 강제집행 중 대집행에 대한 설명으로 옳지 않은 것은? (다툼이 있는 경우 판례에 의함)

① 대집행의 대상은 원칙적으로 대체적 작위의무에 한하며, 부작위의무 위반의 경우 대체적 작위의무로 전환하는 규정을 두고 있지 아니하는 한 대집행의 대상이 되지 않는다.
② 행정청이 계고를 함에 있어 의무자가 스스로 이행하지 아니하는 경우 대집행의 내용과 범위가 구체적으로 특정되어야 하며, 대집행의 내용과 범위는 반드시 대집행계고서에 의해서만 특정되어야 한다.
③ 대집행을 함에 있어 계고요건의 주장과 입증책임은 처분행정청에 있는 것이지, 의무 불이행자에 있는 것이 아니다.
④ 대집행비용은 원칙상 의무자가 부담하며 행정청은 그 비용액과 납기일을 정하여 의무자에게 문서로 납부를 명하여야 한다.

04 행정의 실효성 확보수단으로서 이행강제금에 대한 설명으로 옳지 않은 것은? (다툼이 있는 경우 판례에 의함)

① 이행강제금은 침익적 강제수단이므로 법적 근거를 요한다.
② 형사처벌과 이행강제금은 병과될 수 있다.
③ 대체적 작위의무 위반에 대해서는 이행강제금이 부과될 수 없다.
④ 「건축법」상 이행강제금은 반복하여 부과·징수될 수 있다.

05 공법관계와 사법관계에 대한 설명으로 옳은 것은? (다툼이 있는 경우 판례에 의함)

① 「행정절차법」은 공법관계는 물론 사법관계에 대해서도 적용된다.
② 공법관계는 행정소송 중 항고소송의 대상이 되며, 사인 간의 법적 분쟁에 관한 사법관계는 행정소송 중 당사자소송의 대상이 된다.
③ 법률관계의 한쪽 당사자가 행정주체인 경우에는 공법관계로 보는 것이 판례의 일관된 입장이다.
④ 입찰보증금의 국고귀속조치는 국가가 사법상의 재산권의 주체로서 행위하는 것이지, 공권력을 행사하는 것이거나 공권력작용과 일체성을 가진 것이 아니라 할 것이다.

06. 신고와 수리에 대한 설명으로 옳지 않은 것은? (다툼이 있는 경우 판례에 의함)

① 다른 법령에 의한 인·허가가 의제되지 않는 일반적인 건축신고는 자기완결적 신고이므로 이에 대한 수리거부행위는 항고소송의 대상이 되는 처분이 아니다.
② 「국토의 계획 및 이용에 관한 법률」상의 개발행위허가가 의제되는 건축신고는 특별한 사정이 없는 한 행정청이 그 실체적 요건에 관한 심사를 한 후 수리하여야 하는 이른바 '수리를 요하는 신고'로 보아야 한다.
③ 「행정절차법」은 '법령 등에서 행정청에 일정한 사항을 통지함으로써 의무가 끝나는 신고'에 대하여 '그 밖에 법령 등에 규정된 형식상의 요건에 적합할 것'을 그 신고의무 이행요건의 하나로 정하고 있다.
④ 「식품위생법」에 따른 식품접객업(일반음식점영업)의 영업신고의 요건을 갖춘 자라고 하더라도, 그 영업신고를 한 당해 건축물이 「건축법」 소정의 허가를 받지 아니한 무허가건물이라면 적법한 신고를 할 수 없다.

07. 대외적 구속력을 인정할 수 없는 경우만을 모두 고르면? (다툼이 있는 경우 판례에 의함)

ㄱ. 운전면허에 관한 제재적 행정처분의 기준이 「도로교통법 시행규칙」[별표]에 규정되어 있는 경우
ㄴ. 행정각부의 장이 정하는 특정 고시가 비록 법령에 근거를 둔 것이더라도 규정내용이 법령의 위임범위를 벗어난 것일 경우
ㄷ. 상위법령에서 세부사항 등을 시행규칙으로 정하도록 위임하였음에도 이를 고시 등 행정규칙으로 정한 경우
ㄹ. 상위법령의 위임이 없음에도 상위법령에 규정된 처분요건에 해당하는 사항을 하위부령에서 변경하여 규정한 경우

① ㄱ, ㄴ
② ㄴ, ㄷ
③ ㄱ, ㄴ, ㄷ
④ ㄱ, ㄴ, ㄷ, ㄹ

08. 기속행위와 재량행위에 대한 설명으로 옳지 않은 것은? (다툼이 있는 경우 판례에 의함)

① 「국토의 계획 및 이용에 관한 법률」상 개발행위허가는 허가기준 및 금지요건이 불확정개념으로 규정된 부분이 많아 그 요건에 해당하는지 여부는 행정청의 재량판단의 영역에 속한다.
② 기속행위와 재량행위의 구분은 당해 행위의 근거가 된 법규의 체재·형식과 그 문언, 당해 행위가 속하는 행정분야의 주된 목적과 특성, 당해 행위 자체의 개별적 성질과 유형 등을 모두 고려하여 판단하여야 한다.
③ 처분을 할 것인지 여부와 처분의 정도에 관하여 재량이 인정되는 과징금납부명령에 대하여 그 명령이 재량권을 일탈하였을 경우, 법원은 재량권의 범위 내에서 어느 정도가 적정한 것인지에 관하여 판단할 수 있고 그 일부를 취소할 수 있다.
④ 마을버스운송사업면허의 허용 여부는 운수행정을 통한 공익실현과 아울러 합목적성을 추구하기 위하여 보다 구체적 타당성에 적합한 기준에 의하여야 할 것이므로 행정청의 재량에 속하는 것이라고 보아야 한다.

09. 강학상 인가에 대한 설명으로 옳은 것만을 모두 고르면? (다툼이 있는 경우 판례에 의함)

ㄱ. 강학상 인가는 기본행위에 대한 법률상의 효력을 완성시키는 보충행위로서, 그 기본이 되는 행위에 하자가 있을 때에는 그에 대한 인가가 있었다 하여도 기본행위가 유효한 것으로 될 수 없다.
ㄴ. 「민법」상 재단법인의 정관변경에 대한 주무관청의 허가는 법률상 표현이 허가로 되어 있기는 하나, 그 성질은 법률행위의 효력을 보충해 주는 것이지 일반적 금지를 해제하는 것은 아니다.
ㄷ. 인가처분에 하자가 없더라도 기본행위에 무효사유가 있다면 기본행위의 무효를 내세워 그에 대한 행정청의 인가처분의 취소 또는 무효확인을 구할 소의 이익이 있다.
ㄹ. 「도시 및 주거환경정비법」상 관리처분계획에 대한 인가는 강학상 인가의 성격을 갖고 있으므로 관리처분계획에 대한 인가가 있더라도 관리처분계획안에 대한 총회결의에 하자가 있다면 민사소송으로 총회결의의 하자를 다투어야 한다.

① ㄱ, ㄴ
② ㄴ, ㄷ
③ ㄷ, ㄹ
④ ㄱ, ㄴ, ㄹ

10 행정행위의 부관에 대한 설명으로 옳은 것은? (다툼이 있는 경우 판례에 의함)

① 부관 중에서 부담은 주된 행정행위로부터 분리될 수 있다 할지라도 부담 그 자체는 독립된 행정행위가 아니므로 주된 행정행위로부터 분리하여 쟁송의 대상이 될 수 없다.
② 기부채납 받은 행정재산에 대한 사용·수익허가에서 공유재산의 관리청이 정한 사용·수익허가의 기간은 그 허가의 효력을 제한하기 위한 행정행위의 부관으로서, 이러한 사용·수익허가의 기간에 대해서는 독립하여 행정소송을 제기할 수 있다.
③ 지방국토관리청장이 일부 공유수면매립지를 국가 또는 지방자치단체에 귀속처분한 것은 법률효과의 일부를 배제하는 부관을 붙인 것이므로 이러한 행정행위의 부관은 독립하여 행정쟁송 대상이 될 수 없다.
④ 행정청이 부담을 부가하기 이전에 상대방과 협의하여 부담의 내용을 협약의 형식으로 미리 정한 경우에는 행정처분을 하면서 이를 부담으로 부가할 수 없다.

11 「행정소송법」에서 규정하고 있는 항고소송이 아닌 것은?

① 기관소송
② 무효등확인소송
③ 부작위위법확인소송
④ 취소소송

12 「행정심판법」상의 행정심판에 대한 설명으로 옳지 않은 것은? (다툼이 있는 경우 판례에 의함)

① 행정청의 부당한 처분을 변경하는 행정심판은 현행법상 허용된다.
② 당사자의 신청에 대한 행정청의 부당한 거부처분에 대하여 일정한 처분을 하도록 하는 행정심판은 현행법상 허용된다.
③ 당사자의 신청에 대한 행정청의 위법한 부작위에 대하여 행정청의 부작위가 위법하다는 것을 확인하는 행정심판은 현행법상 허용되지 않는다.
④ 당사자의 신청에 대한 행정청의 부당한 거부처분을 취소하는 행정심판은 현행법상 허용되지 않는다.

13 다음은 「행정소송법」상 제소기간에 대한 설명이다. ㉠~㉤에 들어갈 내용은?

> 취소소송은 처분 등이 (㉠)부터 (㉡) 이내에 제기하여야 한다. 다만, 행정심판청구를 할 수 있는 경우 또는 행정청이 행정심판청구를 할 수 있다고 잘못 알린 경우에 행정심판청구가 있은 때의 기간은 (㉢)을 (㉣)부터 기산한다. 한편 취소소송은 처분 등이 있은 날부터 (㉤)을 경과하면 이를 제기하지 못한다. 다만, 정당한 사유가 있는 때에는 그러하지 아니하다.

	㉠	㉡	㉢	㉣	㉤
①	있은 날	30일	결정서의 정본	통지받은 날	180일
②	있음을 안 날	90일	재결서의 정본	송달받은 날	1년
③	있은 날	1년	결정서의 부본	통지받은 날	2년
④	있음을 안 날	1년	재결서의 부본	송달받은 날	3년

14 행정계획에 대한 설명으로 옳지 않은 것은? (다툼이 있는 경우 판례에 의함)

① 도시계획구역 내 토지 등을 소유하고 있는 사람과 같이 당해 도시계획시설결정에 이해관계가 있는 주민은 도시시설계획의 입안권자 내지 결정권자에게 도시시설계획의 입안 내지 변경을 요구할 수 있는 법규상 또는 조리상의 신청권이 있다.
② 구 「국토이용관리법」상의 국토이용계획은 그 계획이 일단 확정된 후에 어떤 사정의 변동이 있다고 하여 지역주민이나 일반 이해관계인에게 일일이 그 계획의 변경을 신청할 권리를 인정하여 줄 수 없다.
③ 장래 일정한 기간 내에 관계법령이 규정하는 시설 등을 갖추어 일정한 행정처분을 구하는 신청을 할 수 있는 법률상 지위에 있는 자의 국토이용계획변경신청을 거부하는 것이 실질적으로 당해 행정처분 자체를 거부하는 결과가 되는 경우에는 항고소송의 대상이 되는 처분에 해당한다.
④ 문화재보호구역 내의 토지소유자가 문화재보호구역의 지정해제를 신청하는 경우에는 그 신청인에게 법규상 또는 조리상 행정계획변경을 신청할 권리가 인정되지 않는다.

15 정보공개청구에 대한 설명으로 옳은 것은? (다툼이 있는 경우 판례에 의함)

① 공공기관이 공개청구의 대상이 된 정보를 공개는 하되, 청구인이 신청한 공개방법 이외의 방법으로 공개하기로 하는 결정을 한 경우 이는 정보공개방법만을 달리한 것이므로 일부 거부처분이라 할 수 없다.
② 「공공기관의 정보공개에 관한 법률」에 의하면 "다른 법률 또는 법률에서 위임한 명령에 의하여 비밀 또는 비공개 사항으로 규정된 정보"는 이를 공개하지 아니할 수 있다고 규정하고 있는바, 여기에서 '법률에 의한 명령'은 정보의 공개에 관하여 법률의 구체적인 위임 아래 제정된 법규명령(위임명령)을 의미한다.
③ 국민의 알 권리를 두텁게 보호하기 위해 「공공기관의 정보공개에 관한 법률」 제9조 제1항 제6호 본문의 규정에 따라 비공개대상이 되는 정보는 이름·주민등록번호 등 '개인식별정보'로 한정된다.
④ 공개청구의 대상이 되는 정보가 이미 다른 사람에게 공개되어 널리 알려져 있다거나 인터넷 등을 통하여 공개되어 인터넷검색 등을 통하여 쉽게 알 수 있다면 행정청의 정보비공개결정이 정당화될 수 있다.

16 판례상 항고소송의 대상으로 인정되는 것만을 모두 고르면?

ㄱ. 교도소장이 특정 수형자를 '접견내용 녹음·녹화 및 접견 시 교도관 참여대상자'로 지정한 행위
ㄴ. 행정청이 토지대장상의 소유자명의 변경신청을 거부한 행위
ㄷ. 지방경찰청장의 횡단보도 설치행위
ㄹ. 상표권자인 법인에 대한 청산종결등기가 되었음을 이유로 특허청장이 행한 상표권 말소등록행위

① ㄱ, ㄴ   ② ㄱ, ㄷ
③ ㄴ, ㄹ   ④ ㄷ, ㄹ

17 국가배상에 대한 설명으로 옳지 않은 것은? (다툼이 있는 경우 판례에 의함)

① 국가배상책임에서의 법령위반은, 인권존중·권력남용금지·신의성실·공서양속 등의 위반도 포함해 널리 그 행위가 객관적인 정당성을 결여하고 있음을 의미한다.
② 공무원에게 부과된 직무상 의무는 전적으로 또는 부수적으로 사회구성원 개인의 안전과 이익을 보호하기 위해 설정된 것이어야 국가배상책임이 인정된다.
③ 배상심의회의 결정은 대외적인 법적 구속력을 가지므로 배상 신청인과 상대방은 그 결정에 항상 구속된다.
④ 판례는 구 「국가배상법」(67. 3. 3. 법률 제1899호) 제3조의 배상액기준은 배상심의회 배상액결정의 기준이 될 뿐 배상범위를 법적으로 제한하는 규정이 아니므로 법원을 기속하지 않는다고 보았다.

18 조례제정권의 범위와 한계에 대한 설명으로 옳지 않은 것은? (다툼이 있는 경우 판례에 의함)

① 지방자치단체는 법령에 위반되지 않는 범위 내에서 자치사무에 관하여 주민의 권리를 제한하거나 의무를 부과하는 사항이 아닌 한 법률의 위임 없이 조례를 제정할 수 있다.
② 담배자동판매기의 설치를 금지하고 설치된 판매기를 철거하도록 하는 조례는 기존 담배자동판매기업자의 직업의 자유와 재산권을 제한하는 조례이므로 법률의 위임이 필요하다.
③ 영유아보육시설 종사자의 정년을 조례로 규정하고자 하는 경우에는 법률의 위임이 필요 없다.
④ 군민의 출산을 장려하기 위하여 세 자녀 이상 세대 중 세 번째 이후 자녀에게 양육비 등을 지원할 수 있도록 하는 조례의 제정에는 법률의 위임이 필요 없다.

19 행정소송의 소송요건 등에 대한 설명으로 옳지 않은 것은? (다툼이 있는 경우 판례에 의함)

① 고시 또는 공고에 의하여 행정처분을 하는 경우 그 행정처분에 이해관계를 갖는 사람이 고시 또는 공고가 있었다는 사실을 현실적으로 알았는지 여부에 관계없이 고시 또는 공고가 효력을 발생한 날에 행정처분이 있음을 알았다고 보아야 한다.
② 「행정소송법」상 제3자 소송참가의 경우 참가인이 상소를 하였더라도, 소송당사자 본인인 피참가인은 참가인의 의사에 반하여 상소취하나 상소포기를 할 수 있다.
③ 무효인 과세처분에 근거하여 세금을 납부한 경우 부당이득반환청구의 소로써 직접 위법상태의 제거를 구할 수 있는지 여부와 관계없이 「행정소송법」 제35조에 규정된 '무효확인을 구할 법률상 이익'을 가진다.
④ 공법상 당사자소송으로서 납세의무부존재확인의 소는 과세처분을 한 과세관청이 아니라 「행정소송법」 제3조 제2호, 제39조에 의하여 그 법률관계의 한쪽 당사자인 국가·공공단체, 그 밖의 권리주체가 피고적격을 가진다.

20 행정벌에 대한 설명으로 옳은 것으로만 묶은 것은? (다툼이 있는 경우 판례에 의함)

> ㄱ. 행정청의 과태료부과에 불복하는 자는 서면으로 이의제기를 할 수 있으나, 이의제기가 있더라도 과태료부과처분은 그 효력을 유지한다.
> ㄴ. 「도로교통법」상 범칙금통고처분은 항고소송의 대상이 되는 행정처분에 해당하지 않는다.
> ㄷ. 과징금은 어떤 경우에도 영업정지에 갈음하여 부과할 수 없다.
> ㄹ. 「질서위반행위규제법」에 따른 과태료는 행정청의 과태료부과처분이나 법원의 과태료재판이 확정된 후 5년간 징수하지 아니하거나 집행하지 아니하면 시효로 소멸한다.

① ㄱ, ㄴ
② ㄱ, ㄷ
③ ㄴ, ㄷ
④ ㄴ, ㄹ

2019년 지방직 9급
행정법총론 책형: A

01 사인의 공법행위에 대한 설명으로 옳지 않은 것은? (다툼이 있는 경우 판례에 의함)

① 부동산투기나 이주대책 요구 등을 방지할 목적으로 주민등록전입신고를 거부하는 것은 「주민등록법」의 입법 목적과 취지 등에 비추어 허용될 수 없다.
② 구 「의료법 시행규칙」 제22조 제3항에 의하면 의원개설신고서를 수리한 행정관청이 소정의 신고필증을 교부하도록 되어 있기 때문에 이와 같은 신고필증의 교부가 없으면 개설신고의 효력이 없다.
③ 「건축법」상 건축신고반려행위는 항고소송의 대상이 되는 행정처분에 해당한다.
④ 「식품위생법」에 의한 영업양도에 따른 지위승계신고를 수리하는 허가관청의 행위는 단순히 양도·양수인 사이에 이미 발생한 사법상의 사업양도의 법률효과에 의하여 양수인이 그 영업을 승계하였다는 사실의 신고를 접수하는 행위에 그치는 것이 아니라, 영업허가자의 변경이라는 법률효과를 발생시키는 행위이다.

02 행정법의 일반원칙에 대한 판례의 입장으로 옳지 않은 것은?

① 행정청이 폐기물처리업사업계획에 대하여 적정통보를 한 것만으로 그 사업부지토지에 대한 국토이용계획변경 신청을 승인하여 주겠다는 취지의 공적인 견해표명을 한 것으로 볼 수 없다.
② 헌법재판소의 위헌결정은 행정청이 개인에 대하여 신뢰의 대상이 되는 공적인 견해를 표명한 것이라고 할 수 있으므로 그 결정에 관련한 개인의 행위에 대하여는 신뢰보호의 원칙이 적용된다.
③ 지방자치단체장이 사업자에게 주택사업계획승인을 하면서 그 주택사업과는 아무런 관련이 없는 토지를 기부채납하도록 하는 부관을 붙인 경우, 그 부관은 부당결부금지의 원칙에 위반되어 위법하다.
④ 법령개폐에 있어서 신뢰보호원칙의 위반 여부는 한편으로는 침해받은 신뢰이익의 보호가치, 침해의 중한 정도, 신뢰침해의 방법 등과 다른 한편으로는 새 입법을 통해 실현코자 하는 공익목적을 종합적으로 비교형량하여 판단하여야 한다.

03 행정입법에 대한 설명으로 옳지 않은 것은? (다툼이 있는 경우 판례에 의함)

① 집행명령은 상위법령의 집행에 필요한 세칙을 정하는 범위 내에서만 가능하고 새로운 국민의 권리·의무를 정할 수 없다.
② 구 「청소년 보호법 시행령」 제40조 [별표 6]의 위반행위의 종별에 따른 과징금 처분기준에서 정한 과징금 수액은 정액이 아니고 최고한도액이다.
③ 집행명령은 상위법령이 개정되더라도 개정법령과 성질상 모순·저촉되지 아니하고 개정된 상위법령의 시행에 필요한 사항을 규정하고 있는 이상, 개정법령의 시행을 위한 집행명령이 제정·발효될 때까지는 여전히 그 효력을 유지한다.
④ 상위법령에서 세부사항 등을 시행규칙으로 정하도록 위임하였으나, 이를 고시 등 행정규칙으로 정하였더라도 이는 대외적 구속력을 가지는 법규명령으로서 효력이 인정된다.

04 甲은 강학상 허가에 해당하는 「식품위생법」상 영업허가를 신청하였다. 이에 대한 설명으로 옳은 것은? (다툼이 있는 경우 판례에 의함)

① 甲이 공무원인 경우 허가를 받으면 이는 「식품위생법」상의 금지를 해제할 뿐만 아니라 「국가공무원법」상의 영리업무금지까지 해제하여 주는 효과가 있다.
② 甲이 허가를 신청한 이후 관계법령이 개정되어 허가요건을 충족하지 못하게 된 경우, 행정청이 허가신청을 수리하고도 정당한 이유 없이 그 처리를 늦추어 그 사이에 허가기준이 변경된 것이 아닌 이상 甲에게는 불허가처분을 하여야 한다.
③ 甲에게 허가가 부여된 이후 乙에게 또 다른 신규허가가 행해진 경우, 甲에게는 특별한 규정이 없더라도 乙에 대한 신규허가를 다툴 수 있는 원고적격이 인정되는 것이 원칙이다.
④ 甲에 대해 허가가 거부되었음에도 불구하고 甲이 영업을 한 경우, 당해 영업행위는 사법(私法)상 효력이 없는 것이 원칙이다.

05 행정행위의 효력에 대한 설명으로 옳지 않은 것은? (다툼이 있는 경우 판례에 의함)

① 민사소송에 있어서 어느 행정처분의 당연무효 여부가 선결문제로 되는 때에는 당해 소송의 수소법원은 이를 판단하여 그 행정처분의 무효확인판결을 할 수 있다.
② 과세처분의 하자가 단지 취소할 수 있는 정도에 불과할 때에는 과세관청이 이를 스스로 취소하거나 행정쟁송절차에 의하여 취소되지 않는 한 그로 인한 조세의 납부가 부당이득이 된다고 할 수 없다.
③ 구 「소방시설 설치·유지 및 안전관리에 관한 법률」 제9조에 의한 소방시설 등의 설치 또는 유지·관리에 대한 명령이 행정처분으로서 하자가 있어 무효인 경우에는 명령에 따른 의무위반이 생기지 아니하므로, 명령위반을 이유로 행정형벌을 부과할 수 없다.
④ 행정처분이 불복기간의 경과로 인하여 확정될 경우, 그 확정력은 처분으로 인하여 법률상 이익을 침해받은 자가 처분의 효력을 더 이상 다툴 수 없다는 의미일 뿐 판결에 있어서와 같은 기판력이 인정되는 것은 아니다.

06 행정행위의 부관에 대한 설명으로 옳지 않은 것은? (다툼이 있는 경우 판례에 의함)

① 도로점용허가의 점용기간은 행정행위의 본질적인 요소에 해당한다고 볼 것이어서 부관인 점용기간을 정함에 있어서 위법사유가 있다면 이로써 도로점용허가처분 전부가 위법하게 된다.
② 부담이 처분 당시 법령을 기준으로 적법하다면 처분 후 부담의 전제가 된 주된 행정처분의 근거법령이 개정됨으로써 행정청이 더 이상 부관을 붙일 수 없게 되었다 하더라도 곧바로 위법하게 되거나 그 효력이 소멸하게 되는 것은 아니다.
③ 기선선망어업의 허가를 하면서 운반선, 등선 등 부속선을 사용할 수 없도록 제한한 부관은 그 어업허가의 목적달성을 사실상 어렵게 하여 그 본질적 효력을 해하는 것이다.
④ 공유수면매립준공인가처분을 하면서 매립지 일부에 대하여 한 국가 및 지방자치단체에의 귀속처분은 부관 중 부담에 해당하므로 독립하여 행정소송 대상이 될 수 있다.

07 甲은 관할 행정청에 토지의 형질변경행위가 수반되는 건축허가를 신청하였고, 관할 행정청은 甲에 대해 '건축기간 동안 자재 등을 도로에 불법적치하지 말 것'이라는 부관을 붙여 건축허가를 하였다. 이에 대한 설명으로 옳은 것은? (다툼이 있는 경우 판례에 의함)

① 토지의 형질변경의 허용 여부에 대해 행정청의 재량이 인정되더라도 주된 행위인 건축허가가 기속행위인 경우에는 甲에 대한 건축허가는 기속행위로 보아야 한다.
② 위 건축허가에 대해 건축주를 乙로 변경하는 건축주명의변경신고가 관련법령의 요건을 모두 갖추어 행해졌더라도 관할 행정청이 신고의 수리를 거부한 경우, 그 수리거부행위는 乙의 권리·의무에 직접 영향을 미치는 것으로서 취소소송의 대상이 되는 처분이다.
③ 甲이 위 부관을 위반하여 도로에 자재 등을 불법적치한 경우, 관할 행정청은 바로 「행정대집행법」에 따라 불법적치된 자재 등을 제거할 수 있다.
④ 甲이 위 부관에 위반하였음을 이유로 관할행정청이 건축허가의 효력을 소멸시키려면 법령상의 근거가 있어야 한다.

08 행정행위의 취소에 대한 설명으로 옳은 것만을 모두 고르면? (다툼이 있는 경우 판례에 의함)

ㄱ. 「산업재해보상보험법」상 각종 보험급여 등의 지급결정을 변경 또는 취소하는 처분과 처분에 터 잡아 잘못 지급된 보험급여액에 해당하는 금액을 징수하는 처분이 적법한지를 판단하는 경우, 지급결정을 변경 또는 취소하는 처분이 적법하다면 그에 터 잡은 징수처분도 적법하다고 판단해야 한다.
ㄴ. 권한 없는 행정기관이 한 당연무효인 행정처분을 취소할 수 있는 권한은 당해 행정처분을 한 처분청에게 속하고, 당해 행정처분을 할 수 있는 적법한 권한을 가지는 행정청에게 그 취소권이 귀속되는 것이 아니다.
ㄷ. 수익적 처분이 상대방의 허위 기타 부정한 방법으로 인하여 행하여졌다면 상대방은 그 처분이 그와 같은 사유로 인하여 취소될 것임을 예상할 수 없었다고 할 수 없으므로, 이러한 경우에까지 상대방의 신뢰를 보호하여야 하는 것은 아니다.

① ㄱ, ㄴ
② ㄱ, ㄷ
③ ㄴ, ㄷ
④ ㄱ, ㄴ, ㄷ

09 행정절차에 대한 설명으로 옳은 것은? (다툼이 있는 경우 판례에 의함)

① 공정거래위원회의 시정조치 및 과징금납부명령에 「행정절차법」 소정의 의견청취절차 생략사유가 존재하면 공정거래위원회는 「행정절차법」을 적용하여 의견청취절차를 생략할 수 있다.
② 묘지공원과 화장장의 후보지를 선정하는 과정에서 추모공원 건립추진협의회가 후보지 주민들의 의견을 청취하기 위하여 그 명의로 개최한 공청회는 「행정절차법」에서 정한 절차를 준수하여야 하는 것은 아니다.
③ 구 「공중위생법」상 유기장업허가취소처분을 함에 있어서 두 차례에 걸쳐 발송한 청문통지서가 모두 반송되어 온 경우, 처분의 상대방이 청문일시에 불출석하였다는 이유로 청문을 거치지 않고 한 침해적 행정처분은 적법하다.
④ 구 「광업법」에 근거하여 처분청이 광업용 토지수용을 위한 사업인정을 하면서 토지소유자와 토지에 관한 권리를 가진 자의 의견을 들은 경우 처분청은 그 의견에 기속된다.

10 행정대집행에 대한 설명으로 옳지 않은 것은? (다툼이 있는 경우 판례에 의함)

① 구 대한주택공사가 대집행권한을 위탁받아 공무인 대집행을 실시하기 위하여 지출한 비용을 「행정대집행법」 절차에 따라 「국세징수법」의 예에 의하여 징수할 수 있음에도 민사소송절차에 의하여 그 비용의 상환을 구하는 청구는 소의 이익이 없어 부적법하다.
② 건물의 점유자가 철거의무자일 때에는 건물철거의무에 퇴거의무도 포함되어 있는 것이어서 별도로 퇴거를 명하는 집행권원이 필요하지 않다.
③ 철거명령에서 주어진 일정기간이 자진철거에 필요한 상당한 기간이라고 하여도 그 기간 속에는 계고시에 필요한 '상당한 이행기간'이 포함되어 있다고 볼 수 없다.
④ 대집행계고처분 취소소송의 변론이 종결되기 전에 대집행영장에 의한 통지절차를 거쳐 사실행위로서 대집행의 실행이 완료된 경우에는 계고처분의 취소를 구할 법률상의 이익이 없다.

11 「질서위반행위규제법」의 내용에 대한 설명으로 옳은 것은?

① 지방자치단체의 조례상의 의무를 위반하여 과태료를 부과하는 행위는 질서위반행위에 해당되지 않는다.
② 법원의 과태료재판이 확정된 후 법률이 변경되어 그 행위가 질서위반행위에 해당하지 아니하게 된 때에는 변경된 법률에 특별한 규정이 없는 한 과태료의 집행을 면제한다.
③ 과태료는 행정청의 과태료부과처분이 있은 후 3년간 징수하지 아니하면 시효로 인하여 소멸한다.
④ 행정청의 과태료부과에 대한 이의제기는 과태료부과처분의 효력에 영향을 주지 아니한다.

12 「행정심판법」의 내용에 대한 설명으로 옳지 않은 것은?

① 행정심판위원회는 필요하면 당사자가 주장하지 아니한 사실에 대하여도 심리할 수 있다.
② 행정심판위원회는 임시처분을 결정한 후에 임시처분이 공공복리에 중대한 영향을 미치는 경우에는 직권으로 또는 당사자의 신청에 의하여 이 결정을 취소할 수 있다.
③ 청구인은 행정심판위원회의 간접강제결정에 불복하는 경우 그 결정에 대하여 행정소송을 제기할 수 있다.
④ 당사자의 신청을 거부하는 처분에 대한 취소심판에서 인용재결이 내려진 경우, 의무이행심판과 달리 행정청은 재처분의무를 지지 않는다.

13 행정소송에 대한 설명으로 옳지 않은 것은? (다툼이 있는 경우 판례에 의함)

① 검사의 불기소결정은 「행정소송법」상 처분에 해당되어 항고소송을 제기할 수 있다.
② 납세의무부존재확인의 소는 공법상의 법률관계 그 자체를 다투는 소송으로서 당사자소송이다.
③ 행정청의 부작위에 대하여 행정심판을 거치지 않고 부작위위법확인소송을 제기하는 경우에는 제소기간의 제한을 받지 않는다.
④ 거부처분에 대하여 무효확인판결이 확정된 경우, 행정청에 대해 판결의 취지에 따른 재처분의무가 인정될 뿐 그에 대하여 간접강제까지 허용되는 것은 아니다.

15 손실보상에 대한 설명으로 옳은 것은? (다툼이 있는 경우 판례에 의함)

① 「공익사업을 위한 토지 등의 취득 및 보상에 관한 법률」에 의한 잔여지수용청구를 받아들이지 않은 토지수용위원회의 재결에 대하여 토지소유자가 불복하여 제기하는 소송은 항고소송에 해당한다.
② 「공익사업을 위한 토지 등의 취득 및 보상에 관한 법률」에 따른 사업폐지 등에 대한 보상청구권은 사법상 권리로서 그에 관한 소송은 민사소송절차에 의하여야 한다.
③ 「공익사업을 위한 토지 등의 취득 및 보상에 관한 법률」에 의한 보상합의는 공공기관이 사경제주체로서 행하는 사법상 계약의 실질을 가진다.
④ 공유수면매립면허의 고시가 있는 경우 그 사업이 시행되고 그로 인하여 직접 손실이 발생한다고 할 수 있으므로, 관행어업권자는 공유수면매립면허의 고시를 이유로 손실보상을 청구할 수 있다.

14 행정행위의 하자에 대한 설명으로 옳지 않은 것은? (다툼이 있는 경우 판례에 의함)

① 구 「환경영향평가법」상 환경영향평가를 실시하여야 할 사업에 대하여 환경영향평가를 거치지 아니하였음에도 승인 등 처분을 한 경우, 그 처분은 당연무효이다.
② 적법한 권한위임 없이 세관출장소장에 의하여 행하여진 관세부과처분은 그 하자가 중대하기는 하지만 객관적으로 명백하다고 할 수 없어 당연무효는 아니다.
③ 행정청이 사전에 교통영향평가를 거치지 아니한 채 '건축허가 전까지 교통영향평가 심의필증을 교부받을 것'을 부관으로 붙여서 한 '실시계획변경승인 및 공사시행변경인가처분'은 그 하자가 중대하고 객관적으로 명백하여 당연무효이다.
④ 징계처분이 중대하고 명백한 하자 때문에 당연무효의 것이라면 징계처분을 받은 자가 이를 용인하였다 하여 그 하자가 치유되는 것은 아니다.

16 행정소송의 당사자에 대한 설명으로 옳지 않은 것은? (다툼이 있는 경우 판례에 의함)

① 대리기관이 대리관계를 표시하고 피대리행정청을 대리하여 행정처분을 한 때에는 피대리행정청이 피고로 되어야 한다.
② 「국가공무원법」에 따른 처분, 그 밖에 본인의 의사에 반한 불리한 처분이나 부작위에 관한 행정소송을 제기할 때에 대통령의 처분 또는 부작위의 경우에는 소속 장관을 피고로 한다.
③ 약제를 제조·공급하는 제약회사는 보건복지부고시인 「약제 급여·비급여 목록 및 급여 상한금액표」 중 약제의 상한금액 인하 부분에 대하여 그 취소를 구할 원고적격이 있다.
④ 개발제한구역 안에서의 공장설립을 승인한 처분이 위법하다는 이유로 쟁송취소되었다면, 설령 그 승인처분에 기초한 공장건축허가처분이 잔존하는 경우에도 인근주민들에게는 공장건축허가처분의 취소를 구할 법률상 이익이 없다.

17 이행강제금에 대한 설명으로 옳지 않은 것은? (다툼이 있는 경우 판례에 의함)

① 이행강제금은 과거의 의무 불이행에 대한 제재의 기능을 지니고 있으므로, 이행강제금이 부과되기 전에 의무를 이행한 경우에도 시정명령에서 정한 기간을 지나서 이행한 경우라면 이행강제금을 부과할 수 있다.
② 「건축법」상 허가권자는 이행강제금을 부과하기 전에 이행강제금을 부과·징수한다는 뜻을 미리 문서로써 계고하여야 한다.
③ 「건축법」상 이행강제금 납부의 최초 독촉은 징수처분으로서 항고소송의 대상이 되는 행정처분이 될 수 있다.
④ 부작위의무나 비대체적 작위의무뿐만 아니라 대체적 작위의무의 위반에 대하여도 이행강제금을 부과할 수 있다.

18 정보공개에 대한 판례의 입장으로 옳은 것은?

① 지방자치단체의 업무추진비 세부항목별 집행내역 및 그에 관한 증빙서류에 포함된 개인에 관한 정보는 「공공기관의 정보공개에 관한 법률」 소정의 '공개하는 것이 공익을 위하여 필요하다고 인정되는 정보'에 해당하여 공개대상이 된다.
② 학교환경위생구역 내 금지행위(숙박시설) 해제결정에 관한 학교환경위생정화위원회의 회의록에 기재된 발언내용에 대한 해당 발언자의 인적사항 부분에 관한 정보는 「공공기관의 정보공개에 관한 법률」 소정의 비공개대상정보에 해당하지 않는다.
③ 「보안관찰법」 소정의 보안관찰 관련 통계자료는 「공공기관의 정보공개에 관한 법률」 소정의 비공개대상정보에 해당하지 않는다.
④ 학교폭력대책자치위원회가 피해학생의 보호를 위한 조치, 가해학생에 대한 조치, 학교폭력과 관련된 분쟁의 조정 등에 관하여 심의한 결과를 기재한 회의록은 「공공기관의 정보공개에 관한 법률」 소정의 비공개대상정보에 해당한다.

19 행정소송의 대상인 행정처분에 대한 설명으로 옳지 않은 것은? (다툼이 있는 경우 판례에 의함)

① 구 「민원사무 처리에 관한 법률」에서 정한 사전심사결과 통보는 항고소송의 대상이 되는 행정처분에 해당하지 않는다.
② 「교육공무원법」상 승진후보자명부에 의한 승진심사방식으로 행해지는 승진임용에서 승진후보자명부에 포함되어 있던 후보자를 승진임용인사발령에서 제외하는 행위는 항고소송의 대상인 처분에 해당하지 않는다.
③ 건축주가 토지소유자로부터 토지사용승낙서를 받아 그 토지 위에 건축물을 건축하는 건축허가를 받았다가 착공에 앞서 건축주의 귀책사유로 해당 토지를 사용할 권리를 상실한 경우, 토지소유자의 건축허가 철회신청을 거부한 행위는 항고소송의 대상이 된다.
④ 사업시행자인 한국도로공사가 구 「지적법」에 따라 고속도로 건설공사에 편입되는 토지소유자들을 대위하여 토지면적등록 정정신청을 하였으나 관할 행정청이 이를 반려하였다면, 이러한 반려행위는 항고소송 대상이 되는 행정처분에 해당한다.

20 국가배상에 대한 설명으로 옳은 것만을 모두 고르면? (다툼이 있는 경우 판례에 의함)

ㄱ. 헌법재판소 재판관이 청구기간 내에 제기된 헌법소원심판 청구사건에서 청구기간을 오인하여 각하결정을 한 경우, 이에 대한 불복절차 내지 시정절차가 없는 때에는 국가배상책임을 인정할 수 있다.
ㄴ. 형벌에 관한 법령이 헌법재판소의 위헌결정으로 소급하여 효력을 상실한 경우, 위헌선언 전 그 법령에 기초하여 수사가 개시되어 공소가 제기되고 유죄판결이 선고되었더라도, 그러한 사정만으로 국가의 손해배상책임이 발생한다고 볼 수 없다.
ㄷ. 법령의 위탁에 의해 지방자치단체로부터 대집행을 수권받은 구 한국토지공사는 지방자치단체의 기관으로서 「국가배상법」 제2조 소정의 공무원에 해당한다.
ㄹ. 취소판결의 기판력은 국가배상청구소송에도 미치므로, 행정처분이 후에 항고소송에서 위법을 이유로 취소된 경우에는 그 기판력에 의하여 당해 행정처분이 곧바로 공무원의 고의 또는 과실에 의한 불법행위를 구성한다고 보아야 한다.

① ㄱ, ㄴ
② ㄱ, ㄹ
③ ㄴ, ㄷ
④ ㄷ, ㄹ

2018년 지방직 9급
행정법총론 책형: B

01 신뢰보호원칙에 대한 설명으로 옳지 않은 것은? (다툼이 있는 경우 판례에 의함)

① 건축허가신청 후 건축허가기준에 관한 관계 법령 및 조례의 규정이 신청인에게 불리하게 개정된 경우, 당사자의 신뢰를 보호하기 위해 처분시가 아닌 신청시 법령에서 정한 기준에 의하여 건축허가 여부를 결정하는 것이 원칙이다.
② 「행정절차법」과 「국세기본법」에서는 법령 등의 해석 또는 행정청의 관행이 일반적으로 국민에게 받아들여졌을 때와 관련하여 신뢰보호의 원칙을 규정하고 있다.
③ 신뢰보호원칙에서 행정청의 견해표명이 정당하다고 신뢰한 데에 대한 개인의 귀책사유의 유무는 상대방뿐만 아니라 그로부터 신청행위를 위임받은 수임인 등 관계자 모두를 기준으로 판단하여야 한다.
④ 서울지방병무청 총무과 민원팀장이 국외영주권을 취득한 사람의 상담에 응하여 법령의 내용을 숙지하지 못한 채 민원봉사차원에서 현역입영대상자가 아니라고 답변하였다면 그것이 서울지방병무청장의 공적인 견해표명이라 할 수 없다.

02 행정행위의 부관에 대한 설명으로 옳지 않은 것은? (다툼이 있는 경우 판례에 의함)

① 행정행위의 부관은 법령이 직접 행정행위의 조건이나 기한 등을 정한 경우와 구별되어야 한다.
② 재량행위에는 법령상의 제한에 근거한 것이 아니라 하더라도 공익상 필요에 의하여 부관을 붙일 수 있다.
③ 허가에 붙은 기한이 그 허가된 사업의 성질상 부당하게 짧은 경우에 그 기한은 허가조건의 존속기간이 아니라 허가 자체의 존속기간으로 보아야 한다.
④ 부담은 독립하여 항고소송의 대상이 될 수 있으며, 부담부행정행위는 부담의 이행 여부를 불문하고 효력이 발생한다.

03 과징금에 대한 설명으로 옳은 것은? (다툼이 있는 경우 판례에 의함)

① 과징금은 원칙적으로 행위자의 고의·과실이 있는 경우에 부과한다.
② 과징금부과처분의 기준을 규정하고 있는 구 「청소년 보호법 시행령」 제40조 [별표 6]은 행정규칙의 성질을 갖는다.
③ 부과관청이 추후에 부과금 산정기준이 되는 새로운 자료가 나올 경우 과징금액이 변경될 수도 있다고 유보하며 과징금을 부과했다면, 새로운 자료가 나온 것을 이유로 새로이 부과처분을 할 수 있다.
④ 자동차운수사업면허조건 등을 위반한 사업자에 대한 과징금 부과처분이 법이 정한 한도액을 초과하여 위법한 경우 법원은 그 처분 전부를 취소하여야 한다.

04 「공공기관의 정보공개에 관한 법률」상 정보공개에 대한 설명으로 옳지 않은 것은? (다툼이 있는 경우 판례에 의함)

① 공개될 경우 부동산투기로 특정인에게 이익 또는 불이익을 줄 우려가 있다고 인정되는 정보는 비공개대상에 해당한다.
② 공개청구의 대상이 되는 정보가 인터넷에 공개되어 인터넷 검색 등을 통하여 쉽게 알 수 있다면 정보공개청구권자는 공개거부처분의 취소를 구할 법률상의 이익이 없다.
③ 불기소처분기록 중 피의자신문조서 등에 기재된 피의자 등의 인적사항 이외의 진술내용이 개인의 사생활의 비밀 또는 자유를 침해할 우려가 인정된다면 비공개대상에 해당한다.
④ 정보공개거부처분취소소송에서 공개를 거부한 정보에 비공개대상 부분과 공개가 가능한 부분이 혼합되어 있는 경우, 공개청구의 취지에 어긋나지 아니하는 범위 안에서 두 부분을 분리할 수 있다면 법원은 청구취지의 변경이 없더라도 공개가 가능한 정보에 관한 부분만의 일부취소를 명할 수 있다.

05 행정행위의 취소와 철회에 대한 설명으로 옳은 것만을 모두 고르면? (다툼이 있는 경우 판례에 의함)

ㄱ. 행정행위를 한 처분청은 처분 당시에 별다른 하자가 없었고, 또 그 처분 후에 이를 철회할 별도의 법적 근거가 없다면 사정변경을 이유로 그 효력을 상실케 하는 별개의 행정행위로 이를 철회할 수 없다.
ㄴ. 「국세기본법」상 상속세부과처분의 취소에 하자가 있는 경우, 부과의 취소의 취소에 대하여는 법률이 명문으로 그 취소요건이나 그에 대한 불복절차에 대하여 따로 규정을 두고 있지 않더라도 과세관청은 부과의 취소를 다시 취소함으로써 원부과처분을 소생시킬 수 있다.
ㄷ. 행정청이 여러 종류의 자동차운전면허를 취득한 자에 대해 그 운전면허를 취소하는 경우, 취소사유가 특정 면허에 관한 것이 아니고 다른 면허와 공통된 것이거나 운전면허를 받은 사람에 관한 것일 경우에는 여러 면허를 전부 취소할 수 있다.
ㄹ. 국세감액결정처분은 이미 부과된 과세처분에 하자가 있음을 이유로 사후에 이를 일부 취소하는 처분이고, 취소의 효력은 판결 등에 의한 취소이거나 과세관청의 직권에 의한 취소이거나에 관계없이 그 부과처분이 있었을 당시로 소급하여 발생한다.

① ㄱ, ㄴ
② ㄱ, ㄹ
③ ㄴ, ㄷ
④ ㄷ, ㄹ

06 위헌법률에 근거한 처분의 효력에 대한 설명으로 옳지 않은 것은? (다툼이 있는 경우 판례에 의함)

① 위헌인 법률에 근거한 행정처분이 당연무효인지의 여부는 위헌결정의 소급효와는 별개의 문제로서 취소소송의 제기기간을 경과하여 확정력이 발생한 행정처분에는 위헌결정의 소급효가 미치지 않는다.
② 근거법률의 위헌결정 이전에 이미 부담금부과처분과 압류처분 및 이에 기한 압류등기가 이루어지고 각 처분이 확정된 경우에는 기존의 압류등기나 교부청구로도 다른 사람에 의하여 개시된 경매절차에서 배당을 받을 수 있다.
③ 어느 행정처분에 대하여 그 행정처분의 근거가 된 법률이 위헌이라는 이유로 무효확인청구의 소가 제기된 경우, 다른 특별한 사정이 없는 한 법원으로서는 그 법률이 위헌인지 여부에 대하여는 판단할 필요 없이 그 무효확인청구를 기각하여야 한다.
④ 행정처분 자체의 효력이 쟁송기간 경과 후에도 존속 중인 경우, 그 행정처분이 위헌인 법률에 근거하여 내려졌고 그 목적 달성을 위해 필요한 후행 행정처분이 아직 이루어지지 않았다면 그 하자가 중대하여 그 구제가 필요한 경우에 대하여서는 쟁송기간 경과 후라도 무효확인을 구할 수 있다.

07 행정소송에 대한 판례의 입장으로 옳은 것은?

① 개발제한구역 중 일부 취락을 개발제한구역에서 해제하는 내용의 도시관리계획변경결정에 대하여 개발제한구역 해제 대상에서 누락된 토지의 소유자는 그 결정의 취소를 구할 법률상 이익이 있다.
② 금융기관 임원에 대한 금융감독원장의 문책경고는 상대방의 권리·의무에 직접 영향을 미치지 않으므로 행정소송의 대상이 되는 처분에 해당하지 않는다.
③ 부가가치세 증액경정처분의 취소를 구하는 항고소송에서 납세의무자는 과세관청의 증액경정사유만 다툴 수 있을 뿐이지 당초 신고에 관한 과다신고사유는 함께 주장하여 다툴 수 없다.
④ 주택건설사업 승인신청 거부처분에 대한 취소의 확정판결이 있은 후 행정청이 재처분을 하였다 하더라도 그 재처분이 종전 거부처분에 대한 취소의 확정판결의 기속력에 반하는 경우, 「행정소송법」상 간접강제신청에 필요한 요건을 갖춘 것으로 보아야 한다.

08 하천점용허가에 대한 설명으로 옳은 것은? (다툼이 있는 경우 판례에 의함)

① 하천점용허가는 성질상 일반적 금지의 해제에 불과하여 허가의 일정한 요건을 갖춘 경우 기속적으로 판단하여야 한다.
② 위법한 점용허가를 다투지 않고 있다가 제소기간이 도과한 경우에는 처분청이라도 그 점용허가를 취소할 수 없다.
③ 하천점용허가에 조건인 부관이 부가된 경우 해당 부관에 대해서는 독립적으로 소를 제기할 수 없다.
④ 점용허가취소처분을 취소하는 확정판결의 기속력은 판결의 주문에 미치는 것으로 그 전제가 되는 처분 등의 구체적 위법사유에 관한 이유 중의 판단에 대해서는 인정되지 않는다.

09 행정행위의 하자에 대한 판례의 입장으로 옳지 않은 것은?

① 친일반민족행위자로 결정한 최종발표와 그에 따라 그 유가족에 대하여 한 「독립유공자 예우에 관한 법률」 적용배제자 결정은 별개의 법률효과를 목적으로 하는 처분이다.
② 무권한의 행위는 원칙적으로 무효라고 할 것이므로, 5급 이상의 국가정보원 직원에 대해 임면권자인 대통령이 아닌 국가정보원장이 행한 의원면직처분은 당연무효에 해당한다.
③ 「국가유공자 등 예우 및 지원에 관한 법률」에 따른 여러 개의 상이에 대한 국가유공자요건 비해당처분에 대한 취소소송에서 그 중 일부 상이만이 국가유공자요건이 인정되는 상이에 해당하는 경우, 국가유공자요건 비해당처분 중 그 요건이 인정되는 상이에 대한 부분만을 취소하여야 한다.
④ 위법하게 구성된 폐기물처리시설 입지선정위원회가 의결을 한 경우, 그에 터 잡아 이루어진 폐기물처리시설 입지결정처분의 하자는 무효사유로 본다.

10 다음 행정상 손해배상과 관련된 사례에 대한 설명으로 옳은 것은? (다툼이 있는 경우 판례에 의함)

> (가) 甲은 자동차로 좌로 굽은 내리막 국도 편도 1차로를 달리던 중 커브 길에서 앞선 차량을 무리하게 추월하기 위하여 중앙선을 침범하여 반대편 도로를 벗어나 도로 옆 계곡으로 떨어져 중상해를 입었다.
> (나) 乙은 자동차로 겨울철 눈이 내린 직후에 산간지역에 위치한 국도를 달리던 중 도로에 생긴 빙판길에 미끄러져 상해를 입었다.

① (가)와 (나) 사례에서 국가가 甲과 乙에게 손해배상책임을 부담할 것인지 여부는 위 도로들이 모든 가능한 경우를 예상하여 고도의 안전성을 갖추었는지 여부에 따라 결정될 것이다.
② (가) 사례에서 만약 반대편 갓길에 차량용 방호울타리가 설치되었다면 甲이 상해를 입지 않았거나 경미한 상해를 입었을 것이므로 그 방호울타리 미설치만으로도 손해배상을 받기에 충분한 요건을 갖추었다고 볼 수 있다.
③ (나) 사례에서 乙은 산악지역의 특성상 빙판길 위험경고나 위험표지판이 설치되었다면 주의를 기울여 운행하여 상해를 입지 않았을 것이므로 그 미설치만으로도 국가에 대한 손해배상책임을 묻기에 충분하다.
④ (가)와 (나) 사례에서 만약 도로의 관리상 하자가 인정된다면 비록 그 사고의 원인에 제3자의 행위가 개입되었더라도 甲과 乙은 국가에 대하여 손해배상책임을 물을 수 있다.

11 「행정소송법」상 행정소송에 해당하지 않는 것은? (다툼이 있는 경우 판례에 의함)

① 행정재산의 사용·수익허가에 따른 사용료를 미납한 경우에 부과된 가산금의 징수를 다투는 소송
② 행정편의를 위하여 사법상의 금전급부의무의 불이행에 대하여 「국세징수법」상 체납처분에 관한 규정을 준용하는 경우에 체납처분을 다투는 소송
③ 국가나 지방자치단체에 근무하는 청원경찰의 징계처분에 대한 소송
④ 「개발이익환수에 관한 법률」상 개발부담금부과처분이 취소된 경우 그 과오납금의 반환을 청구하는 소송

12 행정소송과 그 피고에 대한 연결이 옳은 것만을 모두 고르면?

> ㄱ. 대통령의 검사임용거부처분에 대한 취소소송 - 법무부장관
> ㄴ. 국토교통부장관으로부터 권한을 내부위임받은 국토교통부차관이 처분을 한 경우에 그에 대한 취소소송 - 국토교통부차관
> ㄷ. 헌법재판소장이 소속직원에게 내린 징계처분에 대한 취소소송 - 헌법재판소 사무처장
> ㄹ. 환경부장관의 권한을 위임받은 서울특별시장이 내린 처분에 대한 취소소송 - 서울특별시장

① ㄱ, ㄴ
② ㄷ, ㄹ
③ ㄱ, ㄷ, ㄹ
④ ㄱ, ㄴ, ㄷ, ㄹ

13 다음 사례에 대한 설명으로 옳지 않은 것은? (다툼이 있는 경우 판례에 의함)

> 甲은 「식품위생법」 제37조 제1항에 따라 허가를 받아 식품조사처리업 영업을 하고 있던 중 乙과 영업양도계약을 체결하였다. 당해 계약은 하자 있는 계약이었음에도 불구하고, 乙은 같은 법 제39조에 따라 식품의약품안전처장에게 영업자지위승계신고를 하였다.

① 식품의약품안전처장이 乙의 신고를 수리한다면, 이는 실질에 있어서 乙에게는 적법하게 사업을 할 수 있는 권리를 설정하여 주는 행위이다.
② 식품의약품안전처장이 乙의 신고를 수리하는 경우에 甲과 乙의 영업양도계약이 무효라면 위 신고수리처분도 무효이다.
③ 식품의약품안전처장이 乙의 신고를 수리하기 전에 甲의 영업허가처분이 취소된 경우, 乙이 甲에 대한 영업허가취소처분의 취소를 구하는 소송을 제기할 법률상 이익은 없다.
④ 甲은 민사쟁송으로 양도·양수행위의 무효를 구함이 없이 막바로 식품의약품안전처장을 상대로 한 행정소송으로 위 신고수리처분의 무효확인을 구할 법률상 이익이 있다.

14 「행정조사기본법」상 행정조사에 대한 설명으로 옳은 것은?

① 행정조사를 행하는 행정기관에는 법령 및 조례·규칙에 따라 행정권한이 있는 기관뿐만 아니라 그 권한을 위임 또는 위탁받은 법인·단체 또는 그 기관이나 개인이 포함된다.
② 「행정조사기본법」은 행정조사 실시를 위한 일반적인 근거규범으로서 행정기관은 다른 법령 등에서 따로 행정조사를 규정하고 있지 않더라도 「행정조사기본법」을 근거로 행정조사를 실시할 수 있다.
③ 조사대상자가 조사대상 선정기준에 대한 열람을 신청한 경우에 행정기관은 그 열람이 당해 행정조사업무를 수행할 수 없을 정도로 조사활동에 지장을 초래한다는 이유로 열람을 거부할 수 없다.
④ 정기조사 또는 수시조사를 실시한 행정기관의 장은 조사대상자의 자발적인 협조를 얻어 실시하는 경우가 아닌 한, 동일한 사안에 대하여 동일한 조사대상자를 재조사하여서는 아니 된다.

15 행정처분의 이유제시에 대한 설명으로 옳지 않은 것은? (다툼이 있는 경우 판례에 의함)

① 당초 행정처분의 근거로 제시한 이유가 실질적인 내용이 없는 경우에도 행정소송의 단계에서 행정처분의 사유를 추가할 수 있다.
② 행정처분의 이유제시가 아예 결여되어 있는 경우에 이를 사후적으로 추완하거나 보완하는 것은 늦어도 당해 행정처분에 대한 쟁송이 제기되기 전에는 행해져야 위법성이 치유될 수 있다.
③ 당사자가 신청하는 허가 등을 거부하는 처분을 하면서 당사자가 그 근거를 알 수 있을 정도로 이유를 제시했다면 처분의 근거와 이유를 구체적으로 명시하지 않았더라도 당해 처분이 위법한 것은 아니다.
④ 이유제시에 하자가 있어 당해 처분을 취소하는 판결이 확정된 경우에 처분청이 그 이유제시의 하자를 보완하여 종전의 처분과 동일한 내용의 처분을 하는 것은 종전의 처분과는 별개의 처분을 하는 것이다.

16 처분에 대하여 이해관계가 있는 제3자의 법적 지위에 대한 설명으로 옳은 것만을 모두 고르면?

ㄱ. 행정청이 처분을 서면으로 하는 경우 상대방과 제3자에게 행정심판을 제기할 수 있는지 여부와 제기하는 경우의 행정심판절차 및 청구기간을 직접 알려야 한다.
ㄴ. 행정소송의 결과에 따라 권리 또는 이익의 침해 우려가 있는 제3자는 당해 행정소송에 참가할 수 있으며, 이때 참가인인 제3자는 실제로 소송에 참가하여 소송행위를 하였는지 여부를 불문하고 판결의 효력을 받는다.
ㄷ. 처분을 취소하는 판결에 의하여 권리의 침해를 받은 제3자는 자기에게 책임 없는 사유로 인하여 소송에 참가하지 못함으로써 판결의 결과에 영향을 미칠 공격 또는 방어방법을 제출하지 못한 때에는 이를 이유로 확정된 종국판결에 대하여 재심의 청구를 할 수 있다.
ㄹ. 이해관계가 있는 제3자는 자신의 신청 또는 행정청의 직권에 의하여 행정절차에 참여하여 처분 전에 그 처분의 관할 행정청에 서면이나 말로 또는 정보통신망을 이용하여 의견제출을 할 수 있다.

① ㄱ, ㄴ
② ㄷ, ㄹ
③ ㄴ, ㄷ, ㄹ
④ ㄱ, ㄴ, ㄷ, ㄹ

17 사업주 甲에게 고용된 종업원 乙이 영업행위 중 행정법규를 위반한 경우 행정벌의 부과에 대한 설명으로 옳은 것은? (다툼이 있는 경우 판례에 의함)

① 위 위반행위에 대해 내려진 시정명령에 따르지 않았다는 이유로 乙이 과태료부과처분을 받고 이를 납부하였다면, 당초의 위반행위를 이유로 乙을 형사처벌할 수 없다.
② 乙이 과실로 행정법규를 위반한 경우에 과실행위를 처벌한다는 명문의 규정이 없더라도 관련 행정형벌법규의 해석에 의하여 과실행위도 처벌한다는 뜻이 도출되는 경우에는 乙을 처벌할 수 있다.
③ 甲의 처벌을 규정한 양벌규정이 있는 경우에도 乙이 처벌을 받지 않는 경우에는 甲만 처벌할 수 없다.
④ 乙의 위반행위가 과태료 부과대상인 경우에 乙이 자신의 행위가 위법하지 아니한 것으로 오인하였다면 乙에 대해서 과태료를 부과할 수 없다.

18 행정강제에 대한 설명으로 옳지 않은 것은? (다툼이 있는 경우 판례에 의함)

① 관계법령상 행정대집행의 절차가 인정되어 행정청이 행정대집행의 방법으로 건물의 철거 등 대체적 작위의무의 이행을 실현할 수 있는 경우에는 따로 민사소송의 방법으로 그 의무의 이행을 구할 수 없다.
② 「국세징수법」상 체납자 등에 대한 공매통지는 체납자 등의 법적 지위나 권리·의무에 직접적인 영향을 주는 행정처분에 해당하지 아니하므로 공매통지가 적법하지 아니한 경우에도 그에 따른 공매처분이 위법하게 되는 것은 아니다.
③ 이행강제금 납부의무는 상속인 기타의 사람에게 승계될 수 없는 일신전속적인 성질의 것이므로 이미 사망한 사람에게 이행강제금을 부과하는 내용의 처분이나 결정은 당연무효이다.
④ 행정청이 행정대집행의 방법으로 건물철거의무의 이행을 실현할 수 있는 경우, 점유자들이 적법한 행정대집행을 위력을 행사하여 방해한다면 「형법」상 공무집행방해죄의 범행방지 차원에서 경찰의 도움을 받을 수도 있다.

19 협의의 소익에 대한 판례의 입장으로 옳은 것은?

① 학교법인 임원취임승인의 취소처분 후 그 임원의 임기가 만료되고 구 「사립학교법」 소정의 임원결격사유기간마저 경과한 경우에 취임승인이 취소된 임원은 취임승인취소처분의 취소를 구할 소의 이익이 없다.

② 배출시설에 대한 설치허가가 취소된 후 그 배출시설이 철거되어 다시 가동할 수 없는 상태라도 그 취소처분이 위법하다는 판결을 받아 손해배상청구소송에서 이를 원용할 수 있다면 배출시설의 소유자는 당해 처분의 취소를 구할 법률상 이익이 있다.

③ 건축물에 대한 사용검사처분이 취소되면 사용검사 전의 상태로 돌아가 건축물을 사용할 수 없게 되므로 구 「주택법」상 입주자나 입주예정자가 사용검사처분의 무효확인 또는 취소를 구할 법률상 이익이 있다.

④ 구 「도시 및 주거환경정비법」상 조합설립추진위원회 구성승인처분을 다투는 소송 계속 중에 조합설립인가처분이 이루어졌다면 조합설립추진위원회 구성승인처분의 취소를 구할 법률상 이익은 없다.

20 항고소송에 대한 설명으로 옳은 것은? (다툼이 있는 경우 판례에 의함)

① 취소소송의 소송물을 처분의 위법성 일반으로 보게 되면, 어떠한 처분에 대한 청구기각의 확정판결이 있는 경우에도 후에 제기되는 취소소송에서 그 처분의 위법성을 주장할 수 있다.

② 소송에 있어서 처분권주의는 사적 자치에 근거를 둔 법질서에 뿌리를 두고 있으므로 취소소송에는 적용되지 않는다.

③ 취소소송의 심리에 있어서 주장책임은 직권탐지주의를 보충적으로 인정하고 있는 한도 내에서 그 의미가 완화된다.

④ 부작위위법확인소송에서 사인의 신청권의 존재 여부는 부작위의 성립과 관련하므로 원고적격의 문제와는 관련이 없다.

2017년 지방직(하반기) 9급
행정법총론 책형: A

정답/해설 p.185

01 다음은 「행정절차법」상 기간과 관련된 규정을 정리한 것이다. ㉠~㉣에 들어갈 기간을 바르게 나열한 것은?

- 행정청은 공청회를 개최하려는 경우에는 공청회 개최 (㉠)일 전까지 제목, 일시 및 장소 등을 당사자 등에게 통지하고 관보, 공보, 인터넷 홈페이지 또는 일간신문 등에 공고하는 등의 방법으로 널리 알려야 한다.
- 입법예고기간은 예고할 때 정하되, 특별한 사정이 없으면 (㉡)일(자치법규는 (㉢)일) 이상으로 한다.
- 행정예고기간은 예고내용의 성격 등을 고려하여 정하되, (㉣)일 이상으로 한다.

	㉠	㉡	㉢	㉣
①	10	40	30	30
②	14	30	20	20
③	14	40	20	20
④	15	30	20	30

02 재량행위에 대한 판례의 입장으로 옳지 않은 것은?

① 「개발제한구역의 지정 및 관리에 관한 특별조치법」 및 구 「액화석유가스의 안전관리 및 사업법」 등의 관련법규에 의하면, 개발제한구역에서의 자동차용 액화석유가스충전사업 허가는 그 기준 내지 요건이 불확정개념으로 규정되어 있으므로 그 허가 여부를 판단함에 있어서 행정청에 재량권이 부여되어 있다고 보아야 한다.

② 재량행위의 경우 그 근거법규에 대하여 법원이 사실 인정과 관련법규의 해석·적용을 통하여 일정한 결론을 도출한 후 그 결론에 비추어 행정청이 한 판단의 적법 여부를 독자의 입장에서 판정한다.

③ 구 여객자동차 운수사업법령상 마을버스운송사업면허의 허용 여부 및 마을버스 한정면허시 확정되는 마을버스노선을 정함에 있어서 기존 일반노선버스의 노선과의 중복 허용 정도에 대한 판단은 행정청의 재량에 속한다.

④ 「야생동·식물보호법」상 곰의 웅지를 추출하여 비누, 화장품 등의 재료를 사용할 목적으로 곰의 용도를 '사육곰'에서 '식·가공품 및 약용재료'로 변경하겠다는 내용의 국제적 멸종위기종의 용도변경승인행위는 재량행위이다.

03 처분에 대한 판례의 입장으로 옳지 않은 것은?

① 행정재산의 무단점유자에 대한 변상금부과행위는 처분이나, 대부한 일반재산에 대한 사용료부과 고지행위는 처분이 아니다.

② 제1차 계고처분 이후 고지된 제2차, 제3차의 계고처분은 처분이 아니나, 거부처분이 있은 후 동일한 내용의 신청에 대하여 다시 거절의 의사표시를 한 경우에는 새로운 처분으로 본다.

③ 행정행위의 부관 중 조건이나 기한은 독립하여 행정소송의 대상이 될 수 없으나, 부담은 독립하여 행정소송의 대상이 될 수 있다.

④ 병역처분의 자료로 군의관이 하는 「병역법」상의 신체등급판정은 처분이나, 「산업재해보상보험법」상 장해보상금결정의 기준이 되는 장해등급결정은 처분이 아니다.

04 강학상 공증행위에 해당하는 것만을 모두 고른 것은? (다툼이 있는 경우 판례에 의함)

> ㄱ. 행정심판의 재결
> ㄴ. 의료유사업자 자격증 갱신발급행위
> ㄷ. 상표사용권 설정등록행위
> ㄹ. 건설업면허증의 재교부
> ㅁ. 특허출원의 공고

① ㄱ, ㄴ, ㄷ
② ㄱ, ㄹ, ㅁ
③ ㄴ, ㄷ, ㄹ
④ ㄴ, ㄹ, ㅁ

05 행정행위의 하자에 대한 설명으로 옳은 것만을 모두 고른 것은? (다툼이 있는 경우 판례에 의함)

> ㄱ. 명백성보충설에 의하면 무효판단의 기준에 명백성이 항상 요구되지는 아니하므로 중대명백설보다 무효의 범위가 넓어지게 된다.
> ㄴ. 조세부과처분이 무효라 하더라도 그로써 압류 등 체납처분의 효력을 다툴 수는 없다.
> ㄷ. 구 「학교보건법」상 학교환경위생정화구역에서의 금지행위 및 시설의 해제 여부에 관한 행정처분을 함에 있어 학교환경위생정화위원회의 심의절차를 누락한 행정처분은 무효이다.
> ㄹ. 선행행위의 하자를 이유로 후행행위를 다투는 경우뿐 아니라 후행행위의 하자를 이유로 선행행위를 다투는 것도 하자의 승계이다.

① ㄱ
② ㄱ, ㄹ
③ ㄴ, ㄷ
④ ㄴ, ㄷ, ㄹ

06 법률유보원칙에 대한 판례의 입장으로 옳지 않은 것은?

① 대법원은 구 「도시 및 주거환경정비법」 제28조 제4항 본문이 사업시행인가 신청시의 동의요건을 조합의 정관에 포괄적으로 위임한 것은 헌법 제75조가 정하는 포괄위임입법금지의 원칙이 적용되어 이에 위배된다고 하였다.
② 헌법재판소는 법률유보의 형식에 대하여 반드시 법률에 의한 규율만이 아니라 법률에 근거한 규율이면 되기 때문에 기본권 제한의 형식이 반드시 법률의 형식일 필요는 없다고 하였다.
③ 헌법재판소는 중학교 의무교육 실시 여부 자체는 법률로 정하여야 하는 기본사항으로서 법률유보사항이나 그 실시의 시기, 범위 등 구체적 실시에 필요한 세부사항은 법률유보사항이 아니라고 하였다.
④ 대법원은 지방의회의원에 대하여 유급보좌인력을 두는 것은 지방의회의원의 신분·지위 및 그 처우에 관한 현행 법령상의 제도에 중대한 변경을 초래하는 것으로서, 이는 개별 지방의회의 조례로써 규정할 사항이 아니라 국회의 법률로써 규정할 입법사항이라고 하였다.

07 행정입법에 대한 판례의 입장으로 옳지 않은 것은?

① 제재적 행정처분의 기준이 부령의 형식으로 규정되어 있는 경우, 이 처분기준에 적합하다 하여 곧바로 당해 처분이 적법한 것이라고 할 수는 없다.
② 구 「청소년 보호법」의 위임에 따른 동법 시행령상의 위반행위의 종별에 따른 과징금 처분기준은 법규명령이다.
③ 어느 시행령의 규정이 모법에 저촉되는지 여부가 명백하지 아니하는 경우에는 모법과 시행령의 다른 규정들과 그 입법취지, 연혁 등을 종합적으로 살펴 모법에 합치한다는 해석도 가능한 경우라면 그 규정을 모법 위반으로 무효라고 선언하여서는 안 된다.
④ 치과전문의시험 실시를 위한 시행규칙 규정의 제정 미비로 인해 치과전문의 자격을 갖지 못한 사람은 부작위위법확인소송을 통하여 구제받을 수 있다.

08 판례의 입장으로 옳지 않은 것은?

① 「출입국관리법」상 체류자격 변경허가는 설권적 처분에 해당하며, 재량행위의 성격을 가진다.
② 인·허가의제의 효과를 수반하는 건축신고는 수리를 요하는 신고에 해당한다.
③ 행정청이 구 「체육시설의 설치·이용에 관한 법률」의 규정에 의하여 체육시설업자 지위승계신고를 수리하는 처분을 하는 경우, 종전 체육시설업자에 대하여 「행정절차법」상 사전통지 등 절차를 거칠 필요는 없다.
④ 망인에 대한 서훈취소는 유족에 대한 것이 아니므로 유족에 대한 통지에 의해서만 성립하여 효력이 발생한다고 볼 수 없고, 그 결정이 처분권자의 의사에 따라 상당한 방법으로 대외적으로 표시됨으로써 행정행위로서 성립하여 효력이 발생한다고 봄이 타당하다.

09 손실보상에 대한 설명으로 옳지 않은 것은? (다툼이 있는 경우 판례에 의함)

① 농지개량사업 시행지역 내의 토지 등 소유자가 토지사용에 관한 승낙을 한 경우, 그에 대한 정당한 보상을 받지 않았더라도 농지개량사업 시행자는 토지소유자 및 그 승계인에 대하여 보상할 의무가 없다.
② 「공익사업을 위한 토지 등의 취득 및 보상에 관한 법률」상 토지수용위원회의 수용재결에 대한 이의절차는 실질적으로 행정심판의 성질을 갖는 것이므로 동법에 특별한 규정이 있는 것을 제외하고는 「행정심판법」의 규정이 적용된다.
③ 「공익사업을 위한 토지 등의 취득 및 보상에 관한 법률」상 수용재결이나 이의신청에 대한 재결에 불복하는 행정소송의 제기는 사업의 진행 및 토지 수용 또는 사용을 정지시키지 아니한다.
④ 「공익사업을 위한 토지 등의 취득 및 보상에 관한 법률」상 잔여지수용청구권은 형성권적 성질을 가지므로, 잔여지수용청구를 받아들이지 않은 재결에 대하여 토지소유자가 불복하여 제기하는 소송은 보상금증감청구소송에 해당한다.

10 행정지도에 대한 판례의 입장으로 옳은 것(O)과 옳지 않은 것(X)을 바르게 조합한 것은?

ㄱ. 행정관청이 구 「국토이용관리법」 소정의 토지거래계약신고에 관하여 공시된 기준시가를 기준으로 매매가격을 신고하도록 행정지도를 하여 그에 따라 허위신고를 한 것이라 하더라도 이와 같은 행정지도는 법에 어긋나는 것으로서 그 범법행위가 정당화될 수 없다.
ㄴ. 교육인적자원부장관의 국·공립대학총장들에 대한 학칙시정 요구는 대학총장의 임의적인 협력을 통하여 사실상의 효과를 발생시키는 행정지도의 일종으로 헌법소원의 대상이 되는 공권력 행사라고 볼 수 없다.
ㄷ. 노동부장관이 공공기관 단체협약내용을 분석하여 불합리한 요소를 개선하라고 요구한 행위는 행정지도로서의 한계를 넘어 규제적·구속적 성격을 강하게 갖는다고 할 수 없어 헌법소원의 대상이 되는 공권력의 행사에 해당한다고 볼 수 없다.
ㄹ. 행정기관의 위법한 행정지도로 일정기간 어업권을 행사하지 못하는 손해를 입은 자가 그 어업권을 타인에게 매도하여 매매대금 상당의 이득을 얻은 경우, 손해배상액의 산정에서 그 이득을 손익상계할 수 있다.

	ㄱ	ㄴ	ㄷ	ㄹ
①	O	O	O	O
②	O	X	X	X
③	O	X	O	X
④	X	X	O	O

11 행정행위의 부관에 대한 설명으로 옳지 않은 것은? (다툼이 있는 경우 판례에 의함)

① 행정청이 행정행위에 부가한 부관과 달리 법령이 직접 행정행위의 조건을 정한 경우에 그 조건이 위법하면 이는 법률 및 법규명령에 대한 통제제도에 의해 통제된다.
② 행정청이 행정처분을 하기 이전에 행정행위의 상대방과 협의하여 의무의 내용을 협약의 형식으로 정한 다음에 행정처분을 하면서 그 의무를 부과하는 것은 부담이라고 할 수 없다.
③ 철회권이 유보된 경우에도 철회의 제한이론인 이익형량의 원칙이 적용되나, 행정행위의 계속성에 대한 상대방의 신뢰는 유보된 철회사유에 대해서는 인정되지 않는다.
④ 허가에 붙은 기한이 그 허가된 사업의 성질상 부당하게 짧은 경우, 이를 그 허가 자체의 존속기간이 아니라 그 허가조건의 존속기간으로 볼 수 있다.

12 상급행정청 X로부터 권한을 내부위임 받은 하급행정청 Y는 2017. 1. 10. Y의 명의로 甲에 대하여 2,000만 원의 부담금부과처분을 하였다가, 같은 해 2. 3. 부과금액의 과다를 이유로 위 부담금을 1,000만 원으로 감액하는 처분을 하였다. 甲이 이에 대해 취소소송을 제기하는 경우, ㉠ 소의 대상과 ㉡ 피고적격을 바르게 연결한 것은? (다툼이 있는 경우 판례에 의함)

	㉠	㉡
①	1,000만 원으로 감액된 1. 10.자 부담금부과처분	X
②	1,000만 원으로 감액된 1. 10.자 부담금부과처분	Y
③	2. 3.자 1,000만 원의 부담금부과처분	X
④	2. 3.자 1,000만 원의 부담금부과처분	Y

13 정보공개제도에 대한 판례의 입장으로 옳은 것은?

① 정보공개청구의 대상이 되는 공공기관이 보유하는 정보는 공공기관이 직무상 작성 또는 취득한 원본문서이어야 하며 전자적 형태로 보유·관리되는 경우에는 행정기관의 업무수행에 큰 지장을 주지 않는 한도 내에서 검색·편집하여 제공하여야 한다.
② 법무부령인 「검찰보존사무규칙」에서 불기소사건기록 등의 열람·등사 등을 제한하는 것은 「공공기관의 정보공개에 관한 법률」에 따른 '다른 법률 또는 명령에 의하여 비공개사항으로 규정된 경우'에 해당되어 적법하다.
③ '독립유공자 서훈 공적심사위원회의 심의·의결과정 및 그 내용을 기재한 회의록'은 공개될 경우에 업무의 공정한 수행에 현저한 지장을 초래한다고 인정할 만한 상당한 이유가 있는 정보에 해당한다.
④ 정보공개제도를 이용하여 사회통념상 용인될 수 없는 부당한 이득을 얻으려 하거나, 오로지 공공기관의 담당 공무원을 괴롭힐 목적으로 정보공개청구를 하는 경우라 하더라도 적법한 공개청구요건을 갖추고 있는 경우라면 정보공개청구권 행사 자체를 권리남용으로 볼 수는 없다.

14 행정소송에 대한 판례의 입장으로 옳지 않은 것은?

① 구 「주택법」상 입주자나 입주예정자는 주택의 사용검사처분의 무효확인 또는 취소를 구할 법률상 이익이 있다.
② 명예퇴직한 법관이 미지급 명예퇴직수당액의 지급을 구하는 소송은 당사자소송에 해당한다.
③ 납세의무자에 대한 국가의 부가가치세 환급세액 지급의무에 대응하는 국가에 대한 납세의무자의 부가가치세 환급세액 지급청구는 민사소송이 아니라 당사자소송의 절차에 따라야 한다.
④ 지방전문직공무원 채용계약해지의 의사표시에 대하여는 공법상 당사자소송으로 그 의사표시의 무효확인을 청구할 수 있다.

15 행정상 손해배상에 대한 설명으로 옳은 것만을 모두 고른 것은? (다툼이 있는 경우 판례에 의함)

> ㄱ. 공무원의 직무상 불법행위로 손해를 입은 피해자의 국가배상청구권의 소멸시효기간이 지났으나 국가가 소멸시효 완성을 주장하는 것이 권리남용으로 허용될 수 없어 배상책임을 이행한 경우에는, 소멸시효 완성 주장이 권리남용에 해당하게 된 원인행위와 관련하여 공무원이 원인이 되는 행위를 적극적으로 주도하였다는 등의 특별한 사정이 없는 한, 국가가 공무원에게 구상권을 행사하는 것은 신의칙상 허용되지 않는다.
> ㄴ. 경찰은 국민의 생명, 신체 및 재산의 보호 등과 기타 공공의 안녕과 질서유지도 직무로 하고 있고 그 직무의 원활한 수행을 위한 권한은 일반적으로 경찰관의 전문적 판단에 기한 합리적인 재량에 위임되어 있는 것이나, 그 취지와 목적에 비추어 볼 때 구체적인 사정에 따라 경찰관이 그 권한을 행사하여 필요한 조치를 취하지 아니하는 것이 현저하게 불합리하다고 인정되는 경우에는 그러한 권한의 불행사는 직무상의 의무를 위반한 것이 되어 위법하게 된다.
> ㄷ. 지방자치단체의 장이 기관위임된 국가행정사무를 처리하는 경우 그에 소요되는 경비의 실질적·궁극적 부담자는 국가라고 하더라도 당해 지방자치단체는 국가로부터 내부적으로 교부된 금원으로 그 사무에 필요한 경비를 대외적으로 지출하는 자이므로, 이러한 경우 지방자치단체는 「국가배상법」 제6조 제1항의 비용부담자로서 공무원의 직무상 불법행위로 인한 손해를 배상할 책임이 있다.

① ㄱ, ㄴ
② ㄱ, ㄷ
③ ㄴ, ㄷ
④ ㄱ, ㄴ, ㄷ

16 행정소송에 대한 설명으로 옳지 않은 것은? (다툼이 있는 경우 판례에 의함)

① 지방자치단체가 건축물을 건축하기 위하여 구 「건축법」에 따라 미리 건축물의 소재지를 관할하는 허가권자인 다른 지방자치단체의 장과 건축협의를 한 경우, 허가권자인 지방자치단체의 장이 건축협의를 취소하는 행위는 항고소송의 대상이 되는 처분에 해당한다.
② 불특정 다수인에 대한 행정처분을 고시 또는 공고에 의하여 하는 경우에는 그 행정처분에 이해관계를 갖는 사람이 고시 또는 공고가 있었다는 사실을 현실적으로 알았는지 여부에 관계없이 고시 또는 공고가 효력을 발생한 날에 행정처분이 있음을 알았다고 보아야 한다.
③ 취소소송이 제기된 후에 피고를 경정하는 경우 제소기간의 준수 여부는 피고를 경정한 때를 기준으로 판단한다.
④ 구 「도시 및 주거환경정비법」상 조합설립추진위원회 구성승인처분을 다투는 소송 계속 중 조합설립인가처분이 이루어진 경우 조합설립추진위원회 구성승인처분에 대하여 취소 또는 무효확인을 구할 법률상 이익이 없다.

17 항고소송의 대상이 되는 처분에 해당하는 사실행위만을 모두 고른 것은? (다툼이 있는 경우 판례에 의함)

> ㄱ. 수형자의 서신을 교도소장이 검열하는 행위
> ㄴ. 구청장이 사회복지법인에 특별감사 결과 지적사항에 대한 시정지시와 그 결과를 관계서류와 함께 보고하도록 지시한 경우, 그 시정지시
> ㄷ. 구 「공원법」에 의해 건설부장관이 행한 국립공원지정처분에 따라 공원관리청이 행한 경계측량 및 표지의 설치

① ㄱ
② ㄱ, ㄴ
③ ㄴ, ㄷ
④ ㄱ, ㄴ, ㄷ

18 이행강제금에 대한 설명으로 옳지 않은 것은? (다툼이 있는 경우 판례에 의함)

① 「건축법」 제79조 제1항에 따른 위반건축물 등에 대한 시정명령을 받은 자가 이를 이행하면, 허가권자는 새로운 이행강제금의 부과를 즉시 중지하되 이미 부과된 이행강제금은 징수하여야 한다.
② 건축주 등이 장기간 건축철거를 명하는 시정명령을 이행하지 아니하였다면, 비록 그 기간 중에 시정명령의 이행기회가 제공되지 아니하였다가 뒤늦게 시정명령의 이행기회가 제공된 경우라 하더라도, 행정청은 이행기회가 제공되지 아니한 과거의 기간에 대한 이행강제금까지 한꺼번에 부과할 수 있다.
③ 사용자가 이행하여야 할 행정법상 의무의 내용을 초과하는 것을 '불이행 내용'으로 기재한 이행강제금 부과예고서에 의하여 이행강제금 부과예고를 한 다음 이를 이행하지 않았다는 이유로 이행강제금을 부과하였다면, 초과한 정도가 근소하다는 등의 특별한 사정이 없는 한 이행강제금 부과예고는 이행강제금제도의 취지에 반하는 것으로서 위법하고, 이에 터 잡은 이행강제금 부과처분 역시 위법하다.
④ 구「건축법」상 이행강제금 납부의 최초 독촉은 징수처분으로서 항고소송의 대상이 되는 행정처분에 해당한다.

19 행정대집행에 대한 설명으로 옳은 것은? (다툼이 있는 경우 판례에 의함)

① 대집행계고처분을 함에 있어서 의무이행을 할 수 있는 상당한 기간을 부여하지 아니하였다 하더라도, 행정청이 대집행계고처분 후에 대집행영장으로써 대집행의 시기를 늦추었다면 그 대집행계고처분은 적법한 처분이다.
② 의무자가 대집행에 요한 비용을 납부하지 않으면 당해 행정청은 「민법」 제750조에 기한 손해배상으로서 대집행비용의 상환을 구할 수 있다.
③ 「공유재산 및 물품관리법」 제83조에 따라 지방자치단체장이 행정대집행의 방법으로 공유재산에 설치한 시설물을 철거할 수 있는 경우, 민사소송의 방법으로도 시설물의 철거를 구하는 것이 허용된다.
④ 구 「공공용지의 취득 및 손실보상에 관한 특례법」에 의한 협의취득시 건물소유자가 협의취득대상 건물에 대하여 철거의무를 부담하겠다는 취지의 약정을 한 경우, 그 철거의무는 「행정대집행법」에 의한 대집행의 대상이 되지 않는다.

20 행정계획에 대한 판례의 입장으로 옳지 않은 것은?

① 이미 고시된 실시계획에 포함된 상세계획으로 관리되는 토지 위의 건물의 용도를 상세계획 승인권자의 변경승인 없이 임의로 판매시설에서 상세계획에 반하는 일반목욕장으로 변경한 사안에서, 그 영업신고를 수리하지 않고 영업소를 폐쇄한 처분은 위법하다.
② 개발제한구역지정처분의 입안·결정에 관하여 행정청은 광범위한 형성의 자유를 갖지만, 이익형량을 전혀 행하지 아니하거나 이익형량의 고려대상에 마땅히 포함시켜야 할 사항을 누락하는 등 형량에 하자가 있는 행정계획은 위법하게 된다.
③ 「국토의 계획 및 이용에 관한 법률」상 도시계획시설결정에 이해관계가 있는 주민에게는 도시시설계획의 입안 내지 변경을 요구할 수 있는 법규상 또는 조리상의 신청권이 있다.
④ 비구속적 행정계획안이나 행정지침이라도 국민의 기본권에 직접적으로 영향을 끼치고, 앞으로 법령의 뒷받침에 의하여 그대로 실시될 것이 틀림없을 것으로 예상될 수 있을 때에는, 예외적으로 헌법소원의 대상이 될 수 있다.

2017년 지방직 9급
행정법총론 책형: B

01 통치행위에 대한 판례의 입장으로 옳지 않은 것은?

① 고도의 정치적 성격을 지니는 남북정상회담 개최과정에서 정부에 신고하지 아니하거나 협력사업 승인을 얻지 아니한 채 북한 측에 사업권의 대가명목으로 송금한 행위 자체는 사법심사의 대상이 된다.
② 기본권 보장의 최후 보루인 법원으로서는 사법심사권을 행사함으로써, 대통령의 긴급조치권 행사로 인하여 우리나라 헌법의 근본이념인 자유민주적 기본질서가 부정되는 사태가 발생하지 않도록 그 책무를 다하여야 한다.
③ 신행정수도건설이나 수도이전문제는 그 자체로 고도의 정치적 결단을 요하므로 사법심사의 대상에서 제외되고, 그것이 국민의 기본권 침해와 관련되는 경우에도 헌법재판소의 심판대상이 될 수 없다.
④ 외국에의 국군파견결정은 그 성격상 국방 및 외교에 관련된 고도의 정치적 결단을 요하는 문제로서, 헌법과 법률이 정한 절차가 지켜진 것이라면 대통령과 국회의 판단은 존중되어야 하고 사법적 기준만으로 이를 심판하는 것은 자제되어야 한다.

02 공법상 부당이득에 대한 설명으로 옳지 않은 것은? (다툼이 있는 경우 판례에 의함)

① 공법상 부당이득에 관한 일반법은 없으므로 특별한 규정이 없는 경우, 「민법」상 부당이득반환의 법리가 준용된다.
② 부가가치세법령에 따른 환급세액 지급의무 등의 규정과 그 입법취지에 비추어 볼 때 부가가치세 환급세액 반환은 공법상 부당이득반환으로서 민사소송의 대상이다.
③ 잘못 지급된 보상금에 해당하는 금액의 징수처분을 해야 할 공익상 필요가 당사자가 입게 될 불이익을 정당화할 만큼 강한 경우, 보상금을 받은 당사자로부터 오지급금액의 환수처분이 가능하다.
④ 공법상 부당이득반환에 대한 청구권의 행사는 개별적인 사안에 따라 행정주체도 주장할 수 있다.

03 행정상 법률관계에 대한 설명으로 옳지 않은 것은? (다툼이 있는 경우 판례에 의함)

① 공법관계에 있어서 자연인의 주소는 주민등록지이고, 그 수는 1개소에 한한다.
② 특별한 규정이 없는 경우, 「민법」의 법률행위에 관한 규정 중 의사표시의 효력발생시기, 대리행위의 효력, 조건과 기한의 효력 등의 규정은 행정행위에도 적용된다.
③ 주민등록의 신고는 행정청에 도달하기만 하면 신고로서의 효력이 발생하는 것이 아니라 행정청이 수리한 경우에 비로소 신고의 효력이 발생한다.
④ 「건축법」상 착공신고가 반려될 경우 당사자에게 그 반려행위를 다툴 실익이 없는 것이므로 착공신고 반려행위의 처분성이 인정되지 않는다.

04 행정행위의 부관에 대한 설명으로 옳은 것은? (다툼이 있는 경우 판례에 의함)

① 부담부 행정행위의 경우 부담에서 부과하고 있는 의무의 이행이 있어야 비로소 주된 행정행위의 효력이 발생한다.
② 공유재산의 관리청이 기부채납된 행정재산에 대하여 행하는 사용·수익허가의 경우, 부관인 사용·수익허가의 기간에 위법사유가 있다면 허가 전부가 위법하게 된다.
③ 학설의 다수견해는 수정부담의 성격을 부관으로 이해한다.
④ 행정행위의 부관은 법령에 명시적 근거가 있는 경우에만 부가할 수 있다.

05 행정입법에 대한 설명으로 옳지 않은 것은? (다툼이 있는 경우 판례에 의함)

① 법률의 시행령이 형사처벌에 관한 사항을 규정하면서 법률의 명시적인 위임범위를 벗어나 처벌의 대상을 확장하는 것은 죄형법정주의원칙에 어긋나는 것이므로, 그러한 시행령은 위임입법의 한계를 벗어난 것으로서 무효이다.
② 다양한 사실관계를 규율하거나 사실관계가 수시로 변화될 것이 예상되는 분야에서는 다른 분야에 비하여 상대적으로 입법위임의 명확성·구체성이 완화된다.
③ 행정입법부작위에 대해서는 당사자의 신청이 있는 경우에 한하여 부작위위법확인소송의 대상이 된다.
④ 자치법적 사항을 규정한 조례에 대한 법률의 위임은 법규명령에 대한 법률의 위임과 같이 반드시 구체적으로 범위를 정하여야 할 필요가 없으며 포괄적인 것으로 족하다.

06 행정계획에 대한 설명으로 옳지 않은 것은? (다툼이 있는 경우 판례에 의함)

① 개발제한구역의 지정·고시에 대한 헌법소원 심판청구는 행정쟁송절차를 모두 거친 후가 아니면 부적법하다.
② 국공립대학의 총장직선제 개선 여부를 재정지원 평가요소로 반영하고 이를 개선하지 않을 경우 다음 연도에 지원금을 삭감 또는 환수하도록 규정한 교육부장관의 '대학교육역량강화사업 기본계획'은 헌법소원의 대상이 된다.
③ 관계법령에 따라 일정한 행정처분을 구하는 신청을 할 수 있는 법률상 지위에 있는 자의 국토이용계획변경신청을 거부하는 것이 실질적으로 당해 행정처분 자체를 거부하는 결과가 되는 경우, 그 신청인에게 국토이용계획변경을 신청할 권리가 인정된다.
④ 위법한 도시기본계획에 대하여 제기되는 취소소송은 법원에 의하여 허용되지 아니한다.

07 하자의 승계에 대한 설명으로 옳지 않은 것은? (다툼이 있는 경우 판례에 의함)

① 선행행위에 무효의 하자가 존재하더라도 선행행위와 후행행위가 결합하여 하나의 법적 효과를 목적으로 하는 경우에는 하자의 승계에 대한 논의의 실익이 있다.
② 적정행정의 유지에 대한 요청에서 나오는 하자의 승계를 인정하면 국민의 권리를 보호하고 구제하는 범위가 더 넓어진다.
③ 선행행위에 대하여 불가쟁력이 발생하지 않았거나 선행행위와 후행행위가 서로 독립하여 각각 별개의 법률효과를 목적으로 하는 때에는 원칙적으로 선행행위의 하자를 이유로 후행행위의 효력을 다툴 수 없다.
④ 선행행위와 후행행위가 서로 독립하여 별개의 법률효과를 목적으로 하는 경우라도 선행행위의 불가쟁력이나 구속력이 그로 인하여 불이익을 입는 자에게 수인한도를 넘는 가혹함을 가져오고 그 결과가 예측가능한 것이 아닌 때에는 하자의 승계를 인정할 수 있다.

08 갑은 관할 행정청에 「여객자동차 운수사업법」에 따른 개인택시운송사업면허를 신청하였다. 이에 대한 설명으로 옳은 것은? (다툼이 있는 경우 판례에 의함)

① 개인택시운송사업면허의 법적 성질은 강학상 허가에 해당한다.
② 관련법령에 법적 근거가 없더라도 개인택시운송사업면허를 하면서 부관을 붙일 수 있다.
③ 개인택시운송사업면허가 거부된 경우, 거부처분에 대해 취소소송과 함께 제기한 갑의 집행정지 신청은 법원에 의해 허용된다.
④ 갑이 개인택시운송사업면허를 받았다가 이를 을에게 양도하였고 운송사업의 양도·양수에 대한 인가를 받은 이후에는 양도·양수 이전에 있었던 갑의 운송사업면허 취소사유를 이유로 을의 운송사업면허를 취소할 수 없다.

09 행정소송에 있어 기속행위와 재량행위의 구별에 대한 설명으로 옳은 것은? (다툼이 있는 경우 판례에 의함)

① 기속행위의 경우에는 절차상의 하자만으로 독립된 취소사유가 될 수 없으나, 재량행위의 경우에는 절차상의 하자만으로도 독립된 취소사유가 된다.
② 기속행위의 경우에는 소송의 계속 중에 처분사유를 추가·변경할 수 있으나, 재량행위의 경우에는 처분사유의 추가·변경이 허용되지 않는다.
③ 실체적 위법을 이유로 거부처분을 취소하는 판결이 확정된 경우, 해당 행정행위가 기속행위이든 재량행위이든 원고의 신청을 인용하여야 할 의무가 발생하는 점에서는 동일하다.
④ 과징금 감경 여부는 과징금 부과관청의 재량에 속하는 것이므로, 과징금 부과관청이 이를 판단함에 있어서 재량권을 일탈·남용하여 과징금부과처분이 위법하다고 인정될 경우, 법원으로서는 법원이 적정하다고 인정되는 부분을 초과한 부분만 취소할 수는 없다.

10 「행정절차법」이 규정하고 있는 내용으로 옳지 않은 것은?

① 행정청에 처분을 구하는 신청은 문서로 함이 원칙이며, 행정청은 신청에 필요한 구비서류, 접수기관, 처리기간, 그 밖에 필요한 사항을 게시하거나 이에 대한 편람을 갖추어 두고 누구나 열람할 수 있도록 하여야 한다.
② 행정청은 정책, 제도 및 계획을 수립·시행하거나 변경하려는 경우에는 이를 예고하여야 하지만, 예고가 공공의 안전 또는 복리를 현저히 해칠 우려가 상당한 경우에는 예고를 하지 아니할 수 있다.
③ 행정기관은 행정지도의 상대방이 행정지도에 따르지 아니하였다는 것을 이유로 불이익한 조치를 하여서는 아니 되며, 행정지도의 상대방은 해당 행정지도의 방식·내용 등에 관하여 행정기관에 의견제출을 할 수 있다.
④ 행정청은 행정계획안의 취지, 주요 내용을 관보·공보나 인터넷·신문·방송 등을 통하여 널리 공고하여야 하고 국회 소관상임위원회에 이를 제출하여야 하되, 공고기간은 특별한 사정이 없으면 40일 이상으로 한다.

11 정보공개의무를 부담하는 공공기관에 대한 설명으로 옳지 않은 것은? (다툼이 있는 경우 판례에 의함)

① 사립대학교는 「공공기관의 정보공개에 관한 법률 시행령」에 따른 공공기관에 해당하나, 국비의 지원을 받는 범위 내에서만 공공기관의 성격을 가진다.
② 한국방송공사는 「공공기관의 정보공개에 관한 법률 시행령」 제2조 제4호에 규정된 '특별법에 따라 설립된 특수법인'에 해당한다.
③ 한국증권업협회는 「공공기관의 정보공개에 관한 법률 시행령」 제2조 제4호에 규정된 '특별법에 따라 설립된 특수법인'에 해당하지 아니한다.
④ 사립학교에 대하여 「교육관련기관의 정보공개에 관한 특례법」이 적용되는 경우에도 「공공기관의 정보공개에 관한 법률」을 적용할 수 없는 것은 아니다.

12 행정상 실효성 확보수단에 대한 판례의 입장으로 옳은 것은?

① 「건축법」상 이행강제금의 부과에 대해서는 항고소송을 제기할 수 없고 「비송사건절차법」에 따라 재판을 청구할 수 있다.
② 「도로교통법」상 통고처분에 대하여 이의가 있는 자는 통고처분에 따른 범칙금의 납부를 이행한 후에 행정쟁송을 통해 통고처분을 다툴 수 있다.
③ 세법상의 세무조사결정은 납세의무자의 권리·의무에 직접 영향을 미치는 공권력의 행사이므로 항고소송의 대상이 된다.
④ 과세처분 이후에 그 근거법률이 위헌결정을 받았으나 이미 과세처분의 불가쟁력이 발생한 경우, 당해 과세처분에 대한 조세채권의 집행을 위한 체납처분의 속행은 적법하다.

13 「행정소송법」상 필요적 전치주의가 적용되는 사안에서, 행정심판을 청구하여야 하나 당해 처분에 대한 행정심판의 재결을 거치지 아니하고 취소소송을 제기할 수 있는 경우에 해당하는 것은?

① 동종사건에 관하여 이미 행정심판의 기각재결이 있는 경우
② 서로 내용상 관련되는 처분 또는 같은 목적을 위하여 단계적으로 진행되는 처분 중 어느 하나가 이미 행정심판의 재결을 거친 경우
③ 처분의 집행 또는 절차의 속행으로 생길 중대한 손해를 예방하여야 할 긴급한 필요가 있는 경우
④ 처분을 행한 행정청이 행정심판을 거칠 필요가 없다고 잘못 알린 경우

14 협의의 소의 이익에 대한 설명으로 옳은 것은? (다툼이 있는 경우 판례에 의함)

① 취임승인이 취소된 학교법인의 정식이사들에 대해 원래 정해져 있던 임기가 만료되면 그 임원취임승인취소처분의 취소를 구할 소의 이익이 없다.
② 지방의회의원의 제명의결 취소소송 계속 중 임기만료로 지방의원으로서의 지위를 회복할 수 없는 자는 제명의결의 취소를 구할 소의 이익이 없다.
③ 수형자의 영치품에 대한 사용신청 불허처분 후 수형자가 다른 교도소로 이송된 경우 원래 교도소로의 재이송 가능성이 소멸되었으므로 그 불허처분의 취소를 구할 소의 이익이 없다.
④ 법인세 과세표준과 관련하여 과세관청이 법인의 소득처분 상대방에 대한 소득처분을 경정하면서 증액과 감액을 동시에 한 결과 전체로서 소득처분금액이 감소된 경우, 법인이 소득금액변동통지의 취소를 구할 소의 이익이 없다.

15 영조물의 설치·관리상 하자책임에 대한 설명으로 옳지 않은 것은? (다툼이 있는 경우 판례에 의함)

① 일반 공중이 사용하는 공공용물 외에 행정주체가 직접 사용하는 공용물이나 하천과 같은 자연공물도 「국가배상법」제5조의 '공공의 영조물'에 포함된다.
② 영조물의 하자 유무는 객관적 견지에서 본 안전성의 문제이며, 국가의 예산 부족으로 인해 영조물의 설치·관리에 하자가 생긴 경우에도 국가는 면책될 수 없다.
③ 고속도로의 관리상 하자가 인정되더라도 고속도로의 관리상 하자를 판단할 때 고속도로의 점유관리자가 손해의 방지에 필요한 주의의무를 해태하였다는 주장·입증책임은 피해자에게 있다.
④ 소음 등의 공해로 인한 법적 쟁송이 제기되거나 그 피해에 대한 보상이 실시되는 등 피해지역임이 구체적으로 드러나고 이러한 사실이 그 지역에 널리 알려진 이후에 이주하여 오는 경우에는 위와 같은 위험에의 접근에 따른 가해자의 면책 여부를 보다 적극적으로 인정할 여지가 있다.

16 행정상 손실보상제도에 대한 설명으로 옳지 않은 것은?

① 헌법 제23조 제1항의 규정이 재산권의 존속을 보호하는 것이라면 제23조 제3항의 수용제도를 통해 존속보장은 가치보장으로 변하게 된다.
② 평등의 원칙으로부터 파생된 '공적 부담 앞의 평등'은 손실보상의 이론적 근거가 될 수 있다.
③ 헌법 제23조 제3항을 불가분조항으로 볼 경우, 보상규정을 두지 아니한 수용법률은 헌법 위반이 된다.
④ 대법원은 구 「하천법」부칙 제2조와 이에 따른 특별조치법에 의한 손실보상청구권의 법적 성질을 사법상의 권리로 보아 그에 대한 쟁송은 행정소송이 아닌 민사소송절차에 의하여야 한다고 판시하고 있다.

17 항고소송의 대상인 행정처분에 대한 설명으로 옳지 않은 것은? (다툼이 있는 경우 판례에 의함)

① 중소기업기술정보진흥원장이 갑 주식회사와 체결한 중소기업 정보화지원사업 지원대상인 사업의 지원협약을 갑의 책임 있는 사유로 해지하고 협약에서 정한 대로 지급받은 정부지원금을 반환할 것을 통보한 경우, 협약의 해지 및 그에 따른 환수통보는 행정청이 우월한 지위에서 행하는 공권력의 행사로서 행정처분에 해당한다.
② 재단법인 한국연구재단이 갑 대학교 총장에게 연구개발비의 부당집행을 이유로 두뇌한국(BK)21사업협약을 해지하고 연구팀장 을에 대한 대학 자체 징계를 요구한 것은 항고소송의 대상인 행정처분에 해당하지 않는다.
③ 지방자치단체 등이 건축물을 건축하기 위해 건축물 소재지 관할 허가권자인 지방자치단체의 장과 건축협의를 하였는데 허가권자인 지방자치단체의 장이 그 협의를 취소한 경우, 건축협의 취소는 항고소송의 대상인 행정처분에 해당한다.
④ 갑 시장이 감사원으로부터 소속 공무원 을에 대하여 징계의 종류를 정직으로 정한 징계요구를 받게 되자 감사원에 징계요구에 대한 재심의를 청구하였고 감사원이 재심의청구를 기각한 경우, 감사원의 징계요구와 재심의결정은 항고소송의 대상이 되는 행정처분에 해당하지 않는다.

18 법률상 이익에 대한 판례의 입장으로 옳은 것은?

① 사회권적 기본권의 성격을 가지는 연금수급권은 헌법에 근거한 개인적 공권이므로 헌법규정만으로도 실현할 수 있다.
② 소극적 방어권인 헌법상의 자유권적 기본권은 법률의 규정이 없다고 하더라도 직접 공권이 성립될 수도 있다.
③ 인·허가 등 수익적 처분을 신청한 여러 사람이 상호 경쟁관계에 있다면, 그 처분이 타방에 대한 불허가 등으로 될 수밖에 없는 때에도 수익적 처분을 받지 못한 사람은 처분의 직접 상대방이 아니므로 원칙적으로 당해 수익적 처분의 취소를 구할 수 없다.
④ 「환경정책기본법」 제6조의 규정내용 등에 비추어 국민에게 구체적인 권리를 부여한 것으로 볼 수 없더라도 환경영향평가 대상지역 밖에 거주하는 주민에게 헌법상의 환경권 또는 「환경정책기본법」에 근거하여 공유수면매립면허처분과 농지개량사업 시행인가처분의 무효확인을 구할 원고적격이 있다.

19 「행정소송법」상 제소기간에 대한 판례의 입장으로 옳은 것은?

① 청구취지를 변경하여 종전의 소가 취하되고 새로운 소가 제기된 것으로 변경되었다면 새로운 소에 대한 제소기간 준수 여부는 원칙적으로 소의 변경이 있은 때를 기준으로 한다.
② 납세자의 이의신청에 의한 재조사결정에 따른 행정소송의 제소기간은 이의신청인 등이 재결청으로부터 재조사결정의 통지를 받은 날부터 기산한다.
③ 처분의 불가쟁력이 발생하였고 그 이후에 행정청이 당해 처분에 대해 행정심판청구를 할 수 있다고 잘못 알렸다면, 그 처분의 취소소송의 제소기간은 행정심판의 재결서를 받은 날부터 기산한다.
④ 「산업재해보상보험법」상 보험급여의 부당이득 징수결정의 하자를 이유로 징수금을 감액하는 경우 감액처분으로도 아직 취소되지 않고 남아 있는 부분이 위법하다 하여 다툴 때에는, 제소기간의 준수 여부는 감액처분을 기준으로 판단해야 한다.

20 판례의 입장으로 옳지 않은 것은?

① 행정청이 관련법령에 근거하여 행하는 조합설립인가처분은 그 설립행위에 대한 보충행위로서의 성질에 그치지 않고 법령상 요건을 갖출 경우 「도시 및 주거환경정비법」상 주택재건축사업을 시행할 수 있는 권한을 갖는 행정주체(공법인)로서의 지위를 부여하는 일종의 설권적 처분의 성격을 갖는다.
② 교육부장관이 사학분쟁조정위원회의 심의를 거쳐 이사와 임시이사를 선임한 데 대하여 대학 교수협의회와 총학생회는 제3자로서 취소소송을 제기할 자격이 있다.
③ 건축사 업무정지처분을 받은 후 새로운 업무정지처분을 받음이 없이 1년이 경과하여 실제로 가중된 제재처분을 받을 우려가 없게 된 경우, 그 처분에서 정한 정지기간이 경과한 이상 특별한 사정이 없는 한 업무정지처분의 취소를 구할 법률상 이익이 없다.
④ 가중요건이 부령인 시행규칙상 처분기준으로 규정되어 있는 경우(예: 「식품위생법 시행규칙」 제89조 [별표 23] 행정처분기준), 처분에서 정한 제재기간이 경과하였다면 그에 따라 선행처분을 받은 상대방은 그 처분의 취소를 구할 법률상 이익이 없다.

2016년 지방직 9급
행정법총론 책형: A

01 판례의 입장으로 옳지 않은 것은?

① 「국유재산법」상 일반재산의 대부는 행정처분이 아니며 그 계약은 사법상 계약이다.
② 구 「지방재정법」에 따른 행정재산의 사용허가는 강학상 특허에 해당한다.
③ 「하천법」상 하천구역에의 편입에 따른 손실보상청구권은 공법상 권리이다.
④ 「공익사업을 위한 토지 등의 취득 및 보상에 관한 법률」에 의한 협의취득은 공법상 계약이다.

02 행정법의 일반원칙에 대한 설명으로 옳은 것은? (다툼이 있는 경우 판례에 의함)

① 법령개정에 대한 신뢰와 관련하여, 법령에 따른 개인의 행위가 국가에 의하여 일정한 방향으로 유인된 경우에 특별히 보호가치가 있는 신뢰이익이 인정될 수 있다.
② 행정청 내부의 사무처리준칙에 해당하는 지침의 공표만으로도 신청인은 보호가치 있는 신뢰를 갖게 된다.
③ 신뢰보호원칙이 적용되기 위한 행정청의 공적 견해표명이 있었는지 여부는 전적으로 행정조직상의 권한분장에 의해 결정된다.
④ 위법한 행정처분이라도 수차례에 걸쳐 반복적으로 행하여졌다면 그러한 처분은 행정청에 대하여 자기구속력을 갖게 된다.

03 행정계획에 대한 판례의 입장으로 옳지 않은 것은?

① 비구속적 행정계획안이라도 국민의 기본권에 직접적으로 영향을 끼치고 앞으로 법령의 뒷받침에 의하여 그대로 실시될 것이 틀림없을 것으로 예상되는 경우에는 예외적으로 헌법소원의 대상이 될 수 있다.
② 도시계획구역 내 토지 등을 소유하고 있는 주민이라도 도시계획입안권자에게 도시계획의 입안을 요구할 수 있는 법규상·조리상 신청권은 없다.
③ 구 「도시계획법」상 도시기본계획은 도시계획입안의 지침이 되는 것으로서 일반국민에 대한 직접적 구속력이 없다.
④ 선행 도시계획의 결정·변경 등의 권한이 없는 행정청이 행한 선행 도시계획과 양립할 수 없는 새로운 내용의 후행 도시계획결정은 무효이다.

04 행정입법에 대한 판례의 입장으로 옳지 않은 것은?

① 행정입법부작위의 위헌·위법성과 관련하여, 하위 행정입법의 제정 없이 상위법령의 규정만으로 집행이 이루어질 수 있는 경우에도 상위법령의 명시적 위임이 있다면 하위 행정입법을 제정하여야 할 작위의무는 인정된다.
② 법령의 위임관계는 반드시 하위법령의 개별조항에서 위임의 근거가 되는 상위법령의 해당 조항을 구체적으로 명시하고 있어야 하는 것은 아니다.
③ 입법부가 법률로써 행정부에게 특정한 사항을 위임했음에도 불구하고 행정부가 정당한 이유 없이 이를 이행하지 않는다면 권력분립의 원칙과 법치국가 내지 법치행정의 원칙에 위배된다.
④ 상위법령에서 세부사항 등을 시행규칙으로 정하도록 위임하였으나 이를 고시 등 행정규칙으로 정한 경우에는 대외적 구속력을 가지는 법규명령으로서의 효력을 인정할 수 없다.

05 다음 중 강학상 인가에 해당하는 것을 모두 고른 것은? (다툼이 있는 경우 판례에 의함)

ㄱ. 재단법인 정관변경허가
ㄴ. 주택재건축정비사업조합 설립인가
ㄷ. 건축물 준공검사처분
ㄹ. 주택재건축정비사업조합의 사업시행인가

① ㄱ, ㄴ
② ㄱ, ㄹ
③ ㄴ, ㄹ
④ ㄷ, ㄹ

06 「행정절차법」상 행정절차에 대한 설명으로 옳지 않은 것은?

① 말로 행정지도를 하는 자는 상대방이 그 행정지도의 취지 및 내용과 행정지도를 하는 자의 신분을 적은 서면의 교부를 요구하는 경우에 직무수행에 특별한 지장이 없으면 이를 교부하여야 한다.
② 행정청은 부득이한 사유로 공표한 처리기간 내에 처분을 처리하기 곤란한 경우에는 해당 처분의 처리기간의 범위에서 한 번만 그 기간을 연장할 수 있다.
③ 정보통신망을 이용한 공청회(온라인공청회)는 공청회를 실시할 수 없는 불가피한 상황에서만 실시할 수 있다.
④ 청문은 원칙적으로 당사자가 공개를 신청하거나 청문주재자가 필요하다고 인정하는 경우 공개할 수 있다.

07 「개인정보보호법」상 개인정보 단체소송에 대한 설명으로 옳은 것은?

① 개인정보 단체소송은 개인정보처리자가 「개인정보보호법」상의 집단분쟁조정을 거부하거나 집단분쟁조정의 결과를 수락하지 아니한 경우에 법원의 허가를 받아 제기할 수 있다.
② 개인정보 단체소송을 허가하거나 불허가하는 법원의 결정에 대하여는 불복할 수 없다.
③ 개인정보 단체소송에 관하여 「개인정보보호법」에 특별한 규정이 없는 경우에는 「행정소송법」을 적용한다.
④ 「소비자기본법」에 따라 공정거래위원회에 등록한 소비자단체가 개인정보 단체소송을 제기하려면 그 단체의 정회원수가 1백 명 이상이어야 한다.

08 행정법상 시효제도에 대한 설명으로 옳은 것은? (다툼이 있는 경우 판례에 의함)

① 「국유재산법」상 일반재산은 취득시효의 대상이 될 수 없다.
② 「국가재정법」상 5년의 소멸시효가 적용되는 '금전의 급부를 목적으로 하는 국가의 권리'에는 국가의 사법(私法)상 행위에서 발생한 국가에 대한 금전채무도 포함된다.
③ 조세에 관한 소멸시효가 완성된 후에 부과된 조세부과처분은 위법한 처분이지만 당연무효라고 볼 수는 없다.
④ 납입고지에 의한 소멸시효의 중단은 그 납입고지에 의한 부과처분이 추후 취소되면 효력이 상실된다.

09 행정의 실효성 확보수단에 대한 판례의 입장으로 옳지 않은 것은?

① 과세관청이 체납처분으로서 행하는 공매는 우월한 공권력의 행사로서 행정소송의 대상이 되는 행정처분이나, 공매에 의하여 재산을 매수한 자는 그 공매처분이 취소된 경우에 그 취소처분의 위법을 주장하여 행정소송을 제기할 법률상 이익이 없다.
②「식품위생법」에 따른 식품접객업(일반음식점영업)의 영업신고의 요건을 갖춘 자는 그 영업신고를 한 당해 건축물이「건축법」소정의 허가를 받지 아니한 무허가건물이라면 적법한 신고를 할 수 없다.
③ 과세관청의 체납자 등에 대한 공매통지는 국가의 강제력에 의하여 진행되는 공매절차에서 체납자 등의 권리 내지 재산상 이익을 보호하기 위하여 법률로 규정한 절차적 요건에 해당하지만, 그 통지를 하지 아니한 채 공매처분을 하였다 하여도 그 공매처분이 당연무효로 되는 것은 아니다.
④「건축법」상 이행강제금은 일정한 기한까지 의무를 이행하지 않을 때에는 일정한 금전적 부담을 과할 뜻을 미리 계고함으로써 의무자에게 심리적 압박을 주어 장래에 그 의무를 이행하게 하려는 행정상 간접적인 강제집행 수단의 하나로서 반복적으로 부과되더라도 헌법상 이중처벌금지의 원칙이 적용될 여지가 없다.

10 항고소송의 원고적격에 대한 판례의 입장으로 옳지 않은 것은?

① 기존의 고속형 시외버스운송사업자 A는 경업관계에 있는 직행형 시외버스운송사업자에 대한 사업계획변경인가처분의 취소를 구할 법률상 이익이 있다.
② 학교법인에 의하여 임원으로 선임된 B는 자신에 대한 관할청의 임원취임승인신청 반려처분 취소소송의 원고적격이 있다.
③ 예탁금회원제 골프장에 가입되어 있는 기존회원 C는 그 골프장운영자가 당초 승인을 받을 때 정한 예정인원을 초과하여 회원을 모집하는 내용의 회원모집계획서에 대한 시·도지사의 검토결과 통보의 취소를 구할 법률상 이익이 있다.
④ 재단법인인 수녀원 D는 소속된 수녀 등이 쾌적한 환경에서 생활할 수 있는 환경상 이익을 침해받는다면 매립목적을 택지조성에서 조선시설용지로 변경하는 내용의 공유수면매립목적 변경승인처분의 무효확인을 구할 원고적격이 있다.

11 행정행위의 부관에 대한 설명으로 옳지 않은 것은? (다툼이 있는 경우 판례에 의함)

① 부관의 사후변경은 사정변경으로 인해 당초에 부담을 부가한 목적을 달성할 수 없는 경우에도 허용될 수 있다.
② 허가의 유효기간이 지난 후에 그 허가의 기간연장이 신청된 경우, 허가권자는 특별한 사정이 없는 한 유효기간을 연장해 주어야 한다.
③ 부담이 아닌 부관만의 취소를 구하는 소송이 제기된 경우에 법원은 각하판결을 하여야 한다.
④ 행정처분에 붙인 부담이 무효가 되더라도 그 부담의 이행으로 한 사법상 법률행위가 항상 무효가 되는 것은 아니다.

12 행정소송상 가구제제도에 대한 설명으로 옳지 않은 것은? (다툼이 있는 경우 판례에 의함)

① 무효등확인소송의 제기는 처분의 효력이나 그 집행 또는 절차의 속행에 영향을 주지 아니한다.
② 취소소송을 제기한 경우 법원은 당사자의 신청이나 직권으로「민사집행법」상 가처분을 내릴 수 있다.
③ 신청에 대한 거부처분의 효력을 정지하더라도 거부처분이 있기 전의 신청시 상태로 되돌아가는 데에 불과하므로, 신청인에게는 거부처분에 대한 효력정지를 구할 이익이 없다.
④ 처분의 효력정지는 처분 등의 집행 또는 절차의 속행을 정지함으로써 목적을 달성할 수 있는 경우에는 허용되지 아니한다.

13 「행정대집행법」상 대집행에 대한 설명으로 옳지 않은 것은? (다툼이 있는 경우 판례에 의함)

① 대집행에 소용된 비용을 납부하지 아니할 때에는 국세징수의 예에 의하여 징수할 수 있다.
② 계고가 반복적으로 부과된 경우 제1차 계고가 행정처분이라면 같은 내용이 반복된 제2차 계고는 새로운 의무를 부과하는 것이 아니어서 행정처분이 아니다.
③ 대집행의 내용과 범위는 대집행의 계고서에 의해서만 특정되어야 하는 것이 아니고, 계고처분 전후에 송달된 문서나 기타 사정을 종합하여 행위의 내용이 특정되면 족하다.
④ 계고서라는 명칭의 1장의 문서로서 건축물의 철거명령과 동시에 그 소정기한 내에 자진철거를 하지 아니할 때에는 대집행할 뜻을 미리 계고한 경우, 「건축법」에 의한 철거명령과 「행정대집행법」에 의한 계고처분은 각 그 요건이 충족되었다고 볼 수 없다.

14 행정행위의 하자의 치유에 대한 설명으로 옳은 것은? (다툼이 있는 경우 판례에 의함)

① 처분에 하자가 있더라도 처분청이 처분 이후에 새로운 사유를 추가하였다면, 처분 당시의 하자는 치유된다.
② 징계처분이 중대하고 명백한 하자로 인해 당연무효의 것이라도 징계처분을 받은 원고가 이를 용인하였다면 그 하자는 치유된다.
③ 행정청이 청문서 도달기간을 다소 어겼다 하더라도 당사자가 이에 대하여 이의하지 아니한 채 스스로 청문일에 출석하여 방어의 기회를 충분히 가졌다면 청문서 도달기간을 준수하지 아니한 하자는 치유된다.
④ 토지소유자 등의 동의율을 충족하지 못했다는 주택재건축정비사업조합 설립인가처분 당시의 하자는 후에 토지소유자 등의 추가동의서가 제출되었다면 치유된다.

15 「도로법」제61조에서 "공작물·물건, 그 밖의 시설을 신설·개축·변경 또는 제거하거나 그 밖의 사유로 도로를 점용하려는 자는 도로관리청의 허가를 받아야 한다."고 규정하고 있다. 甲은 도로관리청 乙에게 도로점용허가를 신청하였으나, 상당한 기간이 지났음에도 아무런 응답이 없어 행정쟁송을 제기하여 권리구제를 강구하려고 한다. 다음 설명으로 옳은 것은? (다툼이 있는 경우 판례에 의함)

① 甲이 의무이행심판을 제기한 경우, 도로점용허가는 기속행위이므로 의무이행심판의 인용재결이 있으면 乙은 甲에 대하여 도로점용허가를 발급해 주어야 한다.
② 甲이 부작위위법확인소송을 제기한 경우, 법원은 乙이 도로점용허가를 발급해 주어야 하는지의 여부를 심리할 수 있다.
③ 甲이 제기한 부작위위법확인소송에서 법원의 인용판결이 있는 경우, 乙은 甲에 대하여 도로점용허가신청을 거부하는 처분을 할 수 있다.
④ 甲은 의무이행소송을 제기하여 권리구제가 가능하다.

16 국가배상에 대한 판례의 입장으로 옳지 않은 것은?

① 국회의원의 입법행위는 그 입법내용이 헌법의 문언에 명백히 위배됨에도 불구하고 국회가 굳이 당해 입법을 한 것과 같은 특수한 경우가 아닌 한 「국가배상법」제2조 제1항 소정의 위법행위에 해당된다고 볼 수 없다.
② 일반적으로 공무원이 관계법규를 알지 못하거나 필요한 지식을 갖추지 못하고 법규의 해석을 그르쳐 행정처분을 하였다면 그가 법률전문가가 아닌 행정직공무원이라고 하여 과실이 없다고는 할 수 없다.
③ 법령의 규정을 따르지 아니한 법관의 재판상 직무행위는 곧바로 「국가배상법」제2조 제1항에서 규정하고 있는 위법행위가 되어 국가의 손해배상책임이 발생한다.
④ 영업허가취소처분이 행정심판에 의하여 재량권의 일탈을 이유로 취소되었다고 하더라도 그 처분이 당시 시행되던 「공중위생법 시행규칙」에 정해진 행정처분의 기준에 따른 것인 이상 그 영업허가취소처분을 한 행정청 공무원에게 그와 같은 위법한 처분을 한 데 있어 직무집행상의 과실이 있다고 할 수는 없다.

17 판례의 입장으로 옳지 않은 것은?

① 과세처분 이후 조세부과의 근거가 되었던 법률규정에 대하여 위헌결정이 내려진 경우, 그 조세채권이 확정되었다 하더라도 위헌결정이 내려진 후 행하여진 체납처분은 당연무효이다.
② 토지수용위원회의 수용재결에 불복하여 취소소송을 제기하는 때에는 이의신청을 거친 경우에도 원칙적으로 수용재결을 한 지방토지수용위원회 또는 중앙토지수용위원회를 피고로 하여 수용재결의 취소를 구하여야 한다.
③ 정보통신매체를 이용하여 원격평생교육을 불특정 다수인에게 학습비를 받고 실시하기 위해 인터넷 침·뜸학습센터를 평생교육시설로 신고한 경우, 관할 행정청은 신고서 기재사항에 흠결이 없고 형식적 요건을 모두 갖추었더라도 신고대상이 된 교육이나 학습이 공익적 기준에 적합하지 않는다는 등의 실체적 사유를 들어 신고수리를 거부할 수 있다.
④ 하나의 납세고지서에 의하여 복수의 과세처분을 함께하는 경우에는 과세처분별로 그 세액과 산출근거 등을 구분하여 기재함으로써 납세의무자가 각 과세처분의 내용을 알 수 있도록 해야 한다.

18 행정소송에 대한 설명으로 옳은 것은? (다툼이 있는 경우 판례에 의함)

① 행정처분의 당연무효를 주장하여 그 무효확인을 구하는 행정소송에 있어서는 피고 행정청이 그 행정처분에 중대·명백한 하자가 없음을 주장·입증할 책임이 있다.
② 재결취소소송에 있어서 재결 자체의 고유한 위법은 재결의 주체, 절차 및 형식상의 위법만을 의미하고, 내용상의 위법은 이에 포함되지 않는다.
③ 무효인 과세처분에 의해 조세를 납부한 자가 부당이득반환청구소송을 제기할 수 있는 경우에도 과세처분에 대한 무효확인소송을 제기할 수 있다.
④ 행정심판을 거친 후 부작위위법확인소송을 제기하는 경우에는 제소기간이 적용되지 않는다.

19 항고소송의 제기요건에 대한 설명으로 옳지 않은 것은? (다툼이 있는 경우 판례에 의함)

① 건국훈장 독립장이 수여된 망인에 대하여 사후적으로 친일행적이 확인되었다는 이유로 대통령에 의하여 망인에 대한 독립유공자서훈취소가 결정되고, 그 서훈취소에 따라 훈장 등을 환수조치하여 달라는 당시 행정안전부장관의 요청에 의하여 국가보훈처장이 망인의 유족에게 독립유공자서훈취소결정을 통보한 사안에서, 독립유공자서훈취소결정에 대한 취소소송에서의 피고적격이 있는 자는 국가보훈처장이다.
② 「국가를 당사자로 하는 계약에 관한 법률」에 따른 계약에 있어 입찰보증금의 국고귀속조치는 항고소송의 대상이 되는 처분에 해당하지 않는다.
③ 고시에 의한 행정처분의 상대방이 불특정 다수인인 경우, 그 행정처분에 이해관계를 갖는 자는 고시가 있었다는 사실을 현실적으로 알았는지 여부에 관계없이 고시가 효력을 발생하는 날부터 90일 이내에 취소소송을 제기하여야 한다.
④ 한국방송공사 사장은 해임처분 무효확인 또는 취소소송 계속 중 임기가 만료되어 해임처분의 무효확인 또는 취소로 지위를 회복할 수 없다고 할지라도, 그 무효확인 또는 취소로 해임처분일부터 임기만료일까지의 기간에 대한 보수지급을 구할 수 있는 경우에는 해임처분의 무효확인 또는 취소를 구할 법률상 이익이 있다.

20 「행정심판법」상 심판절차에 대한 설명으로 옳은 것은?

① 취소심판이 제기된 경우, 행정청이 처분시에 심판청구기간을 알리지 아니하였다 할지라도 당사자가 처분이 있음을 알게 된 날부터 90일이 경과하면 행정심판위원회는 부적법 각하재결을 하여야 한다.
② 행정심판위원회는 당사자가 주장하지 아니한 사실에 대하여 심리할 수 없다.
③ 당사자의 신청을 거부하거나 부작위로 방치한 처분의 이행을 명하는 재결이 있으면 행정청은 지체 없이 이전의 신청에 대하여 재결의 취지에 따라 처분을 하여야 한다.
④ 시·도 행정심판위원회의 기각재결이 내려진 경우 청구인은 중앙행정심판위원회에 그 재결에 대하여 다시 행정심판을 청구할 수 있다.

민준호 독학 행정법
시행처별 기출문제집

2019 ~ 2016

서울시 9급

2019년 서울시 9급
행정법총론 〔책형: A〕

본 과목 풀이시 학설 대립이나 다툼이 있는 경우 헌법재판소 결정 또는 대법원의 판례를 따름

01 행정법의 법원(法源)에 대한 설명으로 가장 옳은 것은?

① 인간다운 생활을 할 권리와 같은 헌법상의 추상적인 기본권에 관한 규정은 행정법의 법원이 되지 못한다.
② 국제법규도 행정법의 법원이므로, 사인이 제기한 취소소송에서 WTO협정과 같은 국제협정 위반을 독립된 취소사유로 주장할 수 있다.
③ 위법한 행정관행에 대해서도 신뢰보호의 원칙이 적용될 수 있다.
④ 행정의 자기구속의 원칙은 처분청이 아닌 제3자 행정청에 대해서도 적용된다.

02 행정입법에 대한 설명 중 가장 옳지 않은 것은?

① 헌법이 인정하고 있는 위임입법의 형식은 예시적인 것이다.
② 행정각부가 아닌 국무총리 소속의 독립기관은 독립하여 법규명령을 발할 수 있다.
③ 행정규칙인 고시가 법령의 수권에 의해 법령을 보충하는 사항을 정하는 경우에는 근거법령 규정과 결합하여 대외적으로 구속력 있는 법규명령의 효력을 갖는다.
④ 재량권 행사의 기준을 정하는 행정규칙을 재량준칙이라 한다.

03 법률유보원칙에 관한 설명으로 가장 옳은 것은?

① 헌법재판소 결정에 따를 때 기본권 제한에 관한 법률유보원칙은 법률에 근거한 규율을 요청하는 것이므로 그 형식이 반드시 법률일 필요는 없더라도 법률상의 근거는 있어야 한다.
② 행정상 즉시강제는 개인에게 미리 의무를 명할 시간적 여유가 없는 경우를 전제로 하므로 그 긴급성을 고려할 때 원칙적으로 법률적 근거를 요하지 아니한다.
③ 헌법재판소는 법률이 공법적 단체 등의 정관에 자치법적 사항을 위임하는 경우에는 의회유보원칙이 적용될 여지가 없다고 한다.
④ 헌법재판소는 국회의 의결을 거쳐 확정되는 예산도 일종의 법규범이므로 법률과 마찬가지로 국가기관뿐만 아니라 국민도 구속한다고 본다.

04 「행정절차법」상 행정절차에 관한 설명 중 가장 옳지 않은 것은?

① 지방의회의 의결을 거치거나 동의 또는 승인을 받아 행하는 사항에 대해서는 행정절차법이 적용되지 않는다.
② 고시 등 불특정 다수인을 상대로 의무를 부과하거나 권익을 제한하는 처분의 경우, 그 상대방에게 의견제출의 기회를 주어야 하는 것은 아니다.
③ 신청에 따른 처분이 이루어지지 않은 경우에는 특별한 사정이 없는 한 사전통지의 대상이 된다고 할 수 없다.
④ 인·허가 등을 취소하는 경우에는 개별법령상 청문을 하도록 하는 근거규정이 없다면 의견제출기한 내에 당사자 등의 신청이 있어야만 청문을 한다.

05 갑(甲)은 영업허가를 받아 영업을 하던 중 자신의 영업을 을(乙)에게 양도하고자 을과 사업양도양수계약을 체결하고, 을(乙)은 관련법령에 따라 관할행정청 A에게 지위승계신고를 하였다. 이에 대한 설명으로 가장 옳지 않은 것은?

① 갑과 을 사이의 사업양도양수계약이 무효이더라도 A가 지위승계신고를 수리하였다면 그 수리는 취소되기 전까지 유효하다.
② A가 지위승계신고의 수리를 거부한 경우 을은 수리거부에 대해 취소소송으로 다툴 수 있다.
③ 갑과 을이 사업양도양수계약을 체결하였으나 지위승계신고 이전에 갑에 대해 영업허가가 취소되었다면, 을은 이를 다툴 법률상 이익이 있다.
④ 갑과 을이 관련법령상 요건을 갖춘 적법한 신고를 하였더라도 A가 이를 수리하지 않았다면 지위승계의 효력이 발생하지 않는다.

06 제3자효 행정행위에 관한 설명으로 가장 옳지 않은 것은?

① 행정행위는 상대방에 대한 통지(도달)로서 효력이 발생하며, 행정청은 개별법에서 달리 정하지 않는 한 제3자인 이해관계인에 대한 행정행위 통지의무를 부담하지 않는다.
② 제3자인 이해관계인은 법원의 참가결정이 없어도 관계처분에 의하여 자신의 법률상 이익이 침해되는 한 청문이나 공청회 등 의견청취절차에 참가할 수 있다.
③ 제3자가 어떠한 방법에 의하든지 행정처분이 있었음을 안 경우에는 안 날로부터 90일 이내에 행정심판이나 행정소송을 제기하여야 한다.
④ 갑(甲)에 대한 건축허가에 의하여 법률상 이익을 침해받은 인근주민 을(乙)이 취소소송을 제기한 경우 을은 소송당사자로서 행정소송법 소정의 요건을 충족하는 한 그가 다투는 행정처분의 집행정지를 신청할 수 있다.

07 강학상 특허가 아닌 것만을 〈보기〉에서 모두 고른 것은?

보기
ㄱ. 관할청의 구 「사립학교법」에 따른 학교법인의 이사장 등 임원취임승인행위
ㄴ. 「출입국관리법」상 체류자격 변경허가
ㄷ. 구 「수도권 대기환경개선에 관한 특별법」상 대기오염물질 총량관리사업장 설치의 허가
ㄹ. 지방경찰청장이 운전면허시험에 합격한 사람에게 발급하는 운전면허
ㅁ. 개발촉진지구 안에서 시행되는 지역개발사업에 관한 지정권자의 실시계획승인처분

① ㄱ, ㄷ
② ㄱ, ㄹ
③ ㄴ, ㄹ
④ ㄷ, ㅁ

08 행정소송의 판결의 효력에 관한 설명으로 가장 옳은 것은?

① 기속력은 청구인용판결뿐만 아니라 청구기각판결에도 미친다.
② 처분 등의 무효를 확인하는 확정판결은 소송당사자 이외의 제3자에 대하여는 효력이 미치지 않는다.
③ 사정판결의 경우에는 처분의 적법성이 아닌 처분의 위법성에 대하여 기판력이 발생한다.
④ 세무서장을 피고로 하는 과세처분취소소송에서 패소하여 그 판결이 확정된 자가 국가를 피고로 하여 과세처분의 무효를 주장하여 과오납금반환청구소송을 제기하더라도 취소소송의 기판력에 반하는 것은 아니다.

09 행정행위의 부관에 대한 설명으로 가장 옳지 않은 것은?

① 처분 전에 미리 상대방과 협의하여 부담의 내용을 협약의 형식으로 정한 다음 처분을 하면서 해당 부관을 붙이는 것도 가능하다.
② 부관이 처분 당시의 법령으로는 적법하였으나 처분 후 근거법령이 개정되어 더 이상 부관을 붙일 수 없게 되었다면 당초의 부관도 소급하여 효력이 소멸한다.
③ 처분을 하면서 처분과 관련한 소의 제기를 금지하는 내용의 부제소특약을 부관으로 붙이는 것은 허용되지 않는다.
④ 부당결부금지원칙에 위반하여 허용되지 않는 부관을 행정처분과 상대방 사이의 사법상 계약의 형식으로 체결하는 것은 허용되지 않는다.

10 판례에 따를 때 항고소송의 대상이 되는 처분에 해당하는 것은?

① 구 「약관의 규제에 관한 법률」에 따른 공정거래위원회의 표준약관 사용권장행위
② 지적공부소관청이 토지대장상의 소유자명의변경신청을 거부한 행위
③ 「국세기본법」에 따른 과세관청의 국세환급금결정
④ 「국가균형발전 특별법」에 따른 시·도지사의 혁신도시 최종입지 선정행위

11 「공공기관의 정보공개에 관한 법률」에 따른 정보공개제도에 관한 설명으로 가장 옳은 것은?

① 정보공개청구권자인 '모든 국민'에는 자연인 외에 법인, 권리능력 없는 사단·재단도 포함되므로 지방자치단체도 포함된다.
② 공개청구의 대상정보가 이미 다른 사람에게 널리 알려져 있거나 인터넷검색을 통해 쉽게 알 수 있는 경우에는 비공개결정을 할 수 있다.
③ 정보를 취득 또는 활용할 의사가 전혀 없이 사회통념상 용인될 수 없는 부당이득을 얻으려는 목적의 정보공개청구는 권리남용행위로서 허용되지 않는다.
④ 공개청구된 정보가 제3자와 관련이 있는 경우 행정청은 제3자에게 통지하여야 하고 의견을 들을 수 있으나, 제3자가 비공개를 요청할 권리를 갖지는 않는다.

12 「행정심판법」상 행정심판에 관한 설명으로 가장 옳지 않은 것은?

① 무효등확인심판에서는 사정재결이 허용되지 아니한다.
② 거부처분에 대한 취소심판이나 무효등확인심판청구에서 인용재결이 있었음에도 불구하고 피청구인인 행정청이 재결의 취지에 따른 처분을 하지 아니한 경우에는 당사자가 신청하면 행정심판위원회는 기간을 정하여 서면으로 시정을 명하고 그 기간에 이행하지 아니하면 직접 처분을 할 수 있다.
③ 행정청이 처분을 할 때에 처분의 상대방에게 심판청구기간을 알리지 아니한 경우에는 처분이 있었던 날부터 180일까지가 취소심판이나 의무이행심판의 청구기간이 된다.
④ 종로구청장의 처분이나 부작위에 대한 행정심판청구는 서울특별시 행정심판위원회에서 심리·재결하여야 한다.

13 「질서위반행위규제법」에 관한 설명으로 가장 옳은 것은?

① 민법상의 의무를 위반하여 과태료를 부과하는 행위는 「질서위반행위규제법」상 질서위반행위에 해당한다.
② 하나의 행위가 2 이상의 질서위반행위에 해당하는 경우에는 각 질서위반행위에 대하여 정한 과태료를 합산하여 부과한다.
③ 과태료는 행정청의 과태료부과처분이나 법원의 과태료재판이 확정된 후 3년간 징수하지 아니하거나 집행하지 아니하면 시효로 인하여 소멸한다.
④ 과태료사건은 다른 법령에 특별한 규정이 있는 경우를 제외하고는 당사자의 주소지의 지방법원 또는 그 지원의 관할로 한다.

14 〈보기〉의 행정행위의 하자와 행정소송 상호 간의 관계에 관한 설명으로 옳은 것을 모두 고른 것은?

― 보기 ―
ㄱ. 취소사유 있는 영업정지처분에 대한 취소소송의 제소기간이 도과한 경우 처분의 상대방은 국가배상청구소송을 제기하여 재산상 손해의 배상을 구할 수 있다.
ㄴ. 취소사유 있는 과세처분에 의하여 세금을 납부한 자는 과세처분취소소송을 제기하지 않은 채 곧바로 부당이득반환청구소송을 제기하더라도 납부한 금액을 반환받을 수 있다.
ㄷ. 파면처분을 당한 공무원은 그 처분에 취소사유인 하자가 존재하는 경우 파면처분취소소송을 제기하여야 하고 곧바로 공무원지위확인소송을 제기할 수 없다.
ㄹ. 무효인 과세처분에 의하여 세금을 납부한 자는 납부한 금액을 반환받기 위하여 부당이득반환청구소송을 제기하지 않고 곧바로 과세처분무효확인소송을 제기할 수 있다.

① ㄱ, ㄴ
② ㄷ, ㄹ
③ ㄱ, ㄷ, ㄹ
④ ㄴ, ㄷ, ㄹ

15 국가배상에 관한 설명으로 가장 옳지 않은 것은?

① 소방공무원들이 다중이용업소인 주점의 비상구와 피난시설 등에 대한 점검을 소홀히 함으로써 주점의 피난통로 등에 중대한 피난 장애요인이 있음을 발견하지 못하여 업주들에 대한 적절한 지도·감독을 하지 아니한 경우 직무상 의무위반과 주점 손님들의 사망 사이에 상당인과관계가 인정된다.
② 일본 「국가배상법」이 국가배상청구권의 발생요건 및 상호보증에 관하여 우리나라 「국가배상법」과 동일한 내용을 규정하고 있는 점 등에 비추어 우리나라와 일본 사이에 우리나라 「국가배상법」 제7조가 정하는 상호보증이 있다.
③ 국가배상청구권의 소멸시효기간이 지났으나 국가가 소멸시효 완성을 주장하는 것이 신의성실의 원칙에 반하는 권리남용으로 허용될 수 없어 배상책임을 이행한 경우에는, 그 소멸시효 완성 주장이 권리남용에 해당하게 된 원인행위와 관련하여 해당 공무원이 그 원인이 되는 행위를 적극적으로 주도하였다는 등의 특별한 사정이 없는 한, 국가가 해당 공무원에게 구상권을 행사하는 것은 신의칙상 허용되지 않는다.
④ 전투·훈련 등 직무집행과 관련하여 공상을 입은 군인 등이 먼저 「국가배상법」에 따라 손해배상금을 지급받은 다음 「보훈보상대상자 지원에 관한 법률」이 정한 보상금 등 보훈급여금의 지급을 청구하는 경우, 보훈지청장은 「국가배상법」에 따라 손해배상을 받았다는 사정을 들어 지급을 거부할 수 있다.

16 〈보기〉의 법률규정에 대한 설명으로 가장 옳지 않은 것은?

― 보기 ―
여객자동차 운수사업법 제88조(과징금처분) ① 국토교통부장관 또는 시·도지사는 여객자동차 운수사업자가 제49조의6 제1항 또는 제85조 제1항 각호의 어느 하나에 해당하여 사업정지처분을 하여야 하는 경우에 그 사업정지처분이 그 여객자동차 운수사업을 이용하는 사람들에게 심한 불편을 주거나 공익을 해칠 우려가 있는 때에는 그 사업정지처분을 갈음하여 5천만원 이하의 과징금을 부과·징수할 수 있다.

① 과징금부과처분은 제재적 행정처분이므로 현실적인 행위자에 부과하여야 하며 위반자의 고의·과실을 요한다.
② 사업정지처분을 내릴 것인지 과징금을 부과할 것인지는 통상 행정청의 재량에 속한다.
③ 과징금부과처분에는 원칙적으로 행정절차법이 적용된다.
④ 과징금은 행정목적 달성을 위하여, 행정법규 위반이라는 객관적 사실에 착안하여 부과된다.

17 행정벌에 대한 설명으로 가장 옳지 않은 것은?

① 법인의 독자적인 책임에 관한 규정이 없이 단순히 종업원이 업무에 관한 범죄행위를 하였다는 이유만으로 법인에게 형사처벌을 과하는 것은 책임주의원칙에 반한다.
② 죄형법정주의원칙 등 형벌법규의 해석원리는 행정형벌에 관한 규정을 해석할 때에도 적용되어야 한다.
③ 양벌규정에 의해 영업주가 처벌되기 위해서는 종업원의 범죄가 성립하거나 처벌이 이루어져야 함이 전제조건이 되어야 한다.
④ 지방자치단체 소속 공무원이 자치사무를 수행하던 중 법위반행위를 한 경우 지방자치단체는 같은 법의 양벌규정에 따라 처벌되는 법인에 해당한다.

18 〈보기〉의 행정상 법률관계 중 행정소송의 대상이 되는 경우만을 모두 고른 것은?

보기
ㄱ.「지방재정법」에 따라 지방자치단체가 당사자가 되어 체결하는 계약에 있어 계약보증금의 귀속조치
ㄴ. 국유재산의 무단점유자에 대한 변상금의 부과
ㄷ. 시립무용단원의 해촉
ㄹ. 행정재산의 사용·수익허가신청의 거부

① ㄱ, ㄷ
② ㄴ, ㄹ
③ ㄱ, ㄷ, ㄹ
④ ㄴ, ㄷ, ㄹ

19 대집행에 관한 설명으로 가장 옳지 않은 것은?

① 건물의 점유자가 철거의무자일 때에는 건물철거의무에 퇴거의무도 포함되어 있는 것이어서 별도로 퇴거를 명하는 집행권원이 필요하지 않다.
② 구「토지수용법」상 피수용자 등이 기업자에 대하여 부담하는 수용대상토지의 인도의무는 특별한 사정이 없는 한「행정대집행법」에 의한 대집행의 대상이 될 수 없다.
③ 민사소송절차에 따라 민법 제750조에 기한 손해배상으로서 대집행비용의 상환을 구하는 청구는 소의 이익이 없어 부적법하다.
④ 해가 지기 전에 대집행에 착수한 경우라고 할지라도 해가 진 후에는 대집행을 할 수 없다.

20 행정소송에 있어서 일부취소판결의 허용 여부에 대한 판례의 입장으로 가장 옳은 것은?

① 재량행위의 성격을 갖는 과징금부과처분이 법이 정한 한도액을 초과하여 위법한 경우에는 법원으로서는 그 한도액을 초과한 부분만을 취소할 수 있다.
②「독점규제 및 공정거래에 관한 법률」을 위반한 광고행위와 표시행위를 하였다는 이유로 공정거래위원회가 사업자에 대하여 법위반사실 공표명령을 행한 경우, 표시행위에 대한 법위반사실이 인정되지 아니한다면 법원으로서는 그 부분에 대한 공표명령의 효력만을 취소할 수 있을 뿐, 공표명령 전부를 취소할 수 있는 것은 아니다.
③ 개발부담금부과처분에 대한 취소소송에서 당사자가 제출한 자료에 의하여 정당한 부과금액을 산출할 수 없는 경우에도 법원은 증거조사를 통하여 정당한 부과금액을 산출한 후 정당한 부과금액을 초과하는 부분만을 취소하여야 한다.
④「독점규제 및 공정거래에 관한 법률」을 위반한 수 개의 행위에 대하여 공정거래위원회가 하나의 과징금부과처분을 하였으나 수 개의 위반행위 중 일부의 위반행위에 대한 과징금부과만이 위법하고, 그 일부의 위반행위를 기초로 한 과징금액을 산정할 수 있는 자료가 있는 경우에도 법원은 과징금부과처분 전부를 취소하여야 한다.

2019년 서울시(사회복지직) 9급
행정법총론 [책형: A]

본 과목 풀이시 학설 대립이나 다툼이 있는 경우 헌법재판소 결정 또는 대법원의 판례를 따름

01 법치행정의 원칙에 대한 설명으로 가장 옳지 않은 것은?

① 법률은 원칙적으로 국민의 대표기관인 의회가 제정하여야 한다는 원칙을 포함한다.
② 수신료금액결정은 수신료에 관한 본질적인 사항이 아니므로 국회가 반드시 스스로 행하여야 할 필요는 없다.
③ 수신료징수업무를 한국방송공사가 직접 수행할지 제3자에게 위탁할지 여부는 국민의 기본권 제한에 관한 본질적인 사항이 아니다.
④ 국민의 기본권 실현과 관련된 영역에 있어서는 입법자가 본질적인 사항에 대해서 스스로 결정해야 한다.

02 「행정절차법」에 관한 설명으로 옳지 않은 것은?

① 징계심의대상자가 선임한 변호사가 징계위원회에 출석하여 징계심의대상자를 위하여 필요한 의견을 진술하는 것은 방어권 행사의 본질적 내용에 해당하므로, 행정청은 특별한 사정이 없는 한 이를 거부할 수 없다.
② 「행정절차법」의 적용이 제외되는 공무원 인사관계법령에 의한 처분에 관한 사항이란 성질상 행정절차를 거치기 곤란하거나 불필요하다고 인정되는 처분이나 행정절차에 준하는 절차를 거치도록 하고 있는 처분에 관한 사항만을 말하는 것으로 보아야 한다.
③ 「국가공무원법」상 직위해제처분은 성질상 행정절차를 거치기 곤란하거나 불필요하다고 인정되는 사항 또는 행정절차에 준하는 절차를 거친 사항에 해당하지 않으므로, 처분의 사전통지 및 의견청취 등에 관한 「행정절차법」의 규정이 적용된다.
④ 민원사무를 처리하는 행정기관이 민원조정위원회를 개최하면서 민원인에게 그 회의일정 등을 사전에 통지하여야 함에도 불구하고 그러하지 아니한 경우에 이러한 사정만으로 곧바로 그 민원사항에 대한 행정기관의 장의 거부처분이 위법하다고 볼 수는 없다.

03 강학상 허가·특허·인가 등에 대한 판례의 태도로 가장 옳지 않은 것은?

① 환경의 보전 등 중대한 공익상 필요가 있다고 인정되더라도 법규에 명문의 근거가 없다면 산림훼손기간 연장허가를 거부할 수 없다.
② 건축허가는 수허가자에게 어떤 새로운 권리나 능력을 부여하는 것이 아니다.
③ 「출입국관리법」상 체류자격 변경허가는 신청인에게 당초의 체류자격과 다른 체류자격에 해당하는 활동을 할 수 있는 권한을 부여하는 일종의 설권적 처분이다.
④ 기본행위인 이사선임결의가 적법·유효하고 보충행위인 승인처분 자체에만 하자가 있다면 그 승인처분의 무효확인이나 그 취소를 주장할 수 있다.

04 「국가를 당사자로 하는 계약에 관한 법률」에 대한 설명으로 가장 옳은 것은?

① 국가계약의 본질적인 내용은 사인 간의 계약과 다르므로 법령에 특정한 규정이 있는 경우에 한하여 사법의 규정 내지 법원리가 적용된다.
② 「국가를 당사자로 하는 계약에 관한 법률」에 따른 입찰절차에서의 낙찰자의 결정은 「행정소송법」상 처분에 해당한다.
③ 국가가 사인과 계약을 체결할 때에는 「국가를 당사자로 하는 계약에 관한 법률」에 따른 계약서를 따로 작성하는 등 그 요건과 절차를 이행하여야 한다.
④ 「국가를 당사자로 하는 계약에 관한 법률」에 따른 계약서를 따로 작성하는 등 그 요건과 절차를 거치지 않고 체결된 계약이라고 해서 무효가 되는 것은 아니다.

05 직접강제와 즉시강제에 대한 설명으로 가장 옳지 않은 것은?

① 직접강제와 즉시강제는 권력적 사실행위로서의 성격을 가지고 있다.
② 즉시강제의 목적과 침해되는 상대방의 권익 사이에는 비례관계가 유지되어야 한다.
③ 행정강제는 행정상 강제집행을 원칙으로 하므로 불법게임물에 대해서도 관계당사자에게 수거·폐기를 명하고 그 불이행 시 직접강제 등 행정상 강제집행으로 나아가야 한다.
④ 즉시강제는 법치국가의 요청인 예측가능성과 법적 안정성에 반하고 기본권 침해의 소지가 큰 권력작용이라는 비판이 존재한다.

06 〈보기〉의 행정행위의 하자에 대한 설명으로 옳은 것을 모두 고르면?

— 보기 —
ㄱ. 행정처분의 위법 여부는 행정처분이 행하여졌을 때의 법령과 사실상태를 기준으로 판단해야 한다.
ㄴ. 행정처분이 당연무효이기 위해서는 그 하자가 법규의 중요한 부분을 위반한 중대한 것으로서 객관적으로 명백한 것이어야 한다.
ㄷ. 명백성은 제3자나 공공의 신뢰를 보호하여야 할 필요가 있는 경우에 보충적으로 요구되는 것으로서 처분상대방의 권익을 구제하고 위법한 결과를 시정할 필요가 훨씬 더 큰 경우에는 하자가 명백하지 않더라도 중대한 하자를 가진 행정처분은 당연무효라고 보아야 한다는 의견도 있다.
ㄹ. 행정처분을 무효로 하더라도 법적 안정성을 크게 해치지 않는 반면에 그 하자가 중대하여 구제가 필요한 경우에도 그 예외를 인정하여 이를 당연무효사유로 볼 수는 없다.

① ㄱ
② ㄱ, ㄴ
③ ㄱ, ㄴ, ㄷ
④ ㄱ, ㄴ, ㄷ, ㄹ

07 법규명령에 관한 설명으로 가장 옳지 않은 것은?

① 헌법이 인정하고 있는 위임입법의 형식은 예시적인 것으로 보아야 한다.
② 법규명령이 위임의 근거가 없어 무효였더라도 나중에 법개정으로 위임의 근거가 부여되면 그때부터는 유효한 법규명령으로 볼 수 있다.
③ 법령의 위임이 없음에도 법령에 규정된 처분요건에 해당하는 사항을 부령에서 변경하여 규정한 경우에는 그 부령의 규정은 행정청 내부의 사무처리기준 등을 정한 것으로서 행정조직 내에서 적용되는 행정명령의 성격을 지닌다.
④ 법률에서 하위법령에 위임을 한 경우에 하위법령이 위임의 한계를 준수하고 있는지 여부의 판단은 일반적으로 의회유보의 원칙과 무관하다.

08 「행정소송법」상 집행정지에 대한 설명으로 가장 옳지 않은 것은?

① 취소소송이 제기되면 처분의 효력이나 그 집행은 정지되지 않으나 절차의 속행은 정지된다.
② 처분의 효력정지는 처분 등의 집행 또는 절차의 속행을 정지함으로써 목적을 달성할 수 있는 경우에는 허용되지 아니한다.
③ 집행정지는 공공복리에 중대한 영향을 미칠 우려가 있을 때에는 허용되지 아니한다.
④ 집행정지의 결정 또는 기각의 결정에 대하여는 즉시항고할 수 있다.

09 항고소송의 대상적격에 관한 설명으로 옳지 않은 것은?

① 피해자의 의사와 무관하게 주민등록번호가 유출된 경우라고 하더라도 주민등록번호의 변경을 요구할 신청권은 인정되지 않으므로, 구청장의 주민등록번호 변경신청 거부행위는 항고소송의 대상이 되는 행정처분에 해당하지 않는다.
② 거부행위의 처분성을 인정하기 위한 전제요건이 되는 신청권의 존부는 구체적 사건에서 신청인이 누구인가를 고려하지 말고 관계법규에서 일반국민에게 그러한 신청권을 인정하고 있는가를 살펴 추상적으로 결정하여야 한다.
③ 도시계획시설결정에 이해관계가 있는 주민으로서는 도시시설계획의 입안권자 내지 결정권자에게 도시시설계획의 입안 내지 변경을 요구할 수 있는 법규상 또는 조리상의 신청권이 있고, 이러한 신청에 대한 거부행위는 항고소송의 대상이 되는 행정처분에 해당한다.
④ 제소기간이 이미 도과하여 불가쟁력이 생긴 행정처분에 대하여는 개별법규에서 그 변경을 요구할 신청권을 규정하고 있거나 관계법령의 해석상 그러한 신청권이 인정될 수 있는 등 특별한 사정이 없는 한 국민에게 그 행정처분의 변경을 구할 신청권이 있다 할 수 없다.

10 손실보상에 대한 설명으로 가장 옳지 않은 것은?

① 우리 「헌법」상 수용의 주체를 국가로 한정하고 있지 않으므로 민간기업도 수용의 주체가 될 수 있다.
② 토지를 종래의 목적으로도 사용할 수 없는 경우에는 토지소유자가 수인해야 할 사회적 제약의 한계를 넘는 것으로 보아야 한다.
③ 「헌법」 제23조 제3항의 정당한 보상이란 원칙적으로 피수용재산의 객관적인 재산가치를 완전하게 보상하는 것이어야 한다는 완전보상을 뜻한다.
④ 간접적 영업손실은 특별한 희생이 될 수 없다.

11 〈보기〉의 행정지도에 대한 설명 중 옳은 것을 모두 고르면?

― 보기 ―
ㄱ. 행정지도는 그 목적달성에 필요한 최소한도에 그쳐야 하며, 행정지도의 상대방의 의사에 반하여 부당하게 강요하여서는 아니 된다.
ㄴ. 행정지도는 비권력적 작용이므로 「국가배상법」이 정한 배상청구의 요건인 공무원의 직무에 포함되지 않는다.
ㄷ. 행정지도의 상대방은 해당 행정지도의 방식·내용 등에 관하여 행정기관에 의견제출을 할 수 있다.

① ㄱ
② ㄱ, ㄴ
③ ㄱ, ㄷ
④ ㄱ, ㄴ, ㄷ

12 사인의 공법상의 행위로서 신고에 관한 판례의 내용으로 옳지 않은 것은?

① 「주민등록법」상 주민등록의 신고는 행정청에 도달하기만 하면 신고로서의 효력이 발생하는 것이 아니라 행정청이 수리한 경우에 비로소 신고의 효력이 발생한다.
② 납골당설치 신고가 구 장사법 관련 규정의 모든 요건에 맞는 신고라 하더라도 신고인은 곧바로 납골당을 설치할 수는 없고, 이에 대한 행정청의 수리처분이 있어야만 신고한 대로 납골당을 설치할 수 있다.
③ 수리란 신고를 유효한 것으로 판단하고 법령에 의하여 처리할 의사로 이를 수령하는 적극적 행위이므로 수리행위에는 신고필증의 교부와 같은 행정청의 행위가 수반되어야 한다.
④ 「수산업법」상의 어업의 신고는 행정청의 수리에 의하여 비로소 그 효과가 발생하는 이른바 '수리를 요하는 신고'에 해당한다.

13 행정재량에 관한 설명으로 가장 옳지 않은 것은?

① 토지의 형질변경행위를 수반하는 건축허가는 「건축법」에 의한 건축허가와 「국토의 계획 및 이용에 관한 법률」에 의한 개발행위허가의 성질을 아울러 갖게 되므로 재량행위에 해당한다.
② 개발제한구역 내에서는 구역지정의 목적상 건축물의 건축 및 공작물의 설치 등 개발행위가 원칙적으로 금지되고 예외적으로 허가에 의하여 그러한 행위를 할 수 있게 되어 있으므로 그 허가는 재량행위에 속한다.
③ 「국토의 계획 및 이용에 관한 법률」의 규정에 의한 토지의 형질변경허가는 그 금지요건이 불확정개념으로 규정되어 있어 그 금지요건에 해당하는지 여부를 판단함에 있어서 행정청에게 재량권이 부여되어 있다고 할 것이므로 재량행위에 속한다.
④ 건축허가권자는 건축허가신청이 「건축법」 등 관계법규에서 정하는 어떠한 제한에 배치되지 않는 이상 중대한 공익상의 필요가 있더라도 관계법령에서 정하는 제한사유 이외의 사유를 들어 요건을 갖춘 자에 대한 허가를 거부할 수는 없다.

14 거부처분취소판결에 따른 행정청의 재처분의무에 관한 설명으로 옳지 않은 것은?

① 행정청의 재처분내용은 판결의 취지를 존중하는 것이면 되고 반드시 원고가 신청한 내용대로 처분해야 하는 것은 아니다.
② 거부처분 후에 법령이 개정·시행된 경우, 거부처분취소의 확정판결을 받은 행정청이 개정된 법령을 새로운 사유로 들어 다시 거부처분을 한 경우도 재처분에 해당한다.
③ 위법판단의 기준시에 관하여 판결시설을 취하면 사실심 변론종결시 이전의 사유를 내세워 다시 거부처분을 할 수 있다.
④ 행정처분에 대하여 무효확인판결이 내려진 경우에는 그 행정처분이 거부처분인 경우에도 행정청에 판결의 취지에 따른 재처분의무가 인정될 뿐 그에 대하여 간접강제까지 허용되는 것은 아니다.

15 국가배상책임의 요건에 대한 설명으로 가장 옳지 않은 것은?

① 공무원에는 조직법상 의미의 공무원뿐만 아니라 기능적 의미의 공무원이 포함된다.
② 공무원의 직무에는 국가나 지방자치단체의 권력적 작용, 비권력적 작용, 단순한 사경제의 주체로서 하는 작용이 포함된다.
③ 과실개념을 객관화하려는 태도는 국가배상책임의 성립을 용이하게 하려는 의도를 지니고 있다.
④ 헌법에 의하여 부과되는 국가의 구체적인 입법의무 자체가 인정되지 않는 경우에는 애당초 부작위로 인한 불법행위가 성립할 여지가 없다.

16 행정대집행에 관한 설명으로 옳지 않은 것은?

① 관계법령상 행정대집행의 절차가 인정되어 행정청이 행정대집행의 방법으로 건물의 철거 등 대체적 작위의무의 이행을 실현할 수 있는 경우에도 따로 민사소송의 방법으로 그 의무의 이행을 구할 수 있다.
② 건물의 점유자가 철거의무자일 때에는 건물철거의무에 퇴거의무도 포함되어 있는 것이어서 별도로 퇴거를 명하는 집행권원이 필요하지 않다.
③ 행정청이 행정대집행의 방법으로 건물철거의무의 이행을 실현할 수 있는 경우에는 건물철거대집행 과정에서 부수적으로 그 건물의 점유자들에 대한 퇴거조치를 할 수 있다.
④ 적법한 행정대집행을 건물의 점유자들이 위력을 행사하여 방해하는 경우에 행정청은 「경찰관 직무집행법」에 근거한 위험발생 방지조치 또는 「형법」상 공무집행방해죄의 범행방지 내지 현행범체포의 차원에서 경찰의 도움을 받을 수도 있다.

17 위헌·위법인 법령에 근거한 행정처분의 효력에 대한 설명으로 옳은 것은?

① 행정처분 이후에 처분의 근거법령에 대하여 헌법재판소 또는 대법원이 위헌 또는 위법하다는 결정을 하게 되면, 당해 처분은 법적 근거가 없는 처분으로 하자 있는 처분이고 그 하자는 중대한 것으로 당연무효이다.
② 헌법재판소의 위헌결정의 효력은 위헌제청을 한 당해 사건은 물론 위헌제청신청은 아니하였지만 당해 법률 또는 법률의 조항이 재판의 전제가 되어 법원에 계속 중인 사건에도 미친다.
③ 처분이 있은 후에 근거법률이 위헌으로 결정된 경우, 그 법률을 적용한 공무원에게 고의 또는 과실이 있었다고 단정할 수 있다.
④ 조세부과의 근거가 되었던 법률규정이 위헌으로 선언된 이후, 조세채권의 집행을 위한 새로운 체납처분에 착수하거나 이를 속행하더라도 위법하지 않다.

18 「공공기관의 정보공개에 관한 법률」에 대한 설명으로 가장 옳은 것은?

① 판례에 따르면 자연인과 법인은 정보공개를 청구할 권리를 갖지만 권리능력 없는 사단은 그러하지 아니하다.
② 비공개대상정보의 공개 여부에 대한 결정은 공공기관의 재량행위에 속한다.
③ 직무를 수행한 공무원의 성명·직위는 비공개대상정보이다.
④ 정보공개청구인은 공공기관의 비공개결정에 대해 이의신청 절차를 거치지 아니하면 행정심판을 청구할 수 없다.

19 음식점을 운영하는 갑(甲)은 미성년자인 을(乙)에게 음주를 제공한 사실이 적발되어, 관련법령에 따라 A자치구의 구청장인 병(丙)으로부터 영업정지 2개월의 처분을 받았다. 이에 갑은 A자치구를 관할로 하는 B광역시 산하의 행정심판위원회(이하, 'C'라 한다)에 행정심판을 제기하고자 한다. 이와 관련된 설명으로 가장 옳지 않은 것은?

① 갑은 병의 영업정지처분에 대하여 C에 취소심판청구 및 집행정지신청을 할 수 있다.
② C는 필요하면 갑이 주장하지 아니한 사실에 대해서도 심리할 수 있다.
③ C는 갑의 취소심판청구가 이유 있다고 인정하면 2개월의 영업정지처분을 1개월의 영업정지처분으로 변경하는 재결을 할 수 있다.
④ C는 갑의 심판청구를 받은 날로부터 90일 이내에 재결을 하여야 한다.

20 〈보기〉의 공법상 계약에 관한 설명으로 옳은 것을 모두 고르면?

보기
ㄱ. 행정주체가 체결하는 계약은 모두 공법상 계약이다.
ㄴ. 광주광역시문화예술회관장의 단원위촉은 공법상 근로계약이 아니라 행정청으로서 공권력을 행사하여 행하는 행정처분이다.
ㄷ. 계약직공무원에 대한 채용계약해지의 의사표시는 국가 또는 지방자치단체가 대등한 지위에서 행하는 의사표시로 이해된다.
ㄹ. 「행정기본법」은 공법상 계약에 대한 규정을 두고 있다.

① ㄱ, ㄴ
② ㄱ, ㄹ
③ ㄴ, ㄷ
④ ㄷ, ㄹ

2018년 서울시 9급
행정법총론 [책형: A]

본 과목 풀이시 학설 대립이나 다툼이 있는 경우 헌법재판소 결정 또는 대법원의 판례를 따름

01 행정법의 대상인 행정에 대한 설명으로 가장 옳지 않은 것은?

① 행정은 적극적 미래지향적 형성작용이다.
② 국가행정과 자치행정은 행정주체를 기준으로 행정을 구분한 것이다.
③ 행정법의 대상이 되는 행정은 실질적 행정에 한한다.
④ 행정은 그 법형식을 기준으로 하여 공법형식의 행정과 사법형식의 행정으로 구분할 수 있다.

02 법률유보원칙에 대한 판례의 입장으로 가장 옳지 않은 것은?

① 법령의 규정보다 더 침익적인 조례는 법률유보원칙에 위반되어 위법하며 무효이다.
② 법률유보원칙에서 요구되는 법적 근거는 작용법적 근거를 의미하며, 조직법적 근거는 모든 행정권 행사에 있어서 당연히 요구된다.
③ 지방의회의원에 대하여 유급보좌인력을 두는 것은 개별 지방의회의 조례로써 규정할 사항이 아니라 국회의 법률로써 규정하여야 할 입법사항이다.
④ 토지 등 소유자가 도시환경정비사업을 시행하는 경우 사업시행인가 신청에 필요한 토지 등 소유자의 동의정족수를 토지 등 소유자가 자치적으로 정하여 운영하는 규약에 정하도록 한 것은 법률유보원칙에 위반된다.

03 행정행위와 이에 대한 분류 또는 설명으로 가장 옳지 않은 것은?

① 한의사면허 : 진료행위를 할 수 있는 능력을 설정하는 설권행위
② 행정재산에 대한 사용허가 : 특정인에게 행정재산을 사용할 권리를 설정하여 주는 행위
③ 재개발조합설립에 대한 인가 : 공법인의 지위를 부여하는 설권적 처분
④ 재개발조합의 사업시행계획인가 : 조합의 행위에 대한 보충행위

04 행정상 손실보상에 대한 설명으로 가장 옳은 것은?

① 헌법재판소는 공용침해로 인한 특별한 손해에 대한 보상규정이 없는 경우에 관련 보상규정을 유추적용하여 보상하려는 경향이 있다.
② 공공용물에 관하여 적법한 개발행위 등이 이루어져 일정범위의 사람들의 일반사용이 종전에 비하여 제한 받게 되었다 하더라도 특별한 사정이 없는 한 이는 특별한 손실에 해당한다고 할 수 없다.
③ 공익사업의 시행으로 토석채취허가를 연장받지 못한 경우 그로 인한 손실은 적법한 공권력의 행사로 가하여진 재산상의 특별한 희생으로서 손실보상의 대상이 된다.
④ 개발제한구역 지정으로 인한 지가의 하락은 원칙적으로 토지소유자가 감수해야 하는 사회적 제약의 범주에 속하나, 지가의 하락이 20% 이상으로 과도한 경우에는 특별한 희생에 해당한다.

05 재결취소소송에 대한 설명으로 가장 옳지 않은 것은?

① 교원징계처분에 대한 소청심사위원회의 결정에 불복하여 취소소송을 제기하는 경우 사립학교 교원이나 국·공립학교 교원 모두 소의 대상은 원칙적으로 원처분이다.
② 국공립학교 교원의 경우에는 원처분주의에 따라 원처분만이 소의 대상이 된다.
③ 사립학교 교원에 대한 학교법인의 징계는 항고소송의 대상이 되는 처분이 아니다.
④ 사립학교 교원의 경우에는 소청심사위원회의 결정이 원처분이 된다.

06 판례가 그 법적 성질을 다르게 본 것은?

① 학교환경위생정화구역의 금지행위해제
② 토지거래계약허가
③ 사회복지법인의 정관변경허가
④ 자동차관리사업자단체의 조합설립인가

07 행정대집행에 대한 설명으로 가장 옳지 않은 것은?

① 대집행의 대상이 되는 행위는 법률에서 직접 명령된 것이 아니라, 법률에 의거한 행정청의 명령에 의한 행위를 말한다.
② 법령에서 정한 부작위의무 자체에서 의무위반으로 인해 형성된 현상을 제거할 작위의무가 바로 도출되는 것은 아니다.
③ 건물의 용도에 위반되어 장례식장으로 사용하는 것을 중지할 것을 명한 경우, 이 중지의무는 대집행의 대상이 아니다.
④ 공익사업을 위해 토지를 협의매도한 종전 토지소유자가 토지 위의 건물을 철거하겠다는 약정을 하였다고 하더라도 이러한 약정 불이행시 대집행의 대상이 되지 아니한다.

08 행정행위의 직권취소 및 철회에 대한 설명으로 가장 옳지 않은 것은?

① 한 사람이 여러 종류의 자동차운전면허를 취득하는 경우뿐 아니라 이를 취소 또는 정지함에 있어서도 서로 별개의 것으로 취급하는 것이 원칙이다.
② 처분청은 하자 있는 행정행위의 행위자로서 그 하자를 시정할 지위에 있어 그 취소에 관한 법률의 규정이 없어도 행정행위를 취소할 수 있다.
③ 수익적 행정행위의 철회는 법령에 명시적인 규정이 있거나 행정행위의 부관으로 그 철회권이 유보되어 있는 경우, 또는 원래의 행정행위를 존속시킬 필요가 없게 된 사정변경이 생겼거나 또는 중대한 공익상의 필요가 발생한 경우 등의 예외적인 경우에만 허용된다.
④ 철회 자체가 행정행위의 성질을 가지는 것은 아니어서 「행정절차법」상 처분절차를 적용하여야 하는 것은 아니나, 신뢰보호원칙이나 비례원칙과 같은 행정법의 일반원칙은 준수해야 한다.

09 행정소송의 피고적격에 대한 설명으로 가장 옳지 않은 것은?

① 조례가 항고소송의 대상이 되는 경우 피고는 지방자치단체의 의결기관으로서 조례를 제정한 지방의회이다.
② 대리권을 수여받은 데 불과하여 그 자신의 명의로는 행정처분을 할 권한이 없는 행정청의 경우 대리관계를 밝힘이 없이 그 자신의 명의로 행정처분을 하였다면 그에 대하여는 처분명의자인 당해 행정청이 항고소송의 피고가 되어야 하는 것이 원칙이다.
③ 취소소송은 다른 법률에 특별한 규정이 없는 한 그 처분 등을 행한 행정청을 피고로 하며, 당사자소송은 국가·공공단체 그 밖의 권리주체를 피고로 한다.
④ 「국가공무원법」에 의한 처분, 기타 본인의 의사에 반한 불리한 처분이나 부작위에 관한 행정소송을 제기할 때에 대통령의 처분 또는 부작위의 경우에는 소속장관을 피고로 한다.

10 「행정절차법」상 처분절차에 대한 설명으로 가장 옳지 않은 것은?

① 행정청이 법인이나 조합 등의 설립허가취소처분을 할 때에는 당사자 등의 신청이 있는 경우에 한하여 청문을 한다.
② 행정청에 처분을 구하는 신청을 전자문서로 하는 경우에는 행정청의 컴퓨터 등에 입력된 때에 신청한 것으로 본다.
③ 행정청이 공공의 안전 또는 복리를 위하여 긴급히 처분을 할 필요가 있는 경우에는 의견청취를 하지 아니할 수 있다.
④ 처분의 전제가 되는 사실이 법원의 재판 등에 의하여 객관적으로 증명된 경우에는 행정청이 당사자에게 의무를 부과하거나 권익을 제한하는 처분을 하는 경우에도 사전통지를 하지 아니할 수 있다.

11 행정규칙에 대한 설명으로 가장 옳은 것은?

① 행정각부의 장이 정하는 고시라도 법령내용을 보충하는 기능을 가지는 경우에는 형식과 상관없이 근거법령 규정과 결합하여 법규명령의 효력을 가진다.
② 구「지방공무원 보수업무 등 처리지침」은 안전행정부 예규로서 행정규칙의 성질을 가진다.
③ 법령에 근거를 둔 고시는 상위법령의 위임범위를 벗어난 경우에도 법규명령으로서 기능한다.
④ 2014년도 건물 및 기타물건 시가표준액 조정기준은「건축법」및 지방세법령의 위임에 따른 것이지만 행정규칙의 성격을 가진다.

12 행정행위의 부관에 대한 설명으로 가장 옳지 않은 것은?

① 부담은 행정청이 행정처분을 하면서 일방적으로 부가할 수도 있지만 부담을 부가하기 이전에 상대방과 협의하여 부담의 내용을 협약의 형식으로 미리 정한 다음 행정처분을 하면서 이를 부가할 수도 있다.
② 행정청이 수익적 행정처분을 하면서 사전에 상대방과 체결한 협약상의 의무를 부담으로 부가하였는데 부담의 전제가 된 주된 행정처분의 근거법령이 개정되어 부관을 붙일 수 없게 된 경우, 위 협약의 효력이 소멸한다.
③ 부관은 행정의 탄력성을 보장하는 기능을 갖는다.
④ 행정행위의 부관은 부담인 경우를 제외하고는 독립하여 행정소송의 대상이 될 수 없다.

13 행정심판제도에 대한 설명으로 가장 옳지 않은 것은?

① 행정심판청구는 엄격한 형식을 요하지 않는 서면행위로 해석된다.
② 행정처분이 있은 날이라 함은 그 행정처분의 효력이 발생한 날을 의미한다.
③ 행정심판의 가구제제도에는 집행정지제도와 임시처분제도가 있다.
④ 행정심판 재결의 기속력은 인용재결뿐만 아니라 각하재결과 기각재결에도 인정되는 효력이다.

14 A시장은 새로 확장한 시청 청사 1층의 휴게공간을 갑(甲)에게 커피전문점 공간으로 임대하였다. 임대기간이 만료되었으나 갑(甲)은 투자금보전 등을 요구하면서 휴게공간을 불법적으로 점유하고 있다. 이에 대한 설명으로 가장 옳은 것은?

① A시장은 휴게공간을 종합민원실로 사용하기 위해서는 즉시강제 형태로 공간을 확보할 수 있다.
② A시장은 갑(甲)에게 퇴거와 공간반환을 독촉한 후 강제징수 절차를 밟을 수 있다.
③ A시장은 갑(甲)에게 퇴거를 명하고 갑(甲)이 불응하면 행정대집행법에 의한 대집행을 실시할 수 있다.
④ A시장은 갑(甲)에 대하여 변상금을 부과징수할 수 있으며 원상회복명령을 하거나 갑(甲)을 상대로 점유의 이전을 구하는 민사소송을 제기할 수 있다.

15 판례가 행정소송의 대상이 아니라 민사소송의 대상이라고 판단한 것만을 〈보기〉에서 모두 고른 것은?

― 보기 ―
ㄱ. 개발부담금 부과처분 취소로 인한 그 과오납금의 반환을 청구하는 소송
ㄴ. 공립유치원 전임강사에 대한 해임처분의 시정 및 수령 지체된 보수의 지급을 구하는 소송
ㄷ.「도시 및 주거환경정비법」상 관리처분계획안에 대한 조합총회결의의 효력을 다투는 소송
ㄹ. 공무원의 직무상 불법행위로 손해를 받은 국민이 국가 또는 공공단체에 배상을 청구하는 소송
ㅁ.「하천구역 편입토지 보상에 관한 특별조치법」제2조 제1항의 규정에 의한 손실보상금의 지급을 구하거나 손실보상청구권의 확인을 구하는 소송

① ㄱ, ㄷ ② ㄱ, ㄹ
③ ㄴ, ㅁ ④ ㄱ, ㄹ, ㅁ

16 행정행위의 하자승계에 대한 설명으로 가장 옳지 않은 것은?

① 위법한 개별공시지가결정에 대하여 그 정해진 시정절차를 통하여 시정하도록 요구하지 아니하였다는 이유로 위법한 개별공시지가를 기초로 한 과세처분 등 후행 행정처분에서 개별공시지가결정의 위법을 주장할 수 없도록 하는 것은 수인한도를 넘는 불이익을 강요하는 것이다.
② 사업시행계획과 관리처분계획은 서로 독립하여 별개의 법적 효과를 발생시키는 것으로서 사업시행계획의 수립에 관한 취소사유인 하자가 관리처분계획에 승계되지 아니한다.
③ 대집행의 계고, 대집행영장에 의한 통지, 대집행의 실행, 대집행비용의 납부명령은 동일한 행정목적을 달성하기 위하여 일련의 절차로 연속하여 행하여지는 것으로서, 서로 결합하여 하나의 법률효과를 발생시키는 것이다.
④ 선행처분과 후행처분이 서로 독립하여 별개의 법률효과를 목적으로 하는 경우에 선행처분이 당연무효의 하자가 있다는 이유로 후행처분의 효력을 다툴 수 없다.

17 「행정절차법」상 처분의 사전통지 혹은 의견제출의 기회를 부여할 사항이 아닌 것은?

① 공무원시보임용이 무효임을 이유로 정규임용을 취소하는 경우
② 공사중지명령을 하기 전에 사전통지를 하게 되면 많은 액수의 보상금을 기대하여 공사를 강행할 우려가 있는 경우
③ 수익적 처분을 바라는 신청에 대한 거부처분
④ 무단으로 용도변경된 건물에 대해 건물주에게 시정명령이 있을 것과 불이행시 이행강제금이 부과될 것이라는 점을 설명한 후, 다음날 시정명령을 한 경우

18 국가배상책임에 대한 설명으로 가장 옳지 않은 것은?

① 국가배상책임에서의 법령위반에는 널리 그 행위가 객관적인 정당성을 결여하고 있는 경우도 포함된다.
② 담당공무원이 주택구입대부제도와 관련하여 지급보증서제도에 관해 알려주지 않은 조치는 법령위반에 해당하지 않는다.
③ 공무원의 직무집행이 법령이 정한 요건과 절차에 따라 이루어진 것이라도, 그 과정에서 개인의 권리가 침해되면 법령위반에 해당한다.
④ 교육공무원 성과상여금 지급지침에서 기간제교원을 성과상여금 지급대상에서 제외하여도 이에 대해 국가배상책임이 있다고 할 수 없다.

19 정보공개에 관한 설명으로 판례의 입장과 일치하지 않는 것은?

① 「공공기관의 정보공개에 관한 법률」상 공개대상이 되는 정보는 공공기관이 직무상 작성 또는 취득하여 현재 보유, 관리하고 있는 문서에 한정되기는 하지만, 반드시 원본일 필요는 없다.
② 지방자치단체의 업무추진비 세부항목별 집행내역 및 그에 관한 증빙서류에 포함된 개인에 관한 정보는 비공개대상정보에 해당한다.
③ 지방자치단체 또한 법인격을 가지므로 「공공기관의 정보공개에 관한 법률」 제5조에서 정한 정보공개청구권자인 '국민'에 해당한다.
④ 이미 다른 사람에게 공개하여 널리 알려져 있다거나 인터넷이나 관보 등을 통하여 공개하여 인터넷 검색이나 도서관에서의 열람 등을 통하여 쉽게 알 수 있다는 사정만으로는 소의 이익이 없다고 할 수 없다.

20 「행정소송법」상 소의 종류의 변경에 대한 설명으로 옳은 것을 〈보기〉에서 모두 고른 것은?

— 보기 —
ㄱ. 소의 종류의 변경은 직권으로도 가능하다.
ㄴ. 항소심에서도 소의 종류의 변경은 가능하다.
ㄷ. 당사자소송을 항고소송으로 변경하는 것은 허용되지 않는다.
ㄹ. 소의 종류의 변경의 요건을 갖춘 경우 면직처분취소소송을 공무원보수지급청구소송으로 변경하는 것은 가능하다.

① ㄱ, ㄴ
② ㄱ, ㄹ
③ ㄴ, ㄷ
④ ㄴ, ㄹ

2017년 서울시 9급
행정법총론 책형: A

01 행정행위의 효력발생요건에 관한 설명으로 가장 옳지 않은 것은? (다툼이 있는 경우 판례에 의함)

① 행정행위의 효력발생요건으로서의 도달은 상대방이 그 내용을 현실적으로 알 필요까지는 없고, 다만 알 수 있는 상태에 놓여짐으로써 충분하다.
② 교부에 의한 송달은 수령확인서를 받고 문서를 교부함으로써 하며, 송달하는 장소에서 송달받을 자를 만나지 못한 경우에는 그 사무원·피용자 또는 동거인으로서 사리를 분별할 지능이 있는 사람에게 문서를 교부할 수 있다.
③ 정보통신망을 이용한 송달은 송달받을 자의 동의 여부와 상관없이 허용된다.
④ 판례는 내용증명우편이나 등기우편과는 달리 보통우편의 방법으로 발송되었다는 사실만으로는 그 우편물이 상당한 기간 내에 도달하였다고 추정할 수 없고, 송달의 효력을 주장하는 측에서 증거에 의하여 이를 입증하여야 한다고 본다.

02 행정소송법상 취소판결의 효력 중 기속력에 관한 설명으로 가장 옳지 않은 것은? (다툼이 있는 경우 판례에 의함)

① 종전 확정판결의 행정소송과정에서 한 주장 중 처분사유가 되지 아니하여 판결의 판단대상에서 제외된 부분을 행정청이 그 후 새로이 행한 처분의 적법성과 관련하여 새로운 소송에서 다시 주장하는 것은 확정판결의 기판력에 저촉된다.
② 여러 법규위반을 이유로 한 영업허가취소처분이 처분의 이유로 된 법규위반 중 일부가 인정되지 않고 나머지 법규위반으로는 영업허가취소처분이 비례의 원칙에 위반된다고 취소된 경우에 판결에서 인정되지 않은 법규위반사실을 포함하여 다시 영업정지처분을 내리는 것은 동일한 행위의 반복은 아니지만 판결의 취지에 반한다.
③ 파면처분에 대한 취소판결이 확정되면 파면되었던 원고를 복직시켜야 한다.
④ 법규위반을 이유로 내린 영업허가취소처분이 비례의 원칙 위반으로 취소된 경우에 동일한 법규위반을 이유로 영업정지처분을 내리는 것은 기속력에 반하지 않는다.

03 「공공기관의 정보공개에 관한 법률」에 관한 설명으로 가장 옳지 않은 것은? (다툼이 있는 경우 판례에 의함)

① 이해관계인인 당사자에게 문서열람권을 인정하는 행정절차법상의 정보공개와는 달리 「공공기관의 정보공개에 관한 법률」은 모든 국민에게 정보공개청구를 허용한다.
② 행정정보공개의 출발점은 국민의 알 권리인데, 알 권리 자체는 헌법상으로 명문화되어 있지 않음에도 불구하고, 우리 헌법재판소는 초기부터 국민의 알 권리를 헌법상의 기본권으로 인정하여 왔다.
③ 재건축사업계약에 의하여 조합원들에게 제공될 무상보상평수 산출내역은 법인 등의 영업상 비밀에 관한 사항이 아니며 비공개대상정보에 해당되지 않는다.
④ 판례는 '특별법에 의하여 설립된 특수법인'이라는 점만으로 정보공개의무를 인정하고 있으며, 다시금 해당 법인의 역할과 기능에서 정보공개의무를 지는 공공기관에 해당하는지 여부를 판단하지 않는다.

04 「공익사업을 위한 토지 등의 취득 및 보상에 관한 법률」상 손실보상의 원칙에 관한 설명으로 옳지 않은 것은?

① 동일한 사업지역에 보상시기를 달리하는 동일인 소유의 토지 등이 여러 개 있는 경우 토지소유자나 관계인이 요구할 때에는 한꺼번에 보상금을 지급하도록 하여야 한다.
② 공익사업에 필요한 토지 등의 취득 또는 사용으로 인하여 토지소유자나 관계인이 입은 손실은 사업시행자가 보상하여야 한다.
③ 보상액의 산정은 협의에 의한 경우에는 협의 성립 당시의 가격을, 재결에 의한 경우에는 수용 또는 사용의 재결 당시의 가격을 기준으로 한다.
④ 보상액을 산정할 경우에 해당 공익사업으로 인하여 토지 등의 가격이 변동되었을 때에는 이를 고려하여야 한다.

05 판례가 항고소송의 대상인 처분성을 부정한 것을 모두 고른 것은?

> ㄱ. 수도요금체납자에 대한 단수조치
> ㄴ. 전기·전화의 공급자에게 위법건축물에 대한 단전 또는 전화통화 단절조치의 요청행위
> ㄷ. 공무원에 대한 당연퇴직통지
> ㄹ. 병역법상의 신체등위판정
> ㅁ. 교육부장관이 내신성적 산정기준의 통일을 기하기 위해 시·도 교육감에게 통보한 대학입시 기본계획 내의 내신성적 산정지침

① ㄱ, ㄴ, ㄷ
② ㄴ, ㄹ, ㅁ
③ ㄱ, ㄴ, ㄹ, ㅁ
④ ㄴ, ㄷ, ㄹ, ㅁ

06 행정조사에 관한 설명으로 옳은 것은?

① 행정조사는 사실행위의 형식으로만 가능하다.
② 조사대상자의 자발적 협조가 있을지라도 법령 등에서 행정조사를 규정하고 있어야 실시가 가능하다.
③ 조사대상자의 동의가 있는 경우 해가 뜨기 전이나 해가 진 뒤에도 현장조사가 가능하다.
④ 자발적인 협조에 따라 실시하는 행정조사에 대하여 조사대상자가 조사에 응할 것인지에 대한 응답을 하지 아니하는 경우에는 법령 등에 특별한 규정이 없는 한 그 조사에 동의한 것으로 본다.

07 현행 「행정절차법」의 적용과 관련하여 가장 옳지 않은 것은? (다툼이 있는 경우 판례에 의함)

① 「행정절차법」은 행정절차에 관한 일반법이지만, '국회 또는 지방의회의 의결을 거치거나 동의 또는 승인을 얻어 행하는 사항'에 대하여는 「행정절차법」의 적용이 배제된다.
② 행정과정에 대한 국민의 참여와 행정의 공정성, 투명성 및 신뢰성을 확보하고 국민의 권익을 보호함을 목적으로 하는 「행정절차법」의 입법목적과 「행정절차법」 제3조 제2항 제9호의 규정내용 등에 비추어 보면, 공무원 인사관계법령에 의한 처분에 관한 사항에 대하여 「행정절차법」의 적용이 배제된다.
③ 대법원에 따르면 「행정절차법」 적용이 제외되는 의결·결정에 대해서는 「행정절차법」을 적용하여 의견청취절차를 생략할 수는 없다.
④ 「행정절차법」은 「국세기본법」과는 달리 행정청에 대해서만 신의성실의 원칙에 따를 것을 규정하고 있다.

08 판례에 따를 때 행정입법에 관한 설명으로 가장 옳지 않은 것은?

① 법률의 위임규정 자체가 그 의미내용을 정확하게 알 수 있는 용어를 사용하여 위임의 한계를 분명히 하고 있는데도 고시에서 그 문언적 의미의 한계를 벗어나면 위임의 한계를 일탈한 것으로써 허용되지 아니한다.
② 한국표준산업분류는 우리나라의 산업구조를 가장 잘 반영하고 있고, 업종의 분류에 관하여 가장 공신력 있는 자료로 평가받고 있는 점 등을 고려하면, 업종의 분류에 관하여 판단자료와 전문성의 한계가 있는 대통령이나 행정각부의 장에게 위임하기보다는 통계청장이 고시하는 한국표준산업분류에 위임할 필요성이 인정된다.
③ "가공품의 원료로 가공품이 사용될 경우 원산지표시는 원료로 사용된 가공품의 원료농산물의 원산지를 표시하여야 한다."는 농림부고시인 「농산물원산지 표시요령」은 법규명령으로서의 대외적 구속력을 가진다.
④ 「공공기관의 운영에 관한 법률」에 따라 입찰참가자격 제한 기준을 정하고 있는 구 「공기업·준정부기관 계약사무규칙」, 「국가를 당사자로 하는 계약에 관한 법률 시행규칙」은 대외적으로 국민이나 법원을 기속하는 효력이 없다.

09 다음 중 단계별 행정행위에 관한 판례의 태도로서 가장 옳지 않은 것은?

① 폐기물처리업에 대하여 관할관청의 사전 적정통보를 받고 막대한 비용을 들여 허가요건을 갖춘 다음 허가신청을 하였음에도 청소업자의 난립으로 효율적인 청소업무의 수행에 지장이 있다는 이유로 한 불허가처분이 신뢰보호의 원칙에 반하여 재량권을 남용한 위법한 처분이다.
② 폐기물처리업사업계획에 대하여 적정통보를 한 것만으로 그 사업부지토지에 대한 국토이용계획변경신청을 승인하여 주겠다는 취지의 공적인 견해표명을 한 것으로 볼 수 없다.
③ 행정청이 내인가를 한 다음 이를 취소하는 행위는 인가신청을 거부하는 처분으로 보아야 한다.
④ 구 「주택건설촉진법」에 의한 주택건설사업계획 사전결정이 있는 경우 주택건설계획 승인처분은 사전결정에 기속되므로 다시 승인 여부를 결정할 수 없다.

10 영업허가의 양도와 제재처분의 효과 및 제재사유의 승계에 관한 설명으로 가장 옳지 않은 것은? (다툼이 있는 경우 판례에 의함)

① 양도인의 위법행위로 양도인에게 이미 제재처분이 내려진 경우에 영업정지 등 그 제재처분의 효력은 양수인에게 당연히 이전된다.
② 주택건설사업이 양도되었으나 그 변경승인을 받기 이전에 행정청이 양수인에 대하여 양도인에 대한 사업계획승인을 취소하였다는 사실을 통지한 경우 이러한 통지는 양수인의 법률상 지위에 변동을 일으키므로 행정처분이다.
③ 회사분할시 분할 전 회사에 대한 제재사유가 신설회사에 대하여 승계되지 않으므로 회사의 분할 전 법위반행위를 이유로 과징금을 부과하는 것은 허용되지 않는다.
④ 양도인이 위법행위를 한 후 제재를 피하기 위하여 영업을 양도한 경우 그 제재사유의 승계에 관하여 명문의 규정이 없는 경우, 위법행위로 인한 제재사유는 항상 인적 사유이고 경찰책임 중 행위책임의 문제라는 논거는 승계부정설의 논거이다.

11 다음 사안에 관한 설명으로 가장 옳지 않은 것은? (다툼이 있는 경우 판례에 의함)

> 甲은 공중보건의로 근무하면서 乙을 치료하였는데 그 과정에서 乙은 폐혈증으로 사망하였다. 유족들은 甲을 상대로 손해배상청구의 소를 제기하였고, 甲의 의료상 경과실이 인정된다는 이유로 甲에게 손해배상책임을 인정한 판결이 확정되었다. 이에 甲은 乙의 유족들에게 판결금채무를 지급하였고, 이후 국가에 대해 구상권을 행사하였다.

① 공중보건의 甲은 국가배상법상의 공무원에 해당한다.
② 공중보건의 甲이 직무수행 중 불법행위로 乙에게 손해를 입힌 경우 국가 등이 국가배상책임을 부담하는 외에 甲 개인도 고의 또는 중과실이 있다고 한다면 민사상 불법행위로 인한 손해배상책임을 진다.
③ 乙의 유족에게 손해를 직접 배상한 경과실이 있는 공중보건의 甲은 국가에 대하여 자신이 변제한 금액에 대하여 구상권을 취득할 수 없다.
④ 공무원의 직무수행 중 불법행위로 인한 배상과 관련하여, 피해자가 공무원에 대해 직접적으로 손해배상을 청구할 수 있는지 여부에 대한 명시적 규정은 국가배상법상으로 존재하지 않는다.

12 부관에 대한 행정쟁송에 관한 설명으로 옳지 않은 것은? (다툼이 있는 경우 판례에 의함)

① 부담이 아닌 부관은 독립하여 행정소송의 대상이 될 수 없으므로 이의 취소를 구하는 소송에 대하여는 각하판결을 하여야 한다.
② 위법한 부관에 대하여 신청인이 부관부 행정행위의 변경을 청구하고, 행정청이 이를 거부한 경우 동 거부처분의 취소를 구하는 소송을 제기할 수 있다.
③ 기부채납받은 행정재산에 대한 사용·수익허가에서 공유재산의 관리청이 정한 사용·수익허가의 기간은 그 허가의 효력을 제한하기 위한 행정행위의 부관으로서 이러한 사용·수익허가의 기간에 대해서는 독립하여 행정소송을 제기할 수 있다.
④ 토지소유자가 토지형질변경행위허가에 붙은 기부채납의 부관에 따라 토지를 국가나 지방자치단체에 기부채납(증여)한 경우, 기부채납의 부관이 당연무효이거나 취소되지 아니한 이상 토지소유자는 위 부관으로 인하여 증여계약의 중요부분에 착오가 있음을 이유로 증여계약을 취소할 수 없다.

13 행정상 법률관계의 당사자에 관한 설명으로 옳은 것은? (다툼이 있는 경우 판례에 의함)

① 국가나 지방자치단체는 행정청과는 달리 당사자소송의 당사자가 될 수 있고 국가배상책임의 주체가 될 수 있다.
② 법인격 없는 단체는 공무수탁사인이 될 수 없다.
③ 「도시 및 주거환경정비법」에 따른 주택재건축정비조합은 공법인으로서 행정주체의 지위를 가진다고 보기 어렵다.
④ 「민영교도소 등의 설치·운영에 관한 법률」상의 민영교도소는 행정보조인(행정보조자)에 해당한다.

14 판례가 행정행위의 하자의 승계를 인정한 것을 모두 고른 것은?

> ㄱ. 행정대집행에서의 계고와 대집행영장의 통지
> ㄴ. 안경사시험합격취소처분과 안경사면허취소처분
> ㄷ. 개별공시지가결정과 과세처분
> ㄹ. 일제강점하 반민족행위 진상규명에 관한 특별법에 따른 친일반민족행위자 결정과 독립유공자 예우에 관한 법률에 의한 법적용 배제결정
> ㅁ. 공무원의 직위해제처분과 면직처분
> ㅂ. 건물철거명령과 대집행계고처분
> ㅅ. 과세처분과 체납처분

① ㄱ, ㄴ, ㄷ, ㄹ
② ㄱ, ㄷ, ㄹ, ㅅ
③ ㄱ, ㄹ, ㅁ, ㅅ
④ ㄴ, ㄷ, ㄹ, ㅁ

15 「행정심판법」에 따른 행정심판에 관한 설명으로 가장 옳은 것은? (다툼이 있는 경우 판례에 의함)

① 취소심판의 인용재결에는 취소재결·변경재결·취소명령재결·변경명령재결이 있다.
② 거부처분은 취소심판의 대상이므로 거부처분의 상대방은 이에 대하여 취소심판만 청구할 수 있다.
③ 행정심판위원회가 처분을 취소하거나 변경하는 재결을 하면, 행정청은 재결의 기속력에 따라 처분을 취소 또는 변경하는 처분을 하여야 하고, 이를 통하여 당해 처분은 처분시에 소급하여 소멸되거나 변경된다.
④ 거부처분취소재결이 있는 경우에는 행정청은 그 재결의 취지에 따라 이전의 신청에 대한 처분을 하여야 하는 것이므로 행정청이 그 재결의 취지에 따른 처분을 하지 아니하고 그 처분과는 양립할 수 없는 다른 처분을 하는 것은 재결의 기속력에 반하여 위법하다.

16 질서위반행위와 과태료처분에 관한 설명으로 옳은 것은?

① 과태료의 부과·징수, 재판 및 집행 등의 절차에 관하여 「질서위반행위규제법」과 타법률이 달리 규정하고 있는 경우에는 후자를 따른다.
② 하나의 행위가 2 이상의 질서위반행위에 해당하는 경우에는 각 질서위반행위에 대하여 정한 과태료 중 가장 중한 과태료를 부과하는 것이 원칙이다.
③ 과태료는 행정질서유지를 위한 의무위반이라는 객관적 사실에 대하여 과하는 제재이므로 과태료부과에는 고의, 과실을 요하지 않는다.
④ 과태료에는 소멸시효가 없으므로 행정청의 과태료처분이나 법원의 과태료재판이 확정된 이상 일정한 시간이 지나더라도 그 처벌을 면할 수는 없다.

17 처분사유의 추가·변경에 대한 설명으로 가장 옳지 않은 것은? (다툼이 있는 경우 판례에 의함)

① 추가 또는 변경된 사유가 당초의 처분시 그 사유를 명기하지 않았을 뿐 처분시에 이미 존재하고 있었고 당사자도 그 사실을 알고 있었다 하여 당초의 처분사유와 동일성이 있는 것이라 할 수 없다.
② 취소소송에서 행정청의 처분사유의 추가·변경은 사실심 변론종결시까지만 허용된다.
③ 당초의 처분사유인 중기취득세의 체납과 그 후 추가된 처분사유인 자동차세의 체납은 기본적 사실관계의 동일성이 부정된다.
④ 주류면허지정조건 중 제6호 무자료 주류판매 및 위장거래 항목을 근거로 한 면허취소처분에 대한 항고소송에서, 지정조건 제2호 무면허판매업자에 대한 주류판매를 새로이 그 취소사유로 주장하는 것은 기본적 사실관계의 동일성이 인정된다.

18 신고에 관한 설명으로 가장 옳지 않은 것은? (다툼이 있는 경우 판례에 의함)

① 「건축법」에 따른 착공신고를 반려하는 행위는 당사자에게 장래의 법적 불이익이 예견되지 않아 이를 법적으로 다툴 실익이 없으므로 항고소송의 대상이 될 수 없다.
② 「건축법」에 따른 건축신고를 반려하는 행위는 장차 있을 지도 모르는 위험에서 미리 벗어날 수 있도록 길을 열어 주고 위법한 건축물의 양산과 그 철거를 둘러싼 분쟁을 조기에 근본적으로 해결할 수 있게 하여야 한다는 점에서 항고소송의 대상이 된다.
③ 인·허가의제 효과를 수반하는 건축신고는 행정청이 그 실체적 요건에 관한 심사를 한 후 수리하여야 하기 때문에 수리를 요하는 신고이다.
④ 「수산업법」 제44조 소정의 어업의 신고는 행정청의 수리에 의하여 비로소 그 효과가 발생하는 수리를 요하는 신고이다.

19 다음 판례 중 협의의 소의 이익(권리보호의 필요)이 인정되지 않는 것은?

① 현역입영대상자로서 현실적으로 입영을 한 자가 입영 이후의 법률관계에 영향을 미치고 있는 현역병입영통지처분 등을 한 관할지방병무청장을 상대로 위법을 주장하여 그 취소를 구하는 경우
② 행정청이 영업허가신청 반려처분의 취소를 구하는 소의 계속 중 사정변경을 이유로 위 반려처분을 직권취소함과 동시에 위 신청을 재반려하는 내용의 재처분을 한 경우 당초의 반려처분의 취소를 구하는 경우
③ 도시개발사업의 공사 등이 완료되고 원상회복이 사회통념상 불가능하게 된 경우 도시개발사업의 시행에 따른 도시계획변경결정처분과 도시개발구역지정처분 및 도시개발사업 실시계획인가처분의 취소를 구하는 경우
④ 행정처분의 효력기간이 경과하였다고 하더라도 그 처분을 받은 전력이 장래에 불이익하게 취급되는 것으로 법정(법률)상 가중요건으로 되어 있고, 법정가중요건에 따라 새로운 제재적인 행정처분이 가해지고 있는 경우

20 행정법의 일반원칙에 관한 설명으로 가장 옳은 것은? (다툼이 있는 경우 판례에 의함)

① 「행정규제기본법」과 「행정절차법」은 각각 규제의 원칙과 행정지도의 원칙으로 비례원칙을 정하고 있다.
② 위법한 행정규칙에 의하여 위법한 행정관행이 형성되었다 하더라도 행정청은 정당한 사유 없이 이 관행과 달리 조치를 할 수 없는 자기구속을 받는다.
③ 신뢰보호의 원칙과 관련하여, 행정청의 선행조치가 신청자인 사인의 사위나 사실은폐에 의해 이뤄진 경우라도 행정청의 선행조치에 대한 사인의 신뢰는 보호되어야 한다.
④ 지방의회의 감사 또는 조사를 위하여 출석요구를 받은 증인이 출석하지 않을 경우 증인의 사회적 지위에 따라 과태료의 액수에 차등을 두는 것을 내용으로 하는 조례안은 헌법에 규정된 평등의 원칙에 위배된다고 볼 수 없다.

2017년 서울시(사회복지직) 9급
행정법총론 책형: A

01 다음 중 행정주체에 대한 설명으로 옳지 않은 것은? (단, 다툼이 있는 경우 판례에 의함)

① 「도시 및 주거환경정비법」상 주택재건축정비사업조합은 공법인으로서 목적범위 내에서 법령이 정하는 바에 따라 일정한 행정작용을 행하는 행정주체의 지위를 갖는다.
② 공무수탁사인은 수탁받은 공무를 수행하는 범위 내에서 행정주체이고, 「행정절차법」이나 「행정소송법」에서는 행정청이다.
③ 경찰과의 사법상 용역계약에 의해 주차위반차량을 견인하는 민간사업자는 공무수탁사인이 아니다.
④ 지방자치단체는 행정주체이지 행정권 발동의 상대방인 행정객체는 될 수 없다.

02 국가배상제도에 대한 설명으로 옳은 것은? (단, 다툼이 있는 경우 판례에 의함)

① 사인이 받은 손해란 생명·신체·재산상의 손해는 인정하지만, 정신상의 손해는 인정하지 않는다.
② 국가배상책임에 있어서 공무원의 행위는 '법령에 위반한 것'이어야 하고, 법령위반이라 함은 엄격한 의미의 법령위반뿐만 아니라 인권존중, 권력남용금지, 신의성실 등의 위반도 포함하여 그 행위가 객관적인 정당성을 결여하고 있음을 의미한다.
③ 「국가배상법」이 정한 손해배상청구의 요건인 '공무원의 직무'에는 권력적 작용뿐만 아니라 비권력적 작용과 단순한 사경제의 주체로서 하는 작용도 포함된다.
④ 부작위로 인한 손해에 대한 국가배상청구는 공무원의 작위의무를 명시한 형식적 의미의 법령에 위배된 경우에 한한다.

03 「행정절차법」에 관한 설명 중 옳지 않은 것은? (단, 다툼이 있는 경우 판례에 의함)

① 특별한 사정이 없는 한 신청에 대한 거부처분은 처분의 사전통지대상이 아니다.
② 대통령에 의한 한국방송공사 사장의 해임에는 「행정절차법」이 적용된다.
③ 고시의 방법으로 불특정한 다수인을 상대로 의무를 부과하거나 권익을 제한하는 처분도 상대방에게 의견제출의 기회를 주어야 한다.
④ 불이익처분의 직접 상대방인 당사자도 아니고 행정청이 참여하게 한 이해관계인도 아닌 제3자에 대해서는 사전통지에 관한 규정이 적용되지 않는다.

04 「개인정보 보호법」의 내용으로 옳은 것은?

① 개인정보처리자가 「개인정보 보호법」을 위반한 행위로 손해를 입힌 경우 정보주체는 손해배상을 청구할 수 있는데, 이때 개인정보처리자가 고의·과실이 없음에 대한 입증책임을 진다.
② 개인정보는 살아 있는 개인뿐만 아니라 사망자의 성명, 주민등록번호 및 영상 등을 통하여 개인을 알아볼 수 있는 정보도 포함한다.
③ 「개인정보 보호법」의 대상정보의 범위에는 공공기관·법인·단체에 의하여 처리되는 정보가 포함되고, 개인에 의해서 처리되는 정보는 포함되지 않는다.
④ 개인정보처리자는 개인정보가 유출되었음을 알게 되었을 때에는 지체 없이 방송통신위원회 위원장에게 신고하여야 한다.

05 다음 〈보기〉 중 강학상 특허인 것을 모두 고른 것은? (단, 다툼이 있는 경우 판례에 의함)

― 보기 ―
ㄱ. 공유수면매립면허
ㄴ. 재건축조합설립인가
ㄷ. 운전면허
ㄹ. 여객자동차운수사업법에 따른 개인택시운송사업면허
ㅁ. 귀화허가
ㅂ. 재단법인의 정관변경허가
ㅅ. 사립학교 법인임원취임에 대한 승인

① ㄱ, ㄷ
② ㄴ, ㄹ, ㅅ
③ ㄱ, ㄴ, ㅁ, ㅂ
④ ㄱ, ㄴ, ㄹ, ㅁ

06 다음 중 선결문제에 대한 기술로 옳지 않은 것은? (단, 다툼이 있는 경우 판례에 의함)

① 위법한 행정대집행이 완료되면 그 처분의 무효확인 또는 취소를 구할 소의 이익은 없다 하더라도, 미리 그 행정처분의 취소판결이 있어야만 그 처분의 위법임을 이유로 한 손해배상청구를 할 수 있다.
② 조세의 과오납으로 인한 부당이득반환청구소송에서 행정행위가 당연무효가 아닌 경우 민사법원은 그 처분의 효력을 부인할 수 없다.
③ 연령미달의 결격자가 타인의 이름으로 운전면허시험에 응시, 합격하여 교부받은 운전면허는 당연무효가 아니라 취소되지 않는 한 유효하므로 피고인의 운전행위는 무면허운전에 해당하지 않는다.
④ 민사소송에 있어서 어느 행정처분의 당연무효 여부가 선결문제로 되는 때에는 이를 판단하여 당연무효임을 전제로 판결할 수 있고, 반드시 행정소송 등의 절차에 의하여 그 취소나 무효확인을 받아야 하는 것은 아니다.

07 행정행위의 부관에 대한 기술로 옳은 것은? (단, 다툼이 있는 경우 판례에 의함)

① 허가에 붙은 기한이 부당하게 짧은 경우에는 허가기간의 연장신청이 없는 상태에서 허가기간이 만료하였더라도 그 후에 허가기간 연장신청을 하였다면 허가의 효력은 상실되지 않는다.
② 부관은 주된 행정행위에 부가된 종된 규율로서 독자적인 존재를 인정할 수 없으므로 사정변경으로 인해 당초 부담을 부가한 목적을 달성할 수 없게 된 경우라도 부담의 사후변경은 허용될 수 없다.
③ 무효인 부담이 붙은 행정행위의 상대방이 그 부담의 이행으로 사법상 법률행위를 한 경우에 그 사법상 법률행위 자체가 당연무효로 되는 것은 아니다.
④ 행정행위에 부가된 허가기간은 그 자체로서 항고소송의 대상이 될 수 없을 뿐만 아니라 그 기간의 연장신청의 거부에 대하여도 항고소송을 청구할 수 없다.

08 행정규칙에 관한 설명 중 옳지 않은 것은? (단, 다툼이 있는 경우 판례에 의함)

① 설정된 재량기준이 객관적으로 합리적이 아니라거나 타당하지 않다고 볼 만한 다른 특별한 사정이 없다면 행정청의 의사는 존중되어야 한다.
② 「공공기관의 운영에 관한 법률」의 위임에 따라 입찰자격제한기준을 정하는 부령은 행정내부의 재량준칙에 불과하다.
③ 재량준칙이 정한 바에 따라 되풀이 시행되어 행정관행이 이루어지게 되면 행정청은 상대방에 대한 관계에서 그 규칙에 따라야 할 자기구속을 받게 된다.
④ 구 「청소년 보호법 시행령」상 별표에 따른 과징금처분기준은 단지 상한을 정한 것이 아니라 특정금액을 정한 것이다.

09 행정상 강제징수에 관한 설명으로 옳지 않은 것은?

① 행정상의 금전급부의무를 이행하지 않는 경우를 대상으로 한다.
② 독촉만으로는 시효중단의 효과가 발생하지 않는다.
③ 매각은 원칙적으로 공매에 의하나 예외적으로 수의계약에 의할 수도 있다.
④ 판례에 따르면 공매행위는 행정행위에 해당된다.

10 항고소송의 대상적격에 관한 설명으로 옳은 것은? (단, 다툼이 있는 경우 판례에 의함)

① 국유재산의 대부계약에 따른 대부료 부과는 처분성이 있다.
② 행정재산의 사용료 부과는 처분성이 없다.
③ 농지개량조합의 직원에 대한 징계처분은 처분성이 인정된다.
④ 한국마사회가 기수의 면허를 취소하는 것은 처분성이 인정된다.

11 다음 중 행정입법에 대한 설명 중 옳은 것을 모두 고른 것은? (단, 다툼이 있는 경우 판례에 의함)

ㄱ. 법령의 직접적인 위임에 따라 위임행정기관이 그 법령을 시행하는 데 필요한 구체적인 사항을 정한 것이라면, 그 제정형식이 고시, 훈령, 예규 등과 같은 행정규칙이더라도 그것이 상위법령의 위임한계를 벗어나지 아니하는 한, 상위법령과 결합하여 대외적 구속력을 가진다.
ㄴ. 상위법령에서 세부사항 등을 시행규칙으로 정하도록 위임하였는데, 이를 고시로 정한 경우에 대외적 구속력을 가지는 법규명령으로서의 효력이 인정될 수 있다.
ㄷ. 판례는 종래부터 법령의 위임을 받아 부령으로 정한 제재적 행정처분의 기준을 행정규칙으로 보고, 대통령령으로 정한 제재적 행정처분의 기준은 법규명령으로 보는 경향이 있다.
ㄹ. 하위법령은 그 규정이 상위법령의 규정에 명백히 저촉되어 무효인 경우를 제외하고는 관련법령의 내용과 그 입법취지, 연혁 등을 종합적으로 살펴서 그 의미를 상위법령에 합치되는 것으로 해석하여야 한다.

① ㄱ, ㄴ
② ㄴ, ㄷ
③ ㄱ, ㄴ, ㄷ
④ ㄱ, ㄷ, ㄹ

12 행정의 실효성 확보수단에 대한 기술로 옳은 것은? (단, 다툼이 있는 경우 판례에 의함)

① 「공익사업을 위한 토지 등의 취득 및 보상에 관한 법률」상의 수용대상토지의 명도의무는 강제적으로 실현할 필요가 인정되므로 대체적 작위의무에 해당한다.
② 철거명령과 철거대집행 계고처분을 이미 했음에도 그 후에 제2차, 제3차 계고처분을 하였다면, 최종적인 제3차 계고처분에 대하여 항고소송을 제기해야 한다.
③ 구 「건축법」상 이행강제금을 부과받은 자의 이의에 의해 「비송사건절차법」에 의한 재판절차가 개시된 후에 그 이의한 자가 사망했다면 그 재판절차는 종료된다.
④ 「국세징수법」상 공매처분을 하면서 체납자에게 공매통지를 하였다면 공매통지가 적법하지 않다 하더라도 공매처분에 절차상 하자가 있다고 할 수는 없다.

13 행정행위의 종류에 관한 설명 중 옳은 것은? (단, 다툼이 있는 경우 판례에 의함)

① 한약조제시험을 통하여 약사에게 한약조제권을 인정함으로써 한의사들의 영업상 이익이 감소되었다고 하더라도 이러한 이익은 사실상의 이익에 불과하다.
② 개인택시운송사업면허는 성질상 일반적 금지에 대한 해제에 불과하다.
③ 사회복지법인의 정관변경허가에 대해서는 부관을 붙일 수 없다.
④ 친일반민족행위자 재산조사위원회의 국가귀속결정은 친일재산을 국가의 소유로 귀속시키는 형성행위이다.

14 당사자소송의 대상이 아닌 것은? (단, 다툼이 있는 경우 판례에 의함)

① 구 「도시재개발법」상 재개발조합의 조합원자격확인
② 구 「석탄산업법」상 석탄가격안정지원금의 지급청구
③ 납세의무자의 부가가치세 환급세액 지급청구
④ 구 「공익사업을 위한 토지 등의 취득 및 보상에 관한 법률」상 환매금액의 증감청구

15 행정행위 또는 처분에 대한 기술로 옳은 것은? (단, 다툼이 있는 경우 판례에 의함)

① 상급행정기관의 하급행정기관에 대한 승인·동의·지시 등은 행정기관 상호 간의 내부행위로서 항고소송의 대상이 되는 행정처분이라 볼 수 없다.
② 통상 고시 또는 공고에 의하여 행정처분을 하는 경우에 행정처분이 있었음을 안 날이란 행정처분의 이해관계를 갖는 자가 고시 또는 공고가 있었다는 사실을 현실적으로 안 날이 된다.
③ 지방경찰청장의 횡단보도 설치행위는 국민의 구체적인 권리·의무에 직접적인 변동을 초래하지 않으므로 행정소송법상 처분에 해당하지 않는다.
④ 「도로법」상 도로구역의 결정·변경고시는 행정처분으로서 「행정절차법」 제21조 제1항의 사전통지나 제22조 제3항의 의견청취의 절차를 거쳐야 한다.

16 사인의 공법행위로서의 신고에 대한 기술로 옳은 것은? (단, 다툼이 있는 경우 판례에 의함)

① 행정청은 전입신고자가 거주의 목적 이외에 다른 이해관계를 가지고 있는지 여부를 심사하여 주민등록법상 주민등록 전입신고의 수리를 거부할 수 있다.
② 타법상의 인·허가의제가 수반되는 건축법상의 건축신고는 특별한 사정이 없는 한 행정청이 그 실체적 요건에 관한 심사를 한 후 수리하여야 한다.
③ 사업양도·양수에 따른 지위승계신고가 수리된 경우 사업의 양도·양수가 무효라도 허가관청을 상대로 신고수리처분의 무효확인을 구할 수는 없다.
④ 「식품위생법」에 의해 영업양도에 따른 지위승계신고를 수리하는 행정청의 행위는 단순히 양수인이 그 영업을 승계하였다는 사실의 신고를 접수한 행위에 그친다.

17 「공익사업을 위한 토지 등의 취득 및 보상에 관한 법률」상 토지수용에 따른 권리구제에 대한 기술로 옳은 것은? (단, 다툼이 있는 경우 판례에 의함)

① 사업폐지에 대한 손실보상청구권은 사법상 권리로서 민사소송절차에 의해야 한다.
② 농업손실에 대한 보상청구권은 「행정소송법」상 당사자소송에 의해야 한다.
③ 수용재결에 불복하여 이의신청을 거쳐 취소소송을 제기하는 때에는 이의재결을 한 중앙토지수용위원회를 피고로 해야 한다.
④ 잔여지수용청구를 받아들이지 않는 토지수용위원회의 재결에 대해서는 취소소송을 제기할 수 있다.

18 행정심판에 대한 설명으로 옳지 않은 것은?

① 판례에 따르면, 처분의 절차적 위법사유로 인용재결이 있었으나 행정청이 절차적 위법사유를 시정한 후 행정청이 종전과 같은 처분을 하는 것은 재결의 기속력에 반한다.
② 사정재결은 무효등확인심판에는 적용되지 아니한다.
③ 당사자의 신청을 거부하거나 부작위로 방치한 처분의 이행을 명하는 재결이 있으면 행정청은 지체 없이 이전의 신청에 대하여 재결의 취지에 따라 처분을 하여야 한다.
④ 행정심판위원회는 필요하면 당사자가 주장하지 않은 사실에 대하여도 심리할 수 있다.

19 「행정소송법」 제8조 제2항은 "행정소송에 관하여 이 법에 특별한 규정이 없는 사항에 대하여는 법원조직법과 민사소송법 및 민사집행법의 규정을 준용한다."고 규정한다. 이에 관한 다음의 설명 중 옳지 않은 것은? (단, 다툼이 있는 경우 판례에 의함)

① 행정소송사건에서 「민사소송법」상 보조참가가 허용된다.
② 「민사소송법」상 가처분은 항고소송에서 허용된다.
③ 「민사집행법」상 가처분은 당사자소송에서 허용된다.
④ 행정소송으로 제기해야 할 사건을 민사소송으로 잘못 제기한 경우에 수소법원이 행정소송에 대한 관할이 없다면 특별한 사정이 없는 한 관할법원에 이송하여야 한다.

20 취소소송에 대한 기술로 옳은 것은? (단, 다툼이 있는 경우 판례에 의함)

① 과세처분취소소송에서 과세처분의 위법성 판단시점은 처분시이므로 과세행정청은 처분 당시의 자료만에 의하여 처분의 적법 여부를 판단하고 처분 당시의 처분사유만을 주장할 수 있다.
② 시행규칙에 법 위반횟수에 따라 가중처분하게 되어 있는 제재적 처분기준이 규정되어 있다 하더라도, 기간의 경과로 효력이 소멸한 제재적 처분을 취소소송으로 다툴 법률상 이익은 없다.
③ 상급행정청으로부터 내부위임을 받은 데 불과한 하급행정청이 권한 없이 행정처분을 한 경우에는 실제로 그 처분을 행한 하급행정청을 피고로 취소소송을 제기해야 한다.
④ 취소소송을 제기하기 위해서는 처분 등이 존재하여야 하며, 거부처분이 성립하기 위해서는 개인의 신청권이 존재하여야 하고, 여기서 신청권이란 신청인이 신청의 인용이라는 만족적 결과를 얻을 권리를 의미하는 것이다.

2016년 서울시 9급
행정법총론 책형: A

> 본 과목 풀이시 학설 대립이나 다툼이 있는 경우 헌법재판소 결정 또는 대법원의 판례를 따름

01 행정법의 법원(法源)에 대한 설명 중 가장 옳은 것은?

① 헌법재판소 판례에 의하면 감사원규칙은 헌법에 근거가 없으므로 법규명령으로 인정되지 않는다.
② 법원(法源)을 법의 인식근거로 보면 헌법은 행정법의 법원이 될 수 없다.
③ 관습법은 성문법령의 흠결을 보충하기 때문에 법률유보원칙에서 말하는 법률에 해당한다.
④ 행정법의 일반원칙은 다른 법원(法源)과의 관계에서 보충적 역할에 그치지 않으며 헌법적 효력을 갖기도 한다.

02 행정행위에 대한 설명으로 옳은 것은?

① 행정행위는 행정주체가 행하는 구체적 사실에 관한 법집행 작용이므로 공법상 계약, 공법상 합동행위도 행정행위에 포함된다.
② 구체적 사실을 규율하는 경우라도 불특정 다수인을 상대방으로 하는 처분이라면 행정행위가 아니다.
③ 사전결정(예비결정)은 단계화된 행정절차에서 최종적인 행정결정을 내리기 전에 이루어지는 행위이지만, 그 자체가 하나의 행정행위이기도 하다.
④ 부분허가(부분승인)는 본허가권한과 분리되는 독자적인 행정행위이기 때문에 부분허가를 위해서는 본허가 이외에 별도의 법적 근거를 필요로 한다.

03 다음 중 행정주체가 아닌 것은?

① 법무부장관
② 농지개량조합
③ 서울대학교
④ 대구광역시

04 확약에 대한 설명으로 가장 옳지 않은 것은?

① 「행정절차법」은 확약에 관한 명문규정을 두고 있다.
② 판례는 어업권면허에 선행하는 우선순위결정의 처분성을 인정하고 있다.
③ 확약을 행한 행정청은 확약의 내용인 행위를 하여야 할 자기구속적 의무를 지며, 상대방은 행정청에 그 이행을 청구할 권리를 갖게 된다.
④ 확약이 있은 이후에 사실적·법률적 상태가 변경되었다면 그와 같은 확약은 행정청의 별다른 의사표시 없이도 실효된다.

05 행정행위의 부관에 대한 설명으로 가장 옳은 것은?

① 허가가 갱신된 이후라고 하더라도, 갱신 전의 법위반사실을 이유로 허가를 취소할 수 있다.
② 부담의 불이행을 이유로 행정행위를 철회하는 경우라면 이익형량에 따른 철회의 제한이 적용되지 않는다.
③ 부관이 붙은 행정행위 전체를 소송의 대상으로 하였다가 부관만이 위법하다고 판단되는 경우에는 부관의 독립적 취소가 가능하다.
④ 기부채납의 부담을 이행하였다가 그 부담이 위법하여 취소가 되면 기부채납은 별도의 소송 없이 당연히 부당이득이 된다.

06 행정상 손해배상(국가배상)에 대한 설명으로 가장 옳은 것은?

① 국가배상은 공행정작용을 대상으로 하므로 국가배상청구소송은 당사자소송이다.
② 대한민국 구역 내에 있다면 외국인에게도 국가배상청구권은 당연히 인정된다.
③ 공무원이 고의 또는 중과실로 불법행위를 하여 손해를 입힌 경우 피해자는 공무원 개인에 대하여 손해배상을 청구할 수 있다.
④ 사무귀속주체와 비용부담주체가 동일하지 아니한 경우에는 사무귀속주체가 손해를 우선적으로 배상하여야 한다.

07 다음 중 사인의 공법행위에 대한 설명으로 가장 옳지 않은 것은?

① 사인의 공법행위에는 행위능력에 관한 「민법」의 규정이 원칙적으로 적용된다.
② 판례에 의하면 「민법」상 비진의의사표시의 무효에 관한 규정은 그 성질상 영업재개신고나 사직의 의사표시와 같은 사인의 공법행위에 적용된다.
③ 사인의 공법행위가 행정행위의 단순한 동기에 불과한 경우에는 그 하자는 행정행위의 효력에 아무런 영향을 미치지 않는다는 것이 일반적인 견해이다.
④ 공무원이 한 사직의사표시의 철회나 취소는 그에 터 잡은 의원면직처분이 있을 때까지 할 수 있는 것이고, 일단 면직처분이 있고 난 이후에는 철회나 취소할 여지가 없다.

08 행정상 손실보상에 대한 설명으로 옳지 않은 것은?

① 민간기업을 토지수용의 주체로 정한 법률조항도 헌법 제23조 제3항에서 정한 '공공필요'를 충족하면 헌법에 위반되지 아니한다.
② 수용대상토지의 보상가격이 당해 토지의 개별공시지가를 기준으로 하여 산정한 것보다 저렴하게 되었다는 사정만으로 그 보상액 산정이 위법한 것은 아니다.
③ 공익사업의 시행으로 지가가 상승하여 발생한 개발이익을 손실보상금액에 포함시키지 않더라도 헌법이 규정한 정당보상의 원리에 어긋나는 것은 아니다.
④ 토지소유자가 손실보상금의 액수를 다투고자 할 경우에는 사업시행자가 아니라 토지수용위원회를 상대로 보상금의 증액을 구하는 소송을 제기하여야 한다.

09 「행정소송법」 제18조 제3항에서 규정하고 있는 '행정심판을 거칠 필요가 없는 경우'가 아닌 것은?

① 동종사건에 관하여 이미 행정심판의 기각재결이 있은 때
② 서로 내용상 관련되는 처분 또는 같은 목적을 위하여 단계적으로 진행되는 처분 중 어느 하나가 이미 행정심판의 재결을 거친 때
③ 행정청이 사실심의 변론종결 후 소송의 대상인 처분을 변경하여 당해 변경된 처분에 관하여 소를 제기하는 때
④ 법령의 규정에 의한 행정심판기관이 의결 또는 재결을 하지 못할 사유가 있는 때

10 다음 중 행정규칙에 대한 설명으로 가장 옳지 않은 것은?

① 대법원 판례에 의하면, 법령보충적 행정규칙은 행정기관에 법령의 구체적 사항을 정할 수 있는 권한을 부여한 상위법령과 결합하여 대외적 효력을 갖게 된다.
② 대법원 판례에 의하면, 법령보충적 행정규칙은 상위법령에서 위임한 범위 내에서 대외적 효력을 갖는다.
③ 헌법재판소 판례에 의하면, 헌법상 위임입법의 형식은 열거적이기 때문에, 국민의 권리·의무에 관한 사항을 고시 등 행정규칙으로 정하도록 위임한 법률조항은 위헌이다.
④ 헌법재판소 판례에 의하면, 재량준칙인 행정규칙도 행정의 자기구속의 법리에 의거하여 헌법소원심판의 대상이 될 수 있다.

11 행정계획에 대한 설명으로 가장 옳은 것은?

① 행정계획에는 변화가능성이 내재되어 있으므로, 국민의 신뢰보호를 위하여 계획보장청구권이 널리 인정된다.
② 이익형량을 전혀 하지 않았다면 위법하다고 볼 수 있으나, 이익형량의 고려사항을 일부 누락하였거나 이익형량에 있어 정당성이 결여된 것만으로는 위법하다고 볼 수 없다.
③ 일반적인 행정행위에 비하여 행정청에 폭넓은 재량권이 부여된다.
④ 행정계획은 항고소송의 대상이 될 수 없다.

12 행정의 실효성 확보수단에 대한 설명으로 옳은 것은?

① 행정상 의무불이행에 대하여 법령에 의한 행정상 강제집행이 인정되는 경우에도 필요시 민사상 강제집행의 방법을 사용할 수 있다.
② 부작위의무 위반이 있는 경우, 별도의 규정이 없더라도 부작위의무의 근거인 금지규정으로부터 위반상태의 시정을 명할 수 있는 권한이 도출된다.
③ 건물을 불법점거하고 있는 경우, 건물의 명도의무는 일반적으로 행정대집행의 대상이 된다.
④ 「건축법」상 이행강제금 부과처분은 이에 대한 불복방법에 관하여 별도의 규정을 두지 않고 있으므로 이는 행정소송의 대상이 된다.

13 처분의 신청에 대한 「행정절차법」의 내용으로 옳은 것은?

① 행정청은 신청인의 편의를 위하여 다른 행정청에 신청을 접수하게 할 수 있다.
② 행정청에 처분을 구하는 신청은 문서로만 가능하다.
③ 처분을 신청할 때 전자문서로 하는 경우에는 신청인의 컴퓨터 등에 입력된 때에 신청한 것으로 본다.
④ 행정청은 신청에 구비서류의 미비 등 흠이 있는 경우에는 그 이유를 구체적으로 밝혀 접수된 신청을 되돌려 보내야 한다.

14 다음 중 행정행위의 취소와 철회에 대한 설명으로 가장 옳은 것은?

① 특별한 사정이 없는 한 부담적 행정행위의 취소는 원칙적으로 자유롭지 않다.
② 수익적 행정행위에 대한 철회권유보의 부관은 그 유보된 사유가 발생하여 철회권이 행사된 경우 상대방이 신뢰보호원칙을 원용하는 것을 제한한다는 데 실익이 있다.
③ 철회권이 유보된 경우라도 수익적 행정행위의 철회에 있어서는 반드시 법적 근거가 필요하다.
④ 판례는 불가쟁력이 생긴 행정처분이라도 공권의 확대화 경향에 따라 이에 대한 취소 또는 변경을 구할 신청권을 적극적으로 인정하고 있다.

15 다음 중 항고소송의 대상이 되는 행정처분을 모두 고른 것은?

> ㄱ. 국가인권위원회의 성희롱결정 및 시정조치권고
> ㄴ. 지목변경신청 반려행위
> ㄷ. 반복된 제2차 대집행계고
> ㄹ. 국세환급금결정 신청에 대한 환급거부결정
> ㅁ. 지방계약직공무원에 대한 보수삭감조치

① ㄱ, ㄴ, ㅁ ② ㄱ, ㄹ, ㅁ
③ ㄴ, ㄹ, ㅁ ④ ㄱ, ㄴ, ㄷ, ㄹ

16 다음 중 행정질서벌에 대한 설명으로 옳지 않은 것은?

① 행정질서벌이란 행정법규 위반에 대한 제재로서 과태료가 과하여지는 행정벌을 말한다.
② 하나의 행위가 둘 이상의 질서위반행위에 해당하는 경우에는 각 질서위반행위에 대하여 정한 과태료를 각각 부과한다.
③ 자신의 행위가 위법하지 아니한 것으로 오인하고 행한 질서위반행위는 그 오인에 정당한 이유가 있는 때에 한하여 과태료를 부과하지 아니한다.
④ 신분에 의하여 성립하는 질서위반행위에 신분이 없는 자가 가담한 때에는 신분이 없는 자에 대하여도 질서위반행위가 성립한다.

17 다음 중 사정판결에 대한 내용으로 옳지 않은 것은?

① 사정판결을 함에 있어서는 그 판결의 주문에서 그 처분 등이 위법함을 명시하여야 한다.
② 법원은 처분 등을 취소하는 것이 현저히 공공복리에 적합하지 아니하다고 인정하는 때에는 원고의 청구가 이유 있다고 인정하는 경우에도 원고의 청구를 기각할 수 있다.
③ 법원이 사정판결을 함에 있어서는 미리 원고가 그로 인하여 입게 될 손해의 정도와 배상방법, 그 밖의 사정을 조사하여야 한다.
④ 사정판결이 있는 경우 원고는 피고인 행정청이 속하는 국가 또는 공공단체를 상대로 손해배상청구를 당해 취소소송 등이 계속된 법원에 병합하여 제기할 수 없다.

18 다음은 「건축법」 제11조의 일부이다. 이 법의 적용에 대한 설명으로 가장 옳은 것은?

> 제11조(건축허가) ① 건축물을 건축하거나 대수선하려는 자는 특별자치시장·특별자치도지사 또는 시장·군수·구청장의 허가를 받아야 한다. 〈이하 생략〉
> ② 내지 ④ 〈생략〉
> ⑤ 제1항에 따른 건축허가를 받으면 다음 각호의 허가 등을 받거나 신고를 한 것으로 보며, 공장건축물의 경우에는 「산업집적활성화 및 공장설립에 관한 법률」 제13조의2와 제14조에 따라 관련 법률의 인·허가 등이나 허가 등을 받은 것으로 본다.
> 1. 내지 6. 〈생략〉
> 7. 「농지법」 제34조, 제35조 및 제43조에 따른 농지전용허가·신고 및 협의
> 8. 내지 21. 〈생략〉
> ⑥ 허가권자는 제5항 각호의 어느 하나에 해당하는 사항이 다른 행정기관의 권한에 속하면 그 행정기관의 장과 미리 협의하여야 하며, 〈이하 생략〉
> ⑦ 내지 ⑩ 〈생략〉

① 서울시장은 건축허가를 하는 경우 「농지법」상 농지전용허가에 대한 절차도 준수하여야 한다.
② 서울시장은 농림축산식품부장관이 제6항의 규정에 의한 협의에서 농지전용허가를 하지 않기로 결정한 경우 건축허가를 할 수 없다.
③ 서울시장이 농지전용허가요건 불비를 이유로 건축불허가를 한 때에는 농지전용허가 거부처분에 대한 취소소송을 제기하여야 한다.
④ 판례는 주무행정기관에 신청되거나 의제되는 인·허가요건의 판단방식에 관하여 실체집중설을 취하고 있다.

19 「행정소송법」상 집행정지에 대한 설명으로 옳지 않은 것은?

① 집행정지는 본안사건이 법원에 계속되어 있을 것을 요건으로 한다.
② 집행정지결정을 한 후에 본안소송이 취하되더라도 그 집행정지결정의 효력이 당연히 소멸하는 것은 아니고, 별도의 취소조치를 필요로 한다.
③ 집행정지의 결정이 확정된 후라도 집행정지가 공공복리에 중대한 영향을 미치는 경우 당사자의 신청 또는 직권에 의해 집행정지결정을 취소할 수 있다.
④ 집행정지의 소극적 요건에 대한 주장·소명책임은 행정청에 있다.

20 갑(甲)은 A행정청에 허가신청을 하였으나 거부되었고, 이에 대해 거부처분취소소송을 제기하여 인용판결이 확정되었다. 이에 대한 설명으로 가장 옳지 않은 것은?

① 위 거부처분이 절차의 위법을 이유로 취소된 경우에는 A행정청은 적법한 절차를 거쳐 다시 거부처분을 할 수 있다.
② 위 거부처분이 실체적 위법을 이유로 취소된 경우에는 A행정청은 취소판결의 기속력에 의해 다시 거부처분을 할 수 없고, 갑에게 허가처분을 하여야 한다.
③ A행정청이 기속력에 반하는 재처분을 한 경우, 그 처분은 당연무효이다.
④ A행정청이 재처분을 하였더라도 기속력에 위반된 경우에는 간접강제의 대상이 된다.

민준호 독학 행정법
시행처별 기출문제집

2018 ~ 2016

기타 9급

(교육행정직 & 사회복지직)

2018년 교육행정직 9급
행정법총론 책형: A

[1~20] 다음 문항을 읽고 답하시오. (단, 다툼이 있는 경우 판례에 따름)

01 법치행정에 관한 설명으로 옳지 않은 것은?

① 지방의회의원에 대하여 유급보좌인력을 두는 것은 지방의회의 조례로 규정할 사항이다.
② 법률유보의 원칙은 행정권의 발동에 있어서 조직규범 외에 작용규범이 요구된다는 것을 의미한다.
③ 법률우위의 원칙은 행정의 모든 영역에 적용된다.
④ 법률우위의 원칙이란 국가의 행정은 합헌적 절차에 따라 제정된 법률에 위반되어서는 아니 된다는 것을 말한다.

02 행정법의 법원(法源)에 관한 설명으로 옳지 않은 것은?

① 처분적 법률은 형식적 의미의 법률에 해당한다.
② 일반적으로 관습법은 성문법에 대하여 개폐적 효력을 가진다.
③ 행정규칙이 법규성을 가지는 경우에는 법원성을 인정할 수 있다.
④ 법원(法院)은 보충적 법원으로서의 조리에 따라 재판할 수 있다.

03 행정상 법률관계에 관한 설명으로 옳은 것을 〈보기〉에서 고른 것은?

― 보기 ―
ㄱ. 공법관계와 사법관계는 1차적으로 관계법령의 규정 내용과 성질 등을 기준으로 구별한다.
ㄴ. 행정상 법률관계를 공법관계와 사법관계로 구분하는 것은 각각의 소송절차와도 관련된다.
ㄷ. 「초·중등교육법」상 사립중학교에 대한 중학교 의무교육의 위탁관계는 사법관계에 속한다.
ㄹ. 행정사법(行政私法)영역에서는 사법이 적용되며, 공법원리는 추가로 적용될 수 없다.

① ㄱ, ㄴ
② ㄱ, ㄷ
③ ㄴ, ㄹ
④ ㄷ, ㄹ

04 공권(公權)에 관한 설명으로 옳은 것은?

① 대법원은 경업자(競業者)에게는 개인적 공권을 인정하면서도, 경원자(競願者)에게는 이를 부인하였다.
② 무하자재량행사청구권은 수익적 행정행위뿐만 아니라 부담적 행정행위에도 적용될 수 있다.
③ 개인적 공권으로서의 경찰권은 주민에 의한 자치경찰제의 도입까지 의미하는 것으로 이해된다.
④ 주거지역 내에서 법령상의 제한면적을 초과하는 연탄공장의 건축허가처분으로 불이익을 받고 있는 인근주민은 당해 처분의 취소를 소구할 법률상 자격이 없다.

05 행정행위의 성질에 관한 설명으로 옳은 것은?

① 「친일반민족행위자 재산의 국가귀속에 관한 특별법」에 따른 친일재산은 친일반민족행위자 재산조사위원회가 국가귀속결정을 하여야 비로소 국가의 소유로 된다.
② 서울특별시장의 의료유사업자 자격증 갱신발급은 의료유사업자의 자격을 부여 내지 확인하는 행위의 성질을 가진다.
③ 정년에 달한 공무원에 대한 정년퇴직발령은 정년퇴직사실을 알리는 이른바 관념의 통지에 불과하여 행정소송의 대상이 될 수 없다.
④ 토지거래계약허가는 규제지역 내 토지거래의 자유를 일반적으로 금지하고 일정한 요건을 갖춘 경우에만 그 금지를 해제하여 계약체결의 자유를 회복시켜 주는 성질의 것이다.

06 행정행위의 효력발생요건에 관한 설명으로 옳지 않은 것은?

① 정보통신망을 이용한 송달은 송달받을 자가 동의하는 경우에만 한다.
② 송달이 불가능할 경우에는 송달받을 자가 알기 쉽도록 관보, 공보, 게시판, 일간신문, 인터넷 중 하나에 공고하여야 한다.
③ 보통우편으로 발송되었다는 사실만으로는 우편물이 상당기간 내에 도달하였다고 추정할 수 없다.
④ 정보통신망을 이용하여 전자문서로 송달하는 경우에는 송달받을 자가 지정한 컴퓨터 등에 입력된 때에 도달된 것으로 본다.

07 행정행위의 효력에 관한 설명으로 옳지 않은 것은?

① 형사법원은 행정행위가 당연무효라면, 선결문제로서 그 행정행위의 효력을 부인할 수 있다.
② 불가쟁력은 행정행위의 상대방이나 이해관계인에 대하여 발생하는 효력이다.
③ 민사법원은 행정처분의 당연무효 여부가 재판의 선결문제로 되는 때에는 이를 판단하여 당연무효임을 전제로 판결할 수 있다.
④ 위법한 행정행위에 대한 국가배상소송이 제기된 경우, 민사법원은 해당 행정행위가 취소되어야만 그 위법 여부를 심리·판단하여 배상을 명할 수 있다.

08 행정행위의 하자에 관한 설명으로 옳은 것은?

① 행정행위의 하자의 치유는 무효인 행정행위에는 인정할 수 없다.
② 선행행위의 무효의 하자는 당연히 후행행위에 승계되지 않는다.
③ 무효인 행정행위에 대해서는 사정판결을 할 수 있다.
④ 무효인 행정행위는 당연무효를 선언하는 의미에서 그 취소를 구하는 형식의 소를 제기할 수 없다.

09 행정계획에 관한 판례의 내용으로 옳은 것을 〈보기〉에서 모두 고른 것은?

― 보기 ―
ㄱ. 도시기본계획은 일반국민에 대하여 직접적인 구속력은 없다.
ㄴ. 주택재건축정비사업조합의 사업시행계획은 항고소송의 대상이 된다.
ㄷ. 도시관리계획변경신청에 따른 도시관리계획시설 변경결정에는 형량명령이 적용되지 않는다.
ㄹ. 도시계획의 입안에 있어 해당 도시계획안 내용의 공고 및 공람 절차에 하자가 있는 도시계획결정은 위법하다.

① ㄱ, ㄴ
② ㄴ, ㄷ
③ ㄱ, ㄴ, ㄹ
④ ㄱ, ㄷ, ㄹ

10 공법상 계약에 관한 설명으로 옳은 것은?

① 공법상 계약은 사법상 효과의 발생을 목적으로 한다.
② 국립의료원 부설 주차장 위탁관리용역운영계약은 공법상 계약에 해당한다.
③ 공법상 계약의 일반적 절차는 「행정절차법」상 공법상 계약의 규정에 따른다.
④ 공법상 계약해지의 의사표시에 대한 다툼은 공법상의 당사자소송으로 무효확인을 청구할 수 있다.

11. 행정지도에 관한 설명으로 옳은 것은?

① 행정지도는 법적 효과의 발생을 목적으로 하는 의사표시이다.
② 법규에 근거가 없는 행정지도에 대해서는 행정법의 일반원칙이 적용되지 아니한다.
③ 토지매매대금의 허위신고가 위법한 행정지도에 따른 것이라 하더라도 그 범법행위가 정당화되지는 않는다.
④ 행정지도의 한계일탈로 인해 상대방에게 손해가 발생한 경우 행정기관은 손해배상책임이 없다.

12. 행정입법에 관한 설명으로 옳은 것은?

① 위임입법의 형태로 대통령령, 총리령 또는 부령 등을 열거하고 있는 헌법규정은 예시규정이다.
② 법령상 대통령령으로 규정하도록 되어 있는 사항을 부령으로 정하더라도 그 부령은 유효하다.
③ 조례에 대한 법률의 위임은 구체적으로 범위를 정하여 위임하여야 하며 포괄적 위임은 금지된다.
④ 성질상 위임이 불가피한 전문적·기술적 사항에 관하여 구체적으로 범위를 정하여 법령에서 위임하더라도 고시 등으로는 규제의 세부적인 내용을 정할 수 없다.

13. 행정절차에 관한 설명으로 옳은 것은?

① 행정청에서 별도의 수리를 하여야 효력이 발생하는 행정상 신고는 허용되지 않는다.
② 행정처분이 절차상 중대한 하자가 있다고 하더라도 실체적 하자가 없다면 취소판결을 할 수 없다.
③ 인·허가의제는 관계기관의 권한행사에 제약을 가할 수 있으므로 법령상 명문의 근거규정을 필요로 한다.
④ 신청내용을 모두 그대로 인정하는 처분인 경우라 할지라도 이유·근거를 구체적으로 제시해야 할 행정청의 의무가 완화되는 것은 아니다.

14. 행정의 실효성 확보수단에 관한 설명으로 옳은 것은?

① 행정법규위반에 대하여 벌금 이외에 과징금을 함께 부과하는 것은 이중처벌금지원칙에 위반된다.
② 현행 법령상 명단공표의 공통절차에 관한 규정은 존재하지 않는다.
③ 행정청은 시정명령으로 과거의 위반행위에 대한 중지는 물론 가까운 장래에 반복될 우려가 있는 동일한 유형의 행위의 반복금지까지 명할 수 있다.
④ 가산금은 과세표준확정신고의 불이행·불성실신고 등에 대하여 세법상 의무의 성실한 이행확보를 위하여 부과하는 금전상 제재이다.

15. 정보공개청구제도에 관한 설명으로 옳은 것을 〈보기〉에서 고른 것은?

― 보기 ―
ㄱ. 정보공개청구인은 자신에게 해당 정보의 공개를 구할 법률상 이익이 있음을 입증하여야 한다.
ㄴ. 정보공개신청이 오로지 권리남용의 목적임이 명백하다면 행정청은 공개를 거부할 수 있다.
ㄷ. 공공기관이 정보공개청구에 대해 이를 거부하는 행위는 취소소송의 대상이 되는 처분이다.
ㄹ. 공공기관은 정보공개청구의 대상이 된 정보가 제3자와 관련된 경우 해당 제3자의 의견을 청취할 수 있으나, 그에게 통지할 의무는 없다.

① ㄱ, ㄴ
② ㄱ, ㄹ
③ ㄴ, ㄷ
④ ㄷ, ㄹ

16 행정상 즉시강제에 관한 설명으로 옳은 것은?

① 즉시강제는 대체적 작위의무의 불이행이 있는 경우에 행정청이 스스로 의무자가 행할 행위를 대신 수행하는 조치이다.
② 신체의 자유를 제한하는 즉시강제는 「헌법」상 기본권 침해에 해당하여 법률의 규정에 의해서도 허용되지 아니한다.
③ 권력적 사실행위인 즉시강제는 그 조치가 계속 중인 상태에 있는 경우에도 취소소송의 대상이 될 수는 없다.
④ 즉시강제로써 행정상 장해를 제거하여 보호하고자 하는 공익과 즉시강제에 따른 권익침해 사이에는 비례관계가 있어야 한다.

17 행정상 손실보상에 관한 설명으로 옳지 않은 것은?

① 분리이론과 경계이론은 재산권의 내용·한계설정과 공용침해를 보다 합리적으로 구분하려는 이론이다.
② 「헌법」 제23조 제3항에서 보상은 법률로써 하되 정당한 보상을 지급하여야 한다고 하여 구체적인 보상액의 산출기준은 법률에 유보하고 있다.
③ 중앙토지수용위원회의 이의재결에 대한 행정소송은 재결서를 받은 날부터 60일 이내에 제기해야 한다.
④ 헌법재판소는 「헌법」 제23조 제3항의 정당한 보상에 세입자의 이주대책까지 포함된다고 본다.

18 「행정심판법」상 행정심판에 관한 설명으로 옳은 것은?

① 시·도행정심판위원회와 중앙행정심판위원회는 모두 행정심판의 심리권한과 재결권한을 가진다.
② 중앙행정심판위원회의 위원장은 법제처장이 되고 유고시에는 법제처차장이 그 직무를 대행한다.
③ 행정심판위원회는 필요하다고 판단하는 경우에는 심판청구의 대상이 되는 처분보다 청구인에게 불리한 재결을 할 수 있다.
④ 예외적으로 당해 지방자치단체의 조례에서 시·도행정심판위원회의 위원장을 공무원이 아닌 위원으로 정한 경우에 그는 상임으로 직무를 수행한다.

19 행정소송에 관한 설명으로 옳지 않은 것은?

① 국가에 대한 납세의무자의 부가가치세 환급세액 지급청구는 당사자소송의 절차에 따라야 한다.
② 무효선언을 구하는 의미의 취소소송에 있어서는 제소기간이 준수되어야 한다.
③ 지방자치단체의 장의 재의요구에도 불구하고 지방의회가 조례안을 재의결한 경우 단체장이 지방의회를 상대로 제기하는 소송은 기관소송이다.
④ 신축건물의 준공처분을 하여서는 아니 된다는 내용의 부작위를 청구하는 행정소송은 예외적으로 허용된다.

20 행정소송의 제기에 관한 설명으로 옳지 않은 것은?

① 국가가 당사자소송의 피고인 경우에는 관계행정청의 소재지를 피고의 소재지로 본다.
② 「행정소송법」은 취소소송의 경우에 집행정지 외에 임시처분까지 규정하고 있다.
③ 대법원은 종래 무효확인소송에서 요구해 왔던 보충성을 더 이상 요구하지 않는 것으로 판례태도를 변경하였다.
④ 「행정소송법」에서는 민중소송으로써 처분 등의 취소를 구하는 소송에는 그 성질에 반하지 아니하는 한 취소소송에 관한 규정을 준용한다.

2017년 교육행정직 9급
행정법총론 책형: A

01 법치행정에 관한 설명으로 옳지 않은 것은? (단, 다툼이 있는 경우 판례에 따름)

① 법률우위의 원칙은 침해적 행정에만 적용된다.
② 법률유보의 원칙에 반하는 행정작용은 위법하다.
③ 기본권 제한의 형식이 반드시 법률의 형식일 필요는 없다.
④ 한국방송공사의 TV수신료금액결정은 법률유보(의회유보) 사항이다.

02 행정법의 법원(法源)에 관한 설명으로 옳지 않은 것은? (단, 다툼이 있는 경우 판례에 따름)

① 신뢰보호의 원칙은 실정법상의 근거규정을 두고 있다.
② 대통령의 긴급명령과 긴급재정·경제명령은 행정법의 법원이 된다.
③ '1994년 관세 및 무역에 관한 일반협정'에 위반되는 조례는 무효이다.
④ '남북 사이의 화해와 불가침 및 교류협력에 관한 합의서'는 국가 간의 조약이다.

03 공법관계에 해당하는 것은? (단, 다툼이 있는 경우 판례에 따름)

① 행정재산의 사용·수익에 대한 허가
② 국유일반재산에 관한 대부료의 납부고지
③ 구 「예산회계법」상 입찰보증금의 국고귀속조치
④ 서울특별시 지하철공사 사장의 소속직원에 대한 징계처분

04 개인적 공권에 관한 설명으로 옳은 것은? (단, 다툼이 있는 경우 판례에 따름)

① 공법상 계약을 통해서는 개인적 공권이 성립할 수 없다.
② 재량권의 영으로의 수축이론은 개인적 공권을 확대하는 이론이다.
③ 개인적 공권은 사권처럼 자유롭게 포기할 수 있는 것이 원칙이다.
④ 헌법상의 기본권 규정으로부터는 개인적 공권이 바로 도출될 수 없다.

05 강학상 특허에 해당하는 것을 〈보기〉에서 고른 것은? (단, 다툼이 있는 경우 판례에 따름)

보기
ㄱ. 재개발조합설립인가
ㄴ. 「출입국관리법」상 체류자격변경허가
ㄷ. 사립학교법인 임원에 대한 취임승인행위
ㄹ. 서울특별시장의 의료유사업자 자격증 갱신발급행위

① ㄱ, ㄴ
② ㄱ, ㄷ
③ ㄴ, ㄹ
④ ㄷ, ㄹ

06 강학상 허가에 대한 설명으로 옳은 것은? (단, 다툼이 있는 경우 판례에 따름)

① 구 「도시계획법」상 개발제한구역 내에서의 건축허가는 원칙적으로 기속행위이다.
② 허가처분은 원칙적으로 허가신청 당시의 법령과 허가기준에 의하여 처리되어야 한다.
③ 유료직업소개사업의 허가갱신 후에도 갱신 전 법위반사실을 근거로 허가를 취소할 수 있다.
④ 국가공무원이 「식품위생법」상 영업허가를 받으면 「국가공무원법」상의 영리업무금지까지 해제된다.

07 행정행위에 관한 설명으로 옳은 것은? (단, 다툼이 있는 경우 판례에 따름)

① 사실을 오인하여 재량권을 행사한 처분은 위법하다.
② 어업권면허에 선행하는 우선순위결정은 행정처분이다.
③ 납세자가 과세처분의 내용을 미리 알고 있는 경우 납세고지서의 송달은 불필요하다.
④ 친일반민족행위자 재산조사위원회의 친일재산 국가귀속결정은 법률행위적 행정행위이다.

08 행정행위의 하자에 관한 설명으로 옳은 것은? (단, 다툼이 있는 경우 판례에 따름)

① 무효인 행정행위에는 공정력과 불가쟁력이 발생한다.
② 당연무효인 징계처분의 하자는 징계를 받은 자의 용인으로 치유된다.
③ 적법한 권한위임 없이 세관출장소장이 한 관세부과처분은 당연무효이다.
④ 취소소송의 제기기간을 경과하여 확정력이 발생한 행정처분에는 위헌결정의 소급효가 미치지 않는다.

09 행정계획에 관한 설명으로 옳은 것은? (단, 다툼이 있는 경우 판례에 따름)

① 「행정절차법」은 계획확정절차에 관한 일반법이다.
② '4대강 살리기 마스터플랜'은 행정처분에 해당한다.
③ 행정주체가 행정계획을 결정할 때 광범위한 형성의 자유가 인정되지 않는다.
④ 구 「도시계획법」상 도시계획안의 공고 및 공람절차에 하자가 있는 도시계획결정은 위법하다.

10 다음 내용 중 괄호 안에 알맞은 것은?

> (　　　)은/는 공법상의 법률관계의 변경을 가져오는 행정주체를 한쪽 당사자로 하는 양 당사자 사이의 반대방향의 의사표시의 합치를 말한다.

① 행정처분　　② 공법상 계약
③ 사법상 계약　④ 공법상 합동행위

11 「행정절차법」상 행정지도에 관한 설명으로 옳은 것은? (단, 다툼이 있는 경우 판례에 따름)

① 행정지도는 반드시 문서로 하여야 한다.
② 행정기관은 행정지도에 따르지 아니하였다는 이유로 불이익한 조치를 할 수 있다.
③ 행정지도를 하는 자는 그 상대방에게 그 행정지도의 취지 및 내용과 신분을 밝혀야 한다.
④ 구 교육인적자원부장관의 국·공립대학총장들에 대한 학칙시정요구는 행정지도이므로 헌법소원의 대상인 공권력의 행사로 볼 수 없다.

12 행정입법에 관한 설명으로 옳은 것은? (단, 다툼이 있는 경우 판례에 따름)

① 행정입법부작위는 행정소송의 대상이 될 수 없다.
② 위법한 법규명령은 무효가 아니라 취소할 수 있다.
③ 법령의 위임 없이 제정한 2006년 교육공무원 보수업무 등 편람은 법규명령이다.
④ 구 「식품위생법 시행규칙」에서 정한 제재적 처분기준은 법규명령의 성질을 가진다.

13 「행정절차법」상 행정절차에 관한 설명으로 옳은 것은? (단, 다툼이 있는 경우 판례에 따름)

① 「행정절차법」은 행정예고와 공법상 계약에 관하여 규정하고 있다.
② 신청에 대한 거부처분은 특별한 사정이 없는 한 처분의 사전통지대상이 되지 않는다.
③ 행정처분의 상대방이 청문일시에 불출석하였다는 이유로 청문을 실시하지 않은 침해적 행정처분은 적법하다.
④ 행정청과 당사자 사이에 협약의 체결로 청문의 실시 등 의견청취절차를 배제한 경우 청문의 실시에 관한 규정의 적용이 배제된다.

14 공공기관의 정보공개에 관한 설명으로 옳은 것은? (단, 다툼이 있는 경우 판례에 따름)

① 외국인의 정보공개청구권은 인정될 여지가 없다.
② 정보공개청구의 대상이 되는 문서는 반드시 원본이어야 한다.
③ 권리능력이 없는 사단·재단은 설립목적을 불문하고 정보공개청구권을 가진다.
④ 정보공개청구권자가 공공기관에 대하여 정보공개를 청구하였다가 거부처분을 받은 것 자체는 법률상 이익의 침해에 해당하지 않는다.

15 이행강제금에 관한 설명으로 옳지 않은 것은? (단, 다툼이 있는 경우 판례에 따름)

① 형사처벌과 이행강제금의 병과는 이중처벌에 해당하지 않는다.
② 이행강제금은 장래에 의무이행을 확보하기 위한 강제수단이다.
③ 구 「건축법」상 이행강제금 납부의무는 일신전속적인 성질을 갖는다.
④ 장기미등기자가 등기신청의무의 이행기간이 지나서 등기신청을 한 경우에도 이행강제금을 부과할 수 있다.

16 「질서위반행위규제법」상 과태료에 관한 내용으로 옳지 않은 것은?

① 2인 이상이 질서위반행위에 가담한 때에는 각자가 질서위반행위를 한 것으로 본다.
② 법률에 따르지 아니하고는 어떤 행위도 질서위반행위로 과태료를 부과하지 아니한다.
③ 당사자는 과태료재판에 대하여 즉시항고할 수 있으나 이 경우의 항고는 집행정지의 효력이 없다.
④ 과태료는 행정청의 과태료부과처분이 확정된 후 5년간 징수하지 아니하면 시효로 인하여 소멸한다.

17 「국가배상법」상 국가배상에 관한 설명으로 옳지 않은 것은? (단, 다툼이 있는 경우 판례에 따름)

① 공무원에는 공무를 위탁받은 사인이 포함된다.
② 국가배상청구소송은 행정소송으로 제기하여야 한다.
③ 공무원의 직무에는 행정주체가 사경제주체로서 하는 활동은 제외된다.
④ 공무원의 직무상 의무위반과 피해자가 입은 손해 사이에는 상당인과관계가 요구된다.

18 「행정심판법」상 행정심판에 관한 설명으로 옳지 않은 것은?

① 무효등확인심판에는 사정재결이 인정되지 아니한다.
② 임시처분은 집행정지로 목적을 달성할 수 있는 경우에는 허용되지 않는다.
③ 행정심판의 재결에 불복하는 경우 그 재결 및 같은 처분 또는 부작위에 대하여 다시 행정심판을 청구할 수 있다.
④ 행정심판위원회는 처분이행명령재결이 있음에도 피청구인이 처분을 하지 않은 경우 당사자의 신청에 의해 기간을 정하여 서면으로 시정을 명하고 그 기간 안에 이행하지 않으면 원칙적으로 직접 처분을 할 수 있다.

19 행정소송에 관한 설명으로 옳은 것은? (단, 다툼이 있는 경우 판례에 따름)

① 국세부과처분 취소소송에는 임의적 행정심판전치주의가 적용된다.
② 당사자소송 계속 중 법원의 허가를 얻어도 취소소송으로 변경할 수 없다.
③ 취소소송에는 대세효(제3자효)가 있으나 당사자소송에는 인정되지 않는다.
④ 취소소송에서 행정처분의 위법 여부는 판결선고 당시의 법령과 사실상태를 기준으로 판단한다.

20 행정소송에서의 제소기간에 관한 설명으로 옳은 것은? (단, 다툼이 있는 경우 판례에 따름)

① 부작위위법확인소송에는 제소기간의 제한이 있다.
② 제소기간은 불변기간이므로 소송행위의 보완은 허용되지 않는다.
③ 제소기간의 준수 여부는 법원의 직권조사사항에 해당하지 않는다.
④ 행정심판을 거친 경우의 제소기간은 행정심판 재결서 정본을 송달받은 날로부터 90일 이내이다.

2016년 교육행정직 9급
행정법총론 책형: A

01 통치행위에 해당하지 않는 것은? (다툼이 있으면 판례에 따름)

① 대통령의 특별사면
② 대통령의 서훈취소
③ 남북정상회담의 개최
④ 대통령의 긴급재정·경제명령

02 계획재량의 행사가 위법하게 되는 경우를 모두 고른 것은? (다툼이 있으면 판례에 따름)

> ㄱ. 이익형량을 전혀 하지 아니한 경우
> ㄴ. 이익형량의 고려대상에 마땅히 포함시켜야 할 사항을 누락한 경우
> ㄷ. 이익형량을 하였으나 정당성·객관성이 결여된 경우

① ㄱ
② ㄱ, ㄴ
③ ㄴ, ㄷ
④ ㄱ, ㄴ, ㄷ

03 행정입법에 관한 설명으로 옳은 것은? (다툼이 있으면 판례에 따름)

① 위법한 법규명령은 무효가 된다.
② 부령은 총리령의 위임범위 내에서 제정되어야 한다.
③ 부령의 형식으로 정해진 제재적 처분기준은 법규명령이다.
④ 법규명령이 그에 따른 처분 없이 직접 국민의 권리를 제한하는 경우에도 항고소송의 대상은 될 수 없다.

04 행정법의 법원(法源)에 관한 설명으로 옳은 것은? (다툼이 있으면 판례에 따름)

① 대법원 확정판결의 효력은 성문법보다 우선한다.
② 중앙선거관리위원회 규칙은 행정법의 법원이 아니다.
③ 지방자치단체의 학생인권조례는 행정법의 법원이 된다.
④ 처분이 위법하더라도 그 처분이 수차례 반복적으로 행하여졌다면 그러한 처분은 행정청에 대하여 자기구속력을 갖게 된다.

05 행정법의 효력에 관한 설명으로 옳지 않은 것은? (다툼이 있으면 판례에 따름)

① 특정 지역만을 규율대상으로 하는 법률은 무효이다.
② 행정법령의 대인적 효력은 속지주의를 원칙으로 한다.
③ 대통령령은 특별한 규정이 없으면 공포한 날부터 20일이 경과함으로써 효력을 발생한다.
④ 개인의 신뢰보호의 요청에 우선하는 심히 중대한 공익상의 사유가 소급입법을 정당화하는 경우에는 예외적으로 진정소급입법이 허용된다.

06 행정법관계에 관한 설명으로 옳은 것은?

① 기간의 계산에 있어서 기간의 초일(初日)은 원칙상 산입하여 계산한다.
② 판례에 따르면 국유재산 중 일반재산은 시효취득의 대상이 되지 아니한다.
③ 자연인의 공법상 주소지는 다른 법률에 특별한 규정이 없는 한 1개소에 한정한다.
④ 금전의 급부를 목적으로 하는 국가의 권리로서 시효에 관하여 다른 법률에 규정이 없는 것은 10년 동안 행사하지 아니하면 소멸한다.

07 행정청의 재량권에 관한 설명으로 옳지 않은 것은? (다툼이 있으면 판례에 따름)

① 재량권의 일탈·남용이 있으면 위법하다.
② 구 「주택건설촉진법」상 주택건설사업계획 승인은 재량행위이다.
③ 숙박용 건물의 건축허가는 기속행위이므로 중대한 공익상의 이유가 있다 할지라도 그 허가를 거부할 수 없다.
④ 사실의 존부에 대한 판단에는 재량권이 인정될 수 없으므로 사실을 오인하여 재량권을 행사한 경우에 그 처분은 위법하다.

08 행정행위의 부관에 관한 설명으로 옳은 것은? (다툼이 있으면 판례에 따름)

① 부담의 사후변경은 어떠한 경우에도 허용되지 않는다.
② 기부채납인 부담이 위법하면 부담의 이행으로 행해진 사법(私法)상 매매 등도 당연히 위법하게 된다.
③ 부관은 주된 행정행위와 형식적 관련성이 있으면 족하고 주된 행정행위의 목적으로부터는 자유롭다.
④ 부담은 행정청이 행정처분을 하면서 일방적으로 부가할 수도 있지만 부담을 부가하기 이전에 상대방과 협의하여 부담의 내용을 협약의 형식으로 정할 수도 있다.

09 행정행위의 하자의 승계에 관한 설명으로 옳지 않은 것은? (다툼이 있으면 판례에 따름)

① 대집행계고처분과 대집행영장발부통보처분 사이에는 하자의 승계가 인정된다.
② 광고물에 대한 자진철거명령과 대집행영장발부통보처분 사이에는 하자의 승계가 부정된다.
③ 하자의 승계가 인정되기 위해서는 선행행위와 후행행위에 모두 불가쟁력이 발생한 경우이어야 한다.
④ 하자의 승계가 인정되기 위해서는 선행행위와 후행행위가 모두 항고소송의 대상이 되는 처분이어야 한다.

10 행정행위의 하자와 관련한 판례의 내용으로 옳은 것만을 모두 고른 것은?

ㄱ. 법률상 청문을 요하는 행정처분의 경우 청문절차를 결여한 하자는 취소사유에 해당한다.
ㄴ. 취소소송의 제기기간을 경과하여 확정력이 발생한 행정처분에 대해서는 그 처분의 근거가 된 법률에 대한 위헌결정의 소급효가 미치지 않는다.
ㄷ. 과세처분의 근거법률규정에 대하여 위헌결정이 내려진 후라도 그 조세채권의 집행을 위한 체납처분은 유효하다.

① ㄱ, ㄴ   ② ㄱ, ㄷ
③ ㄴ, ㄷ   ④ ㄱ, ㄴ, ㄷ

11 공법상 계약이 아닌 것은? (다툼이 있으면 판례에 따름)

① 공중보건의사 채용계약
② 지방전문직공무원 채용계약
③ 공익사업으로서의 사업인정 전의 토지협의매수계약
④ 중소기업 정보화지원사업에 따른 지원금 출연을 위하여 중소기업청장이 체결하는 협약

12 행정지도에 관한 설명으로 옳지 않은 것은?

① 행정지도는 당해 행정기관의 소관사무의 범위 내에서 행해져야 한다.
② 말로 이루어지는 행정지도의 상대방은 서면의 교부를 요구할 수 있다.
③ 행정지도의 상대방은 해당 행정지도의 방식에 관하여 행정기관에 의견제출을 할 수 있다.
④ 판례에 따르면 세무당국이 주류거래를 일정기간 중지하여 줄 것을 요청한 행위는 항고소송의 대상이다.

13 행정상 강제징수에 관한 설명으로 옳지 않은 것은?

① 「국세징수법」에 의한 강제징수는 '재산압류 - 압류재산 매각 - 청산'으로 이루어진다.
② 체납자는 압류된 재산에 대하여 법률상의 처분을 할 수 있다.
③ 청산 후 배분하거나 충당하고 남은 금액이 있으면 이를 체납자에게 지급하여야 한다.
④ 「국세기본법」에 의하면 강제징수절차에 불복하는 당사자는 심사청구 또는 심판청구를 거친 후 행정소송을 제기하여야 한다.

14 「행정절차법」상 행정절차에 관한 설명으로 옳지 않은 것은?

① 청문 주재자는 당사자의 신청을 받아 행정청이 선정한다.
② 「행정절차법」은 청문 주재자의 제척·기피·회피에 관하여 규정하고 있다.
③ 청문은 당사자가 공개를 신청하거나 청문 주재자가 필요하다고 인정하는 경우 공개할 수 있다.
④ 행정청은 법령상 청문실시의 사유가 있는 경우에도 당사자가 의견진술의 기회를 포기한다는 뜻을 명백히 표시한 경우에는 의견청취를 하지 않을 수 있다.

15 「개인정보 보호법」상 개인정보에 관한 설명으로 옳지 않은 것은? (다툼이 있으면 판례에 따름)

① 정치적 견해, 건강, 사상·신념에 관한 정보는 민감정보에 해당한다.
② 판례는 지문(指紋)을 개인정보에 해당하지 않는 것으로 본다.
③ 개인정보와 관련한 분쟁의 조정을 원하는 자는 개인정보 분쟁조정위원회에 분쟁조정을 신청할 수 있다.
④ 「개인정보보호법」은 단체소송에 관한 규정을 두고 있다.

16 공공기관의 정보공개에 관한 설명으로 옳지 않은 것은? (다툼이 있으면 판례에 따름)

① 법인도 정보공개청구권의 주체가 될 수 있다.
② 진행 중인 재판에 관한 정보로서 공개될 경우 형사피고인의 공정한 재판을 받을 권리를 침해한다고 인정할 만한 상당한 이유가 있는 정보는 비공개대상정보에 해당한다.
③ 공공기관은 원칙적으로 정보공개의 청구를 받은 날부터 10일 이내에 공개 여부를 결정하여야 한다.
④ 청구인은 이의신청을 거치지 않고 행정심판을 청구할 수 없다.

17 국가배상에 관한 설명으로 옳은 것을 모두 고른 것은? (다툼이 있으면 판례에 따름)

> ㄱ. 공무원의 직무상 불법행위에 대한 국가배상의 요건이 되는 '위법'은 형식적 의미의 법령에 명시적으로 위반한 경우만을 말한다.
> ㄴ. 영조물의 설치·관리상 하자로 인한 국가배상의 기초가 되는 '공공의 영조물'은 공공의 목적에 공여된 유체물 내지 물적 설비를 말한다.
> ㄷ. 영조물의 설치·관리상 하자로 인한 국가배상에 관하여는 명문의 헌법상 근거가 없다.
> ㄹ. 국회가 제정한 법률이 헌법재판소에 의해 위헌결정을 받은 경우 국회는 그에 대해 국가배상책임을 진다.

① ㄱ, ㄴ
② ㄱ, ㄹ
③ ㄴ, ㄷ
④ ㄷ, ㄹ

18 행정심판의 재결에 관한 설명으로 옳은 것은? (다툼이 있으면 판례에 따름)

① 재결의 기속력은 당해 처분에 관한 재결주문에만 미친다.
② 행정심판위원회는 심판청구의 대상이 되는 처분 외의 다른 처분 또는 부작위에 대하여도 재결할 수 있다.
③ 심판청구에 대해 재결이 있는 경우에도 청구인은 재결 자체의 고유한 위법을 이유로 다시 행정심판을 청구할 수 있다.
④ 법령의 규정에 의하여 공고한 처분이 재결로써 취소된 때에는 처분청은 지체 없이 그 처분이 취소되었음을 공고하여야 한다.

19 취소소송에 관한 설명으로 옳지 않은 것은?

① 원칙적으로 임의적 행정심판전치주의를 취하고 있다.
② 취소소송이 제기되면 원칙적으로 대상 처분의 효력은 판결의 확정시까지 정지된다.
③ 원고의 청구가 이유 있다고 인정하는 경우에도 처분을 취소하는 것이 현저히 공공복리에 적합하지 아니하다고 인정하는 때에는 법원은 원고의 청구를 기각할 수 있다.
④ 거부처분취소판결이 확정되면 그 처분을 행한 행정청은 판결의 취지에 따라 다시 이전의 신청에 대한 처분을 하여야 한다.

20 당사자소송에 관한 설명으로 옳은 것은? (다툼이 있으면 판례에 따름)

① TV방송수신료 통합징수권한의 부존재확인은 당사자소송으로 다툴 수 있다.
② 「행정소송법」상 당사자소송을 항고소송으로 변경하는 것은 허용되지 않는다.
③ 시립무용단원의 해촉에 대해서는 항고소송으로 다투어야 하고 당사자소송으로 다툴 수는 없다.
④ 「행정소송법」은 당사자소송의 원고적격을 당사자소송을 제기할 법률상 이익이 있는 자로 규정하고 있다.

2016년 사회복지직 9급
행정법총론 책형: A

01 행정행위의 하자의 승계에 대한 설명으로 옳지 않은 것은? (다툼이 있는 경우 판례에 의함)

① 하자의 승계는 통상 선행행위에 존재하는 취소사유에 해당하는 하자를 이유로 후행행위를 다투는 경우에 문제된다.
② 원칙적으로 선·후의 행정행위가 결합하여 하나의 법적 효과를 완성하는지 여부를 기준으로 하자의 승계 여부를 결정한다.
③ 제소기간이 경과하여 선행행위에 불가쟁력이 발생한다면 하자의 승계는 문제되지 않는다.
④ 과세처분과 체납처분 사이에는 취소사유인 하자의 승계가 인정되지 않는다.

02 행정행위의 효력에 대한 설명으로 옳은 것은?

① 구속력이란 행정행위가 적법요건을 구비하면 법률행위적 행정행위의 경우 법령이 정하는 바에 의해, 준법률행위적 행정행위의 경우 행정청이 표시한 의사의 내용에 따라 일정한 법적 효과가 발생하여 당사자를 구속하는 실체법상 효력이다.
② 공정력은 행정청의 권력적 행위뿐 아니라 비권력적 행위, 사실행위, 사법행위에도 인정된다.
③ 행정행위에 불가변력이 발생한 경우 행정청은 당해 행정행위를 직권으로 취소할 수 없으나 철회는 가능하다.
④ 판례에 의하면 사전에 당해 행정처분의 취소판결이 있어야만 그 행정처분의 위법을 이유로 한 손해배상청구를 할 수 있는 것은 아니다.

03 행정조사의 한계에 대한 설명으로 옳지 않은 것은? (다툼이 있는 경우 판례에 의함)

① 적법절차의 원칙상 행정조사에 관한 사전통지와 이유제시를 하여야 한다. 다만, 긴급한 경우 또는 사전통지나 이유제시를 하면 조사의 목적을 달성할 수 없는 경우에는 예외를 인정할 수 있다.
② 「행정절차법」은 행정조사에 관한 명문의 규정을 두고 있지 않으므로 행정조사가 처분에 해당하는 경우에도 「행정절차법」상의 처분절차에 관한 규정이 적용되지 않는다.
③ 우편물 통관검사절차에서 우편물의 개봉, 시료채취, 성분분석 등의 검사는 수출입물품에 대한 적정한 통관 등을 목적으로 한 행정조사의 성격을 가지는 것으로서 수사기관의 강제처분이라고 할 수 없으므로 영장은 요구되지 않는다.
④ 부가가치세부과처분이 종전의 부가가치세 경정조사와 같은 세목 및 같은 과세기간에 대하여 중복하여 실시된 위법한 세무조사에 기초하여 이루어진 경우 위법하다.

04 신뢰보호원칙과 행정의 자기구속원칙에 대한 판례의 입장으로 옳은 것은?

① 재량준칙이 일단 공표되었다면 재량준칙이 되풀이 시행되지 않은 경우라도 행정의 자기구속원칙이 적용될 수 있다.
② 신뢰보호의 이익과 공익 또는 제3자의 이익이 상호 충돌하는 경우 신뢰보호의 이익이 우선한다.
③ 위법한 행정처분이 수차례에 걸쳐 반복적으로 행하여졌다고 하더라도 그러한 처분이 위법한 것인 때에는 행정청에 대하여 자기구속력을 갖게 된다고 할 수 없다.
④ 행정청의 공적 견해표명이 있었는지 여부는 담당자의 조직상의 지위와 임무, 당해 언동을 하게 된 구체적인 경위 등을 고려하여 그 실질에 의해 판단할 것이 아니라 행정조직상의 형식적인 권한분배를 기준으로 판단하여야 한다.

05 법률유보에 대한 설명으로 옳지 않은 것은? (다툼이 있는 경우 판례에 의함)

① 헌법재판소는 텔레비전방송수신료는 국민의 기본권 실현에 관련된 영역에 속하고, 수신료금액의 결정은 납부의무자의 범위 등과 함께 수신료에 관한 본질적인 중요한 사항이라고 판단한 바 있다.
② 헌법재판소는 국민의 헌법상 기본권 및 기본의무와 관련된 중요한 사항 내지 본질적인 내용에 대한 정책형성기능은 원칙적으로 주권자인 국민에 의하여 선출된 대표자들로 구성되는 입법부가 담당하여 법률의 형식으로 이를 수행하는 것이 필요하다는 입장이다.
③ 헌법재판소는 구「토지초과이득세법」상의 기준시가는 국민의 납세의무의 성부(成否) 및 범위와 직접적인 관계를 가지고 있는 중요한 사항임에도 불구하고 해당 내용을 법률에 규정하지 않고 하위법령에 위임한 것은 헌법 제75조에 반한다고 판단한 바 있다.
④ 법률유보의 적용범위는 행정의 복잡화와 다기화, 재량행위의 확대에 따라 과거에 비해 점차 축소되고 있으며 이러한 경향에 따라 헌법재판소는 행정유보의 입장을 확고히 하고 있다.

06 「행정대집행법」상 대집행에 대한 판례의 입장으로 옳지 않은 것은?

① 토지·건물의 인도의무는 대체성이 없으므로 대집행의 대상이 될 수 없는 의무이다.
② 1장의 문서로 위법건축물의 자진철거를 명함과 동시에 소정 기한 내에 철거의무를 이행하지 않을 시 대집행할 것을 계고할 수 있다.
③ 한국토지주택공사가 구「대한주택공사법」및 같은 법 시행령에 의해 대집행권한을 위탁받아 대집행을 실시한 경우 그 비용은 민사소송절차에 의해 징수할 수 있다.
④ 위법한 건물의 공유자 1인에 대한 계고처분은 다른 공유자에 대하여는 그 효력이 없다.

07 행정계획에 대한 설명으로 옳지 않은 것은? (다툼이 있는 경우 판례에 의함)

① 이미 고시된 실시계획에 포함된 상세계획으로 관리되는 토지 위의 건물의 용도를 상세계획 승인권자의 변경승인 없이 임의로 판매시설에서 상세계획에 반하는 일반목욕장으로 변경신고한 경우에 그 영업신고를 수리하지 않고 영업소를 폐쇄한 처분은 적법하다.
② 행정주체가 행정계획을 입안·결정함에 있어서 이익형량을 전혀 행하지 아니하거나 이익형량의 고려대상에 마땅히 포함시켜야 할 사항을 누락한 경우 또는 이익형량을 하였으나 정당성과 객관성이 결여된 경우에는 그 행정계획결정은 형량에 하자가 있어 위법하게 된다.
③ 건설부장관이 발표한 '개발제한구역제도 개선방안'은 개발제한구역의 해제 내지 조정을 위한 일반적인 기준과 그 운용에 대한 국가의 기본방침을 천명하는 정책계획안으로서 비구속적 행정계획안에 불과하지만 국민의 기본권에 직접적으로 영향을 끼치고, 앞으로 법령의 뒷받침에 의하여 그대로 실시될 것이 틀림없을 것으로 예상되는 때에는 헌법소원의 대상이 될 수 있다.
④ 문화재보호구역 내에 있는 토지의 소유자는 그 보호구역의 지정해제를 요구할 수 있는 법규상 또는 조리상의 신청권이 있다고 보기 어려우므로 이에 대한 거부행위는 항고소송의 대상이 되는 행정처분으로 보기 어렵다.

08 행정입법에 대한 설명으로 옳은 것은? (다툼이 있는 경우 판례에 의함)

① 부진정입법부작위에 대해서는 입법부작위 그 자체를 헌법소원의 대상으로 할 수 있다.
② 법률이 공법적 단체 등의 정관에 자치법적 사항을 위임한 경우에는 헌법 제75조가 정하는 포괄적인 위임입법의 금지는 원칙적으로 적용되지 않는다.
③ 행정규칙인 고시는 법령의 수권에 의하여 법령을 보충하는 사항을 정하는 경우에도 법규명령으로서의 성질과 효력을 갖지 못한다.
④ 위임명령이 구법에 위임의 근거가 없어 무효였다면 사후에 법 개정으로 위임의 근거가 부여되더라도 유효로 되지 않는다.

09 행정벌에 대한 설명으로 옳지 않은 것은?

① 판례에 의하면 지방자치단체가 그 고유의 자치사무를 처리하는 경우 지방자치단체가 행정주체인 이상, 행정벌의 양벌규정에 의한 처벌대상이 될 수 없다.
② 질서위반행위가 있은 후 법률이 변경되어 그 행위가 질서위반행위에 해당하지 않게 된 경우에는 법률에 특별한 규정이 없는 한 과태료를 부과할 수 없다.
③ 「질서위반행위규제법」에 의하면 과태료부과의 제척기간은 5년이다.
④ 행정청의 과태료부과처분에 대해 당사자가 불복하여 이의제기를 하는 경우에는 그 과태료부과처분은 효력을 상실한다.

10 위법한 부관에 대한 권리구제에 관한 설명으로 옳지 않은 것은? (다툼이 있는 경우 판례에 의함)

① 행정행위의 부관 중에서도 행정행위에 부수하여 그 행정행위의 상대방에게 일정한 의무를 부과하는 행정청의 의사표시인 부담은 독립하여 행정쟁송의 대상이 될 수 있다.
② 부담을 제외한 나머지 부관에 대해서는 부관이 붙은 행정행위 전체의 취소를 통하여 부관을 다툴 수 있을 뿐, 부관만의 취소를 구할 수는 없다.
③ 부담 아닌 부관이 위법할 경우 신청인이 부관부행정행위의 변경을 청구하고, 행정청이 이를 거부할 경우 동 거부처분의 취소를 구하는 소송을 제기할 수 없다.
④ 기부채납받은 공원시설의 사용·수익허가에서 그 허가기간은 행정행위의 본질적 요소에 해당하므로, 부관인 허가기간에 위법사유가 있다면 이로써 공원시설의 사용·수익허가 전부가 위법하게 된다.

11 행정의 자동결정에 대한 설명으로 옳지 않은 것은?

① 행정의 자동결정의 예로는 신호등에 의한 교통신호, 컴퓨터를 통한 중·고등학생의 학교배정 등을 들 수 있다.
② 행정의 자동결정은 컴퓨터를 통하여 이루어지는 자동적 결정이기 때문에 행정행위의 개념적 요소를 구비하는 경우에도 행정행위로서의 성격을 인정하는 데 어려움이 있다.
③ 행정의 자동결정의 기준이 되는 프로그램의 법적 성질은 명령(행정규칙을 포함)이라는 견해가 유력하다.
④ 행정의 자동결정도 행정작용의 하나이므로 행정의 법률적합성과 행정법의 일반원칙에 의한 법적 한계를 준수하여야 한다.

12 「행정소송법」상 취소소송에 대한 사항으로 무효등확인소송의 경우에 준용되는 것은?

① 행정심판전치주의의 적용
② 취소소송의 대상
③ 제소기간
④ 사정판결

13 항고소송의 대상인 처분에 대한 설명으로 옳지 않은 것은? (다툼이 있는 경우 판례에 의함)

① 행정청의 지침에 의해 내린 행위가 상대방에게 권리의 설정이나 의무의 부담을 명하거나 기타 법적 효과에 직접적 영향을 미치는 경우에는 처분성을 긍정한다.
② 취소소송에서 처분의 위법성은 소송요건이 아니다.
③ 「병역법」에 따른 군의관의 신체등위판정은 처분이 아니지만 그에 따른 지방병무청장의 병역처분은 처분이다.
④ 행정청이 식품위생법령에 따라 영업자에게 행정제재처분을 한 후 당초 처분을 영업자에게 유리하게 변경하는 처분을 한 경우, 취소소송의 대상 및 제소기간 판단기준이 되는 처분은 유리하게 변경된 처분이다.

14 다음 중 판례의 입장으로 옳지 않은 것은?

① 구 「청소년 보호법 시행령」 별표로 정한 [위반행위의 종별에 따른 과징금처분기준]에 규정된 과징금 수액은 최고한도액이 아니라 정액이다.
② 개발제한구역지정처분은 그 입안·결정에 관하여 광범위한 형성의 자유를 가지는 계획재량처분이다.
③ 보통우편의 방법으로 발송되었다는 사실만으로는 그 우편물이 상당한 기간 내에 도달하였다고 추정할 수 없다.
④ 일반소매인으로 지정되어 영업을 하고 있는 기존업자의 신규 일반소매인에 대한 이익은 법률상 보호되는 이익이다.

15 행정정보공개에 대한 판례의 입장으로 옳지 않은 것은?

① 「방송법」에 의하여 설립·운영되는 한국방송공사는 「공공기관의 정보공개에 관한 법률 시행령」 제2조 제4호의 '특별법에 따라 설립된 특수법인'으로서 정보공개의무가 있는 공공기관에 해당한다.
② 「공공기관의 정보공개에 관한 법률」 제5조 제1항은 "모든 국민은 정보의 공개를 청구할 권리를 가진다." 라고 규정하고 있는데, 여기에서 말하는 국민에는 권리능력 없는 사단인 시민단체도 포함된다.
③ '2002학년도부터 2005학년도까지의 대학수학능력시험 원데이터'는 연구목적으로 그 정보의 공개를 청구하는 경우라도 공개로 인하여 초래될 부작용이 공개로 얻을 수 있는 이익보다 더 클 것이므로, 그 공개로 대학수학능력시험 업무의 공정한 수행이 객관적으로 현저하게 지장을 받을 것이라는 개연성이 있어 비공개대상정보에 해당한다.
④ 학교환경위생구역 내 금지행위(숙박시설) 해제결정에 관한 학교환경위생정화위원회의 회의록에 기재된 발언내용에 대한 해당 발언자의 인적사항 부분에 관한 정보는 「공공기관의 정보공개에 관한 법률」상 비공개대상에 해당한다.

16 다음 사례에 대한 갑, 을, 병, 정의 대화 중 옳은 것은?

> 임용권자는 정규공무원으로 임용된 A가 정규임용시에는 아무런 임용결격사유가 없었지만 그 이전에 시보로 임용될 당시 「국가공무원법」에서 정한 임용결격사유가 있었다는 사실을 알게 되었다. 이에 해당 임용권자는 이러한 사실을 이유로 A의 시보임용처분을 취소하고 그 후 정규임용처분도 취소하였다.

① 갑 : 시보임용처분은 당연무효이다.
② 을 : 시보임용처분에 근거한 정규임용처분은 무효이다.
③ 병 : 시보임용취소처분과 정규임용취소처분은 별개의 처분이 아니라 단계적으로 이루어지는 하나의 처분이다.
④ 정 : 정규임용취소처분은 성질상 행정절차를 거치는 것이 불필요하여 「행정절차법」의 적용이 배제된다.

17 위헌·위법인 법령에 근거한 행정처분의 효력에 대한 설명으로 옳지 않은 것은?

① 대법원은 위헌인 법률에 근거한 행정처분에 불가쟁력이 발생한 경우에는 위헌결정의 소급효를 인정하지 않는다.
② 대법원은 조세부과의 근거가 되었던 법률규정이 그 후 위헌으로 선언된 경우라도 위헌법률의 집행력을 배제하는 명문의 규정이 없는 이상 위헌결정 이후에 조세채권의 집행을 위한 새로운 체납처분에 착수하거나 이를 속행하더라도 이를 위법하다고 볼 수 없다는 입장이다.
③ 대법원은 행정처분 이후에 처분의 근거법령에 대하여 헌법재판소 또는 대법원이 위헌 또는 위법하다는 결정을 하게 되면, 당해 처분은 법적 근거가 없는 처분으로 하자 있는 처분이고 그 하자는 중대한 것이지만, 위헌 또는 위법하다는 결정이 있기 전에는 객관적으로 명백하다고 보기 어려우므로 취소사유에 그치는 것으로 본다.
④ 헌법재판소는 처분의 근거가 된 법률이 처분 이후에 위헌으로 선고된 경우라도 행정처분이 근거법규의 위헌의 정도가 심각하여 그 하자가 중대하다고 보여지고 또 그 때문에 국민의 기본권 구제의 필요성이 큰 반면에 법적 안정성의 요구는 비교적 적은 경우에는 당연무효사유가 될 수 있다고 본다.

18 행정절차에 대한 판례의 입장으로 옳은 것은?

① 행정청이 침해적 행정처분을 하면서 당사자에게 「행정절차법」상의 사전통지를 하지 않거나 의견제출의 기회를 주지 아니한 경우, 그 처분은 당연무효이다.
② 행정청이 당사자와의 사이에 도시계획사업의 시행과 관련된 협약을 체결하면서 관계법령 및 「행정절차법」에 규정된 청문의 실시 등 의견청취절차를 배제하는 조항을 둔 경우, 청문의 실시에 관한 규정의 적용이 배제되거나 청문을 실시하지 않아도 되는 예외적인 경우에 해당한다.
③ 행정청이 「식품위생법」상 청문절차를 이행함에 있어 청문서 도달기간을 다소 어겼지만 영업자가 이의하지 아니한 채 청문일에 출석하여 의견을 진술하고 변명하는 등 방어의 기회를 충분히 가진 경우 하자는 치유된 것으로 본다.
④ 「국가공무원법」상 직위해제처분에도 처분의 사전통지 및 의견청취 등에 관한 「행정절차법」의 규정이 별도로 적용된다.

19 「국가배상법」 제2조에 따른 배상책임에 대한 설명으로 옳지 않은 것은? (다툼이 있는 경우 판례에 의함)

① 공무를 위탁받은 사인의 위법행위로 인한 손해도 「국가배상법」에 따라 배상하여야 한다.
② 국가에게 일정한 사항에 관하여 헌법에 의하여 부과되는 구체적인 입법의무 자체가 인정되지 아니하는 경우에는 애당초 입법부작위로 인한 불법행위가 성립할 여지가 없다.
③ 직무행위인지 여부는 당해 행위가 현실적으로 정당한 권한 내의 것인지를 묻지 않는다.
④ 헌법재판소 재판관의 위법한 직무집행의 결과 잘못된 각하결정을 함으로써 청구인으로 하여금 본안판단을 받을 기회를 상실하게 한 경우, 만약 본안판단을 하였더라도 어차피 청구가 기각되었을 것이라는 사정이 있다면 국가배상책임이 인정되지 아니한다.

20 행정쟁송의 가구제(임시구제)에 대한 설명으로 옳지 않은 것은? (다툼이 있는 경우 판례에 의함)

① 「행정심판법」과 「행정소송법」은 모두 집행정지의 적극적 요건으로 '회복하기 어려운 손해를 예방하기 위하여 긴급한 필요가 있다고 인정할 때'를 요구하고 있다.
② 집행정지는 본안소송이 법원에 적법하게 계속 중인 것을 요건으로 한다.
③ 집행정지결정의 효력은 결정주문에서 정한 시기까지 존속하며 그 시기의 도래와 동시에 효력이 당연히 소멸한다.
④ 집행정지결정에 대한 즉시항고에는 결정의 집행을 정지하는 효력이 없다.

MIN
JUN
HO

2025 민준호

독학 행정법
시행처별

기출문제집 정답과 해설

2024 ▶▶▶▶ 2016

동영상 강의
gong.conects.com

호인북스

민준호 행정법 카페
cafe.naver.com/mjhlaw

SPEED CHECK
빠른정답

민준호 독학 행정법 시행처별 기출문제집

국가직 9급

2024
01	02	03	04	05	06	07	08	09	10
③	③	②	③	①	②	③	①	①	④
11	12	13	14	15	16	17	18	19	20
③	③	①	②	①	②	④	④	③	④

2023
01	02	03	04	05	06	07	08	09	10
②	②	①	④	④	③	①	①	②	③
11	12	13	14	15	16	17	18	19	20
④	③	②	④	①	①	④	③	①	③

2022
01	02	03	04	05	06	07	08	09	10
④	①	①	④	①	③	①	④	④	①
11	12	13	14	15	16	17	18	19	20
③	②	③	①	③	②	③	③	②	③

2021
01	02	03	04	05	06	07	08	09	10
④	①	③	③	③	④	①	②	②	③
11	12	13	14	15	16	17	18	19	20
④	③	①	④	④	②	②	④	②	③

2020
01	02	03	04	05	06	07	08	09	10
④	①	②	③	①	①	①	①	④	②
11	12	13	14	15	16	17	18	19	20
①	④	③	①	②	④	②	③	②	③

2019
01	02	03	04	05	06	07	08	09	10
②	③	③	③	②	④	①	①	③	③
11	12	13	14	15	16	17	18	19	20
②	②	①	④	③	④	④	②	②	④

2018
01	02	03	04	05	06	07	08	09	10
①	②	④	②	④	②	③	④	②	③
11	12	13	14	15	16	17	18	19	20
①	②	④	②	③	④	①	④	②	①

2017 하반기
01	02	03	04	05	06	07	08	09	10
②	③	④	④	①	①	①	④	③	②
11	12	13	14	15	16	17	18	19	20
①	②	①	③	④	④	②	③	①	②

2017
01	02	03	04	05	06	07	08	09	10
①	②	①	②	①	④	①	③	③	①
11	12	13	14	15	16	17	18	19	20
③	③	③	①	④	③	①	②	②	③

2016
01	02	03	04	05	06	07	08	09	10
③	②	③	①	④	①	①	③	①	①
11	12	13	14	15	16	17	18	19	20
④	①	③	④	②	④	②	②	②	④

지방직 9급

2024
01	02	03	04	05	06	07	08	09	10
①	④	②	④	②	④	③	③	①	③
11	12	13	14	15	16	17	18	19	20
②	④	②	②	②	②	③	④	①	②	①

2023
01	02	03	04	05	06	07	08	09	10
③	②	②	④	②	②	④	①	①	①
11	12	13	14	15	16	17	18	19	20
②	④	②	①	①	③	③	②	③	③

2022
01	02	03	04	05	06	07	08	09	10
②	④	③	③	②	④	②	①	④	②
11	12	13	14	15	16	17	18	19	20
①	③	①	②	①	①	②	④	③	③

2021
01	02	03	04	05	06	07	08	09	10
④	①	③	③	④	②	②	③	③	④
11	12	13	14	15	16	17	18	19	20
③	④	④	③	③	④	①	④	②	①

2020
01	02	03	04	05	06	07	08	09	10
④	④	②	③	④	①	④	③	①	③
11	12	13	14	15	16	17	18	19	20
①	②	④	②	②	③	②	①	②	④

2019
01	02	03	04	05	06	07	08	09	10
②	②	④	②	①	②	②	③	②	③
11	12	13	14	15	16	17	18	19	20
②	①	③	②	③	④	①	④	②	①

2018
01	02	03	04	05	06	07	08	09	10
①	③	④	②	④	②	④	③	②	①
11	12	13	14	15	16	17	18	19	20
④	③	③	①	①	③	②	②	④	③

2017 하반기
01	02	03	04	05	06	07	08	09	10
③	④	④	④	⑤	②	④	②	②	④
11	12	13	14	15	16	17	18	19	20
②	②	③	①	④	②	②	②	①

2017
01	02	03	04	05	06	07	08	09	10
③	②	④	②	③	②	①	②	④	④
11	12	13	14	15	16	17	18	19	20
①	③	④	③	③	①	②	①	④

2016
01	02	03	04	05	06	07	08	09	10
④	②	①	②	③	①	②	①	①	④
11	12	13	14	15	16	17	18	19	20
②	④	③	③	③	③	③	③	③

서울시 9급

2019
01	02	03	04	05	06	07	08	09	10
③	②	①	④	①	②	②	③	②	①
11	12	13	14	15	16	17	18	19	20
③	②	④	③	④	①	③	④	④	②

2019 사회복지직
01	02	03	04	05	06	07	08	09	10
②	①	③	③	③	②	③	①	④	④
11	12	13	14	15	16	17	18	19	20
③	③	④	③	②	①	②	②	④	④

2018
01	02	03	04	05	06	07	08	09	10
③	①	④	②	④	②	④	③	②	①
11	12	13	14	15	16	17	18	19	20
④	③	③	①	①	③	②	②	④	③

2017
01	02	03	04	05	06	07	08	09	10
③	②	④	③	②	②	①	②	④	④
11	12	13	14	15	16	17	18	19	20
①	③	④	③	③	①	②	①	④

2016
01	02	03	04	05	06	07	08	09	10
④	②	①	②	③	①	②	①	①	④
11	12	13	14	15	16	17	18	19	20
②	④	③	③	③	③	③	③	③

기타 9급

2018 교육행정직
01	02	03	04	05	06	07	08	09	10
①	②	①	③	③	②	①	③	①	④
11	12	13	14	15	16	17	18	19	20
③	①	③	③	④	④	①	④	②

2017 교육행정직
01	02	03	04	05	06	07	08	09	10
①	④	①	③	①	③	①	①	④	②
11	12	13	14	15	16	17	18	19	20
③	②	④	③	②	③	③	①	④

2016 교육행정직
01	02	03	04	05	06	07	08	09	10
②	④	①	③	③	③	④	③	③	①
11	12	13	14	15	16	17	18	19	20
③	④	②	③	④	②	③	②	①

2016 사회복지직
01	02	03	04	05	06	07	08	09	10
③	④	②	③	④	③	④	②	①	③
11	12	13	14	15	16	17	18	19	20
②	②	④	③	③	①	②	③	④	①

MIN
JUN
HO

민츠호 독행시 연습용 답안지

국가직 9급 2024~2016

MIN
JUN
HO

절취선

민준호 독행시 연습용 답안지

지방직 9급 2024 ~ 2016

【필적 감정용 기재】 * 아래 예문을 옮겨 기재하시기 바랍니다. 예시 : 본인은 OOO(응시자 성명)임을 확인함	기 재 란

성 명	
자필성명	본인 성명 기재
응시직렬	
응시지역	
시험장소	

응 시 번 호

⑥ ⑦	⓪ ① ② ③ ④ ⑤ ⑥ ⑦ ⑧ ⑨	⓪ ① ② ③ ④ ⑤ ⑥ ⑦ ⑧ ⑨	⓪ ① ② ③ ④ ⑤ ⑥ ⑦ ⑧ ⑨	⓪ ① ② ③ ④ ⑤ ⑥ ⑦ ⑧ ⑨	⓪ ① ② ③ ④ ⑤ ⑥ ⑦ ⑧ ⑨	⓪ ① ② ③ ④ ⑤ ⑥ ⑦ ⑧ ⑨

생 년 월 일

⓪ ⑥ ⑦ ⑧ ⑨	⓪ ① ② ③ ④ ⑤ ⑥ ⑦ ⑧ ⑨	①	⓪ ① ② ③ ④ ⑤ ⑥ ⑦ ⑧ ⑨	⓪ ① ② ③	⓪ ① ② ③ ④ ⑤ ⑥ ⑦ ⑧ ⑨

문번	2024	2023	2022	2021	2020	2019	2018	2017 하반기	2017	2016
1	① ② ③ ④	① ② ③ ④	① ② ③ ④	① ② ③ ④	① ② ③ ④	① ② ③ ④	① ② ③ ④	① ② ③ ④	① ② ③ ④	① ② ③ ④
2	① ② ③ ④	① ② ③ ④	① ② ③ ④	① ② ③ ④	① ② ③ ④	① ② ③ ④	① ② ③ ④	① ② ③ ④	① ② ③ ④	① ② ③ ④
3	① ② ③ ④	① ② ③ ④	① ② ③ ④	① ② ③ ④	① ② ③ ④	① ② ③ ④	① ② ③ ④	① ② ③ ④	① ② ③ ④	① ② ③ ④
4	① ② ③ ④	① ② ③ ④	① ② ③ ④	① ② ③ ④	① ② ③ ④	① ② ③ ④	① ② ③ ④	① ② ③ ④	① ② ③ ④	① ② ③ ④
5	① ② ③ ④	① ② ③ ④	① ② ③ ④	① ② ③ ④	① ② ③ ④	① ② ③ ④	① ② ③ ④	① ② ③ ④	① ② ③ ④	① ② ③ ④
6	① ② ③ ④	① ② ③ ④	① ② ③ ④	① ② ③ ④	① ② ③ ④	① ② ③ ④	① ② ③ ④	① ② ③ ④	① ② ③ ④	① ② ③ ④
7	① ② ③ ④	① ② ③ ④	① ② ③ ④	① ② ③ ④	① ② ③ ④	① ② ③ ④	① ② ③ ④	① ② ③ ④	① ② ③ ④	① ② ③ ④
8	① ② ③ ④	① ② ③ ④	① ② ③ ④	① ② ③ ④	① ② ③ ④	① ② ③ ④	① ② ③ ④	① ② ③ ④	① ② ③ ④	① ② ③ ④
9	① ② ③ ④	① ② ③ ④	① ② ③ ④	① ② ③ ④	① ② ③ ④	① ② ③ ④	① ② ③ ④	① ② ③ ④	① ② ③ ④	① ② ③ ④
10	① ② ③ ④	① ② ③ ④	① ② ③ ④	① ② ③ ④	① ② ③ ④	① ② ③ ④	① ② ③ ④	① ② ③ ④	① ② ③ ④	① ② ③ ④
11	① ② ③ ④	① ② ③ ④	① ② ③ ④	① ② ③ ④	① ② ③ ④	① ② ③ ④	① ② ③ ④	① ② ③ ④	① ② ③ ④	① ② ③ ④
12	① ② ③ ④	① ② ③ ④	① ② ③ ④	① ② ③ ④	① ② ③ ④	① ② ③ ④	① ② ③ ④	① ② ③ ④	① ② ③ ④	① ② ③ ④
13	① ② ③ ④	① ② ③ ④	① ② ③ ④	① ② ③ ④	① ② ③ ④	① ② ③ ④	① ② ③ ④	① ② ③ ④	① ② ③ ④	① ② ③ ④
14	① ② ③ ④	① ② ③ ④	① ② ③ ④	① ② ③ ④	① ② ③ ④	① ② ③ ④	① ② ③ ④	① ② ③ ④	① ② ③ ④	① ② ③ ④
15	① ② ③ ④	① ② ③ ④	① ② ③ ④	① ② ③ ④	① ② ③ ④	① ② ③ ④	① ② ③ ④	① ② ③ ④	① ② ③ ④	① ② ③ ④
16	① ② ③ ④	① ② ③ ④	① ② ③ ④	① ② ③ ④	① ② ③ ④	① ② ③ ④	① ② ③ ④	① ② ③ ④	① ② ③ ④	① ② ③ ④
17	① ② ③ ④	① ② ③ ④	① ② ③ ④	① ② ③ ④	① ② ③ ④	① ② ③ ④	① ② ③ ④	① ② ③ ④	① ② ③ ④	① ② ③ ④
18	① ② ③ ④	① ② ③ ④	① ② ③ ④	① ② ③ ④	① ② ③ ④	① ② ③ ④	① ② ③ ④	① ② ③ ④	① ② ③ ④	① ② ③ ④
19	① ② ③ ④	① ② ③ ④	① ② ③ ④	① ② ③ ④	① ② ③ ④	① ② ③ ④	① ② ③ ④	① ② ③ ④	① ② ③ ④	① ② ③ ④
20	① ② ③ ④	① ② ③ ④	① ② ③ ④	① ② ③ ④	① ② ③ ④	① ② ③ ④	① ② ③ ④	① ② ③ ④	① ② ③ ④	① ② ③ ④

민준호 동행시 연습용 답안지

서울시 9급 2019~2016

[필적 감정용 기재]

*아래 예문을 옮겨 기재하시기 바랍니다.

예시: 본인은 OOO(응시자 성명)임을 확인함

성명	
자필성명	
응시직렬	
응시지역	
시험장소	

응시번호

생년월일

기 재 란

본인 설명 기재

2019

2019 사복

2018

2017

2017 사복

2016

민졸혼 독행시 연습용 답안지

기타 9급 (교육행정직 2018~2016 | 사회복지직 2016)

[필적 감정용 기재]

*아래 예문을 옮겨 기재하시기 바랍니다.

예시: 본인은 OOO(응시자 성명)임을 확인함

성명	
자필성명	본인 성명 기재
응시직렬	
응시지역	
시험장소	

MIN JUN HO

민준호 독학 행정법
시행처별 기출문제집

정답과 해설

국가직 9급 ········· 012
지방직 9급 ········· 115
서울시 9급 ········· 214
기타 9급 ·········· 270

2024년 국가직 9급
행정법총론

문제편 p.4

| 01 ③ | 02 ③ | 03 ② | 04 ③ | 05 ① | 06 ② | 07 ③ | 08 ① | 09 ① | 10 ④ |
| 11 ③ | 12 ③ | 13 ① | 14 ② | 15 ② | 16 ④ | 17 ④ | 18 ④ | 19 ③ | 20 ④ |

01

답 ③

출제단원 Part 01 행정법 서설
출제영역 기간의 계산

① (O) 「행정기본법」에 의하면, 행정에 관한 기간의 계산에 관하여는 「이 법(= 행정기본법)」 또는 다른 법령 등에 특별한 규정이 있는 경우를 제외하고는 「민법」을 준용한다(제6조 제1항). 기간을 어떠한 방법으로 계산하느냐는 법기술적인 문제이므로 원칙적으로 공법과 사법에 있어 다르지 않다. 따라서 민법상 기간의 계산방법에 관한 규정(제156조~제161조)은 특별한 규정이 없는 한 행정법에도 적용된다.

② (O) 「행정기본법」 제7조는 「법령 등(훈령·예규·고시·지침 등 포함) 시행일의 기간 계산」과 관련하여 다음과 같이 규정하고 있다.

법령 등을 공포한 날부터 시행하는 경우	공포한 날을 시행일로 한다.
법령 등을 공포한 날부터 일정 기간이 경과한 날부터 시행하는 경우	· 법령 등을 공포한 날을 첫날에 산입하지 아니한다. · 그 기간의 말일이 토요일 또는 공휴일인 때에는 그 말일로 기간이 만료한다.

이에 의하면, 법령 등을 공포한 날부터 일정 기간이 경과한 날부터 시행하는 경우 그 기간의 말일이 토요일 또는 공휴일인 때에는 그 말일로 기간이 만료한다(행정기본법 제7조 제3호).

③ (X) 앞서 살펴본 바와 같이, 법령 등을 공포한 날부터 일정 기간이 경과한 날부터 시행하는 경우 법령 등을 공포한 날을 첫날에 산입하지 아니한다(행정기본법 제7조 제2호).

④ (O) 「행정기본법」 제6조 제2항은 법령 등 또는 처분에서 국민의 권익을 제한하거나 의무를 부과하는 경우 「국민의 권익이 제한되거나 의무가 지속되는 기간의 계산」과 관련하여 다음과 같이 규정하고 있다.

원칙	기산점	기간을 일, 주, 월 또는 연으로 정한 경우에는 기간의 첫날을 산입한다.
	만료점	기간의 말일이 토요일 또는 공휴일인 경우에도 기간은 그 날로 만료한다.
예외		위 기준에 따르는 것이 국민에게 불리한 경우에는 그러하지 아니하다.

이에 의하면, 법령 등 또는 처분에서 국민의 권익을 제한하거나 의무를 부과하는 경우 권익이 제한되거나 의무가 지속되는 기간을 계산할 때에 기간을 일, 주, 월 또는 연으로 정한 경우에는 기간의 첫날을 산입하는 것이 원칙이지만, 이러한 기준에 따르는 것이 국민에게 불리한 경우에는 예외가 인정된다(행정기본법 제6조 제2항 제1호).

02

답 ③

출제단원 Part 02 행정작용 및 절차법, Part 04 행정소송법
출제영역 행정절차법, 취소소송 판결의 효력(기속력)

① (O) 청문은 당사자가 공개를 신청하거나 청문 주재자가 필요하다고 인정하는 경우 공개할 수 있다. 다만, 공익 또는 제3자의 정당한 이익을 현저히 해칠 우려가 있는 경우에는 공개하여서는 아니 된다(행정절차법 제30조).

② (O) 행정청은 처분을 할 때에는 법에서 정한 일정한 경우를 제외하고는 당사자에게 그 근거와 이유를 제시하여야 한다(행정절차법 제23조 제1항). 이와 관련하여 대법원은 일반적으로 당사자가 근거규정 등을 명시하여 신청하는 인·허가 등을 거부하는 처분을 함에 있어 당사자가 그 근거를 알 수 있을 정도로 상당한 이유를 제시한 경우에는 당해 처분의 근거 및 이유를 구체적 조항 및 내용까지 명시하지 않았더라도 그로 말미암아 그 처분이 위법한 것이 된다고 할 수는 없다고 본다(대법원 2002. 5. 17. 2000두8912).

③ (X) 대법원은 「군인사법 및 그 시행령에 진급예정자 명단에 포함된 자의 진급선발을 취소하는 처분」을 함에 있어 행정절차에 준하는 절차를 거치도록 하는 규정이 없을 뿐만 아니라 이러한 처분이 성질상 행정절차를 거치기 곤란하거나 불필요하다고 인정되는 처분이라고 보기 어려우므로 행정절차법의 적용이 제외되는 경우에 해당한다고 할 수 없다(= 행정절차법 규정이 적용된다)고 본다. 따라서 군인사법령에 의하여 진급예정자명단에 포함된 자에 대하여 의견제출의 기회를 부여하지 아니한 채 진급선발을 취소하는 처분을 한 것은 절차상 하자가 있어 위법하다고 본다(대법원 2007. 9. 21. 2006두20631).

④ (O) 행정소송법은 '처분 등을 취소하는 확정판결은 그 사건에 관하여 당사자인 행정청과 그 밖의 관계행정청을 기속한다.'고 하여 기속력에 대해 규정하고 있다(제30조 제1항). 기속력은 판결주문과 판결이유 중에 설시된 개개의 위법사유에 미친다. 따라서 법원이 위법이라고 판단한 것과는 다른 별도의 이유나 자료를 바탕으로 동일인에게 동일한 처분을 하는 것은 기속력에 반하지 않는다. 또한 절차나 형식의 하자를 이유로 취소된 경우에 이를 '보완'한 후 동일한 처분을 하는 것 역시 기속력에 반하지 않는다. 처분이 「절차상 하자를 이유로 취소된 경우」에는 절차에 잘못이 있다는 것일 뿐이므로, 처분청은 절차상 하자를 보완하여(= 적법한 절차를 거쳐) 이전과 동일한 처분을 할 수도 있는 것이다. 이와 관련하여 대법원은 절차 내지 형식의 위법을 이유로 과세처분을 취소하는 판결이 확정된 경우에 기판력(= 기속력의 의미이다)은 「확정판결에 적시된 절차 내지 형식의 위법사유」에 한하여 미친다고 본다. 따라서 과세처분권자가 이를 「보완하여」 행한 새로운 과세처분은 종전의 과세처분과는 별개의 처분으로서 확정판결의 기판력(= 기속력의 의미이다)에 저촉되는 것은 아니라고 본다(대법원 1986. 11. 11. 85누231). 참고로 이 판례에서 사용된 기판력이라는 용어는 기속력의 의미로 사용된 것이다. 이와 같이 대법원은 기판력과 기속력이라는 용어를 혼용하여 사용하기도 한다.

03 답 ②

- 출제단원: Part 06 행정상 손해배상
- 출제영역: 공무원의 위법한 직무행위로 인한 손해배상의 요건, 이중배상금지, 국가배상법

① (X) 「국가배상법」 제2조 제1항에서 공무원의 위법한 직무행위로 인한 국가나 지방자치단체의 배상책임을 명시하고 있다. 「국가배상법」 제2조의 책임이 인정되기 위해서는 공무원의 행위가 '직무행위'에 해당해야 한다. 직무행위의 범위가 어디까지인지와 관련하여 대법원은 국가배상법 제2조 제1항의 공무원의 직무에는 권력적 작용뿐만 아니라 비권력적 작용도 포함되지만, 행정주체가 사경제주체로서 하는 활동은 직무행위에 해당하지 않는다고 본다(대법원 1999. 11. 26. 98다47245).

② (O) 「국가배상법」 제2조의 책임이 인정되기 위한 요건 중 '직무행위'에는 사법(司法)작용도 포함된다. 이와 관련하여 대법원은 부당한 재판으로 인하여 불이익 내지 손해를 입었으나 불복절차 내지 시정절차 자체가 없는 경우에는 국가배상 이외의 방법으로는 자신의 권리 내지 이익을 회복할 방법이 없으므로 배상책임의 요건이 충족되는 한 국가배상책임을 인정할 수 있다고 본다. 이에 따라 헌법재판소 재판관이 청구기간 내에 제기된 헌법소원심판청구 사건에서 청구기간을 오인하여 각하결정을 한 경우, 이에 대한 불복절차 내지 시정절차가 없는 때에는 국가배상책임(위법성)을 인정할 수 있다고 본다(대법원 2003. 7. 11. 99다24218).

③ (X) 「보훈보상대상자 지원에 관한 법률(이하 '보훈보상자법'이라 함)」은 「국가배상법」에 따라 손해배상을 받은 경우 보훈보상자법이 정한 보상금 등 보훈급여금의 지급을 거부할 수 있다는 규정을 두고 있지 않다. 이러한 점을 고려하여 대법원은 먼저 「국가배상법」에 따라 손해배상금을 지급받은 다음 보훈보상자법이 정한 보상금 등 보훈급여금의 지급을 청구하는 경우에는 「국가배상법」에 따라 손해배상을 받았다는 사정을 들어 보상금 등 보훈급여금의 지급을 거부할 수 없다고 본다(대법원 2017. 2. 3. 2015두60075). 반면, 「군인연금법」은 다른 법령에 따라 지급받은 급여와의 조정에 관한 조항을 두고 있다. 이러한 점을 고려하여 대법원은 다른 법령에 따라 지급받은 급여와의 조정에 관한 조항을 두고 있지 아니한 「보훈보상대상자 지원에 관한 법률」과 달리, 「군인연금법」은 "다른 법령에 따라 국가나 지방자치단체의 부담으로 이 법에 따른 급여와 같은 종류의 급여를 받은 사람에게는 그 급여금에 상당하는 금액에 대하여는 이 법에 따른 급여를 지급하지 아니한다."라고 명시적으로 규정하고 있으므로 군 복무 중 사망한 군인 등의 유족이 「국가배상법」에 따른 손해배상금을 지급받은 경우, 유족이 받은 손해배상금 상당 금액에 대하여는 「군인연금법」상 사망보상금을 지급할 의무가 존재하지 않는다고 본다(대법원 2018. 7. 20. 2018두36691). 즉, 군 복무 중 사망한 군인 등의 유족이 「국가배상법」에 따른 손해배상금을 지급받은 경우, 수령한 국가배상금 상당 금액에 대하여는 「군인연금법」 소정의 사망보상금을 지급받을 수 없다는 것이다. 따라서 국가는 「군인연금법」 소정의 사망보상금을 지급함에 있어 유족이 받은 「국가배상법」에 따른 손해배상금 상당 금액을 공제할 수 있다. 참고로 두 판례를 정리하면 다음과 같다.

상황	판단
국가배상을 청구하여 배상금 수령 → 「보훈보상대상자 지원에 관한 법률」상 보훈급여금 청구	「보훈보상대상자 지원에 관한 법률」상 보훈급여금 청구 가능 ∵ 「보훈보상대상자 지원에 관한 법률」에는 다른 법령에 따라 지급받은 급여와의 조정에 관한 조항 X
국가배상을 청구하여 배상금 수령 → 「군인연금법」상 사망보상금 청구	수령한 손해배상금 상당 금액에 대하여는 「군인연금법」상 사망보상금 청구 불가 ∵ 「군인연금법」에는 다른 법령에 따라 지급받은 급여와의 조정에 관한 조항 O

④ (X) 「국가배상법」 제7조에서 '이 법은 외국인이 피해자인 경우에는 해당 국가와 상호보증이 있을 때에만 적용한다.'고 규정하고 있다. 이때 '상호보증'이란, 만약 미국인이 한국에서 피해를 입어 한국을 상대로 국가배상청구를 할 수 있으려면, 한국인이 미국에서 피해를 입었을 때 미국의 관련 법령상 한국인이 미국을 상대로 국가배상청구를 할 수 있는 경우이어야 한다는 것을 말한다. 즉, 우리나라만이 입을 수 있는 불이익을 방지하고 국제관계에서 형평을 도모하기 위하여 외국인의 국가배상청구권의 발생요건으로 상호보증을 요구하고 있는 것이다.

04 답 ③

- 출제단원: Part 08 행정정보공개·개인정보 보호·행정조사
- 출제영역: 공공기관의 정보공개에 관한 법률

① (O) 「공공기관의 정보공개에 관한 법률」에서는 비공개대상정보 중 하나로서 '감사·감독·검사·시험·규제·입찰계약·기술개발·인사관리에 관한 사항이나 의사결정 과정 또는 내부검토 과정에 있는 사항 등으로서 공개될 경우 업무의 공정한 수행이나 연구·개발에 현저한 지장을 초래한다고 인정할 만한 상당한 이유가 있는 정보'를 규정하고 있다(제9조 제1항 제5호). 이와 관련하여 대법원은 학교폭력대책자치위원회의 회의록은 「공공기관의 정보공개에 관한 법률」 제9조 제1항 제5호의 '공개될 경우 업무의 공정한 수행에 현저한 지장을 초래한다고 인정할 만한 상당한 이유가 있는 정보'에 해당한다고 본다(대법원 2010. 6. 10. 2010두2913).

② (O) 대법원은 정보공개를 청구하는 자가 공공기관에 대해 정보의 사본 또는 출력물의 교부의 방법으로 공개방법을 선택하여 정보공개청구를 한 경우에 공개청구를 받은 공공기관으로서는 같은 법에서 규정하고 있는 정보의 사본 또는 복제물의 교부를 제한할 수 있는 사유에 해당하지 않는 한 정보공개청구자가 선택한 공개방법에 따라 정보를 공개하여야 하므로 그 공개방법을 선택할 재량권이 없다고 본다(대법원 2003. 12. 12. 2003두8050).

③ (X) 대법원은 「2002년도 및 2003년도 국가 수준 학업성취도평가 자료」는 표본조사 방식으로 이루어졌을 뿐만 아니라 학교식별정보 등도 포함되어 있어서 원자료 전부가 그대로 공개될 경우 학업성취도평가 업무의 공정한 수행이 객관적으로 현저하게 지장을 받을 것이라는 고도의 개연성이 존재한다고 볼 여지가 있어 동법 제9조 제1항 제5호에서 정한 비공개대상정보에 해당하는 부분이 있다고 본다. 반면, 「2002학년도부터 2005학년도까지의 대학수학능력시험 원데이터」는 연구 목적으로 그 정보의 공개를 청구하는 경우, 공개로 인해

초래될 부작용이 공개로 얻을 수 있는 이익보다 더 클 것이라고 단정하기 어려우므로 그 공개로 대학수학능력시험 업무의 공정한 수행이 객관적으로 현저하게 지장을 받을 것이라는 고도의 개연성이 존재한다고 볼 수 없어 비공개대상정보에 해당하지 않는다고 본다(대법원 2010. 2. 25. 2007두9877).

④ (O)「공공기관의 정보공개에 관한 법률」에서는 비공개대상정보 중 하나로서 '해당 정보에 포함되어 있는 성명·주민등록번호 등「개인정보 보호법」제2조 제1호에 따른 개인정보로서 공개될 경우 사생활의 비밀 또는 자유를 침해할 우려가 있다고 인정되는 정보'를 규정하고 있다(제9조 제1항 제6호). 다만, 이러한 정보라도 '공공기관이 작성하거나 취득한 정보로서 공개하는 것이 공익이나 개인의 권리구제를 위하여 필요하다고 인정되는 정보'는 공개대상정보에 해당한다(제9조 제1항 제6호 다목). 이와 관련하여 대법원은 공공기관의 정보공개에 관한 법률 제9조 제1항 제6호 단서 (다)목에서 규정하고 있는 '공개하는 것이 공익 또는 개인의 권리구제를 위하여 필요하다고 인정되는 정보'에 해당하는지 여부는 비공개에 의하여 보호되는 개인의 사생활의 비밀 등 이익과 공개에 의하여 보호되는 국정운영의 투명성 확보 등의 공익 또는 개인의 권리구제 등 이익을 비교·교량하여 구체적 사안에 따라 신중히 판단하여야 한다고 본다(대법원 2009. 10. 29. 2009두14224).

05 답 ①

출제단원 Part 02 행정작용 및 절차법
출제영역 행정행위의 직권취소 및 철회

① (X) 행정행위의「직권취소」란 일단 유효하게 성립한 행정행위를「처분청」이「성립 당시의 하자」를 이유로 직권으로 그 효력을 소멸시키는 것을 말한다. 그런데 행정심판위원회에서 행정심판이나 법원에서 행정소송이 진행 중일 경우에도 처분청의 직권취소가 가능한지 문제된다. 이와 관련하여 대법원은 변상금 부과처분에 대한 취소소송이 진행 중이라도 그 부과권자로서는 위법한 처분을 스스로 취소하고 그 하자를 보완하여 다시 적법한 부과처분을 할 수도 있다고 본다(대법원 2006. 2. 10. 2003두5686). 이와 같이 처분에 대하여 행정소송이 진행 중이라고 하더라도 행정청의 직권취소가 제한되는 것은 아니다. 처분에 대해 행정심판이 진행 중이라고 하더라도 이와 다르지 않다.

② (O)「행정기본법」에 의하면, 행정청은 적법한 처분이 다음의 어느 하나에 해당하는 경우에는 그 처분의 전부 또는 일부를 장래를 향하여 철회할 수 있다(제19조 제1항).
- 법률에서 정한 철회 사유에 해당하게 된 경우(제1호)
- 법령 등의 변경이나 사정변경으로 처분을 더 이상 존속시킬 필요가 없게 된 경우(제2호)
- 중대한 공익을 위하여 필요한 경우(제3호)

③ (O) 행정행위의 불가쟁력이란 하자 있는 행정행위라 할지라도 불복기간이 경과하거나, 쟁송수단을 모두 다 거친 이후에는「상대방 또는 이해관계인」이 더 이상 행정행위의 효력을「쟁송절차를 통해」다툴 수 없게 되는 힘을 말한다. 따라서 불가변력(=「행정청」이 당해 행정행위를「직권으로」취소 또는 변경할 수 없게 하는 힘)이 발생하지 않았고 취소권이 실권의 법리에 의해 실효되지 않았다면, 취소권을 가진 행정청은 직권으로 불가쟁력이 발생한 행정행위를 취소하는 것이 가능하다. 참고로 실권의 법리란 행정청에게 권리(취소권·철회권·영업정지권 등) 행사의 기회가 있었음에도 불구하고 행정청이 장기간에 걸쳐 권리를 행사하지 않았고, 국민이 이러한 상태를 신뢰한 경우에는 행정청이 사후에 그 권리를 행사할 수는 없다는 법리를 말한다.

④ (O) 직권취소의 소급효 또는 장래효는 구체적인 사건마다 이익형량의 결과에 따라 다를 수 있다. 이와 관련하여「행정기본법」은 '행정청은 위법 또는 부당한 처분의 전부나 일부를「소급」하여 취소할 수 있다. 다만, 당사자의 신뢰를 보호할 가치가 있는 등 정당한 사유가 있는 경우에는「장래」를 향하여 취소할 수 있다(제18조 제1항).'고 하여 이익형량에 따라 소급효와 장래효가 결정됨을 규정하고 있다.

06 답 ②

출제단원 Part 03 행정의 실효성 확보수단
출제영역 과징금

① (O) 과징금이란 행정법상의 의무위반에 대하여 행정청이 그 의무자에게 부과·징수하는 금전적 제재를 말한다. 이와 관련하여 대법원은 구「독점규제 및 공정거래에 관한 법률」소정의 부당지원행위를 한 지원주체에 대한 과징금은 부당지원행위의 억지(= 억눌러 못하게 함)라는 행정목적을 실현하기 위하여 그 위반행위에 대하여 제재를 가하는「행정상의 제재금」으로서의 기본적 성격에「부당이득환수적 요소」도 부가되어 있는 것이므로 헌법 제13조 제1항에서 금지하는 국가형벌권 행사로서의 처벌에 해당한다고 할 수 없다고 본다. 따라서 구「독점규제 및 공정거래에 관한 법률」에서 형사처벌과 아울러 과징금의 부과처분을 할 수 있도록 규정하고 있다 하더라도 이중처벌금지원칙에 위반된다고 볼 수는 없다고 본다(대법원 2004. 4. 9. 2001두6197). 참고로 헌법 제13조 제1항에서는 '모든 국민은 … 동일한 범죄에 대하여 거듭 처벌받지 아니한다.'고 하여 이중처벌금지의 원칙을 규정하고 있다.

② (X)「행정기본법」에 의하면, 과징금은 한꺼번에 납부하는 것을 원칙으로 하지만, 과징금을 부과받은 자가 법에서 정하고 있는 일정한 사유로 과징금 전액을 한꺼번에 내기 어렵다고 인정될 때에는 그 납부기한을 연기하거나 분할 납부하게 할 수 있다(제29조). 과징금 납부의무자는 과징금 납부기한을 연기하거나 과징금을 분할 납부하려는 경우에는 납부기한 10일 전까지 과징금 납부기한의 연기나 과징금의 분할 납부를 신청하는 문서에 해당 사유를 증명하는 서류를 첨부하여 행정청에 신청해야 한다(행정기본법 시행령 제7조 제1항).

③ (O)「여객자동차 운수사업법」에서는 사업정지처분을 갈음하는 과징금에 대해 규정하고 있다(= 변형된 과징금). 이러한 과징금을 산정하는 방법과 관련하여 대법원은 관할 행정청이 여객자동차운송사업자의 법 위반행위를 인지한 정도에 따라 다음과 같이 다른 기준을 제시하고 있다.
- 행정청이 여러 가지 법 위반행위를 인지한 경우 : 관할 행정청이 여객자동차운송사업자의 여러 가지 위반행위를 인지하였다면 전부에 대하여 일괄하여 최고한도 내에서 하나의 과징금 부과처분을 하는 것이 원칙이고, 인지한 여러 가지 위반행위 중 일부에 대해서만 우선 과징금 부과처분을 하고 나머지에 대해서는 차후에 별도의 과징금 부과처분을 하는 것은 다른 특별한 사정이 없는 한 허용

되지 않는다(대법원 2021. 2. 4. 2020두48390).
- 행정청이 일부만 인지한 경우 : 관할 행정청이 여객자동차운송사업자가 범한 여러 가지 위반행위 중 일부만 인지하여 과징금 부과처분을 하였는데 그 후 과징금 부과처분 시점 이전에 이루어진 다른 위반행위를 인지하여 이에 대하여 별도의 과징금 부과처분을 하게 되는 경우에도 종전 과징금 부과처분의 대상이 된 위반행위와 추가 과징금 부과처분의 대상이 된 위반행위에 대하여 일괄하여 하나의 과징금 부과처분을 하는 경우와의 형평을 고려하여 추가 과징금 부과처분의 처분양정이 이루어져야 한다. 다시 말해, 행정청이 전체 위반행위에 대하여 하나의 과징금 부과처분을 할 경우에 산정되었을 정당한 과징금액에서 이미 부과된 과징금액을 뺀 나머지 금액을 한도로 하여서만 추가 과징금 부과처분을 할 수 있다(대법원 2021. 2. 4. 2020두48390).

④ (O)「행정기본법」에 의하면, 과징금의 근거가 되는 법률에는 과징금에 관한 부과·징수 주체, 부과 사유, 상한액, 가산금을 징수하려는 경우 그 사항, 과징금 또는 가산금 체납 시 강제징수를 하려는 경우 그 사항을 명확하게 규정하여야 한다(제28조 제2항).

07 답 ③

| 출제단원 | Part 03 행정의 실효성 확보수단 |
| 출제영역 | 행정대집행 |

ㄱ. (O) 대집행의 대상이 되기 위해서는 공법상「대체적」작위의무의 불이행이 있어야 한다. 그런데 토지나 건물의 명도(= 건물, 토지 등을 인도하여 남에게 주거나 맡기는 것)의무는 토지나 건물을「점유하고 있는 자가 직접 이행해야 하는 것」이며, 점유하고 있지 않은 타인이 대신 이행할 수 있는 의무가 아니다. 따라서 대집행의 대상이 될 수 없다. 이와 관련하여 대법원은 피수용자 등이 기업자(= 공익사업을 시행하는 자인 사업시행자)에 대하여 부담하는 수용대상 토지의 명도의무는 대체적 작위의무라고 볼 수 없으므로 특별한 사정이 없는 한 행정대집행법에 의한 대집행의 대상이 될 수 없다고 본다(대법원 2005. 8. 19. 2004다2809).

ㄴ. (O) 대집행·이행강제금·직접강제·행정상 강제징수와 같은 행정상 강제집행은 법원 및 국가의 집행기관의 도움 없이 행정청이 자력에 의하여 집행한다는 점에서 민사상 강제집행과 다르다. 이와 관련하여 대법원은 관계 법령상 행정대집행의 절차가 인정되어 행정청이 행정대집행의 방법으로 건물의 철거 등 대체적 작위의무의 이행을 실현할 수 있는 경우에는 따로 민사소송의 방법으로 그 의무의 이행을 구할 수 없다고 본다(대법원 2017. 4. 28. 2016다213916).

ㄷ. (X) 'ㄱ'에서 살펴본 바와 같이 대법원은 토지 인도의무불이행에 대해서는 대집행을 부정한다. 다만, 대법원은 민사상 명도단행가처분은 인정한다. 명도단행가처분이란 명도소송(= 건물이나 토지를 무단으로 점유하고 있는 상대방으로부터 해당 부동산의 인도를 구하는 소송)을 통해 부동산을 이전받기 위해서는 긴 시간이 소요되므로, 이보다 빠르게 부동산을 이전받기 위해 인정되는 절차를 말한다. 대법원은 피수용자 등이 기업자에 대하여 부담하는 수용대상 토지의 인도의무 등이 비록 공법상의 법률관계라고 하더라도, 그 권리를 피보전권리로 하는 명도단행가처분은 그 권리에 끼칠 현저한 손해를 피하거나 급박한 위험을 방지하기 위하여 또는 그 밖의 필요한 이유가 있을 경우에는 허용될 수 있다고 본다(대법원 2005. 8. 19. 2004다2809).

ㄹ. (O) 대법원은 점유자들이 적법한 행정대집행을 위력을 행사하여 방해하는 경우에는 형법상 공무집행방해죄가 성립하므로, 필요한 경우에는「경찰관 직무집행법」에 근거한 위험발생 방지조치 또는「형법」상 공무집행방해죄의 범행방지 내지 현행범체포의 차원에서 경찰의 도움을 받을 수도 있다고 본다(대법원 2017. 4. 28. 2016다213916).

08 답 ①

| 출제단원 | Part 01 행정법 서설 |
| 출제영역 | 신뢰보호원칙 |

① (X) 신뢰보호원칙이 적용되기 위해서는 신뢰의 대상이 되는 행정청의 선행조치가 있어야 한다. 이와 관련하여 대법원은 선행조치를 '공적인 견해표명'으로 한정한다. 즉, 공적인 견해표명이 아니라면 신뢰의 대상이 되는 행정청의 선행조치로 볼 수 없다는 것이다. 예를 들어, 대법원은 개발이익환수에 관한 법률에 정한 개발사업을 시행하기 전에, 토지 지상에 예식장 등을 건축하는 것이 관계 법령상 가능한지 여부를 질의하는 민원예비심사에 대하여 행정청이 관련부서 의견으로 개발이익환수에 관한 법률에 '저촉사항 없음'이라고 기재한 것은 공적인 견해표명을 한 것이라고 보기 어렵다고 본다(대법원 2006. 6. 9. 2004두46). 이는 통보서에 참고사항으로 '본 예비심사는 현행 법령과 관련부서 협의결과에 의한 것으로 차후 관계 법령과 조례제정, 사업계획의 구체화 등으로 인하여 변동될 수 있다.'고 기재되어 있는 점 등이 고려된 것이다.

② (O) 대법원은 시의 도시계획과장과 도시계획국장이 도시계획사업의 준공과 동시에 사업부지에 편입한 토지에 대한 완충녹지 지정을 해제함과 아울러 당초의 토지소유자들에게 환매하겠다는 약속을 했음에도, 이를 믿고 토지를 협의매매한 토지소유자의 완충녹지지정해제 신청을 거부한 것은, 행정상 신뢰보호의 원칙을 위반하거나 재량권을 일탈·남용한 위법한 처분이라고 본다(대법원 2008. 10. 9. 2008두6127). 이는 비록 도시관리계획의 입안권자인 피고(= 안산시장)가 직접 약속을 한 것은 아니지만, 이 사건 약속이 안산시장을 위원장으로 하여 구성되는 보상심의위원회에서 사업을 담당하는 실무부서의 최고 책임자인 안산시 도시계획국장 또는 도시계획과장에 의하여 이루어졌다는 점, 이 사건 약속은 이 사건 사업의 준공과 동시에 완충녹지를 해제함과 아울러 당초의 토지소유자들에게 환매함으로써 해당 토지의 이용을 원하는 토지소유자에게 절대 피해가 없도록 하겠다는 것으로서 명확히 이 사건 토지에 대한 완충녹지 지정의 해제를 그 내용으로 하고 있고, 원고는 이 사건 약속을 신뢰한 나머지 이 사건 사업이 완료되면 이 사건 토지에 대한 완충녹지 지정이 해제되어 이 사건 토지를 환매할 수 있을 것이라 믿고 이 사건 토지를 협의매매하기에 이르렀다고 봄이 상당하고, 달리 원고가 이 사건 약속을 신뢰한 데 대하여 어떠한 귀책사유가 있다고 볼 수 없다는 점을 고려한 것이다.

③ (O) 국회에서 법률안을 심의하거나 의결한 사정만으로 신뢰이익을 인정할 수 있는지 문제된다. 이와 관련하여 대법원은 헌법 제53조에 따라서 국회가 의결한 법률안을 대통령이 공포하는 등의 절차를 거쳐서 법률이 확정되면 그 규정 내용에 따라서 국민의 권리·의무에 관한 새로운 법규가 형성될 수 있지만, 이와 같이 법률이 확정되기 전에는 기존 법규를 수정·변경하는 법적 효과가 발생할 수 없고, 다원

적 의견이나 각가지 이익을 반영시킨 토론과정을 거쳐 다수결의 원리에 따라 통일적인 국가의사를 형성하는 국회에서 일정한 법률안을 심의하거나 의결한 적이 있다고 하더라도, 그것이 법률로 확정되지 아니한 이상 국가가 이해관계자들에게 위 법률안에 관련된 사항을 약속하였다고 볼 수 없으며, 이러한 사정만으로 어떠한 신뢰를 부여하였다고 볼 수도 없다고 본다(대법원 2008. 5. 29. 2004다33469).

④ (O) 신뢰보호의 원칙을 적용하기 위해서는 신뢰의 대상이 되는 「행정청」의 선행조치가 있어야 한다. 이와 관련하여 대법원은 「헌법재판소」의 위헌결정은 「행정청」이 개인에 대하여 신뢰의 대상이 되는 공적인 견해를 표명한 것이라고 할 수 없으므로 그 결정에 관련한 개인의 행위에 대하여는 신뢰보호의 원칙이 적용되지 않는다고 본다(대법원 2003. 6. 27. 2002두6965).

09

답 ①

출제단원 Part 01 행정법 서설, Part 02 행정작용 및 절차법, Part 04 행정소송법
출제영역 일부취소판결, 대상적격, 행정규칙, 사인의 공법행위로서의 신고

① (X) 대법원은 과징금부과처분이 법이 정한 한도액을 초과하여 위법할 경우 「법원」으로서는 그 「전부」를 취소하여야 하며, 법원이 법이 정한 한도액을 초과한 부분이나 법원이 적정하다고 인정되는 부분을 초과한 부분만을 취소할 수는 없다고 본다(대법원 1998. 4. 10. 98두2270). 즉, 법원이 과징금부과처분 전부를 취소하면, 행정청이 새롭게 재량을 행사하여 과징금 액수를 정해야 한다는 것이다.

② (O) 건축물의 용도는 토지의 지목(= 토지의 주된 사용목적에 따라 토지의 종류를 구분·표시하는 명칭)에 대응하는 것으로서 건물의 이용에 대한 공법상의 규제, 건축법상의 시정명령, 지방세 등의 과세대상 등 공법상 법률관계에 영향을 미치고, 건물소유자는 용도를 토대로 건물의 사용·수익·처분에 일정한 영향을 받게 된다. 대법원은 이러한 점을 고려하여 건축물대장의 용도는 건축물의 소유권을 제대로 행사하기 위한 전제요건으로서 건축물 소유자의 실체적 권리관계에 밀접하게 관련되어 있으므로, 「건축물대장 소관청의 용도변경신청 거부행위」는 국민의 권리관계에 영향을 미치는 것으로서 항고소송의 대상이 되는 행정처분에 해당한다고 본다(대법원 2009. 1. 30. 2007두7277).

③ (O) 대법원은 한국철도시설공단이 갑회사에 대하여 한 공사낙찰적격심사 감점처분의 근거로 내세운 「공사낙찰적격심사세부기준」은 공공기관이 사인과 사이의 계약관계를 공정하고 합리적·효율적으로 처리할 수 있도록 관계 공무원이 지켜야 할 계약사무처리에 관한 필요한 사항을 규정한 것으로서 공공기관의 내부규정에 불과하여 대외적 구속력이 없다고 본다(대법원 2014. 12. 24. 2010두6700).

④ (O) 근거법률이 규정하는 신고의 요건만 구비하면 적법한 것인지, 아니면 다른 법률에서 정하는 요건까지 구비하여야 적법한 것인지 문제된다. 이에 대하여 대법원은 다른 법률에서 정하는 요건을 충족시키지 못하는 한 적법한 신고를 할 수 없다고 본다. 예를 들어, 대법원은 식품위생법과 건축법은 그 입법 목적, 규정사항, 적용범위 등을 서로 달리하고 있어 식품접객업에 관하여 식품위생법이 건축법에 우선하여 배타적으로 적용되는 관계에 있다고는 해석되지 않는다고 본다. 따라서 식품위생법에 따른 식품접객업의 영업신고의 요건을 갖춘 자라고 하더라도, 그 영업신고를 한 당해 건축물이 건축법 소정의 허가를 받지 않은 무허가 건물이라면 적법한 신고를 할 수 없다고 본다(대법원 2009. 4. 23. 2008도6829).

10

답 ④

출제단원 Part 07 행정상 손실보상
출제영역 공익사업을 위한 토지 등의 취득 및 보상에 관한 법률

① (O) 「공익사업을 위한 토지 등의 취득 및 보상에 관한 법률」에 의하면, 영업을 폐업하거나 휴업함에 따른 영업손실에 대하여는 영업이익과 시설의 이전비용 등을 고려하여 보상하여야 한다(제77조 제1항). 이를 '영업손실의 보상'이라고 한다. 영업손실의 보상에는 영업을 폐지함에 따른 손실보상인 폐지보상과 휴업함에 따른 손실보상인 휴업보상이 있다. 이와 관련하여 대법원은 '영업상의 손실'이란 수용의 대상이 된 토지·건물 등을 이용하여 영업을 하다가 그 토지·건물 등이 수용됨으로 인하여 영업을 할 수 없거나 제한을 받게 됨으로 인하여 생기는 직접적인 손실을 말하는 것이므로 영업을 하기 위하여 투자한 비용이나 그 영업을 통하여 얻을 것으로 기대되는 이익에 대한 손실은 영업손실보상의 대상이 된다고 할 수 없다고 본다(대법원 2006. 1. 27. 2003두13106).

② (O) 「공익사업을 위한 토지 등의 취득 및 보상에 관한 법률」에 의하면, 제85조 제1항에 따라 제기하려는 행정소송이 보상금의 증감에 관한 소송인 경우 그 소송을 제기하는 자가 토지소유자 또는 관계인일 때에는 사업시행자를, 사업시행자일 때에는 토지소유자 또는 관계인을 각각 피고로 한다(제85조 제2항). 따라서 토지소유자가 손실보상금의 액수를 다투고자 할 경우에는 「사업시행자」를 상대로 보상금의 증액을 구하는 소송을 제기하여야 한다. 이러한 소송은 형식적으로는 법률관계의 당사자인 토지소유자 또는 관계인과 사업시행자가 각각 원고·피고로 되어 제기하는 소송이므로 당사자소송에 속한다. 그러나 내용적으로는 토지수용위원회의 수용재결(행정청의 처분)을 다투는 것이므로 실질적으로는 항고소송의 성질도 갖는다. 따라서 보상금증감청구소송은 「형식적 당사자소송」에 해당한다고 본다. '형식적 당사자소송'이란 형식적으로는 당사자소송이지만, 실질적으로는 행정청의 처분을 다투는 소송을 말한다.

③ (O) 「공익사업을 위한 토지 등의 취득 및 보상에 관한 법률」 제88조는 처분효력의 부정지에 대해 규정하고 있다. 이에 의하면 제83조에 따른 이의의 신청이나 제85조에 따른 행정소송의 제기는 사업의 진행 및 토지의 수용 또는 사용을 정지시키지 아니한다.

④ (X) 보상항목이란 어떤 토지, 물건, 권리 또는 영업이 손실보상대상에 해당하는지, 나아가 그 보상금액이 얼마인지를 심리·판단하는 기초단위를 말한다. 예를 들어, 토지나 물건에 대한 손실보상의 경우 원칙적으로 개별 토지나 물건별로 하나의 보상항목이 된다. 그런데 일부 보상항목이 손실보상대상에 해당하지 않는다는 재결이 있는 경우에 이에 불복하여 피보상자가 제기하는 소송의 형태가 무엇인지 문제된다. 이와 관련하여 대법원은 어떤 보상항목이 공익사업을 위한 토지 등의 취득 및 보상에 관한 법령상 손실보상대상에 해당함에도 관할 토지수용위원회가 사실을 오인하거나 법리를 오해함으로써 손실보상대상에 해당하지 않는다고 잘못된 내용의 재결을 한 경우에는, 피보상자는 관할 「토지수용위원회」를 상대로 그 재결에 대한 「취소소

송」을 제기할 것이 아니라, 「사업시행자」를 상대로 구 공익사업을 위한 토지 등의 취득 및 보상에 관한 법률 제85조 제2항에 따른 「보상금 증감소송」을 제기하여야 한다고 본다(대법원 2018. 7. 20. 2015두4044).

11 ③

| 출제단원 | Part 05 행정심판법 |
| 출제영역 | 재결의 효력 |

① (O) 취소심판에서 행정심판위원회가 처분을 취소하는 재결(= 취소재결)을 하거나 변경하는 재결(= 변경재결)을 하면 당해 처분은 「행정청의 별도의 처분이 없더라도」 처분시에 소급하여 효력이 소멸되거나 변경되는데 이를 재결의 「형성력」이라고 한다. 따라서 행정심판위원회가 처분을 취소하는 재결을 하면 재결의 「형성력」에 의해 당해 처분은 처분시에 소급하여 소멸되며, 별도로 행정청이 처분을 취소해야 하는 것은 아니다.

② (O) 하자 있는 행정행위라 할지라도 불복기간이 경과하거나, 쟁송수단을 모두 다 거친 이후에는 「상대방 또는 이해관계인」이 더 이상 행정행위의 효력을 쟁송절차를 통해 다툴 수 없게 되는 힘을 「불가쟁력(= 형식적 존속력)」이라고 한다. 이와 관련하여 대법원은 행정처분이나 행정심판 재결이 불복기간의 경과로 인하여 확정될 경우 확정력(= 불가쟁력의 의미)은 처분으로 인하여 법률상 이익을 침해받은 자가 처분이나 재결의 효력을 더 이상 다툴 수 없다는 의미일 뿐이며, 판결에 있어서와 같은 기판력이 인정되는 것은 아니라고 본다(대법원 1993. 4. 13. 92누17181). 참고로 기판력이란 「판결」이 확정되면 그 후의 절차에서 동일한 사항이 문제되는 경우에도 당사자와 승계인은 기존 판결에 반하는 주장을 할 수 없고, 법원도 그것에 반하는 판단을 할 수 없는 구속을 받게 되는 효력을 말한다.

③ (X) 처분이 위법한지 여부를 판단하는 기준시점은 「처분시」라는 것이 통설·판례의 입장이다(= 처분시설). 이는 처분의 위법 여부의 판단은 「처분시」의 사실 및 법률상태를 기준으로 행해야 한다는 것이다. 이에 의하면 재결의 기속력은 처분시까지의 사유에만 미치고, 종전 처분 이후에 발생한 새로운 사유에는 재결의 기속력이 미치지 않는다. 따라서 처분시 이후에 발생한 새로운 사유를 이유로 이전 처분과 동일한 처분을 하더라도 재결의 기속력에 반하지 않게 된다. 이와 관련하여 대법원은 당사자의 신청을 받아들이지 않은 거부처분이 재결에서 취소된 경우에 행정청은 종전 거부처분 또는 재결 「후」에 발생한 「새로운 사유」를 내세워 다시 거부처분을 할 수 있다고 본다(대법원 2017. 10. 31. 2015두45045).

④ (O) 재결의 기속력이란 처분청(= 피청구인) 및 관계행정청이 재결의 취지에 따르도록 처분청 및 관계행정청을 구속하는 효력을 말한다. 재결의 기속력은 심판청구를 「인용하는 재결」에 인정된다. 기속력의 객관적 범위와 관련하여 대법원은 재결의 기속력은 재결의 주문 및 그 전제가 된 요건사실의 인정과 판단, 즉 처분 등의 구체적 위법사유에 관한 판단에만 미친다고 본다(대법원 2005. 12. 9. 2003두7705). 이에 따라 대법원은 교원소청심사위원회의 결정은 처분청에 대하여 기속력을 가지고 이는 그 결정의 주문에 포함된 사항뿐 아니라 그 전제가 된 요건사실의 인정과 판단, 즉 처분 등의 구체적 위법사유에 관한 판단에까지 미친다고 본다(대법원 2013. 7. 25. 2012두12297).

12 ③

| 출제단원 | Part 04 행정소송법, Part 06 행정상 손해배상, Part 08 행정정보공개·개인정보 보호·행정조사 |
| 출제영역 | 정보공개의 방법, 공무원의 위법한 직무행위로 인한 손해배상의 요건, 원고적격 |

ㄱ. (O) 「공공기관의 정보공개에 관한 법률」에서는 '공개청구한 정보가 비공개대상정보에 해당하는 부분과 공개 가능한 부분이 혼합되어 있는 경우로서 공개청구의 취지에 어긋나지 아니하는 범위에서 두 부분을 분리할 수 있는 경우에는 비공개대상정보에 해당하는 부분을 제외하고 공개하여야 한다.'고 규정하고 있다(제14조). 이와 관련하여 대법원은 공개청구의 취지에 어긋나지 않는 범위 안에서 비공개대상정보에 해당하는 부분과 공개가 가능한 부분을 분리할 수 있다고 함은, 이 두 부분이 물리적으로 분리 가능한 경우를 의미하는 것이 아니고, 당해 정보의 공개방법 및 절차에 비추어 당해 정보에서 비공개대상정보에 관련된 기술 등을 제외 내지 삭제하고 그 나머지 정보만을 공개하는 것이 가능하고 나머지 부분의 정보만으로도 공개의 가치가 있는 경우를 의미한다고 본다(대법원 2004. 12. 9. 2003두12707).

ㄴ. (X) 대법원은 음주운전으로 적발된 주취운전자가 도로 밖으로 차량을 이동하겠다며 단속경찰관으로부터 보관중이던 차량열쇠를 반환받아 몰래 차량을 운전하여 가던 중 사고를 일으킨 사례에서 단속경찰관으로서는 주취운전자가 정상적으로 운전할 수 있는 상태에 이르기까지 주취운전을 하지 못하도록 구체적이고도 적절한 조치를 취하여야 할 의무가 있음에도 단속경찰관이 이러한 조치를 취하지 아니한 채 주취운전자로 하여금 주취 상태에서 운전을 계속할 수 있도록 보관중이던 차량열쇠를 교부한 것은 직무상 의무에 위배하여 위법하다고 보아 국가배상책임을 인정하였다(대법원 1998. 5. 8. 97다54482).

ㄷ. (X) 원고적격이란 행정소송에서 원고가 될 수 있는 자격을 의미한다. 「행정소송법」 제12조는 '취소소송은 처분 등의 취소를 구할 법률상 이익이 있는 자가 제기할 수 있다.'고 하여 원고적격을 규정하고 있다. 이와 관련하여 대법원은 행정처분에 대한 취소소송에서 원고적격이 있는지 여부는, 당해 처분의 상대방인지 여부에 따라 결정되는 것이 아니라 그 취소를 구할 「법률상 이익」이 있는지 여부에 따라 결정된다고 본다. 여기서 「법률상 이익」이란 당해 처분의 근거 법률에 의하여 보호되는 「직접적」이고 「구체적」인 이익이 있는 경우를 말하며, 간접적이거나 사실적·경제적 이해관계를 가지는 데 불과한 경우는 포함되지 않는다고 본다(대법원 2018. 5. 15. 2014두42506).

ㄹ. (O) 대법원은 행정처분의 상대방이 아닌 제3자라 하더라도 그 처분 등으로 인하여 법률상 보호되는 이익을 침해당한 경우에는 취소소송을 제기하여 그 당부의 판단을 받을 자격이 있지만, 자신의 이익과 전혀 관계가 없는 처분 등에 관하여는 취소를 구할 수 없다고 본다. 따라서 2종 교과용 도서에 대하여 검정신청을 하였다가 불합격결정처분을 받은 자가 자신이 검정신청한 교과서의 과목(영어)과 전혀 관계가 없는 과목(수학)의 교과용 도서에 대한 합격결정처분에 대하여는 그 취소를 구할 법률상의 이익이 없다고 본다(대법원 1992. 4. 24. 91누6634). 참고로 예전에는 교과서를 교육인적자원부가 저작권을 가진 교과서인 1종 교과서와 교육인적자원부장관의 검정을 받은 교과서인 2종 교과서로 구분하였었다.

13 답 ①

출제단원 Part 03 행정의 실효성 확보수단
출제영역 양벌규정, 질서위반행위규제법

① (X) 양벌규정이란 실제 행위자인 「종업원」의 위반행위에 대하여 실제 행위를 하지 않은 「사업주」도 처벌하는 것으로 규정하는 경우와 같이 「범죄행위자」와 「행위자 이외의 자」를 함께 처벌하는 규정을 말한다. 행정범(= 행정법규의 위반으로 성립되는 범죄)에서는 이와 같이 범죄행위자 이외의 자를 벌하는 것으로 규정하는 경우가 있다. 이와 관련하여 대법원은 지방자치단체가 그 고유의 「자치사무」를 처리하는 경우에는 지방자치단체는 국가기관의 일부가 아니라 국가기관과는 별도의 「독립한 공법인」이라고 본다. 따라서 지방자치단체 소속 공무원이 지방자치단체 고유의 「자치사무」를 수행하던 중 도로법 위반행위를 한 경우에는 「지방자치단체」는 도로법의 양벌규정에 따라 처벌대상이 되는 법인에 해당한다고 본다(대법원 2005. 11. 10. 2004도2657). 참고로 대법원은 지방자치단체의 사무의 종류에 따라 해당 지방자치단체가 양벌규정의 대상이 되는 법인에 해당하는지를 다음과 같이 구분하여 판단하고 있다.

구분	의의	양벌규정 대상 여부
자치사무	해당 지방자치단체의 고유사무	지방자치단체 소속 공무원이 「자치사무」인 압축트럭 청소차를 운전하던 중 도로법 위반행위를 한 경우(2004도2657) → 「지방자치단체」는 양벌규정에 따라 처벌대상이 되는 법인에 해당한다.
기관위임사무	「국가 또는 A지방자치단체」로부터 「B지방자치단체의 장(= 지방자치단체의 집행기관)」에게 위임된 사무 → 기관위임사무는 위임을 한 국가 또는 A지방자치단체의 사무이다.	지방자치단체 소속 공무원이 「기관위임사무」인 지정원만순찰 업무를 위해 관할관청의 승인 없이 개조한 승합차를 운행함으로써 자동차관리법을 위반한 경우(2008도6530) → 「지방자치단체」는 양벌규정에 따라 처벌대상이 되는 법인에 해당하지 않는다.

정리하면, 양벌규정의 대상이 되는 법인에 「기관위임사무를 행하는 지방자치단체」는 포함되지 않는다. 반면, 「자치사무를 행하는 지방자치단체」는 포함된다.

② (O) 「개인정보 보호법」에는 양벌규정이 있다. 이에 의하면, 법인의 대표자나 법인 또는 개인의 대리인, 사용인, 그 밖의 종업원이 그 법인 또는 개인의 업무에 관하여 「개인정보 보호법」 제71조부터 제73조까지의 어느 하나에 해당하는 위반행위를 하면 그 "행위자"를 벌하는 외에 그 "법인 또는 개인"에게도 해당 조문의 벌금형을 과한다(제74조 제2항 본문). 그런데 "법인 또는 개인"이 아니라 "법인격 없는 공공기관"을 이러한 양벌규정에 의해 처벌할 수 있는지 문제된다. 이와 관련하여 대법원은 「개인정보 보호법」 제74조 제2항에서 양벌규정에 의하여 처벌되는 개인정보처리자로 '법인 또는 개인'만을 규정하고 있을 뿐이고, 법인격 없는 공공기관에 대하여도 위 양벌규정을 적용할 것인지 여부에 대하여는 명문의 규정을 두고 있지 않으므로, 죄형법정주의의 원칙상 '법인격 없는 공공기관'을 위 양벌규정에 의하여 처벌할 수 없고, 그 경우 행위자 역시 위 양벌규정으로 처벌할 수 없다고 본다(대법원 2021. 10. 28. 2020도1942).

③ (O) 「질서위반행위규제법」 제5조에 의하면, 과태료의 부과·징수, 재판 및 집행 등의 절차에 관한 다른 법률의 규정 중 「질서위반행위규제법」의 규정에 저촉되는 것은 「질서위반행위규제법」으로 정하는 바에 따른다. 즉, 다른 법률과의 관계에서 질서위반행위규제법이 우선적으로 적용된다.

④ (O) 「질서위반행위규제법」에 의하면, 행정청의 과태료 부과에 불복하는 당사자는 과태료 부과 통지를 받은 날부터 60일 이내에 해당 행정청에 서면으로 이의제기를 할 수 있고, 이의제기가 있는 경우에는 그 과태료 부과처분은 효력을 상실하게 된다. 이때 이의제기를 받은 행정청은 이의제기를 받은 날부터 14일 이내에 관할 법원에 통보하여야 하고, 그 통보를 받은 관할 법원은 과태료 재판을 하게 된다. 과태료 재판에 대하여 당사자와 검사는 즉시항고를 할 수 있으며, 이 경우 항고는 집행정지의 효력이 있다(제38조 제1항).

14 답 ②

출제단원 Part 02 행정작용 및 절차법
출제영역 위헌법률에 근거한 행정처분의 효력

[상황 : 행정처분(= 과세처분) → 헌법재판소의 법률에 대한 위헌결정 → 행정처분의 집행(= 압류처분)] 행정처분이 먼저 행해진 후에 처분의 근거법률이 헌법재판소에서 위헌결정을 받았고, 처분의 상대방이 아직 처분으로 부과된 의무를 이행하지 않고 있는 경우에 강제집행을 할 수 있는지 문제된다. 이와 관련하여 대법원은 「조세 부과의 근거가 되었던 법률규정」이 위헌으로 선언된 경우에, 비록 과세처분(= 행정처분)이 위헌결정 전에 이루어졌고, 과세처분에 대한 제소기간이 이미 경과하여 조세채권이 확정되었으며(= 불가쟁력 발생), 「조세채권의 집행을 위한 체납처분의 근거규정」 자체에 대하여는 따로 위헌결정이 내려진 바 없다고 하더라도, 위와 같은 위헌결정 이후에 조세채권의 집행을 위한 새로운 체납처분에 착수하거나 이를 속행하는 것은 더 이상 허용되지 않는다고 본다. 나아가 이러한 위헌결정의 효력에 위배하여 이루어진 체납처분은 그 사유만으로 하자가 중대하고 명백하여 당연무효라고 본다(대법원 2012. 2. 16. 2010두10907 전합). 참고로 체납처분이란 강제징수의 절차 중 「재산의 압류, 압류재산의 매각 및 청산」을 말한다.

ㄱ. (X) 甲에 대한 과세처분이 있은 후 과세처분의 근거법률에 대한 헌법재판소의 위헌결정이 있었으므로 과세처분은 무효가 아니라 취소사유가 있는 것에 불과하다. 이때 과세처분에 대한 제소기간이 이미 경과하여 확정되었다고 하였으므로 더 이상 과세처분을 다툴 수는 없다. 그러나 과세처분을 다툴 수 없다고 하여 세무서장 A가 한 압류처분을 다툴 수 없는 것은 아니다. 앞서 살펴본 바와 같이, 대법원은 「과세처분」이후 「조세 부과의 근거가 되었던 법률규정」에 대하여 위헌결정이 내려진 경우, 그 조세채권의 집행을 위한 「체납처분」은 당연무효라고 본다(대법원 2012. 2. 16. 2010두10907 전합). 따라서 甲은 압류처분에 대한 무효확인소송을 제기하여 그 효력을 다툴 수 있다. 참고로 이 판례는 「하자의 승계」와 관련하여 선·후의 행정행위가 서로 독립하여 별개의 법적 효과를 목적으로 한다는 이유로 하자의 승계를 부정한 판례와 구분해야 한다. 예를 들어, 대법원은 「조세의 부과처분」과 「압류 등의 체납처분」은 「별개」의 행정처분으로서 「독립」성을 가지므로 「조세의 부과처분(= 과세처분)」과 「체납처분」 사이에는 하자의 승계가 부정된다고 보고 있지만(대법원 1987. 9. 22. 87누383), 이 판례는

위헌인 법률에 근거한 행정처분의 집행력에 관한 판례이므로 상황이 다르다.

ㄴ. (X) 대법원은 「조세채권의 집행을 위한 체납처분의 근거규정」 자체에 대하여는 따로 위헌결정이 내려진 바 없다고 하더라도, 조세 부과의 근거가 되었던 법률규정에 대한 위헌결정 이후에 조세채권의 집행을 위한 새로운 체납처분에 착수하거나 이를 속행하는 것은 더 이상 허용되지 않는다고 본다(대법원 2012. 2. 16. 2010두10907 전합). 즉, 과세처분 근거규정에 대한 위헌결정이 있을 경우 조세채권의 집행을 위한 압류처분도 허용될 수 없으므로 과세처분 근거규정에 대한 위헌결정의 기속력이 압류처분과는 무관한 것은 아니다.

ㄷ. (O) 대법원은 과세처분 이후 조세 부과의 근거가 되었던 법률규정에 대하여 위헌결정이 내려진 경우, 위헌결정 이후에 조세채권의 집행을 위한 새로운 체납처분에 착수하거나 이를 속행하는 것은 더 이상 허용되지 않는다고 본다(대법원 2012. 2. 16. 2010두10907 전합).

> **참고**
> 'ㄱ'과 'ㄴ' 선지는 과세처분 이후 조세 부과의 근거가 되었던 법률규정에 대하여 위헌결정이 내려진 경우, 그 조세채권의 집행을 위한 체납처분이 당연무효인지 여부에 관한 2010두10907 전원합의체 판결에서 대법관 3인의 반대의견을 선지로 구성한 것이다. 이 판례에서 대법관 다수는 과세처분 이후 조세 부과의 근거가 되었던 법률규정에 대하여 위헌결정이 내려진 경우, 그 조세채권의 집행을 위한 체납처분은 당연무효라고 보았으나, 3인의 대법관은 과세처분의 근거규정에 대한 헌법재판소의 위헌결정이 있었다는 이유만으로 체납처분이 위법하다고 보는 다수의견에는 찬성할 수 없다는 반대의견을 제시하였다.

15 답 ②

| 출제단원 | Part 02 행정작용 및 절차법 |
| 출제영역 | 공법상 계약 |

ㄱ. (O) 행정청은 법령 등을 위반하지 아니하는 범위에서 행정목적을 달성하기 위하여 필요한 경우에는 공법상 법률관계에 관한 계약을 체결할 수 있다. 이 경우 계약의 목적 및 내용을 명확하게 적은 계약서를 작성하여야 한다(행정기본법 제27조 제1항).

ㄴ. (X) 대법원은 계약직공무원 채용계약해지의 의사표시는 일반공무원에 대한 징계처분과는 달라서 항고소송의 대상이 되는 처분 등의 성격을 가진 것으로 인정되지 아니하고, 일정한 사유가 있을 때에 국가 또는 지방자치단체가 채용계약 관계의 한쪽 당사자로서 대등한 지위에서 행하는 의사표시로 취급되는 것이라고 본다. 따라서 이를 징계해고 등에서와 같이 그 징계사유에 한하여 효력 유무를 판단하여야 하거나, 행정처분과 같이 행정절차법에 의하여 근거와 이유를 제시하여야 하는 것은 아니라고 본다(대법원 2002. 11. 26. 2002두5948).

ㄷ. (X) 공익사업을 위해 토지를 취득하는 방법으로는 토지의 소유자의 의사에 반하는 강제취득인 「공용수용」과 공용수용의 주체와 토지 소유자 사이의 협의에 의한 취득인 「협의취득」이 있다. 이와 관련하여 대법원은 공익사업을 위한 토지 등의 취득 및 보상에 관한 법령에 의한 협의취득은 「사법상의 법률행위」이므로 당사자 사이의 자유로운 의사에 따라 채무불이행책임이나 매매대금 과부족금에 대한 지급의무를 약정할 수 있다고 본다(대법원 2012. 2. 23. 2010다91206).

ㄹ. (O) 대법원은 지방자치단체가 일방 당사자가 되는 이른바 「공공계약」이 사경제의 주체로서 상대방과 대등한 위치에서 체결하는 「사법상 계약에 해당하는 경우」, 그에 관한 법령에 특별한 정함이 있는 경우를 제외하고는 사적 자치와 계약자유의 원칙 등 사법의 원리가 그대로 적용된다고 본다(대법원 2018. 2. 13. 2014두11328). 참고로 공공계약이란 국가를 당사자로 하는 계약인 국가계약, 지방자치단체를 당사자로 하는 계약인 지방계약, 공기업 등을 당사자로 하는 계약인 공공기관 계약을 말한다.

16 답 ④

| 출제단원 | Part 02 행정작용 및 절차법, Part 04 행정소송법 |
| 출제영역 | 행정행위의 부관, 대상적격 |

① (O) 대법원은 부관 중 「부담」만은 독립하여 행정쟁송의 대상이 될 수 있지만, 「부담 이외의 부관」은 독립하여 행정쟁송의 대상이 될 수 없다고 본다. 예를 들어, 대법원은 기부채납 받은 행정재산에 대한 사용·수익허가에서 공유재산의 관리청이 정한 「사용·수익허가의 기간」은 부담이 아니므로 이에 대해서는 독립하여 행정소송을 제기할 수 없다고 본다(대법원 2001. 6. 15. 99두509).

② (O) 「민법」에 의하면, 의사표시는 법률행위의 내용의 중요부분에 착오가 있는 때에는 취소할 수 있다(제109조 제1항). 이와 관련하여 대법원은 토지소유자가 토지형질변경행위허가에 붙은 기부채납의 부관에 따라 토지를 국가나 지방자치단체에 기부채납(증여)한 경우에, 기부채납의 부관이 당연무효이거나 취소되지 아니한 이상 토지소유자는 위 부관으로 인하여 증여계약의 중요부분에 착오가 있음을 이유로 증여계약을 취소할 수 없다고 본다(대법원 1999. 5. 25. 98다53134). 부관이 아직 유효하게 존재하므로 법률행위의 내용의 중요부분에 착오가 있다고 볼 수 없기 때문이다.

③ (O) 대법원은 행정행위의 부관인 부담에 정해진 바에 따라 당해 행정청이 아닌 「다른 행정청」이 그 부담상의 의무이행을 요구하는 의사표시를 하였을 경우, 이러한 행위가 당연히 또는 무조건으로 행정소송법상 항고소송의 대상이 되는 처분에 해당한다고 할 수는 없다고 본다(대법원 1992. 1. 21. 91누1264).

④ (X) 부담이 붙은 행정행위의 상대방은 부담의 내용에 따라 일정한 법률행위를 하게 된다. 이때 「부담」이 위법할 경우, 부담의 내용에 따라 상대방이 행한 「사법상 법률행위」의 효력은 어떻게 되는지가 문제된다. 이와 관련하여 대법원은 「부담」과 부담의 이행행위로 한 「사법상 법률행위」를 별개로 취급한다. 따라서 행정처분에 부담을 붙인 경우 부관의 무효화에 의하여 본체인 「행정처분」 자체의 효력에도 영향이 있게 될 수는 있지만, 그 처분을 받은 사람이 부담의 이행으로 「사법상 매매 등의 법률행위」를 한 경우에 부담의 무효는 「법률행위」의 취소사유가 될 수는 있지만 「법률행위」 자체를 당연히 무효화하는 것은 아니라고 본다(대법원 2009. 6. 25. 2006다18174).

17 답 ④

| 출제단원 | Part 02 행정작용 및 절차법 |
| 출제영역 | 행정계획 |

①(O), ②(O) 행정계획을 수립·변경함에 있어서 행정청에게 인정되는 광범위한 형성의 자유를 「계획재량」이라고 한다. 이와 관련하여 대법원은 행정주체는 구체적인 행정계획을 입안·결정함에 있어서 비

교적 광범위한 형성의 자유를 가진다고 본다(= ①번 해설). 다만, 행정주체가 가지는 이와 같은 형성의 자유는 무제한적인 것이 아니라 그 행정계획에 관련되는 자들의 이익을 공익과 사익 사이에서는 물론이고 공익 상호간과 사익 상호간에도 정당하게 비교교량하여야 한다는 제한이 있으므로, 행정주체가 행정계획을 입안·결정함에 있어서 이익형량을 전혀 행하지 아니하거나 이익형량의 고려 대상에 마땅히 포함시켜야 할 사항을 누락한 경우 또는 이익형량을 하였으나 정당성과 객관성이 결여된 경우에는 위법하다고 본다(= ②번 해설)(대법원 2006. 9. 8. 2003두5426).

③ (O) 도시계획이 이미 결정되어 고시된 경우라도 도시계획의 결정·변경에 관한 「권한을 갖고 있는 행정청」은 이와 다른 내용의 도시계획을 결정·고시할 수 있다. 반면, 선행 도시계획의 결정·변경 등에 관한 「권한을 갖고 있지 않은」 행정청은 선행 도시계획과 다른 내용의 도시계획을 결정·고시할 수는 없다. 이와 관련하여 대법원은 도시계획의 결정·변경 등에 관한 권한을 「가진」 행정청은 이미 도시계획이 결정·고시된 지역에 대하여도 다른 내용의 도시계획을 결정·고시할 수 있고, 이때에 후행 도시계획에 선행 도시계획과 서로 양립할 수 없는 내용이 포함되어 있다면, 특별한 사정이 없는 한 선행 도시계획은 후행 도시계획과 같은 내용으로 변경된다고 본다(대법원 2000. 9. 8. 99두11257). 참고로 대법원은 「뒤에 결정·고시된 도시계획(후행 도시계획)」이 「이미 결정·고시된 도시계획(선행 도시계획)」과는 서로 양립할 수 「없는」 내용을 포함하고 있을 때 두 계획의 효력이 어떻게 되는지에 대하여 다음과 같이 판단하고 있다.

「후행」 도시계획 결정 행정청의 권한	효과
「선행」 도시계획 결정·변경에 관한 권한 O	선행 도시계획 → 후행 도시계획과 같은 내용으로 변경
「선행」 도시계획 결정·변경에 관한 권한 X	후행 도시계획 → 무효

④ (X) 대법원은 도시기본계획이라는 것은 도시의 장기적 개발방향과 미래상을 제시하는 도시계획 입안의 지침이 되는 장기적·종합적인 개발계획으로서 직접적인 구속력은 없는 것이므로, 도시계획시설결정 대상면적이 도시기본계획에서 예정했던 것보다 증가하였다 하여 그것이 도시기본계획의 범위를 벗어나 위법한 것은 아니라고 본다(대법원 1998. 11. 27. 96누13927). 즉, 도시기본계획은 행정기관에 직접적인 구속력이 없으므로 비구속적 행정계획에 해당한다.

18 답 ④

출제단원 Part 02 행정작용 및 절차법
출제영역 기속행위와 재량행위, 인가, 행정행위의 부관

① (O) 대법원은 여객자동차운송사업의 한정면허는 특정인에게 권리나 이익을 부여하는 수익적 행정행위로서, 교통수요, 운송업체의 수송 및 공급능력 등에 관한 기술적·전문적 판단이 필요하고, 원활한 운송체계의 확보, 일반 공중의 교통 편의성 제고 등 운수행정을 통한 공익적 측면과 함께 관련 운송사업자들 사이의 이해관계 조정 등 사익적 측면을 고려하는 등 합목적성과 구체적 타당성을 확보하기 위한 적합한 기준에 따라야 하므로, 그 범위 내에서는 법령이 특별히 규정한 바가 없으면 행정청이 재량을 보유한다고 본다(대법원 2020. 6. 11. 2020두34384). 참고로 한정면허란 운행노선, 운송대상, 면허기간 등을 한정하여 발급하는 면허를 말한다. 예를 들어, 택배업자는 물건만, 택시는 사람만, 마을버스는 마을 안에서만, 시내버스는 시내에서만 운행하도록 권한이 한정된 면허가 한정면허에 해당한다.

② (O) 대법원은 난민 인정에 관한 신청을 받은 행정청은 원칙적으로 법령이 정한 난민 요건에 해당하는지를 심사하여 난민 인정 여부를 결정할 수 있을 뿐이고, 이와 무관한 다른 사유만을 들어 난민 인정을 거부할 수는 없다고 본다(대법원 2017. 12. 5. 2016두42913). 즉, 「난민인정」은 「기속행위」이다. 참고로 이와 비교하여 대법원은 법에서 정한 난민 인정의 취소사유가 있더라도, 법무부장관은 「난민인정 결정을 취소」할 공익상의 필요와 취소로 당사자가 입을 불이익 등 여러 사정을 참작하여 취소여부를 결정할 수 있는 재량이 있다고 본다(대법원 2017. 3. 15. 2013두16333). 즉, 이미 난민인정을 받은 자에 대한 「난민인정 결정의 취소」는 「재량행위」이다.

③ (O) 대법원은 자동차관리법상 자동차관리사업자로 구성하는 사업자단체인 조합 또는 협회의 설립인가처분은 시·도지사 등이 자동차관리사업자들의 단체결성행위를 보충하여 효력을 완성시키는 처분에 해당한다고 본다. 즉, 강학상 인가이다. 이때 인가권자인 시·도지사 등은 조합 등의 설립인가 신청에 대하여 자동차관리법에 정한 설립요건의 충족 여부는 물론, 나아가 조합 등의 사업내용이나 운영계획 등이 사업자단체 설립의 공익적 목적에 부합하는지 등을 함께 검토하여 설립인가 여부를 결정할 재량을 가진다고 본다(대법원 2015. 5. 29. 2013두635).

④ (X) 어떠한 종류의 행정행위에 대하여 부관을 붙일 수 있는가의 문제를 「부관의 가능성」이라고 한다. 이와 관련하여 대법원은 「기속행위」의 경우 법령상 근거가 있다면 부관을 붙일 수 있을 것이지만, 법령상 근거가 없다면 부관을 붙일 수 없다고 본다. 반면, 「재량행위」의 경우 법령에 근거가 없다고 하더라도 부관을 붙일 수 있다고 본다. 그런데 인가는 기속행위인 경우도 있지만, 재량행위인 경우도 적지 않다. 따라서 인가가 재량행위인 경우에는 부관을 붙일 수 있다. 예를 들어, 공익법인(= 자선·장학사업 등 공익성을 갖는 비영리사업을 목적으로 한 법인)의 기본재산 처분에 대한 주무관청의 허가는 강학상 인가인데, 이와 관련하여 대법원은 공익법인의 기본재산의 처분에 관한 주무관청의 허가에 부관을 붙인 경우 그 처분허가의 법률적 성질이 「형성적 행정행위로서의 인가」에 해당한다고 하여 조건으로서의 부관의 부과가 허용되지 아니한다고 볼 수는 없다(= 허용된다)고 본다(대법원 2005. 9. 28. 2004다50044).

19 답 ③

출제단원 Part 02 행정작용 및 절차법
출제영역 행정입법

① (O) 「행정기본법」에 의하면, 정부는 권한 있는 기관에 의하여 위헌으로 결정되어 법령이 헌법에 위반되거나 법률에 위반되는 것이 명백한 경우 등 대통령령으로 정하는 경우에는 해당 법령을 개선하여야 한다(제39조 제1항).

② (O) 구체적 규범통제란 '법규명령 자체'를 직접 소송의 대상으로 하는 것이 아니라, '다른 구체적인 사건에 관한 재판에서 이에 대한 판단을 내리기에 앞서 먼저 해결해야 할 문제로서 당해 법규명령의 위

헌·위법 여부를 판단하는 제도를 말한다. 예를 들어, A가 신청한 건축허가에 대하여 구청장이 건축법 시행령 제○조를 근거로 하여 거부처분을 한 사례에서 A는 건축법 시행령 제○조가 위법하다는 것을 이유로 하여 '건축허가거부처분'의 취소를 구하는 소송을 제기하였다. 이 사례에서 소송의 대상은 '건축허가거부처분'이지만, '건축허가거부처분'의 위법여부를 판단하기 위해서는 A가 주장한 내용인 '건축법 시행령 제○조'가 위법한 것인지 여부를 판단해야 한다. 이를 '구체적 규범통제'라고 한다. 구체적 규범통제와 관련하여 헌법 제107조 제2항은 '명령·규칙 또는 처분이 헌법이나 법률에 위반되는 여부가 재판의 전제가 된 경우에는 대법원은 이를 최종적으로 심사할 권한을 가진다.'고 규정하고 있다. 이와 관련하여 대법원은 헌법 제107조 제2항의 규정에 따르면 행정입법의 심사는 일반적인 재판절차에 의하여 「구체적 규범통제」의 방법에 의하도록 명시하고 있으므로, 당사자는 구체적 사건의 심판을 위한 선결문제로서 행정입법의 위법성을 주장하여 법원에 대하여 당해 사건에 대한 적용 여부의 판단을 구할 수 있을 뿐이며, 행정입법 자체의 합법성의 심사를 목적으로 하는 독립한 신청을 제기할 수는 없다고 본다(대법원 1994. 4. 26. 자 93부32).

③ (X) 위임명령은 법률이나 상위명령에서 구체적으로 범위를 정한 개별적인 위임이 있는 경우에만 제정이 가능하다. 따라서 구체적·개별적 위임이 없음에도 새로운 법규사항(= 국민의 권리·의무에 관한 사항)을 법규명령으로 규정할 수 없다. 이와 관련하여 대법원은 구법에 위임의 근거가 없어 법규명령이 무효였더라도 사후에 법 개정으로 위임의 근거가 부여되면 그때부터는 유효한 법규명령이 된다고 본다. 반면, 이와는 반대로 구법의 위임에 의한 유효한 법규명령이 법 개정으로 위임의 근거가 없어지게 되면 그때부터 무효인 법규명령이 된다고 본다(대법원 1995. 6. 30. 93추83).

④ (O) 헌법 제75조는 '대통령은 법률에서 구체적으로 범위를 정하여 위임받은 사항(= 위임명령)과 법률을 집행하기 위하여 필요한 사항(= 집행명령)에 관하여 대통령령을 발할 수 있다.'라고 규정하고 있다. 이와 관련하여 대법원은 대통령은 법률에서 구체적으로 범위를 정하여 위임받은 사항과 법률을 집행하기 위하여 필요한 사항에 관하여만 대통령령을 발할 수 있으므로, 법률의 시행령은 모법인 법률에 의하여 위임받은 사항이나 법률이 규정한 범위 내에서 법률을 현실적으로 집행하는 데 필요한 세부적인 사항만을 규정할 수 있을 뿐, 법률에 의한 위임이 없는 한 법률이 규정한 개인의 권리·의무에 관한 내용을 변경·보충하거나 법률에 규정되지 아니한 새로운 내용을 규정할 수는 없다고 본다(대법원 2020. 9. 3. 2016두32992).

20 답 ④

출제단원 Part 02 행정작용 및 절차법, Part 04 행정소송법
출제영역 기속행위와 재량행위, 당사자소송, 대상적격

① (O) 대법원은 여객자동차 운수사업법에 따라 국토해양부장관 또는 시·도지사는 여객자동차 운수사업자가 '거짓이나 부정한 방법으로 지급받은 보조금'에 대하여 반환할 것을 명하여야 하고, 위 환수처분은 국토해양부장관 또는 시·도지사가 지급받은 보조금을 반환할 것을 명하여야 하는 기속행위라고 본다(대법원 2013. 12. 12. 2011두3388).

② (O) 대법원은 행정처분이 재량권의 한계를 벗어난 것(= 재량권의 일탈·남용)이어서 위법하다는 점은 그 「행정처분의 효력을 다투는 자」가 주장·입증하여야 하고, 「처분청」이 그 재량권의 행사가 정당한 것이었다는 점까지 주장·입증할 필요는 없다고 본다(대법원 1987. 12. 8. 87누861).

③ (O) 대법원은 사업주가 당연가입자가 되는 고용보험 및 산재보험에서 보험료 납부의무 부존재확인의 소는 「공법상의 법률관계」 자체를 다투는 소송으로서 공법상 당사자소송이라고 본다(대법원 2016. 10. 13. 2016다221658).

④ (X) 대법원은 지방자치단체의 장이 공유재산 및 물품관리법(이하 '공유재산법'이라 한다)에 근거하여 기부채납 및 사용·수익허가 방식으로 민간투자사업을 추진하는 과정에서 사업시행자를 지정하기 위한 전 단계에서 공모제안을 받아 일정한 심사를 거쳐 '우선협상대상자를 선정하는 행위'와 '이미 선정된 우선협상대상자를 그 지위에서 배제하는 행위'는 민간투자사업의 세부내용에 관한 협상을 거쳐 공유재산법에 따른 공유재산의 사용·수익허가를 우선적으로 부여받을 수 있는 지위를 설정하거나 또는 이미 설정한 지위를 박탈하는 조치이므로 모두 항고소송의 대상이 되는 행정처분이라고 본다(대법원 2020. 4. 29. 2017두31064).

2023년 국가직 9급
행정법총론

문제편 p.10

01 ② 02 ② 03 ① 04 ④ 05 ④ 06 ③ 07 ① 08 ① 09 ② 10 ③
11 ④ 12 ③ 13 ① 14 ④ 15 ④ 16 ① 17 ① 18 ② 19 ① 20 ④

01

답 ②

출제단원 Part 02 행정작용 및 절차법
출제영역 처분의 신청

① (O) 「행정절차법」에 의하면, 행정청은 신청인의 편의를 위하여 다른 행정청에 신청을 접수하게 할 수 있다. 이 경우 행정청은 다른 행정청에 접수할 수 있는 신청의 종류를 미리 정하여 공시하여야 한다(제17조 제7항).

② (X) 「행정절차법」에 의하면, 행정청은 신청에 구비서류의 미비 등 흠이 있는 경우에는 보완에 필요한 상당한 기간을 정하여 지체 없이 신청인에게 보완을 요구하여야 한다(제17조 제5항). 만약 행정청은 신청인이 기간 내에 보완을 하지 아니하였을 때에는 그 이유를 구체적으로 밝혀 접수된 신청을 되돌려 보낼 수 있다(동조 제6항). 즉, 신청에 흠이 있는 경우 바로 접수를 거부하여야 하는 것이 아니며, 보완요구가 선행되어야 한다.

③ (O) 「행정절차법」에 의하면, 행정청은 신청을 받았을 때에는 다른 법령 등에 특별한 규정이 있는 경우를 제외하고는 그 접수를 보류 또는 거부하거나 부당하게 되돌려보내서는 아니 되며, 신청을 접수한 경우에는 신청인에게 접수증을 주어야 한다. 다만, 대통령령으로 정하는 경우에는 접수증을 주지 아니할 수 있다(제17조 제4항). 이에 따라 「행정절차법 시행령」에서는 구술·우편 또는 정보통신망에 의한 신청, 처리기간이 "즉시"로 되어 있는 신청, 접수증에 갈음하는 문서를 주는 신청의 경우에 접수증을 주지 않을 수 있다고 규정하고 있다(제9조).

④ (O) 「행정절차법」에 의하면, 행정청은 다수의 행정청이 관여하는 처분을 구하는 신청을 접수한 경우에는 관계 행정청과의 신속한 협조를 통하여 그 처분이 지연되지 아니하도록 하여야 한다(제18조).

02

답 ②

출제단원 Part 02 행정작용 및 절차법
출제영역 행정행위의 취소와 철회

① (O) 직권취소란 일단 유효하게 성립한 행정행위를 처분청이 「성립 당시의 하자」를 이유로 직권으로 그 효력을 소멸시키는 것을 말한다. 반면, 철회란 아무런 하자 없이 적법하게 성립된 행정행위의 효력을 「성립 이후에 발생된 새로운 사정」에 의하여 더 이상 존속시킬 수 없는 경우에 장래에 향하여 그 효력을 소멸시키는 것을 말한다. 최근 제정된 「행정기본법」은 위법 또는 부당한 처분의 취소(제18조), 적법한 처분의 철회(제19조)에 관해 규정하여 직권취소와 철회의 법적 근거를 마련하고 있다. 이와 관련하여 대법원은 행정처분을 한 처분청은 처분의 성립에 하자가 있는 경우 이를 취소할 별도의 법적 근거가 없다고 하더라도 직권으로 취소할 수 있다고 본다(대법원 2002. 5. 28. 2001두9653). 또한 행정행위를 한 처분청은 비록 처분 당시에 별다른 하자가 없었고, 또 별도의 법적 근거가 없다 하더라도 원래의 처분을 존속시킬 필요가 없게 된 사정변경이 생겼거나 중대한 공익상의 필요가 발생한 경우에는 철회할 수 있다고 본다(대법원 2004. 11. 26. 2003두10251, 10268).

② (X) ①번 해설에서 살펴본 바와 같이, 행정행위의 철회사유는 행정행위의 성립 「이후」에 발생된 새로운 사정을 말한다.

③ (O) 수익적 행정행위의 직권취소는 처분의 상대방에게 불이익이 된다. 따라서 상대방의 「신뢰보호의 이익」이 「공익」보다 큰 경우에는 직권취소가 제한된다. 그런데 수익자의 사기나 강박 등 부정한 방법에 의해 수익적 행정행위가 이루어진 경우에는 상대방의 신뢰가 보호할 만하다고 할 수 없으므로 직권취소가 가능하다. 이와 관련하여 대법원은 수익적 처분이 상대방의 허위 기타 부정한 방법으로 인하여 행하여졌다면 상대방은 그 처분이 그와 같은 사유로 인하여 취소될 것임을 예상할 수 없었다고 할 수 없으므로(= 예상할 수 있으므로), 이러한 경우까지 상대방의 신뢰를 보호하여야 하는 것은 아니라고 본다(대법원 1995. 1. 20. 94누6529).

④ (O) ③번 해설에서 살펴본 바와 같이, 수익적 행정행위의 취소 또는 철회는 상대방에게 침익적인 결과를 가져오므로 일정한 제한을 받는다. 이와 관련하여 대법원은 수익적 행정처분을 취소할 때에는 이를 「취소하여야 할 공익상의 필요」와 그 「취소로 인하여 당사자가 입게 될 기득권과 신뢰보호 및 법률생활 안정의 침해 등 불이익」을 비교·교량한 후 「공익상의 필요」가 당사자가 입을 불이익을 정당화할 만큼 강한 경우에 한하여 취소할 수 있다고 본다(대법원 2014. 11. 27. 2013두16111).

03

답 ①

출제단원 Part 02 행정작용 및 절차법
출제영역 행정행위의 부관

① (X) 대법원은 수익적 행정처분에 있어서는 법령에 특별한 근거규정이 없다고 하더라도 그 부관으로서 부담을 붙일 수 있고, 그와 같은 부담은 행정청이 행정처분을 하면서 일방적으로 부가할 수도 있지만 부담을 부가하기 이전에 상대방과 협의하여 부담의 내용을 협약의 형식으로 미리 정한 다음 행정처분을 하면서 이를 부가할 수도 있다고 본다(대법원 2009. 2. 12. 2005다65500).

② (O) 행정행위에 부관을 붙일 수 있는 경우에도 무제한하게 허용되는 것은 아니며, 주된 행정행위의 본질적 효력을 해하지 않는 한도의 것이어야 한다. 이와 관련하여 대법원은 기선선망어업의 허가를 하면서 운반선, 등선 등 부속선을 사용할 수 없도록 제한한 부관은 그 어업허가의 목적달성을 사실상 어렵게 하여 그 본질적 효력을 해하는 것이며, 더욱이 어업조정이나 기타 공익상 필요하다고 인정되는 사정이 없는 이상 위법한 것이라고 본다(대법원 1990. 4. 27. 89누6808).

③ (O) 행정행위를 한 이후에 새로운 부관을 부가(= 부관의 사후부가)하거나, 또는 이미 행정행위에 부가되어 있던 부관을 사후에 변경(= 부관의 사후변경)하는 것을 사후부관이라고 한다. 부관의 사후부가가 허용되는지와 관련하여 대법원은 부관은 면허 발급 당시에 붙이는 것뿐만 아니라 면허 발급 이후에 붙이는 것도 「법률에 명문의 규

정」이 있거나 「변경이 미리 유보」되어 있는 경우 또는 「상대방의 동의」가 있는 경우 등에는 특별한 사정이 없는 한 허용된다고 본다(대법원 2016. 11. 24. 2016두45028). 참고로 「행정기본법」 제17조 제3항은 '행정청은 부관을 붙일 수 있는 처분이 다음 각호의 어느 하나에 해당하는 경우에는 그 처분을 한 후에도 부관을 새로 붙이거나(= 부관의 사후부가) 종전의 부관을 변경(= 부관의 사후변경)할 수 있다.'고 하여 사후부관의 문제를 입법으로 해결하였다.

- 법률에 근거가 있는 경우(제1호)
- 당사자의 동의가 있는 경우(제2호)
- 사정이 변경되어 부관을 새로 붙이거나 종전의 부관을 변경하지 아니하면 해당 처분의 목적을 달성할 수 없다고 인정되는 경우(제3호)

④ (O) 「민법」에 의하면, 의사표시는 법률행위의 내용의 중요부분에 착오가 있는 때에는 취소할 수 있다(제109조 제1항). 이와 관련하여 대법원은 토지소유자가 토지형질변경행위허가에 붙은 기부채납의 부관에 따라 토지를 국가나 지방자치단체에 기부채납(증여)한 경우에, 기부채납의 「부관」이 「당연무효이거나 취소되지 아니한 이상(= 부관이 유효한 이상)」 토지소유자는 위 부관으로 인하여 증여계약(= 사법상 법률행위)의 중요부분에 착오가 있음을 이유로 증여계약을 취소할 수 없다고 본다(대법원 1999. 5. 25. 98다53134). 부관이 아직 유효하게 존재하므로 법률행위(증여계약)의 내용의 중요부분에 착오가 있다고 볼 수 없기 때문이다.

04 답 ④

출제단원 Part 01 행정법 서설
출제영역 공법관계와 사법관계

① (O) 대법원은 공유재산의 관리청이 행정재산의 사용·수익에 대한 허가는 관리청이 공권력을 가진 우월적 지위에서 행하는 행정처분으로서, 특정인에게 행정재산을 사용할 수 있는 권리를 설정하여 주는 것이므로 강학상 특허라고 본다(= 공법관계)(대법원 1998. 2. 27. 97누1105). 반면, 한국공항공단이 그 행정재산의 관리청으로부터 국유재산관리사무의 위임을 받거나 국유재산관리의 위탁을 받지 않은 이상, 한국공항공단이 무상사용허가를 받은 행정재산에 대하여 하는 전대행위는 통상의 사인간의 임대차와 다를 바가 없다고 본다(= 사법관계)(대법원 2004. 1. 15. 2001다12638). 참고로 '전대'란 타인으로부터 빌린 재산을 본인이 사용하지 않고 다른 타인에게 다시 빌려주는 재임대행위를 말한다.

② (O) 대법원은 구 예산회계법(현행 국가를 당사자로 하는 계약에 관한 법률)에 따라 체결되는 계약은 사법상의 계약이라고 할 것이고 동법상 입찰보증금은 낙찰자의 계약체결의무이행의 확보를 목적으로 하여 그 불이행시에 이를 국고에 귀속시켜 국가의 손해를 전보하는 「사법상의 손해배상 예정」으로서의 성질을 갖는 것이라고 본다. 따라서 입찰보증금의 국고귀속조치는 국가가 사법상의 재산권의 주체로서 행위하는 것이지 공권력을 행사하는 것이거나 공권력작용과 일체성을 가진 것이 아니라 할 것이므로 이에 관한 분쟁은 행정소송이 아닌 「민사소송」의 대상이라고 본다(대법원 1983. 12. 27. 81누366).

③ (O) 대법원은 국유재산의 관리청이 그 무단점유자에 대하여 하는 변상금부과처분은 순전히 사경제 주체로서 행하는 사법상의 법률행위라 할 수 없고 이는 관리청이 공권력을 가진 우월적 지위에서 행한 것으로서 행정소송의 대상이 되는 행정처분이라고 본다(= 공법관계)(대법원 1988. 2. 23. 87누1046, 1047). 반면, 국유잡종재산(= 현행 국유일반재산)을 대부하는 행위는 국가가 사경제 주체로서 상대방과 대등한 위치에서 행하는 것으로서 사법상의 계약이라고 본다(대법원 2000. 2. 11. 99다61675).

④ (X) 대법원은 법령에 근거한 조달청장의 부정당업자에 대한 입찰참가자격정지 처분을 항고소송의 대상인 처분으로 보고 본안판단을 한 바 있다(대법원 1983. 12. 27. 81누366).

05 답 ④

출제단원 Part 03 행정의 실효성 확보수단
출제영역 제재처분의 제척기간

「행정기본법」에 의하면, 행정청은 법령 등의 위반행위가 종료된 날부터 5년이 지나면 해당 위반행위에 대하여 제재처분(인허가의 정지·취소·철회, 등록 말소, 영업소 폐쇄와 정지를 갈음하는 과징금 부과를 말한다. 이하 이 조에서 같다)을 할 수 없다(제23조 제1항). 다만, 「행정기본법」은 제재처분의 제척기간 적용이 배제되는 예외를 규정하고 있다(동조 제2항).

① (O) 제재처분을 하지 아니하면 국민의 안전·생명 또는 환경을 심각하게 해치거나 해칠 우려가 있는 경우에는 「행정기본법」상 제재처분의 제척기간 적용이 배제된다(행정기본법 제23조 제2항 4호).

② (O) 거짓이나 그 밖의 부정한 방법으로 인허가를 받거나 신고를 한 경우에는 「행정기본법」상 제재처분의 제척기간 적용이 배제된다(행정기본법 제23조 제2항 1호).

③ (O) 정당한 사유 없이 행정청의 조사·출입·검사를 기피·방해·거부하여 제척기간이 지난 경우에는 「행정기본법」상 제재처분의 제척기간 적용이 배제된다(행정기본법 제23조 제2항 3호).

④ (X) 당사자가 인허가나 신고의 위법성을 알고 있었거나 「중대한 과실」로 알지 못한 경우에는 「행정기본법」상 제재처분의 제척기간 적용이 배제된다(행정기본법 제23조 제2항 2호). 따라서 당사자가 중대한 과실이 아니라 경과실로 인허가나 신고의 위법성을 알지 못한 경우에는 제재처분의 제척기간이 그대로 적용되므로 법령 등의 위반행위가 종료된 날부터 5년이 지나면 해당 위반행위에 대하여 제재처분을 할 수 없다.

06 답 ③

출제단원 Part 02 행정작용 및 절차법
출제영역 법규명령의 성립요건, 행정규칙의 통제, 법규명령의 근거, 행정입법부작위

① (O) 국무회의의 심의를 거쳐야 하는 사항에 대해서는 헌법 제89조에서 규정하고 있다. 동조 제3호에서는 '대통령령안'을 국무회의 심의사항 중 한 가지로 규정하고 있다. 그러나 '총리령안과 부령안'을 국무회의 심의사항으로 규정하고 있지는 않다. 따라서 헌법 제89조에 의하면, 대통령령은 국무회의의 심의를 거쳐야 하지만, 총리령과 부령은 국무회의 심의를 거칠 필요는 없다.

② (O) 헌법소원의 대상이 되기 위해서는 공권력 주체에 의한 행위로

서 국민의 권리·의무에 직접적인 영향을 미치는 행위인「공권력 행사」에 해당해야 한다. 이와 관련하여 헌법재판소는 행정규칙은 일반적으로 행정조직 내부에서만 효력을 가지는 것이나, 행정규칙이「법령의 규정에 의하여 행정관청에 법령의 구체적 내용을 보충할 권한을 부여한 경우(= 법령보충규칙)」나「재량권행사의 준칙인 규칙이 그 정한 바에 따라 되풀이 시행되어 행정관행이 이룩되게 되면(= 재량준칙이 되풀이 시행되어 행정관행을 이룬 경우)」, 평등의 원칙이나 신뢰보호의 원칙에 따라 행정기관은 그 상대방에 대한 관계에서 그 규칙에 따라야 할 자기구속을 당하게 되는 경우에는 대외적인 구속력을 가지게 되는바, 이러한 경우에는 헌법소원의 대상이 될 수도 있다고 본다(헌재 2001. 5. 31. 99헌마413).

③ (X) 대법원은 법령에서 행정처분의 요건 중 일부 사항을 부령으로 정할 것을「위임」한 데 따라 시행규칙 등 부령에서 이를 정한 경우에 그 부령의 규정은 국민에 대해서도 구속력이 있는 법규명령에 해당한다고 본다. 반면, 법령의 위임이「없음」에도 법령에 규정된 처분 요건에 해당하는 사항을 부령에서 변경하여 규정한 경우에는 그 부령의 규정은 행정청 내부의 사무처리 기준 등을 정한 것으로서 행정조직 내에서 적용되는 행정명령(= 행정규칙)의 성격을 지닐 뿐 국민에 대한 대외적 구속력은 없다고 본다(대법원 2013. 9. 12. 2011두10584).

④ (O) 대법원은 부작위위법확인소송의 대상이 되기 위해서는 구체적 권리의무에 관한 분쟁이어야 하므로, 추상적인 법령의 제정 여부 등은 그 자체만으로 국민의 권리의무에 직접적인 변동을 초래하는 것이 아니므로 부작위위법확인소송의 대상이 될 수 없다고 본다(대법원 1992. 5. 8. 91누11261).

07 ①

출제단원 Part 02 행정작용 및 절차법
출제영역 하자의 승계, 하자의 치유

① (O) 대법원은 선·후의 행정행위가 서로「독립」하여「별개의」법적 효과를 목적으로 하는 경우에는 원칙적으로 하자의 승계를 부정한다. 다만, 선행 행정행위의 하자를 후행 행정행위에서 다투지 못하게 하는 것이 그로 인하여 불이익을 입게 되는 자에게「수인한도를 넘는 가혹함」을 가져오며, 당사자에게「예측 가능한 것이 아닌 경우」에는 예외적으로 하자의 승계를 긍정한다. 예를 들어 대법원은「개별공시지가결정」과 이를 기초로 한「과세처분」은 서로 독립하여 별개의 법률효과를 목적으로 하는 것으로 본다. 다만, 후행 행정행위인 과세처분에서 선행 행정행위인 개별공시지가결정의 위법을 주장할 수 없도록 하는 것은 수인한도를 넘는 불이익을 강요하는 것이라고 본다. 따라서 개별공시지가결정(= 선행 행정행위)에 위법이 있는 경우에는 그 자체를 행정소송의 대상이 되는 행정처분으로 보아 그 위법 여부를 다툴 수 있음은 물론 이를 기초로 한 과세처분(= 후행 행정행위) 등 행정처분의 취소를 구하는 행정소송에서도 선행처분인 개별공시지가결정의 위법을 독립된 위법사유로 주장할 수 있다고 본다(대법원 1994. 1. 25. 93누8542). 즉,「개별공시지가결정」과「과세처분」은 서로「독립」하여「별개」의 법률효과를 목적으로 하는 것이지만 예외적으로 하자의 승계를 긍정한다.

② (X) 대법원은 조합설립인가처분시 필요한 토지 또는 건축물 소유자의 동의율 요건을 충족하지 못한 조합설립인가처분의 하자는 조합설립인가처분 후 동의서가 추가로 제출됨으로써 치유되지 않는다고 본다. 대법원은 하자의 치유는 원칙적으로 허용되지 않고, 예외적으로만 허용될 뿐인데, 이 경우에도 국민의 권리와 이익을 침해하지 않는 범위에서만 하자의 치유가 인정된다고 본다. 이 사안의 경우 하자의 치유를 인정할 경우 토지 또는 건축물 소유자에게 손해가 발생하지 않는다고 단정할 수 없으므로 하자의 치유를 허용하지 않은 것이다(대법원 2014. 5. 16. 2011두13736).

③ (X) 대법원은「적법한」건축물에 대한 철거명령은 하자가 중대하고 명백하여 당연무효라고 본다. 따라서 당연무효인 철거명령(= 선행 행정행위)에 기초하여 이루어진 건축물철거 대집행계고처분(= 후행 행정행위) 역시 당연무효라고 본다(대법원 1999. 4. 27. 97누6780). 선행 행정행위가 무효인 경우에는 이를 전제로 하여 행해지는 후행 행정행위는 존립근거를 잃어 후행 행정행위 역시 무효가 되는 것이다.

④ (X) 대법원은 세액산출근거가 기재되지 아니한 납세고지서에 의한 부과처분은 강행법규에 위반하여 취소대상이 된다 할 것이므로 이와 같은 하자는 납세의무자가 전심절차에서 이를 주장하지 아니하였거나, 그 후 부과된 세금을 자진납부하였다거나, 또는 조세채권의 소멸시효기간이 만료되었다 하여 치유되는 것이라고는 할 수 없다고 본다(대법원 1985. 4. 9. 84누431).

08 ①

출제단원 Part 04 행정소송법
출제영역 항고소송의 대상적격

① (X) 취소소송을 제기하여 법원으로부터 본안에 관한 승소판결을 받기 위해서는 대상적격, 원고적격, 피고적격, 제소기간의 준수 등과 같은 소송요건을 갖추어야 한다. 이러한 소송요건을 모두 갖춘 경우에 취소소송의 대상이 된 처분이 위법한지 여부(= 처분의 위법성)는 본안심리에서 판단하게 된다. 즉, '처분의 위법성'은 소송요건이 아니라 본안판단의 문제이다. 이와 관련하여 대법원은 어떠한 처분에 법령상 근거가 있는지, 행정절차법에서 정한 처분절차를 준수하였는지는 본안에서 당해 처분이 적법한가를 판단하는 단계에서 고려할 요소이지, 소송요건 심사단계에서 고려할 요소가 아니라고 본다(대법원 2020. 4. 9. 2015다34444).

② (O) 대법원은「관할 지방병무청장」이 위원회의 심의를 거쳐 병역의무 기피자의 인적사항 공개 대상자를 1차로 결정하기는 하지만,「병무청장」에게 최종적으로 공개 여부를 결정할 권한이 있으므로,「관할 지방병무청장」의 공개 대상자 결정은 병무청장의 최종적인 결정에 앞서 이루어지는 행정기관 내부의 중간적 결정에 불과하다고 본다. 따라서 외부에 표시되지 않은 행정기관 내부의 결정을 항고소송의 대상인 처분으로 보아야 할 필요성은 크지 않다고 본다. 뿐만 아니라,「관할 지방병무청장」이 1차로 공개 대상자 결정을 하고, 그에 따라「병무청장」이 같은 내용으로 최종적 공개결정을 하였다면, 공개 대상자는「병무청장」의 최종적 공개결정만을 다투는 것으로 충분하고,「관할 지방병무청장」의 공개 대상자 결정을 별도로 다툴 소의 이익은 없어진다고 본다. 이러한 점을 고려하여 대법원은 병무청장이 병역법에 따라 병역의무 기피자의 인적사항 등을 인터넷 홈페이지에 게시하는 등의 방법으로 공개한 경우「병무청장의 공개결정」을 항고소송의 대상이 되는 행정처분으로 본다(대법원 2019. 6. 27. 2018두49130).

③ (O) 대법원은 국민건강보험공단이 A에게 '직장가입자 자격상실 및 자격변동 안내' 통보 및 '사업장 직권탈퇴에 따른 가입자 자격상실 안내' 통보를 한 사안에서, 국민건강보험 직장가입자 또는 지역가입자 자격 변동은 법령이 정하는 사유가 생기면 별도 처분 등의 개입 없이 사유가 발생한 날부터 변동의 효력이 당연히 발생하므로, 국민건강보험공단이 A에 대하여 가입자 자격이 변동되었다는 취지의 '직장가입자 자격상실 및 자격변동 안내' 통보를 하였거나, 그로 인하여 사업장이 국민건강보험법상의 적용대상사업장에서 제외되었다는 취지의 '사업장 직권탈퇴에 따른 가입자 자격상실 안내' 통보를 하였더라도, 이는 A의 가입자 자격의 변동 여부 및 시기를 확인하는 의미에서 한 사실상 통지행위에 불과할 뿐이고, 위 각 통보에 의하여 가입자 자격이 변동되는 효력이 발생한다고 볼 수 없다고 본다. 또한 위 각 통보로 A에게 지역가입자로서의 건강보험료를 납부하여야 하는 의무가 발생함으로써 A의 권리의무에 직접적 변동을 초래하는 것도 아니므로 위 각 통보의 처분성이 인정되지 않는다고 본다(대법원 2019. 2. 14. 2016두41729).

④ (O) 대법원은 행정청의 행위가 '처분'에 해당하는지가 불분명한 경우에는 그에 대한 불복방법 선택에 중대한 이해관계를 가지는 상대방의 인식가능성과 예측가능성을 중요하게 고려하여 규범적으로 판단하여야 한다고 본다(대법원 2020. 4. 9. 2019두61137).

09 ②

| 출제단원 | Part 05 행정심판법
Part 08 행정정보공개·개인정보 보호·행정조사 |
| 출제영역 | 개인정보 보호법, 공공기관의 정보공개에 관한 법률, 행정심판 청구기간, 국민고충민원처리제도, 처분에 대한 이의신청 |

ㄱ. (O) 「개인정보 보호법」에 의하면, 정보주체는 개인정보처리자가 처리하는 「자신의 개인정보」에 대한 열람을 해당 개인정보처리자에게 요구할 수 있다(제35조 제1항). 즉, 「개인정보 보호법」에 의해 정보주체에게 인정되는 열람청구권은 「자신의 개인정보」에 관한 것이지, 「타인의 개인정보」에 관한 것이 아니다. 따라서 甲이 「개인정보 보호법」상 정보주체의 열람청구권에 근거하여 관할 행정청(乙)에게 신고자(丙)에 대한 정보공개를 요구하여 그 정보를 받을 수는 없다. 참고로 「공익신고자 보호법」에 의하면, 누구든지 공익신고자 등이라는 사정을 알면서 그의 인적사항이나 그가 공익신고자 등임을 미루어 알 수 있는 사실을 다른 사람에게 알려주거나 공개 또는 보도하여서는 아니 된다(제12조 제1항 본문). 따라서 공익신고자에 대한 정보는 「공공기관의 정보공개에 관한 법률」에서 규정하고 있는 비공개대상정보 중 '다른 법률 또는 법률에서 위임한 명령에 따라 비밀이나 비공개사항으로 규정된 정보'에 해당한다(제9조 제1항 1호).

ㄴ. (X) 행정심판은 처분이 있음을 알게 된 날부터 90일 이내, 처분이 있었던 날부터 180일 이내에 제기해야 한다(행정심판법 제27조 제1항, 제3항). 甲은 乙의 비공개결정통지를 받은 날(2022. 8. 26.) 비공개결정이 있음을 알게 된 것이므로 이 날부터 90일 이내에 행정심판을 청구해야 한다. 그러나 甲은 90일이 지난 후인 2022. 12. 27.에서야 행정심판을 청구하였다. 따라서 甲의 행정심판청구는 행정심판 제기기간 도과 후에 이루어진 것으로 부적법하다.

ㄷ. (X) 대법원은 국민고충처리제도(= 현행 국민고충민원처리제도)는 국무총리 소속하에 설치된 국민고충처리위원회(= 현행 국민권익위원회)로 하여금 행정과 관련된 국민의 고충민원을 상담·조사하여 행정기관의 처분 등이 위법·부당하다고 인정할 만한 상당한 이유가 있는 경우에 관계 행정기관의 장에게 적절한 시정조치를 권고하도록 함으로써 국민의 불편과 부담을 시정하기 위한 제도로서 행정심판법에 의한 행정심판 내지 다른 특별법에 따른 이의신청, 심사청구, 재결의 신청 등의 불복구제절차와는 제도의 취지나 성격을 달리하고 있다고 본다(대법원 1995. 9. 29. 95누5332). 또한 「행정기본법」에 의하면, 이의신청에 대한 결과를 통지받은 후 행정심판 또는 행정소송을 제기하려는 자는 그 결과를 통지받은 날부터 90일 이내에 행정심판 또는 행정소송을 제기할 수 있다(제36조 제4항). 「행정기본법」에서 규정하고 있는 이의신청은 처분에 이의가 있는 당사자가 「해당 행정청」에 이의신청을 하는 경우를 말한다. 그런데 甲은 비공개결정을 한 행정청(乙)에 이의신청을 한 것이 아니라, 국민권익위원회에 고충민원을 제기한 것이다. 따라서 고충민원에 대한 답변을 받은 날이 乙의 비공개결정의 취소를 구하는 행정심판 제기기간의 기산점이 되는 것은 아니다.

ㄹ. (O) 「공공기관의 정보공개에 관한 법률」에 의하면, 모든 국민은 정보의 공개를 청구할 권리를 가진다(제5조 제1항). 반면, 외국인의 경우에는 국내에 일정한 주소를 두고 거주하거나 학술·연구를 위하여 일시적으로 체류하는 사람, 또는 국내에 사무소를 두고 있는 법인 또는 단체에 한하여 정보공개를 청구할 수 있다(동조 제2항, 동법 시행령 제3조).

10 ③

| 출제단원 | Part 02 행정작용 및 절차법 |
| 출제영역 | 처분기준의 설정·공표, 송달, 온라인공청회, 송달에 갈음하는 공고 |

① (O) 「행정절차법」에 의하면, 행정청은 필요한 처분기준을 해당 처분의 성질에 비추어 되도록 구체적으로 정하여 공표하여야 한다. 처분기준을 변경하는 경우에도 또한 같다(제20조 제1항). 처분기준의 설정·공표에 관한 「행정절차법」 제20조는 처분절차에 공통적으로 적용되는 규정이다. 정리하면 다음과 같다.

처분의 공통절차	처분기준의 설정·공표(제20조), 처분의 이유제시(제23조), 처분의 방식(제24조), 처분의 정정(제25조), 고지(제26조)
수익적 처분절차	처분의 신청(제17조), 다수의 행정청이 관여하는 처분(제18조), 처리기간의 설정·공표(제19조)
불이익 처분절차	처분의 사전 통지(제21조), 의견청취절차(의견제출, 청문, 공청회)(제22조)

② (O) 「행정절차법」에 의하면, 송달은 다른 법령 등에 특별한 규정이 있는 경우를 제외하고는 해당 문서가 송달받을 자에게 도달됨으로써 그 효력이 발생한다(제15조 제1항). 이를 「도달주의 원칙」이라고 한다. 다만, 송달받을 자가 동의하여 정보통신망을 이용해 전자문서로 송달하는 경우에는 「송달받을 자가 지정한 컴퓨터 등에 입력된 때」에 도달된 것으로 본다(제15조 제2항).

③ (X) 행정청은 「행정절차법」 제38조에 따른 공청회와 병행하여서만 정보통신망을 이용한 공청회(이하 "온라인공청회"라 한다)를 실시할 수 있다(행정절차법 제38조의2 제1항). 다만, 다음의 어느 하나에 해

당하는 경우에는 온라인공청회를 단독으로 개최할 수 있다(동조 제2항).
- 국민의 생명·신체·재산의 보호 등 국민의 안전 또는 권익보호 등의 이유로 「행정절차법」 제38조에 따른 공청회를 개최하기 어려운 경우(제1호)
- 「행정절차법」 제38조에 따른 공청회가 행정청이 책임질 수 없는 사유로 개최되지 못하거나 개최는 되었으나 정상적으로 진행되지 못하고 무산된 횟수가 「3회 이상」인 경우(제2호)
- 행정청이 널리 의견을 수렴하기 위하여 온라인공청회를 단독으로 개최할 필요가 있다고 인정하는 경우(제3호)

따라서 오프라인 공청회가 개최는 되었으나 정상적으로 진행되지 못하고 무산된 횟수가 2회에 불과한 경우에는 온라인공청회를 단독으로 개최할 수 있는 경우가 아니다.

④ (O) 「행정절차법」에서는 '송달에 갈음하는 공고'에 대해 규정하고 있다. 이에 의하면, '송달받을 자의 주소 등을 통상적인 방법으로 확인할 수 없는 경우'나 '송달이 불가능한 경우'에는 송달받을 자가 알기 쉽도록 관보, 공보, 게시판, 일간신문 중 하나 이상에 공고하고 인터넷에도 공고하여야 한다(제14조 제4항).

11 답 ④

출제단원 Part 03 행정의 실효성 확보수단
출제영역 질서위반행위규제법

① (O) 신분에 의하여 성립하는 질서위반행위에 신분이 없는 자가 가담한 때에는 신분이 없는 자에 대하여도 질서위반행위가 성립한다(질서위반행위규제법 제12조 제2항).

② (O) 하나의 행위가 2 이상의 질서위반행위에 해당하는 경우에는 각 질서위반행위에 대하여 정한 과태료 중 가장 중한 과태료를 부과한다(질서위반행위규제법 제13조 제1항).

③ (O) 자신의 행위가 위법하지 아니한 것으로 오인하고 행한 질서위반행위는 그 오인에 정당한 이유가 있는 때에 한하여 과태료를 부과하지 아니한다(질서위반행위규제법 제8조).

④ (X) 「질서위반행위규제법」에 의하면, 원칙적으로 과태료는 「행정청이 부과」하고, 이에 대해 당사자가 이의를 제기하면 행정청이 법원에 통보하여 과태료재판을 통해 결정하게 된다. 즉, 행정청이 위반사실 적발시 직접 과태료를 부과하는 것이지, 행정청이 법원에 통보한 후 법원이 과태료를 부과하게 되는 것이 아니다.

12 답 ③

출제단원 Part 08 행정정보공개·개인정보 보호·행정조사
출제영역 행정조사기본법

① (O) 「행정조사기본법」에 의하면, 조사원이 조사목적의 달성을 위하여 시료채취를 하는 경우에는 그 시료의 소유자 및 관리자의 정상적인 경제활동을 방해하지 아니하는 범위 안에서 최소한도로 하여야 한다(제12조 제1항). 행정기관의 장은 이에 따른 시료채취로 조사대상자에게 손실을 입힌 때에는 대통령령으로 정하는 절차와 방법에 따라 그 손실을 보상하여야 한다(동조 제2항).

② (O) 「행정조사기본법」에 의하면, 행정기관은 법령 등에서 행정조사를 규정하고 있는 경우에 한하여 행정조사를 실시할 수 있다. 다만, 조사대상자의 자발적인 협조를 얻어 실시하는 행정조사의 경우에는 그러하지 아니하다(제5조). 따라서 조사대상자의 자발적인 협조를 얻어 실시하는 행정조사의 경우에는 법령 등에서 행정조사를 규정하고 있지 않다고 하더라도 행정조사를 실시할 수 있다.

③ (X) 「행정조사기본법」에 의하면, 행정기관의 장은 인터넷 등 정보통신망을 통하여 조사대상자로 하여금 자료의 제출 등을 하게 할 수 있다(제28조 제1항).

④ (O) 「행정조사기본법」에 의하면, 행정기관의 장은 다음의 어느 하나에 해당하는 행정조사를 하는 경우에는 공동조사를 하여야 한다(제14조 제1항).
- 당해 행정기관 내의 2 이상의 부서가 동일하거나 유사한 업무분야에 대하여 동일한 조사대상자에게 행정조사를 실시하는 경우(제1호)
- 서로 다른 행정기관이 대통령령으로 정하는 분야에 대하여 동일한 조사대상자에게 행정조사를 실시하는 경우(제2호)

13 답 ②

출제단원 Part 04 행정소송법
출제영역 집행정지, 사정판결, 당사자소송

① (O) 「행정소송법」 제23조 제1항에서 '취소소송의 제기는 처분 등의 효력이나 그 집행 또는 절차의 속행에 영향을 주지 아니한다.'고 하여 집행부정지의 원칙을 규정하고 있다. 다만, 제2항에서 일정한 요건하에 예외적으로 집행정지를 인정하고 있다. 이와 관련하여 대법원은 거부처분은 그 효력이 정지되더라도 처분이 없었던 것과 같은 상태를 만드는 것에 지나지 아니하고, 행정청에게 신청에 따른 처분을 해야 할 의무가 생기는 것이 아니므로 거부처분의 집행정지는 거부처분으로 인해 신청인에게 생길 손해를 방지하는 데 아무런 보탬이 되지 않으므로 그 효력정지를 구할 이익이 없다고 본다(대법원 1995. 6. 21. 자 95두26). 즉, 거부처분에 대해서는 집행정지가 인정되지 않는다는 것이다.

② (X) 사정판결을 하기 위한 요건 및 그 판단시기를 살펴보면 다음과 같다.

요건	판단시기
원고의 청구가 이유 있을 것 (= 행정청의 처분이 위법할 것)	위법성 판단시기 → 처분시 기준
처분 등을 취소하는 것이 현저히 공공복리에 적합하지 아니할 것	공익성(= 사정판결의 필요성) 판단시기 → 변론종결시 기준

즉, 사정판결시 처분 등의 위법성은 처분시를 기준으로 판단하고, 공익성(= 사정판결의 필요성)은 변론종결시를 기준으로 판단한다.

③ (O) 「행정소송법」 제23조 제2항·제3항에서 규정하고 있는 집행정지의 요건을 정리하면 다음과 같다.

적극적 요건	적법한 본안소송이 계속 중일 것, 처분 등이 존재할 것, 회복하기 어려운 손해를 예방하기 위한 것일 것, 긴급한 필요가 있을 것
소극적 요건	공공복리에 중대한 영향이 없을 것, 본안청구의 이유 없음이 명백하지 않을 것

적극적 요건이란 법원이 집행정지결정을 하기 위해 적극적으로 존재

할 것이 요구되는 요건을 말한다. 반면, 소극적 요건이란 집행정지결정을 위하여 존재하여서는 안 되는 요건을 말한다. 이와 관련하여 대법원은 집행정지의 「적극적 요건」에 관한 주장·소명책임은 원칙적으로 「신청인측」에 있다고 본다. 반면, 행정소송법 제23조 제3항에서 집행정지의 요건으로 규정하고 있는 '공공복리에 중대한 영향을 미칠 우려'가 없을 것이라고 할 때의 '공공복리'는 그 처분의 집행과 관련된 구체적이고도 개별적인 공익을 말하는 것으로서 이러한 집행정지의 「소극적 요건」에 대한 주장·소명책임은 「행정청」에게 있다고 본다(대법원 1999. 12. 20. 자 99무42).

④ (O) 대법원은 행정청이 도시 및 주거환경정비법 등 관련 법령에 근거하여 행하는 「조합설립인가처분」은 단순히 사인들의 조합설립행위에 대한 보충행위로서의 성질을 갖는 것에 그치는 것이 아니라, 법령상 요건을 갖출 경우 도시 및 주거환경정비법상 주택재건축사업을 시행할 수 있는 권한을 갖는 행정주체(공법인)로서의 지위를 부여하는 일종의 「설권적 처분(= 강학상 특허)」의 성격을 갖는다고 본다. 이때 「조합설립결의」는 「조합설립인가처분(= 강학상 특허)」이라는 행정처분을 하는 데 필요한 요건 중 하나에 불과한 것이어서, 「조합설립결의」에 하자가 있다면 그 하자를 이유로 직접 항고소송의 방법으로 「조합설립인가처분」의 취소 또는 무효확인을 구하여야 한다고 본다. 반면, 이와 별도로 「조합설립결의」 부분만을 따로 떼어내어 그 효력 유무를 다투는 확인의 소를 제기하는 것은 원고의 권리 또는 법률상의 지위에 현존하는 불안·위험을 제거하는 데 가장 유효·적절한 수단이라 할 수 없어 특별한 사정이 없는 한 확인의 이익은 인정되지 아니한다고 본다(대법원 2009. 9. 24. 2008다60568).

14

답 ③

출제단원	Part 06 행정상 손해배상
출제영역	이중배상금지

① (O) 「국가배상법」 제2조 제1항 단서에서는 '군인·군무원·경찰공무원 또는 예비군대원이 전투·훈련 등 직무 집행과 관련하여 전사·순직하거나 공상을 입은 경우에 본인이나 그 유족이 다른 법령에 따라 재해보상금·유족연금·상이연금 등의 보상을 지급받을 수 있을 때에는 이 법 및 「민법」에 따른 손해배상을 청구할 수 없다.'고 규정하고 있다. 이는 군인·군무원 등 특별한 신분을 가진 공무원이 피해자가 되는 경우에 일정한 요건하에 국가배상청구권을 배제하고 있는 것이다(이중배상금지). 이때 「다른 법령에 따라 보상을 지급받을 수 있을 때」란 실제로 그러한 보상을 받았는지 여부는 묻지 않는다. 이와 관련하여 대법원은 국가배상법 제2조 제1항 단서 규정은 다른 법령에 보상제도가 규정되어 있고, 그 법령에 규정된 상이등급 또는 장애등급 등의 요건에 해당되어 그 권리가 발생한 이상, 실제로 그 권리를 행사하였는지 또는 그 권리를 행사하고 있는지 여부에 관계없이 적용된다고 보아야 하고, 그 각 법률에 의한 보상금청구권이 시효로 소멸되었다 하여 적용되지 않는다고 할 수는 없다고 본다(대법원 2002. 5. 10. 2000다39735). 즉, 다른 법령에 따른 보상금청구권이 발생한 이상, 이후 보상금청구권이 시효로 소멸하여 보상을 받지 못했다고 하더라도 이중배상금지는 여전히 적용되므로 「국가배상법」이나 「민법」에 따른 손해배상을 청구할 수는 없다는 것이다.

② (O) 대법원은 구 「공무원연금법」에 따라 각종 급여를 지급하는 제도는 공무원의 생활안정과 복리향상에 이바지하기 위한 것이라는 점에서 국가배상법 제2조 제1항 단서에 따라 손해배상금을 지급하는 제도와 그 취지 및 목적을 달리하므로, 경찰공무인 피해자가 구 「공무원연금법」의 규정에 따라 공무상 요양비를 지급받는 것은 「국가배상법」 제2조 제1항 단서에서 정한 '다른 법령의 규정'에 따라 보상을 지급받는 것에 해당하지 않는다고 본다(대법원 2019. 5. 30. 2017다16174). 참고로 이 판례는 「군인연금법」에서 정하고 있는 보상에 관한 규정이 「국가배상법」 제2조 제1항 단서에서 말하는 '다른 법령'에 해당한다는 판례와 비교해야 한다(대법원 1994. 12. 13. 93다29969).

「군인연금법」의 보상에 관한 규정 (대법원 1994. 12. 13. 93다29969)	「국가배상법」 제2조 제1항 단서에서 말하는 다른 법령에 해당 O
「공무원연금법」의 공무상 요양비에 관한 규정 (대법원 2019. 5. 30. 2017다16174)	「국가배상법」 제2조 제1항 단서에서 말하는 다른 법령에 해당 X

③ (X) 대법원은 군인 등이 전투·훈련 등 직무집행과 관련하여 공상을 입는 등의 이유로 「보훈보상대상자 지원에 관한 법률(이하 '보훈보상자법'이라 함)」에 따라 보상금 등 보훈급여금을 지급받을 수 있을 때에는 국가배상법 제2조 제1항 단서에 따라 국가를 상대로 국가배상을 청구할 수 없다고 본다. 반면, 이와 달리 먼저 국가배상법에 따라 손해배상금을 지급받은 다음 보훈보상자법이 정한 보상금 등 보훈급여금의 지급을 청구하는 경우에는 국가배상법에 따라 손해배상을 받았다는 사정을 들어 보상금 등 보훈급여금의 지급을 거부할 수 없다고 본다(대법원 2017. 2. 3. 2015두60075). 이는 보훈보상자법은 「국가배상법과 달리」, 국가배상법에 따른 손해배상금을 지급받은 자를 보상금 등 보훈급여금의 지급대상에서 제외하도록 하는 규정을 두고 있지 않은 점 등을 고려한 것이다. 정리하면 다음과 같다.

보훈보상자법상 보훈급여금을 지급받을 수 있음에도 국가배상을 청구한 경우	국가배상 청구 불가 ∵ 국가배상법 제2조 제1항 단서(이중배상 금지) 적용
국가배상을 청구하여 배상금을 받은 다음 보훈보상자법상 보훈급여금을 청구한 경우	보훈급여금 청구 가능 ∵ 보훈보상자법상 국가배상을 받았다는 이유로 보훈급여금 지급을 거부할 수 있는 규정이 없음

④ (O) 본인이나 유족이 다른 법령에 따라 보상을 지급받을 수 있어야 이중배상의 금지가 적용된다. 즉, 본인이나 유족이 다른 법령에 따라 보상을 지급받을 수 있는 경우라면 이중배상의 금지가 적용되므로 「국가배상법」이나 「민법」에 따른 손해배상을 청구할 수 없다. 반면, 본인이나 유족이 다른 법령에 따라 보상을 지급받을 수 없는 경우라면 이중배상의 금지가 적용되지 않으므로 「국가배상법」이나 「민법」에 따른 손해배상을 청구할 수 있다. 이와 관련하여 대법원은 군인·군무원 등 국가배상법 제2조 제1항에 열거된 자가 전투, 훈련 기타 직무집행과 관련하는 등으로 공상을 입은 경우라고 하더라도 군인연금법 또는 국가유공자예우등에관한법률에 의하여 재해보상금·유족연금·상이연금 등 별도의 보상을 받을 수 「없는」 경우에는 국가배상법 제2조 제1항 단서의 적용 대상에서 제외하여야 한다고 본다(대법원 1997. 2. 14. 96다28066). 즉, ②번 해설에서 참고로 살펴본 판례(대법원 1994. 12. 13. 93다29969)와 같이, 「군인연금법」은 「국가배상법」 제2조 제1항 단서에서 말하는 다른 법령에는 해당하지만, 만약 군인이 「군인연금

법」에서 규정하고 있는 보상요건에 해당하지 않아 「군인연금법」에 의한 보상을 받을 수 없다면, 「국가배상법」 제2조 제1항 단서에서 규정하고 있는 이중배상금지가 적용되지 않으므로 국가배상을 청구할 수 있다는 것이다.

15 답 ④

출제단원 Part 04 행정소송법
출제영역 항고소송의 대상적격, 피고적격, 원고적격, 권리보호의 필요(= 협의의 소의 이익)

① (X) '국회의원'에 대한 징계처분에 대하여는 헌법 제64조 제4항이 국회의 자율권을 존중하여 행정소송을 제기할 수 없다고 규정하고 있다. 따라서 국회의원에 대한 징계처분은 행정소송의 대상이 되지 않는다. 반면, 이와 같은 특별규정이 없는 '지방의회의원'에 대한 징계의결이 항고소송의 대상이 되는 처분인지 문제된다. 이와 관련하여 대법원은 지방자치법의 규정에 의거한 지방의회의 지방의회의원에 대한 징계의결은 그로 인해 의원의 권리에 직접 법률효과를 미치는 행정처분의 일종으로서 항고소송의 대상이 된다고 본다(대법원 1993. 11. 26. 93누7341). 따라서 A구의 지방의회의원인 甲은 지방의회인 A구 의회의 제명의결을 대상으로 항고소송인 무효확인소송 또는 취소소송을 제기하여 다툴 수 있다.

② (X) 지방의회의원에 대한 징계의결의 처분청은 지방의회이므로, 이러한 처분에 대한 취소소송의 피고는 '지방의회'이다. 참고로 대법원은 지방의회를 피고로 하여 제기된 지방의회의 의원제명의결에 대한 항고소송에서 본안판단을 한 바 있다(대법원 1993. 11. 26. 93누7341). 따라서 지방의회의원인 甲에 대한 제명의결을 다투는 행정소송에서 피고는 A구 의회의 사무총장이 아니라 A구 지방의회이다.

③ (X) 「행정소송법」 제12조에서 원고적격과 관련하여 규정하고 있는 '법률상 이익'의 의미와 관련해서는 다음과 같은 견해대립이 있다.

권리구제설	처분 등으로 권리가 침해된 자만이 항고소송을 제기할 수 있다는 견해이다.
법률상 보호된 이익구제설(통설)	처분 등에 의해 법적으로 보호된 개인적 이익을 침해당한 자만이 항고소송을 제기할 수 있다는 견해이다.
보호가치 있는 이익구제설	법에 의해 보호되는 이익이 아니라고 하여도 재판상 보호할 가치가 있다는 판단되는 경우에는 그러한 이익이 침해된 자도 항고소송을 제기할 수 있다는 견해이다.
적법성보장설	처분의 위법성을 다툴 적합한 이익을 갖는 자가 항고소송을 제기할 수 있다는 견해이다. → 항고소송을 객관소송으로 이해하는 견해

이러한 견해 중 법률상 보호된 이익구제설이 통설이며, 대법원 역시 법률상 보호된 이익구제설을 취하고 있다. 이러한 입장에 의하면, 甲은 A구 의회의 제명의결로 인해 지방자치법상 보장되는 지방의회의원으로서의 신분을 박탈당하는 불이익을 입었으므로 제명의결을 다툴 원고적격을 갖는다.

④ (O) 위법한 처분을 취소한다 하더라도 원상회복이 불가능한 경우에는 그 권리보호의 필요가 인정되지 않는다. 그러나 이러한 경우에도 동일한 사유로 위법한 처분이 반복될 위험성이 있거나 회복되는 부수적 이익이 있는 경우에는 권리보호의 필요가 인정될 수 있다. 이와 관련하여 대법원은 지방의회의원에 대한 제명의결 취소소송 계속 중 의원의 임기가 만료되어 제명의결의 취소로 의원의 지위를 회복할 수는 없다 하더라도 「제명의결시부터 임기만료일까지의 기간에 대한 월정수당의 지급을 구할 수 있는 경우」에는 제명의결의 취소를 구할 법률상 이익이 있다고 본다(대법원 2009. 1. 30. 2007두13487).

16 답 ①

출제단원 Part 04 행정소송법
출제영역 권리보호의 필요(= 협의의 소의 이익), 재판관할, 원고적격

① (X) 대법원은 입주자나 입주예정자들은 사용검사처분의 무효확인을 받거나 처분을 취소하지 않고도 민사소송 등을 통하여 분양계약에 따른 법률관계 및 하자 등을 주장·증명함으로써 사업주체 등으로부터 하자의 제거·보완 등에 관한 권리구제를 받을 수 있다고 본다. 따라서 사용검사처분이 무효확인 또는 취소 여부에 의하여 법률적인 지위가 달라진다고 할 수 없다는 것이다. 또한 일부 입주자나 입주예정자가 사업주체와의 개별적 분쟁 등을 이유로 사용검사처분의 무효확인 또는 취소를 구하게 되면, 처분을 신뢰한 다수의 이익에 반하게 되는 상황이 발생할 수 있으므로 구 주택법상 입주자나 입주예정자는 사용검사처분의 무효확인 또는 취소를 구할 법률상 이익이 없다고 본다(대법원 2015. 1. 29. 2013두24976).

② (O) [당사자소송을 민사소송으로 지방법원에 제기한 경우] 행정법원은 항고소송과 당사자소송을 담당한다. 따라서 행정법원의 관할에 속하는 사건(항고소송, 당사자소송)을 지방법원에 제기하는 것은 관할위반에 해당한다. 이와 관련하여 대법원은 서울행정법원에 제기해야 할 당사자소송을 서울중앙지방법원에 민사소송을 제기하여 관할을 위반했음에도 법원이 이를 간과한 채 본안판단으로 나아간 것은 관할에 관한 규정을 위반한 위법이 있다고 본다(대법원 2009. 9. 17. 2007다2428 전합).

③ (O) [민사소송을 당사자소송으로 행정법원에 제기한 경우] 변론관할이란 원고가 관할권 없는 법원에 제소하였는데 피고가 제1심 법원에서 관할위반이라고 항변하지 않고 본안에 대하여 변론할 경우 해당 법원이 관할권을 갖게 되는 것을 말한다. 「민사소송법」 제30조는 '피고가 제1심 법원에서 관할위반이라고 항변하지 아니하고 본안에 대하여 변론하거나 변론준비기일에서 진술하면 그 법원은 관할권을 가진다.'고 규정하고 있고, 「행정소송법」 제8조 제2항은 '행정소송에 관하여 이 법(= 행정소송법)에 특별한 규정이 없는 사항에 대하여는 법원조직법과 민사소송법 및 민사집행법의 규정을 준용한다.'고 규정하고 있으므로 변론관할에 관한 「민사소송법」 규정은 행정법원의 관할을 결정하는 경우에도 적용될 수 있다. 이와 관련하여 대법원은 「민사소송」인 이 사건 소가 「서울행정법원」에 제기되었는데도 피고는 제1심 법원에서 관할위반이라고 항변하지 아니하고 본안에 대하여 변론을 한 사실을 알 수 있는바, 행정소송법 제8조 제2항, 민사소송법 제30조에 의하여 제1심법원에 변론관할이 생겼다고 본다(대법원 2013. 2. 28. 2010두22368). ②번에서 살펴본 판례와 상황과 결론을 비교하여 정리하면 다음과 같다.

당사자소송을 민사소송으로 지방법원에 제기한 경우	서울행정법원에 제기해야 할 당사자소송을 서울중앙지방법원에 민사소송으로 제기했음에도 서울중앙지방법원이 본안판단 후 판결 → 서울중앙지방법원이 판결한 것은 관할위반 (대법원 2009. 9. 17. 2007다2428 전합)
민사소송을 당사자소송으로 행정법원에 제기한 경우	지방법원에 제기해야 할 민사소송을 서울행정법원에 당사자소송으로 제기했음에도 피고가 관할위반이라고 항변하지 않고 본안에 대하여 변론 → 서울행정법원에 변론관할 생김 (대법원 2013. 2. 28. 2010두22368)

④ (O) 원고적격이 인정되기 위해서는 자신의 「법률상 이익」이 침해되어야 한다. 이와 관련하여 대법원은 생태·자연도(= 전국의 자연환경 정보를 등급화하여 표시한 지도) 1등급 권역의 인근 주민들이 가지는 이익은 환경보호라는 공공의 이익이 달성됨에 따라 반사적으로 얻게 되는 이익에 불과하므로, 인근 주민에 불과한 자는 생태·자연도 등급권역을 1등급에서 일부는 2등급으로, 일부는 3등급으로 변경한 결정의 무효 확인을 구할 원고적격이 없다고 본다(대법원 2014. 2. 21. 2011두29052). 즉, 사실상 이익 내지 반사적 이익의 침해만으로는 원고적격이 인정되지 않는다는 것이다.

17   답 ①

| 출제단원 | Part 07 행정상 손실보상 |
| 출제영역 | 협의취득, 손실보상의 기준과 내용, 손실보상청구권의 성립요건, 손실보상의 원칙 |

① (O) 공익사업을 위해 토지를 취득하는 방법으로는 토지의 소유자의 의사에 반하는 강제취득인 「공용수용」과 공용수용의 주체와 토지 소유자 사이의 협의에 의한 취득인 「협의취득」이 있다. 이와 관련하여 대법원은 공익사업을 위한 토지 등의 취득 및 보상에 관한 법률에 의한 「협의취득」은 사법상의 법률행위라고 본다(대법원 2012. 2. 23. 2010다91206). 즉, 당사자 사이의 자유로운 의사에 의한 매매계약이라는 것이므로 이에 관한 분쟁은 민사소송의 대상이 된다.

② (X) 「공익사업을 위한 토지 등의 취득 및 보상에 관한 법률」에 의하면, 사업인정고시가 된 후 다음의 어느 하나에 해당할 때에는 해당 토지소유자는 「사업시행자」에게 해당 토지의 「매수를 청구」하거나 「관할 토지수용위원회」에 그 토지의 「수용을 청구」할 수 있다(제72조).
• 토지를 사용하는 기간이 3년 이상인 경우(제1호)
• 토지의 사용으로 인하여 토지의 형질이 변경되는 경우(제2호)
• 사용하려는 토지에 그 토지소유자의 건축물이 있는 경우(제3호)
즉, 토지소유자의 매수청구는 「중앙토지수용위원회」에 하는 것이 아니라 「사업시행자」에게 하는 것이다.

③ (X) 개발제한구역에서는 원칙적으로 건축물의 건축 및 용도변경, 공작물의 설치, 토지의 형질변경 등을 할 수 없다. 즉, 개발제한구역의 지정으로 인하여 당해 지역 토지의 소유자나 주민 등은 일정한 행위를 제한받게 된다. 그런데 과거 구 「도시계획법」 제21조는 개발제한구역의 지정으로 인한 손실에 대하여 아무런 보상규정을 두고 있지 않았다. 이와 관련하여 헌법재판소는 구 「도시계획법」 제21조에 규정된 개발제한구역제도 그 자체는 원칙적으로 합헌적인 규정인데, 다만 개발제한구역의 지정으로 말미암아 일부 토지소유자에게 사회적 제약의 범위를 넘는 가혹한 부담이 발생하는 예외적인 경우에 대하여 보상규정을 두지 않은 것에 위헌성이 있다고 보아 헌법불합치결정을 하였다(헌재 1998. 12. 24. 89헌마214). 이후 새롭게 제정된 「개발제한구역의 지정 및 관리에 관한 특별조치법」에서는 개발제한구역으로 지정된 토지에 대하여 정부에 매수를 청구할 수 있도록 하는 등(제17조) 국민의 재산권을 보장하여 위헌의 소지를 없애는 장치를 마련하고 있다. 이와 관련하여 헌법재판소는 개발제한구역의 지정으로 인하여 토지의 효용이 현저히 감소하거나 그 사용·수익이 사실상 불가능한 토지소유자에게 토지매수청구권을 인정하는 등 보상규정을 두고 있는 점에 비추어, 개발제한구역 내에서 건축물의 건축 및 용도변경 등의 행위를 제한하는 이 사건 「개발제한구역의 지정 및 관리에 관한 특별조치법」 조항이 비례의 원칙을 위반하여 청구인들의 재산권을 과도하게 침해한 것으로 보기 어렵다고 보아 합헌결정을 하였다(헌재 2004. 2. 26. 2001헌바80).

④ (X) 「공익사업을 위한 토지 등의 취득 및 보상에 관한 법률」에 의하면, 사업시행자는 동일한 사업지역에 보상시기를 달리하는 동일인 소유의 토지 등이 여러 개 있는 경우 토지소유자나 관계인이 요구할 때에는 한꺼번에 보상금을 지급하도록 하여야 한다(제65조).

18   답 ②

| 출제단원 | Part 03 행정의 실효성 확보수단 |
| 출제영역 | 행정벌, 이행강제금, 대집행, 과징금 |

① (O) 대법원은 행정법상의 질서벌인 과태료의 부과처분과 형사처벌은 그 성질이나 목적을 달리하는 별개의 것이므로 행정법상의 질서벌인 과태료를 납부한 후에 형사처벌을 한다고 하여 이를 일사부재리의 원칙에 반하는 것이라고 할 수는 없다고 본다(대법원 1996. 4. 12. 96도158). 참고로 일사부재리의 원칙이란 어떤 사건에 대하여 일단 판결이 내려지고 확정이 되면 다시 심리·재판하지 않는다는 원칙을 말한다.

② (X) 대법원은 시정명령을 받은 의무자가 그 시정명령의 취지에 부합하는 의무를 이행하기 위한 정당한 방법으로 행정청에 신청 또는 신고를 하였으나 행정청이 위법하게 이를 거부 또는 반려함으로써 결국 그 처분(= 신청·신고에 대한 거부·반려처분)이 취소되기에 이르렀다면, 특별한 사정이 없는 한 그 시정명령의 불이행을 이유로 이행강제금을 부과할 수는 없다고 보는 것이 이행강제금 제도의 취지에 부합한다고 본다(대법원 2018. 1. 25. 2015두35116). 시정명령을 받은 의무자가 의무를 이행하려고 했으나 행정청이 이를 거부하여 의무를 이행하지 못한 것이기 때문에 이러한 의무자에게 이행강제금을 부과할 수는 없다는 것이다.

③ (O) 대집행은 '계고 → 대집행영장에 의한 통지 → 대집행의 실행 → 비용징수'라는 절차를 거친다. 이때 계고란 상당한 기간 내에 의무의 이행을 하지 않으면 대집행을 한다는 의사를 사전에 통지하는 행위를 말한다. 이와 관련하여 대법원은 반복된 계고의 경우 1차 계고가 처분이며, 그 이후의 2차·3차 계고는 새로운 철거의무를 부과한 것이 아니라, 대집행기한의 연기 통지에 불과하여 행정처분이 아니라고 본다(대법원 1994. 10. 28. 94누5144).

④ (O) 「여객자동차 운수사업법」에서는 사업정지처분을 갈음하는 과징금에 대해 규정하고 있다(= 변형된 과징금). 이러한 과징금을 산정하는 방법과 관련하여 대법원은 관할 행정청이 여객자동차운송사업자

의 법 위반행위를 인지한 정도에 따라 다음과 같이 다른 기준을 제시하고 있다.

- 행정청이 여러 가지 법 위반행위를 인지한 경우 : 관할 행정청이 여객자동차운송사업자의 여러 가지 위반행위를 인지하였다면 전부에 대하여 일괄하여 최고한도 내에서 하나의 과징금 부과처분을 하는 것이 원칙이고, 인지한 여러 가지 위반행위 중 일부에 대해서만 우선 과징금 부과처분을 하고 나머지에 대해서는 차후에 별도의 과징금 부과처분을 하는 것은 다른 특별한 사정이 없는 한 허용되지 않는다(대법원 2021. 2. 4. 2020두48390).
- 행정청이 일부만 인지한 경우 : 관할 행정청이 여객자동차운송사업자가 범한 여러 가지 위반행위 중 일부만 인지하여 과징금 부과처분을 하였는데 그 후 과징금 부과처분 시점 이전에 이루어진 다른 위반행위를 인지하여 이에 대하여 별도의 과징금 부과처분을 하게 되는 경우에도 종전 과징금 부과처분의 대상이 된 위반행위와 추가 과징금 부과처분의 대상이 된 위반행위에 대하여 일괄하여 하나의 과징금 부과처분을 하는 경우와의 형평을 고려하여 추가 과징금 부과처분의 처분양정이 이루어져야 한다. 다시 말해, 행정청이 전체 위반행위에 대하여 하나의 과징금 부과처분을 할 경우에 산정되었을 정당한 과징금액에서 이미 부과된 과징금액을 뺀 나머지 금액을 한도로 하여서만 추가 과징금 부과처분을 할 수 있다(대법원 2021. 2. 4. 2020두48390).

> **+참고**
> 위 판례는 과징금 부과시 추후 새로운 자료가 나올 경우 과징금액을 변경할 수 있다고 유보할 수 있는지에 관한 다음 판례와 구분해서 기억해야 한다.
> → 구 「독점규제 및 공정거래에 관한 법률」에 위반하여 불공정거래행위를 한 사업자에 대하여 부과되는 과징금은 법이 규정한 범위 내에서 그 부과처분 당시까지 부과관청이 확인한 사실을 기초로 일의적으로 확정되어야 할 것이고, 그렇지 아니하고 부과관청이 과징금을 부과하면서 추후에 부과금 산정 기준이 되는 새로운 자료가 나올 경우에는 과징금액이 변경될 수도 있다고 유보한다든지, 실제로 추후에 새로운 자료가 나왔다고 하여 새로운 부과처분을 할 수는 없다(대법원 1999. 5. 28. 99누1571).
> ● ④번 선지의 판례(2020두48390)는 여러 위법행위 중 일부만 적발되어 과징금 부과 후, 나머지 위법행위가 적발되어 추가로 과징금을 부과한 사례이다. 즉, 「과징금 부과의 대상인 위법행위」가 추가로 발견된 경우이다. 반면, 위 판례(99누1571)는 하나의 위법행위에 대해 매출액을 기준으로 과징금을 산정하여 부과 후 매출액에 관한 새로운 자료가 발견된 사례이다. 즉, 「과징금 산정의 기준이 되는 매출액 자료」가 추가로 발견된 경우이다.

19

답 ①

출제단원 Part 01 행정법 서설, Part 02 행정작용 및 절차법
Part 04 행정소송법

출제영역 통치행위, 행정행위의 효력발생요건, 피고적격, 항고소송의 대상적격, 행정권력 부작위에 대한 헌법소원

ㄱ. (O) 대법원은 「서훈취소」는 서훈수여의 경우와는 달리 이미 발생된 서훈대상자 등의 권리 등에 영향을 미치는 행위로서 관련 당사자에게 미치는 불이익의 내용과 정도 등을 고려하면 사법심사의 필요성이 크다고 본다. 따라서 기본권의 보장 및 법치주의의 이념에 비추어 보면, 비록 서훈취소가 대통령이 국가원수로서 행하는 행위라고 하더라도 법원이 사법심사를 자제하여야 할 고도의 정치성을 띤 행위라고 볼 수는 없다고 본다(대법원 2015. 4. 23. 2012두26920). 즉, 대통령의 서훈취소는 통치행위에 해당하지 않는다는 것이다.

ㄴ. (O) 대법원은 서훈은 서훈대상자의 특별한 공적에 의하여 수여되는 고도의 「일신전속적 성격」을 가지는 것이라고 본다. 따라서 비록 유족이라고 하더라도 제3자는 서훈수여 처분의 상대방이 될 수 없고, 구 상훈법에 따라 망인을 대신하여 단지 사실행위로서 훈장 등을 교부받거나 보관할 수 있는 지위에 있을 뿐이라고 본다. 이러한 서훈의 일신전속적 성격은 서훈취소의 경우에도 마찬가지이므로, 망인에게 수여된 서훈의 취소에서도 유족은 그 처분의 상대방이 되는 것이 아니라고 본다(대법원 2014. 9. 26. 2013두2518).

ㄷ. (X) 취소소송은 다른 법률에 특별한 규정이 없는 한 그 처분 등을 행한 행정청을 피고로 한다(행정소송법 제13조 제1항). 이때 처분 등을 행한 행정청이란 행정처분 등을 외부적으로 그의 이름으로 행한 행정청을 말한다. 이와 관련하여 처분을 행한 「처분청」과 이를 「통지한 자」가 다른 경우에 누가 피고가 되는지가 문제된다. 이와 관련하여 대법원은 국무회의에서 건국훈장 독립장이 수여된 망인에 대한 서훈취소를 의결하고 대통령이 결재함으로써 서훈취소가 결정된 후 국가보훈처장이 망인의 유족에게 '독립유공자 서훈취소결정 통보'한 경우에 유족이「서훈취소 처분을 행한 행정청(대통령)」이 아니라「국가보훈처장」을 상대로 제기한 소는 피고를 잘못 지정한 경우에 해당한다고 본다(대법원 2014. 9. 26. 2013두2518). 즉, 「처분청(= 대통령)」과 「통지한 자(= 국가보훈처장)」가 다른 경우에는 「처분청」이 피고가 된다는 것이다.

ㄹ. (X) 국가보훈처의 독립유공자 포상절차는 다음과 같다.

> 독립운동 활동자 또는 유족의 포상자료 제출 → 공적심사위원회 심사 → 국가보훈처장이 행정안전부에 서훈추천 → 국무회의 심의 → 대통령 재가

- 국가보훈처장의 서훈추천거부행위가 항고소송의 대상인지 여부 : 이와 관련한 명시적인 대법원 판례는 확인되지 않는다. 다만, 최근 고등법원은 독립유공자 포상신청을 한 원고에게 국가보훈처장이 포상추천을 할 수 없다는 취지로 한 통지(= 포상추천 거부)는 국민의 권리의무 내지 법률적 지위에 직접적인 영향을 미치는 공권력의 행사 또는 이에 준하는 행정작용이라고 판단하였다. 이는 국가보훈처장의 포상추천 거부가 대통령의 권한인 영전 수여를 위한 일련의 절차 중 하나로서 그 자체가 영전의 수여 여부를 결정하는 효력을 가지는 것은 아니나, 이로써 망인에 대한 포상절차가 더는 진행되지 아니하게 되어 망인의 유족인 원고로서는 국무회의 및 대통령의 영전 수여 여부 판단을 받을 기회를 빼앗기게 되고, 이에 따라 독립유공자 등으로서의 지위를 인정받을 기회를 상실하여 독립유공자법에서 정한 실질적인 보상을 받을 길을 원천적으로 차단당하게 된다는 점을 고려한 것이다(서울고등법원 2019. 12. 18. 2018누73067). 참고로 이 사건에서 1심 법원은 국가보훈처장의 독립유공자 포상추천 거부는 대통령의 영전 수여 여부 결정을 위한 일련의 절차 중 하나에 불과하고, 개인에게 훈장을 요구할 수 있는 법규상 또는 조리상 권리가 있다고 볼 수 없다면서 위 거부는 항고소송의 대상이 되는 행정처분에 해당하지 아니한다고 보았었다(서울행정법원 2018. 11. 2. 2018구합3974). 그런데 이러한 고등법원 판례가 있은 이후에도 1심 서울행정법원은 2023년 8월에 이와 다른 사건에서 여전히 독립유공자 포상추천 거부는 항고소송의 대상인 처분이 아니라는 판단을 하고 있다.

- 국가보훈처장의 서훈추천거부행위가 행정권력의 부작위에 대한 헌법소원 대상인지 여부 : 헌법소원의 대상이 되기 위해서는 '공권력의 행사 또는 불행사'에 해당하여야 한다. 이와 관련하여 헌법재판소는 행정권력의 부작위에 대한 헌법소원은 공권력의 주체에게 헌법에서 유래하는 작위의무가 특별히 인정되어 이에 의거하여 기본권의 주체가 행정행위를 청구할 수 있음에도 공권력의 주체가 그 의무를 해태하는 경우에 허용된다고 본다. 그런데 국가보훈처장이 서훈추천 신청자에 대한 서훈추천을 하여 주어야 할 헌법적 작위의무가 있다고 할 수는 없으므로, 서훈추천을 거부한 것에 대하여 행정권력의 부작위에 대한 헌법소원으로서 다툴 수 없다고 본다(헌재 2005. 6. 30. 2004헌마859).

20   답 ④

| 출제단원 | Part 03 행정의 실효성 확보수단 |
| 출제영역 | 행정대집행 |

① (O) 「행정기본법」 제정 전에는 행정강제가 개별법을 통해 인정되었고, 이러한 강제수단들을 아우르는 일반법은 없었다. 그러나 행정강제는 강제력 행사를 통해 국민의 자유와 재산에 침해를 가져오는 권력적 행정이므로 이에 관한 체계적이고 통일적인 규정이 필요하다는 지적이 있었다. 이러한 필요에 따라 최근 제정된 「행정기본법」에서는 제5절(제30조~제33조)에서 행정상 강제에 대해 규정하고 있다. 이에 의하면, 행정청은 행정목적을 달성하기 위하여 필요한 경우에는 법률로 정하는 바에 따라 필요한 최소한의 범위에서 행정대집행, 이행강제금의 부과, 직접강제, 강제징수, 즉시강제 중 어느 하나에 해당하는 조치를 할 수 있다(제30조 제1항). 따라서 행정대집행은 「행정기본법」에서 규정하는 행정상 강제 중 하나이다.

② (O) 대집행의 비용은 원칙상 의무자가 부담하여야 한다. 「행정대집행법」에 의하면, 대집행에 요한 비용은 국세징수법의 예에 의하여 징수할 수 있다(제6조 제1항).

③ (O) 대집행은 「공법상」의 「대체적 작위의무」의 불이행을 대상으로 한다. 즉, 행정대집행의 대상이 되는 의무는 공법상 의무이어야 한다. 따라서 사법상 의무의 불이행은 대집행의 대상이 되지 않는다. 예를 들어 행정주체와 사인 사이의 건축도급계약은 행정주체가 일반 사인과 같은 지위에서 사인과 맺는 계약이므로 사법관계이다. 그러므로 이 경우 사인이 의무불이행을 하였다고 하여도 행정대집행은 허용되지 않는다.

④ (X) 「행정대집행법」에 의하면, 대집행에 요한 비용에 대하여서는 행정청은 사무비의 소속에 따라 「국세에 다음가는 순위」의 선취득권을 가진다(제6조 제2항). 대집행에 요한 비용을 징수하였을 때에는 그 징수금은 사무비의 소속에 따라 「국고 또는 지방자치단체」의 수입으로 한다(동조 제3항). 따라서 행정청이 국세와 동일한 순위의 선취득권을 갖는 것은 아니며, 사무비의 소속에 따른 검토 없이 징수금이 언제나 국고의 수입으로 되는 것도 아니다.

2022년 국가직 9급
행정법총론

문제편 p.15

01 ④ 02 ① 03 ① 04 ③ 05 ① 06 ③ 07 ① 08 ④ 09 ④ 10 ①
11 ③ 12 ② 13 ③ 14 ① 15 ③ 16 ② 17 ③ 18 ③ 19 ② 20 ③

01   답 ④

| 출제단원 | Part 01 행정법 서설 |
| 출제영역 | 신뢰보호의 원칙 |

신뢰보호의 원칙이란 행정법의 일반원칙 중 한 가지로서 행정기관의 말 또는 행동에 대하여 국민이 신뢰를 갖고 행위를 한 경우에, 국민의 신뢰가 보호할 가치가 있는 경우라면 이러한 신뢰를 보호해 주어야 한다는 원칙을 말한다.

① (O) 신뢰보호원칙을 적용하기 위해서는 행정청의 선행조치에 대한 「보호가치 있는 사인의 신뢰」가 있어야 한다. 즉, 상대방 등 관계인에게 귀책사유가 없어야 한다. 이와 관련하여 대법원은 귀책사유라 함은 행정청의 견해표명의 하자가 부정행위에 기인한 것이거나 그러한 부정행위가 없다고 하더라도 하자가 있음을 알았거나 「중대한 과실」로 알지 못한 경우 등을 의미한다고 본다. 이때 귀책사유의 유무는 상대방과 그로부터 신청행위를 위임받은 수임인 등 관계자 모두를 기준으로 판단하여야 한다고 본다. 이에 따라 대법원은 건축주와 그로부터 건축설계를 위임받은 건축사가 상세계획지침에 의한 건축한계선의 제한이 있다는 사실을 간과한 채 건축설계를 하고 이를 토대로 건축물의 신축 및 증축허가를 받은 경우, 그 신축 및 증축허가가 정당하다고 신뢰한 데에 귀책사유가 있다고 보았다(대법원 2002. 11. 8. 2001두1512). 즉, 대법원은 이 사건 대지에 상세계획지침에 의한 건축한계선의 제한이 있다는 사실에 관하여는 건축주(원고)나 그로부터 이 사건 건축물의 설계 등을 위임받은 건축사가 조금만 주의를 기울였다면 충분히 알 수 있었다고 보이므로(= 중과실) 건축주나 건축사에게 이 사건 건축물의 신축 및 증축허가가 정당하다고 신뢰한 데에 귀책사유가 있다고 보았다. 따라서 피고(= 대전광역시 서구청장)가 건축물에 대한 신축 및 증축허가를 하여 주고, 그에 따라 상당한 정도로 공사가 진척된 건축물에 대하여 상세계획지침에 규정된 건축한계선을 침범하였다는 이유로 위반부분의 철거를 명하였다 하더라도 이러한 처분이 신뢰보호원칙에 반한다고 할 수 없다고 보았다.

② (O) 신뢰형성의 기초가 된 결정적인 사실적·법적 상태가 추후에 변경되고 관계인이 이를 인식하였거나 인식할 수 있었던 경우에는 관계인은 신뢰보호의 원칙을 원용할 수 없다고 본다. 이와 관련하여 대법원은 행정청이 상대방에게 장차 어떤 처분을 하겠다고 확약 또는 공적인 의사표명을 하였다고 하더라도, 그 자체에서 상대방으로 하여금 언제까지 처분의 발령을 신청하도록 유효기간을 두었는데도 그 기간 내에 상대방의 신청이 없었다거나 확약 또는 공적인 의사표명이 있은 후에 사실적·법률적 상태가 변경되었다면, 그와 같은 확약 또는 공적인 의사표명은 행정청의 별다른 의사표시를 기다리지 않고 실효된다고 본다(대법원 1996. 8. 20. 95누10877).

③ (O) 행정법규는 특별한 사정이 없는 한, 시행되기 전에 종결된 사실에 대하여 소급하여 적용되지 않는다(= 소급적용금지의 원칙). 이때 법령의 효력이 시행일 이전에 소급하지 않는다는 것은 시행일 이전에 이미 종결된 사실에 대하여 소급하여 적용하는 「진정소급효」가 원칙적으로 금지된다는 것을 의미한다. 반면, 「부진정소급효」는 원칙적으로 금지되지 않으며, 예외적으로 개정 전의 법령에 대한 국민의 신뢰가 개정법령을 적용할 공익보다 큰 경우에 한하여 제한될 수 있을 뿐이다. 「부진정소급효」란 개정법령의 시행일 이전에 시작되어 개정법령의 시행일까지도 계속되고 있는 사실에 대하여 소급적용하는 것을 말한다.

구분		진정소급입법	부진정소급입법
의의		이미 종료된 과거의 사항을 규율하는 것	과거에 발생하여 현재까지 지속되고 있는 사항을 규율하는 것
허용 여부	원칙	금지	허용
	예외	허용	금지

이와 관련하여 대법원은 대학이 성적불량을 이유로 학생에 대하여 징계처분을 하는 경우에 있어서 수강신청이 있은 후 징계요건을 완화하는 학칙개정이 이루어지고 이어 당해 시험이 실시되어 그 개정 학칙에 따라 징계처분을 한 경우라면 이는 이른바 부진정소급효에 관한 것으로서 구 학칙의 존속에 관한 학생의 신뢰보호가 대학당국의 학칙개정의 목적달성보다 더 중요하다고 인정되는 특별한 사정이 없는 한 위법이라고 할 수 없다고 본다(대법원 1989. 7. 11. 87누1123).

④ (X) 신뢰보호원칙이 적용되기 위해서는 신뢰의 대상이 되는 「행정청의 선행조치」가 있어야 한다. 이와 관련하여 대법원은 선행조치를 '공적인 견해표명'으로 한정한다. 즉, 공적인 견해표명이 아니라면 신뢰의 대상이 되는 행정청의 선행조치로 볼 수 없다는 것이다. 예를 들어, 대법원은 병무청 담당부서의 담당공무원에게 공적 견해의 표명을 구하는 정식의 서면질의 등을 하지 아니한 채, 총무과 민원팀장에 불과한 공무원이 민원봉사차원에서 상담에 응하여 안내한 것을 신뢰한 경우라면 신뢰보호원칙이 적용되지 않는다고 본다(대법원 2003. 12. 26. 2003두1875). 이는 병무청 총무과 민원팀장이 법령의 내용을 숙지하지 못한 상태에서 원고 측의 상담에 응하여 민원봉사차원에서 안내하였다고 하여 그것이 병무청의 공적인 견해표명이라고 하기는 어렵기 때문이다.

02

답 ①

출제단원 Part 02 행정작용 및 절차법
출제영역 행정행위의 효력

① (X) 행정쟁송(행정심판, 행정소송)을 통한 행정행위의 취소를 쟁송취소라고 한다. 쟁송취소는 원칙적으로 소급효가 인정된다. 즉, 쟁송취소에 의해 행정행위가 취소될 경우 처음부터 해당 행정행위의 효력을 잃게 하는 것이다. 이와 관련하여 대법원은 영업의 금지를 명한 「영업허가취소처분(= 행정행위)」 자체가 나중에 행정쟁송절차에 의하여 취소되었다면 그 「영업허가취소처분」은 그 처분시에 소급하여 효력을 잃게 된다고 본다. 따라서 그 영업허가취소처분에 복종할 의무가 원래부터 없었음이 확정되었다고 봄이 타당하므로 그 영업허가취소처분 이후의 영업행위를 무허가영업이라고 볼 수는 없다고 본다(대법원 1993. 6. 25. 93도277).

② (O) 민사 또는 형사사건에 대한 재판절차에서 해당 사건에 대한 판단을 하기 위해서는 특정 행정행위의 효력 유무나 존재 여부 또는 위법 여부가 먼저 해결되어야 할 때 이러한 문제를 '선결문제'라고 한다. 이에 대한 대법원 판례를 정리하면 다음과 같다.

구분	민사법원	형사법원
행정행위의 효력 부인(= 취소사유)	판단 불가	판단 불가
행정행위의 무효 확인(= 무효사유)	판단 가능	판단 가능
행정행위의 위법성 확인	판단 가능	판단 가능

[형사법원 - 취소사유] 대법원은 연령미달의 결격자가 타인의 이름으로 운전면허시험에 응시한 후 합격하여 교부받은 운전면허는 당연무효가 아니고 도로교통법상 면허의 취소사유에 불과하다고 본다. 따라서 운전면허가 취소되지 않는 한 여전히 유효한 것이므로 피고인의 운전행위는 무면허운전에 해당하지 않는다고 본다(대법원 1982. 6. 8. 80도2646). 이는 형사법원에서 취소사유 있는 행정행위의 효력을 부인한 후 범죄가 성립된다고 판단할 수는 없다는 것이다.

③ (O) [형사법원 - 위법성 확인] 도시계획법에서는 도시계획법에 의한 행정청의 처분 또는 조치명령에 위반한 자에 대한 형사처벌 규정을 두고 있다. 이와 관련하여 대법원은 도시계획법의 처벌 규정에 근거하여 피고인을 형사처벌하기 위해서는 피고인이 위반한 대상인 행정청의 처분 또는 조치명령이 적법해야 하며, 만약 처분 또는 조치명령이 위법한 것으로 인정되는 한 이에 위반한 자를 형사처벌할 수는 없다고 본다(대법원 1992. 8. 18. 90도1709). 즉, 대법원은 형사재판과정에서 행정행위의 위법성을 판단하기 위해 별도로 행정소송 등의 절차를 거칠 필요는 없으며, 형사법원에서 직접 행정행위의 위법성을 판단한 후 이를 전제로 범죄성립 여부를 판단할 수 있다고 본다.

④ (O) 확정된 종국판결에 대해서는 불복을 할 수 없지만, 법에서 정한 일정한 사유(= 재심사유)가 있는 경우에 예외적으로 불복할 수 있는 제도를 재심이라고 한다. 형사소송법 제420조 5호에서는 유죄의 확정판결에 대하여 재심을 청구할 수 있는 사유로 '유죄를 선고받은 자에 대하여 무죄를 인정할 명백한 증거가 새로 발견된 때'를 규정하고 있다. 이와 관련하여 대법원은 조세의 부과처분을 취소하는 행정판결이 확정된 경우 부과처분의 효력은 처분시에 소급하여 효력을 잃게 되어 그에 따른 납세의무가 없으므로 확정된 행정판결은 조세포탈에 대한 무죄 내지 원심판결이 인정한 죄보다 경한 죄를 인정할 명백한 증거에 해당한다고 본다(대법원 2015. 10. 29. 2013도14716). 즉, 조세의 부과처분이 유효함을 전제로 형사법원이 조세포탈에 대해 유죄판결(= 형사법원의 판결)을 하고, 이 판결이 확정된 후에, 행정법원에서 조세의 부과처분을 취소하는 판결(= 행정법원의 판결)이 확정되었다면, 조세포탈에 대한 유죄확정판결을 받은 자는 행정법원의 확정판결을 이유로 형사법원에 재심을 청구할 수 있다는 것이다.

03

답 ①

출제단원 Part 02 행정작용 및 절차법, Part 04 행정소송법
출제영역 항고소송의 대상적격, 부분허가, 가행정행위, 확약

① (X) 대법원은 지방자치단체의 장이 공유재산 및 물품관리법(이하 '공

유재산법'이라 한다)에 근거하여 기부채납 및 사용·수익허가 방식으로 민간투자사업을 추진하는 과정에서 사업시행자를 지정하기 위한 전 단계에서 공모제안을 받아 일정한 심사를 거쳐 '우선협상대상자를 선정하는 행위'와 '이미 선정된 우선협상대상자를 그 지위에서 배제하는 행위'는 민간투자사업의 세부내용에 관한 협상을 거쳐 공유재산법에 따른 공유재산의 사용·수익허가를 우선적으로 부여받을 수 있는 지위를 설정하거나 또는 이미 설정한 지위를 박탈하는 조치이므로 모두 항고소송의 대상이 되는 행정처분이라고 본다(대법원 2020. 4. 29. 2017두31064).

② (O) 원자력법상 부지사전승인제도는 원자로 및 관계시설을 건설하고자 하는 자가 그 계획 중인 건설부지가 원자력법에 의하여 원자로 및 관계시설의 부지로 적법한지 여부 및 굴착공사 등 일정한 범위의 공사를 할 수 있는지 여부에 대하여 건설허가 전에 미리 승인을 받는 제도이다. 이와 같이 단계적 행정절차에서 사인이 원하는 특정부분에 대해서만 우선허가하는 행위를 「부분허가」라고 한다. 부분허가는 중간단계에서 행해지는 결정이지만, 그 단계 자체에 대하여는 완결적인 행정행위의 성격을 갖는다. 이와 관련하여 대법원은 원자로 및 관계시설의 부지사전승인처분은 그 자체로서 건설부지를 확정하고 사전공사를 허용하는 법률효과를 지닌 독립한 행정처분이라고 본다. 다만, 부지사전승인처분 이후에 본처분인 원자로건설허가처분이 있게 되면 부지사전승인처분은 원자로건설허가처분에 흡수되어 독립된 존재가치를 상실함으로써 원자로건설허가처분만이 쟁송의 대상이 되며, 부지사전승인처분의 위법성은 나중에 내려진 건설허가처분의 취소를 구하는 소송에서 다투어야 한다고 본다(대법원 1998. 9. 4. 97누19588).

③ (O) 가행정행위란 사실관계와 법률관계가 확정되기 전이지만, 잠정적 규율이 필요해 계속적 심사를 유보한 상태에서 당해 행정법관계의 권리와 의무를 잠정적으로 규율하는 행위를 말한다. 이러한 가행정행위도 행정행위이므로 가행정행위로 인해 권익침해를 받은 자는 보통의 행정행위의 경우와 마찬가지로 취소소송 등을 제기하여 권리구제를 받을 수 있다. 다만, 가행정행위에 대한 취소소송 제기 중 본 행정행위가 행해지면 가행정행위는 효력을 상실하므로 가행정행위에 대한 취소소송은 협의의 소의 이익이 없게 된다. 이와 관련하여 대법원은 공정거래위원회가 부당한 공동행위를 행한 사업자로서 구 독점규제 및 공정거래에 관한 법률에서 정한 자진신고자나 조사협조자에 대하여 「과징금 부과처분(= 선행처분)」을 한 뒤, 동 법률 시행령에 따라 다시 자진신고 등을 이유로 한 「과징금 감면처분(= 후행처분)」을 하였다면, 「후행처분(= 과징금 감면처분)」은 처분 상대방이 실제로 납부하여야 할 최종적인 과징금액을 결정하는 「종국적 처분」이고, 「선행처분(= 과징금 부과처분)」은 일종의 「잠정적 처분」이라고 본다. 따라서 「후행처분」이 있을 경우 「선행처분」은 후행처분에 흡수되어 소멸하므로 이러한 경우에 「선행처분」의 취소를 구하는 소는 이미 효력을 잃은 처분의 취소를 구하는 것으로 부적법하다고 본다(대법원 2015. 2. 12. 2013두987).

④ (O) 행정실무상 사용되는 용어인 내인가는 본 인·허가의 전단계로서 행해지는 인·허가의 발급약속을 말한다. 즉, 내인가는 확약의 일종이라고 할 수 있다. 참고로 확약이란 장래 일정한 행정행위를 하거나 하지 않을 것을 약속하는 행정청의 의사표시를 말한다. 이와 관련

하여 대법원은 자동차운송사업 양도·양수인가신청에 대하여 피고 시장이 내인가를 한 후, 내인가에 기하여 원고의 본인가 신청이 있었으나 피고 시장이 내인가를 취소한 경우에, 위 내인가의 법적 성질이 행정행위의 일종으로 볼 수 있든 아니든 그것이 행정청의 상대방에 대한 의사표시임이 분명하고, 피고가 위 내인가를 취소함으로써 다시 본인가에 대하여 따로이 인가 여부의 처분을 한다는 사정이 보이지 않는다면 위 내인가취소를 인가신청을 거부하는 처분으로 보아야 할 것이라고 본다(대법원 1991. 6. 28. 90누4402). 즉, 대법원은 내인가의 법적 성질이 행정행위인지 여부에 대해서는 명확하게 판단하지 않았지만, 내인가의 취소가 인가신청에 대한 거부처분으로 볼 수 있다는 점은 인정한 것이다.

04 ④

출제단원 Part 02 행정작용 및 절차법
출제영역 하자의 승계

하자의 승계란 행정이 여러 단계의 행정행위를 거쳐 행해지는 경우에 「선행 행정행위」의 위법을 이유로 적법한 「후행 행정행위」의 위법을 주장할 수 있는 것을 말한다. 하자의 승계에 대한 대법원 판례를 정리하면 다음과 같다.

구분		하자의 승계 여부
선·후의 행정행위가 「결합」, 「하나」의 법적 효과 목적		긍정(ⓐ)
선·후의 행정행위가 「독립」, 「별개」의 법적 효과 목적	원칙	부정(ⓑ)
	예외	수인한도를 넘고, 예측가능성 없는 경우 → 긍정(ⓒ)

① (O) [ⓑ유형] 대법원은 선·후의 행정행위가 서로 「독립」하여 「별개의」 법적 효과를 목적으로 하는 경우에는 원칙적으로 하자의 승계를 부정한다. 다만, 선행 행정행위의 하자를 후행 행정행위에서 다투지 못하게 하는 것이 그로 인하여 불이익을 입게 되는 자에게 「수인한도를 넘는 가혹함」을 가져오며, 당사자에게 「예측가능한 것이 아닌 경우」에는 예외적으로 하자의 승계를 긍정한다. 예를 들어, 대법원은 보충역편입처분과 공익근무요원소집처분은 별개의 법률효과를 발생하는 독립된 행정처분이라고 본다. 따라서 보충역편입처분(= 선행 행정행위)에 불가쟁력이 생겨 그 효력을 다툴 수 없게 된 경우에는, 보충역편입처분이 당연무효라고 볼만한 특단의 사정이 없는 한 그 위법을 이유로 공익근무요원소집처분(= 후행 행정행위)의 효력을 다툴 수는 없다고 본다(대법원 2002. 12. 10. 2001두5422). 즉, 선행 행정행위인 보충역편입처분의 하자가 후행 행정행위인 공익근무요원소집처분에 승계되지 않는다는 것이다.

② (O) [ⓑ유형] 대법원은 「공법상 의무를 부과하는 처분(= 하명처분)」과 공법상 의무불이행에 대한 「강제집행행위」는 서로 「독립」하여 「별개」의 법적 효과를 발생시키는 행위이므로 하명처분과 강제집행행위 사이에는 하자의 승계를 부정한다. 이에 따라 하명처분인 「건물철거명령」과 강제집행행위인 「대집행계고처분」 사이에는 하자의 승계가 부정된다(대법원 1998. 9. 8. 97누20502). 따라서 선행 행정행위인 건물철거명령이 당연무효가 아니라면 건물철거명령의 하자를 이유로 후행 행정행위인 대집행계고처분의 효력을 다툴 수는 없다.

③ (O) 하자의 승계가 논의되기 위해서는 선행 행정행위에 취소사유에 해당하는 하자가 있어야 한다. 만약 선행 행정행위에 무효사유에 해당하는 하자가 있다면 선행 행정행위의 하자가 당연히 후행 행정행위에 승계되기 때문에 후행 행정행위도 무효가 되어 별도로 하자의 승계를 논의할 이유가 없게 된다. 선행 행정행위가 무효인 경우에는 이를 전제로 하여 행해지는 후행 행정행위는 존립근거를 잃어 후행 행정행위 역시 무효가 되기 때문이다. 이와 관련하여 대법원은 선행처분과 후행처분이 서로 독립하여 별개의 법률효과를 목적으로 하는 때에도 선행처분이 당연무효이면 선행처분의 하자를 이유로 후행처분의 효력을 다툴 수 있다고 본다. 이에 따라 선행처분인 도시계획시설사업 시행자 지정처분이 처분요건을 충족하지 못하여 당연무효인 경우에는 사업시행자 지정처분이 유효함을 전제로 이루어진 후행처분인 실시계획 인가처분도 무효라고 본다(대법원 2017. 7. 11. 2016두35120).

④ (X) [ⓑ유형] 대법원은 「직위해제처분」과 「면직처분」은 후자가 전자의 처분을 전제로 한 것이기는 하나 각각 단계적으로 「별개」의 법률효과를 발생하는 행정처분이어서 선행 「직위해제처분」의 위법사유가 「면직처분」에는 승계되지 않는다고 할 것이므로 선행된 직위해제처분의 위법사유를 들어 면직처분의 효력을 다툴 수는 없다고 본다(대법원 1984. 9. 11. 84누191).

05   답 ①

출제단원 Part 08 행정정보공개·개인정보 보호·행정조사
출제영역 불복구제절차, 비공개대상정보

① (O) A가 취소소송으로 다툴 수 있는지를 소송요건별로 구분해서 살펴보면 다음과 같다.
- 행정청 B의 정보공개거부가 취소소송의 대상인지 여부(= 거부처분의 대상적격) : 대법원은 행정청이 국민의 신청에 대하여 한 거부행위가 항고소송의 대상이 되는 행정처분에 해당하려면, 행정청의 행위를 요구할 법규상 또는 조리상의 신청권이 그 국민에게 있어야 한다고 본다(대법원 2005. 2. 25. 2004두4031). 따라서 정보공개청구권자의 정보공개신청에 대한 거부는 행정소송의 대상이 되는 거부처분에 해당하지만, 정보공개청구권이 없는 자의 정보공개신청에 대한 거부는 신청권이 없는 신청에 대한 거부이므로 행정소송의 대상이 되는 거부처분에 해당하지 않는다. 그런데 「공공기관의 정보공개에 관한 법률」에서는 '모든 국민은 정보의 공개를 청구할 권리를 가진다.'고 규정하고 있다(제5조 제1항). 이와 관련하여 대법원은 정보공개청구권자인 '국민'에는 자연인, 법인, 권리능력 없는 사단·재단이 모두 포함되고, 법인, 권리능력 없는 사단·재단의 경우에는 설립목적과 무관하게 모두 정보공개청구권자에 해당한다고 본다. 이에 따라 충주환경운동연합(권리능력 없는 사단)과 같은 시민단체의 경우에도 정보의 공개를 청구할 권리를 가지는 '국민'에 해당한다고 보았다(대법원 2003. 12. 12. 2003두8050). 따라서 정보공개청구권자인 민간시민단체 A의 정보공개청구에 대한 행정청 B의 정보공개거부는 취소소송의 대상이 되는 거부처분에 해당한다.
- 민간시민단체 A에게 정보공개거부처분에 대한 취소소송을 제기할 원고적격이 인정되는지 여부 : 취소소송은 처분 등의 취소를 구할 법률상의 이익이 있는 자가 제기할 수 있다. 이와 관련하여 대법원은 정보공개청구권은 법률상 보호되는 구체적인 권리이므로 청구인이 공공기관에 대하여 정보공개를 청구하였다가 거부처분을 받은 것 자체가 법률상 이익의 침해에 해당한다고 본다(대법원 2003. 12. 12. 2003두8050). 즉, 정보공개를 청구한 자는 공개청구된 정보에 대해 이해관계가 있는지 여부를 묻지 않고 모두 원고적격을 갖는다는 것이다.
따라서 정보공개를 청구했으나 거부처분을 받은 민간시민단체 A는 공개청구한 정보에 대해 개별·구체적 이익이 없는 경우에도 행정청 B의 정보공개거부처분에 대해 취소소송으로 다툴 수 있다.

② (X) 「공공기관의 정보공개에 관한 법률」은 '청구인이 정보공개와 관련한 공공기관의 결정에 대하여 불복이 있거나 정보공개청구 후 20일이 경과하도록 정보공개결정이 없는 때에는 「행정소송법」에서 정하는 바에 따라 행정소송을 제기할 수 있다.'고 규정하고 있다(제20조 제1항). 이 경우의 행정소송은 행정청이 정보공개청구권자의 신청을 거부한 경우에는 거부처분취소소송이나 무효확인소송을, 부작위로 방치한 경우에는 부작위위법확인소송과 같은 항고소송의 형식으로 제기하게 된다. 따라서 민간시민단체 A의 정보공개청구에 대한 행정청 B의 정보공개거부에 대해서는 정보공개거부처분을 대상으로 취소소송이나 무효등확인소송과 같은 항고소송을 제기하여 다툴 수 있다.

③ (X) 「공공기관의 정보공개에 관한 법률」에서는 '공개청구한 정보가 법에서 정한 비공개대상정보에 해당하는 부분과 공개 가능한 부분이 혼합되어 있는 경우로서 공개청구의 취지에 어긋나지 아니하는 범위에서 두 부분을 분리할 수 있는 경우에는 비공개대상정보에 해당하는 부분을 제외하고 공개하여야 한다.'고 하여 부분공개에 대하여 규정하고 있다(제14조). 이와 관련하여 대법원은 법원이 행정기관의 정보공개거부처분이 위법한지에 대해 심리한 결과 공개를 거부한 정보에 비공개대상정보와 공개대상정보가 혼합되어 있고, 공개청구의 취지에 어긋나지 않는 범위 안에서 분리가능성이 인정된다면 정보공개거부처분 중 「공개대상정보에 관한 거부처분」만의 취소(= 일부취소)를 명할 수 있다고 본다. 이때 당사자가 일부취소를 구하는 것으로 청구취지를 변경할 필요는 없다고 본다(대법원 2004. 12. 9. 2003두12707).

④ (X) 「공공기관의 정보공개에 관한 법률」에서는 비공개대상정보 중 하나로서 「진행 중인 재판에 관련된 정보」를 규정하고 있다(제9조 제1항 4호). 이와 관련하여 대법원은 법원 이외의 공공기관이 '진행 중인 재판에 관련된 정보'에 해당한다는 사유로 정보공개를 거부하기 위하여는 반드시 그 정보가 진행 중인 재판의 소송기록 자체에 포함된 내용일 필요는 없다고 본다. 그러나 재판에 관련된 일체의 정보가 그에 해당하는 것은 아니고, 「진행 중인 재판의 심리 또는 재판결과에 구체적으로 영향을 미칠 위험이 있는 정보」에 한정된다고 본다(대법원 2011. 11. 24. 2009두19021).

06   답 ③

출제단원 Part 04 행정소송법
출제영역 권리보호의 필요(= 협의의 소의 이익), 취소소송의 대상

법원의 본안판결을 받기 위하여 필요한 전제요건을 '소송요건'이라고 한다. 소송요건이 결여된 경우에는 부적법한 소송이 되어 법원은 본안에 대하여 심리함이 없이 「각하」판결을 하게 된다. 반면, 소송요건이 충족된 경우에는 적법한 소송이 되어 법원은 본안심리(= 원고가 청구한 내용에 대하여 판단하는 것)로 넘어가게 된다. 본안심리 결과 원고의 청구가

이유 있는 경우에는 원고의 청구를 「인용」하는 판결을, 원고의 청구가 이유 없는 경우에는 원고의 청구를 「기각」하는 판결을 하게 된다.

① (O) 항고소송을 제기하기 위해서는 '권리보호의 필요(= 협의의 소의 이익)'가 요구된다. '권리보호의 필요'란 원고의 청구가 소송을 통하여 분쟁을 해결할 만한 현실적인 필요성을 말한다. 이와 관련하여 대법원은 행정처분의 무효확인 또는 취소를 구하는 소에서, 비록 행정처분의 위법을 이유로 무효확인 또는 취소판결을 받더라도 처분에 의하여 발생한 위법상태를 원상으로 회복시키는 것이 불가능한 경우에는 원칙적으로 무효확인 또는 취소를 구할 법률상 이익이 없다고 본다. 다만 원상회복이 불가능하더라도 무효확인 또는 취소로써 회복할 수 있는 다른 권리나 이익이 남아 있는 경우 예외적으로 법률상 이익이 인정될 수 있을 뿐이다(대법원 2016. 6. 10. 2013두1638). 따라서 행정처분의 위법을 이유로 취소판결을 받더라도 처분에 의하여 발생한 위법상태를 원상회복시키는 것이 불가능한 경우라면 수소법원은 원칙적으로 소송요건 중 하나인 권리보호의 필요가 충족되지 않은 소제기이므로 각하판결을 해야 한다.

② (O) 대법원은 한국방송공사 사장에 대한 해임처분 무효확인 또는 취소소송 계속 중 사장의 임기가 만료됨으로써 해임처분의 무효확인 또는 취소로 「사장 지위를 회복할 수는 없게 되었다고 하더라도(㉠)」, 해임처분의 무효확인 또는 취소로 「해임처분일부터 임기만료일까지의 기간에 대한 보수지급을 구할 수 있는 경우(㉡)」에는 해임처분의 무효확인 또는 취소를 구할 법률상 이익이 있다고 본다(대법원 2012. 2. 23. 2011두5001). 위법한 처분을 취소한다 하더라도 ㉠과 같이 원상회복이 불가능한 경우에는 원칙적으로 권리보호의 필요가 인정되지 않지만, 이러한 경우에도 ㉡과 같이 회복되는 부수적 이익이 있는 경우에는 권리보호의 필요가 인정될 수 있다는 것이다. 따라서 수소법원은 원고의 청구가 이유 있는지 본안에 대하여 판단해야 한다.

③ (X) 이행강제금이란 작위의무·부작위의무·수인의무의 불이행시에 일정액수의 금전이 부과될 것임을 의무자에게 미리 경고함으로써 의무 이행의 확보를 도모하는 강제수단을 말한다. 이행강제금을 '집행벌'이라고 표현하기도 한다. 이러한 이행강제금에 대한 불복에 대하여 개별법에서 특별한 불복절차를 규정하고 있다면 해당 절차에 의하여야 한다. 반면, 별도로 이러한 절차를 규정하고 있지 않다면 항고소송을 제기하여 불복할 수 있다. 이와 관련하여 대법원은 「농지법」에서 이행강제금에 불복하는 자는 이의를 제기할 수 있는 것으로 규정하고, 이의를 제기한 경우에는 법원이 「비송사건절차법」에 의해 이행강제금을 결정하는 것으로 규정하고 있으므로, 농지법에 따른 이행강제금 부과처분에 불복하는 경우에는 비송사건절차법에 따른 재판절차가 적용되어야 하고, 행정소송법상 항고소송의 대상은 될 수 없다고 본다. 설령 관할청이 「농지법」상 이행강제금 부과처분을 하면서 재결청에 행정심판을 청구하거나 관할 행정법원에 행정소송을 할 수 있다고 잘못 안내하거나 관할 행정심판위원회가 각하재결이 아닌 기각재결을 하면서 관할법원에 행정소송을 할 수 있다고 잘못 안내하였다고 하더라도, 그러한 잘못된 안내로 행정법원의 항고소송 재판관할이 생긴다고 볼 수도 없다고 본다(대법원 2019. 4. 11. 2018두42955). 즉, 농지법에서 이행강제금 부과처분에 대한 불복절차(= 비송사건절차법에 따른 재판)를 분명하게 규정하고 있으므로, 이와 다른 불복절차를 허용할 수는 없다는 것이다.

④ (O) 재결이란 행정심판의 청구에 대해 행정심판위원회가 행하는 판단을 말한다. 행정소송법상 재결에 대한 취소소송(= 재결소송)은 재결 자체에 고유한 위법이 있음을 이유로 하는 경우에 한한다(제19조 단서). 즉, 취소소송은 원칙적으로 「원처분」을 대상으로 하며, 「재결」은 예외적으로 「재결 자체에 고유한 위법」이 있을 경우에 한하여 취소소송의 대상이 될 수 있는 것이다. 이를 「원처분주의」라고 한다. 이와 관련하여 대법원은 행정소송법 제19조에서 말하는 '재결 자체에 고유한 위법'이란 원처분에는 없고 재결에만 있는 재결청의 권한 또는 구성의 위법, 재결의 절차나 형식의 위법, 내용의 위법 등을 뜻한다고 본다(대법원 1997. 9. 12. 96누14661).

07 답 ①

출제단원 Part 01 행정법 서설, Part 04 행정소송법
출제영역 당사자소송, 행정상 법률관계(공의무, 공법상 사무관리, 공법관계와 사법관계)

① (X) 공법상의 금전지급청구소송이 항고소송인지, 당사자소송인지는 기본적으로 다음과 같은 기준에 따라 판단할 수 있다.

「행정청의 결정」에 의해 금전채권이 확정되는 경우	항고소송
「법령」에 의해 금전채권이 확정되는 경우	당사자소송

이와 관련하여 대법원은 구 군인연금법에 의한 사망보상금 등의 급여를 받을 권리는 법령의 규정에 따라 직접 발생하는 것이 아니라 급여를 받으려고 하는 사람이 소속하였던 군의 참모총장의 확인을 얻어 청구함에 따라 국방부장관 등이 지급결정을 함으로써 구체적인 권리가 발생한다고 본다. 따라서 구 군인연금법령상 급여를 받으려고 하는 사람은 우선 관계 법령에 따라 국방부장관 등에게 급여지급을 청구하여 국방부장관 등이 이를 거부하거나 일부 금액만 인정하는 급여지급결정을 하는 경우 그 결정을 대상으로 항고소송을 제기하는 등으로 구체적 권리를 인정받은 다음 비로소 당사자소송으로 그 급여의 지급을 구해야 하고, 이러한 구체적인 권리가 발생하지 않은 상태에서 곧바로 국가를 상대로 한 당사자소송으로 급여의 지급을 소구하는 것은 허용되지 않는다고 본다(대법원 2021. 12. 16. 2019두45944).

② (O) 공권에 대응하는 개념으로 타인의 이익을 위해 의무자에게 인정되는 공법상의 의무를 '공의무'라고 한다. 이와 관련하여 대법원은 법무사가 사무원 채용에 관하여 법무사법이나 법무사규칙을 위반하는 경우에는 소관 지방법원장으로부터 징계를 받을 수 있으므로, 법무사가 지방법무사회로부터 채용승인을 얻어 사무원을 채용할 의무는 법무사법에 의하여 강제되는 공법적 의무라고 본다(대법원 2020. 4. 9. 2015다34444).

③ (O) 법률상 의무 없이 타인의 사무를 관리하는 행위를 '사무관리'라고 한다. 사무관리는 원래 민법에서 발전된 관념이다. 그러나 사무관리에 해당하는 행위가 공법분야에서도 존재하므로 사무관리에 대한 법리는 공법관계에서도 인정된다고 본다. 그런데 공법상 사무관리에 관한 일반법은 없다. 따라서 특별한 규정이 없는 한 민법의 사무관리에 관한 규정을 유추적용하여 관리자와 피관리자(= 사무관리를 받는 자) 사이의 이해를 조절하게 된다. 예를 들어, 공법상 사무관리의 경우에도 관리자가 본인(= 사무관리를 받는 자)을 위하여 필요비(=

물건을 보존하고 관리하기 위하여 필요한 비용) 또는 유익비(= 물건의 가치를 증가시키기 위한 비용)를 지출한 때에는 본인에게 그 상환을 청구할 수 있다. 이와 관련하여 대법원은 갑 주식회사 소유의 유조선에서 원유가 유출되는 사고가 발생하자 해상방제업 등을 영위하는 을 주식회사가 피해방지를 위해 해양경찰의 직접적인 지휘를 받아 방제작업을 보조하였고, 이후 민사소송으로 사무관리에 근거하여 국가에 방제비용을 청구한 사례에서, 갑 회사의 조치만으로는 원유유출사고에 따른 해양오염을 방지하기 곤란할 정도로 긴급방제조치가 필요한 상황이었고, 을 회사가 방제작업을 하면서 해양경찰의 지시·통제를 받았던 점 등에 비추어 을 회사는 국가의 사무를 처리한다는 의사로 방제작업을 한 것으로 볼 수 있으므로, 을 회사는 사무관리에 근거하여 국가에 방제비용을 청구할 수 있다고 보았다(대법원 2014. 12. 11. 2012다15602).

④ (O) 대법원은 구「공익사업을 위한 토지 등의 취득 및 보상에 관한 법률」에 규정된 환매권은 법에서 정한 기간 내에 행사하면 매매의 효력이 생기는 권리로서, 이러한 환매권의 존부에 관한 확인을 구하는 소송 및 환매금액의 증감을 구하는 소송은 민사소송에 해당한다고 본다(대법원 2013. 2. 28. 2010두22368). 참고로 행정법에서 말하는 환매권이란 국가 등에 의해 수용당한 재물을 예전 소유자가 일정한 요건하에 다시 매수하여 소유권을 회복할 수 있는 권리를 말한다.

08

답 ④

출제단원 Part 03 행정의 실효성 확보수단
출제영역 양벌규정

① (O) 양벌규정이란 실제 행위자인「종업원」의 위반행위에 대하여 실제 행위를 하지 않은「사업주」도 처벌하는 것으로 규정하는 경우와 같이「범죄행위자」와「행위자 이외의 자」를 함께 처벌하는 규정을 말한다. 행정범(= 행정법규의 위반으로 성립되는 범죄)에서는 이와 같이 범죄행위자 이외의 자를 벌하는 것으로 규정하는 경우가 있다. 이와 관련하여 대법원은 양벌규정은 행위자의 처벌규정임과 동시에 그 위반행위의 이익귀속주체인 업무주에 대한 처벌규정이라고 본다(대법원 1999. 7. 15. 95도2870 전합).

② (O) 대법원은 양벌규정에 의한 영업주(= 행위자 이외의 자)의 처벌은 금지위반행위자인 종업원의 처벌에 종속하는 것이 아니라, 독립하여 그 자신의 종업원에 대한 선임감독상의 과실로 인하여 처벌되는 것이므로 종업원의 범죄성립이나 처벌이 영업주 처벌의 전제조건이 될 필요는 없다고 본다(대법원 2006. 2. 24. 2005도7673). 따라서 실제 행위자인 종업원이 처벌을 받지 않는 경우에도 사업주를 처벌할 수 있다.

③ (O) 행정범에 있어서는 '법인의 대표자 또는 법인의 종업원'이 그 법인의 업무와 관련하여 행정범을 범한 경우에 행위자뿐만 아니라 '법인'도 아울러 처벌한다는 규정을 두는 경우가 있다. 이때 법인의 '대표자'의 범죄행위에 대한 법인의 책임은 법인의 직접책임이라고 본다. 법인은 대표자를 통하여 행위를 한다는 점을 고려한 것이다. 반면, 법인의 '종업원'의 범죄행위에 대한 법인의 책임은 종업원에 대한 선임·감독상의 과실로 인한 과실책임이라고 본다. 이와 관련하여 헌법재판소는 법인은 기관을 통하여 행위하므로 법인이 대표자를 선임한 이상 그의 행위로 인한 법률효과는 법인에게 귀속되어야 하고, 법인 대표자의 범죄행위에 대하여는 법인이 자신의 행위에 대한 책임을 부담하는 것이라고 본다. 즉, 법인「대표자」의 법규위반행위에 대한 법인의 책임은 법인 자신의 법규위반행위로 평가될 수 있는 행위에 대한「법인의 직접책임」이므로, 대표자의 고의에 의한 위반행위에 대하여는 법인이 고의책임을, 대표자의 과실에 의한 위반행위에 대하여는 법인이 과실책임을 부담한다고 본다(헌재 2020. 4. 23. 2019헌가25).

④ (X) 대법원은 양벌규정에 의한 법인의 처벌은 어디까지나「형벌의 일종」이라고 본다. 따라서 행정적 제재처분이나 민사상 불법행위책임과는 성격을 달리한다고 본다(대법원 2007. 8. 23. 2005도4471).

09

답 ④

출제단원 Part 03 행정의 실효성 확보수단
출제영역 과징금

과징금이란 행정법상의 의무위반에 대하여 행정청이 그 의무자에게 부과·징수하는 금전적 제재를 말한다.

① (O) 대법원은 구「독점규제 및 공정거래에 관한 법률」에 위반하여 불공정거래행위를 한 사업자에 대하여 부과되는 과징금은 법이 규정한 범위 내에서 그 부과처분 당시까지 부과관청이 확인한 사실을 기초로 일의적으로 확정되어야 할 것이고, 그렇지 아니하고 부과관청이 과징금을 부과하면서 추후에 부과금 산정기준이 되는 새로운 자료가 나올 경우에는 과징금액이 변경될 수도 있다고 유보한다든지, 실제로 추후에 새로운 자료가 나왔다고 하여 새로운 부과처분을 할 수는 없다고 본다. 왜냐하면 과징금의 부과와 같이 재산권의 직접적인 침해를 가져오는 처분을 변경하려면 법령에 그 요건 및 절차가 명백히 규정되어 있어야 할 것인데, 위와 같은 변경처분에 대한 법령상의 근거규정이 없고, 이를 인정하여야 할 합리적인 이유 또한 찾아볼 수 없기 때문이다(대법원 1999. 5. 28. 99두1571).

② (O) 다수 국민이 이용하는 사업이나 국가·사회에 중대한 영향을 미치는 사업에 있어서 사업정지를 명할 일정한 위법사유가 있음에도 불구하고 공익의 보호 등을 이유로 사업 자체는 계속하게 하고 그에 따른 이익을 박탈하는 내용의 행정제재금을 부과하는 것을「변형된 과징금」이라고 한다. 이와 관련하여 대법원은 영업정지처분에 갈음하는 과징금이 규정되어 있는 경우에 과징금을 부과할 것인가 영업정지처분을 내릴 것인지는 통상 행정청의 재량에 속한다고 본다(대법원 2015. 6. 24. 2015두39378).

③ (O) 헌법 제13조 제1항에서는 '모든 국민은 … 동일한 범죄에 대하여 거듭 처벌받지 아니한다.'고 하여 이중처벌금지의 원칙을 규정하고 있다. 이와 관련하여 헌법재판소는 구「독점규제 및 공정거래에 관한 법률」에 의한 부당내부거래에 대한 과징금은 부당내부거래 억지라는 행정목적을 실현하기 위하여 그 위반행위에 대하여 제재를 가하는 행정상의 제재금으로서의 기본적 성격에 부당이득환수적 요소도 부가되어 있는 것이라 할 것이고, 이를 두고 헌법 제13조 제1항에서 금지하는 국가형벌권 행사로서의 '처벌'에 해당한다고는 할 수 없다고 본다. 따라서 공정거래법에서 형사처벌과 아울러 과징금의 병과를 예정하고 있더라도 이중처벌금지원칙에 위반된다고 볼 수 없다고 본다(헌재 2003. 7. 24. 2001헌가25).

④ (X) 과징금부과처분은 제재적 처분으로서 통상 재량행위로 규정되어 있다. 그러나 개별법률에서 기속행위로 규정하고 있는 경우도 있다. 예를 들어,「부동산 실권리자명의 등기에 관한 법률」제5조 제1항

은 '다음 각호의 어느 하나에 해당하는 자에게는 해당 부동산 가액의 100분의 30에 해당하는 금액의 범위에서 과징금을 부과한다.'고 규정하고 있다. 이러한 점을 고려하여 대법원은 「부동산 실권리자명의 등기에 관한 법률」상 실권리자명의 등기의무를 위반한 명의신탁자에 대하여 과징금을 부과할 것인지 여부는 기속행위라고 본다(대법원 2007. 7. 12. 2005두17287).

10 답 ①

| 출제단원 | Part 06 행정상 손해배상 |
| 출제영역 | 공무원의 위법한 직무행위로 인한 손해배상의 요건, 공무원의 국가에 대한 구상책임 |

① (X) 대법원은 국가가 소멸시효의 완성 전에 피해자의 권리행사나 시효중단을 불가능 또는 현저히 곤란하게 한 것과 같이 국가의 잘못이 있는 경우에는 국가가 피해자의 국가배상청구권의 소멸시효가 완성되었음을 주장하여 손해배상책임을 면하는 것은 권리남용으로서 허용될 수 없다고 본다. 이와 같이 국가가 소멸시효완성을 주장하는 것이 권리남용에 해당하여 허용되지 않음으로 인해 국가가 피해자에게 배상책임을 이행한 것이라면, 특별한 사정이 없는 한 국가가 공무원에게 구상권을 행사하여 국가가 피해자에게 지급한 손해배상금을 돌려받을 수는 없다고 본다. 국가가 이러한 잘못을 하지 않았다면 국가는 소멸시효가 완성되었음을 주장하여 배상책임을 면할 수 있었을 것이고, 그렇다면 국가가 공무원에게 구상권을 행사하는 일도 없었을 것인데, 국가의 잘못으로 소멸시효를 주장할 수 없게 된 것이므로 이러한 경우에는 공무원에게 구상권을 행사할 수 없다는 것이다. 다만, 이러한 국가의 잘못을 해당 공무원이 적극적으로 주도하였다는 등의 특별한 사정이 있는 경우라면 국가가 해당 공무원에게 구상권을 행사할 수 있다고 본다(대법원 2016. 6. 10. 2015다217843).

② (O) 국가배상법 제2조 제1항에서 공무원의 위법한 직무행위로 인한 국가나 지방자치단체의 배상책임을 명시하고 있다. 국가배상법 제2조의 책임이 인정되기 위해서는 해당 행위의 「위법성」이 인정되어야 할 뿐만 아니라, 해당 행위가 공무원의 「고의 또는 과실」로 인한 것이어야 한다. 이와 관련하여 대법원은 어떠한 행정처분이 「위법」하다고 할지라도 그 자체만으로 곧바로 그 행정처분이 공무원의 「고의 또는 과실」로 인한 불법행위를 구성한다고 단정할 수는 없고, 공무원의 고의 또는 과실의 유무에 대하여는 별도의 판단을 요한다고 본다. 그 이유는 행정청이 관계법령의 해석이 확립되기 전에 어느 한 설을 취하여 업무를 처리한 것이 결과적으로 위법하게 되어 그 법령의 부당집행이라는 결과를 빚었다고 하더라도 처분 당시 그와 같은 처리방법 이상의 것을 성실한 평균적 공무원에게 기대하기 어려웠던 경우라면 특별한 사정이 없는 한 이를 두고 공무원의 과실로 인한 것이라고 볼 수는 없기 때문이다(대법원 2004. 6. 11. 2002다31018).

③ (O) 직무를 집행하는 공무원에 대하여는 법규 등에 의하여 여러 가지의 직무상 의무가 부여된다. 그런데 국가 등의 국가배상책임이 인정되려면 공무원에게 부과된 이러한 직무가 부수적으로라도 개개 국민(피해자)의 이익(사익)을 위해 부과된 것이어야만 하는지가 문제된다. 이와 관련하여 대법원은 공무원에게 일정한 의무를 부과한 규정이 '단순히 공공일반의 이익을 위한 것이거나 행정기관 내부의 질서를 규율하기 위한 것(= 사익보호성 부정)'이라면 국가배상책임을 인정할 수 없다고 본다. 반면, '전적으로 또는 부수적으로 사회구성원 개인의 안전과 이익을 보호하기 위하여 설정된 것(= 사익보호성 긍정)'이라면 국가배상책임을 인정할 수 있다고 본다(대법원 2011. 9. 8. 2011다34521).

④ (O) 대법원은 어떠한 행정처분이 후에 항고소송에서 취소되었다고 할지라도 그 기판력에 의하여 당해 행정처분이 곧바로 공무원의 고의 또는 과실로 인한 것으로서 불법행위를 구성한다고 단정할 수는 없다고 본다(대법원 2000. 5. 12. 99다70600). 이는 ②번 해설에서 살펴본 바와 같이 「위법성」과 「고의 또는 과실」은 별개의 개념이기 때문이다.

11 답 ③

| 출제단원 | Part 02 행정작용 및 절차법 |
| 출제영역 | 행정행위의 철회, 허가의 종류 |

① (O) 대법원은 원칙상 행정행위의 상대방에게 적법한 행정행위에 대한 철회를 신청할 신청권은 없다고 본다(대법원 1997. 9. 12. 96누6219). 다만, 예외적으로 신청인의 권익보호를 위해 일정한 경우 조리상 철회신청권을 인정하기도 한다. 예를 들어, 대법원은 건축주(甲)가 토지소유자(乙)로부터 「토지사용승낙서」를 받아 그 토지 위에 건축물을 건축하는 건축허가를 받았다가 착공(= 공사 시공자가 공사에 착수하는 것)에 앞서 건축주(甲)의 귀책사유로 해당 토지를 사용할 권리를 상실한 경우, 건축주(甲)에 대한 건축허가의 존재로 말미암아 토지에 대한 소유권 행사에 지장을 받을 수 있는 토지소유자(乙)로서는 건축허가의 철회를 신청할 수 있다고 본다(대법원 2017. 3. 15. 2014두41190). 참고로 행정행위의 철회란 아무런 하자 없이 적법하게 성립된 행정행위의 효력을 성립 이후에 발생된 새로운 사정(= 건축허가 이후 건축허가의 전제가 된 토지사용승낙서의 실효)에 의하여 더 이상 존속시킬 수 없는 경우에 장래에 향하여 그 효력을 소멸시키는 것을 말한다.

② (O) 대법원은 건축허가는 「대물적 성질」을 갖는 것이어서 행정청으로서는 그 허가를 할 때에 건축주 또는 토지소유자가 누구인지 등 인적 요소에 관하여는 「형식적 심사」만 한다고 본다(대법원 2017. 3. 15. 2014두41190). 참고로 형식적 심사란 신고요건의 충족 여부를 신고서류만으로 판단하는 것을 말한다. 이와 비교하여 실질적 심사란 신고요건의 충족 여부를 심사함에 있어 신고서류를 심사할 뿐만 아니라 필요한 경우 현장조사 등을 통해 실질적으로 판단하는 것을 말한다.

③ (X) 대법원은 행정행위를 한 처분청은 비록 처분 당시에 별다른 하자가 없었고, 처분 후에 이를 철회할 별도의 법적 근거가 없더라도 원래의 처분을 존속시킬 필요가 없게 된 사정변경이 생겼거나 중대한 공익상 필요가 발생한 경우에는 그 효력을 상실케 하는 별개의 행정행위로 이를 철회할 수 있다고 본다(대법원 2017. 3. 15. 2014두41190).

④ (O) 수익적 행정행위의 철회는 상대방에게 침익적인 결과를 가져오므로 자유롭게 철회할 수 있는 것은 아니다. 이와 관련하여 대법원은 수익적 행정행위를 취소 또는 철회하거나 중지시키는 경우에는 이미 부여된 국민의 기득권을 침해하는 것이 되므로, 비록 취소 등의 사유가 있다고 하더라도 그 취소권 등의 행사는 기득권의 침해를 정당화할 만한 중대한 「공익상의 필요 또는 제3자의 이익」을 보호할 필요가 있고, 이를 「상대방이 받는 불이익」과 비교·교량하여 볼 때 공익상의 필요 등이 상대방이 입을 불이익을 정당화할 만큼 강한 경우에 한하여 허용될 수 있다고 본다(대법원 2017. 3. 15. 2014두41190).

12 답 ②

출제단원 종합
출제영역 행정행위의 하자, 제소기간

① (O) 甲이 이미 납부한 부담금을 돌려받기 위해서는 부담금부과의 근거법률인 「학교용지 확보 등에 관한 특례법」에 대한 헌법재판소의 위헌결정의 소급효(= 법적 효력이 과거로 거슬러 올라가 발생하는 것)가 인정되어야 한다. 만약 위헌결정이 있은 때부터 해당 법률의 효력이 상실한다고 하면(= 장래효가 인정된다고 하면), 甲에 대한 부담금부과처분 당시에는 법적 근거가 있었으므로 부담금부과처분에 별다른 하자가 없는 것이 되기 때문이다.

• 법률에 대한 위헌결정의 소급효 인정범위 : 헌법재판소법 제47조 제2항에서 '위헌으로 결정된 법률 또는 법률의 조항은 「그 결정이 있는 날부터」 효력을 상실한다.'고 규정하고 있다. 즉, 헌법재판소의 위헌결정은 원칙적으로 장래효이다. 다만, 대법원은 당해사건과 동종사건, 병행사건뿐 아니라 일반사건에 대해서는 위헌결정의 소급효가 인정된다고 본다. 개념을 정리하면 다음과 같다.

당해사건	헌법재판소에 법률의 위헌결정을 위한 계기를 부여한 당해사건
동종사건	위헌결정이 있기 전에 이와 동종의 위헌 여부에 관하여 헌법재판소에 위헌여부심판제청을 하였거나 법원에 위헌여부심판제청신청을 한 사건 * 이 또한 '당해사건'이라고 표현하기도 한다.
병행사건	따로 위헌제청신청은 안했지만 당해 법률 또는 법률의 조항이 재판의 전제가 되어 법원에 계속 중인 사건
일반사건	위헌결정 이후에 같은 이유로 제소된 사건

그런데 대법원은 일반사건 중 이미 취소소송의 제기기간을 경과하여 확정력(= 불가쟁력)이 발생한 행정처분의 경우에는 위헌결정의 소급효가 미치지 않는다고 본다(대법원 2002. 11. 8. 2001두3181). 제시된 사례에서 甲은 위헌법률심판제청신청을 하지 않은 것으로 가정하였고, 甲이 부담금부과처분에 대한 취소소송을 제기했다는 사정도 나와 있지 않으므로 결국 甲은 헌법재판소의 위헌결정 이후에 민사법원에 「학교용지 확보 등에 관한 특례법」의 효력이 없음을 전제로 부당이득반환청구를 할 것이므로 이는 '일반사건'에 해당한다. 따라서 甲에 대한 부담금부과처분에 취소소송의 제소기간이 경과하여 불가쟁력이 발생하였다면, 부담금부과의 근거법률에 대한 헌법재판소의 위헌결정이 있다고 하더라도 효력이 소급하지 않는다. 따라서 甲은 부담금부과처분의 근거가 「학교용지 확보 등에 관한 특례법」의 효력이 없음을 주장하며 부당이득반환청구로서 이미 납부한 부담금을 반환받을 수 없다.

② (X) ①번 해설에서 살펴본 바와 같이, 대법원은 헌법재판소의 위헌결정의 효력은 위헌제청을 한 당해사건, 위헌결정이 있기 전에 이와 동종의 위헌 여부에 관하여 헌법재판소에 위헌여부심판제청을 하였거나 법원에 위헌여부심판제청신청을 한 경우의 당해사건(= 동종사건을 의미한다)과 따로 위헌제청신청은 아니하였지만 당해 법률 또는 법률의 조항이 재판의 전제가 되어 법원에 계속 중인 사건(= 병행사건을 의미한다)뿐만 아니라 위헌결정 이후에 위와 같은 이유로 제소된 일반사건에도 미친다고 본다(대법원 1993. 1. 15. 92다12377). 제시된 사례에서 乙은 부담금부과의 근거법률인 「학교용지 확보 등에 관한 특례법」에 대해 「위헌법률심판제청신청을 하지 않았지만, 이 법에 근거한 부담금부과처분에 대해 행정소송을 제기하였다. 따라서 乙이 제기한 부담금부과처분에 대한 행정소송 사건은 '병행사건'에 해당하므로 乙에게도 위헌결정의 소급효가 미친다.

③ (O) 丙이 제기한 취소소송이 제소기간을 준수하였는지, 준수하였다면 본안에서 인용될 수 있는지를 살펴보면 다음과 같다.

• 취소소송의 제소기간 준수 여부 : 행정소송법에서 규정하고 있는 취소소송의 제소기간을 정리하면 다음과 같다(제20조).

행정심판을 거치지 않은 경우	• 처분 등이 있음을 안 날부터 90일 이내 → 불변기간 O • 처분 등이 있은 날부터 1년 이내 → 불변기간 X
행정심판을 거친 경우	• 재결서의 정본을 송달받은 날부터 90일 이내 → 불변기간 O • 재결이 있은 날부터 1년 이내 → 불변기간 X

丙은 부담금부과처분에 대한 행정심판청구에 대한 기각재결서 송달일로부터 90일 이내에 취소소송을 제기했으므로 제소기간은 준수하였다.

• 丙의 청구가 인용될 수 있는지 여부 : 丙은 부담금부과의 근거법률인 「학교용지 확보 등에 관한 특례법」에 대해 「위헌법률심판제청신청을 하지 않았지만, 이 법에 근거한 부담금부과처분에 대해 행정소송을 제기하였다. 따라서 丙이 제기한 부담금부과처분에 대한 행정소송사건은 위헌결정의 소급효가 미치는 '병행사건'이나 '일반사건'에 해당한다. 또한 丙에 대한 부담금부과처분에 대해 취소소송의 제기기간이 도과한 경우도 아니므로 일반사건 중 위헌결정의 소급효가 부정되는 경우도 아니다. 따라서 丙은 부담금부과처분에 대한 취소소송에서 부담금부과의 근거법률이 위헌결정으로 효력을 상실하였으므로 부담금부과처분에 취소사유인 하자가 있음을 주장할 수 있으므로 丙의 부담금부과처분 취소청구는 인용될 수 있다.

④ (O) [상황 : 행정처분 → 헌법재판소의 법률에 대한 위헌결정 → 행정처분의 집행] 행정처분이 먼저 행해진 후에 처분의 근거법률이 헌법재판소에서 위헌결정을 받았고, 처분의 상대방이 아직 처분으로 부과된 의무를 이행하지 않고 있는 경우에 강제집행을 할 수 있는지 문제된다. 이와 관련하여 대법원은 「조세부과의 근거가 되었던 법률규정」이 위헌으로 선언된 경우에, 비록 과세처분(= 행정처분)이 위헌결정 전에 이루어졌고, 과세처분에 대한 제소기간이 이미 경과하여 조세채권이 확정되었으며(= 불가쟁력 발생), 「조세채권의 집행을 위한 체납처분의 근거규정」 자체에 대하여는 따로 위헌결정이 내려진 바 없다고 하더라도, 위와 같은 위헌결정 이후에 조세채권의 집행을 위한 새로운 체납처분에 착수하거나 이를 속행하는 것은 더 이상 허용되지 않는다고 본다(대법원 2012. 2. 16. 2010두10907). 따라서 부담금부과처분에 대한 제소기간이 경과하여 丁의 부담금 납부의무가 확정되었고 위헌결정 전에 丁의 재산에 대한 압류가 이루어진 상태라도, 丁에 대해 부담금 징수를 위한 체납처분을 속행할 수는 없다.

13 답 ③

출제단원 Part 02 행정작용 및 절차법
출제영역 행정입법

① (O) 영업허가의 취소 또는 정지, 과징금 부과 등과 같은 제재적 처분

을 어떤 기준에 의해 부과할 것인지 정해 놓은 것을 「제재적 처분기준」이라고 한다. 이와 관련하여 대법원은 제재적 행정처분의 기준이 부령(= 시행규칙)의 형식으로 규정되어 있더라도 그것은 행정청 내부의 사무처리준칙(= 행정규칙)을 정한 것에 지나지 아니하여 대외적으로 국민이나 법원을 기속하는 효력이 없다고 본다(대법원 2007. 9. 20. 2007두6946). 참고로 대법원은 「대통령령(= 시행령)형식」으로 제재적 처분기준을 정한 경우에는 이를 「법규명령」의 성질을 갖는다고 본다는 것을 구분해서 기억해야 한다.

② (O) 행정규칙은 직접 국민에 대하여 권리의 설정 또는 의무의 부담을 명하거나 기타 법률상의 효과를 발생하게 하는 '처분'이 아니므로 원칙적으로 항고소송의 대상이 될 수 없다. 다만, 행정규칙이 '국민의 권리·의무에 직접 변동을 가져오는 경우'에는 처분성이 인정되어 예외적으로 항고소송의 대상이 될 수 있다. 이와 관련하여 대법원은 항정신병 치료제의 요양급여 인정기준에 관한 보건복지부고시(= 행정규칙)가 다른 집행행위의 매개 없이 그 자체로서 제약회사, 요양기관, 환자 및 국민건강보험공단 사이의 법률관계를 직접 규율한다는 이유로 항고소송의 대상이 되는 행정처분에 해당한다고 본다(대법원 2003. 10. 9.자 2003무23).

③ (X) 대법원은 구법에 위임의 근거가 없어 법규명령이 무효였더라도 사후에 법개정으로 위임의 근거가 부여되면 그때부터는 유효한 법규명령이 된다고 본다. 반면, 이와는 반대로 구법의 위임에 의한 유효한 법규명령이 법개정으로 위임의 근거가 없어지게 되면 그때부터 무효인 법규명령이 된다고 본다. 따라서 어떤 법령의 위임근거 유무에 따른 유효 여부를 심사하려면 법개정의 전·후에 걸쳐 모두 심사하여야만 그 법규명령의 시기에 따른 유효·무효를 판단할 수 있다고 본다(대법원 1995. 6. 30. 93추83).

④ (O) 대법원은 공공기관의 운영에 관한 법률(이하 '공공기관운영법'이라 한다)이나 그 하위법령은 공기업이 거래상대방 업체에 대하여 공공기관운영법 및 공기업·준정부기관 계약사무규칙에서 정한 범위를 뛰어넘어 추가적인 제재조치를 취할 수 있도록 위임한 바 없다고 본다. 따라서 한국수력원자력 주식회사가 조달하는 기자재, 용역 및 정비공사, 기기수리의 공급자에 대한 관리업무 절차를 규정함을 목적으로 제정·운용하고 있는 '공급자관리지침' 중 등록취소 및 그에 따른 일정 기간의 거래제한조치에 관한 규정들은 공공기관으로서 행정청에 해당하는 한국수력원자력 주식회사가 상위법령의 구체적 위임 없이 정한 것이어서 대외적 구속력이 없는 행정규칙이라고 본다(대법원 2020. 5. 28. 2017두66541).

14

답 ①

| 출제단원 | Part 02 행정작용 및 절차법
| 출제영역 | 행정계획, 공법상 계약, 행정지도, 국가를 당사자로 하는 계약에 관한 법률

① (O) 행정계획은 종류와 내용이 매우 다양하며 그 형식도 다양한 형태로 존재한다. 따라서 행정계획의 법적 성질은 개별적으로 검토해야 한다는 견해(개별검토설)가 다수설이다. 헌법재판소와 대법원도 개별검토설의 입장을 취하고 있다고 평가된다. 예를 들어, 대법원은 도시기본계획은 도시의 기본적인 공간구조와 장기발전방향을 제시하는 종합계획으로서 장래의 도시개발의 일반적인 방향이 제시되지만, 이러한 계획은 도시계획입안의 지침이 되는 것에 불과하여 일반 국민에 대한 직접적인 구속력은 없다고 본다. 따라서 도시기본계획은 처분성이 인정되지 않는다(대법원 2002. 10. 11. 2000두8226). 또한 대법원은 국토해양부, 환경부, 문화체육관광부, 농림수산부, 식품부가 합동으로 발표한 '4대강 살리기 마스터플랜' 등은 행정기관 내부에서 사업의 기본방향을 제시하는 것일 뿐, 국민의 권리·의무에 직접 영향을 미치는 것이 아니어서 행정처분에 해당하지 않는다고 본다(대법원 2011. 4. 21. 자 2010무111). 이와 같이 구체적인 계획을 입안함에 있어 지침이 되거나 특정 사업의 기본방향을 제시하는 내용의 행정계획은 항고소송의 대상인 행정처분에 해당하지 않는다.

② (X) 공법상 계약이란 공법적 효과의 발생을 목적으로 하여 복수당사자 사이에 서로 반대방향의 의사표시가 합치됨으로써 성립하는 공법행위를 말한다. 이러한 공법상 계약에는 행정행위에 인정되는 공정력이 인정되지 않으므로 위법한 공법상 계약은 원칙상 무효라는 것이 다수설이다. 즉, 공법상 계약에 내용상 하자가 있는 경우에는 무효인 것이지, 하자의 정도가 중대명백한 것이 아니라고 하여 취소할 수 있는 하자에 불과한 것은 아니다. 이러한 공법상 계약에 관한 분쟁은 공법상 법률관계에 관한 소송인 '당사자소송'을 통해 해결한다.

③ (X) 행정지도란 일정한 행정목적을 실현하기 위하여 상대방인 국민에게 임의적인 협력을 요청하는 '비권력적 사실행위'를 말한다. 행정지도와 법률유보, 행정지도의 법적 성질에 대해 살펴보면 다음과 같다.

- 행정지도를 하기 위해 법률의 근거를 요하는지 여부 : 이에 대해서는 견해의 대립이 있으나, 행정지도에 따를 것인지의 여부가 상대방인 국민의 임의적 결정에 달려 있으므로 행정지도에 작용법적 근거가 없어도 된다는 부정설이 현재의 다수설이다.
- 행정지도가 항고소송의 대상이 되는 처분인지 여부 : 행정지도는 법적 효과를 갖지 않는 '비권력적 사실행위'에 불과하여 처분성이 인정되지 않으므로 항고소송의 대상이 되지 않는다는 것이 다수설과 판례이다.

④ (X) 대법원은 「국가를 당사자로 하는 계약에 관한 법률」에 따라 국가가 당사자가 되는 이른바 공공계약은 사경제주체로서 상대방과 대등한 위치에서 체결하는 사법상 계약으로서 본질적인 내용은 사인 간의 계약과 다를 바 없다고 본다. 따라서 그에 관한 법령에 특별한 정함이 있는 경우를 제외하고는 사적 자치와 계약자유의 원칙 등 사법의 원리가 그대로 적용된다고 본다(대법원 2012. 9. 20. 자 2012마1097). 따라서 이러한 공공계약에 관한 법적 분쟁은 원칙적으로 민사소송에 의해 해결하게 된다. 참고로 공공계약이란 국가를 당사자로 하는 계약인 국가계약, 지방자치단체를 당사자로 하는 계약인 지방계약, 공기업 등을 당사자로 하는 계약인 공공기관 계약을 말한다.

15

답 ③

| 출제단원 | Part 02 행정작용 및 절차법
| 출제영역 | 행정절차법

① (O) 처분의 사전통지란 행정청이 당사자에게 의무를 부과하거나 권익을 제한하는 처분을 하기 전에 처분의 제목, 당사자의 성명 또는 명칭과 주소, 처분하려는 원인이 되는 사실과 처분의 내용 및 법적 근거 등 법에서 정하고 있는 일정한 사실을 당사자 등에게 통지하는 것을 말한다(행정절차법 제21조 제1항). 다만, ㉠ 공공의 안전 또는 복리

를 위하여 긴급히 처분을 할 필요가 있는 경우, ⓒ 법령 등에서 요구된 자격이 없거나 없어지게 되면 반드시 일정한 처분을 하여야 하는 경우에 그 자격이 없거나 없어지게 된 사실이 법원의 재판 등에 의하여 객관적으로 증명된 경우, ⓒ 해당 처분의 성질상 의견청취가 현저히 곤란하거나 명백히 불필요하다고 인정될 만한 상당한 이유가 있는 경우에는 처분의 사전통지의무가 면제된다(동법 제21조 제4항).

② (O) 의견청취절차란 불이익 처분시 행정처분의 상대방 또는 이해관계인에게 자신의 의견을 진술하며 스스로를 방어할 수 있는 기회를 부여하는 절차(= 청문, 공청회, 의견제출)를 말한다. 다만, ⓐ 공공의 안전 또는 복리를 위하여 긴급히 처분을 할 필요가 있는 경우, ⓑ 법령 등에서 요구된 자격이 없거나 없어지게 되면 반드시 일정한 처분을 하여야 하는 경우에 그 자격이 없거나 없어지게 된 사실이 법원의 재판 등에 의하여 객관적으로 증명된 경우, ⓒ 해당 처분의 성질상 의견청취가 현저히 곤란하거나 명백히 불필요하다고 인정될 만한 상당한 이유가 있는 경우, ⓓ 당사자가 의견진술의 기회를 포기한다는 뜻을 명백히 표시한 경우에는 의견청취를 하지 아니할 수 있다(행정절차법 제22조 제4항). 참고로 ①번 해설에서 확인할 수 있듯이 ⓐ~ⓒ은 「처분의 사전통지의무」가 면제되는 사유와 동일하다(동법 제21조 제4항).

③ (X) 행정절차법에서는 행정절차법의 적용이 배제되는 몇 가지 사항 중 한 가지로 「⟨ⓐ … 공무원 인사관계법령에 따른 징계와 그 밖의 처분 … 등⟩ 해당 행정작용의 ⟨ⓑ 성질상 행정절차를 거치기 곤란하거나 거칠 필요가 없다고 인정되는 사항⟩과 ⟨ⓒ 행정절차에 준하는 절차를 거친 사항으로서 대통령령으로 정하는 사항⟩」을 규정하고 있다(제3조 제2항 9호). 이 규정의 해석과 관련하여 대법원은 ⓐ에 해당하는 사항 전부가 아니라, 이 중 ⓑ이나 ⓒ에 해당하는 경우에만 행정절차법의 적용이 배제되는 것이라고 해석한다. 이에 따라 대법원은 행정안전부장관이 별정직공무원인 대통령기록관장(원고)을 직권면직한 사안에서, 별정직공무원에 대한 직권면직의 경우에는 징계처분과 달리 행정절차에 준하는 절차를 거치도록 하는 규정이 없으며, 이 사건 처분이 성질상 행정절차를 거치기 곤란하거나 불필요하다고 인정되는 처분에도 해당하지 아니하므로 원고에게 사전통지를 하지 않고 의견제출의 기회를 주지 아니한 이 사건 처분은 행정절차법을 위반한 절차상 하자가 있어 위법하다고 본다(대법원 2013. 1. 16. 2011두30687). 즉, 별정직공무원에 대한 직권면직처분에 행정절차법이 적용되므로 행정안전부장관이 직권면직처분을 함에 있어 원고(별정직공무원)에게 사전통지를 하지 않고 의견제출의 기회를 주지 않은 것은 행정절차법을 위반한 절차상 하자가 있어 위법하다는 것이다.

④ (O) 대통령의 한국방송공사 사장 해임에 행정절차법이 적용되는지와 관련하여 대법원은 대통령의 한국방송공사 사장의 해임절차에 관하여 방송법이나 관련법령에도 별도의 규정을 두지 않고 있고, 이 사건 해임처분이 행정절차법과 그 시행령에서 열거적으로 규정한 예외사유에 해당한다고 볼 수 없으므로 이 사건 해임처분에도 행정절차법이 적용된다고 본다. 즉, 한국방송공사 사장의 해임처분에는 행정절차법이 적용되므로 해임처분과정에서 원고가 그 처분의 내용을 사전에 통지받거나 그에 대한 의견제출의 기회 등을 받지 못했고, 해임처분시 그 법적 근거 및 구체적 해임사유를 제시받지 못했으므로 이 사건 해임처분은 위법하다고 본다. 다만, 대법원은 그 절차나 처분형식의 하자가 중대하고 명백하다고 볼 수 없어 취소사유에 해당한다고 보았다(대법원 2012. 2. 23. 2011두5001).

16 답 ②

출제단원 Part 04 행정소송법
출제영역 취소소송의 원고적격, 거부처분의 대상적격

① (O) 원고적격이란 행정소송에서 원고가 될 수 있는 자격을 의미한다. 행정소송법은 '취소소송은 처분 등의 취소를 구할 「법률상 이익이 있는 자」가 제기할 수 있다.'고 하여 원고적격에 대해 규정하고 있다(제12조 1문). 이와 관련하여 대법원은 1976. 12. 15. 대한민국에서 출생하였으나 2002. 1. 18. 미국 시민권을 취득함으로써 대한민국 국적을 상실한 재외동포(재외동포는 재외국민과 외국국적동포로 구분되는데, 원고는 외국국적동포에 해당한다)는 LA총영사관 총영사의 사증발급 거부처분의 취소를 구할 법률상 이익이 인정된다고 본다. 즉, 원고는 대한민국에서 출생하여 오랜 기간 대한민국 국적을 보유하면서 거주한 사람이므로 이미 대한민국과 실질적 관련성이 있거나 대한민국에서 법적으로 보호가치 있는 이해관계를 형성하였다고 볼 수 있고, 재외동포의 대한민국 출입국과 대한민국 안에서의 법적 지위를 보장함을 목적으로 「재외동포의 출입국과 법적 지위에 관한 법률」이 특별히 제정되어 시행 중이므로 원고는 이 사건 사증발급 거부처분의 취소를 구할 법률상 이익이 인정된다는 것이다(대법원 2019. 7. 11. 2017두38874). 참고로 이 판례는 사증발급 거부처분을 다투는 「외국인」은 아직 대한민국에 입국하지 않은 상태에서 대한민국에 입국하게 해달라고 주장하는 것으로서, 대한민국과의 실질적 관련성 내지 대한민국에서 법적으로 보호가치 있는 이해관계를 형성한 경우는 아니므로 사증발급 거부처분에 대한 취소소송의 원고적격이 인정되지 않는다는 판례(대법원 2018. 5. 15. 2014두42506)와 비교해야 한다.

② (X) 국가기관 등 행정기관에게 항고소송의 원고적격을 인정할 수 있는지 문제된다. 이와 관련하여 대법원은 법령이 특정한 행정기관으로 하여금 다른 행정기관을 상대로 제재적 조치를 취할 수 있도록 하면서, 그에 따르지 않으면 그 행정기관에 대하여 과태료 부과나 형사처벌을 할 수 있도록 정한 경우에 다른 수단(기관소송, 권한쟁의심판)을 통해 다툴 수 없는 경우라면, 항고소송을 통한 구제대상이 될 수 있다고 본다. 따라서 이러한 권리구제나 권리보호의 필요성이 인정된다면 예외적으로 그 제재적 조치의 상대방인 행정기관 등에게 항고소송 원고로서의 당사자능력과 원고적격을 인정할 수 있다고 본다. 이에 따라 대법원은 국민권익위원회가 소방청장에게 인사와 관련하여 부당한 지시를 한 사실이 인정된다며 이를 취소할 것을 요구하기로 의결하고 그 내용을 통지하자 소방청장이 국민권익위원회 조치요구의 취소를 구하는 소송을 제기한 사안에서, 처분성이 인정되는 국민권익위원회의 조치요구에 불복하고자 하는 소방청장으로서는 조치요구의 취소를 구하는 항고소송을 제기하는 것이 유효·적절한 수단으로 볼 수 있으므로 소방청장이 예외적으로 항고소송의 당사자능력과 원고적격을 가진다고 본다(대법원 2018. 8. 1. 2014두35379).

③ (O) 거부처분이란 행정행위의 신청이 있는 경우에 신청에 따르는 행정행위를 할 것을 거부하는 내용의 행정행위를 말한다. 이와 관련하여 대법원은 행정청이 국민의 신청에 대하여 한 거부행위가 항고소송의 대상이 되는 행정처분에 해당하려면, 행정청의 행위를 요구할

「법규상」 또는 「조리상」의 신청권이 그 국민에게 있어야 한다고 본다. 만약 이러한 신청권의 근거 없이 한 국민의 신청을 행정청이 받아들이지 아니한 경우에는 그 거부로 인하여 신청인의 권리나 법적 이익에 어떤 영향을 주는 것이 아니므로 이를 항고소송의 대상이 되는 행정처분이라고 할 수 없다고 본다. 그런데 임용지원자인 원고가 교육공무원법 등에 의한 특별채용 대상자로서의 자격을 갖추고 있고, 이들과 유사한 지위에 있는 전임강사에 대하여는 정규교사로 특별채용한 전례가 있다 하더라도 그러한 사정만으로 임용지원자에 불과한 원고 등에게 피고(경기도교육감)에 대하여 교사로의 특별채용을 요구할 법규상 또는 조리상의 권리가 있다고 할 수는 없다고 본다. 따라서 피고가 원고 등의 특별채용신청을 거부하였다고 하여도 그 거부행위가 항고소송의 대상이 되는 행정처분에 해당한다고 할 수 없다 (대법원 2005. 4. 15. 2004두11626).

④ (O) 대법원은 피해자의 의사와 무관하게 주민등록번호가 유출된 경우에는 「조리상」 주민등록번호의 변경을 요구할 신청권을 인정함이 타당하고, 구청장의 주민등록번호 변경신청 거부행위는 항고소송의 대상이 되는 행정처분에 해당한다고 본다 (대법원 2017. 6. 15. 2013두2945).

17

답 ③

| 출제단원 | Part 03 행정의 실효성 확보수단 |
| 출제영역 | 행정상 즉시강제 |

행정목적의 실현을 확보하기 위하여 사람의 신체 또는 재산에 실력을 가함으로써 행정상 필요한 상태를 실현하는 권력적 행위를 「행정강제」라고 한다. 행정강제에는 「행정상 강제집행(= 대집행, 이행강제금, 직접강제, 행정상 강제징수)」과 「행정상 즉시강제」가 있다. 이 중 행정상 즉시강제란 급박한 행정상의 장해를 제거할 필요가 있지만 미리 의무를 명할 시간적 여유가 없을 때 또는 급박하지는 않지만 성질상 의무를 명해서는 목적달성이 곤란할 때에 즉시 개인의 신체·재산에 실력을 가하여 행정상의 필요한 상태를 실현하는 행정작용을 말한다.

ㄱ. (O) 행정상 즉시강제는 권력적 사실행위(= 공권력의 행사로서 법령 또는 행정행위를 집행하기 위한 사실행위)로서 행정소송의 대상인 「처분」에 해당한다.

ㄴ. (X) 행정상 즉시강제는 행정강제 중 하나로서 행정권이 직접 행정상 필요한 상태를 실현하는 작용이다. 그런데 과거의 의무위반에 대하여 가해지는 제재는 행정상 즉시강제가 아니라, 행정벌에 대한 설명이다. 행정벌이란 행정의 상대방이 행정법상 의무를 위반한 경우에 국가 또는 지방자치단체가 행정의 상대방에게 과하는 행정법상의 제재로서의 처벌을 말한다. 행정벌에는 행정형벌과 행정질서벌(과태료)이 있다. 행정벌은 과거의 의무위반에 대한 제재를 직접적인 목적으로 하지만 간접적으로는 의무자에게 심리적 압박을 가함으로써 행정법상의 의무이행을 확보하는 기능을 한다.

ㄷ. (X) 행정상 즉시강제는 국민의 권리를 침해하는 수단이므로 법적 근거가 필요하다. 현재 경찰관 직무집행법, 마약류관리에 관한 법률, 소방기본법, 감염병의 예방 및 관리에 관한 법률 등에서 행정상 즉시강제에 대해 규정하고 있다.

ㄹ. (O) 행정상 즉시강제에는 대인적 강제, 대물적 강제, 대가택 강제가 있다.

대인적 강제	사람의 신체에 실력을 가하여 행정상 필요한 상태를 실현하는 강제작용
대물적 강제	물건에 실력을 가하여 행정상 필요한 상태를 실현하는 작용
대가택 강제	점유자·소유자의 의사와 무관하게 가택·창고·영업소 등에 출입하여 행정상 필요한 상태를 실현하는 작용

「감염병의 예방 및 관리에 관한 법률」 제46조에 의한 건강진단 및 예방접종 등의 조치는 대인적 강제의 예에 해당한다.

ㅁ. (O) 위법한 행정상 즉시강제로 인해 인적·물적 손해를 받았을 때에는 국가나 지방자치단체를 상대로 「국가배상법」이 정한 바에 따라 국가배상을 청구할 수 있다.

18

답 ③

| 출제단원 | Part 05 행정심판법 |
| 출제영역 | 행정심판인 이의신청 vs 행정심판이 아닌 이의신청 |

이의신청이란 위법·부당한 행정작용으로 인해 권리가 침해된 자가 처분청에 대하여 그 행위의 취소를 구하는 절차를 말한다. 단, 개별법령상 처분청이 아닌 기관에 대한 불복절차를 이의신청으로 부르는 경우도 있다. 그런데 이의신청 중에는 이의신청이라는 표현에도 불구하고 행정심판의 성질을 갖는 것도 있다. 대법원은 '행정심판인 이의신청'과 '행정심판이 아닌 이의신청'을 절차 및 담당기관을 기준으로 구분하고 있다고 평가된다. '행정심판인 이의신청'과 '행정심판이 아닌 이의신청'은 행정심판법 제51조(행정심판 재청구의 금지)가 적용되는지와 관련하여 다음과 같이 구별의 실익이 있다.

구분	이의신청 후 행정심판청구
행정심판인 이의신청	불가
행정심판이 아닌 이의신청	가능

ㄱ. (행정심판 제기 O) 「공공기관의 정보공개에 관한 법률」에 의하면, 정보공개청구에 대한 공공기관의 비공개결정에 대한 불복절차로 이의신청, 행정심판 및 행정소송이 있다. 그런데 동법 제18조 제4항은 '공공기관은 이의신청을 각하 또는 기각하는 결정을 한 경우에는 청구인에게 행정심판 또는 행정소송을 제기할 수 있다는 사실을 제3항에 따른 결과 통지와 함께 알려야 한다.'고 규정하고 있다. 즉, 이의신청을 거쳤더라도 별도로 행정심판을 청구할 수 있음을 규정하고 있는 것이다. 따라서 「공공기관의 정보공개에 관한 법률」상 이의신청은 '행정심판이 아닌 이의신청'에 해당한다. 따라서 동법상 이의신청을 한 경우라도 「행정심판법」에 따른 행정심판을 청구할 수 있다.

ㄴ. (행정심판 제기 X) 특정사업이 그 사업에 필요한 토지를 수용 또는 사용할 수 있는 공익사업이라는 것을 인정하고, 사업시행자에게 일정한 절차를 거쳐 그 사업에 필요한 토지를 수용 또는 사용하는 권리를 설정하여 주는 것을 '사업인정'이라고 한다. 사업인정을 받은 사업시행자는 보상에 관하여 토지소유자 및 관계인과 협의하여야 하는데, 협의가 성립되지 않거나 협의를 할 수 없을 때에는 사업시행자는 관할 토지수용위원회에 재결을 신청할 수 있으며, 이에 따른 재결을 「수용재결」이라고 한다. 만약 수용재결에 이의가 있는 자는 중앙토지수용위원회에 이의를 신청할 수 있다(= 임의적 절차). 중앙토지수용위원회는 이의신청을 받은 경우 수용재결이 위법하거나 부당하다고 인정할 때에는 그 재결의 전부 또는 일부를 취소하거나 보상액을

변경할 수 있는데, 이에 따른 재결을 「이의재결」이라고 한다. 이와 관련하여 대법원은 토지수용위원회의 수용재결에 대한 이의절차는 실질적으로 「행정심판」의 성질을 갖는 것이므로 토지수용법(현행 공익사업을 위한 토지 등의 취득 및 보상에 관한 법률)에 특별한 규정이 있는 것을 제외하고는 행정심판법의 규정이 적용된다고 본다(대법원 1992. 6. 9. 92누565). 따라서 「공익사업을 위한 토지 등의 취득 및 보상에 관한 법률」상 중앙토지수용위원회에 이의신청을 한 경우에는 「행정심판법」에 따른 행정심판을 청구할 수 없다.

ㄷ. (행정심판 제기 X) 「난민법」에 의하면, 법무부장관으로부터 난민불인정결정을 받은 사람 또는 난민인정이 취소 또는 철회된 사람은 법무부장관에게 이의신청을 할 수 있다(제21조 제1항). 그런데 동조 제2항은 '제1항에 따른 이의신청을 한 경우에는 「행정심판법」에 따른 행정심판을 청구할 수 없다.'고 규정하고 있다. 따라서 「난민법」상 이의신청을 한 경우에는 「행정심판법」에 따른 행정심판을 청구할 수 없다.

ㄹ. (행정심판 제기 O) 「민원 처리에 관한 법률」에 의하면 민원에 대한 행정기관의 장의 거부처분에 불복하는 민원인은 행정기관의 장에게 이의신청을 할 수 있다(제35조 제1항). 또한 민원인은 이의신청 여부와 관계없이 「행정심판법」에 따른 행정심판 또는 「행정소송법」에 따른 행정소송을 제기할 수 있다(동조 제3항). 이와 관련하여 대법원은 민원사무처리에 관한 법률상 민원 이의신청은 「행정심판이 아닌 이의신청」이라고 본다(대법원 2012. 11. 15. 2010두8676). 이는 민원사무처리에 관한 법률상 민원 이의신청에 대한 거부처분에 대하여는 민원 이의신청과 상관없이 행정심판 또는 행정소송을 제기할 수 있다는 점을 고려한 것이다. 따라서 「민원 처리에 관한 법률」상 이의신청을 한 경우에는 「행정심판법」에 따른 행정심판을 청구할 수 있다.

19 답 ②

출제단원 종합
출제영역 행정상 손실보상, 행정대집행

① (X) 「공익사업을 위한 토지 등의 취득 및 보상에 관한 법률」 제88조는 '제83조에 따른 이의의 신청이나 제85조에 따른 행정소송의 제기는 사업의 진행 및 토지의 수용 또는 사용을 정지시키지 아니한다.'고 하여 처분효력의 부정지에 대해 규정하고 있다. 따라서 甲이 수용재결에 대하여 이의신청을 제기하더라도 사업의 진행 및 토지의 수용 또는 사용을 정지시키는 효력이 있는 것은 아니다.

② (O) 사업시행자, 토지소유자 또는 관계인은 재결에 불복할 경우 행정소송을 제기할 수 있다. 재결에 대한 불복에는 '수용 자체를 다투는 경우'와 '보상액을 다투는 경우'가 있다. 불복이 '수용 자체를 다투는 것'인 때에는 재결에 대하여 '취소소송 또는 무효확인소송'을 제기하고, '보상금의 증감을 청구하는 것'인 때에는 '보상금증감청구소송'을 제기하여야 한다. 재결에 대한 불복이 '수용 자체를 다투는 경우'에는 이의신청을 거칠 수도 있고, 이의신청을 거치지 않고 바로 취소소송 또는 무효확인소송을 제기할 수 있다. 이때 소송대상은 이의신청을 거치지 않은 경우뿐만 아니라 이의신청을 거친 경우에도 '토지수용위원회의 수용재결'이 되고, 피고는 '수용재결을 한 해당 토지수용위원회'가 된다. 따라서 甲이 수용 자체를 다투는 경우 수용재결을 한 '관할 지방 토지수용위원회'를 피고로 하여 '수용재결'에 대한 취소소송을 제기할 수 있다.

③ (X) 「공익사업을 위한 토지 등의 취득 및 보상에 관한 법률」 제85조 제2항에서는 '행정소송이 보상금의 증감에 관한 소송인 경우 그 소송을 제기하는 자가 토지소유자 또는 관계인일 때에는 「사업시행자」를, 사업시행자일 때에는 「토지소유자 또는 관계인」을 각각 피고로 한다.'고 규정하고 있다. 따라서 토지소유자가 손실보상금의 액수를 다투고자 할 경우에는 「사업시행자」를 상대로 보상금의 증액을 구하는 소송을 제기하여야 한다. 이러한 소송은 형식적으로는 법률관계의 당사자인 토지소유자 또는 관계인과 사업시행자가 각각 원고·피고로 되어 제기하는 소송이므로 당사자소송에 속하지만, 내용적으로는 토지수용위원회의 수용재결(행정청의 처분)을 다투는 것이므로 실질적으로는 항고소송의 성질도 갖는다(= 형식적 당사자소송). 따라서 甲은 보상금 증액을 위해 A를 상대로 「공익사업을 위한 토지 등의 취득 및 보상에 관한 법률」상 당사자소송인 보상금증감청구소송을 제기해야 하며, 손실보상을 구하는 민사소송을 제기할 수는 없다.

④ (X) 대집행이란 공법상 대체적 작위의무(= 건물의 철거, 물건의 파기 등과 같이 타인이 대신하여 행할 수 있는 의무)의 불이행이 있는 경우에 당해 행정청이 스스로 의무자가 행할 행위를 하거나 제3자로 하여금 이를 행하게 하고 그 비용을 의무자로부터 징수하는 것을 말한다. 대집행의 대상이 되기 위해서는 공법상 「대체적」 작위의무의 불이행이 있어야 한다. 그런데 토지나 건물의 명도(= 건물·토지 등을 인도하여 남에게 주거나 맡기는 것)의무는 토지나 건물을 「점유하고 있는 자가 직접 이행해야 하는 것」이며, 점유하고 있지 않은 타인이 대신 이행할 수 있는 의무가 아니다. 따라서 대집행의 대상이 될 수 없다. 이와 관련하여 대법원도 피수용자 등이 기업자(= 공익사업을 시행하는 자인 사업시행자)에 대하여 부담하는 수용대상 토지의 명도의무는 대체적 작위의무라고 볼 수 없으므로 특별한 사정이 없는 한 행정대집행법에 의한 대집행의 대상이 될 수 없다고 본다(대법원 2005. 8. 19. 2004다2809). 따라서 甲이 계속 거주하고 있는 건물과 토지의 인도를 거부할 경우 행정대집행의 대상이 될 수 없다.

20 답 ③

출제단원 종합
출제영역 공법상 부당이득반환청구권, 행정행위의 효력, 하자의 치유, 법규명령형식의 행정규칙, 처분사유의 추가·변경

① (X) 하자 있는 과징금부과처분에 따라 과징금을 납부한 자가 과징금을 돌려받는 방법은 과징금부과처분의 하자의 정도에 따라 다르다.
• 과징금부과처분이 무효인 경우
 ⅰ) 부당이득반환청구소송 : 과징금부과처분이 무효이므로 이미 납부한 과징금에 대해 부당이득반환청구소송을 제기할 수 있다. 대법원은 공법상 원인에 의한 부당이득반환청구는 민사상의 부당이득반환청구로서 민사소송절차에 따라야 한다고 본다(= 사권설). 따라서 甲은 「민사법원」에 부당이득반환청구소송(= 민사소송)을 제기할 수 있다. 이때 민사법원이 과징금부과처분이 무효임을 전제로 판단할 수 있는지 문제되는데, 「행정소송법」 제11조에서는 처분 등의 무효 또는 부존재에 대해서는 민사법원이 선결문제로 심리할 수 있음을 규정하고 있다. 대법원도 행정처분이 당연무효인 경우에는 민사법원에서 이를 판단하여 해당 행정처분이 당연무효임을 전제로 민사재판을 진행

할 수 있다고 본다(대법원 2010. 4. 8. 2009다90092).
    ii) 과징금부과처분 무효확인소송 : 무효인 과징금부과처분에 의해 과징금을 납부한 甲이 과징금부과처분이 무효임을 전제로 하여 이미 납부한 과징금을 바로 돌려받을 수 있는 「부당이득반환청구소송(= 직접적인 구제수단)」을 제기할 수 있는 경우에 과징금부과처분에 대한 무효확인소송을 제기할 수 있는지 문제된다. 이와 관련하여 대법원은 행정처분의 근거 법률에 의하여 보호되는 직접적이고 구체적인 이익이 있는 경우에는 '무효확인을 구할 법률상 이익'이 있으므로 무효등확인소송을 제기할 수 있는 것이며, 이와 별도로 무효확인소송의 보충성이 요구되지 않으므로 행정처분의 무효를 전제로 한 이행소송 등과 같은 직접적인 구제수단이 있는지 여부를 별도로 따질 필요가 없다고 본다(대법원 2008. 3. 20. 2007두6342). 따라서 甲은 i)에서 살펴본 바와 같이 바로 과징금을 돌려받을 수 있는 방법으로 부당이득반환청구소송을 제기할 수 있는 경우에도 과징금부과처분에 대한 무효확인소송을 제기할 수도 있다.
  • 과징금부과처분에 취소사유인 하자가 있는 경우 : 대법원은 과세처분의 하자가 취소할 수 있는 정도에 불과한 때에는 「과세관청이 스스로 과세처분을 취소하거나, 항고소송절차에서 과세처분이 취소되기 전까지는」 과세처분이 유효한 것이므로 국민으로부터 납부받은 세금은 법률상 원인이 없는 것이 아니어서 부당이득이 되지 않는다고 본다. 즉, 민사법원에서 취소사유 있는 과세처분의 효력을 부인한 후 과세관청이 국민으로부터 이미 납부받은 세금이 부당이득에 해당한다고 판단할 수는 없다는 것이다(대법원 1994. 11. 11. 94다28000). 따라서 甲은 먼저 과징금부과처분에 대한 취소소송을 거쳐 취소판결을 받아야 하며, 이를 거치지 않고 바로 민사소송으로 부당이득반환청구소송을 제기할 수는 없다.
  ∴ 결론적으로 甲은 과징금부과처분이 무효일 경우 민사소송으로 부당이득반환청구소송을 제기하거나, 항고소송인 과징금부과처분 무효확인소송을 제기할 수 있고, 과징금부과처분에 취소사유인 하자가 있는 경우 항고소송인 과징금부과처분 취소소송을 제기하여 취소판결을 받은 후 민사소송인 부당이득반환청구소송을 제기할 수 있을 뿐이며, 甲이 행정법원에 과징금반환을 구하는 당사자소송을 제기할 수 있는 것은 아니다.
② (X) 성립 당시에 흠이 있는 행정행위가 사후에 이를 보완하거나 그 흠이 취소사유가 되지 않을 정도로 경미해진 경우에 성립 당시의 흠에도 불구하고 하자 없는 적법한 행위로 그 효력을 유지시키는 것을 「하자의 치유」라고 한다. 이와 관련하여 대법원은 하자의 치유를 허용하려면 늦어도 「처분에 대한 불복 여부의 결정 및 불복신청에 편의를 줄 수 있는 상당한 기간 내」에 하여야 한다고 본다(대법원 1984. 4. 10. 83누393). 즉, 「행정쟁송제기 이전」까지만 하자의 치유가 가능하다는 것이다. 따라서 甲이 이미 과징금부과처분의 취소를 구하는 소를 제기한 경우에는 하자의 치유가 인정될 수 없다.
③ (O) 법규명령(시행령, 시행규칙)의 형식을 취하고 있지만, 규율하고 있는 내용은 행정규칙의 실질을 가지는 것을 「법규명령형식의 행정규칙」이라고 한다. 이와 관련하여 법규명령형식으로 정한 제재적 처분기준의 법적 성질이 문제된다. 제재적 처분기준이란 영업허가의 취소 또는 정지, 과징금 부과 등과 같은 제재적 처분을 어떤 기준에 의해 부과할 것인지 정해 놓은 것을 말한다. 대법원은 부령(= 시행규칙)형식으로 제재적 처분기준을 정한 경우에는 이를 「행정규칙」의 성질을 갖는다고 본다. 반면, 대통령령(= 시행령)형식으로 제재적 처분기준을 정한 경우에는 이를 「법규명령」의 성질을 갖는다고 본다. 그런데 대법원은 총리령(= 시행규칙)형식으로 제재적 처분기준을 정한 경우에도 부령과 마찬가지로 이를 「행정규칙」의 성질을 갖는다고 본다. 예를 들어, 대법원은 구 식품위생법 시행규칙(총리령) 제89조에서 [별표 23]으로 구 식품위생법 제75조에 따른 행정처분의 기준을 정하였다 하더라도, 이는 행정기관 내부의 사무처리준칙을 규정한 것에 불과한 것으로서 대외적으로 국민이나 법원을 기속하는 힘이 있는 것은 아니라고 본다(대법원 2014. 6. 12. 2014두2157). 따라서 제시된 사례에서 「식품위생법」이 행정처분의 세부기준을 총리령으로 위임한다고 정하고 있는 경우에, 총리령에서 정하고 있는 행정처분의 기준은 행정규칙에 불과하므로 재판규범이 되지 못한다.

> **참고** 식품위생법 시행규칙의 형식
> 식품위생법 시행규칙은 종전에 보건복지부령 형식으로 제정되었으나, 2013. 3. 정부조직법 개정으로 정부조직이 개편되면서 현재에는 총리령 형식으로 제정되고 있다.

④ (X) 처분사유의 추가·변경이란 「처분 당시에 존재」하였지만 행정청이 처분의 근거로 「제시하지 않았던」 사유를 이후 「행정쟁송단계」에서 추가하거나 변경하는 것을 말한다. 처분사유의 추가·변경이 허용되는 객관적 범위와 관련하여 대법원은 처분사유의 추가·변경은 기본적 사실관계의 동일성이 인정되는 범위 내에서 인정된다고 본다(대법원 2008. 2. 28. 2007두13791). 그런데 A시 시장이 과징금부과처분을 하면서 제시한 사유인 '청소년고용금지업소에 청소년을 고용하였다는 사유'와 취소소송 중 추가·변경하려는 사유인 '유통기한이 경과한 식품을 판매한 사실'은 전혀 다른 사실관계로서 기본적 사실관계의 동일성이 인정되지 않는다. 따라서 A시 시장은 甲이 유통기한이 경과한 식품을 판매한 사실을 처분사유로 추가·변경할 수 없다.

2021년 국가직 9급
행정법총론

문제편 p.21

| 01 ④ | 02 ① | 03 ③ | 04 ③ | 05 ③ | 06 ④ | 07 ② | 08 ① | 09 ② | 10 ② |
| 11 ④ | 12 ③ | 13 ① | 14 ⑤ | 15 ④ | 16 ② | 17 ② | 18 ④ | 19 ② | 20 ③ |

01

답 ④

출제단원 Part 01 행정법 서설
출제영역 행정법의 법원(法源)

행정법의 법원(法源)이란 정부나 지방자치단체가 행정을 행함에 있어 따르고 집행하여야 할 법의 종류를 의미하는 것으로서, 문자로 기록된 성문법원(헌법, 법률, 명령, 조례, 규칙, 조약 및 국제법규)과 문자로 기록되지 않은 불문법원(관습법, 조리 등)이 있다.

① (O) '조약'은 성문법원 중 한 가지로서, 명칭을 불문하고 국가와 국가 사이 또는 국가와 국제기구 사이의 법적 구속력이 있는 합의를 말한다. 헌법은 '헌법에 의하여 체결·공포된 조약과 일반적으로 승인된 국제법규는 국내법과 같은 효력을 가진다.'고 규정하여 조약이 법원(法源)에 해당함을 규정하고 있다(제6조 제1항). 조약 중 국회의 동의를 받은 조약은 법률과 동일한 효력이 인정되고, 국회의 동의를 받지 않은 조약은 명령과 동일한 효력이 인정된다. 이와 관련하여 대법원은 「1994년 관세 및 무역에 관한 일반협정」이나 「정부조달에 관한 협정」은 국회의 동의를 필요로 하는 조약으로서, 국회의 동의를 얻어 공포·시행되었으므로 '법률'과 동일한 효력을 가진다고 본다. 따라서 이에 위반한 지방자치단체의 조례는 상위규범인 '법률'에 위반하는 것이 되어 '무효'라고 본다(대법원 2005. 9. 9. 2004추10).

② (O) 행정소송법 제8조 제2항은 '행정소송에 관하여 이 법에 특별한 규정이 없는 사항에 대하여는 법원조직법과 민사소송법 및 민사집행법의 규정을 준용한다.'고 규정하고 있다.

③ (O) 평등원칙이란 불합리한 차별을 해서는 안 된다는 원칙을 말한다. 헌법재판소는 평등원칙은 일체의 차별적 대우를 부정하는 「절대적 평등」을 의미하는 것이 아니라 합리적인 근거가 없는 차별을 배제하는 「상대적 평등」을 뜻하는 것이므로, 합리적 근거가 있는 차별은 평등원칙에 반하는 것이 아니라고 본다(헌재 2018. 6. 28. 2017헌마238).

+참고 행정기본법
제9조(평등의 원칙) 행정청은 합리적 이유 없이 국민을 차별하여서는 아니 된다.

④ (X) '소급입법금지원칙'이란 이미 종료한 법적인 관계는 사후의 새로운 법에 의해 변경되지 않아야 한다는 원칙을 말한다. 그런데 소급입법에는 이미 종료된 과거의 사항을 규율대상으로 하는 소급입법인 「진정소급입법」과 과거에 발생하여 현재까지 지속되고 있는 사항을 규율대상으로 하는 소급입법인 「부진정소급입법」이 있다. 이와 관련하여 진정소급입법은 과거에 완성된 사실이나 법률관계가 변경되어 개인의 권리가 침해될 수 있으므로 원칙적으로 금지하지만, 진정소급입법을 허용할 공익적 필요성이 있는 경우에는 예외적으로 허용될 수 있다고 본다. 반면, 부진정소급입법은 현재 진행 중인 법률관계를 사회의 변화에 따라 변경하는 것은 당연하므로 원칙적으로 허용된다고 보지만, 소급효를 요구하는 공익상의 사유와 기존 법령에 대한 국민의 신뢰보호의 요청을 비교하여 신뢰보호의 요청이 더 클 경우에는 부진정소급입법이 제한된다고 본다. 즉, 소급입법금지원칙에 의해 금지되는 소급입법이란 진정소급입법을 말한다. 정리하면 다음과 같다.

구분		진정소급입법	부진정소급입법
의의		이미 종료된 과거의 사항을 규율하는 것	과거에 발생하여 현재까지 지속되고 있는 사항을 규율하는 것
허용 여부	원칙	금지	허용
	예외	허용	금지

이러한 기준에 따라 대법원은 「개정법령」이 기존의 사실 또는 법률관계를 적용대상으로 하면서 국민의 재산권과 관련하여 종전보다 불리한 법률효과를 규정하고 있는 경우에도 그러한 사실 또는 법률관계가 「개정법령이 시행되기 이전에 이미 완성 또는 종결된 것이 아니라면(= 부진정소급이라면)」 이를 헌법상 금지되는 소급입법에 의한 재산권 침해라고 할 수는 없다고 본다(대법원 2009. 4. 23. 2008두8918). 즉, 개정법령이 부진정소급입법에 해당한다면 소급입법금지원칙에 위반되는 것은 아니라는 것이다.

+참고 행정기본법
제14조(법적용의 기준) ① 새로운 법령 등은 법령 등에 특별한 규정이 있는 경우를 제외하고는 그 법령 등의 효력 발생 전에 완성되거나 종결된 사실관계 또는 법률관계에 대해서는 적용되지 아니한다.
● 행정기본법은 이미 종료된 과거의 사항에 대한 소급인 「진정소급」이 원칙적으로 금지됨을 명시적으로 규정하고 있다.

02

답 ①

출제단원 Part 01 행정법 서설
출제영역 행정법의 일반원칙

① (O) 「과소보호 금지원칙」이란 국가가 「기본권 보호의무」를 제대로 이행하였는지를 판단하는 기준으로, 국가가 국민의 기본권을 보호함에 있어 헌법이 요구하는 최저한의 보호수준을 밑도는 정도로 보호해서는 안 된다는 원칙을 말한다. 이와 관련하여 헌법재판소는 국가가 국민의 생명·신체의 안전에 대한 보호의무를 다하지 않았는지 여부를 헌법재판소가 심사할 때에는 국가가 이를 보호하기 위하여 적어도 적절하고 효율적인 최소한의 보호조치를 취하였는가 하는 이른바 '과소보호 금지원칙'의 위반 여부를 기준으로 삼아, 국민의 생명·신체의 안전을 보호하기 위한 조치가 필요한 상황인데도 국가가 아무런 보호조치를 취하지 않았든지 아니면 취한 조치가 법익을 보호하기에 전적으로 부적합하거나 매우 불충분한 것임이 명백한 경우에 한하여 국가의 보호의무의 위반을 확인하여야 한다고 하여 명시적으로 과소보호 금지원칙을 인정하고 있다(헌재 2008. 12. 26. 2008헌마419). 참고로 과소보호 금지원칙과 비교하여 「과잉금지의 원칙」이란 국가가 국민의 「기본권을 제한」함에 있어서 준수하여야 할 기본원칙을 의미하는 것으로서 목적의 정당성, 방법의 적정성, 피해의 최소성, 법익의 균형성을 그 부분원칙으로 한다.

② (X) 행정관행이 성립된 경우 행정청은 특별한 사정이 없는 한 동종사안에서 행정관행과 같은 결정을 하여야 한다는 원칙을 「행정의 자기구속의 원칙」이라고 한다. 만약 행정관행이 위법한 경우에도 행정의 자기구속의 원칙이 인정될 수 있는지 문제된다. 이와 관련하여 대법원은 위법한 행정처분이 수차례에 걸쳐 반복적으로 행하여졌다 하더라도 그러한 처분이 위법한 것인 때에는 행정청에 대하여 자기구속력을 갖게 된다고 할 수 없다고 본다. 따라서 행정청이 조합설립추진위원회의 설립승인심사에서 위법한 행정처분을 한 선례가 있다고 하여 그러한 기준을 따라야 할 의무가 없다고 본다(대법원 2009. 6. 25. 2008두13132). 즉, 대법원은 행정의 자기구속의 원칙은 행정관행이 위법한 경우에는 적용되지 않는다고 본다. 위법한 행정관행도 평등하게 적용되어야 한다고 보면 위법한 선례가 법률적합성원칙보다 우월한 것이 되어 법치행정의 원리에 반하게 되기 때문이다.

③ (X) 「신의성실의 원칙」이란 법률관계의 당사자는 상대방의 이익을 배려하여 형평에 어긋나거나 신뢰를 저버리는 내용 또는 방법으로 권리를 행사하거나 의무를 이행하여서는 안 된다는 원칙으로서 행정법을 포함한 모든 법의 일반원칙이라고 할 수 있다. 이와 관련하여 대법원은 지방공무원 임용신청 당시 잘못 기재된 호적상 출생년월일을 생년월일로 기재하고, 이에 근거한 공무원 인사기록카드의 생년월일 기재에 대하여 처음 임용된 때부터 약 36년 동안 전혀 이의를 제기하지 않다가, 정년을 1년 3개월 앞두고 호적상 출생년월일을 정정한 후 그 출생년월일을 기준으로 정년의 연장을 요구하는 것이 신의성실의 원칙에 반하지 않는다고 본다(대법원 2009. 3. 26. 2008두21300). 이는 해당 공무원이 임용권자에게 임용신청 당시의 호적상 출생년월일을 기준으로 정년을 산정하기로 하는 신의를 공여하였다거나, 객관적으로 보아 임용권자가 이러한 신의를 가짐이 정당한 상태에 있다거나, 임용권자의 신의에 반하여 권리를 행사하는 것이 정의관념에 비추어 용인될 수 없는 정도의 상태에 이르렀다고는 볼 수 없다는 점을 이유로 한다.

> **참고** 행정기본법
> 제11조(성실의무 및 권한남용금지의 원칙) ① 행정청은 법령 등에 따른 의무를 성실히 수행하여야 한다.

④ (X) 신뢰보호원칙이 적용되기 위해서는 신뢰의 대상이 되는 「행정청의 선행조치」가 있어야 한다. 이와 관련하여 대법원은 선행조치를 '공적인 견해표명'으로 한정한다. 즉, 공적인 견해표명이 아니라면 신뢰의 대상이 되는 행정청의 선행조치로 볼 수 없다는 것이다. 예를 들어, 대법원은 일반적으로 「폐기물처리업 사업계획에 대한 적정통보」에 당해 토지에 대한 「형질변경허가신청」을 허가하는 취지의 공적 견해표명이 있는 것으로는 볼 수 없다고 본다(대법원 1998. 9. 25. 98두6494). 이는 도시계획구역 안에서의 「폐기물처리시설의 결정기준 및 설치기준」 등을 규정하고 있는 법령은 도시계획구역 안에서의 「토지형질변경의 허가기준」을 규정하고 있는 법령과 각기 규정대상 및 입법취지를 달리하고 있다는 점을 고려한 것이다.

> **참고** 행정기본법
> 제12조(신뢰보호의 원칙) ① 행정청은 공익 또는 제3자의 이익을 현저히 해칠 우려가 있는 경우를 제외하고는 행정에 대한 국민의 정당하고 합리적인 신뢰를 보호하여야 한다.

03 답 ③

- 출제단원 Part 02 행정작용 및 절차법
- 출제영역 행정행위의 부관, 허가의 기간

부관이란 행정행위의 효과를 제한 또는 보충하기 위하여 행정기관에 의하여 주된 행정행위에 부가된 종된 규율을 말한다(다수설).

① (X) 부관을 붙일 수 있는 경우라고 하더라도 무제한하게 허용되는 것은 아니며, 일정한 한계 내에서만 부관을 붙일 수 있다. 예를 들어, 부관은 비례의 원칙이나 부당결부금지의 원칙과 같은 행정법의 일반원칙에 위반되어서는 안 된다. 이와 관련하여 대법원은 부관이 주된 행정행위와 실제적 관련성이 없어서 부당결부금지의 원칙에 위반됨에도, 이를 회피하기 위해 상대방과 사법상 계약을 체결하는 형식으로 이러한 내용의 부관을 붙였다면, 이는 법치행정의 원리에 반하는 것으로서 위법하다고 본다(대법원 2009. 12. 10. 2007다63966).

> **참고** 행정기본법
> 제17조(부관) ④ 부관은 다음 각호의 요건에 적합하여야 한다.
> 1. 해당 처분의 목적에 위배되지 아니할 것
> 2. 해당 처분과 실질적인 관련이 있을 것
> 3. 해당 처분의 목적을 달성하기 위하여 필요한 최소한의 범위일 것
> ◐ 1호는 부관의 내용상 한계 중 「목적상 한계」, 2호는 「부당결부금지의 원칙상 한계」, 3호는 「비례원칙상 한계」에 해당한다.

② (X) 대법원은 부담의 위법성 여부는 부담이 붙은 행정행위를 한 시점, 즉 「처분 당시」의 법령을 기준으로 한다고 본다. 따라서 처분 당시 법령을 기준으로 적법하다면 처분 후에 근거법령이 개정되어 부담을 붙일 수 없게 되었다고 하더라도, 부담이 곧바로 위법하게 된다거나 효력을 상실하는 것은 아니다(대법원 2009. 2. 12. 2005다65500).

③ (O) 부담이 붙은 행정행위의 상대방은 부담의 내용에 따라 일정한 법률행위를 하게 된다. 이때 「부담」이 위법할 경우, 부담의 내용에 따라 상대방이 행한 「사법상 법률행위」의 효력은 어떻게 되는지가 문제된다. 이와 관련하여 대법원은 「부담의 이행으로서 하게 된 사법상 매매 등의 법률행위」는 「부담을 붙인 행정처분」과는 어디까지나 별개의 법률행위이므로 그 부담의 불가쟁력의 문제와는 별도로 「법률행위」가 사회질서 위반이나 강행규정에 위반되는지 여부 등을 따져 보아 그 「법률행위」의 유효 여부를 판단하여야 한다고 본다(대법원 2009. 6. 25. 2006다18174). 즉, 대법원은 「부담」과 부담의 이행행위로 한 「사법상 법률행위」를 별개로 취급한다.

④ (X) 허가 「자체」의 존속기간과 허가 「조건」의 존속기간은 다음과 같이 구분된다.

허가 자체의 존속기간	허가가 효력을 유지하는 기간
허가조건의 존속기간	허가를 할 때 붙인 조건이 효력을 유지하는 기간

이 둘의 구별기준과 관련하여 대법원은 일반적으로 행정처분에 효력기간이 정하여져 있는 경우에는 그 기간의 경과로 그 행정처분의 효력은 상실되며(= 허가 자체의 존속기간), 다만 허가에 붙은 기한이 그 「허가된 사업의 성질상 부당하게 짧은 경우」에는 이를 그 허가 자체의 존속기간이 아니라 그 허가조건의 존속기간으로 보아 그 기한이 도래함으로써 그 조건의 개정을 고려한다는 뜻으로 해석할 수 있다(= 허가조건의 존속기간)고 본다. 다만, 「허가조건의 존속기간」으로 보더라도 그 후 당초의 기한이 상당기간 「연장되어 연장된 기간을 포

함한 존속기간 전체를 기준으로 볼 경우 더 이상 허가된 사업의 성질상 부당하게 짧은 경우에 해당하지 않게 된 때」에는 허가 여부의 재량권을 가진 행정청으로서는 그 때에도 허가조건의 개정만을 고려하여야 하는 것은 아니고 재량권의 행사로서 더 이상의 기간연장을 불허가할 수도 있는 것이며, 이로써 허가의 효력은 상실된다고 본다(대법원 2004. 3. 25. 2003두12837).

04

답 ③

출제단원 Part 08 행정정보공개·개인정보 보호·행정조사
출제영역 공공기관의 정보공개에 관한 법률

① (O) 정보공개청구권이란 사인이 공공기관에 대하여 정보를 제공해 줄 것을 요구할 수 있는 개인적 공권을 말하며, 다음과 같이 구분할 수 있다.

개별적 정보공개청구권	자기와 직접적인 이해관계 있는 특정한 사안에 관한 정보공개청구권을 말한다. 예 행정절차법상 정보공개청구권으로서 문서열람·복사청구권(제37조)
일반적 정보공개청구권	자기와 직접적인 이해관계가 없는 정보공개청구권을 말한다.

이와 관련하여 대법원은 국민의 알 권리, 특히 국가정보에의 접근의 권리는 우리 헌법상 기본적으로 표현의 자유와 관련하여 인정되는 것으로 그 권리의 내용에는 일반국민 누구나 국가에 대하여 보유·관리하고 있는 정보의 공개를 청구할 수 있는 이른바 「일반적인 정보공개청구권」이 포함된다고 본다(대법원 1999. 9. 21. 97누5114). 참고로 공공기관의 정보공개에 관한 법률은 '모든 국민은 정보의 공개를 청구할 권리를 가진다.'고 규정하고 있는데, 이는 개별적 정보공개청구권과 일반적 정보공개청구권을 포함하는 개념이라고 본다.

② (O) 취소소송은 처분 등의 취소를 구할 법률상의 이익이 있는 자가 제기할 수 있다. 이와 관련하여 대법원은 청구인이 정보공개를 청구했다가 거부처분을 받은 것 자체가 법률상 이익의 침해에 해당한다고 보아 다른 구체적 이익을 입증할 필요 없이 원고적격을 인정하고 있다(대법원 2003. 12. 12. 2003두8050).

③ (X) 대법원은 공공기관의 정보공개에 관한 법률상 공개청구의 대상이 되는 정보란 공공기관이 직무상 작성 또는 취득하여 현재 보유·관리하고 있는 문서에 한정되는 것이기는 하지만, 그 문서가 반드시 원본일 필요는 없다고 본다(대법원 2006. 5. 25. 2006두3049).

④ (O) 대법원은 정보공개제도는 공공기관이 보유·관리하는 정보를 그 상태대로 공개하는 제도라는 점 등에 비추어 보면, 정보공개를 구하는 자가 공개를 구하는 정보를 행정기관이 보유·관리하고 있을 상당한 개연성이 있다는 점을 입증함으로써 족하다 할 것이지만, 공공기관이 그 정보를 보유·관리하고 있지 아니한 경우에는 특별한 사정이 없는 한 정보공개거부처분의 취소를 구할 법률상의 이익이 없다고 본다(대법원 2006. 1. 13. 2003두9459). 정보공개거부처분이 취소소송을 통해 취소되더라도 공공기관이 공개할 정보를 보유하고 있지 않으므로 해당 정보를 공개할 수 없기 때문이다.

05

답 ③

출제단원 Part 02 행정작용 및 절차법
출제영역 공법상 계약

공법상 계약이란 공법적 효과의 발생을 목적으로 하는 복수당사자 사이의 반대방향의 의사표시의 합치에 의해 성립되는 공법행위를 말한다.

> **참고** 행정기본법
>
> 제27조(공법상 계약의 체결) ① 행정청은 법령 등을 위반하지 아니하는 범위에서 행정목적을 달성하기 위하여 필요한 경우에는 공법상 법률관계에 관한 계약(이하 '공법상 계약'이라 한다)을 체결할 수 있다. 이 경우 계약의 목적 및 내용을 명확하게 적은 계약서를 작성하여야 한다.
> ② 행정청은 공법상 계약의 상대방을 선정하고 계약내용을 정할 때 공법상 계약의 공공성과 제3자의 이해관계를 고려하여야 한다.
> ● 행정기본법에서는 행정의 전문화·다양화에 대응하여 공법상 법률관계에 관한 계약을 통해서도 행정이 이루어질 수 있도록 공법상 계약의 법적 근거를 마련하였다.

① (O) 대법원은 행정청이 자신과 상대방 사이의 법률관계를 일방적인 의사표시로 종료시켰다고 하더라도 곧바로 의사표시가 행정청으로서 공권력을 행사하여 행하는 행정처분이라고 단정할 수는 없다고 본다. 즉, 관계법령이 상대방의 법률관계에 관하여 구체적으로 어떻게 규정하고 있는지에 따라 의사표시가 항고소송의 대상이 되는 행정처분에 해당하는지 아니면 공법상 계약관계의 일방당사자로서 대등한 지위에서 행하는 의사표시인지를 개별적으로 판단하여야 한다는 것이다(대법원 2015. 8. 27. 2015두41449).

② (O) 대법원은 보수의 삭감은 이를 당하는 공무원의 입장에서는 징계처분의 일종인 감봉과 다를 바 없고, 관련법령의 규정에 비추어 볼 때 지방계약직공무원에 대하여 지방공무원법 및 지방공무원 징계 및 소청 규정에서 정한 징계절차에 의하지 않고서는 보수를 삭감할 수 없다고 본다(대법원 2008. 6. 12. 2006두16328). 참고로 계약직공무원 관련 판례를 정리하면 다음과 같다.

계약직공무원 채용계약해지의 의사표시	처분 X
계약직공무원 보수삭감조치	처분 O

③ (X) 대법원은 중소기업 정보화지원사업에 따른 지원금 출연을 위하여 중소기업청장이 체결하는 협약은 공법상 대등한 당사자 사이의 의사표시의 합치로 성립하는 공법상 계약에 해당하는 점, 지원금 환수에 관한 구체적인 법령상 근거가 없는 점 등을 이유로 협약의 해지 및 그에 따른 환수통보는 공법상 계약에 따라 행정청이 대등한 당사자의 지위에서 하는 의사표시로 보아야 한다고 본다. 즉, 이를 행정청이 우월한 지위에서 행하는 공권력의 행사로서 행정처분에 해당한다고 볼 수는 없다는 것이다(대법원 2015. 8. 27. 2015두41449).

④ (O) 계약직공무원 채용계약은 행정주체와 사인 간의 계약으로서 공법상 계약에 해당한다. 이와 관련하여 대법원은 계약직공무원 채용계약해지의 의사표시는 행정처분이 아니라, 국가 또는 지방자치단체가 채용계약관계의 한쪽 당사자로서 대등한 지위에서 행하는 의사표시이므로 행정처분과 같이 행정절차법에 의해 근거와 이유를 제시해야 하는 것은 아니라고 본다(대법원 2002. 11. 26. 2002두5948).

06

출제단원 Part 02 행정작용 및 절차법
출제영역 인·허가의제제도

답 ④

인·허가의제제도는 「주된 인·허가(㉠)」를 신청하여 이에 대한 인·허가를 받으면 관련법률의 규정에 따라 「다른 인·허가(㉡)」까지도 받은 것으로 보는 것과 같이 하나의 인·허가를 받으면 다른 허가, 인가, 특허, 신고 또는 등록을 받은 것으로 보는 제도를 말한다.

① (O) 인·허가의제의 절차와 관련하여 주무행정청은 「주된 인·허가(㉠)」에 요구되는 절차만을 준수하면 되는지, 아니면 「의제되는 인·허가(㉡)」에 요구되는 절차까지 아울러 준수하여야 하는지가 문제된다. 이와 관련하여 대법원은 「주된 인·허가(㉠)」에 요구되는 절차만을 거치면 되고 「의제되는 인·허가(㉡)」의 절차를 거칠 필요는 없다고 본다. 이러한 대법원의 입장을 '절차집중설'이라고 한다. 절차가 집중되므로 「주된 인·허가(㉠)」에 요구되는 절차만을 거치면 된다는 의미이다. 예를 들어, 대법원은 주택건설사업계획 승인권자가 구 주택법 제17조 제3항에 따라 도시·군관리계획 결정권자와 협의를 거쳐 관계 '주택건설사업계획을 승인(㉠)'하면 같은 조 제1항 제5호에 따라 '도시·군관리계획결정(㉡)'이 이루어진 것으로 의제되고, 이러한 협의절차와 별도로 국토의 계획 및 이용에 관한 법률 제28조 등에서 정한 '도시·군관리계획 입안을 위한 주민의견청취절차(= ㉡에 요구되는 절차)'를 거칠 필요는 없다고 본다(대법원 2018. 11. 29. 2016두38792).

② (O) ①번 해설에서 살펴본 바와 같이 「인·허가의제의 절차」와 관련해서는 절차가 집중되므로 「주된 인·허가(㉠)」에 관해 규정된 절차만 거치면 된다는 '절차집중설'이 대법원의 입장이다. 이와 비교하여, 주무행정청이 「주된 인·허가(㉠)」를 하기 위해 「주된 인·허가(㉠)」의 실체적 요건만을 충족하면 되는 것인지, 아니면 「의제되는 인·허가(㉡)」의 실체적 요건까지도 충족해야 하는지 문제된다. 이와 관련하여 대법원은 주무행정청은 「의제되는 인·허가(㉡)」의 실체적 요건까지 모두 충족하여야만 「주된 인·허가(㉠)」를 할 수 있다고 본다. 이러한 대법원의 입장을 '실체집중부정설'이라고 한다. 실체적 측면은 집중되지 않으므로 주무행정청은 「주된 인·허가(㉠)」의 요건뿐만 아니라 「의제되는 인·허가(㉡)」의 요건까지 충족해야만 「주된 인·허가(㉠)」를 할 수 있다는 것이다. 예를 들어, 대법원은 국토계획법상 건축물의 건축에 관한 개발행위허가가 의제되는 「건축허가(㉠)」신청이 국토계획법령이 정한 「개발행위허가(㉡)」기준에 부합하지 아니하면 허가권자로서는 「건축허가(㉠)」를 거부할 수 있다고 본다(대법원 2016. 8. 24. 2016두35762). ①번과 ②번 해설에서 살펴본 절차집중과 실체집중 관련 판례의 태도를 정리하면 다음과 같다.

구분	쟁점	판례
절차집중 여부	'주된 인·허가(㉠)'를 하기 위해 '의제되는 인·허가(㉡)'에 필요한 절차까지 준수해야 하는지 여부	㉡에 필요한 절차를 거칠 필요 없음 → 절차집중설
실체집중 여부	'주된 인·허가(㉠)'를 하기 위해 '의제되는 인·허가(㉡)'의 실체적 요건까지 충족해야 하는지 여부	㉡의 실체적 요건까지 충족해야 함 → 실체집중부정설

③ (O) 대법원은 건축법에서 인·허가의제제도를 둔 취지는, 인·허가의제사항과 관련하여 건축허가 또는 건축신고의 관할 행정청으로 그 창구를 단일화하고 절차를 간소화하며 비용과 시간을 절감함으로써 국민의 권익을 보호하려는 것이지, 인·허가의제사항 관련법률(= 의제되는 인·허가의 요건 등에 대하여 규정하고 있는 법률)에 따른 각각의 인·허가요건에 관한 일체의 심사를 배제하려는 것으로 보기는 어렵다고 본다. 왜냐하면, 「건축법」과 「인·허가의제사항 관련법률」은 각기 고유한 목적이 있고, 건축신고와 인·허가의제사항도 각각 별개의 제도적 취지가 있으며 그 요건 또한 달리하기 때문이다(대법원 2011. 1. 20. 2010두14954).

④ (X) 인·허가의제제도에서의 불복방법과 관련하여, 신청된 「주된 인·허가(㉠)」가 「발급」되어 「인·허가가 의제(㉡)」되었으나 「의제된 인·허가(㉡)」에 하자가 있어 다투고자 할 경우 불복대상이 무엇인지 문제된다. 이와 관련하여 대법원은 「주택건설사업계획 승인처분(㉠)」에 따라 「의제된 인·허가(㉡)」가 위법함을 다투고자 하는 이해관계인은, 「주택건설사업계획 승인처분(㉠)」의 취소를 구할 것이 아니라 「의제된 인·허가(㉡)」의 취소를 구하여야 하며, 「의제된 인·허가(㉡)」는 「주택건설사업계획 승인처분(㉠)」과 별도로 항고소송의 대상이 되는 처분에 해당한다고 본다(대법원 2018. 11. 29. 2016두38792). 즉, 대법원은 「주된 인·허가(㉠)의 발급」으로 「의제된 인·허가(㉡)」에 하자가 있어 이를 다툴 경우에는 「의제된 인·허가(㉡)」를 직접 대상으로 쟁송을 제기해야 한다는 것이다. 이 판례는 「주된 인·허가(㉠)가 거부」된 경우와 비교해야 한다. 대법원은 「의제되는 인·허가(㉡)」의 요건이 구비되지 않았음을 이유로 「주된 인·허가(㉠) 신청에 대한 거부처분」이 있는 경우에 불복대상이 무엇인지와 관련하여, 인·허가 신청인은 「주된 인·허가(㉠) 신청에 대한 거부처분」에 관한 쟁송에서 허가권자가 불허가사유로 제시한 「의제되는 인·허가(㉡)의 요건이 구비되지 않았음」에 대하여 다투어야 한다고 본다(대법원 2001. 1. 16. 99두10988). 인·허가의제제도에서의 불복과 관련하여 불복대상을 정리하면 다음과 같다.

상황	쟁송대상
의제된 인·허가(㉡) 요건 불비를 이유로 주된 인·허가(㉠)가 거부된 경우(99두10988)	주된 인·허가 거부처분
주된 인·허가(㉠)가 발급되어 인·허가가 의제되었으나 「의제된 인·허가(㉡)」에 하자가 있는 경우(2016두38792)	의제된 인·허가

07

출제단원 Part 05 행정심판법
출제영역 재결의 종류

답 ②

재결이란 행정심판의 청구에 대해 행정심판위원회가 행하는 판단을 말한다. 재결 중 본안심리의 결과 청구인의 심판청구가 이유 있다고 판단하여 이를 받아들이는 재결을 '인용재결'이라고 한다. 취소심판에서의 인용재결의 종류와 관련하여 행정심판법 제43조 제3항은 '위원회는 취소심판의 청구가 이유가 있다고 인정하면 처분을 취소(= 취소재결) 또는 다른 처분으로 변경(= 변경재결)하거나 처분을 다른 처분으로 변경할 것을 피청구인에게 명한다(= 변경명령재결).'고 규정하고 있다.

① (O) 취소심판에서의 인용재결 중 취소재결에 해당한다.

② (X) '처분을 할 것을 명하는 재결'은 '처분명령재결'에 해당한다. '처분

명령재결'은 취소심판이 아니라 의무이행심판에서의 인용재결 중 하나이다. 행정심판법 제43조 제5항은 '위원회는 의무이행심판의 청구가 이유가 있다고 인정하면 지체 없이 신청에 따른 처분을 하거나(= 처분재결) 처분을 할 것을 피청구인에게 명한다(= 처분명령재결).'고 규정하고 있다.

③ (O) 취소심판에서의 인용재결 중 변경재결에 해당한다.
④ (O) 취소심판에서의 인용재결 중 변경명령재결에 해당한다.

08

답 ①

출제단원 Part 06 행정상 손해배상
출제영역 공무원의 위법한 직무행위로 인한 손해배상의 요건

국가배상법 제2조 제1항에서 공무원의 위법한 직무행위로 인한 국가나 지방자치단체의 배상책임을 명시하고 있다.

① (O) 국가배상법 제2조의 책임이 인정되기 위한 요건 중 「고의 또는 과실」과 관련하여 어떠한 경우에 공무원의 법령해석에서의 과실이 인정될 수 있는지 문제된다. 이에 대하여 대법원은 「법령에 대한 해석이 복잡·미묘하여 워낙 어렵고, 이에 대한 학설·판례조차 하나로 정립되어 있지 않는 등의 특별한 사정이 없는 한」 일반적으로 공무원이 관계법규를 알지 못하거나 필요한 지식을 갖추지 못하고 법규의 해석을 그르쳐 행정처분을 하였다면 그가 법률전문가가 아닌 행정직 공무원이라고 하여 과실이 없는 것은 아니라고 본다. 즉, 법률전문가가 아닌 행정직공무원이라고 하더라도 이러한 경우에는 과실이 인정된다는 것이다(대법원 1981. 8. 25. 80다1598).

② (X) 국가배상법 제2조의 책임이 인정되기 위해서는 공무원의 행위가 「직무행위」에 해당해야 한다. 직무행위의 범위가 어디까지인지에 대하여 대법원은 국가배상법 제2조 제1항의 공무원의 직무에는 권력적 작용뿐만 아니라 비권력적 작용도 포함되지만, 행정주체가 사경제주체로서 하는 활동은 직무행위에 해당하지 않는다고 본다(대법원 1999. 11. 26. 98다47245).

③ (X) 국가배상책임이 인정되기 위해 가해공무원이 특정되어야 하는지 문제된다. 이와 관련하여 대법원은 집회해산의 과정에서 발생된 손해와 관련한 국가배상책임이 문제된 사안에서, 가해공무원을 특정하지 않고 전투경찰들의 직무집행상의 과실로 인한 국가배상책임을 인정한 바 있다(대법원 1995. 11. 10. 95다23897). 즉, 불법행위를 행한 가해공무원을 특정할 수 없는 경우라도 국가배상책임이 인정될 수 있다는 것이다.

④ (X) 국가배상법에 의해 국가나 지방자치단체의 손해배상책임이 인정되는 경우에 피해자에게 손해를 배상해 준 「국가나 지방자치단체」가 가해자인 「공무원」에게 구상(= 대신 변제한 것을 돌려받는 것)할 수 있는지 문제된다. 그런데 국가배상법 제2조 제2항에서는 '공무원에게 「고의 또는 중대한 과실」이 있으면 국가나 지방자치단체는 그 공무원에게 구상할 수 있다.'고 규정하여 이를 인정하고 있다. 이때 구상권 행사의 범위와 관련하여 대법원은 고의나 중대한 과실이 있는 공무원에 대한 국가와 지방자치단체의 구상권 행사를 손해의 공평한 분담이라는 견지에서 「신의칙상 상당한 한도 내」에서만 행사하도록 구상권 행사의 범위를 제한하고 있다(대법원 1991. 5. 10. 91다6764). 즉, 국가가 구상권을 행사하는 경우 배상한 배상액 전액에 대하여 구상권을 행사해야 하는 것은 아니다.

09

답 ②

출제단원 Part 02 행정작용 및 절차법, Part 04 행정소송법
출제영역 행정행위의 성립요건, 제재처분사유의 승계, 당사자소송, 가행정행위

ㄱ. (O) 행정행위의 성립요건이란 행정행위가 적법하게 '성립'하기 위해 필요한 요건을 말한다. 이와 관련하여 대법원은 일반적으로 처분이 주체·내용·절차와 형식의 요건을 모두 갖추고(= 내부적 성립요건) 외부에 표시된 경우(= 외부적 성립요건)에는 처분의 존재가 인정된다고 본다. 그리고 행정의사가 외부에 표시되어 행정청이 자유롭게 취소·철회할 수 없는 구속을 받게 되는 시점에 처분이 성립하고, 그 성립 여부는 행정청이 행정의사를 공식적인 방법으로 외부에 표시하였는지를 기준으로 판단해야 한다고 본다(대법원 2019. 7. 11. 2017두38874).

ㄴ. (O) 양도인이 위법행위를 한 후 제재처분이 내려지기 전에 영업양도를 한 경우에 양도인의 위법행위를 이유로 양수인에게 제재처분을 할 수 있는지 문제된다. 이는 양도인의 위법행위라는 제재처분의 사유(= 제재처분이 부과된 원인)가 영업양도로 인해 양수인에게 승계되는지(= 제재처분사유의 승계 여부)의 문제이다. 이와 관련하여 대법원은 구 공중위생관리법상 영업정지나 영업장폐쇄명령 모두 대물적 처분으로 보아야 할 것이라는 점 등을 이유로 공중위생영업에 대하여 그 영업을 정지할 위법사유가 있다면, 관할 행정청은 그 영업이 양도·양수되었다 하더라도 그 업소의 양수인에 대하여 영업정지처분을 할 수 있다고 봄이 상당하다고 본다(대법원 2001. 6. 29. 2001두1611).

ㄷ. (O) 대법원은 「도시 및 주거환경정비법」에 근거한 조합설립인가처분은 강학상 인가가 아니라, 「특허」라고 본다. 이와 관련하여 대법원은 「조합설립결의」는 「조합설립인가처분(= 강학상 특허)」이라는 행정처분을 하는 데 필요한 요건 중 하나에 불과하므로 「조합설립결의」에 하자가 있다면 이러한 하자를 이유로 직접 항고소송의 방법으로 「조합설립인가처분」의 취소 또는 무효확인을 구해야 한다고 본다. 즉, 이와 별도로 「조합설립결의」 부분만을 따로 떼어 내어 그 효력 유무를 다투는 확인의 소를 제기할 수는 없다는 것이다(대법원 2009. 9. 24. 2008다60568). 민사소송이나 당사자소송에서 확인의 소는 확인의 이익이 인정되는 경우에만 인정된다. 만약 불안·위험을 제거하는 더 간편하고 근본적인 방법이 있는 경우라면 확인의 소를 통한 확인의 이익이 없어 확인의 소를 제기할 수 없다. 따라서 문제를 해결할 수 있는 근본적인 방법으로 「조합설립인가처분」에 대한 항고소송이 존재하므로, 이와 별도로 「조합설립결의」의 효력 유무를 다투는 확인의 소를 제기할 수는 없다는 것이다. 참고로 「특허」와 관련한 이 판례는 「인가」와 관련한 쟁송방법에 대한 판례와 혼동하지 않도록 구별해서 기억해야 한다. 정리하면 다음과 같다.

구분	문제상황	쟁송대상
인가	기본행위(사립학교법인의 임원선임행위)에 하자 존재 → 인가행위(감독청의 취임승인처분)	기본행위
특허	특허의 성립요건(조합설립결의)에 하자 존재 → 특허처분(조합설립인가처분)	특허처분

ㄹ. (X) 가행정행위란 사실관계와 법률관계가 확정되기 전이지만, 잠정적 규율이 필요해 계속적 심사를 유보한 상태에서 당해 행정법관계의 권리와 의무를 잠정적으로 규율하는 행위를 말한다. 이러한 가행정행위도 행정행위이므로 가행정행위로 인해 권익침해를 받은 자는

보통의 행정행위의 경우와 마찬가지로 취소소송 등을 제기하여 권리구제를 받을 수 있다. 다만, 가행정행위에 대한 취소소송 제기 중 본행정행위가 행해지면 가행정행위는 효력을 상실하므로 가행정행위에 대한 취소소송은 협의의 소의 이익이 없게 된다. 이와 관련하여 대법원은 공정거래위원회가 부당한 공동행위를 행한 사업자로서 구 독점규제 및 공정거래에 관한 법률에서 정한 자진신고자나 조사협조자에 대하여 「과징금부과처분(= 선행처분)」을 한 뒤, 동 법률 시행령에 따라 다시 자진신고 등을 이유로 한 「과징금감면처분(= 후행처분)」을 하였다면, 「후행처분(= 과징금 감면처분)」은 처분 상대방이 실제로 납부하여야 할 최종적인 과징금액을 결정하는 「종국적 처분」이고, 「선행처분(= 과징금 부과처분)」은 일종의 「잠정적 처분」이라고 본다. 따라서 「후행처분」이 있을 경우 「선행처분」은 후행처분에 흡수되어 소멸하므로 이러한 경우에 「선행처분」의 취소를 구하는 소는 이미 효력을 잃은 처분의 취소를 구하는 것으로 부적법하다고 본다(대법원 2015. 2. 12. 2013두987).

10

답 ②

| 출제단원 | Part 02 행정작용 및 절차법 |
| 출제영역 | 행정계획 |

행정계획이란 행정주체가 장래 일정기간 내에 도달하고자 하는 목표를 설정하고, 이를 달성하기 위하여 필요한 수단들을 조정하고 통합하는 작용, 또는 이러한 과정을 거쳐 설정된 활동기준을 말한다.

① (O) 대법원은 도시기본계획은 도시의 기본적인 공간구조와 장기발전방향을 제시하는 종합계획으로서 장래의 도시개발의 일반적인 방향이 제시되지만, 이러한 계획은 도시계획입안의 지침이 되는 것에 불과하여 일반국민에 대한 직접적인 구속력은 없다고 본다. 따라서 「도시기본계획」은 처분성이 인정되지 않는다(대법원 2002. 10. 11. 2000두8226). 참고로 행정계획의 처분성 인정 여부에 대한 대표적인 대법원 판례를 정리하면 다음과 같다.

처분성 「인정」되는 행정계획	처분성 「부정」되는 행정계획
· 구 도시계획법상 도시계획결정 · 현행 국토의 계획 및 이용에 관한 법률상 도시관리계획	· 구 도시계획법상 도시기본계획 · 현행 국토의 계획 및 이용에 관한 법률상 도시기본계획

② (X) 계획이 확정된 후 사정변경 등을 이유로 하여 기존계획의 변경을 청구할 수 있는 권리를 「계획변경청구권」이라고 한다. 이와 관련하여 대법원은 계획변경청구권을 원칙적으로 부정하면서도, 일정한 경우에 예외를 인정하여 계획변경청구권을 인정하기도 한다. 예를 들어, 대법원은 국토이용계획과 관련하여, 원칙적으로는 국토이용계획이 일단 확정된 후에는 사정의 변동이 있다고 하여 지역주민이나 일반 이해관계인에게 그 계획의 변경을 신청할 권리를 인정하여 줄 수는 없다고 본다. 계획법규는 원칙상 공익의 보호를 목적으로 하는 것이며 사익의 보호를 목적으로 하지 않기 때문에 계획변경청구권은 원칙적으로 인정될 수 없는 것이다. 다만, 장래 일정한 기간 내에 관계법령이 규정하는 시설 등을 갖추어 일정한 행정처분을 구하는 신청을 할 수 있는 법률상 지위에 있는 자의 국토이용계획변경신청을 거부하는 것이 실질적으로 당해 행정처분 자체를 거부하는 결과가 되는 경우에는 예외적으로 그 신청인에게 국토이용계획변경을 신청할 권리가 인정된다고 본다(대법원 2003. 9. 23. 2001두10936).

③ (O) 행정계획이 헌법소원의 대상이 되기 위해서는 공권력주체에 의한 행위로서 국민의 권리·의무에 직접적인 영향을 미치는 행위인 「공권력 행사」에 해당해야 한다. 이와 관련하여 국민의 권리·의무에 법적 효과를 미치지 않는 비구속적 행정계획이나 행정지침이 헌법소원의 대상인지를 살펴보면 다음과 같다.

원칙	공권력의 행사 X → 헌법소원 대상 X
예외	국민의 기본권에 직접적 영향 + 그대로 실시될 것이 틀림없을 것으로 예상 → 헌법소원의 대상인 공권력의 행사 O

즉, 헌법재판소는 비구속적 행정계획안이나 행정지침은 원칙적으로 헌법소원의 대상이 되는 공권력 행사라고 볼 수 없지만, 국민의 기본권에 직접적 영향을 끼치고, 법령의 뒷받침에 의해 그대로 실시될 것이 틀림없을 것으로 예상될 경우에 한하여 예외적으로 공권력 행사에 해당하여 헌법소원의 대상이 될 수 있다고 판단하였다(헌재 2000. 6. 1. 99헌마538).

④ (O) 도시계획이 이미 결정되어 고시된 경우라도 도시계획의 결정·변경에 관한 「권한을 갖고 있는 행정청」은 이와 다른 내용의 도시계획을 결정·고시할 수 있다. 반면, 선행 도시계획의 결정·변경 등에 관한 「권한을 갖고 있지 않은」 행정청은 선행 도시계획과 다른 내용의 도시계획을 결정·고시할 수는 없다. 이와 관련하여 대법원은 도시계획의 결정·변경 등에 관한 권한을 「가진」 행정청은 이미 도시계획이 결정·고시된 지역에 대하여도 다른 내용의 도시계획을 결정·고시할 수 있고, 이때에 후행 도시계획에 선행 도시계획과 서로 양립할 수 없는 내용이 포함되어 있다면, 특별한 사정이 없는 한 선행 도시계획은 후행 도시계획과 같은 내용으로 변경된다고 본다(대법원 2000. 9. 8. 99두11257). 참고로 대법원은 「뒤에 결정·고시된 도시계획(후행 도시계획)」이 「이미 결정·고시된 도시계획(선행 도시계획)」과는 서로 양립할 수 「없는」 내용을 포함하고 있을 때 두 계획의 효력이 어떻게 되는지에 대하여 다음과 같이 판단하고 있다.

「후행」 도시계획결정 행정청의 권한	효과
「선행」 도시계획 결정·변경에 관한 권한 O	선행 도시계획 → 후행 도시계획과 같은 내용으로 변경
「선행」 도시계획 결정·변경에 관한 권한 X	후행 도시계획 → 무효

11

답 ④

| 출제단원 | Part 03 행정의 실효성 확보수단 |
| 출제영역 | 행정대집행, 이행강제금 |

행정대집행이란 공법상 대체적 작위의무의 불이행이 있는 경우에 당해 행정청이 스스로 의무자가 행할 행위를 하거나 제3자로 하여금 이를 행하게 하고 그 비용을 의무자로부터 징수하는 것을 말한다. 그리고 이행강제금이란 작위의무·부작위의무·수인의무의 불이행시에 일정액수의 금전이 부과될 것임을 의무자에게 미리 경고함으로써 의무이행의 확보를 도모하는 강제수단을 말한다. 이행강제금을 '집행벌'이라고 표현하기도 한다.

① (O) 대집행·이행강제금·직접강제·행정상 강제징수와 같은 행정상

강제집행은 법원 및 국가의 집행기관의 도움 없이 행정청이 자력에 의하여 집행한다는 점에서 민사상 강제집행과 다르다. 이와 관련하여 대법원은 관계법령상 행정대집행의 절차가 인정되어 행정청이 행정대집행의 방법으로 건물의 철거 등 대체적 작위의무의 이행을 실현할 수 있는 경우에는 따로 민사소송의 방법으로 그 의무의 이행을 구할 수 없다고 본다(대법원 2017. 4. 28. 2016다213916).

② (O) 대집행은 「공법상」의 「대체적 작위의무」의 불이행을 대상으로 한다. 이때 대집행의 대상이 되는 대체적 작위의무란 건물의 철거, 물건의 파기 등과 같이 타인이 대신하여 이행할 수 있는 의무를 말한다.

③ (O) 헌법재판소는 전통적으로 「행정대집행」은 「대체적 작위의무」에 대한 강제집행수단으로, 「이행강제금」은 「부작위의무」나 「비대체적 작위의무」에 대한 강제집행수단으로 이해되어 왔지만, 이는 이행강제금제도의 본질에서 오는 제약이 아니므로 이행강제금은 대체적 작위의무의 위반에 대하여도 부과될 수 있다고 본다. 따라서 법률에서 대체적 작위의무 위반에 대한 강제집행수단으로 대집행과 이행강제금이 인정되는 경우에 행정청은 개별사건에 있어서 대집행과 이행강제금을 선택적으로 활용할 수 있으며, 합리적인 재량에 의해 선택하여 활용하는 이상 중첩적인 제재에 해당한다고 볼 수 없다고 본다(헌재 2004. 2. 26. 2001헌바80).

④ (X) 대법원은 건축법상 이행강제금 납부의무는 일신전속적인 성격을 갖기 때문에 상속인에게 승계될 수 없다고 본다. 만약 이미 사망한 사람에게 이행강제금을 부과하였다면 이러한 처분은 당연무효라고 본다(대법원 2006. 12. 8. 자 2006마470).

12 답 ③

출제단원 Part 03 행정의 실효성 확보수단
출제영역 행정의 실효성 확보수단의 예

① (O) 이행강제금을 '집행벌'이라고 표현하기도 한다. 이행강제금이란 작위의무·부작위의무의 불이행시에 일정액수의 금전이 부과될 것임을 의무자에게 미리 계고함으로써 의무자에게 심리적 압박을 주어 장래를 향해 의무이행을 확보하려는 「간접적」인 강제수단을 말한다.

② (O) 식품위생법상 영업소 폐쇄명령을 받은 후에도 계속하여 영업을 하는 경우 해당 영업소를 폐쇄하는 조치는 '직접강제'의 한 예이다. 직접강제란 행정법상의 「의무 불이행이 있는 경우」에 의무자의 신체·재산에 실력을 가하여 의무의 이행이 있었던 것과 동일한 상태를 실현하는 작용이다.

③ (X) 「공유재산 및 물품 관리법」에 의하면 정당한 사유 없이 공유재산을 점유하거나 공유재산에 시설물을 설치한 경우에 지방자치단체의 장은 원상복구 또는 시설물의 철거 등을 명하거나 이에 필요한 조치를 할 수 있다(제83조 제1항). 또한 원상복구명령이나 시설물 철거명령을 받은 자가 그 명령을 이행하지 아니할 때에는 「행정대집행법」에 따라 원상복구 또는 시설물의 철거 등을 하고 그 비용을 징수할 수 있다(제83조 제2항). 즉, 공유재산 및 물품 관리법에 따른 공유재산 원상복구명령의 강제적 이행은 즉시강제가 아니라 '행정대집행'의 방법에 의하게 된다. 참고로 행정상 즉시강제란 급박한 행정상의 장해를 제거할 필요가 있지만 미리 의무를 명할 시간적 여유가 없을 때 또는 급박하지는 않지만 성질상 의무를 명해서는 목적달성이 곤란할 때에 즉시 개인의 신체·재산에 실력을 가하여 행정상의 필요한 상태를 실현하는 행정작용을 말한다.

④ (O) 행정벌이란 행정의 상대방이 행정법상 의무를 위반한 경우에 국가 또는 지방자치단체가 행정의 상대방에게 과하는 행정법상의 제재로서의 처벌을 말한다. 행정벌의 종류는 다음과 같다.

행정형벌	행정법규 위반에 대하여 형법에 정해져 있는 벌(사형·징역·금고 등)을 과하는 것
행정질서벌	행정법규 위반에 대하여 과태료를 과하는 것

따라서 「부동산등기 특별조치법」에 따른 과태료는 '행정벌' 중 '행정질서벌'에 해당한다.

13 답 ①

출제단원 Part 03 행정의 실효성 확보수단
출제영역 행정상 즉시강제

행정상 즉시강제란 급박한 행정상의 장해를 제거할 필요가 있지만 미리 의무를 명할 시간적 여유가 없을 때 또는 급박하지는 않지만 성질상 의무를 명해서는 목적달성이 곤란할 때에 즉시 개인의 신체·재산에 실력을 가하여 행정상의 필요한 상태를 실현하는 행정작용을 말한다.

① (X) 헌법은 제12조에서 신체의 구속 등에 영장이 필요함을 규정하고 있고, 제16조에서 주거의 수색 등의 경우에도 영장이 필요함을 규정하고 있다. 그러나 행정작용의 경우와 관련해서는 명시적으로 규정하고 있지 않다. 따라서 행정작용의 경우에도 헌법상 영장주의가 적용되는지 문제된다. 이와 관련하여 대법원은 헌법상 영장주의는 행정상 즉시강제에도 적용되나, 긴급한 필요 등 합리적 이유가 있는 경우에는 예외적으로 영장주의가 적용되지 않는다고 판단한 바 있다(대법원 1997. 6. 13. 96다56115). 즉, 행정상 즉시강제의 경우 항상 영장주의가 적용되는 것은 아니며, 예외가 인정될 수 있다는 것이다. 참고로 대법원의 입장과 달리 헌법재판소는 행정상 즉시강제는 본질상 급박성을 요건으로 하고 있어 법관의 영장을 기다려서는 목적을 달성할 수 없으므로 원칙적으로 영장주의가 적용되지 않는다고 본다(헌재 2002. 10. 31. 2000헌가12). 정리하면 다음과 같다.

대법원	영장주의 적용 O → 단, 긴급한 필요 등 합리적 이유가 있는 경우에는 적용 X
헌법재판소	원칙적으로 영장주의 적용 X

② (O) 행정목적의 실현을 확보하기 위하여 사람의 신체 또는 재산에 실력을 가함으로써 행정상 필요한 상태를 실현하는 권력적 행위를 「행정강제」라고 한다. 행정강제에는 「행정상 강제집행(= 대집행, 이행강제금, 직접강제, 행정상 강제징수)」과 「행정상 즉시강제」가 있다. 즉, 행정상 즉시강제가 행정상 강제집행에 해당하는 것은 아니다. 참고로 「행정상 즉시강제」는 구체적인 의무부과를 전제로 하지 않는다. 반면, 「행정상 강제집행」은 구체적인 의무부과 후 이를 불이행한 경우를 전제로 한다. 따라서 상대방의 예측가능성의 측면에서 「행정상 즉시강제」가 「행정상 강제집행」보다 상대방의 권익을 더 침해하는 수단이다. 정리하면 다음과 같다.

행정상 즉시강제	행정상 강제집행
구체적 의무 불이행 전제 X	구체적 의무 불이행 전제 O

③ (O) 불법게임물의 폐기는 「행정상 즉시강제」에 해당한다. 이와 관련

하여 헌법재판소는 행정강제는 상대방의 권익을 덜 침해하는 「행정상 강제집행」을 「원칙」으로 하고, 상대방의 권익을 더 침해하는 「행정상 즉시강제」는 「예외적」인 강제수단이라고 본다. 그런데 불법게임물을 발견한 경우 관계공무원으로 하여금 이를 수거·폐기(= 행정상 즉시강제)하게 할 수 있도록 한 구 「음반·비디오물 및 게임물에 관한 법률」과 관련하여 헌법재판소는 불법게임물은 불법현장에서 이를 즉시 수거하지 않으면 증거인멸의 가능성이 있는 등 불법게임물에 대하여 관계당사자에게 수거·폐기를 명한 후 그 불이행을 기다려 직접강제 등 행정상 강제집행으로 나아가는 원칙적인 방법으로는 목적달성이 곤란하다고 본다. 따라서 이 법률에서 행정상 강제집행이 아니라 행정상 즉시강제를 인정한 것은 급박한 상황에 대처하기 위한 것이므로 그 불가피성과 정당성이 인정된다고 판단하였다(헌재 2002. 10. 31. 2000헌가12).

④ (O) 헌법재판소는 기본권 침해의 소지가 큰 권력작용인 「행정상 즉시강제」는 예외적인 강제수단이라고 하면서, 행정상 즉시강제는 엄격한 실정법상의 근거를 필요로 할 뿐만 아니라, 그 발동에 있어서는 법규의 범위 안에서도 다시 행정상의 장해가 목전에 급박하고(= 급박성), 다른 수단으로는 행정목적을 달성할 수 없는 경우이어야 하며(= 보충성), 이러한 경우에도 그 행사는 필요 최소한도에 그쳐야 함(= 비례의 원칙)을 내용으로 하는 조리상의 한계에 기속된다고 본다(헌재 2002. 10. 31. 2000헌가12).

14 답 ④

| 출제단원 | Part 08 행정정보공개·개인정보 보호·행정조사 |
| 출제영역 | 개인정보 보호법 |

ㄱ. (O) 헌법재판소는 개인정보자기결정권의 보호대상이 되는 개인정보는 개인의 신체, 신념, 사회적 지위, 신분 등과 같이 개인의 인격주체성을 특징짓는 사항으로서 그 개인의 동일성을 식별할 수 있게 하는 일체의 정보라고 할 수 있고, 반드시 개인의 내밀한 영역이나 사사(私事)의 영역에 속하는 정보에 국한되지 않고 공적 생활에서 형성되었거나 이미 공개된 개인정보까지 포함한다고 본다(헌재 2005. 7. 21. 2003헌마282). 대법원의 입장도 이와 같다(대법원 2016. 8. 17. 2014다235080).

ㄴ. (O) 개인정보 보호법은 정보주체의 동의를 받은 경우 개인정보처리자가 개인정보를 수집할 수 있으며, 수집목적의 범위에서 이용할 수 있고(제15조 제1항 1호), 정보주체의 개인정보를 제3자에게 제공할 수 있음을 규정하고 있다(제17조 제1항 1호). 이와 관련하여 대법원은 이미 공개된 개인정보를 정보주체의 동의가 있었다고 객관적으로 인정되는 범위 내에서 수집·이용·제공 등 처리를 할 때는 정보주체의 별도의 동의는 불필요하다고 보아야 하고, 별도의 동의를 받지 아니하였다고 하여 개인정보 보호법 제15조나 제17조를 위반한 것으로 볼 수 없다고 본다(대법원 2016. 8. 17. 2014다235080). 이는 정보주체가 직접 또는 제3자를 통하여 이미 공개한 개인정보는 공개 당시 정보주체가 자신의 개인정보에 대한 수집이나 제3자 제공 등의 처리에 대하여 일정한 범위 내에서 동의를 하였다고 할 것이고, 이와 같이 공개된 개인정보를 객관적으로 보아 정보주체가 동의한 범위 내에서 처리하는 것으로 평가할 수 있는 경우에도 또다시 정보주체의 별도의 동의를 받을 것을 요구한다면 이는 정보주체의 공개의사에도 부합하지 않고 정보주체나 개인정보처리자에게 무의미한 동의절차를 밟기 위한 비용만을 부담시키는 결과가 된다는 점을 고려한 것이다.

ㄷ. (X) 개인정보 보호법 제17조는 개인정보의 「제3자 제공」에 대해 규정하고 있고, 제26조는 개인정보의 「처리위탁」에 대해 규정하고 있다. 이와 관련하여 대법원은 개인정보 보호법 제17조에서 말하는 개인정보의 「제3자 제공」은 「본래의 개인정보 수집·이용 목적의 범위를 넘어」 정보를 제공받는 자의 업무처리와 이익을 위하여 개인정보가 이전되는 경우라고 본다. 반면, 개인정보 보호법 제26조에서 말하는 개인정보의 「처리위탁」은 「본래의 개인정보 수집·이용 목적과 관련된」 위탁자(= 개인정보의 처리업무를 위탁하는 개인정보처리자) 본인의 업무처리와 이익을 위하여 개인정보가 수탁자(= 개인정보의 처리업무를 위탁받아 처리하는 자)에게 이전되는 경우를 의미한다고 본다. 또한 대법원은 개인정보 처리위탁에 있어 수탁자는 위탁자로부터 위탁사무처리에 따른 대가를 지급받는 것 외에는 개인정보처리에 관하여 독자적인 이익을 가지지 않고, 정보제공자의 관리·감독 아래 위탁받은 범위 내에서만 개인정보를 처리하게 되므로, 개인정보 보호법 제17조에서 말하는 '제3자'에 해당하지 않는다고 본다(대법원 2017. 4. 7. 2016도13263). 정리하면 다음과 같다.

| 개인정보
제3자 제공
(제17조) | 본래의 개인정보 수집·이용 목적의 범위를 넘어 정보를 제공받는 자의 업무처리와 이익을 위하여 개인정보가 이전되는 경우를 말한다. |
| 개인정보
처리위탁
(제26조) | 본래의 개인정보 수집·이용 목적과 관련된 위탁자 본인의 업무처리와 이익을 위하여 개인정보가 수탁자에게 이전되는 경우를 말한다. |

ㄹ. (O) 대법원은 행정청이 국민의 신청에 대하여 한 거부행위가 항고소송의 대상이 되는 행정처분에 해당하려면, 행정청의 행위를 요구할 「법규상」 또는 「조리상」의 신청권이 그 국민에게 있어야 한다고 본다(대법원 2005. 2. 25. 2004두4031). 이에 따라 대법원은 피해자의 의사와 무관하게 주민등록번호가 유출된 경우에는 「조리상」 주민등록번호의 변경을 요구할 신청권을 인정함이 타당하고, 구청장의 주민등록번호 변경신청 거부행위는 항고소송의 대상이 되는 행정처분에 해당한다고 본다(대법원 2017. 6. 15. 2013두2945).

15 답 ④

| 출제단원 | Part 04 행정소송법 |
| 출제영역 | 취소소송의 제소기간 |

행정소송법에서 규정하고 있는 취소소송의 제소기간을 정리하면 다음과 같다(제20조).

| 행정심판을
거치지 않은 경우 | · 처분 등이 있음을 안 날부터 90일 이내 → 불변기간 O
· 처분 등이 있은 날부터 1년 이내 → 불변기간 X |
| 행정심판을
거친 경우 | · 재결서의 정본을 송달받은 날부터 90일 이내 → 불변기간 O
· 재결이 있은 날부터 1년 이내 → 불변기간 X |

ㄱ. (X) 행정소송법 제20조 제1항 단서에서는 행정청이 행정심판청구를 할 수 있다고 잘못 알려 청구인이 행정심판청구를 한 경우에는 「재결서의 정본을 송달받은 날부터」 제소기간이 기산됨을 규정하고 있다.

ㄴ. (X) 「행정심판」은 처분이 있음을 알게 된 날부터 90일 이내에 청구하여야 한다. 그리고 행정심판을 거친 경우에 「취소소송」은 행정심판에 대한 재결서의 정본을 송달받은 날부터 90일 이내에 제기해야 한다. 이와 관련하여 대법원은 처분이 있음을 안 날부터 90일을 넘겨 청

구한 부적법한 「행정심판청구」에 대한 재결(= 각하재결)이 있은 후, 재결서를 송달받은 날부터 90일 이내에 원래의 처분에 대하여 「취소소송」을 제기하였다고 하여 취소소송이 다시 제소기간을 준수한 것으로 되는 것은 아니므로 「각하판결」을 해야 한다고 본다(대법원 2011. 11. 24. 2011두18786). 처분이 있음을 「안 날부터 90일」이 지나면 행정심판뿐만 아니라 행정소송도 제기할 수 없다. 이와 같이 심판청구기간과 제소기간이 지남에 따라 행정심판과 행정소송을 제기할 수 없는 상황에서, 행정심판을 청구하여 심판청구기간 도과를 이유로 각하재결을 받은 후에 재결서를 송달받은 날부터 90일 이내라고 하여 취소소송의 제소기간을 준수한 것으로 평가할 수는 없다는 것이다.

ㄷ. (X) 행정심판을 거치지 않은 경우의 취소소송 제기기간과 관련하여 '처분이 있음을 안 날'이란 당사자가 「통지·공고 기타의 방법에 의하여 고지」받아 「당해 처분이 있었다는 사실을 현실적으로 안 날」을 의미한다. 이와 관련하여 대법원은 「행정처분이 상대방에게 고지」되어 상대방이 이러한 사실을 인식함으로써 「행정처분이 있다는 사실을 현실적으로 알았을 때」 행정소송법 제20조 제1항이 정한 제소기간이 진행한다고 본다. 이에 따라 대법원은 지방보훈청장이 허혈성심장질환이 있는 A에게 재심 서면판정 신체검사를 실시한 다음 종전과 동일하게 판정하는 '고엽제후유증전환 재심신체검사 무변동처분' 통보서를 송달하자 A가 이러한 처분의 취소를 구한 사안에서, 위 「처분이 A에게 고지되어 처분이 있다는 사실을 현실적으로 알았을 때」 행정소송법 제20조 제1항에서 정한 제소기간이 진행한다고 보아야 하고, A가 통보서를 송달받기 전에 자신의 의무기록에 관한 정보공개를 청구하여 위 처분을 하는 내용의 통보서를 비롯한 일체의 서류를 교부받은 날부터 제소기간을 기산할 것이 아니라고 판단하였다(대법원 2014. 9. 25. 2014두8254).

ㄹ. (O) 대법원은 행정처분의 무효확인을 구하는 소에는 특단의 사정이 없는 한 그 취소를 구하는 취지도 포함되어 있다고 보아야 하는 점 등에 비추어 볼 때, 동일한 행정처분에 대하여 「무효확인의 소(= 무효등확인소송)」를 제기하였다가 그 후 그 처분의 「취소를 구하는 소(= 취소소송)」를 추가적으로 병합한 경우, 주된 청구인 「무효확인의 소」가 적법한 제소기간 내에 제기되었다면 추가로 병합된 「취소청구의 소」도 적법하게 제기된 것으로 봄이 상당하다고 본다(대법원 2005. 12. 23. 2005두3554).

16

답 ②

| 출제단원 | Part 02 행정작용 및 절차법
| 출제영역 | 위임명령의 한계

① (O) 법률에서 위임명령에 규정될 사항을 위임함에 있어서는 구체적으로 범위를 정하여 위임해야 하며, 포괄적으로 위임해서는 안 된다는 원칙을 '포괄적 위임의 금지'라고 한다. 이에 대하여 대법원과 헌법재판소는 「조례」와 「공법상 단체의 정관」의 경우에는 포괄적 위임이 허용된다고 보아 예외를 인정하고 있다. 즉, 대법원은 법률이 공법적 단체 등의 정관에 자치법적 사항을 위임한 경우에는 포괄위임입법금지는 원칙적으로 적용되지 않는다고 본다. 다만, 그 사항이 국민의 권리·의무에 관련되는 것일 경우에는 적어도 국민의 권리·의무에 관한 기본적이고 본질적인 사항은 국회가 직접 정하여야 한다고 본다(대법원 2007. 10. 12. 2006두14476).

② (X) 헌법 제59조는 '조세의 종목과 세율은 법률로 정한다.'고 하여 조세법률주의를 규정하고 있다. 이와 같이 헌법에서 어떤 사항을 '법률로 규정'하도록 한 경우에 이러한 사항은 국회가 정해야 하며, 이를 행정부에서 정하도록 위임할 수는 없다(= 국회전속적 입법사항의 위임금지). 이와 관련하여 대법원은 헌법 제38조, 제59조에서 채택하고 있는 조세법률주의의 원칙은 과세요건과 징수절차 등 조세권 행사의 요건과 절차는 국민의 대표기관인 국회가 제정한 법률로써 규정하여야 한다는 것이나, 과세요건과 징수절차에 관한 사항을 명령·규칙 등 하위법령에 위임하여 규정하게 할 수 없는 것은 아니고, 이러한 사항을 하위법령에 위임하여 규정하게 하는 경우 구체적·개별적 위임만이 허용되며 포괄적·백지적 위임은 허용되지 아니하고(과세요건 법정주의), 이러한 법률 또는 그 위임에 따른 명령·규칙의 규정은 일의적이고 명확하여야 한다(과세요건명확주의)는 것이라고 본다(대법원 1994. 9. 30. 자 94부18). 즉, 국회전속적 입법사항이라고 하더라도 모든 사항을 법률로 정해야 하는 것은 아니고, 세부적 사항에 대해서는 구체적으로 범위를 정하여 법규명령에 위임하는 것이 가능하다는 것이다.

③ (O) 법령에 의하여 위임받은 사항을 하위명령에 재위임하는 것이 가능한지 문제된다. 이와 관련하여 대법원은 법률에서 위임받은 사항을 전혀 규정하지 않고 재위임하는 것(= 전면적 재위임)은 허용되지 않으나 위임받은 사항에 관하여 대강을 정하고 그중의 특정사항을 범위를 정하여 하위법령에 다시 위임하는 경우(= 대강을 정한 후 특정사항만을 재위임)에는 재위임이 허용된다고 본다. 또한 이러한 법리는 조례가 지방자치법 제22조(현행 제28조 제1항) 단서에 따라 주민의 권리제한 또는 의무부과에 관한 사항을 법률로부터 위임받은 후, 이를 다시 지방자치단체장이 정하는 '규칙'이나 '고시' 등에 재위임하는 경우에도 마찬가지라고 본다(대법원 2015. 1. 15. 2013두14238). 즉, 전면적 재위임은 금지되지만 대강을 정한 후 특정사항만을 재위임하는 것은 허용된다는 법리는, 법률로부터 위임받은 사항을 지방의회가 조례에서 직접 규정하지 않고, 지방자치단체장이 정하는 규칙 등에 재위임하는 경우에도 마찬가지로 적용된다는 것이다.

④ (O) 위임명령은 원칙적으로 법률이나 상위명령에서 구체적으로 범위를 정한 개별적인 위임이 있는 경우에만 제정이 가능하다. 따라서 구체적·개별적 위임이 없음에도 새로운 법규사항(= 국민의 권리·의무에 관한 사항)을 법규명령으로 규정할 수는 없다. 이와 관련하여 대법원은 시행령(= 대통령령)이나 시행규칙(= 총리령·부령)으로 「개인의 권리·의무에 관한 내용을 변경·보충하거나 법률이 정하고 있지 않은 새로운 내용」을 정하기 위해서는 원칙적으로 법률에 의한 위임이 있어야만 가능하지만, 시행령이나 시행규칙의 내용이 「모법(= 근거법률)」의 해석상 가능한 내용을 구체화한 것이라고 볼 수 있는 경우」라면, 법률에 위임규정이 없더라도 이러한 시행령이나 시행규칙을 무효라고 볼 수는 없다고 판단하였다(대법원 2014. 8. 20. 2012두19526).

17

답 ②

| 출제단원 | Part 04 행정소송법
| 출제영역 | 원고적격

행정소송법 제12조는 '취소소송은 처분 등의 취소를 구할 법률상 이익이 있는 자가 제기할 수 있다.'고 하여 원고적격을 규정하고 있다.

ㄱ. (X) 대법원은 체류자격 및 사증발급의 기준과 절차에 관한 「출입국

관리법」과 그 하위법령의 규정들은 대한민국의 출입국질서와 국경관리라는 공익을 보호하려는 취지일 뿐, 외국인에게 대한민국에 입국할 권리를 보장하거나 대한민국에 입국하고자 하는 외국인의 사익까지 보호하려는 취지로 해석하기는 어렵다고 본다. 이에 따라 「사증발급 거부처분을 다투는 외국인」은 아직 대한민국에 입국하지 않은 상태에서 대한민국에 입국하게 해 달라고 주장하는 것으로서, 대한민국과의 실질적 관련성 내지 대한민국에서 법적으로 보호가치 있는 이해관계를 형성한 경우는 아니므로 해당 처분의 취소를 구할 법률상 이익을 인정하여야 할 법정책적 필요성도 크지 않다고 본다. 반면, 「국적법상 귀화불허가처분이나 출입국관리법상 체류자격변경 불허가처분, 강제퇴거명령 등을 다투는 외국인」은 대한민국에 적법하게 입국하여 상당한 기간을 체류한 사람이므로, 이미 대한민국과의 실질적 관련성 내지 대한민국에서 법적으로 보호가치 있는 이해관계를 형성한 경우에 해당하여 해당 처분의 취소를 구할 법률상 이익이 인정된다고 본다(대법원 2018. 5. 15, 2014두42506).

ㄴ. (O) 국가기관 등 행정기관에게 항고소송의 원고적격을 인정할 수 있는지 문제된다. 이와 관련하여 대법원은 법령이 특정한 행정기관으로 하여금 다른 행정기관을 상대로 제재적 조치를 취할 수 있도록 하면서, 그에 따르지 않으면 그 행정기관에 대하여 과태료 부과나 형사처벌을 할 수 있도록 정한 경우에 다른 수단(기관소송, 권한쟁의심판)을 통해 다툴 수 없는 경우라면, 항고소송을 통한 구제대상이 될 수 있다고 본다. 따라서 이러한 권리구제나 권리보호의 필요성이 인정된다면 예외적으로 그 제재적 조치의 상대방인 행정기관 등에게 항고소송 원고로서의 당사자능력과 원고적격을 인정할 수 있다고 본다. 이에 따라 대법원은 국민권익위원회가 소방청장에게 인사와 관련하여 부당한 지시를 한 사실이 인정된다며 이를 취소할 것을 요구하기로 의결하고 그 내용을 통지하자 소방청장이 국민권익위원회 조치요구의 취소를 구하는 소송을 제기한 사안에서, 처분성이 인정되는 국민권익위원회의 조치요구에 불복하고자 하는 소방청장으로서는 조치요구의 취소를 구하는 항고소송을 제기하는 것이 유효·적절한 수단으로 볼 수 있으므로 소방청장이 예외적으로 항고소송의 당사자능력과 원고적격을 가진다고 판단하였다(대법원 2018. 8. 1. 2014두35379).

ㄷ. (O) 대법원은 행정처분의 직접 상대방이 아닌 자(= 제3자)라 하더라도 행정처분의 근거법규 또는 관련법규에 의하여 개별적·직접적·구체적으로 보호되는 이익이 있는 경우 처분의 취소를 구할 원고적격이 인정된다고 본다. 이에 따라 대법원은 지방법무사회가 법무사(A)의 사무원(B) 채용승인 신청을 거부하거나 채용승인을 얻어 채용 중인 사람(C)에 대한 채용승인을 취소하면, 상대방인 법무사(A)로서도 그 사람을 사무원으로 채용할 수 없게 되는 불이익을 입게 될 뿐만 아니라, 그 사람(B, C)도 법무사 사무원으로 채용되어 근무할 수 없게 되는 불이익을 입게 되므로, 법무사규칙 제37조 제4항이 이의신청 절차를 규정한 것은 채용승인을 신청한 법무사(A)뿐만 아니라 사무원이 되려는 사람(B, C)의 이익도 보호하려는 취지로 볼 수 있다고 본다. 따라서 지방법무사회의 사무원 채용승인 거부처분 또는 채용승인 취소처분에 대해서는 처분 상대방인 법무사(A)뿐만 아니라 그 때문에 사무원이 될 수 없게 된 사람(B, C)도 이를 다툴 원고적격이 인정되어야 한다고 본다(대법원 2020. 4. 9. 2015다34444).

ㄹ. (X) 행정처분에 관한 취소소송을 제기하기 위해서는 행정처분의 취소를 구할 법률상 이익이 있어야 하는데, 그 법률상 이익은 당해 처분의 근거법률에 의하여 보호되는 직접적이고 구체적인 이익이 있는 경우를 말하고, 간접적·사실적·경제적 이해관계를 가지는 데 불과한 경우는 여기에 해당되지 않는다. 이와 관련하여 대법원은 개발제한구역 중 일부 취락(A토지)을 개발제한구역에서 해제하는 내용의 도시관리계획변경결정에 대하여, 개발제한구역 해제대상에서 누락된 토지(B토지)의 소유자는 위 결정(A토지를 개발제한구역에서 해제하는 결정)의 취소를 구할 법률상 이익이 없다고 본다(대법원 2008. 7. 10. 2007두10242). 원고(B토지의 소유자)의 청구취지와 같이 도시관리계획변경결정 중 A토지 부분이 취소된다 하더라도 그 결과 제3자 소유의 토지(A토지)가 종전과 같이 개발제한구역으로 남게 되는 결과가 될 뿐, 원고 소유의 B토지가 개발제한구역에서 해제되는 것도 아니기 때문에 원고에게 제3자 소유의 A토지에 관한 도시관리계획변경결정의 취소를 구할 직접적이고 구체적인 이익이 있다고 할 수 없기 때문이다.

18 ④

출제단원 Part 02 행정작용 및 절차법, Part 04 행정소송법
출제영역 부관, 항고소송의 대상적격, 집행정지, 취소소송 판결의 효력

① (O) 대법원은 종래의 전통적 견해와 같은 입장에서 기속행위의 경우 법령상 근거가 있다면 부관을 붙일 수 있을 것이지만, 법령상 근거가 없다면 부관을 붙일 수 없다고 본다. 반면, 재량행위의 경우 법령에 근거가 없다고 하더라도 부관을 붙일 수 있다고 본다.

> **참고** 행정기본법
> 제17조(부관) ① 행정청은 처분에 재량이 있는 경우에는 부관(조건, 기한, 부담, 철회권의 유보 등을 말한다. 이하 이 조에서 같다)을 붙일 수 있다.
> ② 행정청은 처분에 재량이 없는 경우에는 법률에 근거가 있는 경우에 부관을 붙일 수 있다.
> ◎ 행정기본법은 대법원의 입장에 따라 기속행위와 재량행위의 부관가능성을 규정하였다.

② (O) 대법원은 국민의 신청에 대하여 한 행정청의 거부행위가 취소소송의 대상이 되기 위하여는 국민이 그 신청에 따른 행정행위를 하여 줄 것을 요구할 수 있는 「법규상 또는 조리상의 권리」가 있어야 한다고 본다. 이와 관련하여 지방자치단체장이 공장시설을 신축하는 회사에 대하여 사업승인 내지 건축허가 당시 부가하였던 조건을 이행할 때까지 신축공사를 중지하라는 명령을 한 경우, 위 회사에게는 중지명령의 원인사유가 해소되었음을 이유로 당해 공사중지명령의 해제를 요구할 수 있는 권리가 조리상 인정된다고 본다(대법원 2007. 5. 11. 2007두1811).

③ (O) 행정소송법은 '취소소송의 제기는 처분 등의 효력이나 그 집행 또는 절차의 속행에 영향을 주지 아니한다.'고 하여 집행부정지의 원칙을 규정하고 있다(제23조 제1항). 다만, 일정한 요건하에 예외적으로 집행정지를 인정한다(제23조 제2항). 그런데 거부처분에 대하여도 집행정지가 가능한지 문제된다. 이와 관련하여 대법원은 신청에 대한 거부처분의 효력을 정지하더라도 거부처분이 없었던 것과 같은 상태, 즉 거부처분이 있기 전의 신청시의 상태로 되돌아가는 데에 불

과하다고 본다. 즉, 행정청에게 신청에 따른 처분을 하여야 할 의무가 생기는 것이 아니므로, 거부처분의 효력정지는 그 거부처분으로 인하여 신청인에게 생길 손해를 방지하는 데 아무런 보탬이 되지 않으므로 거부처분에 대해서는 집행정지가 인정되지 않는다고 본다(대법원 1995. 6. 21. 자 95두26).

④ (X) 「판결」이 확정되면 그 후의 절차에서 동일한 사항이 문제되는 경우에도 당사자와 승계인은 기존 판결에 반하는 주장을 할 수 없고 법원도 그것에 반하는 판단을 할 수 없는 구속을 받게 되는데, 이러한 판결의 효력을 '기판력'이라고 한다. 기판력은 확정된 판결에 인정되며, 인용판결뿐만 아니라 기각판결과 각하판결에도 인정된다. 판결이 확정되어 기판력이 발생하면 당사자는 동일한 소송물을 대상으로 다시 소를 제기할 수 없다(= 반복금지효). 또한 당사자는 후소(= 전소 확정판결 후 제기한 소송)에서 전소(= 앞서 제기한 소송)의 확정판결의 내용에 반하는 주장을 할 수 없고, 법원은 전소판결에 반하는 판단을 할 수 없다(= 모순금지효). 이와 관련하여 대법원은 행정청이 관련 법령에 근거하여 행한 공사중지명령의 상대방이 명령의 취소를 구한 소송(= 전소)에서 패소(= 기각판결)함으로써 그 명령이 적법한 것으로 이미 확정되었다면, 이후 공사중지명령의 상대방은 그 명령의 해제신청을 거부한 처분의 취소를 구하는 소송(= 후소)에서 그 명령의 적법성을 다툴 수 없다고 본다(대법원 2014. 11. 27. 2014두37665). 행정청의 공사중지명령에 대한 취소소송(= 전소)에서 기각판결이 확정된 경우(= 공사중지명령이 적법한 것으로 확정된 경우) 기각판결의 기판력은 당해 처분이 적법하다는 것에 미치기 때문에 후소에서 이와 모순된 주장을 할 수 없다는 것이다.

19 ②

출제단원 Part 02 행정작용 및 절차법, Part 04 행정소송법
출제영역 하자의 승계, 항고소송의 대상적격

① (X) '개별공시지가'란 시장·군수·구청장이 각종 세금의 부과 등과 같은 목적을 위한 지가산정을 위하여 표준지공시지가를 기준으로 산정한 개별토지의 단위면적당 가격을 말한다. 이때 '표준지'란 토지이용상황이나 주변환경 등이 일반적으로 유사하다고 인정되는 여러 토지 중에서 선정한 표준이 되는 토지를 말하고, '표준지공시지가'란 국토교통부장관이 조사·평가하여 공시한 표준지의 단위면적당 가격을 말한다. 이와 관련하여 대법원은 시장·군수·구청장의 개별토지가격결정은 관계법령에 의한 토지초과이득세, 택지초과소유부담금 또는 개발부담금 산정의 기준이 되어 국민의 권리나 의무 또는 법률상 이익에 직접적으로 관계되는 것으로서 행정청이 행하는 구체적 사실에 관한 법집행으로서 공권력 행사이므로 항고소송의 대상이 되는 행정처분에 해당한다고 본다(대법원 1993. 6. 11. 92누16706). 따라서 甲은 과세처분이 있기 전에도 처분성이 인정되는 개별공시지가결정에 대해서 취소소송을 제기할 수 있다.

② (O) 대법원은 선·후의 행정행위가 서로 「독립」하여 「별개의」 법적 효과를 목적으로 하는 경우에는 원칙적으로 하자의 승계를 부정한다. 다만, 선행 행정행위의 하자를 후행 행정행위에서 다투지 못하게 하는 것이 그로 인하여 불이익을 입게 되는 자에게 「수인한도를 넘는 가혹함」을 가져오며, 당사자에게 「예측가능한 것이 아닌 경우」에는 예외적으로 하자의 승계를 긍정한다. 예를 들어, 대법원은 「개별공시지가결정」과 이를 기초로 한 「과세처분」은 서로 독립하여 별개의 법률효과를 목적으로 하는 것으로 본다. 다만, 후행 행정행위인 과세처분에서 선행 행정행위인 개별공시지가결정의 위법을 주장할 수 없도록 하는 것은 수인한도를 넘는 불이익을 강요하는 것이라고 본다. 따라서 「개별공시지가결정」과 「과세처분」은 서로 「독립」하여 「별개」의 법률효과를 목적으로 하는 것이지만 예외적으로 하자의 승계를 긍정한다(대법원 1994. 1. 25. 93누8542). 따라서 甲은 후행 행정행위인 과세처분의 위법성이 인정되지 않더라도 과세처분 취소소송에서 선행 행정행위인 개별공시지가결정의 위법을 독립된 위법사유로 주장할 수 있다.

③ (X) 대법원은 지목(= 토지의 주된 사용목적에 따라 토지의 종류를 구분·표시하는 명칭)은 토지행정의 기초로서 공법상의 법률관계에 영향을 미치고, 토지소유자는 지목을 토대로 토지의 사용·수익·처분에 일정한 제한을 받게 되는 점 등을 고려하면, 지목은 토지소유권을 제대로 행사하기 위한 전제요건으로서 토지소유자의 실체적 권리관계에 밀접하게 관련되어 있다고 본다. 따라서 지적공부 소관청의 지목변경신청 반려행위는 국민의 권리관계에 영향을 미치는 것으로서 항고소송의 대상이 되는 행정처분에 해당한다고 본다(대법원 2004. 4. 22. 2003두9015).

④ (X) 토지와 같은 부동산의 소유권이 이전되기 위해서는 등기부에 소유권 이전등기를 해야 한다. 즉, 토지대장(= 토지의 위치·지번·지목·면적, 소유자의 주소·주민등록번호·성명 또는 명칭 등을 등록하여 토지의 상황을 명확하게 하는 장부)에 소유자명의가 변경된다고 하여 토지의 소유권이 이전되지는 않는다. 이와 관련하여 대법원은 토지대장상의 소유자명의가 변경된다고 하여도 이로 인하여 당해 토지에 대한 소유권과 같은 실체상의 권리관계에 변동을 가져올 수 없으므로 소관청이 토지대장상의 소유자명의변경신청을 거부한 행위는 항고소송의 대상이 되는 행정처분이라고 할 수 없다고 본다(대법원 2012. 1. 12. 2010두12354).

20 ③

출제단원 Part 02 행정작용 및 절차법, Part 04 행정소송법, Part 05 행정심판법
출제영역 법규명령형식의 행정규칙, 재량처분의 취소, 임의적 행정심판전치주의, 행정심판위원회

① (O) 행정심판법 제6조 제3항에서는 시·도의 관할구역에 있는 「시·군·자치구의 장」의 처분 또는 부작위에 대한 행정심판의 청구는 「시·도지사 소속의 행정심판위원회」에서 심리·재결한다고 규정하고 있다. 따라서 A도(道)의 관할구역에 있는 B군(郡)의 장인 B군수가 한 영업정지처분에 대한 행정심판은 A도 행정심판위원회에 청구할 수 있다.

② (O) 행정소송법 제18조 제1항 본문에서는 「취소소송은 법령의 규정에 의하여 당해 처분에 대한 행정심판을 제기할 수 있는 경우에도 이를 거치지 아니하고 제기할 수 있다.」고 규정하고 있다(= 원칙적 행정심판임의주의). 다만, 단서에서 '다른 법률에 당해 처분에 대한 행정심판의 재결을 거치지 아니하면 취소소송을 제기할 수 없다는 규정이 있는 때'에는 예외적으로 행정심판을 필수적으로 거치도록 하고 있다(= 예외적 행정심판전치주의). 사례는 예외적 행정심판전치

주의가 적용되는 경우가 아니므로 원칙적 행정심판임의주의에 따라 甲은 행정심판을 청구하지 않고 바로 영업정지처분에 대한 취소소송을 제기할 수 있다.

③ (X) 법규명령(= 대통령령·총리령·부령)의 형식을 취하고 있지만, 규율하고 있는 내용은 행정규칙의 실질을 가지는 것을 「법규명령형식의 행정규칙」이라고 한다. 법규명령형식의 행정규칙의 법적 성질에 대하여 대법원은 「부령(= 시행규칙)형식」으로 정해진 제재적 처분기준은 「행정규칙」의 성질을 가진다고 본다. 반면, 「대통령령(= 시행령)형식」으로 정해진 제재적 처분기준은 「법규명령」의 성질을 가진다고 본다. 예를 들어, 대법원은 식품위생법 시행규칙에서 별표로 식품위생법에 따른 행정처분의 기준을 정하였다 하더라도, 이는 「형식은 부령(= 시행규칙)」으로 되어 있으나 성질은 행정기관 내부의 사무처리준칙을 규정한 것에 불과한 것으로서 보건사회부장관이 관계 행정기관 및 직원에 대하여 직무권한행사의 지침을 정하여 주기 위하여 발한 「행정명령(= 행정규칙)의 성질」을 가지는 것이며 대외적으로 국민이나 법원을 기속하는 힘이 있는 것은 아니라고 본다(대법원 1993. 6. 29. 93누5635). 즉, 부령 형식으로 제재적 처분기준을 정한 경우에 그 효력은 대외적으로 국민이나 법원을 기속하지 않는 「행정규칙」이라는 것이다. 제시된 사례에서 「식품위생법 시행규칙」으로 정하고 있는 행정처분기준은 「시행규칙(= 법규명령인 부령)」의 형식으로 되어 있으므로, '행정규칙'의 형식이라는 설명은 옳지 않다. 또한 대법원은 부령(= 시행규칙)형식으로 정해진 제재적 처분기준을 행정규칙의 성질을 가진다고 보므로, 대외적인 구속력을 가진다는 설명도 옳지 않다.

④ (O) 행정소송법에서는 '행정청의 재량에 속하는 처분이라도 재량권의 한계를 넘거나 그 남용이 있는 때에는 법원은 이를 취소할 수 있다.'고 규정하고 있다(제27조). 즉, 재량행위에 대한 사법심사를 인정하고 있는 것이다. 따라서 재량행위가 위법하다는 이유로 소송이 제기된 경우에 법원은 재량행위가 사법심사의 대상이 될 수 없다는 이유로 각하할 것이 아니라, 재량의 일탈이나 남용이 있는지 여부를 심사하여 재량의 일탈이나 남용에 해당한다면 이를 취소하고, 이에 해당하지 않는다면 기각하여야 한다.

2020년 국가직 9급
행정법총론

문제편 p.27

01 ④ 02 ① 03 ② 04 ② 05 ③ 06 ① 07 ① 08 ① 09 ④ 10 ②
11 ① 12 ③ 13 ② 14 ① 15 ② 16 ④ 17 ② 18 ③ 19 ② 20 ③

01 ④

출제단원 Part 01 행정법 서설
출제영역 행정법의 법원(法源), 행정법의 효력

① (O) '조약'은 성문법원 중 한 가지로서, 명칭을 불문하고 국가와 국가 사이 또는 국가와 국제기구 사이의 법적 구속력이 있는 합의를 말한다. 헌법은 '헌법에 의하여 체결·공포된 조약과 일반적으로 승인된 국제법규는 국내법과 같은 효력을 가진다.'고 규정하여 조약이 법원(法源)에 해당함을 규정하고 있다(제6조 제1항). 조약 중 국회의 동의를 받은 조약은 법률과 동일한 효력이 인정되고, 국회의 동의를 받지 않은 조약은 명령과 동일한 효력이 인정된다. 이와 관련하여 대법원은 '1994년 관세 및 무역에 관한 일반협정'(GATT)과 '정부조달에 관한 협정'(AGP)은 국회의 동의를 얻어 공포 시행된 조약으로서 각 헌법 제6조 제1항에 의하여 국내법령과 동일한 효력을 가지므로 지방자치단체가 제정한 조례가 GATT나 AGP에 위반되는 경우에는 그 효력이 없다고 본다(대법원 2005. 9. 9. 2004추10). 참고로 이 사례는 특정 지방자치단체의 초·중·고등학교에서 실시하는 학교급식을 위해 위 지방자치단체에서 생산되는 우수농산물을 우선적으로 사용하도록 하고, 그러한 우수농산물을 사용하는 자를 선별하여 식재료나 식재료 구입비의 일부를 지원하며 지원을 받은 학교는 지원금을 반드시 우수농산물을 구입하는 데 사용하도록 하는 것을 내용으로 하는 위 지방자치단체의 조례안이 내국민대우원칙(= 외국산 물품이라도 일단 수입이 완료된 후에는 자국산 물품과 동등한 대우를 받아야 한다는 원칙)을 규정한 '1994년 관세 및 무역에 관한 일반협정'(GATT)에 위반되어 그 효력이 없다고 한 사례이다.

② (O) 법령에서 시행일을 규정하고 있지 않은 경우에 법률, 대통령령, 총리령 및 부령은 공포한 날부터 20일을 경과함으로써 효력을 발생한다(헌법 제53조 제7항, 법령 등 공포에 관한 법률 제13조). 다만, 국민의 권리제한 또는 의무부과와 직접 관련되는 법률, 대통령령, 총리령 및 부령은 긴급히 시행하여야 할 특별한 사유가 있는 경우를 제외하고는 공포일부터 적어도 30일이 경과한 날부터 시행되도록 하여야 한다(법령 등 공포에 관한 법률 제13조의2). 이와 같이 공포일과 시행일 사이에 일정한 시간적 간격을 두는 것은 행정법령의 내용을 국민에게 미리 주지시키기 위해서이다.

③ (O) 소급입법에는 「이미 종료된 과거의 사항」을 규율대상으로 하는 소급입법인 「진정소급입법」과 과거에 발생하여 「현재까지 지속되고 있는 사항」을 규율대상으로 하는 소급입법인 「부진정소급입법」이 있다. 이와 관련하여 헌법재판소는 「진정소급입법」은 원칙적으로 허용되지 않는 것이 원칙이지만, 일반적으로 「ⓐ 국민이 소급입법을 예상할 수 있었거나 법적 상태가 불확실하고 혼란스러워 보호할 만한

신뢰이익이 적은 경우」와 「ⓑ 소급입법에 의한 당사자의 손실이 없거나 아주 경미한 경우」 그리고 「ⓒ 신뢰보호의 요청에 우선하는 심히 중대한 공익상의 사유가 소급입법을 정당화하는 경우」 등에는 예외적으로 진정소급입법이 허용될 수 있다고 본다(헌재 1999. 7. 22. 97헌바76). 반면, 「부진정소급입법」은 원칙적으로 허용되지만, 소급효를 요구하는 공익상의 사유와 기존 법령에 대한 국민의 신뢰보호의 요청을 비교하여 신뢰보호의 요청이 더 클 경우에는 부진정소급입법이 제한된다고 본다(헌재 1999. 7. 22. 97헌바76). 정리하면 다음과 같다.

구분		진정소급입법	부진정소급입법
의의		이미 종료된 과거의 사항을 규율하는 것	과거에 발생하여 현재까지 지속되고 있는 사항을 규율하는 것
허용 여부	원칙	금지	허용
	예외	허용	금지

④ (X) 법률을 위반한 행위가 있은 후 법률 개정으로 해당 행위가 처벌대상이 아닌 것으로 된 경우에 해당 행위자를 개정 전 법률을 근거로 처벌할 수 있는지 문제된다. 이와 관련하여 대법원은 범죄의 성립과 처벌에 관하여 규정한 형벌법규 자체 또는 그로부터 수권 내지 위임을 받은 법령의 변경에 따라 범죄를 구성하지 아니하게 되거나 형이 가벼워진 경우에는, 종전 법령이 범죄로 정하여 처벌한 것이 부당하였다거나 과형이 과중하였다는 반성적 고려에 따라 변경된 것인지 여부를 따지지 않고 원칙적으로 신법이 적용된다고 본다(대법원 2022. 12. 22. 2020도16420 전합).

> **+ 참고** 행정기본법
> 종래 대법원은 범죄 후 법령이 피고인에게 유리하게 개정된 경우에 법령을 개정하게 된 「동기」가 「반성적 고려에 따른 법적 견해의 변경」에 기인한 경우에는 처벌할 수 없지만, 「단순한 사실관계의 변화」에 기인한 경우에는 처벌할 수 있다고 보았었다(= 동기설). 그러나 최근 대법원은 범죄 후 법령이 피고인에게 유리하게 바뀐 경우에는 신법을 적용해야 한다고 판단하여 기존 입장을 변경하였다. 원본 문제의 ④번 선택지는 기존 대법원 입장에 따른 판례를 전제로 출제되었기에 선택지의 내용을 수정하였다.

02

답 ①

출제단원 Part 01 행정법 서설
출제영역 신뢰보호의 원칙

신뢰보호의 원칙이란 행정기관의 말 또는 행동에 대하여 국민이 신뢰를 갖고 행위를 한 경우에, 국민의 신뢰가 「보호할 가치가 있는 경우」라면 이러한 신뢰를 보호해 주어야 한다는 것이다.

① (X) 신뢰보호원칙이 적용되기 위해서는 신뢰의 대상이 되는 「행정청의 선행조치」가 있어야 한다. 이와 관련하여 대법원은 「폐기물관리법령에 의한 폐기물처리업 사업계획에 대한 적정통보」와 「국토이용관리법령에 의한 국토이용계획변경」은 각기 그 제도적 취지와 결정단계에서 고려해야 할 사항들이 다르므로, 「폐기물처리업 사업계획에 대하여 적정통보」를 한 것만으로 그 사업부지토지에 대한 「국토이용계획변경신청을 승인」하여 주겠다는 취지의 공적인 견해표명을 한 것으로 볼 수 없다고 본다(대법원 2005. 4. 28. 2004두8828). 즉, 폐기물관리법령에 의한 폐기물처리업 적정통보가 국토이용관리법령에 의한 국토이용계획변경신청 승인과의 관계에서는 행정청의 선행조치에 해당하지 않는다는 것이다.

② (O) 대법원은 행정청이 상대방에게 장차 어떤 처분을 하겠다고 확약 또는 공적인 의사표명을 한 경우에, 확약 또는 공적인 의사표명이 있은 후에 사실적·법률적 상태가 변경되었다면, 그와 같은 확약 또는 공적인 의사표명은 행정청의 별다른 의사표시를 기다리지 않고 실효된다고 본다(대법원 1996. 8. 20. 95누10877). 참고로 확약이란 장래 일정한 행정행위를 하거나 하지 않을 것을 약속하는 행정청의 의사표시를 말한다.

③ (O) 대법원은 신뢰보호원칙을 적용하기 위해 필요한 요건 중 신뢰의 대상인 선행조치를 '공적인 견해표명'으로 한정한다. 이때 행정청의 공적 견해표명이 있었는지의 여부는 행정조직상의 형식적인 권한분장(= 권한을 나누어 맡아 처리함)에 구애될 것은 아니고, 담당자의 조직상의 지위와 임무, 당해 언동을 하게 된 구체적인 경위 및 그에 대한 상대방의 신뢰가능성에 비추어 실질에 의하여 판단해야 한다고 본다(대법원 1997. 9. 12. 96누18380).

④ (O) 입법예고를 통해 법령안의 내용을 국민에게 예고한 것만으로 국가가 이해관계자들에게 신뢰를 부여하였다고 볼 수 있는지 문제된다. 이와 관련하여 대법원은 정책의 주무부처인 중앙행정기관이 그 소관사항에 대하여 입안한 법령안은 법제처 심사 등의 절차를 거쳐 공포함으로써 확정되므로, 법령이 확정되기 이전에는 법적 효과가 발생할 수 없다고 본다. 따라서 입법예고를 통해 법령안의 내용을 국민에게 예고한 적이 있다고 하더라도 그것이 법령으로 확정되지 아니한 이상 국가가 이해관계자들에게 위 법령안에 관련된 사항을 약속하였다고 볼 수 없으며, 이러한 사정만으로 어떠한 신뢰를 부여하였다고 볼 수도 없다고 본다(대법원 2018. 6. 15. 2017다249769).

03

답 ②

출제단원 Part 01 행정법 서설, Part 02 행정작용 및 절차법
출제영역 사인의 공법행위로서 신고, 행정절차법

① (O) 건축법상 일반적인 건축신고는 수리를 요하지 않는 신고(= 자기완결적 신고)이다. 반면, 건축법에는 건축신고를 한 경우 다른 법령상의 인·허가까지 받은 것으로 보는 규정(제14조 제2항)이 있는데, 이와 관련하여 대법원은 「인·허가의제 효과를 수반하는 건축신고」는 「일반적인 건축신고」와는 달리, 특별한 사정이 없는 한 행정청이 그 실체적 요건에 관한 심사를 한 후 수리하여야 하는 이른바 '수리를 요하는 신고'라고 본다(대법원 2011. 1. 20. 2010두14954). 건축법상 건축신고의 성질을 정리하면 다음과 같다.

일반적인 건축신고 (건축법 제14조 제1항)	인·허가의제효를 수반하는 건축신고 (건축법 제14조 제2항)
자기완결적 신고 → 수리를 요하지 않는 신고	행위요건적 신고 → 수리를 요하는 신고

② (X) 수리를 요하는 신고(= 행위요건적 신고)의 경우 신고만으로 법적 효과가 발생하지는 않으며, 행정청이 수리를 해야만 법적 효과가 발생한다. 따라서 행정청의 수리거부는 처분에 해당한다. 반면, 수리를 요하지 않는 신고(= 자기완결적 신고)의 수리거부는 원칙적으로 처분이 아니다. 수리를 요하지 않는 신고의 경우 행정청의 수리 없이도

신고 자체로 신고의 법적 효과가 발생하므로 행정청의 수리거부행위는 아무런 법적 의미를 갖지 않는다고 보기 때문이다. 그런데 대법원은 몇 가지 경우에 「예외적」으로 「수리를 요하지 않는 신고의 수리거부」의 처분성을 인정하고 있다. 예를 들어, 대법원은 행정청의 착공신고 반려행위가 항고소송의 대상이 되는지 여부에 대하여, 건축주 등으로서는 착공신고가 반려될 경우, 이를 무시하고 당해 건축물의 착공을 개시하면 시정명령, 이행강제금, 벌금의 대상이 되거나 당해 건축물을 사용하여 행할 행위의 허가가 거부될 우려가 있어 불안정한 지위에 놓이게 된다고 본다. 따라서 착공신고 반려행위가 이루어진 단계에서 반려행위의 적법성을 다투어 법적 불안을 해소한 다음 건축행위에 나아가도록 함으로써 장차 있을지도 모르는 위험에서 미리 벗어날 수 있도록 길을 열어 줄 필요가 있다고 본다. 또한 이렇게 함으로써 위법한 건축물의 양산과 철거를 둘러싼 분쟁을 조기에 근본적으로 해결할 수 있게 하는 것이 법치행정의 원리에 부합한다고 본다. 즉, 대법원은 수리를 요하지 않는 신고의 성격을 갖는 건축물착공신고의 반려행위도 항고소송의 대상이 되는 처분이라고 본다(대법원 2011. 6. 10. 2010두7321).

③ (O) 대법원은 주민등록의 신고는 행정청에 도달하기만 하면 신고로서의 효력이 발생하는 것이 아니라 행정청이 수리한 경우에 비로소 신고의 효력이 발생한다고 본다(대법원 2009. 1. 30. 2006다17850). 즉, 주민등록의 신고는 수리를 요하는 신고라고 본다.

④ (O) 행정절차법에 의하면 행정청이 당사자에게 「의무를 과하거나 권익을 제한하는 처분」을 함에 있어서는 당사자 등에게 처분의 사전통지를 하고, 의견제출의 기회를 주어야 한다(제21조 제1항, 제22조 제3항). 이와 관련하여 대법원은 식품위생법상 영업자지위승계신고가 문제된 사안에서, 「영업자의 지위를 승계한 자(B)」가 관계행정청에 이를 신고하여 행정청이 이를 수리하게 되면 「종전의 영업자(A)」에 대한 영업허가가 효력을 잃게 된다고 본다. 따라서 행정청이 영업자지위승계신고를 수리하는 처분은 「종전의 영업자(A)」의 권익을 제한하는 처분이라는 것이다. 그러므로 행정청은 「영업자의 지위를 승계한 자(B)」가 한 신고(= 영업자지위승계신고)를 수리하는 처분을 함에 있어서 「종전의 영업자(A)」에 대하여 처분의 사전통지를 하고 의견제출의 기회를 부여하고 처분을 하여야 한다고 본다(대법원 2003. 2. 14. 2001두7015).

04   답 ②

| 출제단원 | Part 02 행정작용 및 절차법 |
| 출제영역 | 행정규칙 |

① (O) 대법원은 법령에서 행정처분의 요건 중 일부 사항을 부령으로 정할 것을 「위임」한 데 따라 시행규칙 등 부령에서 이를 정한 경우에 그 부령의 규정은 국민에 대해서도 구속력이 있는 법규명령에 해당한다고 본다. 반면, 법령의 위임이 「없음」에도 법령에 규정된 처분요건에 해당하는 사항을 부령에서 변경하여 규정한 경우에는 그 부령의 규정은 행정청 내부의 사무처리기준 등을 정한 것으로서 행정조직 내에서 적용되는 행정명령(= 행정규칙)의 성격을 지닐 뿐 국민에 대한 대외적 구속력은 없다고 본다(대법원 2013. 9. 12. 2011두10584).

② (X) 행정청(A) 내의 의사결정권을 보조기관(B)에 위임하여 당해 보조기관(B)의 결재로써 행정청(A)의 내부적인 의사결정이 확정되도록 하는 것을 위임전결이라고 한다. 이때 위임받은 보조기관(B)은 외부적으로 권한 행사를 함에 있어 위임을 한 행정청(A)의 이름으로 하여야 한다. 그런데 전결규정에 위반하여 원래의 전결권자(B) 아닌 보조기관(C) 등이 처분권자인 행정관청(A)의 이름으로 행정처분을 한 경우, 그 처분의 효력이 문제된다. 이와 관련하여 대법원은 전결과 같은 행정권한의 내부위임은 법령상 처분권자인 행정관청이 내부적인 사무처리의 편의를 도모하기 위하여 그의 보조기관 또는 하급 행정관청으로 하여금 그의 권한을 사실상 행사하게 하는 것으로서 법률이 위임을 허용하지 않는 경우에도 인정되는 것이므로, 설사 행정관청 내부의 사무처리규정(= 행정규칙)에 불과한 전결규정에 위반하여 원래의 전결권자 아닌 보조기관 등이 처분권자인 행정관청의 이름으로 행정처분을 하였다고 하더라도 그 처분이 권한 없는 자에 의하여 행하여진 무효의 처분이라고는 할 수 없다고 본다(대법원 1998. 2. 27. 97누1105). 참고로 이 사례는 태안군사무전결처리규칙상 공유재산의 사용허가는 부군수의 전결사항으로 규정되어 있어 부군수가 태안군수의 명의로 처분을 해야 하는 것인데도 부군수가 아닌 재무과장이 태안군수의 명의로 처분을 한 사안이다.

③ (O) 법률에서 규정한 내용을 구체화할 필요가 있어 법령의 위임을 받아 그 구체적인 내용을 훈령이나 고시와 같은 행정규칙의 형식으로 정하는 경우를 「법령보충적 행정규칙(= 법령보충규칙)」이라고 한다. 이와 관련하여 대법원은 법령의 규정이 특정 행정기관에게 법령내용의 구체적 사항을 정할 수 있는 권한을 부여하면서 권한 행사의 절차나 방법을 특정하지 않은 경우에는 수임 행정기관(= 권한을 위임받은 행정기관)은 「행정규칙이나 규정 형식」으로 법령 내용이 될 사항을 구체적으로 정할 수 있다고 본다. 이 경우 이러한 행정규칙 등은 당해 법령의 위임한계를 벗어나지 않는 한 대외적 구속력이 있는 법규명령으로서 효력을 가지게 되지만, 이는 행정규칙이 갖는 일반적 효력이 아니라 행정기관에 법령의 구체적 내용을 보충할 권한을 부여한 법령규정의 효력에 근거하여 예외적으로 인정되는 것이라고 본다(대법원 2012. 7. 5. 2010다72076). 즉, 법령보충적 행정규칙은 대외적인 구속력이 인정되지 않는 일반적인 행정규칙과는 달리 법령규정과 결합하여 대외적으로 구속력이 있는 법규명령으로서의 효력을 가진다는 것이다.

④ (O) 헌법소원의 대상이 되기 위해서는 공권력주체에 의한 행위로서 국민의 권리·의무에 직접적인 영향을 미치는 행위인 「공권력 행사」에 해당해야 한다. 그런데 재량권 행사의 기준을 정하는 행정규칙인 재량준칙이 헌법소원의 대상이 될 수 있는지 문제된다. 이와 관련하여 헌법재판소는 재량준칙이 그 정한 바에 따라 되풀이 시행되어 행정관행이 이룩되게 되면 평등의 원칙이나 신뢰보호의 원칙에 따라 행정기관은 상대방에 대한 관계에서 그 규칙에 따라야 할 자기구속을 당하게 되어 대외적인 구속력을 갖는다고 본다. 따라서 이러한 경우에는 헌법소원의 대상이 될 수도 있다고 본다(헌재 1990. 9. 3. 90헌마13). 참고로 행정규칙이 헌법소원의 대상이 될 수 있는지는 다음과 같이 구분하여 정리해야 한다.

| 원칙 | 행정규칙은 원칙적으로 행정 내부의 행위로서 국민에게 직접적인 효력이 인정되지 않는다.
→ 헌법소원의 대상 X |

예외	법령보충 규칙	상위법령과 결합하여 대외적인 구속력을 갖는 법규명령으로서 기능한다. → 헌법소원의 대상 O
	재량준칙	재량준칙이 되풀이 시행되어 행정관행을 이루게 되어 행정기관이 그 규칙에 따라야 할 자기구속을 당하게 되는 경우에는 대외적인 구속력을 갖는다. → 헌법소원의 대상 O

05
답 ③

출제단원 Part 02 행정작용 및 절차법
출제영역 행정행위의 하자

① (O) 대법원은 행정청이 청문절차를 이행함에 있어 청문서 도달기간을 지키지 않았다면 청문의 절차적 요건을 준수하지 않은 것이므로 이를 바탕으로 한 행정처분은 일단 위법하다고 본다. 다만, 청문제도의 취지는 처분의 상대방에게 미리 변명과 유리한 자료를 제출할 기회를 부여함으로써 부당한 권리침해를 예방하려는 데에 있는 것이므로, 처분의 상대방이 이의하지 않고 청문일에 스스로 출석하여 방어의 기회를 충분히 가졌다면 청문서 도달기간을 다소 어겼다 하여도 이러한 하자는 치유된다고 본다(대법원 1992. 10. 23. 92누2844).

② (O) 일단 유효하게 성립한 행정행위를 처분청이 「성립 당시」의 하자를 이유로 직권으로 그 효력을 소멸시키는 것을 직권취소라고 한다. 이와 관련하여 대법원은 행정처분을 한 처분청은 처분의 성립에 하자가 있는 경우 이를 취소할 별도의 법적 근거가 없다고 하더라도 직권으로 취소할 수 있다고 본다(대법원 2002. 5. 28. 2001두9653). 처분청의 처분권 속에는 취소권이 당연히 포함되어 있다고 보기 때문이다.

③ (X) 대법원은 행정처분에 있어 수 개의 처분사유 중 일부가 적법하지 않다고 하더라도 다른 처분사유로써 그 처분의 정당성이 인정되는 경우에는 그 처분을 위법하다고 할 수 없다고 본다(대법원 2013. 10. 24. 2013두963).

④ (O) 행정이 여러 단계의 행정행위를 거쳐 행해지는 경우에 「선행 행정행위」의 위법을 이유로 적법한 「후행 행정행위」의 위법을 주장할 수 있는 것을 하자의 승계라고 한다. 따라서 「후행 행정행위」의 위법을 이유로 「선행 행정행위」를 다투는 것은 하자의 승계문제가 아니다. 이와 관련하여 대법원은 계고처분의 후속절차인 「대집행(= 후행 행정행위)」에 위법이 있다고 하더라도, 그와 같은 후속절차에 위법성이 있다는 점을 들어 선행절차인 「계고처분(= 선행 행정행위)」이 부적법하다는 사유로 삼을 수는 없다고 본다(대법원 1997. 2. 14. 96누15428). 참고로 대집행은 '계고 → 대집행영장에 의한 통지 → 대집행의 실행 → 비용징수'라는 절차를 거친다. 계고란 상당한 기간 내에 의무의 이행을 하지 않으면 대집행을 한다는 의사를 사전에 통지하는 행위를 말하며, 항고소송의 대상이 되는 처분에 해당한다.

06
답 ①

출제단원 Part 02 행정작용 및 절차법
출제영역 허가의 기간, 행정행위의 부관

부관이란 행정행위의 효과를 제한 또는 보충하기 위하여 행정기관에 의하여 주된 행정행위에 부가된 종된 규율을 말한다(다수설).

ㄱ. (O) 대법원은 허가에 붙은 기한이 그 허가된 사업의 성질상 부당하게 짧은 경우에는 이를 「허가 자체의 존속기간」이 아니라, 「허가조건의 존속기간」으로 본다. 따라서 그 기한이 도래하면 허가에 붙은 조건의 개정을 고려한다(= 허가에 붙은 조건을 다시 정한다)는 것이다. 다만, 이러한 경우에도 허가기간이 연장되기(= 허가 자체의 효력이 유지되기) 위해서는 허가기간이 만료되기 전에 「허가기간의 연장에 관한 신청」이 있어야 하며, 만일 연장신청이 없는 상태에서 허가기간이 만료하였다면 허가의 효력은 상실된다고 본다(대법원 2007. 10. 11. 2005두12404). 참고로 「허가 자체의 존속기간」과 「허가조건의 존속기간」의 의미를 비교하면 다음과 같다.

허가 자체의 존속기간	허가가 효력을 유지하는 기간
허가조건의 존속기간	허가를 할 때 붙인 조건이 효력을 유지하는 기간

ㄴ. (O) 민법에서는 '의사표시는 법률행위의 내용의 중요부분에 착오가 있는 때에는 취소할 수 있다.'고 규정하고 있다(제109조 제1항). 이와 관련하여 대법원은 토지소유자가 토지형질변경행위허가에 붙은 기부채납의 부관에 따라 토지를 국가나 지방자치단체에 기부채납(증여)한 경우에, 기부채납의 「부관」이 「당연무효이거나 취소되지 아니한 이상(= 부관이 유효한 이상)」 토지소유자는 위 부관으로 인하여 증여계약(= 사법상 법률행위)의 중요부분에 착오가 있음을 이유로 증여계약을 취소할 수 없다고 본다(대법원 1999. 5. 25. 98다53134). 부관이 아직 유효하게 존재하므로 법률행위(증여계약)의 내용의 중요부분에 착오가 있다고 볼 수 없기 때문이다.

ㄷ. (X) 대법원은 행정청이 수익적 행정처분을 하면서 부가한 부담의 위법 여부는 「처분 당시 법령을 기준」으로 판단하여야 한다고 본다. 따라서 부담이 처분 당시 법령을 기준으로 적법하다면 처분 후 부담의 전제가 된 주된 행정처분의 근거법령이 개정됨으로써 행정청이 더 이상 부관을 붙일 수 없게 되었다 하더라도 곧바로 부담이 위법하게 되거나 그 효력이 소멸하게 되는 것은 아니라고 본다. 그러므로 행정처분의 상대방이 수익적 행정처분을 얻기 위하여 행정청과 사이에 행정처분에 부가할 부담에 관한 협약을 체결하고, 이에 따라 행정청이 수익적 행정처분을 하면서 협약상의 의무를 부담으로 부가한 경우에, 후에 부담의 전제가 된 주된 행정처분의 근거법령이 개정됨으로써 행정청이 더 이상 부관을 붙일 수 없게 된 경우에도 곧바로 이러한 협약의 효력이 소멸하는 것은 아니라고 본다(대법원 2009. 2. 12. 2005다65500).

ㄹ. (X) 부관을 붙일 수 있는 경우라고 하더라도 무제한하게 허용되는 것은 아니며, 일정한 한계 내에서만 부관을 붙일 수 있다. 예를 들어, 부관은 비례의 원칙이나 부당결부금지의 원칙과 같은 행정법의 일반원칙에 위반되어서는 안 된다. 이와 관련하여 대법원은 부관이 주된 행정행위와 실제적 관련성이 없어서 「부당결부금지의 원칙」에 위반됨에도, 이를 회피하기 위해 상대방과 사법상 계약을 체결하는 형식으로 이러한 내용의 부관을 붙였다면, 이는 법치행정의 원리에 반하는 것으로서 위법하다고 본다(대법원 2009. 12. 10. 2007다63966). 참고로 부당결부금지의 원칙이란 행정기관이 행정권을 행사함에 있어서 그것과 실질적인 관련이 없는 반대급부를 결부시켜서는 안 된다는 원칙을 말한다.

07

| 출제단원 | Part 02 행정작용 및 절차법
| 출제영역 | 행정절차법

정답 ①

① (O) 행정청이 당사자에게 의무를 부과하거나 권익을 제한하는 처분을 할 때에 청문을 실시하거나 공청회를 개최하는 경우 외에는 당사자 등에게 의견제출의 기회를 주어야 한다(행정절차법 제22조 제3항). 이와 관련하여 대법원은 퇴직연금의 환수결정이 당사자에게 의무를 과하는 처분이기는 하지만, 관련법령에 따라 당연히 환수금액이 결정되는 것이므로 당사자에게 의견진술의 기회를 주지 않더라도 행정절차법 제22조 제3항이나 신의칙에 어긋나지 않는다고 본다(대법원 2000. 11. 28. 99두5443). 즉, 행정청의 의사에 따라 환수금액을 자유롭게 결정하는 것이 아니므로 행정절차법상 상대방에게 의견제출의 기회를 줄 필요는 없다는 것이다.

② (X) 행정청이 당사자에게 「의무를 부과하거나 권익을 제한하는 처분」을 하기 전에 처분의 제목, 처분하려는 원인이 되는 사실과 처분의 내용 및 법적 근거 등 일정사실을 당사자 등에게 통지하는 것을 「처분의 사전통지」라고 한다(행정절차법 제21조 제1항). 이때 「거부처분」이 사전통지의 대상이 되는 처분인지 문제된다. 대법원은 사전통지의 대상이 되기 위해서는 당사자의 권익을 제한하는 처분이어야 하는데, 신청에 따른 처분이 이루어지지 않은 상황에서는 아직 신청한 자에게 권익이 부여되지 않은 것이고 제한할 권익도 존재하지 않으므로 거부처분은 당사자의 권익을 제한하는 처분이 아니라고 본다. 즉, 거부처분은 사전통지의 대상이 아니라고 본다(대법원 2003. 11. 28. 2003두674).

③ (X) 대법원은 「절차 내지 형식」의 위법을 이유로 과세처분을 취소하는 판결이 확정된 경우에 기판력(= 기속력의 의미이다)은 「확정판결에 적시된 절차 내지 형식의 위법사유」에 한하여 미친다고 본다. 따라서 「과세처분권자가 이를 보완하여 행한 새로운 과세처분」은 종전의 과세처분과는 별개의 처분으로서 확정판결의 기판력(= 기속력의 의미이다)에 저촉되는 것은 아니라고 본다(대법원 1986. 11. 11. 85누231).

> **+참고 행정기본법**
> 이 판례에서는 기판력이라는 용어가 사용되고 있다. 기판력이란 「판결」이 확정되면 그 후의 절차에서 동일한 사항이 문제되는 경우에도 당사자와 승계인은 기존 판결에 반하는 주장을 할 수 없고, 법원도 그것에 반하는 판단을 할 수 없는 구속을 받게 되는 효력을 말한다. 그런데 판례의 내용을 살펴보면 당사자가 동일한 소송물(= 소송에서 법원의 심판대상)을 대상으로 다시 소를 제기한 경우도 아니며, 당사자가 후소에서 전소의 확정판결의 내용에 반하는 주장을 하는 경우도 아니고, 후소법원이 전소판결에 반하는 판단을 하는 경우도 아니다. 즉, 기판력과는 관련이 없다. 이 판례에서 사용된 기판력이라는 용어는 기속력의 의미로 사용된 것이다. 기속력이란 처분 등을 취소하는 확정판결이 그 사건에 관하여 당사자인 행정청과 그 밖의 관계행정청을 기속하는 효력을 말한다. 이와 같이 대법원은 기판력과 기속력이라는 용어를 혼용하여 사용하기도 한다.
> ○ 시험에서는 판례 원문 그대로 출제되므로 판례에서 사용된 표현을 그대로 기억하면 된다.

④ (X) 대법원은 행정절차법의 목적 및 청문제도의 취지 등에 비추어 볼 때, 행정청과 당사자의 협약으로 관계법령 및 행정절차법에 규정된 청문의 실시 등 의견청취절차를 배제하는 조항을 두었더라도 청문의 실시에 관한 규정의 적용이 배제되거나 청문을 실시하지 않아도 되는 예외적인 경우에 해당하는 것은 아니라고 본다. 즉, 행정청과 당사자의 협약으로 의견청취절차를 배제할 수는 없다고 본다(대법원 2004. 7. 8. 2002두8350).

08

| 출제단원 | Part 08 행정정보공개·개인정보 보호·행정조사
| 출제영역 | 정보공개의 의미, 정보공개청구권자, 공개대상정보, 정보공개의 절차

정답 ①

① (X) 대법원은 청구인이 제기한 정보공개거부처분의 취소를 구하는 소송에서 공공기관이 청구정보를 증거 등으로 법원에 제출하여 법원을 통하여 그 사본을 청구인에게 교부 또는 송달하게 하여 결과적으로 청구인에게 정보를 공개하는 셈이 되었다고 하더라도, 이러한 우회적인 방법은 「공공기관의 정보공개에 관한 법률」이 예정하고 있지 않은 방법으로서 법에 의한 공개라고 볼 수는 없다고 본다. 따라서 여전히 청구인이 청구한 정보는 공개되었다고 볼 수 없으므로 당해 문서의 비공개결정의 취소를 구할 소의 이익은 소멸되지 않는다고 본다(대법원 2004. 3. 26. 2002두6583). 즉, 공개청구된 정보를 소송에서 증거로 법원에 제출하는 것은 공공기관의 정보공개에 관한 법률에서 정하고 있는 공개로 볼 수 없으므로 해당 정보는 여전히 공개되지 않은 것이라고 본다.

② (O) 공공기관의 정보공개에 관한 법률에서는 '모든 국민은 정보의 공개를 청구할 권리를 가진다.'고 규정하고 있다(제5조 제1항). 이와 관련하여 대법원은 정보공개청구권자인 '국민'에는 자연인, 법인, 권리능력 없는 사단·재단이 모두 포함된다고 본다. 특히 법인, 권리능력 없는 사단·재단의 경우에는 설립목적과 무관하게 모두 정보공개청구권자에 해당한다고 본다(대법원 2003. 12. 12. 2003두8050).

③ (O) 대법원은 공개청구의 대상이 되는 정보가 이미 다른 사람에게 공개되어 널리 알려져 있다거나 인터넷 등을 통하여 공개되어 인터넷 검색 등을 통하여 쉽게 알 수 있다는 사정만으로는 소의 이익이 없다거나 비공개결정이 정당화될 수 없다고 본다(대법원 2010. 12. 23. 2008두13101). 즉, 이미 공개되어 있는 정보라도 공개청구의 대상에 해당할 수 있다는 것이다. 참고로 협의의 소의 이익이란 원고의 청구가 소송을 통하여 분쟁을 해결할 만한 현실적인 필요성을 말한다. 항고소송을 제기하기 위해서는 협의의 소의 이익(= 권리보호의 필요)이 요구된다.

④ (O) 대법원은 「공공기관의 정보공개에 관한 법률」은 정보공개청구권자가 공개를 청구하는 정보와 어떤 관련성을 가질 것을 요구하거나 정보공개청구의 목적에 특별한 제한을 두고 있지 아니하므로 정보공개청구권자의 권리구제 가능성 등은 정보의 공개 여부 결정에 아무런 영향을 미치지 못한다고 본다(대법원 2017. 9. 7. 2017두44558).

09

| 출제단원 | Part 02 행정작용 및 절차법
| 출제영역 | 인가, 부관의 가능성

정답 ④

인가란 제3자의 법률행위(= 기본행위)를 보충하여 그 법률적 효력을 완성시켜 주는 행정행위를 의미한다.

① (O) 인가의 대상이 된 제3자의 법률행위는 인가가 있어야 법적 효력을 발생하게 된다. 따라서 인가를 받아야 하는 행위에 대하여 인가를

받지 않은 무인가행위는 무효이다. 이와 관련하여 대법원은 공유수면매립면허에 의한 권리·의무를 양도하고 양수함에 있어서는 면허관청의 인가가 필요하고, 이는 효력요건으로서 당사자 간에 이러한 권리·의무를 양도하기로 약정을 하였다고 하여도, 면허관청의 인가를 받지 않았다면 이러한 약정은 법률상 아무런 효력도 발생할 수 없다고 본다(대법원 1991. 6. 25. 90누5184).

② (O) 재단법인의 임원에 대한 감독청의 취임승인은 강학상 인가에 해당한다. 이때 인가행위가 기속행위인지 아니면 재량행위인지에 대하여 명확하게 정해져 있는 것은 아니며, 근거법령의 규정에 따라 기속성 여부를 개별적으로 판단한다. 이와 관련하여 대법원은 재단법인의 임원취임이 재단법인의 정관에 근거한다 할지라도 이에 대한 행정청의 인가행위 또는 인가거부행위는 공법상의 행정처분으로서, 그 임원취임을 인가 또는 거부할 것인지 여부는 주무관청의 권한에 속하는 사항이라고 할 것이고, 재단법인의 임원취임승인 신청에 대하여 주무관청이 이에 기속되어 이를 당연히 승인(인가)하여야 하는 것은 아니라고 본다(대법원 2000. 1. 28. 98두16996). 즉, 인가할지 여부는 주무관청의 재량에 속한다는 것이다.

③ (O) 대법원은 기본행위가 적법·유효하고 보충행위인 인가처분 자체에만 하자가 있다면 그 인가처분의 무효나 취소를 주장할 수 있다고 본다. 반면, 인가처분에 하자가 없다면 기본행위에 하자가 있다 하더라도 기본행위의 무효를 내세워 바로 그에 대한 행정청의 인가처분의 취소 또는 무효확인을 소구할 법률상의 이익은 없다고 본다. 즉, 기본행위에 하자가 있는 경우에는 기본행위를 다투어야 한다는 것이다(대법원 1996. 5. 16. 95누4810). 정리하면 다음과 같다.

구분	쟁송대상
기본행위에 하자 X + 인가행위에 하자 O	인가처분의 무효나 취소를 구할 수 있다.
기본행위에 하자 O + 인가행위에 하자 X	기본행위만이 쟁송의 대상이 된다.

④ (X) 어떠한 종류의 행정행위에 대하여 부관을 붙일 수 있는가의 문제를 「부관의 가능성」이라고 한다. 이와 관련하여 대법원은 「기속행위」의 경우 법령상 근거가 있다면 부관을 붙일 수 있을 것이지만, 법령상 근거가 없다면 부관을 붙일 수 없다고 본다. 반면, 「재량행위」의 경우 법령에 근거가 없다고 하더라도 부관을 붙일 수 있다고 본다. 그런데 인가는 기속행위인 경우도 있지만, 재량행위인 경우도 적지 않다. 따라서 인가가 재량행위인 경우에는 부관을 붙일 수 있다. 예를 들어, 공익법인(= 자선·장학사업 등 공익성을 갖는 비영리사업을 목적으로 한 법인)의 기본재산 처분에 대한 주무관청의 허가는 강학상 인가인데, 이와 관련하여 대법원은 공익법인의 기본재산의 처분에 관한 공익법인의 설립·운영에 관한 법률 제11조 제3항의 규정은 강행규정으로서 이에 위반하여 주무관청의 허가를 받지 않고 기본재산을 처분하는 것은 무효라 할 것인데, 위 처분허가에 부관을 붙인 경우 그 처분허가의 법률적 성질이 형성적 행정행위로서의 인가에 해당한다고 하여 조건으로서의 부관의 부과가 허용되지 아니한다고 볼 수는 없다고 본다. 다만 구체적인 경우에 그것이 조건, 기한, 부담, 철회권의 유보 중 어느 종류의 부관에 해당하는지는 당해 부관의 내용, 경위 기타 제반사정을 종합하여 판단하여야 할 것이라고 본다(대법원 2005. 9. 28. 2004다50044).

10 답 ②

출제단원 Part 05 행정심판법
출제영역 직접 처분

행정심판법에 의하면 행정심판위원회는 피청구인이 「처분의 이행을 명하는 재결」에도 불구하고 처분을 하지 않는 경우에 당사자가 신청하면 기간을 정하여 서면으로 시정을 명하고 그 기간에 이행하지 않으면 「직접 처분」을 할 수 있다(제50조 제1항). 즉, 행정심판위원회가 직접 처분을 하기 위해서는 피청구인(= 행정심판청구의 상대방)이 행정심판위원회의 「처분명령재결(= 처분의 이행을 명하는 재결)」이 있음에도 처분을 하지 않는 경우이어야 한다. 참고로 「처분명령재결」이란 「의무이행심판」의 청구가 이유가 있다고 인정하여 지체 없이 신청에 따른 처분을 할 것을 피청구인에게 「명하는」 재결을 말한다.

① (X) 당사자의 신청에 따른 처분을 절차가 부당함을 이유로 취소하는 재결은 취소심판에서의 인용재결 중 취소재결이다. 따라서 행정심판위원회의 직접 처분이 가능한 경우가 아니다.

② (O) 당사자의 신청을 거부한 처분의 이행을 명하는 재결은 의무이행심판에서의 인용재결 중 처분명령재결이다. 따라서 행정심판위원회의 직접 처분이 가능한 경우이다.

③ (X) 당사자의 신청을 거부하는 처분을 취소하는 재결은 취소심판에서의 인용재결 중 취소재결이다. 따라서 행정심판위원회의 직접 처분이 가능한 경우가 아니다.

④ (X) 당사자의 신청을 거부하는 처분을 부존재로 확인하는 재결은 무효등확인심판에서의 인용재결 중 부존재확인재결이다. 따라서 행정심판위원회의 직접 처분이 가능한 경우가 아니다. 참고로 무효등확인심판이란 행정청의 처분의 「효력 유무」 또는 「존재 여부」를 확인하는 행정심판을 말한다. 따라서 무효등확인심판에서의 인용재결인 무효등확인재결에는 무효확인재결, 유효확인재결, 존재확인재결, 부존재확인재결 등이 있다.

11 답 ①

출제단원 Part 03 행정의 실효성 확보수단
출제영역 질서위반행위규제법

「질서위반행위규제법」에서는 행정질서벌의 성립요건과 부과절차 등에 관해 규정하고 있다. 행정질서벌이란 행정법규 위반에 대하여 과태료가 과하여지는 행정벌을 말한다.

ㄱ. (O) 질서위반행위규제법에 의할 때 행정질서벌은 1차적으로 행정청이 직접 부과·징수하되, 부과처분을 받은 자가 이의제기를 하는 경우에는 행정청이 관할 지방법원에 그 사실을 통보함으로써 법원이 과태료 재판을 하도록 하고 있다. 이와 관련하여 질서위반행위규제법 제16조 제1항에서는 행정청이 과태료를 부과하고자 할 경우에 거쳐야 하는 절차로 「사전통지 및 의견제출」에 대하여 규정하고 있다. 이에 의할 때, 행정청이 질서위반행위에 대하여 과태료를 부과하고자 하는 때에는 미리 당사자에게 대통령령으로 정하는 사항을 통지하고, 10일 이상의 기간을 정하여 의견을 제출할 기회를 주어야 한다. 만약 이 경우 지정된 기일까지 의견제출이 없는 경우에는 의견이 없는 것으로 본다.

ㄴ. (X) 질서위반행위규제법은 과태료의 시효와 과태료 부과의 제척기간에 대해 규정하고 있다.

- 과태료의 시효 : 과태료의 시효란 행정청의 처분이나 법원의 재판에 의해 과태료가 <부과된 이후>에 이를 징수하거나 집행할 수 있는 기간을 말한다. 질서위반행위규제법에 의하면 과태료는 행정청의 과태료부과처분이나 법원의 과태료 재판이 확정된 후 「5년」간 징수하지 아니하거나 집행하지 아니하면 시효로 인하여 소멸한다(제15조 제1항).
- 과태료 부과의 제척기간 : 과태료 부과의 제척기간이란 과태료가 <아직 부과되지 않은 경우>에 과태료를 부과할 수 있는 기간을 말한다. 질서위반행위규제법에 의하면 행정청은 질서위반행위가 종료된 날(다수인이 질서위반행위에 가담한 경우에는 최종행위가 종료된 날을 말한다)부터 「5년」이 경과한 경우에는 해당 질서위반행위에 대하여 과태료를 부과할 수 없다(제19조 제1항).

'ㄴ' 선지는 행정청에 의해 이미 <부과된> 과태료의 징수·집행할 수 있는 기간인 「과태료 시효」에 대한 것이므로 「5년」이라는 기간의 기산점은 「질서위반행위가 종료된 날」이 아니라 「행정청의 과태료부과처분이 확정된 후」이어야 한다. 'ㄴ' 선지는 수험생이 혼동할 수 있도록 과태료의 시효와 과태료 부과의 제척기간을 섞어서 혼란을 유발한 선지이므로 주의를 요한다.

ㄷ. (X) 질서위반행위규제법 제25조에서는 '과태료사건은 다른 법령에 특별한 규정이 있는 경우를 제외하고는 「당사자의 주소지」의 지방법원 또는 그 지원의 관할로 한다.'고 규정하고 있다. 이때의 「당사자」란 질서위반행위를 한 자연인 또는 법인을 말한다(제2조 3호).

ㄹ. (O) 질서위반행위규제법 제9조에서는 '14세가 되지 아니한 자의 질서위반행위는 과태료를 부과하지 아니한다. 다만, 다른 법률에 특별한 규정이 있는 경우에는 그러하지 아니하다.'고 규정하고 있다.

12 답 ④

출제단원 Part 03 행정의 실효성 확보수단
출제영역 대집행, 이행강제금, 과징금, 행정상 강제징수

① (O) 「대집행」이란 공법상 대체적 작위의무(건물의 철거, 물건의 파기 등과 같이 타인이 대신하여 행할 수 있는 의무)의 불이행이 있는 경우에 당해 행정청이 스스로 의무자가 행할 행위를 하거나 제3자로 하여금 이를 행하게 하고 그 비용을 의무자로부터 징수하는 것을 말한다. 그리고 「이행강제금」이란 작위의무·부작위의무·수인의무의 불이행시에 일정액수의 금전이 부과될 것임을 의무자에게 미리 경고함으로써 의무이행의 확보를 도모하는 강제수단을 말한다. 이와 관련하여 헌법재판소는 전통적으로 「행정대집행」은 「대체적 작위의무」에 대한 강제집행수단으로, 「이행강제금」은 「부작위의무」나 「비대체적 작위의무」에 대한 강제집행수단으로 이해되어 왔지만, 이는 이행강제금제도의 본질에서 오는 제약은 아니므로 이행강제금은 대체적 작위의무의 위반에 대하여도 부과될 수 있다고 본다. 따라서 법률에서 대체적 작위의무 위반에 대한 강제집행수단으로 대집행과 이행강제금이 인정되는 경우에 행정청은 개별사건에 있어서 대집행과 이행강제금을 선택적으로 활용할 수 있으며, 합리적인 재량에 의해 선택하여 활용하는 이상 중첩적인 제재에 해당한다고 볼 수 없다고 본다(헌재 2004. 2. 26. 2001헌바80).

② (O) 대법원은 건축법상의 이행강제금은 시정명령의 불이행이라는 과거의 위반행위에 대한 제재가 아니라, 의무자에게 시정명령을 받은 의무의 이행을 명하고 그 이행기간 안에 의무를 이행하지 않으면 이행강제금이 부과된다는 사실을 고지함으로써 의무자에게 심리적 압박을 주어 의무의 이행을 간접적으로 강제하는 행정상의 간접강제수단에 해당한다고 본다. 이러한 이행강제금의 본질상 시정명령을 받은 의무자가 이행강제금이 부과되기 전에 그 의무를 이행한 경우에는 비록 시정명령에서 정한 기간을 지나서 이행한 경우라도 이행강제금을 부과할 수 없다고 본다(대법원 2018. 1. 25. 2015두35116).

③ (O) 과징금이란 행정법상의 의무위반에 대하여 행정청이 그 의무자에게 부과·징수하는 금전적 제재를 말한다. 이와 관련하여 대법원은 구 여객자동차 운수사업법상 과징금부과처분은 제재적 행정처분으로서 행정목적의 달성을 위하여 행정법규 위반이라는 객관적 사실에 착안하여 가하는 제재라고 본다. 따라서 반드시 현실적인 행위자가 아니라고 하더라도 법령상 책임자로 규정된 자에게 부과되고, 원칙적으로 위반자의 고의·과실을 요하지 아니한다고 본다. 다만, 위반자의 의무해태를 탓할 수 없는 정당한 사유가 있는 등의 특별한 사정이 있는 경우에는 이를 부과할 수 없다고 본다(대법원 2014. 10. 15. 2013두5005).

④ (X) 행정상 강제징수란 사인이 국가 등 행정주체에 대하여 부담하고 있는 공법상의 금전급부의무를 이행하지 않은 경우에 행정청이 의무자의 재산에 실력을 가하여 의무가 이행된 것과 동일한 상태를 실현하는 행정상 강제집행수단을 말한다. 국세징수법에 의한 강제징수는 '독촉 → 재산의 압류 → 압류재산의 매각 → 청산'의 절차로 이루어진다. 이때 '압류재산의 매각'이란 압류재산을 금전으로 바꾸는 것을 말하며, 국세징수법상 압류재산의 매각은 공매(= 국가기관에 의해 이루어지는 공적 경매) 또는 수의계약의 방법으로 하도록 되어 있다. 국세징수법에서는 압류재산을 「공매」할 때에 공고와 별도로 체납자 등에게 「공매통지」를 하도록 규정하고 있는데, 「공매」와 「공매통지」의 법적 성질은 구분해야 한다. 즉, 대법원은 과세관청이 체납처분으로서 행하는 「공매」는 우월한 공권력의 행사로서 행정소송의 대상이 되는 공법상의 행정처분이라고 본다(대법원 1984. 9. 25. 84누201). 반면, 「공매통지」 자체는 상대방인 체납자 등의 법적 지위나 권리·의무에 직접적인 영향을 주는 행정처분이 아니라고 본다. 따라서 특별한 사정이 없는 한 체납자 등은 「공매통지」의 결여나 위법을 들어 「공매」처분의 취소 등을 구할 수 있는 것이지, 「공매통지」 자체를 항고소송의 대상으로 삼아 그 취소 등을 구할 수는 없다고 본다(대법원 2011. 3. 24. 2010두25527).

13 답 ③

출제단원 Part 03 행정의 실효성 확보수단
출제영역 대집행

① (O) 대집행은 「공법상」의 대체적 작위의무의 불이행을 대상으로 한다. 이와 관련하여 대법원은 「구 공공용지의 취득 및 손실보상에 관한 특례법」에 따른 토지 등의 「협의취득」은 공공사업에 필요한 토지 등을 그 소유자와의 협의에 의하여 취득하는 것으로서 공공기관이 사경제주체로서 행하는 사법상 매매 내지 사법상 계약의 실질을 가지는 것으로 본다. 따라서 협의취득시 건물소유자가 건물의 철거의무를 부담하겠다는 약정을 하였다고 하더라도 이러한 의무는 사법상의 의무에 해당하여 행정대집행의 대상이 아니라고 본다(대법원 2006. 10. 13. 2006두7096).

② (O) 대집행의 대상이 되는 대체적 작위의무란 건물의 철거, 물건의 파기 등과 같이 타인이 대신하여 이행할 수 있는 의무를 말한다. 예를 들어, 행정청이 A에게 일정한 기간을 정하여 공유수면(바다, 바닷가, 하천, 호소(湖沼, 늪과 호수), 구거(溝渠, 도랑) 기타 공공용으로 사용되는 수면으로서 국가 소유인 것) 사용허가를 하였고, A는 해당 공유수면에 건물을 신축하였다. 이후 공유수면 사용기간이 만료되자 행정청은 A에게 원상회복명령을 하였으나 A는 이를 이행하지 않았다. 이에 행정청은 A에게 공유수면에 지어진 건물을 철거하라면서 원상회복명령의 이행을 촉구하였고, 기한 내 이행하지 않을 경우 행정대집행을 실시할 예정임을 통보하였다. 이러한 사안에서 대법원은 A가 이 사건 건물을 철거하여 공유수면을 원상회복하여야 할 의무는 대체적 작위의무에 해당하므로 행정대집행의 대상이 된다고 보았다(대법원 2017. 4. 28. 2016다213916).

③ (X) ②번 해설에서 살펴본 사례와 관련하여 대법원은 행정청의 명령에 의한 A의 「건물철거의무」에는 A의 「퇴거의무」도 포함되어 있는 것이므로, 별도로 퇴거를 명하는 집행권원(= 확정된 판결과 같이 강제집행을 할 수 있는 근거)이 필요하지는 않다고 본다. 따라서 행정청이 행정대집행의 방법으로 건물철거의무의 이행을 실현할 수 있는 경우에는 건물철거 대집행과정에서 「부수적으로」 건물의 점유자들에 대한 퇴거조치(= 있던 곳에서 떠나도록 하는 것)를 할 수 있다고 본다. 즉, 대법원은 건물철거의무를 행정대집행의 방법으로 실현하는 과정에서 부수적으로 A와 그 가족들의 퇴거조치를 실현할 수 있으므로, 행정대집행 외에 별도로 퇴거를 명하는 집행권원은 필요하지 않다고 할 것이므로 건물을 점유하고 있는 철거의무자들(A와 그 가족들)에 대하여 건물퇴거를 구하는 소(= 민사소송)를 제기한 것은 부적법하다고 본다(대법원 2017. 4. 28. 2016다213916).

④ (O) 대법원은 점유자들이 적법한 행정대집행을 위력을 행사하여 방해하는 경우에는 형법상 공무집행방해죄가 성립하므로, 필요한 경우에는 「경찰관 직무집행법」에 근거한 위험발생 방지조치 또는 형법상 공무집행방해죄의 범행방지 내지 현행범 체포의 차원에서 경찰의 도움을 받을 수도 있다고 본다(대법원 2017. 4. 28. 2016다213916).

14 답 ①

출제단원 Part 06 행정상 손해배상
출제영역 영조물의 설치·관리의 하자로 인한 손해배상의 요건, 배상책임자, 국가배상법의 성격

① (X) 국가배상법 제5조 제1항에서 영조물의 설치·관리의 하자로 인한 국가나 지방자치단체의 배상책임을 명시하고 있다. 국가배상법 제5조의 책임이 인정되기 위한 요건 중 「공공의 영조물일 것」과 관련하여 대법원은 국가배상법 제5조 제1항 소정의 '공공의 영조물'이라 함은 국가 또는 지방자치단체에 의하여 특정 공공의 목적에 공여된 유체물 내지 물적 설비를 말하며, 국가 또는 지방자치단체가 소유권, 임차권 그 밖의 권한에 기하여 관리하고 있는 경우뿐만 아니라 사실상의 관리를 하고 있는 경우도 포함된다고 본다(대법원 1998. 10. 23. 98다17381). 따라서 A 지방자치단체가 해당 도로를 권한에 기해 관리하는 것이 아니라 권원 없이 사실상 관리하고 있는 경우라고 할지라도 A 지방자치단체는 국가배상법 제5조 제1항의 배상책임을 질 수 있다.

② (O) 국가배상법 제5조의 책임이 인정되기 위한 요건 중 「설치·관리에 하자가 있을 것」과 관련하여 대법원은 국가배상법 제5조 제1항 소정의 '설치상의 하자'라 함은 공공의 목적에 공여된 영조물이 그 용도에 따라 통상 갖추어야 할 안전성을 갖추지 못한 상태에 있음을 말한다고 본다(대법원 1998. 10. 23. 98다17381).

③ (O) 국도의 관리권이 「국가」로부터 「A 지방자치단체의 장」에게 위임된 것은 기관위임에 해당한다. 기관위임사무란 「국가」 또는 「지방자치단체」 등으로부터 지방자치단체의 집행기관인 「지방자치단체의 장」에게 위임된 사무를 말한다. 이러한 기관위임사무의 경우에는 「위임기관이 속한 행정주체(= 기관위임을 한 행정주체)」가 영조물의 관리주체로서 배상책임을 진다. 즉, 제시된 사례의 경우 국가에서 A 지방자치단체의 장에게 기관위임을 한 경우이므로 국가가 영조물의 관리주체로서 배상책임을 진다. 그런데 이때 국가뿐만 아니라 A 지방자치단체의 장이 속한 A 지방자치단체도 국가배상책임을 지는지 문제된다. 이와 관련하여 국가배상법에서는 「국가나 지방자치단체가 손해를 배상할 책임이 있는 경우에 공무원의 선임·감독자와 공무원의 봉급·급여, 그 밖의 비용을 부담하는 자가 동일하지 아니하면 그 비용을 부담하는 자도 손해를 배상하여야 한다.」고 규정하고 있다(제6조 제1항). 그런데 이때 '비용부담자'가 구체적으로 누구를 말하는 것인지와 관련하여 대법원은 「지방자치단체의 장(A 지방자치단체의 장)」이 「국가」로부터 기관위임된 사무를 처리하는 경우 소요되는 경비의 「실질적·궁극적 부담자」는 「국가」라고 보면서도, 당해 「지방자치단체(A 지방자치단체)」는 국가로부터 내부적으로 교부된 금원으로 그 사무에 필요한 경비를 「대외적으로 지출하는 자」이므로, 「지방자치단체(A 지방자치단체)」는 국가배상법 제6조 제1항 소정의 비용부담자로서 공무원의 불법행위로 인한 손해를 배상할 책임이 있다고 본다(대법원 1994. 12. 9. 94다38137). 즉, 위임받은 지방자치단체의 장이 속한 지방자치단체는 「형식적 비용부담자(= 대외적으로 비용을 부담하는 자)」에 해당하므로 국가배상법 제6조 제1항의 비용부담자에 해당한다는 것이다. 이 판례를 통해 대법원이 피해자 보호의 관점에서 「형식적 비용부담자」와 「실질적 비용부담자」 모두 비용부담자에 포함된다고 보는 견해인 「병합설」을 취하고 있음을 알 수 있다. 따라서 제시된 사례에서 국도의 관리권이 「국가」로부터 「A 지방자치단체의 장」에게 위임(= 기관위임)되었다면, 「A 지방자치단체」가 도로의 관리에 필요한 일체의 경비를 대외적으로 지출하는 자에 불과하더라도 피해자인 甲은 「A 지방자치단체」에 대해 국가배상을 청구할 수 있다.

④ (O) 국가배상청구권의 성질에 대하여 다음과 같이 견해가 대립한다.

공법설 (다수설)	국가배상청구권을 공권으로 보며, 국가배상소송은 당사자소송, 관할법원은 행정법원으로 본다.
사법설 (판례)	국가배상청구권을 사권으로 보며, 국가배상소송은 민사소송, 관할법원은 민사법원으로 본다(69다701).

즉, 판례에 의하면 국가배상청구소송은 민사소송으로 제기해야 한다.

15 답 ②

출제단원 Part 04 행정소송법
출제영역 행정소송법상 피고 및 피고의 경정

① (X) 소송의 계속 중에 피고로 지정된 자를 다른 자로 변경하거나 추가하는 것을 「피고경정」이라고 한다. 행정소송법 제14조 제1항에서 '원고가 피고를 잘못 지정한 때에는 법원은 원고의 신청에 의하여 결

정으로써 피고의 경정을 허가할 수 있다.'고 규정하고 있다. 이와 관련하여 대법원은 행정소송에서 원고가 처분청이 아닌 행정관청을 피고로 잘못 지정하였다면 법원으로서는 석명권을 행사하여 원고로 하여금 피고를 처분청으로 경정하게 하여 소송을 진행케 하여야 한다고 본다. 따라서 법원이 이러한 조치를 취하지 않은 채 소를 각하한 것은 위법하다고 본다(대법원 1990. 1. 12. 89누1032). 참고로 석명권이란 법원이 소송관계를 분명하게 하기 위하여 당사자에게 사실상·법률상 사항에 관하여 질문하고, 증명을 촉구하는 등의 권한을 말한다.

② (O) 행정소송에 있어서 피고 A에 대한 청구가 인정되지 않을 경우를 대비하여 예비적으로 B를 피고로 추가하는「예비적인 피고의 변경」이 허용되는지 문제된다. 예를 들어, 원고가 주위적으로(= 1차적으로) 행정청 A를 상대로 소송을 제기하였다가, 이후 A에 대한 청구가 인정되지 않을 경우를 대비하여 예비적으로(= 2차적으로) 행정청 B를 상대로 하는 소송을 병합하여 제기(= 주관적·예비적 병합)하면서 행정청 B를 피고로 추가하는 피고경정신청이 허용되는지의 문제이다. 이와 관련하여 대법원은 소위 주관적·예비적 병합은 예외적 규정이 있는 경우를 제외하고는 원칙적으로 허용되지 않는 것이고, 또 행정소송법상「소의 종류의 변경」에 따른「당사자(피고)의 변경」은 교환적 변경에 한한다고 봄이 상당하므로 예비적 청구만이 있는 피고의 추가경정신청은 허용되지 않는다고 본다(대법원 1989. 10. 27. 자 89두1). 즉, 대법원은 다음과 같은 이유로 행정소송에 있어서 예비적인 피고의 변경이 허용되지 않는다고 본다.

첫째, 원고가 1차적으로 A를 피고로 소송을 제기하면서, 인정되지 않을 경우 예비적으로(= 2차적으로) B를 피고로 소송을 제기하는 형태인 주관적·예비적 병합은 예외적 규정이 있는 경우를 제외하고는 원칙적으로 허용되지 않는다.

둘째, 행정소송법상 소의 종류의 변경에 따른 피고의 변경은 종전 피고 A를 새로운 피고 B로 변경하는 교환적 변경에 한하고, 종전 피고 A에 새로운 피고 B를 추가하는 것은 허용되지 않는다.

+참고 소의 종류의 변경

행정소송에는 여러 종류가 있어 권리구제를 위해 어떠한 소송을 선택해야 하는지 명확하지 않은 경우가 적지 않아 원고가 소송 종류의 선택을 잘못할 위험이 존재한다. 이에 행정구제의 실효성을 높이기 위하여 행정소송법은 행정소송 간의「소의 종류의 변경」을 인정하고 있다. 행정소송법 제21조 제1항에 의하면 취소소송의 원고는 당해 소송의「사실심의 변론이 종결될 때」까지 청구의 기초에 변경이 없는 범위 안에서 법원의 허가를 받아 당해「취소소송」을「다른 항고소송(= 무효등확인소송, 부작위위법확인소송)」또는「당사자소송」으로 변경할 수 있다. 또한 이 규정은 무효등확인소송이나 부작위위법확인소송을 취소소송 또는 당사자소송으로 변경하는 경우에 준용하고(제37조), 당사자소송을 항고소송으로 변경하는 경우에도 준용한다(제42조). 그런데 이러한「소의 종류의 변경」에 있어서 당사자인「피고의 변경」을 가져오는 경우가 있다. 예를 들어,「취소소송」을 당해 처분 등에 관계되는 사무가 귀속되는 국가 또는 공공단체에 대한「당사자소송」으로 변경하는 경우에는 피고가 취소소송의 피고인 처분을 한「처분청」에서 당사자소송의 피고인「국가 또는 공공단체」로 변경되는 것이다.

③ (X) 취소소송은 다른 법률에 특별한 규정이 없는 한 그 처분 등을 행한 행정청을 피고로 한다(행정소송법 제13조 제1항). 이와 관련하여 대법원은 행정처분의 취소 또는 무효확인을 구하는 행정소송은 다른 법률에 특별한 규정이 없는 한 소송의 대상인「행정처분 등을 외부적으로 그의 명의로 행한 행정청」을 피고로 하여야 하는 것으로서 그 행정처분을 하게 된 연유가 상급행정청이나 타 행정청의 지시나 통보에 의한 것이라 하여 다르지 않다고 본다(대법원 1995. 12. 22. 95누14688). 즉, 상급행정청의 지시에 의해 하급행정청이 자신의 명의로 처분을 한 경우라도 당해 처분에 대한 취소소송에서의 피고는 지시를 내린 상급행정청이 아니라 자신의 명의로 처분을 한 하급행정청이 된다.

④ (X) 대법원은 취소소송의 피고적격이 인정되는 '행정청'이란 국가 또는 공공단체의 기관으로서 국가나 공공단체의 의견을 결정하여 외부에 표시할 수 있는 권한, 즉 처분권한을 가진 기관을 말하고, 대외적으로 의사를 표시할 수 있는 기관이 아닌 내부기관은 실질적인 의사가 그 기관에 의하여 결정되더라도 피고적격을 갖지 못한다고 본다(대법원 2014. 5. 16. 2014두274).

16 ④

출제단원 Part 04 행정소송법
출제영역 취소소송 판결의 효력

① (O) 행정쟁송(행정심판, 행정소송)을 통한 행정행위의 취소를 쟁송취소라고 한다. 쟁송취소는 원칙적으로 소급효가 인정된다. 즉, 쟁송취소에 의해 행정행위가 취소될 경우 처음부터 해당 행정행위의 효력을 잃게 하는 것이다. 이와 관련하여 대법원은 영업의 금지를 명한「영업허가취소처분(= 행정행위)」자체가 나중에 행정쟁송절차에 의하여 취소되었다면 그「영업허가취소처분」은 그 처분시에 소급하여 효력을 잃게 된다고 본다. 따라서 그 영업허가취소처분에 복종할 의무가 원래부터 없었음이 확정되었다고 봄이 타당하므로 그 영업허가취소처분 이후의 영업행위를 무허가영업이라고 볼 수는 없다고 본다(대법원 1993. 6. 25. 93도277).

② (O) 처분 또는 재결을 취소하는 판결이 확정된 때에는 당해 처분 또는 재결은 처분청 또는 행정심판기관의 취소를 기다릴 것 없이 당연히 효력을 상실하게 되는데, 이러한 효력을 취소판결의「형성력」이라고 한다. 이러한 형성력은 처분의 효력을 상실시키는 효력인「형성효」, 취소의 효과를 처분시에 소급하는「소급효」, 제3자에 대해서도 효력을 미치는「제3자효」를 그 효과로 한다. 특히 행정소송법 제29조 제1항은 '처분 등을 취소하는 확정판결은 제3자에 대하여도 효력이 있다.'고 하여 명문으로 제3자효를 인정하고 있다. 이와 같은 제3자효의 의미와 관련하여 대법원은 행정처분을 취소하는 확정판결이 제3자에 대하여도 효력이 있다고 하더라도 일반적으로 판결의 효력은 주문에 포함한 것에 한하여 미치는 것이니 그 취소판결 자체의 효력으로써 그 행정처분을 기초로 하여 새로 형성된 제3자의 권리까지 당연히 그 행정처분 전의 상태로 환원되는 것이라고는 할 수 없고(㉠), 단지 취소판결의 존재와 취소판결에 의하여 형성되는 법률관계를 소송당사자가 아니었던 제3자라 할지라도 이를 용인하지 않으면 아니된다는 것을 의미하는 것(㉡)에 불과하다고 본다(대법원 1986. 8. 19. 83다카2022). 예를 들어, 환지계획변경처분으로 인해 X토지에 대하여 A명의의 소유권이전등기가 경료되었으나, 이후 B가 환지계획변경처분 취소소송(행정소송)을 제기하여 B가 승소함으로써 환지계획변경처분이 취소된 사례를 통해 이 판결의 의미를 살펴본다. 이 사례에서 A명의의 소유권이전등기가 환지계획변경처분 취소판결 자체의 효력에 의해 당연히 말소되는 것이 아니라(㉠), B가 환지계획변경처분에 대한 취소판결이 있음을 주장하여 A에게 소유권이전등기의 말소

를 구하는 소송(민사소송)을 제기하여 승소 후 해당 판결이 확정되면 비로소 A명의의 소유권이전등기가 말소되는 것이고, A는 이러한 결과를 받아들여야 한다는 것이다(ⓒ). 즉, 대법원은 취소판결의 확정으로 인하여 당해 행정처분을 기초로 새로 형성된 제3자의 권리관계에 변동을 초래하는 경우가 있다 하더라도 이는 취소판결 자체의 형성력에 기한 것이 아니라, 취소판결의 위와 같은 의미(ⓒ)에서의 제3자에 대한 효력의 반사적 효과로서 그 취소판결이 제3자의 권리관계에 대하여 그 변동을 초래할 수 있는 새로운 법률요건이 되기 때문이라고 보는 것이다(대법원 1986. 8. 19. 83다카2022).

③ (O) 「기속력」이란 「처분 등을 취소하는 판결(= 인용판결)」이 확정되면 당사자인 행정청과 관계행정청이 확정판결의 취지에 따라야 하는 효력을 말한다. 행정소송법 제30조 제1항은 '처분 등을 취소하는 확정판결은 그 사건에 관하여 당사자인 행정청과 그 밖의 관계행정청을 기속한다.'고 규정하여 취소확정판결에 기속력을 인정하고 있다. 이러한 기속력의 객관적 효력범위와 관련하여 대법원은 취소소송에서 처분 등을 취소하는 확정판결의 기속력은 판결의 「주문」뿐만 아니라 그 전제가 되는 처분 등의 구체적 위법사유에 관한 「이유 중의 판단」에 대하여도 인정된다고 본다(대법원 2001. 3. 23. 99두5238). 참고로 「판결의 주문」이란 판결의 결론적 부분으로서 재판의 대상이 된 사건에 대한 최종적 결론을 적시한 부분을 말한다.

④ (X) 취소판결의 기속력은 반복금지효, 재처분의무, 결과제거의무를 그 내용으로 한다. 이 중 반복금지효란 취소판결이 확정되면 처분청 및 관계행정청은 판결의 취지에 저촉되는 처분을 해서는 안 된다는 것을 말한다. 즉, 반복금지효란 판결의 취지에 반하는 행위(= 동일한 과오를 반복하는 행위)를 금지하는 효력이다. 따라서 취소판결이 확정된 이후에 처분청이 취소판결에 의해 취소된 처분과 동일한 처분을 하는 것은 취소판결의 기속력에 반한다. 이때 '동일한 처분'이라는 것은 동일한 사실관계 아래에서 동일 당사자에 대하여 동일한 내용을 갖는 행위를 말한다. 이와 관련하여 대법원은 종전 처분이 판결에 의하여 취소되었더라도 종전 처분과 다른 사유를 들어서 새로이 처분을 하는 것은 기속력에 저촉되지 않는다고 본다(대법원 2016. 3. 24. 2015두48235).

17

답 ②

| 출제단원 | Part 02 행정작용 및 절차법 |
| 출제영역 | 행정계획 |

① (O) 행정계획을 수립·변경함에 있어서 행정청에게 인정되는 광범위한 형성의 자유를 계획재량이라고 한다. 계획수립주체는 계획재량권을 행사함에 있어서 공익 상호 간, 사익 상호 간, 공익과 사익 상호 간에 정당한 형량을 하여야 하는데 이를 「형량명령」이라고 한다. 만약 행정계획의 결정이 형량명령의 내용에 반하게 되면 형량에 하자가 있어 위법하게 된다. 형량하자의 유형으로는 형량의 해태, 형량의 흠결(누락), 오형량이 있다. 이와 관련하여 대법원은 행정주체가 행정계획을 입안·결정하면서 이익형량을 전혀 행하지 않거나(= 형량의 해태) 이익형량의 고려대상에 마땅히 포함시켜야 할 사항을 빠뜨린 경우(= 형량의 흠결) 또는 이익형량을 하였으나 정당성과 객관성이 결여된 경우(= 오형량)에는 행정계획결정은 형량에 하자가 있어 위법하게 된다고 보면서, 이와 같은 형량하자의 법리는 행정주체가 법률에 의한 주민의 도시관리계획 입안제안을 받아들여 「도시관리계획결정을 할 것인지를 결정할 때」에도 마찬가지이고, 나아가 도시계획시설구역 내 토지 등을 소유하고 있는 주민이 장기간 집행되지 아니한 도시계획시설의 결정권자에게 도시계획시설의 변경을 신청하고, 결정권자가 이러한 신청을 받아들여 「도시계획시설을 변경할 것인지를 결정하는 경우」에도 동일하게 적용된다고 본다(대법원 2012. 1. 12. 2010두5806).

② (X) 대법원은 구 「도시 및 주거환경정비법」에 따른 「주택재건축정비사업조합」은 관할 행정청의 감독 아래 주택재건축사업을 시행하는 공법인으로서, 그 목적범위 내에서 법령이 정하는 바에 따라 일정한 행정작용을 행하는 행정주체의 지위를 가진다고 본다. 이처럼 행정주체의 지위에 있는 재건축정비사업조합이 수립한 사업시행계획은 인가·고시를 통해 확정되면 이해관계인에 대한 구속적 행정계획으로서 독립된 행정처분에 해당하므로, 사업시행계획이 확정된 후에는 항고소송의 방법으로 사업시행계획의 취소 또는 무효확인을 구할 수 있다고 본다(대법원 2009. 11. 2. 자 2009마596).

③ (O) 계획이 확정된 후 사정변경 등을 이유로 하여 기존계획의 변경을 청구할 수 있는 권리를 「계획변경청구권」이라고 한다. 이와 관련하여 대법원은 계획변경청구권을 원칙적으로 부정하면서도, 일정한 경우에 예외를 인정하여 계획변경청구권을 인정하기도 한다. 예를 들어, 대법원은 국토이용계획과 관련하여, 원칙적으로는 국토이용계획이 일단 확정된 후에는 사정의 변동이 있다고 하여 지역주민이나 일반 이해관계인에게 그 계획의 변경을 신청할 권리를 인정하여 줄 수는 없다고 본다. 다만, 장래 일정한 기간 내에 관계법령이 규정하는 시설 등을 갖추어 일정한 행정처분을 구하는 신청을 할 수 있는 법률상 지위에 있는 자의 국토이용계획변경신청을 거부하는 것이 실질적으로 당해 행정처분 자체를 거부하는 결과가 되는 경우에는 예외적으로 그 신청인에게 국토이용계획변경을 신청할 권리가 인정된다고 본다(대법원 2003. 9. 23. 2001두10936).

④ (O) 장기미집행 도시계획시설결정의 실효제도란 도시계획시설결정이 있었음에도 장기간 사업이 시행되지 않은 경우 해당 결정의 효력을 상실시키는 제도를 말한다. 이와 관련하여 헌법재판소는 장기미집행 도시계획시설결정의 실효제도는 도시계획시설부지로 하여금 도시계획시설결정으로 인한 사회적 제약으로부터 벗어나게 하는 것으로서 결과적으로 개인의 재산권이 보다 보호되는 측면이 있는 것은 사실이나, 이와 같은 보호는 입법자가 새로운 제도를 마련함에 따라 얻게 되는 법률에 기한 권리일 뿐 헌법상 재산권으로부터 당연히 도출되는 권리는 아니라고 본다(헌재 2005. 9. 29. 2002헌바84).

18

답 ③

| 출제단원 | Part 02 행정작용 및 절차법, Part 04 행정소송법 |
| 출제영역 | 행정행위의 효력발생요건, 항고소송의 대상, 제소기간 |

① (X) 행정행위의 「상대방이 불특정 다수인」이거나 「상대방이 특정될 수 있으나 일일이 통지하는 것이 적절하지 않은 경우」에는 개별법에서 행정행위의 통지방법으로 고시 또는 공고를 규정하고 있는 경우가 있다. 이때 효력발생시기와 관련하여, 고시 또는 공고를 규정하고 있는 개별법령에서 효력발생일에 대하여 규정하고 있는 경우에는 그에 의한다. 반면, 고시 또는 공고를 규정하고 있는 개별법령에서 효력발생일에 대하여 규정하고 있지 않은 경우에는 대통령령인 「행

정업무의 운영 및 혁신에 관한 규정」을 적용하게 된다. 이에 의하면, 공고문서(= 고시·공고 등 행정기관이 일정한 사항을 일반에게 알리는 문서)는 그 문서에서 효력발생시기를 구체적으로 밝히고 있지 않으면 그 「고시 또는 공고 등이 있은 날부터 5일이 경과한 때」에 효력이 발생한다(제6조 제3항). 따라서 「행정업무의 운영 및 혁신에 관한 규정」에 따르면 제시된 첫 번째 사례에서 여성가족부 장관의 고시의 효력은 고시가 있은 날인 2020. 1. 6.부터 5일이 경과한 때인 2020. 1. 12.부터 발생하게 된다.

> **참고**
> 원본 문제의 ①번 선택지는 「행정효율과 협업촉진에 관한 규정」이라고 표기되어 있었다. 그런데 이 규정은 2023. 6. 27. 개정시 제명을 「행정업무의 운영 및 혁신에 관한 규정」으로 변경하였다. 이에 선택지의 내용을 수정하였다.

② (X) 대법원은 청소년 보호법에 따른 청소년 유해매체물 결정 및 고시처분은 「일반 불특정 다수인」을 상대방으로 하여 일률적으로 표시의무, 포장의무, 청소년에 대한 판매·대여 등의 금지의무 등 각종 의무를 발생시키는 행정처분이라고 본다(대법원 2007. 6. 14. 2004두619).

③ (O) 행정절차법에서는 「송달에 갈음하는 공고」에 대해 규정하고 있다. 이에 의하면 「송달받을 자의 주소 등을 통상적인 방법으로 확인할 수 없는 경우」 또는 「송달이 불가능한 경우」에는 송달받을 자가 알기 쉽도록 「관보, 공보, 게시판, 일간신문 중 하나 이상」에 공고하고 「인터넷」에도 공고하여야 한다(행정절차법 제14조 제4항). 따라서 제시된 두 번째 사례에서 A시의 시장은 영업허가취소처분의 송달이 불가능한 경우에는 송달받을 자인 乙이 알기 쉽도록 관보, 공보, 게시판, 일간신문 중 하나 이상에 공고하고 인터넷에도 공고하여야 한다.

④ (X) 행정심판을 거치지 않은 경우에 취소소송은 '처분 등이 있음을 안 날부터 90일 이내', '처분 등이 있은 날부터 1년 이내'에 제기해야 한다. 이때 「고시 또는 공고」의 경우에 '처분 등이 있음을 안 날'의 의미는 제시된 첫 번째 사례에서와 같이 「불특정 다수인에 대한 고시·공고」와 두 번째 사례에서 송달이 불가능하여 A시의 시장이 하게 되는 공고와 같이 「특정인에 대한 고시·공고(송달에 갈음하는 공고)」로 나누어 판단해야 한다. 정리하면 다음과 같다.

「불특정 다수인」에게 고시·공고하는 경우	통상 고시 또는 공고에 의하여 행정처분을 하는 경우에는 그 처분의 상대방이 「불특정 다수인」이고 그 처분의 효력이 불특정 다수인에게 일률적으로 적용되는 것이므로, 그 행정처분에 이해관계를 갖는 자가 고시 또는 공고가 있었다는 사실을 현실적으로 알았는지 여부에 관계없이 「고시가 효력을 발생하는 날」 행정처분이 있음을 알았다고 보아야 한다(대법원 2007. 6. 14. 2004두619).
「특정인」에 대한 처분을 주소불명 등의 이유로 송달할 수 없어 관보 등에 공고한 경우	「특정인」에 대한 행정처분을 주소불명 등의 이유로 송달할 수 없어 관보·공보·게시판·일간신문 등에 공고한 경우에는, 공고가 효력을 발생하는 날에 상대방이 그 행정처분이 있음을 알았다고 볼 수는 없고, 상대방이 당해 처분이 있었다는 사실을 현실적으로 안 날에 그 처분이 있음을 알았다고 보아야 한다(대법원 2006. 4. 28. 2005두14851).

따라서 두 번째 사례에서 乙의 영업허가취소처분이 공보에 공고된 경우는 특정인에 대한 처분을 송달할 수 없어 관보 등에 공고한 사례이므로 乙이 자신에 대한 영업허가취소처분이 있었음을 현실적으로 안 날부터 90일 이내에 영업허가취소처분에 대한 취소소송을 제기할 수 있는 것이며, 처분이 있음을 알고 있지 못하더라도 공고가 효력을 발생한 날부터 90일 안에 영업허가취소처분에 대한 취소소송을 제기해야 하는 것은 아니다.

19   답 ②

출제단원 Part 01 행정법 서설, Part 02 행정작용 및 절차법, Part 04 행정소송법

출제영역 공법상 부당이득, 행정소송의 심리, 항고소송의 대상, 인·허가의 제제도

① (X) 대법원은 지방재정법에 의한 변상금부과처분이 당연무효인 경우에 이 변상금부과처분에 의하여 납부자가 납부하거나 징수당한 오납금은 지방자치단체가 법률상 원인 없이 취득한 부당이득에 해당하고, 이러한 오납금에 대한 납부자의 부당이득반환청구권은 처음부터 법률상 원인이 없이 납부 또는 징수된 것이므로 「납부 또는 징수시」에 발생하여 확정되며, 그 때부터 소멸시효가 진행한다고 본다(대법원 2005. 1. 27. 2004다50143). 참고로 변상금이란 사용허가나 대부(= 돌려받기로 하고 어떤 물건을 빌려주어 사용·수익을 허락하는 것)계약 없이 국유재산 또는 공유재산을 사용·수익하거나 점유한 자에게 부과하는 금액을 말한다.

② (O) 대법원은 행정소송에서 쟁송의 대상이 되는 「행정처분의 존부」는 소송요건으로서 「직권조사사항」이고 「사실심」에서 변론종결시까지 당사자가 주장하지 않던 「직권조사사항」에 해당하는 사항을 「상고심」에서 비로소 주장하는 경우 그 직권조사사항에 해당하는 사항은 상고심의 심판범위에 해당한다고 본다(대법원 2004. 12. 24. 2003두15195). 즉, 법원의 직권조사사항은 당사자의 주장 여부와 관계없이 심리했어야 하는 사항이므로 당사자가 상고심에서 비로소 주장하였다고 하더라도 상고심 법원은 이에 대해 판단을 해야 한다는 의미이다. 참고로 3심제를 채택하고 있는 우리나라의 경우 사실관계를 확정하여 법률을 적용하는 1심과 2심을 「사실심」, 1심과 2심에서 확정한 사실관계를 기초로 하여 법률적용이 제대로 되었는지만을 판단하는 3심을 「법률심」이라고 한다. 또한 1심 법원의 판결에 대하여 2심 법원에 다시 재판을 청구하는 것을 「항소」, 2심 법원의 판결에 대하여 3심 법원에 다시 재판을 청구하는 것을 「상고」라고 한다. 이에 따라 2심 법원의 재판을 「항소심」, 3심 법원의 재판을 「상고심」이라고도 표현한다.

③ (X) 「행정규칙」은 법규성이 인정되지 않아 국민이나 법원에 대한 대외적인 구속력이 없다. 그러나 대법원은 「행정규칙에 근거한 처분」은 일정한 요건하에 항고소송의 대상이 되는 행정처분에 해당할 수 있다고 본다. 즉, 어떠한 처분의 근거나 법적인 효과가 행정규칙에 규정되어 있다고 하더라도, 그 처분이 행정규칙의 내부적 구속력에 의하여 상대방에게 권리의 설정 또는 의무의 부담을 명하거나 기타 법적인 효과를 발생하게 하는 등으로 그 「상대방의 권리 의무에 직접 영향을 미치는 행위」라면, 항고소송의 대상이 되는 행정처분에 해당한다는 것이다(대법원 2002. 7. 26. 2001두3532). 이에 따라 대법원은 행정규칙에 의한 '불문경고조치'가 비록 법률상의 징계처분은 아니지만 「이러한 처분을 받지 않았다면 차후 다른 징계처분이나 경고를 받게 될 경우 징계감경사유로 사용될 수 있었던 표창공적의 사용가능성을 소

멸시키는 효과」와 「1년 동안 인사기록카드에 등재됨으로써 그 동안은 장관표창이나 도지사표창 대상자에서 제외시키는 효과」 등이 있다는 이유로 항고소송의 대상이 되는 행정처분에 해당한다고 본다(대법원 2002. 7. 26. 2001두3532). 참고로 불문경고란 표창을 받는 등 특별한 공적이 있을 경우 징계를 감경하여 책임을 묻지 않는 것으로 하되 경고는 하는 것을 말한다.

④ (X) 「인·허가의제제도」는 「주된 인·허가(㉠)」를 신청하여 이에 대한 인·허가를 받으면 관련법률의 규정에 따라 「다른 인·허가(㉡)」까지도 받은 것으로 보는 것과 같이 하나의 인·허가를 받으면 다른 허가, 인가, 특허, 신고 또는 등록을 받은 것으로 보는 제도를 말한다. 인·허가의제제도에서의 불복방법과 관련하여, 신청된 「주된 인·허가」가 「발급」되어 「인·허가가 의제」되었으나 「의제된 인·허가」에 하자가 있어 다투고자 할 경우 불복대상이 무엇인지 문제된다. 이와 관련하여 대법원은 「의제된 인·허가」는 통상적인 인·허가와 동일한 효력을 가지므로, 적어도 '부분 인·허가의제(= 협의가 완료된 인·허가만 의제되고, 협의완료에 따라 순차적으로 해당 인·허가가 의제되는 것)'가 허용되는 경우에는 그 효력을 제거하기 위한 법적 수단으로 「의제된 인·허가」의 취소나 철회가 허용될 수 있고, 이러한 직권취소·철회가 가능한 이상 그 「의제된 인·허가」에 대한 쟁송취소 역시 허용된다고 본다. 예를 들어, 「주택건설사업계획 승인처분(= 주된 인·허가의 발급)」에 따라 「의제된 인·허가」가 위법함을 다투고자 하는 이해관계인은, 「주택건설사업계획 승인처분」의 취소를 구할 것이 아니라 「의제된 인·허가」의 취소를 구하여야 하며, 「의제된 인·허가」는 「주택건설사업계획 승인처분」과 별도로 항고소송의 대상이 되는 처분에 해당한다(대법원 2018. 11. 29. 2016두38792). 즉, 대법원은 「주된 인·허가의 발급」으로 「의제된 인·허가」에 하자가 있어 이를 다툴 경우에는 「의제된 인·허가」를 직접 대상으로 쟁송을 제기해야 한다는 것이다. 이 판례는 「주된 인·허가가 거부」된 경우와 비교해야 한다. 대법원은 「의제되는 인·허가」의 요건이 구비되지 않았음을 이유로 「주된 인·허가 신청에 대한 거부처분」이 있는 경우에 불복대상이 무엇인지와 관련하여, 허가권자가 「주된 인·허가 신청에 대한 거부처분」을 하면서 그 사유로 「의제되는 인·허가의 요건이 구비되지 않았음」을 들고 있다고 하여 「주된 인·허가 신청에 대한 거부처분」 외에 별개로 「의제되는 인·허가에 대한 거부처분」이 존재하는 것은 아니라고 본다. 따라서 인·허가 신청인은 「주된 인·허가 신청에 대한 거부처분」에 관한 쟁송에서 허가권자가 불허가사유로 제시한 「의제되는 인·허가의 요건이 구비되지 않았음」에 대하여 다투어야 한다고 본다. 즉, 존재하지도 않는 「의제되는 인·허가에 대한 거부처분」에 관해서는 별도로 쟁송을 제기할 수는 없다는 것이다(대법원 2001. 1. 16. 99두10988). 정리하면 다음과 같다.

구분	주된 인·허가의 발급이 거부된 경우	주된 인·허가가 발급된 경우
상황	의제된 인·허가요건 불비를 이유로 주된 인·허가의 발급이 거부된 경우	주된 인·허가가 발급되어 인·허가가 의제되었으나 「의제된 인·허가」에 하자가 있는 경우
쟁송 대상	주된 인·허가거부처분 (대법원 2001. 1. 16. 99두10988)	의제된 인·허가 (대법원 2018. 11. 29. 2016두38792)

20 답 ③

출제단원 Part 04 행정소송법
출제영역 부작위위법확인소송

① (O) 「행정소송법」에 의하면, 「부작위」라 함은 행정청이 당사자의 신청에 대하여 상당한 기간 내에 일정한 「처분」을 하여야 할 법률상 의무가 있음에도 불구하고 이를 하지 아니하는 것을 말한다(제2조 제1항 2호). 따라서 신청의 대상이 「처분」이 아닌 경우에는, 다시 말해, 「처분」에 대한 신청이 아닌 경우에는 이를 부작위하더라도 부작위위법확인소송의 대상이 되는 부작위가 아니다. 이와 관련하여 대법원은 부작위위법확인소송의 대상인 '부작위'란 '행정청이 당사자의 신청에 대하여 상당한 기간 내에 일정한 처분을 하여야 할 법률상 의무가 있음에도 불구하고 이를 하지 아니하는 것'을 말하는데(제2조 제1항 2호), 여기에서 '처분'이란 행정소송법상 「항고소송의 대상이 되는 처분」을 의미하는 것으로서, 행정소송법 제2조의 처분의 개념 정의에는 해당한다고 하더라도 그 처분의 근거법률에서 행정소송 이외의 다른 절차에 의하여 불복할 것을 예정하고 있는 처분은 항고소송의 대상이 될 수 없다고 본다(대법원 2018. 9. 28. 2017두47465). 따라서 처분의 근거법률에서 행정소송 이외의 다른 절차에 의하여 불복할 것을 예정하고 있는 처분은 「항고소송의 대상이 되는 처분」이 아니므로 이러한 처분의 부작위는 부작위위법확인소송의 대상이 될 수 없다.

② (O) 대법원은 부작위위법확인의 소에 있어 당사자가 행정청에 대하여 어떠한 행정행위를 하여 줄 것을 요구할 수 있는 법규상 또는 조리상 권리를 갖고 있지 아니한 경우에는 원고적격이 없거나 항고소송의 대상인 위법한 부작위가 있다고 볼 수 없어 그 부작위위법확인의 소는 부적법하다고도 본다(대법원 1999. 12. 7. 97누17568). 즉, 대법원은 부작위위법확인소송에서 사인의 신청권(= 법규상 또는 조리상 권리)의 존재 여부를 부작위위법확인소송의 「대상적격」의 문제로 보는 동시에 「원고적격」의 문제로 보기도 한다.

③ (X) 대법원은 행정심판을 거치지 않은 경우에는 부작위상태가 계속되는 한 제소기간의 제한을 받지 않는다고 본다. 반면, 행정심판을 거친 경우에는 행정소송법 제20조에서 정한 제소기간 내에 부작위위법확인소송을 제기해야 한다고 본다(대법원 2009. 7. 23. 2008두10560).

④ (O) 부작위위법확인소송의 경우도 취소소송이나 무효등확인소송과 마찬가지로 협의의 소의 이익(= 권리보호의 필요)이 요구된다. 협의의 소의 이익이란 원고의 청구가 소송을 통하여 분쟁을 해결할 만한 현실적인 필요성을 말한다. 이에 따라 부작위위법확인소송의 계속 도중 부작위상태가 해소되거나, 부작위위법확인판결을 받는다고 하더라도 원고의 법률상 지위를 침해하는 불안 내지 위험의 회복을 기대할 수 없는 경우에는 협의의 소의 이익이 없어 각하된다. 이와 관련하여 대법원은 당사자의 신청이 있은 이후 당사자에게 생긴 사정의 변화로 인하여 위 부작위가 위법하다는 확인을 받는다고 하더라도 종국적으로 침해되거나 방해받은 권리와 이익을 보호·구제받는 것이 불가능하게 되었다면 그 부작위가 위법하다는 확인을 구할 이익은 없다고 본다(대법원 2002. 6. 28. 2000두4750).

2019년 국가직 9급

행정법총론

문제편 p.32

01 ② 02 ③ 03 ③ 04 ① 05 ② 06 ④ 07 ② 08 ① 09 ① 10 ③
11 ② 12 ② 13 ① 14 ④ 15 ③ 16 ④ 17 ④ 18 ② 19 ② 20 ④

01

답 ②

출제단원 Part 04 행정소송법
출제영역 행정소송의 대상

① (O) 대법원은 수도법에 의하여 지방자치단체인 수도사업자가 그 수돗물의 공급을 받는 자에 대하여 하는 수도료의 부과징수와 이에 따른 수도료의 납부관계는 공법상의 권리·의무관계이므로 이에 관한 소송은 행정소송절차에 의하여야 한다고 본다(대법원 1977. 2. 22. 76다2517).

② (X) 대법원은 구 예산회계법(현행 국가를 당사자로 하는 계약에 관한 법률)에 따라 체결되는 계약은 사법상의 계약이라고 할 것이고 동법상 입찰보증금은 낙찰자의 계약체결의무 이행의 확보를 목적으로 하여 그 불이행시에 이를 국고에 귀속시켜 국가의 손해를 전보하는 「사법상의 손해배상 예정」으로서의 성질을 갖는 것이라고 본다. 따라서 입찰보증금의 국고귀속조치는 국가가 사법상의 재산권의 주체로서 행위하는 것이지 공권력을 행사하는 것이거나 공권력 작용과 일체성을 가진 것이 아니라 할 것이므로 이에 관한 분쟁은 행정소송이 아닌 「민사소송」의 대상이라고 본다(대법원 1983. 12. 27. 81누366).

③ (O) 대법원은 도시 및 주거환경정비법상 행정주체인 주택재건축정비사업조합을 상대로 관리처분계획안에 대한 조합총회결의의 효력 등을 다투는 소송은 행정처분에 이르는 절차적 요건의 존부나 효력 유무에 관한 소송으로서 그 소송결과에 따라 행정처분의 위법 여부에 직접 영향을 미치는 공법상 법률관계에 관한 것이므로 행정소송법상 당사자소송에 해당한다고 본다(대법원 2009. 9. 17. 2007다2428). 참고로 관리처분계획이란 재개발·재건축사업 등의 공사가 완료된 후에 재개발·재건축조합이 행할 분양처분 및 청산 등에 관한 계획을 말한다. 관리처분계획이 효력을 발생하기 위한 절차는 다음과 같다.

재개발·재건축조합이 관리처분계획안 마련 → 조합 총회의 의결 → 행정청의 인가·고시 → 관리처분계획의 효력 발생(= 구속적 행정계획으로서 독립된 행정처분에 해당)

이때 관리처분계획안에 대한 조합총회결의의 효력을 다투는 방법에 대한 대법원 판례는 관리처분계획안에 대한 행정청의 「인가·고시」 시점을 기준으로 다음과 같이 구별해서 기억해야 한다.

행정청의 「인가·고시」 있기 「전」	행정처분에 이르는 절차적 요건의 존부나 효력 유무에 관한 소송으로서 그 소송결과에 따라 행정처분의 위법 여부에 직접 영향을 미치는 공법상 법률관계에 관한 것이므로 → 당사자소송
행정청의 「인가·고시」 있은 「후」	행정청의 인가·고시까지 있게 되면 관리처분계획은 행정처분으로서 효력이 발생하게 되므로, 총회결의의 하자를 이유로 하여 행정처분의 효력을 다투어야 하므로 → 항고소송

③번 선택지의 경우 행정청의 인가·고시가 있다는 별도의 언급이 없으므로 행정청의 인가·고시가 있기 「전」임을 전제로 판단하면 된다. 따라서 이에 대해서는 당사자소송으로 다투어야 한다.

④ (O) 공익사업을 위해 토지를 취득하는 방법으로는 토지의 소유자의 의사에 반하는 강제취득인 「공용수용」과 공용수용의 주체와 토지소유자 사이의 협의에 의한 취득인 「협의취득」이 있다. 이와 관련하여 대법원은 공익사업을 위한 토지 등의 취득 및 보상에 관한 법률에 의한 「협의취득」은 사법상의 법률행위라고 본다(대법원 2012. 2. 23. 2010다91206). 즉, 당사자 사이의 자유로운 의사에 의한 매매계약이라는 것이므로 이에 관한 분쟁은 민사소송의 대상이 된다.

02

답 ③

출제단원 Part 02 행정작용 및 절차법
출제영역 행정행위의 효력 - 선결문제, 취소의 효과, 행정행위의 하자

① (O) 민사 또는 형사사건에 대한 재판절차에서 해당 사건에 대한 판단을 하기 위해 특정 행정행위의 「효력 유무」나 「존재 여부」 또는 「위법 여부」가 먼저 해결되어야 할 때 이러한 문제를 '선결문제'라고 한다. 이에 대한 대법원 판례를 정리하면 다음과 같다.

구분	민사법원	형사법원
행정행위의 효력 부인(= 취소사유)	판단 불가	판단 불가
행정행위의 무효 확인(= 무효사유)	판단 가능	판단 가능
행정행위의 위법성 확인	판단 가능	판단 가능

①번 선택지는 [민사법원 - 무효사유]에 해당하는 내용이다. 행정소송법 제11조에서는 처분 등의 무효 또는 부존재에 대해서는 민사법원이 선결문제로 심리할 수 있음을 규정하고 있다. 대법원도 행정처분이 당연무효인 경우에는 민사법원에서 이를 판단하여 해당 행정처분이 당연무효임을 전제로 민사재판을 진행할 수 있다고 본다(대법원 2010. 4. 8. 2009다90092). 참고로 과오납이란 과납(過納)과 오납(誤納)을 말한다. 과납이란 납부해야 할 세금을 초과하여 납부한 것을 말하고, 오납이란 착오에 의해 납세의무가 없는 세금을 납부한 것을 말한다.

② (O) 상단 표에서 [민사법원 - 위법성 확인]에 해당하는 내용이다. 대법원은 행정처분의 취소판결이 있어야만 손해배상청구를 할 수 있는 것은 아니라고 본다(대법원 1972. 4. 28. 72다337). 즉, 행정행위에 대한 취소판결이 없더라도 민사법원에서 직접 행정행위의 위법 여부를 판단할 수 있다는 것이다.

③ (X) 행정쟁송(행정심판, 행정소송)을 통한 행정행위의 취소를 쟁송취소라고 한다. 쟁송취소는 원칙적으로 소급효가 인정된다. 즉, 쟁송취소에 의해 행정행위가 취소될 경우 처음부터 해당 행정행위의 효력을 잃게 하는 것이다. 이와 관련하여 대법원은 영업의 금지를 명한 「영업허가취소처분(= 행정행위)」 자체가 나중에 행정쟁송절차에 의하여 취소되었다면 그 「영업허가취소처분」은 그 처분시에 소급하여 효력을 잃게 된다고 본다. 따라서 그 영업허가취소처분에 복종할 의무가 원래부터 없었음이 확정되었다고 봄이 타당하므로 그 영업허가취소처분 이후의 영업행위를 무허가영업이라고 볼 수는 없다고 본다(대법원 1993. 6. 25. 93도277).

④ (O) 법령상 문서, 기타 형식이 요구되는 경우에 이에 따르지 않은 행정행위는 형식에 하자가 있는 행정행위가 된다. 이와 관련하여 대법

원은 처분의 방식에 관하여 원칙상 서면주의를 규정하고 있는 행정절차법 제24조에 위반하여 행하여진 처분은 그 하자가 중대하고 명백하여 원칙적으로 무효라고 본다. 이에 따라 담당 소방공무원이 소방시설 불량사항에 관한 시정보완명령을 구술로 고지한 것은 하자가 중대하고 명백하여 당연무효라고 본다(대법원 2011. 11. 10. 2011도11109).

03

| 출제단원 | Part 02 행정작용 및 절차법
| 출제영역 | 행정행위의 부관

답 ③

부관이란 행정행위의 효과를 제한 또는 보충하기 위하여 행정기관에 의하여 주된 행정행위에 부가된 종된 규율을 말한다(다수설).

① (O) 부관의 하자가 중대하고 명백하여 「부관」이 무효인 경우에 「주된 행정행위」의 효력은 어떻게 되는지 문제된다. 이와 관련하여 대법원은 「부관」이 「주된 행정행위」의 본질적 요소에 해당한다면 「부관」의 하자로 인해 「주된 행정행위」 전부가 위법하게 된다고 본다. 이에 따라 도로점용허가의 점용기간은 행정행위의 본질적인 요소에 해당한다고 볼 것이어서 부관인 점용기간을 정함에 있어서 위법사유가 있다면 이로써 도로점용허가처분 전부가 위법하게 된다고 본다(대법원 1985. 7. 9. 84누604).

② (O) 대법원은 기속행위의 경우 법령에 명시적 근거가 없으면 부관을 붙일 수 없고, 법령상 근거가 없음에도 부관을 붙였다면 이러한 부관은 무효라고 본다(대법원 1993. 7. 27. 92누13998). 반면, 재량행위의 경우에는 법령에 명시적 근거가 없더라도 부관을 붙일 수 있다고 본다(대법원 2007. 7. 12. 2007두6663).

③ (X) 부담이 붙은 행정행위의 상대방은 부담의 내용에 따라 일정한 법률행위를 하게 된다. 이때 「부담」이 위법할 경우, 부담의 내용에 따라 상대방이 행한 「사법상 법률행위」의 효력은 어떻게 되는지가 문제된다. 이와 관련하여 대법원은 부담이 무효인 경우, 부담의 이행행위로 한 「사법상 법률행위」가 당연히 무효로 되는 것은 아니라고 본다. 즉, 부담의 이행행위로 한 「사법상 법률행위」는 일단 유효하며, 다만 민법상 취소사유에 해당할 경우에 「사법상 법률행위」를 취소할 수는 있다는 것이다. 즉, 대법원은 「부담」과 부담의 이행행위로 한 「사법상 법률행위」를 별개로 취급하고 있다(대법원 2009. 6. 25. 2006다18174).

④ (O) 행정행위를 한 이후에 새로운 부관을 부가(= 부관의 사후부가)하거나, 또는 이미 행정행위에 부가되어 있던 부관을 사후에 변경(= 부관의 사후변경)하는 것을 사후부관이라고 한다. 사후부관이 허용되는지와 관련하여 대법원은 법률에 명문의 규정이 있거나 그 변경이 미리 유보되어 있는 경우 또는 상대방의 동의가 있는 경우에 한하여 사후부관이 허용되는 것이 원칙이지만, 사정변경으로 인하여 당초에 부담을 부가한 목적을 달성할 수 없게 된 경우에도 그 목적달성에 필요한 범위 내에서 예외적으로 사후부관이 허용된다고 본다(대법원 1997. 5. 30. 97누2627).

04

| 출제단원 | Part 02 행정작용 및 절차법
| 출제영역 | 인가

답 ①

제3자의 법률행위(= 기본행위)를 보충하여 그 법률적 효력을 완성시켜 주는 행정행위를 '인가'라고 한다.

ㄱ. (허가) 「장사 등에 관한 법률」에서는 법인이 불특정 다수인의 분묘를 동일한 구역 안에 설치하는 「법인묘지」를 설치·관리하고자 하는 자는 보건복지부령이 정하는 바에 따라 당해 묘지를 관할하는 시장 등의 허가를 받아야 한다고 규정하고 있다. 이는 사설묘지가 무분별하게 설치되면 환경오염 내지 공중위생상의 위해를 발생할 수 있고 국토의 효율적 이용 및 공공복리의 증진 등을 직접 저해할 수도 있는 점 등에 비추어 사설묘지 설치를 예방적으로 금지한 후 이를 해제하는 행위이므로 강학상 '허가'에 해당한다. 참고로 대법원은 사설묘지 설치허가 신청대상지가 관련법령에 명시적으로 설치제한지역으로 규정되어 있지 않더라도 관할관청이 제반사정을 고려하여 사설묘지의 설치를 억제함으로써 환경오염 내지 지역주민들의 보건위생상의 위해 등을 예방하거나 묘지의 증가로 인한 국토의 훼손을 방지하고 국토의 효율적 이용 및 공공복리의 증진을 도모하는 등 중대한 공익상 필요가 있다고 인정할 때에는 그 허가를 거부할 수 있다고 판단한 바 있다(대법원 2008. 4. 10. 2007두6106).

ㄴ. (인가) 대법원은 토지거래허가제에 있어서 허가가 규제지역 내의 모든 국민에게 전반적으로 토지거래의 자유를 금지하고 일정한 요건을 갖춘 경우에만 금지를 해제하여 계약체결의 자유를 회복시켜 주는 성질의 것이라고 보는 것은 법의 입법취지를 넘어선 지나친 해석이라고 본다. 따라서 규제지역 내에서도 토지거래의 자유가 인정되지만, 토지거래허가를 받음으로써 허가 전의 유동적 무효상태에 있는 법률행위(= 토지거래계약)의 효력이 완성된다고 보아 이때의 허가를 인가적 성질을 띤 것이라고 본다(대법원 1991. 12. 24. 90다12243).

ㄷ. (인가) 대법원은 민법에서 말하는 재단법인 「정관변경의 허가」는 '허가'라는 표현에도 불구하고, 일반적 금지의 해제를 뜻하는 강학상 허가가 아니라, 재단법인의 정관변경이라는 법률행위의 효력을 보충해 주는 '인가'에 해당한다고 본다(대법원 1996. 5. 16. 95누4810 전합).

ㄹ. (인가) 대법원은 관리처분계획(= 공사가 완료된 후에 재개발·재건축조합이 행할 분양처분 및 청산 등에 관한 계획)에 대한 행정청의 인가는 관리처분계획의 법률상 효력을 완성시키는 보충행위로서의 성질(= 강학상 인가)을 갖는다고 본다(대법원 2012. 8. 30. 2010두24951).

05

| 출제단원 | Part 01 행정법 서설
| 출제영역 | 법률유보의 원칙

답 ②

법률유보의 원칙이란 일정한 행정작용은 법에 근거해야 한다는 원칙을 말한다.

① (O) 헌법 제96조에서는 '행정각부의 설치·조직과 직무범위는 법률로 정한다.'고 규정하여 행정조직법정주의를 채택하고 있다. 행정조직법정주의란 행정조직에 관한 사항은 기본적으로 법률로 정해야 한다는 원칙을 말한다. 이와 같이 「조직법적 근거」는 모든 행정권 행사에 있어서 당연히 요구된다. 따라서 법률유보의 원칙에서 문제되는 법적 근거는 「작용법적 근거」를 말한다. 작용법적 근거란 행정주체가 행정목적을 달성하기 위해 행하는 일체의 법률적·사실적 작용에 대한 법적 근거를 말한다.

② (X) 법률유보의 원칙이 적용되는 경우 법적 근거가 없음에도 행정상 필요하다는 사실만으로 행정권이 행사될 수는 없다. 이와 관련하여 대법원은 구 여객자동차 운수사업법 등에는 관할관청은 개인택시운

송사업자의 「운전면허가 취소된 때」에 그의 「개인택시운송사업면허」를 취소할 수 있도록 규정되어 있을 뿐이며, 「운전면허취소사유」가 있다는 사유만으로 「개인택시운송사업면허」를 취소할 수 있도록 하는 규정은 없으므로, 관할관청으로서는 비록 개인택시운송사업자에게 「운전면허취소사유」가 있다 하더라도 그로 인하여 운전면허취소처분이 이루어지지 않은 이상 「개인택시운송사업면허」를 취소할 수는 없다고 본다(대법원 2008. 5. 15. 2007두26001).

③ (O) 법률유보의 원칙의 적용범위에 대하여 헌법재판소는 '중요사항유보설'에 포함된 이론인 '의회유보설'의 입장에서 판단하고 있다. 즉, 오늘날 법률유보원칙은 단순히 행정작용이 법률에 근거를 두기만 하면 충분한 것이 아니라, 국민의 기본권 실현과 관련된 영역에 있어서는 국민의 대표자인 입법자(= 의회)가 그 본질적 사항에 대해서 스스로 결정하여야 한다는 요구까지 포함하고 있다고 본다(= 의회유보원칙)(헌재 1999. 5. 27. 98헌바70).

④ (O) 대법원은 어떠한 사안이 국회가 형식적 법률로 스스로 규정하여야 하는 본질적 사항에 해당되는지는 구체적 사례에서 관련된 이익 내지 가치의 중요성 등을 고려하여 개별적으로 결정하여야 하지만, 규율대상이 국민의 기본권 및 기본적 의무와 관련한 중요성을 가질수록 그리고 그에 관한 공개적 토론의 필요성 또는 상충하는 이익 사이의 조정 필요성이 클수록, 그것이 국회의 법률에 의해 직접 규율될 필요성은 더 증대된다고 본다. 이에 따라 법인세, 종합소득세와 같이 납세의무자에게 스스로 과세표준과 세액을 계산하여 신고하여야 하는 의무까지 부과하는 경우에는 신고의무 이행에 필요한 기본적인 사항과 신고의무 불이행시 납세의무자가 입게 될 불이익 등은 납세의무를 구성하는 기본적, 본질적 내용으로서 법률로 정하여야 한다고 본다(대법원 2015. 8. 20. 2012두23808).

06 답 ④

| 출제단원 | Part 02 행정작용 및 절차법 |
| 출제영역 | 행정절차법 |

행정절차법상 사전통지나 의견제출의 기회제공은 행정청이 당사자에게 「의무를 부과하거나 권익을 제한하는 처분(= 불이익처분)」을 할 때를 대상으로 한다.

① (X) 대법원은 신청에 따른 처분이 이루어지지 아니한 경우에는 아직 당사자에게 권익이 부과되지 아니하였으므로, 특별한 사정이 없는 한 신청에 대한 거부처분이라고 하더라도 직접 당사자의 권익을 제한하는 것은 아니어서 '당사자의 권익을 제한하는 처분'에 해당한다고 할 수 없고, 따라서 처분의 사전통지대상이나 의견청취대상이 된다고 할 수 없다고 본다(대법원 2017. 11. 23. 2014두1628).

② (X) 행정청이 무단으로 용도변경된 건물에 대해 건물주에게 시정명령 및 계고처분을 하는 것은 행정청이 건물주에게 의무를 부과하는 처분을 하는 것이므로 행정절차법상 처분의 사전통지를 하거나 의견제출의 기회를 부여해야 한다.

③ (X) 대법원은 행정절차법상 의견제출의 기회를 주어야 하는 '당사자'는 행정청의 「처분에 대하여 직접 그 상대가 되는 당사자」를 의미한다고 본다. 그런데 '고시'의 방법으로 「불특정 다수인」을 상대로 의무를 부과하거나 권익을 제한하는 처분은 성질상 상대방을 특정할 수 없으므로, 이러한 경우에는 상대방에게 의견제출의 기회를 주어야 하는 것은 아니라고 본다(대법원 2014. 10. 27. 2012두7745).

④ (O) 대법원은 행정청이 영업자지위승계신고를 수리하게 되면 「종전 영업자」에 대한 허가는 효력을 잃게 되므로 영업자지위승계신고를 수리하는 처분은 「종전 영업자」의 권익을 제한하는 처분이라고 본다. 따라서 「종전 영업자」는 영업자지위승계신고 수리처분의 직접 상대방으로서 '당사자'에 해당하므로 「종전 영업자」에게 사전통지를 하고 영업자지위승계신고 수리처분을 하여야 한다고 본다(대법원 2012. 12. 13. 2011두29144).

07 답 ②

| 출제단원 | Part 02 행정작용 및 절차법 |
| 출제영역 | 건축허가와 건축신고 |

ㄱ. (X) 건축법상 건축신고를 정리하면 다음과 같다.

구분	「일반적」인 건축신고	「인·허가의제효를 수반」하는 건축신고
건축법 규정	제14조 제1항	제14조 제2항
성질	자기완결적 신고 → 수리를 요하지 않는 신고	행위요건적 신고 → 수리를 요하는 신고
「수리」의 처분성	처분 X	처분 O
「수리거부」의 처분성	처분 O ☞ 건축신고에 국한된 대법원 판례이며, 자기완결적 신고의 수리거부가 언제나 처분이라는 것은 아니다.	처분 O

즉, 대법원은 건축법상 「일반적인 건축신고」의 「수리거부」와 「인·허가의제효를 수반하는 건축신고」의 「수리거부」 모두 처분이라고 본다.

ㄴ. (O) 허가가 기속행위인지 아니면 재량행위인지에 대하여 대법원은 법령에 특별한 규정이 없는 한 원칙상 기속행위라고 본다. 다만, 허가를 재량행위로 볼 수 있는 몇 가지 예외를 인정하고 있는데, 기속행위인 허가가 재량행위인 허가를 포함하는 경우도 이에 해당한다. 예를 들어, 건축법상 건축허가는 원칙적으로 기속행위이다. 그러나 재량행위인 '토지의 형질변경허가'를 포함하는 건축허가의 경우에는 건축허가를 하기 위해 토지의 형질변경허가의 금지요건에 해당하지 않는 것인지에 대한 판단이 필요하고, 이에 대해서는 행정청에 재량권이 인정되므로, 이러한 한도 내에서는 건축허가도 재량행위가 된다고 본다(대법원 2005. 7. 14. 2004두6181).

ㄷ. (X) 대법원은 건축허가권자는 건축허가신청이 관계법규에서 정하는 제한에 배치되지 않는 이상 당연히 건축허가를 하여야 하고, 중대한 공익상의 필요가 없는데도 관계법령에서 정하는 제한사유 이외의 사유를 들어 허가를 거부할 수는 없다고 본다(대법원 2009. 9. 24. 2009두8946). 즉, 중대한 공익상의 필요가 있다면 법령에서 정하는 제한사유 이외의 사유를 들어 허가를 거부할 수도 있다는 것이다. 이는 건축허가를 원칙적으로 기속행위로 보면서도 예외적으로 중대한 공익상 필요가 있는 경우에는 그 한도 내에서 재량권이 인정된다는 것이다.

ㄹ. (O) 허가는 심사대상에 따라 다음과 같이 분류할 수 있다.

구분	의의	이전 가능 여부
대인적 허가	사람의 능력·지식 등 주관적 요소를 심사대상으로 하는 허가 예 운전면허, 의사면허 등	불가능
대물적 허가	물건의 객관적 사정을 심사대상으로 하는 허가 예 차량검사, 건축허가 등	가능
혼합적 허가	사람과 물건 모두를 심사대상으로 하는 허가 예 총포·화약류제조허가 등	개별적 판단

이와 관련하여 대법원은 건축허가는 대물적 허가의 성질을 가지는 것으로 그 허가의 효과는 허가대상 건축물에 대한 권리변동에 수반하여 이전되고, 별도의 승인처분에 의하여 이전되는 것이 아니라고 본다(대법원 1979. 10. 30. 79누190).

08 답 ①

출제단원 Part 08 행정정보공개·개인정보 보호·행정조사
출제영역 공공기관의 정보공개에 관한 법률

① (O) 대법원은 공개청구의 대상이 되는 정보가 이미 다른 사람에게 공개되어 널리 알려져 있다거나 인터넷 등을 통하여 공개되어 인터넷 검색 등을 통하여 쉽게 알 수 있다는 사정만으로는 소의 이익이 없다거나 비공개결정이 정당화될 수 없다고 본다(대법원 2010. 12. 23. 2008두13101). 즉, 이미 공개되어 있는 정보라도 공개청구의 대상에 해당할 수 있다는 것이다.

② (X) 「공공기관의 정보공개에 관한 법률」에서는 청구인의 정보공개 청구 후 20일이 경과하도록 정보공개결정이 없는 때에는 해당 공공기관에 문서로 이의신청을 할 수 있을 뿐만 아니라(제18조), 행정심판(제19조), 행정소송(제20조)도 제기할 수 있도록 규정하고 있다.

③ (X) 「공공기관의 정보공개에 관한 법률」에 의하면 정보의 공개 및 우송 등에 드는 비용은 실비의 범위에서 청구인이 부담하지만, 공개를 청구하는 정보의 사용목적이 공공복리의 유지·증진을 위하여 필요하다고 인정되는 경우에는 이러한 비용을 감면할 수 있다(제17조 제1항, 제2항).

④ (X) 대법원은 청구인이 재판기록 일부의 정보공개를 청구한 데 대하여 서울행정법원장이 소송기록의 정보를 비공개한다는 결정을 「전자문서」로 통지한 사안에서, 비공개결정 당시 정보의 비공개결정은 구 공공기관의 정보공개에 관한 법률에 의하여 전자문서로 통지할 수 있다고 판단하였다(대법원 2014. 4. 10. 2012두17384).

09 답 ①

출제단원 Part 02 행정작용 및 절차법, Part 04 행정소송법
출제영역 행정상 입법예고, 위임명령의 한계, 항고소송의 대상, 법규명령의 통제

① (O) 행정절차법상 법령 등을 제정·개정 또는 폐지하려는 경우에는 해당 입법안을 마련한 행정청은 이를 예고하여야 한다. 다만, 몇 가지 예외를 규정하고 있는데 '상위 법령 등의 단순한 집행을 위한 경우'도 행정상 입법예고를 하지 않을 수 있는 예외에 해당한다(제41조).

② (X) 어떠한 행위가 범죄가 되며, 이에 대해 어떠한 형벌이 부과되는지를 미리 성문의 법률에 규정해 두어야 한다는 것을 '죄형법정주의의 원칙'이라고 한다. 이와 관련하여 처벌규정을 법률이 아닌 명령으로 규정하도록 위임하는 것이 가능한지 문제된다. 헌법재판소와 대법원은 형벌법규의 위임입법이 허용되기 위해서는 다음의 조건을 충족해야 한다고 본다.

보충성	특히 긴급한 필요가 있거나 미리 법률로써 자세히 정할 수 없는 부득이한 사정이 있는 경우이어야 함
구성요건의 구체성	처벌대상인 행위가 어떠한 것일 거라고 예측할 수 있을 정도로 구체적으로 정하고 있어야 함
형벌의 종류 및 상한과 폭의 명확성	형벌의 종류는 무엇이며 그 상한과 폭은 어떠한지를 명확히 규정하고 있어야 함

③ (X) 대법원은 교육부장관이 내신성적 산정기준의 통일을 기하기 위해 내신성적 산정기준에 관한 시행지침을 마련하여 시·도 교육감에게 통보한 것은 행정조직 내부에서 내신성적평가에 관한 내부적 심사기준을 시달한 것에 불과하다고 본다. 비록 장차 일부 수험생들이 위 지침으로 인해 어떤 불이익을 입을 개연성이 없지는 않으나, 그러한 사정만으로 이러한 지침에 의해 곧바로 개별적이고 구체적인 권리의 침해를 받은 것으로는 인정할 수 없으므로, 그것만으로는 현실적으로 특정인의 구체적인 권리·의무에 직접적으로 변동을 초래케 하는 것은 아니라는 것이다. 따라서 내신성적 산정지침을 항고소송의 대상이 되는 행정처분으로 볼 수 없다고 본다(대법원 1994. 9. 10. 94두33).

④ (X) 행정소송법에 의하면 행정소송에 대한 대법원판결에 의하여 명령·규칙이 헌법 또는 법률에 위반된다는 것이 확정된 경우에는 대법원은 지체 없이 그 사유를 「행정안전부장관」에게 통보하여야 한다(제6조 제1항).

10 답 ③

출제단원 Part 03 행정의 실효성 확보수단
출제영역 행정강제

행정강제란 행정목적의 실현을 확보하기 위하여 사람의 신체 또는 재산에 실력을 가함으로써 행정상 필요한 상태를 실현하는 권력적 행위를 말한다. 행정강제에는 「행정상 강제집행(= 대집행, 이행강제금, 직접강제, 행정상 강제징수)」과 「행정상 즉시강제」가 있다.

① (X) 행정청이 A에게 일정한 기간을 정하여 공유수면(바다, 바닷가, 하천, 호소(湖沼, 늪과 호수), 구거(溝渠, 도랑) 기타 공공용으로 사용되는 수면으로서 국가 소유인 것) 사용허가를 하였고, A는 해당 공유수면에 건물을 신축하였다. 이후 공유수면 사용기간이 만료하자 행정청은 A에게 원상회복명령을 하였으나 A는 이를 이행하지 않았다. 이에 행정청은 A에게 공유수면에 지어진 건물을 철거하라면서 원상회복명령의 이행을 촉구하였고, 기한 내 이행하지 않을 경우 행정대집행을 실시할 예정임을 통보하였다. 이러한 사안에서 대법원은 행정청의 명령에 의한 A의 건물철거의무에는 A의 퇴거의무도 포함되어 있는 것이므로, 별도로 퇴거를 명하는 집행권원이 필요하지는 않다고 본다. 따라서 행정청이 행정대집행의 방법으로 건물철거의무의 이행을 실현할 수 있는 경우에는 건물철거 대집행과정에서 부수적으로 건물의 점유자들에 대한 퇴거조치(= 있던 곳에서 떠나도록 하는 것)를 할 수 있다고 본다(대법원 2017. 4. 28. 2016다213916). 참고로 '집행권원'이란 확정된 판결과 같이 강제집행을 할 수 있는 근거를 말한다.

② (X) 「행정상 즉시강제」란 급박한 행정상의 장해를 제거할 필요가 있지만 미리 의무를 명할 시간적 여유가 없을 때 또는 급박하지는 않지만 성질상 의무를 명해서는 목적달성이 곤란할 때에 즉시 개인의 신체·재산에 실력을 가하여 행정상의 필요한 상태를 실현하는 행정작용을 말한다. 즉, 「행정상 즉시강제」는 구체적인 의무부과를 전제로 하지 않는다. 따라서 「행정상 즉시강제」가 '선행의 구체적 의무의 불이행'을 전제로 하고 있다는 취지의 ②번 선택지의 설명은 옳지 않다. 참고로 행정상 즉시강제와 달리 「행정상 강제집행」은 구체적인 의무부과 후 이를 불이행한 경우를 전제로 한다.

③ (O) 대집행의 비용은 의무자가 부담하여야 한다. 의무자가 비용을 납부하지 않으면 당해 행정청은 대집행비용을 국세징수법의 예에 의하여 강제징수할 수 있다(행정대집행법 제6조 제1항). 이때 대집행비용을 국세징수법의 예에 의해서가 아니라 민사소송절차를 통해 청구할 수는 없는지 문제된다. 이에 대하여 대법원은 행정대집행법에서 대집행비용은 국세징수법의 예에 의하여 징수할 수 있다고 규정하여 간이하고 경제적인 특별구제절차를 마련하고 있으므로 민사소송절차로 대집행비용의 상환을 구할 수는 없다고 본다(대법원 2011. 9. 8. 2010다48240).

④ (X) 「직접강제」란 행정상 강제집행 중 한 가지로서 의무자가 의무를 이행하지 않는 경우에 의무자의 신체·재산에 직접 실력을 가함으로써 의무이행이 있었던 것과 같은 상태를 실현시키는 작용을 말한다. 그런데 「이행강제금」이란 작위의무·부작위의무·수인의무의 불이행시에 일정액수의 금전이 부과될 것임을 의무자에게 미리 경고함으로써 의무자에게 심리적 압박을 주어 장래를 향해 의무이행을 확보하려는 「간접적」인 강제수단을 말한다. 따라서 이행강제금은 직접강제와는 구분되는 별도의 행정상 강제집행 종류 중 하나이다.

11

답 ②

출제단원 Part 02 행정작용 및 절차법
출제영역 행정지도

행정지도란 행정기관이 그 소관사무의 범위에서 일정한 행정목적을 실현하기 위하여 특정인에게 일정한 행위를 하거나 하지 아니하도록 지도, 권고, 조언 등을 하는 행정작용을 말한다(행정절차법 제2조 3호).

① (O) 행정절차법 제48조 제1항 후단에서는 '행정지도는 행정지도의 상대방의 의사에 반하여 부당하게 강요하여서는 아니 된다.'고 규정하고 있다. 이를 '임의성의 원칙'이라고 한다.

② (X) 행정지도에 따를 것인지의 여부가 상대방인 국민의 임의적 결정에 달려 있으므로 행정지도에 법률의 근거(= 작용법적 근거)가 없어도 된다는 것이 다수설·판례이다. 그러나 행정지도 역시 행정작용의 하나이므로 행정법의 일반원칙을 준수하여야 한다. 따라서 행정지도 역시 비례원칙과 평등원칙에 구속된다. 참고로 행정절차법 제48조 제1항 전단에서는 '행정지도는 그 목적달성에 필요한 최소한도에 그쳐야 하며'라고 하여 '비례의 원칙'을 직접 규정하고 있다.

③ (O) 헌법재판소는 교육인적자원부장관의 대학총장들에 대한 학칙시정 요구의 법적 성격은 대학총장의 임의적인 협력을 필요로 하는 행정지도로 본다. 다만, 이에 따르지 않을 경우 일정한 불이익조치를 예정하고 있어 사실상 상대방에게 강제적인 효과를 발생하는 것이므로 헌법소원의 대상인 공권력 행사에 해당한다고 본다(헌재 2003. 6. 26. 2002헌마337).

④ (O) 대법원은 세무당국이 주류회사에게 특정인과의 주류거래를 일정한 기간 동안 중지하여 줄 것을 요청한 행위는 권고적 성격의 행위에 불과하다고 보아 처분성을 부인하였다. 따라서 항고소송으로 다툴 수 없다(대법원 1980. 10. 27. 80누395).

12

답 ②

출제단원 Part 03 행정의 실효성 확보수단
출제영역 행정벌

행정벌이란 행정의 상대방이 행정법상 의무를 위반한 경우에 국가 또는 지방자치단체가 행정의 상대방에게 과하는 행정법상의 제재로서의 처벌을 말한다. 행정벌에는 행정형벌과 행정질서벌(과태료)이 있다.

① (O) 대법원은 행정범의 경우 과실행위를 처벌한다는 「명문의 규정」이 있는 경우뿐만 아니라 명문의 규정이 없더라도 관련 행정형벌법규의 「해석」에 의하여 과실행위도 처벌한다는 뜻이 도출되는 경우에는 과실행위도 처벌된다고 본다(대법원 1993. 9. 10. 92도1136).

② (X) 통고처분이란 행정범(행정법규의 위반으로 성립되는 범죄)을 범한 자에 대하여 형사절차에 의한 형벌을 과하기 전에 행정청이 형벌을 대신하여 금전적 제재인 범칙금을 과하여 범칙금을 납부하면 형사처벌을 하지 않고, 만일 범칙금을 납부하지 않으면 형사소송절차에 따라 형벌을 과하는 절차이다. 행정법규 위반자가 통고처분에 의해 부과된 범칙금을 납부하면 과벌절차는 종료되고, 일사부재리의 원칙에 따라 동일한 사건에 대하여 다시 처벌받지 않는다. 참고로 '일사부재리의 원칙'이란 어떤 사건에 대하여 일단 판결이 내려지고 확정이 되면 다시 심리·재판하지 않는다는 원칙을 말한다.

③ (O) 과태료란 행정질서벌로서 일반사회의 법익에 직접 영향을 미치지는 않으나, 행정상의 질서에 장해를 야기할 우려가 있는 의무위반에 대하여 가해지는 제재를 말한다. 헌법재판소는 과태료는 행정상의 질서유지를 위한 행정질서벌에 해당할 뿐 형벌이라고 할 수 없어 죄형법정주의의 규율대상에 해당하지 아니한다고 본다(헌재 1998. 5. 28. 96헌바83).

④ (O) 행정질서벌의 성립요건과 부과절차 등에 관해 규정하고 있는 「질서위반행위규제법」에서는 이 법 적용의 시간적 범위에 대하여 다음과 같이 규정하고 있다(제3조).

원칙	질서위반행위의 성립과 과태료 처분은 행위시의 법률에 따른다.	
예외	행위 후 법률이 변경되어 질서위반행위에 해당하지 않게 되거나 과태료가 가볍게 된 때	법률에 특별한 규정이 없는 한 변경된 법률 적용
	과태료 처분·재판이 확정된 후 법률이 변경되어 질서위반행위에 해당하지 않게 된 때	법률에 특별한 규정이 없는 한 변경된 법률에 특별한 규정이 없는 한 과태료의 징수 또는 집행 면제

이와 관련하여 대법원은 질서위반행위에 대하여 과태료를 부과하는 근거법령이 개정되어 행위시의 법률에 의하면 과태료 부과대상이었지만 재판시의 법률에 의하면 부과대상이 아니게 된 때에는 개정법률의 부칙 등에서 행위시의 법률을 적용하도록 명시하는 등 특별한 사정이 없는 한 「재판시의 법률(= 변경된 법률)」을 적용하여야 하므로 과태료를 부과할 수 없다고 본다(대법원 2017. 4. 7. 자 2016마1626).

13 답 ①

출제단원	Part 04 행정소송법
출제영역	협의의 소의 이익

항고소송을 제기하기 위해서는 '협의의 소의 이익(= 권리보호의 필요)'이 요구된다. 협의의 소의 이익이란 원고의 청구가 소송을 통하여 분쟁을 해결할 만한 현실적인 필요성을 말한다.

① (X) 위법한 처분을 취소한다 하더라도 원상회복이 불가능한 경우에는 그 소의 이익이 없지만, 원상회복이 가능한 경우에는 소의 이익이 인정된다. 이와 관련하여 대법원은 현역입영대상자로서는 현실적으로 입영을 하였다고 하더라도, 입영 이후의 법률관계에 영향을 미치고 있는 현역병입영통지처분 등을 한 관할지방병무청장을 상대로 현역병입영통지처분의 위법을 주장하여 그 취소를 구할 소송상의 이익이 있다고 본다(대법원 2003. 12. 26. 2003두1875). 현역입영대상자가 입영한 후에도 현역입영통지처분이 취소되면 원상회복이 가능하므로 현역입영통지처분의 취소를 구할 소의 이익이 있다는 것이다.

② (O) 건축사법에서는 업무정지처분을 「연 2회 이상」받는 등 일정한 요건을 충족해야만 가중된 제재처분을 하도록 되어 있다. 따라서 대법원은 업무정지처분을 받은 후 새로운 업무정지처분을 받음이 없이 1년이 경과하여 실제로 가중된 제재처분을 받을 우려가 없어졌다면 위 처분에서 정한 정지기간이 경과한 이상 특별한 사정이 없는 한 그 처분의 취소를 구할 법률상 이익이 없다고 본다(대법원 2000. 4. 21. 98두10080).

③ (O) 기본적인 권리회복은 불가능하다 하더라도 당해 처분이 소급적으로 취소됨으로써 원고의 법률상 이익에 해당하는 부수적인 이익이 구제될 수 있는 경우에는 소의 이익이 인정된다고 본다. 이와 관련하여 대법원은 일반적으로 공장등록이 취소된 후 그 공장시설물이 철거되어 다시 복구 등을 통하여 공장을 운영할 수 없는 상태라면 「공장등록취소처분」의 취소를 구할 법률상의 이익이 「없다」할 것이지만, 공장등록이 취소된 후 그 공장시설물이 철거되었다 하더라도 대도시 안의 공장을 지방으로 이전할 경우 조세특례제한법상의 세액공제 및 소득세 등의 감면혜택이 있고, 공업배치 및 공장설립에 관한 법률상의 간이한 이전절차 및 우선입주의 혜택이 있는 경우, 그 공장등록취소처분의 취소를 구할 법률상의 이익이 있다고 본다(대법원 2002. 1. 11. 2000두3306). 즉, 공장등록취소처분의 취소로 공장등록이 원상회복되어도 공장의 복구는 불가능하지만, 공장의 지방이전에 따른 혜택 등의 부수적 이익이 있으므로 공장등록취소처분의 취소를 구할 소의 이익이 있다는 것이다.

④ (O) 위법한 처분을 취소한다 하더라도 원상회복이 불가능한 경우에는 그 소의 이익이 없다. 그러나 이러한 경우에도 동일한 사유로 위법한 처분이 반복될 위험성이 있거나 회복되는 부수적 이익이 있는 경우에는 소의 이익이 인정될 수 있다. 이와 관련하여 대법원은 지방의회의원에 대한 제명의결 취소소송 계속 중 의원의 임기가 만료되어 제명의결의 취소로 의원의 지위를 회복할 수는 없다 하더라도 「제명의결시부터 임기만료일까지의 기간에 대한 월정수당의 지급을 구할 수 있는 경우」에는 제명의결의 취소를 구할 법률상 이익이 있다고 본다(대법원 2009. 1. 30. 2007두13487). 즉, 기본적인 권리회복은 불가능하나 월정수당의 지급과 같이 부수적 이익은 있는 경우이므로 원상회복이 불가능하더라도 소의 이익이 인정될 수 있는 경우라고 본 것이다.

14 답 ④

출제단원	Part 03 행정의 실효성 확보수단
출제영역	행정상 강제징수, 가산세, 가산금

ㄱ. (X) 하자의 승계에 대한 대법원 판례를 정리하면 다음과 같다.

구분		하자의 승계 여부
선·후의 행정행위가 「결합」, 「하나」의 법적 효과 목적		긍정(ⓐ)
선·후의 행정행위가 「독립」, 「별개」의 법적 효과 목적	원칙	부정(ⓑ)
	예외	수인한도를 넘고, 예측가능성 없는 경우 → 긍정(ⓒ)

예를 들어, 대법원은 「조세의 부과처분」과 「압류 등의 체납처분」은 「별개」의 행정처분으로서 「독립」성을 가진다고 본다. 따라서 「조세의 부과처분(= 과세처분)」과 「체납처분」 사이에는 하자의 승계가 부정된다고 본다(대법원 1987. 9. 22. 87누383). 이는 위 표에서 [ⓑ유형]에 해당한다. 참고로 국세징수법에 의한 강제징수는 「독촉 → 재산의 압류 → 압류재산의 매각 → 청산」으로 이루어지는데, 이 중 「재산의 압류, 압류재산의 매각 및 청산」을 체납처분이라고 한다.

ㄴ. (O) 대법원은 세법상 가산세는 과세권의 행사 및 조세채권의 실현을 용이하게 하기 위하여 납세자가 정당한 이유 없이 법에 규정된 신고·납세의무 등을 위반한 경우에 법이 정하는 바에 의하여 부과하는 「행정상의 제재」로서 납세자의 고의·과실은 고려되지 아니하는 것이고, 「법령의 부지 또는 오인」은 그 정당한 사유에 해당한다고 볼 수 없으며, 또한 「납세의무자가 세무공무원의 잘못된 설명을 믿고 그 신고납부의무를 이행하지 아니하였다 하더라도 그것이 관계법령에 어긋나는 것임이 명백한 때」에는 그러한 사유만으로는 정당한 사유가 있는 경우에 해당한다고 할 수 없다고 본다(대법원 2002. 4. 12. 2000두5944).

ㄷ. (O) 국세징수법에서는 '세무공무원은 국세징수법에 따른 압류, 수색, 질문·검사를 하는 경우 그 신분을 나타내는 증표 및 압류·수색 등 통지서를 지니고 이를 관계자에게 보여주어야 한다.'고 규정하고 있다(제38조).

> **+참고**
> 2021. 1. 1. 시행된 전부개정 「국세징수법」의 내용을 반영하여 선택지의 표현을 수정하였다.

ㄹ. (O) 구 국세징수법에서는 '국세를 납부기한까지 완납하지 아니하였을 때에는 그 납부기한이 지난 날부터 체납된 국세의 100분의 3에 상당하는 가산금을 징수한다.'고 하여 가산금에 대하여 규정하고 있었다(제21조 제1항). 이와 관련하여 대법원은 국세징수법에서 규정하는 가산금은 국세를 납부기한까지 납부하지 않으면 과세청의 확정절차 없이도 법률규정에 의하여 당연히 발생하는 것이며, 별도로 과세청의 가산금 확정절차를 거치는 것이 아니므로 가산금 또는 중가산금의 고지가 항고소송의 대상이 되는 처분이라고 볼 수 없다고 본다(대법원 2005. 6. 10. 2005다15482).

15

출제단원 Part 05 행정심판법
출제영역 행정심판의 대상, 행정심판의 종류, 송달, 국선대리인

답 ③

① (O) 행정심판법에서 '행정청의 처분 또는 부작위'에 대하여 행정심판을 청구할 수 있다고 규정하고 있다(제3조 제1항). 다만, 대통령의 처분 또는 부작위에 대하여는 다른 법률에서 행정심판을 청구할 수 있도록 정한 경우 외에는 행정심판을 청구할 수 없다고 규정하여 예외를 인정하고 있다(제3조 제2항). 행정청의 처분 또는 부작위에 해당한다고 하더라도 행정청의 지위나 행정작용의 성질 등에 비추어 행정심판의 대상으로 하기에 적합하지 않기 때문에 행정심판의 대상에서 제외하고 있는 것이다.

② (O) 행정심판법에서는 행정심판의 종류로 취소심판, 무효등확인심판, 의무이행심판을 정하고 있다(제5조). 이때 의무이행심판이란 당사자의 신청에 대한 행정청의 위법 또는 부당한 거부처분이나 부작위에 대하여 일정한 처분을 하도록 하는 행정심판을 말한다. 참고로 행정심판에서와 달리 행정소송에서는 의무이행소송이 인정되지 않는다.

③ (X) 행정심판법에서는 '이 법에 따른 서류의 송달에 관하여는 「민사소송법」 중 송달에 관한 규정을 준용한다.'고 규정하고 있다(제57조).

④ (O) 2017년 10월 31일 행정심판법 일부개정시 '청구인이 경제적 능력으로 인해 대리인을 선임할 수 없는 경우에는 위원회에 국선대리인을 선임하여 줄 것을 신청할 수 있다.'는 규정이 신설되었다(제18조의2).

16

출제단원 Part 04 행정소송법
출제영역 항고소송의 대상

답 ④

항고소송의 대상이 되는 처분이란 「행정청이 행하는 구체적 사실에 관한 법집행으로서의 공권력의 행사 또는 그 거부와 그 밖에 이에 준하는 행정작용」을 말한다(행정소송법 제2조 제1항 1호).

① (X) 대법원은 교육부장관이 대학에서 추천한 복수의 총장후보자들 전부 또는 일부를 임용제청에서 제외하는 행위는 제외된 후보자들에 대한 불이익처분으로서 항고소송의 대상이 되는 처분에 해당한다고 본다(대법원 2018. 6. 15. 2016두57564).

② (X) 대법원은 행정청이 국민의 신청에 대하여 한 거부행위가 항고소송의 대상이 되는 행정처분에 해당하려면, 행정청의 행위를 요구할 「법규상」 또는 「조리상」의 신청권이 그 국민에게 있어야 한다고 본다(대법원 2005. 2. 25. 2004두4031). 이에 따라 대법원은 피해자의 의사와 무관하게 주민등록번호가 유출된 경우에는 「조리상」 주민등록번호의 변경을 요구할 신청권을 인정함이 타당하고, 구청장의 주민등록번호 변경신청 거부행위는 항고소송의 대상이 되는 행정처분에 해당한다고 본다(대법원 2017. 6. 15. 2013두2945).

③ (X) 대법원은 행정소송법 제2조의 처분의 개념 정의에는 해당한다고 하더라도 그 처분의 근거법률에서 행정소송 이외의 다른 절차에 의하여 불복할 것을 예정하고 있는 처분은 항고소송의 대상이 될 수 없다고 본다. 이에 따라 검사의 불기소결정에 대해서는 검찰청법에 의한 항고와 재항고, 형사소송법에 의한 재정신청에 의해서만 불복할 수 있는 것이므로, 이에 대해서는 행정소송법상 항고소송을 제기할 수 없다고 본다(대법원 2018. 9. 28. 2017두47465).

④ (O) 헌법재판소는 국가인권위원회가 진정을 각하 및 기각결정을 할 경우 피해자인 진정인으로서는 자신의 인격권 등을 침해하는 인권침해 또는 차별행위 등이 시정되고 그에 따른 구제조치를 받을 권리를 박탈당하게 되므로, 진정에 대한 국가인권위원회의 각하 및 기각결정은 피해자인 진정인의 권리 행사에 중대한 지장을 초래하는 것으로서 항고소송의 대상이 되는 행정처분에 해당하므로, 그에 대한 다툼은 우선 행정심판이나 행정소송에 의하여야 할 것이라고 판단하였다(헌재 2015. 3. 26. 2013헌마214).

17

출제단원 Part 06 행정상 손해배상
출제영역 공무원의 위법한 직무행위로 인한 손해배상의 요건, 이중배상 금지, 공무원 개인의 배상책임

답 ④

ㄱ. (O) 국가배상법 제2조 제1항에서 공무원의 위법한 직무행위로 인한 국가나 지방자치단체의 배상책임을 명시하고 있다. 국가배상법 제2조의 책임이 인정되기 위한 요건 중 「직무행위」에는 사법(司法)작용도 포함된다. 이와 관련하여 대법원은 부당한 재판으로 인하여 불이익 내지 손해를 입었으나 불복절차 내지 시정절차 자체가 없는 경우에는 국가배상 이외의 방법으로는 자신의 권리 내지 이익을 회복할 방법이 없으므로 배상책임의 요건이 충족되는 한 국가배상책임을 인정할 수 있다고 본다(대법원 2003. 7. 11. 99다24218).

ㄴ. (O) 국가배상법 제2조의 책임이 인정되기 위한 요건 중 「직무행위」에는 입법작용도 포함된다. 이와 관련하여 국회가 특정법률을 제정하지 않는 것이 불법행위가 될 수 있는지에 대하여 대법원은 국가가 일정한 사항에 관하여 헌법에 의하여 부과되는 구체적인 입법의무를 부담하고 있음에도 불구하고 그 입법에 필요한 상당한 기간이 경과하도록 고의 또는 과실로 입법의무를 이행하지 않는 등 극히 예외적인 사정이 인정되는 사안에 한정하여 국가배상법 소정의 배상책임이 인정될 수 있다고 본다. 따라서 구체적인 입법의무 자체가 인정되지 않는 경우라면 애당초 부작위(= 입법의무가 있음에도 입법을 하지 않는 것)로 인한 불법행위가 성립할 여지가 없다는 것이다(대법원 2008. 5. 29. 2004다33469).

ㄷ. (O) 국가배상법 제2조 제1항 단서에서는 '군인·군무원·경찰공무원 또는 예비군대원이 전투·훈련 등 직무집행과 관련하여 전사·순직하거나 공상을 입은 경우에 본인이나 그 유족이 다른 법령에 따라 재해보상금·유족연금·상이연금 등의 보상을 지급받을 수 있을 때에는 이 법 및 「민법」에 따른 손해배상을 청구할 수 없다.'고 규정하고 있다. 이는 군인·군무원 등 특별한 신분을 가진 공무원이 피해자가 되는 경우에 일정한 요건하에 국가배상청구권을 배제하고 있는 것이다(이중배상금지). 이와 관련하여 대법원은 군인 등이 전투·훈련 등 직무집행과 관련하여 공상을 입는 등의 이유로 구 「국가유공자 등 예우 및 지원에 관한 법률」(이하 '구 국가유공자법'이라 한다)이 정한 국가유공자 요건에 해당하여 보상금 등 보훈급여금을 지급받을 수 있는 경우에는 국가배상법 제2조 제1항 단서에 따라 국가를 상대로 국가배상을 청구할 수 없다고 본다. 그러나 이와 달리 전투·훈련 등 직무집행과 관련하여 공상을 입은 군인 등이 먼저 국가배상법에 따라 손해배상금을 지급받은 다음 구 국가유공자법이 정한 보상금 등

보훈급여금의 지급을 청구하는 경우에는 국가배상법에 따라 손해배상을 받았다는 사정을 들어 보상금 등 보훈급여금의 지급을 거부할 수 없다고 본다(대법원 2017. 2. 3. 2014두40012). 이는 구 국가유공자법은 국가배상법과 달리 국가배상법에 따른 손해배상금을 지급받은 자를 보상금 등 보훈급여금의 지급대상에서 제외하도록 하는 규정을 두고 있지 아니하고, 국가배상법 제2조 제1항 단서가 국가배상법상 손해배상금을 받은 경우 구 국가유공자법상 보상금 등 보훈급여금의 지급을 금지하는 것으로 해석하기는 어려운 점 등을 고려한 것이다. 정리하면 다음과 같다.

상황	판단
국가유공자법상 보훈급여금을 지급받을 수 있음에도 국가배상을 청구한 경우	국가배상청구 불가 ∵ 국가배상법 제2조 제1항 단서(이중배상금지) 적용
국가배상을 청구하여 배상금을 받은 다음 국가유공자법상 보훈급여금을 청구한 경우	보훈급여금 청구 가능 ∵ 국가유공자법상 국가배상을 받았다는 이유로 보훈급여금 지급을 거부할 수 있는 규정이 없음

ㄹ. (O) 공무원이 직무수행 중 불법행위로 타인에게 손해를 입혔고, 이에 가해공무원이 직접 피해자에게 손해를 배상한 경우 「공무원」이 「국가」에 대하여 구상(= 대신 변제한 것을 돌려받는 것)할 수 있는지 문제된다. 이와 관련하여 대법원은 피해자에게 손해를 직접 배상한 「경과실」이 있는 공무원은 특별한 사정이 없는 한 국가에 대하여 국가의 피해자에 대한 손해배상책임의 범위 내에서 공무원이 변제한 금액에 관하여 구상권을 취득한다고 본다(대법원 2014. 8. 20. 2012다54478).

18 답 ②

출제단원 Part 04 행정소송법
출제영역 취소판결의 효력

① (X) 거부처분시 이전에 존재하던 사유를 근거로 다시 거부처분을 할 수 있는지가 문제된다. 이에 대해 거부처분 「이전」에 존재하던 사유 중 「기존 거부처분사유와 다른 사유(= 기본적 사실관계에 동일성이 없는 사유)」를 근거로 다시 거부처분을 하는 것은 가능하다고 본다. 기본적 사실관계에 동일성이 없는 사유를 근거로 한 거부처분은 이전의 거부처분과는 다른 새로운 처분이기 때문이다. 이와 관련하여 대법원도 새로운 처분의 처분사유가 종전 처분의 처분사유와 기본적 사실관계에서 동일하지 않은 다른 사유에 해당하는 이상, 처분사유가 종전 처분 당시 이미 존재하고 있었고 당사자가 이를 알고 있었더라도 이를 내세워 새로이 처분을 하는 것은 확정판결의 기속력에 저촉되지 않는다고 본다(대법원 2016. 3. 24. 2015두48235).

② (O) 행정청이 「거부처분의 취소판결의 취지에 따라 처분을 하지 않을 때」에는 제1심 수소법원은 당사자의 신청에 의해 결정으로써 상당한 기간을 정하고 행정청이 그 기간 내에 이행하지 않을 때에는 그 지연기간에 따라 일정한 배상을 할 것을 명하거나 즉시 손해배상을 할 것을 명할 수 있는데 이를 「간접강제」라고 한다(행정소송법 제34조). 이때 간접강제를 할 수 있는 상황인 「거부처분의 취소판결의 취지에 따라 처분을 하지 않을 때」의 의미와 관련하여 대법원은 거부처분에 대한 취소의 확정판결이 있음에도 「행정청이 아무런 재처분을 하지 않은 경우」뿐만 아니라 「재처분을 하였다 하더라도 종전 거부처분에 대한 취소확정판결의 기속력에 반하는 등으로 당연무효인 경우」도 아무런 재처분을 하지 않을 때와 마찬가지라고 본다. 즉, 「재처분을 하였다 하더라도 종전 거부처분에 대한 취소확정판결의 기속력에 반하는 등으로 당연무효인 경우」에도 간접강제신청에 필요한 요건을 갖춘 것으로 보아야 한다는 것이다(대법원 2002. 12. 11. 자 2002무22).

③ (X) 대법원은 기속력에 위반하여 한 행정청의 행위는 그 하자가 중대하고 명백하여 당연무효라고 본다(대법원 1990. 12. 11. 90누3560).

④ (X) 대법원은 간접강제결정에 기한 배상금은 확정판결의 취지에 따른 재처분의 지연에 대한 제재나 손해배상이 아니고 재처분의 이행에 관한 심리적 강제수단에 불과한 것이라고 본다. 따라서 특별한 사정이 없는 한 간접강제결정에서 정한 의무이행기한이 경과한 「후」에라도 확정판결의 취지에 따른 재처분의 이행이 있으면 더 이상 배상금을 추심하는 것은 허용되지 않는다고 본다(대법원 2004. 1. 15. 2002두2444).

19 답 ②

출제단원 Part 02 행정작용 및 절차법
출제영역 행정행위의 직권취소 vs 철회

행정행위의 「직권취소」란 일단 유효하게 성립한 행정행위를 처분청이 「성립 당시의 하자」를 이유로 직권으로 그 효력을 소멸시키는 것을 말한다. 반면, 행정행위의 「철회」란 아무런 하자 없이 적법하게 성립된 행정행위의 효력을 「성립 이후에 발생된 새로운 사정」에 의하여 더 이상 존속시킬 수 없는 경우에 장래에 향하여 그 효력을 소멸시키는 것을 말한다. 이를 비교하면 다음과 같다.

구분	직권취소	철회
대상	위법·부당한 행위	적법한 행위
사유	행정행위 성립 당시 발생한 하자	행정행위 성립 이후 발생한 사정
효과	· 침익적 행위의 취소 → 소급효 · 수익적 행위의 취소 → 장래효. 단, 상대방에게 귀책사유 있는 경우라면 소급효 가능	· 원칙적 장래효 · 예외적 소급효

① (X), ② (O), ③ (X), ④ (X) 대법원은 「영유아보육법」에 따른 평가인증의 취소는 평가인증 당시에 존재하였던 하자가 아니라 그 「이후에 새로이 발생한 사유로 평가인증의 효력을 소멸시키는 경우에 해당」하므로 취소라는 표현에도 불구하고 법적 성격은 평가인증의 「철회」에 해당한다고 본다. 그런데 철회는 원칙적으로 장래효를 특징으로 한다. 따라서 대법원은 행정청이 평가인증이 이루어진 이후에 새로이 발생한 사유를 들어 영유아보육법에 따라 평가인증을 철회하는 처분을 하면서도, 평가인증의 효력을 과거로 소급하여 상실시키기 위해서는, 특별한 사정이 없는 한 별도의 법적 근거가 필요하다고 본다(대법원 2018. 6. 28. 2015두58195).

20 답 ④

출제단원 Part 04 행정소송법, Part 05 행정심판법
출제영역 판결의 종류

① (O) 법원의 본안판결을 받기 위하여 필요한 전제요건을 '소송요건'이

라고 한다. 소송요건이 결여된 경우에는 부적법한 소송이 되어 법원은 본안에 대하여 심리함이 없이 「각하」판결을 하게 된다. 반면, 소송요건이 충족된 경우에는 적법한 소송이 되어 법원은 본안심리(= 원고가 청구한 내용에 대하여 판단하는 것)로 넘어가게 된다. 본안심리 결과 원고의 청구가 이유 있는 경우에는 원고의 청구를 「인용」하는 판결을, 원고의 청구가 이유 없는 경우에는 원고의 청구를 「기각」하는 판결을 하게 된다. 이와 관련하여 대법원은 원고적격은 소송요건의 하나이므로 사실심 변론종결시는 물론 상고심에서도 존속하여야 하고 이를 흠결하면 부적법한 소가 된다고 본다(대법원 2007. 4. 12. 2004두7924). 따라서 무효확인소송의 제1심 판결시까지 원고적격을 구비하였다고 하더라도 제2심 단계에서 원고적격을 흠결하였다면 제2심 수소법원은 각하판결을 하여야 한다.

② (O) 「행정심판」은 처분이 있음을 알게 된 날부터 90일 이내에 청구하여야 한다. 그리고 행정심판을 거친 경우에 「취소소송」은 행정심판에 대한 재결서의 정본을 송달받은 날부터 90일 이내에 제기해야 한다. 이와 관련하여 대법원은 처분이 있음을 안 날부터 90일을 넘겨 청구한 부적법한 「행정심판청구」에 대한 재결(= 각하재결)이 있은 후, 재결서를 송달받은 날부터 90일 이내에 원래의 처분에 대하여 「취소소송」을 제기하였다고 하여 취소소송이 다시 제소기간을 준수한 것으로 되는 것은 아니므로 「각하판결」을 해야 한다고 본다(대법원 2011. 11. 24. 2011두18786). 처분이 있음을 「안 날부터 90일」이 지나면 행정심판뿐만 아니라 행정소송도 제기할 수 없다. 이와 같이 심판청구기간과 제소기간이 지남에 따라 행정심판과 행정소송을 제기할 수 없는 상황에서, 행정심판을 청구하여 심판청구기간 도과를 이유로 각하재결을 받은 후에 재결서를 송달받은 날부터 90일 이내라고 하여 취소소송의 제소기간을 준수한 것으로 평가할 수는 없다는 것이다.

③ (O) 부작위위법확인소송은 행정청의 부작위가 위법하다는 것을 확인하는 소송이다. 부작위위법확인소송을 제기하기 위해서도 소송요건으로서 협의의 소의 이익(= 권리보호의 필요)이 필요하다. 그런데 부작위위법확인소송의 변론종결시까지 처분청이 어떠한 처분이라도 한 경우에는 부작위상태가 해소되므로 부작위위법의 확인을 구할 협의의 소의 이익이 없게 된다. 따라서 법원은 소송요건의 결여를 이유로 각하판결을 해야 한다. 참고로 소송은 변론(= 법정에서 당사자들이 사실과 증거를 제출하는 방법으로 소송을 심리하는 절차)을 종결한 후 선고기일을 정하여 판결을 선고하게 되는데, 변론종결시란 소송에서 변론을 종결한 시점을 말한다.

④ (X) 재결이란 행정심판의 청구에 대해 행정심판위원회가 행하는 판단을 말한다. 그런데 행정소송법상 「재결에 대한 취소소송(= 재결소송)」은 재결 자체에 고유한 위법이 있음을 이유로 하는 경우에 한한다(제19조 단서). 이와 관련하여 대법원은 재결 자체의 고유한 위법이 「없음」에도 재결에 대해 취소소송을 제기한 경우에 기각판결을 해야 한다고 본다(대법원 1994. 1. 25. 93누16901). 「재결 자체에 고유한 위법이 있는지 여부」는 소송요건이 아니라 본안에서 심리할 대상이기 때문이다.

2018년 국가직 9급
행정법총론

문제편 p.37

| 01 ② | 02 ③ | 03 ② | 04 ④ | 05 ③ | 06 ④ | 07 ① | 08 ④ | 09 ③ | 10 ③ |
| 11 ① | 12 ② | 13 ④ | 14 ③ | 15 ② | 16 ④ | 17 ③ | 18 ① | 19 ④ | 20 ③ |

01 ②

| 출제단원 | Part 01 행정법 서설 |
| 출제영역 | 행정의 자기구속의 원칙 |

행정의 자기구속의 원칙이란 행정관행이 성립된 경우 행정청은 특별한 사정이 없는 한 동종 사안에서 행정관행과 같은 결정을 하여야 한다는 원칙을 말한다.

① (O) 대법원과 헌법재판소는 평등의 원칙과 신뢰보호의 원칙을 행정의 자기구속의 원칙의 근거로 제시한다. 참고로 행정의 자기구속의 원칙의 근거에 대한 다수설과 판례를 정리하면 다음과 같다.

구분 \ 근거	평등의 원칙	신뢰보호의 원칙
다수설	O	X
대법원·헌법재판소	O	O

② (X) 행정관행이 위법한 경우에도 행정의 자기구속의 원칙이 인정될 수 있는지 문제된다. 이에 대해 통설과 대법원 판례는 행정의 자기구속의 원칙은 행정관행이 위법한 경우에는 적용되지 않는다고 본다. 만약 위법한 행정관행도 평등하게 적용되어야 한다고 보면 위법한 선례가 법률적합성 원칙보다 우월한 것이 되어 법치행정의 원리에 반하게 되기 때문이다. 따라서 반복적으로 행해진 행정처분이 위법한 경우에 행정의 자기구속의 원칙에 따라 행정청이 선행처분에 구속되는 것은 아니다. 참고로 위법한 선행조치에 대해서 '신뢰보호의 원칙'은 적용될 수 있다는 것을 비교하여 기억해야 한다.

③ (O) 행정의 자기구속의 원칙이 적용되기 위해서는 '재량행위의 영역일 것', '동종사안일 것', '행정관행이 존재할 것', '동일한 행정청일 것'이라는 요건을 충족해야 한다. 행정의 자기구속의 원칙은 행정청이 주어진 재량권을 행사함에 있어서 스스로 만든 재량준칙(= 재량권 행사의 기준을 정하는 행정규칙)에 구속되게 함으로써 행정청이 자의적으로 재량권을 행사하지 못하도록 한다. 즉, 행정의 자기구속의 원칙은 재량을 통제하는 기능을 하는 것이다.

④ (O) 재량준칙이 존재하는 경우에도 선례로서 별도의 행정관행이 필요한지가 문제된다. 대법원은 재량준칙이 공표된 것만으로는 자기구속의 원칙이 적용될 수 없고, 재량준칙이 되풀이 시행되어 행정관행이 성립한 경우에 자기구속의 원칙이 적용될 수 있다고 본다(대법원 2009. 12. 24. 2009두7967). 즉, 재량준칙이 되풀이 「시행」되어 행정관행이 이루어진 경우에 자기구속의 원칙이 적용될 수 있다는 것이다(= 선례필요설).

02

출제단원 Part 02 행정작용 및 절차법
출제영역 법규명령

답 ③

법규명령이란 행정권이 정립하는 일반적·추상적 규정으로서 법규의 성질을 가지는 것을 말한다. 법규란 국민과 행정권을 구속하고, 재판규범이 되는 법규범을 의미한다.

① (O) 법규명령이 항고소송의 대상인 '처분'에 해당하는지 문제된다. '처분'이 되기 위해서는 그 자체가 직접 국민에 대하여 권리 설정 또는 의무의 부담을 명하거나 기타 법률상의 효과를 발생하게 하는 것이어야 한다. 이에 대해서는 일반적 법규명령과 처분적 법규명령을 구분하여 검토해야 한다.

일반적 법규명령	법규명령에서 일반적·추상적인 형태로 규율을 하면, 이에 근거하여 이루어지는 행정청의 행정행위를 통해 국민에게 권리를 설정하거나 의무를 부담시키게 된다. 따라서 일반적 법규명령 자체는 처분이 아니며, 항고소송의 대상이 될 수 없다.
처분적 법규명령	행정청의 행정행위의 개입 없이 법규명령 그 자체만으로 국민에게 권리를 설정하거나 의무의 부담을 명하는 형태의 법규명령을 「처분적 법규명령」이라고 한다. 처분적 법규명령은 일반적 법규명령과 달리 처분이라고 보며, 항고소송의 대상이 될 수 있다.

따라서 법규명령이 그에 따른 구체적인 집행행위 없이 직접 개인의 권리·의무에 영향을 주는 경우에는 「처분적 법규명령」에 해당하여 처분으로서 항고소송의 대상이 될 수 있다.

② (O) 대법원은 구법에 위임의 근거가 없어 법규명령이 무효였더라도 사후에 법개정으로 위임의 근거가 부여되면 그때부터는 유효한 법규명령이 된다고 본다. 반면, 이와는 반대로 구법의 위임에 의한 유효한 법규명령이 법개정으로 위임의 근거가 없어지게 되면 그때부터 무효인 법규명령이 된다고 본다. 따라서 어떤 법령의 위임근거 유무에 따른 유효 여부를 심사하려면 법개정의 전·후에 걸쳐 모두 심사하여야만 그 법규명령의 시기에 따른 유효·무효를 판단할 수 있다고 하였다(대법원 1995. 6. 30. 93추83).

③ (X) 법률에서 규정한 내용을 구체화할 필요가 있어 법령의 위임을 받아 그 구체적인 내용을 「훈령이나 고시와 같은 행정규칙의 형식」으로 정하는 경우를 「행정규칙형식의 법규명령(= 법령보충적 행정규칙)」이라고 한다. 대법원은 법령의 위임으로 법령내용의 구체적 사항을 정한 행정규칙(= 법령보충적 행정규칙)은 상위법령의 위임한계를 벗어나지 않는 한 법령과 결합하여 대외적인 구속력이 있는 「법규명령」으로서의 효력을 갖는다고 본다(대법원 1998. 6. 9. 97누19915).

④ (O) 법령에 의하여 위임받은 사항을 하위명령에 재위임하는 것이 가능한지 문제된다. 이와 관련하여 헌법재판소는 법률에서 위임받은 사항을 전혀 규정하지 않고 재위임하는 전면적 재위임은 허용되지 않는다고 본다. 다만, 위임받은 사항에 관하여 대강을 정한 후 특정사항만을 범위를 정해 하위법령에 재위임하는 것은 허용된다고 본다(헌재 1996. 2. 29. 94헌마213).

03

출제단원 Part 08 행정정보공개·개인정보 보호·행정조사
출제영역 개인정보 보호법

답 ②

① (O) 개인정보자기결정권이란 자신에 관한 정보를 자율적으로 결정하고 관리할 수 있는 권리를 말한다. 개인정보자기결정권의 헌법적 근거에 대하여 대법원과 헌법재판소는 헌법 제10조와 제17조를 들고 있다. 다만, 헌법재판소는 개인정보자기결정권은 헌법 제17조의 사생활의 비밀과 자유, 헌법 제10조 제1문의 인간의 존엄과 가치 및 행복추구권에 근거를 둔 일반적 인격권 등을 이념적 기초로 하는 독자적 기본권으로서 헌법에 명시되지 않은 기본권이라고 보기도 한다(헌재 2005. 5. 26. 99헌마513).

② (X) 개인정보 보호법에서는 「개인정보 단체소송」에 대하여 규정하고 있다. 개인정보 단체소송이란 「일정한 단체」가 자신의 고유한 권리침해나 그 구성원의 권리침해를 다투는 것이 아니라, 일반적인 정보주체의 권리침해를 다투는 소송을 의미한다. 개인정보 단체소송은 개인정보처리자가 집단분쟁조정을 거부하거나 집단분쟁조정의 결과를 수락하지 않는 경우에 제기할 수 있다. 개인정보 보호법상 단체소송을 제기할 수 있는 단체는 다음과 같다(제51조).

구분	필요요건
공정거래 위원회에 등록한 소비자단체	· 정관에 따라 상시적으로 정보주체의 권익증진을 주된 목적으로 하는 단체일 것 · 단체의 정회원수가 1천 명 이상일 것 · 공정거래위원회에 등록 후 3년이 경과하였을 것
비영리 민간단체	· 법률상 또는 사실상 동일한 침해를 입은 100명 이상의 정보주체로부터 단체소송의 제기를 요청받을 것 · 정관에 개인정보 보호를 단체의 목적으로 명시한 후 최근 3년 이상 이를 위한 활동실적이 있을 것 · 단체의 상시 구성원수가 5천 명 이상일 것 · 중앙행정기관에 등록되어 있을 것

이와 같이 「개인정보 보호법」에서는 개인정보 단체소송을 제기할 수 있는 단체에 대한 제한을 두고 있으므로 법인격이 있는 단체라고 하여 언제나 권리침해행위의 금지·중지를 구하는 소송(= 단체소송)을 제기할 수 있는 것은 아니다.

③ (O) 개인정보 보호법에서는 개인정보처리자가 개인정보 보호법을 위반함으로 인해 손해를 입은 정보주체는 개인정보처리자에게 손해배상을 청구할 수 있음을 규정하고 있다. 이 경우 손해배상청구를 당한 「개인정보처리자」는 스스로 「고의 또는 과실이 없음」을 입증하지 않으면 책임을 면할 수 없다(제39조 제1항). 참고로 개인정보처리자란 업무를 목적으로 개인정보파일을 운용하기 위하여 스스로 또는 다른 사람을 통하여 개인정보를 처리하는 공공기관, 법인, 단체 및 개인 등을 말한다.

④ (O) 개인정보 보호법에서는 '국가 및 지방자치단체, 개인정보 보호단체 및 기관, 정보주체, 개인정보처리자는 「정보주체의 피해 또는 권리침해가 다수의 정보주체에게 같거나 비슷한 유형으로 발생하는 경우」로서 대통령령으로 정하는 사건에 대하여는 분쟁조정위원회에 「일괄적인 분쟁조정」을 의뢰 또는 신청할 수 있다.'고 하여 「집단분쟁조정제도」를 규정하고 있다(제49조).

04

정답 ④

| 출제단원 | Part 02 행정작용 및 절차법 |
| 출제영역 | 행정절차법 |

① (O) 행정청은 처분을 할 때에는 당사자에게 그 근거와 이유를 제시하여야 한다(= 처분의 이유제시의무). 다만, 「㉠ 신청내용을 모두 그대로 인정하는 처분인 경우, ㉡ 단순·반복적인 처분 또는 경미한 처분으로서 당사자가 그 이유를 명백히 알 수 있는 경우, ㉢ 긴급히 처분을 할 필요가 있는 경우」에는 처분의 이유제시의무가 면제된다. 다만, 「㉡, ㉢의 경우」에는 처분 후 당사자가 요청하는 경우에는 그 근거와 이유를 제시하여야 한다(행정절차법 제23조).

② (O) 의견청취절차란 불이익처분시 행정처분의 상대방 또는 이해관계인에게 자신의 의견을 진술하며 스스로를 방어할 수 있는 기회를 부여하는 절차(청문, 공청회, 의견제출)를 말한다. 다만, 「㉠ 공공의 안전 또는 복리를 위하여 긴급히 처분을 할 필요가 있는 경우, ㉡ 법령 등에서 요구된 자격이 없거나 없어지게 되면 반드시 일정한 처분을 하여야 하는 경우에 그 자격이 없거나 없어지게 된 사실이 법원의 재판 등에 의하여 객관적으로 증명된 경우, ㉢ 해당 처분의 성질상 의견청취가 현저히 곤란하거나 명백히 불필요하다고 인정될 만한 상당한 이유가 있는 경우, ㉣ 당사자가 의견진술의 기회를 포기한다는 뜻을 명백히 표시한 경우」에는 의견청취를 하지 아니할 수 있다(행정절차법 제22조 제4항). 참고로 ㉠~㉢은 「처분의 사전통지 의무」가 면제되는 사유와 동일하다(동법 제21조 제4항).

③ (O) 법령 등을 제정·개정 또는 폐지하려는 경우에는 해당 입법안을 마련한 행정청은 이를 예고하여야 하는데, 이를 「행정상 입법예고」라고 한다(행정절차법 제41조 제1항). 행정청은 「대통령령」을 입법예고하는 경우에는 국회 「소관상임위원회」에 이를 제출하여야 한다(동법 제42조 제2항).

④ (X) 공청회란 행정청이 공개적인 토론을 통하여 어떠한 행정작용에 대하여 당사자 등, 전문지식과 경험을 가진 사람, 그 밖의 일반인으로부터 의견을 널리 수렴하는 절차를 말한다. 그런데 「인·허가 등의 취소 또는 신분·자격의 박탈, 법인이나 조합 등의 설립허가의 취소」시에 하는 것은 공청회가 아니라 「청문」이다(행정절차법 제22조 제1항). 청문이란 행정청이 어떠한 처분을 하기 전에 당사자 등의 의견을 직접 듣고 증거를 조사하는 절차로서 공청회와는 다르다. 청문의 실시사유와 공청회 개최사유를 정리하면 다음과 같다.

청문의 실시	· 다른 법령 등에서 청문을 하도록 규정하고 있는 경우 · 행정청이 필요하다고 인정하는 경우 · 인·허가 등의 취소, 신분·자격의 박탈, 법인이나 조합 등의 설립허가의 취소를 하는 경우
공청회 개최	· 다른 법령 등에서 공청회를 개최하도록 규정하고 있는 경우 · 해당 처분의 영향이 광범위하여 널리 의견을 수렴할 필요가 있다고 행정청이 인정하는 경우 · 국민생활에 큰 영향을 미치는 일정한 처분으로서 일정 수 이상의 당사자 등이 공청회 개최를 요구하는 경우

+ 참고

개정 전 행정절차법에서는 「인·허가 등의 취소, 신분·자격의 박탈, 법인이나 조합 등의 설립허가의 취소」의 경우 당사자 등의 신청이 있는 경우에 청문을 하도록 규정하고 있었으나, 2022. 7. 12. 시행된 개정 행정절차법에서는 이 경우 신청이 없더라도 청문을 하도록 규정하였다. 이에 개정법 내용에 따라 선택지를 수정하였다.

05

정답 ③

| 출제단원 | Part 02 행정작용 및 절차법 |
| 출제영역 | 하자의 승계 |

하자의 승계란 행정이 여러 단계의 행정행위를 거쳐 행해지는 경우에 「선행 행정행위」의 위법을 이유로 적법한 「후행 행정행위」의 위법을 주장할 수 있는 것을 말한다. 하자의 승계 여부에 대한 대법원 판례를 정리하면 다음과 같다.

구분		하자의 승계 여부
선·후의 행정행위가 「결합」, 「하나」의 법적 효과 목적		긍정(ⓐ)
선·후의 행정행위가 「독립」, 「별개」의 법적 효과 목적	원칙	부정(ⓑ)
	예외	수인한도를 넘고, 예측가능성 없는 경우 → 긍정(ⓒ)

① (O) [ⓑ유형] 대법원은 선행 행정행위인 「사업시행계획」과 후행 행정행위인 「관리처분계획」은 서로 「독립」하여 「별개」의 법적 효과를 발생시키는 것으로서 사업시행계획의 수립에 관한 취소사유인 하자가 관리처분계획에 승계되지 않으므로, 선행처분인 사업시행계획의 취소사유를 들어 관리처분계획의 적법 여부를 다툴 수는 없다고 본다(대법원 2012. 8. 23. 2010두13463). 참고로 관리처분계획이란 재개발·재건축 사업 등의 공사가 완료된 후에 재개발·재건축 조합이 행할 분양처분 및 청산 등에 관한 계획을 말한다.

② (O) [ⓐ유형] 대법원은 「계고, 통지, 실행, 비용납부명령」과 같이 행정대집행을 구성하는 각 행위들은 행정대집행이라는 「하나」의 법적 효과를 목적으로 하는 행위로서 이들 사이에는 하자의 승계를 긍정한다. 이에 따라 선행처분인 「계고처분」이 위법한 것이기 때문에 그 계고처분을 전제로 행하여진 「대집행영장발부통보처분」도 위법한 것이라는 주장을 할 수 있다고 본다(대법원 1996. 2. 9. 95누12507).

③ (X) [ⓑ유형] 국토의 계획 및 이용에 관한 법률에 따르면 「도시·군계획시설결정」이 이루어지면 도시·군계획시설(= 도시·군관리계획 결정으로 결정된 기반시설)의 종류에 따른 사업대상지의 위치와 면적이 확정되고, 그 사업대상지에서는 원칙적으로 도시·군계획시설이 아닌 건축물의 허가가 금지된다. 반면, 「실시계획인가」는 「도시·군계획시설결정」에 따른 특정 사업을 구체화하여 이를 실현하는 것으로서, 시·도지사의 실시계획인가를 통해 사업시행자에게 도시·군계획시설사업(= 도시·군계획시설을 설치·정비 또는 개량하는 사업)을 실시할 수 있는 권한과 사업에 필요한 토지 등을 수용할 수 있는 권한이 부여된다. 이와 관련하여 대법원은 「도시·군계획시설결정」과 「실시계획인가」는 도시·군계획시설사업을 위하여 이루어지는 단계적 행정절차에서 별도의 요건과 절차에 따라 「별개」의 법률효과를 발생시키는 독립적인 행정처분이라고 본다. 따라서 선행처분

인「도시·군계획시설결정」에 하자가 있더라도 그것이 당연무효가 아닌 한 원칙적으로 후행처분인「실시계획인가」에 그 하자가 승계되지는 않는다고 본다(대법원 2017. 7. 18. 2016두49938).

④ (O) [ⓒ유형] 대법원은「표준지공시지가결정」과 이를 기초로 한「수용재결」은 별개의 독립된 처분으로서 서로 독립하여「별개」의 법률효과를 목적으로 하는 것으로 본다. 다만, 표준지공시지가는 이를 인근토지의 소유자나 기타 이해관계인에게 개별적으로 고지하도록 되어 있는 것이 아니므로 후행 행정행위인 수용재결에서 선행 행정행위인 표준지공시지가결정의 위법을 주장할 수 없도록 하는 것은「수인한도를 넘는 불이익」을 강요하는 것이라고 본다. 따라서「표준지공시지가결정」과「수용재결」은 서로「독립」하여「별개」의 법률효과를 목적으로 하는 것이지만 예외적으로 하자의 승계를 긍정한다(대법원 2008. 8. 21. 2007두13845). 참고로 '표준지'란 토지이용상황이나 주변환경 등이 일반적으로 유사하다고 인정되는 여러 토지 중에서 선정한 표준이 되는 토지를 말하고, '표준지공시지가'란 국토교통부장관이 조사·평가하여 공시한 표준지의 단위면적당 가격을 말한다.

06
답 ④

출제단원 Part 02 행정작용 및 절차법
출제영역 직권취소, 재량준칙, 철회, 사후부관

ㄱ. (O) 직권취소란 일단 유효하게 성립한 행정행위를 처분청이 성립 당시의 하자를 이유로 직권으로 그 효력을 소멸시키는 것을 말한다. 대법원은 행정처분을 한 처분청은 처분의 성립에 하자가 있는 경우 이를 취소할 별도의 법적 근거가 없다고 하더라도 직권으로 취소할 수 있다고 본다(대법원 2002. 5. 28. 2001두9653).

ㄴ. (O) 재량권 행사의 기준을 정하는 행정규칙을 「재량준칙」이라고 한다. 개별적인 법률의 근거를 필요로 하는 법규명령(중 위임명령)과 달리 행정규칙을 제정함에 있어서는 법적 근거를 필요로 하지 않는다. 마찬가지로 재량준칙의 제정에도 별도의 법적 근거를 요하지 않는다.

ㄷ. (O) 행정행위의 철회란 아무런 하자 없이 적법하게 성립된 행정행위의 효력을 성립 이후에 발생된 새로운 사정에 의하여 더 이상 존속시킬 수 없는 경우에 장래에 향하여 그 효력을 소멸시키는 것을 말한다. 대법원은 행정행위를 한 처분청은 비록 처분 당시에 별다른 하자가 없었고, 또 별도의 법적 근거가 없다 하더라도 원래의 처분을 존속시킬 필요가 없게 된 사정변경이 생겼거나 중대한 공익상의 필요가 발생한 경우에는 철회할 수 있다고 본다(대법원 2004. 11. 26. 2003두10251, 10268). 참고로 최근 제정된 행정기본법은 제19조에서 적법한 처분의 전부 또는 일부를 장래에 향하여 철회할 수 있는 경우를 규정하여 철회의 가능성에 대한 일반적 규정을 마련하였다.

ㄹ. (O) 행정행위를 한 이후에 새로운 부관을 부가(= 부관의 사후부가)하거나, 또는 이미 행정행위에 부가되어 있던 부관을 사후에 변경(= 부관의 사후변경)하는 것을 사후부관이라고 한다. 사후부관이 허용되는지와 관련하여 대법원은 법률에 명문의 규정이 있거나 그 변경이 미리 유보되어 있는 경우 또는 상대방의 동의가 있는 경우에 한하여 허용되는 것이 원칙이지만, 사정변경으로 인하여 당초에 부담을 부가한 목적을 달성할 수 없게 된 경우에도 그 목적달성에 필요한 범위 내에서 예외적으로 허용된다고 본다(대법원 1997. 5. 30. 97누2627). 즉, 법률에 사후부관을 허용하는 명문의 규정이 없다고 하더라도 사정변경으로 인하여 당초에 부담을 부가한 목적을 달성할 수 없게 된 경우에는 목적달성에 필요한 범위 내에서 사후부관이 허용된다. 참고로 최근 제정된 행정기본법은 제17조 제3항에서 처분을 한 후에도 부관을 새로 붙이거나 종전의 부관을 변경할 수 있는 경우를 규정하여 사후부관의 요건에 대한 일반적 규정을 마련하였다.

07
답 ①

출제단원 Part 02 행정작용 및 절차법
출제영역 공법상 계약 등

① (X) 계약직공무원 채용계약은 행정주체와 사인 간의 계약으로서 공법상 계약에 해당한다. 공법상 계약이란 공법적 효과의 발생을 목적으로 하여 복수당사자 사이에 서로 반대방향의 의사표시가 합치됨으로써 성립하는 공법행위를 말한다. 이와 관련하여 대법원은 계약직공무원 채용계약해지의 의사표시는 행정처분이 아니라, 국가 또는 지방자치단체가 채용계약관계의 한쪽 당사자로서 대등한 지위에서 행하는 의사표시이므로 행정처분과 같이 행정절차법에 의해 근거와 이유를 제시해야 하는 것은 아니라고 본다(대법원 2002. 11. 26. 2002두5948).

② (O) 대법원은 행정청이 자신과 상대방 사이의 법률관계를 일방적인 의사표시로 종료시켰다고 하더라도 곧바로 의사표시가 행정청으로서 공권력을 행사하여 행하는 행정처분이라고 단정할 수는 없다고 본다. 즉, 관계법령이 상대방의 법률관계에 관하여 구체적으로 어떻게 규정하고 있는지에 따라 의사표시가 항고소송의 대상이 되는 행정처분에 해당하는지 아니면 공법상 계약관계의 일방당사자로서 대등한 지위에서 행하는 의사표시인지를 개별적으로 판단하여야 한다는 것이다. 이에 따라 대법원은 중소기업 정보화지원사업에 따른 지원금 출연을 위하여 중소기업청장이 체결하는 협약은 공법상 대등한 당사자 사이의 의사표시의 합치로 성립하는 공법상 계약에 해당하는 점, 지원금 환수에 관한 구체적인 법령상 근거가 없는 점 등을 이유로 협약의 해지 및 그에 따른 지원금의 환수통보는 공법상 계약에 따라 행정청이 대등한 당사자의 지위에서 하는 의사표시로 보아야 하고, 이를 행정청이 우월한 지위에서 행하는 공권력의 행사로서 행정처분에 해당한다고 볼 수는 없다고 판단하였다(대법원 2015. 8. 27. 2015두41449).

③ (O) 공익사업을 위해 토지를 취득하는 방법으로는 토지소유자의 의사에 반하는 강제취득인「공용수용」과 공용수용의 주체와 토지소유자 사이의 협의에 의한 취득인「협의취득」이 있다. 이와 관련하여 대법원은 도시계획사업의 시행자가 그 사업에 필요한 토지를「협의취득」하는 행위는 사경제주체로서 행하는 사법상의 법률행위에 지나지 않으며, 공권력의 주체로서 우월한 지위에서 행하는 공법상의 행정처분이 아니므로 행정소송의 대상이 되지 않는다고 본다(대법원 1992. 10. 27. 91누3871).

④ (O) 대법원은 지방전문직공무원 채용계약에서 정한 채용기간이 만료한 경우에 채용계약을 갱신하거나 채용기간을 연장할 것인지 여부는 지방자치단체장의 재량에 맡겨져 있다고 본다(대법원 1993. 9. 14. 92누4611). 참고로 이 판례에서 대법원은 지방전문직공무원 채용계약해지의 의사표시는 일반공무원에 대한 징계처분과는 달리 지방자치단체가 채용계약관계의 한쪽 당사자로서 대등한 지위에서 행하는 의사표시라고 본다.

08

정답 ④

출제단원 Part 02 행정작용 및 절차법
출제영역 행정입법

① (O) 행정권에게 법규명령을 제정·개정 또는 폐지할 법적 의무(작위의무)가 있음에도 합리적인 이유 없이 이러한 의무를 이행하지 않음으로써 법규명령을 제정·개정 또는 폐지하지 않는 것(부작위)을 「행정입법부작위」라고 한다. 이와 관련하여 행정입법부작위에 대하여 항고소송 중 부작위위법확인소송을 통하여 구제받을 수 있는지가 문제된다. 행정소송법에서는 부작위위법확인소송의 대상인 행정청의 '부작위'에 대하여 '행정청이 당사자의 신청에 대하여 상당한 기간 내에 일정한 「처분」을 하여야 할 법률상 의무가 있음에도 불구하고 이를 하지 아니하는 것'이라고 규정하고 있다. 즉, 부작위위법확인소송은 행정청의 '처분'의 부작위를 다투는 소송인 것이지, '행정입법'의 부작위를 다투는 소송은 아니다. 이러한 이유로 행정입법부작위는 부작위위법확인소송의 대상이 되지 않는다는 것이 일반적인 견해이다. 대법원도 부작위위법확인소송의 대상이 되기 위해서는 <u>구체적 권리·의무에 관한 분쟁이어야 하는데, 추상적인 법령의 제정 여부 등은 그 자체만으로 국민의 권리·의무에 직접적인 변동을 초래하는 것이 아니므로 부작위위법확인소송의 대상이 될 수 없다고 본다</u>(대법원 1992. 5. 8. 91누11261).

② (O) 대법원은 어떠한 고시가 「일반적·추상적 성격」을 가질 때에는 「법규명령 또는 행정규칙」에 해당할 것이지만, 다른 집행행위의 매개 없이도 「그 자체로서 직접」 국민의 구체적인 권리·의무나 법률관계를 규율하는 성격을 가질 때에는 「행정처분」에 해당한다고 본다. 이에 따라 보건복지부 고시인 「약제급여·비급여목록 및 급여상한금액표」는 다른 집행행위의 매개 없이 그 자체로서 국민건강보험가입자, 국민건강보험공단, 요양기관 등의 법률관계를 직접 규율하는 성격을 가지므로 항고소송의 대상이 되는 「행정처분」에 해당한다고 판단하였다(대법원 2006. 9. 22. 2005두2506).

③ (O) 행정규칙이 유효하게 성립하기 위해서는 권한 있는 기관에 의해 제정되어야 하며, 상위법령 등에 위반되지 않아야 한다. 그리고 행정규칙은 적당한 방법으로 통보되고 상대방에게 도달하면 효력이 발생한다. 즉, <u>행정규칙은 법규명령과 달리 국민에게 공포되어야만 효력이 발생하는 것은 아니다</u>. 다만, 행정절차법에서는 '행정청은 필요한 처분기준을 해당 처분의 성질에 비추어 되도록 구체적으로 정하여 공표하여야 한다.'고 규정하고 있다(제20조 제1항).

④ (X) 대법원은 「위헌법률에 근거하여 발하여진 행정처분의 효력」과 같은 논리로 「위헌·위법한 시행령에 근거한 행정처분의 효력」을 판단한다. 즉, 일반적으로 시행령이 헌법이나 법률에 위반된다는 사정은 대법원의 위헌·위법결정이 있기 '전'에는 객관적으로 명백한 것이라고 할 수 없다고 본다. 따라서 시행령에 근거하여 「행정처분이 발하여진 후」에 대법원에서 시행령을 「위헌·위법이라고 결정」하였다면 시행령 규정의 위헌 내지 위법 여부가 해석상 다툼의 여지가 없을 정도로 명백하였다고 인정되지 아니한 이상 행정처분의 취소사유일 뿐이라고 본다(대법원 2007. 6. 14. 2004두619).

09

정답 ③

출제단원 Part 02 행정작용 및 절차법
출제영역 확약

확약이란 장래 일정한 행정행위를 하거나 하지 않을 것을 약속하는 행정청의 의사표시를 말한다.

① (X) 행정행위에 하자가 있다고 하더라도, 하자가 중대하고 명백하여 당연히 무효로 인정되는 경우를 제외하고는 권한 있는 기관에 의해 취소되기 전까지 유효한 것으로 통용되는 힘을 「공정력」이라고 한다. 즉, 공정력은 「행정행위의 효력」으로서 인정되는 것이다. 그런데 대법원은 어업권면허에 선행하는 「우선순위결정」은 행정청이 우선권자로 결정된 자의 신청이 있으면 어업권면허처분을 하겠다는 것을 약속하는 행위로서 강학상 「확약」에 해당한다고 하면서 행정처분은 아니라고 판단하였다. 따라서 우선순위결정에 공정력이나 불가쟁력과 같이 행정행위에 인정되는 효력은 인정되지 않는다고 본다(대법원 1995. 1. 20. 94누6529). 즉, <u>확약은 행정행위가 아니므로 행정행위의 효력인 공정력이 인정되지 않는다는 것이다</u>.

② (X) 행정절차법은 '법령 등에서 당사자가 신청할 수 있는 처분을 규정하고 있는 경우 행정청은 당사자의 신청에 따라 장래에 어떤 처분을 하거나 하지 아니할 것을 내용으로 하는 의사표시(= 확약)를 할 수 있다.'고 규정하고 있다(제40조의2 제1항). 이는 확약이 본처분권에 당연히 포함된다는 것을 의미한다. 따라서 <u>본처분권을 갖고 있어 재량행위를 할 수 있는 행정청은 확약에 대한 별도의 법적 근거가 없더라도 확약을 할 수 있다</u>.

③ (O) 대법원은 행정청이 상대방에게 장차 어떤 처분을 하겠다고 확약 또는 공적인 의사표명을 한 경우에, <u>확약 또는 공적인 의사표명이 있은 후에 사실적·법률적 상태가 변경되었다면, 그와 같은 확약 또는 공적인 의사표명은 행정청의 별다른 의사표시를 기다리지 않고 실효된다고 본다</u>(대법원 1996. 8. 20. 95누10877).

④ (X) 취소소송은 「처분 등」을 대상으로 한다(행정소송법 제19조). 이때 「처분 등」이란 행정청이 행하는 구체적 사실에 관한 법집행으로서의 공권력의 행사 또는 그 거부와 그 밖에 이에 준하는 행정작용(= 처분) 및 행정심판에 대한 재결을 말한다(행정소송법 제2조 제1항 1호). 그런데 ①번 해설에서 살펴본 바와 같이 대법원은 확약은 행정처분이 아니라고 본다. 또한 확약이 행정심판에 대한 재결도 아니다. 따라서 <u>확약은 취소소송의 대상이 되지 않는다</u>.

10

정답 ③

출제단원 Part 02 행정작용 및 절차법
출제영역 행정행위의 효력발생요건

① (O) 행정행위는 상대방에게 통지되어 도달되어야 효력을 발생한다(= 도달주의 원칙). 이때 통지의 의미와 관련하여 대법원은 <u>효력발생요건인 통지는 행정처분을 상대방에게 표시하는 것으로서 상대방이 인식할 수 있는 상태에 둠으로써 족하고, 객관적으로 보아서 행정처분으로 인식할 수 있도록 고지하면 되는 것이라고 본다</u>(대법원 2003. 7. 22. 2003두513).

② (O) 우편에 의한 송달은 「등기우편」을 이용하는 경우와 「보통우편」을 이용하는 경우가 있다. 이와 관련하여 대법원은 「내용증명우편이

나 등기우편」은 「특별한 사정이 없는 한」 그 무렵 수취인에게 배달되었다고 추정한다. 반면, 보통우편의 경우에는 「보통우편」의 방법으로 발송되었다는 사실만으로 그 우편물이 상당한 기간 내에 도달하였다고 추정할 수 없다고 본다. 따라서 보통우편으로 송달한 경우에는 송달의 효력을 주장하는 측에서 증거에 의하여 이를 입증하여야 한다는 것이다(대법원 2002. 7. 26. 2000다25002).

③ (X) 대법원은 청소년 보호법에 따른 청소년유해매체물 결정 및 고시처분은 「일반 불특정 다수인」을 상대방으로 하여 일률적으로 표시의무, 포장의무, 청소년에 대한 판매·대여 등의 금지의무 등 각종 의무를 발생시키는 행정처분으로서, 정보통신윤리위원회가 특정 인터넷 웹사이트를 청소년유해매체물로 결정하고 청소년보호위원회가 효력발생시기를 명시하여 고시함으로써 그 명시된 시점에 효력이 발생한다고 본다. 따라서 청소년보호위원회가 효력발생시기를 명시하여 고시하였다면, 처분이 있었음을 위 웹사이트 운영자에게 제대로 통지하지 아니하였다고 하여 그 효력 자체가 발생하지 않는 것으로 볼 수는 없다고 본다(대법원 2007. 6. 14. 2004두619).

④ (O) ②번 해설에서 살펴본 바와 같이, 「등기우편」은 「특별한 사정이 없는 한」 그 무렵 수취인에게 배달되었다고 추정한다. 이때 도달을 추정할 수 없는 「특별한 사정」과 관련하여 대법원은 우편물이 등기취급의 방법으로 발송된 경우에는 특별한 사정이 없는 한 그 무렵 수취인에게 배달되었다고 추정할 수 있지만, 「수취인이 주민등록지에 실제로 거주하지 않는 경우」에는 우편물이 수취인에게 도달하였다고 추정할 수는 없다고 본다. 또한 도달이 추정되지 않는 이와 같은 경우에는 우편물의 도달사실을 처분청이 입증해야 한다고 본다(대법원 1998. 2. 13. 97누8977).

11

답 ①

출제단원 Part 04 행정소송법
출제영역 당사자소송

㉠ (당사자소송) 명예퇴직수당 지급대상자로 결정된 법관에 대하여 지급할 수당액은 명예퇴직수당규칙에 산정기준이 정해져 있다. 대법원은 법관이 이미 수령한 수당액이 산정기준에서 정한 정당한 명예퇴직수당액에 미치지 못한다고 주장하며 차액의 지급을 신청한 경우에 법원행정처장이 거부하는 의사를 표시했더라도, 그 의사표시는 법원행정처장이 명예퇴직수당액을 형성·확정하는 행정처분이 아니라 「공법상의 법률관계의 한쪽 당사자로서 지급의무의 존부 및 범위에 관하여 자신의 의견을 밝힌 것」에 불과하며 행정처분으로 볼 수 없다고 본다. 결국 명예퇴직한 법관이 미지급 명예퇴직수당액에 대하여 가지는 권리는 「명예퇴직수당규칙에 의하여 확정된 공법상 법률관계에 관한 권리」로서, 그 지급을 구하는 소송은 행정소송법의 「당사자소송」에 해당하며, 그 법률관계의 당사자인 국가를 상대로 제기하여야 한다고 판단하였다(대법원 2016. 5. 24. 2013두14863). 참고로 당사자소송이란 행정청의 처분 등을 원인으로 하는 법률관계에 관한 소송 그 밖에 공법상의 법률관계에 관한 소송으로서 그 법률관계의 한쪽 당사자를 피고로 하는 소송을 말한다.

㉡ (당사자소송) 대법원은 국방부장관의 인정에 의하여 퇴역연금을 지급받아 오던 중 「군인보수법 및 공무원 보수규정」에 의한 호봉이나 봉급액의 개정 등으로 퇴역연금액이 변경된 경우에는 법령의 개정에 따라 당연히 개정규정에 따른 퇴역연금액이 확정되는 것이며, 국방부장관의 퇴역연금액 결정과 통지에 의하여 비로소 그 금액이 확정되는 것은 아니라고 본다. 따라서 법령의 개정에 따른 국방부장관의 퇴역연금액 감액조치에 대하여 이의가 있는 퇴역연금수급권자는 항고소송을 제기하여 감액조치의 효력을 다툴 것이 아니라, 직접 국가를 상대로 정당한 퇴역연금액과 결정·통지된 퇴역연금액과의 차액의 지급을 구하는 공법상 「당사자소송」을 제기하는 방법으로 다툴 수 있다고 판단하였다(대법원 2003. 9. 5. 2002두3522).

12

답 ②

출제단원 Part 05 행정심판법
출제영역 행정심판의 당사자, 행정심판의 심리, 재결의 효력

① (X) 비법인사단은 법인으로서의 실질은 갖추고 있지만, 법인의 설립에 관한 절차적 요건(= 주무관청의 허가 등)을 충족하지 못하는 등으로 인해 법인으로 되지 않는 것을 말하며, 종중이나 교회가 비법인사단의 대표적인 예에 해당한다. 행정심판법에서는 비법인사단 또는 비법인재단의 청구인능력과 관련하여 '법인이 아닌 사단(= 비법인사단) 또는 재단(= 비법인재단)으로서 대표자나 관리인이 정하여져 있는 경우에는 그 사단이나 재단의 이름으로 심판청구를 할 수 있다.'고 규정하고 있다(제14조). 즉, 비법인사단에 대표자가 정해져 있다면 비법인사단 자체의 이름으로 행정심판을 청구할 수 있다.

② (O) 행정심판법에서는 행정심판 청구인의 지위승계에 대하여 규정하고 있다. 이에 의하면 행정심판청구의 대상과 관계되는 권리나 이익을 양수한 자는 행정심판위원회의 허가를 받아 청구인의 지위를 승계할 수 있다(제16조 제5항).

③ (X) 「처분 당시에 존재」하였지만 행정청이 처분의 근거로 「제시하지 않았던」 사유를 이후 「행정쟁송단계」에서 추가하거나 변경하는 것을 「처분사유의 추가·변경」이라고 한다. 그런데 처분의 상대방은 행정소송과정에서 당초 처분시 행정청이 제시했던 처분사유를 기초로 하여 공격·방어를 하게 될 것이다. 만약 아무런 제한 없이 행정청이 처분사유를 추가·변경하는 것을 허용한다면, 처분의 상대방은 전혀 예상하지 못한 처분사유에 대해서 공격·방어를 해야 하는 상황이 생길 수 있다. 즉, 처분의 상대방에게 예기치 못한 불이익을 줄 수 있는 것이다. 따라서 대법원은 당초의 처분사유와 기본적 사실관계가 동일하다고 인정되는 한도 내에서만 다른 처분사유를 새로 추가하거나 변경할 수 있다고 본다(대법원 2008. 2. 28. 2007두13791, 13807). 또한 대법원은 처분사유의 추가·변경이 허용되기 위한 요건에 관한 이러한 법리는 행정심판단계에서도 그대로 적용된다고 본다(대법원 2014. 5. 16. 2013두26118).

④ (X) 「판결」이 확정되면 그 후의 절차에서 동일한 사항이 문제되는 경우에도 당사자와 승계인은 기존 판결에 반하는 주장을 할 수 없고, 법원도 그것에 반하는 판단을 할 수 없는 구속을 받게 된다. 이러한 판결의 효력을 「기판력」이라고 한다. 이와 관련하여 대법원은 행정심판의 「재결」은 피청구인(= 행정심판을 청구 당한 처분청)인 행정청을 기속하는 효력(= 기속력)을 가지지만, 나아가 판결에서 인정되는 효력인 기판력이 재결에도 인정되는 것은 아니라고 본다. 따라서 재결이 확정된 경우에도 처분의 기초가 된 사실관계나 법률적 판단이 확정되고 당사자들이나 법원이 이에 기속되어 모순되는 주장이나 판

단을 할 수 없게 되는 것은 아니라고 본다(대법원 2015. 11. 27. 2013다6759). 즉, 행정심판의 「재결」에 기속력은 인정되지만, 판결에서 인정되는 기판력은 인정되지 않는다.

13

답 ④

| 출제단원 | Part 05 행정심판법 |
| 출제영역 | 행정심판과 행정소송의 차이점 |

① (O) 행정심판을 청구하려는 자는 행정심판청구서를 작성하여 「피청구인(= 처분청)」이나(= OR) 「행정심판위원회」에 제출하여야 한다(행정심판법 제23조 제1항). 즉, 행정심판청구서는 심판기관인 행정심판위원회에 제출할 수 있을 뿐만 아니라 심판청구의 상대방인 피청구인(= 처분청)에게도 제출할 수 있다. 반면, 행정소송을 제기하려는 자는 소장을 작성하여 관할 「법원」에 제출하여야 한다. 즉, 소장은 판단기관인 법원에 제출할 수 있을 뿐이며, 소송의 상대방인 처분청에게는 제출할 수 없다.

② (O) 행정심판은 원칙적으로 처분이 있음을 안 날로부터 90일 이내, 처분이 있었던 날부터 180일 이내에 제기하여야 한다. 그런데 행정심판법에서는 「처분이 있음을 안 날로부터 90일 이내」라는 심판청구기간과 관련하여, 행정청이 심판청구기간을 안내하면서 이 기간보다 긴 기간으로 잘못 알린 경우(= 오고지)에는, 잘못 알린 기간 안에 심판청구가 있으면 그 행정심판은 법에서 정한 기간 안에 청구된 것으로 본다는 규정을 두고 있다(행정심판법 제27조 제5항). 반면, 행정소송법에서는 이러한 규정을 두고 있지 않다. 대법원도 행정청이 법정 심판청구기간보다 긴 기간으로 잘못 알린 경우에 그 잘못 알린 기간 내에 심판청구가 있으면 그 심판청구는 법정 심판청구기간 내에 제기된 것으로 본다는 취지의 행정심판법 규정은 행정심판 제기에 관하여 적용되는 규정이지, 행정소송 제기에도 당연히 적용되는 규정이라고 할 수는 없다고 본다(대법원 2001. 5. 8. 2000두6916).

③ (O) 본안판결의 실효성을 확보하기 위해 본안판결이 확정될 때까지 잠정적으로 권리구제를 도모하는 것을 「가구제」라고 한다. 행정심판법에서는 가구제수단으로 「집행정지제도」와 「임시처분」에 대하여 규정하고 있다(제30조, 제31조). 다만, 임시처분은 집행정지로 목적을 달성할 수 있는 경우에는 허용되지 않는 제한은 있다(제31조 제3항). 반면, 행정소송법에서는 가구제수단으로 「집행정지제도」에 대해서만 규정하고 있으며(제23조), 임시처분에 대해서는 규정하고 있지 않다.

④ (X) 행정심판법에서는 행정심판위원회의 직접 처분에 대하여 규정하고 있다(제50조). 즉, 행정심판위원회는 처분의 이행을 명하는 재결에도 불구하고 당해 행정청이 처분을 하지 않는 경우에는 일정한 절차를 거쳐 직접 처분을 할 수 있다. 이는 행정심판위원회의 재결에도 불구하고 피청구인(= 처분청)이 후속 조치를 하지 않을 경우에 청구인의 권리를 실질적으로 보호하기 위해 인정되는 것으로서, 행정심판은 행정부 내부의 자기통제에 해당하므로 「행정심판위원회(행정부)」의 직접 처분이 인정될 수 있는 것이다. 반면, 행정소송에서는 권력분립의 원칙상 「법원(사법부)」에 의한 직접처분은 허용되지 않는다.

14

답 ③

| 출제단원 | Part 03 행정의 실효성 확보수단 |
| 출제영역 | 행정대집행 |

행정대집행이란 공법상 대체적 작위의무의 불이행이 있는 경우에 당해 행정청이 스스로 의무자가 행할 행위를 하거나 제3자로 하여금 이를 행하게 하고 그 비용을 의무자로부터 징수하는 것을 말한다.

① (O) 대집행의 대상인 「대체적 작위의무」란 건물의 철거나 물건의 파기와 같이 타인이 대신하여 이행할 수 있는 의무를 말한다. 이와 관련하여 대법원은 「도시공원시설 점유자의 퇴거 및 명도(= 건물, 토지 등을 인도하여 남에게 주거나 맡기는 것)의무」는 대체적 작위의무가 아니어서 대집행의 대상이 될 수 없다고 본다(대법원 1998. 10. 23. 97누157). 퇴거의무 및 점유인도의무는 점유하고 있는 자가 직접 이행해야만 하는 의무로서 대체적 작위의무가 아니므로, 이를 불이행했다고 하여 대집행의 대상이 되지는 않는다는 것이다.

② (O) 대집행은 '계고 → 대집행영장에 의한 통지 → 대집행의 실행 → 비용징수'라는 절차를 거친다. 이때 계고란 상당한 기간 내에 의무의 이행을 하지 않으면 대집행을 한다는 의사를 사전에 통지하는 행위를 말한다. 이와 관련하여 대법원은 반복된 계고의 경우 1차 계고가 처분이며, 그 이후의 2차·3차 계고는 새로운 철거의무를 부과한 것이 아니라, 대집행기한의 연기통지에 불과하여 행정처분이 아니라고 본다(대법원 1994. 10. 28. 94누5144).

③ (X) 대집행은 공법상의 「대체적 '작위의무'」의 불이행을 대상으로 한다. 그러므로 시설설치 금지의무와 같은 '부작위의무'가 불이행된 경우에는 원칙적으로 대집행을 할 수 없다. 다만, 부작위의무는 '철거명령' 등을 통해 작위의무로 전환시킨 후에 이러한 작위의무를 위반하게 되면 비로소 대집행의 대상이 될 수 있다. 이와 관련하여 대법원은 부작위의무를 작위의무로 전환시키기 위해서는 별도의 법적 근거가 있어야 한다고 본다. 즉, 이러한 법적 근거가 없다면 부작위의무(= 무엇을 하지 말아야 하는 의무)로부터 작위의무(= 부작위의무 위반의 결과를 시정해야 하는 의무)를 당연히 도출할 수는 없다고 본다. 또한 부작위의무를 정하고 있는 금지규정(예 시설을 설치하지 말 것을 정하고 있는 규정)으로부터 부작위의무 위반으로 인한 결과의 시정을 명하는 권한(예 시설설치 금지의무를 위반하여 설치한 시설을 철거할 것을 명하는 권한)이 당연히 추론되는 것도 아니라고 본다(대법원 1996. 6. 28. 96누4374).

④ (O) 대법원은 대집행의 계고를 함에 있어서 의무자가 이행하여야 할 행위와 그 의무 불이행시 대집행할 행위의 내용 및 범위는 반드시 대집행계고서에 의해서만 특정되어야 하는 것은 아니며, 계고처분 전후에 송달된 문서나 기타 사정을 종합하여 이를 특정할 수 있으면 족하다고 본다(대법원 1992. 3. 10. 91누4140).

15

답 ②

| 출제단원 | Part 03 행정의 실효성 확보수단 |
| 출제영역 | 행정질서벌, 이행강제금, 가산세, 과징금 |

① (O) 일반사회의 법익에 직접 영향을 미치지는 않으나, 행정상의 질서에 장해를 야기할 우려가 있는 의무위반에 대하여 과태료가 가해지는 제재를 「행정질서벌」이라고 한다. 행정질서벌의 성립요건과 부과

절차 등에 관해 규정하고 있는 법률로 「질서위반행위규제법」이 있다. 동법 제3조에서는 이 법 적용의 시간적 범위에 대하여 규정하고 있다. 그 내용을 정리하면 다음과 같다.

원칙	질서위반행위의 성립과 과태료 처분은 행위시의 법률에 따른다.
예외	행위 후 법률이 변경되어 질서위반행위에 해당하지 않게 되거나 과태료가 가볍게 된 때 / 법률에 특별한 규정이 없는 한 변경된 법률 적용
	과태료 처분·재판이 확정된 후 법률이 변경되어 질서위반행위에 해당하지 않게 된 때 / 법률에 특별한 규정이 없는 한 변경된 법률에 따라 과태료의 징수 또는 집행 면제

이와 관련하여 대법원은 질서위반행위에 대하여 과태료를 부과하는 근거법령이 개정되어 행위시의 법률에 의하면 과태료 부과대상이었지만 재판시의 법률에 의하면 부과대상이 아니게 된 때에는 개정법률의 부칙 등에서 행위시의 법률을 적용하도록 명시하는 등 특별한 사정이 없는 한 「재판시의 법률(= 변경된 법률)」을 적용하여야 하므로 과태료를 부과할 수 없다고 본다(대법원 2017. 4. 7. 자 2016마1626).

② (X) 작위의무·부작위의무·수인의무의 불이행시에 일정액수의 금전이 부과될 것임을 의무자에게 미리 경고함으로써 의무이행의 확보를 도모하는 강제수단을 「이행강제금」이라고 한다. 대법원은 이행강제금은 시정명령의 불이행이라는 과거의 위반행위에 대한 제재가 아니라, 시정명령을 이행하지 않고 있는 건축주 등에 대하여 다시 상당한 이행기한을 부여하고 기한 안에 시정명령을 이행하지 않으면 이행강제금이 부과된다는 사실을 고지함으로써 심리적 압박을 주어 시정명령에 따른 의무의 이행을 간접적으로 강제하는 행정상의 간접강제수단에 해당한다고 본다. 또한 「시정명령의 이행기회가 제공되지 않았다가 뒤늦게 이행기회가 제공된 경우에, 이행기회가 제공되지 않은 과거의 기간에 대한 이행강제금까지 한꺼번에 부과할 수 있는지」와 관련하여 대법원은 비록 건축주 등이 장기간 시정명령을 이행하지 아니하였더라도, 그 기간 중에는 시정명령의 이행기회가 제공되지 아니하였다가 뒤늦게 시정명령의 이행기회가 제공된 경우라면, 시정명령의 이행기회 제공을 전제로 한 1회분의 이행강제금만을 부과할 수 있고, 시정명령의 이행기회가 제공되지 아니한 과거의 기간에 대한 이행강제금까지 한꺼번에 부과할 수는 없다고 본다(대법원 2016. 7. 14. 2015두46598).

③ (O) 세법에서 규정하는 의무의 성실한 이행을 확보하기 위해 세법에 따라 산출된 세액에 가산하여 징수하는 금액을 「가산세」라고 한다(국세기본법 제2조 4호). 대법원은 가산세의 부과 요건과 관련하여, 세법상 가산세를 부과함에 있어 납세자의 고의·과실은 고려되지 않는다고 본다. 다만 납세의무자가 그 의무를 알지 못한 것이 무리가 아니었다거나 그 의무의 이행을 당사자에게 기대하는 것이 무리라고 하는 사정이 있을 때 등 그 의무해태를 탓할 수 없는 정당한 사유가 있는 경우에는 이를 부과할 수 없다고 본다(대법원 2003. 9. 5. 2001두403).

④ (O) 행정의 실효성 확보수단을 정리하면 다음과 같다.

전통적인 수단	행정강제	·행정상 강제집행(대집행, 이행강제금, 직접강제, 행정상 강제징수) ·행정상 즉시강제
	행정벌	·행정형벌 ·행정질서벌(과태료)
새로운 수단		과징금, 공급거부, 명단공표, 관허사업의 제한 등

새로운 수단 중 「과징금」이란 행정법상의 의무위반에 대하여 행정청이 그 의무자에게 부과·징수하는 금전적 제재를 말한다. 대법원은 행정청에는 행정제재수단으로 사업정지를 명할 것인지, 과징금을 부과할 것인지, 과징금을 부과하기로 한다면 그 금액은 얼마로 할 것인지에 관하여 재량권이 부여되어 있다고 본다. 따라서 과징금부과처분이 법이 정한 한도액을 초과하여 위법할 경우 「법원」으로서는 그 「전부」를 취소하여야 하며, 법원이 법이 정한 한도액을 초과한 부분이나 법원이 적정하다고 인정되는 부분을 초과한 부분만을 취소할 수는 없다고 본다(대법원 1998. 4. 10. 98두2270). 법원이 과징금부과처분 전부를 취소하면, 행정청이 새롭게 재량을 행사하여 과징금 액수를 정해야 한다는 것이다.

16 ④

출제단원 Part 08 행정정보공개·개인정보 보호·행정조사
출제영역 행정조사

행정조사란 행정기관이 사인으로부터 행정상 필요한 자료나 정보를 수집하기 위하여 행하는 일체의 행정작용을 말한다.

① (O) 행정조사를 함에 있어 법적 근거가 필요한지 여부는 다음과 같다.

원칙	법적 근거 필요
예외	조사대상자의 자발적인 협조를 얻어 실시하는 행정조사의 경우 → 법적 근거 불요

즉, 행정기관은 원칙적으로 법령 등에서 행정조사를 규정하고 있는 경우에 한하여 행정조사를 실시할 수 있지만, 조사대상자의 자발적인 협조를 얻어 실시하는 행정조사의 경우에는 법령 등에서 행정조사를 규정하고 있지 않다고 하더라도 행정조사를 실시할 수 있다(행정조사기본법 제5조).

② (O) 행정조사기본법에서는 행정조사의 사전통지에 대하여 규정하고 있다(제17조).

원칙	행정기관의 장은 출석요구서 등을 「조사개시 7일 전」까지 조사대상자에게 서면으로 통지
예외	다음의 경우에는 「행정조사의 개시와 동시」에 출석요구서 등을 제시하거나 행정조사의 목적 등을 조사대상자에게 구두로 통지 ·사전통지할 경우 증거인멸 등으로 행정조사의 목적을 달성할 수 없다고 판단되는 경우 ·지정통계(= 통계청장이 지정·고시하는 통계)의 작성을 위하여 조사하는 경우 ·조사대상자의 자발적인 협조를 얻어 실시하는 행정조사의 경우

③ (O) 헌법 제12조 제1항에서는 '… 법률과 적법한 절차에 의하지 아니하고는 처벌·보안처분 또는 강제노역을 받지 아니한다.'고 하여 형사사건의 적법절차에 관하여 규정하고 있으며, 행정절차에 관해서는 특별히 규정하는 바가 없다. 그러나 대법원과 헌법재판소는 헌법 제12조의 적법절차원리는 행정절차에도 적용된다고 본다. 예를 들어, 대법원은 헌법 제12조 제1항에서 규정하고 있는 적법절차의 원칙은 형사소송절차에 국한되지 아니하고 모든 국가작용 전반에 대하여 적용된다고 하면서, 세무공무원의 세무조사권의 행사에서도 적법절차의 원칙은 마땅히 준수되어야 한다고 본다(대법원 2014. 6. 26. 2012두911).

④ (X) 대법원은 세무조사를 하겠다는 과세관청의 결정(= 세무조사결정)은 납세의무자의 권리·의무에 직접 영향을 미치는 공권력의 행사로서 항고소송의 대상이 된다고 본다(대법원 2011. 3. 10. 2009두23617, 23624).

17 답 ③

| 출제단원 | Part 04 행정소송법 |
| 출제영역 | 취소소송의 대상적격, 제소기간 |

③ (O)「어떠한 처분(= 3월의 영업정지처분)」에 대한 취소심판청구에서 행정심판위원회가 처분을 변경(= 3월의 영업정지처분 → 과징금부과처분)하라고 명하는 재결(= 변경명령재결)을 하였고, 이에 행정청이 행정심판위원회의 재결에 따라 원처분을 변경하는「변경처분(= 과징금부과처분)」을 한 경우에, 처분의 상대방이 변경된 처분에 대해 불복하기 위해서는 어떤 처분을 대상으로 취소소송을 제기해야 하는지가 문제된다. 대법원은 행정청이 영업자에게 행정제재처분(= 3월의 영업정지처분)을 한 후 그 처분을 영업자에게 유리하게 변경하는 처분(= 과징금부과처분)을 한 경우에, 변경처분에 의하여 당초 처분(= 3월의 영업정지처분)이 소멸하는 것이 아니고 당초부터 유리하게 변경된 내용의 처분으로 존재하는 것이라고 본다. 따라서 유리하게 변경된 내용의 행정제재(= 과징금부과처분)가 위법하다 하여 그 취소를 구하는 경우 그 취소소송의 대상은「변경된 내용의 당초 처분」이지 변경처분은 아니고, 제소기간의 준수 여부도 변경처분이 아닌「변경된 내용의 당초 처분」을 기준으로 판단하여야 한다고 본다(대법원 2007. 4. 27. 2004두9302). 따라서 甲이 자신에게 유리하게 변경된 처분인 과징금부과처분에 대해서도 불복하기 위해서는 2017. 3. 13.자 과징금부과처분이 아니라,「과징금부과처분으로 변경된 2016. 12. 23.자 원처분」을 대상으로 취소소송을 제기해야 한다. 행정심판을 거친 경우 취소소송은 재결서의 정본을 송달받은 날부터 90일 이내에 제기해야 하므로(행정소송법 제20조 제1항 단서), 甲은 재결서를 송달받은 2017. 3. 10.부터 90일 이내에 취소소송을 제기해야 한다. 참고로 이 소송에서 甲은 행정심판위원회의 변경명령재결에 불복하는 것이 아니라, 재결취지에 따라 A시장이 한 제재처분에 대해 불복하려는 것이므로 취소소송의 피고는 행정심판위원회가 아니라「A시장」이 되어야 한다.

18 답 ①

| 출제단원 | Part 06 행정상 손해배상 |
| 출제영역 | 국가배상법, 공무원 개인의 배상책임, 공무원의 위법한 직무행위로 인한 손해배상의 요건, 공무원과 일반인의 공동불법행위 시 일반인의 구상권 |

① (O) 공무원의 위법한 직무행위로 인한 국가나 지방자치단체의 손해배상책임을 규정하고 있는「국가배상법 제2조」는 국가나 지방자치단체의 면책사유를 별도로 규정하고 있지 않다. 따라서 국가나 지방자치단체가 공무원의 선임 및 감독에 상당한 주의를 하였다고 하더라도 국가나 지방자치단체가 국가배상책임을 면하는 것은 아니다.

② (X) 국가배상법에 의해 국가나 지방자치단체의 손해배상책임이 인정되는 경우에 피해자에게 손해를 배상해 준「국가나 지방자치단체」가 가해자인「공무원」에게 구상(= 대신 변제한 것을 돌려받는 것)할 수 있는지 문제된다. 이에 대해서는 국가배상법 제2조 제2항에서 '공무원에게「고의 또는 중대한 과실」이 있으면 국가나 지방자치단체는 그 공무원에게 구상할 수 있다.'고 명시적으로 규정하고 있다. 따라서「국가 또는 지방자치단체의 공무원에 대한 구상권」에 대하여 명시적 규정을 두고 있지 않다는 선택지의 설명은 옳지 않다.

③ (X) 대법원은 국가배상법 제2조의 책임이 성립하기 위한 요건 중「직무관련성」의 판단기준과 관련하여「외형설」의 입장을 취하고 있다. 즉, 대법원은 국가배상법 제2조 제1항의 '직무를 집행하면서(= 직무관련성)'란 직접 공무원의 직무집행행위이거나 또는 그와 밀접한 관련이 있는 행위를 포함한다고 본다. 또한 이를 판단함에 있어서는 행위 자체의 외관을 객관적으로 관찰하여 공무원의 직무행위로 보여질 때에는 비록 그것이 실질적으로 직무행위가 아니거나 또는 행위자가 주관적으로는 공무집행의 의사가 없이 행위한 것이었다고 하더라도 그 행위는 공무원이 '직무를 집행하면서' 한 것으로 보아야 한다고 본다(대법원 2005. 1. 14. 2004다26805). 즉, 객관적으로 직무행위로서의 외형을 갖추고 있으면「직무관련성」이 인정될 수 있는 것이며, 해당 공무원에게 주관적 공무집행의 의사까지 있어야만 하는 것은 아니다.

④ (X) 국가배상법 제2조 제1항 단서에서 군인 등에 대한 국가배상청구권의 제한에 대하여 규정하고 있다.

> 국가배상법 제2조 ① … 다만,「군인·군무원·경찰공무원 또는 예비군대원」이「전투·훈련 등 직무집행과 관련하여 전사(戰死)·순직(殉職)하거나 공상(公傷)을 입은 경우」에「본인이나 그 유족이 다른 법령에 따라 재해보상금·유족연금·상이연금 등의 보상을 지급받을 수 있을 때」에는 이 법 및「민법」에 따른 손해배상을 청구할 수 없다.

이는 군인·군무원·경찰공무원 등 특별한 신분을 가진 공무원이 피해를 입어「피해자」가 되는 경우에 다른 법령에 따라 보상을 지급받을 수 있는 경우라면 일정한 요건하에 이들의 국가배상청구권을 제한함으로써 피해자인 군인 등이 이중배상을 받는 것을 금지하기 위한 규정이다(= 이중배상금지규정). 이와 관련하여 국가배상법 제2조 제1항 단서의 이중배상금지규정이「국가와 공동불법행위책임이 있는 일반국민」이 국가에 대하여「구상권(= 대신 변제한 것을 돌려받을 수 있는 권리)」을 행사하는 것까지 배제하는 것인지 문제된다. 다음 사례를 통해 확인해 본다.

> 사례
> 1. 경찰공무원 A와 C는 오토바이(운전자 A)를 타고 순찰업무를 진행하고 있었다.
> 2. 일반인 B가 운전하는 트럭과 경찰공무원 A가 운전하는 오토바이가 충돌하였고, 이 사고로 오토바이 뒷좌석에 타고 있던 경찰공무원 C가 상해를 입었다.
> 3. 경찰공무원 A와 트럭운전사 B의 과실비율은 1 : 3이다.
> 4. 피해자인 경찰공무원 C는 이 사고와 관련하여 국가로부터 재해보상금, 유족연금, 상이연금 등의 보상을 지급받을 수 있는 상황이다.
> 5. 트럭운전사 B는 피해자인 경찰공무원 C에게 자신의 과실비율($\frac{3}{4}$)을 넘어 전체 손해($\frac{4}{4}$)에 대한 손해배상금을 지급하였다.
> 6. 피해자인 경찰공무원 C에게 전체 손해를 배상해준 트럭운전사 B는「경찰공무원 A의 위법한 직무행위로 인한 손해」에 대해 배상책임이 있는「국가」에 대하여 A의 과실비율($\frac{1}{4}$)에 해당하는 손해배상금에 대해 구상권을 행사하여 돌려받고자 한다.

이 사례에서 트럭운전사 B는 자신의 책임비율을 넘어 피해자 C에게 손해배상을 해 주었으므로, 원래 국가가 책임져야 할 손해배상액(=

경찰공무원 A의 책임에 해당하는 부분)에 대하여 국가를 상대로 이를 돌려줄 것을 청구(= 구상권 행사)할 수 있는지가 문제된다. 이에 대하여 대법원과 헌법재판소의 입장에 차이가 있다.

대법원	대법원은 「일반적인 공동불법행위의 경우」에는 공동불법행위자들 각자가 손해액 전부에 대하여 손해배상책임이 인정되는 것과 달리, 「국가배상법 제2조 제1항 단서가 적용되는 경우」에는 공동불법행위자인 일반국민(B)은 자신의 부담부분에 한하여서만 손해배상책임을 진다고 본다(대법원 2001. 2. 15. 96다42420). → 따라서 공동불법행위자인 일반국민(B)은 국가에 대하여 가해 경찰공무원(A)의 책임에 해당하는 부분에 대한 구상권을 행사할 수 「없다」. 즉, 책임범위를 자신의 과실비율로 한정해 주는 대신, 자신의 책임범위를 초과하여 배상하였더라도 국가에 대해 구상권을 행사할 수 없도록 한 것이다.
헌법 재판소	헌법재판소는 국가배상법 제2조 제1항 단서를 「공동불법행위자인 일반국민」이 피해자에게 전체 손해를 배상한 다음 공동불법행위자인 군인의 부담부분에 관하여 「국가」에 대하여 구상권을 행사하는 것을 허용하지 않는 것으로 해석한다면 이는 헌법에 위반된다고 본다(헌재 1994. 12. 29. 93헌바21). → 따라서 공동불법행위자로서 전체 손해를 배상한 일반국민(B)은 국가에 대하여 가해 경찰공무원(A)의 책임에 해당하는 부분에 대한 구상권을 행사할 수 「있다」.

따라서 대법원 판례에 따르면 「민간인(B)」과 「직무집행 중인 군인(A)」의 공동불법행위로 인하여 「직무집행 중인 다른 군인(C)」이 피해를 입은 경우 「민간인(B)」이 「피해군인(C)」에게 자신의 과실비율에 따라 내부적으로 부담할 부분을 초과하여 피해금액 전부를 배상한 경우에 「민간인(B)」은 「국가」에 대해 「가해군인(A)」의 과실비율에 대한 구상권을 행사할 수 「없다」.

19 ④

출제단원 Part 01 행정법 서설
출제영역 사인의 공법행위로서의 신고

신고는 신고의 요건을 갖춘 신고만 하면 신고의무를 이행한 것이 되어 법적 효과가 발생하는 「자기완결적 신고(= 수리를 요하지 않는 신고)」와 신고가 수리되어야 신고의 법적 효과가 발생하는 「행위요건적 신고(= 수리를 요하는 신고)」로 구분된다.

① (X) 행정절차법 제40조에서 신고에 대하여 규정하고 있다. 동법 제2항에서는 '신고서가 접수기관에 도달된 때에 신고의무가 이행된 것으로 본다.'라고 규정하고 있는데, 이는 별도로 행정청의 수리가 있어야만 효과가 발생하는 것은 아니라는 것이므로 행정절차법의 신고에 관한 규정은 「자기완결적 신고(= 수리를 요하지 않는 신고)」를 규정하고 있다고 해석하는 것이 일반적이다.

② (X) 신고의 종류에 따라 수리의 성격이 다르다.

수리를 요하지 않는 신고에서의 수리	수리를 요하는 신고에서의 수리
단순한 접수행위 → 사실행위일 뿐이며, 처분이 아니다.	행정청이 수리를 해야지만 신고의 법적 효과가 발생 → 준법률행위적 행정행위로서 처분이다.

참고로 「준법률행위적 행정행위」란 법적 효과가 행정청의 의사표시에 따른 것이 아니라, 법률의 규정에 의해 발생하는 행정행위를 말한다. 반면, 「법률행위적 행정행위」란 행정청의 의사대로 법률효과가 발생하는 행정행위를 말한다.

③ (X) 행정절차법에 의하면 행정청이 당사자에게 「의무를 과하거나 권익을 제한하는 처분」을 함에 있어서는 당사자 등에게 처분의 사전통지를 하고, 의견제출의 기회를 주어야 한다(제21조 제1항, 제22조 제3항). 대법원은 식품위생법상 영업자지위승계신고가 문제된 사안에서, 「영업자의 지위를 승계한 자」가 관계행정청에 이를 신고하여 행정청이 이를 수리하게 되면 「종전의 영업자」에 대한 영업허가가 효력을 잃게 된다고 본다. 따라서 행정청이 영업자지위승계신고를 수리하는 처분은 「종전의 영업자(A)」의 권익을 제한하는 처분이라는 것이다. 그러므로 행정청은 「영업자의 지위를 승계한 자(B)」가 한 신고(= 영업자지위승계신고)를 수리하는 처분을 함에 있어서 「종전의 영업자(A)」에 대하여 처분의 사전통지를 하고 의견제출의 기회를 부여하고 처분을 하여야 한다고 본다(대법원 2003. 2. 14. 2001두7015).

④ (O) 대법원은 숙박업을 하고자 하는 자가 법령이 정하는 시설과 설비를 갖추고 행정청에 신고를 하면, 행정청은 원칙적으로 이를 수리하여야 한다고 본다. 이때 행정청이 법령이 정한 요건 이외의 사유를 들어 수리를 거부하는 것은 위 법령의 목적에 비추어 이를 거부해야 할 중대한 공익상의 필요가 있다는 등 특별한 사정이 있는 경우에 한한다고 본다. 또한 이러한 법리는 이미 다른 사람 명의로 숙박업신고가 되어 있는 시설 등의 전부 또는 일부에서 새로 숙박업을 하고자 하는 자가 신고를 한 경우에도 마찬가지라고 판단하였다(대법원 2017. 5. 30. 2017두34087).

20 ③

출제단원 Part 04 행정소송법, Part 06 행정상 손해배상
출제영역 공무원의 위법한 직무행위로 인한 손해배상의 요건, 행정쟁송의 유형

① (O) 국가배상법 제2조 제1항에서 공무원의 위법한 직무행위로 인한 국가나 지방자치단체의 배상책임을 명시하고 있다. 공무원의 위법한 직무행위에는 공무원의 부작위(= 해야 하는 것을 하지 않는 것)로 인한 경우도 포함된다. 다만, 「부작위」가 위법하기 위해서는 「작위의무」가 인정되어야 한다. 「해야 할 의무(= 작위의무)」가 있음에도 이를 하지 않은 경우에 부작위를 위법하다고 평가할 수 있기 때문이다. 이와 관련하여 작위의무를 인정하는 명문의 근거가 없는 경우에도 헌법 및 행정법의 일반원칙 등을 근거로 작위의무를 인정할 수 있는지가 문제된다. 이와 관련하여 대법원은 국민의 생명·신체·재산 등에 대하여 절박하고 중대한 위험상태가 발생하였거나 발생할 상당한 우려가 있어서 국민의 생명 등을 보호하는 것을 본래적 사명으로 하는 국가가 초법규적·일차적으로 그 위험의 배제에 나서지 아니하면 국민의 생명 등을 보호할 수 없는 경우에는 「형식적 의미의 법령에 근거가 없더라도」 국가나 관련 공무원에 대하여 그러한 위험을 배제할 작위의무를 인정할 수 있을 것이라고 본다(대법원 2012. 7. 26. 2010다95666). 즉, 일정한 경우에는 형식적 의미의 법령에 명시적으로 작위의무가 규정되어 있지 않더라도 작위의무를 인정할 수 있다는 것이다. 따라서 「관계법령에서 A 시장에게 일정한 조치를 취하여야 할 작위의무를 규정하고 있지 않더라도」 甲의 공장에서 나온 매연물질과 오염물질로 인해 주민들의 생명, 신체에 가해지는 위험이 절박하고 중

대하다고 인정된다면 A 시장에게 그러한 위험을 배제하는 조치를 하여야 할 작위의무를 인정할 수 있는 것이다.

② (O) 행정심판법에서는 행정심판의 종류로 취소심판, 무효등확인심판, 의무이행심판을 정하고 있다(제5조). 의무이행심판이란 당사자의 신청에 대한 행정청의 위법 또는 부당한 거부처분이나 부작위에 대하여 일정한 처분을 하도록 하는 행정심판을 말한다. 반면, 행정소송법에서는 의무이행소송을 규정하고 있지 않다. 따라서 주민이 A 시장에게 개선조치를 요구했음에도 A 시장이 아무런 조치를 하고 있지 않다면, 해당 주민은 A 시장을 상대로 의무이행심판을 청구할 수 있으나, 행정소송법상 인정되지 않는 의무이행소송을 제기할 수는 없다.

③ (X) ①번 해설에서 살펴본 바와 같이, 대법원은 일정한 요건하에 형식적 의미의 법령에 명시적으로 작위의무가 규정되어 있지 않더라도 작위의무를 인정할 수 있다고 본다. 다만, 대법원은 공무원의 부작위로 인한 국가배상책임을 인정할 것인지 여부가 문제되는 경우에 관련 공무원에 대하여 작위의무를 명하는 법령의 규정이 없다면, 공무원의 부작위로 인하여 침해된 국민의 법익 또는 국민에게 발생한 손해가 어느 정도 심각하고 절박한 것인지, 관련 공무원이 그와 같은 결과를 「예견」하여 그 결과를 「회피」하기 위한 조치를 취할 수 있는 가능성이 있는지 등을 종합적으로 고려하여 판단하여야 한다고 본다(대법원 2012. 7. 26. 2010다95666). 따라서 A 시장의 작위의무를 명하는 별도의 명문규정이 없는 상황에서, 甲의 공장에서 배출된 물질 때문에 피해를 입은 주민이 A 시장의 부작위를 원인으로 하여 국가배상을 청구하였다면, A 시장의 작위의무 위반이 인정되어야 할 뿐만 아니라, A 시장에게 이러한 결과를 예견하여 그 결과를 회피하기 위한 조치를 취할 수 있는 가능성이 있었다는 것이 인정되어야 한다. A 시장에게 결과를 예견하여 이를 회피하기 위한 조치를 취할 수 있는 가능성이 없는 경우까지도 A 시장의 부작위로 인한 국가배상책임을 인정할 수는 없기 때문이다.

④ (O) 국가배상법 제2조의 책임이 인정되기 위해서는 해당 행위의 「위법성」이 인정되어야 할 뿐만 아니라, 해당 행위가 공무원의 「고의 또는 과실」로 인한 것이어야 한다. 이와 관련하여 「항고소송」에서 판결에 의해 처분이나 부작위의 「위법성」이 인정되어 해당 처분이 취소되거나 부작위가 위법하다는 확인을 받게 되면, 별도로 진행되는 「국가배상소송」에서 문제가 된 처분이나 부작위가 공무원의 「고의 또는 과실」에 의한 불법행위에 해당한다는 것이 곧바로 인정될 수 있는지 문제된다. 대법원은 어떠한 행정처분이 후에 항고소송에서 취소되었다고 할지라도 당해 행정처분이 곧바로 공무원의 고의 또는 과실로 인한 것으로서 불법행위를 구성한다고 단정할 수는 없다고 본다(대법원 2000. 5. 12. 99다70600). 이는 「위법성」과 「고의 또는 과실」은 별개의 개념이기 때문이다. 따라서 항고소송인 「부작위위법확인소송」에서 A 시장의 부작위가 「위법」하다고 확인한 인용판결이 확정되었다고 하더라도, A 시장의 부작위를 원인으로 한 「국가배상소송」에서 A 시장의 부작위가 「고의 또는 과실」에 의한 불법행위를 구성한다는 점이 곧바로 인정되는 것은 아니다.

2017년 국가직(하반기) 9급
행정법총론

문제편 p.43

01 ② 02 ③ 03 ④ 04 ④ 05 ④ 06 ① 07 ① 08 ④ 09 ③ 10 ②
11 ① 12 ② 13 ② 14 ③ 15 ④ 16 ④ 17 ② 18 ② 19 ① 20 ②

01 답 ②

출제단원 Part 01 행정법 서설
출제영역 사인의 공법행위

사인의 공법행위란 공법적 효과의 발생을 목적으로 하는 사인의 법적 행위를 말한다.

① (O) 신고는 신고의 요건을 갖춘 신고만 하면 신고의무를 이행한 것이 되어 법적 효과가 발생하는 「자기완결적 신고(= 수리를 요하지 않는 신고)」와 신고가 수리되어야 신고의 법적 효과가 발생하는 「행위요건적 신고(= 수리를 요하는 신고)」로 구분된다. 이와 관련하여 대법원은 주민등록의 신고는 행정청에 도달하기만 하면 신고로서의 효력이 발생하는 것이 아니라 행정청이 수리한 경우에 비로소 신고의 효력이 발생한다고 본다(대법원 2009. 1. 30. 2006다17850). 즉, 주민등록의 신고는 수리를 요하는 신고라는 것이다.

② (X) 대법원은 납골당설치신고가 요건에 맞는 적법한 신고라 하더라도 신고인은 곧바로 납골당을 설치할 수는 없고, 행정청의 수리처분이 있어야만 신고한 대로 납골당을 설치할 수 있다고 본다. 즉, 납골당설치신고는 수리를 요하는 신고이다. 이때 수리행위에 신고필증(= 신고를 증명하는 문서)의 교부가 꼭 필요한 것은 아니라고 본다(대법원 2011. 9. 8. 2009두6766).

③ (O) 민법상 계약의 청약은 상대방에게 도달한 후에는 철회할 수 없는 것이 원칙이다. 이러한 원칙이 사인의 공법행위에도 적용되는지 문제된다. 그러나 사인의 공법행위의 경우에는 명문으로 금지되거나 성질상 불가능한 경우가 아닌 한, 사인의 공법행위가 상대방에게 도달되었다고 하더라도 그에 따른 행정행위가 행하여질 때까지는 자유롭게 철회할 수 있다고 본다. 대법원도 공무원이 한 사직의사표시의 철회나 취소는 그에 터 잡은 의원면직처분이 있을 때까지는 할 수 있는 것이고, 일단 면직처분이 있고 난 이후에는 철회나 취소를 할 수 없다고 본다(대법원 2001. 8. 24. 99두9971). 참고로 의원면직처분이란 공무원 자신의 사의표시에 의하여 공무원관계를 소멸시키는 행위를 말한다.

④ (O) 행정절차법 제40조에서는 「자기완결적 신고」에 대하여 규정하고 있다. 이에 의하면 신고는 「신고서의 기재사항에 흠이 없을 것, 필요한 구비서류가 첨부되어 있을 것, 그 밖에 법령 등에 규정된 형식상의 요건에 적합할 것」이라는 요건을 갖춘 경우에는 신고서가 접수기관에 도달된 때에 신고의무가 이행된 것으로 본다(제2항). 이러한 요건을 갖추지 못한 신고서가 제출된 경우에는 행정청은 지체 없이 상당한 기간을 정하여 신고인에게 보완을 요구하여야 한다(제3항). 만약 신고인이 기간 내에 보완을 하지 아니하였을 때에는 행정청은 그 이유를 구체적으로 밝혀 해당 신고서를 되돌려 보내야 한다(제4항).

02

출제단원 Part 01 행정법 서설
출제영역 행정법의 법원(法源)

답 ③

행정법의 법원(法源)이란 정부나 지방자치단체가 행정을 행함에 있어 따르고 집행하여야 할 법의 종류를 의미하는 것으로서, 문자로 기록된 성문법원(헌법, 법률, 명령, 조례, 규칙, 조약 및 국제법규)과 문자로 기록되지 않은 불문법원(관습법, 조리 등)이 있다.

① (X) 대법원은 「WTO협정」은 국가와 국가 사이의 권리·의무관계를 설정하는 국제협정(= 조약)으로서, 이와 관련한 법적 분쟁은 WTO의 분쟁해결기구에서 해결하는 것이 원칙이라고 본다. 또한 사인에게는 WTO협정의 효력이 직접 미치지는 않으므로, WTO협정 회원국 정부의 반덤핑부과처분이 WTO협정 위반이라는 이유만으로 사인이 직접 국내법원에 회원국 정부를 상대로 그 처분의 취소를 구하는 소를 제기할 수는 없다고 본다(대법원 2009. 1. 30. 2008두17936).

② (X) 행정의 자기구속의 원칙이란 행정관행이 성립된 경우 행정청은 특별한 사정이 없는 한 동종 사안에서 행정관행과 같은 결정을 하여야 한다는 원칙을 말한다. 행정의 자기구속의 원칙이 적용되기 위해서는 행정관행이 존재해야 하는데, 재량준칙(= 재량권 행사의 기준을 정하는 행정규칙)이 존재하는 경우에도 행정선례가 필요한지 문제된다. 이와 관련하여 대법원은 재량준칙이 공표된 것만으로는 자기구속의 원칙이 적용될 수 없고, 재량준칙이 되풀이 시행되어 행정관행이 성립한 경우에 자기구속의 원칙이 적용될 수 있다고 본다(대법원 2009. 12. 24. 2009두7967).

③ (O) 일정한 사실들이 장기간 반복되고, 국민들이 장기간 반복되는 사실에 대하여 법적 확신을 가지게 되었을 때, 이를 관습법이라고 한다. 관습법이 성립하기 위해서는 「객관적 요건」으로 「장기적이고 일반적인 관행·관습의 존재」, 「주관적 요건」으로 「국민의 관행에 대한 법적 확신」을 필요로 한다. 이와 관련하여 대법원은 사회의 거듭된 관행으로 생성된 사회생활규범이 관습법으로 승인되었다고 하더라도 사회구성원들이 그러한 관행의 법적 구속력에 대하여 확신을 갖지 않게 되었다거나, 관습법을 적용하여야 할 시점에 있어서의 전체 법질서에 부합하지 않게 되었다면 그러한 관습법은 법적 규범으로서의 효력이 부정될 수밖에 없다고 본다(대법원 2005. 7. 21. 2002다1178).

④ (X) 신뢰보호의 원칙이란 행정기관의 말 또는 행동에 대하여 국민이 신뢰를 갖고 행위를 한 경우에, 국민의 신뢰가 보호할 가치가 있는 경우라면 이러한 신뢰를 보호해 주어야 한다는 원칙을 말한다. 신뢰보호원칙을 적용하기 위해서는 신뢰의 대상이 되는 행정청의 선행조치가 있어야 한다. 이와 관련하여 대법원은 선행조치를 '공적인 견해표명'으로 한정한다. 이때 행정청의 공적 견해표명이 있었는지의 여부는 행정조직상의 형식적인 권한분장에 구애될 것은 아니고, 담당자의 조직상의 지위와 임무, 당해 언동을 하게 된 구체적인 경위 및 그에 대한 상대방의 신뢰가능성에 비추어 실질에 의하여 판단해야 한다고 본다(대법원 1997. 9. 12. 96누18380).

03

출제단원 Part 03 행정의 실효성 확보수단
출제영역 행정상 즉시강제

답 ④

행정목적의 실현을 확보하기 위하여 사람의 신체 또는 재산에 실력을 가함으로써 행정상 필요한 상태를 실현하는 권력적 행위를 「행정강제」라고 한다. 행정강제에는 「행정상 강제집행(= 대집행, 이행강제금, 직접강제, 행정상 강제징수)」과 「행정상 즉시강제」가 있다. 이중 「행정상 즉시강제」란 급박한 행정상의 장해를 제거할 필요가 있지만 미리 의무를 명할 시간적 여유가 없을 때 또는 급박하지는 않지만 성질상 의무를 명해서는 목적달성이 곤란할 때에 즉시 개인의 신체·재산에 실력을 가하여 행정상의 필요한 상태를 실현하는 행정작용을 말한다.

① (O) 「행정상 강제집행」은 구체적인 의무 부과 후 이를 불이행한 경우를 전제로 한다. 반면, 「행정상 즉시강제」는 구체적인 의무 부과를 전제로 하지 않는다. 따라서 상대방의 예측가능성의 측면에서 구체적인 의무 부과를 전제로 하지 않는 「행정상 즉시강제」가 「행정상 강제집행」보다 상대방의 권익을 더 침해하는 수단이다. 이에 헌법재판소는 행정강제는 상대방의 권익을 덜 침해하는 「행정상 강제집행」을 「원칙」으로 하고, 상대방의 권익을 더 침해하는 「행정상 즉시강제」는 「예외적」인 강제수단이라고 본다(헌재 2002. 10. 31. 2000헌가12).

② (O) 헌법재판소는 기본권 침해의 소지가 큰 권력작용인 「행정상 즉시강제」는 예외적인 강제수단이라고 하면서, 행정상 즉시강제는 엄격한 실정법상의 근거를 필요로 할 뿐만 아니라, 그 발동에 있어서는 법규의 범위 안에서도 다시 행정상의 장해가 목전에 급박하고(= 급박성), 다른 수단으로는 행정목적을 달성할 수 없는 경우이어야 하며(= 보충성), 이러한 경우에도 그 행사는 필요 최소한도에 그쳐야 함(= 비례의 원칙)을 내용으로 하는 조리상의 한계에 기속된다고 본다(헌재 2002. 10. 31. 2000헌가12).

③ (O) 「경찰관 직무집행법」상 보호조치, 「식품위생법」상 물건의 폐기 등 각 개별법에서 행정상 즉시강제의 수단(종류)에 대해 규정하고 있다.

> **+참고**
> 원본 문제의 ③번 선택지는 '행정상 즉시강제에 관한 일반법은 없다'라는 표현이 포함되어 있다. 그런데 최근 제정된 행정기본법에는 '즉시강제'에 관해 규정하고 있다. 이에 선택지를 수정하였다.

④ (X) 행정상 즉시강제에 대하여 헌법에서 요구하고 있는 영장주의가 적용되는지 문제된다. 「헌법재판소」는 행정상 즉시강제는 본질상 급박성을 요건으로 하고 있어 법관의 영장을 기다려서는 그 목적을 달성할 수 없다고 할 것이므로, 원칙적으로 영장주의가 적용되지 않는다고 본다. 이에 따라 불법게임물을 발견한 경우 관계공무원으로 하여금 수거·폐기하도록 한 법률조항은 급박한 상황에 대처하기 위한 것으로서 영장 없는 수거를 인정한다고 하더라도 헌법상 영장주의에 위배되는 것으로는 볼 수 없다고 판단하였다(헌재 2002. 10. 31. 2000헌가12).

04

출제단원 Part 06 행정상 손해배상
출제영역 국가배상법, 공무원 개인의 배상책임

답 ④

① (O) 국가배상법 제7조에서 '이 법은 외국인이 피해자인 경우에는 해당 국가와 상호보증이 있을 때에만 적용한다.'고 규정하고 있다. 이때 '상호보증'이란, 만약 미국인이 한국에서 피해를 입어 한국을 상대로 국가배상청구를 할 수 있으려면, 한국인이 미국에서 피해를 입었을 때 미국의 관련법령상 한국인이 미국을 상대로 국가배상청구를 할 수 있는 경우이어야 한다는 것을 말한다. 즉, 우리나라만이 입을 수 있는 불이익을 방지하고 국제관계에서 형평을 도모하기 위하여 외국인의 국가배상청구권의 발생요건으로 상호보증을 요구하고 있는 것이다.

② (O) 국가배상법에 의해 국가나 지방자치단체의 손해배상책임이 인정되는 경우에 피해자에게 손해를 배상해 준 국가나 지방자치단체가 가해자인 공무원에게 구상(= 대신 변제한 것을 돌려받는 것)할 수 있는지 문제된다. 국가배상법 제2조 제2항에서는 '공무원에게 「고의 또는 중대한 과실」이 있으면 국가나 지방자치단체는 그 공무원에게 구상할 수 있다.'고 규정하고 있다.

③ (O) 국가배상법 제2조의 요건을 충족하여 국가 또는 지방자치단체의 배상책임이 인정되는 경우에 직접 가해자인 공무원 개인도 피해자에 대하여 손해배상책임을 지는지 문제된다. 대법원은 공무원이 직무수행 중 불법행위로 타인에게 손해를 입힌 경우에 공무원에게 「고의 또는 중과실」이 있는 경우에는 국가 등이 국가배상책임을 부담하는 외에 공무원 개인도 불법행위로 인한 손해배상책임을 진다고 본다. 반면, 공무원에게 「경과실」뿐인 경우에는 공무원 개인은 손해배상책임을 부담하지 않는다고 본다(대법원 1996. 2. 15. 95다38677).

④ (X) 공무원의 위법한 직무행위로 인한 국가나 지방자치단체의 손해배상책임을 규정하고 있는 「국가배상법 제2조」는 국가나 지방자치단체의 면책사유를 별도로 규정하고 있지 않다. 따라서 국가나 지방자치단체가 공무원의 선임 및 감독에 상당한 주의를 하였다고 하더라도 국가나 지방자치단체가 국가배상책임을 면하는 것은 아니다.

05

출제단원 Part 02 행정작용 및 절차법
출제영역 강학상 인가

답 ④

인가란 제3자의 법률행위(= 기본행위)를 보충하여 그 법률적 효력을 완성시켜 주는 행정행위를 의미한다. 인가의 예로는 민법상 재단법인의 정관변경허가, 학교법인의 임원에 대한 감독청의 취임승인, 주택재건축정비사업조합의 사업시행인가, 토지거래허가 등이 있다.

① (O) 인가의 대상이 된 제3자의 법률행위는 인가가 있어야 법적 효력을 발생하게 된다. 따라서 인가를 받아야 하는 행위에 대하여 인가를 받지 않은 무인가행위는 무효이다. 이와 관련하여 대법원은 공유수면매립면허에 의한 권리·의무를 양도하고 양수함에 있어서는 면허관청의 인가가 필요하고, 이는 효력요건으로서 당사자 간에 이러한 권리·의무를 양도하기로 약정을 하였다고 하여도, 면허관청의 인가를 받지 않았다면 이러한 약정은 법률상 아무런 효력도 발생할 수 없다고 본다(대법원 1991. 6. 25. 90누5184).

② (O) 인가는 기본행위의 하자를 치유하지 않는다. 즉, 기본행위에 하자가 있는 경우에 적법한 인가가 있다고 하여 기본행위의 하자가 치유되는 것은 아니다.

③ (O) 대법원은 기본행위가 적법·유효하고 보충행위인 인가처분 자체에만 하자가 있다면 그 인가처분의 무효나 취소를 주장할 수 있다고 본다. 반면, 인가처분에는 하자가 없고 기본행위에 하자가 있는 경우에는 기본행위를 다투어야 한다고 본다(대법원 1996. 5. 16. 95누4810). 정리하면 다음과 같다.

구분	쟁송대상
기본행위에 하자 X + 인가행위에 하자 O	「인가처분」의 무효나 취소를 구할 수 있다.
기본행위에 하자 O + 인가행위에 하자 X	「기본행위」만이 쟁송의 대상이 된다.

④ (X) 인가는 제3자의 「법률행위」를 보충하여 그 법률적 효력을 완성시켜 주는 행정행위이다. 따라서 개념상 인가의 대상은 언제나 법률행위이며, 사실행위는 인가의 대상이 아니다.

06

출제단원 Part 02 행정작용 및 절차법
출제영역 행정입법

답 ①

① (X) 법률에서 규정한 내용을 구체화할 필요가 있어 법령의 위임을 받아 그 구체적인 내용을 훈령이나 고시와 같은 행정규칙의 형식으로 정하는 경우를 「법령보충적 행정규칙(= 법령보충규칙)」이라고 한다. 대법원은 법령에서 특정 행정기관에게 법령내용의 구체적 사항을 정할 수 있는 권한을 부여하면서 권한 행사의 절차나 방법을 특정하지 않은 경우에는 수임행정기관(= 권한을 위임받은 행정기관)은 「행정규칙이나 규정 형식」으로 법령내용이 될 사항을 구체적으로 정할 수 있다고 본다(대법원 2012. 7. 5. 2010다72076). 즉, 일정한 요건하에 법령보충적 행정규칙이 인정될 수 있음을 인정하고 있다. 참고로 대법원은 법령보충적 행정규칙은 대외적인 구속력이 인정되지 않는 일반적인 행정규칙과는 달리 법령규정과 결합하여 대외적으로 구속력이 있는 법규명령으로서의 효력을 가진다고 본다.

② (O) 행정권이 정립하는 일반적·추상적 규정으로서 법규(= 국민과 행정권을 구속하고, 재판규범이 되는 법규범)의 성질을 가지는 것을 「법규명령」이라고 한다. 이 중 법률이나 상위명령에 의해 위임된 사항에 관하여 발하는 명령을 「위임명령」이라고 한다. 위임명령은 원칙적으로 법률이나 상위명령에서 구체적으로 범위를 정한 개별적인 위임이 있는 경우에만 제정이 가능하다. 따라서 구체적·개별적 위임이 없음에도 새로운 법규사항(= 국민의 권리·의무에 관한 사항)을 법규명령으로 규정할 수는 없다. 이와 관련하여 대법원은 시행령(= 대통령령)이나 시행규칙(= 총리령·부령)으로 「개인의 권리·의무에 관한 내용을 변경·보충하거나 법률이 정하고 있지 않은 새로운 내용」을 정하기 위해서는 원칙적으로 법률에 의한 위임이 있어야만 가능하지만, 시행령이나 시행규칙의 내용이 「모법(= 근거법률)의 해석상 가능한 내용을 구체화한 것이라고 볼 수 있는 경우」라면, 법률에 위임규정이 없더라도 이러한 시행령이나 시행규칙을 무효라고 볼 수는 없다고 판단하였다(대법원 2014. 8. 20. 2012두19526).

③ (O) 대법원은 국회에서 법률을 제정하여 특정사항을 행정부에서 정하도록 위임한 경우에 행정부가 정당한 이유 없이 이를 이행하지 않으면 권력분립의 원칙과 법치국가 내지 법치행정의 원칙에 위배되는 것으로서 위법하면서 동시에 위헌적이라고 본다(대법원 2007. 11. 29. 2006다3561). 권력분립의 원칙상 행정부는 법률을 집행할 권한과 동시에 법률을 집행할 의무가 있으며, 법치행정의 원칙상 행정부는 법에 따라서 행정권을 행사하여야 할 의무가 있는데 법규명령의 제정을 게을리함으로써 이러한 의무를 위반한 것이 되기 때문이다.

④ (O) 법규명령이 유효하게 성립하기 위해서는 일정한 절차에 따라 제정되어야 한다. 법규명령 중 「대통령령」은 국무회의의 심의와 법제처의 심사를 거쳐 제정되며, 「총리령과 부령」은 법제처의 심사를 거쳐 제정된다.

07 답 ①

출제단원 Part 03 행정의 실효성 확보수단
출제영역 행정대집행

대집행이란 공법상 대체적 작위의무(건물의 철거, 물건의 파기 등과 같이 타인이 대신하여 행할 수 있는 의무)의 불이행이 있는 경우에 당해 행정청이 스스로 의무자가 행할 행위를 하거나 제3자로 하여금 이를 행하게 하고 그 비용을 의무자로부터 징수하는 것을 말한다.

① (O) 대집행은 공법상의 「대체적 '작위의무'」의 불이행을 대상으로 한다. 그러므로 시설설치 금지의무와 같은 '부작위의무'가 불이행된 경우에는 원칙적으로 대집행을 할 수 없다. 다만, 부작위의무는 '철거명령' 등을 통해 작위의무로 전환시킨 후에 이러한 작위의무를 위반하게 되면 비로소 대집행의 대상이 될 수 있다. 이와 관련하여 대법원은 부작위의무를 작위의무로 전환시키기 위해서는 별도의 법적 근거가 있어야 한다고 본다. 즉, 이러한 법적 근거가 없다면 부작위의무(= 무엇을 하지 말아야 하는 의무)로부터 작위의무(= 부작위의무 위반의 결과를 시정해야 하는 의무)를 당연히 도출할 수는 없다고 본다. 또한 부작위의무를 정하고 있는 금지규정(⑩ 시설을 설치하지 말 것을 정하고 있는 규정)으로부터 부작위의무 위반으로 인한 결과의 시정을 명하는 권한(⑩ 시설설치 금지의무를 위반하여 설치한 시설을 철거할 것을 명하는 권한)이 당연히 추론되는 것도 아니라고 본다(대법원 1996. 6. 28. 96누4374).

② (X) 대집행·이행강제금·직접강제·행정상 강제징수와 같은 「행정상 강제집행」은 법원 및 국가의 집행기관의 도움 없이 행정청이 자력에 의하여 집행한다는 점에서 「민사상 강제집행」과 다르다. 대법원은 행정상 강제집행이 인정되는 경우에 민사상 강제집행이 인정될 수 있는지에 대하여 행정대집행의 절차가 인정되는 경우에는 따로 민사소송의 방법으로 공작물의 철거, 수거 등을 구할 수는 없다고 본다(대법원 2000. 5. 12. 99다18909).

③ (X) ①번 해설에서 살펴본 바와 같이 대집행은 공법상의 「대체적 작위의무」의 불이행을 대상으로 한다. 따라서 장례식장 사용중지의무와 같은 「부작위의무」의 불이행의 경우에는 대집행의 대상이 될 수 없다. 대법원도 '장례식장 사용중지의무'는 의무위반 당사자 이외의 타인이 대신할 수도 없고, 타인이 대신하여 행할 수 있는 행위라고도 할 수 없는 「비대체적 부작위의무」에 해당하므로, 장례식장 영업을 하고 있는 자의 장례식장 사용중지의무는 행정대집행법에 의한 대집행의 대상이 아니라고 판단하였다(대법원 2005. 9. 28. 2005두7464).

④ (X) 대집행은 「계고 → 대집행영장에 의한 통지 → 대집행의 실행 → 비용징수」라는 절차를 거친다. 계고란 상당한 기간 내에 의무의 이행을 하지 않으면 대집행을 한다는 의사를 사전에 통지하는 행위를 말한다. 대법원은 대집행의 계고를 함에 있어서 의무자가 이행하여야 할 행위와 그 의무 불이행시 대집행할 행위의 내용 및 범위는 반드시 대집행계고서에 의해서만 특정되어야 하는 것은 아니며, 계고처분 전후에 송달된 문서나 기타 사정을 종합하여 이를 특정할 수 있으면 족하다고 본다(대법원 1992. 3. 10. 91누4140).

08 답 ④

출제단원 Part 02 행정작용 및 절차법
출제영역 행정행위의 하자

① (O) 하자의 치유란 성립 당시에 흠이 있는 행정행위가 사후에 이를 보완하거나 그 흠이 취소사유가 되지 않을 정도로 경미해진 경우에 성립 당시의 흠에도 불구하고 하자 없는 적법한 행위로 그 효력을 유지시키는 것을 말한다. 대법원은 행정행위의 「형식·절차상의 하자」에 대해서는 하자의 치유를 인정하지만, 「내용상의 하자」에 대해서는 하자의 치유를 인정하지 않는다.

② (O) 행정행위의 「직권취소」란 일단 유효하게 성립한 행정행위를 처분청이 「성립 당시의 하자」를 이유로 직권으로 그 효력을 소멸시키는 것을 말한다. 대법원은 행정처분을 한 처분청은 그 처분에 하자가 있는 경우에 원칙적으로 별도의 법적 근거가 없더라도 스스로 이를 직권으로 취소할 수 있다고 본다(대법원 2006. 6. 30. 2004두701).

③ (O) 대법원은 세액산출근거가 기재되지 않은 납세고지서에 의한 세금부과처분은 강행법규에 위반하여 취소대상이 된다 할 것이므로, 납세의무자가 부과된 세금을 자진납부하였다고 하여 하자가 치유되지는 않는다고 본다(대법원 1985. 4. 9. 84누431).

④ (X) 처분의 사전통지란 행정청이 당사자에게 「의무를 부과하거나 권익을 제한하는 처분」을 하기 전에 처분의 제목, 처분하려는 원인이 되는 사실과 처분의 내용 및 법적 근거 등 일정 사실을 당사자 등에게 통지하는 것을 말한다. 이와 관련하여 「거부처분」이 사전통지의 대상이 되는 처분에 해당하는지 문제된다. 대법원은 사전통지의 대상이 되기 위해서는 당사자의 권익을 제한하는 처분이어야 하는데, 신청에 따른 처분이 이루어지지 않은 상황에서는 아직 신청한 자에게 권익이 부여되지 않은 것이고 제한할 권익도 존재하지 않으므로 거부처분은 당사자의 권익을 제한하는 처분이 아니라고 본다. 따라서 사전통지의 대상이 아니라는 것이다(대법원 2003. 11. 28. 2003두674). 그러므로 수익적 행정행위의 거부처분을 함에 있어서 당사자에게 사전통지를 하지 아니하였다고 하더라도 위법한 것은 아니다.

09 답 ③

출제단원 Part 04 행정소송법
출제영역 취소소송 원고적격·협의의 소의 이익·대상

① (X) 원고적격이란 행정소송에서 원고가 될 수 있는 자격을 의미한다. 취소소송은 처분 등의 취소를 구할 법률상 이익이 있는 자가 제기할 수 있다(행정소송법 제12조 1문). 「A 항공사와 B 항공사가 노선면허취

득을 신청한 상황」에서 「노선면허를 발급받지 못한 B 항공사」가 「A 항공사에 대한 노선면허발급처분」을 다투는 것은 「경원자소송」에 해당한다. 경원자소송이란 경쟁관계에 있는 수인의 신청을 받아 일부에 대하여만 인·허가를 할 수밖에 없는 경우에 인·허가를 받지 못한 자가 타방이 받은 인·허가에 대하여 제기하는 소송을 말한다. 이와 관련하여 대법원은 경원자관계에서 면허나 인·허가 등의 처분을 받지 못한 자는 면허나 인·허가 등 처분의 상대방은 아니지만 처분의 취소를 구할 원고적격이 인정된다고 본다(대법원 1992. 5. 8. 91누13274). 자신의 권익을 구제하기 위해서는 면허나 인·허가를 받은 타인에 대한 처분의 취소를 구할 법률상 이익이 인정되기 때문이다. 따라서 노선면허를 발급받지 못한 B 항공사는 A 항공사에 대한 노선면허발급처분에 대해 취소소송을 제기할 원고적격이 인정된다.

② (X) A 항공사와 B 항공사는 「경원자관계」에 있다. 이때 수익적 처분인 노선면허발급처분을 받지 못한 B 항공사가 A 항공사에 대한 「노선면허발급처분(ⓐ)」에 대하여 취소소송을 제기하는 것이 아니라, 자신(B 항공사)에 대한 「노선면허발급거부처분(ⓑ)」에 대한 취소소송을 제기하는 것이 가능한지 문제된다. 이와 관련하여 대법원은 B 항공사가 자신에 대한 「노선면허발급거부처분(ⓑ)」의 취소를 구할 소의 이익이 있다고 본다. 비록 B 항공사에 대한 「노선면허발급거부처분(ⓑ)」에 대하여 취소판결이 확정되더라도 A 항공사에 대한 「노선면허발급처분(ⓐ)」이 취소되거나 효력이 소멸하는 것은 아니지만, 행정청은 「노선면허발급거부처분(ⓑ)」에 대한 「취소판결의 기속력」에 따라 해당 판결에서 확인된 위법사유를 배제한 상태에서 다시 심사를 할 의무가 있고, 재심사 결과 A 항공사에 대한 「노선면허발급처분(ⓐ)」이 직권취소된 후, B 항공사에게 노선면허발급처분이 이루어질 가능성을 완전히 배제할 수는 없기 때문이다(대법원 2015. 10. 29. 2013두27517). 참고로 기속력이란 처분 등을 취소하는 판결이 확정되면 당사자인 행정청과 관계행정청이 확정판결의 취지에 따라야 하는 효력을 말한다.

③ (O) 행정소송법상 재결(= 행정심판청구에 대해 행정심판위원회가 행하는 판단)에 대한 취소소송(= 재결소송)은 재결 자체에 고유한 위법이 있음을 이유로 하는 경우에 한한다(제19조 단서). 따라서 취소소송은 원칙적으로 원처분을 대상으로 하며, 재결은 예외적으로 재결 자체에 고유한 위법이 있을 경우에 한하여 취소소송의 대상이 될 수 있다. 이를 「원처분주의」라고 한다. 이와 관련하여 처분의 상대방(A 항공사)에게는 유리하나 제3자(B 항공사)에게는 불리한 제3자효 행정행위에 대하여 제3자(B 항공사)가 이를 취소해 달라고 취소심판을 청구하였고, 이에 행정심판위원회가 제3자(B 항공사)의 청구를 받아들여 「원처분(= A 항공사에 대한 노선면허발급처분)을 취소하는 인용재결」을 한 경우에 원처분의 상대방(A 항공사)이 「인용재결」에 대하여 취소소송을 제기하는 것이 원처분주의에 반하는 것은 아닌지 문제된다. 대법원은 처분의 상대방(= A 항공사)에게는 유리하나 제3자(= B 항공사)에게는 불리한 제3자효 행정행위(A 항공사에 대한 노선면허발급)에 대하여 제3자(= B 항공사)가 이를 취소해 달라는 취소심판을 청구하였고, 행정심판위원회가 그 청구를 인용하는 내용의 재결을 하게 되면, 취소된 원처분의 상대방(= A 항공사)은 행정심판위원회의 인용재결로 인해 비로소 권리이익을 침해받게 된다고 본다. 따라서 원처분의 상대방(= A 항공사)은 행정심판위원회의 인용재결을 다툴 필요가 있고, 이는 원처분에는 없는 재결에 고유한 하자를 주장하는 것이므로 행정소송법상 원처분주의에 반하는 것이 아니라고 판단하였다(대법원 2001. 5. 29. 99두10292).

④ (X) 「C 항공사가 이미 노선면허를 가지고 있는 상황」에서 A 항공사가 신규 노선면허를 발급받은 경우에 기존업자인 C 항공사가 신규업자인 A 항공사에 대한 노선면허발급처분을 다투는 것은 「경업자소송」에 해당한다. 경업자소송이란 서로 경쟁관계에 있는 자들 사이에서 특정인(A)에게 주어지는 수익적 행위가 제3자(B)에게는 법률상 불이익을 초래하는 경우에 그 제3자(B)가 자기의 법률상 이익의 침해를 이유로 수익을 받은 특정인(A)에 대한 행정행위를 다투는 소송을 말한다. 이와 관련하여 대법원은 일반적으로 기존업자가 「특허업」인 경우에는 자신의 경영상 이익의 침해를 이유로 경업자소송을 제기할 수 「있지만」, 기존업자가 「허가업」인 경우에는 자신의 경영상 이익의 침해를 이유로 경업자소송을 제기할 수 「없다」고 본다. 운송사업인 항공노선면허는 「특허」에 해당하므로 기존업자인 C 항공사는 A 항공사에 대한 노선면허발급처분에 대한 취소소송을 제기할 원고적격이 인정된다.

10 답 ②

| 출제단원 | 종합 |
| 출제영역 | 당사자소송, 행정법상의 사건(소멸시효), 하자의 승계, 허가의 법적 성질 |

① (O) 대법원은 납세의무자에 대한 국가의 부가가치세 환급세액 지급의무는 그 납세의무자로부터 과다하게 거래징수된 세액 상당을 국가가 실제로 납부받았는지와 관계없이 부가가치세법령의 규정에 의하여 직접 발생하는 것이라고 본다. 따라서 그 법적 성질은 부당이득 반환의무가 아니라, 「부가가치세법령에 의하여 구체적으로 확정」되고 조세정책적 관점에서 특별히 인정되는 「공법상 의무」라는 것이다. 따라서 납세의무자의 국가에 대한 부가가치세 환급세액 지급청구는 민사소송이 아니라 행정소송법상 당사자소송의 절차에 따라야 한다고 본다(대법원 2013. 3. 21. 2011다95564). 참고로 당사자소송이란 행정청의 처분 등을 원인으로 하는 법률관계에 관한 소송, 그 밖에 공법상의 법률관계에 관한 소송으로서 그 법률관계의 한쪽 당사자를 피고로 하는 소송을 말한다.

② (X) 권리자가 권리를 행사할 수 있음에도 불구하고 일정기간 동안 권리를 행사하지 않는 경우에 그 권리를 소멸시키는 제도를 「소멸시효」라고 한다. 소멸시효는 권리를 행사할 수 있는 때로부터 진행한다(민법 제166조 제1항). 권리를 행사할 수 있는 상황임에도 권리자가 권리를 불행사한 경우에만 권리를 행사하지 않은 권리자를 탓할 수 있기 때문이다. 이때 「권리를 행사할 수 있는 때」란 권리 행사에 「법률상의 장애가 없는 경우」를 말한다. 이와 관련하여 대법원은 변상금부과처분에 대한 취소소송이 진행 중인 상황이라고 하더라도 변상금부과권자는 위법한 처분을 스스로 취소하고 그 하자를 보완하여 다시 적법한 부과처분을 할 수도 있으므로, 「변상금부과처분에 대한 취소소송이 진행 중이라는 사실」이 변상금부과권자의 권리 행사에 법률상의 장애사유가 있는 경우에 해당하는 것은 아니라고 본다. 따라서 변상금부과처분에 대한 취소소송이 진행되는 동안에도 변상금부과권의 소멸시효는 진행된다고 본다(대법원 2006. 2. 10. 2003두5686).

③ (O) 행정이 여러 단계의 행정행위를 거쳐 행해지는 경우에 선행 행정행위의 위법을 이유로 적법한 후행 행정행위의 위법을 주장할 수 있는 것을 「하자의 승계」라고 한다. 하자의 승계 여부에 대한 대법원 판례를 정리하면 다음과 같다.

구분		하자의 승계 여부
선·후의 행정행위가 「결합」, 「하나」의 법적 효과 목적		긍정
선·후의 행정행위가 「독립」, 「별개」의 법적 효과 목적	원칙	부정
	예외	수인한도를 넘고, 예측가능성 없는 경우 → 긍정

즉, 대법원은 선행처분과 후행처분이 서로 「독립」하여 「별개」의 법률효과를 목적으로 하는 때에는 선행처분이 당연무효인 경우를 제외하고는 선행처분의 하자를 이유로 후행처분을 다툴 수 없는 것이 원칙이나(= 하자의 승계 부정), 선행처분의 하자를 이유로 후행처분을 다툴 수 없도록 하는 것이 그로 인하여 불이익을 입게 되는 자에게 수인한도를 넘는 가혹함을 가져오고 그 결과가 당사자에게 예측가능한 것이 아닌 경우에는 예외적으로 하자의 승계를 긍정한다. 그런데 개별토지가격결정에 대한 「재조사청구에 따른 감액조정에 대하여 더 이상 불복하지 아니한 경우」와 같이 원고가 선행처분에 대하여 다툴 수 있는 기회가 주어졌음에도 이를 다투지 않은 경우라면 하자의 승계를 부정하더라도 상대방에게 수인한도를 넘는 가혹한 것이거나 예측불가능하다고 볼 수 없다고 본다. 따라서 이러한 경우에는 하자의 승계를 부정하여 후행처분인 「양도소득세 부과처분」에 대한 취소소송에서 선행처분인 「개별토지가격결정」의 위법을 주장할 수는 없다고 본다(대법원 1998. 3. 13. 96누6059).

④ (O) 건축법상 건축허가는 원칙적으로 기속행위이다. 그러나 대법원은 「재량행위인 '국토의 계획 및 이용에 관한 법률'상 '토지의 형질변경허가'를 포함하는 건축허가」는 「일반적인 건축허가」와 달리 그 법적 성질이 「재량행위」라고 본다(대법원 2005. 7. 14. 2004두6181). 재량행위인 '토지의 형질변경허가'를 포함하는 건축허가의 경우에는 건축허가를 위해 토지의 형질변경허가의 금지요건에 해당하지 않는 것인지에 대한 판단이 필요하고, 이에 대해서는 행정청에 재량권이 인정되므로, 이러한 한도 내에서는 건축허가도 재량행위가 된다는 것이다.

11

답 ①

출제단원 Part 02 행정작용 및 절차법
출제영역 행정행위의 부관

부관이란 행정행위의 효과를 제한 또는 보충하기 위하여 행정기관에 의하여 주된 행정행위에 부가된 종된 규율을 말한다(다수설).

① (X) 부관을 붙일 수 있는 경우라고 하더라도 무제한하게 허용되는 것은 아니며, 일정한 한계 내에서만 부관을 붙일 수 있다. 예를 들어, 부관은 비례의 원칙이나 부당결부금지의 원칙과 같은 행정법의 일반원칙에 위반되어서는 안 된다. 이와 관련하여 대법원은 부관이 주된 행정행위와 실제적 관련성이 없어서 「부당결부금지의 원칙」에 위반됨에도, 이를 회피하기 위해 상대방과 사법상 계약을 체결하는 형식으로 이러한 내용의 부관을 붙였다면, 이는 법치행정의 원리에 반하는 것으로서 위법하다고 본다(대법원 2009. 12. 10. 2007다63966). 참고로 부당결부금지의 원칙이란 행정기관이 행정권을 행사함에 있어서 그것과 실질적인 관련이 없는 반대급부를 결부시켜서는 안 된다는 원칙을 말한다.

② (O) 대법원은 기속행위의 경우 법령에 명시적 근거가 없으면 부관을 붙일 수 없고, 법령상 근거가 없음에도 부관을 붙였다면 이러한 부관은 무효라고 본다(대법원 1993. 7. 27. 92누13998). 따라서 법령에 명시적 근거가 있다면 기속행위의 경우에도 부관을 붙일 수 있다. 반면, 재량행위의 경우에는 법령에 명시적 근거가 없더라도 부관을 붙일 수 있다고 본다(대법원 2007. 7. 12. 2007두6663). 참고로 최근 제정된 행정기본법은 제17조에서 '행정청은 처분에 재량이 있는 경우에는 부관(조건, 기한, 부담, 철회권의 유보 등을 말한다)을 붙일 수 있다(제1항).', '행정청은 처분에 재량이 없는 경우에는 법률에 근거가 있는 경우에 부관을 붙일 수 있다(제2항).'고 하여 대법원의 입장에 따라 기속행위와 재량행위의 부관가능성을 규정하였다.

③ (O) 주된 행정행위와 별개로 위법한 부관만을 행정쟁송의 대상으로 삼을 수 있는지와 관련하여 대법원은 부관 중에서도 행정행위에 부수하여 그 행정행위의 상대방에게 일정한 의무를 부과하는 행정청의 의사표시인 「부담」의 경우에는 부담 그 자체로서 행정쟁송의 대상이 될 수 있다고 본다. 부담은 다른 부관과는 달리 행정행위의 불가분적인 요소가 아니고, 그 존속이 본체인 행정행위의 존재를 전제로 하는 것일 뿐이므로 독립하여 행정쟁송의 대상이 될 수 있다는 것이다. 반면, 「그 외의 부관」은 그 자체로서 직접 법적 효과를 발생하는 독립된 처분이 아니므로 부관 그 자체만을 독립된 쟁송의 대상으로 할 수 없다고 본다(대법원 1992. 1. 21. 91누1264).

④ (O) 행정행위를 한 이후에 새로운 부관을 부가(= 부관의 사후부가)하거나, 또는 이미 행정행위에 부가되어 있던 부관을 사후에 변경(= 부관의 사후변경)하는 것을 사후부관이라고 한다. 사후부관이 허용되는지와 관련하여 대법원은 법률에 명문의 규정이 있거나 그 변경이 미리 유보되어 있는 경우 또는 상대방의 동의가 있는 경우에 한하여 허용되는 것이 원칙이지만, 사정변경으로 인하여 당초에 부담을 부가한 목적을 달성할 수 없게 된 경우에도 그 목적달성에 필요한 범위 내에서 예외적으로 허용된다고 본다(대법원 1997. 5. 30. 97누2627). 참고로 최근 제정된 행정기본법은 제17조 제3항에서 '행정청은 부관을 붙일 수 있는 처분에 있어 법률에 근거가 있는 경우(1호), 당사자의 동의가 있는 경우(2호), 사정이 변경되어 부관을 새로 붙이거나 종전의 부관을 변경하지 아니하면 해당 처분의 목적을 달성할 수 없다고 인정되는 경우(3호)의 어느 하나에 해당하는 경우에는 그 처분을 한 후에도 부관을 새로 붙이거나 종전의 부관을 변경할 수 있다.'고 규정하여 사후부관의 요건에 대한 일반적 규정을 마련하였다.

12

답 ②

출제단원 Part 05 행정심판법
출제영역 집행부정지 원칙, 행정심판의 종류, 사정재결, 행정심판 재청구의 금지

① (O) 행정심판법에서는 '행정심판청구는 처분의 효력이나 그 집행 또는 절차의 속행에 영향을 주지 아니한다.'고 하여 집행부정지의 원칙을 규정하고 있다(제30조 제1항). 참고로 행정심판법에서는 이에 대한 예외로 일정한 요건하에 집행정지를 인정하고 있다(제30조 제2항).

② (X) 행정심판법에서는 행정심판의 종류로 '취소심판, 무효등확인심판, 의무이행심판'을 규정하고 있으나, '당사자심판'에 대해서는 규정하고 있지 않다(제5조).
③ (O) 행정심판위원회는 심판청구가 이유가 있다고 인정하는 경우에도 이를 인용하는 것(= 받아들이는 것)이 공공복리에 크게 위배된다고 인정하면 그 심판청구를 기각하는 재결을 할 수 있는데 이를 「사정재결」이라고 한다(행정심판법 제44조 제1항). 행정심판법에서는 취소심판 및 의무이행심판에서 사정재결을 인정하고 있다. 반면, 무효등확인심판에서는 사정재결이 인정되지 않는다.
④ (O) 행정심판법에서는 '심판청구에 대한 재결이 있으면 그 재결 및 같은 처분 또는 부작위에 대하여 다시 행정심판을 청구할 수 없다.'고 하여 행정심판의 재청구가 금지됨을 규정하고 있다(제51조). 따라서 행정심판 청구인은 재결 자체에 고유한 위법이 있다면 행정소송을 제기하여 다투어야 하며, 재결에 대하여 다시 행정심판을 청구할 수는 없다.

13 ②

| 출제단원 | Part 07 행정상 손실보상 |
| 출제영역 | 손실보상청구권의 성립요건, 손실보상의 원칙, 손실보상의 기준과 내용 |

행정상 손실보상이란 적법한 공권력의 행사에 의해 개인에게 재산상의 특별한 손해가 발생한 경우, 재산권 보장과 공평부담의 차원에서 행정주체가 행하는 조절적인 재산적 보상을 말한다.
① (O) 손실보상의 요건이 충족되기 위해서는 재산권의 침해를 통하여 개인에게 「특별한 희생」이 발생되어야 한다. '특별한 희생'이란 재산권의 '사회적 제약'을 '넘어서는' 손실을 의미한다. 사회적 제약과 특별한 희생을 비교하면 다음과 같다.

사회적 제약	• 헌법 제23조 「제2항」에 의해 재산권자가 수인해야 하며, 보상이 필요 없다. • 헌법 제23조 ② 재산권의 행사는 공공복리에 적합하도록 하여야 한다.
특별한 희생	• 헌법 제23조 「제3항」에 의해 보상이 필요하다. • 헌법 제23조 ③ 공공필요에 의한 재산권의 수용·사용 또는 제한 및 그에 대한 보상은 법률로써 하되, 정당한 보상을 지급하여야 한다.

② (X) 「공익사업을 위한 토지 등의 취득 및 보상에 관한 법률」은 공익사업에 필요한 토지 등을 협의 또는 수용에 의하여 취득하거나 사용함에 따른 손실의 보상에 관한 사항을 규정하고 있는 법이다. 동 법에서는 '손실보상은 다른 법률에 특별한 규정이 있는 경우를 제외하고는 현금으로 지급하여야 한다.'고 하여 현금보상을 원칙으로 하고 있다. 다만, 토지소유자가 원하는 경우로서 토지로 보상이 가능한 경우에는 법에서 정한 기준과 절차에 따라 토지로 보상할 수 있다(제63조 제1항).
③ (O) 손실보상의 헌법적 근거인 헌법 제23조 제3항에서는 공공필요에 의한 재산권의 수용·사용 또는 제한에 대하여 「정당한 보상」을 지급하여야 한다고 규정하고 있다. 이에 대하여 헌법재판소는 '정당한 보상'이란 원칙적으로 피수용재산(= 수용되는 재산)의 객관적인 재산가치를 완전하게 보상하는 것이어야 한다는 완전보상을 의미한다고 본다(= 완전보상설). 그러나 개발이익은 그 성질상 완전보상의 범위에 포함되지 않는다고 본다(헌재 1995. 4. 20. 93헌바20). 따라서 공익사업의 시행으로 지가가 상승하여 발생한 개발이익을 손실보상금액에 포함시키지 않더라도 헌법이 규정한 정당보상의 원리에 어긋나는 것은 아니다.
④ (O) 이주대책이란 공익사업의 시행으로 인하여 주거용 건축물을 제공함에 따라 생활의 근거를 상실하게 되는 자를 다른 지역으로 이주시키는 방법을 말한다. 이와 관련하여 헌법재판소는 이주대책은 헌법 제23조 제3항에 규정된 정당한 보상에 포함되는 것이라기보다는, 국가의 정책적인 배려에 의하여 마련된 제도라고 본다. 따라서 이주대책의 실시 여부는 입법자의 입법정책적 재량에 속한다고 본다(헌재 2006. 2. 23. 2004헌마9).

14 ③

| 출제단원 | Part 02 행정작용 및 절차법 |
| 출제영역 | 기속행위, 부분허가, 특허, 공증 |

① (O) 대법원은 기속행위와 재량행위의 사법심사방식을 구분하고 있다. 즉, 기속행위를 심사함에 있어서는 법원이 주어진 사실관계에 관련 법규를 해석·적용함으로써 독자적인 결론을 도출한 후, 이러한 법원의 판단과 행정청의 판단을 비교하여 행정청의 판단이 법원의 판단과 다를 경우에 행정청의 행위를 위법한 것으로 판단한다. 기속행위는 요건에 해당할 경우 법에서 정하고 있는 대로 행정행위를 해야 하므로 법에서 정하고 있는 대로 행정행위가 이루어지지 않았다면 바로 위법한 행위라고 판단할 수 있기 때문이다. 반면, 재량행위를 심사함에 있어서는 법원이 독자적인 결론을 도출함이 없이 행정청의 행위에 재량권의 일탈·남용이 있는지 여부만을 심사하는 방식으로 위법성을 판단한다. 이는 재량행위는 요건에 해당할 경우 어떠한 행정행위를 할 것인지에 대하여 행정청에 재량이 인정되므로, 법원의 독자적인 판단과 단순히 비교하여 위법 여부를 판단할 수는 없기 때문이다(대법원 2001. 2. 9. 98두17593).
② (O) 원자력법상 부지사전승인제도는 원자로 및 관계시설을 건설하고자 하는 자가 그 계획 중인 건설부지가 원자력법에 의하여 원자로 및 관계시설의 부지로 적법한지 여부 및 굴착공사 등 일정한 범위의 공사를 할 수 있는지 여부에 대하여 건설허가 전에 미리 승인을 받는 제도이다. 이와 같이 단계적 행정절차에서 사인이 원하는 특정부분에 대해서만 우선허가하는 행위를 「부분허가」라고 한다. 부분허가는 중간단계에서 행해지는 결정이지만, 그 단계 자체에 대하여는 완결적인 행정행위의 성격을 갖는다. 이와 관련하여 대법원은 원자로 및 관계시설의 부지사전승인처분은 그 자체로서 건설부지를 확정하고 사전공사를 허용하는 법률효과를 지닌 독립한 행정처분이라고 본다(대법원 1998. 9. 4. 97누19588).
③ (X) 대법원은 귀화허가는 외국인에게 대한민국 국적을 부여함으로써 국민으로서의 법적 지위를 포괄적으로 설정하는 행위라고 본다(= 강학상 특허). 또한 법무부장관은 귀화신청인이 법률이 정하는 귀화요건을 갖추었다고 하더라도 귀화를 허가할 것인지 여부에 관하여 재량권을 가진다고 본다(대법원 2010. 7. 15. 2009두19069). 따라서 법률이 정하는 귀화요건을 갖추었다고 하더라도 법무부장관은 공익상의 이유로 귀화허가를 거부할 수도 있다.

④ (O) 대법원은 지목(= 토지의 주된 사용목적에 따라 토지의 종류를 구분·표시하는 명칭)은 토지행정의 기초로서 공법상의 법률관계에 영향을 미치고, 토지소유자는 지목을 토대로 토지의 사용·수익·처분에 일정한 제한을 받게 되는 점 등을 고려하면, 지목은 토지소유권을 제대로 행사하기 위한 전제요건으로서 토지소유자의 실체적 권리관계에 밀접하게 관련되어 있다고 본다. 따라서 지적공부 소관청의 지목변경신청 반려행위는 국민의 권리관계에 영향을 미치는 것으로서 항고소송의 대상이 되는 행정처분에 해당한다고 본다(대법원 2004. 4. 22. 2003두9015).

15 답 ④

출제단원 Part 04 행정소송법
출제영역 행정소송의 피고적격

피고적격이란 소송의 피고가 될 수 있는 자격을 의미한다.

① (O) 행정소송법에서는 '취소소송은 다른 법률에 특별한 규정이 없는 한 그 처분 등을 행한 행정청을 피고로 한다.'고 규정하고 있다(제13조 제1항). 이때 처분 등을 행한 행정청이란 행정처분 등을 외부적으로 그의 이름으로 행한 행정청을 말한다. 또한 행정소송법에서는 행정청의 의미를 정의하면서, '행정청'에는 법령에 의하여 행정권한의 위임 또는 위탁을 받은 행정기관, 공공단체 및 그 기관 또는 사인이 포함된다고 규정하고 있다(제2조 제2항). 따라서 행정권한을 「위탁받은」 공공단체 또는 사인이 「자신의 이름」으로 처분을 한 경우에는 그 공공단체 또는 사인이 항고소송의 피고가 되는 것이다.

② (O) 행정청의 처분 등을 원인으로 하는 법률관계에 관한 소송, 그 밖에 공법상의 법률관계에 관한 소송으로서 그 법률관계의 한쪽 당사자를 피고로 하는 소송을 「당사자소송」이라고 한다. 처분에 대하여 직접 다투는 항고소송의 경우 「행정청」이 피고가 되는 것과 달리, 「당사자소송」에서는 「국가·공공단체 그 밖의 권리주체」가 피고가 된다(행정소송법 제39조). 즉, 당사자소송은 당해 처분을 한 행정청(= 처분청)이 아니라, 처분의 효과가 귀속되는 행정주체를 피고로 하는 것이다. 예를 들어, 대법원은 납세의무부존재확인의 소는 「공법상의 법률관계」 그 자체를 다투는 소송으로서 「당사자소송」이라고 하면서, 그 법률관계의 한쪽 당사자인 「국가·공공단체 그 밖의 권리주체」가 피고적격을 가진다고 본다(대법원 2000. 9. 8. 99두2765).

③ (O) 내부위임이 있는 경우의 피고적격이 문제된다. 내부위임이란 행정청이 보조기관 또는 하급행정기관에게 내부적으로 일정한 사항의 결정권을 위임하여 수임기관(= 권한을 위임받은 기관)이 위임청(= 권한을 위임한 행정청)의 이름으로 그의 권한을 사실상 대리행사하도록 하는 것을 말한다. 내부위임이 있는 경우에는 수임기관은 위임청의 이름으로 권한을 행사할 수 있을 뿐이며, 자기의 이름으로는 권한을 행사할 수 없다. 대법원은 내부위임의 경우 피고적격에 대해서 다음과 같이 구분하여 판단하고 있다.

| 적법하게 위임기관의 명의로 처분한 경우 | 위임기관이 피고 |
| 위법하게 수임기관이 자신의 명의로 처분한 경우 | 수임기관이 피고 |

이러한 기준에 따라 대법원은 행정처분을 행할 적법한 권한 있는 상급행정청(X)으로부터 내부위임을 받은 데 불과한 하급행정청(Y)이 권한 없이 자신의 명의로 행정처분을 한 경우에는 실제로 그 처분을 행한 하급행정청(Y)을 피고로 하여야 한다고 본다(대법원 1994. 8. 12. 94누2763).

④ (X) ①번 해설에서 살펴본 바와 같이 취소소송은 다른 법률에 특별한 규정이 없는 한 그 처분 등을 행한 행정청을 피고로 한다(행정소송법 제13조 제1항). 이와 관련하여 대법원은 피고적격이 인정되는 '행정청'이란 국가 또는 공공단체의 기관으로서 국가나 공공단체의 의견을 결정하여 외부에 표시할 수 있는 권한, 즉 처분권한을 가진 기관을 말하고, 대외적으로 의사를 표시할 수 있는 기관이 아닌 내부기관은 실질적인 의사가 그 기관에 의하여 결정되더라도 피고적격을 갖지 못한다고 본다(대법원 2014. 5. 16. 2014두274).

16 답 ④

출제단원 종합
출제영역 법규명령형식의 행정규칙, 행정행위의 철회, 행정행위의 하자, 취소판결의 효력(형성력)

① (O) 영업허가의 취소 또는 정지, 과징금 부과 등과 같은 제재적 처분을 어떤 기준에 의해 부과할 것인지 정해 놓은 것을 「제재적 처분기준」이라고 한다. 대법원은 부령(= 시행규칙)형식으로 제재적 처분기준을 정한 경우 국민이나 법원을 기속하지 않는 「행정규칙」의 성질을 갖는다고 본다. 반면, 대통령령(= 시행령)형식으로 제재적 처분기준을 정한 경우 국민이나 법원을 기속하는 「법규명령」의 성질을 갖는다고 본다. 따라서 이러한 기준에 의하면, 부령인 「식품위생법 시행규칙」에 위반행위의 종류 및 위반횟수에 따른 행정처분의 기준을 구체적으로 정하고 있는 경우에 이 행정처분기준은 「행정규칙」의 성질을 갖는 것이므로 행정기관 내부의 사무처리준칙을 규정한 것에 불과하여 법적 구속력이 인정되지 않는다.

② (O) 행정청이 한 영업허가취소처분은 영업허가 성립 당시의 하자를 이유로 한 것이 아니라, 영업허가 이후 발생한 새로운 사유(청소년을 대상으로 한 주류판매)를 이유로 한 것이므로 강학상 '철회'에 해당한다. 영업허가와 같은 수익적 행정행위를 철회하는 것은 침익적인 결과를 가져오므로 처분의 상대방에게 불리하므로 신뢰보호원칙이나 비례원칙과 같은 제한이 따른다. 따라서 甲이 청소년에게 주류를 제공한 것이 인정되더라도 영업허가취소처분(= 수익적 행정행위의 철회)으로 인하여 甲이 입게 되는 불이익이 공익상 필요보다 막대한 경우에는 철회가 제한된다고 할 것이므로, 관할 행정청인 乙이 행한 영업허가취소처분은 위법하다고 인정될 수 있다.

③ (O) 하자의 치유란 성립 당시에 흠이 있는 행정행위가 사후에 이를 보완하거나 그 흠이 취소사유가 되지 않을 정도로 경미해진 경우에 성립 당시의 흠에도 불구하고 하자 없는 적법한 행위로 그 효력을 유지시키는 것을 말한다. 이와 관련하여 대법원은 행정청이 청문절차를 이행함에 있어 청문서 도달기간을 지키지 않았다면 청문의 절차적 요건을 준수하지 않은 것이므로 이를 바탕으로 한 행정처분은 일단 위법하다고 본다. 다만, 청문제도의 취지는 처분의 상대방에게 미리 변명과 유리한 자료를 제출할 기회를 부여함으로써 부당한 권리침해를 예방하려는 데에 있는 것이므로, 처분의 상대방이 이의하지 않고 청문일에 스스로 출석하여 방어의 기회를 충분히 가졌다면 청문서 도달기간을 다소 어겼다 하여도 이러한 하자는 치유된다고 본다(대법원 1992. 10. 23. 92누2844).

④ (X) 처분 또는 재결을 취소하는 판결이 확정된 때에는 당해 처분 또는 재결은 처분청 또는 행정심판기관의 취소를 기다릴 것 없이 당연히 효력을 상실하게 되는데, 이러한 효력을 취소판결의 「형성력」이라고 한다. 대법원은 처분을 취소하는 확정판결이 있으면 「형성력」에 의해 처분청의 해당 처분의 취소나 취소통지와 같은 별도의 절차를 거치지 않고 당연히 취소의 효과가 발생한다고 본다(대법원 1991. 10. 11. 90누5443). 따라서 甲이 제기한 「영업허가취소처분」에 대한 취소소송에서 인용판결이 확정되면 취소판결의 형성력에 의해 「영업허가취소처분」은 바로 효력이 소멸하게 되는 것이며, 별도로 행정청 乙이 판결의 취지에 따라 「영업허가취소처분」을 직권으로 취소해야만 「영업허가취소처분」의 효력이 소멸되는 것이 아니다.

+참고

2022. 7. 12. 시행된 개정 행정절차법에서는 '전자공청회'를 '온라인공청회'로 표현을 변경하고, 일정한 경우에 온라인공청회를 단독으로 개최할 수 있도록 하는 규정을 신설하였다. 이에 개정법의 취지에 맞게 선택지의 표현을 수정하였다.

④ (O) 행정절차법에서는 처리기간의 설정 및 공표에 관하여 규정하고 있다(제19조). 이에 의하면, 행정청은 신청인의 편의를 위하여 처분의 처리기간을 종류별로 미리 정하여 공표하여야 한다(제19조 제1항). 만약 행정청이 정당한 처리기간 내에 처리하지 아니하였을 때에는 신청인은 해당 행정청 또는 그 감독행정청에 신속한 처리를 요청할 수 있다(제19조 제4항).

17 답 ②

| 출제단원 | Part 02 행정작용 및 절차법 |
| 출제영역 | 처분의 사전통지, 의견제출절차, 공청회, 신청 |

① (O) 행정절차법에 의하면 행정청이 당사자에게 「의무를 과하거나 권익을 제한하는 처분」을 함에 있어서는 당사자 등에게 처분의 사전통지를 하고, 의견제출의 기회를 주어야 한다(제21조 제1항, 제22조 제3항). 대법원은 식품위생법에 의하면, 「영업자의 지위를 승계한 자」가 관계 행정청에 이를 신고하여 행정청이 이를 수리하게 되면 「종전의 영업자」에 대한 영업허가가 효력을 잃게 된다고 본다. 따라서 행정청이 영업자지위승계신고를 수리하는 처분은 「종전의 영업자(A)」의 권익을 제한하는 처분이라는 것이다. 그러므로 행정청은 「영업자의 지위를 승계한 자(B)」가 한 신고(= 영업자지위승계신고)를 수리하는 처분을 함에 있어서 「종전의 영업자(A)」에 대하여 처분의 사전통지를 하고 의견제출의 기회를 부여하고 처분하여야 한다고 본다(대법원 2003. 2. 14. 2001두7015).

② (X) 행정절차법에 의하면 행정청이 당사자에게 의무를 부과하거나 권익을 제한하는 처분을 할 때에 청문을 실시하거나 공청회를 개최하는 경우 외에는 당사자 등에게 의견제출의 기회를 주어야 한다(제22조 제3항). 이와 관련하여 대법원은 퇴직연금의 환수결정이 당사자에게 의무를 과하는 처분이기는 하지만, 관련법령에 따라 당연히 환수금액이 결정되는 것이므로 당사자에게 의견진술의 기회를 주지 않더라도 행정절차법 제22조 제3항이나 신의칙에 어긋나지 않는다고 본다(대법원 2000. 11. 28. 99두5443). 즉, 행정청의 의사에 따라 환수금액을 자유롭게 결정하는 것이 아니므로 행정절차법상 상대방에게 의견제출의 기회를 줄 필요는 없다는 것이다.

③ (O) 공청회란 행정청이 공개적인 토론을 통하여 어떠한 행정작용에 대하여 당사자 등, 전문지식과 경험을 가진 사람, 그 밖의 일반인으로부터 의견을 널리 수렴하는 절차를 말한다. 행정절차법에서는 '행정청은 공청회와 병행하여서만 정보통신망을 이용한 공청회(온라인공청회)를 실시할 수 있다.'고 규정하면서, 예외적으로 온라인공청회를 단독으로 개최할 수 있는 경우를 규정하고 있다(제38조의2).

18 답 ③

| 출제단원 | 종합 |
| 출제영역 | 공공기관의 정보공개에 관한 법률, 처분사유의 추가·변경, 항고소송 원고적격 |

① (X) 대법원은 정보공개를 청구하는 자가 공공기관에 대해 정보의 사본 또는 출력물의 교부의 방법으로 공개방법을 선택하여 정보공개청구를 한 경우에 공개청구를 받은 공공기관으로서는 같은 법에서 규정하고 있는 정보의 사본 또는 복제물의 교부를 제한할 수 있는 사유에 해당하지 않는 한, 정보공개청구자가 선택한 공개방법에 따라 정보를 공개하여야 한다고 본다. 즉, 정보공개청구를 받은 공공기관은 정보공개청구권자가 선택한 공개방법에 따라 정보를 공개하여야 하며, 공개방법을 선택할 재량권은 없다는 것이다(대법원 2003. 12. 12. 2003두8050). 따라서 행정청 A는 甲이 청구한 사본 교부의 방법이 아닌 열람의 방법으로 정보를 공개할 수 있는 재량을 가진다고 볼 수 없다.

② (X) 대법원은 공공기관의 정보공개에 관한 법률상 「제3자의 비공개 요청」 관련 규정들은 정보공개 여부를 결정함에 있어 제3자와의 관계에서 거쳐야 할 절차를 규정한 것에 불과할 뿐이라고 본다. 즉, 제3자의 비공개 요청이 있다는 이유만으로 해당 정보를 비공개해야 하는 것은 아니며, 공공기관은 절차를 거친 후 해당 정보에 대한 공개결정을 할 수 있다는 것이다(대법원 2008. 9. 25. 2008두8680). 따라서 행정청 A가 정보의 주체인 乙로부터 의견을 들은 결과, 乙이 정보의 비공개를 요청하였다고 하더라도 행정청 A는 정보를 공개할 수 있다. 이 경우 정보주체인 乙은 행정청 A에 문서로 이의신청을 하거나 행정심판 또는 행정소송을 제기하여 다툴 수 있다.

③ (O) 「처분 당시에 존재」하였지만 행정청이 처분의 근거로 「제시하지 않았던」 사유를 이후 「행정쟁송단계」에서 추가하거나 변경하는 것을 「처분사유의 추가·변경」이라고 한다. 처분의 상대방은 행정소송 과정에서 당초 처분시 행정청이 제시했던 처분사유를 기초로 하여 공격·방어를 하게 될 것이다. 그런데 아무런 제한 없이 행정청이 처분사유를 추가·변경하는 것을 허용한다면, 처분의 상대방은 전혀 예상하지 못한 처분사유에 대해서 공격·방어를 해야 하는 상황이 생길 수 있다. 즉, 처분의 상대방에게 예기치 못한 불이익을 줄 수 있는 것이다. 따라서 대법원은 당초의 처분사유와 「기본적 사실관계가 동일하다고 인정되는 한도 내」에서만 다른 처분사유를 새로 추가하거나 변경할 수 있다고 본다(대법원 2008. 2. 28. 2007두13791, 13807). 예를 들어, 대

법원은 「공공기관의 정보공개에 관한 법률」에서 비공개대상정보로 규정하고 있는 제9조의 「5호(의사결정과정 또는 내부검토과정에 있는 사항)」와 「6호(성명·주민등록번호 등 개인관련정보)」의 사유는 기본적 사실관계가 동일하다고 할 수 없다고 본다(대법원 2003. 12. 11. 2001두8827). 따라서 행정청 A가 내부적인 의사결정과정임을 이유(5호)로 정보공개를 거부하였다가 정보공개거부처분 취소소송의 계속 중 개인의 사생활침해 우려(6호)를 공개거부사유로 추가하는 것은 기본적 사실관계가 동일하지 않은 사유를 추가하는 것이므로 허용되지 않는다.

④ (X) 취소소송은 처분 등의 취소를 구할 법률상의 이익이 있는 자가 제기할 수 있다. 대법원은 정보공개청구권은 법률상 보호되는 구체적인 권리이므로 청구인이 공공기관에 대하여 정보공개를 청구하였다가 거부처분을 받은 것 자체가 법률상 이익의 침해에 해당한다고 본다(대법원 2004. 9. 23. 2003두1370). 따라서 甲이 공개청구한 정보가 甲과 아무런 이해관계가 없는 경우라고 하더라도, 정보공개를 청구하였다가 거부처분을 받은 甲에게는 이를 항고소송으로 다툴 수 있는 법률상 이익이 인정된다.

19 답 ①

출제단원 Part 04 행정소송법
출제영역 항고소송의 대상

항고소송의 대상이 되는 처분이란 「행정청이 행하는 구체적 사실에 관한 법집행으로서의 공권력의 행사 또는 그 거부와 그 밖에 이에 준하는 행정작용」을 말한다(행정소송법 제2조 제1항 1호).

ㄱ. (O) 대법원은 「공익사업을 위한 토지 등의 취득 및 보상에 관한 법률」상의 공익사업시행자가 하는 이주대책대상자 확인·결정은 구체적인 이주대책상의 수분양권을 부여하는 요건이 되는 행정작용으로서의 처분이라고 본다(대법원 2014. 2. 27. 2013두10885). 즉, 이주자에게 사업시행자가 수립한 이주대책상의 택지분양권이나 아파트입주권 등을 받을 수 있는 구체적인 권리(= 수분양권)가 관련법률에 의해 직접 발생하는 것이 아니라, 이주자가 사업시행자에게 이주대책대상자 선정신청을 하고, 사업시행자가 이를 받아들여 이주대책대상자로 확인·결정하여야만 비로소 구체적인 수분양권이 발생하게 되는 것이므로 사업시행자가 하는 확인·결정은 행정작용으로서의 공법상의 처분이라는 것이다.

ㄴ. (X) 대법원은 공무원연금관리공단이 법령의 개정사실과 퇴직연금수급자가 퇴직연금 중 일부금액의 지급정지대상자가 되었다는 사실을 통보한 것은 단지 법령에서 정한 사유의 발생으로 퇴직연금 중 일부금액의 지급이 정지된다는 점을 알려 주는 것에 불과하다고 본다. 즉, 공무원연금관리공단의 통지로 인하여 비로소 퇴직연금의 지급이 정지되는 것이 아니라, 개정된 법령이 시행된 때로부터 개정된 법령에 의하여 당연히 퇴직연금의 지급이 정지되는 것이므로, 공무원연금관리공단의 통보행위를 항고소송의 대상이 되는 행정처분으로 볼 수는 없다는 것이다(대법원 2004. 7. 8. 2004두244).

ㄷ. (O) 대법원은 국가인권위원회의 성희롱결정과 시정조치의 권고는 성희롱행위자로 결정된 자의 인격권에 영향을 미치며 동시에 공공기관의 장 또는 사용자에게 일정한 법률상의 의무를 부담시키는 것이므로 국가인권위원회의 성희롱결정 및 시정조치권고는 행정소송의 대상이 되는 행정처분에 해당한다고 본다(대법원 2005. 7. 8. 2005두487).

ㄹ. (X) 대법원은 시험승진후보자명부에 등재되어 있던 자가 그 명부에서 삭제됨으로써 승진임용의 대상에서 제외되었다 하더라도, 그와 같은 시험승진후보자명부에서의 삭제행위는 결국 그 명부에 등재된 자에 대한 승진 여부를 결정하기 위한 행정청 내부의 준비과정에 불과하고, 그 자체가 어떠한 권리나 의무를 설정하거나 법률상 이익에 직접적인 변동을 초래하는 별도의 행정처분이 된다고 할 수 없다고 본다(대법원 1997. 11. 14. 97누7325).

ㅁ. (X) 대법원은 과태료의 부과 여부 및 그 당부는 최종적으로 「질서위반행위규제법」에 의한 절차에 의하여 판단되어야 한다고 할 것이므로, 과태료부과처분은 행정청을 피고로 하는 행정소송의 대상이 되는 행정처분이라고 볼 수 없다고 본다(대법원 2012. 10. 11. 2011두19369). 참고로 질서위반행위규제법에 의하면, 행정청의 과태료 부과에 불복하는 당사자는 과태료 부과통지를 받은 날부터 60일 이내에 해당 행정청에 서면으로 이의제기를 할 수 있고, 이의제기가 있는 경우에는 그 과태료부과처분은 효력을 상실하게 된다. 이때 이의제기를 받은 행정청은 이의제기를 받은 날부터 14일 이내에 관할법원에 통보하여야 하고, 그 통보를 받은 관할법원은 과태료 재판을 하게 된다.

20 답 ②

출제단원 Part 02 행정작용 및 절차법
출제영역 행정계획

① (O) 대법원은 신청에 대한 거부행위가 항고소송의 대상이 되는 처분이 되기 위해서는 신청에 따른 행정행위를 해 줄 것을 요구할 수 있는 「법규상 또는 조리상 신청권」이 있어야 한다고 본다. 이와 관련하여 대법원은 원칙적으로 「계획변경청구권」을 인정하지 않지만, 도시계획구역 내 토지 등을 소유하고 있는 사람과 같이 당해 도시계획시설결정에 이해관계가 있는 주민의 경우에는 도시시설계획의 입안(= 도시시설계획안을 만드는 것) 내지 변경을 요구할 수 있는 법규상 또는 조리상의 신청권이 있다고 본다. 따라서 이러한 신청에 대한 거부행위는 항고소송의 대상이 되는 행정처분에 해당한다는 것이다(대법원 2015. 3. 26. 2014두42742). 참고로 계획변경청구권이란 계획이 확정된 후 사정변경 등을 이유로 하여 기존계획의 변경을 청구할 수 있는 권리를 말한다. 계획법규는 원칙상 공익의 보호를 목적으로 하는 것이어서 사익의 보호를 목적으로 하는 계획변경청구권은 원칙적으로 인정될 수 없다. 다만, 대법원은 앞서 언급한 판례와 같이 예외적으로 법규상 또는 조리상 계획변경청구권이 인정되는 경우가 있다고 본다.

② (X) 「행정절차법」은 행정계획을 수립·시행하거나 변경하려는 경우에 행정예고의 대상이 됨을 규정하고 있다(제46조). 또한 2022. 7. 12. 시행된 개정 「행정절차법」에서는 행정청이 국민의 권리·의무에 직접 영향을 미치는 계획을 수립하거나 변경·폐지할 때에는 이익형량(형량명령)이 필요하다는 규정이 신설되었다(제40조의4). 그러나 「행정절차법」에서 행정기관과의 협의와 주민·이해관계인의 참여와 같은 행정계획의 절차상 통제방법에 관해서는 규정하고 있지 않다. 이에 대해서는 「국토의 계획 및 이용에 관한 법률」 등 개별법에서 규정하고 있다.

③ (O) 행정계획을 수립·변경함에 있어서 행정청에게 인정되는 광범위한 형성의 자유를 「계획재량」이라고 한다. 이러한 계획재량에 대한 통제를 위해 형성된 이론을 「형량명령」이라고 하는데, 계획수립주체

가 계획재량권을 행사함에 있어서 공익 상호 간, 사익 상호 간, 공익과 사익 상호 간에 정당한 형량을 하여야 한다는 원칙을 의미한다. 만약 행정계획의 결정이 형량명령의 내용에 반하는 경우에는 형량에 하자가 있다고 보는데, 그 유형은 다음과 같다.

조사의 결함	관련 이익에 대한 조사의무를 이행하지 않은 하자
형량의 해태	형량이 전혀 없는 경우
형량의 흠결 (누락)	형량을 했으나 형량에서 반드시 고려되어야 할 특정이익이 고려되지 않은 경우
오형량	형량을 했으나 객관성·비례성이 결여된 상태에서 이익형량을 한 경우

대법원도 행정주체가 행정계획을 입안·결정함에 있어서 이익형량을 전혀 행하지 아니하거나(= 형량의 해태) 이익형량의 고려대상에 마땅히 포함시켜야 할 사항을 누락한 경우(= 형량의 흠결) 또는 이익형량을 하였으나 정당성과 객관성이 결여된 경우(= 오형량)에는 위법하다고 하여 형량하자의 법리를 인정하고 있다(대법원 2006. 9. 8. 2003두5426).

④ (O) 행정계획이 헌법소원의 대상이 되기 위해서는 공권력주체에 의한 행위로서 국민의 권리·의무에 직접적인 영향을 미치는 행위인 「공권력 행사」에 해당해야 한다. 이와 관련하여 국민의 권리·의무에 법적 효과를 미치지 않는 「비구속적 행정계획이나 행정지침」이 헌법소원의 대상인지를 살펴보면 다음과 같다.

원칙	공권력의 행사 X → 헌법소원 대상 X
예외	국민의 기본권에 직접적 영향 + 그대로 실시될 것이 틀림없을 것으로 예상 → 헌법소원의 대상인 공권력의 행사 O

즉, 헌법재판소는 비구속적 행정계획안이나 행정지침은 원칙적으로 헌법소원의 대상이 되는 공권력 행사라고 볼 수 없지만, 국민의 기본권에 직접적 영향을 끼치고, 법령의 뒷받침에 의해 그대로 실시될 것이 틀림없을 것으로 예상될 경우에 한하여 예외적으로 공권력 행사에 해당하여 헌법소원의 대상이 될 수 있다고 본다(헌재 2000. 6. 1. 99헌마538).

2017년 국가직 9급
행정법총론
문제편 p.49

01 ① 02 ② 03 ① 04 ② 05 ① 06 ④ 07 ④ 08 ① 09 ③ 10 ①
11 ③ 12 ① 13 ① 14 ③ 15 ① 16 ④ 17 ② 18 ④ 19 ③ 20 ②

01 ①

출제단원 Part 01 행정법 서설
출제영역 개인적 공권

개인적 공권이란 개인이 자기의 이익을 추구하기 위해 국가 등 행정주체에 대하여 일정한 행위를 요구할 수 있는 법적인 힘을 말한다. 법률에 의한 개인적 공권이 성립하기 위해서는 법률의 「강행법규성(= 행정권에 대한 의무의 부과)」과 「사익보호성(= 사익보호 목적의 존재)」이 인정되어야 한다(= 공권의 2요소론).

① (X) 대법원은 환경영향평가에 관한 「자연공원법령 및 환경영향평가법령」의 규정들의 취지는 개발사업이 환경을 해치지 않는 방법으로 시행되도록 함으로써 환경공익을 보호하려는 데에 그치는 것이 아니라, 그 사업으로 인하여 직접적이고 중대한 환경피해를 입으리라고 예상되는 환경영향평가 대상지역 「안」의 주민들이 개발 전과 비교하여 수인한도를 넘는 환경침해를 받지 않고 쾌적한 환경에서 생활할 수 있는 개별적 이익까지도 이를 보호하려는 데에 있다고 본다. 따라서 환경영향평가 대상지역 「안」의 주민들이 당해 변경승인 및 허가처분과 관련하여 갖고 있는 환경상의 이익은 단순히 환경공익 보호의 결과로 국민일반이 공통적으로 가지게 되는 추상적·평균적·일반적인 이익에 그치지 아니하고, 주민 개개인에 대하여 「개별적으로 보호되는 직접적·구체적인 이익」이라고 본다(대법원 1998. 4. 24. 97누3286).

② (O) 행정소송법 제12조에서 '취소소송은 처분 등의 취소를 구할 법률상 이익이 있는 자가 제기할 수 있다.'고 하여 원고적격을 규정하고 있다. 이와 관련하여 대법원은 불이익처분의 상대방은 직접 개인적 이익의 침해를 받은 자로서 원고적격이 인정되지만, 수익처분의 상대방은 그의 권리나 법률상 보호되는 이익이 침해되었다고 볼 수 없으므로 달리 특별한 사정이 없는 한 취소를 구할 이익이 없다고 본다(대법원 1995. 8. 22. 94누8129). 불이익처분(예 과세처분)의 상대방은 불이익처분으로 법률상 이익이 침해되었으므로 불이익처분의 취소를 구할 법률상 이익이 있지만, 수익처분(예 사업시행허가처분)의 상대방은 수익처분으로 이익을 얻었을 뿐, 법률상 이익이 침해된 것은 아니므로 특별한 사정이 없는 한 수익처분의 취소를 구할 법률상 이익이 없는 것이다.

③ (O) 대법원은 상수원보호구역 설정의 근거가 되는 수도법 및 동법 시행령의 규정이 보호하고자 하는 것은 상수원의 확보와 수질보전일 뿐이며, 상수원에서 급수를 받고 있는 지역주민들의 이익(= 상수원의 오염을 막아 양질의 급수를 받을 이익)까지 직접적·구체적으로 보호하는 것은 아니라고 본다. 따라서 지역주민들이 가지는 양질의 급수를 받을 이익은 상수원의 확보와 수질보호라는 공공의 이익이 달성됨에 따라 「반사적으로 얻게 되는 이익」에 불과하므로 지역주민

들에게 상수원보호구역변경처분의 취소를 구할 법률상의 이익이 없다고 본다(대법원 1995. 9. 26. 94누14544).

> **참고**
> 원본 문제의 ③번 선택지는 「상수원보호구역 설정의 근거가 되는 규정은 상수원의 확보와 수질보전일 뿐이고」라고 표기되어 있었다. 이는 비문이라 문장을 올바르게 수정하였다.

④ (O) 앞서 살핀 바와 같이 법률에 의해 개인적 공권이 성립하기 위해서는 해당 법률이 행정주체에게 일정한 요건 충족시 일정한 행위를 하도록 의무를 부과하고 있어야 한다(= 강행법규성). 이러한 의무에 대응하여 개인은 일정한 권리를 가지게 되는 것이다. 이와 관련하여 과거에는 행정주체에게 인정되는 의무가 기속행위인 경우에만 상대방에게 개인적 공권이 인정된다고 보았다. 그러나 오늘날에는 행정주체에게 인정되는 의무가 재량행위인 경우에도 상대방에게 개인적 공권이 인정된다고 본다. 즉, 재량행위의 영역에서는 행정주체에 대하여 재량권을 흠 없이 행사하여 줄 것을 청구할 수 있는 권리인 「무하자재량행사청구권」이 개인적 공권으로 인정될 수 있다는 것이다.

02

답 ②

출제단원 Part 02 행정작용 및 절차법
출제영역 행정지도

행정지도란 행정기관이 그 소관사무의 범위에서 일정한 행정목적을 실현하기 위하여 특정인에게 일정한 행위를 하거나 하지 아니하도록 지도, 권고, 조언 등을 하는 행정작용을 말한다(행정절차법 제2조 3호).

① (O) 행정지도는 상대방의 임의적인 협력에 의한 것이다. 따라서 위법한 행정지도에 따른 행위라고 하더라도 상대방이 스스로 행위한 것이므로 법령에서 명시적으로 위법성이 조각된다고 규정하는 경우가 아닌 한 위법성이 소멸(= 조각)되는 것은 아니다. 이와 관련하여 대법원도 사인의 위법행위가 「위법한」 행정지도에 따른 것이라고 하여도 정당화될 수는 없다고 본다. 즉, 위법한 행정지도에 따른 사인의 행위도 위법성이 인정된다는 것이다(대법원 1994. 6. 14. 93도3247).

② (X) 행정절차법에서 '행정지도의 상대방은 해당 행정지도의 방식·내용 등에 관하여 행정기관에 의견제출을 할 수 있다.'고 규정하고 있다(제50조).

③ (O) 행정절차법에서는 행정지도의 방식에 대하여 규정하고 있다. 이에 의하면 행정지도가 말로 이루어지는 경우에 상대방이 행정지도의 취지 및 내용, 행정지도를 하는 자의 신분에 관한 사항을 적은 서면의 교부를 요구하면 행정지도를 하는 자는 직무수행에 특별한 지장이 없으면 이를 교부하여야 한다(제49조 제2항).

④ (O) 국가배상법 제2조 제1항에서 공무원의 위법한 직무행위로 인한 국가나 지방자치단체의 배상책임을 명시하고 있다. 이와 관련하여 대법원은 국가배상법이 정한 배상청구의 요건인 「공무원의 직무」에는 권력적 작용만이 아니라 행정지도와 같은 비권력적 작용도 포함되며, 행정주체가 사경제주체로서 하는 활동만 제외된다고 본다(대법원 1998. 7. 10. 96다38971).

03

답 ①

출제단원 Part 02 행정작용 및 절차법
출제영역 행정행위의 직권취소 및 철회

행정행위의 「직권취소」란 일단 유효하게 성립한 행정행위를 처분청이 「성립 당시의 하자」를 이유로 직권으로 그 효력을 소멸시키는 것을 말한다. 반면, 행정행위의 「철회」란 아무런 하자 없이 적법하게 성립된 행정행위의 효력을 「성립 이후에 발생된 새로운 사정」에 의하여 더 이상 존속시킬 수 없는 경우에 장래에 향하여 그 효력을 소멸시키는 것을 말한다. 이를 비교하면 다음과 같다.

구분	직권취소	철회
대상	위법·부당한 행위	적법한 행위
사유	행정행위 성립 당시 발생한 하자	행정행위 성립 이후 발생한 사정

① (X) 대법원은 행정처분을 한 처분청은 그 처분에 하자가 있는 경우에 원칙적으로 별도의 법적 근거가 없더라도 스스로 이를 직권으로 취소할 수 있다고 본다. 그러나 이와 같이 처분청이 직권취소를 할 수 있다는 사정만으로 이해관계인에게 처분청에 대하여 처분의 취소를 요구할 신청권이 부여된 것으로 볼 수는 없다고 본다(대법원 2006. 6. 30. 2004두701). 따라서 선택지의 앞부분은 옳은 설명이나, 뒷부분은 옳지 않은 설명이다.

② (O) 법원에서 취소소송이 진행 중일 경우 처분청의 직권취소가 가능한지와 관련하여 대법원은 변상금부과처분에 대한 취소소송이 진행 중이라도 그 부과권자로서는 위법한 처분을 스스로 취소하고 그 하자를 보완하여 다시 적법한 부과처분을 할 수도 있다고 본다(대법원 2006. 2. 10. 2003두5686). 즉, 취소소송이 진행 중이라고 하더라도 행정청의 직권취소가 제한되는 것은 아니라는 것이다.

③ (O) 대법원은 행정행위를 한 처분청은 비록 처분 당시에 별다른 하자가 없었고, 또 별도의 법적 근거가 없다 하더라도 원래의 처분을 존속시킬 필요가 없게 된 사정변경이 생겼거나 중대한 공익상의 필요가 발생한 경우에는 철회할 수 있다고 본다. 다만, 수익적 행정처분을 철회하는 경우에는 이미 부여된 국민의 기득권을 침해하는 것이 되므로, 비록 철회의 사유가 있다고 하더라도 철회권의 행사는 기득권의 침해를 정당화할 만한 중대한 공익상의 필요 또는 제3자의 이익보호의 필요가 있는 때에 한하여 상대방이 받는 불이익과 비교·교량하여 결정하여야 하며, 처분으로 인하여 공익상의 필요보다 상대방이 받게 되는 불이익 등이 막대한 경우에는 재량권의 한계를 일탈한 것으로서 그 자체가 위법하다고 본다(대법원 2004. 11. 26. 2003두10251, 10268). 즉, 수익적 행정행위의 철회는 상대방에게 침익적인 결과를 가져오므로 일정한 제한을 받는다는 것이다.

④ (O) 「행정행위(ⓐ)」를 「직권취소(ⓑ)」한 이후에 처분청의 「직권취소행위(ⓑ)」 자체에 하자가 있어 「직권취소행위(ⓑ)」를 다시 「직권취소(ⓒ)」함으로써 원래의 「행정행위(ⓐ)」를 회복시킬 수 있는지가 문제된다. 이와 관련하여 대법원은 애초에 직권취소의 대상인 행정행위의 성질에 따라 다음과 같이 판단하고 있다.

침익적 행정행위의 직권취소 (= 상대방에게 유리)의 직권취소 (= 상대방에게 불리)	직권취소의 직권취소 「불가능」

수익적 행정행위의 직권취소 (= 상대방에게 불리)의 직권취소 (= 상대방에게 유리)	원칙	직권취소의 직권취소 「가능」
	예외	수익적 행정행위의 직권취소 후 새로운 이해관계인이 생긴 경우 → 직권취소의 직권취소 「불가능」

예를 들어, 대법원은 수익적 행정행위인 이사취임승인의 직권취소(= 상대방에게 불리)를 다시 직권취소(= 상대방에게 유리)할 수 있다고 본다. 즉, 이사취임승인을 직권취소하면 이사취임승인의 효력이 없어지므로 이사는 그 지위를 상실하게 되지만, 직권취소를 다시 직권취소하면 원래의 행정행위인 이사취임승인의 효력이 되살아나 이사가 소급하여 이사로서의 지위를 회복하게 된다는 것이다(대법원 1997. 1. 21. 96누3401).

04   답 ②

출제단원 Part 02 행정작용 및 절차법
출제영역 행정절차법

① (X) 행정청은 처분을 할 때에는 당사자에게 그 근거와 이유를 제시하여야 한다(= 처분의 이유제시의무). 다만, ㉠ 신청내용을 모두 그대로 인정하는 처분인 경우, ㉡ 단순·반복적인 처분 또는 경미한 처분으로서 당사자가 그 이유를 명백히 알 수 있는 경우, ㉢ 긴급히 처분을 할 필요가 있는 경우에는 처분의 이유제시의무가 면제된다. 다만, ㉡, ㉢의 경우에는 처분 후 당사자가 요청하는 경우에는 그 근거와 이유를 제시하여야 한다(행정절차법 제23조).

② (O) 청문이란 행정청이 어떠한 처분을 하기 전에 당사자 등의 의견을 직접 듣고 증거를 조사하는 절차를 말한다. 행정절차법에서는 '행정청이 처분을 할 때 다음의 어느 하나에 해당하는 경우에는 청문을 한다.'고 규정하고 있다(제22조 제1항).

- 다른 법령 등에서 청문을 하도록 규정하고 있는 경우(제1호)
- 행정청이 필요하다고 인정하는 경우(제2호)
- 인·허가 등의 취소, 신분·자격의 박탈, 법인이나 조합 등의 설립 허가의 취소를 하는 경우(제3호)

＋참고

원본 문제의 ②번 선택지는 「행정청이 신분·자격의 박탈처분을 할 때 미리 당사자 등에게 통지한 의견제출기한 내에 당사자 등의 청문신청이 있는 경우에는 청문을 한다.」라고 표기되어 있다. 개정 전 행정절차법에서는 제22조 제1항 제3호의 경우 당사자 등의 신청이 있는 경우에 청문을 하도록 규정하고 있었으나, 2022. 7. 12. 시행된 개정 행정절차법에서는 제3호의 경우 신청이 없더라도 청문을 하도록 규정하였다. 이에 개정법 내용에 따라 선택지를 수정하였다.

③ (X) 신고의 요건을 갖춘 신고만 하면 신고의무를 이행한 것이 되어 법적 효과가 발생하는 신고를 '자기완결적 신고(= 수리를 요하지 않는 신고)'라고 한다. 행정절차법 제40조에서는 「행정청에 일정한 사항을 통지함으로써 의무가 끝나는 신고(= 자기완결적 신고)」에 대하여 규정하고 있다. 이에 의하면 자기완결적 신고는 「신고서의 기재사항에 흠이 없을 것, 필요한 구비서류가 첨부되어 있을 것, 그 밖에 법령 등에 규정된 형식상의 요건에 적합할 것」이라는 요건을 갖춘 경우에는 신고서가 접수기관에 「도달한 때」에 신고의무가 이행된 것으로 본다(제40조 제2항).

④ (X) 행정절차법에서는 '행정청은 「직권」으로 또는 「당사자의 신청」에 따라 여러 개의 사안을 병합하거나 분리하여 청문을 할 수 있다.'고 하여 청문의 병합·분리에 대하여 규정하고 있다(제32조). 즉, 청문의 병합이나 분리는 행정청이 직권으로 하거나 또는 당사자의 신청에 따라 할 수 있는 것이며, 이해관계인이 신청할 수는 없다.

05   답 ①

출제단원 Part 01 행정법 서설
출제영역 법률유보의 원칙

법률유보의 원칙이란 일정한 행정작용은 법에 근거해야 한다는 원칙을 말한다.

① (X) 다수설은 행정지도에 따를 것인지의 여부가 상대방인 국민의 임의적 결정에 달려 있으므로 행정지도에 법률의 근거가 없어도 된다고 본다. 이에 의하면 행정지도에 관해서 개별법에 근거규정이 없는 경우라도 행정지도를 할 수 있다.

② (O) 대법원은 법률유보의 원칙이 적용되는 행정범위가 어디까지인지에 대하여 중요사항유보설의 입장에서 판단한다. 중요사항유보설이란 공동체나 시민에게 중요한 행정권의 조치는 법률의 근거를 요하며, 중요성의 정도에 비례하여 보다 구체적인 규율을 해야 한다는 견해이다. 예를 들어, 대법원은 지방의회의원에 대하여 유급보좌인력을 두는 것은 지방의회의원의 신분·지위 및 그 처우에 관한 현행 법령상의 제도에 중대한 변경을 초래하는 것으로서, 이는 개별 지방의회의 조례로써 규정할 사항이 아니라 국회의 법률로써 규정하여야 할 입법사항이라고 본다(대법원 2013. 1. 16. 2012추84).

③ (O) 헌법재판소는 「토지등소유자가」 도시환경정비사업을 시행하는 경우 사업시행인가 신청시 필요한 토지등소유자의 동의요건을 정하는 것은 「국민의 권리와 의무의 형성에 관한 기본적이고 본질적인 사항이므로」 국회가 스스로 행하여야 하는 사항에 속한다고 본다. 따라서 사업시행인가 신청에 필요한 동의정족수를 토지등소유자가 자치적으로 정하여 운영하는 규약에 정하도록 한 것은 법률유보원칙에 위반된다고 본다(헌재 2012. 4. 24. 2010헌바1). 참고로 이와 비교해야 할 대법원 판례가 있다. 대법원은 「조합의」 사업시행인가 신청시 필요한 토지등소유자의 동의요건은 토지등「소유자의 재산상 권리·의무에 관한 기본적이고 본질적인 사항이라고 볼 수 없으므로」 법률유보 내지 의회유보의 원칙이 반드시 지켜져야 하는 영역이라고 할 수 없다고 본다(대법원 2007. 10. 12. 2006두14476). 두 판례를 정리하면 다음과 같다.

대법원	「조합」이 사업시행자인 경우의 사례 → 사업시행인가 신청시 필요한 토지등소유자의 동의요건을 정하는 것은 국민의 권리·의무에 관한 기본적·본질적인 사항 X ∴ 법률유보 내지 의회유보의 원칙 적용 X → 국회가 스스로 정해야 하는 사항 X
헌법 재판소	「토지소유자」가 사업시행자인 경우의 사례 → 사업시행인가 신청시 필요한 토지등소유자의 동의요건을 정하는 것은 국민의 권리·의무에 관한 기본적·본질적인 사항 O ∴ 법률유보 내지 의회유보의 원칙 적용 O → 국회가 스스로 정해야 하는 사항 O

④ (O) 헌법 제37조 제2항은 '국민의 모든 자유와 권리는 국가안전보장·질서유지 또는 공공복리를 위하여 필요한 경우에 한하여 「법률로써」 제한할 수 있으며, …'라고 규정하고 있다. 이때 「법률로써」의 의미에 대하여, 헌법재판소는 법률유보의 원칙은 법률에 의한 규율만을 뜻하는 것이 아니라 「법률에 근거한」 규율을 요청하는 것이므로 기본권 제한의 형식이 반드시 법률의 형식일 필요는 없다고 본다. 즉, 법률에 근거를 두면서 위임의 구체성과 명확성을 구비하기만 하면 법률의 형식이 아닌 위임입법에 의하여도 기본권을 제한할 수 있다는 것이다(헌재 2005. 2. 24. 2003헌마289).

06 답 ④

- 출제단원 Part 02 행정작용 및 절차법
- 출제영역 행정행위의 부관

① (O) 행정청이 甲에게 송유관매설허가를 하면서, 이후 송유관시설을 이전하게 될 경우 그 비용을 甲이 부담하도록 하는 것은 행정행위의 상대방인 甲에게 급부의무를 부과하는 것이다. 이처럼 행정행위의 주된 내용에 부가하여 그 행정행위의 상대방에게 작위, 부작위, 급부, 수인 등의 의무를 부과하는 부관을 「부담」이라고 한다.

② (O) 대법원은 부담은 행정청이 행정처분을 하면서 일방적으로 부가할 수도 있고, 미리 상대방과 협의하여 부담의 내용을 정한 다음 행정처분을 하면서 이를 부가할 수도 있다고 본다(대법원 2009. 2. 12. 2005다65500). 따라서 행정청은 甲과의 협약이 없다고 하더라도 일방적으로 부담을 부과할 수 있다.

③ (O) 부당결부금지의 원칙이란 행정주체가 사인에게 처분을 하면서 사인에게 그 대가를 부담하도록 할 때, 행정주체가 하는 처분과는 아무런 관련이 없는 것을 대가로 부담하도록 해서는 안 된다는 것이다. 대법원은 고속국도 관리청이 고속국도의 유지관리 및 도로확장 등의 사유로 접도구역에 매설한 송유시설의 이설이 불가피할 경우 그 이설비용을 甲이 부담하도록 한 것은 甲이 송유관 설치자로서 특별한 관계가 있으며, 접도구역이 아닌 사유지를 이용하여 매설하는 경우에 비하여 공사절차의 측면에서 이익을 얻는다고 할 수 있으므로 송유관시설 이전비용을 甲이 부담하도록 한 것이 부당결부금지원칙에 위반된 것이라고 할 수는 없다고 판단하였다(대법원 2009. 2. 12. 2005다65500). 참고로 접도구역이란 도로 구조의 파손 방지, 미관의 훼손 또는 교통에 대한 위험을 방지하기 위하여 도로경계선으로부터 일정거리 이내에 지정하는 구역을 말한다.

④ (X) 대법원은 부담의 위법성 여부는 부담이 붙은 행정행위를 한 시점, 즉 「처분 당시」의 법령을 기준으로 한다고 본다. 따라서 처분 당시 법령을 기준으로 적법하다면 처분 후에 근거법령이 개정되어 부담을 붙일 수 없게 되었다고 하더라도, 부담이 곧바로 위법하게 된다거나 효력을 상실하는 것은 아니다(대법원 2009. 2. 12. 2005다65500). 그러므로 행정청의 송유관매설허가의 근거인 「도로법 시행규칙」이 개정되어 접도구역에는 행정청의 허가 없이도 송유관을 매설할 수 있게 되었다고 하더라도, 이전에 부담을 정한 협약이 효력을 상실하는 것은 아니다.

07 답 ④

- 출제단원 Part 02 행정작용 및 절차법
- 출제영역 공법상 계약

공법상 계약이란 공법적 효과의 발생을 목적으로 하여 복수당사자 사이에 서로 반대방향의 의사표시가 합치됨으로써 성립하는 공법행위를 말한다.

① (X) 행정절차에 관한 일반법인 「행정절차법」에서는 공법상 계약에 대해서는 규정하고 있지 않다. 참고로 최근 제정된 「행정기본법」은 행정의 전문화·다양화에 대응하여 공법상 법률관계에 관한 계약을 통해서도 행정이 이루어질 수 있도록 공법상 계약의 법적 근거를 마련하고, 공법상 계약의 체결방법, 체결시 고려사항 등에 관한 일반적 사항을 규정하였다(제27조).

② (X) 대법원은 공중보건의사의 채용계약해지의 의사표시는 항고소송의 대상이 되는 처분 등의 성격을 가진 것으로 인정되지 않으며, 일정한 사유가 있을 때에 관할 도지사가 채용계약관계의 한쪽 당사자로서 대등한 지위에서 행하는 의사표시이므로 공법상의 당사자소송으로 그 의사표시의 무효확인을 청구할 수 있다고 본다. 즉, 처분임을 전제로 그 취소를 구하는 항고소송을 제기할 수는 없다는 것이다(대법원 1996. 5. 31. 95누10617).

③ (X) 공법상 계약은 주체에 따라 행정주체 상호 간의 공법상 계약, 행정주체와 사인 간의 공법상 계약, 사인 상호 간의 공법상 계약으로 분류할 수 있다. 공공단체 상호 간의 사무위탁, 지방자치단체 상호 간 도로·하천의 관리 및 경비부담에 관한 합의 등은 행정주체 상호 간의 공법상 계약에 해당한다.

④ (O) 공법상 계약은 당사자 사이의 의사의 합치에 의해 성립되므로 공법상 계약에는 법률의 근거가 필요 없다는 것이 일반적 견해이다. 즉, 공법상 계약에서는 「법률유보의 원칙(= 일정한 행정작용은 법에 근거해야 한다는 원칙)」이 적용되지 않는다고 본다. 참고로 공법상 계약도 행정작용(= 행정주체가 행정목적을 달성하기 위해 행하는 일체의 법률적·사실적 작용)이므로 법을 위반하지 않아야 한다. 따라서 공법상 계약에도 「법률우위의 원칙(= 모든 행정작용은 법에 위반해서는 안 된다는 원칙)」은 적용된다.

08 답 ①

- 출제단원 Part 02 행정작용 및 절차법
- 출제영역 불확정개념과 판단여지, 기속행위와 재량행위

① (X) 법률에서 요건을 규정함에 있어 명확한 개념을 사용하지 않고 '공공의 안녕과 질서', '중대한 사유', '환경의 보전' 등과 같이 해석의 여지가 있는 불확정개념을 사용하는 경우가 있다. 판단여지란 이러한 불확정개념을 행정기관이 해석·적용함에 있어 하나의 적법한 판단만이 인정되는 것이 아니라, 둘 이상의 판단이 모두 적법한 판단으로 인정될 수 있는 영역을 말한다. 즉, 법원이 불확정개념에 대한 행정기관의 해석·적용이 적법한지 여부에 대해 사법심사를 할 수 있다고 하더라도, 행정의 전문적·정책적 판단이 최종적인 것으로 존중되어야 하는 일정한 영역에서는 법원의 사법심사가 제한되는데, 이러한 영역을 「판단여지」라고 하는 것이다. 성적평가, 공무원근무평정 등 행정청의 주관적 판단개입이 불가피한 영역, 미래예측적 성질

을 가지는 행정결정, 전문적인 중립적 기관의 판단 등이 판단여지가 인정되는 영역이라고 본다. 판단여지를 긍정하는 학설은 판단여지와 재량이 다음과 같이 구분된다고 본다.

판단여지	재량
「요건」규정에 대한 문제 → 법률요건에 대한 인식의 문제 : 어떠한 사실관계가 법률에서 규정하고 있는 요건에 해당하는지를 판단하는 문제	「효과」규정에 대한 문제 → 법률효과 선택의 문제 : 요건이 충족된 이후에 그 효과에 대한 문제

선택지의 내용은 판단여지와 재량에 대해 반대로 서술하고 있으므로 옳지 않은 설명이다. 참고로 대법원은 판단여지 인정영역으로 보는 시험평가, 독립위원회의 결정 등을 재량의 문제로 보아 별도로 판단여지라는 개념으로 구별하고 있지는 않다.

② (O) 대법원은 기속행위와 재량행위의 사법심사방식을 구분하고 있다. 즉, 기속행위를 심사함에 있어서는 법원이 주어진 사실관계에 관련법규를 해석·적용함으로써 독자적인 결론을 도출한 후, 이러한 법원의 판단과 행정청의 판단을 비교하여 행정청의 판단이 법원의 판단과 다를 경우에 행정청의 행위를 위법한 것으로 판단한다. 기속행위는 요건에 해당할 경우 법에서 정하고 있는 대로 행정행위를 해야 하므로 법에서 정하고 있는 대로 행정행위가 이루어지지 않았다면 바로 위법한 행위라고 판단할 수 있기 때문이다. 반면, 재량행위를 심사함에 있어서는 법원이 독자적인 결론을 도출함이 없이 행정청의 행위에 재량권의 일탈·남용이 있는지 여부만을 심사하는 방식으로 위법성을 판단한다. 이는 재량행위는 요건에 해당할 경우 어떠한 행정행위를 할 것인지에 대하여 행정청에 재량이 인정되므로, 법원의 독자적인 판단과 단순히 비교하여 위법 여부를 판단할 수는 없기 때문이다(대법원 2001. 2. 9. 98두17593).

③ (O) 대법원은 처분을 할 것인지 여부와 처분의 정도에 관하여 재량이 인정되는 과징금납부명령에 대하여 그 명령이 재량권을 일탈하였을 경우, 법원으로서는 재량권의 일탈 여부만 판단할 수 있을 뿐이라고 본다. 즉, 재량권의 범위 내에서 어느 정도가 적정한 것인지에 관하여는 판단할 수 없다는 것이다. 따라서 그 전부를 취소할 수밖에 없고, 법원이 적정하다고 인정하는 부분을 초과한 부분만 취소할 수는 없다고 본다(대법원 2009. 6. 23. 2007두18062). 이는 법원은 문제된 과징금부과처분 전부를 취소하는 것으로 역할을 다한 것이고, 이후 처분청이 재량권을 행사하여 다시 적정한 처분을 하도록 하여야 한다는 것이다.

④ (O) 불확정개념의 해석·적용은 어떠한 사실관계가 요건규정에 해당하는지를 판단하는 법적 문제이므로 원칙적으로 사법심사의 대상이 된다고 본다. 입법자가 불확정개념을 사용하여 요건을 규정했을 때에는, 구체적 사실관계하에서 어떠한 경우에 법에서 정한 요건에 해당한다고 보겠다는 의도(= 하나의 정당한 결론)가 있을 것이기 때문에 법원이 이를 고려하여 판단할 수 있다는 것이다. 다만, ①번 해설에서 살펴본 바와 같이 행정의 전문적·정책적 판단이 최종적인 것으로 존중되어야 하는 일정한 영역에서는 법원의 사법심사가 제한되며, 이러한 영역을 '판단여지'라고 하는 것이다.

09

답 ③

출제단원 Part 02 행정작용 및 절차법
출제영역 행정입법

① (O) 헌법소원이란 공권력의 행사 또는 불행사로 인하여 헌법상 보장된 기본권을 침해받은 자가 헌법재판소에 권리구제를 청구하는 것을 말한다. 그런데 법규명령(행정권이 정립하는 일반적·추상적 규정으로서 법규의 성질을 가지는 것)을 대상으로 헌법재판소에 헌법소원을 청구할 수 있는지 문제된다. 이에 대하여 헌법재판소는 법규명령에 해당하는 대법원규칙인 「법무사법 시행규칙」을 대상으로 헌법재판소에 헌법소원심판이 청구된 사건에서 일정한 경우에 법규명령에 대한 헌법소원이 가능하다고 판단하였다. 즉, 구체적인 소송사건에서 법원이 결론을 내리기 위해 법규명령의 위헌·위법 여부가 먼저 판단되어야 할 경우(= 법규명령의 위헌·위법 여부가 재판의 전제가 된 경우)라면 법원의 명령·규칙심사권에 근거하여 「법원」에서 직접 법규명령에 대한 위헌·위법 여부를 판단할 수 있다고 본다. 반면, 법규명령이 별도의 집행행위 없이 직접 국민의 기본권을 침해하는 경우라면 「헌법재판소」에 공권력의 행사인 법규명령을 대상으로 헌법소원을 청구할 수 있다고 본다(헌재 1990. 10. 15. 89헌마178). 정리하면 다음과 같다.

구분	판단주체 및 근거
법규명령의 위헌·위법 여부가 재판의 전제가 된 경우	법원의 명령·규칙에 대한 위헌·위법심사
집행행위 없이 직접 기본권을 침해하는 법규명령	헌법재판소의 헌법소원

② (O) 법규명령의 형식(= 시행령·시행규칙)을 취하고 있지만, 규율내용은 행정규칙의 실질(= 행정청의 사무처리기준)을 가지는 것을 「법규명령형식의 행정규칙」이라고 한다. 대법원은 대통령령(= 시행령) 형식으로 제재적 처분기준(= 영업허가의 취소 또는 정지, 과징금 부과 등과 같은 제재적 처분의 기준)을 정한 경우 이를 「법규명령」의 성질을 갖는다고 보지만, 부령(= 시행규칙)형식으로 제재적 처분기준을 정한 경우 이를 「행정규칙」의 성질을 갖는다고 본다. 그런데 「제재적 처분기준」을 「부령」형식으로 정한 경우와 달리, 「특허 등의 인가기준」을 「부령」형식으로 정한 경우에는 이를 「법규명령」이라고 본다. 예를 들어, 여객자동차 운수사업법의 위임에 따라 제정된 「여객자동차 운수사업법 시행규칙」은 시외버스운송사업의 사업계획변경에 관한 절차, 인가기준 등을 구체적으로 규정한 것으로서 '특허의 인가기준'을 정한 규정이다. 이에 대하여 대법원은 부령(= 여객자동차 운수사업법 시행규칙)형식으로 정한 「특허의 인가기준」은 「법규명령」의 성질을 갖는다고 판단하였다(대법원 2006. 6. 27. 2003두4355). 이를 정리하면 다음과 같다.

형식	규정내용	법적 성질
대통령령	제재적 처분기준	법규명령
부령	제재적 처분기준	행정규칙
	특허의 인가기준	법규명령

③ (X) 대법원은 '행정규칙이나 내부지침'은 일반적으로 행정조직 내부에서만 효력을 가질 뿐 대외적인 구속력을 갖는 것은 아니므로 행정처분이 그에 위반하였다고 하여 곧바로 위법하게 되는 것은 아니라

고 본다. 다만, 재량권 행사의 준칙인 행정규칙(= 재량준칙)이 그 정한 바에 따라 되풀이 시행되어 행정관행이 이루어지게 되면 평등의 원칙이나 신뢰보호의 원칙에 따라 행정기관은 그 상대방에 대한 관계에서 그 규칙에 따라야 할 자기구속을 받게 된다고 본다. 따라서 이러한 경우에는 특별한 사정이 없는 한 그를 위반하는 처분은 「평등의 원칙이나 신뢰보호의 원칙」에 위배되어 재량권을 일탈·남용한 위법한 처분이 된다고 본다(대법원 2009. 12. 24. 2009두7967). 즉, 재량준칙에 직접 위배되어 위법한 처분이 되는 것이 아니라, 평등의 원칙이나 신뢰보호의 원칙에 위배되어 위법한 처분이 된다는 것이다.

④ (O) 헌법 제75조에서 대통령령에 대해, 제95조에서 총리령 또는 부령에 대하여 규정하고 있다. 헌법에서 이와 같이 일정한 형식(대통령령, 총리령, 부령)에 의한 법규명령에 대하여 규정하고 있을 뿐, 고시와 같은 행정규칙 형식의 법규명령을 규정하고 있지는 않지만, 헌법재판소는 헌법이 인정하고 있는 이러한 위임입법의 형식은 예시적인 것이므로 일정한 경우에는 「행정규칙형식의 법규명령(= 법령보충규칙)」을 인정할 수도 있다고 본다. 다만, 행정규칙은 법규명령과 같은 엄격한 제정 및 개정절차를 요하지 않으므로, 법률이 입법위임을 할 때에는 대통령령·총리령·부령 등 법규명령에 위임함이 바람직하고, 고시와 같은 행정규칙의 형식으로 입법위임을 할 때에는 적어도 법령이 전문적·기술적 사항이나 경미한 사항으로서 업무의 성질상 위임이 불가피한 사항에 한정된다고 본다. 또한 그러한 사항이라 하더라도 포괄위임금지의 원칙상 법률의 위임은 반드시 구체적·개별적으로 한정된 사항에 대하여 행하여져야 한다고 본다(헌재 2006. 12. 28. 2005헌바59).

10 답 ①

출제단원 Part 03 행정의 실효성 확보수단
출제영역 행정벌

행정벌이란 행정의 상대방이 행정법상 의무를 위반한 경우에 국가 또는 지방자치단체가 행정의 상대방에게 과하는 행정법상의 제재로서의 처벌을 말하며, 종류는 다음과 같다.

행정형벌	행정법규 위반에 대하여 형법에 정해져 있는 벌(사형·징역·금고 등)을 과하는 것
행정질서벌	행정법규 위반에 대하여 과태료를 과하는 것

① (O) 법인의 대표자 또는 법인의 종업원이 그 법인의 업무와 관련하여 행정범(= 행정법규의 위반으로 성립되는 범죄)을 범한 경우에 행위자뿐만 아니라 법인도 아울러 처벌한다는 규정(= 양벌규정)을 두는 경우가 있다. 이와 관련하여 헌법재판소는 종업원 등의 범죄행위에 대하여 법인에게 과실이 있는지 여부를 묻지 않고, 단순히 법인이 고용한 종업원이 업무에 관하여 범죄행위를 하였다는 이유만으로 법인에 대하여 형사처벌을 과하고 있는 규정은 다른 사람의 범죄에 대하여 그 책임 유무를 묻지 않고 형벌을 부과하는 것으로써 책임주의원칙에 반하여 헌법에 위반된다는 결정을 하였다(헌재 2010. 7. 29. 2009헌가18).

② (X) 이행강제금이란 작위의무·부작위의무·수인의무의 불이행시에 일정액수의 금전이 부과될 것임을 의무자에게 미리 경고함으로써 의무이행의 확보를 도모하는 강제수단을 말한다. 행정벌과 이행강제금은 다음과 같은 목적상 차이가 있다.

이행강제금	행정벌
장래의 의무이행을 확보하기 위한 강제수단	과거의 의무위반에 대한 제재

따라서 장래에 의무의 이행을 강제하기 위한 제재라는 것은 이행강제금에만 해당하는 설명이다. 또한, 행정벌과 이행강제금은 「간접적으로」 실효성을 확보하는 수단이다.

③ (X) 질서위반행위규제법 제11조에서는 '법인의 「대표자」, 법인 또는 개인의 「대리인·사용인」 및 그 밖의 「종업원」이 업무에 관하여 법인 또는 그 개인에게 부과된 법률상의 의무를 위반한 때에는 법인 또는 그 개인에게 과태료를 부과한다.'고 규정하고 있다. 즉, 직접 위반 행위를 한 행위자(= 대표자, 대리인·사용인, 종업원)에게 과태료를 부과하는 것이 아니라, 이들을 고용하거나 사용한 「법인 또는 개인」에게 과태료를 부과한다는 것이다. 따라서 개인(A)의 대리인(B)이 위반행위를 한 경우에는 위반행위자인 대리인(B)에게 과태료를 부과하는 것이 아니라, 이 사람을 대리인으로 사용한 해당 개인(A)에게 과태료를 부과한다.

④ (X) 통고처분이란 행정범을 범한 자에 대하여 형사절차에 의한 형벌을 과하기 전에 행정청이 형벌을 대신하여 금전적 제재인 범칙금을 과하여 범칙금을 납부하면 형사처벌을 하지 않고, 만일 범칙금을 납부하지 않으면 형사소송절차에 따라 형벌을 과하는 절차를 말한다. 이와 관련하여 헌법재판소는 통고처분은 상대방의 임의의 승복을 그 발효요건으로 하기 때문에 그 자체만으로는 상대방에게 아무런 권리·의무를 형성하지 않으므로 행정심판이나 행정소송의 대상으로서의 처분성을 부여할 수 없다고 본다(헌재 1998. 5. 28. 96헌바4). 대법원도 통고처분은 행정처분이 아니므로 통고처분의 취소를 구하는 행정소송을 제기할 수는 없다고 판단한 바 있다(대법원 1995. 6. 29. 95누4674). 따라서 통고처분에 불복하는 자는 통고처분에 대하여 취소소송을 제기할 것이 아니라, 통고처분에 따라 부과된 범칙금을 납부하지 「않음」으로써 통고처분의 효력을 상실시킬 수 있고, 이후 경찰서장이 즉결심판청구를 하게 되면 형사소송절차가 시작되어 법원의 심판을 받을 수 있다.

11 답 ③

출제단원 Part 08 행정정보공개·개인정보 보호·행정조사
출제영역 공공기관의 정보공개에 관한 법률

① (O) 공공기관의 정보공개에 관한 법률에 의한 정보공개의무자는 「공공기관」이다. 그리고 동법 시행령에서는 「특별법에 따라 설립된 특수법인」을 정보를 공개할 의무가 있는 공공기관 중 하나로 규정하고 있다. 이와 관련하여 대법원은 '한국증권업협회'는 그 업무가 국가기관 등에 준할 정도로 공동체 전체의 이익에 중요한 역할이나 기능에 해당하는 공공성을 갖는다고 볼 수 없는 점 등에 비추어, 정보를 공개할 의무가 있는 '특별법에 의하여 설립된 특수법인'에 해당한다고 보기 어렵다고 하였다(대법원 2010. 4. 29. 2008두5643). 즉, 한국증권업협회는 정보공개의무자가 아니라는 것이다.

② (O) 공공기관의 정보공개에 관한 법률에서는 「비공개결정에 대한 청구인의 불복절차」로 '이의신청', '행정심판', '행정소송'을 규정하고 있다. 그런데 동법 제19조 제2항에서는 '청구인은 이의신청절차를 거치

지 아니하고 행정심판을 청구할 수 있다.'고 규정하고 있다. 즉, 이의신청은 임의적 절차에 불과하다.
③ (X) 공공기관의 정보공개에 관한 법률에서는 '모든 국민은 정보의 공개를 청구할 권리를 가진다.'고 규정하고 있다(제5조 제1항). 이와 관련하여 대법원은 정보공개청구권자인 '국민'에는 자연인, 법인, 권리능력 없는 사단·재단이 모두 포함된다고 본다. 특히 법인, 권리능력 없는 사단·재단의 경우에는 설립목적과 무관하게 모두 정보공개청구권자에 해당한다고 본다(대법원 2003. 12. 12. 2003두8050).
④ (O) 공공기관은 정보공개의 청구를 받으면 그 청구를 받은 날부터 10일 이내에 공개 여부를 결정하여야 한다(공공기관의 정보공개에 관한 법률 제11조 제1항). 그러나 부득이한 사유로 기간 이내에 공개 여부를 결정할 수 없을 때에는 그 기간이 끝나는 날의 다음 날부터 기산하여 10일의 범위에서 공개 여부 결정기간을 연장할 수 있다. 이 경우 공공기관은 연장된 사실과 연장사유를 청구인에게 지체 없이 문서로 통지하여야 한다(동법 제11조 제2항).

12

답 ②

| 출제단원 | Part 04 행정소송법 |
| 출제영역 | 처분사유의 추가·변경 |

처분사유의 추가·변경이란 「처분 당시에 존재」하였지만 행정청이 처분의 근거로 「제시하지 않았던」 사유를 이후 「행정쟁송단계」에서 추가하거나 변경하는 것을 말한다.

① (X) 처분사유의 추가·변경이 허용되는 시간적 범위와 관련하여 대법원은 사실심 변론종결시까지만 처분사유의 추가·변경이 허용된다고 본다(대법원 1999. 8. 20. 98두17043). 3심제를 채택하고 있는 우리나라의 경우 사실관계를 확정하여 법률을 적용하는 1심과 2심을 「사실심」, 1심과 2심에서 확정한 사실관계를 기초로 하여 법률적용이 제대로 되었는지만을 판단하는 3심을 「법률심」이라고 하므로, 결국 처분사유의 추가·변경은 2심에서 변론을 종결한 시점(= 사실심 변론종결시)까지만 가능하다는 것이다.

② (O) 처분의 상대방은 행정소송과정에서 당초 처분시 행정청이 제시했던 처분사유를 기초로 하여 공격·방어를 하게 될 것이다. 그런데 아무런 제한 없이 행정청이 처분사유를 추가·변경하는 것을 허용한다면, 처분의 상대방은 전혀 예상하지 못한 처분사유에 대해서 공격·방어를 해야 하는 상황이 생길 수 있다. 즉, 처분의 상대방에게 예기치 못한 불이익을 줄 수 있는 것이다. 따라서 대법원은 당초의 처분사유와 기본적 사실관계가 동일하다고 인정되는 한도 내에서만 다른 처분사유를 새로 추가하거나 변경할 수 있다고 본다. 이때 기본적 사실관계가 동일하다는 것은 「처분사유를 법률적으로 평가하기 이전의 구체적인 사실에 착안하여 그 기초적인 사회적 사실관계가 기본적인 점에서 동일한 것」을 말한다고 한다(대법원 2008. 2. 28. 2007두13791, 13807). 그 의미를 살펴보면 다음과 같다. 예를 들어, 처분청이 「토지형질변경 불허가처분」을 하면서 다음 ㉠과 같은 처분사유를 제시하였다가, 이후 불허가처분에 대한 취소소송 과정에서 ㉡을 처분사유로 추가한 경우를 살펴보자.

| 당초 처분
사유(㉠) | 국립공원에 인접한 미개발지의 합리적인 이용대책 수립시까지 그 허가를 유보한다는 사유 |
| 추가한 처분
사유(㉡) | 국립공원 주변의 환경 등을 크게 손상시킬 우려가 있으므로 공공목적상 원형유지의 필요가 있는 곳으로서 형질변경허가금지 대상이라는 사유 |

이에 대하여 대법원은 처분청이 당초 이 사건 처분의 근거로 삼은 사유(㉠)나, 취소소송에서 추가하여 주장하는 사유(㉡)는 그 내용이 모두 이 사건 신청지가 국립공원에 인접하여 있다는 점을 공통으로 하고 있고, 그 취지도 도시환경의 보전 등 중대한 공익상의 필요가 있어 형질변경을 불허한다는 것이므로, 당초 이 사건 처분의 근거로 삼은 사유(㉠)와 변경된 처분사유(㉡)는 기본적 사실관계에 있어서 동일성이 인정된다고 판단하였다(대법원 2001. 9. 28. 2000두8684).

③ (X) ②번 해설에서 살펴본 바와 같이, 대법원은 처분사유의 추가·변경이 인정되기 위한 기본적 사실관계의 동일성 여부는 처분사유의 기초를 이루는 사회적 사실관계가 기본적인 점에서 동일한지 여부에 따라 결정되어야 하는 것이지, 추가 또는 변경된 사유가 처분 당시에 그 사유를 명기하지 않았을 뿐 이미 존재하고 있었고 당사자도 그 사실을 알고 있었다는 사정만으로 당초의 처분사유와 동일성이 인정되어 처분사유의 추가·변경이 허용되는 것으로 볼 수는 없다고 본다(대법원 2003. 12. 11. 2001두8827).

④ (X) 「처분이유의 사후제시」는 처분시 이유제시가 아예 결여되었거나 불충분하여 행정절차법상 요구되는 '처분의 이유제시'라는 절차에 흠결이 있을 때 이를 보완하는 것으로서 「절차적 위법성을 치유」하는 것이다. 반면, 「처분사유의 추가·변경」은 행정절차법상 요구되는 처분의 이유제시라는 절차에 흠결은 없지만, 그 내용이 잘못된 경우에 행정쟁송단계에서 처분사유를 추가하거나 변경하여 처분의 「실체법상 적법성을 확보」하는 것이다. 선택지의 내용은 이에 대한 설명이 반대로 되어 있으므로 옳지 않다.

13

답 ①

| 출제단원 | Part 06 행정상 손해배상 |
| 출제영역 | 영조물의 설치·관리의 하자로 인한 손해배상의 요건, 입증책임 |

국가배상법 제5조 제1항에서 영조물의 설치·관리의 하자로 인한 국가나 지방자치단체의 배상책임을 명시하고 있다.

① (X) 국가배상법 제5조의 책임이 인정되기 위한 요건 중 「공공의 영조물일 것」과 관련하여 대법원은 국가배상법 제5조 제1항 소정의 '공공의 영조물'이라 함은 국가 또는 지방자치단체에 의하여 특정 공공의 목적에 공여된 유체물 내지 물적 설비를 말하며(= 공물), 국가 또는 지방자치단체가 소유권, 임차권 그 밖의 권한에 기하여 관리하고 있는 경우뿐만 아니라 사실상의 관리를 하고 있는 경우도 포함된다고 본다(대법원 1998. 10. 23. 98다17381).

② (O) 국가배상법 제5조의 책임이 인정되기 위한 요건 중 「영조물의 설치·관리의 하자」와 관련하여 대법원은 '영조물의 설치 또는 관리의 하자'란 '영조물이 용도에 따라 갖추어야 할 안전성을 갖추지 못한 상태」라고 한다. 이는 영조물을 구성하는 시설에 물리적·외형적 흠결이 있어 이용자에게 위해를 끼칠 위험성이 있는 경우뿐만 아니라, 영조물이 공공의 목적에 이용됨에 있어 제3자에게 사회통념상 참을 수 없는 피해를 입히는 경우까지도 포함된다고 본다(대법원 2004. 3. 12. 2002다14242).

③ (O) ②번 해설에서 살펴본 바와 같이 대법원은 '영조물의 설치 또는

관리의 하자」를 「영조물이 그 용도에 따라 통상 갖추어야 할 안전성을 갖추지 못한 상태」를 말하는 것이라고 본다. 다만, 안전성의 구비 여부를 판단함에 있어 「설치·관리자의 방호조치의무의 이행 여부」라는 표현을 사용하기도 하여 「주관적 요소를 고려」하고 있다고 평가된다. 이러한 기준에 따라 대법원은 영조물이 완전무결한 상태에 있지 않고 그 기능상 어떠한 결함이 있다는 것만으로 하자가 있다고 단정할 수는 없다고 본다. 즉, 제반사정을 종합적으로 고려하여 설치·관리자가 사회통념상 요구되는 정도의 방호조치의무를 다하였는지 여부를 기준으로 설치 또는 관리의 하자 유무를 판단해야 한다는 것이다(대법원 2001. 7. 27. 2000다56822).

④ (O) 대법원은 국가배상법 제5조의 책임에서 「하자의 존재」에 대한 입증책임은 「피해자」인 원고에게 있다고 본다. 반면, 「영조물의 관리자」는 「손해발생에 대한 예견가능성과 회피가능성이 없다는 점」을 입증하면 책임을 면할 수 있다고 본다. 입증책임에 대한 대법원 판례를 정리하면 다음과 같다.

하자의 존재	피해자
예견가능성과 회피가능성이 없다는 점	영조물의 관리주체 → 이를 입증할 경우 불가항력으로 인한 손해라는 것이므로 국가배상책임이 면제된다.

14 답 ③

출제단원 Part 03 행정의 실효성 확보수단
출제영역 행정대집행

대집행이란 공법상 대체적 작위의무(건물의 철거, 물건의 파기 등과 같이 타인이 대신하여 행할 수 있는 의무)의 불이행이 있는 경우에 당해 행정청이 스스로 의무자가 행할 행위를 하거나 제3자로 하여금 이를 행하게 하고 그 비용을 의무자로부터 징수하는 것을 말한다.

① (X) 불가쟁력이란 하자 있는 행정행위라 하더라도 「불복기간이 경과하거나 쟁송절차가 종료된 경우」에는 더 이상 그 행정행위의 효력을 다툴 수 없게 하는 효력을 말한다. 그런데 「행정대집행법」에서 불가쟁력의 발생을 대집행의 요건으로 규정하고 있지는 않다. 따라서 행정행위를 아직 다툴 수 있는 경우(= 불가쟁력이 발생하지 않은 경우)라고 하더라도 대집행을 하는 것이 가능하다.

② (X) 부작위하명이란 행정청이 국민에게 부작위의무를 명하는 행위(= 금지)를 말한다. 부작위하명의 예로는 통행금지, 주차금지, 영업정지 등이 있다. 이러한 부작위하명의 상대방이 부작위하명에 따른 「부작위의무」를 불이행한 경우에 바로 대집행이 가능한지 문제된다. 그런데 대집행은 공법상의 「대체적 작위의무」의 불이행을 대상으로 한다. 그러므로 시설설치 금지의무와 같은 '부작위의무'가 불이행된 경우에는 원칙적으로 대집행을 할 수 없다. 다만, 부작위의무는 '철거명령' 등을 통해 작위의무로 전환시킨 후에 이러한 작위의무를 위반하게 되면 비로소 대집행의 대상이 될 수 있다. 이와 관련하여 대법원은 부작위의무를 작위의무로 전환시키기 위해서는 별도의 법적 근거가 있어야 한다고 본다. 즉, 이러한 법적 근거가 없다면 부작위의무(= 무엇을 하지 말아야 하는 의무)로부터 작위의무(= 부작위의무 위반의 결과를 시정해야 하는 의무)를 당연히 도출할 수는 없다고 본다(대법원 1996. 6. 28. 96누4374).

③ (O) 대집행은 「공법상 의무의 불이행이 있을 것」, 「불이행된 의무는 대체적 작위의무일 것」, 「불이행된 의무를 다른 수단으로는 이행을 확보하기가 곤란할 것」, 「공익상의 요청이 있을 것(= 의무 불이행을 방치하는 것이 심히 공익을 해한다고 인정되는 경우일 것)」이라는 요건을 충족해야 한다. 대집행은 '계고 → 대집행영장에 의한 통지 → 대집행의 실행 → 비용징수'라는 절차를 거치는데, 대집행의 요건은 계고를 할 때에 충족되어 있어야 하는 것이 원칙이다.

④ (X) 행정대집행법 제2조에서 대집행의 요건에 대하여 규정하면서 요건 충족시 대집행을 '할 수 있다'라고 표현하고 있다. 이러한 표현을 고려할 때 대집행을 할 것인지 여부는 행정청의 재량에 속한다고 본다.

15 답 ①

출제단원 Part 03 행정의 실효성 확보수단
출제영역 행정상 강제징수, 구 「국세징수법」상 가산금, 위헌법률에 근거한 행정처분의 효력

행정상 강제징수란 사인이 국가 등 행정주체에 대하여 부담하고 있는 공법상의 금전급부의무를 이행하지 않은 경우에 행정청이 의무자의 재산에 실력을 가하여 의무가 이행된 것과 동일한 상태를 실현하는 행정상 강제집행수단을 말한다. 강제징수에 관해서 규정하고 있는 개별법률에서는 국세징수법을 준용하도록 규정하고 있는 경우가 많다. 따라서 국세징수를 위한 법률인 「국세징수법」이 행정상 강제징수의 일반법으로서 기능한다.

① (X) 국세징수법에 의한 강제징수는 독촉 → 재산의 압류 → 압류재산의 매각 → 청산으로 이루어진다. 이때 압류한 재산이 징수할 국세액을 초과하는 경우 압류처분의 효력에 대하여 대법원은 세무공무원이 국세의 징수를 위해 납세자의 재산을 압류하는 경우 그 재산의 가액이 징수할 국세액을 초과한다 하여 이러한 압류가 당연무효의 처분이라고는 할 수 없다고 본다(대법원 1986. 11. 11. 86누479).

② (O) 구 국세징수법에서는 '국세를 납부기한까지 완납하지 아니하였을 때에는 그 납부기한이 지난 날부터 체납된 국세의 100분의 3에 상당하는 가산금을 징수한다.'고 하여 가산금에 대하여 규정하고 있었다(제21조 제1항). 이와 관련하여 대법원은 국세징수법에서 규정하는 가산금은 국세를 납부기한까지 납부하지 않으면 과세청의 확정절차 없이도 법률규정에 의하여 당연히 발생하는 것이며, 별도로 과세청의 가산금 확정절차를 거치는 것이 아니므로 가산금 또는 중가산금의 고지가 항고소송의 대상이 되는 처분이라고 볼 수 없다고 본다(대법원 2005. 6. 10. 2005다15482).

> **+참고**
> 2018. 12. 31. 「국세기본법」과 「국세징수법」의 개정으로 2020. 1. 1.부터 「국세징수법」상 가산금과 중가산금 제도가 폐지되고, 이를 「국세기본법」상 납부지연가산세로 통합하였다. 이를 반영하여 선택지의 내용에 '구 「국세징수법」에 의하면'이라는 표현을 추가하였다.

③ (O) 행정처분이 먼저 행해진 후에 처분의 근거법률이 헌법재판소에서 위헌결정을 받았고, 처분의 상대방이 아직 처분으로 부과된 의무를 이행하지 않고 있는 경우에 강제집행을 할 수 있는지 문제된다. 이에 대해 대법원은 행정처분(= 조세부과처분)이 있은 후에 집행단계에서 행정처분(= 조세부과처분)의 근거법률이 위헌으로 결정된 경우

행정처분의 집행이나 집행력을 유지하기 위한 행위(= 체납처분)는 위헌결정의 효력에 위반되어 허용될 수 없다고 본다. 이때 위헌법률에 근거한 행정처분의 집행행위(= 체납처분)는 하자가 중대하고 명백하여 당연무효라고 본다(대법원 2012. 2. 16. 2010두10907). 참고로 체납처분이란 강제징수의 절차 중 「재산의 압류, 압류재산의 매각 및 청산」을 말한다.

④ (O) 강제징수절차 중 「압류재산의 매각」이란 압류재산을 금전으로 바꾸는 것을 말하며, 국세징수법상 압류재산의 매각은 공매(= 국가기관에 의해 이루어지는 공적 경매) 또는 수의계약의 방법으로 하도록 되어 있다. 국세징수법에서는 압류재산을 공매할 때에 공고와 별도로 체납자 등에게 「공매통지」를 하도록 규정하고 있는데, 「공매」와 「공매통지」의 법적 성질은 구분해야 한다. 즉, 대법원은 과세관청이 체납처분으로서 행하는 「공매」는 우월한 공권력의 행사로서 행정소송의 대상이 되는 공법상의 행정처분이라고 본다(대법원 1984. 9. 25. 84누201). 반면, 「공매통지」 자체는 상대방인 체납자 등의 법적 지위나 권리·의무에 직접적인 영향을 주는 행정처분이 아니라고 본다. 따라서 특별한 사정이 없는 한 체납자 등은 「공매통지」의 결여나 위법을 들어 「공매」처분의 취소 등을 구할 수 있는 것이지, 「공매통지」 자체를 항고소송의 대상으로 삼아 그 취소 등을 구할 수는 없다고 본다(대법원 2011. 3. 24. 2010두25527).

16 답 ④

출제단원 Part 04 행정소송법
출제영역 취소판결의 기속력

행정소송법에서는 '처분 등을 취소하는 확정판결은 그 사건에 관하여 당사자인 행정청과 그 밖의 관계행정청을 기속한다.'고 하여 취소확정판결의 기속력을 규정하고 있다(제30조 제1항).

① (O) 취소확정판결의 기속력으로 인해 처분을 한 행정청은 물론이고, 그 밖의 관계행정청도 처분을 취소하는 확정판결에 저촉되는 처분을 할 수 없다(= 반복금지효). 이는 「동일한 사실관계」 아래에서 동일한 당사자에게 동일한 내용의 처분을 하는 것을 금지하는 것이다. 따라서 취소된 처분의 처분사유와는 「기본적인 사실관계가 다른 처분사유」를 들어 동일한 내용의 처분을 하는 것은 기속력에 반하지 않는다. 처분사유가 다르기 때문에 동일한 처분이라고 볼 수 없기 때문이다. 제시된 사례에서 법원의 취소확정판결로 취소된 처분(= 영업허가취소처분)은 「甲이 연령을 확인하지 않고 청소년을 주점에 출입시켜 청소년 보호법을 위반했다.」는 것을 처분사유로 하는 것이었다. 따라서 A 시장이 취소확정판결로 취소된 처분의 처분사유와는 기본적 사실관계가 다른 사유(= 甲이 청소년을 유흥접객원으로 고용하여 유흥행위를 하게 하였다는 것)를 처분사유로 하여 다시 영업허가취소처분을 하는 것은 취소확정판결의 기속력에 반하지 않는다.

② (O) 법원이 甲에 대한 영업허가「취소처분」이 지나치게 가혹하다는 이유로 취소판결을 한 것이라면, A 시장은 이보다 가벼운 영업허가「정지처분」을 할 수는 있다. 즉, A 시장이 「甲이 연령을 확인하지 않고 청소년을 주점에 출입시켜 청소년 보호법을 위반했다.」는 것을 처분사유로 하여, 취소확정판결로 취소된 영업허가「취소처분」보다 가벼운 영업허가「정지처분」을 하는 것은 판결의 취지에 저촉되는 것이 아니므로 영업허가취소처분에 대한 취소확정판결의 기속력에 반하지 않는다.

③ (O) 법원에서 甲이 청소년을 주점에 출입시킨 사실이 없으므로, A시장이 「甲이 연령을 확인하지 않고 청소년을 주점에 출입시켰다는 이유」로 영업허가취소처분을 한 것은 위법하다고 판단하여 영업허가취소처분에 대해 취소판결을 했다면, A 시장은 법원에 의해 취소된 종전 처분과 「동일한 사유(= 甲이 연령을 확인하지 않고 청소년을 주점에 출입시켜 청소년 보호법을 위반했다는 것)」를 근거로 하여 「동일한 처분」을 할 수는 없다. 이는 법원의 취소확정판결의 기속력에 반하기 때문이다.

④ (X) 처분이 「절차나 형식의 하자」를 이유로 법원에 의해 취소확정판결이 내려진 경우라면, 행정청은 판결에 적시된 절차나 형식의 하자를 보완하여 다시 동일한 내용의 처분을 할 수 있다. 따라서 청문절차를 거치지 않았다는 이유로 취소확정판결이 내려진 것이라면, A 시장은 이를 보완하여(= 적법한 청문절차를 다시 거친 후) 甲에게 연령을 확인하지 않고 청소년을 출입시켰다는 이유로 영업허가취소처분을 할 수 있다.

17 답 ③

출제단원 Part 07 행정상 손실보상
출제영역 손실보상의 근거, 손실보상청구권의 성질·성립요건

행정상 손실보상이란 적법한 공권력의 행사에 의해 개인에게 재산상의 특별한 손해가 발생한 경우, 재산권 보장과 공평부담의 차원에서 행정주체가 행하는 조절적인 재산적 보상을 말한다.

① (X) 손실보상의 이론적 근거에 대하여 통설·판례는 특별희생설의 입장이다. 「특별희생설」은 공익을 위하여 개인에게 부과된 특별한 희생은 이를 전체의 부담으로 하여 보상하는 것이 정의·공평의 요구에 합치되는 것이라는 견해이다. 이에 의하면 공공복지와 개인의 권리 사이에 충돌이 있는 경우에 개인의 권리보다 「공공복지」가 우선하게 된다. 다만, 이에 의해 특별한 희생이 강요된 자에게는 보상이 주어지게 되는 것이다.

② (X) 손실보상청구권의 법적 성질에 대해서는 공권설과 사권설의 대립이 있다. 손실보상청구권을 공권으로 보는 공권설은 「손실보상의 원인행위인 공용침해」가 공법적인 것이므로, 그 효과로서 발생하는 손실보상청구권 역시 공법적이라는 것일 뿐이며, 「공용침해의 대상」이 되는 재산권에 공법상의 권리만 포함된다는 의미는 아니다. 공용침해의 대상이 되는 재산권이란 일체의 재산적 가치가 있는 권리를 의미하므로 공법상의 권리와 사법상의 권리가 모두 포함된다.

③ (O) 헌법 제23조 제3항에서는 '공공필요'에 의한 재산권의 수용·사용 또는 제한 및 그에 대한 보상은 법률로써 하되, 정당한 보상을 지급하여야 한다.'고 규정하고 있다. 헌법 제23조 제3항에서 규정하고 있는 공용수용의 요건 중 「공공필요」의 의미에 대하여 헌법재판소는 「국민의 재산권을 그 의사에 반하여 강제적으로라도 취득해야 할 공익적 필요성」으로 본다. 즉, 「공공필요」는 「공익성」과 「필요성」이라는 요소로 구성되어 있다는 것이다. 헌법재판소는 이 요건 중 「공익성」은 헌법 제37조 제2항에서 규정하고 있는 기본권 제한사유 중 하나인 「공공복리」보다 「좁게」 보아야 한다고 본다(헌재 2014. 10. 30. 2011헌바172). 정리하면 다음과 같다.

「공공필요」의 의미	헌법 제23조 제3항에서 규정하고 있는 공용수용의 요건 중 「공공필요」 → 공익성 + 필요성
「공익성」과 「공공복리」의 개념 차이	공용수용의 요건 중 「공익성」 < 기본권 제한 사유인 「공공복리」

④ (X) '불가분조항'이란 내용상 분리할 수 없는 사항을 함께 규정해야 한다는 조항을 말한다. 예를 들어, 헌법 제23조 제3항을 불가분조항으로 본다는 것은 헌법 제23조 제3항에서 언급하고 있는 「수용규정」과 「보상규정」이 하나의 「동일한 법률에」 규정되어야 한다는 것을 의미한다. 헌법 제23조 제3항을 「국민에 대한 직접적인 효력이 있는 규정으로 보는 견해(= 직접효력설)」에서는 수용법률에서 보상규정을 두고 있지 않더라도 헌법 제23조 제3항을 직접 근거로 하여 손실보상청구를 할 수 있다고 본다. 즉, 헌법 제23조 제3항을 불가분조항으로 보지 않는다. 반면, 「수용법률에서 보상규정을 두지 않을 경우에 이러한 법률은 헌법에 위반된다는 견해(= 위헌무효설)」에서는 헌법 제23조 제3항을 불가분조항으로 보아 「수용규정」과 「보상규정」이 하나의 「동일한 법률에」 규정되어야 한다고 본다.

18 답 ④

출제단원 Part 02 행정작용 및 절차법
출제영역 행정행위

① (X) 행정행위의 개념은 다음과 같이 구분된다.

최광의	행정청이 행하는 일체의 행위
광의	행정청이 행하는 행정작용 중 공법행위 = 최광의 - [사법(私法)행위, 사실행위]
협의	행정청의 구체적인 사실에 대한 법집행행위로서 공법행위 = 광의 - [행정입법, 통치행위]
최협의 (통설)	행정청의 구체적 사실에 대한 법집행행위로서 권력적 단독행위인 공법행위 = 협의 - [공법상 계약, 합동행위]

'행정청이 법 아래서 구체적 사실에 대한 법집행으로서 행하는 「공법행위」'라는 것은 「협의」의 행정행위를 의미한다. 협의의 행정행위 개념은 최협의의 행정행위와 비교할 때 행정행위를 권력적 단독행위로서의 공법행위에 한정하지 않으므로 협의의 행정행위에는 공법상 계약과 공법상 합동행위도 포함된다.

② (X) 강학상 허가와 특허는 모두 행정청의 의사표시를 구성요소로 하고, 그 표시된 의사의 내용에 따라 일정한 법적 효과가 발생한다는 점에서 공통점이 있다(= 법률행위적 행정행위). 그러나 특허는 언제나 상대방의 신청을 필요로 하지만, 허가는 원칙적으로는 신청이 필요하나, '차량통행금지의 해제'와 같이 예외적으로 신청이 없는 경우에도 가능하다는 점에서 차이가 있다. 따라서 선택지의 앞부분은 허가와 특허의 공통점이므로 옳은 설명이나, 뒷부분은 특허에만 해당하는 내용으로서 허가와 특허의 공통점이 아니므로 옳지 않은 설명이다.

③ (X) 공정력이란 행정행위에 하자가 있다고 하더라도, 하자가 중대하고 명백하여 당연히 무효로 인정되는 경우를 제외하고는 권한 있는 기관에 의해 취소되기 전까지 유효한 것으로 통용되는 힘을 말한다. 전통적 견해 및 판례는 공정력과 구별하여 별도로 구성요건적 효력이라는 개념을 인정하지 않는다. 반면, 최근의 새로운 견해는 구속력이 미치는 대상이 누구인지에 따라 공정력과 구성요건적 효력을 구별한다. 정리하면 다음과 같다.

구분	공정력	구성요건적 효력
전통적 견해 및 판례	행정행위의 상대방, 이해관계인, 타 국가기관에 대한 구속력	별도로 인정하지 않음
최근의 새로운 견해	행정행위의 상대방, 이해관계인에 대한 구속력 → 인정근거 : 법적 안정성, 실효성 확보	타 국가기관에 대한 구속력 → 인정근거 : 권력분립에 따른 기관 상호 간 권한존중

공정력과 구성요건적 효력을 구별하는 최근의 새로운 견해에 의할 때 「공정력」은 「법적 안정성과 실효성 확보」를 위해 정책적 관점에서 행정청의 결정에 잠정적인 구속력을 인정한 것으로 본다. 반면, 「구성요건적 효력」은 「권력분립」에 따라 기관 상호 간에 권한을 존중해야 하기 때문에 인정되는 효력이라고 본다. 따라서 공정력과 구성요건적 효력이 공통적으로 법적 안정성을 이론적 근거로 하고 있다는 설명은 옳지 않다.

④ (O) 행정소송법상 처분의 개념과 강학상(학문상) 행정행위의 개념을 비교하면 다음과 같다.

학문상 용어로서 행정행위(최협의)	비교	행정쟁송법상 처분
행정청이 법 아래서	=	행정청이 행하는
구체적 사실에 대한	=	구체적 사실에 관한
법집행으로서 행하는	=	법집행으로서의
권력적 단독행위로서 공법행위	<	공권력의 행사 또는 그 거부와 그 밖에 이에 준하는 행정작용

행정쟁송법상 처분의 개념과 강학상 행정행위의 개념이 다르다고 보는 견해(이원설)에 의하면, 「행정쟁송법상 처분」의 경우 「그 밖에 이에 준하는 행정작용」까지도 포함하기 때문에 「강학상 행정행위」의 개념보다 그 범위가 더 넓다고 본다. 참고로 '그 밖에 이에 준하는 행정작용'이란 전형적인 처분개념에는 해당하지 않더라도 행정쟁송의 대상이 될 수 있는 작용을 뜻한다.

19 답 ③

출제단원 종합
출제영역 특허 vs 인가, 항고소송의 대상, 행정법의 법원(法源), 행정상 손해배상

① (X) 대법원은 행정청이 도시 및 주거환경정비법 등 관련법령에 근거하여 행하는 조합설립인가처분은 단순히 사인들의 조합설립행위에 대한 보충행위로서의 성질을 갖는 것에 그치는 것이 아니라, 법령상 요건을 갖출 경우 도시 및 주거환경정비법상 주택재건축사업을 시행할 수 있는 권한을 갖는 행정주체(공법인)로서의 지위를 부여하는 일종의 설권적 처분(= 특허)의 성격을 갖는다고 본다. 이와 관련하여 대법원은 「조합설립결의」는 「조합설립인가처분」이라는 행정처분을 하는 데 필요한 요건 중 하나에 불과하므로 「조합설립결의」에 하자가 있다면 조합설립결의를 다툴 것이 아니라, 직접 「조합설립인가처분」의 취소 또는 무효확인을 구해야 한다고 본다(대법원 2009. 9. 24. 2008다60568). 「특허」와 관련한 이 판례는 「인가」와 관련한 쟁송방법에 대

한 판례와 혼동하지 않도록 구별해서 기억해야 한다. 정리하면 다음과 같다.

구분	문제상황	쟁송대상
인가	기본행위(사립학교법인의 임원선임행위)에 하자 존재 → 인가행위(감독청의 취임승인처분)	기본행위
특허	특허의 성립요건(조합설립결의)에 하자 존재 → 특허처분(조합설립인가처분)	특허처분

② (X) 대법원은 지목(= 토지의 주된 사용목적에 따라 토지의 종류를 구분·표시하는 명칭)은 토지행정의 기초로서 공법상의 법률관계에 영향을 미치고, 토지소유자는 지목을 토대로 토지의 사용·수익·처분에 일정한 제한을 받게 되는 점 등을 고려하면, 지목은 토지소유권을 제대로 행사하기 위한 전제요건으로서 토지소유자의 실체적 권리관계에 밀접하게 관련되어 있다고 본다. 따라서 지적공부 소관청의 지목변경신청 반려행위는 국민의 권리관계에 영향을 미치는 것으로서 항고소송의 대상이 되는 행정처분에 해당한다고 본다(대법원 2004. 4. 22. 2003두9015 전합).

③ (O) '조약'은 성문법원 중 한 가지로서, 명칭을 불문하고 국가와 국가 사이 또는 국가와 국제기구 사이의 법적 구속력이 있는 합의를 말한다. 헌법은 '헌법에 의하여 체결·공포된 조약과 일반적으로 승인된 국제법규는 국내법과 같은 효력을 가진다.'고 규정하여 조약이 법원(法源)에 해당함을 규정하고 있다(제6조 제1항). 조약 중 국회의 동의를 받은 조약은 법률과 동일한 효력이 인정되고, 국회의 동의를 받지 않은 조약은 명령과 동일한 효력이 인정된다. 이와 관련하여 대법원은 「1994년 관세 및 무역에 관한 일반협정」이나 「정부조달에 관한 협정」은 국회의 동의를 필요로 하는 조약으로서, 국회의 동의를 얻어 공포·시행되었으므로 '법률'과 동일한 효력을 가진다고 본다. 따라서 이에 위반한 지방자치단체의 조례는 상위규범인 '법률'에 위반하는 것이 되어 '무효'라고 본다(대법원 2005. 9. 9. 2004추10).

④ (X) 국가배상법 제2조 제1항에서 공무원의 위법한 직무행위로 인한 국가나 지방자치단체의 배상책임을 명시하고 있다. 국가배상법 제2조의 책임이 인정되기 위한 요건 중 「고의 또는 과실」과 관련하여 대법원은 어떠한 행정처분이 처분 이후에 항고소송에서 취소되었다고 하더라도 그 자체만으로 행정처분이 곧바로 공무원의 고의 또는 과실로 인한 불법행위에 해당한다고 단정할 수는 없다고 본다(대법원 2011. 1. 27. 2008다30703).

20

출제단원 Part 04 행정소송법
출제영역 행정소송의 심리, 취소소송의 대상

답 ③

① (O) 행정소송은 민사소송과 마찬가지로 당사자주의(= 소송절차에서 당사자에게 주도권을 부여하는 원칙)가 기본적인 소송원칙으로 적용된다. 다만, 행정소송의 공익성에 비추어 직권주의(= 소송절차에서 법원의 주도권을 인정하는 원칙)가 민사소송에 비하여 보다 널리 적용되고 있다. 행정소송법 제26조에서 '법원은 필요하다고 인정할 때에는 직권으로 증거조사를 할 수 있고, 당사자가 주장하지 아니한 사실에 대하여도 판단할 수 있다.'고 규정하여 직권심리주의를 보충적인 소송원칙으로 규정하고 있다. 이와 관련하여 대법원은 행정소송법 제26조의 규정은 행정소송의 특수성에 연유하는 당사자주의, 변론주의에 대한 일부 예외규정일 뿐이라고 본다. 따라서 법원이 아무런 제한 없이 당사자가 주장하지 아니한 사실을 판단할 수 있는 것은 아니며, 기록에 현출되어 있는 사항에 관하여서만 직권으로 증거조사를 하고 이를 기초로 하여 판단할 수 있을 뿐이라고 본다(대법원 1994. 10. 11. 94누4820).

② (O) 갑이 제기한 「X처분」에 대한 행정심판에서 행정심판위원회가 「X처분」을 갑에게 유리한 「Y처분」으로 변경하라고 명령하는 재결(= 변경명령재결)을 하였고, 행정청이 이에 따라 「X처분」을 「Y처분」으로 변경하는 변경처분을 한 경우에, 「Y처분」에 대해서도 불복하는 갑이 어떤 처분을 대상으로 취소소송을 제기해야 하는지 문제된다. 대법원은 행정청이 영업자에게 「행정제재처분(= X처분)」을 한 후 그 처분을 영업자에게 유리하게 「변경하는 처분(= Y처분)」을 한 경우에, 변경처분에 의해 유리하게 「변경된 내용의 행정제재(= Y처분)」가 위법하다 하여 그 취소를 구하는 경우 취소소송의 대상은 유리하게 변경된 내용으로 존재하는 「당초 처분(= X처분)」이지 「변경처분(= Y처분)」은 아니라고 본다. 이는 변경처분(= Y처분)에 의하여 당초 처분(= X처분)은 소멸하는 것이 아니고, 당초부터 유리하게 변경된 내용의 처분으로 존재하는 것으로 보기 때문이다(대법원 2007. 4. 27. 2004두9302).

③ (X) 원자력법상 부지사전승인제도는 원자로 및 관계시설을 건설하고자 하는 자가 그 계획 중인 건설부지가 원자력법에 의하여 원자로 및 관계시설의 부지로 적법한지 여부 및 굴착공사 등 일정한 범위의 공사를 할 수 있는지 여부에 대하여 건설허가 전에 미리 승인을 받는 제도이다. 이와 같이 단계적 행정절차에서 사인이 원하는 특정부분에 대해서만 우선허가하는 행위를 「부분허가」라고 한다. 부분허가는 중간단계에서 행해지는 결정이지만, 그 단계 자체에 대하여는 완결적인 행정행위의 성격을 갖는다. 이와 관련하여 대법원은 원자로 및 관계시설의 부지사전승인처분은 그 자체로서 건설부지를 확정하고 사전공사를 허용하는 법률효과를 지닌 독립한 행정처분이라고 본다. 다만, 부지사전승인처분 이후에 본처분인 원자로건설허가처분이 있게 되면 부지사전승인처분은 원자로건설허가처분에 흡수되어 독립된 존재가치를 상실함으로써 원자로건설허가처분만이 쟁송의 대상이 되며, 부지사전승인처분의 위법성은 나중에 내려진 건설허가처분의 취소를 구하는 소송에서 다투어야 한다고 본다(대법원 1998. 9. 4. 97누19588). 따라서 부지사전승인처분이 독립한 행정처분이 아니라는 선택지의 내용은 옳지 않다.

④ (O) 폐기물관리법상의 폐기물처리사업계획에 대한 적정·부적정 결정과 같이 최종적인 행정행위를 하기 전에 종국적인 행정행위의 요건 중 일부에 대한 종국적인 판단으로서 내려지는 결정을 「사전결정」이라고 한다. 이와 관련하여 대법원은 폐기물처리업의 허가를 받기 위하여는 먼저 사업계획서를 제출하여 허가권자로부터 사업계획에 대한 적정통보를 받아야 하고, 그 적정통보를 받은 자만이 허가신청을 할 수 있으므로, 부적정통보는 허가신청 자체를 제한하는 등 개인의 권리 내지 법률상의 이익을 개별적이고 구체적으로 규제하고 있어 행정처분에 해당한다고 본다(대법원 1998. 4. 28. 97누21086).

2016년 국가직 9급
행정법총론

문제편 p.55

01 ③ 02 ② 03 ③ 04 ③ 05 ① 06 ④ 07 ① 08 ① 09 ③ 10 ①
11 ④ 12 ① 13 ③ 14 ③ 15 ② 16 ④ 17 ② 18 ② 19 ② 20 ④

01 답 ③

출제단원 Part 01 행정법 서설
출제영역 행정상 법률관계에서 사법(私法)의 적용

① (O) 공법규정에 흠결이 있는 경우에 민법과 같은 사법규정을 적용할 수 있다는 견해가 일반적이다. 이때 어떤 범위에서 사법규정이 적용되는지와 관련하여 공법관계의 성질(권력관계인지 관리관계인지 여부)과 적용할 사법규정의 성질(법의 일반원칙에 관한 규정인지 아닌지 여부)에 따라 다음과 같이 판단하는 것이 일반적이다.

행정상 법률관계의 종류 사법규정의 유형	권력관계	관리관계	사법관계
법의 일반원칙에 관한 규정	적용	적용	적용
법기술적 규정	적용	적용	적용
이해조절적 규정	X	유추적용	적용

따라서 민법상 일반법원리적 규정(= 신의성실의 원칙이나 권리남용금지의 원칙 등과 같이 모든 법에 공통적으로 적용될 수 있는 규정인 「법의 일반원칙에 관한 규정」)과 주소, 기간계산, 소멸시효 등과 같은 「법기술적 규정」)은 권력관계에 대해서도 적용될 수 있다고 본다. 이때 「권력관계」란 공권력주체로서 행정주체가 「우월적인 지위」에서 국민에 대하여 일방적인 조치를 취하는 관계를 말한다. 반면, 「관리관계」란 행정주체가 「사인과 대등한 관계에서 공익목적을 달성」하기 위해 사업을 수행하거나 재산을 관리함에 있어 국민과 맺는 관계를 말한다. 「사법관계」란 행정주체가 「사인과 같은 지위」에서 국민과 맺는 관계를 말한다.

② (O) 「행정법관계」란 행정상 법률관계 중 공법이 적용되는 법률관계를 말한다. 즉, 행정법관계는 「공법관계」와 동의어로 사용된다. 공법관계는 다시 권력관계와 관리관계로 나뉜다. 그런데 ①번 해설에서 살펴본 바와 같이 기간계산에 관한 규정(= 법기술적 규정)은 권력관계와 관리관계에도 적용된다. 따라서 행정법관계(공법관계)에서 기간의 계산에 관하여 특별한 규정이 없으면 민법의 기간계산에 관한 규정이 적용된다는 설명은 옳다. 참고로 최근 제정된 행정기본법은 제6조 제1항에서 '행정에 관한 기간의 계산에 관하여는 행정기본법 또는 다른 법령 등에 특별한 규정이 있는 경우를 제외하고는 「민법」을 준용한다.'고 규정하여 이를 명확히 하고 있다.

③ (X) 소멸시효란 권리자가 권리를 행사할 수 있음에도 불구하고 일정기간 동안 권리를 행사하지 않는 경우에 그 권리의 소멸을 인정하는 제도이다. 민법에서는 채권의 소멸시효는 원칙상 10년으로 규정하고 있다. 그런데 국가재정법에서는 '금전의 급부를 목적으로 하는 국가의 권리 및 국가에 대한 권리로서 시효에 관하여 다른 법률에 규정이 없는 것은 5년 동안 행사하지 아니하면 시효로 인하여 소멸한다.'고 규정하고 있다(제96조). 따라서 국가에 대한 금전채권의 소멸시효에 대해서는 민법상 10년이라는 규정이 그대로 적용되는 것은 아니다.

④ (O) 취득시효란 타인의 물건을 일정기간 계속하여 점유하는 자에게 그 소유권을 취득하게 하는 제도이다. 이와 관련하여 국유재산(국가 소유로 된 재산) 중 행정목적에 제공된 재산인 행정재산이 취득시효의 대상이 될 수 있는지 문제된다. 그런데 국유재산법에서는 '행정재산은 민법 제245조(취득시효에 관한 규정)에도 불구하고 시효취득의 대상이 되지 아니한다.'고 규정하고 있다(제7조 제2항). 즉, 행정재산은 행정재산의 성질을 갖는 한 민법상 시효취득의 대상이 될 수 없다는 것이다. 대법원도 행정목적을 위하여 공용되는 행정재산은 「공용폐지가 되지 않는 한」, 사법상 거래의 대상이 될 수 없으므로 취득시효의 대상도 되지 않는다고 본다(대법원 1995. 12. 22. 95다19478). 참고로 '공용폐지'란 공물(공적 목적에 제공된 물건)의 성질을 소멸시키는 행정청의 의사표시를 말한다.

02 답 ②

출제단원 Part 04 행정소송법
출제영역 재량행위의 사법심사방식, 사정판결, 처분적 조례, 취소소송에서 판결의 효력

① (O) 대법원은 기속행위와 재량행위의 사법심사방식을 구분하고 있다. 즉, 기속행위를 심사함에 있어서는 법원이 주어진 사실관계에 관련법규를 해석·적용함으로써 독자적인 결론을 도출한 후, 이러한 법원의 판단과 행정청의 판단을 비교하여 행정청의 판단이 법원의 판단과 다를 경우에 행정청의 행위를 위법한 것으로 판단한다. 기속행위는 요건에 해당할 경우 법에서 정하고 있는 대로 행정행위를 해야 하므로 법에서 정하고 있는 대로 행정행위가 이루어지지 않았다면 바로 위법한 행위라고 판단할 수 있기 때문이다. 반면, 재량행위를 심사함에 있어서는 법원이 독자적인 결론을 도출함이 없이 행정청의 행위에 재량권의 일탈·남용이 있는지 여부만을 심사하는 방식으로 위법성을 판단한다. 이는 재량행위는 요건에 해당할 경우 어떠한 행정행위를 할 것인지에 대하여 행정청에 재량이 인정되므로, 법원의 독자적인 판단과 단순히 비교하여 위법 여부를 판단할 수는 없기 때문이다(대법원 2001. 2. 9. 98두17593).

② (X) 사정판결이란 원고의 청구가 이유 있다고 인정하는 경우에도, 즉 처분 등이 위법한 경우에도 처분 등을 취소하는 것이 현저히 공공복리에 적합하지 아니하다고 인정하는 때에 법원이 원고의 청구를 기각하는 판결을 말한다. 사정판결을 하기 위한 요건 및 그 판단시기를 살펴보면 다음과 같다.

원고의 청구가 이유 있을 것 (= 행정청의 처분이 위법할 것)	위법성 판단시기 → 처분시 기준
처분 등을 취소하는 것이 현저히 공공복리에 적합하지 아니할 것	공익성(= 사정판결의 필요성) 판단시기 → 변론종결시 기준

즉, 사정판결의 경우 처분이 위법한지 여부에 대한 판단은 다른 판결의 경우와 마찬가지로 '처분시'를 기준으로 한다.

③ (O) 조례란 지방의회에서 만드는 자치법규를 말한다. 항고소송의 대상이 되는 처분이 되기 위해서는 '구체적 사실에 관한 행위'이어야 하는데, 조례가 이에 해당하는지 문제된다. 원칙적으로 조례는 특정사

람이나 특정사건만을 대상으로 규정되는 것이 아니므로, 즉 일반적·추상적 규범이므로 원칙적으로 처분성을 인정할 수 없다. 따라서 항고소송의 대상이 아니다. 다만, 처분적 조례(= 형식은 조례이나, 규율대상이 개별적·구체적인 경우)의 경우 구체적인 집행행위 없이도 처분적 조례 그 자체만으로 국민의 구체적인 권리·의무에 변동을 초래하게 되므로 항고소송의 대상인 처분에 해당한다고 본다.

④ (O) 취소소송에서의 판결의 효력과 관련하여 기판력과 기속력을 정리하면 다음과 같다.

구분	기판력	기속력
의의	판결이 확정되면 그 후의 절차에서 동일한 사항이 문제되는 경우에도 당사자와 승계인이 기존 판결에 반하는 주장을 할 수 없고, 법원도 기존 판결에 반하는 판단을 할 수 없는 효력	처분 등을 취소하는 판결(= 인용판결)이 확정되면 당사자인 행정청과 관계행정청이 확정판결의 취지에 따라야 하는 효력
인정되는 판결	인용판결, 기각판결	인용판결

즉, 취소소송의 판결의 효력 중 「기판력」은 인용판결이나 기각판결 모두에 인정되지만, 「기속력」은 인용판결에만 인정된다.

03 답 ③

| 출제단원 | Part 02 행정작용 및 절차법 |
| 출제영역 | 공법상 계약, 부담 |

공법상 계약이란 공법적 효과의 발생을 목적으로 하여 복수당사자 사이에 서로 반대방향의 의사표시가 합치됨으로써 성립하는 공법행위를 말한다.

① (X) 대법원은 국립의료원 부설 주차장에 관한 위탁관리용역운영계약은 계약의 형식을 취하고 있지만, 그 실질은 행정재산인 부설 주차장에 대한 국유재산법에 의한 사용·수익허가로서 이루어진 것으로서, 국립의료원이 상대방의 신청에 의해 공권력을 가진 우월적 지위에서 행한 행정처분으로서 특정인에게 행정재산을 사용할 수 있는 권리를 설정하여 주는 강학상 「특허」에 해당한다고 본다(대법원 2006. 3. 9. 2004다31074).

② (X) 행정절차법은 그 적용범위를 '처분, 신고, 확약, 위반사실 등의 공표, 행정계획, 행정상 입법예고, 행정예고 및 행정지도의 절차'에 한정하고 있으며, 공법상 계약에 관한 규정을 두고 있지 않다. 참고로 행정절차법에서 규정하고 있는 사항과 규정하고 있지 않은 사항을 정리하면 다음과 같다.

규정하고 있는 사항	처분, 신고, 확약, 위반사실 등의 공표, 행정계획, 행정상 입법예고, 행정예고, 행정지도 절차
규정하고 있지 않은 사항	공법상 계약, 행정계획의 확정절차, 행정조사절차

참고로 최근 제정된 「행정기본법」은 행정의 전문화·다양화에 대응하여 공법상 법률관계에 관한 계약을 통해서도 행정이 이루어질 수 있도록 공법상 계약의 법적 근거를 마련하고, 공법상 계약의 체결방법, 체결시 고려사항 등에 관한 일반적 사항을 규정하였다(제27조).

③ (O) 「사회기반시설에 대한 민간투자법」에 의하면 민간투자사업을 시행하려는 자는 사업계획을 작성하여 주무관청에 제출하여야 하고, 주무관청은 이를 검토한 후 협상을 거쳐 사업시행자를 지정하게 된다. 이러한 민간투자사업시행자 지정이 처분에 해당하는지와 관련하여 대법원은 서울-춘천 간 고속도로 민간투자시설사업의 사업시행자 지정처분의 무효를 이유로 그 후행처분인 도로구역결정처분의 취소를 구하는 소송에서, 선행처분인 사업시행자 지정처분을 무효로 할 만큼 중대하고 명백한 하자가 없다고 판단한 바 있다. 즉, 대법원은 「민간투자시설사업의 사업시행자 지정」의 성격을 처분으로 보고, 이를 전제로 그 하자가 무효사유에 해당하는지를 판단한 것이다(대법원 2009. 4. 23. 2007두13159).

④ (X) 부담이란 행정행위의 주된 내용에 부가하여 그 행정행위의 상대방에게 작위(일정한 행위를 하는 것), 부작위(일정한 행위를 하지 않는 것), 급부(금전이나 물건의 교부 등), 수인(참는 것) 등의 의무를 부과하는 부관을 말한다. 대법원은 부담은 행정청이 행정처분을 하면서 일방적으로 부가할 수도 있고, 미리 상대방과 협의하여 부담의 내용을 정한 다음 행정처분을 하면서 이를 부가할 수도 있다고 본다(대법원 2009. 2. 12. 2005다65500).

04 답 ③

| 출제단원 | Part 08 행정정보공개·개인정보 보호·행정조사 |
| 출제영역 | 행정조사 |

행정조사란 행정기관이 사인으로부터 행정상 필요한 자료나 정보를 수집하기 위하여 행하는 일체의 행정작용을 말한다. 「행정조사기본법」은 행정조사에 관한 기본원칙·행정조사의 방법 및 절차 등에 관한 공통적인 사항을 규정하고 있다.

① (O) 행정조사기본법에서는 행정조사의 기본원칙 중 하나로 '행정조사는 조사목적을 달성하는 데 필요한 최소한의 범위 안에서 실시하여야 하며, 다른 목적 등을 위하여 조사권을 남용하여서는 아니 된다.'고 규정하고 있다(제4조 제1항). 이를 비례의 원칙이라고 한다.

② (O) 국가배상법 제2조 제1항에서 공무원의 위법한 직무행위로 인한 국가나 지방자치단체의 배상책임을 명시하고 있다. 행정조사도 공무원의 직무행위에 해당하므로, 위법한 행정조사로 손해를 입은 국민은 국가배상청구권을 행사할 수 있다.

③ (X) 행정조사가 실체법상 또는 절차법상 한계를 넘어 위법한 경우에 이러한 행정조사에 근거하여 이루어진 행정결정도 위법하게 되는 것인지 문제된다. 이와 관련하여 대법원은 위법한 세무조사(= 행정조사)에 기초하여 이루어진 납세자에 대한 부가가치세 부과처분(= 행정결정)은 위법하다고 판단한 바 있다(대법원 2006. 6. 2. 2004두12070). 즉, 행정조사가 위법한 경우에 이러한 행정조사를 기초로 한 행정결정 역시 위법하다는 것이다.

④ (O) 대법원은 수사기관의 강제처분이 아니라 행정조사의 성격을 가지는 한 영장은 요구되지 않는다고 본다. 그런데 우편물 통관검사 절차에서 이루어지는 우편물의 개봉, 시료채취, 성분분석 등의 검사는 수출입물품에 대한 적정한 통관 등을 목적으로 한 행정조사의 성격을 가지는 것이며, 수사기관의 강제처분이라고 할 수 없으므로 압수·수색영장 없이 우편물의 개봉, 시료채취, 성분분석 등 검사가 진행되었다고 하더라도 특별한 사정이 없는 한 위법하다고 볼 수는 없다고 본다(대법원 2013. 9. 26. 2013도7718).

05 답 ①

출제단원 Part 02 행정작용 및 절차법
출제영역 행정행위의 직권취소

행정행위의 직권취소란 일단 유효하게 성립한 행정행위를 처분청이 성립 당시의 하자를 이유로 직권으로 그 효력을 소멸시키는 것을 말한다.

① (X) 대법원은 행정처분을 한 처분청은 그 처분의 성립에 하자가 있는 경우 이를 취소할 별도의 법적 근거가 없다고 하더라도 직권으로 이를 취소할 수 있다고 본다(대법원 2002. 5. 28. 2001두9653).

② (O) 「행정행위(ⓐ)」를 「직권취소(ⓑ)」한 이후에 처분청의 「직권취소행위(ⓑ)」 자체에 하자가 있어 「직권취소행위(ⓑ)」를 다시 「직권취소(ⓒ)」함으로써 원래의 「행정행위(ⓐ)」를 회복시킬 수 있는지가 문제된다. 이와 관련하여 대법원은 애초에 직권취소의 대상인 행정행위의 성질에 따라 다음과 같이 판단하고 있다.

침익적 행정행위의 직권취소 (= 상대방에게 유리)의 직권취소 (= 상대방에게 불리)		직권취소의 직권취소 「불가능」
수익적 행정행위의 직권취소 (= 상대방에게 불리)의 직권취소 (= 상대방에게 유리)	원칙	직권취소의 직권취소 「가능」
	예외	수익적 행정행위의 직권취소 후 새로운 이해관계인이 생긴 경우 → 직권취소의 직권취소 「불가능」

예를 들어, 대법원은 과세관청이 한 과세처분(= 침익적 행정행위)의 직권취소에 위법사유가 있다고 하더라도, 직권취소가 당연무효가 아닌 한 일단 직권취소는 유효하므로 과세처분은 직권취소에 의해 확정적으로 효력을 상실한다고 본다. 따라서 과세관청은 과세처분에 대한 직권취소를 다시 직권취소함으로써 원래의 과세처분을 소생시킬 수는 없다고 본다(대법원 1995. 3. 10. 94누7027). 즉, 침익적 행정행위를 직권취소한 후, 이를 다시 직권취소하는 것은 불가능하다는 것이다.

③ (O) 불가쟁력이란 하자 있는 행정행위라 할지라도 불복기간이 경과하거나, 쟁송수단을 모두 다 거친 이후에는 「상대방 또는 이해관계인」이 더 이상 행정행위의 효력을 「쟁송절차를 통해」 다툴 수 없게 되는 힘을 말한다. 따라서 불가변력(=「행정청」이 당해 행정행위를 「직권으로」 취소 또는 변경할 수 없게 하는 힘)이 발생하지 않았다면, 취소권을 가진 행정청은 불가쟁력이 발생한 행정행위를 직권취소할 수 있다.

④ (O) 하자의 치유란 성립 당시에 흠이 있는 행정행위가 사후에 이를 보완하거나 그 흠이 취소사유가 되지 않을 정도로 경미해진 경우에 성립 당시의 흠에도 불구하고 하자 없는 적법한 행위로 그 효력을 유지시키는 것을 말한다. 행정행위의 하자가 치유되면 당해 행정행위는 처음부터 하자가 없는 적법한 행정행위로 효력을 발생하게 된다. 따라서 하자의 치유 이전의 위법사유를 이유로 이미 하자가 치유된 행정행위를 직권취소할 수는 없다.

06 답 ④

출제단원 Part 01 행정법 서설
출제영역 사인의 공법행위로서의 신고

① (X) 근거법률이 규정하는 신고의 요건만 구비하면 적법한 것인지, 아니면 다른 법률에서 정하는 요건까지 구비하여야 적법한 것인지 문제된다. 이와 관련하여 대법원은 다른 법률에서 정하는 요건을 충족시키지 못하는 한 적법한 신고를 할 수 없다고 본다. 예를 들어, 식품위생법과 건축법은 그 입법목적, 규정사항, 적용범위 등을 서로 달리하고 있어 식품접객업에 관하여 식품위생법이 건축법에 우선하여 배타적으로 적용되는 관계에 있다고는 해석되지 않는다고 본다. 따라서 식품위생법에 따른 식품접객업의 영업신고의 요건을 갖춘 자라고 하더라도, 그 영업신고를 한 당해 건축물이 건축법 소정의 허가를 받지 않은 무허가건물이라면 적법한 신고를 할 수 없다고 본다(대법원 2009. 4. 23. 2008도6829).

② (X) 건축법에는 건축신고를 한 경우 다른 법령상의 인·허가까지 받은 것으로 보는 규정(제14조 제2항)이 있다. 대법원은 이와 같이 인·허가의제효를 수반하는 건축신고는 행정청이 의제되는 인·허가의 실질적인 요건까지 심사해야 하기 때문에 일반적인 건축법상 신고와는 달리 '수리를 요하는 신고'라고 본다(대법원 2011. 1. 20. 2010두14954 전합). 건축법상 건축신고의 성질을 정리하면 다음과 같다.

일반적인 건축신고 (건축법 제14조 제1항)	인·허가의제효를 수반하는 건축신고 (건축법 제14조 제2항)
자기완결적 신고 → 수리를 요하지 않는 신고	행위요건적 신고 → 수리를 요하는 신고

③ (X) 행정절차법 제40조 제1항에서는 '법령 등에서 행정청에 일정한 사항을 통지함으로써 의무가 끝나는 신고'에 대하여 규정하고 있으며, 동법 제2항에서 '신고서가 접수기관에 「도달」된 때에 신고의무가 이행된 것으로 본다.'라고 규정하고 있다. 즉, 적법한 신고서를 「발송」했을 때가 아니라, 적법한 신고서가 접수기관에 「도달」된 때에 신고의무가 이행된 것으로 본다는 것이다. 이는 사인의 공법행위인 신고에서도 민법에서와 마찬가지로 「도달주의」가 적용됨을 규정하고 있는 것이다. 참고로 행정절차법상 신고는 행정청의 수리를 요하지 않는 「자기완결적 신고」를 규정하고 있다고 해석하는 것이 일반적이다.

④ (O) 대법원은 주민등록의 신고는 행정청이 수리한 경우에 비로소 신고의 효력이 발생하는 수리를 요하는 신고라고 본다(대법원 2009. 1. 30. 2006다17850). 이때 수리 여부에 대한 심사의 범위는 주민등록법의 입법목적 범위 내에서 「제한적」이라고 본다. 따라서 전입신고자가 거주의 목적 이외에 부동산투기와 같은 다른 이해관계에 관한 의도를 가지고 있는지 여부 등은 주민등록전입신고의 수리 여부를 심사하는 단계에서는 고려대상이 될 수 없다고 본다(대법원 2009. 6. 18. 2008두10997).

07 답 ①

출제단원 Part 06 행정상 손해배상
출제영역 영조물의 설치·관리의 하자로 인한 손해배상의 요건, 감면사유

국가배상법 제5조 제1항에서 영조물의 설치·관리의 하자로 인한 국가나 지방자치단체의 배상책임을 명시하고 있다.

① (X) 국가배상법 제5조의 책임이 인정되기 위한 요건 중 「공공의 영조물일 것」과 관련하여 대법원은 국가배상법 제5조 제1항 소정의 '공공의 영조물'이란 국가 또는 지방자치단체에 의하여 특정 공공의 목적에 공여된 유체물 내지 물적 설비를 말하는 것으로서, 국가 또는 지방자치단체가 소유권, 임차권 그 밖의 권한에 기하여 관리하고 있는 경우뿐만 아니라 사실상의 관리를 하고 있는 경우도 포함된다고 본다(대법원 1998. 10. 23. 98다17381).

② (O) 국가배상법 제5조의 책임이 인정되기 위한 요건 중 「설치·관리에 하자가 있을 것」과 관련하여 대법원은 국가배상법 제5조 제1항 소정의 '설치상의 하자'라 함은 공공의 목적에 공여된 영조물이 그 용도에 따라 통상 갖추어야 할 안전성을 갖추지 못한 상태에 있음을 말한다고 본다(대법원 1998. 10. 23. 98다17381).

③ (O) ②번에서 살펴본 바와 같이 대법원은 영조물의 하자 유무는 객관적 입장에서 본 안전성의 문제라고 본다. 이와 관련하여 대법원은 설치자의 재정사정은 참작사유에는 해당할 수 있겠지만, 안전성을 결정지을 절대적 요건에는 해당하지 않는다고 본다(대법원 1967. 2. 21. 66다1723). 따라서 국가의 예산 부족으로 인해 영조물의 설치·관리에 하자가 생긴 경우 국가가 면책되는 것은 아니라는 것이다.

④ (O) 피해자에게 과실이 있었던 경우에 이로 인해 확대된 손해의 한도 내에서 국가의 책임이 감면될 수 있는지 문제된다. 이와 관련하여 대법원은 소음 등을 포함한 공해 등의 위험지역으로 이주하여 들어가서 거주하는 경우와 같이 위험의 존재를 인식하면서 그로 인한 피해를 용인하며 접근한 것으로 볼 수 있는 경우에는 특별한 사정이 없는 한 가해자의 면책을 인정하여야 하는 경우도 있다고 본다. 특히 소음 등의 공해로 인한 법적 쟁송이 제기되거나 그 피해에 대한 보상이 실시되는 등 피해지역임이 구체적으로 드러나고 또한 이러한 사실이 그 지역에 널리 알려진 이후에 이주하여 오는 경우라면 가해자의 면책 여부를 보다 적극적으로 인정할 여지가 있다고 본다(대법원 2010. 11. 25. 2007다74560).

08 답 ①

| 출제단원 | Part 02 행정작용 및 절차법 |
| 출제영역 | 행정행위의 부관 |

부관이란 행정행위의 효과를 제한 또는 보충하기 위하여 행정기관에 의하여 주된 행정행위에 부가된 종된 규율을 말한다(다수설).

① (X) 부관에 대한 쟁송형태로는 형식상·내용상 모두 부관만의 취소를 구하는 「진정일부취소소송」과 형식상 부관이 붙은 주된 행정행위 전체를 소송의 대상으로 하면서도 내용상 부관만의 취소를 구하는 「부진정일부취소소송」이 있다. 대법원은 부관 중 「부담」은 주된 행정행위로부터 독립하여 취소소송의 대상이 될 수 있다고 본다(= 진정일부취소소송 가능). 반면, 「부담 이외의 부관」은 독립하여 취소소송의 대상이 될 수 없다고 본다(= 진정일부취소소송 불가능). 뿐만 아니라 형식상 부관이 붙은 주된 행정행위 전체를 소송의 대상으로 하면서도 내용상 부관만의 취소를 구하는 형태의 소송도 불가능하다고 본다(= 부진정일부취소소송 불가능). 결국 대법원은 「부담 이외의 부관」으로 인해 권리를 침해받은 자는 다음과 같은 방법으로 권리구제를 받을 수 있다고 본다.

| 방법 ⓐ | 주된 행정행위를 대상으로 소송을 제기하여 주된 행정행위 전체의 취소를 청구하는 방법 |
| 방법 ⓑ | 행정청에 부관을 붙이지 않는 행정행위로 변경해 줄 것과 같이 부관부 행정행위의 변경을 청구한 다음, 이에 대해 행정청이 거부하면 거부처분을 대상으로 취소소송을 제기하는 방법 |

따라서 사례에서 '공원부지를 기부채납(= 국가 이외의 자가 재산의 소유권을 무상으로 국가에 이전하여 국가가 이를 취득하는 것)할 것'이라는 부관을 「조건」으로 본다면, 이에 대해서는 진정일부취소소송뿐만 아니라 부진정일부취소소송 역시 불가능하다. 따라서 갑은 부관부 행정행위 전체를 취소소송의 대상으로 하여 부관만의 일부취소(= 부진정일부취소소송)를 구할 수는 없다.

② (O) ①번에서 살펴본 바와 같이 사례에서 제시된 부관을 부담으로 본다면 이에 대한 진정일부취소소송이 가능하다. 즉, 부담만 독립하여 취소소송의 대상으로 할 수 있으며 부담만의 독립취소가 가능하다.

③ (O) 대법원은 상대방이 부담에 의해 부과된 의무를 불이행하더라도 부담이 붙어 있는 주된 행정행위의 효력이 당연히 소멸하는 것은 아니라고 본다. 다만, 부담의 불이행을 이유로 주된 행정행위를 철회할 수는 있다고 본다(대법원 1989. 10. 24. 89누2431). 따라서 제시된 부관을 부담으로 보는 경우, 갑이 정해진 기간 내에 공원부지를 기부채납하지 않은 경우(= 부담의 불이행)에도 도로점용허가(= 주된 행정행위)를 철회하지 않는 한 도로점용허가는 유효하다.

④ (O) 대법원은 부담이 무효인 경우, 부담의 이행행위로 한 사법상 법률행위가 당연히 무효로 되는 것은 아니라고 본다. 즉, 부담의 이행행위로 한 사법상 법률행위는 일단 유효하며, 다만 민법상 취소사유에 해당할 경우에 취소가 가능하다고 본다(대법원 2009. 6. 25. 2006다18174). 따라서 부가된 부담이 무효임에도 불구하고 갑이 부관을 이행하여 기부채납을 완료한 경우, 갑의 기부채납행위가 당연히 무효로 되는 것은 아니다.

09 답 ③

| 출제단원 | Part 02 행정작용 및 절차법 |
| 출제영역 | 행정행위의 실효 |

① (X) 대법원은 신청에 의한 허가처분을 받은 자가 그 영업을 폐업한 경우에는 그 영업허가는 당연히 실효된다고 본다. 이때 허가행정청의 허가취소처분은 허가가 실효됨을 확인하는 것에 불과하다고 본다(대법원 1981. 7. 14. 80누593). 따라서 갑에 대한 유흥주점 영업허가의 효력은 갑의 자진폐업으로 실효되는 것이며, 2015. 9. 10.자 영업허가취소처분에 의해 소멸되는 것은 아니다. 참고로 '행정행위의 실효'란 적법한 행정행위의 효력이 행정청의 의사와 관계없이 일정한 사실의 발생에 의해 장래를 향하여 당연히 소멸하는 것을 말한다.

② (X) ①번에서 살펴본 바와 같이 갑에 대한 영업허가의 효력은 갑의 자진폐업으로 실효되었다. 따라서 시장의 영업허가취소처분이 통지되지 않았다고 하여 갑의 영업허가가 여전히 유효한 것은 아니다.

③ (O) 대법원은 신청에 의한 허가처분을 받은 자가 그 영업을 폐업한 경우에는 그 영업허가는 당연실효되며, 이 경우 허가행정청의 허가취소처분은 허가의 실효됨을 확인하는 것에 불과하므로 상대방으로서는 허가취소처분의 취소를 구할 소의 이익이 없다고 본다(대법원 1981. 7. 14. 80누593). 이 판례에서 사용된 '소의 이익'이란 가장 넓은 의미(최광의)의 소의 이익으로서 '대상적격', '원고적격', '권리보호의 필요'를 말한다. 이 판례에 의할 때 제시된 사례에서 갑의 자진폐업으로 이미 실효된 영업허가에 대해 행정청이 한 허가취소처분은 허가가 실효되었음을 사실상 확인하는 것에 불과하므로 취소소송의 대상이 되는 처분이 아니다. 따라서 2015. 9. 10.자 영업허가취소처분에 대하여 제기한 취소소송은 「대상적격을 결한 것」으로서 소송요건을 갖추지 못하여 부적법하여 각하된다. 참고로 각하판결이란 소송요건(= 법원의 본안판결을 받기 위하여 필요한 전제요건)을 갖추지 못한 부적법

한 소에 대하여 본안심리(= 원고가 청구한 내용에 대하여 판단하는 것)를 거부하는 판결을 말한다.
④ (X) 대법원은 자진폐업으로 영업허가의 효력은 당연히 소멸하는 것이며, 이후 다시 영업허가신청을 하는 것은 새로운 영업허가의 신청이라고 본다. 즉, 자진폐업으로 소멸한 종전 영업에 대한 허가가 되살아나는 것은 아니라는 것이다(대법원 1985. 7. 9. 83누412). 따라서 갑이 자진폐업 후 재개업신고를 했다고 하더라도 종전의 영업허가가 효력을 회복하게 되는 것은 아니다.

10 답 ①

출제단원 Part 04 행정소송법
출제영역 권리보호의 필요(= 협의의 소의 이익)

항고소송을 제기하기 위해서는 '권리보호의 필요(협의의 소의 이익)'가 요구된다. '권리보호의 필요'란 원고의 청구가 소송을 통하여 분쟁을 해결할 만한 현실적인 필요성을 말한다.
① (X) 영업허가의 취소·정지, 과징금 부과 등과 같은 제재적 처분의 기준을 정한 것을 「제재적 처분기준」이라고 한다. 대법원은 대통령령(= 시행령)형식으로 제재적 처분기준을 정한 경우 이를 「법규명령」의 성질을 갖는다고 보지만, 부령(= 시행규칙)형식으로 정한 경우 이를 「행정규칙」의 성질을 갖는다고 본다. 이와 관련하여, 제재적 행정처분(A)이 그 처분에서 정한 제재기간의 경과로 인하여 그 효과가 소멸되었으나, 부령인 시행규칙의 형식으로 정한 처분기준에서 선행처분인 제재적 행정처분(A)을 받은 것을 「가중사유」로 삼아 장래의 제재적 행정처분(후행처분)을 하도록 정하고 있는 경우에, 선행처분인 제재적 행정처분(A)을 받은 상대방이 제재기간이 경과하였다 하더라도 그 처분(A)의 취소를 구할 법률상 이익이 있는지가 문제된다. 이와 관련하여 대법원은 제재적 처분의 가중사유가 「부령(= 시행규칙)」의 형식으로 되어 있다고 하더라도, 법령에 근거를 두고 있는 이상 그 「법적 성질이 법규명령인지 여부와는 상관없이」 관할 행정청이나 담당공무원은 이를 준수할 의무가 있고, 국민은 영향을 받을 수밖에 없다고 본다. 따라서 부령(= 시행규칙)에서 정한 바에 따라 선행처분(A)을 받은 상대방으로서는 선행처분인 제재적 행정처분(A)이 제재기간의 경과로 그 효과가 소멸되었다고 하더라도 선행처분(A)에 대한 취소소송을 통하여 그 불이익을 제거할 필요가 있다고 본다(대법원 2006. 6. 22. 2003두1684).
② (O) 위법한 행정처분의 취소를 구하는 소는 위법한 처분에 의하여 발생한 위법상태를 배제하여 원상으로 회복시키고 그 처분으로 침해되거나 방해받은 권리와 이익을 구제하고자 하는 소송이다. 따라서 비록 그 위법한 처분을 취소한다 하더라도 원상회복이 불가능한 경우에는 그 취소를 구할 이익이 없는 것이 원칙이다. 이에 따라 대법원은 건축허가가 건축법 소정의 이격거리(= 건물과 건물 간의 간격)를 두지 아니하고 건축물을 건축하도록 되어 있어 위법하다 하더라도, 건축허가에 기하여 건축공사가 완료되었다면 건축허가처분의 취소를 받아 이격거리를 확보할 단계는 지났으므로 건축허가처분의 취소를 구할 법률상의 이익이 없다고 본다(대법원 1992. 4. 24. 91누11131).
③ (O) ②번에서 살펴본 바와 같이 위법한 처분을 취소한다 하더라도 원상회복이 불가능한 경우에는 그 소의 이익이 없지만, 원상회복이 가능한 경우에는 소의 이익이 인정된다. 이와 관련하여 대법원은 현역입영대상자로서는 현실적으로 입영을 하였다고 하더라도, 입영 이후의 법률관계에 영향을 미치고 있는 현역병입영통지처분을 한 관할지방병무청장을 상대로 현역병입영통지처분의 위법을 주장하여 그 취소를 구할 소송상의 이익이 있다고 본다(대법원 2003. 12. 26. 2003두1875). 현역입영대상자가 입영한 후에도 현역입영통지처분이 취소되면 원상회복이 가능하므로 현역입영통지처분의 취소를 구할 소의 이익이 있다는 것이다.
④ (O) ②번에서 살펴본 바와 같이 위법한 처분을 취소한다 하더라도 원상회복이 불가능한 경우에는 그 소의 이익이 없다. 그러나 이러한 경우에도 동일한 사유로 위법한 처분이 반복될 위험성이 있거나 회복되는 부수적 이익이 있는 경우에는 소의 이익이 인정될 수 있다. 이와 관련하여 대법원은 지방의회의원에 대한 제명의결 취소소송 계속 중 의원의 임기가 만료되어 제명의결의 취소로 의원의 지위를 회복할 수는 없다 하더라도 「제명의결시부터 임기만료일까지의 기간에 대한 월정수당의 지급을 구할 수 있는 경우」에는 제명의결의 취소를 구할 법률상 이익이 있다고 본다(대법원 2009. 1. 30. 2007두13487). 즉, 기본적인 권리회복은 불가능하나 월정수당의 지급과 같이 부수적 이익은 있는 경우이므로 원상회복이 불가능하더라도 소의 이익이 인정될 수 있는 경우라고 본 것이다.

11 답 ④

출제단원 Part 03 행정의 실효성 확보수단
출제영역 행정질서벌

① (O) 행정의 상대방이 행정법상 의무를 위반한 경우에 국가 또는 지방자치단체가 행정의 상대방에게 과하는 행정법상의 제재로서의 처벌을 「행정벌」이라고 한다. 행정벌에는 행정형벌과 행정질서벌이 있다. 「행정형벌」이란 행정법규 위반에 대하여 과하여지는 형벌을 말한다. 반면, 「행정질서벌」이란 일반사회의 법익에 직접 영향을 미치지는 않으나, 행정상의 질서에 장해를 야기할 우려가 있는 의무위반에 대하여 과태료가 가해지는 제재를 말한다.
② (O) 「질서위반행위규제법」에서 행정질서벌의 성립요건과 부과절차 등에 관해 규정하고 있다. 동법 제7조에서는 '고의 또는 과실이 없는 질서위반행위는 과태료를 부과하지 아니한다.'고 규정하여 과태료가 부과되는 질서위반행위의 성립요건으로 고의 또는 과실을 요구하고 있다.
③ (O) 조례란 지방의회에서 만드는 자치법규를 말한다. 지방자치법에서는 '지방자치단체는 조례를 위반한 행위에 대하여 조례로써 1천만원 이하의 과태료를 정할 수 있다.'고 규정하고 있다(제34조 제1항). 따라서 조례도 과태료 부과의 근거가 될 수 있다.
④ (X) 질서위반행위규제법에 의하면, 행정청의 과태료 부과에 불복하는 당사자는 과태료 부과통지를 받은 날부터 60일 이내에 해당 행정청에 서면으로 이의제기를 할 수 있고, 이의제기가 있는 경우에는 그 과태료부과처분은 효력을 상실하게 된다. 이때 이의제기를 받은 행정청은 이의제기를 받은 날부터 14일 이내에 관할법원에 통보하여야 하고, 그 통보를 받은 관할법원은 과태료 재판을 하게 된다. 대법원은 질서위반행위법의 이러한 규정을 종합하여 보면, 과태료의 부과 여부 및 그 당부는 최종적으로 질서위반행위규제법에 의한 절차에 의하여 판단되어야 한다고 할 것이므로, 과태료부과처분은 행정청을

피고로 하는 행정소송의 대상이 되는 행정처분이라고 볼 수 없다고 판단하였다(대법원 2012. 10. 11. 2011두19369).

12 답 ①

출제단원	Part 04 행정소송법
출제영역	행정소송법상 집행정지

행정소송법 제23조 제1항에서 '취소소송의 제기는 처분 등의 효력이나 그 집행 또는 절차의 속행에 영향을 주지 아니한다.'고 하여 집행부정지의 원칙을 규정하고 있다. 다만, 제2항에서 다음과 같은 요건하에 예외적으로 집행정지를 인정하고 있다.

적극적 요건	적법한 본안소송이 계속 중일 것, 처분 등이 존재할 것, 회복하기 어려운 손해를 예방하기 위한 것일 것, 긴급한 필요가 있을 것
소극적 요건	공공복리에 중대한 영향이 없을 것, 본안청구의 이유 없음이 명백하지 않을 것

① (O) 행정소송법상 집행정지를 하기 위해서는 「적법한 본안소송이 법원에 계속」되어 있어야 한다. 대법원도 집행정지결정을 하려면 이에 대한 본안소송이 법원에 제기되어 계속 중임을 요건으로 한다고 본다(대법원 2007. 6. 28. 자 2005무75). 또한 대법원은 집행정지는 행정처분의 집행부정지원칙의 예외로서 인정되는 것이고 또 본안에서 원고가 승소할 수 있는 가능성을 전제로 한 권리보호수단이라는 점에 비추어 보면 집행정지사건 자체에 의하여도 신청인의 본안청구가 적법한 것이어야 한다는 것을 집행정지의 요건에 포함시켜야 한다고 본다(대법원 1999. 11. 26. 자 99부3). 즉, 이때 계속된 본안소송은 소송요건을 갖춘 적법한 것이어야 한다는 것이다.

② (X) 대법원은 거부처분은 그 효력이 정지되더라도 처분이 없었던 것과 같은 상태를 만드는 것에 지나지 아니하고, 행정청에게 신청에 따른 처분을 해야 할 의무가 생기는 것이 아니므로 거부처분의 집행정지는 거부처분으로 인해 신청인에게 생길 손해를 방지하는 데 아무런 보탬이 되지 않는다고 본다(대법원 1995. 6. 21. 자 95두26). 즉, 거부처분에 대해서는 집행정지가 인정되지 않는다는 것이다.

③ (X) 가처분이란 금전 이외의 급부를 목적으로 하는 청구권의 집행을 보전하거나 다툼이 있는 법률관계에 관하여 임시의 지위를 보전하는 것을 내용으로 하는 가구제제도이다. 여기서 가구제란 본안판결의 실효성을 확보하기 위하여 본안판결이 확정될 때까지 잠정적으로 권리구제를 도모하는 것을 말한다. 가구제수단으로 행정소송법은 집행정지에 대해서만 규정하고 있으며, 민사집행법에서 인정되는 가처분에 관해서는 규정하고 있지 않다. 이에 민사집행법상의 가처분을 항고소송에서 준용할 수 있는지 문제된다. 이와 관련하여 대법원은 민사집행법상의 가처분은 민사판결절차에 의하여 보호받을 수 있는 권리에 관한 것이므로 항고소송에서 민사집행법상의 가처분을 인정하지 않는다(대법원 1992. 7. 6. 자 92마54).

④ (X) 행정소송법에서는 '처분 등을 취소하는 확정판결은 그 사건에 관하여 당사자인 행정청과 그 밖의 관계행정청을 기속한다.'고 하여 취소판결의 기속력을 규정하고 있다(제30조 제1항). 취소판결의 기속력에 관한 이 규정은 집행정지결정에도 준용하고 있다(제23조 제6항). 따라서 집행정지결정은 당해 사건에 관하여 당사자인 행정청과 관계행정청을 기속한다. 참고로 기속력이란 처분 등을 취소하는 판결이 확정되면 당사자인 행정청과 관계행정청이 확정판결의 취지에 따라야 하는 효력을 말한다.

13 답 ③

출제단원	Part 08 행정정보공개·개인정보 보호·행정조사
출제영역	공공기관의 정보공개에 관한 법률

① (X) 공공기관의 정보공개에 관한 법률에 의한 정보공개의무자는 「공공기관」이다. 이와 관련하여 동법 시행령에서는 「유아교육법」, 「초·중등교육법」, 「고등교육법」에 따른 각급 학교 또는 그 밖의 다른 법률에 따라 설치된 학교를 공공기관이라고 규정하고 있으며, 이때 학교를 국·공립학교에 한정하고 있지 않다. 따라서 사립학교도 정보공개의무자인 공공기관에 포함된다.

② (X) 대법원은 정보공개를 청구하는 자가 공공기관에 대해 정보의 사본 또는 출력물의 교부의 방법으로 공개방법을 선택하여 정보공개청구를 한 경우에 공개청구를 받은 공공기관으로서는 같은 법에서 규정하고 있는 정보의 사본 또는 복제물의 교부를 제한할 수 있는 사유에 해당하지 않는 한 정보공개청구자가 선택한 공개방법에 따라 정보를 공개하여야 한다고 본다. 즉, 정보공개청구를 받은 공공기관은 정보공개청구권자가 선택한 공개방법에 따라 정보를 공개하여야 하며, 공개방법을 선택할 재량권은 없다는 것이다(대법원 2003. 12. 12. 2003두8050).

③ (O) 공공기관의 정보공개에 관한 법률에서는 「비공개결정에 대한 청구인의 불복절차」로 '이의신청', '행정심판', '행정소송'을 규정하고 있다. 그런데 동법 제19조 제2항에서는 '청구인은 이의신청절차를 거치지 아니하고 행정심판을 청구할 수 있다.'고 규정하고 있다. 즉, 이의신청은 임의적 절차에 불과하다.

④ (X) 공공기관의 정보공개에 관한 법률 제18조 제1항에서는 공공기관의 비공개결정뿐만 아니라 부분공개결정에 대해서도 이의신청을 할 수 있다고 규정하고 있다.

14 답 ③

출제단원	Part 05 행정심판법
출제영역	행정심판의 종류, 재결의 범위, 행정심판 재청구의 금지, 임시처분

① (O) 행정심판법에서는 행정심판의 종류로 취소심판, 무효등확인심판, 의무이행심판을 정하고 있다(제5조). 의무이행심판이란 당사자의 신청에 대한 행정청의 위법 또는 부당한 거부처분이나 부작위에 대하여 일정한 처분을 하도록 하는 행정심판을 말한다. 참고로 행정심판에서와 달리 행정소송에서는 의무이행소송이 인정되지 않는다.

② (O) 행정심판법에서는 '위원회는 심판청구의 대상이 되는 처분보다 청구인에게 불리한 재결을 하지 못한다.'고 규정하고 있다(제47조 제2항). 이를 '불이익변경금지의 원칙'이라고 한다.

③ (X) 행정심판법에서는 '심판청구에 대한 재결이 있으면 그 재결 및 같은 처분 또는 부작위에 대하여 다시 행정심판을 청구할 수 없다.'고 하여 행정심판의 재청구가 금지됨을 규정하고 있다(제51조). 따라서 행정심판 청구인은 재결 자체에 고유한 위법이 있을 경우에 행정소송을 제기하여 다투어야 하며, 재결에 대하여 다시 행정심판을 청구

할 수는 없다.
④ (O) 임시처분이란 처분 또는 부작위에 대하여 인정되는 임시의 지위를 정하는 가구제를 말한다. 행정심판법에서는 임시처분에 대하여 규정하고 있다(제31조). 임시처분은 당사자의 신청에 의한 경우뿐만 아니라 행정심판위원회의 직권으로도 결정할 수 있다. 참고로 행정심판법에서는 가구제수단으로「집행정지제도」와「임시처분」에 대하여 규정하고 있다(제30조, 제31조). 다만, 임시처분은 집행정지로 목적을 달성할 수 있는 경우에는 허용되지 않는 제한이 있다(제31조 제3항). 반면, 행정소송법에서는 가구제수단으로「집행정지제도」에 대해서만 규정하고 있으며(제23조), 임시처분에 대해서는 규정하고 있지 않다.

15   답 ②

출제단원 Part 03 행정의 실효성 확보수단
출제영역 행정상 강제집행

행정상 강제집행이란 행정법상의 의무 불이행이 있는 경우에 행정청이 의무자의 신체 또는 재산에 실력을 가하여 불이행된 의무를 이행시키거나 이행한 것과 동일한 상태를 실현시키는 것을 말한다. 행정상 강제집행의 종류로는 대집행, 이행강제금, 직접강제, 행정상 강제징수가 있다.
① (X) 행정상 강제집행은 법원 및 국가의 집행기관의 도움 없이 행정청이 자력에 의하여 집행한다는 점에서 민사상 강제집행과 다르다. 대법원은 행정상 강제집행이 인정되는 경우에 민사상 강제집행이 인정될 수 있는지에 관련하여 행정대집행의 절차가 인정되는 경우에는 따로 민사소송의 방법으로 공작물의 철거, 수거 등을 구할 수는 없다고 본다(대법원 2000. 5. 12. 99다18909). 즉, 행정상 강제집행이 인정되는 경우에는 별도로 민사상 강제집행은 인정될 수 없다는 것이다.
② (O) 공법상 대체적 작위의무의 불이행이 있는 경우에 당해 행정청이 스스로 의무자가 행할 행위를 하거나 제3자로 하여금 이를 행하게 하고 그 비용을 의무자로부터 징수하는 것을「대집행」이라고 한다. 대집행은 '계고 → 대집행영장에 의한 통지 → 대집행의 실행 → 비용징수'라는 절차를 거친다. 계고란 상당한 기간 내에 의무의 이행을 하지 않으면 대집행을 한다는 의사를 사전에 통지하는 행위를 말하고, 통지란 의무자가 계고를 받고 지정기한까지 그 의무를 이행하지 아니할 때에는 당해 행정청이 대집행영장으로써 대집행을 할 시기, 대집행책임자의 성명과 대집행비용의 견적액을 의무자에게 통지하는 행위를 말한다. 이와 관련하여 행정대집행법에서는 '비상시 또는 위험이 절박한 경우에 있어서 당해 행위의 급속한 실시를 요하여 계고와 통지를 할 여유가 없을 때에는 이를 거치지 않고 대집행을 할 수 있다.'고 규정하고 있다(제3조 제3항).
③ (X) 사인이 국가 등 행정주체에 대하여 부담하고 있는 공법상의 금전급부의무를 이행하지 않은 경우에 행정청이 의무자의 재산에 실력을 가하여 의무가 이행된 것과 동일한 상태를 실현하는 행정상 강제집행수단을「행정상 강제징수」라고 한다. 국세징수법에 의한 강제징수는 '독촉 → 재산의 압류 → 압류재산의 매각 → 청산'의 절차로 이루어진다. 이때 '압류재산의 매각'이란 압류재산을 금전으로 바꾸는 것을 말하며, 국세징수법상 압류재산의 매각은 공매(= 국가기관에 의해 이루어지는 공적 경매) 또는 수의계약의 방법으로 하도록 되어 있다. 국세징수법에서는 압류재산을 공매할 때에 공고와 별도로 체납자 등에게 공매통지를 하도록 규정하고 있는데,「공매」와「공매통지」의 법적 성질은 구분해야 한다. 즉, 대법원은 과세관청이 체납처분으로서 행하는「공매」는 우월한 공권력의 행사로서 행정소송의 대상이 되는 공법상의 행정처분이라고 본다(대법원 1984. 9. 25. 84누201). 반면,「공매통지」자체는 상대방인 체납자 등의 법적 지위나 권리·의무에 직접적인 영향을 주는 행정처분이 아니라고 본다. 따라서 특별한 사정이 없는 한 체납자 등은「공매통지」의 결여나 위법을 들어「공매」처분의 취소 등을 구할 수 있는 것이지,「공매통지」자체를 항고소송의 대상으로 삼아 그 취소 등을 구할 수는 없다고 본다(대법원 2011. 3. 24. 2010두25527).
④ (X) 작위의무·부작위의무·수인의무의 불이행시에 일정액수의 금전이 부과될 것임을 의무자에게 미리 경고함으로써 의무이행의 확보를 도모하는 강제수단을「이행강제금」이라고 한다. 대법원은 건축법상 이행강제금 납부의무는 상속인 기타의 사람에게 승계될 수 없는 일신전속적인 성질의 것이라고 본다. 따라서 이미 사망한 사람에게 이행강제금을 부과하는 내용의 처분이나 결정은 당연무효라고 본다(대법원 2006. 12. 8. 자 2006마470).

16   답 ④

출제단원 Part 04 행정소송법
출제영역 당사자소송, 취소소송의 원고적격, 처분사유의 추가·변경

① (X) 대법원은 납세의무자에 대한 국가의 부가가치세 환급세액 지급의무는 그 납세의무자로부터 과다하게 거래징수된 세액 상당을 국가가 실제로 납부받았는지와 관계없이 부가가치세법령의 규정에 의하여 직접 발생하는 것이라고 본다. 따라서 그 법적 성질은 부당이득 반환의무가 아니라,「부가가치세법령에 의하여 구체적으로 확정」되고 조세정책적 관점에서 특별히 인정되는「공법상 의무」라는 것이다. 따라서 납세의무자의 국가에 대한 부가가치세 환급세액 지급청구는 민사소송이 아니라 행정소송법상 당사자소송의 절차에 따라야 한다고 본다. 즉, 대법원은 '부가가치세 환급세액의 반환청구'는 부당이득 반환청구가 아니며, 이는 당사자소송의 절차에 따라야 한다는 것이다(대법원 2013. 3. 21. 2011다95564). 참고로 당사자소송이란 행정청의 처분 등을 원인으로 하는 법률관계에 관한 소송, 그 밖에 공법상의 법률관계에 관한 소송으로서 그 법률관계의 한쪽 당사자를 피고로 하는 소송을 말한다.
② (X) 원고적격이란 행정소송에서 원고가 될 수 있는 자격을 의미하는데, 취소소송은 처분 등의 취소를 구할 법률상 이익이 있는 자가 제기할 수 있다(행정소송법 제12조 1문). 이와 관련하여 일반 사인이 아닌「국가 등의 기관」에도 원고적격을 인정할 수 있는지가 문제된다. 대법원은 다른 기관의 처분에 의해 국가기관이 권리를 침해받고 의무를 부과받는 등 중대한 불이익을 받았음에도 처분을 다툴 별다른 방법이 없고, 처분의 취소를 구하는 항고소송을 제기하는 것이 유효·적절한 권익구제수단인 경우에는 국가기관에도 당사자능력과 원고적격을 인정하여야 한다고 본다. 이에 따라 대법원은 국가기관인 시·도 선거관리위원회 위원장은 국민권익위원회가 그에게 소속직원에 대한 중징계 요구를 취소하라는 등의 조치 요구를 한 것에 대해서 취소소송을 제기할 원고적격을 가진다고 판단하였다(대법원 2013. 7. 25. 2011두1214).

③ (X) 원고적격이 인정되기 위해서는 자신의 「법률상 이익」이 침해되어야 한다. 이와 관련하여 대법원은 생태·자연도(= 전국의 자연환경정보를 등급화하여 표시한 지도) 1등급 권역의 인근주민들이 가지는 이익은 환경보호라는 공공의 이익이 달성됨에 따라 반사적으로 얻게 되는 이익에 불과하므로, 인근주민에 불과한 자는 생태·자연도 등급권역을 1등급에서 일부는 2등급으로, 일부는 3등급으로 변경한 결정의 무효확인을 구할 원고적격이 없다고 본다(대법원 2014. 2. 21. 2011두29052). 즉, 사실상 이익 내지 반사적 이익의 침해만으로는 원고적격이 인정되지 않는다는 것이다. 이러한 판단은 취소소송에서도 마찬가지이므로, 생태·자연도 1등급으로 지정되었던 지역을 2등급 또는 3등급으로 변경하는 내용의 환경부장관의 결정으로 1등급 권역의 인근주민은 반사적 이익의 침해를 받는 것에 불과하므로 이에 대해 취소소송을 제기할 원고적격이 인정되지 않는다.

④ (O) 「처분 당시에 존재」하였지만 행정청이 처분의 근거로 「제시하지 않았던」 사유를 이후 「행정쟁송단계」에서 추가하거나 변경하는 것을 「처분사유의 추가·변경」이라고 한다. 처분의 상대방은 행정소송 과정에서 당초 처분시 행정청이 제시했던 처분사유를 기초로 하여 공격·방어를 하게 될 것이다. 그런데 아무런 제한 없이 행정청이 처분사유를 추가·변경하는 것을 허용한다면, 처분의 상대방은 전혀 예상하지 못한 처분사유에 대해서 공격·방어를 해야 하는 상황이 생길 수 있다. 즉, 처분의 상대방에게 예기치 못한 불이익을 줄 수 있는 것이다. 따라서 대법원은 당초의 처분사유와 「기본적 사실관계가 동일하다고 인정되는 한도 내」에서만 다른 처분사유를 새로 추가하거나 변경할 수 있다고 본다(대법원 2008. 2. 28. 2007두13791, 13807). 이러한 기준에 따라 대법원은 처분의 사실관계에 변경이 없는 한 적용법령만을 추가하거나 변경하는 것은 가능하다고 본다. 즉, 처분 당시에 적시한 구체적 사실을 변경하지 않는 범위 내에서의 근거법령의 추가·변경은 새로운 처분사유의 추가라고는 볼 수 없으므로 법원은 처분청이 처분 후에 추가·변경한 법령을 적용하여 해당 처분의 적법 여부를 판단할 수 있다고 본다(대법원 1987. 12. 8. 87누632).

17 답 ②

| 출제단원 | Part 02 행정작용 및 절차법
| 출제영역 | 행정행위의 하자

① (X) 대법원은 임용 당시 공무원 임용결격사유가 있었다면 비록 국가의 과실에 의해 임용결격자임을 밝혀 내지 못하였다 하더라도 그 임용행위는 당연무효라고 본다(대법원 1987. 4. 14. 86누459).

② (O) 대법원은 「적법한」 건축물에 대한 철거명령은 하자가 중대하고 명백하여 당연무효라고 본다. 따라서 당연무효인 철거명령(= 선행 행정행위)에 기초하여 이루어진 건축물철거 대집행 계고처분(= 후행 행정행위) 역시 당연무효라고 본다(대법원 1999. 4. 27. 97누6780). 선행 행정행위가 무효인 경우에는 이를 전제로 하여 행해지는 후행 행정행위는 존립근거를 잃어 후행 행정행위 역시 무효가 되는 것이다.

③ (X) 하자의 치유란 성립 당시에 흠이 있는 행정행위가 사후에 이를 보완하거나 그 흠이 취소사유가 되지 않을 정도로 경미해진 경우에 성립 당시의 흠에도 불구하고 하자 없는 적법한 행위로 그 효력을 유지시키는 것을 말한다. 대법원은 행정행위의 「형식·절차상의 하자」에 대해서는 하자의 치유를 인정하지만, 「내용상의 하자」에 대해서는 하자의 치유를 인정하지 않는다.

④ (X) [상황: 행정처분 → 헌법재판소의 법률에 대한 위헌결정 → 행정처분의 집행] 행정처분이 먼저 행해진 후에 처분의 근거법률이 헌법재판소에서 위헌결정을 받았고, 처분의 상대방이 아직 처분으로 부과된 의무를 이행하지 않고 있는 경우에 강제집행을 할 수 있는지 문제된다. 이에 대해 대법원은 행정처분(= 과세처분)이 있은 후에 집행단계에서 행정처분(= 과세처분)의 근거법률이 위헌으로 결정된 경우 행정처분의 집행이나 집행력을 유지하기 위한 행위(= 체납처분)는 위헌결정의 효력에 위반되어 허용될 수 없다고 본다. 이때 위헌법률에 근거한 행정처분의 집행행위(= 체납처분)는 하자가 중대하고 명백하여 당연무효라고 본다(대법원 2012. 2. 16. 2010두10907).

18 답 ②

| 출제단원 | Part 04 행정소송법
| 출제영역 | 항고소송의 대상

항고소송의 대상이 되는 처분이란 「행정청이 행하는 구체적 사실에 관한 법집행으로서의 공권력의 행사 또는 그 거부와 그 밖에 이에 준하는 행정작용」을 말한다(행정소송법 제2조 제1항 1호).

① (O) 대법원은 교도소장이 특정 수형자를 '접견내용 녹음·녹화 및 접견시 교도관 참여대상자'로 지정한 행위는 수형자의 구체적 권리·의무에 직접적 변동을 가져오는 행정청의 공법상 행위로서 항고소송의 대상이 되는 '처분'에 해당한다고 본다(대법원 2014. 2. 13. 2013두20899). 교도소장의 지정행위를 통해 해당 수형자의 접견시마다 교도관이 참여하고, 접견내용에 대한 청취·기록·녹음·녹화가 이루어졌고, 이는 사생활의 비밀 등 권리에 제한을 가하는 것이므로 교도소장이 우월적 지위에서 수형자에게 일방적으로 강제하는 성격을 가진 공권력적 사실행위의 성격을 갖는다는 점 등이 고려된 것이다.

② (X) 토지와 같은 부동산의 소유권이 이전되기 위해서는 등기부에 소유권이전등기를 해야 한다. 즉, 토지대장(= 토지의 위치·지번·지목·면적, 소유자의 주소·주민등록번호·성명 또는 명칭 등을 등록하여 토지의 상황을 명확하게 하는 장부)에 소유자명의가 변경된다고 하여 토지의 소유권이 이전되지는 않는다. 이와 관련하여 대법원은 토지대장상의 소유자명의가 변경된다고 하여도 이로 인하여 당해 토지에 대한 소유권과 같은 실체상의 권리관계에 변동을 가져올 수 없으므로 소관청이 토지대장상의 소유자명의변경신청을 거부한 행위는 항고소송의 대상이 되는 행정처분이라고 할 수 없다고 본다(대법원 2012. 1. 12. 2010두12354).

③ (O) 대법원은 금융기관의 임원에 대한 금융감독원장의 문책경고는 그 상대방에 대한 직업선택의 자유를 직접 제한하는 효과를 발생하게 하는 등 상대방의 권리·의무에 직접 영향을 미치는 행위로서 항고소송의 대상이 되는 행정처분에 해당한다고 본다(대법원 2005. 2. 17. 2003두14765).

④ (O) 대법원은 국가공무원법에서 공무원이 국가공무원법에서 정하고 있는 일정한 사유에 해당할 때에는 당연히 퇴직한다고 규정하고 있으므로, 국가공무원법상 당연퇴직은 결격사유가 있을 때 법률상 당연히 퇴직하게 되는 것이라고 본다. 즉, 공무원관계를 소멸시키기 위한 별도의 행정처분을 필요로 하는 것이 아니라는 것이다. 따라서 당연퇴직의 인사발령은 법률상 당연히 발생하는 퇴직사유를 공적으로

확인하여 알려 주는 이른바 관념의 통지에 불과하고, 공무원의 신분을 상실시키는 새로운 형성적 행위가 아니므로 행정소송의 대상이 되는 독립한 행정처분이라고 할 수 없다고 본다(대법원 1995. 11. 14. 95누2036).

19 답 ②

출제단원 Part 02 행정작용 및 절차법
출제영역 인가

대법원은 학교법인의 이사 등 임원의 선임에 대한 관할청의 「임원취임승인」은 학교법인의 임원선임행위의 법률상 효력을 완성시켜 주는 보충적 법률행위(= 인가)라고 본다(대법원 2007. 12. 27. 2005두9651). 따라서 이 사례는 하자가 있는 기본행위(= A 사립학교법인이 이사회를 소집하지 않은 채 B를 임원으로 선임한 행위)에 대하여 관할청이 인가를 한 사례이다. 참고로 인가란 제3자의 법률행위(= 기본행위)를 보충하여 그 법률적 효력을 완성시켜 주는 행정행위를 의미한다.

① (X) 인가는 기본행위의 하자를 치유하지 않는다. 즉, 기본행위에 하자가 있는 경우에 적법한 인가가 있다고 하여 기본행위의 하자가 치유되는 것은 아니다. 대법원도 기본행위인 학교법인의 임원선임행위가 불성립 또는 무효인 경우에는 비록 그에 대한 감독청의 취임승인이 있었다 하여도 이로써 무효인 그 선임행위가 유효한 것으로 될 수는 없다고 판단하였다(대법원 1987. 8. 18. 86누152). 따라서 관할청의 임원취임승인으로 A 사립학교법인의 임원선임 절차상의 하자가 치유되지는 않는다.

② (O) 기본행위와 인가행위 중 어디에 하자가 있는지에 따라 쟁송의 대상은 다음과 같이 정리할 수 있다.

구분	쟁송대상
기본행위에 하자 X + 인가행위에 하자 O	인가처분의 무효나 취소를 구할 수 있다.
기본행위에 하자 O + 인가행위에 하자 X	기본행위만이 쟁송의 대상이 된다.

따라서 기본행위인 A 사립학교법인의 임원선임행위에 하자가 있는 경우에는 기본행위를 쟁송의 대상으로 해야 하는 것이며, 기본행위의 하자를 이유로 인가행위(관할청의 취임승인처분)에 대한 취소를 구하는 소송은 허용되지 않는다. 대법원도 기본행위인 「사법상의 임원선임행위」에 하자가 있다는 이유로 그 선임행위의 효력에 관하여 다툼이 있는 경우에는 민사쟁송으로 그 「선임행위(= 기본행위)」의 무효확인을 구하는 등의 방법으로 분쟁을 해결해야 하며, 「승인처분(= 인가행위)」만의 취소 또는 무효확인을 구하는 것은 분쟁해결의 유효적절한 수단이라 할 수 없어 소구(= 소송으로 청구)할 법률상의 이익이 없다고 하였다(대법원 2005. 12. 23. 2005두4823).

③ (X) 사립학교법인의 임원선임행위는 사법상 행위일 뿐이며, 행정청이 행하는 공권력의 행사로서의 임원선임처분이 아니다. 따라서 A 사립학교법인의 임원선임행위에 대한 다툼은 「민사쟁송」의 방법에 의하여야 한다.

④ (X) 앞서 살핀 바와 같이 대법원은 학교법인의 이사 등 임원의 선임에 대한 관할청의 「임원취임승인」은 강학상 「인가」라고 본다(대법원 2007. 12. 27. 2005두9651).

20 답 ④

출제단원 Part 02 행정작용 및 절차법
출제영역 행정절차법

① (X) 행정절차법에서는 당사자에게 의무를 부과하거나 권익을 제한하는 처분을 사전통지의 대상으로 규정하고 있다(제21조). 수익적 행정행위의 취소는 당사자의 권익을 제한하는 처분이므로 사전통지의 대상이 된다. 또한 행정절차법에서 사전통지를 생략할 수 있는 예외사유로 '상대방의 귀책사유로 인한 취소'를 규정하고 있지는 않다. 따라서 상대방의 귀책사유로 야기된 처분의 하자를 이유로 수익적 행정행위를 취소하는 경우에도 사전통지의 대상이 된다.

② (X) 행정절차법에서는 행정절차법의 적용이 배제되는 몇 가지 사항 중 한 가지로 「⟨㉠ … 공무원 인사관계법령에 따른 징계와 그 밖의 처분 … 등⟩ 해당 행정작용의 ⟨㉡ 성질상 행정절차를 거치기 곤란하거나 거칠 필요가 없다고 인정되는 사항⟩과 ⟨㉢ 행정절차에 준하는 절차를 거친 사항으로서 대통령령으로 정하는 사항⟩」을 규정하고 있다(제3조 제2항 9호). 이 규정의 해석과 관련하여 대법원은 ㉠에 해당하는 사항 중 ㉡이나 ㉢에 해당하는 경우에만 행정절차법의 적용이 배제되는 것이라고 해석하고 있다. 즉, 대법원은 공무원 인사관계법령에 의한 처분에 관한 사항이라 하더라도 전부에 대하여 행정절차법의 적용이 배제되는 것이 아니라, 성질상 행정절차를 거치기 곤란하거나 불필요하다고 인정되는 처분이나 행정절차에 준하는 절차를 거치도록 하고 있는 처분의 경우에만 행정절차법의 적용이 배제되는 것으로 보아야 한다고 판단하였다(대법원 2013. 1. 16. 2011두30687).

③ (X) 대법원은 구 식품위생법에 의하면, 「영업자의 지위를 승계한 자」가 관계행정청에 이를 신고하여 행정청이 이를 수리하게 되면 「종전의 영업자」에 대한 영업허가가 효력을 잃게 된다고 본다. 따라서 행정청이 영업자지위승계신고를 수리하는 처분은 종전의 영업자(A)의 권익을 제한하는 처분에 해당하게 된다. 그러므로 행정청은 영업자의 지위를 승계한 자(B)가 한 신고(= 영업자지위승계신고)를 수리하는 처분을 함에 있어서 종전의 영업자(A)에 대하여 처분의 사전통지를 하고 의견제출의 기회를 부여하고 처분을 하여야 한다고 본다(대법원 2003. 2. 14. 2001두7015).

④ (O) 대법원은 행정절차법의 목적 및 청문제도의 취지 등에 비추어 볼 때, 행정청과 당사자의 협약으로 관계법령 및 행정절차법에 규정된 청문의 실시 등 의견청취절차를 배제하는 조항을 두었더라도 청문의 실시에 관한 규정의 적용이 배제되거나 청문을 실시하지 않아도 되는 예외적인 경우에 해당하는 것은 아니라고 본다. 즉, 행정청과 당사자의 협약으로 의견청취절차를 배제할 수는 없다고 본다(대법원 2004. 7. 8. 2002두8350).

2024년 지방직 9급
행정법총론

문제편 p.62

| 01 ① | 02 ④ | 03 ④ | 04 ② | 05 ④ | 06 ① | 07 ③ | 08 ③ | 09 ① | 10 ③ |
| 11 ② | 12 ④ | 13 ② | 14 ② | 15 ② | 16 ③ | 17 ④ | 18 ① | 19 ② | 20 ① |

01

답 ①

출제단원 Part 01 행정법 서설
출제영역 신뢰보호의 원칙

① (X) 신뢰보호의 원칙이란 행정기관의 말 또는 행동에 대하여 국민이 신뢰를 갖고 행위를 한 경우에, 국민의 신뢰가 보호할 가치가 있는 경우라면 이러한 신뢰를 보호해 주어야 한다는 원칙을 말한다. 그런데 행정청이 공적인 견해를 표명한 후 사정이 변경됨에 따라 그 견해표명에 반하는 처분을 한 경우에 신뢰보호의 원칙에 위반되는지 문제된다. 이에 대하여 대법원은 신뢰보호의 원칙은 행정청이 공적인 견해를 표명할 당시의 사정이 그대로 유지됨을 전제로 적용되는 것이 원칙이므로, 사후에 그와 같은 사정이 변경된 경우에는 그 공적 견해가 더 이상 개인에게 신뢰의 대상이 된다고 보기 어려운 만큼, 특별한 사정이 없는 한 행정청이 그 견해표명에 반하는 처분을 하더라도 신뢰보호의 원칙에 위반된다고 할 수 없다고 본다(대법원 2020. 6. 25. 2018두34732).

② (O) 신뢰보호원칙을 적용하기 위해서는 행정청의 선행조치에 대한 「보호가치 있는 사인의 신뢰」가 있어야 한다. 즉, 상대방 등 관계인에게 귀책사유가 없어야 한다. 이와 관련하여 대법원은 개인의 귀책사유라 함은 행정청의 견해표명의 하자가 상대방 등 관계자의 사실은폐나 기타 사위의 방법에 의한 신청행위 등 부정행위에 기인한 것이거나 그러한 부정행위가 없더라도 하자가 있음을 알았거나 「중대한 과실」로 알지 못한 경우 등을 의미한다고 본다(대법원 2008. 1. 17. 2006두10931).

③ (O) 신뢰보호원칙을 적용하기 위해서는 신뢰의 대상이 되는 행정청의 선행조치가 있어야 한다. 이와 관련하여 대법원은 선행조치를 '공적인 견해표명'으로 한정한다. 이때 행정청의 공적 견해표명이 있었는지의 여부는 행정조직상의 형식적인 권한분장에 구애될 것은 아니고, 담당자의 조직상의 지위와 임무, 당해 언동을 하게 된 구체적인 경위 및 그에 대한 상대방의 신뢰가능성에 비추어 실질에 의하여 판단해야 한다고 본다(대법원 1997. 9. 12. 96누18380).

④ (O) 행정청에게 권리(취소권·철회권·영업정지권 등) 행사의 기회가 있었음에도 불구하고 행정청이 장기간에 걸쳐 권리를 행사하지 않았고, 국민이 이러한 상태를 신뢰한 경우에는 행정청이 사후에 그 권리를 행사할 수는 없다는 법리를 「실권의 법리」라고 한다. 「행정기본법」 제12조는 '신뢰보호의 원칙'이라는 제목 하에 제2항에서 '행정청은 권한 행사의 기회가 있음에도 불구하고 장기간 권한을 행사하지 아니하여 국민이 그 권한이 행사되지 아니할 것으로 믿을 만한 정당한 사유가 있는 경우에는 그 권한을 행사해서는 아니 된다. 다만, 공익 또는 제3자의 이익을 현저히 해칠 우려가 있는 경우는 예외로 한다.'고 하여 실권의 법리를 명문으로 규정하고 있다.

02

답 ④

출제단원 Part 01 행정법 서설, Part 02 행정작용 및 절차법, Part 04 행정소송법
출제영역 원고적격, 개인적 공권, 행정계획

① (O) 대법원은 헌법상 환경권에 관한 규정만으로는 그 권리의 주체·대상·내용·행사방법 등이 구체적으로 정립되어 있다고 볼 수 없고, 환경정책기본법도 그 규정 내용 등에 비추어 국민에게 구체적인 권리를 부여한 것으로 볼 수 없으므로 환경영향평가 대상지역 「밖」에 거주하는 주민에게 헌법상의 「환경권 또는 환경정책기본법」에 근거하여 공유수면매립면허처분과 농지개량사업 시행인가처분의 무효확인을 구할 원고적격이 「없다」고 본다. 다만, 환경영향평가 대상지역 「밖」의 주민이라 할지라도 공유수면매립면허처분 등으로 인하여 그 처분 전과 비교하여 수인한도를 넘는 환경피해를 받거나 받을 우려가 있는 경우에는, 공유수면매립면허처분 등으로 인하여 환경상 이익에 대한 침해 또는 침해우려가 있다는 것을 「입증함으로써」 그 처분 등의 무효확인을 구할 원고적격을 인정받을 수 있다고 본다(대법원 2006. 3. 16. 2006두330).

② (O) 개인이 자기의 이익을 추구하기 위해 국가 등 행정주체에 대하여 일정한 행위를 요구할 수 있는 법적인 힘을 뜻하는 개인적 공권은 헌법규정에 의해서도 성립될 수 있다. 다만, 헌법상 기본권 유형에 따라 다음과 같은 차이가 있다.

구분	개인적 공권 성립 여부
구체적 기본권 (예 자유권)	기본권 자체가 구체적인 내용을 갖고 있어 법률에 의해 구체화되지 않아도 직접 적용될 수 있는 경우로서, 헌법상 기본권 규정만을 근거로 개인적 공권이 성립할 수 있다.
추상적 기본권 (예 사회적 기본권)	기본권 규정만으로는 구체적인 내용을 담고 있지 않아, 이를 구체화하는 법률이 제정되어야만 적용될 수 있는 경우로서, 헌법상 기본권 규정만을 근거로 개인적 공권이 성립할 수 없다.

이와 관련하여 헌법재판소는 공무원연금 수급권과 같은 사회보장수급권은 사회적 기본권 중의 하나로서, 이는 국가에 대하여 적극적으로 급부를 요구하는 것이므로 헌법규정만으로는 이를 실현할 수 없어 법률에 의한 형성이 필요하고, 그 구체적인 내용 즉 수급요건, 수급권자의 범위 및 급여금액 등은 법률에 의하여 비로소 확정된다고 본다(헌재 2013. 9. 26. 2011헌바272). 즉, 추상적 기본권인 사회적 기본권은 헌법상 기본권 규정만을 근거로 개인적 공권이 성립할 수는 없다.

③ (O) 「행정소송법」 제12조에서 '취소소송은 처분 등의 취소를 구할 법률상 이익이 있는 자가 제기할 수 있다.'고 하여 원고적격을 규정하고 있다. 이와 관련하여 대법원은 불이익처분의 상대방은 직접 개인적 이익의 침해를 받은 자로서 원고적격이 인정되지만, 수익처분의 상대방은 그의 권리나 법률상 보호되는 이익이 침해되었다고 볼 수 없으므로 달리 특별한 사정이 없는 한 취소를 구할 이익이 없다고 본다(대법원 1995. 8. 22. 94누8129).

④ (X) 계획이 확정된 후 사정변경 등을 이유로 기존계획의 변경을 청구할 수 있는 권리를 계획변경청구권이라고 한다. 계획법규는 원

칙상 공익의 보호를 목적으로 하는 것이어서 사익의 보호를 목적으로 하는 계획변경청구권은 원칙적으로 인정될 수 없다. 다만, 대법원은 예외적으로 법규상 또는 조리상 계획변경청구권이 인정되는 경우가 있다고 본다. 예를 들어, 대법원은 도시계획구역 내 토지 등을 소유하고 있는 사람과 같이 당해 도시계획시설결정에 이해관계가 있는 주민으로서는 도시시설계획의 입안권자 내지 결정권자에게 도시시설계획의 입안(= 도시시설계획안을 만드는 것) 내지 변경을 요구할 수 있는 법규상 또는 조리상의 신청권이 있다고 본다. 따라서 이러한 신청에 대한 거부행위는 항고소송의 대상이 되는 행정처분에 해당하게 된다(대법원 2015. 3. 26. 2014두42742).

03

답 ④

출제단원 Part 04 행정소송법
출제영역 무효등확인소송

① (X) 「행정소송법」에서는 '처분 등을 취소하는 확정판결은 그 사건에 관하여 당사자인 행정청과 그 밖의 관계행정청을 기속한다.'고 하여 취소판결의 기속력을 규정하고 있다(제30조 제1항). 취소판결의 기속력에 관한 「행정소송법」 제30조는 무효등확인소송의 경우에 준용된다(제38조 제1항).

② (X) 법원의 본안판결을 받기 위하여 필요한 전제요건을 '소송요건'이라고 한다. 소송요건이 결여된 경우에는 부적법한 소송이 되어 법원은 본안에 대하여 심리함이 없이「각하」판결을 하게 된다. 반면, 소송요건이 충족된 경우에는 적법한 소송이 되어 법원은 본안심리(= 원고가 청구한 내용에 대하여 판단하는 것)로 넘어가게 된다. 본안심리 결과 원고의 청구가 이유 있는 경우에는 원고의 청구를「인용」하는 판결을, 원고의 청구가 이유 없는 경우에는 원고의 청구를「기각」하는 판결을 하게 된다. 이와 관련하여 대법원은 원고적격은 소송요건의 하나이므로 사실심 변론종결시는 물론 상고심에서도 존속하여야 하고 이를 흠결하면 부적법한 소가 된다고 본다(대법원 2007. 4. 12. 2004두7924).

③ (X) 「행정소송법」에서는 '취소소송의 제기는 처분 등의 효력이나 그 집행 또는 절차의 속행에 영향을 주지 아니한다.'고 하여 집행부지지의 원칙을 규정하면서, 일정한 경우에 한하여 예외적으로 집행정지를 인정하고 있다(제23조 제1항·제2항). 집행정지에 관한 「행정소송법」 제23조 제2항은 무효등확인소송에도 준용된다(제38조 제1항).

④ (O) 입증책임이란 일정한 사실의 존재가 증거에 의해 확정되지 못한 경우에 심리의 최종단계에서 어느 당사자가 해당 사실이 입증되지 못함으로 인한 불이익을 부담할 것인가의 문제이다. 취소소송의 경우 행정청은 자신이 한 처분의 근거로 삼은 법령의 요건사실의 존재에 대한 입증책임을 부담한다. 즉, 행정처분의 적법성에 관하여는 피고인 처분청이 이를 입증하여야 한다. 그런데 무효등확인소송에 있어서도 피고인 처분청이 당해처분의 유효요건을 입증해야 하는 것인지 문제된다. 이와 관련하여 대법원은 행정처분의 당연무효를 주장하여 그 무효확인을 구하는 행정소송에 있어서는「원고」에게 그 행정처분이 무효인 사유를 주장·입증할 책임이 있다고 본다(대법원 2010. 5. 13. 2009두3460). 즉, 취소소송의 경우와 달리 무효등확인소송에 있어서는 피고인 처분청이 아니라 원고에게 그 행정처분의 무효 사유를 주장·입증할 책임이 있다는 것이다.

04

답 ②

출제단원 Part 04 행정소송법
출제영역 피고적격

① (O) 「행정소송법」에 의하면, 취소소송은 다른 법률에 특별한 규정이 없는 한 그 처분 등을 행한 행정청을 피고로 한다. 다만, 처분 등이 있은 뒤에 그 처분 등에 관계되는 권한이 다른 행정청에 승계된 때에는 이를 「승계한 행정청(= 권한을 승계받은 행정청을 의미한다)」을 피고로 한다(제13조 제1항).

② (X) 조례란 지방의회에서 만드는 자치법규를 말한다. 항고소송의 대상이 되는 처분이 되기 위해서는 '구체적 사실에 관한 행위'이어야 하는데, 조례가 이에 해당하는지 문제된다. 그런데 조례는 특정 사람이나 특정 사건만을 대상으로 규정되는 것이 아니므로, 즉 일반적·추상적 규범이므로 원칙적으로 처분성을 인정할 수 없다. 따라서 항고소송의 대상이 아니다. 다만, 처분적 조례(= 형식은 조례이나, 규율대상이 개별적·구체적인 경우)의 경우 구체적인 집행행위 없이도 처분적 조례 그 자체만으로 국민의 구체적인 권리·의무에 변동을 초래하게 되므로 처분에 해당한다고 본다. 이와 관련하여 처분적 조례에 대한 항고소송에서 피고적격이 있는 「처분 등을 행한 행정청」이 누구인지와 관련하여 대법원은 지방자치단체의 의사를 외부에 표시할 권한이 없는 지방의회가 아니라, 지방자치단체의 집행기관으로서 조례로서의 효력을 발생시키는 공포권이 있는 「지방자치단체의 장」이라고 본다(대법원 1996. 9. 20. 95누8003).

③ (O) 소송의 계속 중에 피고로 지정된 자를 다른 자로 변경하거나 추가하는 것을 피고경정이라고 한다. 「행정소송법」에서는 '원고가 피고를 잘못 지정한 때에는 법원은 원고의 신청에 의하여 결정으로써 피고의 경정을 허가할 수 있다.'고 규정하고 있다(제14조 제1항).

④ (O) 내부위임이 있는 경우의 피고적격이 문제된다. 내부위임이란 행정청이 보조기관 또는 하급행정기관에게 내부적으로 일정한 사항의 결정권을 위임하여 수임기관(= 권한을 위임받은 기관)이 위임청(= 권한을 위임한 행정청)의 이름으로 그의 권한을 사실상 대리행사 하도록 하는 것을 말한다. 내부위임이 있는 경우에는 수임기관은 위임청의 이름으로 권한을 행사할 수 있을 뿐이며, 자기의 이름으로는 권한을 행사할 수 없다. 대법원은 내부위임의 경우 피고적격에 대해서 다음과 같이 구분하여 판단하고 있다.

적법하게 위임기관의 명의로 처분한 경우	위임기관이 피고
위법하게 수임기관이 자신의 명의로 처분을 한 경우	수임기관이 피고

이러한 기준에 따라 대법원은 행정처분을 행할 적법한 권한 있는 상급행정청(X)으로부터 내부위임을 받은 데 불과한 하급행정청(Y)이 권한 없이 자신의 명의로 행정처분을 한 경우에는 실제로 그 처분을 행한 하급행정청(Y)을 피고로 하여야 할 것이지 그 처분을 행할 적법한 권한 있는 상급행정청(X)을 피고로 할 것은 아니라고 본다(대법원 1994. 8. 12. 94누2763).

05 답 ④

출제단원	Part 08 행정정보공개·개인정보 보호·행정조사
출제영역	행정조사

① (O) 대법원은 수사기관의 강제처분이 아니라 행정조사의 성격을 가지는 한 영장은 요구되지 않는다고 본다. 그런데 우편물 통관검사 절차에서 이루어지는 우편물의 개봉, 시료채취, 성분분석 등의 검사는 수출입물품에 대한 적정한 통관 등을 목적으로 한 행정조사의 성격을 가지는 것이며, 수사기관의 강제처분이라고 할 수 없으므로 압수·수색영장 없이 우편물의 개봉, 시료채취, 성분분석 등 검사가 진행되었다고 하더라도 특별한 사정이 없는 한 위법하다고 볼 수는 없다고 본다(대법원 2013. 9. 26. 2013도7718).

② (O) 대법원은 세무조사를 하겠다는 과세관청의 결정(= 세무조사결정)은 납세의무자의 권리·의무에 직접 영향을 미치는 공권력의 행사로서 항고소송의 대상이 된다고 본다(대법원 2011. 3. 10. 2009두23617, 23624).

③ (O) 「행정조사기본법」에 의하면, 자발적인 협조에 따라 실시하는 행정조사의 경우 조사대상자는 문서·전화·구두 등의 방법으로 당해 행정조사를 거부할 수 있다(제20조 제1항). 이에 대하여 조사대상자가 조사에 응할 것인지에 대한 응답을 하지 아니하는 경우에는 법령 등에 특별한 규정이 없는 한 그 조사를 「거부」한 것으로 본다(동조 제2항).

④ (X) 「행정조사기본법」에 의하면, 행정조사를 실시하고자 하는 행정기관의 장은 출석요구서 등을 조사개시 7일 전까지 조사대상자에게 서면으로 통지하여야 한다. 다만, 다음의 어느 하나에 해당하는 경우에는 「행정조사의 개시와 동시에」 출석요구서 등을 조사대상자에게 제시하거나 행정조사의 목적 등을 조사대상자에게 구두로 통지할 수 있다(제17조 제1항).

- 행정조사를 실시하기 전에 관련 사항을 미리 통지하는 때에는 증거인멸 등으로 행정조사의 목적을 달성할 수 없다고 판단되는 경우(제1호)
- 「통계법」에 따른 지정통계의 작성을 위하여 조사하는 경우(제2호)
- 조사대상자의 자발적인 협조를 얻어 실시하는 행정조사의 경우(제3호)

즉, 사전통지의 예외를 규정하고 있는 「행정조사기본법」 제17조 제1항 단서에 해당하면, 사전통지가 아니라 행정조사의 개시와 동시에 통지할 수 있는 것이지, 행정조사 종료 후 지체 없이 통지할 수 있는 것이 아니다.

06 답 ①

출제단원	Part 06 행정상 손해배상
출제영역	공무원의 위법한 직무행위로 인한 손해배상

① (X) 「국가배상법」 제2조 제1항에서 공무원의 위법한 직무행위로 인한 국가나 지방자치단체의 배상책임을 명시하고 있다. 「국가배상법」 제2조의 책임이 인정되기 위한 요건 중 「공무원의 행위일 것」과 관련하여 대법원은 국가배상법 제2조 소정의 '공무원'이라 함은 국가공무원법이나 지방공무원법에 의하여 공무원으로서의 신분을 가진 자에 국한하지 않고, 널리 공무를 위탁받아 실질적으로 공무에 종사하고 있는 일체의 자를 가리키는 것으로서, 공무의 위탁이 일시적이고 한정적인 사항에 관한 활동을 위한 것이어도 공무원에 해당한다고 본다(대법원 2001. 1. 5. 98다39060).

② (O) 「국가배상법」 제2조의 책임이 인정되기 위해서는 공무원의 행위가 「직무행위」에 해당해야 한다. 이와 관련하여 대법원은 국가배상법이 정한 배상청구의 요건인 「공무원의 직무」에는 권력적 작용만이 아니라 행정지도와 같은 비권력적 작용도 포함되며 단지 행정주체가 사경제주체로서 하는 활동만 제외된다고 본다(대법원 1998. 7. 10. 96다38971).

③ (O) 「국가배상법」 제2조의 책임이 인정되기 위해서는 해당 행위의 「위법성」이 인정되어야 할 뿐만 아니라, 해당 행위가 공무원의 「고의 또는 과실」로 인한 것이어야 한다. 이와 관련하여 대법원은 어떠한 행정처분이 후에 항고소송에서 위법성이 인정되어 취소되었다고 할지라도 당해 행정처분이 곧바로 공무원의 고의 또는 과실로 인한 것으로서 불법행위를 구성한다고 단정할 수는 없다고 본다(대법원 2000. 5. 12. 99다70600). 이는 「위법성」과 「고의 또는 과실」은 별개의 개념이기 때문이다.

④ (O) 「국가배상법」 제2조의 책임이 인정되기 위해서는 「위법할 것(= 법령위반)」이 요구된다. 이와 관련하여 대법원은 국가배상책임에 있어 공무원의 가해행위는 법령을 위반한 것이어야 하는데, 여기서 법령을 위반하였다는 것은 엄격한 의미의 법령 위반뿐 아니라 인권존중, 권력남용금지, 신의성실과 같이 공무원으로서 마땅히 지켜야 할 준칙이나 규범을 지키지 아니하고 위반한 경우를 포함하여 널리 그 행위가 객관적인 정당성을 결여하고 있음을 뜻한다고 본다. 따라서 헌법상 과잉금지의 원칙 내지 비례의 원칙을 위반하여 국민의 기본권을 침해한 국가작용은 국가배상책임에 있어 법령을 위반한 가해행위가 된다고 본다(대법원 2022. 9. 29. 2018다224408).

07 답 ③

출제단원	Part 02 행정작용 및 절차법
출제영역	행정행위의 직권취소, 특허

ㄱ. (X) 법원에서 취소소송이 진행 중일 경우 처분청의 직권취소가 가능한지 문제된다. 이와 관련하여 대법원은 변상금 부과처분에 대한 취소소송이 진행 중이라도 그 부과권자로서는 위법한 처분을 스스로 취소하고 그 하자를 보완하여 다시 적법한 부과처분을 할 수도 있다고 본다(대법원 2006. 2. 10. 2003두5686). 즉, 취소소송이 진행 중이라고 하더라도 행정청의 직권취소가 제한되는 것은 아니다.

ㄴ. (X) 대법원은 행정청이 「도시 및 주거환경정비법」 등 관련 법령에 근거하여 행하는 「조합설립 인가처분」은 단순히 사인들의 조합설립행위에 대한 보충행위로서의 성질을 갖는 것에 그치는 것이 아니라, 법령상 요건을 갖출 경우 도시정비법상 주택재건축사업을 시행할 수 있는 권한을 갖는 행정주체(공법인)로서의 지위를 부여하는 일종의 설권적 처분(= 특허)의 성격을 갖는다고 본다(대법원 2009. 10. 15. 2009다30427).

ㄷ. (O) 대법원은 「개인택시운송사업의 면허」는 특정인에게 권리나 이익을 부여하는 것으로서 「특허」라고 보면서 행정청의 재량행위에 해당한다고 본다(대법원 2007. 6. 1. 2006두17987).

ㄹ. (O) 대법원은 귀화허가는 외국인에게 대한민국 국적을 부여함으로

써 국민으로서의 법적 지위를 포괄적으로 설정하는 행위(= 특허)라고 본다(대법원 2010. 10. 28. 2010두6496).

08

답 ③

| 출제단원 | Part 06 행정상 손해배상 |
| 출제영역 | 배상금 청구절차, 국가배상청구권의 성질, 이중배상금지, 외국인의 국가배상청구 |

① (X) 국가배상의 청구절차는 전심절차로서 「배상심의회의 결정절차」와 「법원에 의한 사법절차」가 있다. 이와 관련하여 「국가배상법」 제9조에서는 '이 법에 따른 손해배상의 소송은 배상심의회에 배상신청을 하지 아니하고도 제기할 수 있다.'고 하여 임의적 전치주의를 채택하고 있다.

② (X) 국가배상청구권의 성질에 대하여는 다음과 같은 견해 대립이 있다.

| 공법설 (다수설) | 국가배상청구권을 공권으로 보며, 국가배상소송은 당사자소송, 관할법원은 행정법원으로 본다. |
| 사법설 (판례) | 국가배상청구권을 사권으로 보며, 국가배상소송은 민사소송, 관할법원은 민사법원으로 본다(69다701). |

따라서 국가배상청구권을 사권(私權)으로 보는 대법원 판례에 따르면 국가배상소송은 민사소송으로서 민사법원에 제기해야 한다.

③ (O) 「군인연금법」은 다른 법령에 따라 지급받은 급여와의 조정에 관한 규정을 두고 있다. 이와 관련하여 대법원은 「군인연금법」은 "다른 법령에 따라 국가나 지방자치단체의 부담으로 이 법에 따른 급여와 「같은 종류의 급여」를 받은 사람에게는 그 급여금에 상당하는 금액에 대하여는 이 법에 따른 급여를 지급하지 아니한다."라고 명시적으로 규정하고 있고, 군인연금법이 정하고 있는 급여 중 사망보상금은 일실손해(= 살아 있었다면 장래에 얻을 수 있었던 이익을 얻지 못한 손해)의 보전을 위한 것으로 불법행위로 인한 소극적 손해배상(= 장래에 얻을 수 있었던 이익을 얻지 못한 손해에 대한 배상)과 같은 종류의 급여라고 본다. 따라서 군 복무 중 사망한 군인 등의 유족이 「국가배상법」에 따른 손해배상금을 지급받은 경우, 유족이 받은 손해배상금 상당 금액에 대하여는 「군인연금법」상 사망보상금을 지급할 의무가 존재하지 않는다고 본다(대법원 2018. 7. 20. 2018두36691). 그런데 「군인연금법」상 사망보상금을 지급할 때 소극적 손해배상금 상당액뿐만 아니라 정신적 손해배상금(= 위자료)까지 공제할 수 있는지 문제된다. 이에 대해 대법원은 구 「군인연금법」이 정하고 있는 급여 중 사망보상금은 일실손해의 보전을 위한 것으로 불법행위로 인한 소극적 손해배상과 같은 종류의 급여이므로, 군 복무 중 사망한 사람의 유족이 국가배상을 받은 경우 국가보훈처장 등은 사망보상금에서 소극적 손해배상금 상당액을 공제할 수 있을 뿐, 이를 넘어 정신적 손해배상금까지 공제할 수 없다고 본다(대법원 2021. 12. 16. 2019두45944). 즉, 국가배상금 중 소극적 손해배상금은 「군인연금법」상 사망보상금과 같은 종류의 급여이므로 사망보상금 지급시 공제할 수 있지만, 정신적 손해배상금은 같은 종류의 급여가 아니므로 사망보상금 지급시 공제할 수 없다는 것이다. 정리하면 다음과 같다.

상황		공제 가능 여부
국가배상금 수령 → 「군인연금법」상 사망보상금 청구	국가배상 중 소극적 손해배상금	「군인연금법」상 사망보상금과 같은 종류 O ∴ 공제 O
	국가배상 중 정신적 손해배상금	「군인연금법」상 사망보상금과 같은 종류 X ∴ 공제 X

④ (X) 「국가배상법」 제7조에서 '이 법은 외국인이 피해자인 경우에는 해당 국가와 상호보증이 있을 때에만 적용한다.'고 규정하고 있다. 이때 '상호보증'이란, 만약 미국인이 한국에서 피해를 입어 한국을 상대로 국가배상청구를 할 수 있으려면, 한국인이 미국에서 피해를 입었을 때 미국의 관련 법령상 한국인이 미국을 상대로 국가배상청구를 할 수 있는 경우이어야 한다는 것을 말한다.

09

답 ①

| 출제단원 | Part 02 행정작용 및 절차법 |
| 출제영역 | 행정절차법 |

① (X) 「행정절차법」에 의하면, ㉠ 신청 내용을 모두 그대로 인정하는 처분인 경우, ㉡ 단순·반복적인 처분 또는 경미한 처분으로서 당사자가 그 이유를 명백히 알 수 있는 경우, ㉢ 긴급히 처분을 할 필요가 있는 경우에는 처분의 이유제시 의무가 면제된다. 다만, ㉡, ㉢의 경우에는 처분 후 당사자가 요청하는 경우에는 그 근거와 이유를 제시하여야 한다(행정절차법 제23조).

② (O) 대법원은 육군3사관학교의 사관생도에 대한 징계절차에서 징계심의대상자가 대리인으로 선임한 변호사가 징계위원회 심의에 출석하여 진술하려고 하였음에도, 징계권자나 그 소속 직원이 변호사가 징계위원회의 심의에 출석하는 것을 막았다면 징계위원회 심의·의결의 절차적 정당성이 상실되어 그 징계의결에 따른 징계처분은 위법하여 원칙적으로 취소되어야 한다고 본다(대법원 2018. 3. 13. 2016두33339).

③ (O) 「행정절차법」에서는 행정절차법의 적용이 배제되는 몇 가지 사항 중 한가지로 「〈㉠ … 공무원 인사 관계 법령에 따른 징계와 그 밖의 처분 … 등〉 해당 행정작용의 〈㉡ 성질상 행정절차를 거치기 곤란하거나 거칠 필요가 없다고 인정되는 사항〉과 〈㉢ 행정절차에 준하는 절차를 거친 사항으로서 대통령령으로 정하는 사항〉」을 규정하고 있다(제3조 제2항 제9호). 이 규정의 해석과 관련하여 대법원은 ㉠에 해당하는 사항 중 ㉡이나 ㉢에 해당하는 경우에만 행정절차법의 적용이 배제되는 것이라고 해석하고 있다. 즉, 대법원은 공무원 인사관계 법령에 의한 처분에 관한 사항이라 하더라도 전부에 대하여 행정절차법의 적용이 배제되는 것이 아니라, 성질상 행정절차를 거치기 곤란하거나 불필요하다고 인정되는 처분이나 행정절차에 준하는 절차를 거치도록 하고 있는 처분의 경우에만 행정절차법의 적용이 배제된다고 본다(대법원 2013. 1. 16. 2011두30687).

④ (O) 대법원은 군인사법 및 그 시행령에 진급예정자 명단에 포함된 자의 진급선발을 취소하는 처분을 함에 있어 행정절차에 준하는 절차를 거치도록 하는 규정이 없을 뿐만 아니라 이러한 처분이 성질상 행정절차를 거치기 곤란하거나 불필요하다고 인정되는 처분이라고 보기 어려우므로 행정절차법의 적용이 제외되는 경우에 해당한다고 할

수 없다(= 행정절차법 규정이 적용된다)고 본다. 따라서 군인사법령에 의하여 진급예정자명단에 포함된 자에 대하여 의견제출의 기회를 부여하지 아니한 채 진급선발을 취소하는 처분을 한 것은 절차상 하자가 있어 위법하다고 본다(대법원 2007. 9. 21. 2006두20631).

10 답 ③

출제단원 Part 08 행정정보공개·개인정보 보호·행정조사
출제영역 공공기관의 정보공개에 관한 법률

① (O) 「공공기관의 정보공개에 관한 법률」에서는 정보의 공개를 청구하는 자는 정보공개청구서에 '공개를 청구하는 정보의 내용' 등 일정한 사항을 기재하도록 하고 있다(제10조 제1항). 이와 관련하여 대법원은 청구대상정보를 기재함에 있어서는 사회일반인의 관점에서 청구대상정보의 내용과 범위를 확정할 수 있을 정도로 특정함을 요한다고 본다(대법원 2007. 6. 1. 2007두2555).

② (O) 대법원은 정보의 공개를 청구하는 청구인에게는 특정한 공개방법을 지정하여 정보공개를 청구할 수 있는 법령상 신청권이 있다고 본다. 따라서 공공기관이 공개청구의 대상이 된 정보를 공개는 하되, 청구인이 신청한 공개방법 이외의 방법으로 공개하기로 하는 결정을 하였다면, 이는 정보공개청구 중 「정보공개방법에 관한 부분」에 대하여 일부 거부처분을 한 것이고, 청구인은 그에 대하여 항고소송으로 다툴 수 있다고 본다(대법원 2016. 11. 10. 2016두44674).

③ (X) 공공기관의 정보공개에 관한 법률에서 규정하고 있는 정보공개의무자는 「공공기관」이다. '공공기관'이란 국가기관, 지방자치단체뿐만 아니라, 「공공기관의 운영에 관한 법률」 제2조에 따른 공공기관, 「지방공기업법」에 따른 지방공사 및 지방공단과 그 밖에 대통령령으로 정하는 기관이 포함된다(공공기관의 정보공개에 관한 법률 제2조 제3호). 이때 '대통령령으로 정하는 기관'에는 '「유아교육법」, 「초·중등교육법」, 「고등교육법」에 따른 각급 학교 또는 그 밖의 다른 법률에 따라 설치된 학교'도 포함된다(동법 시행령 제2조 제1호).

④ (O) 「공공기관의 정보공개에 관한 법률」에 의하면, 공공기관은 정보를 공개하는 경우에 그 정보의 원본이 더럽혀지거나 파손될 우려가 있거나 그 밖에 상당한 이유가 있다고 인정할 때에는 그 정보의 사본·복제물을 공개할 수 있다(제13조 제4항).

11 답 ②

출제단원 Part 04 행정소송법
출제영역 취소소송의 심리, 소송참가, 당사자소송의 원고적격, 부작위위법확인소송, 대상적격

① (O) '해당 처분을 다툴 법률상 이익이 있는지 여부'는 취소소송의 원고적격으로서 소송요건에 해당한다. 소송요건이란 법원의 본안판결 (= 원고의 청구에 대한 승소·패소판결)을 받기 위하여 필요한 전제요건을 말한다. 소송요건의 구비 여부는 법원에 의한 직권조사사항이다. 따라서 당사자들의 주장과 상관없이 의문이 있을 경우에 법원이 직권으로 조사할 수 있다. 이와 관련하여 대법원은 해당 처분을 다툴 법률상 이익이 있는지 여부는 직권조사사항으로 이에 관한 당사자의 주장은 직권발동을 촉구하는 의미밖에 없으므로, 원심법원이 이에 관하여 판단하지 않았다고 하여 판단유탈(= 판단을 하지 않

고 누락)의 상고이유로 삼을 수 없다고 본다(대법원 2017. 3. 9. 2013두16852). 즉, 소송요건의 구비 여부는 법원이 당사자의 주장과 상관없이 구비여부에 대해 의문이 있을 때 직권으로 조사해야 하는 것이므로, 당사자가 소송요건을 구비하지 않았다고 주장하더라도 법원이 소송요건 구비 여부에 대해 의문이 없어 이에 대해 따로 판결이유에 기재하지 않았다고 하더라도 판단을 유탈(= 누락)한 것은 아니라는 것이다.

② (X) 행정주체가 아니라 행정기관에 불과한 행정청이 다음 각 행위를 할 수 있는지 살펴본다.

- 「민사소송법」상 보조참가 가능 여부 : 「민사소송법」상 보조참가란 소송결과에 이해관계가 있는 제3자가 한 쪽 당사자(원고 또는 피고)를 돕기 위하여 법원에 계속 중인 소송에 참가하는 것을 말한다. 대법원은 행정소송 사건에서 「민사소송법」상 보조참가의 요건을 갖춘 경우 「민사소송법」상 보조참가가 허용된다고 본다(대법원 2013. 3. 28. 2011두13729). 따라서 행정청이 「민사소송법」상 보조참가의 요건을 갖춘 것인지 문제된다. 이에 대해 대법원은 「민사소송법」상 보조참가를 할 수 있는 제3자는 「민사소송법」상의 당사자능력 및 소송능력을 갖춘 자이어야 하므로 그러한 당사자능력 및 소송능력이 없는 행정청으로서는 「민사소송법」상의 보조참가를 할 수는 없다고 본다(대법원 2002. 9. 24. 99두1519).

- 「행정소송법」상 소송참가 가능 여부
  i) 「행정소송법」상 제3자의 소송참가 가능 여부 : 법원은 소송의 결과에 따라 권리 또는 이익의 침해를 받을 「제3자」가 있는 경우에는 당사자 또는 제3자의 신청 또는 직권에 의하여 결정으로써 그 제3자를 소송에 참가시킬 수 있다(행정소송법 제16조 제1항). 이때 '제3자'란 당해 소송당사자 이외의 자를 말하는 것으로서 개인에 한하지 않고 국가 또는 공공단체도 포함되지만, 행정청은 이에 해당하지 않는다. 따라서 행정청은 「행정소송법」상 제3자의 소송참가를 할 수 없다.
  ii) 「행정소송법」상 행정청의 소송참가 가능 여부 : 법원은 다른 「행정청」을 소송에 참가시킬 필요가 있다고 인정할 때에는 당사자 또는 당해 행정청의 신청 또는 직권에 의하여 결정으로써 그 행정청을 소송에 참가시킬 수 있다(행정소송법 제17조 제1항). 따라서 행정청은 이 규정에 의해 「행정소송법」상 행정청의 소송참가를 할 수 있다.

- 공법상 당사자소송의 원고가 될 수 있는지 여부 : 당사자소송은 대립되는 「권리주체」가 대등하게 다투는 소송이므로 당사자소송에서 원고적격이 있는 자는 당사자소송을 통하여 주장하는 공법상 법률관계의 주체이다. 그런데 행정청은 행정주체가 아니라 행정기관에 불과하므로 행정청이 당사자소송의 원고가 될 수 없다.

③ (O) 대법원은 부작위위법확인의 소에 있어 당사자가 행정청에 대하여 어떠한 행정행위를 하여 줄 것을 요구할 수 있는 법규상 또는 조리상 권리를 갖고 있지 아니한 경우에는 원고적격이 없거나 항고소송의 대상인 위법한 부작위가 있다고 볼 수 없어 그 부작위위법확인의 소는 부적법하다고 본다(대법원 1999. 12. 7. 97누17568). 이와 같이 대법원은 부작위위법확인소송에서 사인의 신청권(= 법규상 또는 조리상 권리)의 존재여부를 부작위위법확인소송의 「대상적격」의 문제로 보는 동시에 「원고적격」의 문제로 보기도 한다.

④ (O) 기관위임사무란 「국가」 또는 「지방자치단체」 등으로부터 지방

자치단체의 집행기관인 「지방자치단체의 장」에게 위임된 사무를 말한다. 이러한 기관위임사무는 위임을 받은 지방자치단체 장이 속한 해당 지방자치단체의 사무가 아니라, 「위임을 한 국가 또는 지방자치단체」의 사무이다. 예를 들어, 「국가」가 「지방자치단체의 장」에게 위임한 사무는 지방자치단체의 사무가 아니라, 「국가」의 사무이다. 이와 관련하여 대법원은 「국가」가 국토이용계획과 관련한 지방자치단체의 장의 「기관위임사무의 처리」에 관하여 「지방자치단체의 장」을 상대로 취소소송을 제기하는 것은 허용되지 않는다고 본다(대법원 2007. 9. 20. 2005두6935). 지방자치단체의 장이 국가로부터 위임받은 기관위임사무를 처리하는 것은 국가의 사무를 처리하는 것으로서 「행정조직 내부행위」에 불과하다. 따라서 위임자인 국가가 수임자인 지방자치단체의 장을 상대로 취소소송을 제기할 수는 없는 것이다. 항고소송의 대상인 「처분」이 되기 위해서는 구체적 사실에 관한 법집행으로서의 행정작용이어야 한다. 이는 법을 집행하여 특정 개인에게 구체적이고 직접적인 영향을 미치는 행정작용이어야 한다는 것이다. 따라서 단순히 행정조직 내부행위는 취소소송을 다툴 수 있는 처분이 아니다.

12

답 ④

출제단원 Part 02 행정작용 및 절차법,
Part 03 행정의 실효성 확보수단
출제영역 대집행, 하자의 승계

① (O) 대집행·이행강제금·직접강제·행정상 강제징수와 같은 행정상 강제집행은 법원 및 국가의 집행기관의 도움 없이 행정청이 자력에 의하여 집행한다는 점에서 민사상 강제집행과 다르다. 이와 관련하여 대법원은 관계 법령상 행정대집행의 절차가 인정되어 행정청이 행정대집행의 방법으로 건물의 철거 등 대체적 작위의무의 이행을 실현할 수 있는 경우에는 따로 민사소송의 방법으로 그 의무의 이행을 구할 수 없다고 본다(대법원 2017. 4. 28. 2016다213916).

② (O) 대집행은 「공법상」의 대체적 작위의무의 불이행을 대상으로 한다. 이와 관련하여 대법원은 「구 공공용지의 취득 및 손실보상에 관한 특례법」에 따른 토지 등의 「협의취득」은 공공사업에 필요한 토지 등을 그 소유자와의 협의에 의하여 취득하는 것으로서 공공기관이 사경제주체로서 행하는 사법상 매매 내지 사법상 계약의 실질을 가지는 것으로 본다. 따라서 협의취득시 건물소유자가 건물의 철거의무를 부담하겠다는 약정을 하였다고 하더라도 이러한 의무는 사법상의 의무에 해당하여 행정대집행의 대상이 아니라고 본다(대법원 2006. 10. 13. 2006두7096).

③ (O) 대집행에 요한 비용은 국세징수법의 예에 의하여 징수할 수 있다(행정대집행법 제6조 제1항). 대집행에 요한 비용을 징수하였을 때에는 그 징수금은 사무비의 소속에 따라 국고 또는 지방자치단체의 수입으로 한다(동조 제3항).

④ (X) 수리를 요하지 않는 신고의 경우 적법한 신고가 있으면 행정청의 수리 여부에 관계없이 신고서가 접수기관에 도달한 때에 신고의무가 이행된 것으로 보게 되고, 이때 신고의 효력이 발생한다. 이와 관련하여 대법원은 형식적 하자가 없는 적법한 대문설치신고는 신고증 교부 또는 수리처분 등 별단의 조처를 기다릴 필요 없이 신고의 효력이 발생하였다고 할 것이어서 이러한 신고에 의해 설치한 대문은 적법한 것이라고 본다. 따라서 적법한 대문에 대하여 관할 행정청이 명한 대문의 철거명령은 그 하자가 중대하고 명백하여 당연무효라고 할 것이고, 그 후행행위인 이 사건 계고처분 역시 당연무효라고 본다(대법원 1999. 4. 27. 97누6780). 즉, 선행 행정행위(= 대문의 철거명령)가 무효인 경우에는 이를 전제로 하여 행해지는 후행 행정행위(= 계고처분)는 존립근거를 잃어 후행 행정행위 역시 무효가 되는 것이다.

13

답 ②

출제단원 Part 03 행정의 실효성 확보수단
출제영역 행정질서벌, 대집행, 직접강제, 행정상 강제징수

① (O) 대법원은 행정법상의 질서벌인 과태료의 부과처분과 형사처벌은 그 성질이나 목적을 달리하는 별개의 것이므로 행정법상의 질서벌인 과태료를 납부한 후에 형사처벌을 한다고 하여 일사부재리의 원칙에 반하는 것은 아니라고 본다(대법원 1996. 4. 12. 96도158). 즉, 과태료 부과처분을 받고 이를 납부하였다고 하더라도 형사처벌의 대상이 될 수 있다는 것이다. 참고로 일사부재리의 원칙이란 어떤 사건에 대하여 일단 판결이 내려지고 확정이 되면 다시 심리·재판하지 않는다는 원칙을 말한다.

② (X) 대집행은 「계고 → 대집행영장에 의한 통지 → 대집행의 실행 → 비용징수」라는 절차를 거친다. 이때 계고란 상당한 기간 내에 의무의 이행을 하지 않으면 대집행을 한다는 의사를 사전에 통지하는 행위를 말한다. 이와 관련하여 대법원은 계고서라는 명칭의 1장의 문서로 일정기간 내에 위법건축물의 자진철거를 명함과 동시에 그 소정기한 내에 자진철거를 하지 아니할 때에는 대집행할 뜻을 미리 계고한 경우라도 건축법에 의한 철거명령과 행정대집행법에 의한 계고처분은 독립하여 있는 것으로서 각 그 요건이 충족되었다고 본다(대법원 1992. 6. 12. 91누13564). 즉, 철거명령과 계고처분을 1장의 문서로 동시에 할 수 있다는 것이다.

③ (O) 직접강제란 의무자가 행정상 의무를 이행하지 아니하는 경우 행정청이 의무자의 신체나 재산에 실력을 행사하여 그 행정상 의무의 이행이 있었던 것과 같은 상태를 실현하는 것을 말한다. 「행정기본법」에 의하면, 직접강제는 행정대집행이나 이행강제금 부과의 방법으로는 행정상 의무 이행을 확보할 수 없거나 그 실현이 불가능한 경우에 실시하여야 한다(제32조 제1항). 직접강제는 행정상 강제집행수단 중에서 국민의 기본권을 가장 크게 제약하는 것이므로 다른 강제집행수단으로 의무이행을 강제할 수 없을 때 최후의 수단으로 인정되어야 한다는 것이다(= 직접강제의 보충성).

④ (O) 「공매」란 국가기관에 의해 이루어지는 공적(公的) 경매를 뜻한다. 대법원은 과세관청이 체납처분으로서 행하는 공매는 우월한 공권력의 행사로서 행정소송의 대상이 되는 공법상의 행정처분이라고 본다. 또한 「공매에 의하여 재산을 매수한 자」는 그 공매처분이 취소된 경우에 그 취소처분의 위법을 주장하여 행정소송을 제기할 법률상 이익이 있다고 본다(대법원 1984. 9. 25. 84누201). 공매에 의해 재산을 매수한 자는 공매처분이 취소됨으로써 공매로 획득한 재산의 소유권을 상실하게 되는 법률상 불이익을 입었으므로 「공매처분에 대한 취소처분」의 위법을 주장하여 행정소송을 제기할 법률상 이익이 있는 것이다.

14 답 ②

출제단원 Part 02 행정작용 및 절차법
출제영역 위임명령의 한계, 행정규칙의 통제, 위임명령의 근거, 재량행위

① (O) 위임명령은 위임된 범위(= 수권의 범위) 내에서 제정되어야 한다. 즉, 위임명령은 상위 법령에서 위임되지 않은 입법사항에 대하여 규정할 수 없으며, 규정의 내용도 상위법령의 내용에 반하지 않아야 한다. 이와 관련하여 대법원은 법률의 위임 규정 자체가 그 의미 내용을 정확하게 알 수 있는 용어를 사용하여 위임의 한계를 분명히 하고 있는데도 시행령이 그 문언적 의미의 한계를 벗어났다든지, 위임 규정에서 사용하고 있는 용어의 의미를 넘어 그 범위를 확장하거나 축소함으로써 위임 내용을 구체화하는 단계를 벗어나 새로운 입법을 한 것으로 평가할 수 있다면, 이는 위임의 한계를 일탈한 것으로서 허용되지 않는다고 본다(대법원 2012. 12. 20, 2011두30878).

② (X) 대법원은 교육부장관이 내신성적 산정기준의 통일을 기하기 위해 내신성적 산정기준에 관한 시행지침을 마련하여 시·도 교육감에게 통보한 것은 행정조직 내부에서 내신성적 평가에 관한 내부적 심사기준을 시달한 것에 불과하다고 본다. 비록 장차 일부 수험생들이 위 지침으로 인해 어떤 불이익을 입을 개연성이 없지는 않으나, 그러한 사정만으로 이러한 지침에 의해 곧바로 개별적이고 구체적인 권리의 침해를 받은 것으로는 인정할 수 없으므로, 그것만으로는 현실적으로 특정인의 구체적인 권리의무에 직접적으로 변동을 초래케 하는 것은 아니라는 것이다. 따라서 내신성적 산정지침을 항고소송의 대상이 되는 행정처분으로 볼 수 없다고 본다(대법원 1994. 9. 10, 94주33).

③ (O) 대법원은 구법에 위임의 근거가 없어 법규명령이 무효였더라도 사후에 법 개정으로 위임의 근거가 부여되면 그때부터는 유효한 법규명령이 된다고 본다. 반면, 이와는 반대로 구법의 위임에 의한 유효한 법규명령이 법 개정으로 위임의 근거가 없어지게 되면 그때부터 무효인 법규명령이 된다고 본다(대법원 1995. 6. 30, 93추83).

④ (O) 대법원은 자동차운수사업법에 의한 개인택시운송사업면허는 특정인에게 권리나 이익을 부여하는 행정행위(= 강학상 특허)로서 법령에 특별한 규정이 없는 한 재량행위이고, 그 면허를 위하여 필요한 기준을 정하는 것도 역시 행정청의 재량에 속하는 것이므로, 그 설정된 기준이 객관적으로 보아 합리적이 아니라거나 타당하지 않다고 볼 만한 다른 특별한 사정이 없는 이상 행정청의 의사는 가능한 한 존중되어야 한다고 본다. 그러나 행정청이 어떤 면허신청에 대하여 이미 설정된 면허기준을 구체적으로 적용함에 있어서 그 해석상 당해 신청이 면허발급의 우선 순위에 해당함이 명백함에도 불구하고 이를 제외시켜 면허거부처분을 하였다면 특별한 사정이 없는 한 그 거부처분은 재량권을 남용한 위법한 처분이라고 본다(대법원 1998. 3. 13, 98두1321).

15 답 ②

출제단원 Part 02 행정작용 및 절차법
출제영역 행정행위의 부관

① (O) 대법원은 「부담」과 부담의 이행행위로 한 「사법상 법률행위」를 별개로 취급한다. 만약 「부담」이 제소기간 도과로 인해 확정되어 불가쟁력이 발생함으로써 더 이상 부담을 다툴 수 없게 된 경우에 이와 별개로 부담의 이행으로 한 「사법상 법률행위」의 효력을 다툴 수 있는지 문제된다. 참고로 불가쟁력이란 하자 있는 행정행위라 할지라도 불복기간이 경과하거나, 쟁송수단을 모두 다 거친 이후에는 상대방 또는 이해관계인이 더 이상 행정행위의 효력을 쟁송절차를 통해 다툴 수 없게 되는 힘을 말한다. 이와 관련하여 대법원은 행정처분에 붙은 「부담」이 제소기간의 도과로 확정되어 이미 불가쟁력이 생겼다면 그 하자가 중대하고 명백하여 당연 무효로 보아야 할 경우 외에는 누구나 그 효력(= 부담의 효력)을 부인할 수 없지만, 부담의 이행으로서 하게 된 「사법상 매매 등의 법률행위」는 부담을 붙인 행정처분과는 어디까지나 별개의 법률행위이므로 「부담」의 불가쟁력의 문제와는 별도로 「법률행위」의 유효 여부를 판단하여야 한다고 본다(대법원 2009. 6. 25, 2006다18174). 즉, 「부담」이 제소기간의 도과로 인해 확정되어 불가쟁력이 발생하여 더 이상 이를 다툴 수 없게 되었다고 하더라도, 이와 별개로 부담의 이행으로서 하게 된 「사법상 매매 등의 법률행위」의 유효 여부는 민사소송으로 다툴 수 있는 것이다.

② (X) 대법원은 상대방이 부담에 의해 부과된 의무를 불이행한 경우 처분청은 부담의 불이행을 이유로 주된 행정행위를 철회할 수 있다고 본다(대법원 1989. 10. 24, 89누2431).

③ (O) 부관 중 '법률효과의 일부배제'란 법률이 인정하고 있는 행정행위의 효과의 일부를 행정청이 배제하는 부관을 뜻한다. 이와 관련하여 대법원은 행정청이 공유수면매립 준공인가를 하면서 '매립지 중 일부에 대하여 국가에 소유권이 귀속된다는 처분(= 일부 공유수면매립지에 대한 국가 귀속처분)'을 한 것은 매립지의 소유권을 매립 면허를 받은 자가 취득한다고 규정하고 있는 공유수면매립법의 효과의 일부를 배제하는 것으로서 부관 중 「법률효과의 일부배제」에 해당한다고 본다(대법원 1991. 12. 13, 90누8503).

④ (O) 대법원은 부담의 위법성 여부는 부담이 붙은 행정행위를 한 시점, 즉 「처분 당시」의 법령을 기준으로 한다고 본다. 따라서 처분 당시 법령을 기준으로 적법하다면 처분 후에 근거 법령이 개정되어 부담을 붙일 수 없게 되었다고 하더라도, 부담이 곧바로 위법하게 된다거나 효력을 상실하는 것은 아니다(대법원 2009. 2. 12, 2005다65500).

16 답 ③

출제단원 Part 02 행정작용 및 절차법
출제영역 직권취소의 제한, 행정행위의 하자, 하자의 치유

① (O) 수익적 행정행위의 직권취소는 상대방에게 침익적인 결과를 가져오므로 일정한 제한을 받는다. 예를 들어, 수익적 행정행위의 직권취소에 있어서는 이익형량의 원칙이 적용된다. 즉, '행정행위를 취소하여 달성하고자 하는 이익'과 행정행위를 취소함으로써 야기되는 '상대방의 신뢰이익의 박탈'을 형량하여 '행정행위를 취소하여 달성하고자 하는 이익'이 큰 경우에 한하여 직권취소가 인정된다. 그런데 이러한 이익형량의 원칙이 처분청의 직권취소가 아니라, 행정심판이나 행정소송을 통한 쟁송취소에도 적용되는지 문제된다. 이와 관련하여 대법원은 수익적 행정처분에 대한 취소권 등의 행사는 기득권의 침해를 정당화할 만한 중대한 공익상의 필요 또는 제3자의 이익보호의 필요가 있는 때에 한하여 허용될 수 있다는 법리(= 이익형량의 원칙)는, 처분청이 수익적 행정처분을 직권으로 취소·철회하는 경우에 적용되는 법리일 뿐 쟁송취소의 경우에는 적용되지 않는다고 본

다(대법원 2019. 10. 17. 2018두104). 참고로 쟁송취소란 상대방이나 이해관계인이 제기한 행정심판이나 행정소송과 같은 쟁송에 의해 행정심판위원회나 법원이 행하는 취소를 말한다.

② (O) 대법원은 구 학교보건법상 학교환경위생정화구역 내에서 금지행위 및 시설의 해제 여부에 관한 행정처분을 함에 있어 학교환경위생정화위원회의 심의를 거치도록 하였음에도 행정청이 금지행위 및 시설의 해제 여부에 관한 행정처분을 하면서 절차상 위원회의 심의를 누락한 흠은 행정처분의 효력에 아무런 영향을 주지 않는다거나 경미한 정도에 불과하다고 볼 수는 없으므로, 특별한 사정이 없는 한 행정처분을 위법하게 하는 취소사유가 된다고 본다(대법원 2007. 3. 15. 2006두15806).

③ (X) 하자의 치유란 성립당시에 흠이 있는 행정행위가 사후에 이를 보완하거나 그 흠이 취소사유가 되지 않을 정도로 경미해진 경우에 성립 당시의 흠에도 불구하고 하자 없는 적법한 행위로 그 효력을 유지시키는 것을 말한다. 이와 관련하여 대법원은 행정청이 청문절차를 이행함에 있어 청문서 도달기간을 지키지 않았다면 청문의 절차적 요건을 준수하지 않은 것이므로 이를 바탕으로 한 행정처분은 일단 위법하다고 본다. 다만, 청문제도의 취지는 처분의 상대방에게 미리 변명과 유리한 자료를 제출할 기회를 부여함으로써 부당한 권리침해를 예방하려는 데에 있는 것이므로, 처분의 상대방이 이의하지 않고 청문일에 스스로 출석하여 방어의 기회를 충분히 가졌다면 청문서 도달기간을 다소 어겼다하여도 이러한 하자는 치유된다고 본다(대법원 1992. 10. 23. 92누2844).

④ (O) 무효인 행정행위의 경우 하자의 치유가 인정되지 않는다. 무효인 행정행위를 치유의 대상으로 하면 오히려 이해관계인의 신뢰 및 법적 안정성을 해치는 결과가 될 것이기 때문이다. 예를 들어, 구 「지방세법시행규칙」에서는 시장·군수가 토지등급을 결정한 때에는 그 내용을 열람할 수 있도록 하면서 일정한 경우에는 열람에 갈음하여 개별통지를 할 수 있었는데, 대법원은 토지등급결정내용의 열람에 갈음하는 개별통지는 토지등급결정의 효력발생요건이므로 이러한 절차를 누락한 경우 그 결정은 대외적으로 아무런 효력을 발생할 수 없다고 본다. 이와 같이 토지등급결정내용의 개별통지가 있다고 볼 수 없어 토지등급결정이 무효인 이상, 토지소유자가 그 결정 이전이나 이후에 토지등급결정내용을 알았다 하더라도 개별통지의 하자가 치유되는 것은 아니라고 본다(대법원 1997. 5. 28. 96누5308). 참고로 토지등급이란 토지에 세금을 부과하기 위해 토지에 등급을 설정했던 제도인데, 개별공시지가제도의 도입으로 폐지되었다.

17 답 ④

출제단원 Part 02 행정작용 및 절차법, Part 07 행정상 손실보상
출제영역 행정계획, 손실보상청구권의 성립요건

① (O) 도시계획이 이미 결정되어 고시된 경우라도 도시계획의 결정·변경에 관한 「권한을 갖고 있는 행정청」은 이와 다른 내용의 도시계획을 결정·고시할 수 있다. 반면, 선행 도시계획의 결정·변경 등에 관한 「권한을 갖고 있지 않은」 행정청은 선행 도시계획과 다른 내용의 도시계획을 결정·고시할 수는 없다. 이와 관련하여 대법원은 만약 선행 도시계획의 결정·변경 등에 관한 「권한을 가지고 있지 않은」 행정청이 선행 도시계획과는 서로 양립할 수 「없는」 내용이 포함된 후행 도시계획결정을 하면, 후행 도시계획결정은 무효라고 본다(대법원 2000. 9. 8. 99두11257).

② (O) 관리처분계획이란 재개발·재건축사업 등의 공사가 완료된 후에 재개발·재건축조합이 행할 분양처분 및 청산 등에 관한 계획을 말한다. 이와 관련하여 대법원은 구 도시재개발법상의 「관리처분계획」은 토지의 소유자에게 구체적·개별적인 영향을 미치므로 처분에 해당하여 항고소송의 대상이 된다고 본다(대법원 2002. 12. 10. 2001두6333).

③ (O) 손실보상의 요건이 충족되기 위해서는 재산권의 침해를 통하여 개인에게 「특별한 희생」이 발생되어야 한다. 여기에서 「특별한 희생」이란 재산권의 「사회적 제약」을 넘어서는 손실을 의미한다. 따라서 공공필요를 위한 재산권의 침해로 인한 손해가 재산권의 「사회적 제약」에 불과한 경우에는 재산권자가 수인하여야 하며 보상이 필요하지 않다. 반면, 공공필요를 위한 재산권의 침해로 인한 손해가 「특별한 희생」에 해당하는 경우에는 헌법 제23조 제3항에 의해 보상이 필요하다. 이와 관련하여 헌법재판소는 도시계획시설의 지정으로 말미암아 당해 토지의 이용가능성이 배제되거나 또는 토지소유자가 토지를 종래 허용된 용도대로도 사용할 수 없기 때문에 이로 말미암아 현저한 재산적 손실이 발생하는 경우에는, 원칙적으로 사회적 제약의 범위를 넘는 수용적 효과를 인정하여 국가나 지방자치단체는 이에 대한 보상을 해야 한다고 본다(헌재 1999. 10. 21. 97헌바26).

④ (X) 장기 미집행 도시계획시설결정의 실효제도란 도시계획시설결정이 있었음에도 장기간 사업이 시행되지 않은 경우 해당 결정의 효력을 상실시키는 제도를 말한다. 이와 관련하여 헌법재판소는 장기 미집행 도시계획시설결정의 실효제도는 도시계획시설부지로 하여금 도시계획시설결정으로 인한 사회적 제약으로부터 벗어나게 하는 것으로서 결과적으로 개인의 재산권이 보다 보호되는 측면이 있는 것은 사실이나, 이와 같은 보호는 입법자가 새로운 제도를 마련함에 따라 얻게 되는 법률에 기한 권리일 뿐 헌법상 재산권으로부터 당연히 도출되는 권리는 아니라고 본다(헌재 2005. 9. 29. 2002헌바84).

18 답 ①

출제단원 Part 03 행정의 실효성 확보수단
출제영역 이행강제금

① (X) 이행강제금이란 작위의무·부작위의무·수인의무의 불이행시에 일정액수의 금전이 부과될 것임을 의무자에게 미리 경고함으로써 의무 이행의 확보를 도모하는 강제수단을 말한다. 이와 관련하여 대법원은 건축법상의 이행강제금은 시정명령의 불이행이라는 과거의 위반행위에 대한 제재가 아니라, 의무자에게 시정명령을 받은 의무의 이행을 명하고 그 이행기간 안에 의무를 이행하지 않으면 이행강제금이 부과된다는 사실을 고지함으로써 의무자에게 심리적 압박을 주어 의무의 이행을 간접적으로 강제하는 행정상의 간접강제 수단에 해당한다고 본다(대법원 2018. 1. 25. 2015두35116).

② (O) 행정청은 이행강제금을 부과받은 자가 납부기한까지 이행강제금을 내지 아니하면 국세강제징수의 예 또는 「지방행정제재·부과금의 징수 등에 관한 법률」에 따라 징수한다(행정기본법 제31조 제6항).

③ (O) 이행강제금에 대한 불복에 대하여 개별법에서 특별한 불복절차를 규정하고 있다면 해당 절차에 의하여야 한다. 반면, 별도로 이러한 절차를 규정하고 있지 않다면 항고소송을 제기하여 불복할 수 있다.

이와 관련하여 대법원은 「농지법」에서 이행강제금에 불복하는 자는 이의를 제기할 수 있는 것으로 규정하고, 이의를 제기한 경우에는 법원이 「비송사건절차법」에 의해 이행강제금을 결정하는 것으로 규정하고 있으므로, 농지법에 따른 이행강제금 부과처분에 불복하는 경우에는 비송사건절차법에 따른 재판절차가 적용되어야 하고, 행정소송법상 항고소송의 대상은 될 수 없다고 본다. 설령 관할청이 「농지법」상 이행강제금 부과처분을 하면서 재결청에 행정심판을 청구하거나 관할 행정법원에 행정소송을 할 수 있다고 잘못 안내하거나 관할 행정심판위원회가 각하재결이 아닌 기각재결을 하면서 관할 법원에 행정소송을 할 수 있다고 잘못 안내하였다고 하더라도, 그러한 잘못된 안내로 행정법원의 항고소송 재판관할이 생긴다고 볼 수도 없다고 본다(대법원 2019. 4. 11. 2018두42955). 즉, 농지법에서 이행강제금 부과처분에 대한 불복절차(= 비송사건절차법에 따른 재판)를 분명하게 규정하고 있으므로, 이와 다른 불복절차를 허용할 수는 없다는 것이다.

④ (O) 대법원은 건축법상 이행강제금 납부의무는 상속인 기타의 사람에게 승계될 수 없는 일신전속적인 성질의 것이므로 이미 사망한 사람에게 이행강제금을 부과하는 내용의 처분이나 결정은 당연무효이고, 이행강제금을 부과 받은 사람이 이의를 제기하여 재판절차가 개시된 후에 이의를 제기한 사람이 사망한 때에는 재판절차는 종료된다고 본다. 따라서 제1심에서 이행강제금 1,000만 원에 처한다는 결정을 받은 사람이 이에 불복하여 항고한 후 사망하였음에도 항고심(= 제2심)에서 이행강제금 700만 원에 처한다는 결정을 한 경우, 항고심 결정은 당연무효이고, 이미 사망한 사람의 이름으로 제기된 재항고는 보정(= 수정)할 수 없는 흠결이 있는 것으로서 부적법하다고 본다(대법원 2006. 12. 8. 자 2006마470).

19 답 ②

출제단원 Part 07 행정상 손실보상
출제영역 손실보상의 근거, 공익사업을 위한 토지 등의 취득 및 보상에 관한 법률

ㄱ. (O) 손실보상의 헌법적 근거로 헌법 제23조 제3항을 든다. 헌법 제23조 제3항에서는 '공공필요에 의한 재산권의 수용·사용 또는 제한 및 그에 대한 보상은 법률로써 하되, 정당한 보상을 지급하여야 한다.'고 규정하고 있다.

ㄴ. (X) 공법상의 금전지급청구소송이 항고소송인지, 당사자소송인지는 기본적으로 다음과 같은 기준에 따라 판단할 수 있다.

「행정청의 결정」에 의해 금전채권이 확정되는 경우	항고소송
「법령」에 의해 금전채권이 확정되는 경우	당사자소송

예를 들어, 대법원은 「하천법」 부칙과 이에 따른 특별조치법에 의한 손실보상청구권은 법에서 정한 요건(= 1984. 12. 31. 전에 토지가 하천구역으로 된 경우)에 해당하면 당연히 발생되는 것이지, 관리청의 보상금지급결정에 의하여 비로소 발생하는 것은 아니므로, 위 규정들에 의한 손실보상금의 지급을 구하거나 손실보상청구권의 확인을 구하는 소송은 「행정소송법」상 당사자소송에 의하여야 한다고 본다(대법원 2006. 5. 18. 2004다6207 전합).

ㄷ. (X) 「공익사업을 위한 토지 등의 취득 및 보상에 관한 법률」 제85조 제2항에서는 '행정소송이 보상금의 증감에 관한 소송인 경우 그 소송을 제기하는 자가 토지소유자 또는 관계인일 때에는 사업시행자를, 사업시행자일 때에는 토지소유자 또는 관계인을 각각 피고로 한다.'고 규정하고 있다. 따라서 토지소유자 또는 관계인이 손실보상금의 액수를 다투고자 할 경우에는 토지수용위원회가 아니라 「사업시행자」를 상대로 보상금의 증액을 구하는 소송을 제기하여야 한다. 이러한 소송은 형식적으로는 법률관계의 당사자인 토지소유자 또는 관계인과 사업시행자가 각각 원고·피고로 되어 제기하는 소송이므로 당사자소송에 속한다. 그러나 내용적으로는 토지수용위원회의 수용재결(행정청의 처분)을 다투는 것이므로 실질적으로는 항고소송의 성질도 갖는다. 따라서 보상금증감청구소송은 「형식적 당사자소송」에 해당한다고 본다. 형식적 당사자소송이란 형식적으로는 당사자소송이지만, 실질적으로는 행정청의 처분을 다투는 소송을 말한다.

ㄹ. (O) 「공익사업을 위한 토지 등의 취득 및 보상에 관한 법률」에 의하면, 특정사업이 그 사업에 필요한 토지를 수용 또는 사용할 수 있는 공익사업이라는 것을 인정하고, 사업시행자에게 일정한 절차를 거쳐 그 사업에 필요한 토지를 수용 또는 사용하는 권리를 설정하여 주는 것을 '사업인정'이라고 한다. 사업인정을 받은 사업시행자는 보상에 관하여 토지소유자 및 관계인과 협의하여야 하는데, 협의가 성립되지 않거나 협의를 할 수 없을 때에는 사업시행자는 관할 토지수용위원회에 재결을 신청할 수 있다. 이에 따른 재결을 「수용재결」이라고 한다. 만약 수용재결에 이의가 있는 자는 중앙토지수용위원회에 이의를 신청할 수 있다(임의적 절차). 중앙토지수용위원회는 이의신청을 받은 경우 수용재결이 위법하거나 부당하다고 인정할 때에는 그 재결의 전부 또는 일부를 취소하거나 보상액을 변경할 수 있다. 이에 따른 재결을 「이의재결」이라고 한다. 이와 관련하여 대법원은 「수용재결에 불복하여 취소소송을 제기」하는 때에는 이의신청을 거친 경우에도 「수용재결을 한 중앙토지수용위원회 또는 지방토지수용위원회」를 피고로 하여 「수용재결」의 취소를 구하여야 한다고 본다. 다만 「이의신청에 대한 재결 자체에 고유한 위법이 있음을 이유로 하는 경우」에는 그 「이의재결을 한 중앙토지수용위원회」를 피고로 하여 「이의재결」의 취소를 구할 수 있다고 본다(대법원 2010. 1. 28. 2008두1504).

20 답 ①

출제단원 Part 02 행정작용 및 절차법, Part 05 행정심판법, Part 07 행정상 손실보상
출제영역 재결의 효력, 확약, 행정지도, 손실보상청구권의 성질

① (X) 처분청(= 피청구인) 및 관계행정청이 재결의 취지에 따르도록 처분청 및 관계행정청을 구속하는 효력을 재결의 기속력이라고 한다. 재결의 기속력은 심판청구를 「인용하는 재결」에 인정된다. 기속력의 객관적 범위와 관련하여 대법원은 재결의 기속력은 재결의 주문 및 그 전제가 된 요건사실의 인정과 판단, 즉 처분 등의 구체적 위법사유에 관한 판단에만 미친다고 본다(대법원 2005. 12. 9. 2003두7705). 이에 따라 대법원은 교원소청심사위원회의 결정은 처분청에 대하여 기속력을 가지고 이는 그 결정의 주문에 포함된 사항뿐 아니라 그 전제가 된 요건사실의 인정과 판단, 즉 처분 등의 구체적 위법사유에 관한 판단에까지 미친다고 본다(대법원 2013. 7. 25. 2012두12297).

② (O) 장래 일정한 행정행위를 하거나 하지 않을 것을 약속하는 행정청의 의사표시를 확약이라고 한다. 이와 관련하여 대법원은 어업권면

허에 선행하는 우선순위결정은 행정청이 우선권자로 결정된 자의 신청이 있으면 어업권면허처분을 하겠다는 것을 약속하는 행위로서 강학상 「확약」에 불과하고, 행정처분은 아니라고 본다(대법원 1995. 1. 20. 94누6529).

③ (O) 대법원은 행정지도가 강제성을 띠지 않은 비권력적 작용으로서 「행정지도의 한계를 일탈하지 아니하였다면」, 그로 인하여 상대방에게 어떤 손해가 발생하였다 하더라도 행정기관은 그에 대한 손해배상책임이 없다고 본다(대법원 2008. 9. 25. 2006다18228).

④ (O) 구 「공익사업을 위한 토지 등의 취득 및 보상에 관한 법률」에 의하면, 세입자는 사업시행자가 취득 또는 사용할 토지에 관하여 임대차 등에 의한 권리를 가진 관계인으로서, 같은 법 시행규칙에서 정한 요건에 해당하는 경우에는 주거이전에 필요한 비용을 보상받을 권리가 있다. 이와 관련하여 대법원은 적법하게 시행된 공익사업으로 인하여 이주하게 된 주거용 건축물 세입자의 주거이전비 보상청구권은 「공법상의 권리」라고 본다. 따라서 그 보상을 둘러싼 쟁송은 민사소송이 아니라 공법상의 법률관계를 대상으로 하는 「행정소송」에 의하여야 한다고 본다. 이 경우 소송의 형태와 관련하여, 세입자의 주거이전비 보상청구권은 그 요건을 충족하는 경우에 당연히 발생하는 것이므로 주거이전비 보상청구소송은 행정소송법 제3조 제2호에 규정된 「당사자소송」에 의하여야 한다고 본다(대법원 2008. 5. 29. 2007다8129).

2023년 지방직 9급
행정법총론

문제편 p.68

| 01 ③ | 02 ② | 03 ④ | 04 ④ | 05 ② | 06 ② | 07 ④ | 08 ① | 09 ① | 10 ③ |
| 11 ② | 12 ④ | 13 ② | 14 ① | 15 ① | 16 ④ | 17 ③ | 18 ③ | 19 ② | 20 ③ |

01

답 ③

출제단원 Part 02 행정작용 및 절차법
출제영역 행정의 자동결정

미리 입력된 프로그램에 따라 행정결정이 자동으로 행해지는 것을 행정의 자동결정이라고 한다.

① (O) 행정의 자동결정의 예로 신호등에 의한 교통신호, 컴퓨터를 통한 중·고등학생의 학교배정, 세금 및 기타 공과금의 결정, 연금결정, 객관식 시험의 채점과 합격자 결정 등을 들 수 있다.

② (O) 「행정기본법」에 의하면, 행정청은 법률로 정하는 바에 따라 완전히 자동화된 시스템(인공지능 기술을 적용한 시스템을 포함한다)으로 처분을 할 수 있다(제20조 본문). 이때의 '처분'은 행정청이 구체적 사실에 관하여 행하는 법 집행으로서 공권력의 행사 또는 그 거부와 그 밖에 이에 준하는 행정작용을 말한다(제2조 제4호). 따라서 「행정기본법」상 자동적 처분은 항고소송의 대상이 되는 처분에 해당한다.

③ (X) 「행정기본법」에 의하면, 자동적 처분을 할 수 있는 '완전히 자동화된 시스템'에는 인공지능 기술을 적용한 시스템을 포함한다(제20조 본문).

④ (O) 「행정기본법」에 의하면, 처분에 재량이 있는 경우에는 자동적 처분을 할 수 없다(제20조 단서).

02

답 ②

출제단원 Part 01 행정법 서설, Part 02 행정작용 및 절차법
출제영역 법률유보의 원칙, 법규명령, 법률우위의 원칙

① (O) 법률유보의 원칙이란 일정한 행정작용은 법에 근거해야 한다는 원칙을 말한다. 법률유보의 원칙이 적용되는 행정의 범위가 어디까지인지와 관련하여 대법원은 어떠한 사안이 국회가 형식적 법률로 스스로 규정하여야 하는 본질적 사항에 해당되는지는 구체적 사례에서 관련된 이익 내지 가치의 중요성 등을 고려하여 개별적으로 결정하여야 하지만, 규율대상이 국민의 기본권 및 기본적 의무와 관련한 중요성을 가질수록 그리고 그에 관한 공개적 토론의 필요성 또는 상충하는 이익 사이의 조정 필요성이 클수록, 그것이 국회의 법률에 의해 직접 규율될 필요성은 더 증대된다고 본다(대법원 2015. 8. 20. 2012두23808).

② (X) 헌법 제75조는 '대통령은 법률에서 구체적으로 범위를 정하여 위임받은 사항(= 위임명령)과 법률을 집행하기 위하여 필요한 사항(= 집행명령)에 관하여 대통령령을 발할 수 있다.'라고 규정하고 있다. 이와 관련하여 대법원은 대통령은 법률에서 구체적으로 범위를 정하여 위임받은 사항과 법률을 집행하기 위하여 필요한 사항에 관하여만 대통령령을 발할 수 있으므로, 법률의 시행령은 모법인 법률에 의

하여 위임받은 사항이나 법률이 규정한 범위 내에서 법률을 현실적으로 집행하는 데 필요한 세부적인 사항만을 규정할 수 있을 뿐, 법률에 의한 위임이 없는 한 법률이 규정한 개인의 권리·의무에 관한 내용을 변경·보충하거나 법률에 규정되지 아니한 새로운 내용을 규정할 수는 없다고 본다(대법원 2020. 9. 3. 2016두32992 전합).

③ (O) 헌법재판소는 법률유보의 원칙은 법률에 '의한' 규율만을 뜻하는 것이 아니라 법률에 '근거한' 규율을 요청하는 것이므로 기본권 제한의 형식이 반드시 법률의 형식일 필요는 없고 법률에 근거를 두면서 헌법 제75조가 요구하는 위임의 구체성과 명확성을 구비하기만 하면 위임입법에 의하여도 기본권 제한을 할 수 있다고 본다(헌재 2005. 2. 24. 2003헌마289). 즉, 법률에서 구체적이고 명확하게 대통령령 등으로 위임을 하였다면, 이러한 위임에 근거하여 법률 이외의 형식으로 기본권을 제한할 수 있다는 것이다.

④ (O) 「행정기본법」 제8조는 '행정작용은 「㉠ 법률에 위반되어서는 아니 되며」, 「㉡ 국민의 권리를 제한하거나 의무를 부과하는 경우와 그 밖에 국민생활에 중요한 영향을 미치는 경우에는 법률에 근거하여야 한다.'고 규정하고 있다. 이때 ㉠은 '법률우위의 원칙', ㉡은 '법률유보의 원칙'에 해당한다.

03

답 ④

출제단원 Part 02 행정작용 및 절차법
출제영역 법규명령의 통제, 행정입법부작위

① (O) 구체적 규범통제란 '법규명령 자체'를 직접 소송의 대상으로 하는 것이 아니라, '다른 구체적인 사건에 관한 재판'에서 이에 대한 판단을 내리기에 앞서 먼저 해결해야 할 문제로서 당해 법규명령의 위헌·위법 여부를 판단하는 제도를 말한다. 예를 들어, A가 신청한 건축허가에 대하여 구청장이 건축법 시행령 제○조를 근거로 하여 거부처분을 한 사례에서 A는 건축법 시행령 제○조가 위법하다는 것을 이유로 하여 '건축허가거부처분'의 취소를 구하는 소송을 제기하였다. 이 사례에서 소송의 대상은 '건축허가거부처분'이지만, '건축허가거부처분'의 위법여부를 판단하기 위해서는 A가 주장한 내용인 '건축법 시행령 제○조'가 위법한 것인지 여부를 판단해야 한다. 이를 구체적 규범통제라고 한다. 구체적 규범통제와 관련하여 헌법 제107조 제2항은 '명령·규칙 또는 처분이 헌법이나 법률에 위반되는 여부가 재판의 전제가 된 경우에는 대법원은 이를 최종적으로 심사할 권한을 가진다.'고 규정하고 있다. 이때 법규명령이란 법규성이 인정되어 국민과 법원을 구속하는 효력을 가지는 명령을 말한다. 대통령령, 총리령, 부령, 감사원규칙, 중앙선거관리위원회규칙 등이 이에 해당한다. 따라서 법규명령인 중앙선거관리위원회규칙은 구체적 규범통제의 대상이 될 수 있다.

② (O) 항고소송이란 '행정청의 처분 등이나 부작위에 대하여 제기하는 소송'으로서 취소소송, 무효등확인소송, 부작위위법확인소송을 말한다. 이때 법규명령이 항고소송의 대상인 '처분'에 해당하는지가 문제된다. '처분'이 되기 위해서는 그 자체가 직접 국민에 대하여 권리설정 또는 의무의 부담을 명하거나 기타 법률상의 효과를 발생하게 하는 것이어야 한다. 이에 대해서는 일반적 법규명령과 처분적 법규명령을 구분하여 검토해야 한다.

일반적 법규명령	법규명령에서 일반적·추상적인 형태로 규율을 하면, 이에 근거하여 이루어지는 행정청의 행정행위를 통해 국민에게 권리를 설정하거나 의무를 부담시키게 된다. 따라서 일반적 법규명령 자체는 처분이 아니며, 따라서 항고소송의 대상이 될 수 없다.
처분적 법규명령	행정청의 행정행위의 개입 없이 법규명령 그 자체만으로 국민에게 권리를 설정하거나 의무의 부담을 명하는 형태의 법규명령을 처분적 법규명령이라고 한다. 처분적 법규명령은 일반적 법규명령과 달리 처분이라고 보며, 항고소송의 대상이 될 수 있다.

따라서 법규명령이 그에 따른 처분 없이 직접 국민의 권리를 제한하는 경우에는 처분적 법규명령에 해당하여 항고소송인 취소소송이나 무효등확인소송의 대상이 될 수 있다.

③ (O) 구체적 규범통제와 관련하여 헌법 제107조 제2항은 '대법원은 이를 최종적으로 심사할 권한을 가진다.'고 규정하고 있다. 즉, 구체적 규범통제의 주체는 각급법원이며, 각급법원의 판단에 대하여 대법원이 최종적인 심사권을 갖는 것이다.

④ (X) 행정입법부작위란 행정권에게 법규명령을 제정·개정 또는 폐지할 법적 의무(작위의무)가 있음에도 합리적인 이유 없이 이러한 의무를 이행하지 않음으로써 법규명령을 제정·개정 또는 폐지하지 않는 것(부작위)을 말한다. 이와 관련하여 대법원은 부작위위법확인소송의 대상이 되기 위해서는 구체적 권리의무에 관한 분쟁이어야 하므로, 추상적인 법령의 제정 여부 등은 그 자체만으로 국민의 권리의무에 직접적인 변동을 초래하는 것이 아니므로 부작위위법확인소송의 대상이 될 수 없다고 본다(대법원 1992. 5. 8. 91누11261).

04

답 ④

출제단원 Part 03 행정의 실효성 확보수단
출제영역 구 「국세징수법」상 가산금·중가산금의 고지, 양벌규정, 행정상 즉시강제, 행정상 강제징수

① (O) 구 「국세징수법」에서는 '국세를 납부기한까지 완납하지 아니하였을 때에는 그 납부기한이 지난 날부터 체납된 국세의 100분의 3에 상당하는 가산금을 징수한다.'고 하여 가산금에 대하여 규정하고 있었다(제21조 제1항). 이와 관련하여 대법원은 국세징수법에서 규정하는 가산금은 국세를 납부기한까지 납부하지 않으면 과세청의 확정절차 없이도 법률 규정에 의하여 당연히 발생하는 것이며, 별도로 과세청의 가산금 확정절차를 거치는 것이 아니므로 가산금 또는 중가산금의 고지가 항고소송의 대상이 되는 처분이라고 볼 수 없다고 본다(대법원 2005. 6. 10. 2005다15482).

② (O) 양벌규정이란 실제 행위자인 「종업원」의 위반행위에 대하여 실제 행위를 하지 않은 「사업주」도 처벌하는 것으로 규정하는 경우와 같이 「범죄행위자」와 「행위자 이외의 자」를 함께 처벌하는 규정을 말한다. 행정범(= 행정법규의 위반으로 성립되는 범죄)에서는 이와 같이 범죄행위자 이외의 자를 벌하는 것으로 규정하는 경우가 있다. 이와 관련하여 대법원은 지방자치단체가 그 고유의 「자치사무」를 처리하는 경우에는 지방자치단체는 국가기관의 일부가 아니라 국가기관과는 별도의 「독립한 공법인」이라고 본다. 따라서 지방자치단체 소속 공무원이 지방자치단체 고유의 「자치사무」를 수행하던 중 도로법 위반행위를 한 경우에는 「지방자치단체」는 도로법의 양벌규정에

따라 처벌대상이 되는 법인에 해당한다고 본다(대법원 2005. 11. 10. 2004도 2657). 참고로 대법원은 지방자치단체의 사무의 종류에 따라 해당 지방자치단체가 양벌규정의 대상이 되는 법인에 해당하는지를 다음과 같이 구분하여 판단하고 있다.

구분	의의	양벌규정 대상 여부
자치사무	해당 지방자치단체의 고유사무	지방자치단체 소속 공무원이 「자치사무」인 압축트럭 청소차를 운전하던 중 도로법 위반행위를 한 경우(2004도2657) → 「지방자치단체」는 양벌규정에 따라 처벌대상이 되는 법인에 해당한다.
기관위임사무	「국가 또는 A지방자치단체」로부터 「B지방자치단체의 장(= 지방자치단체의 집행기관)」에게 위임된 사무 → 기관위임사무는 위임을 한 국가 또는 A지방자치단체의 사무이다.	지방자치단체 소속 공무원이 「기관위임사무」인 지정항만 순찰 업무를 위해 관할관청의 승인 없이 개조한 승합차를 운행함으로써 자동차관리법을 위반한 경우(2008도6530) → 「지방자치단체」는 양벌규정에 따라 처벌대상이 되는 법인에 해당하지 않는다.

정리하면 대법원 판례에 의하면, 양벌규정의 대상이 되는 법인에 「기관위임사무를 행하는 지방자치단체」는 포함되지 않는다. 반면, 「자치사무를 행하는 지방자치단체」는 포함된다.

③ (O) 행정상 즉시강제란 급박한 행정상의 장해를 제거할 필요가 있지만 미리 의무를 명할 시간적 여유가 없을 때 또는 급박하지는 않지만 성질상 의무를 명해서는 목적달성이 곤란할 때에 즉시 개인의 신체·재산에 실력을 가하여 행정상의 필요한 상태를 실현하는 행정작용을 말한다. 「소방기본법」상의 소방활동에 방해가 되는 물건 등에 대한 강제처분, 「식품위생법」상의 위해식품에 대한 압류, 「마약류 관리에 관한 법률」상의 승인을 받지 못한 마약류에 대한 폐기, 「감염병의 예방 및 관리에 관한 법률」상의 감염병환자에 대한 강제처분, 「게임산업진흥에 관한 법률」상의 불법게임물 폐기, 「경찰관 직무집행법」상 범죄의 예방과 제지 등이 행정상 즉시강제에 해당한다.

④ (X) 공매란 국가기관에 의해 이루어지는 공적(公的) 경매를 뜻한다. 「국세징수법」에서는 세무서장이 압류된 재산의 공매를 공고한 때에는 즉시 그 내용을 체납자 등에게 통지하도록 하고 있다. 이와 관련하여 대법원은 체납자 등에 대한 「공매통지」는 국가의 강제력에 의하여 진행되는 「공매」에서 체납자 등의 권리 내지 재산상의 이익을 보호하기 위하여 법률로 규정한 절차적 요건이라고 보아야 하며, 「공매」처분을 하면서 체납자 등에게 「공매통지」를 하지 않았거나 공매통지를 하였더라도 그것이 적법하지 아니한 경우에는 절차상의 흠이 있어 그 「공매」처분이 위법하게 된다고 본다(대법원 2011. 3. 24. 2010두25527). 참고로 이 경우 항고소송의 대상이 무엇인지와 관련하여 「공매」와 「공매통지」의 법적 성질은 구분해야 한다. 즉, 대법원은 과세관청이 체납처분으로서 행하는 「공매」는 우월한 공권력의 행사로서 행정소송의 대상이 되는 공법상의 행정처분이라고 본다(대법원 1984. 9. 25. 84누201). 반면, 「공매통지」 자체는 상대방인 체납자 등의 법적 지위나 권리·의무에 직접적인 영향을 주는 행정처분이 아니라고 본다. 따라서 특별한 사정이 없는 한 체납자 등은 「공매통지」의 결여나 위법을 들어 「공매」처분의 취소 등을 구할 수 있는 것이지, 「공매통지」 자체를 항고소송의 대상으로 삼아 그 취소 등을 구할 수는 없다고 본다(대법원 2011. 3. 24. 2010두25527).

05   답 ②

출제단원 Part 01 행정법 서설
출제영역 사인의 공법행위

① (X) 민법상 계약의 청약은 상대방에게 도달한 후에는 철회할 수 없는 것이 원칙이다. 이러한 원칙이 사인의 공법행위에도 적용되는지 문제된다. 그러나 사인의 공법행위의 경우에는 명문으로 금지되거나 성질상 불가능한 경우가 아닌 한, 사인의 공법행위가 상대방에게 도달되었다고 하더라도 「그에 따른 행정행위가 행하여질 때까지」는 자유롭게 철회할 수 있다고 본다. 이와 관련하여 대법원은 공무원이 한 사직 의사표시의 철회나 취소는 그에 터잡은 의원면직처분이 있을 때까지는 할 수 있는 것이고, 일단 면직처분이 있고 난 이후에는 철회나 취소를 할 수 없다고 본다(대법원 2001. 8. 24. 99두9971).

② (O) 대법원은 시장 등의 주민등록전입신고 수리 여부에 대한 심사는 주민등록법의 입법 목적의 범위 내에서 제한적으로 이루어져야 한다고 본다. 그 결과 전입신고를 받은 시장 등의 심사 대상은 전입신고자가 30일 이상 생활의 근거로 거주할 목적으로 거주지를 옮기는지 여부만으로 제한된다고 본다. 따라서 부동산투기나 이주대책 요구 등을 방지할 목적으로 주민등록전입신고를 거부하는 것은 주민등록법의 입법 목적과 취지 등에 비추어 허용될 수 없다고 본다(대법원 2009. 6. 18. 2008두10997 전합).

③ (X) 「행정절차법」 제17조 제5항은 '행정청은 신청에 구비서류의 미비 등 흠이 있는 경우에는 보완에 필요한 상당한 기간을 정하여 지체 없이 신청인에게 보완을 요구하여야 한다.'고 하여 '보완조치의무'에 대해 규정하고 있다. 만약 신청인이 기간 내에 보완을 하지 아니하였을 때에는 행정청은 그 이유를 구체적으로 밝혀 접수된 신청을 되돌려 보낼 수 있다(동조 제6항). 이때 보완의 대상이 되는 흠이 무엇인지 문제된다. 이와 관련하여 대법원은 보완의 대상이 되는 흠은 '㉠ 보완이 가능한 경우'이어야 함은 물론이고, 그 내용 또한 '㉡ 형식적·절차적인 요건'이거나, '㉢ 실질적인 요건에 관한 흠이 있는 경우라도 그것이 민원인의 단순한 착오나 일시적인 사정 등에 기한 경우' 등이라야 한다고 본다(대법원 2004. 10. 15. 2003두6573). 따라서 실질적인 요건에 관한 흠이라도 민원인의 단순한 착오나 일시적인 사정 등에 기인한 경우에는 보완 대상이 될 수 있다.

④ (X) 민법상 상대방이 있는 의사표시는 도달주의 원칙에 따라 상대방에게 도달한 때에 그 효력이 생긴다(민법 제111조 제1항). 이러한 원칙이 사인의 공법행위에도 적용되는지 문제된다. 그런데 사인의 공법행위는 형식적인 확실성이 요구되므로 원칙적으로 효력발생시기에 대하여 민법상의 '도달주의의 원칙'이 적용된다. 따라서 사인의 공법행위에 있어 의사표시는 원칙적으로 상대방에게 도달해야 효력이 발생한다. 다만, 예외적으로 개별법률에서 특별히 행위자의 이익을 위하여 발신주의를 규정하고 있는 경우도 있다(예 국세기본법 제5조의2). 이러한 경우에는 사인의 공법행위에 있어 의사표시가 상대방에게 발신된 때에 효력이 발생한다.

06 답 ②

출제단원 Part 04 행정소송법
출제영역 취소소송 판결의 효력(형성력, 기속력), 사정판결

① (O) 처분 또는 재결을 취소하는 판결이 확정된 때에는 당해 처분 또는 재결은 처분청 또는 행정심판기관의 취소를 기다릴 것 없이 당연히 효력을 상실하게 되는데, 이러한 효력을 취소판결의 '형성력'이라고 한다. 이러한 형성력은 처분의 효력을 상실시키는 효력인 형성효, 취소의 효과를 처분시에 소급하는 소급효, 제3자에 대해서도 효력을 미치는 제3자효를 그 효과로 한다. 이와 관련하여 「행정소송법」 제29조 제1항은 '처분 등을 취소하는 확정판결은 제3자에 대하여도 효력이 있다.'고 하여 명문으로 제3자효를 인정하고 있다.

② (X) 처분 등을 취소하는 판결(= 인용판결)이 확정되면 당사자인 행정청과 관계 행정청이 확정판결의 취지에 따라야 하는 효력을 '기속력'이라고 한다. 「행정소송법」 제30조 제1항은 '처분 등을 취소하는 확정판결은 그 사건에 관하여 당사자인 행정청과 그 밖의 관계행정청을 기속한다.'고 규정하여 취소확정판결에 기속력을 인정하고 있다. 취소판결의 기속력은 반복금지효, 재처분의무, 결과제거의무를 그 내용으로 한다. 이 중 반복금지효란 취소판결이 확정되면 처분청 및 관계행정청은 판결의 취지에 저촉되는 처분을 해서는 안 된다는 것을 말한다. 즉, 반복금지효란 판결의 취지에 반하는 행위(= 동일한 과오를 반복하는 행위)를 금지하는 효력이다. 따라서 취소판결이 확정된 이후에 처분청이 취소판결에 의해 취소된 처분과 동일한 처분을 하는 것은 취소판결의 기속력에 반한다. 이와 관련하여 대법원은 취소확정판결의 기속력은 판결의 주문 및 전제가 되는 처분 등의 구체적 위법사유에 관한 판단에도 미치나, 종전 처분이 판결에 의하여 취소되었더라도 종전 처분과 다른 사유를 들어서 새로이 처분을 하는 것은 기속력에 저촉되지 않는다고 본다. 여기에서 동일 사유인지 다른 사유인지는 확정판결에서 위법한 것으로 판단된 종전 처분사유와 기본적 사실관계에서 동일성이 인정되는지 여부에 따라 판단되어야 한다고 본다(대법원 2016. 3. 24. 2015두48235).

③ (O) 「행정소송법」에 의하면, 원고의 청구가 이유있다고 인정하는 경우에도 처분 등을 취소하는 것이 현저히 공공복리에 적합하지 아니하다고 인정하는 때에는 법원은 원고의 청구를 기각할 수 있다(제28조 제1항). 이를 사정판결이라고 한다.

④ (O) 절차나 형식의 하자를 이유로 처분을 취소하는 판결이 확정된 경우에 처분청이 이를 '보완'한 후 동일한 처분을 하는 것은 기속력에 반하지 않는다. 처분이 「절차상 하자를 이유로 취소된 경우」에는 절차에 잘못이 있다는 것일 뿐이므로, 처분청은 절차상 하자를 보완하여(= 적법한 절차를 거쳐) 이전과 동일한 처분을 할 수 있는 것이다. 이와 관련하여 대법원은 절차 내지 형식의 위법을 이유로 과세처분을 취소하는 판결이 확정된 경우에 기판력(= 기속력의 의미이다)은 확정판결에 적시된 절차 내지 형식의 위법사유에 한하여 미친다고 본다. 따라서 과세처분권자가 이를 보완하여 행한 새로운 과세처분은 종전의 과세처분과는 별개의 처분으로서 확정판결의 기판력(= 기속력의 의미이다)에 저촉되는 것은 아니라고 본다(대법원 1986. 11. 11. 85누231). 참고로 이 판례에서 사용된 기판력이라는 용어는 기속력의 의미로 사용된 것이다. 이와 같이 대법원은 기판력과 기속력이라는 용어를 혼용하여 사용하기도 한다.

07 답 ④

출제단원 Part 02 행정작용 및 절차법, Part 04 행정소송법
출제영역 행정상 사실행위, 취소소송의 대상적격

① (O) 행정상의 사실행위란 행정행위와 같은 법적 행위처럼 직접 일정한 법적 효과의 발생을 의도하는 것이 아니라, 도로청소나 불법건축물의 철거와 같이 단순히 사실상의 결과를 실현시키는 것을 목적으로 하는 행위를 말한다. 폐기물 수거, 행정지도, 대집행의 실행, 행정상 즉시강제는 모두 행정상 사실행위에 해당한다.

② (O) 대법원은 건축법의 규정에 비추어 볼 때, 행정청이 위법 건축물에 대한 시정명령을 하였음에도 위반자가 이를 이행하지 아니하여 전기·전화의 공급자에게 그 위법 건축물에 대한 전기·전화공급을 하지 말아 줄 것을 요청한 행위는 권고적 성격의 행위에 불과한 것으로 보았다. 따라서 전기·전화공급자나 특정인의 법률상 지위에 직접적인 변동을 가져오는 것은 아니므로 전기·전화의 공급자에게 위법 건축물에 대한 단전 또는 전화통화 단절조치의 요청행위는 항고소송의 대상이 되는 행정처분이라고 볼 수 없다고 본다(대법원 1996. 3. 22. 96누433).

③ (O) 대법원은 진주교도소장이 재소자의 긴팔티셔츠 2개에 대한 사용신청을 불허한 행위는 항고소송의 대상이 되는 처분에 해당한다고 본다(대법원 2008. 2. 14. 2007두13203).

④ (X) 헌법소원의 대상이 되기 위해서는 공권력 주체에 의한 행위로서 국민의 권리·의무에 직접적인 영향을 미치는 행위인 「공권력 행사」에 해당해야 한다. 이와 관련하여 헌법재판소는 교도소 수형자에게 소변을 받아 제출하게 한 것은, 형을 집행하는 우월적인 지위에서 외부와 격리된 채 형의 집행에 관한 지시, 명령을 복종하여야 할 관계에 있는 자에게 행해진 것으로서 그 목적 또한 교도소 내의 안전과 질서 유지를 위하여 실시하였고, 일방적으로 강제하는 측면이 존재하며, 응하지 않을 경우 직접적인 징벌 등의 제재는 없다고 하여도 불리한 처우를 받을 수 있다는 심리적 압박이 존재하리라는 것을 충분히 예상할 수 있는 점에 비추어, 권력적 사실행위로서 헌법소원의 대상인 공권력의 행사에 해당한다고 본다(헌재 2006. 7. 27. 2005헌마277).

08 답 ①

출제단원 Part 03 행정의 실효성 확보수단,
Part 08 행정정보공개·개인정보 보호·행정조사
출제영역 이행강제금, 행정대집행, 행정조사, 통고처분

① (X) 이행강제금이란 작위의무·부작위의무·수인의무의 불이행시에 일정액수의 금전이 부과될 것임을 의무자에게 미리 경고함으로써 의무 이행의 확보를 도모하는 강제수단을 말한다. 이행강제금을 '집행벌'이라고 표현하기도 한다. 이러한 이행강제금에 대한 불복에 대하여 개별법에서 특별한 불복절차를 규정하고 있다면 해당 절차에 의하여야 한다. 반면, 별도로 이러한 절차를 규정하고 있지 않다면 항고소송을 제기하여 불복할 수 있다. 이와 관련하여 대법원은 「농지법」에서 이행강제금에 불복하는 자는 이의를 제기할 수 있는 것으로 규정하고, 이의를 제기한 경우에는 법원이 「비송사건절차법」에 의해 이행강제금을 결정하는 것으로 규정하고 있으므로, 농지법에 따른 이행강제금 부과처분에 불복하는 경우에는 비송사건절차법에 따른

재판절차가 적용되어야 하고, 행정소송법상 항고소송의 대상은 될 수 없다고 본다(대법원 2019. 4. 11. 2018두42955).

② (O) 대집행·이행강제금·직접강제·행정상 강제징수와 같은 행정상 강제집행은 법원 및 국가의 집행기관의 도움 없이 행정청이 자력에 의하여 집행한다는 점에서 민사상 강제집행과 다르다. 이와 관련하여 대법원은 관계 법령상 행정대집행의 절차가 인정되어 행정청이 행정대집행의 방법으로 건물의 철거 등 대체적 작위의무의 이행을 실현할 수 있는 경우에는 따로 민사소송의 방법으로 그 의무의 이행을 구할 수 없다고 본다(대법원 2017. 4. 28. 2016다213916).

③ (O) 「행정조사기본법」에 의하면, 행정기관의 장이 조사대상자의 자발적인 협조를 얻어 행정조사를 실시하고자 하는 경우 조사대상자는 문서·전화·구두 등의 방법으로 당해 행정조사를 거부할 수 있다(제20조 제1항).

④ (O) 헌법재판소는 통고처분은 상대방의 임의의 승복을 그 발효요건으로 하기 때문에 그 자체만으로는 상대방에게 아무런 권리의무를 형성하지 않으므로 행정심판이나 행정소송의 대상으로서의 처분성을 부여할 수 없다고 본다(헌재 1998. 5. 28. 96헌바4). 대법원도 통고처분은 행정처분이 아니므로 통고처분의 취소를 구하는 행정소송을 제기할 수는 없다고 본다(대법원 1995. 6. 29. 95누4674). 따라서 통고처분에 불복하는 자는 통고처분에 대하여 취소소송을 제기할 것이 아니라, 통고처분에 따라 부과된 범칙금을 납부하지 「않음」으로써 통고처분의 효력을 상실시킬 수 있고, 이후 경찰서장이 즉결심판청구를 하게 되면 형사소송절차가 시작되어 법원의 심판을 받을 수 있다.

09   답 ①

출제단원 Part 01 행정법 서설
출제영역 공법관계와 사법관계

국유재산이란 국가의 부담, 기부채납이나 법령 또는 조약에 따라 국가 소유로 된 재산을 말한다. 국유재산은 행정재산과 일반재산으로 나뉜다. 행정재산은 공용재산, 공공용재산, 보존용재산 등을 말하며, 일반재산(= 구 「국유재산법」상 잡종재산)은 행정재산 외의 모든 국유재산을 말한다. 국유재산과 관련된 용어를 정리하면 다음과 같다.

구분	행정재산	일반재산
국가 외의 자가 사용하도록 하는 방법	사용허가	대부계약
국가 외의 자의 사용에 따른 대가	사용료	대부료
무단점유자에게 부과하는 금액	변상금	변상금

ㄱ. (O) 대법원은 국유잡종재산(= 현행 국유일반재산)을 대부하는 행위는 국가가 사경제 주체로서 상대방과 대등한 위치에서 행하는 것으로서 사법상의 계약이라고 본다(대법원 2000. 2. 11. 99다61675). 따라서 행정청 甲이 乙에게 국유 일반재산인 건물 1층을 대부하는 행위는 행정처분이 아니다.

ㄴ. (X) 「국유재산법」에 의하면, 국유 일반재산의 대부료 등이 납부기한까지 납부되지 않은 경우에, 「국세징수법」상 체납처분에 관한 규정을 준용하여 대부료를 징수할 수 있다. 체납처분이란 국민이 국가 또는 지방자치단체에 대하여 부담하고 있는 공법상의 금전급부의무를 이행하지 않은 경우 행정청이 강제적으로 의무가 이행된 것과 같은 상태를 실현하는 강제징수절차를 말한다. 이와 관련하여 대법원은 국유 일반재산의 대부료 등의 징수에 관하여는 국세징수법 규정을 준용한 간이하고 경제적인 특별구제절차가 마련되어 있으므로, 특별한 사정이 없는 한 민사소송의 방법으로 대부료 등의 지급을 구하는 것은 허용되지 아니한다고 본다(대법원 2014. 9. 4. 2014다203588). 즉, 대법원은 '국유 일반재산 대부행위의 성질'과 '대부료를 납부하지 않은 경우에 이를 청구하는 방법'을 구분하고 있다.

국유 일반재산 대부행위의 성질	사법상 계약
대부료 등을 납부하지 않아 이를 청구하는 방법	민사소송으로 대부료의 지급을 구하는 것은 허용되지 않음

따라서 행정청 甲과 乙이 체결한 대부계약의 법적 성질이 사법상 계약임에도 불구하고, 乙이 대부료를 납부하지 않은 경우에 행정청 甲은 乙을 상대로 민사소송을 제기하여 대부료의 지급을 구할 수는 없으며, 「국세징수법」상 체납처분을 통해 이를 징수해야 한다.

ㄷ. (X) 대법원은 국유재산의 관리청이 그 무단점유자에 대하여 하는 변상금부과처분은 순전히 사경제 주체로서 행하는 사법상의 법률행위라 할 수 없고 이는 관리청이 공권력을 가진 우월적 지위에서 행한 것으로서 행정소송의 대상이 되는 행정처분이라고 본다(대법원 1988. 2. 23. 87누1046, 1047). 참고로 변상금이란 사용허가나 대부계약 없이 국유재산 또는 공유재산을 사용·수익하거나 점유한 자에게 부과하는 금액을 말한다. 따라서 丙이 행정청 甲이 부과한 변상금 부과처분을 다투기 위해서는 민사소송이 아니라 항고소송을 제기해야 한다.

10   답 ③

출제단원 Part 02 행정작용 및 절차법
출제영역 행정지도

① (O) 행정기관은 행정지도의 상대방이 행정지도에 따르지 아니하였다는 것을 이유로 불이익한 조치를 하여서는 아니 된다(행정절차법 제48조 제2항).

② (O) 행정기관이 같은 행정목적을 실현하기 위하여 많은 상대방에게 행정지도를 하려는 경우에는 특별한 사정이 없으면 행정지도에 공통적인 내용이 되는 사항을 공표하여야 한다(행정절차법 제51조).

③ (X) 행정지도는 상대방의 임의적인 협력에 의한 것이다. 따라서 위법한 행정지도에 따른 행위라고 하더라도 상대방이 스스로 행위 한 것이므로 법령에서 명시적으로 위법성이 조각된다고 규정하는 경우가 아닌 한 위법성이 소멸(= 조각)되는 것은 아니다. 이와 관련하여 대법원은 사인의 위법행위가 「위법한」 행정지도에 따른 것이라고 하여도 정당화될 수는 없다고 본다. 즉, 위법한 행정지도에 따른 사인의 행위도 위법성이 인정된다는 것이다(대법원 1994. 6. 14. 93도3247).

④ (O) 대법원은 행정지도가 강제성을 띠지 않은 비권력적 작용으로서 「행정지도의 한계를 일탈하지 아니하였다면」, 그로 인하여 상대방에게 어떤 손해가 발생하였다 하더라도 행정기관은 그에 대한 손해배상책임이 없다고 본다(대법원 2008. 9. 25. 2006다18228). 즉, 행정지도로 인한 손해에 대해 국가배상책임이 인정되기 위해서는 행정지도의 위법성이 인정되어야 하는데, 행정지도가 통상의 한계를 넘어 법적 근거 없이 사실상 강제성을 갖고 국민의 권익을 침해하는 경우에 행정지도가 위법하다고 볼 수 있다는 것이다.

11

출제단원	Part 02 행정작용 및 절차법
출제영역	하자의 승계

답 ②

하자의 승계란 행정이 여러 단계의 행정행위를 거쳐 행해지는 경우에 선행 행정행위의 위법을 이유로 적법한 후행 행정행위의 위법을 주장할 수 있는 것을 말한다. 하자의 승계에 대한 대법원 판례를 정리하면 다음과 같다.

구분		하자의 승계 여부
선·후의 행정행위가 「결합」, 「하나」의 법적 효과 목적		긍정(ⓐ)
선·후의 행정행위가 「독립」, 「별개」의 법적 효과 목적	원칙	부정(ⓑ)
	예외	수인한도를 넘고, 예측가능성 없는 경우 → 긍정(ⓒ)

① (O) 대법원은 2개 이상의 행정처분이 연속적 또는 단계적으로 이루어지는 경우 선행처분과 후행처분이 서로 합하여 1개의 법률효과를 완성하는 때에는 선행처분에 하자가 있으면 그 하자는 후행처분에 승계된다고 본다(대법원 2019. 1. 31. 2017두40372).

② (X) 대법원은 선행처분과 후행처분이 서로 독립하여 별개의 법률효과를 발생시키는 경우에는 선행처분에 불가쟁력이 생겨 그 효력을 다툴 수 없게 되면 선행처분의 하자가 중대하고 명백하여 선행처분이 당연무효인 경우를 제외하고는 특별한 사정이 없는 한 선행처분의 하자를 이유로 후행처분의 효력을 다툴 수 없는 것이 원칙이라고 본다(= 하자의 승계 부정). 다만 그 경우에도 선행처분의 불가쟁력으로 인하여 불이익(= 선행처분을 더 이상 다툴 수 없는 불이익)을 입게 되는 자에게 수인한도를 넘는 가혹함을 가져오고, 그 결과가 당사자에게 예측가능한 것이 아니라면 예외적으로 선행처분의 하자를 이유로 후행처분의 효력을 다툴 수 있다(= 하자의 승계 긍정)고 본다(대법원 2019. 1. 31. 2017두40372).

③ (O) [ⓑ유형] 회사에서 근로자에게 급여를 지급할 때 「근로자가 국가에 납부해야 할 세금(= 소득세 등)」을 미리 공제한 후 지급하는 것을 원천징수라고 한다. 이때 회사를 「원천징수의무자」라고 하고, 근로자를 「원천납세의무자」 또는 「소득 귀속자」라고 한다. 이와 관련하여 대법원은 원천징수의무자인 법인이 원천징수하는 소득세의 납세의무를 이행하지 아니함에 따라 과세관청이 하는 납세고지는 확정된 세액의 납부를 명하는 징수처분에 해당하므로 「선행처분인 소득금액변동통지」에 하자가 존재하더라도 당연무효 사유에 해당하지 않는 한 「후행처분인 징수처분」에 그대로 승계되지 아니한다고 본다. 따라서 과세관청의 소득처분과 그에 따른 소득금액변동통지가 있는 경우 원천징수하는 소득세의 납세의무에 관하여는 이를 확정하는 소득금액변동통지(= 선행처분)에 대한 항고소송에서 다투어야 하고, 소득금액변동통지가 당연무효가 아닌 한 징수처분(= 후행처분)에 대한 항고소송에서 이를 다툴 수는 없다고 본다(대법원 2012. 1. 26. 2009두14439). 참고로 「소득금액변동통지」란 과세관청이 소득 귀속자의 소득금액(= 납부해야 할 세금을 산정하기 위해 기준이 되는 소득금액)이 변동되었음을 통지하는 것을 말한다.

④ (O) [ⓒ유형] 대법원은 「표준지공시지가결정」과 이를 기초로 한 「수용재결」은 별개의 독립된 처분으로서 서로 독립하여 별개의 법률효과를 목적으로 하는 것으로 보지만, 표준지공시지가는 이를 인근 토지의 소유자나 기타 이해관계인에게 개별적으로 고지하도록 되어 있는 것이 아니므로 수용재결에서 표준지공시지가결정의 위법을 주장할 수 없도록 하는 것은 수인한도를 넘는 불이익을 강요하는 것이라고 보고 예외적으로 하자의 승계를 긍정한다. 따라서 수용재결(= 후행 행정행위)을 다투는 소송이라고 할 수 있는 수용보상금의 증액을 구하는 소송에서 비교표준지공시지가결정(= 선행 행정행위)의 위법을 독립한 사유로 주장할 수 있다고 본다(대법원 2008. 8. 21. 2007두13845). 즉, 선행 행정행위인 「비교표준지공시지가결정」의 하자가 후행 행정행위인 「수용재결」에 승계된다는 것이다. 참고로 '표준지'란 토지이용상황이나 주변 환경 등이 일반적으로 유사하다고 인정되는 여러 토지 중에서 선정한 표준이 되는 토지를 말하고, '표준지공시지가'란 국토교통부장관이 조사·평가하여 공시한 표준지의 단위면적당 가격을 말한다.

12

출제단원	Part 04 행정소송법
출제영역	당사자소송

답 ④

① (O) 공법상 당사자소송이란 행정청의 처분 등을 원인으로 하는 법률관계에 관한 소송 그 밖에 공법상의 법률관계에 관한 소송으로서 그 법률관계의 한쪽 당사자를 피고로 하는 소송을 말한다(행정소송법 제3조 2호).

② (O) 공법상 계약에 관한 분쟁은 공법상 법률관계에 관한 소송인 '당사자소송'을 통해 행정소송절차에 의한다. 이와 관련하여 대법원은 공법상 계약의 한쪽 당사자가 다른 당사자를 상대로 효력을 다투거나 이행을 청구하는 소송은 공법상의 법률관계에 관한 분쟁이므로 분쟁의 실질이 공법상 권리·의무의 존부·범위에 관한 다툼이 아니라 손해배상액의 구체적인 산정방법·금액에 국한되는 등의 특별한 사정이 없는 한 공법상 당사자소송으로 제기하여야 한다고 본다(대법원 2021. 2. 4. 2019다277133).

③ (O) 명예퇴직수당 지급대상자로 결정된 법관에 대하여 지급할 수당액은 명예퇴직수당규칙에 산정 기준이 정해져 있다. 이와 관련하여 대법원은 법관이 이미 수령한 수당액이 산정 기준에서 정한 정당한 명예퇴직수당액에 미치지 못한다고 주장하며 차액의 지급을 신청한 경우에 법원행정처장이 거부하는 의사를 표시했더라도, 그 의사표시는 법원행정처장이 명예퇴직수당액을 형성·확정하는 행정처분이 아니라 「공법상의 법률관계의 한쪽 당사자로서 지급의무의 존부 및 범위에 관하여 자신의 의견을 밝힌 것」에 불과하며 행정처분으로 볼 수 없다고 본다. 결국 명예퇴직한 법관이 미지급 명예퇴직수당액에 대하여 가지는 권리는 「명예퇴직수당규칙에 의하여 확정된 공법상 법률관계에 관한 권리」로서, 그 지급을 구하는 소송은 행정소송법의 「당사자소송」에 해당하며, 그 법률관계의 당사자인 국가를 상대로 제기하여야 한다고 본다(대법원 2016. 5. 24. 2013두14863).

④ (X) 「행정소송법」 제23조 제1항에서 '취소소송의 제기는 처분 등의 효력이나 그 집행 또는 절차의 속행에 영향을 주지 아니한다.'고 하여 '집행부정지의 원칙'을 규정하고 있다. 다만, 제2항에서 일정한 요건 하에 예외적으로 '집행정지'를 인정하고 있다. 이와 관련하여 대법원은 「당사자소송」에 대하여는 행정소송법 제23조 제2항에서 규정하

고 있는 집행정지에 관한 규정이 준용되지 않으므로, 행정소송에 관하여 행정소송법에 특별한 규정이 없는 사항은 법원조직법·민사소송법·민사집행법의 규정을 준용하도록 하고 있는 행정소송법 제8조 제2항에 따라 민사집행법상 가처분에 관한 규정이 준용되어야 한다고 본다(대법원 2015. 8. 21. 자 2015무26). 이 판례는 「항고소송」의 대상이 되는 행정처분의 효력이나 집행 혹은 절차속행 등의 정지를 구하는 신청은 행정소송법상 집행정지신청의 방법으로서만 가능할 뿐 민사집행법상 가처분의 방법으로는 허용될 수 없다는 판례(대법원 2009. 11. 2. 자 2009마596)와 구분해야 한다. 정리하면 다음과 같다.

구분	행정소송법상 집행정지 규정 적용 여부	민사집행법상 가처분 인정 여부(판례)
취소소송·무효등확인소송	O	X
당사자소송	X	O

13

답 ②

출제단원 Part 08 행정정보공개·개인정보 보호·행정조사
출제영역 공공기관의 정보공개에 관한 법률

ㄱ. (O) 「공공기관의 정보공개에 관한 법률」 제5조 제1항은 '모든 국민은 정보의 공개를 청구할 권리를 가진다.'고 규정하고 있다.

ㄴ. (X) 「공공기관의 정보공개에 관한 법률」에서는 비공개대상정보 중 하나로서 '다른 법률 또는 법률에서 위임한 명령에 따라 비밀이나 비공개 사항으로 규정된 정보'를 규정하고 있다(제9조 제1항 1호). 이와 관련하여 대법원은 공공기관의 정보공개에 관한 법률 제9조 제1항 1호에서 말하는 '법률이 위임한 명령'은 정보의 공개에 관하여 법률의 구체적인 위임 아래 제정된 법규명령(위임명령)을 의미한다고 본다. 그런데 검찰보존사무규칙에서 불기소사건기록 등의 열람·등사에 대하여 제한하고 있는 부분은 위임 근거가 없어 행정기관 내부의 「행정규칙」에 불과하다고 본다. 따라서 검찰보존사무규칙에 의하여 열람·등사를 제한하는 것이 비공개대상정보인 「다른 법률 또는 법률에 의한 명령」에 의하여 비공개사항으로 규정된 경우에 해당한다고 볼 수 없다고 본다(대법원 2004. 9. 23. 2003두1370).

ㄷ. (O) 대법원은 국민의 정보공개청구는 정보공개법에서 정한 비공개대상정보에 해당하지 않는 한 원칙적으로 폭넓게 허용되어야 한다고 본다. 다만, 실제로는 해당 정보를 취득 또는 활용할 의사가 전혀 없이 정보공개 제도를 이용하여 사회통념상 용인될 수 없는 부당한 이득을 얻으려 하거나, 오로지 공공기관의 담당공무원을 괴롭힐 목적으로 정보공개청구를 하는 경우처럼 「권리의 남용」에 해당하는 것이 명백한 경우에는 정보공개청구권의 행사를 허용하지 않는 것이 옳다고 본다(대법원 2014. 12. 24. 2014두9349).

ㄹ. (X) 「공공기관의 정보공개에 관한 법률」에 의하면, 청구인이 정보공개와 관련한 공공기관의 결정에 대하여 불복이 있거나 정보공개 청구 후 「20일」이 경과하도록 정보공개 결정이 없는 때에는 「행정심판법」에서 정하는 바에 따라 행정심판을 청구할 수 있다(제19조 제1항).

14

답 ①

출제단원 Part 06 행정상 손해배상
출제영역 배상책임자, 공무원의 위법한 직무행위로 인한 손해배상의 요건, 이중배상금지

① (X) 「국가배상법」 제6조 제1항에서 '제2조 및 제5조에 따라 국가나 지방자치단체가 손해를 배상할 책임이 있는 경우에 「공무원의 선임·감독(= 제2조의 책임자)」 또는 「영조물의 설치·관리를 맡은 자(= 제5조의 책임자)」와 「공무원의 봉급·급여, 그 밖의 비용 또는 영조물의 설치·관리 비용을 부담하는 자(= 비용부담자)」가 동일하지 아니하면 그 비용을 부담하는 자도 손해를 배상하여야 한다.'고 하여 비용부담자의 배상책임을 규정하고 있다. 이와 관련하여 대법원은 「지방자치단체장이 설치」하여 관할 「지방경찰청장(= 국가기관)에게 관리권한이 위임」된 교통신호기의 고장으로 인하여 교통사고가 발생한 경우의 배상책임자가 누구인지와 관련하여, 「국가배상법 제2조 또는 제5조에 의한 배상책임」을 부담하는 것은 지방경찰청장이 소속된 국가가 아니라, 그 권한을 위임한 지방자치단체장이 소속된 「지방자치단체」라고 할 것이고, 교통신호기를 관리하는 지방경찰청장 산하 경찰관들에 대한 봉급을 부담하는 「국가」는 「국가배상법 제6조 제1항」에 의한 배상책임을 부담한다고 본다(대법원 1999. 6. 25. 99다11120). 즉, 권한을 위임한 「지방자치단체」와 권한을 위임 받은 지방경찰청장이 속한 「국가」가 모두 손해배상책임을 진다고 판단하였다. 다만, 배상책임의 근거는 다음과 같이 서로 다르다.

국가배상법 제2조(사무귀속주체) 또는 제5조(관리주체)에 의한 배상책임	권한을 위임한 지방자치단체장이 소속된 「지방자치단체」
국가배상법 제6조 제1항(비용부담주체)에 의한 배상책임	권한을 위임받은 지방경찰청장 산하 경찰관들에 대한 봉급을 부담하는 「국가」

따라서 시·도경찰청장 또는 경찰서장이 지방자치단체의 장으로부터 권한을 위탁받아 설치·관리하는 신호기의 하자로 인해 손해가 발생한 경우 「국가배상법 제5조」 소정의 배상책임의 귀속 주체는 국가가 아니라 권한을 위임한 지방자치단체장이 소속된 「지방자치단체」이다.

② (O) 「국가배상법」 제2조 제1항에서 공무원의 위법한 직무행위로 인한 국가나 지방자치단체의 배상책임을 명시하고 있다. 「국가배상법」 제2조의 책임이 인정되기 위한 요건 중 「직무행위」에는 사법(司法) 작용도 포함된다. 이와 관련하여 대법원은 부당한 재판으로 인하여 불이익 내지 손해를 입었으나 불복절차 내지 시정절차 자체가 없는 경우에는 국가배상 이외의 방법으로는 자신의 권리 내지 이익을 회복할 방법이 없으므로 배상책임의 요건이 충족되는 한 국가배상책임을 인정할 수 있다고 본다. 이에 따라 헌법재판소 재판관이 청구기간 내에 제기된 헌법소원심판청구 사건에서 청구기간을 오인하여 각하결정을 한 경우, 이에 대한 불복절차 내지 시정절차가 없는 때에는 국가배상책임(위법성)을 인정할 수 있다고 본다(대법원 2003. 7. 11. 99다24218).

③ (O) 「국가배상법」에 의하면, 「영조물의 설치·관리를 맡은 자」와 「비용부담주체」가 다른 경우에 피해자에게 손해를 배상한 자는 내부관계에서 그 손해를 배상할 책임이 있는 자에게 구상할 수 있다(제6조 제2항). 즉, 「영조물의 설치·관리를 맡은 자」와 「비용부담자」가 다른

경우에 피해자는 양자에 대하여 선택적으로 손해배상을 청구할 수 있는데, 이때 피해자에게 손해를 배상한 자는 내부관계에서 손해를 배상할 책임이 있는 자에게 구상할 수 있다는 것이다.

④ (O)「보훈보상대상자 지원에 관한 법률(이하 '보훈보상자법'이라 함)」은 「국가배상법」에 따라 손해배상을 받은 경우 보훈보상자법이 정한 보상금 등 보훈급여금의 지급을 거부할 수 있다는 규정을 두고 있지 않다. 이에 따라 대법원은 먼저 「국가배상법」에 따라 손해배상금을 지급받은 다음 보훈보상자법이 정한 보상금 등 보훈급여금의 지급을 청구하는 경우에는 「국가배상법」에 따라 손해배상을 받았다는 사정을 들어 보상금 등 보훈급여금의 지급을 거부할 수 없다고 본다(대법원 2017. 2. 3. 2015두60075). 반면, 「군인연금법」은 다른 법령에 따라 지급받은 급여와의 조정에 관한 조항을 두고 있다. 이에 따라 대법원은 다른 법령에 따라 지급받은 급여와의 조정에 관한 조항을 두고 있지 아니한 「보훈보상대상자 지원에 관한 법률」과 달리, 「군인연금법」 제41조 제1항은 "다른 법령에 따라 국가나 지방자치단체의 부담으로 이 법에 따른 급여와 같은 종류의 급여를 받은 사람에게는 그 급여금에 상당하는 금액에 대하여는 이 법에 따른 급여를 지급하지 아니한다."라고 명시적으로 규정하고 있고, 나아가 「군인연금법」이 정하고 있는 급여 중 사망보상금(군인연금법 제31조)은 불법행위로 인한 소극적 손해배상과 같은 종류의 급여라고 봄이 타당하다고 본다. 따라서 군 복무 중 사망한 군인 등의 유족이 「국가배상법」에 따른 손해배상금을 지급받은 경우, 국가는 유족이 받은 손해배상금 상당 금액에 대하여는 「군인연금법」 제31조에서 정한 사망보상금을 지급할 의무가 존재하지 아니한다고 본다(대법원 2018. 7. 20. 2018두36691). 즉, 군 복무 중 사망한 군인 등의 유족이 「국가배상법」에 따른 손해배상금을 지급받은 경우, 수령한 국가배상금 상당 금액에 대하여는 「군인연금법」 소정의 사망보상금을 지급받을 수 없다는 것이다. 따라서 국가는 「군인연금법」 소정의 사망보상금을 지급함에 있어 유족이 받은 「국가배상법」에 따른 손해배상금 상당 금액을 공제할 수 있다.

상황	판단
국가배상을 청구하여 배상금 수령 → 「보훈보상대상자 지원에 관한 법률」상 보훈급여금 청구	「보훈보상대상자 지원에 관한 법률」상 보훈급여금 청구 가능 ∵ 「보훈보상대상자 지원에 관한 법률」에는 다른 법령에 따라 지급받은 급여와의 조정에 관한 조항 X
국가배상을 청구하여 배상금 수령 → 「군인연금법」상 사망보상금 청구	「군인연금법」상 사망보상금 청구 불가 ∵ 「군인연금법」에는 다른 법령에 따라 지급받은 급여와의 조정에 관한 조항 O

15

답 ①

| 출제단원 | Part 04 행정소송법 |
| 출제영역 | 행정소송의 심리 |

① (X)「행정소송법」제26조에서는 '법원은 필요하다고 인정할 때에는 직권으로 증거조사를 할 수 있고, 당사자가 주장하지 아니한 사실에 대하여도 판단할 수 있다.'고 하여 직권심리에 대해 규정하고 있다.

② (O) 대법원은 항고소송에 있어서 행정처분의 위법 여부를 판단하는 기준 시점에 대하여 판결시가 아니라 「처분시」라고 하는 의미는 행정처분이 있을 때의 법령과 사실상태를 기준으로 하여 위법 여부를 판단할 것이며 처분 후 법령의 개폐나 사실상태의 변동에 영향을 받지 않는다는 뜻이고 처분 당시 존재하였던 자료나 행정청에 제출되었던 자료만으로 위법 여부를 판단한다는 의미는 아니라고 본다. 따라서 처분 당시의 사실상태 등에 대한 입증은 사실심 변론종결 당시까지 할 수 있고, 법원은 행정처분 당시 행정청이 알고 있었던 자료뿐만 아니라 사실심 변론종결 당시까지 제출된 모든 자료를 종합하여 처분 당시 존재하였던 객관적 사실을 확정하고 그 사실에 기초하여 처분의 위법 여부를 판단할 수 있다고 본다(대법원 1993. 5. 27. 92누19033). 이와 같이 대법원은 「위법 여부 판단의 기준시점」과 「참고할 수 있는 자료의 범위」에 대하여 다음과 같이 구분하여 판단하고 있다.

처분의 위법 여부 판단 기준시점	처분시
참고자료의 범위	처분 당시 행정청이 알고 있었던 자료뿐만 아니라, 사실심 변론종결 당시까지 제출된 모든 자료

③ (O)「행정소송법」제25조에서 행정심판기록의 제출명령에 대해 규정하고 있다. 이에 의하면, 법원은 당사자의 신청이 있는 때에는 결정으로써 재결을 행한 행정청에 대하여 행정심판에 관한 기록의 제출을 명할 수 있다. 이때 제출명령을 받은 행정청은 지체 없이 당해 행정심판에 관한 기록을 법원에 제출하여야 한다.

④ (O)「출입국관리법」및 동법 시행령에서는 외국인(X)의 결혼이민(F-6) 체류자격의 요건 중 하나로 다음을 규정하고 있다.

> 가. 국민의 배우자
> 다. 국민인 배우자(Y)와 혼인한 상태로 국내에 체류하던 중 그 배우자의 사망이나 실종, 그 밖에 자신(= 외국인 X)에게 책임이 「없는」 사유로 정상적인 혼인관계를 유지할 수 없는 사람으로서 법무부장관이 인정하는 사람

이 규정의 입법 취지는, 대한민국 국민(Y)과 혼인하여 당초 결혼이민(F-6 가목) 체류자격을 부여받아 국내에서 체류하던 중 국민인 배우자(Y)의 귀책사유로 정상적인 혼인관계를 유지할 수 없게 된 외국인(X)에 대하여는 인도주의적 측면에서 결혼이민(F-6 다목) 체류자격을 부여하여 국내에서 계속 체류할 수 있도록 허용한다는 것이다. 반면, 외국인(X)에게 책임이 있는 사유로 정상적인 혼인관계를 유지할 수 없게 된 경우라면 결혼이민 체류자격 요건을 충족하지 못하게 된다. 따라서 외국인(X)의 결혼이민(F-6 다목) 체류자격 신청에 대하여 행정청이 거부처분을 한 경우에, 혼인파탄의 주된 귀책사유가 국민인 배우자(Y)에게 있음에도 거부처분을 한 경우라면 체류자격 거부처분은 위법한 것이 된다. 거부처분사유를 갖추지 못하였음에도 거부처분을 한 것이기 때문이다. 반면, 혼인파탄의 주된 귀책사유가 외국인(X)에게 있는 경우라면 체류자격 거부처분은 적법한 것이 된다. 거부처분사유를 갖추고 있기 때문이다. 이와 관련하여 대법원은 결혼이민[F-6 (다)목] 체류자격을 신청한 외국인에 대하여 행정청이 그 요건을 충족하지 못하였다는 이유로 거부처분을 하는 경우에는 '그 요건을 갖추지 못하였다는 판단', 다시 말해 '혼인파탄의 주된 귀책사유가 국민인 배우자에게 있지 않다(= 주된 귀책사유가 외국인에게 있다)는 판단' 자체가 처분사유가 된다고 본다. 이때 입증책임이 누구에게 있는지와 관련하여 대법원은 결혼이민[F-6 (다)목] 체류자격 거부처분 취소소송에서 그 처분사유에 관한 증명책임은 피고 행정청에 있다고 본다(대법원 2019. 7. 4. 2018두66869). 즉, 피고 행정청이 외국인(X)

의 결혼이민[F-6 (다)목] 체류자격 신청에 대하여 한 거부처분이 적법하다는 것을 인정받기 위해서는 혼인파탄의 주된 귀책사유가 외국인(X)에게 있다는 것을 입증해야 한다는 것이다.

16 답 ④

출제단원 Part 07 행정상 손실보상
출제영역 공익사업을 위한 토지 등의 취득 및 보상에 관한 법률

① (O) 손실보상청구권을 발생시키는 침해는 '재산권'에 대한 것이어야 한다. 재산권이란 법에 의해 보호되는 모든 재산적 가치 있는 권리를 말한다. 이와 관련하여 대법원은 「하천법」 제50조에 의한 하천수 사용권은 「하천법」에 의한 하천의 점용허가에 따라 해당 하천을 점용할 수 있는 권리와 마찬가지로 특허에 의한 공물사용권의 일종으로서, 양도가 가능하고 이에 대한 「민사집행법」상의 집행 역시 가능한 독립된 재산적 가치가 있는 구체적인 권리라고 본다. 따라서 「하천법」 제50조에 의한 하천수 사용권은 「공익사업을 위한 토지 등의 취득 및 보상에 관한 법률」이 손실보상의 대상으로 규정하고 있는 '물의 사용에 관한 권리'에 해당한다고 본다(대법원 2018. 12. 27. 2014두11601).

② (O) 「공익사업을 위한 토지 등의 취득 및 보상에 관한 법률」 제88조에서는 '처분효력의 부정지'에 대하여 규정하고 있다. 이에 의하면, 동법에 따른 이의의 신청이나 행정소송의 제기는 사업의 진행 및 토지의 수용 또는 사용을 정지시키지 않는다.

③ (O) 대법원은 사업인정이란 공익사업을 토지 등을 수용 또는 사용할 사업으로 결정하는 것으로서 공익사업의 시행자에게 그 후 일정한 절차를 거칠 것을 조건으로 일정한 내용의 수용권을 설정하여 주는 형성행위(= 강학상 특허)라고 본다(대법원 2019. 2. 28. 2017두71031).

④ (X) 보상항목이란 어떤 토지, 물건, 권리 또는 영업이 손실보상대상에 해당하는지, 나아가 그 보상금액이 얼마인지를 심리·판단하는 기초단위를 말한다. 예를 들어, 토지나 물건에 대한 손실보상의 경우 원칙적으로 개별 토지나 물건별로 하나의 보상항목이 된다. 그런데 일부 보상항목이 손실보상대상에 해당하지 않는다는 재결이 있는 경우에 이에 불복하여 피보상자가 제기하는 소송의 형태가 무엇인지 문제된다. 이와 관련하여 대법원은 어떤 보상항목이 공익사업을 위한 토지 등의 취득 및 보상에 관한 법령상 손실보상대상에 해당함에도 관할 토지수용위원회가 사실을 오인하거나 법리를 오해함으로써 손실보상대상에 해당하지 않는다고 잘못된 내용의 재결을 한 경우에는, 피보상자는 관할 「토지수용위원회」를 상대로 그 재결에 대한 「취소소송」을 제기할 것이 아니라, 「사업시행자」를 상대로 구 공익사업을 위한 토지 등의 취득 및 보상에 관한 법률 제85조 제2항에 따른 「보상금증감소송」을 제기하여야 한다고 본다(대법원 2018. 7. 20. 2015두4044). 참고로 보상금증감청구소송은 수용재결 중 보상금에 대하여서만 이의가 있는 경우에 보상금의 증액 또는 감액을 청구하는 소송이다.

17 답 ③

출제단원 Part 04 행정소송법, Part 05 행정심판법
출제영역 행정심판의 재결, 취소소송 판결의 종류

① (X) 취소심판에서의 인용재결에는 취소재결, 변경재결, 변경명령재결이 있다. 이때 '변경'은 원처분을 다른 처분으로 '적극적으로 변경'하는 것을 의미한다. 따라서 행정심판위원회 丙은 행정심판의 대상이 되었던 「영업정지 2개월 처분」을 「과징금 부과처분」으로 변경하는 재결(= 변경재결)을 할 수 있다. 참고로 이 내용은 행정소송인 취소소송의 인용판결에서 '변경'의 의미와 구분해야 한다. 「행정소송법」 제4조 1호에서 취소소송이란 '행정청의 위법한 처분 등을 「취소」 또는 「변경」하는 소송'이라고 정의하고 있는데, 이때 '변경'이 의미하는 것이 '소극적 변경(= 일부취소)'을 의미하는지 아니면 '적극적 변경'을 의미하는지 문제된다. 이와 관련하여 대법원은 행정소송법 제4조 1호에서 말하는 '변경'은 '소극적 변경', 즉 일부취소를 의미하는 것으로 보고 있다(대법원 1964. 5. 19. 63누177). 따라서 영업정지처분에 대해 취소소송이 제기된 경우에 법원이 인용판결로 「영업정지처분」을 「과징금부과처분」으로 변경할 수는 없다. 정리하면 다음과 같다.

구분	행정심판	행정소송
변경재결·변경판결에서 '변경'의 의미	행정심판위원회가 원처분을 다른 내용으로 변경하는 적극적 변경을 의미	법원이 처분을 일부취소하는 소극적 변경을 의미

② (X) 「행정소송법」에 의하면, 재결에 대한 취소소송(= 재결소송)은 재결 자체에 고유한 위법이 있음을 이유로 하는 경우에 한한다(제19조 단서). 이와 관련하여 대법원은 재결 자체의 고유한 위법이 「없음」에도 재결에 대해 취소소송을 제기한 경우에 「기각판결」을 해야 한다고 본다(대법원 1994. 1. 25. 93누16901). 「재결 자체에 고유한 위법이 있는지 여부」는 소송요건이 아니라 본안에서 심리할 대상이기 때문이다. 따라서 甲이 행정심판위원회 丙의 기각재결을 받은 후 재결 자체에 고유한 하자가 있음을 주장하며 그 기각재결에 대하여 취소소송을 제기한 경우, 수소법원은 심리 결과 재결 자체에 고유한 위법이 없다면 각하판결이 아니라 기각판결을 해야 한다. 참고로 소송요건이란 법원의 본안판결을 받기 위하여 필요한 전제요건을 말한다. 소송요건의 충족 여부에 따라 법원은 다음과 같이 처리한다.

소송요건 충족	적법한 소송 → 법원은 본안심리(원고의 청구가 이유 있는지에 대한 판단)를 진행한다. 원고의 청구가 이유 있다면 「인용판결」, 이유 없다면 「기각판결」을 한다.
소송요건 결여	부적법한 소송 → 법원은 「각하판결」로서 소송을 종료한다.

③ (O) 「행정심판법」에 의하면, 심판청구를 인용하는 재결은 피청구인과 그 밖의 관계 행정청을 기속한다(제49조 제1항). 이와 관련하여 대법원은 처분행정청은 재결에 기속되어 재결의 취지에 따른 처분의무를 부담하게 되므로 이에 불복하여 행정소송을 제기할 수 없다고 본다(대법원 1998. 5. 8. 97누15432). 따라서 행정심판위원회 丙이 甲의 청구에 따른 행정심판에서 행정청 乙이 한 영업정지처분을 취소하는 재결을 한 경우, 행정심판의 피청구인인 처분행정청 乙은 인용재결에 불복하여 취소소송을 제기할 수 없다.

④ (X) 「행정심판법」에 의하면, 위원회는 심판청구의 대상이 되는 처분보다 청구인에게 불리한 재결을 하지 못한다(제47조 제2항). 이를 불이익변경금지의 원칙이라고 한다. 따라서 행정심판위원회 丙은 행정심판의 심리과정에서 甲의 「식품위생법」상의 또 다른 위반 사실을 인지한 경우라도 행정청 乙이 한 2개월 영업정지와는 별도로 1개월 영업정지를 추가하여 부과하는 재결을 할 수 없다.

18
답 ③

- 출제단원: Part 02 행정작용 및 절차법
- 출제영역: 처분기준의 설정·공표, 청문, 처분의 사전통지의 상대방 및 의견제출의 주체, 처분의 이유제시

① (O) 「행정절차법」에 의하면, 행정청은 필요한 처분기준을 해당 처분의 성질에 비추어 되도록 구체적으로 정하여 공표하여야 한다. 처분기준을 변경하는 경우에도 또한 같다(제20조 제1항). 다만, 처분기준을 공표하는 것이 해당 처분의 성질상 현저히 곤란하거나 공공의 안전 또는 복리를 현저히 해치는 것으로 인정될 만한 상당한 이유가 있는 경우에는 처분기준을 공표하지 아니할 수 있다(동조 제3항).

② (O) 대법원은 행정처분의 상대방이 통지된 청문일시에 불출석하였다고 하여 행정청이 관계 법령상 요구되는 청문을 실시하지 아니한 채 침해적 행정처분을 할 수는 없다고 본다. 따라서 청문통지서가 반송되었다거나, 상대방이 청문일시에 불출석하였다는 이유로 청문을 실시하지 아니하고 한 침해적 행정처분은 위법하다고 본다(대법원 2001. 4. 13. 2000두3337).

③ (X) 「행정절차법」에 의하면, 행정청이 당사자에게 '의무를 과하거나 권익을 제한하는 처분'을 함에 있어서는 「당사자 등」에게 처분의 사전통지를 하고, 의견제출의 기회를 주어야 한다(제21조 제1항, 제22조 제3항). 이때 「당사자 등」이란 '행정청의 처분에 대하여 직접 그 상대가 되는 당사자'나 '행정청이 직권으로 또는 신청에 따라 행정절차에 참여하게 한 이해관계인'을 말한다(제2조 제4호). 따라서 불이익처분의 '직접 상대방인 당사자'도 아니고 '행정청이 참여하게 한 이해관계인'도 아닌 '그 밖에 제3자'에 대해서는 사전통지 및 의견제출의 기회를 주어야 하는 것이 아니다.

④ (O) 「행정절차법」에 의하면, 행정청은 처분을 할 때에는 법에서 정한 일정한 경우를 제외하고는 당사자에게 그 근거와 이유를 제시하여야 한다(제23조 제1항). 이와 관련하여 대법원은 일반적으로 당사자가 근거규정 등을 명시하여 신청하는 인·허가 등을 거부하는 처분을 함에 있어 당사자가 그 근거를 알 수 있을 정도로 상당한 이유를 제시한 경우에는 당해 처분의 근거 및 이유를 구체적 조항 및 내용까지 명시하지 않았더라도 그로 말미암아 그 처분이 위법한 것이 된다고 할 수는 없다고 본다(대법원 2002. 5. 17. 2000두8912).

19
답 ②

- 출제단원: Part 03 행정의 실효성 확보수단
- 출제영역: 질서위반행위규제법

① (O) 질서위반행위 후 법률이 변경되어 그 행위가 질서위반행위에 해당하지 아니하게 되거나 과태료가 변경되기 전의 법률보다 가볍게 된 때에는 법률에 특별한 규정이 없는 한 「변경된 법률」을 적용한다(질서위반행위규제법 제3조 제2항).

② (X) 고의 또는 과실이 없는 질서위반행위는 과태료를 부과하지 아니한다(질서위반행위규제법 제7조).

③ (O) 행정청의 과태료 부과에 불복하는 당사자는 과태료 부과 통지를 받은 날부터 60일 이내에 해당 행정청에 서면으로 이의제기를 할 수 있다. 이에 따른 이의제기가 있는 경우에는 행정청의 과태료 부과처분은 그 효력을 상실한다(질서위반행위규제법 제20조).

④ (O) 「질서위반행위규제법」에 의하면, 행정질서벌(과태료)은 1차적으로 행정청이 직접 부과·징수하되, 부과처분을 받은 자가 이의제기를 하는 경우에는 행정청이 관할 지방법원에 그 사실을 통보함으로써 법원이 과태료 재판을 하도록 하고 있다. 과태료 재판이 시작되면 법원은 심문기일을 열어 당사자의 진술을 들어야 한다. 그런데 법원은 상당하다고 인정하는 때에는 심문 없이 과태료 재판을 할 수 있는데 이를 「약식재판」이라고 한다(제44조). 이때 당사자와 검사는 약식재판의 고지를 받은 날부터 7일 이내에 이의신청을 할 수 있다(제45조 제1항). 법원이 이의신청이 적법하다고 인정하는 때에는 약식재판은 그 효력을 잃게 되며, 법원은 심문을 거쳐 다시 정식재판을 하게 된다(제50조).

20
답 ③

- 출제단원: Part 02 행정작용 및 절차법
- 출제영역: 인가, 특허

① (O) 대법원은 자동차관리법상 자동차관리사업자로 구성하는 사업자단체인 조합 등의 설립인가처분은 시·도지사 등이 자동차관리사업자들의 단체결성행위를 보충하여 효력을 완성시키는 처분(= 인가)에 해당한다고 본다(대법원 2015. 5. 29. 2013두635).

② (O) 대법원은 구 도시 및 주거환경정비법상 「조합설립추진위원회의 구성을 승인하는 처분」은 조합의 설립을 위한 주체에 해당하는 비법인 사단인 추진위원회를 구성하는 행위를 보충하여 그 효력을 부여하는 처분(= 인가)이라고 본다(대법원 2013. 12. 26. 2011두8291).

③ (X) 기본행위와 인가행위에 하자가 있는 경우에 쟁송의 대상이 무엇인지 문제된다. 이와 관련하여 대법원은 기본행위는 적법하고 인가행위에만 하자가 있다면 그 인가처분의 무효나 취소를 구할 수 있지만, 기본행위에만 하자가 있고 인가행위는 적법하다면 기본행위만이 쟁송의 대상이 될 수 있을 뿐, 인가처분의 무효나 취소를 구할 수는 없다고 본다. 정리하면 다음과 같다.

구분	쟁송대상
기본행위에 하자 X + 인가행위에 하자 O	인가처분의 무효나 취소를 구할 수 있다.
기본행위에 하자 O + 인가행위에 하자 X	기본행위만이 쟁송의 대상이 된다.

예를 들어, 대법원은 주택재개발정비사업조합이 수립한 사업시행계획은 관할 행정청의 인가·고시가 이루어지면 이해관계인들에게 구속력이 발생하는 독립된 행정처분에 해당하고, 관할 행정청의 사업시행계획 인가처분은 사업시행계획의 법률상 효력을 완성시키는 보충행위(= 강학상 인가)에 해당한다고 본다. 따라서 기본행위인 사업시행계획에는 하자가 없는데 보충행위인 인가처분에 고유한 하자가 있다면 그 인가처분의 무효확인이나 취소를 구하여야 할 것이지만, 인가처분에는 고유한 하자가 없는데 사업시행계획에 하자가 있다면 사업시행계획의 무효확인이나 취소를 구하여야 할 것이지 사업시행계획의 무효를 주장하면서 곧바로 그에 대한 인가처분의 무효확인이나 취소를 구하여서는 아니 된다고 본다(대법원 2021. 2. 10. 2020두48031).

④ (O) 대법원은 「토지 등 소유자들」이 조합을 따로 설립하지 않고 직접 시행하는 도시환경정비사업에서 토지 등 소유자에 대한 사업시행

인가처분은 단순히 사업시행계획에 대한 보충행위로서의 성질을 가지는 것이 아니라, 구 도시정비법상 정비사업을 시행할 수 있는 권한을 가지는 행정주체로서의 지위를 부여하는 일종의 설권적 처분(= 특허)의 성격을 가진다고 본다(대법원 2013. 6. 13. 2011두19994). 참고로 이 판례는 구 「도시 및 주거환경정비법」에 기초하여 도시환경정비사업 「조합」이 수립한 사업시행계획을 인가하는 행정청의 행위는 도시환경정비사업조합의 사업시행계획에 대한 법률상의 효력을 완성시키는 보충행위(= 인가)에 해당한다는 판례(대법원 2010. 12. 9. 2010두1248)와 비교해야 한다. 정리하면 다음과 같다.

구분	법적 성격
설립인가를 받은 「조합」이 수립한 사업시행계획에 대한 인가	강학상 인가
조합 설립 없이 「토지 등 소유자들」이 직접 시행하는 도시환경정비사업에서 사업시행인가처분	강학상 특허

2022년 지방직 9급
행정법총론

문제편 p.73

01 ②　02 ④　03 ③　04 ③　05 ②　06 ④　07 ②　08 ①　09 ④　10 ②
11 ①　12 ③　13 ①　14 ②　15 ④　16 ①　17 ②　18 ④　19 ③　20 ④

01
답 ②

출제단원 Part 02 행정작용 및 절차법
출제영역 행정입법 - 법규명령의 한계, 법규명령형식의 행정규칙, 행정규칙형식의 법규명령

행정입법이란 행정권이 일반적·추상적 규범을 정립하는 작용을 말한다. 행정입법은 법규성(= 국민에 대한 구속성)이 인정되는지에 따라 법규명령과 행정규칙으로 구분할 수 있다.

① (O) 법률에서 위임명령에 규정될 사항을 위임함에 있어서는 구체적으로 범위를 정하여 위임해야 하며, 포괄적으로 위임해서는 안 된다(= 포괄적 위임의 금지). 다만, 대법원과 헌법재판소는 「조례」와 「공법상 단체의 정관」의 경우에는 포괄적 위임이 허용된다고 보아 예외를 인정하고 있다. 예를 들어, 헌법재판소는 조례의 제정권자인 지방의회는 선거를 통해서 그 지역적인 민주적 정당성을 지니고 있는 주민의 대표기관이고, 헌법이 지방자치단체에 대해 포괄적인 자치권을 보장하고 있는 취지로 볼 때 조례제정권에 대한 지나친 제약은 바람직하지 않으므로 조례에 대한 법률의 위임은 법규명령에 대한 법률의 위임과 같이 반드시 구체적으로 범위를 정하여 할 필요가 없으며 포괄적인 것으로 족하다고 본다(헌재 1995. 4. 20. 92헌마264).

② (X) [법규명령형식의 행정규칙] 법규명령(시행령, 시행규칙)의 형식을 취하고 있지만, 규율하고 있는 내용은 행정규칙의 실질을 가지는 것을 「법규명령형식의 행정규칙」이라고 한다. 이와 관련하여 법규명령형식으로 정한 제재적 처분기준의 법적 성질이 문제된다. 제재적 처분기준이란 영업허가의 취소 또는 정지, 과징금 부과 등과 같은 제재적 처분을 어떤 기준에 의해 부과할 것인지 정해 놓은 것을 말한다. 이와 관련하여 대법원은 제재적 행정처분의 기준이 부령(= 시행규칙)의 형식으로 규정되어 있더라도 그것은 행정청 내부의 사무처리준칙(= 행정규칙)을 정한 것에 지나지 아니하여 대외적으로 국민이나 법원을 기속하는 효력이 없다고 본다(대법원 2007. 9. 20. 2007두6946). 참고로 대법원은 「대통령령(= 시행령)형식」으로 제재적 처분기준을 정한 경우에는 이를 「법규명령」의 성질을 갖는다고 본다는 것을 구분해서 기억해야 한다.

③ (O) [행정규칙형식의 법규명령(= 법령보충규칙)] 법률에서 규정한 내용을 구체화할 필요가 있어 법령의 위임을 받아 그 구체적인 내용을 훈령이나 고시와 같은 행정규칙의 형식으로 정하는 경우를 「행정규칙형식의 법규명령」이라고 한다. 이와 관련하여 대법원은 법령의 위임으로 법령내용의 구체적 사항을 정한 행정규칙(= 법령보충규칙)은 상위 법령의 위임한계를 벗어나지 않는 한 법령과 결합하여 대외적인 구속력이 있는 「법규명령」으로서의 효력을 갖는다고 본다(대법원 1998. 6. 9. 97누19915).

④ (O) 어떠한 행위가 범죄가 되며, 이에 대해 어떠한 형벌이 부과되는지를 미리 성문의 법률에 규정해 두어야 한다는 것을 '죄형법정주의의 원칙'이라고 한다. 이와 관련하여 처벌규정을 법률이 아닌 명령으로 규정하도록 위임하는 것이 가능한지 문제된다. 이와 관련하여 대법원은 엄격한 요건하에 처벌규정의 위임이 가능하다고 보는데, 법률의 시행령이 형사처벌에 관한 사항을 규정하면서 법률의 명시적인 위임범위를 벗어나 처벌의 대상을 확장하는 것은 죄형법정주의의 원칙에도 어긋나는 것이므로, 그러한 시행령은 위임입법의 한계를 벗어난 것으로서 무효라고 본다(대법원 2017. 2. 16. 2015도16014).

02

출제단원 Part 02 행정작용 및 절차법
출제영역 행정행위의 부관

답 ④

부관이란 행정행위의 효과를 제한 또는 보충하기 위하여 행정기관에 의하여 주된 행정행위에 부가된 종된 규율을 말한다(다수설).

① (X) 부담이란 행정행위의 주된 내용에 부가하여 그 행정행위의 상대방에게 작위(일정한 행위를 하는 것), 부작위(일정한 행위를 하지 않는 것), 급부(금전이나 물건의 교부 등), 수인(참는 것) 등의 의무를 부과하는 부관을 말한다. 부담이 붙은 행정행위의 상대방은 부담의 내용에 따라 일정한 법률행위를 하게 된다. 이때「부담」이 위법할 경우, 부담의 내용에 따라 상대방이 행한「사법상 법률행위」의 효력은 어떻게 되는지 문제된다. 이와 관련하여 대법원은 부담이 무효인 경우, 부담의 이행행위로 한「사법상 법률행위」가 당연히 무효로 되는 것은 아니라고 본다(대법원 2009. 6. 25. 2006다18174). 즉, 대법원은「부담」과 부담의 이행행위로 한「사법상 법률행위」를 별개로 취급하고 있다.

② (X) 행정행위를 한 이후에 새로운 부관을 부가(= 부관의 사후부가)하거나, 또는 이미 행정행위에 부가되어 있던 부관을 사후에 변경(= 부관의 사후변경)하는 것을 '사후부관'이라고 한다. 이와 관련하여 행정기본법 제17조 제3항은 '행정청은 부관을 붙일 수 있는 처분이 다음 각호의 어느 하나에 해당하는 경우에는 그 처분을 한 후에도 부관을 새로 붙이거나(= 부관의 사후부가) 종전의 부관을 변경(= 부관의 사후변경)할 수 있다.'고 규정하고 있다.

- 법률에 근거가 있는 경우(제1호)
- 당사자의 동의가 있는 경우(제2호)
- 사정이 변경되어 부관을 새로 붙이거나 종전의 부관을 변경하지 아니하면 해당 처분의 목적을 달성할 수 없다고 인정되는 경우(제3호)

즉, 행정기본법 제17조 제3항에 의하면 부관의 사후변경이 제3호의 경우에만 허용되는 것은 아니다. 참고로 대법원은 행정처분에 이미 부담이 부가되어 있는 상태에서 그 의무의 범위 또는 내용 등을 변경하는 부관의 사후변경은, 원칙적으로 법률에 명문의 규정이 있거나 그 변경이 미리 유보되어 있는 경우 또는 상대방의 동의가 있는 경우에 한하여 허용되는 것이지만, 사정변경으로 인하여 당초에 부담을 부가한 목적을 달성할 수 없게 된 경우에도 그 목적달성에 필요한 범위 내에서 예외적으로 부관의 사후변경이 허용된다고 본다(대법원 1997. 5. 30. 97누2627). 이와 같이 대법원은 행정기본법 제정 전에도 일정한 경우에 부관의 사후변경을 허용하였다.

③ (X) 부관을 붙일 수 있는 경우라고 하더라도 무제한하게 허용되는 것은 아니며, 일정한 한계 내에서만 부관을 붙일 수 있다. 예를 들어, 부관은 비례의 원칙이나 부당결부금지의 원칙과 같은 행정법의 일반원칙에 위반되어서는 안 된다. 이와 관련하여 대법원은 부관이 주된 행정행위와 실제적 관련성이 없어서 부당결부금지의 원칙에 위반됨에도, 이를 회피하기 위해 상대방과 사법상 계약을 체결하는 형식으로 이러한 내용의 부관을 붙였다면, 이는 법치행정의 원리에 반하는 것으로서 위법하다고 본다(대법원 2009. 12. 10. 2007다63966). 참고로 부당결부금지의 원칙이란 행정기관이 행정권을 행사함에 있어서 그것과 실질적인 관련이 없는 반대급부를 결부시켜서는 안 된다는 원칙을 말한다.

④ (O) 주된 행정행위와 별개로 위법한 부관만을 행정쟁송의 대상으로 삼을 수 있는지 문제된다. 이와 관련하여 대법원은 부관 중에서도 행정행위에 부수하여 그 행정행위의 상대방에게 일정한 의무를 부과하는 행정청의 의사표시인「부담」의 경우에는 부담 그 자체로서 행정쟁송의 대상이 될 수 있다고 본다. 반면,「그 외의 부관」은 그 자체로서 직접 법적 효과를 발생하는 독립된 처분이 아니므로 부관 그 자체만을 독립된 쟁송의 대상으로 할 수 없다고 본다(대법원 1992. 1. 21. 91누1264). 이에 따라 대법원은 기부채납 받은 행정재산에 대한 사용·수익허가에서 공유재산의 관리청이 정한「사용·수익허가의 기간」은 부담이 아니므로 이에 대해서는 독립하여 행정소송을 제기할 수 없다고 본다(대법원 2001. 6. 15. 99두509).

03

출제단원 Part 02 행정작용 및 절차법
출제영역 기속행위와 재량행위

답 ③

'기속행위'란 법규에서 정하고 있는 요건이 충족되면 그 효과로서 행정청이 반드시 어떠한 행위를 하거나 하지 말아야 하는 행정행위를 말한다. 반면, '재량행위'란 법규에서 정하고 있는 요건이 충족되면 그 효과로서 행정청이 여러 선택사항 중에서 하나를 선택할 수 있을 때 이에 따른 행정행위를 말한다.

ㄱ. (O) 대법원은「여객자동차운수사업법」에 의한 개인택시운송사업면허는 특정인에게 권리나 이익을 부여하는 행정행위(= 강학상 특허)로서 법령에 특별한 규정이 없는 한 재량행위이며, 법률과 시행규칙의 범위 내에서 면허를 위해 필요한 기준을 정하는 것 역시 행정청의 재량에 속한다고 본다(대법원 2009. 7. 9. 2008두11983).

ㄴ. (O) 대법원은 구「수도권대기환경특별법」에서 정한 대기오염물질 총량관리사업장 설치의 허가 또는 변경허가는 특정인에게 수도권 대기관리권역에서 총량관리대상 오염물질을 일정량을 초과하여 배출할 수 있는 특정한 권리를 설정하여 주는 행위(= 강학상 특허)로서 그 처분의 여부 및 내용의 결정은 행정청의 재량에 속한다고 본다(대법원 2013. 5. 9. 2012두22799).

ㄷ. (X) 국가공무원법 제73조 제2항은 '휴직기간 중 그 사유가 없어지면 30일 이내에 임용권자 또는 임용제청권자에게 신고하여야 하며, 임용권자는 지체 없이 복직을 명하여야 한다.'고 규정하고 있다. 이와 관련하여 대법원은 국가공무원법 제73조 제2항의 문언에 비추어 복직명령은 기속행위이므로 휴직사유가 소멸하였음을 이유로 신청하는 경우 임용권자는 지체 없이 복직명령을 하여야 한다고 본다(대법원 2014. 6. 12. 2012두4852).

ㄹ. (O) 대법원은 출입국관리법 등 관련법령에 비추어 볼 때, 체류자격 변경허가는 신청인에게 당초의 체류자격과 다른 체류자격에 해당하는 활동을 할 수 있는 권한을 부여하는 것으로서 일종의 설권적 처분(= 강학상 특허)이라고 본다. 이때 허가권자는 신청인이 관계법령에서 정한 요건을 충족하였더라도, 신청인의 적격성, 체류목적, 공익상의 영향 등을 참작하여 허가 여부를 결정할 수 있는 재량을 가진다고 본다(대법원 2016. 7. 14. 2015두48846).

04 답 ③

출제단원 Part 02 행정작용 및 절차법
출제영역 처분의 이유제시, 행정절차법의 적용범위

① (O) 공법적 효과의 발생을 목적으로 하는 복수당사자 사이의 반대방향의 의사표시의 합치에 의해 성립되는 공법행위를 '공법상 계약'이라고 한다. 계약직공무원 채용계약은 행정주체와 사인 간의 계약으로서 공법상 계약에 해당한다. 이와 관련하여 대법원은 계약직공무원 채용계약해지의 의사표시는 행정처분이 아니라, 국가 또는 지방자치단체가 채용계약 관계의 한쪽 당사자로서 대등한 지위에서 행하는 의사표시이므로 행정처분과 같이 행정절차법에 의해 근거와 이유를 제시해야 하는 것은 아니라고 본다(대법원 2002. 11. 26. 2002두5948).

② (O) 행정절차법에 의하면, 행정청은 처분을 할 때에는 당사자에게 그 근거와 이유를 제시하여야 한다(제23조 제1항). 교육부장관의 총장임용제청시 행정절차법상 이유제시의 정도와 관련하여 대법원은 경우를 나누어 판단하고 있다. 즉, 교육부장관이 「어떤 후보자(B)를 총장임용에 부적격하다고 판단하여 배제하고 다른 후보자(A)를 임용제청하는 경우」라면 배제한 후보자(B)에게 연구윤리위반, 선거부정, 그 밖의 비위행위 등과 같은 부적격사유가 있다는 점을 구체적으로 제시할 의무가 있다고 본다. 반면, 「부적격사유가 없는 후보자들 사이에서 어떤 후보자를 상대적으로 더욱 적합하다고 판단하여 임용제청하는 경우(= A·B 후보자 모두 부적격사유가 없는 경우)」에는 교육부장관이 어떤 후보자(A)를 총장으로 임용제청하는 행위 자체에 그가 총장으로 더욱 적합하다는 정성적 평가결과가 당연히 포함되어 있는 것으로, 이로써 행정절차법상 이유제시의무를 다한 것이라고 보아야 하고, 여기에서 나아가 교육부장관에게 개별 심사항목이나 고려요소에 대한 평가결과를 더 자세히 밝힐 의무까지는 없다고 본다. 이는 「부적격사유가 없는 후보자들 사이에서 어떤 후보자를 상대적으로 더욱 적합하다고 판단하여 임용제청하는 경우」라면 후보자의 경력, 인격, 능력, 대학운영계획 등 여러 요소를 종합적으로 고려하여 총장임용의 적격성을 정성적으로 평가하는 것으로 그 판단결과를 수치화하거나 이유제시를 하기 어려울 수 있다는 점을 고려한 것이다(대법원 2018. 6. 15. 2016두57564).

③ (X) 행정절차법 제3조 제2항에서 행정절차법의 적용이 배제되는 사항 중 하나로 '공무원 인사관계법령에 따른 처분 등 해당 「행정작용의 성질상 행정절차를 거치기 곤란하거나 거칠 필요가 없다고 인정되는 사항」과 「행정절차에 준하는 절차를 거친 사항」으로서 대통령령으로 정하는 사항'을 규정하고 있다. 이와 관련하여 대법원은 국가공무원법상 직위해제처분은 당해 행정작용의 성질상 행정절차를 거치기 곤란하거나 불필요하다고 인정되는 사항 또는 행정절차에 준하는 절차를 거친 사항에 해당하므로, 처분의 사전통지 및 의견청취 등에 관한 행정절차법의 규정이 별도로 적용되지 않는다고 본다(대법원 2014. 5. 16. 2012두26180). 국가공무원법에서 직위해제를 할 때에는 처분사유를 적은 설명서를 교부하도록 하고, 공무원이 불복할 경우 소청심사청구를 할 수 있도록 하는 등 해당 공무원에게 방어의 준비 및 불복의 기회를 보장하고 있으므로 별도로 행정절차법을 적용할 필요는 없다는 것이다.

④ (O) 대법원은 과세표준과 세율, 세액, 세액산출근거 등의 필요한 사항을 납세자에게 서면으로 통지하도록 한 세법상의 제 규정들은 단순히 세무행정의 편의를 위한 훈시규정이 아니라 강행규정으로서 납세고지서에 그와 같은 기재가 누락되면 그 과세처분 자체가 위법한 처분이 되어 취소의 대상이 된다고 본다(대법원 1985. 5. 28. 84누289). 참고로 과세표준이란 세금을 부과하는 데 있어서 그 기준이 되는 과세물건의 수량 또는 가액을 말한다(예 소득세에 있어서의 소득액, 주세에 있어서의 주류의 양 또는 알콜의 도수 등).

05 답 ②

출제단원 Part 01 행정법 서설
출제영역 행정법의 일반원칙 - 비례의 원칙, 행정의 자기구속의 원칙, 신의성실의 원칙, 부당결부금지의 원칙

행정법의 일반원칙이란 행정법의 전 영역에 적용되는 원칙으로서 비례의 원칙, 신뢰보호의 원칙, 평등의 원칙, 신의성실의 원칙, 부당결부금지의 원칙 등을 말한다.

ㄱ. (O) 비례의 원칙이란 행정의 '목적'과 그 목적을 실현하기 위한 '수단'의 관계에서 적절한 비례관계가 있어야 한다는 원칙을 말한다. 이와 관련하여 대법원은 비례의 원칙은 법치국가 원리에서 당연히 파생되는 헌법상의 기본원리로서, 모든 국가작용에 적용된다고 본다(대법원 2019. 7. 11. 2017두38874).

ㄴ. (X) 행정관행이 성립된 경우 행정청은 특별한 사정이 없는 한 동종사안에서 행정관행과 같은 결정을 하여야 한다는 원칙을 「행정의 자기구속의 원칙」이라고 한다. 그런데 행정관행이 위법한 경우에도 행정의 자기구속의 원칙이 인정될 수 있는지 문제된다. 이와 관련하여 대법원은 평등의 원칙은 본질적으로 같은 것을 자의적으로 다르게 취급하는 것을 금지하는 것이고, 위법한 행정처분이 수차례에 걸쳐 반복적으로 행하여졌다 하더라도 그러한 처분이 위법한 것인 때에는 행정청에 대하여 자기구속력을 갖게 된다고 할 수 없다고 본다(대법원 2009. 6. 25. 2008두13132). 즉, 대법원은 행정의 자기구속의 원칙은 행정관행이 위법한 경우에는 적용되지 않는다고 본다. 위법한 행정관행도 평등하게 적용되어야 한다고 보면 위법한 선례가 법률적합성원칙보다 우월한 것이 되어 법치행정의 원리에 반하게 되기 때문이다.

ㄷ. (X) 신의칙(= 신의성실의 원칙)이란 모든 사람은 공동체의 일원으로서 상대방의 신뢰를 헛되이 하지 않도록 성의 있게 행동해야 한다는 원칙을 말한다. 이와 관련하여 대법원은 임용 당시 공무원임용결격사유가 있었다면 비록 국가의 과실에 의하여 임용결격자임을 밝혀내지 못하였다 하더라도 그 임용행위는 「당연무효」라고 본다. 따라서 국가가 공무원임용결격사유가 있는 자에 대하여 결격사유가 있는 것을 알지 못하고 공무원으로 임용하였다가 사후에 결격사유가 있는 자임을 발견하고 「공무원 임용행위를 취소」하는 것은 당사자에게 원래의 임용행위가 당초부터 「당연무효이었음을 통지하여 확인시켜

주는 행위」에 지나지 않는 것이므로, 그러한 의미에서 당초의 임용처분을 취소함에 있어서는 신의칙 내지 신뢰의 원칙을 적용할 수 없다고 본다(대법원 1987. 4. 14. 86누459). 즉, 공무원임용결격자에 대한 임용행위는 처음부터 당연무효이므로 상대방이 이를 신뢰하였다고 하여도 이후 임용행위를 취소하는 것이 신의칙이나 신뢰보호의 원칙을 위반한 것은 아니라는 것이다.

ㄹ. (O) 부당결부금지의 원칙이란 행정기관이 행정권을 행사함에 있어서 그것과 실질적인 관련이 없는 반대급부를 결부시켜서는 안 된다는 원칙을 말한다. 이와 관련하여 대법원은 지방자치단체장이 사업자에게 주택사업계획승인을 하면서 그 주택사업과는 「아무런 관련이 없는」 토지를 기부채납하도록 하는 부관을 붙인 경우, 그 부관은 부당결부금지의 원칙에 위반되어 위법하다고 본다(대법원 1997. 3. 11. 96다49650). 참고로 '기부채납'이란 국가 이외의 자가 재산의 소유권을 무상으로 국가에 이전하여 국가가 이를 취득하는 것을 말한다.

06 답 ④

출제단원 Part 02 행정작용 및 절차법
출제영역 허가, 행정행위의 개념, 기속행위와 재량행위, 특허

① (O) 대법원은 건축허가는 「대물적 성질」을 갖는 것이어서 행정청으로서는 그 허가를 할 때에 건축주 또는 토지소유자가 누구인지 등 인적 요소에 관하여는 「형식적 심사」만 한다고 본다(대법원 2017. 3. 15. 2014두41190). 참고로 형식적 심사란 신고요건의 충족 여부를 신고서류만으로 판단하는 것을 말한다. 이와 비교하여 실질적 심사란 신고요건의 충족 여부를 심사함에 있어 신고서류를 심사할 뿐만 아니라 필요한 경우 현장조사 등을 통해 실질적으로 판단하는 것을 말한다.

② (O) 대법원은 지방경찰청장이 횡단보도를 설치하여 보행자 통행방법 등을 규제하는 것은 행정청이 특정사항에 대하여 부담을 명하는 행위이고, 이는 국민의 권리·의무에 직접 관계가 있는 행위로서 행정처분이라고 본다(대법원 2000. 10. 27 98두8964).

③ (O) 대법원은 국유재산의 무단점유 등에 대한 변상금 징수의 요건은 국유재산법에 명백히 규정되어 있으므로 변상금을 징수할 것인가는 처분청의 재량을 허용하지 않는 기속행위이고, 여기에 재량권 일탈·남용의 문제는 생길 여지가 없다고 본다(대법원 1998. 9. 22. 98두7602). 참고로 변상금이란 사용허가나 대부(= 돌려받기로 하고 어떤 물건을 빌려주어 사용·수익을 허락하는 것)계약 없이 국유재산 또는 공유재산을 사용·수익하거나 점유한 자에게 부과하는 금액을 말한다.

④ (X) 대법원은 구 공유수면관리법에 따른 「공유수면의 점용·사용허가」는 특정인에게 공유수면 이용권이라는 「독점적 권리를 설정하여 주는 처분(= 강학상 특허)」으로서 그 처분의 여부 및 내용의 결정은 원칙적으로 행정청의 「재량」에 속한다고 본다(대법원 2004. 5. 28. 2002두5016). 즉, 공유수면의 점용·사용허가는 강학상 특허이다. 참고로 특허란 특정인을 위하여 새로운 권리를 설정하는 행위, 능력을 설정하는 행위, 포괄적인 법률관계를 설정하는 행위를 말한다. 이러한 특허는 설권행위라고도 부른다. 이와 비교하여, 허가란 법령에 의해 개인의 자유가 제한되고 있는 경우에 그 제한을 해제하여 자유를 적법하게 행사할 수 있도록 회복하여 주는 행정행위를 말한다. 이러한 허가는 위험을 방지하기 위해 예방적으로 금지하였던 바를 해제하는 행위이고(= 예방적 금지의 해제), 금지해제의 가능성이 있는 상대적 금지(예 영업허가, 운전면허와 같은 허가조건부금지)의 경우에만 가능하다는 특징이 있다(= 상대적 금지의 해제). 따라서 공유수면의 점용·사용허가가 일반적인 상대적 금지를 해제하는 처분(= 강학상 허가)는 아니다.

07 답 ②

출제단원 Part 08 행정정보공개·개인정보 보호·행정조사
출제영역 공공기관의 정보공개에 관한 법률

① (O) 대법원은 「공공기관의 정보공개에 관한 법률」은 정보공개 청구권자가 공개를 청구하는 정보와 어떤 관련성을 가질 것을 요구하거나 정보공개청구의 목적에 특별한 제한을 두고 있지 아니하므로 정보공개 청구권자의 권리구제 가능성 등은 정보의 공개 여부 결정에 아무런 영향을 미치지 못한다고 본다(대법원 2017. 9. 7. 2017두44558).

② (X) 공공기관의 정보공개에 관한 법률에서는 비공개대상정보 중 하나로서 「의사결정과정에 있는 사항으로서 공개될 경우 업무의 공정한 수행에 현저한 지장을 초래한다고 인정할 만한 상당한 이유가 있는 정보」를 규정하고 있다(제9조 제1항 5호). 이와 관련하여 대법원은 학교환경위생구역 내 금지행위(숙박시설) 해제결정에 관한 학교환경위생정화위원회의 「회의록에 기재된 발언내용에 대한 해당 발언자의 인적사항」 부분은 그것이 공개될 경우 위원들이 자신의 발언내용이 공개되는 것에 대한 부담으로 인해 심리적 압박을 받아 심의절차에서 솔직하고 자유로운 의사교환을 할 수 없게 되는 등의 문제가 생길 수 있고, 이로 인해 위원회의 심의업무의 공정한 수행에 현저한 지장을 초래한다고 인정할 만한 상당한 이유가 있다고 보아 비공개대상정보에 해당한다고 본다(대법원 2003. 8. 22. 2002두12946).

③ (O) 대법원은 국민으로부터 보유·관리하는 정보에 대한 공개를 요구받은 공공기관으로서는, 정보공개법 제9조 제1항 각호에서 정하고 있는 비공개사유에 해당하지 않는 한 이를 공개하여야 한다고 본다. 이를 거부하는 경우라 할지라도, 대상이 된 정보의 내용을 구체적으로 확인·검토하여, 어느 부분이 어떠한 법익 또는 기본권과 충돌되어 정보공개법 제9조 제1항 몇 호에서 정하고 있는 비공개사유에 해당하는지를 주장·증명하여야만 하고, 그에 이르지 아니한 채 개괄적인 사유만을 들어 공개를 거부하는 것은 허용되지 아니한다고 본다(대법원 2018. 4. 12. 2014두5477). 즉, 공공기관이 정보공개를 거부할 때에는 개괄적인 사유만을 들 수 없고 어느 부분이 어떠한 법익 또는 기본권과 충돌하여 비공개사유에 해당하는지를 밝혀야 할 뿐만 아니라, 「정보공개법」 제9조 제1항 몇 호에서 정하고 있는 비공개사유에 해당하는지까지도 주장·입증해야 한다는 것이다.

④ (O) 대법원은 「공개를 구하는 정보를 공공기관이 보유·관리하고 있을 상당한 개연성이 있다는 점」에 대하여 원칙적으로 「공개청구자」에게 증명책임이 있다고 본다. 반면, 공개를 구하는 정보를 공공기관이 한때 보유·관리하였으나 후에 그 정보가 담긴 문서 등이 폐기되어 존재하지 않게 된 것이라면 그 「정보를 더 이상 보유·관리하고 있지 아니하다는 점」에 대한 증명책임은 「공공기관」에게 있다고 본다(대법원 2004. 12. 9. 2003두12707).

08

답 ①

출제단원 Part 02 행정작용 및 절차법, Part 04 행정소송법, Part 06 행정상 손해배상

출제영역 처분의 고지, 행정상 손해배상, 판결의 효력(기속력), 행정행위의 취소

① (X) 행정절차법 제26조는 '행정청이 처분을 할 때에는 당사자에게 그 처분에 관하여 행정심판 및 행정소송을 제기할 수 있는지 여부, 그 밖에 불복을 할 수 있는지 여부, 청구절차 및 청구기간, 그 밖에 필요한 사항을 알려야 한다.'고 규정하고 있다. 만약 처분청이 행정절차법 제26조에 따른 고지의무를 이행하지 않았다면 행정처분이 위법하게 되는지 문제된다. 이와 관련하여 대법원은 고지절차에 관한 행정절차법 제26조는 행정처분의 상대방이 그 처분에 대한 행정심판의 절차를 밟는 데 편의를 제공하려는 것이어서 처분청이 위 규정에 따른 고지의무를 이행하지 아니하였다고 하더라도 그 때문에 심판의 대상이 되는 행정처분이 위법하다고 할 수는 없다고 본다(대법원 2018. 2. 8. 2017두66633). 따라서 처분의 내용에 아무런 하자가 없는 이상 고지의 하자를 이유로 처분의 위법성을 주장할 수는 없다.

② (O) 국가배상법 제2조 제1항에서 공무원의 위법한 직무행위로 인한 국가나 지방자치단체의 배상책임을 명시하고 있다. 국가배상법 제2조의 책임이 인정되기 위한 요건 중「고의 또는 과실」과 관련하여 대법원은 어떠한 행정처분이 처분 이후에 항고소송에서 취소되었다고 하더라도 그 자체만으로 행정처분이 곧바로 공무원의 고의 또는 과실로 인한 불법행위에 해당한다고 단정할 수는 없다고 본다(대법원 2011. 1. 27. 2008다30703).

③ (O) 행정소송법은 '처분 등을 취소하는 확정판결은 그 사건에 관하여 당사자인 행정청과 그 밖의 관계행정청을 기속한다.'고 하여 기속력에 대해 규정하고 있다(제30조 제1항). 기속력은 판결주문과 판결이유 중에 설시된 개개의 위법사유에 미친다. 따라서 법원이 위법이라고 판단한 것과는 다른 별도의 이유나 자료를 바탕으로 동일인에게 동일한 처분을 하는 것은 기속력에 반하지 않는다. 또한 절차나 형식의 하자를 이유로 취소된 경우에 이를 '보완'한 후 동일한 처분을 하는 것 역시 기속력에 반하지 않는다. 처분이「절차상 하자를 이유로 취소된 경우」에는 절차에 잘못이 있다는 것일 뿐이므로, 처분청은 절차상 하자를 보완하여(= 적법한 절차를 거쳐) 이전과 동일한 처분을 할 수도 있는 것이다. 이와 관련하여 대법원은 절차 내지 형식의 위법을 이유로 과세처분을 취소하는 판결이 확정된 경우에 기판력(= 기속력의 의미이다)은「확정판결에 적시된 절차 내지 형식의 위법사유」에 한하여 미친다고 본다. 따라서 과세처분권자가 이를「보완하여」행한 새로운 과세처분은 종전의 과세처분과는 별개의 처분으로서 확정판결의 기판력(= 기속력의 의미이다)에 저촉되는 것은 아니라고 본다(대법원 1986. 11. 11. 85누231). 참고로 이 판례에서 사용된 기판력이라는 용어는 기속력의 의미로 사용된 것이다. 이와 같이 대법원은 기판력과 기속력이라는 용어를 혼용하여 사용하기도 한다.

④ (O) 권한 없는 행정기관이 한 당연무효인 처분의 취소권자가 누구인지 문제된다. 예를 들어, 행정청 A가 행정청 B의 권한에 속하는 처분을 하였다면 이러한 처분은 정당한 권한이 없는 행정기관(A)에 의한 행위로서 원칙적으로 당연무효이다. 이때 당연무효인 처분의 외형을 제거하기 위해 당연무효인 처분을 취소할 수 있는 권한이 행정청 A와 B 중 어디에 있는지 문제된다. 이와 관련하여 대법원은「권한 없는 행정기관(A)」이 한 당연무효인 행정처분을 취소(= 무효선언적 의미의 취소)할 수 있는 권한은「당해 행정처분을 한 처분청(A)」에게 속하고,「당해 행정처분을 할 수 있는 적법한 권한을 가지는 행정청(B)」에게 그 취소권이 귀속되는 것이 아니라고 본다(대법원 1984. 10. 10. 84누463). 권한 없는 행정기관이 한 당연무효인 행정처분의 취소권자는 당해 처분을 한 처분청 자신이라는 것이다.

09

답 ④

출제단원 Part 01 행정법 서설, Part 02 행정작용 및 절차법, Part 04 행정소송법

출제영역 행정절차법, 제재처분사유의 승계, 사인의 공법행위로서 신고

① (O) 행정절차법에 의하면 행정청이 당사자에게「의무를 과하거나 권익을 제한하는 처분」을 함에 있어서는 당사자 등에게 처분의 사전통지를 하고, 의견제출의 기회를 주어야 한다(제21조 제1항, 제22조 제3항). 이와 관련하여 대법원은 식품위생법상 영업자지위승계신고가 문제된 사안에서,「영업자의 지위를 승계한 자(B)」가 관계행정청에 이를 신고하여 행정청이 이를 수리하게 되면「종전의 영업자(A)」에 대한 영업허가가 효력을 잃게 된다고 본다. 따라서 행정청이 영업자지위승계신고를 수리하는 처분은「종전의 영업자(A)」의 권익을 제한하는 처분이라는 것이다. 그러므로 행정청은「영업자의 지위를 승계한 자(B)」가 한 신고(= 영업자지위승계신고)를 수리하는 처분을 함에 있어서「종전의 영업자(A)」에 대하여 처분의 사전통지를 하고 의견제출의 기회를 부여하고 처분을 하여야 한다고 본다(대법원 2003. 2. 14. 2001두7015).

② (O) 영업양도가 있을 때, 그 효과로서「양도인(A)의 위법행위」라는「제재처분의 사유(= 제재처분이 부과된 원인)」가「양수인(B)」에게 승계되는지가 문제된다. 이에 대해 대법원은 개인택시 운송사업을 양도받은 양수인(B)은 양도인(A)의 운송사업자로서의 지위를 승계하는 것이므로 양도 이전에 있었던「양도인(A)」에 대한 운송사업면허 취소사유를 근거로「양수인(B)」의 운송사업면허를 취소할 수 있다고 본다(대법원 2010. 4. 8. 2009두17018). 이는 영업양도로 양수인에게 승계되는 양도인의 지위에는 양도인의 위법행위로 인한 제재사유가 포함된다는 것을 의미한다.

③ (O) 대법원은 사업양도·양수에 따른 허가관청의 지위승계신고의 수리와 관련하여 수리대상인 사업양도·양수가 무효인 때에는 수리를 하였다 하더라도 그 수리는 유효한 대상이 없는 것으로서 당연히 무효라고 본다. 이때 사업의 양도행위가 무효라고 주장하는 양도자(A)는 민사쟁송으로 양도·양수행위의 무효를 구함이 없이, 막바로 허가관청을 상대로 하여 행정소송으로 위 신고수리처분의 무효확인을 구할 법률상 이익이 있다고 본다(대법원 2005. 12. 23. 2005두3554). 즉, 사업양도행위에 무효인 하자가 존재함에도 지위승계신고가 수리되었다면, 양도인(A)은 민사소송으로 사업양도행위의 무효를 주장할 수도 있지만, 이러한 절차 없이 바로 행정소송(= 무효등확인소송)으로 신고수리처분의 무효확인을 구할 수도 있다는 것이다.

④ (X) 대법원은 사실상 영업이 양도·양수되었더라도 아직「승계신고 및 그 수리처분이 있기 이전」이라면 여전히 종전의 영업자인 양도인(A)이 영업허가자라고 본다. 즉, 식품위생법에 의한 영업양도의 지위

승계신고는 행위요건적 신고(= 수리를 요하는 신고)에 해당하므로, 수리처분이 없다면 영업허가자의 변경이라는 법률효과가 발생하지 않는다는 것이다. 따라서 사실상 영업이 양도·양수되었더라도 아직 승계신고 및 그 수리처분이 있기 이전이라면, 양도인(A)이 양수인(B)에게 영업을 양도하면서 양수인(B)으로 하여금 영업을 하도록 허락하였고, 이에 양수인(B)이 영업을 하던 중 법 위반행위가 발생한 경우에 이에 대한 행정적인 책임은 영업허가자인 「양도인(A)」에게 귀속된다고 본다(대법원 1995. 2. 24. 94누9146).

10

답 ②

출제단원 Part 03 행정의 실효성 확보수단, Part 04 행정소송법
출제영역 과징금, 일부취소판결

과징금이란 행정법상의 의무위반에 대하여 행정청이 그 의무자에게 부과·징수하는 금전적 제재를 말한다.

① (O) 대법원은 과징금부과처분은 제재적 행정처분으로서 행정목적의 달성을 위하여 행정법규 위반이라는 객관적 사실에 착안하여 가하는 제재이므로 반드시 현실적인 행위자가 아니라고 하더라도 법령상 책임자로 규정된 자에게 부과된다고 본다(대법원 2014. 10. 15. 2013두5005).

② (X) 대법원은 과징금부과처분은 원칙적으로 위반자의 고의·과실을 요하지는 않는다고 본다. 즉, 고의·과실이 없는 경우에도 과징금을 부과할 수 있다는 것이다. 다만, 위반자의 의무 해태를 탓할 수 없는 정당한 사유가 있는 등의 특별한 사정이 있는 경우에는 이를 부과할 수 없다고 본다(대법원 2014. 10. 15. 2013두5005).

③ (O) 과징금 부과행위는 처분에 해당하므로 행정심판이나 행정소송을 제기하여 취소 등을 구할 수 있다.

④ (O) 대법원은 행정청에는 행정제재수단으로 사업정지를 명할 것인지, 과징금을 부과할 것인지, 과징금을 부과하기로 한다면 그 금액은 얼마로 할 것인지에 관하여 재량권이 부여되어 있다고 본다. 따라서 과징금부과처분이 법이 정한 한도액을 초과하여 위법할 경우 「법원」으로서는 그 「전부」를 취소하여야 하며, 법원이 법이 정한 한도액을 초과한 부분이나 법원이 적정하다고 인정되는 부분을 초과한 부분만을 취소할 수는 없다고 본다(대법원 1998. 4. 10. 98두2270). 즉, 「법원」이 과징금부과처분 전부를 취소하면, 「행정청」이 새롭게 재량을 행사하여 과징금 액수를 정해야 한다는 것이다. 이는 과징금부과처분과 같이 처분이 재량행위인 경우에는 처분청의 재량권을 존중하여야 하므로 법원은 전부취소를 하여 처분청이 재량권을 행사하여 다시 적정한 처분을 하도록 해야 한다는 것이다.

11

답 ①

출제단원 Part 06 행정상 손해배상
출제영역 행정상 손해배상의 요건, 공무원 개인의 배상책임

① (O) 직무를 집행하는 공무원에 대하여는 법규 등에 의하여 여러 가지의 직무상 의무가 부여된다. 그런데 국가 등의 국가배상책임이 인정되려면 공무원에게 부과된 이러한 직무가 부수적으로라도 개개 국민(피해자)의 이익(사익)을 위해 부과된 것이어야만 하는지가 문제된다. 이와 관련하여 대법원은 공무원에게 일정한 의무를 부과한 규정이 '단순히 공공일반의 이익을 위한 것이거나 행정기관 내부의 질서를 규율하기 위한 것(= 사익보호성 부정)'이라면 국가배상책임을 인정할 수 없다고 본다. 반면, '전적으로 또는 부수적으로 사회구성원 개인의 안전과 이익을 보호하기 위하여 설정된 것(= 사익보호성 긍정)'이라면 국가배상책임을 인정할 수 있다고 본다(대법원 2011. 9. 8. 2011다34521).

② (X) 국가배상법 제2조의 책임이 인정되기 위해서는 공무원의 행위가 「직무행위」에 해당해야 한다. 직무행위의 범위가 어디까지인지에 대하여 대법원은 국가배상법 제2조 제1항의 공무원의 직무에는 권력적 작용뿐만 아니라 비권력적 작용도 포함된다고 본다. 반면, 행정주체가 사경제주체로서 하는 활동은 직무행위에 해당하지 않는다고 본다(대법원 1999. 11. 26. 98다47245).

③ (X) 국가배상법 제2조의 요건을 충족하여 「국가 또는 지방자치단체」의 배상책임이 인정되는 경우에 피해자가 「공무원 개인」에 대하여도 손해배상을 청구할 수 있는지가 문제된다. 이와 관련하여 대법원은 공무원이 직무수행 중 불법행위로 타인에게 손해를 입힌 경우에 공무원에게 「고의」 또는 「중과실」이 있는 경우에는 국가 등이 국가배상책임을 부담하는 외에 공무원 개인도 불법행위로 인한 손해배상책임을 진다고 본다. 반면, 공무원에게 「경과실」뿐인 경우에는 공무원 개인은 손해배상책임을 부담하지 않는다고 본다(대법원 1996. 2. 15. 95다38677 전합). 그런데 이와 같이 피해자에 대하여 손해배상책임을 부담하지 않는 「경과실」이 있는 공무원이 손해배상책임이 없음에도 피해자에게 손해를 배상한 경우에 국가를 상대로 자신이 대신 변제한 것을 돌려 달라며 구상권을 행사할 수 있는지 문제된다. 이에 대해 대법원은 피해자에게 손해를 직접 배상한 「경과실」이 있는 공무원은 특별한 사정이 없는 한 국가에 대하여 국가의 피해자에 대한 손해배상책임의 범위 내에서 공무원이 변제한 금액에 관하여 구상권을 취득한다고 본다. 이는 앞서 살펴본 바와 같이 대법원은 공무원에게 「경과실」이 있는 경우에는 국가만 책임을 지며, 공무원 개인은 손해배상책임을 부담하지 않는다고 보기 때문에, 「경과실」이 있는 공무원이 피해자에게 손해를 배상하였다면 손해배상책임을 부담하지 않는 공무원이 국가의 채무를 대신 변제한 경우에 해당한다고 보기 때문이다. 이때 「경과실」이 있는 공무원으로부터 손해배상을 받은 피해자는 민법상 해당 공무원에게 이를 반환할 의무가 없다고 본다(대법원 2014. 8. 20. 2012다54478). 이는 민법상 채무 없는 자(= 경과실이 있는 공무원)가 착오로 인하여 변제한 경우에 그 변제가 도의관념에 적합한 때에는 그 반환을 청구하지 못하도록 규정하고 있기 때문이다(제744조). 경과실이 있는 공무원이 피해자에게 직접 손해배상책임을 부담하지 않는다고 하더라도 피해자의 손해에 원인을 제공한 경우이므로 경과실이 있는 공무원이 한 손해배상이 도의관념에는 적합한 것이므로 이를 다시 돌려 달라고 할 수는 없다는 것이다.

④ (X) 국가배상법 제5조 제1항에서 영조물의 설치·관리의 하자로 인한 국가나 지방자치단체의 배상책임을 명시하고 있다. 국가배상법 제5조의 책임이 인정되기 위한 요건 중 「공공의 영조물일 것」과 관련하여 대법원은 국가배상법 제5조 제1항 소정의 '공공의 영조물'이라 함은 국가 또는 지방자치단체에 의하여 특정 공공의 목적에 공여된 유체물 내지 물적 설비를 말하며, 국가 또는 지방자치단체가 소유권, 임차권 그 밖의 권한에 기하여 관리하고 있는 경우뿐만 아니라 사실상의 관리를 하고 있는 경우도 포함된다고 본다(대법원 1998. 10. 23. 98다17381).

12

출제단원 Part 03 행정의 실효성 확보수단
출제영역 행정벌

답 ③

행정벌이란 행정의 상대방이 행정법상 의무를 위반한 경우에 국가 또는 지방자치단체가 행정의 상대방에게 과하는 행정법상의 제재로서의 처벌을 말한다. 행정벌에는 행정형벌과 행정질서벌(과태료)이 있다.

① (X) 실제 행위자인 「종업원」의 위반행위에 대하여 실제 행위를 하지 않은 「사업주」도 처벌하는 것으로 규정하는 경우와 같이 「범죄행위자」와 「행위자 이외의 자」를 함께 처벌하는 규정을 「양벌규정」이라고 한다. 이와 관련하여 대법원은 양벌규정에 의한 영업주(= 행위자 이외의 자)의 처벌은 금지위반행위자인 종업원의 처벌에 종속하는 것이 아니라, 독립하여 그 자신의 종업원에 대한 선임감독상의 과실로 인하여 처벌되는 것이므로 종업원의 범죄성립이나 처벌이 영업주 처벌의 전제조건이 될 필요는 없다고 본다(대법원 2006. 2. 24. 2005도7673). 따라서 실제 행위자인 종업원이 처벌을 받지 않는 경우에도 영업주를 처벌할 수 있다.

② (X) 통고처분이란 행정범을 범한 자에 대하여 형사절차에 의한 형벌을 과하기 전에 행정청이 형벌을 대신하여 금전적 제재인 범칙금을 과하여 범칙금을 납부하면 형사처벌을 하지 않고, 만일 범칙금을 납부하지 않으면 형사소송절차에 따라 형벌을 과하는 절차를 말한다. 이와 관련하여 대법원은 통고처분은 행정처분이 아니므로 통고처분의 취소를 구하는 행정소송을 제기할 수는 없다고 본다(대법원 1995. 6. 29. 95누4674). 따라서 통고처분에 불복하는 자는 통고처분에 대하여 취소소송을 제기할 것이 아니라, 통고처분에 따라 부과된 범칙금을 납부하지 「않음」으로써 통고처분의 효력을 상실시킬 수 있고, 이후 경찰서장이 즉결심판청구를 하게 되면 형사소송절차가 시작되어 법원의 심판을 받을 수 있다.

③ (O) 과태료란 행정질서벌로서 일반사회의 법익에 직접 영향을 미치지는 않으나, 행정상의 질서에 장해를 야기할 우려가 있는 의무위반에 대하여 가해지는 제재를 말한다. 「질서위반행위규제법」에 의하면, 행정청의 과태료 부과에 불복하는 당사자는 과태료 부과통지를 받은 날부터 60일 이내에 해당 행정청에 서면으로 이의제기를 할 수 있고, 이 경우 행정청의 과태료 부과처분은 그 효력을 상실한다(제20조).

④ (X) 대법원은 법원이 하는 과태료재판은 관할관청이 부과한 과태료처분에 대한 당부를 심판하는 행정소송절차가 아니므로 원칙적으로 과태료재판에서는 행정소송에서와 같은 신뢰보호의 원칙 위반 여부가 문제로 되지 않는다고 본다(대법원 2006. 4. 28. 자 2003마715).

13

출제단원 Part 01 행정법 서설, Part 03 행정의 실효성 확보수단
출제영역 대집행, 공법관계와 사법관계

답 ①

행정상 강제집행이란 행정법상의 의무불이행이 있는 경우에 행정청이 의무자의 신체 또는 재산에 실력을 가하여 불이행된 의무를 이행시키거나 이행한 것과 동일한 상태를 실현시키는 것을 말한다. 행정상 강제집행의 종류로는 대집행, 이행강제금, 직접강제, 행정상 강제징수가 있다.

ㄱ. (O) 대법원은 건물의 점유자가 철거의무자일 때에는 건물철거의무에 퇴거의무도 포함되어 있는 것이어서 별도로 퇴거를 명하는 집행권원이 필요하지 않다고 본다. 따라서 행정청이 행정대집행의 방법으로 건물철거의무의 이행을 실현할 수 있는 경우에는 건물철거 대집행과정에서 부수적으로 그 건물의 점유자들에 대한 퇴거조치(= 있던 곳에서 떠나도록 하는 것)를 할 수 있다고 본다(대법원 2017. 4. 28. 2016다213916). 건물을 점유하고 있는 A에게 해당 건물의 철거의무가 인정되는 경우에 A가 건물을 철거하기 위해서는 건물에서 퇴거하는 것이 전제되어 있기 때문이다. 참고로 '집행권원'이란 확정된 판결과 같이 강제집행을 할 수 있는 근거를 말한다.

ㄴ. (O) 민법에서는 '채권자는 자기의 채권을 보전하기 위하여 채무자의 권리를 행사할 수 있다.'고 하여 '채권자대위권'에 대해 규정하고 있다. 이와 관련하여 행정청이 대집행의 요건이 충족되었음에도 대집행을 실시하지 않는 경우에 「국가에 대해 일정한 권리를 갖고 있는 사인」이 국가를 대위하여(= 대신하여) 「민사소송」으로 그 시설물의 철거를 구할 수 있는지가 문제된다. 다음 사례를 통해 살펴본다.

[사실관계]
1. 보령시장(B)은 국가소유인 토지에 대한 관리권한을 위임받아 이 사건 토지를 관리하고 있다.
2. 보령수산업협동조합(원고 A)은 보령시장으로부터 이 사건 토지를 무상으로 사용하기로 하는 항만시설사용허가를 받았다.
3. 피고들(C)은 원고가 항만시설사용허가를 받기 전부터 아무런 권원 없이 이 사건 토지상에 천막, 좌판, 창고, 진열대, 철판 등을 설치하여 각종 수산물을 판매하는 등으로 이 사건 토지를 점유하고 있다.
4. 이 사건 토지의 관리권자인 보령시장은 행정대집행의 요건이 충족되었음에도 이 사건 시설물을 철거하기 위한 행정대집행을 실시하지 않고 있다.

이와 관련하여 대법원은 관리권자인 보령시장(B)으로서는 행정대집행의 방법으로 이 사건 시설물을 철거할 수 있고, 이러한 ㉠ 행정대집행의 절차가 인정되는 경우에는 따로 민사소송의 방법으로 피고들(C)에 대하여 이 사건 시설물의 철거를 구하는 것은 허용되지 않는다고 보면서도, ㉡ 관리권자인 보령시장(B)이 행정대집행을 실시하지 아니하는 경우 국가에 대하여 이 사건 토지 사용청구권을 가지는 원고(= 보령수산업협동조합)(A)는 국가(B)를 대위하여 피고들(C)을 상대로 민사소송의 방법으로 이 사건 시설물의 철거를 구할 수 있다고 본다(대법원 2009. 6. 11. 2009다1122). 이 판례에서는 ㉠과 ㉡을 구분해야 한다. ㉠은 행정대집행을 할 수 있는 경우에 「행정청」이 대집행을 대신하여 별도로 민사소송의 방법으로 철거를 구할 수는 없다는 것이다. 반면 ㉡은 행정청이 대집행을 할 수 있는 경우임에도 대집행을 하지 않는 경우에 「국가에 대해 일정한 권리를 갖고 있는 자(= 보령수산업협동조합)」가 국가를 대위하여 「민사소송」의 방법으로 시설물의 철거를 구할 수 있다는 것이다. 보기 'ㄴ'은 ㉡에 대한 내용으로서 옳은 설명이다.

ㄷ. (X) 대법원은 국·공유 일반재산(= 행정재산 외의 모든 국·공유재산) 대부행위의 성질은 사법상 계약이라고 본다. 그러나 상대방이 대부료를 납부하지 않을 경우 민사소송으로 대부료의 지급을 구하는 것은 허용되지 않는다고 본다(대법원 2017. 4. 13. 2013다207941). 관련법에 국·공유 일반재산의 대부료 등 징수에 관해 체납처분의 예에 따르도록 규정하고 있기 때문에 이러한 절차에 의해야 한다는 것이다. 이때 체납처분이란 국민이 국가 또는 지방자치단체에 대하여 부담하고 있는 공법상의 금전급부의무를 이행하지 않은 경우 행정청이 강제적으

로 의무가 이행된 것과 같은 상태를 실현하는 강제징수절차를 말한다. 이와 같이 대법원은 '국·공유 일반재산 대부행위의 성질'과 '대부료를 납부하지 않은 경우에 이를 청구하는 방법'을 구분하고 있다.

국·공유 일반재산 대부행위의 성질	국가나 지방자치단체가 사경제주체로서 상대방과 대등한 위치에서 행하는 사법상 계약이다(99다61675).
대부료 등을 납부하지 않아 이를 청구하는 방법	특별한 사정이 없는 한 민사소송으로 대부료의 지급을 구하는 것은 허용되지 않는다(2014다203588). → 관련법에 국·공유 일반재산의 대부료 등 징수에 관해서는 체납처분의 예에 따르도록 규정하고 있음을 이유로 한다.

ㄹ. (X) 대집행은 공법상의 「대체적 작위의무」의 불이행을 대상으로 한다. 따라서 장례식장 사용중지 의무와 같은 「부작위의무」의 불이행의 경우에는 대집행의 대상이 될 수 없다. 이와 관련하여 대법원은 '장례식장 사용중지의무'는 의무 위반 당사자 이외의 타인이 대신할 수도 없고, 타인이 대신하여 행할 수 있는 행위라고도 할 수 없는 「비대체적 부작위의무」에 해당하므로, 장례식장 영업을 하고 있는 자의 장례식장 사용중지의무는 행정대집행법에 의한 대집행의 대상이 아니라고 본다(대법원 2005. 9. 28. 2005두7464).

14 답 ②

출제단원 Part 02 행정작용 및 절차법, Part 04 행정소송법
출제영역 선결문제, 취소소송 판결의 효력(형성력)

민사 또는 형사사건에 대한 재판절차에서 해당 사건에 대한 판단을 하기 위해서는 특정 행정행위의 효력 유무나 존재 여부 또는 위법 여부가 먼저 해결되어야 할 때 이러한 문제를 '선결문제'라고 한다. 이에 대한 대법원 판례를 정리하면 다음과 같다.

구분	민사법원	형사법원
행정행위의 효력 부인(= 취소사유)	판단 불가	판단 불가
행정행위의 무효 확인(= 무효사유)	판단 가능	판단 가능
행정행위의 위법성 확인	판단 가능	판단 가능

① (O) [민사법원 - 무효사유] 행정소송법 제11조에서는 처분 등의 무효 또는 부존재에 대해서는 민사법원이 선결문제로 심리할 수 있음을 규정하고 있다. 대법원도 행정처분이 당연무효인 경우에는 민사법원에서 이를 판단하여 해당 행정처분이 당연무효임을 전제로 민사재판을 진행할 수 있다고 본다(대법원 2010. 4. 8. 2009다90092). 따라서 민사법원은 조세부과처분이 무효인지 여부를 직접 판단한 후 조세부과처분이 무효라고 판단되면, 이미 납부한 세금을 반환하라는 판결을 할 수 있다.

② (X) [민사법원 - 위법성 확인] 대법원은 민사법원에서 행정행위의 위법성을 확인하여 국가배상책임을 인정하기 위해 행정행위의 취소판결이 있어야만 하는 것은 아니라고 본다. 즉, 민사법원에서 행정행위의 위법 여부를 직접 판단할 수 있다는 것이다(대법원 1972. 4. 28. 72다337). 따라서 민사법원은 영업허가취소처분이 위법한지 여부를 직접 판단한 후 영업허가취소처분의 위법성이 인정된다고 판단되면, 영업허가취소처분의 위법을 이유로 배상청구를 인용할 수 있다.

③ (O) [형사법원 - 취소사유] 대법원은 형사법원에서 취소사유 있는 행정행위의 효력을 부인할 수는 없다고 본다. 즉, 형사법원이 행정행위의 효력을 부인한 후 범죄성립을 인정할 수는 없다는 것이다. 이에 따라 대법원은 물품을 수입하고자 하는 자가 일단 세관장에게 수입신고를 하여 그 면허를 받고 물품을 통관한 경우에는, 세관장의 수입면허가 중대하고도 명백한 하자가 있는 행정행위이어서 당연무효가 아닌 한 관세법상 무면허수입죄(= 면허를 받지 않고 수입을 한 경우에 인정되는 범죄)가 성립될 수 없다고 본다(대법원 1989. 3. 28. 89도149). 면허에 취소사유가 있는 하자가 있다고 하더라도 아직 권한 있는 기관에 의해 취소되지 않고 유효하게 존재하므로 형사법원이 면허의 효력을 부인한 후 무면허를 전제로 범죄성립을 인정할 수는 없다는 것이다.

④ (O) 행정쟁송(행정심판, 행정소송)을 통한 행정행위의 취소를 쟁송취소라고 한다. 쟁송취소는 원칙적으로 소급효가 인정된다. 즉, 쟁송취소에 의해 행정행위가 취소될 경우 처음부터 해당 행정행위의 효력을 잃게 하는 것이다. 이와 관련하여 대법원은 영업의 금지를 명한 「영업허가취소처분(= 행정행위)」 자체가 나중에 행정쟁송절차에 의하여 취소되었다면 그 「영업허가취소처분」은 그 처분시에 소급하여 효력을 잃게 된다고 본다. 따라서 그 영업허가취소처분에 복종할 의무가 원래부터 없었음이 확정되었다고 봄이 타당하므로 그 영업허가취소처분 이후의 영업행위를 무허가영업이라고 볼 수는 없다고 본다(대법원 1993. 6. 25. 93도277). 즉, 형사법원이 무허가영업행위로 기소된 자의 범죄성립 여부를 판단하기 전에 영업허가취소처분이 행정소송에서 취소되었다면 처음부터 영업허가취소처분은 없었던 것이 되므로 영업허가취소처분 후에 이루어진 영업행위는 무허가영업행위가 아닌 것이 된다. 결국 형사법원은 무죄를 선고해야 한다.

15 답 ④

출제단원 Part 02 행정작용 및 절차법
출제영역 공법상 계약

공법상 계약이란 공법적 효과의 발생을 목적으로 하는 복수당사자 사이의 반대방향의 의사표시의 합치에 의해 성립되는 공법행위를 말한다.

① (X) 대법원은 지방자치단체가 일방 당사자가 되는 이른바 「공공계약」이 사경제의 주체로서 상대방과 대등한 위치에서 체결하는 「사법상 계약에 해당하는 경우」 그에 관한 법령에 특별한 정함이 있는 경우를 제외하고는 사적 자치와 계약자유의 원칙 등 사법의 원리가 그대로 적용된다고 본다(대법원 2018. 2. 13. 2014두11328). 참고로 공공계약이란 국가를 당사자로 하는 계약인 국가계약, 지방자치단체를 당사자로 하는 계약인 지방계약, 공기업 등을 당사자로 하는 계약인 공공기관계약을 말한다.

② (X) 대법원은 국립의료원 부설주차장에 관한 위탁관리용역운영계약은 계약의 형식을 취하고 있지만, 그 실질은 행정재산인 부설주차장에 대한 국유재산법에 의한 사용·수익 허가로서 이루어진 것으로서, 국립의료원이 상대방의 신청에 의해 공권력을 가진 우월적 지위에서 행한 행정처분으로서 특정인에게 행정재산을 사용할 수 있는 권리를 설정하여 주는 강학상 「특허」에 해당한다고 본다(대법원 2006. 3. 9. 2004다31074). 참고로 특허란 특정인을 위하여 새로운 권리를 설정하는 행위, 능력을 설정하는 행위, 포괄적인 법률관계를 설정하는 행위를 뜻하며, 설권행위라고 부른다.

③ (X) 공법상 계약에 관한 분쟁은 공법상 법률관계에 관한 소송인 '당사자소송'을 통해 행정소송절차에 의한다. 공법상 당사자소송이란 행정청의 처분 등을 원인으로 하는 법률관계에 관한 소송 그 밖에 공법상의 법률관계에 관한 소송으로서 그 법률관계의 한쪽 당사자를 피고로 하는 소송을 말한다(행정소송법 제3조 2호). 이와 관련하여 대법원은 공법상 계약의 한쪽 당사자가 다른 당사자를 상대로 효력을 다투거나 이행을 청구하는 소송은 공법상의 법률관계에 관한 분쟁이므로 「분쟁의 실질이 공법상 권리·의무의 존부·범위에 관한 다툼이 아니라 손해배상액의 구체적인 산정방법·금액에 국한되는 등의 특별한 사정이 없는 한」 공법상 당사자소송으로 제기하여야 한다고 본다(대법원 2021. 2. 4. 2019다277133).

④ (O) 대법원은 '갑 지방자치단체'가 '을 주식회사 등 4개 회사로 구성된 공동수급체'를 자원회수시설과 부대시설의 운영·유지관리 등을 위탁할 민간사업자로 선정하고 '을 회사 등의 공동수급체'와 체결한 시설에 관한 위·수탁 운영협약은 갑 지방자치단체가 사인인 을 회사 등에 위 시설의 운영을 위탁하고 그 위탁운영비용을 지급하는 것을 내용으로 하는 용역계약으로서 상호 대등한 입장에서 당사자의 합의에 따라 체결한 사법상 계약에 해당한다고 본다(대법원 2019. 10. 17. 2018두60588).

16

답 ①

출제단원 Part 04 행정소송법
출제영역 사정판결, 취소판결의 효력(형성력, 기판력, 기속력)

① (O) 사정판결이란 원고의 청구가 이유 있다고 인정하는 경우에도, 즉 처분 등이 위법한 경우에도 처분 등을 취소하는 것이 현저히 공공복리에 적합하지 아니하다고 인정하는 때에 법원이 원고의 청구를 기각하는 판결을 말한다. 이와 관련하여 대법원은 사정판결은 당사자의 명백한 주장이 없는 경우에도 기록에 나타난 여러 사정을 기초로 직권으로 할 수 있다고 본다(대법원 2006. 9. 22. 2005두2506).

② (X) 처분 또는 재결을 취소하는 판결이 확정된 때에는 당해 처분 또는 재결은 처분청 또는 행정심판기관의 취소를 기다릴 것 없이 당연히 효력을 상실하게 되는데, 이러한 효력을 취소판결의 「형성력」이라고 한다. 이와 관련하여 대법원은 처분을 취소하는 확정판결이 있으면 「형성력」에 의해 처분청의 해당 처분의 취소나 취소통지와 같은 별도의 절차를 거치지 않고 당연히 취소의 효과가 발생한다고 본다(대법원 1991. 10. 11. 90누5443). 따라서 영업정지처분에 대한 취소소송에서 취소판결이 확정되면 바로 영업정지처분의 효력이 소멸하는 것이며, 처분청이 영업정지처분의 효력을 소멸시키기 위하여 별도로 영업정지처분을 취소하는 처분을 해야 하는 것은 아니다.

③ (X) 「판결」이 확정되면 그 후의 절차에서 동일한 사항이 문제되는 경우에도 당사자와 승계인은 기존 판결에 반하는 주장을 할 수 없고, 법원도 그것에 반하는 판단을 할 수 없는 구속을 받게 되는데 이러한 판결의 효력을 「기판력」이라고 한다. 판결이 확정되어 기판력이 발생하면 당사자는 동일한 소송물을 대상으로 다시 소를 제기할 수 없다(= 반복금지효). 또한 당사자는 후소(= 전소 확정판결 후 제기한 소송)에서 전소(= 앞서 제기한 소송)의 확정판결의 내용에 반하는 주장을 할 수 없고, 법원은 전소판결에 반하는 판단을 할 수 없다(= 모순금지효). 이와 관련하여 대법원은 행정청이 관련법령에 근거하여 행한 공사중지명령의 상대방이 명령의 취소를 구한 소송(= 전소)에서 패소(= 기각판결)함으로써 그 명령이 적법한 것으로 이미 확정되었다면, 이후 공사중지명령의 상대방은 그 명령의 해제신청을 거부한 처분의 취소를 구하는 소송(= 후소)에서 그 명령의 적법성을 다툴 수 없다고 본다(대법원 2014. 11. 27. 2014두37665). 행정청의 공사중지명령에 대한 취소소송(= 전소)에서 기각판결이 확정된 경우(= 공사중지명령이 적법한 것으로 확정된 경우) 기각판결의 기판력은 당해 처분이 적법하다는 것에 미치기 때문에 후소에서 이와 모순된 주장을 할 수 없다는 것이다.

④ (X) 처분 등을 취소하는 확정판결은 그 사건에 관하여 당사자인 행정청과 그 밖의 관계행정청을 기속(강제)하는데, 이를 기속력이라고 한다(행정소송법 제30조). 기속력은 '반복금지효'와 '재처분의무'를 내용으로 한다. 이 중 '반복금지효'란 당사자인 행정청은 물론이고, 그 밖의 관계행정청도 「확정판결에 저촉되는 처분」을 할 수 없음을 의미한다. 이때 「반복이 금지되는 동일한 내용의 처분」이란 '동일 사실관계' 아래에서 '동일 당사자'에 대한 '동일한 내용'의 행위를 말하므로 「취소된 처분의 처분사유와는 기본적 사실관계에서 동일성이 없는 다른 처분사유」를 들어 동일한 내용의 처분을 하여도 이는 동일한 처분이 아니므로 기속력에 저촉되지 않는다. 이와 관련하여 대법원은 종전 처분이 판결에 의하여 취소되었더라도 종전 처분과 다른 사유를 들어서 새로이 처분을 하는 것은 기속력에 저촉되지 않는다고 본다. 여기에서 동일 사유인지 다른 사유인지는 확정판결에서 위법한 것으로 판단된 종전 처분사유와 기본적 사실관계에서 동일성이 인정되는지 여부에 따라 판단되어야 한다고 본다. 따라서 새로운 처분의 처분사유가 종전 처분의 처분사유와 기본적 사실관계에서 동일하지 않은 다른 사유에 해당하는 이상, 처분사유가 종전 처분 당시 이미 존재하고 있었고 당사자가 이를 알고 있었더라도 이를 내세워 새로이 처분을 하는 것은 확정판결의 기속력에 저촉되지 않는다고 본다(대법원 2016. 3. 24. 2015두48235).

17

답 ②

출제단원 Part 05 행정심판법
출제영역 행정심판(재결의 기속력, 재결의 종류, 재결에 대한 불복)

① (X) 재결의 기속력이란 처분청(= 피청구인) 및 관계행정청이 재결의 취지에 따르도록 처분청 및 관계행정청을 구속하는 효력을 말한다. 행정심판법에서는 '심판청구를 「인용하는 재결」은 피청구인과 그 밖의 관계행정청을 기속한다.'고 하여 인용재결에만 기속력을 인정하고 있다(제49조 제1항).

구분	기속력 인정 여부
각하재결, 기각재결	기속력 X
인용재결	기속력 O

기각재결이란 본안심리의 결과 처분청의 원처분에 문제가 없으므로, 즉, 청구인의 행정심판청구가 이유 없다고 인정하여 「원처분을 그대로 인정」하고 청구인의 청구를 배척하는 재결을 말한다. 그런데 앞서 살펴본 바와 같이 기각재결에 대해서는 기속력이 인정되지 않는다. 기속력이 인정되지 않는다는 것은 처분청이 재결의 취지에 따르지 않아도 된다는 것을 말한다. 즉, 행정심판위원회가 처분청의 처분이 문제가 없다고 판단하여 행정심판청구인의 심판청구에 대해 「기

각재결」을 한 경우라도, 처분청은 원처분을 그대로 유지해야 할 의무가 있는 것은 아니며, 정당한 이유가 있으면 자신이 한 원처분을 직권으로 취소·변경 또는 철회할 수 있는 것이다.

② (O) 행정심판법에서는 「취소심판의 인용재결(= 당사자의 청구를 받아들이는 재결)」의 종류로 「취소재결(= 처분을 취소하는 재결)」, 「변경재결(= 처분을 다른 처분으로 변경하는 재결)」, 「변경명령재결(= 처분을 다른 처분으로 변경할 것을 피청구인에게 명하는 재결)」을 규정하고 있다(제43조 제3항). 따라서 甲이 제기한 취소심판에서 B 행정심판위원회는 인용재결로서 처분변경명령재결을 할 수 있다. 참고로 행정심판법에서 취소심판의 인용재결로 「취소명령재결(= 처분을 취소할 것을 피청구인에게 명하는 재결)」에 대해서는 규정하고 있지 않다.

③ (X) 심판청구가 이유 있다고 인정되는 경우에도 이를 인용하는 것(= 받아들이는 것)이 공공복리에 크게 위배된다고 인정하는 때에 그 심판청구를 기각하는 재결을 할 수 있는데 이를 '사정재결'이라고 한다(행정심판법 제44조 제1항). 이러한 사정재결은 취소심판 및 의무이행심판에 인정되고, 무효등확인심판에는 인정되지 않는다(동조 제3항). 따라서 甲이 제기한 무효확인심판에서 B 행정심판위원회는 심판청구가 이유 있다고 인정하면서도 이를 인용하는 것이 공공복리에 크게 위배된다고 인정하여 甲의 심판청구를 기각하는 재결(= 사정재결)을 할 수 없다.

④ (X) 행정심판법에서는 '심판청구에 대한 재결이 있으면 그 재결 및 같은 처분 또는 부작위에 대하여 다시 행정심판을 청구할 수 없다.'고 하여 행정심판의 재청구가 금지됨을 규정하고 있다(제51조). 따라서 甲은 재결 자체에 고유한 위법이 있을 경우에 행정소송을 제기하여 다투어야 하며, 재결에 대하여 다시 행정심판을 청구할 수는 없다.

18 ④

출제단원 Part 04 행정소송법, Part 05 행정심판법
출제영역 행정소송법상 집행정지, 제소기간, 행정심판법상 직접 처분, 행정소송법상 간접강제

① (X) 행정소송법에서 '취소소송의 제기는 처분 등의 효력이나 그 집행 또는 절차의 속행에 영향을 주지 아니한다.'고 하여 집행부정지의 원칙을 규정하고 있다(제23조 제1항). 즉, 취소소송이 제기되더라도 일단 처분의 집행은 계속되도록 함으로써 집행정지를 목적으로 무분별하게 소송을 제기하는 폐단을 방지하고, 행정의 신속성과 효율성 등을 보장하고자 하는 것이다. 다만, 일정한 경우에 한하여 예외적으로 집행정지를 인정하고 있다(제23조 제2항). 집행정지를 하기 위한 요건은 다음과 같다.

적극적 요건	적법한 본안소송이 계속 중일 것, 처분 등이 존재할 것, 회복하기 어려운 손해를 예방하기 위한 것일 것, 긴급한 필요가 있을 것
소극적 요건	공공복리에 중대한 영향이 없을 것, 본안청구의 이유 없음이 명백하지 않을 것

적극적 요건은 법원이 집행정지결정을 하기 위해 적극적으로 존재할 것이 요구되는 요건이고, 소극적 요건은 집행정지결정을 위하여 존재하여서는 안 되는 요건을 말한다. 이와 관련하여 대법원은 행정처분의 효력정지나 집행정지를 구하는 신청사건에 있어서는 「행정처분 자체의 적법 여부」는 궁극적으로 본안재판에서 심리를 거쳐 판단할 성질의 것이므로 원칙적으로 판단할 것이 아니고, 그 행정처분의 효력이나 집행을 정지할 것인가에 관한 행정소송법 제23조 제2항 소정의 요건(= 집행정지의 요건)의 존부만이 판단의 대상이 된다고 본다. 다만, 집행정지는 행정처분의 집행부정지원칙의 예외로서 인정되는 것이고 또 본안에서 원고가 승소할 수 있는 가능성을 전제로 한 권리보호수단이라는 점에 비추어 보면 집행정지사건 자체에 의하여도 신청인의 「본안청구가 적법한 것」이어야 한다는 것을 집행정지의 요건에 포함시켜야 한다고 본다(대법원 1999. 11. 26. 자 99부3). 즉, 「본안 자체(= 처분)의 적법 여부」는 본안 재판에서 판단할 것으로서 집행정지의 요건이 아니지만, 「본안소송의 제기 자체가 적법해야 한다는 것」은 집행정지의 요건에 해당한다는 것이다. 따라서 甲이 취소소송을 제기하면서 집행정지신청을 한 경우 법원이 집행정지결정을 하는 데 있어 甲의 「본안청구의 적법 여부」는 집행정지의 요건에 포함된다.

② (X) 2022. 1. 5. 「3월의 영업정지처분」을 받은 甲이 행정심판을 청구하였고, 2022. 3. 29. 행정심판위원회는 「3월의 영업정지처분」을 「1월의 영업정지처분」으로 변경하는 재결(= 일부취소재결)을 하였으며, 2022. 4. 2. 재결서 정본이 甲에게 송달되었다. 이때 甲이 취소소송을 통해 불복할 경우 어떤 처분을 대상으로 취소소송을 제기해야 하고, 제소기간의 기산점은 언제인지가 문제된다.

ⅰ) 일부취소재결의 경우 취소소송의 대상 : 행정심판위원회가 취소심판의 청구가 일부 이유 있다고 인정하여 원처분(= 3월의 영업정지처분(A))을 다른 처분(= 1월의 영업정지처분(B))으로 변경(= 일부취소재결)한 경우 이에 대해서도 불복하는 처분의 상대방은 「일부 취소되고 남은 원처분(= 1월로 기간이 감축된 3월의 영업정지처분(A))」을 취소소송의 대상으로 해야한다고 본다.

ⅱ) 취소소송의 제소기간 : 행정소송법에서 규정하고 있는 취소소송의 제소기간을 정리하면 다음과 같다(제20조).

행정심판을 거치지 않은 경우	· 처분 등이 있음을 안 날부터 90일 이내 → 불변기간 O · 처분 등이 있은 날부터 1년 이내 → 불변기간 X
행정심판을 거친 경우	· 재결서의 정본을 송달받은 날부터 90일 이내 → 불변기간 O · 재결이 있은 날부터 1년 이내 → 불변기간 X

甲은 행정심판을 거친 후 취소소송을 제기하려고 한다. 따라서 「재결서 정본을 송달받은 날」인 2022. 4. 2.부터 90일 이내 또는 「재결이 있은 날」인 2022. 3. 29.부터 1년 이내에 취소소송을 제기할 수 있다. 그런데 '90일'과 '1년' 중 어느 하나의 기간이 먼저 도과하면 취소소송을 제기할 수 없는 것이므로 甲은 먼저 도과하는 기간인 2022. 4. 2.부터 90일 이내에 취소소송을 제기해야 한다.

③ (X) 행정심판법에서는 행정심판위원회는 피청구인(= 행정청)이 처분의 이행을 명하는 재결(= 의무이행재결 중 처분명령재결)에도 불구하고 처분을 하지 않는 경우에 「당사자가 신청」하면 기간을 정하여 서면으로 시정을 명하고 그 기간에 이행하지 않으면 직접 처분을 할 수 있다고 규정하고 있다(제50조 제1항). 즉, 행정심판위원회는 당사자의 신청에 의해 직접 처분을 할 수 있는 것이며, 행정심판위원회가 직권으로 할 수 있는 것은 아니다. 따라서 乙이 의무이행심판을 제기하여 처분명령재결이 있었음에도 B시장이 허가를 하지 않는 경우에 행정심판위원회는 「乙이 신청」하면 시정을 명한 후 불이행시 직

접 처분을 할 수 있는 것이며, 乙의 신청이 없음에도 행정심판위원회가 직권으로 직접 건축허가처분을 할 수는 없다.

④ (O) 행정청이 「거부처분의 취소판결의 취지에 따라 처분을 하지 않을 때」에는 제1심 수소법원은 당사자의 신청에 의해 결정으로써 상당한 기간을 정하고 행정청이 그 기간 내에 이행하지 않을 때에는 그 지연기간에 따라 일정한 배상을 할 것을 명하거나, 즉시 손해배상을 할 것을 명할 수 있는데 이를 「간접강제」라고 한다(행정소송법 제34조). 이때 간접강제를 할 수 있는 상황인 「거부처분의 취소판결의 취지에 따라 처분을 하지 않을 때」의 의미와 관련하여 대법원은 거부처분에 대한 취소의 확정판결이 있음에도 「행정청이 아무런 재처분을 하지 않은 경우」뿐만 아니라 「재처분을 하였다 하더라도 종전 거부처분에 대한 취소의 확정판결의 기속력에 반하는 등으로 당연무효인 경우」도 아무런 재처분을 하지 않을 때와 마찬가지라 할 것이므로 이러한 경우에는 간접강제신청에 필요한 요건을 갖춘 것으로 보아야 한다고 본다(대법원 2002. 12. 11. 자 2002무22). 따라서 乙이 제기한 취소소송에서 건축허가거부처분에 대한 취소판결(= 인용판결)이 확정된 경우에, B 시장이 동일한 사유로 다시 거부처분을 함으로써 기속력에 반하는 처분을 한 경우에는 비록 형식적으로 재처분(= 거부처분)을 하였지만, 이는 당연무효로서 아무런 재처분을 하지 않은 것과 마찬가지이므로 乙은 간접강제신청을 할 수 있다.

19

답 ③

출제단원 Part 02 행정작용 및 절차법, Part 04 행정소송법
출제영역 특허·인가, 항고소송, 당사자소송

「관리처분계획」이란 재개발·재건축사업 등의 공사가 완료된 후에 재개발·재건축조합이 행할 분양처분 및 청산 등에 관한 계획을 말한다. 관리처분계획이 효력을 발생하기 위한 절차는 다음과 같다.

재개발·재건축조합이 '관리처분계획안' 마련 → 조합총회의 의결 → 행정청의 인가·고시 → '관리처분계획'의 효력 발생(= 관리처분계획은 구속적 행정계획으로서 처분에 해당함(대법원 2002. 12. 10. 2001두6333)) → 이전고시(= 관리처분계획에 따라 분양받을 대지 또는 건축물의 소유권을 분양받을 자에게 귀속시키는 처분)

① (X) 조합설립인가(㉠)와 관리처분계획에 대한 인가(㉢)의 법적 성질에 대한 대법원 판례는 다음과 같다.

- 조합설립인가(㉠)의 법적 성질 : 대법원은 행정청이 「도시 및 주거환경정비법」 등 관련법령에 근거하여 행하는 조합설립인가처분은 단순히 사인들의 조합설립행위에 대한 보충행위로서의 성질을 갖는 것에 그치는 것이 아니라, 법령상 요건을 갖출 경우 도시 및 주거환경정비법상 주택재건축사업을 시행할 수 있는 권한을 갖는 행정주체(공법인)로서의 지위를 부여하는 일종의 설권적 처분(= 특허)의 성격을 갖는다고 본다(대법원 2009. 9. 24. 2008다60568).
- 관리처분계획에 대한 인가(㉢)의 법적 성질 : 대법원은 관리처분계획에 대한 행정청의 인가는 관리처분계획의 법률상 효력을 완성시키는 보충행위로서의 성질(= 강학상 인가)을 갖는다고 본다(대법원 2012. 8. 30. 2010두24951).

이와 같이 조합설립인가(㉠)는 강학상 특허, 관리처분계획에 대한 인가(㉢)는 강학상 인가이므로 둘의 법적 성격이 동일하지 않다.

② (X) 관리처분계획안에 대한 「조합총회결의의 효력」을 다투는 방법은 관리처분계획안에 대한 행정청의 「인가·고시 시점」을 기준으로 다음과 같이 구분된다.

행정청의 인가·고시 있기 전	행정처분에 이르는 절차적 요건의 존부나 효력 유무에 관한 소송으로서 그 소송결과에 따라 행정처분의 위법 여부에 직접 영향을 미치는 공법상 법률관계에 관한 것이므로 당사자소송을 제기해야 한다(대법원 2009. 9. 17. 2007다2428 전합).
행정청의 인가·고시 있은 후	행정청의 인가·고시까지 있게 되면 관리처분계획은 행정처분으로서 효력이 발생하게 되므로, 총회결의의 하자를 이유로 하여 행정처분의 효력을 다투어야 하므로 항고소송을 제기해야 하고, 이와 별도로 총회결의의 효력 유무를 다투는 확인의 소를 제기하는 것은 특별한 사정이 없는 한 허용되지 않는다(대법원 2009. 9. 17. 2007다2428 전합).

따라서 관리처분계획에 대한 의결에 정족수를 지키지 않은 하자가 있음을 이유로 관리처분계획에 대한 의결(㉡)을 소송으로 다투려는 조합원 甲은, B구청장의 관리처분계획에 대한 인가 전이라면 A주택재건축정비사업조합을 상대로 「조합총회의결」의 효력을 다투는 「당사자소송」을 제기해야 하고, 관리처분계획에 대한 인가 후라면 「관리처분계획」의 효력을 다투는 「항고소송」을 제기해야 한다. 따라서 A주택재건축정비사업조합을 상대로 민사소송을 제기해야 하는 것은 아니다.

③ (O) ②번 해설에서 살펴본 바와 같이, 대법원은 관리처분계획에 대하여 관할 「행정청의 인가·고시」까지 있게 되면 관리처분계획은 행정처분으로서 효력이 발생하게 되므로, 「총회결의의 하자」를 이유로 하여 「행정처분」의 효력을 다투는 「항고소송」의 방법으로 관리처분계획의 취소 또는 무효확인을 구하여야 한다고 본다. 이와 별도로 행정처분에 이르는 절차적 요건 중 하나에 불과한 「총회결의」 부분만을 따로 떼어내어 효력 유무를 다투는 확인의 소를 제기하는 것은 특별한 사정이 없는 한 허용되지 않는다고 본다(대법원 2009. 9. 17. 2007다2428). 따라서 甲이 관리처분계획에 대한 B구청장의 인가 후에 총회결의의 하자를 이유로 「관리처분계획(㉣)」에 대해 소송으로 다투려면 항고소송을 제기하여야 한다.

④ (X) 취소소송은 다른 법률에 특별한 규정이 없는 한 그 처분 등을 행한 「행정청」을 피고로 한다(행정소송법 제13조 제1항). 이때 처분 등을 행한 행정청이란 행정처분을 외부적으로 그의 이름으로 행한 행정청을 말한다. 앞서 살펴본 바와 같이 甲이 관리처분계획에 대한 B구청장의 인가 후에 총회결의의 하자를 이유로 「관리처분계획(㉣)」에 대해 소송으로 다투려면 항고소송을 제기하여야 한다. 이때 피고는 관리처분계획에 대한 인가를 한 B구청장이 아니라, 관리처분계획을 수립한 「A주택재건축정비사업조합」이 된다. 참고로 「재건축정비사업조합」은 공법상 사단법인(= 공공조합)으로서 행정주체이면서, 동시에 행정청으로서 항고소송의 피고가 된다. 이와 관련하여 대법원은 재개발조합이 수립한 관리처분계획은 토지 등의 소유자에게 구체적이고 결정적인 영향을 미치는 것으로서 「조합」이 행한 '처분'에 해당하므로 항고소송의 방법으로 그 무효확인이나 취소를 구할 수 있다고 본다(대법원 2002. 12. 10. 2001두6333). 즉, 관리처분계획은 조합이 행한 처분이므로, 이를 다투고자 하는 자는 조합을 피고로 항고소송을 제기할 수 있다.

20

출제단원 Part 04 행정소송법, Part 05 행정심판법
출제영역 재결의 효력, 취소소송과 무효등확인소송의 관계, 항고소송의 대상적격, 행정심판법상 잘못된 고지(= 오고지)의 효과

답 ④

① (X) 「판결」이 확정되면 그 후의 절차에서 동일한 사항이 문제되는 경우에도 당사자와 승계인은 기존 판결에 반하는 주장을 할 수 없고, 법원도 그것에 반하는 판단을 할 수 없는 구속을 받게 된다. 이러한 판결의 효력을 「기판력」이라고 한다. 이와 관련하여 대법원은 행정심판의 「재결」은 피청구인(= 행정심판을 청구당한 처분청)인 행정청을 기속하는 효력(= 기속력)을 가지지만, 나아가 판결에서 인정되는 효력인 기판력이 재결에도 인정되는 것은 아니라고 본다. 따라서 재결이 확정된 경우에도 처분의 기초가 된 사실관계나 법률적 판단이 확정되고 당사자들이나 법원이 이에 기속되어 모순되는 주장이나 판단을 할 수 없게 되는 것은 아니라고 본다(대법원 2015. 11. 27. 2013다6759). 즉, 행정심판의 「재결」에 기속력은 인정되지만, 판결에서 인정되는 기판력은 인정되지 않는다.

② (X) 대법원은 무효사유에 해당하는 처분에 대해 취소소송이 제기된 경우에 소를 각하할 것이 아니라, 「무효선언적 의미의 취소판결」을 해야 한다고 본다. 다만, 소송의 형식은 취소소송이므로 행정처분의 당연무효를 선언하는 의미에서 그 취소를 청구하는 행정소송을 제기하는 경우에도 제소기간의 준수 등 취소소송의 소송요건을 준수해야 한다고 본다(대법원 1984. 5. 29. 84누175).

③ (X) 거부처분이란 행정행위의 신청이 있는 경우에 신청에 따르는 행정행위를 할 것을 거부하는 내용의 행정행위를 말한다. 이러한 거부처분이 항고소송의 대상이 되는 행정처분인지 문제된다. 이와 관련하여 대법원은 국민의 적극적 행위 신청에 대하여 행정청이 그 신청에 따른 행위를 하지 않겠다고 「거부한 행위」가 항고소송의 대상이 되는 행정처분에 해당하는 것이라고 하려면, 「㉠ 그 신청한 행위가 공권력의 행사 또는 이에 준하는 행정작용」이어야 하고, 「㉡ 그 거부행위가 신청인의 법률관계에 어떤 변동을 일으키는 것」이어야 하며, 「㉢ 그 국민에게 그 행위발동을 요구할 법규상 또는 조리상의 신청권이 있어야 한다」고 본다. 이때 ㉡ 요건과 관련하여 '신청인의 법률관계에 어떤 변동을 일으키는 것'이라는 의미는 「신청인의 실체상의 권리관계에 직접적인 변동을 일으키는 것」은 물론, 그렇지 않다 하더라도 「신청인이 실체상의 권리자로서 권리를 행사함에 중대한 지장을 초래하는 것」도 포함한다고 본다(대법원 2007. 10. 11. 2007두1316).

④ (O) 「행정심판법」은 '행정청이 심판청구기간을 제1항에 규정된 기간(= 처분이 있음을 알게 된 날부터 90일 이내)보다 긴 기간으로 잘못 알린 경우 그 잘못 알린 기간에 심판청구가 있으면 그 행정심판은 제1항에 규정된 기간에 청구된 것으로 본다.'고 하여 오고지의 효과에 관해 규정하고 있다(제27조 제5항). 반면, 「행정소송법」은 오고지의 효과에 관해 규정하고 있지 않으며, 「행정심판법」상 오고지의 효과에 관한 규정을 준용하고 있지도 않다. 이와 관련하여 대법원은 행정청이 법정 심판청구기간보다 긴 기간으로 잘못 알린 경우에 그 잘못 알린 기간 내에 심판청구가 있으면 그 심판청구는 법정 심판청구기간 내에 제기된 것으로 본다는 취지의 「행정심판법」 규정은 「행정심판 제기」에 관하여 적용되는 규정이지, 「행정소송 제기」에도 당연히 적용되는 규정이라고 할 수는 없다고 본다. 또한 행정청으로부터 「행정심판 제기기간」에 관하여 법정 심판청구기간보다 긴 기간으로 잘못 통지받은 경우에 보호할 신뢰 이익은 그 통지받은 기간 내에 「행정심판」을 제기한 경우에 한하는 것이지 「행정소송」을 제기한 경우에까지 확대된다고 할 수 없다고 본다(대법원 2001. 5. 8. 2000두6916).

2021년 지방직 9급
행정법총론

문제편 p.78

01 ④ 02 ① 03 ③ 04 ③ 05 ① 06 ④ 07 ② 08 ② 09 ② 10 ④
11 ③ 12 ② 13 ④ 14 ② 15 ③ 16 ② 17 ② 18 ② 19 ② 20 ①

01

답 ④

출제단원 Part 01 행정법 서설
출제영역 행정법의 법원(法源)의 효력

① (O) 헌법개정·법률·조약·대통령령·총리령 및 부령의 공포와 헌법개정안·예산 및 예산 외 국고부담계약의 공고는 관보(官報)에 게재함으로써 한다(법령 등 공포에 관한 법률 제11조 제1항). 이때 관보란 국가의 중요한 사항을 알리기 위해 정부가 발행하는 매체를 말한다.

② (O) ①번 해설에서 살펴본 바와 같이 법령 등 공포에 관한 법률에 의해 「헌법개정·법률·조약·대통령령·총리령 및 부령」의 공포는 관보에 게재함으로써 하는 것이 원칙이다. 다만, 「국회법」에 따라 '대통령의 법률안거부권 행사로 인해 재의결된 법률'을 예외적으로 '국회의장'이 공포하는 경우에는 서울특별시에서 발행되는 둘 이상의 일간신문에 게재함으로써 한다(동법 제11조 제2항).

③ (O) 법령 등의 공포일 또는 공고일은 해당 법령 등을 게재한 관보 또는 신문이 '발행된 날'로 한다(동법 제12조). 이때 '발행된 날'의 의미에 대해서는 관보가 관보보급소에 도달되어 이를 일반인이 열람 또는 구독할 수 있는 상태에 놓이게 된 최초의 시기라고 보는 최초구독가능시설이 통설과 대법원(대법원 1969. 11. 25. 69누129)의 입장이다.

④ (X) 관보는 종이로 발행되는 관보(이하 '종이관보'라 한다)와 전자적인 형태로 발행되는 관보(이하 '전자관보'라 한다)로 운영한다(동법 제11조 제3항). 관보의 내용해석 및 적용시기 등에 대하여 종이관보와 전자관보는 동일한 효력을 가진다(동법 제11조 제4항).

02

답 ①

출제단원 Part 02 행정작용 및 절차법
출제영역 행정행위의 취소와 철회

행정행위의 (직권)취소란 일단 유효하게 성립한 행정행위를 처분청이 성립 당시의 하자를 이유로 직권으로 그 효력을 소멸시키는 것을 말한다. 반면, 행정행위의 철회란 아무런 하자 없이 적법하게 성립된 행정행위의 효력을 성립 이후에 발생된 새로운 사정에 의하여 더 이상 존속시킬 수 없는 경우에 장래에 향하여 그 효력을 소멸시키는 것을 말한다.

구분	직권취소	철회
대상	위법·부당한 행위	적법한 행위
사유	행정행위 성립 당시 발생한 하자	행정행위 성립 이후 발생한 사정

① (X) 「행정행위(ⓐ)」를 「직권취소(ⓑ)」한 이후에 처분청의 「직권취소행위(ⓑ)」 자체에 하자가 있어 「직권취소행위(ⓑ)」를 다시 「직권취소(ⓒ)」함으로써 원래의 「행정행위(ⓐ)」를 회복시킬 수 있는지가 문제된다. 이와 관련하여 대법원은 애초에 직권취소의 대상인 행정행위의 성질에 따라 다음과 같이 판단하고 있다.

침익적 행정행위의 직권취소 (= 상대방에게 유리)의 직권취소 (= 상대방에게 불리)		직권취소의 직권취소 「불가능」
수익적 행정행위의 직권취소 (= 상대방에게 불리)의 직권취소 (= 상대방에게 유리)	원칙	직권취소의 직권취소 「가능」
	예외	수익적 행정행위의 직권취소 후 새로운 이해관계인이 생긴 경우 → 직권취소의 직권취소 「불가능」

예를 들어, 대법원은 과세관청이 한 과세처분(= 침익적 행정행위)의 직권취소에 위법사유가 있다고 하더라도, 직권취소가 당연무효가 아닌 한 일단 직권취소는 유효하므로 과세처분은 직권취소에 의해 확정적으로 효력을 상실한다고 본다. 따라서 과세관청은 과세처분에 대한 직권취소를 다시 직권취소함으로써 원래의 과세처분을 소생시킬 수는 없다고 본다(대법원 1995. 3. 10. 94누7027). 즉, 침익적 행정행위를 직권취소한 후, 이를 다시 직권취소하는 것은 불가능하다는 것이다.

② (O) 행정기본법에 의하면 행정청은 적법한 처분이 다음의 어느 하나에 해당하는 경우에는 그 처분의 전부 또는 일부를 장래를 향하여 철회할 수 있다(제19조 제1항).
- 법률에서 정한 철회사유에 해당하게 된 경우(1호)
- 법령 등의 변경이나 사정변경으로 처분을 더 이상 존속시킬 필요가 없게 된 경우(2호)
- 중대한 공익을 위하여 필요한 경우(3호)

③ (O) 행정행위의 철회는 그 자체가 원래의 행정행위(= 철회의 대상)와는 독립된 별개의 행정행위이다. 따라서 철회 역시 행정절차법상의 처분절차에 따라야 한다. 특히 수익적 행정행위의 철회는 상대방에게 부담적 효과를 주기 때문에 사전통지(행정절차법 제21조), 의견청취절차(동법 제22조)를 준수해야 하며, 이유제시(동법 제23조)를 하여야 한다.

④ (O) 대법원은 행정처분을 한 처분청은 처분의 성립에 하자가 있는 경우 이를 취소할 별도의 법적 근거가 없다고 하더라도 직권으로 취소할 수 있다고 본다(대법원 2002. 5. 28. 2001두9653). 처분청의 처분권 속에는 취소권이 당연히 포함되어 있다고 보기 때문이다.

03

답 ③

출제단원 Part 02 행정작용 및 절차법
출제영역 행정행위의 부관

부관이란 행정행위의 효과를 제한 또는 보충하기 위하여 행정기관에 의하여 주된 행정행위에 부가된 종된 규율을 말한다(다수설).

① (O) 대법원은 재량행위의 경우 법령에 근거가 없다고 하더라도 부관을 붙일 수 있다고 본다. 반면, 기속행위의 경우 법령상 근거가 있다면 부관을 붙일 수 있을 것이지만, 법령상 근거가 없다면 부관을 붙일 수 없다고 본다. 최근 제정된 행정기본법 제17조는 대법원의 입장에 따라 부관을 붙일 수 있는지 여부를 재량행위와 기속행위로 구분하여 규정하고 있다.

재량행위	행정청은 처분에 재량이 있는 경우에는 부관(조건, 기한, 부담, 철회권의 유보 등을 말한다)을 붙일 수 있다(제17조 제1항).
기속행위	행정청은 처분에 재량이 없는 경우에는 법률에 근거가 있는 경우에 부관을 붙일 수 있다(동조 제2항).

② (O) 대법원은 부담의 위법성 여부는 부담이 붙은 행정행위를 한 시점, 즉 「처분 당시」의 법령을 기준으로 한다고 본다. 따라서 처분 당시 법령을 기준으로 적법하다면 처분 후에 근거법령이 개정되어 부담을 붙일 수 없게 되었다고 하더라도, 부담이 곧바로 위법하게 되거나 효력을 상실하는 것은 아니다(대법원 2009. 2. 12. 2005다65500).

③ (X) 부관을 붙일 수 있는 경우라고 하더라도 무제한하게 허용되는 것은 아니며, 일정한 한계 내에서만 부관을 붙일 수 있다. 예를 들어, 부관은 비례의 원칙이나 부당결부금지의 원칙과 같은 행정법의 일반원칙에 위반되어서는 안 된다. 이와 관련하여 대법원은 부관이 주된 행정행위와 실제적 관련성이 없어서 부당결부금지의 원칙에 위반됨에도, 이를 회피하기 위해 상대방과 사법상 계약을 체결하는 형식으로 이러한 내용의 부관을 붙였다면, 이는 법치행정의 원리에 반하는 것으로서 위법하다고 본다(대법원 2009. 12. 10. 2007다63966).

> **+참고** 행정기본법
>
> 제17조(부관) ④ 부관은 다음 각 호의 요건에 적합하여야 한다.
> 1. 해당 처분의 목적에 위배되지 아니할 것
> 2. 해당 처분과 실질적인 관련이 있을 것
> 3. 해당 처분의 목적을 달성하기 위하여 필요한 최소한의 범위일 것
>
> ◆ 부관의 내용상 한계 중 1호는 「목적상 한계」, 2호는 「부당결부금지의 원칙상 한계」, 3호는 「비례원칙상 한계」에 해당한다.

④ (O) 대법원은 행정행위의 부관은 '부담'인 경우를 제외하고는 독립하여 행정쟁송의 대상이 될 수 없다고 본다. 따라서 기부채납 받은 행정재산에 대한 사용·수익허가에서 공유재산의 관리청이 정한 「사용·수익허가의 기간」은 부담이 아니므로 이에 대해서는 독립하여 행정소송을 제기할 수 없다고 본다(대법원 2001. 6. 15. 99두509).

04 　답 ③

| 출제단원 | Part 02 행정작용 및 절차법 |
| 출제영역 | 공법상 계약 |

공법상 계약이란 공법적 효과의 발생을 목적으로 하는 복수당사자 사이의 반대방향의 의사표시의 합치에 의해 성립되는 공법행위를 말한다.

① (O) 대법원은 공중보건의사의 채용계약해지의 의사표시는 항고소송의 대상이 되는 처분 등의 성격을 가진 것으로 인정되지 않으며, 일정한 사유가 있을 때에 관할 도지사가 채용계약관계의 한쪽 당사자로서 대등한 지위에서 행하는 의사표시이므로 공법상의 당사자소송으로 그 의사표시의 무효확인을 청구할 수 있다고 본다. 즉, 처분임을 전제로 그 취소를 구하는 항고소송을 제기할 수는 없다는 것이다(대법원 1996. 5. 31. 95누10617).

② (O) 공법상 계약도 행정작용이므로 법을 위반하지 않아야 한다. 따라서 강행법규에 반하는 공법상 계약은 위법한 것이 된다. 즉, 공법상 계약에 '법률우위의 원칙'이 적용된다. 최근 제정된 행정기본법도 '행정청은 법령 등을 위반하지 아니하는 범위에서 행정목적을 달성하기 위하여 필요한 경우에는 공법상 법률관계에 관한 계약(이하 '공법상 계약'이라 한다)을 체결할 수 있다.'고 하여 공법상 계약에 법률우위의 원칙이 적용됨을 명시적으로 규정하고 있다(제27조 제1항). 반면, 공법상 계약은 당사자 사이의 의사의 합치에 의해 성립되므로 공법상 계약에는 법률의 근거가 필요 없다는 것이 일반적 견해이다. 즉, 공법상 계약에 '법률유보의 원칙'은 적용되지 않는다.

③ (X) 계약직공무원 채용계약은 행정주체와 사인 간의 계약으로서 공법상 계약에 해당한다. 이와 관련하여 대법원은 계약직공무원 채용계약해지의 의사표시는 행정처분이 아니라, 국가 또는 지방자치단체가 채용계약관계의 한쪽 당사자로서 대등한 지위에서 행하는 의사표시이므로 행정처분과 같이 행정절차법에 의해 근거와 이유를 제시해야 하는 것은 아니라고 본다(대법원 2002. 11. 26. 2002두5948).

④ (O) 최근 제정된 행정기본법은 공법상 계약 체결시 고려사항에 대해 규정하고 있다. 이에 의하면, 행정청은 공법상 계약의 상대방을 선정하고 계약내용을 정할 때 공법상 계약의 공공성과 제3자의 이해관계를 고려하여야 한다(제27조 제2항).

05 　답 ①

| 출제단원 | Part 01 행정법 서설 |
| 출제영역 | 신뢰보호원칙 |

신뢰보호원칙이란 행정기관의 말 또는 행동에 대하여 국민이 신뢰를 갖고 행위를 한 경우에, 국민의 신뢰가 보호할 가치가 있는 경우라면 이러한 신뢰를 보호해 주어야 한다는 원칙을 말한다.

(가) (X) 대법원은 행정청이 상대방에게 장차 어떤 처분을 하겠다고 확약 또는 공적인 의사표명을 한 경우에, 확약 또는 공적인 의사표명이 있은 후에 사실적·법률적 상태가 변경되었다면, 그와 같은 확약 또는 공적인 의사표명은 행정청의 별다른 의사표시를 기다리지 않고 실효된다고 본다(대법원 1996. 8. 20. 95누10877). 참고로 확약이란 장래 일정한 행정행위를 하거나 하지 않을 것을 약속하는 행정청의 의사표시를 말한다.

(나) (X) 신뢰보호원칙을 적용하기 위해서는 신뢰의 대상이 되는 「행정청의 선행조치」가 있어야 한다. 이와 관련하여 대법원은 행정청 내부의 사무처리준칙에 해당하는 지침의 공표만으로는 지침에 명시된 요건을 충족할 경우 사업자로 선정되어 지원 등의 혜택을 받을 수 있다는 보호가치 있는 신뢰를 가지게 되었다고 보기 어렵다고 본다(대법원 2009. 12. 24. 2009두7967). 즉, 재량준칙(= 재량권 행사의 기준을 정하는 행정규칙)의 공표만으로는 신청인이 보호가치 있는 신뢰를 갖게 되었다고 볼 수 없다는 것이다.

(다) (O) 신뢰보호원칙을 적용하기 위해서는 신뢰의 대상이 되는 행정청의 선행조치가 있어야 한다. 이와 관련하여 대법원은 선행조치를 '공적인 견해표명'으로 한정한다. 이때 행정청의 공적 견해표명이 있었는지의 여부는 행정조직상의 형식적인 권한분장에 구애될 것은 아니고, 담당자의 조직상의 지위와 임무, 당해 언동을 하게 된 구체적인 경위 및 그에 대한 상대방의 신뢰가능성에 비추어 실질에 의하여 판단해야 한다고 본다(대법원 1997. 9. 12. 96누18380).

(라) (O) 국가배상법 제2조 제1항에서 공무원의 위법한 직무행위로 인한 국가나 지방자치단체의 배상책임을 명시하고 있다. 국가배상법 제2조의 책임이 인정되기 위해서는 「위법할 것(= 법령위반)」이 요구된다. 이와 관련하여 대법원은 국가배상법상 '법령위반'이란 엄격한 의미의 법령위반뿐만 아니라 인권존중, 권력남용금지, 신의성실, 공서양속 등의 위반도 포함하여 널리 그 행위가 객관적인 정당성을 결여하고 있음을 의미한다고 본다(대법원 2009. 12. 24. 2009다70180). 따라서 신뢰보호원칙의 위반 역시 국가배상법에서 말하는 위법개념을 충족

시키므로 신뢰보호의 원칙에 반하는 행정작용으로 인해 상대방에게 손해가 발생한 경우에는 국가배상청구소송을 제기하여 구제를 받을 수도 있다.

06 답 ④

출제단원 Part 02 행정작용 및 절차법
출제영역 행정행위의 효력

① (O) 행정행위에 하자가 있다고 하더라도, '하자가 중대하고 명백하여 당연히 무효로 인정되는 경우를 제외'하고는 '권한 있는 기관에 의해 취소되기 전'까지 유효한 것으로 통용되는 힘을 「공정력」이라고 한다. 종래에는 행정행위의 공정력을 명시적으로 인정하는 실정법상의 근거는 없었다. 그러나 최근 제정된 행정기본법은 '처분은 권한이 있는 기관이 취소 또는 철회하거나 기간의 경과 등으로 소멸되기 전까지는 유효한 것으로 통용된다. 다만, 무효인 처분은 처음부터 그 효력이 발생하지 아니한다.'고 규정함으로써 공정력에 대한 명시적 근거를 마련하였다(제15조).

② (O) [민사법원 – 무효사유] 민사 또는 형사사건에 대한 재판절차에서 해당 사건에 대한 판단을 하기 위해서는 특정 행정행위의 효력 유무나 존재 여부 또는 위법 여부가 먼저 해결되어야 할 때 이러한 문제를 '선결문제'라고 한다. 이와 관련하여 행정행위가 무효이고, 이것이 민사소송에서 선결문제가 된 경우에 민사법원이 무효인 행정행위를 확인한 후 이를 전제로 민사재판을 진행할 수 있는지가 문제된다. 행정소송법 제11조에서는 처분 등의 무효 또는 부존재에 대해서는 민사법원이 선결문제로 심리할 수 있음을 규정하고 있다. 또한 대법원도 행정처분이 당연무효인 경우에는 민사법원에서 이를 판단하여 해당 행정처분이 당연무효임을 전제로 민사재판을 진행할 수 있다고 본다. 즉, 행정행위의 무효확인을 위해 별도로 행정소송 등의 절차를 거칠 필요가 없다는 것이다(대법원 2010. 4. 8. 2009다90092).

③ (O) 불가쟁력이란 하자 있는 행정행위라 할지라도 불복기간이 경과하거나, 쟁송수단을 모두 다 거친 이후에는 상대방 또는 이해관계인이 더 이상 행정행위의 효력을 쟁송절차를 통해 다툴 수 없게 되는 힘을 말한다. 이러한 불가쟁력은 행정행위의 효력을 다툴 수 없다는 것일 뿐이며 위법성을 다툴 수 없다는 것을 의미하는 것은 아니다. 따라서 불가쟁력이 발생한 행정행위로 손해를 입은 국민은 국가배상청구를 할 수 있다는 견해가 다수설이다.

④ (X) 불가변력이란 일정한 행정행위의 성질상 행정행위를 한 행정청 자신도 직권으로 이를 변경(= 취소·철회)할 수 없는 효력을 말한다. 불가변력은 행정심판의 재결과 같은 준사법적 행정행위(= 법원의 재판과 같은 사법적 행위에 준하는 행정행위)와 같이 일부 행정행위에 인정되는 효력이다. 이와 관련하여 대법원은 행정행위의 불가변력은 당해 행정행위에 대하여서만 인정되는 것이고, 동종의 행정행위라 하더라도 그 대상을 달리할 때에는 이를 인정할 수 없다고 본다(대법원 1974. 12. 10. 73누129).

07 답 ②

출제단원 Part 02 행정작용 및 절차법
출제영역 행정입법

① (X) 행정권이 정립하는 일반적·추상적 규정으로서 법규(= 국민과 행정권을 구속하고, 재판규범이 되는 법규범)의 성질을 가지는 것을 「법규명령」이라고 한다. 이 중 법률이나 상위명령에 의해 위임된 사항에 관하여 발하는 명령을 「위임명령」이라고 한다. 위임명령은 헌법 제75조·제95조에 따라서 법률이나 상위명령에서 구체적으로 범위를 정한 개별적인 위임이 있는 경우에만 제정이 가능하다. 따라서 구체적·개별적 위임이 없는 경우 새로운 법규사항(= 국민의 권리·의무에 관한 사항)을 법규명령으로 규정할 수 없다. 이와 관련하여 대법원은 위임의 근거가 없어 무효였던 법규명령이라도 사후에 근거법령의 개정으로 위임의 근거가 부여되면「그때부터」는 유효인 법규명령이 된다고 본다(대법원 1995. 6. 30. 93추83). 즉, 법규명령 제정 당시로 소급하는 것은 아니다.

② (O) 위임명령은 원칙적으로 법률이나 상위명령에서 구체적으로 범위를 정한 개별적인 위임이 있는 경우에만 제정이 가능하다. 따라서 구체적·개별적 위임이 없는 경우 새로운 법규사항(= 국민의 권리·의무에 관한 사항)을 법규명령으로 규정할 수는 없다. 이와 관련하여 대법원은 시행령(= 대통령령)이나 시행규칙(= 총리령·부령)으로 「개인의 권리·의무에 관한 내용을 변경·보충하거나 법률이 정하고 있지 않은 새로운 내용」을 정하기 위해서는 원칙적으로 법률에 의한 위임이 있어야만 가능하지만, 시행령이나 시행규칙의 내용이「모법(= 근거법률)의 해석상 가능한 내용을 구체화한 것이라고 볼 수 있는 경우」라면, 법률에 위임규정이 없더라도 이러한 시행령이나 시행규칙을 무효라고 볼 수는 없다고 판단하였다(대법원 2014. 8. 20. 2012두19526).

③ (X) '행정입법부작위'란 행정권에게 법규명령을 제정·개정 또는 폐지할 법적 의무(작위의무)가 있음에도 합리적인 이유 없이 이러한 의무를 이행하지 않음으로써 법규명령을 제정·개정 또는 폐지하지 않는 것(부작위)을 말한다. 이와 관련하여 대법원은 국회에서 법률을 제정하여 특정사항을 행정부에서 정하도록 위임한 경우에 행정부가 정당한 이유 없이 이를 이행하지 않으면(= 행정입법부작위) 권력분립의 원칙과 법치국가 내지 법치행정의 원칙에 위배되는 것으로서 위법하면서 동시에 위헌적이라고 본다. 이에 따라 대법원은 구 군법무관임용법과 군법무관임용 등에 관한 법률에서 군법무관의 보수를 법관 및 검사의 예에 준하도록 규정하면서 그 구체적 내용을 시행령에 위임하고 있는 이상, 행정부가 정당한 이유 없이 시행령을 제정하지 않은 것은 군법무관의 보수청구권을 침해하는 불법행위에 해당한다고 본다(대법원 2007. 11. 29. 2006다3561). 즉, 행정입법부작위의 경우에도 이로 인하여 손해가 발생한 경우에 손해배상청구의 요건이 충족된다면 국가배상청구가 가능하다.

④ (X) 어떤 법률에 대하여 헌법재판소의 위헌결정이 선고되면 헌법재판소법 규정에 의하여 그 법률은 효력을 상실하게 된다. 이와 관련하여 대법원은 법규명령의 위임의 근거가 되는 '법률'에 대하여 위헌결정이 선고되면 그 위임규정에 근거하여 제정된 '법규명령'도 원칙적으로 효력을 상실한다고 본다(대법원 1998. 4. 10. 96다52359). 즉, 별도의 폐지행위가 있어야 효력을 상실하게 되는 것이 아니다.

08

출제단원 Part 01 행정법 서설
출제영역 사인의 공법행위로서 신고

답 ②

신고란 사인이 공법적 효과의 발생을 목적으로 행정주체에 대하여 일정한 사실을 알리는 행위를 말한다. 신고는 신고의 요건을 갖춘 신고만 하면 신고의무를 이행한 것이 되어 법적 효과가 발생하는 「수리를 요하지 않는 신고(= 자기완결적 신고)」와 신고가 수리되어야 신고의 법적 효과가 발생하는 「수리를 요하는 신고(= 행위요건적 신고)」로 구분된다.

① (X) 대법원은 구 관광진흥법에 의한 지위승계신고를 수리하는 허가관청의 행위는 단순히 양도·양수인 사이에 이미 발생한 사법상 사업양도의 법률효과에 의하여 양수인이 그 영업을 승계하였다는 사실의 신고를 접수하는 행위에 그치는 것이 아니라, 영업허가자의 변경이라는 법률효과를 발생시키는 행위라고 본다(대법원 2012. 12. 13. 2011두29144).

② (O) 대법원은 정보통신매체를 이용하여 불특정 다수인에게 학습비를 받고 원격평생교육을 실시하는 경우 신고가 필요하며, 이때 신고서 기재사항에 흠결이 없고, 정해진 서류가 구비된 경우 행정청은 신고를 수리해야 한다고 본다. 즉, 형식적 요건을 모두 갖추었음에도 공익적 기준에 적합하지 않는다는 등의 실체적 사유를 들어 신고수리를 거부할 수는 없다고 본다(대법원 2011. 7. 28. 2005두11784).

③ (X) 건축법상 '일반적인 건축신고'는 '수리를 요하지 않는 신고'이다. 반면, 건축법에는 건축신고를 한 경우 다른 법령상의 인·허가까지 받은 것으로 보는 규정(제14조 제2항)이 있는데, 이와 관련하여 대법원은 '인·허가의제효를 수반하는 건축신고'는 행정청이 의제되는 인·허가의 실질적인 요건까지 심사해야 하기 때문에 일반적인 건축법상 신고와는 달리 '수리를 요하는 신고'라고 판단하였다(대법원 2011. 1. 20. 2010두14954).

④ (X) 대법원은 주민등록의 신고는 행정청에 도달하기만 하면 신고로서의 효력이 발생하는 것이 아니라 행정청이 수리한 경우에 비로소 신고의 효력이 발생한다고 본다(대법원 2009. 1. 30. 2006다17850). 즉, 주민등록의 신고는 수리를 요하는 신고라는 것이다.

09

출제단원 Part 02 행정작용 및 절차법
출제영역 행정절차

답 ③

① (X) 행정절차법 제3조 제2항에서 행정절차법의 적용이 배제되는 사항 중 하나로 '공무원 인사관계법령에 따른 처분 등 해당 「행정작용의 성질상 행정절차를 거치기 곤란하거나 거칠 필요가 없다고 인정되는 사항」과 「행정절차에 준하는 절차를 거친 사항」으로서 대통령령으로 정하는 사항'을 규정하고 있다. 이와 관련하여 대법원은 국가공무원법상 직위해제처분은 당해 행정작용의 성질상 행정절차를 거치기 곤란하거나 불필요하다고 인정되는 사항 또는 행정절차에 준하는 절차를 거친 사항에 해당하므로, 처분의 사전통지 및 의견청취 등에 관한 행정절차법의 규정이 별도로 적용되지 않는다고 본다(대법원 2014. 5. 16. 2012두26180). 국가공무원법에서 직위해제를 할 때에는 처분사유를 적은 설명서를 교부하도록 하고, 공무원이 불복할 경우 소청심사청구를 할 수 있도록 하는 등 해당 공무원에게 방어의 준비 및 불복의 기회를 보장하고 있으므로 별도로 행정절차법을 적용할 필요는 없다는 것이다.

② (X) 대법원은 행정절차법 제23조 제1항에서 행정청이 처분을 하는 대에는 당사자에게 그 근거와 이유를 제시하도록 규정하고 있는 것은 행정청의 자의적 결정을 배제하고 당사자로 하여금 행정구제절차에서 적절히 대처할 수 있도록 하는 데 그 취지가 있다고 본다. 따라서 처분서에 기재된 내용과 관계법령 및 당해 처분에 이르기까지 전체적인 과정 등을 종합적으로 고려하여, 처분 당시 당사자가 어떠한 근거와 이유로 처분이 이루어진 것인지를 충분히 알 수 있어서 그에 불복하여 행정구제절차로 나아가는 데에 별다른 지장이 없었던 것으로 인정되는 경우에는 처분서에 처분의 근거와 이유가 구체적으로 명시되어 있지 않았다고 하더라도 그로 말미암아 그 처분이 위법한 것으로 된다고 할 수는 없다고 본다(대법원 2013. 11. 14. 2011두18571).

③ (O) 대법원은 세액산출근거가 기재되지 아니한 납세고지서에 의한 부과처분은 강행법규에 위반하여 취소대상이 된다 할 것이므로 이와 같은 하자는 납세의무자가 전심절차에서 이를 주장하지 아니하였거나, 그 후 부과된 세금을 자진납부하였다거나, 또는 조세채권의 소멸시효기간이 만료되었다 하여 치유되는 것이라고는 할 수 없다고 본다(대법원 1985. 4. 9. 84누431).

④ (X) 청문 주재자는 제목, 청문 주재자의 소속, 성명 등 인적사항 등 행정절차법에서 규정하고 있는 일정한 사항이 적힌 청문조서를 작성하여야 한다(행정절차법 제34조 제1항). 당사자 등은 청문조서의 내용을 열람·확인할 수 있으며, 이의가 있을 때에는 그 정정을 요구할 수 있다(동조 제2항).

10

출제단원 Part 08 행정정보공개·개인정보 보호·행정조사
출제영역 공공기관의 정보공개에 관한 법률

답 ④

① (O) 정보의 공개 및 우송 등에 드는 비용은 실비(實費)의 범위에서 청구인이 부담한다(공공기관의 정보공개에 관한 법률 제17조 제1항).

② (O) 공공기관은 '공개청구된 정보가 공공기관이 보유·관리하지 아니하는 정보인 경우'이거나 '공개청구의 내용이 진정·질의 등으로 공공기관의 정보공개에 관한 법률에 따른 정보공개청구로 보기 어려운 경우'로서 「민원처리에 관한 법률」에 따른 민원으로 처리할 수 있는 경우에는 민원으로 처리할 수 있다(동법 제11조 제5항).

③ (O) 취소소송은 처분 등의 취소를 구할 법률상의 이익이 있는 자가 제기할 수 있다. 대법원은 청구인이 정보공개를 청구했다가 거부처분을 받은 것 자체가 법률상 이익의 침해에 해당한다고 본다. 따라서 정보공개를 청구했다가 거부처분을 받은 자는 정보의 열람에 관한 구체적 이익을 입증할 필요 없이 공개거부처분의 취소를 구할 법률상의 이익이 인정된다(대법원 2003. 12. 12. 2003두8050).

④ (X) 대법원은 국민의 정보공개청구는 정보공개법에서 정한 비공개대상정보에 해당하지 않는 한 원칙적으로 폭넓게 허용되어야 한다고 본다. 다만, 실제로는 해당 정보를 취득 또는 활용할 의사가 전혀 없이 정보공개제도를 이용하여 사회통념상 용인될 수 없는 부당한 이득을 얻으려 하거나, 오로지 공공기관의 담당공무원을 괴롭힐 목적으로 정보공개청구를 하는 경우처럼 「권리의 남용」에 해당하는 것이 명백한 경우에는 정보공개청구권의 행사를 허용하지 않는 것이 옳다고 본다(대법원 2014. 12. 24. 2014두9349).

11

답 ③

출제단원 Part 03 행정의 실효성 확보수단
출제영역 이행강제금

이행강제금이란 작위의무·부작위의무·수인의무의 불이행시에 일정 액수의 금전이 부과될 것임을 의무자에게 미리 경고함으로써 의무이행의 확보를 도모하는 강제수단을 말한다.

① (O) 헌법재판소는 전통적으로 '행정대집행'은 대체적 작위의무에 대한 강제집행수단으로, '이행강제금'은 부작위의무나 비대체적 작위의무에 대한 강제집행수단으로 이해되어 왔지만, 이는 이행강제금제도의 본질에서 오는 제약은 아니라고 본다. 즉, 대체적 작위의무의 위반에 대해서도 이행강제금을 부과할 수 있다고 본다(헌재 2004. 2. 26. 2001헌바80).

② (O) 대법원은 건축법상 이행강제금 납부의무는 상속인 기타의 사람에게 승계될 수 없는 일신전속적인 성질의 것이라고 본다. 따라서 이미 사망한 사람에게 이행강제금을 부과하는 내용의 처분이나 결정은 당연무효라고 본다(대법원 2006. 12. 8. 자 2006마470).

③ (X) 대법원은 부동산의 소유권이전을 내용으로 하는 계약을 체결하고 소유권이전등기를 신청하지 아니한 등기권리자 등(= 장기미등기자)에 대하여 부과되는 이행강제금은 장기미등기자에게 등기신청의무를 이행하지 않으면 이행강제금이 부과된다는 심리적 압박을 주어 의무의 이행을 간접적으로 강제하는 행정상의 간접강제수단이라고 본다. 따라서 장기미등기자가 이행강제금 부과 전에 등기신청의무를 이행하였다면 이행강제금의 부과로써 이행을 확보하고자 하는 목적은 이미 실현된 것이므로 법에 규정된 기간이 지나서 등기신청의무를 이행한 경우라 하더라도 이행강제금을 부과할 수는 없다고 본다(대법원 2016. 6. 23. 2015두36454).

④ (O) 건축법에서는 위법건축물에 대한 이행강제수단으로 대집행과 이행강제금을 규정하고 있다. 이와 관련하여 헌법재판소는 대집행과 이행강제금 제도는 각각의 장·단점이 있으므로 행정청은 개별사건에 있어서 위반내용, 위반자의 시정의지 등을 감안하여 대집행과 이행강제금을 선택적으로 활용할 수 있으며, 이처럼 합리적인 재량에 의해 선택하여 활용하는 이상 중첩적인 제재에 해당한다고 볼 수 없다고 본다(헌재 2004. 2. 26. 2001헌바80).

12

답 ②

출제단원 Part 04 행정소송법
출제영역 사정판결

① (O) 사정판결이란 원고의 청구가 이유 있다고 인정하는 경우에도, 즉 처분 등이 위법한 경우에도 처분 등을 취소하는 것이 현저히 공공복리에 적합하지 아니하다고 인정하는 때에 법원이 원고의 청구를 기각하는 판결을 말한다.

② (X) 사정판결에 대해서는 행정소송법 제28조에서 취소소송과 관련하여 규정하고 있다. 그러나 무효등확인소송과 관련하여서는 이 규정을 준용하고 있지 않다. 따라서 무효등확인소송에서는 사정판결이 인정되지 않는다. 대법원도 당연무효의 행정처분을 대상으로 하는 행정소송에서는 존치시킬 효력이 있는 행정행위가 없기 때문에 행정소송법 제28조 소정의 사정판결을 할 수 없다고 본다(대법원 1996. 3. 22. 95누5509).

③ (O) 법원이 사정판결을 함에 있어서는 미리 원고가 그로 인하여 입게 될 손해의 정도와 배상방법 그 밖의 사정을 조사하여야 한다(행정소송법 제28조 제2항). 이는 원고가 입게 될 손해를 조사하여 사정판결을 하기 위한 이익형량의 기준으로 삼기 위한 것이라고 할 수 있다.

④ (O) 사정판결은 처분 등이 위법함에도 불구하고 공공복리를 고려하여 해당 처분의 효력만을 유지시키는 것이다. 따라서 원고가 해당 처분 등으로 인해 입은 손해는 국가배상법에 따라 배상이 이루어져야 하고, 손해의 발생 내지 확대를 막기 위한 구제방법이 있다면 이를 청구할 수 있도록 해야 할 것이다. 이에 행정소송법에서는 '원고는 피고인 행정청이 속하는 국가 또는 공공단체를 상대로 손해배상, 제해(除害)시설(= 손해의 발생 및 확대를 제거할 수 있는 시설)의 설치 그 밖에 적당한 구제방법의 청구를 당해 취소소송 등이 계속된 법원에 병합하여 제기할 수 있다.'고 하여 원고의 권익구제의 측면을 고려하고 있다(제28조 제3항).

13

답 ④

출제단원 Part 03 행정의 실효성 확보수단
출제영역 행정벌

행정벌이란 행정의 상대방이 행정법상 의무를 위반한 경우에 국가 또는 지방자치단체가 행정의 상대방에게 과하는 행정법상의 제재로서의 처벌을 말한다. 행정벌에는 행정형벌과 행정질서벌(과태료)이 있다.

① (O) 질서위반행위규제법 제6조에서는 '법률에 따르지 아니하고는 어떤 행위도 질서위반행위로 과태료를 부과하지 아니한다.'고 규정하고 있다. 이를 「질서위반행위 법정주의」라고 한다.

② (O) 통고처분이란 행정범(= 행정법규의 위반으로 성립되는 범죄)을 범한 자에 대하여 형사절차에 의한 형벌을 과하기 전에 행정청이 형벌을 대신하여 금전적 제재인 범칙금을 과하여 범칙금을 납부하면 형사처벌을 하지 않고, 만일 범칙금을 납부하지 않으면 형사소송절차에 따라 형벌을 과하는 절차를 말한다. 예를 들어, 경범죄 처벌법은 경범죄 처벌의 특례로서 범칙행위에 대한 통고처분(제7조), 범칙금의 납부(제8조, 제8조의2)와 통고처분 불이행자 등의 처리(제9조)에 대해 규정하고 있다. 정리하면 다음과 같다.

> 경찰서장으로부터 범칙금 통고처분을 받은 사람은 통고처분서를 받은 날부터 10일 이내(ⓐ)에 범칙금을 납부하여야 한다.
> → 이 기간(ⓐ)에 범칙금을 납부하지 않은 사람은 이 기간의 마지막 날의 다음 날부터 20일 이내(ⓑ)에 통고받은 범칙금에 20/100을 더한 금액을 납부하여야 한다.
> → 이 납부기간(ⓑ)에 범칙금을 납부하지 않은 사람에 대하여 경찰서장은 지체 없이 즉결심판을 청구하여야 한다.
> → 즉결심판이 청구되더라도 즉결심판 전까지 피고인이 통고받은 범칙금에 50/100을 더한 금액을 납부하고 그 증명서류를 제출하였을 경우에는 경찰서장은 즉결심판 청구를 취소하여야 한다.
> → 이와 같이 통고받은 범칙금을 납부한 사람은 그 범칙행위에 대하여 다시 처벌받지 않는다.

이와 관련하여 대법원은 경찰서장이 범칙행위에 대하여 통고처분을 한 이상, 「통고처분에서 정한 범칙금 납부기간(ⓑ)」까지는 원칙적으로 경찰서장은 즉결심판을 청구할 수 없고, 검사도 동일한 범칙행위에 대하여 공소를 제기할 수 없다고 본다(대법원 2020. 4. 29. 2017도13409). 이는 범칙자가 기간 내 범칙금을 납부하면 그 범칙행위에 대하여 다시 처벌받지 않는 효과가 있으므로 이러한 지위를 보장하기 위한 것이다.
③ (O) 질서위반행위규제법 제20조에 의하면 행정청의 과태료부과에 불복하는 당사자는 과태료부과통지를 받은 날부터 60일 이내에 해당 행정청에 서면으로 이의제기를 할 수 있다(동조 제1항). 이에 따라 이의제기가 있는 경우에는 행정청의 과태료부과처분은 그 효력을 상실한다(동조 제2항). 참고로 '통고처분'의 경우에는 기한 내에 범칙금을 납부하지 않으면 자동적으로 통고처분은 효력을 상실하며, 별도로 이의제기를 해야만 효력을 상실하는 것은 아니다.

질서위반행위규제법상 과태료부과처분	행정형벌의 통고처분
기간 내 이의제기를 해야만 과태료부과처분의 효력이 상실된다.	기한 내에 통고처분에 의해 부과된 금액(범칙금)을 납부하지 않으면 통고처분은 자동적으로 효력을 상실한다.

④ (X) 질서위반행위규제법에 의하면, 신분에 의하여 성립하는 질서위반행위에 신분이 없는 자가 가담한 때에는 신분이 없는 자에 대하여도 질서위반행위가 성립한다(제12조 제2항).

14 답 ②

| 출제단원 | Part 03 행정의 실효성 확보수단 |
| 출제영역 | 행정대집행 |

대집행이란 공법상 「대체적 작위의무」의 불이행이 있는 경우에 당해 행정청이 스스로 의무자가 행할 행위를 하거나 제3자로 하여금 이를 행하게 하고 그 비용을 의무자로부터 징수하는 것을 말한다.
① (O) 대집행의 대상인 「대체적 작위의무」란 건물의 철거나 물건의 파기와 같이 타인이 대신하여 이행할 수 있는 의무를 말한다. 이와 관련하여 대법원은 도시공원시설인 매점점유자의 「퇴거 및 명도(= 점유이전)의무」는 대체적 작위의무가 아니어서 대집행의 대상이 될 수 없다고 본다(대법원 1998. 10. 23. 97누157). 매점에서 점유자가 퇴거하고 점유를 이전해 주어야 할 의무는 매점을 점유하고 있는 자가 직접 이행해야만 하는 의무로서 대체적 작위의무가 아니므로 이를 불이행했다고 하여 대집행의 대상이 되지는 않는다는 것이다.
② (X) 대법원은 선·후의 행정행위가 「결합」하여 「하나의」 법적 효과를 목적으로 하는 경우에는 하자의 승계를 긍정한다. 이러한 기준에 따라 대법원은 「계고, 통지, 실행, 비용납부명령」과 같이 강제집행행위를 구성하는 각 행위들은 강제집행이라는 하나의 법적 효과를 목적으로 하는 행위로 보아 이들 사이에는 하자의 승계가 인정된다고 본다. 따라서 선행 행정행위인 '계고처분'의 하자가 후행 행정행위인 '대집행비용납부명령'에 승계된다고 보아 후행처분인 '대집행비용납부명령'의 취소를 청구하는 소송에서 선행처분인 '계고처분'이 위법한 것이기 때문에 그 계고처분을 전제로 행하여진 대집행비용납부명령도 위법한 것이라는 주장을 할 수 있다고 본다(대법원 1993. 11. 9. 93누14271).
③ (O) 대집행에 요한 비용은 국세징수법의 예에 의하여 징수할 수 있다(행정대집행법 제6조 제1항). 대집행에 요한 비용을 징수하였을 때에는 그 징수금은 사무비의 소속에 따라 국고 또는 지방자치단체의 수입으로 한다(동조 제3항).
④ (O) 대집행에 대하여는 행정심판을 제기할 수 있다(행정대집행법 제7조).

15 답 ③

| 출제단원 | Part 06 행정상 손해배상 |
| 출제영역 | 배상책임자, 행정상 손해배상의 요건, 공무원 개인의 배상책임 |

① (O) 국가배상법 제6조 제1항에서 '제2조 및 제5조에 따라 국가나 지방자치단체가 손해를 배상할 책임이 있는 경우에 「공무원의 선임·감독(= 제2조의 책임자)」 또는 「영조물의 설치·관리를 맡은 자(= 제5조의 책임자)」와 「공무원의 봉급·급여, 그 밖의 비용 또는 영조물의 설치·관리 비용을 부담하는 자(= 비용부담자)」가 동일하지 아니하면 그 비용을 부담하는 자도 손해를 배상하여야 한다.'고 하여 비용부담자의 배상책임을 규정하고 있다.
② (O) 직무를 집행하는 공무원에 대하여는 법규 등에 의하여 여러 가지의 직무상 의무가 부여된다. 그런데 국가 등의 국가배상책임이 인정되려면 공무원에게 부과된 이러한 직무가 부수적으로라도 개개 국민(피해자)의 이익(사익)을 위해 부과된 것이어야만 하는지가 문제된다(= 사익보호성의 필요 여부). 이와 관련하여 대법원은 공무원이 고의 또는 과실로 그에게 부과된 직무상 의무를 위반하였을 경우라고 하더라도 국가는 그러한 직무상의 의무위반과 피해자가 입은 손해 사이에 상당인과관계가 인정되는 범위 내에서만 배상책임을 진다고 본다. 이 경우 상당인과관계가 인정되기 위하여는 공무원에게 부과된 직무상 의무의 내용이 단순히 공공 일반의 이익을 위한 것이거나 행정기관 내부의 질서를 규율하기 위한 것이 아니고 「전적으로 또는 부수적으로 사회구성원 개인의 안전과 이익을 보호하기 위하여 설정된 것」이어야 한다고 본다(대법원 2011. 9. 8. 2011다34521). 즉, 사익보호성이 인정되어야 한다는 것이다.
③ (X) 국가배상법 제5조 제1항에서 영조물의 설치·관리의 하자로 인한 국가나 지방자치단체의 배상책임을 명시하고 있다. 국가배상법 제5조의 책임이 인정되기 위한 요건 중 「공공의 영조물일 것」과 관련하여 대법원은 국가배상법 제5조 제1항 소정의 '공공의 영조물'이라 함은 국가 또는 지방자치단체에 의하여 특정 공공의 목적에 공여된 유체물 내지 물적 설비를 말하며, 국가 또는 지방자치단체가 소유권, 임차권 그 밖의 권한에 기하여 관리하고 있는 경우뿐만 아니라 사실상의 관리를 하고 있는 경우도 포함된다고 본다(대법원 1998. 10. 23. 98다17381).
④ (O) 국가배상법 제2조의 요건을 충족하여 국가 또는 지방자치단체의 배상책임이 인정되는 경우에 피해자가 공무원 개인에 대하여도 손해배상을 청구할 수 있는지가 문제된다. 이와 관련하여 대법원은 공무원이 직무수행 중 불법행위로 타인에게 손해를 입힌 경우에 공무원에게 「고의 또는 중과실」이 있는 경우에는 국가 등이 국가배상책임을 부담하는 외에 공무원 개인도 불법행위로 인한 손해배상책임을 진다고 본다. 반면, 공무원에게 「경과실」뿐인 경우에는 공무원 개인은 손해배상책임을 부담하지 않는다고 본다(대법원 1996. 2. 15. 95다38677 전합).

16 답 ②

| 출제단원 | Part 04 행정소송법 |
| 출제영역 | 집행정지 |

행정소송법 제23조 제1항에서 '취소소송의 제기는 처분 등의 효력이나 그 집행 또는 절차의 속행에 영향을 주지 아니한다.'고 하여 집행부정지

의 원칙을 규정하고 있다. 다만, 제2항에서 다음과 같은 요건하에 예외적으로 집행정지를 인정하고 있다.

적극적 요건	본안이 계속 중일 것, 처분 등이 존재할 것, 회복하기 어려운 손해를 예방하기 위한 것일 것, 긴급한 필요가 있을 것
소극적 요건	공공복리에 중대한 영향이 없을 것, 본안청구의 이유 없음이 명백하지 않을 것

① (O) 집행정지를 하기 위해서는 적법한 본안소송이 법원에 계속되어 있어야 한다. 대법원도 집행정지결정을 하려면 이에 대한 본안소송이 법원에 제기되어 계속 중임을 요건으로 한다고 본다(대법원 2007. 6. 28. 자 2005무75).

② (X) 거부처분에 대하여도 집행정지가 가능한지 문제된다. 대법원은 거부처분은 그 효력이 정지되더라도 처분이 없었던 것과 같은 상태를 만드는 것에 지나지 아니하고, 행정청에게 신청에 따른 처분을 해야 할 의무가 생기는 것이 아니므로 거부처분의 집행정지는 거부처분으로 인해 신청인에게 생길 손해를 방지하는 데 아무런 보탬이 되지 않는다고 본다(대법원 1995. 6. 21. 자 95두26). 즉, 거부처분에 대해서는 집행정지가 인정되지 않는다는 것이다.

③ (O) 집행정지결정에는 처분의 「효력」이나 「집행」 또는 「절차의 속행」의 전부 또는 일부의 정지가 있다. 다만, 처분의 효력정지는 처분 등의 집행 또는 절차의 속행을 정지함으로써 목적을 달성할 수 있는 경우에는 허용되지 않는다(행정소송법 제23조 제2항 단서).

④ (O) 대법원은 행정처분의 효력정지나 집행정지를 구하는 신청사건에 있어서는 행정처분 자체의 적법 여부는 원칙적으로는 판단할 것이 아니라고 본다. 다만, 그렇다고 하여 본안소송에서의 처분의 취소가능성이 없음에도 불구하고 처분의 효력정지나 집행정지를 인정한다는 것은 제도의 취지에 반하므로 집행정지사건 자체에 의하여도 신청인의 본안청구가 이유 없음이 명백할 때에는 행정처분의 효력정지나 집행정지를 명할 수 없다고 본다(대법원 1992. 8. 7. 자 92두30). 정리하면 다음과 같다.

행정처분 자체의 적법 여부	원칙적으로 집행정지 신청사건의 판단대상이 아니다.
집행정지사건 자체에 의하여도 본안청구가 이유 없음이 명백한 경우	행정처분의 효력정지나 집행정지를 명할 수 없다.

17

출제단원 Part 05 행정심판법
출제영역 행정심판청구기간, 행정심판의 재결

정답 ②

① (O) 행정심판법에서는 행정심판은 원칙적으로 처분이 있음을 알게 된 날부터 90일 이내, 처분이 있었던 날부터 180일 이내에 제기하도록 규정하고 있다(행정심판법 제27조 제1항, 제3항). 이와 관련하여 대법원은 '처분이 있음을 안 날'이라 함은 당사자가 통지·공고 기타의 방법에 의하여 당해 처분이 있었다는 사실을 현실적으로 안 날을 의미하고, 추상적으로 알 수 있었던 날을 의미하는 것은 아니라고 본다(대법원 1995. 11. 24. 95누11535).

② (X) 순서대로 검토하면 다음과 같다.
  ⅰ) 부작위에 대한 의무이행심판에 심판청구기간 규정의 적용 여부
  행정심판법은 제27조에서 행정심판청구기간에 대해 규정하고 있다. 그런데 행정심판청구기간은 '취소심판청구'와 '거부처분에 대한 의무이행심판청구'에만 적용되며, '무효등확인심판청구'나 '부작위에 대한 의무이행심판청구'에는 적용되지 않는다(제27조 제7항). 따라서 부작위에 대한 의무이행심판은 심판청구기간 규정의 적용을 받지 않는다는 설명은 옳다.
  ⅱ) 부작위에 대한 의무이행심판에 사정재결이 인정되는지 여부
  사정재결이란 심판청구가 이유 있다고 인정되는 경우에도 이를 인용하는 것(= 받아들이는 것)이 공공복리에 크게 위배된다고 인정하는 때에 그 심판청구를 기각하는 재결을 말한다(행정심판법 제44조 제1항). 사정재결은 취소심판 및 의무이행심판에 인정되고, 무효등확인심판에는 인정되지 않는다(동조 제3항). 따라서 행정청의 부작위에 대한 의무이행심판에 사정재결이 인정되지 않는다는 설명은 옳지 않다.

③ (O) 행정심판법 제51조에서 행정심판 재청구의 금지에 대하여 규정하고 있다. 즉, 심판청구에 대한 재결이 있으면 그 재결 및 같은 처분 또는 부작위에 대하여 다시 행정심판을 청구할 수 없다.

④ (O) 「판결」이 확정되면 그 후의 절차에서 동일한 사항이 문제되는 경우에도 당사자와 승계인은 기존 판결에 반하는 주장을 할 수 없고, 법원도 그것에 반하는 판단을 할 수 없는 구속을 받게 된다. 이러한 판결의 효력을 「기판력」이라고 한다. 이와 관련하여 대법원은 행정심판의 「재결」은 피청구인(= 행정심판을 청구당한 처분청)인 행정청을 기속하는 효력(= 기속력)을 가지지만, 나아가 판결에서 인정되는 효력인 기판력이 재결에도 인정되는 것은 아니라고 본다. 따라서 재결이 확정된 경우에도 처분의 기초가 된 사실관계나 법률적 판단이 확정되고 당사자들이나 법원이 이에 기속되어 모순되는 주장이나 판단을 할 수 없게 되는 것은 아니라고 본다(대법원 2015. 11. 27. 2013다6759). 즉, 행정심판의 「재결」에 기속력은 인정되지만, 판결에서 인정되는 기판력은 인정되지 않는다.

18

출제단원 Part 04 행정소송법
출제영역 협의의 소의 이익

정답 ③

항고소송을 제기하기 위해서는 '협의의 소의 이익(= 권리보호의 필요)'이 요구된다. 협의의 소의 이익이란 원고의 청구가 소송을 통하여 분쟁을 해결할 만한 현실적인 필요성을 말한다.

ㄱ. (O) 위법한 처분을 취소한다 하더라도 원상회복이 불가능한 경우에는 그 소의 이익이 없다. 그러나 이러한 경우에도 동일한 사유로 위법한 처분이 반복될 위험성이 있거나 회복되는 부수적 이익이 있는 경우에는 소의 이익이 인정될 수 있다. 이와 관련하여 대법원은 지방의회의원에 대한 제명의결취소소송 계속 중 의원의 임기가 만료되어 제명의결의 취소로 의원의 지위를 회복할 수는 없다 하더라도 「제명의결시부터 임기만료일까지의 기간에 대한 월정수당의 지급을 구할 수 있는 경우」에는 제명의결의 취소를 구할 법률상 이익이 있다고 본다(대법원 2009. 1. 30. 2007두13487). 즉, 기본적인 권리회복은 불가능하나 월정수당의 지급과 같이 부수적 이익은 있는 경우이므로 원상회복이 불가능하더라도 소의 이익이 인정될 수 있는 경우라고 본 것이다.

ㄴ. (O) 파면처분이 있은 후에 금고 이상의 형을 선고받아 당연퇴직된 경우에도 위 파면처분의 취소를 구할 이익이 있는지 문제된다. 이와 관

련하여 대법원은 원고가 제기한 파면처분취소소송의 사실심 변론종결 전에 원고가 허위공문서 등 작성죄로 징역 8월에 2년간 집행유예의 형을 선고받아 확정되어 지방공무원법에 따라 판결이 확정된 날 당연퇴직되어 공무원의 신분을 상실하였다 하더라도 최소한 「파면처분이 있은 때부터 위 법규정에 의한 당연퇴직일자까지의 기간」에 있어서는 파면처분의 취소를 구하여 그로 인해 박탈당한 이익의 회복을 구할 소의 이익이 있다고 본다(대법원 1985. 6. 25. 85누39). 즉, 기본적인 권리회복은 불가능하나 부수적 이익은 있는 경우이므로 원상회복이 불가능하더라도 소의 이익이 인정될 수 있는 경우라고 본 것이다.

ㄷ. (X) 처분 후의 사정변경에 의해 '권익침해가 해소된 경우'에는 원칙적으로 처분의 취소를 구할 권리보호의 필요가 없다. 이와 관련하여 대법원은 피고(서울지방병무청장)가 원고의 공익근무요원 소집해제신청을 거부한 후에 원고가 계속하여 공익근무요원으로 복무함에 따라 복무기간 만료를 이유로 소집해제처분을 한 경우, 원고가 입게 되는 권리와 이익의 침해는 소집해제처분으로 해소되었으므로 소집해제신청에 대한 거부처분의 취소를 구할 소의 이익이 없다고 본다(대법원 2005. 5. 13. 2004두4369). 즉, 원고의 공익근무요원 소집해제신청에 대한 피고의 거부처분으로 인하여 원고가 입게 되는 권리와 이익의 침해는 피고가 복무기간 만료를 이유로 한 소집해제처분을 함으로써 해소되었다고 본 것이다.

19 답 ②

출제단원 종합
출제영역 개인정보 보호법, 항고소송 대상적격, 계획변경청구권

① (O) 헌법재판소는 개인의 고유성, 동일성을 나타내는 지문은 그 정보주체를 타인으로부터 식별가능하게 하는 것으로서 개인정보라고 본다(헌재 2015. 5. 28. 2011헌마731).

② (X) 거부처분이란 행정행위의 신청이 있는 경우에 신청에 따르는 행정행위를 할 것을 거부하는 내용의 행정행위를 말한다. 이와 관련하여 대법원은 행정청이 국민의 신청에 대하여 한 거부행위가 항고소송의 대상이 되는 행정처분에 해당하려면, 행정청의 행위를 요구할 「법규상」 또는 「조리상」의 신청권이 그 국민에게 있어야 한다고 본다(대법원 2005. 2. 25. 2004두4031). 또한 대법원은 이러한 신청권은 신청인이 그 신청에 따른 단순한 응답을 받을 권리를 넘어서 신청의 인용(= 신청한 내용이 받아들여지는 것)이라는 만족적 결과를 얻을 권리를 의미하는 것은 아니라고 본다(대법원 1996. 6. 11. 95누12460).

③ (O) 대법원은 지목(= 토지의 주된 사용목적에 따라 토지의 종류를 구분·표시하는 명칭)은 토지행정의 기초로서 공법상의 법률관계에 영향을 미치고, 토지소유자는 지목을 토대로 토지의 사용·수익·처분에 일정한 제한을 받게 되는 점 등을 고려하면, 지목은 토지소유권을 제대로 행사하기 위한 전제요건으로서 토지소유자의 실체적 권리관계에 밀접하게 관련되어 있다고 본다. 따라서 지적공부 소관청의 지목변경신청 반려행위는 국민의 권리관계에 영향을 미치는 것으로서 항고소송의 대상이 되는 행정처분에 해당한다고 본다(대법원 2004. 4. 22. 2003두9015).

④ (O) 계획이 확정된 후 사정변경 등을 이유로 하여 기존계획의 변경을 청구할 수 있는 권리를 계획변경청구권이라고 한다. 계획법규는 원칙상 공익의 보호를 목적으로 하는 것이어서 사익의 보호를 목적으로 하는 계획변경청구권은 원칙적으로 인정될 수 없다. 다만, 대법원은 예외적으로 법규상 또는 조리상 계획변경청구권이 인정되는 경우가 있다고 본다. 예를 들어, 대법원은 산업단지개발계획상 산업단지 안의 토지소유자로서 산업단지개발계획에 적합한 시설을 설치하여 입주하려는 자는 산업단지지정권자 또는 그로부터 권한을 위임받은 기관에 대하여 산업단지개발계획의 변경을 요청할 수 있는 법규상 또는 조리상 신청권이 있다고 본다. 따라서 이러한 신청에 대한 거부행위는 항고소송의 대상이 되는 행정처분에 해당한다고 본다(대법원 2017. 8. 29. 2016두44186).

20 답 ①

출제단원 Part 05 행정심판법
출제영역 재결의 기속력

재결의 기속력이란 처분청(= 피청구인) 및 관계행정청이 재결의 취지에 따르도록 처분청 및 관계행정청을 구속하는 효력을 말한다. 재결의 기속력은 심판청구를 「인용하는 재결」에 인정되며, 반복금지의무, 원상회복의무, 재처분의무를 내용으로 한다.

ㄱ. (O) 행정심판법 제49조 제2항에서는 '재결에 의하여 취소되거나 무효 또는 부존재로 확인되는 처분이 당사자의 신청을 거부하는 것을 내용으로 하는 경우에는 그 처분을 한 행정청은 재결의 취지에 따라 다시 이전의 신청에 대한 처분을 하여야 한다.'고 하여 거부처분에 대한 취소재결이나 무효등확인재결에 따른 「재처분의무」를 명시적으로 규정하고 있다.

ㄴ. (O) 행정심판법 제49조 제1항에서는 '심판청구를 「인용하는 재결」은 피청구인과 그 밖의 관계행정청을 기속한다.'고 하여 재결의 기속력을 명문으로 규정하고 있다. 즉, 재결의 기속력은 심판청구를 인용하는 재결(= 인용재결)에만 인정되며, 각하재결이나 기각재결에는 인정되지 않는다.

ㄷ. (X) 재결의 기속력의 범위와 관련하여 대법원은 재결의 기속력은 재결의 주문 및 그 전제가 된 요건사실의 인정과 판단, 즉 처분 등의 구체적 위법사유에 관한 판단에만 미친다고 본다(대법원 2005. 12. 9. 2003두7705).

ㄹ. (X) 행정심판법 제50조의2는 행정심판위원회의 간접강제제도를 규정하고 있다. 이에 의하면 행정심판위원회는 피청구인(= 처분청)이 인용재결에 따른 재처분의무에도 불구하고 처분을 하지 아니하면 「청구인의 신청」에 의하여 결정으로 상당한 기간을 정하고 피청구인이 그 기간 내에 이행하지 아니하는 경우에는 그 지연기간에 따라 일정한 배상을 하도록 명하거나 즉시 배상을 할 것을 명할 수 있다. 즉, 행정심판위원회의 간접강제는 당사자의 신청이 있을 것을 요건으로 하며, 행정심판위원회가 당사자의 신청이 없어도 직권으로 할 수 있는 것은 아니다.

2020년 지방직 9급
행정법총론

문제편 p.83

01 ④ 02 ④ 03 ② 04 ③ 05 ④ 06 ① 07 ④ 08 ③ 09 ① 10 ③
11 ① 12 ④ 13 ② 14 ② 15 ② 16 ② 17 ③ 18 ③ 19 ② 20 ④

01

답 ④

출제단원 Part 01 행정법 서설
출제영역 행정법의 일반원칙

① (X) 비례의 원칙(과잉금지의 원칙)이란 행정의 「목적」과 그 목적을 실현하기 위한 「수단」의 관계에서 적절한 비례관계가 있어야 한다는 원칙을 말한다. 비례의 원칙은 행정의 모든 영역에 적용될 뿐만 아니라, 입법을 포함한 국가작용 전체에 적용되는 원칙이다. 예를 들어, 헌법재판소는 국민의 기본권을 제한하는 법률의 위헌 여부를 판단함에 있어 해당 법률이 비례의 원칙(과잉금지의 원칙)을 위반하고 있는지를 기준으로 판단한다.

② (X) 「신뢰보호원칙」이란 행정기관의 말 또는 행동에 대하여 국민이 신뢰를 갖고 행위를 한 경우에, 국민의 신뢰가 보호할 가치가 있는 경우라면 이러한 신뢰를 보호해 주어야 한다는 것을 말한다. 신뢰보호원칙이 적용되기 위해서는 신뢰의 대상이 되는 「행정청의 선행조치」가 있어야 한다. 선행조치에는 법령·행정계획·행정행위·행정지도 등이 포함된다. 또한 선행조치는 적극적 행위(예 주택단지를 건설할 것이라는 것을 알리며 공중목욕탕의 건축을 권고하는 것)인가 소극적 행위(예 장기간 행정처분을 내리지 않는 것)인가를 가리지 않으며, 명시적 행위인가 묵시적 행위(예 위법상태의 장기간 묵인)인가도 가리지 않는다.

③ (X) 불합리한 차별을 해서는 안 된다는 원칙을 「평등원칙」이라고 한다. 이와 관련하여 대법원은 대략 같은 정도의 비위를 저지른 자들에 대하여 그 구체적인 직무의 특성, 금전수수의 경우에는 그 액수와 횟수, 의도적·적극적 행위인지 여부, 개전의 정이 있는지 여부 등에 따라 징계의 종류의 선택과 양정에 있어서 차별적으로 취급하는 것은 사안의 성질에 따른 합리적 차별로서 이를 자의적 취급이라고 할 수 없어 평등의 원칙 내지 형평에 반하지 아니한다고 본다(대법원 2008. 6. 26. 2008두6387).

④ (O) 행정관행이 성립된 경우 행정청은 특별한 사정이 없는 한 동종 사안에서 행정관행과 같은 결정을 하여야 한다는 원칙을 「행정의 자기구속의 원칙」이라고 한다. 이와 관련하여 대법원은 '행정규칙이나 내부지침'은 일반적으로 행정조직 내부에서만 효력을 가질 뿐 대외적인 구속력을 갖는 것은 아니므로 행정처분이 그에 위반하였다고 하여 곧바로 위법하게 되는 것은 아니지만, 재량권 행사의 준칙인 행정규칙(= 재량준칙)이 그 정한 바에 따라 되풀이 시행되어 행정관행이 이루어지게 되면 「평등의 원칙」이나 「신뢰보호의 원칙」에 따라 행정기관은 그 상대방에 대한 관계에서 그 규칙에 따라야 할 자기구속을 받게 되므로, 이러한 경우에는 특별한 사정이 없는 한 그를 위반하는 처분은 평등의 원칙이나 신뢰보호의 원칙에 위배되어 재량권 일탈·남용한 위법한 처분이 된다고 본다(대법원 2009. 12. 24. 2009두7967).

02

답 ④

출제단원 Part 02 행정작용 및 절차법
출제영역 처분의 사전통지, 의견청취

행정절차법상 사전통지나 의견청취 등은 행정청이 당사자에게 「의무를 부과하거나 권익을 제한하는 처분(= 불이익 처분)」을 할 때를 대상으로 한다.

① (X) 행정청이 당사자에게 의무를 부과하거나 권익을 제한하는 처분을 할 때에 청문을 실시하거나 공청회를 개최하는 경우 외에는 「당사자 등」에게 의견제출의 기회를 주어야 한다(행정절차법 제22조 제3항). 이와 관련하여 대법원은 행정절차법상 의견제출의 기회를 주어야 하는 '당사자'는 '행정청의 처분에 대하여 직접 그 상대가 되는 당사자'를 의미한다고 본다. 따라서 '고시'의 방법으로 「불특정 다수인」을 상대로 의무를 부과하거나 권익을 제한하는 처분은 성질상 상대방을 특정할 수 없으므로, 이러한 경우에는 상대방에게 의견제출의 기회를 주어야 하는 것은 아니라고 본다(대법원 2014. 10. 27. 2012두7745).

② (X) 행정절차법에 의하면 청문은 다른 법령 등에서 청문을 하도록 규정하고 있는 경우뿐만 아니라, 행정청이 필요하다고 인정하는 경우, 인·허가 등의 취소 등 법에서 정한 일정한 처분을 하는 경우에도 할 수 있다(제22조 제1항). 또한 공청회의 경우에도 다른 법령 등에서 공청회를 개최하도록 규정하고 있는 경우뿐만 아니라 해당 처분의 영향이 광범위하여 널리 의견을 수렴할 필요가 있다고 행정청이 인정하는 경우, 국민생활에 큰 영향을 미치는 처분으로서 대통령령으로 정하는 처분에 대하여 대통령령으로 정하는 수 이상의 당사자 등이 공청회 개최를 요구하는 경우에도 개최할 수 있다(제22조 제2항). 참고로 의견청취절차(청문, 공청회, 의견제출)의 개시요건을 정리하면 다음과 같다.

청문	공청회	의견제출
법령 등에서 규정하고 있는 경우, 행정청이 필요하다고 인정하는 경우, 인·허가 등의 취소 등 법에서 정한 일정한 처분을 하는 경우	법령 등에서 규정하고 있는 경우, 행정청이 필요하다고 인정하는 경우, 대통령령으로 정하는 수 이상의 당사자 등이 요구하는 경우	불이익 처분시 청문 또는 공청회가 없는 경우

③ (X) 처분의 사전통지란 행정청이 당사자에게 의무를 부과하거나 권익을 제한하는 처분을 하기 전에 처분의 제목, 당사자의 성명 또는 명칭과 주소, 처분하려는 원인이 되는 사실과 처분의 내용 및 법적 근거 등 일정 사실을 당사자 등에게 통지하는 것을 말한다. 이와 관련하여 거부처분이 사전통지의 대상처분인지가 문제되는데, 대법원은 사전통지의 대상이 되기 위해서는 당사자의 권익을 제한하는 처분이어야 하는데, 신청에 따른 처분이 이루어지지 않은 상황에서는 아직 신청한 자에게 권익이 부여되지 않은 것이고 제한할 권익도 존재하지 않으므로 거부처분은 당사자의 권익을 제한하는 처분이 아니라고 본다. 즉, 사전통지의 대상이 아니라는 것이다(대법원 2003. 11. 28. 2003두674).

④ (O) 대법원은 행정절차법의 목적 및 청문제도의 취지 등에 비추어 볼 때, 행정청과 당사자의 협약으로 관계법령 및 행정절차법에 규정된 청문의 실시 등 의견청취절차를 배제하는 조항을 두었더라도 청문의

실시에 관한 규정의 적용이 배제되거나 청문을 실시하지 않아도 되는 예외적인 경우에 해당하는 것은 아니라고 본다. 즉, 행정청과 당사자의 협약으로 의견청취절차를 배제할 수는 없다고 본다(대법원 2004. 7. 8. 2002두8350).

03 ②

| 출제단원 | Part 03 행정의 실효성 확보수단 |
| 출제영역 | 대집행 |

행정상 강제집행이란 행정법상의 의무 불이행이 있는 경우에 행정청이 의무자의 신체 또는 재산에 실력을 가하여 불이행된 의무를 이행시키거나 이행한 것과 동일한 상태를 실현시키는 것으로서 대집행, 이행강제금, 직접강제, 행정상 강제징수를 말한다. 이 중 대집행이란 공법상 대체적 작위의무(건물의 철거, 물건의 파기 등과 같이 타인이 대신하여 행할 수 있는 의무)의 불이행이 있는 경우에 당해 행정청이 스스로 의무자가 행할 행위를 하거나 제3자로 하여금 이를 행하게 하고 그 비용을 의무자로부터 징수하는 것을 말한다.

① (O) 대집행은 공법상의 대체적 작위의무의 불이행을 대상으로 한다. 따라서 부작위의무(예 시설설치 금지의무)가 불이행된 경우에는 원칙적으로 대집행을 할 수 없다. 다만, 이러한 부작위의무는 '철거명령' 등을 통해 작위의무로 전환시킨 후에 이러한 작위의무를 위반하게 되면 대집행의 대상이 될 수 있다. 이와 관련하여 대법원은 부작위의무를 작위의무로 전환시키기 위해서는 별도의 법적 근거가 있어야 한다고 본다. 즉, 이러한 법적 근거가 없다면 부작위의무(= 무엇을 하지 말아야 하는 의무)로부터 작위의무(= 부작위의무 위반의 결과를 시정해야 하는 의무)를 당연히 도출할 수는 없다고 본다. 또한 부작위의무를 정하고 있는 금지규정(= 무엇을 하지 말 것을 정하고 있는 규정)으로부터 부작위의무 위반으로 인한 결과의 시정을 명하는 권한(= 작위의무명령권)이 당연히 추론되는 것도 아니라고 본다(대법원 1996. 6. 28. 96누4374).

② (X) 대집행은 '계고 → 대집행영장에 의한 통지 → 대집행의 실행 → 비용징수'라는 절차를 거친다. 이때 계고란 상당한 기간 내에 의무의 이행을 하지 않으면 대집행을 한다는 의사를 사전에 통지하는 행위를 말한다. 이와 관련하여 대법원은 대집행의 계고를 함에 있어서 의무자가 이행하여야 할 행위와 그 의무 불이행시 대집행할 행위의 내용 및 범위는 반드시 대집행계고서에 의해서만 특정되어야 하는 것은 아니며, 계고처분 전후에 송달된 문서나 기타 사정을 종합하여 이를 특정할 수 있으면 족하다고 본다(대법원 1992. 3. 10. 91누4140).

③ (O) 대집행은「공법상 의무의 불이행이 있을 것」,「불이행된 의무는 대체적 작위의무일 것」,「불이행된 의무를 다른 수단으로는 이행을 확보하기가 곤란할 것」,「공익상의 요청이 있을 것(= 의무 불이행을 방치하는 것이 심히 공익을 해한다고 인정되는 경우일 것)」이라는 요건을 충족해야 한다. 이와 같은 대집행요건의 입증책임과 관련하여 대법원은 건축법에 위반하여 건축한 것이어서 철거의무가 있는 건물이라 하더라도 그 철거의무를 대집행하기 위한 계고처분을 하려면「다른 방법으로는 이행의 확보가 어렵고」,「불이행을 방치함이 심히 공익을 해하는 것」으로 인정될 때에 한하여 허용되고 이러한 요건의 주장·입증책임은「처분행정청」에 있다고 본다(대법원 1996. 10. 11. 96누8086). 즉, 대집행요건 충족의 입증책임은 행정청에 있다는 것이다.

④ (O) 대집행의 비용은「의무자」가 부담하여야 한다. 의무자가 비용을 납부하지 않으면 당해 행정청은 대집행비용을 국세징수법의 예에 의하여 강제징수할 수 있다(행정대집행법 제6조 제1항). 대집행에 요한 비용의 징수에 있어서는 실제에 요한 비용액과 그 납기일을 정하여 의무자에게 문서로써 그 납부를 명하여야 한다(동법 제5조). 이러한 비용납부명령은 비용납부의무를 발생시키는 하명(= 행정청이 국민에게 작위·부작위·급부·수인의무를 명하는 행정행위)으로서 항고소송의 대상이 된다.

04 ③

| 출제단원 | Part 03 행정의 실효성 확보수단 |
| 출제영역 | 이행강제금 |

이행강제금이란 작위의무·부작위의무·수인의무의 불이행시에 일정 액수의 금전이 부과될 것임을 의무자에게 미리 계고함으로써 의무이행의 확보를 도모하는 강제수단을 말한다. 이행강제금을 '집행벌'이라고 표현하기도 한다.

① (O) 이행강제금의 부과는 침익적인 강제수단이므로 법률유보의 원칙상 법적 근거가 필요하다. 이에 따라 이행강제금 부과의 근거는 「건축법」등 개별법률에서 규정하고 있다.

② (O) 행정벌이란 행정의 상대방이 행정법상 의무를 위반한 경우에 국가 또는 지방자치단체가 행정의 상대방에게 과하는 행정법상의 제재로서의 처벌로서, 행정형벌과 행정질서벌(과태료)이 이에 해당한다. 참고로 이행강제금과 행정벌은 다음과 같이 목적상 차이가 있다.

이행강제금	행정벌
장래의 의무이행을 확보하기 위한 강제수단	과거의 의무위반에 대한 제재

이와 관련하여 헌법재판소는 건축법에 의한 무허가 건축행위에 대한「형사처벌」과 시정명령 위반에 대한「이행강제금」의 부과는 그 처벌 내지 제재대상이 되는 기본적 사실관계로서의 행위를 달리하며, 또한 그 보호법익과 목적에서도 차이가 있으므로 헌법 제13조 제1항이 금지하는 이중처벌에 해당한다고 할 수 없다고 하였다(헌재 2004. 2. 26. 2001헌바80). 즉, 양자는 규제목적을 달리하므로 병행하여 부과될 수 있다.

③ (X) 헌법재판소는 전통적으로 '행정대집행'은 대체적 작위의무에 대한 강제집행수단으로, '이행강제금'은 부작위의무나 비대체적 작위의무에 대한 강제집행수단으로 이해되어 왔지만, 이는 이행강제금제도의 본질에서 오는 제약은 아니라고 본다. 즉, 대체적 작위의무의 위반에 대해서도 이행강제금을 부과할 수「있다」는 것이다(헌재 2004. 2. 26. 2001헌바80).

④ (O) 건축법에서는 '허가권자는 최초의 시정명령이 있었던 날을 기준으로 하여 1년에 2회 이내의 범위에서 해당 지방자치단체의 조례로 정하는 횟수만큼 그 시정명령이 이행될 때까지 반복하여 이행강제금을 부과·징수할 수 있다.'고 하여 이행강제금의 반복 부과가 가능함을 규정하고 있다(제80조 제5항). 즉, 이행강제금은 장래의 의무이행을 확보하기 위한 강제수단이며, 과거의 의무위반에 대한 제재는 아니므로 의무의 이행이 있기까지 반복하여 부과할 수 있는 것이다.

05

정답 ④

출제단원 Part 01 행정법 서설
출제영역 공법관계와 사법관계

행정활동을 기초로 하여 맺어지는 법률관계를 「행정상 법률관계」라고 한다. 행정상 법률관계에는 행정법에 의하여 규율되는 관계인 「공법관계」와 사법에 의하여 규율되는 관계인 「사법관계」가 있다.

① (X) 행정절차법은 행정절차에 관한 공통적인 사항을 규정하고 있는 행정절차에 관한 일반법이므로 공법관계에 적용될 뿐이며, 사법관계에 적용되지는 않는다. 참고로 행정절차법은 적용 범위와 관련하여 '처분, 신고, 확약, 위반사실 등의 공표, 행정계획, 행정상 입법예고, 행정예고 및 행정지도의 절차에 관하여 다른 법률에 특별한 규정이 있는 경우를 제외하고는 이 법에서 정하는 바에 따른다.'고 규정하고 있다(제3조 제1항).

② (X) 공법관계는 행정소송(항고소송 또는 당사자소송)의 대상이 된다. 만약 행정청의 우월한 공권력의 행사, 즉 처분이나 부작위를 대상으로 소송을 제기하는 것이라면 항고소송을 제기해야 하고, 처분 등을 원인으로 하는 법률관계 및 공법상의 법률관계를 대상으로 소송을 제기하는 것이라면 당사자소송을 제기해야 한다. 정리하면 다음과 같다.

항고소송	행정청의 처분 등 그 자체를 대상으로 한다.
당사자소송	행정청의 처분 등을 원인으로 하는 법률관계를 대상으로 한다.

반면, 사법관계는 민사소송의 대상이 된다.

③ (X) 공법관계와 사법관계의 구별은 1차적으로 관련 법규정이 기준이 되고, 관련법규에 의해 명확하게 구별되지 않는 경우에 2차적으로 해당 법률관계의 성질이 기준이 된다. 이때 구체적인 구별기준과 관련하여 이익설, 성질설, 구주체설, 신주체설 등의 견해대립이 있지만, 어느 학설도 완벽하지 못하므로 이러한 이론들에서 언급된 여러 기준을 종합적으로 고려하여야 한다는 견해인 종합설이 통설이다. 이와 관련하여 대법원 역시 여러 기준을 종합적으로 고려하여 판단하고 있다고 평가된다(종합설). 따라서 대법원이 법률관계의 한쪽 당사자가 행정주체인 경우 언제나 공법관계로 보는 것은 아니다. 예를 들어, 대법원은 국유일반재산을 대부하는 행위는 행정주체인 국가가 사경제주체로서 상대방과 대등한 위치에서 행하는 사법상의 계약이라고 본다(대법원 2000. 2. 11. 99다61675).

④ (O) 대법원은 구 예산회계법(현행 국가를 당사자로 하는 계약에 관한 법률)에 따라 체결되는 계약은 사법상의 계약이라고 할 것이고 동법상 입찰보증금은 낙찰자의 계약체결의무 이행의 확보를 목적으로 하여 그 불이행시에 이를 국고에 귀속시켜 국가의 손해를 전보하는 「사법상의 손해배상 예정」으로서의 성질을 갖는 것이라고 본다. 따라서 입찰보증금의 국고귀속조치는 국가가 사법상의 재산권의 주체로서 행위하는 것이지 공권력을 행사하는 것이거나 공권력작용과 일체성을 가진 것이 아니라 할 것이므로 이에 관한 분쟁은 행정소송이 아닌 「민사소송」의 대상이라고 본다(대법원 1983. 12. 27. 81누366).

06

정답 ①

출제단원 Part 01 행정법 서설
출제영역 사인의 공법행위로서 신고

① (X) 건축법상 「일반적인 건축신고」는 「수리를 요하지 않는 신고(자기완결적 신고)」이다. 반면, 건축법에는 건축신고를 한 경우 다른 법령상의 인·허가까지 받은 것으로 보는 규정(제14조 제2항)이 있는데, 이와 관련하여 대법원은 「인·허가의제효를 수반하는 건축신고」는 행정청이 의제되는 인·허가의 실질적인 요건까지 심사해야 하기 때문에 일반적인 건축법상 신고와는 달리 「수리를 요하는 신고(행위요건적 신고)」라고 본다(대법원 2011. 1. 20. 2010두14954). 이와 관련하여 신고에 대한 행정청의 수리거부가 처분에 해당하는지 문제된다. 「수리를 요하는 신고(행위요건적 신고)」의 경우 신고만으로 법적 효과가 발생하지는 않으며, 행정청이 수리를 해야만 법적 효과가 발생한다. 따라서 수리를 요하는 신고에 대한 행정청의 수리거부는 처분에 해당한다. 반면, 「수리를 요하지 않는 신고(자기완결적 신고)」의 수리거부는 원칙적으로 처분이 아니다. 「수리를 요하지 않는 신고」의 경우 행정청의 수리 없이도 신고 자체로 신고의 법적 효과가 발생하므로 행정청의 수리거부행위는 아무런 법적 의미를 갖지 않는다고 보기 때문이다. 그러나 대법원은 「행정청의 건축신고 반려행위」(대법원 2010. 11. 18. 2008두167 전합)나 「행정청의 착공신고 반려행위」(대법원 2011. 6. 10. 2010두7321)의 경우 신고가 거부(반려)될 경우 당해 신고의 대상이 되는 행위를 하면 법적 불이익(예 시정명령, 이행강제금, 벌금)을 받을 위험이 있는 경우라면, 이때의 수리거부행위는 처분이라고 보아 예외를 인정하고 있다. 신고가 거부된 단계에서 거부행위의 적법성을 다투어 신고인이 받을 수 있는 법적 불이익을 제거할 필요가 있기 때문이다. 정리하면 다음과 같다.

구분	「일반적」인 건축신고 (건축법 제14조 제1항)	「인·허가의제효를 수반」하는 건축신고 (건축법 제14조 제2항)
성질	수리를 요하지 않는 신고 (자기완결적 신고)	수리를 요하는 신고 (행위요건적 신고)
「수리」의 처분성	처분 X	처분 O
「수리거부」의 처분성	처분 O(단, 예외적인 판례이며 수리를 요하지 않는 신고의 수리거부가 언제나 처분이라는 것은 아니다.)	처분 O

따라서 일반적인 건축신고가 자기완결적 신고라는 설명은 옳지만, 일반적인 건축신고에 대한 수리거부행위가 처분이 아니라는 설명은 옳지 않다.

② (O) ①번 해설에서 살펴본 바와 같이, 대법원은 「인·허가의제효를 수반하는 건축신고」는 행정청이 의제되는 인·허가의 실질적인 요건까지 심사해야 하기 때문에 일반적인 건축법상 신고와는 달리 「수리를 요하는 신고(행위요건적 신고)」라고 본다(대법원 2011. 1. 20. 2010두14954).

③ (O) 행정절차법 제40조 제2항은 '법령 등에서 행정청에 일정한 사항을 통지함으로써 의무가 끝나는 신고를 규정하고 있는 경우에 이에 따른 신고가 「신고서의 기재사항에 흠이 없을 것」, 「필요한 구비서류가 첨부되어 있을 것」, 「그 밖에 법령 등에 규정된 형식상의 요건에

적합할 것」이라는 요건을 갖춘 경우에는 신고서가 접수기관에 도달된 때에 신고의무가 이행된 것으로 본다.'라고 규정하고 있다. 즉, 별도로 행정청의 수리가 있어야만 효과가 발생하는 것은 아니라는 것이므로 행정절차법 제40조는 「수리를 요하지 않는 신고」를 규정하고 있다고 해석하는 것이 일반적이다.

④ (O) 근거법률이 규정하는 신고의 요건만 구비하면 적법한 것인지, 아니면 다른 법률에서 정하는 요건까지 구비하여야 적법한 것인지 문제된다. 이에 대하여 대법원은 다른 법률에서 정하는 요건을 충족시키지 못하는 한 적법한 신고를 할 수 없다고 본다. 예를 들어, 대법원은 식품위생법과 건축법은 그 입법목적, 규정사항, 적용범위 등을 서로 달리하고 있어 식품접객업에 관하여 식품위생법이 건축법에 우선하여 배타적으로 적용되는 관계에 있다고는 해석되지 않는다고 본다. 따라서 식품위생법에 따른 식품접객업의 영업신고의 요건을 갖춘 자라고 하더라도, 그 영업신고를 한 당해 건축물이 건축법 소정의 허가를 받지 않은 무허가건물이라면 적법한 신고를 할 수 없다고 본다(대법원 2009. 4. 23. 2008도6829).

07 답 ④

| 출제단원 Part 02 행정작용 및 절차법
| 출제영역 법규명령형식의 행정규칙, 행정규칙형식의 법규명령, 법규명령의 근거

ㄱ. (X) [법규명령(시행규칙)형식의 행정규칙] 법규명령(시행령, 시행규칙)의 형식을 취하고 있지만, 규율하고 있는 내용은 행정규칙의 실질을 가지는 것을 「법규명령형식의 행정규칙」이라고 한다. 이와 관련하여 법규명령형식으로 정한 제재적 처분기준의 법적 성질이 문제된다. 제재적 처분기준이란 영업허가의 취소 또는 정지, 과징금 부과 등과 같은 제재적 처분을 어떤 기준에 의해 부과할 것인지 정해 놓은 것을 말한다. 대법원은 부령(시행규칙)형식으로 제재적 처분기준을 정한 경우에는 이를 「행정규칙」의 성질을 갖는다고 본다. 반면, 대통령령(시행령)형식으로 제재적 처분기준을 정한 경우에는 이를 「법규명령」의 성질을 갖는다고 본다. 예를 들어, 대법원은 「도로교통법 시행규칙」이 정한 [별표 16]의 운전면허행정처분기준은 「부령(= 시행규칙)」의 형식으로 되어 있으므로 행정청 내부의 사무처리준칙(= 행정규칙)을 규정한 것에 지나지 아니하므로 대외적으로 국민이나 법원을 기속하는 효력이 없다고 본다(대법원 1997. 5. 30. 96누5773).

ㄴ. (X) [행정규칙(고시)형식의 법규명령] 법률에서 규정한 내용을 구체화할 필요가 있어 법령의 위임을 받아 그 구체적인 내용을 훈령이나 고시와 같은 행정규칙의 형식으로 정하는 경우를 법령보충적 행정규칙(= 법령보충규칙)이라고 한다. 이와 관련하여 대법원은 행정각부의 장이 정하는 고시라도 법령의 규정에서 특정 행정기관에 법령내용의 구체적 사항을 정할 수 있는 권한을 부여함으로써 법령내용을 보충하는 기능을 가질 경우에는 형식과 상관없이 근거법령 규정과 결합하여 대외적으로 구속력이 있는 법규명령으로서의 효력을 가진다고 본다. 다만, 예외적으로 인정되는 효력이므로 특정 고시가 비록 법령에 근거를 둔 것이더라도 규정내용이 법령의 위임범위를 벗어난 것일 경우에는 법규명령으로서의 대외적 구속력을 인정할 수 없다고 본다(대법원 2016. 8. 17. 2015두51132).

ㄷ. (X) [행정규칙(고시)형식의 법규명령] 대법원은 법령의 위임에 의해 법령을 보충하는 법규사항을 정하는 행정규칙(= 법령보충규칙)은 상위법령의 「위임한계를 벗어나지 않는 한」 법령과 결합하여 대외적인 구속력이 있는 법규명령으로서의 효력을 갖는다고 본다. 따라서 법령에서 세부사항 등을 「시행규칙이라는 방식으로 정하도록 위임」했음에도 이와 달리 「고시와 같은 행정규칙」으로 정했다면, 상위법령의 위임범위를 벗어난 것이므로 이러한 행정규칙에는 대외적 구속력이 인정되지 않는다고 본다(대법원 2012. 7. 5. 2010다72076).

ㄹ. (X) 대법원은 법령에서 행정처분의 요건 중 일부 사항을 부령으로 정할 것을 「위임」한 데 따라 시행규칙 등 부령에서 이를 정한 경우에 그 부령의 규정은 국민에 대해서도 구속력이 있는 법규명령에 해당한다고 본다. 반면, 법령의 위임이 「없음」에도 법령에 규정된 처분요건에 해당하는 사항을 부령에서 변경하여 규정한 경우에는 그 부령의 규정은 행정청 내부의 사무처리기준 등을 정한 것으로서 행정조직 내에서 적용되는 행정명령(= 행정규칙)의 성격을 지닐 뿐 국민에 대한 대외적 구속력은 없다고 본다(대법원 2013. 9. 12. 2011두10584).

08 답 ③

| 출제단원 Part 02 행정작용 및 절차법
| 출제영역 기속행위와 재량행위

① (O) 대법원은 국토의 계획 및 이용에 관한 법률상 개발행위허가는 허가기준 및 금지요건이 불확정개념으로 규정된 부분이 많아 그 요건에 해당하는지 여부는 행정청의 재량판단의 영역에 속한다고 본다(대법원 2017. 3. 15. 2016두55490). 이 판례는 대법원이 판단여지와 재량권을 구별하지 않고 판단여지가 인정될 수 있는 경우에도 재량행위이론으로 판단하고 있음을 보여주는 판례라고 평가된다. 즉, 대법원은 판단여지라는 개념을 인정하지 않고, 이를 재량개념에 의해 통일적으로 해결하고 있다. 참고로 「판단여지」란 법원이 불확정개념에 대하여 사법심사를 할 수 있다고 하더라도, 행정의 전문적·정책적 판단이 최종적인 것으로 존중되어야 하는 일정한 영역에서는 법원의 사법심사가 제한되는데, 이러한 영역을 '판단여지'라고 한다. 성적평가, 공무원 근무평정 등 행정청의 주관적 판단개입이 불가피한 영역, 미래예측적 성질을 가지는 행정결정, 전문적인 중립적 기관의 판단 등이 판단여지가 인정되는 영역이라고 본다.

② (O) 대법원은 행정행위가 그 재량성의 유무 및 범위와 관련하여 이른바 기속행위 내지 기속재량행위와 재량행위 내지 자유재량행위로 구분된다고 할 때, 그 구분은 당해 행위의 근거가 된 법규의 체재·형식과 그 문언, 당해 행위가 속하는 행정분야의 주된 목적과 특성, 당해 행위 자체의 개별적 성질과 유형 등을 모두 고려하여 판단하여야 한다고 본다(대법원 2001. 2. 9. 98두17593). 즉, 대법원은 관련법령에 대한 종합적인 판단을 전제로 하여 기속행위와 재량행위를 구분해야 한다는 것을 기본적인 기준으로 제시하고 있다. 참고로 전통적 견해는 재량행위를 기속재량행위와 자유재량행위로 구별했지만, 오늘날 견해는 기속재량행위는 기속행위로 보면 족하고, 자유재량행위는 재량행위로 보면 족하다고 본다.

③ (X) 대법원은 처분을 할 것인지 여부와 처분의 정도에 관하여 재량이 인정되는 과징금납부명령에 대하여 그 명령이 재량권을 일탈하였을 경우, 법원으로서는 재량권의 일탈 여부만 판단할 수 있을 뿐이라고 본다. 즉, 재량권의 범위 내에서 어느 정도가 적정한 것인지에 관하여

는 판단할 수 없다는 것이다. 따라서 그 전부를 취소할 수밖에 없고, 법원이 적정하다고 인정하는 부분을 초과한 부분만 취소할 수는 없다고 본다(대법원 2009. 6. 23. 2007두18062). 즉, 어느 정도가 적정한 과징금인지를 법원이 독자적으로 판단한 후 이를 기초로 법원이 판단한 부분을 초과한 부분만을 취소할 수는 없다는 것이다. 이는 법원은 문제된 과징금부과처분 전부를 취소하는 것으로 역할을 다한 것이고, 이후 처분청이 재량권을 행사하여 다시 적정한 처분을 하도록 하여야 한다는 것이다.

④ (O) 대법원은 구 자동차운수사업법 등의 관련규정을 살펴보면 마을버스운송사업면허의 허용 여부는 운수행정을 통한 공익실현과 아울러 합목적성을 추구하기 위하여 보다 구체적 타당성에 적합한 기준에 의하여야 할 것이므로 그 범위 내에서는 법령이 특별히 규정한 바가 없으면 행정청의 재량에 속하는 것이라고 본다(대법원 2001. 1. 19. 99두3812). 이 판례는 대법원이 경우에 따라 공익성을 기속행위와 재량행위의 구별기준으로 활용하고 있음을 보여주는 판례이다.

09 답 ①

출제단원 Part 02 행정작용 및 절차법
출제영역 강학상 인가

인가란 제3자의 법률행위(= 기본행위)를 보충하여 그 법률적 효력을 완성시켜 주는 행정행위(= 인가행위)를 의미한다. 인가의 예로는 민법상 재단법인의 정관변경허가, 학교법인의 임원에 대한 감독청의 취임승인, 주택재건축정비사업조합의 사업시행인가, 토지거래허가 등이 있다.

ㄱ. (O) 인가는 기본행위의 하자를 치유하지 않는다. 즉, 기본행위에 하자가 있는 경우에 적법한 인가가 있다고 하여 기본행위의 하자가 치유되는 것은 아니다. 예를 들어, 대법원은 인가는 기본행위인 재단법인의 정관변경에 대한 법률상의 효력을 완성시키는 보충행위로서, 그 기본이 되는 정관변경결의에 하자가 있을 때에는 그에 대한 인가가 있었다 하여도 기본행위인 정관변경결의가 유효한 것으로 될 수 없다고 본다(대법원 1996. 5. 16. 95누4810 전합).

ㄴ. (O) 대법원은 민법에서 말하는 재단법인 「정관변경의 허가」는 '허가'라는 표현에도 불구하고, 일반적 금지의 해제를 뜻하는 강학상 허가가 아니라, 재단법인의 정관변경이라는 법률행위의 효력을 보충해 주는 '인가'에 해당한다고 본다(대법원 1996. 5. 16. 95누4810 전합).

ㄷ. (X) 대법원은 기본행위가 적법·유효하고 보충행위인 인가처분 자체에만 하자가 있다면 그 인가처분의 무효나 취소를 주장할 수 있다고 본다. 반면, 인가처분에 하자가 없다면 기본행위에 하자가 있다 하더라도 따로 그 기본행위의 효력을 다투는 것은 별론으로 하고 기본행위의 무효를 내세워 바로 그에 대한 행정청의 인가처분의 취소 또는 무효확인을 소구(= 소송을 통해 청구)할 법률상의 이익은 없다고 본다. 즉, 기본행위에 하자가 있는 경우에는 기본행위를 다투어야 한다는 것이다(대법원 1996. 5. 16. 95누4810). 정리하면 다음과 같다.

구분	쟁송대상
기본행위에 하자 X + 인가행위에 하자 O	인가처분의 무효나 취소를 구할 수 있다.
기본행위에 하자 O + 인가행위에 하자 X	기본행위만이 쟁송의 대상이 된다.

ㄹ. (X) 관리처분계획이란 재개발·재건축사업 등의 공사가 완료된 후에 재개발·재건축조합이 행할 분양처분 및 청산 등에 관한 계획을 말한다. 관리처분계획이 효력을 발생하기 위한 절차는 다음과 같다.

재개발·재건축조합이 관리처분계획안 마련 → 조합총회의 의결 → 행정청의 인가·고시 → 관리처분계획의 효력 발생(= 구속적 행정계획으로서 독립된 행정처분에 해당) → 이전고시(= 관리처분계획에 따라 분양받을 대지 또는 건축물의 소유권을 분양받을 자에게 귀속시키는 처분)

이와 관련하여 대법원은 관리처분계획에 대한 행정청의 인가는 관리처분계획의 법률상 효력을 완성시키는 보충행위로서의 성질(= 강학상 인가)을 갖는다고 본다(대법원 2012. 8. 30. 2010두24951). 이때 「관리처분계획안에 대한 조합총회결의의 효력을 다투는 방법」에 대하여 대법원은 관리처분계획안에 대한 행정청의 「인가·고시」시점을 기준으로 달리 판단하고 있다. 즉, 대법원은 도시 및 주거환경정비법상 행정주체인 주택재건축정비사업조합을 상대로 「관리처분계획안에 대한 조합총회결의의 효력 등을 다투는 소송」은 행정처분에 이르는 절차적 요건의 존부나 효력 유무에 관한 소송으로서 그 소송결과에 따라 행정처분의 위법 여부에 직접 영향을 미치는 공법상 법률관계에 관한 것이므로, 이는 행정소송법상의 「당사자소송」에 해당한다고 본다. 다만, 관리처분계획에 대하여 관할 「행정청의 인가·고시」까지 있게 되면 「관리처분계획」은 「행정처분」으로서 효력이 발생하게 되므로, 「총회결의의 하자」를 이유로 하여 「행정처분」의 효력을 다투는 「항고소송」의 방법으로 관리처분계획의 취소 또는 무효확인을 구하여야 하고, 그와 별도로 행정처분에 이르는 절차적 요건 중 하나에 불과한 「총회결의」 부분만을 따로 떼어내어 효력 유무를 다투는 확인의 소를 제기하는 것은 특별한 사정이 없는 한 허용되지 않는다고 본다(대법원 2009. 9. 17. 2007다2428). 「관리처분계획안에 대한 조합총회결의의 효력을 다투는 방법」에 대하여 정리하면 다음과 같다.

행정청의 「인가·고시」 있기 「전」	행정처분에 이르는 절차적 요건의 존부나 효력 유무에 관한 소송으로서 그 소송결과에 따라 행정처분의 위법 여부에 직접 영향을 미치는 공법상 법률관계에 관한 것이므로 → 당사자소송
행정청의 「인가·고시」 있은 「후」	행정청의 인가·고시까지 있게 되면 관리처분계획은 행정처분으로서 효력이 발생하게 되므로, 총회결의의 하자를 이유로 행정처분의 효력을 다투어야 하므로 → 항고소송

따라서 'ㄹ'선택지의 내용 중 관리처분계획에 대한 인가가 강학상 인가라는 것은 옳은 설명이나, 관리처분계획에 대한 인가가 있더라도 총회결의에 하자가 있을 경우 민사소송으로 다투어야 한다는 설명은 옳지 않다. 행정청의 인가가 있은 후에는 항고소송의 방법으로 관리처분계획의 취소 또는 무효확인을 구하여야 하기 때문이다.

10 답 ③

출제단원 Part 02 행정작용 및 절차법
출제영역 행정행위의 부관

부관이란 행정행위의 효과를 제한 또는 보충하기 위하여 행정기관에 의하여 주된 행정행위에 부가된 종된 규율을 말한다(다수설).

① (X) 주된 행정행위와 별개로 위법한 부관만을 행정쟁송의 대상으로 삼을 수 있는지 문제된다. 이와 관련하여 대법원은 부관 중에서도 행

정행위에 부수하여 그 행정행위의 상대방에게 일정한 의무를 부과하는 행정청의 의사표시인 「부담」의 경우에는 부담 그 자체로서 행정쟁송의 대상이 될 수 있다고 본다. 부담은 다른 부관과는 달리 행정행위의 불가분적인 요소가 아니고, 그 존속이 본체인 행정행위의 존재를 전제로 하는 것일 뿐이므로 독립하여 행정쟁송의 대상이 될 수 있다는 것이다. 반면, 「그 외의 부관」은 그 자체로서 직접 법적 효과를 발생하는 독립된 처분이 아니므로 부관 그 자체만을 독립된 쟁송의 대상으로 할 수 없다고 본다(대법원 1992. 1. 21. 91누1264).

② (X) 대법원은 기부채납 받은 행정재산에 대한 사용·수익허가에서 공유재산의 관리청이 정한 「사용·수익허가의 기간」은 부담이 아니므로 이에 대해서는 독립하여 행정소송을 제기할 수 없다고 본다(대법원 2001. 6. 15. 99두509).

③ (O) 대법원은 행정청이 공유수면매립 준공인가를 하면서 '매립지 중 일부에 대하여 국가에 소유권이 귀속된다는 처분'을 한 것은 매립지의 소유권을 매립면허를 받은 자가 취득한다고 규정하고 있는 '공유수면매립법'의 효과의 일부를 배제하는 것으로서 부관 중 「법률효과의 일부배제」에 해당하므로 독립하여 행정소송의 대상으로 삼을 수 없다고 본다(대법원 1991. 12. 13. 90누8503).

④ (X) 대법원은 부담은 행정청이 행정처분을 하면서 일방적으로 부가할 수도 있지만, 부담을 부가하기 이전에 상대방과 협의하여 부담의 내용을 협약의 형식으로 미리 정한 다음 행정처분을 하면서 이를 부가할 수도 있다고 본다(대법원 2009. 2. 12. 2005다65500).

11 답 ①

| 출제단원 | Part 04 행정소송법
| 출제영역 | 항고소송

행정소송법에서는 행정소송의 종류로 항고소송, 당사자소송, 민중소송, 기관소송을 규정하고 있다(제3조). 이 중 항고소송이란 '행정청의 처분 등이나 부작위에 대하여 제기하는 소송'이다. 행정소송법은 항고소송으로 취소소송, 무효등확인소송, 부작위위법확인소송을 규정하고 있다(제4조).

① (X) 기관소송이란 국가 또는 공공단체의 기관 상호 간에 있어서의 권한의 존부 또는 그 행사에 관한 다툼이 있을 때에 이에 대하여 제기하는 소송을 말한다(행정소송법 제3조 4호). 기관소송은 항고소송과는 별개의 행정소송이다.

② (O) 무효등확인소송이란 행정청의 처분 등의 효력 유무 또는 존재 여부를 확인하는 소송으로서 항고소송에 해당한다(동법 제4조 2호).

③ (O) 부작위위법확인소송이란 행정청의 부작위가 위법하다는 것을 확인하는 소송으로서 항고소송에 해당한다(동법 제4조 3호).

④ (O) 취소소송이란 행정청의 위법한 처분 등을 취소 또는 변경하는 소송으로서 항고소송에 해당한다(동법 제4조 1호).

12 답 ④

| 출제단원 | Part 05 행정심판법
| 출제영역 | 행정심판의 종류

행정심판이란 행정상 법률관계의 분쟁을 법원과 같은 제3자가 아닌 「행정기관」이 심리·재결하는 행정쟁송절차를 말한다. 「행정소송」의 경우 위법행위만이 쟁송대상이 될 뿐 부당행위는 쟁송대상이 아니다. 반면, 「행정심판」의 경우 위법행위뿐만 아니라 부당행위도 쟁송대상이 된다. 행정심판법에서는 행정심판의 종류로 취소심판, 무효등확인심판, 의무이행심판을 규정하고 있다(제5조).

① (O) 행정청의 부당한 처분을 변경하는 행정심판은 취소심판으로서 현행법상 허용된다. 「취소심판」이란 행정청의 「위법」 또는 「부당」한 「처분」을 「취소」하거나 「변경」하는 행정심판을 말한다(행정심판법 제5조 1호).

② (O) 당사자의 신청에 대한 행정청의 부당한 거부처분에 대하여 일정한 처분을 하도록 하는 행정심판은 의무이행심판으로서 현행법상 허용된다. 「의무이행심판」이란 당사자의 신청에 대한 행정청의 「위법」 또는 「부당」한 「거부처분」이나 「부작위」에 대하여 일정한 「처분을 하도록 하는」 행정심판을 말한다(동법 제5조 3호).

③ (O) 「행정소송법」은 항고소송 중 하나로 행정청의 부작위가 위법하다는 것을 확인하는 소송인 「부작위위법확인소송」을 규정하고 있다(행정소송법 제4조 3호). 반면, 「행정심판법」은 행정심판의 하나로 행정청의 부작위가 위법하다는 것을 확인하는 심판인 부작위위법확인심판에 대해서는 규정하고 있지 않다. 대신 행정심판법은 당사자의 신청에 대한 행정청의 위법 또는 부당한 거부처분이나 부작위에 대하여 일정한 처분을 하도록 하는 행정심판인 「의무이행심판」을 인정하고 있다.

④ (X) 행정심판법상 취소심판의 대상인 위법 또는 부당한 처분에는 「거부처분」도 포함된다. 따라서 거부처분에 대해서는 의무이행심판뿐만 아니라 취소심판을 제기하는 것도 가능하다. 물론 단순히 거부처분을 취소해 줄 것을 요청하는 취소심판보다는, 거부처분을 대신하여 일정한 처분을 해줄 것을 요청하는 의무이행심판이 보다 직접적이고 실효적인 구제수단일 것이다.

13 답 ②

| 출제단원 | Part 04 행정소송법
| 출제영역 | 행정소송법상 제소기간

② (O) 행정소송법 제20조에서 취소소송의 제소기간에 대해 규정하고 있다. 제20조 제1항은 '취소소송은 처분 등이 ㉠ 있음을 안 날부터 ㉡ 90일 이내에 제기하여야 한다. 다만, 제18조 제1항 단서에 규정한 경우(다른 법률에 당해 처분에 대한 행정심판의 재결을 거치지 아니하면 취소소송을 제기할 수 없다는 규정이 있는 때)와 그 밖에 행정심판청구를 할 수 있는 경우 또는 행정청이 행정심판청구를 할 수 있다고 잘못 알린 경우에 행정심판청구가 있은 때의 기간은 ㉢ 재결서의 정본을 ㉣ 송달받은 날부터 기산한다.'고 규정하고 있다. 또한 제2항은 '취소소송은 처분 등이 있은 날부터 ㉤ 1년(제1항 단서의 경우는 재결이 있은 날부터 1년)을 경과하면 이를 제기하지 못한다. 다만, 정당한 사유가 있는 때에는 그러하지 아니하다.'고 규정하고 있다.

14 답 ④

| 출제단원 | Part 02 행정작용 및 절차법
| 출제영역 | 행정계획

행정계획이란 행정주체가 장래 일정기간 내에 도달하고자 하는 목표를

설정하고, 이를 달성하기 위하여 필요한 수단들을 조정하고 통합하는 작용, 또는 이러한 과정을 거쳐 설정된 활동키준을 말한다.

① (O) 계획이 확정된 후 사정변경 등을 이유로 하여 기존계획의 변경을 청구할 수 있는 권리를 「계획변경청구권」이라고 한다. 계획법규는 원칙상 공익의 보호를 목적으로 하는 것이어서 사익의 보호를 목적으로 하는 계획변경청구권은 원칙적으로 인정될 수 없다. 다만, 대법원은 예외적으로 법규상 또는 조리상 계획변경청구권이 인정되는 경우가 있다고 본다. 예를 들어, 대법원은 도시계획구역 내 토지 등을 소유하고 있는 사람과 같이 당해 도시계획시설결정에 이해관계가 있는 주민으로서는 도시시설계획의 입안권자 내지 결정권자에게 도시시설계획의 입안(= 도시시설계획안을 만드는 것) 내지 변경을 요구할 수 있는 법규상 또는 조리상의 신청권이 있다고 본다. 따라서 이러한 신청에 대한 거부행위는 항고소송의 대상이 되는 행정처분에 해당하게 된다(대법원 2015. 3. 26. 2014두42742).

② (O), ③ (O) 대법원은 국토이용계획과 관련하여, 원칙적으로는 국토이용계획이 일단 확정된 후에는 사정의 변동이 있다고 하여 지역주민이나 일반 이해관계인에게 그 계획의 변경을 신청할 권리를 인정하여 줄 수는 없다고 본다(②번 해설). 즉, 계획변경청구권은 원칙적으로 인정될 수 없다는 것이다. 다만, 장래 일정한 기간 내에 관계법령이 규정하는 시설 등을 갖추어 일정한 행정처분을 구하는 신청을 할 수 있는 법률상 지위에 있는 자의 국토이용계획변경신청을 거부하는 것이 실질적으로 당해 행정처분 자체를 거부하는 결과가 되는 경우에는 예외적으로 그 신청인에게 국토이용계획변경을 신청할 권리가 인정된다고 본다(③번 해설)(대법원 2003. 9. 23. 2001두10936). 즉, 예외적으로 계획변경청구권이 인정될 수 있다는 것이다.

④ (X) 대법원은 문화재보호구역 내의 토지소유자에게는 문화재보호구역의 지정해제를 요구할 수 있는 법규상 또는 조리상의 신청권이 있다고 본다. 따라서 이러한 신청에 대한 거부행위는 항고소송의 대상이 되는 행정처분에 해당한다고 본다(대법원 2004. 4. 27. 2003두8821). 이 판례는 ①번과 ③번 해설에서 살펴본 판례와 같이 예외적으로 계획변경청구권이 인정된다고 본 판례이다.

15 답 ②

출제단원 Part 08 행정정보공개·개인정보 보호·행정조사
출제영역 정보공개의 절차, 공개대상정보와 비공개대상정보

① (X) 대법원은 정보의 공개를 청구하는 청구인에게는 특정한 공개방법을 지정하여 정보공개를 청구할 수 있는 법령상 신청권이 있다고 본다. 따라서 공공기관이 공개청구의 대상이 된 정보를 공개는 하되, 청구인이 신청한 공개방법 이외의 방법으로 공개하기로 하는 결정을 하였다면, 이는 정보공개청구 중 「정보공개방법에 관한 부분」에 대하여 일부 거부처분을 한 것이고, 청구인은 그에 대하여 항고소송으로 다툴 수 있다고 본다(대법원 2016. 11. 10. 2016두44674).

② (O) 공공기관의 정보공개에 관한 법률에서는 비공개대상정보 중 하나로서 「다른 법률 또는 법률에서 위임한 명령(국회규칙·대법원규칙·헌법재판소규칙·중앙선거관리위원회규칙·대통령령 및 조례로 한정한다)에 따라 비밀이나 비공개 사항으로 규정된 정보(= 법령비정보)」를 규정하고 있다(제9조 제1항 1호). 이와 관련하여 대법원은 공공기관의 정보공개에 관한 법률 제9조 제1항 1호에서 '법률이 위임한 명령'에 의하여 비밀 또는 비공개 사항으로 규정된 정보는 공개하지 아니할 수 있다고 할 때의 '법률이 위임한 명령'은 정보의 공개에 관하여 법률의 구체적인 위임 아래 제정된 법규명령(위임명령)을 의미한다고 본다(대법원 2006. 10. 26. 2006두11910).

③ (X) 공공기관의 정보공개에 관한 법률에서는 비공개대상정보 중 하나로서 「해당 정보에 포함되어 있는 성명·주민등록번호 등 개인에 관한 사항으로서 공개될 경우 사생활의 비밀 또는 자유를 침해할 우려가 있다고 인정되는 정보」를 규정하고 있다(제9조 제1항 6호). 그런데 공공기관의 정보공개에 관한 법률은 1998년부터 시행되다가, 2004년에 전부 개정된 바 있다. 앞서 살펴본 현행법 제9조 제1항 6호에서 규정하고 있는 비공개대상정보에 대한 개정과정을 살펴보면 다음과 같다.

개정 전 공공기관의 정보공개에 관한 법률(A) 제7조 제1항 6호 본문	2004년 전부 개정된 공공기관의 정보공개에 관한 법률(B) 제9조 제1항 6호 본문
당해 정보에 포함되어 있는 이름·주민등록번호 등에 의하여 특정인을 식별할 수 있는 개인에 관한 정보	당해 정보에 포함되어 있는 이름·주민등록번호 등 개인에 관한 사항으로서 공개될 경우 개인의 사생활의 비밀 또는 자유를 침해할 우려가 있다고 인정되는 정보

이와 관련하여 대법원은 「공공기관의 정보공개에 관한 법률(B)」 제9조 제1항 6호 본문의 규정에 따라 비공개대상이 되는 정보에는 구 「공공기관의 정보공개에 관한 법률(A)」의 이름·주민등록번호 등 정보 형식이나 유형을 기준으로 비공개대상정보에 해당하는지를 판단하는 '개인식별정보'뿐만 아니라 그 외에 정보의 내용을 구체적으로 살펴 '개인에 관한 사항의 공개로 개인의 내밀한 내용의 비밀 등이 알려지게 되고, 그 결과 인격적·정신적 내면생활에 지장을 초래하거나 자유로운 사생활을 영위할 수 없게 될 위험성이 있는 정보'도 포함된다고 본다. 따라서 불기소처분 기록 중 피의자신문조서 등에 기재된 피의자 등의 인적사항 이외의 진술내용 역시 개인의 사생활의 비밀 또는 자유를 침해할 우려가 인정되는 경우 제9조 제1항 제6호 본문 소정의 비공개대상에 해당한다고 판단하였다(대법원 2012. 6. 18. 2011두2361). 즉, 동법 제9조 제1항 6호 본문의 규정에 따라 비공개대상이 되는 정보는 개인식별정보로 한정되지 않는다.

④ (X) 대법원은 공개청구의 대상이 되는 정보가 이미 다른 사람에게 공개되어 널리 알려져 있다거나 인터넷 등을 통하여 공개되어 인터넷검색 등을 통하여 쉽게 알 수 있다는 사정만으로는 소의 이익이 없다거나 비공개결정이 정당화될 수 없다고 본다(대법원 2010. 12. 23. 2008두13101). 즉, 이미 공개되어 있는 정보라도 공개청구의 대상에 해당할 수 있다는 것이다. 참고로 협의의 소의 이익이란 원고의 청구가 소송을 통하여 분쟁을 해결할 만한 현실적인 필요성을 말한다. 항고소송을 제기하기 위해서는 협의의 소의 이익(= 권리보호의 필요)이 요구된다.

16 답 ②

출제단원 Part 04 행정소송법
출제영역 항고소송의 대상적격

항고소송의 대상이 되는 처분이란 「행정청이 행하는 구체적 사실에 관한 법집행으로서의 공권력의 행사 또는 그 거부와 그 밖에 이에 준하는

행정작용」을 말한다(행정소송법 제2조 제1항 1호).

ㄱ. (O) 대법원은 교도소장이 특정 수형자를 '접견내용 녹음·녹화 및 접견시 교도관 참여대상자'로 지정한 행위는 수형자의 구체적 권리·의무에 직접적 변동을 가져오는 행정청의 공법상 행위로서 항고소송의 대상이 되는 '처분'에 해당한다고 본다(대법원 2014. 2. 13. 2013두20899). 교도소장의 지정행위를 통해 해당 수형자의 접견시마다 교도관이 참여하고, 접견내용에 대한 청취·기록·녹음·녹화가 이루어졌고, 이는 사생활의 비밀 등 권리에 제한을 가하는 것이므로 교도소장이 우월적 지위에서 수형자에게 일방적으로 강제하는 성격을 가진 공권력적 사실행위의 성격을 갖는다는 점 등이 고려된 것이다.

ㄴ. (X) 토지와 같은 부동산의 소유권이 이전되기 위해서는 「등기부」에 소유권 이전등기를 해야 한다. 즉, 「토지대장(= 토지의 위치·지번·지목·면적, 소유자의 주소·주민등록번호·성명 또는 명칭 등을 등록하여 토지의 상황을 명확하게 하는 장부)」에 소유자명의가 변경된다고 하여 토지의 소유권이 이전되지는 않는다. 이와 관련하여 대법원은 토지대장상의 소유자명의가 변경된다고 하여도 이로 인하여 당해 토지에 대한 소유권과 같은 실체상의 권리관계에 변동을 가져올 수 없으므로 소관청이 토지대장상의 소유자명의 변경신청을 거부한 행위는 항고소송의 대상이 되는 행정처분이라고 할 수 없다고 본다(대법원 2012. 1. 12. 2010두12354).

ㄷ. (O) 대법원은 지방경찰청장이 횡단보도를 설치하여 보행자 통행방법 등을 규제하는 것은 행정청이 특정사항에 대하여 부담을 명하는 행위이고, 이는 국민의 권리·의무에 직접 관계가 있는 행위로서 행정처분이라고 본다(대법원 2000. 10. 27. 98두8964). 참고로 이러한 행정행위를 「물적 행정행위」라고 한다. 물적 행정행위란 행정행위의 직접적 규율대상이 물건이고, 사람에 대해서는 물건과의 관계를 통해 간접적으로 규율하는 행정행위를 말한다.

ㄹ. (X) 대법원은 상표권자인 법인에 대한 청산종결등기가 되었음을 이유로 한 상표권의 말소등록행위는 항고소송의 대상이 될 수 없다고 본다(대법원 2015. 10. 29. 2014두2362). 상표원부에 상표권자인 법인에 대한 청산종결등기가 되었음을 이유로 상표권의 말소등록이 이루어졌다고 해도 이는 상표권이 소멸하였음을 확인하는 사실적·확인적 행위에 지나지 않고, 상표권의 말소등록으로 비로소 상표권 소멸의 효력이 발생하는 것이 아니어서, 상표권의 말소등록은 국민의 권리·의무에 직접적으로 영향을 미치는 행위라고 할 수 없기 때문이다. 또한 상표권 설정등록이 말소된 경우에도 관련법령에 따라 회복등록의 신청이 가능하고, 회복신청이 거부된 경우에는 거부처분에 대한 항고소송이 가능하다는 점들도 고려된 것이다.

17 답 ③

출제단원 Part 06 행정상 손해배상
출제영역 공무원의 위법한 직무행위로 인한 손해배상의 요건

① (O) 국가배상법 제2조 제1항에서 공무원의 위법한 직무행위로 인한 국가나 지방자치단체의 배상책임을 명시하고 있다. 국가배상법 제2조의 책임이 인정되기 위해서는 「위법할 것(법령위반)」이 요구된다. 이와 관련하여 대법원은 국가배상법상 '법령위반'이란 엄격한 의미의 법령위반뿐만 아니라 인권존중, 권력남용금지, 신의성실, 공서양속 등의 위반도 포함하여 널리 그 행위가 객관적인 정당성을 결여하고 있음을 의미한다고 본다(대법원 2009. 12. 24. 2009다70180).

② (O) 직무를 집행하는 공무원에 대하여는 법규 등에 의하여 여러 가지의 직무상 의무가 부여된다. 그런데 국가 등의 국가배상책임이 인정되려면 공무원에게 부과된 이러한 직무가 부수적으로라도 개개 국민(피해자)의 이익(사익)을 위해 부과된 것이어야만 하는지가 문제된다(= 사익보호성의 필요 여부). 이와 관련하여 대법원은 공무원이 고의 또는 과실로 그에게 부과된 직무상 의무를 위반하였을 경우라고 하더라도 국가는 그러한 직무상의 의무위반과 피해자가 입은 손해 사이에 상당인과관계가 인정되는 범위 내에서만 배상책임을 진다고 본다. 이 경우 상당인과관계가 인정되기 위하여는 공무원에게 부과된 직무상 의무의 내용이 단순히 공공 일반의 이익을 위한 것이거나 행정기관 내부의 질서를 규율하기 위한 것이 아니고 「전적으로 또는 부수적으로 사회구성원 개인의 안전과 이익을 보호하기 위하여 설정된 것」이어야 한다고 본다(대법원 2011. 9. 8. 2011다34521). 즉, 사익보호성이 인정되어야 한다는 것이다. 참고로 「사익보호성」을 공무원의 위법한 직무행위로 인한 손해배상의 요건 중 「법령위반(위법성)」의 문제로 보는 견해, 「손해발생」의 문제로 보는 견해, 「직무행위」의 문제로 보는 견해 등이 대립한다. 반면, 대법원은 사익보호성의 문제를 「법령위반(위법성)」의 문제로 본 경우도 있지만, 현재는 「인과관계」의 문제로 보는 경향이 있다고 평가된다.

③ (X) 국가배상의 청구절차는 전심절차로서 배상심의회의 결정절차와 법원에 의한 사법(司法)절차가 있다. 양자의 관계와 관련하여 종전에는 배상심의회의 결정을 거치지 않으면 법원에 국가배상청구소송을 제기할 수 없는 「필요적 전치주의」를 채택하였으나, 2000. 12. 29. 국가배상법 개정에 의하여 배상심의회에 배상신청을 하지 않고도 바로 국가배상청구소송을 제기할 수 있는 「임의적 전치주의」를 채택하였다. 따라서 피해자는 본인이 원하는 경우에만 국가배상청구소송을 제기하기 전에 배상심의회의 결정을 신청할 수 있다. 배상심의회는 심의를 거쳐 배상금 지급결정, 기각결정 또는 각하결정을 하는데, 배상심의회의 결정은 대외적인 법적 구속력을 갖지 않는다. 따라서 배상신청인과 상대방은 그 결정에 구속되는 것은 아니다. 참고로 대법원은 국가배상법에 의한 배상심의회의 결정은 행정처분이 아니므로 행정소송의 대상은 아니라고 본다(대법원 1981. 2. 10. 80누317). 결국 배상신청인은 배상심의회의 결정절차와 별개로 법원에 국가배상청구소송(당사자소송(학설)·민사소송(판례))을 제기할 수 있다.

④ (O) 국가배상법 제3조 제1항에서는 생명의 침해에 대한 손해배상의 기준을, 동조 제2항에서는 신체의 침해에 대한 손해배상의 기준을, 그리고 동조 제3항에서는 물건의 멸실·훼손에 대한 손해배상의 기준을 정하고 있다. 이와 관련하여 국가배상법 제3조의 배상기준의 성격을 어떻게 볼 것인지 문제된다. 대법원은 구 국가배상법 제3조 제1항과 제3항의 손해배상의 기준은 배상심의회의 배상금지급기준을 정함에 있어서의 하나의 기준을 정한 것에 지나지 아니하는 것이고 이로써 배상액의 상한을 제한한 것으로 볼 수 없다 할 것이며 따라서 법원이 국가배상법에 의한 손해배상액을 산정함에 있어서 그 기준에 구애되는 것이 아니라고 본다(대법원 1970. 1. 29. 69다1203 전합). 즉, 대법원은 국가배상법 제3조의 배상기준에 법원이 구속되는 것은 아니라고 보아 기준액설을 취하고 있다.

18 ③

출제단원 Part 01 행정법 서설
출제영역 조례제정권의 범위와 한계, 포괄적 위임의 금지

조례란 지방의회에서 만드는 자치법규를 말한다.

① (O) [법률유보와 법률우위의 문제] 지방자치법 제28조 제1항은 '지방자치단체는 법령의 범위에서 그 사무에 관하여 조례를 제정할 수 있다. 다만, 주민의 권리제한 또는 의무부과에 관한 사항이나 벌칙을 정할 때에는 법률의 위임이 있어야 한다.'고 규정하고 있다. 이때 '법령의 범위에서'란 '법령에 위반되지 않는 범위 내에서'를 가리킨다. 따라서 지방자치단체는 법령에 위반되지 않는 범위 내에서(= 법률우위) 법령의 위임 없이 자치사무에 관한 조례를 제정할 수 있지만, 주민의 권리제한 또는 의무부과에 관한 사항이나 벌칙을 정하는 조례의 경우에는 법률의 위임이 있어야 한다(= 법률유보).

② (O) [법률유보의 문제] 헌법재판소는 성인이 출입하는 업소 안을 제외한 곳에 담배자판기 설치를 금지하고, 이미 설치된 자판기는 철거해야 한다는 내용의 부천시와 강남구의 조례에 대하여 이러한 조례들은 담배소매업을 영위하는 주민들에게 자판기 설치를 제한하는 것을 내용으로 하고 있으므로 주민의 직업선택의 자유 특히 직업수행의 자유를 제한하는 것이 되어 지방자치법 제15조(= 현행 지방자치법 제28조 제1항) 단서 소정의 주민의 권리·의무에 관한 사항을 규율하는 조례라고 할 수 있으므로 지방자치단체가 이러한 조례를 제정함에 있어서는 법률의 위임을 필요로 한다고 본다(헌재 1995. 4. 20. 92헌마264).

③ (X) [법률유보의 문제] 대법원은 「영유아보육법」이 보육시설 종사자의 정년에 관한 규정을 두거나 이를 지방자치단체의 조례에 위임한다는 규정을 두고 있지 「않음」에도 보육시설 종사자의 정년을 규정한 '서울특별시 중구 영유아 보육조례 일부개정조례안' 제17조 제3항은, 법률의 위임 없이 헌법이 보장하는 직업을 선택하여 수행할 권리의 제한에 관한 사항을 정한 것이어서 그 효력을 인정할 수 없다고 본다(대법원 2009. 5. 28. 2007추134). 즉, 영유아보육시설 종사자의 정년을 조례로 규정하는 것은 해당 정년을 초과해서는 근무할 수 없도록 함으로써 보육시설 종사자에 대하여 헌법이 보장하는 직업의 자유를 제한하는 것으로서 지방자치법 제28조 제1항 단서에서 말하는 주민의 권리제한에 관한 사항이므로 법률의 위임이 있어야만 그 효력이 인정된다는 것이다.

④ (O) [법률유보의 문제] 대법원은 지방자치단체의 세 자녀 이상 세대 양육비 등 지원에 관한 조례안은 세 자녀 이상 세대 중 세 번째 이후 자녀에게 양육비 등을 지원할 수 있도록 하는 것으로서, 이러한 사무는 지방자치단체 고유의 자치사무 중 주민의 복지증진에 관한 사무(아동·청소년 및 부녀의 보호와 복지증진에 해당되는 사무)이고, 또한 이러한 조례안에는 주민의 편의 및 복리증진에 관한 내용을 담고 있어 그 제정에 있어서 반드시 법률의 개별적 위임이 따로 필요한 것은 아니라고 본다(대법원 2006. 10. 12. 2006추38). 즉, 주민의 권리제한 또는 의무부과에 관한 사항이나 벌칙을 정하는 조례안이 아니므로 별도로 법률의 개별적 위임이 필요하지 않다는 것이다.

19 ②

출제단원 Part 04 행정소송법
출제영역 행정소송의 소송요건

소송요건이란 법원의 본안판결을 받기 위해 필요한 전제요건을 말한다.

① (O) 취소소송의 제소기간은 「처분 등이 있음을 안 날부터 90일 이내」와 「처분 등이 있은 날부터 1년 이내」의 두 가지가 있다. 이와 관련하여 대법원은 통상 「고시 또는 공고에 의하여 행정처분을 하는 경우」에는 그 처분의 상대방이 불특정 다수인이고 그 처분의 효력이 불특정 다수인에게 일률적으로 적용되는 것이므로, 그 행정처분에 이해관계를 갖는 자가 고시 또는 공고가 있었다는 사실을 「현실적으로 알았는지 여부에 관계없이」, 「고시가 효력을 발생하는 날」 행정「처분이 있음을 알았다」고 보아야 한다고 본다(대법원 2007. 6. 14. 2004두619). 즉, 「고시 또는 공고에 의하여 행정처분을 하는 경우」에는 「처분 등이 있음을 안 날부터 90일 이내」의 기산일은 「고시 또는 공고의 효력 발생일」이고, 이때부터 90일 이내에 취소소송을 제기해야 한다는 것이다.

② (X) 행정소송법에서는 소송의 결과에 의하여 권리 또는 이익의 침해를 받을 제3자가 있는 경우에 그 제3자를 소송에 참가시키는 제도로서 「제3자의 소송참가」를 규정하고 있다(제16조). 제3자의 소송참가란 소송의 결과에 의하여 권리 또는 이익의 침해를 받을 제3자가 있는 경우에 당사자 또는 제3자의 신청 또는 법원의 직권에 의해 그 제3자를 소송에 참가시키는 제도를 말한다. 이는 제3자의 권익을 보호하기 위하여 인정된 제도이다. 취소소송에 있어서 원고승소판결은 소송당사자가 아닌 제3자에게도 효력을 미친다. 이러한 경우에 제3자를 소송에 참가시켜 제3자에게 공격방어방법을 제출하는 기회를 부여함으로써 그의 권익을 보호할 필요가 있는 것이다. 예를 들어, A에 대한 연탄공장의 설치허가에 대하여 인근주민이 취소소송을 제기한 경우에 연탄공장의 설치허가를 받은 A는 취소소송에 참가하여 자기의 권리를 옹호할 수 있는 기회를 부여받을 수 있는 것이다. 이때 참가인과 피참가인(= 참가를 받는 원고나 피고)에게 유리한 행위는 1인이 하여도 전원에 대하여 효력이 생긴다(행정소송법 제16조 제4항, 민사소송법 제67조 제1항). 따라서 참가인과 피참가인 중 누구라도 '상소'가 가능하다. 반면, 불리한 행위는 전원이 함께 하지 않는 한 효력이 없다. 따라서 참가인이 상소를 제기한 경우에 피참가인이 참가인의 의사에 반하여 '상소권을 포기'하거나 '상소를 취하'할 수 없으며, 상소권을 포기하거나 상소를 취하더라도 상소의 효력은 지속된다. 상소포기나 상소취하는 참가인과 피참가인에게 불리한 행위이므로 전원이 함께 하지 않는 한 효력이 없기 때문이다.

③ (O) 「민사소송에서 확인의 소」는 권리·법률관계의 확인만을 구하려는 것인데, 이를 아무런 제한 없이 허용하면 수많은 현상에 대해서 확인을 구할 것이므로 법원의 부담이 가중된다. 따라서 민사소송에서 확인의 소는 확인의 이익이 인정되는 경우에만 인정된다. 예를 들어, 채권자인 원고가 채무자에게 채무를 이행할 것을 소송으로 청구(= 이행의 소)할 수 있는 경우에는, 원고(채권자)가 피고(채무자)에게 채권을 가지고 있음을 확인하는 소송(= 확인의 소)을 허용할 수는 없다. 이를 확인의 소의 「보충성」이라고 한다. 이와 관련하여 「항고소송 중 무효등확인소송」에서도 「민사소송에서의 확인소송」과 마찬가지로 보충성이 요구되는지가 문제된다. 이에 대해 대법원은 행정소송은

민사소송과는 목적·취지 및 기능 등을 달리하며, 무효확인소송에는 무효확인판결만으로도 실효성 확보가 가능하다는 등의 이유로 무효확인소송에서는 보충성이 요구되지 않는 것으로 판례를 변경하였다. 즉, 행정처분의 근거법률에 의하여 보호되는 직접적이고 구체적인 이익이 있는 경우에는 '무효확인을 구할 법률상 이익'이 있으므로 무효등확인소송을 제기할 수 있는 것이며, 이와 별도로 무효확인소송의 보충성이 요구되지 않으므로 행정처분의 무효를 전제로 한 이행소송 등과 같은 직접적인 구제수단이 있는지 여부를 따질 필요가 없다는 것이다(대법원 2008. 3. 20. 2007두6342 전합). 따라서 무효인 과세처분에 의해 조세를 납부한 자가 과세처분이 무효임을 전제로 하여 이미 납부한 세금을 바로 돌려받을 수 있는 「부당이득반환청구소송(= 직접적인 구제수단)」을 제기할 수 있는 경우라고 하더라도 이와 무관하게 「과세처분에 대한 무효확인소송」을 제기할 수 있다.

④ (O) 행정청의 처분 등을 원인으로 하는 법률관계에 관한 소송, 그 밖에 공법상의 법률관계에 관한 소송으로서 그 법률관계의 한쪽 당사자를 피고로 하는 소송을 「당사자소송」이라고 한다. 처분에 대하여 직접 다투는 항고소송의 경우 「행정청」이 피고가 되는 것과 달리, 「당사자소송」에서는 「국가·공공단체 그 밖의 권리주체」가 피고가 된다(행정소송법 제39조). 즉, 당사자소송은 당해 처분을 한 행정청(= 처분청)이 아니라, 처분의 효과가 귀속되는 행정주체를 피고로 하는 것이다. 예를 들어, 대법원은 납세의무부존재확인의 소는 「공법상의 법률관계」 그 자체를 다투는 소송으로서 「당사자소송」이라고 하면서, 그 법률관계의 한쪽 당사자인 「국가·공공단체 그 밖의 권리주체」가 피고적격을 가진다고 본다(대법원 2000. 9. 8. 99두2765).

20 ④

출제단원 Part 03 행정의 실효성 확보수단
출제영역 행정벌, 과징금

행정벌이란 행정의 상대방이 행정법상 의무를 위반한 경우에 국가 또는 지방자치단체가 행정의 상대방에게 과하는 행정법상의 제재로서의 처벌을 말한다. 행정벌에는 행정형벌과 행정질서벌(과태료)이 있다.

ㄱ. (X) 행정질서벌의 과벌절차는 다음과 같다. 1차적으로 행정청이 직접 과태료를 부과한다. 과태료부과에 불복하는 당사자는 과태료부과통지를 받은 날로부터 60일 이내에 해당 행정청에 이의제기를 할 수 있다. 이러한 이의제기가 있는 경우에 행정청의 과태료부과처분은 그 효력을 상실한다. 이의제기를 받은 행정청은 14일 이내에 관할 지방법원에 그 사실을 통보하여야 한다. 이러한 통보가 있는 경우에 법원은 과태료재판을 하게 된다.

ㄴ. (O) 통고처분이란 행정범(= 행정법규의 위반으로 성립되는 범죄)을 범한 자에 대하여 형사절차에 의한 형벌을 과하기 전에 행정청이 형벌을 대신하여 금전적 제재인 범칙금을 과하여 범칙금을 납부하면 형사처벌을 하지 않고, 만일 범칙금을 납부하지 않으면 형사소송절차에 따라 형벌을 과하는 절차를 말한다. 이와 관련하여 대법원은 통고처분은 행정처분이 「아니므로」 통고처분의 취소를 구하는 행정소송을 제기할 수는 없다고 본다(대법원 1995. 6. 29. 95누4674). 따라서 통고처분에 불복하는 자는 통고처분에 대하여 취소소송을 제기할 것이 아니라, 통고처분에 따라 부과된 범칙금을 납부하지 「않음」으로써 통고처분의 효력을 상실시킬 수 있고, 이후 경찰서장이 즉결심판청구를 하게 되면 형사소송절차가 시작되어 법원의 심판을 받을 수 있는 것이다.

ㄷ. (X) 과징금이란 행정법상의 의무위반에 대하여 행정청이 그 의무자에게 부과·징수하는 금전적 제재를 말하며, 그 종류는 다음과 같다.

본래의 과징금	행정법규의 위반이나 행정법상의 의무위반으로 경제상의 이익을 얻게 되는 경우에 「당해 위반으로 인한 경제적 이익을 박탈」하기 위하여 이익액에 따라 과하는 행정상 제재금을 말한다.
변형된 과징금	다수 국민이 이용하는 사업이나 국가·사회에 중대한 영향을 미치는 사업에 있어서 사업정지를 명할 일정한 위법사유가 있음에도 불구하고 「공익의 보호 등을 이유로 그 사업 자체는 계속하게 하고 영업정지에 갈음하여 이익을 박탈」하는 내용의 행정제재금을 말한다.

따라서 일정한 경우에는 영업정지에 갈음하여 과징금을 부과할 수 있다.

ㄹ. (O) 질서위반행위규제법 제15조 제1항에서 '과태료는 행정청의 과태료부과처분이나 법원의 과태료재판이 확정된 후 5년간 징수하지 아니하거나 집행하지 아니하면 시효로 인하여 소멸한다.'고 규정하고 있다.

2019년 지방직 9급
행정법총론

문제편 p.88

01 ② 02 ② 03 ④ 04 ② 05 ① 06 ④ 07 ② 08 ③ 09 ② 10 ③
11 ② 12 ④ 13 ① 14 ② 15 ③ 16 ④ 17 ① 18 ④ 19 ② 20 ①

01

답 ②

출제단원 Part 01 행정법 서설
출제영역 사인의 공법행위로서 신고

신고란 사인이 공법적 효과의 발생을 목적으로 행정주체에 대하여 일정한 사실을 알리는 행위를 말한다.

① (O) 대법원은 주민등록전입신고에 대하여 행정청이 그 수리 여부를 심사할 수는 있다고 본다. 다만, 심사범위는 주민등록법의 입법 목적 범위 내에서 제한적이라고 본다. 따라서 부동산투기나 이주대책 요구 등을 방지할 목적으로 주민등록전입신고를 거부하는 것은 주민등록법의 입법 목적과 취지 등에 비추어 허용될 수 없다고 본다(대법원 2009. 6. 18. 2008두10997 전합).

② (X) 행정청이 수리를 필요로 하지 않는 신고인 「자기완결적 신고」에 대하여 신고필증을 교부하더라도 이는 일정한 사실을 행정청에 알렸다는 사실을 단순히 확인해 주는 의미만 가질 뿐이므로, 신고필증의 교부는 법적 효과를 발생시키지 않는 단순한 사실행위로 본다. 예를 들어, 대법원은 의료법상 의원 등의 개설신고를 자기완결적 신고로 보면서, 의료법 시행규칙에 의하면 의원개설신고서를 수리한 행정관청이 신고필증을 교부하도록 되어 있다 하여도 이는 「신고사실의 확인행위」로서 신고필증을 교부하도록 규정한 것에 불과하고 신고필증의 교부가 없다 하여 개설신고의 효력을 부정할 수 없다고 본다(대법원 1985. 4. 23. 84도2953).

③ (O) 「자기완결적 신고」의 수리거부는 원칙적으로 처분이 아니다. 자기완결적 신고의 경우 행정청의 수리 없이도 신고 자체로 신고의 법적 효과가 발생하므로 행정청의 수리거부행위는 아무런 법적 의미를 갖지 않는다고 보기 때문이다. 그러나 대법원은 행정청의 「건축신고 반려행위」는 항고소송의 대상이 되는 처분이라고 본다(대법원 2010. 11. 18. 2008두167). 건축주가 건축신고가 반려되었음에도 당해 건축물의 건축을 개시하면 시정명령, 이행강제금, 벌금의 대상이 되거나 당해 건축물을 사용하여 행할 행위의 허가가 거부될 우려가 있어 불안정한 지위에 놓이게 되므로 「건축신고가 반려된 단계」에서 반려행위의 적법성을 다투어 법적 불안을 해소한 다음 건축행위에 나아가도록 함으로써 장차 있을지도 모르는 위험에서 「미리」 벗어날 수 있도록 길을 열어 줄 필요가 있다는 점을 고려한 것이다.

④ (O) 대법원은 식품위생법에 의한 영업양도에 따른 지위승계신고를 수리하는 허가청의 행위는 단순히 양도·양수인 사이에 이미 발생한 사법상의 사업양도의 법률효과에 의하여 양수인이 그 영업을 승계하였다는 사실의 신고를 접수하는 행위에 그치는 것이 아니라, 영업허가자의 변경이라는 법률효과를 발생시키는 행위라고 본다(대법원 1995. 2. 24. 94누9146). 즉, 식품위생법에 의한 영업양도의 지위승계신고는 수리를 요하는 신고인 「행위요건적 신고」에 해당한다고 본다.

02

답 ②

출제단원 Part 01 행정법 서설
출제영역 행정법의 일반원칙

행정법의 일반원칙이란 행정법의 전 영역에 적용되는 원칙으로서 비례의 원칙, 신뢰보호의 원칙, 평등의 원칙, 신의성실의 원칙, 부당결부금지의 원칙 등을 말한다.

① (O) 행정기관의 말 또는 행동에 대하여 국민이 신뢰를 갖고 행위를 한 경우에, 국민의 신뢰가 보호할 가치가 있는 경우라면 이러한 신뢰를 보호해 주어야 한다는 것을 「신뢰보호원칙」이라고 한다. 신뢰보호원칙이 적용되기 위해서는 신뢰의 대상이 되는 「행정청의 선행조치」가 있어야 한다. 이와 관련하여 대법원은 「폐기물관리법령에 의한 폐기물처리업 사업계획에 대한 적정통보」와 「국토이용관리법령에 의한 국토이용계획변경」은 각기 그 제도적 취지와 결정단계에서 고려해야 할 사항들이 다르므로, 「폐기물처리업 사업계획에 대하여 적정통보」를 한 것만으로 그 사업부지토지에 대한 「국토이용계획변경신청을 승인」하여 주겠다는 취지의 공적인 견해표명을 한 것으로 볼 수 없다고 본다(대법원 2005. 4. 28. 2004두8828). 즉, 폐기물관리법령에 의한 폐기물처리업 적정통보가 국토이용관리법령에 의한 국토이용계획변경신청 승인과의 관계에서는 행정청의 선행조치에 해당하지 않는다는 것이다.

② (X) 앞서 살펴본 바와 같이 신뢰보호의 원칙을 적용하기 위해서는 신뢰의 대상이 되는 「행정청」의 선행조치가 있어야 한다. 이와 관련하여 대법원은 「헌법재판소」의 위헌결정은 「행정청」이 개인에 대하여 신뢰의 대상이 되는 공적인 견해를 표명한 것이라고 할 수 없으므로 그 결정에 관련한 개인의 행위에 대하여는 신뢰보호의 원칙이 적용되지 않는다고 본다(대법원 2003. 6. 27. 2002두6965).

③ (O) 행정기관이 행정권을 행사함에 있어서 그것과 실질적인 관련이 없는 반대급부를 결부시켜서는 안 된다는 원칙을 「부당결부금지의 원칙」이라고 한다. 예를 들어, 대법원은 지방자치단체장이 사업자에게 주택사업계획승인을 하면서 그 주택사업과는 「아무런 관련이 없는」 토지를 기부채납하도록 하는 부관을 붙인 경우, 그 부관은 부당결부금지의 원칙에 위반되어 위법하다고 본다(대법원 1997. 3. 11. 96다49650). 참고로 기부채납이란 국가 이외의 자가 재산의 소유권을 무상으로 국가에 이전하여 국가가 이를 취득하는 것을 말하고, 부관이란 행정행위의 효과를 제한 또는 보충하기 위하여 행정기관에 의하여 주된 행정행위에 부가된 종된 규율을 말한다.

④ (O) 법령의 개정에서 신뢰보호원칙의 위배 여부를 판단하는 방법과 관련하여 대법원은 신뢰보호원칙의 위배 여부를 판단하기 위해서는 한편으로는 침해된 이익의 보호가치, 침해의 중한 정도, 신뢰가 손상된 정도, 신뢰침해의 방법 등과 다른 한편으로는 새 법령을 통해 실현하고자 하는 공익적 목적을 종합적으로 비교·형량하여야 한다고 본다(대법원 2007. 10. 29. 2005두4649).

03

출제단원 Part 02 행정작용 및 절차법
출제영역 행정입법

답 ④

행정입법이란 행정권이 일반적·추상적 규범을 정립하는 작용을 말한다. 행정입법은 법규성(= 국민에 대한 구속성)이 인정되는지에 따라 법규명령과 행정규칙으로 구분할 수 있다.

① (O) 대통령령·총리령·부령 등과 같이 법률보다 하위의 효력을 가지는 명령을 법률종속명령이라고 한다. 법률종속명령은 다시 그 내용에 따라 다음과 같이 위임명령과 집행명령으로 나눌 수 있다.

구분	위임명령	집행명령
의의	법률이나 상위명령에 의해 위임된 사항에 관하여 발하는 명령	법률이나 상위명령의 집행을 위해 필요한 세부적·기술적 사항을 규정하는 명령
상위법령의 위임 필요 여부	법률이나 상위명령의 개별적·구체적 위임 필요	법률이나 상위명령의 개별적·구체적 위임 불요
규율사항	새로운 법규사항(국민의 권리·의무에 관한 사항) 규정 가능	새로운 법규사항 규정 불가능

즉, 집행명령은 상위법령의 집행에 필요한 세칙(= 세부적으로 나누어 상세하게 정하는 것)을 정하는 범위 내에서만 가능하고 새로운 국민의 권리·의무(= 법규사항)를 정할 수 없다.

② (O) 영업허가의 취소 또는 정지, 과징금 부과 등과 같은 제재적 처분을 어떤 기준에 의해 부과할 것인지 정해 놓은 것을 「제재적 처분기준」이라고 한다. 대법원은 대통령령(= 시행령)형식으로 제재적 처분기준을 정한 경우 국민이나 법원을 기속하는 「법규명령」의 성질을 갖는다고 본다. 예를 들어, 대법원은 「대통령령」인 '청소년 보호법 시행령'에서 정한 제재적 처분기준을 「법규명령」이라고 본다. 다만, 여기에 규정되어 있는 금액은 고정적으로 정해진 액수가 아니라, 최고한도를 설정하고 있는 「최고한도액」이라고 본다(대법원 2001. 3. 9. 99두5207). 따라서 관할관청은 최고한도액의 범위 안에서 구체적 상황을 고려하여 적정한 액수의 과징금을 부과할 수 있다.

③ (O) 상위법령이 개정된 경우 종전 집행명령의 효력이 유지되는지와 관련하여 대법원은 집행명령은 근거법령인 「상위법령이 폐지되는 경우」라면 특별한 규정이 없는 이상 실효되는 것이지만, 「상위법령이 개정됨에 그친 경우」에는 개정법령과 성질상 모순, 저촉되지 아니하고 개정된 상위법령의 시행에 필요한 사항을 규정하고 있는 이상 그 집행명령은 상위법령의 개정에도 불구하고 당연히 실효되지 아니하고 「개정법령의 시행을 위한 집행명령이 제정, 발효될 때까지」는 여전히 그 효력을 유지한다고 본다(대법원 1989. 9. 12. 88누6962).

④ (X) 법률에서 규정한 내용을 구체화할 필요가 있어 법령의 위임을 받아 그 구체적인 내용을 훈령이나 고시와 같은 행정규칙의 형식으로 정하는 경우를 「법령보충적 행정규칙(= 법령보충규칙)」이라고 한다. 이와 관련하여 대법원은 법령의 위임에 의해 법령을 보충하는 법규사항을 정하는 행정규칙(= 법령보충규칙)은 상위법령의 「위임한계를 벗어나지 않는 한」 법령과 결합하여 대외적인 구속력이 있는 법규명령으로서의 효력을 갖는다고 본다. 따라서 법령에서 세부사항 등을 「시행규칙이라는 방식으로 정하도록 위임」했음에도 이와 달리 「고시와 같은 행정규칙」으로 정했다면, 상위법령의 위임범위를 벗어난 것이므로 이러한 행정규칙에는 대외적 구속력이 인정되지 않는다고 본다(대법원 2012. 7. 5. 2010다72076).

04

출제단원 Part 02 행정작용 및 절차법, Part 04 행정소송법
출제영역 허가, 원고적격

답 ②

허가란 질서유지·위험의 방지 등을 목적으로 법령에 의해 일반적으로 금지하였던 행위를 특정한 경우에 해제하여 적법하게 일정한 행위를 할 수 있도록 하는 행정행위이다. 즉, 「예방적 금지의 해제」를 의미한다.

① (X) 허가가 있다고 하여 다른 법률에 의한 금지까지 해제되는 것은 아니다. 즉, 공무원이 영업허가를 받았다고 하여 공무원법상의 영리업무금지까지 해제되는 것은 아니다.

② (O) 허가신청 후 허가기준이 변경된 경우 변경된 허가기준에 따라 처분을 하여야 하는지 문제된다. 이와 관련하여 대법원은 허가 등의 행정처분은 원칙적으로 「처분시」의 법령과 허가기준에 의하여 처리되어야 하고 허가신청 당시의 기준에 따라야 하는 것은 아니라고 본다. 따라서 「허가신청 후 허가기준이 변경」되었다 하더라도 그 '허가관청이 허가신청을 수리하고도 정당한 이유 없이 그 처리를 늦추어 그 사이에 허가기준이 변경된 것이 아닌 이상' 처분시의 허가기준인 「변경된 허가기준」에 따라서 처분을 하여야 한다고 본다(대법원 2006. 8. 25. 2004두2974). 따라서 甲이 허가를 신청한 이후 관계법령이 개정되어 허가요건을 충족하지 못하게 된 경우에 행정청이 허가신청을 수리하고도 정당한 이유 없이 그 처리를 늦추어 그 사이에 허가기준이 변경된 것이 아닌 이상 甲에게는 「변경된 허가기준」에 따라 불허가처분을 하여야 한다.

③ (X) 새로운 경쟁자(乙)에 대하여 신규허가를 발급함으로써 기존업자(甲)가 제기하는 소송을 경업자소송이라고 한다. 경업자소송에서 기존업자에게 원고적격이 인정되는지에 대해 대법원은 다음과 같이 특허와 허가를 구분하여 판단한다. 참고로 원고적격이란 행정소송에서 원고가 될 수 있는 자격을 의미한다. 원고적격이 인정되기 위해서는 자신의 「법률상 이익」이 침해되어야 하며, 사실상 이익 내지 반사적 이익의 침해만으로는 원고적격이 인정되지 않는다.

기존업자가 「특허」업인 경우		기존업자는 자신의 경영상 이익(= 법률상 이익)의 침해를 이유로 경업자소송을 제기할 수 있다.
기존업자가 「허가」업인 경우	원칙	기존업자는 자신의 경영상 이익(= 반사적 이익)의 침해를 이유로 경업자소송을 제기할 수 없다.
	예외	허가요건으로 거리제한 또는 영업허가구역 규정이 있는 경우에 이러한 규정이 기존허가업자의 영업상 이익을 보호하고 있는 것으로 볼 수 있으면 기존업자는 경업자소송을 제기할 수 있다.

즉, 대법원은 허가로 인하여 누리는 영업상의 독점적 이익은 원칙상 반사적 이익에 불과하므로 행정청이 동일한 허가를 제3자(乙)에게 함으로써 기존에 허가를 받은 자(甲)의 영업상 이익이 감소하게 되었다고 하더라도, 허가요건으로 거리제한 또는 영업허가구역에 관한 규정이 있고, 이러한 규정이 기존에 허가를 받은 자(甲)의 영업상 이익을 보호하고 있는 것으로 볼 수 있는 경우가 아닌 이상 기존의 허가를 받은 사람(甲)은 행정청이 제3자(乙)에게 한 허가를 다툴 수 없다고 본다.

④ (X) 허가가 필요한 행위를 무허가로 한 경우, 행정법상의 강제집행이나 처벌의 대상은 된다. 그러나 관련법률에서 무허가로 한 행위의 효력을 무효라고 규정한 경우가 아닌 한, 무허가로 한 행위는 「사법상」 유효하다.

05 답 ①

출제단원 Part 02 행정작용 및 절차법
출제영역 선결문제, 불가쟁력

① (X) 행정행위가 무효이고, 이것이 민사소송에서 선결문제가 된 경우에 민사법원이 무효인 행정행위를 확인한 후 이를 전제로 「민사재판」을 진행할 수 있는지 문제된다. 행정소송법 제11조에서는 처분 등의 무효 또는 부존재에 대해서는 민사법원이 선결문제로 심리할 수 있음을 규정하고 있다. 또한 대법원도 행정처분이 당연무효인 경우에는 민사법원에서 이를 판단하여 해당 행정처분이 당연무효임을 전제로 「민사재판」을 진행할 수 있다고 본다. 즉, 행정행위의 무효확인을 위해 별도로 행정소송 등의 절차를 거칠 필요가 없다는 것이다(대법원 2010. 4. 8. 2009다90092). 다만, 이는 민사재판을 진행하는 민사법원이 행정처분이 당연무효임을 전제로 「민사재판」을 진행할 수 있다는 것을 의미하는 것이며, 민사법원에서 해당 행정처분이 무효라는 확인판결(= 항고소송 중 무효확인소송에서의 인용판결)까지 할 수 있다는 의미는 아니다. 처분의 무효확인판결은 민사소송을 담당하는 민사법원이 하는 것이 아니라 행정소송을 담당하는 행정법원이 하는 것이다.

② (O) 대법원은 과세처분의 하자가 취소할 수 있는 정도에 불과한 때에는 '과세관청이 스스로 과세처분을 취소하거나, 항고소송절차에서 과세처분이 취소되기 전'까지는 과세처분이 여전히 유효하므로 이미 납부 받은 세금은 법률상 원인이 없는 것이 아니므로 부당이득이 되지 않는다고 본다(대법원 1994. 11. 11. 94다28000). 이는 민사법원에서 취소사유 있는 과세처분의 효력을 부인하여 이미 납부 받은 세금을 과세관청의 부당이득에 해당한다고 판단할 수는 없다는 것이다.

③ (O) 「소방시설 설치유지 및 안전관리에 관한 법률」에서는 「소방시설 등의 설치 또는 유지·관리에 대한 명령」을 정당한 사유 없이 위반한 자를 형사처벌하도록 규정하고 있다. 이와 관련하여 대법원은 「소방시설 등의 설치 또는 유지·관리에 대한 명령」이 행정처분으로서 하자가 있어 무효인 경우에는 명령에 따른 의무위반이 생기지 아니하므로 행정형벌을 부과할 수 없다고 본다(대법원 2011. 11. 10. 2011도11109). 즉, 「소방시설 등의 설치 또는 유지·관리에 대한 명령」이 무효일 경우에는 해당 명령이 무효라는 「행정법원」의 판단이 없다고 하더라도 「형사법원」은 해당 명령이 무효이므로 명령위반행위를 처벌할 수 없다는 판단을 할 수 있다는 것이다.

④ (O) 하자 있는 행정행위라 할지라도 불복기간이 경과하거나, 쟁송수단을 모두 다 거친 이후에는 「상대방 또는 이해관계인」이 더 이상 행정행위의 효력을 쟁송절차를 통해 다툴 수 없게 되는 힘을 「불가쟁력(= 형식적 존속력)」이라고 한다. 이와 관련하여 대법원은 행정처분이나 행정심판재결이 불복기간의 경과로 인하여 확정될 경우 확정력(= 불가쟁력의 의미)은 처분으로 인하여 법률상 이익을 침해받은 자가 처분이나 재결의 효력을 더 이상 다툴 수 없다는 의미일 뿐이며, 판결에 있어서와 같은 기판력이 인정되는 것은 아니라고 본다(대법원 1993. 4. 13. 92누17181). 참고로 기판력이란 「판결」이 확정되면 그 후의 절차에서 동일한 사항이 문제되는 경우에도 당사자와 승계인은 기존 판결에 반하는 주장을 할 수 없고, 법원도 그것에 반하는 판단을 할 수 없는 구속을 받게 되는 효력을 말한다.

06 답 ④

출제단원 Part 02 행정작용 및 절차법
출제영역 행정행위의 부관

부관이란 행정행위의 효과를 제한 또는 보충하기 위하여 행정기관에 의하여 주된 행정행위에 부가된 종된 규율을 말한다(다수설).

① (O) 부관의 하자가 중대하고 명백하여 「부관」이 무효인 경우에 「주된 행정행위」의 효력은 어떻게 되는지 문제된다. 이와 관련하여 대법원은 「부관」이 「주된 행정행위」의 본질적 요소에 해당한다면 「부관」의 하자로 인해 「주된 행정행위」 전부가 위법하게 된다고 본다. 이에 따라 도로점용허가의 점용기간은 행정행위의 본질적인 요소에 해당한다고 볼 것이어서 부관인 「점용기간」을 정함에 있어서 위법사유가 있다면 이로써 「도로점용허가처분」 전부가 위법하게 된다고 본다(대법원 1985. 7. 9. 84누604).

② (O) 「부담」이란 행정행위의 주된 내용에 부가하여 그 행정행위의 상대방에게 작위(일정한 행위를 하는 것), 부작위(일정한 행위를 하지 않는 것), 급부(금전이나 물건의 교부 등), 수인(참는 것) 등의 의무를 부과하는 부관을 말한다. 이와 관련하여 대법원은 부담의 위법성 여부는 부담이 붙은 행정행위를 한 시점, 즉 「처분 당시」의 법령을 기준으로 한다고 본다. 따라서 처분 당시 법령을 기준으로 적법하다면 처분 후에 근거법령이 개정되어 부담을 붙일 수 없게 되었다고 하더라도, 부담이 곧바로 위법하게 된다거나 효력을 상실하는 것은 아니라는 것이다(대법원 2009. 2. 12. 2005다65500).

③ (O) 행정행위에 부관을 붙일 수 있는 경우에도 무제한하게 허용되는 것은 아니며, 주된 행정행위의 본질적 효력을 해하지 않는 한도의 것이어야 한다. 이와 관련하여 대법원은 기선선망어업의 허가를 하면서 운반선, 등선 등 부속선을 사용할 수 없도록 제한한 부관은 그 어업허가의 목적달성을 사실상 어렵게 하여 그 본질적 효력을 해하는 것이며, 더욱이 어업조정이나 기타 공익상 필요하다고 인정되는 사정이 없는 이상 위법한 것이라고 본다(대법원 1990. 4. 27. 89누6808). 참고로 「기선선망어업」이란 동력선에 의하여 기다란 사각형의 그물로 어군(물고기집단)을 둘러싼 후 그물을 죄어서 잡는 어업을 말하고, 동력선이란 기관을 사용하여 추진하는 선박을 말한다.

④ (X) 대법원은 부관 중 「부담」만이 독립하여 취소소송의 대상이 될 수 있으며, 「그 이외의 부관」은 독립하여 취소소송의 대상이 될 수 없다고 본다. 이에 따라 대법원은 행정청이 공유수면매립준공인가를 하면서 '매립지 중 일부에 대하여 국가에 소유권이 귀속된다는 처분'을 한 것은 매립지의 소유권을 매립면허를 받은 자가 취득한다고 규정하고 있는 '공유수면매립법'의 효과의 일부를 배제하는 것으로서 부관 중 「법률효과의 일부배제」에 해당하므로 독립하여 행정소송의 대상으로 삼을 수 없다고 본다(대법원 1991. 12. 13. 90누8503).

07 답 ②

출제단원 종합
출제영역 허가의 법적 성질, 신고, 행정대집행, 행정행위의 철회

① (X) 대법원은 강학상 허가는 법령에 특별한 규정이 없는 한 원칙상 「기속행위」라고 본다. 다만, 허가를 「재량행위」로 볼 수 있는 몇 가지 예외를 인정하고 있는데, 기속행위인 허가가 재량행위인 허가를 포함하는 경우도 이에 해당한다. 예를 들어, 건축법상 「건축허가」는 원칙적으로 기속행위이다. 그러나 재량행위인 「토지의 형질변경허가」를 포함하는 「건축허가」의 경우에는 「건축허가」를 하기 위해 「토지의 형질변경허가」의 금지요건에 해당하지 않는 것인지에 대한 판단이 필요하고, 이에 대해서는 행정청에 재량권이 인정되므로, 이러한 한도 내에서는 「건축허가」도 재량행위가 된다고 본다(대법원 2005. 7. 14. 2004두6181).

② (O) 「자기완결적 신고(= 수리를 요하지 않는 신고)」의 수리거부는 원칙적으로 처분이 아니다. 자기완결적 신고의 경우 행정청의 수리 없이도 신고 자체로 신고의 법적 효과가 발생하므로 행정청의 수리거부행위는 아무런 법적 의미를 갖지 않는다고 보기 때문이다. 반면, 「행위요건적 신고(= 수리를 요하는 신고)」의 경우 신고만으로 법적 효과가 발생하지는 않으며, 행정청이 수리를 해야만 법적 효과가 발생한다. 따라서 행정청의 수리거부는 처분에 해당한다. 이와 관련하여 대법원은 「건축주명의변경신고」를 수리를 요하는 신고인 「행위요건적 신고」라고 보면서, 건축주명의변경신고의 수리를 거부함으로써, 양수인이 건축공사를 계속하기 위하여 또는 건축공사를 완료한 후 자신의 명의로 소유권보존등기를 하기 위하여 가지는 구체적인 법적 이익을 침해하는 결과가 되었다고 할 것이므로 양수인의 권리·의무에 직접 영향을 미치는 것으로서 취소소송의 대상이 되는 처분이라고 본다(대법원 1992. 3. 31. 91누4911).

③ (X) 행정대집행이란 공법상 「대체적 작위의무(= 건물의 철거, 물건의 파기 등과 같이 타인이 대신하여 행할 수 있는 의무)」의 불이행이 있는 경우에 당해 행정청이 스스로 의무자가 행할 행위를 하거나 제3자로 하여금 이를 행하게 하고 그 비용을 의무자로부터 징수하는 것을 말한다. 즉, 대집행은 공법상 대체적 「작위의무」의 불이행을 대상으로 한다. 그런데 행정청이 甲에 대해 부과한 의무는 「도로에 불법 적치를 하지 말 것」으로서 「부작위의무(= 무엇을 하지 말아야 하는 의무)」에 해당하므로 甲이 이를 불이행하더라도 원칙적으로 대집행의 대상이 될 수 없다.

④ (X) 대법원은 처분의 상대방이 부담(의무)을 이행하지 아니한 경우에 처분행정청으로서는 이를 들어 당해 처분을 철회할 수 있다고 본다(대법원 1989. 10. 24. 89누2431). 또한 대법원은 행정행위를 한 처분청은 별도의 「법적 근거가 없다 하더라도」 원래의 처분을 존속시킬 필요가 없게 된 사정변경이 생겼거나 중대한 공익상 필요가 발생한 경우에는 철회할 수 있다고 본다(대법원 2004. 11. 26. 2003두10251, 10268). 따라서 甲이 부담에 의해 부과된 의무를 불이행한 경우 관할 행정청은 별도의 법적 근거가 없더라도 건축허가를 철회하여 건축허가의 효력을 소멸시킬 수 있다. 참고로 행정행위의 「철회」란 아무런 하자 없이 「적법하게 성립된 행정행위」의 효력을 「성립 이후에 발생된 새로운 사정」에 의하여 더 이상 존속시킬 수 없는 경우에 「장래에 향하여」 그 효력을 소멸시키는 것을 말한다.

08 답 ③

출제단원 Part 02 행정작용 및 절차법
출제영역 행정행위의 취소

행정행위의 취소란 위법한 행정행위의 효력을 그 위법을 이유로 상실시키는 것으로서, 행정심판과 행정소송에 의한 취소인 '쟁송취소'와 처분청 등이 행하는 '직권취소'가 있다.

ㄱ. (X) 대법원은 산업재해보상보험법상 각종 「보험급여 등의 지급결정을 변경 또는 취소하는 처분」과 「잘못 지급된 보험급여액에 해당하는 금액을 징수하는 처분」이 적법한지를 판단하는 경우 비교·교량할 각 사정이 동일하다고는 할 수 없으므로, 「지급결정을 변경 또는 취소하는 처분」이 적법하다고 하여 그에 터 잡은 「징수처분」도 반드시 적법하다고 판단해야 하는 것은 아니라고 본다(대법원 2014. 7. 24. 2013두27159). 즉, 「보험급여 지급결정을 취소하는 처분」과 이에 따라 「이미 지급한 보험급여를 돌려받고자 하는 징수처분」의 적법 여부는 별개로 판단해야 한다는 것이다.

ㄴ. (O) 행정청 A가 행정청 B의 권한에 속하는 처분을 하였다면 이러한 처분은 정당한 권한이 없는 행정기관(A)에 의한 행위로서 원칙적으로 당연무효이다. 이때 당연무효인 처분의 외형을 제거하기 위해 당연무효인 처분을 취소할 수 있는 권한이 행정청 A와 B 중 어디에 있는지 문제된다. 이와 관련하여 대법원은 「권한 없는 행정기관(A)」이 한 당연무효인 행정처분을 취소(= 무효선언적 의미의 취소)할 수 있는 권한은 「당해 행정처분을 한 처분청(A)」에게 속하고, 「당해 행정처분을 할 수 있는 적법한 권한을 가지는 행정청(B)」에게 그 취소권이 귀속되는 것이 아니라고 본다(대법원 1984. 10. 10. 84누463). 권한 없는 행정기관이 한 당연무효인 행정처분의 취소권자는 당해 처분을 한 처분청 자신이라는 것이다.

ㄷ. (O) 수익적 행정행위의 직권취소는 처분의 상대방에게 불이익이 된다. 따라서 상대방의 「신뢰보호의 이익」이 「공익」보다 큰 경우에는 직권취소가 제한된다. 그런데 수익자의 사기나 강박 등 부정한 방법에 의해 수익적 행정행위가 이루어진 경우에는 상대방의 신뢰가 보호할 만하다고 할 수 없으므로 직권취소가 가능하다. 이와 관련하여 대법원은 수익적 처분이 상대방의 허위 기타 부정한 방법으로 인하여 행하여졌다면 상대방은 그 처분이 그와 같은 사유로 인하여 취소될 것임을 예상할 수 없었다고 할 수 없으므로, 이러한 경우에까지 상대방의 신뢰를 보호하여야 하는 것은 아니라고 본다(대법원 1995. 1. 20. 94누6529).

09 답 ②

출제단원 Part 02 행정작용 및 절차법
출제영역 행정절차법, 행정절차의 하자

① (X) 행정절차법의 위임을 받아 행정절차법 적용배제사항을 규정하고 있는 동법 시행령에서는 「공정거래위원회의 의결·결정을 거쳐 행하는 사항」을 행정절차법 적용배제사항으로 규정하고 있다. 이와 관련하여 대법원은 행정절차법 및 시행령에 의하면 공정거래위원회의 의결·결정을 거쳐 행하는 사항에는 행정절차법의 적용이 제외되게 되어 있으므로, 설사 공정거래위원회의 시정조치 및 과징금납부명령에 행정절차법에서 규정하고 있는 의견청취절차 생략사유가 존재한다

고 하더라도, 공정거래위원회는 행정절차법을 다시 적용하여 의견청취절차(= 독점규제 및 공정거래에 관한 법률상 의견청취절차)를 생략할 수는 없다고 본다(대법원 2001. 5. 8. 2000두10212). 즉, 행정절차법 적용이 배제되는 경우에 다시 행정절차법을 적용할 수는 없다는 것이다.

② (O) 행정절차법에서 규정하고 있는 공청회란 행정청이 공개적인 토론을 통하여 어떠한 행정작용에 대하여 당사자 등, 전문지식과 경험을 가진 사람, 그 밖의 일반인으로부터 의견을 널리 수렴하는 절차를 말한다(제2조 6호). 이와 관련하여 대법원은 묘지공과 화장장의 후보지를 선정하는 과정에서「추모공원건립추진협의회」가 후보지 주민들의 의견을 청취하기 위하여 그 명의로 개최한 공청회는 「행정청」이 도시계획시설결정을 하면서 개최한 공청회가 아니므로, 위 공청회의 개최에 관하여 행정절차법에서 정한 절차를 준수하여야 하는 것은 아니라고 본다(대법원 2007. 4. 12. 2005두1893). 즉,「행정청」이 개최한 공청회가 아니므로 행정절차법에서 정한 절차를 준수하여야 하는 것은 아니라는 것이다.

③ (X) 대법원은 행정처분의 상대방이 통지된 청문일시에 불출석하였다고 하여 행정청이 관계법령상 요구되는 청문을 실시하지 아니한 채 침해적 행정처분을 할 수는 없다고 본다. 따라서 청문통지서가 반송되었다거나, 상대방이 청문일시에 불출석하였다는 이유로 청문을 실시하지 아니하고 한 침해적 행정처분은 위법하다고 본다(대법원 2001. 4. 13. 2000두3337).

④ (X) 행정절차법에 의하면 행정청은 처분을 할 때에 청문조서 등을 충분히 검토하고 상당한 이유가 있다고 인정하는 경우에는 청문결과를 반영하여야 한다(제35조의2). 다만, 청문에서 나타난 결과를 반영하는 것은 필요하지만, 청문절차에서 나타난 사인의 의견에 행정청이 구속되지는 않는다. 행정청이 사인의 의견에 구속된다고 한다면, 행정작용은 행정청에 의한 것이 아니라 사인에 의한 것이 될 것이기 때문이다. 대법원도 광업법에서 처분청이 광업용 토지수용을 위한 사업인정을 하고자 할 때에 토지소유자와 토지에 관한 권리를 가진 자의 의견을 들어야 한다고 한 것은 그 사업인정 여부를 결정함에 있어서 소유자나 기타 권리자가 의견을 반영할 기회를 주어 이를 참작하도록 하고자 하는 데 있을 뿐이며, 처분청이 그 의견에 기속되는 것은 아니라고 본다(대법원 1995. 12. 22. 95누30).

10

출제단원 Part 03 행정의 실효성 확보수단
출제영역 행정대집행

답 ③

대집행이란 공법상 대체적 작위의무의 불이행이 있는 경우에 당해 행정청이 스스로 의무자가 행할 행위를 하거나 제3자로 하여금 이를 행하게 하고 그 비용을 의무자로부터 징수하는 것을 말한다.

① (O) 대집행의 비용은 의무자가 부담하여야 한다. 의무자가 비용을 납부하지 않으면 당해 행정청은 대집행비용을 국세징수법의 예에 의하여 강제징수할 수 있다(행정대집행법 제6조 제1항). 이때 대집행비용을 국세징수법의 예에 의해서가 아니라 민사소송절차를 통해 청구할 수는 없는지 문제된다. 이에 대하여 대법원은 대한주택공사가 관련법령에 의하여 대집행권한을 위탁받아 공무인 대집행을 실시하기 위하여 지출한 비용을 「행정대집행법 절차에 따라 국세징수법의 예에 의하여 징수할 수 있음에도」 민사소송절차에 의하여 그 비용의 상환을 청구한 사안에서, 행정대집행법이 대집행비용의 징수에 관하여 「민사소송절차에 의한 소송」이 아닌 「간이하고 경제적인 특별구제절차(= 국세징수법에 의한 징수)」를 마련해 놓고 있으므로 소의 이익이 없어 부적법하다고 본다(대법원 2011. 9. 8. 2010다48240).

② (O) 행정청이 A에게 일정한 기간을 정하여 공유수면(바다, 바닷가, 하천, 호소(湖沼, 늪과 호수), 구거(溝渠, 도랑) 기타 공공용으로 사용되는 수면으로서 국가 소유인 것) 사용허가를 하였고, A는 해당 공유수면에 건물을 신축하였다. 이후 공유수면 사용기간이 만료되자 행정청은 A에게 원상회복명령을 하였으나 A는 이를 이행하지 않았다. 이에 행정청은 A에게 공유수면에 지어진 건물을 철거하라면서 원상회복명령의 이행을 촉구하였고, 기한 내 이행하지 않을 경우 행정대집행을 실시할 예정임을 통보하였다. 이러한 사안에서 대법원은 행정청의 명령에 의한 A의 건물철거의무에는 A의 퇴거의무도 포함되어 있는 것이므로, 별도로 퇴거를 명하는 집행권원이 필요하지는 않다고 본다(대법원 2017. 4. 28. 2016다213916). 참고로 '집행권원'이란 확정된 판결과 같이 강제집행을 할 수 있는 근거를 말한다.

③ (X) 대집행은「계고 → 대집행영장에 의한 통지 → 대집행의 실행 → 비용징수」라는 절차를 거친다. 이때 계고란 상당한 기간 내에 의무의 이행을 하지 않으면 대집행을 한다는 의사를 사전에 통지하는 행위를 말한다. 이와 관련하여 대법원은 철거명령과 계고처분을 1장의 문서로서 동시에 한 경우 철거명령에서 주어진 일정기간이 자진철거에 필요한 상당한 기간이라면 그 기간 속에는 계고시에 필요한 '상당한 이행기간'도 포함되어 있다고 본다(대법원 1992. 6. 12. 91누13564).

④ (O) 항고소송을 제기하기 위해서는 '권리보호의 필요(협의의 소의 이익)'가 요구된다. '권리보호의 필요'란 원고의 청구가 소송을 통하여 분쟁을 해결할 만한 현실적인 필요성을 말한다. 이와 관련하여 대법원은「대집행계고처분 취소소송」의 변론종결 전에 이미 대집행의 실행이 완료된 경우에는 처분의 취소를 구할 법률상 이익은 없다고 본다(대법원 1993. 6. 8. 93누6164). 위법한 행정대집행이 이미 완료된 상황이라면 항고소송을 통해 처분을 취소하더라도 회복할 수 있는 법률상의 이익이 없기 때문이다.

11

출제단원 Part 03 행정의 실효성 확보수단
출제영역 질서위반행위규제법

답 ②

질서위반행위규제법에서 행정질서벌의 성립요건과 부과절차 등에 관해 규정하고 있다. 행정질서벌이란 행정법규 위반에 대하여 과태료가 과하여지는 행정벌을 말한다.

① (X) 질서위반행위규제법 제2조 1호에서 '질서위반행위란 법률(지방자치단체의 조례를 포함한다. 이하 같다)상의 의무를 위반하여 과태료를 부과하는 행위를 말한다.'고 규정하고 있다. 따라서 조례상의 의무를 위반하여 과태료를 부과하는 행위도 질서위반행위에 해당한다.

② (O) 질서위반행위규제법 제3조에서 정하고 있는 이 법 적용의 시간적 범위에 대하여 정리하면 다음과 같다.

원칙	질서위반행위의 성립과 과태료처분은「행위시」의 법률에 따른다.	
예외	행위 후 법률이 변경되어 질서위반행위에 해당하지 않게 되거나 과태료가 가볍게 된 때	법률에 특별한 규정이 없는 한「변경된」법률 적용

과태료 처분·재판이 확정된 후 법률이 변경되어 질서위반행위에 해당하지 않게 된 때	변경된 법률에 특별한 규정이 없는 한 과태료의 징수 또는 집행 면제

따라서 행정청의 과태료처분이나 법원의 과태료재판이 확정된 후 법률이 변경되어 그 행위가 질서위반행위에 해당하지 아니하게 된 때에는 변경된 법률에 특별한 규정이 없는 한 과태료의 징수 또는 집행을 면제한다.

③ (X) 질서위반행위규제법 제15조 제1항에서 '과태료는 행정청의 과태료부과처분이나 법원의 과태료재판이 확정된 후「5년간」징수하지 아니하거나 집행하지 아니하면 시효로 인하여 소멸한다.'고 규정하고 있다.

④ (X) 질서위반행위규제법 제20조에 의하면 행정청의 과태료부과에 불복하는 당사자는 과태료부과 통지를 받은 날부터 60일 이내에 해당 행정청에 서면으로 이의제기를 할 수 있다(동조 제1항). 이에 따라 이의제기가 있는 경우에는 행정청의 과태료부과처분은 그 효력을 상실한다(동조 제2항).

12   답 ④

출제단원 Part 05 행정심판법
출제영역 행정심판의 심리, 임시처분, 간접강제, 재결의 효력

① (O) 행정심판은 변론주의를 원칙으로 한다. 다만, 이를 보충하기 위해 행정심판법 제39조에서 '위원회는 필요하면 당사자가 주장하지 아니한 사실에 대하여도 심리할 수 있다.'고 하여 직권심리에 대해 규정하고 있다. 참고로 변론주의란 판단에 기초가 되는 사실과 증거의 수집을 당사자의 책임으로 하는 원칙을 말한다.

② (O) 행정심판법상 임시처분이란 처분 또는 부작위가 위법·부당하다고 상당히 의심되는 경우로서 처분 또는 부작위 때문에 당사자가 받을 우려가 있는 중대한 불이익이나 당사자에게 생길 급박한 위험을 막기 위하여 임시지위를 정하여야 할 필요가 있는 경우에 행정심판위원회가 발할 수 있는 적극적인 가구제수단을 말한다(제31조 제1항). 이러한 임시처분에 관하여는 집행정지결정의 취소에 관한 규정(제30조 제4항)이 준용된다(제31조 제2항). 따라서 행정심판위원회는 임시처분을 결정한 후에 임시처분이 공공복리에 중대한 영향을 미치는 경우에는 직권으로 또는 당사자의 신청에 의하여 임시처분결정을 취소할 수 있다.

③ (O) 2017년 10월 19일부터 시행된 개정 행정심판법에서는 제50조의2를 신설하여 간접강제제도를 도입하였다. 이에 의하면 행정심판위원회는 피청구인(= 처분청)이「인용재결에 따른 재처분의무」에도 불구하고 처분을 하지 아니하면「청구인의 신청」에 의하여 결정으로 상당한 기간을 정하고 피청구인이 그 기간 내에 이행하지 아니하는 경우에는 그「지연기간에 따라 일정한 배상」을 하도록 명하거나「즉시 배상을 할 것」을 명할 수 있다(제50조의2 제1항). 만약 청구인이 행정심판위원회의 간접강제결정에 불복하는 경우에는 그 결정에 대하여 행정소송을 제기할 수 있다(제50조의2 제4항).

④ (X) 행정심판법은 '심판청구를 인용하는 재결은 피청구인과 그 밖의 관계행정청을 기속한다.'고 하여 재결의 기속력에 대하여 규정하고 있다(제49조 제1항). 재결의 기속력으로 인해 피청구인인 처분청은「재처분의무」를 부담한다. 행정심판법 제49조 제2항에서「거부처분에 대한 취소심판·무효등확인심판」의 인용재결(취소재결, 무효등확인재결)에 재처분의무를 인정하고 있다. 동조 제3항에서는「거부처분·부작위에 대한 의무이행심판」의 인용재결(처분명령재결)에 처분의무를 인정하고 있다. 또한 동조 제4항에서는「절차의 하자를 이유로 한 취소심판」의 인용재결(취소재결)에 재처분의무를 인정하고 있다. 따라서 거부처분에 대한 의무이행심판에서 인용재결이 내려진 경우(제49조 제3항)뿐만 아니라 거부처분에 대한 취소심판에서 인용재결이 내려진 경우(제49조 제2항)에도 행정청은 재처분의무를 진다.

13   답 ①

출제단원 Part 04 행정소송법
출제영역 대상적격, 당사자소송, 부작위위법확인소송, 간접강제

① (X) 대법원은 행정소송법 제2조의 처분의 개념 정의에는 해당한다고 하더라도 그 처분의 근거법률에서 행정소송 이외의 다른 절차에 의하여 불복할 것을 예정하고 있는 처분은 항고소송의 대상이 될 수 없다고 본다. 이에 따라 검사의 불기소결정에 대해서는 검찰청법에 의한 항고와 재항고, 형사소송법에 의한 재정신청에 의해서만 불복할 수 있는 것이므로, 이에 대해서는 행정소송법상 항고소송을 제기할 수 없다고 본다(대법원 2018. 9. 28. 2017두47465).

② (O) 행정청의 처분 등을 원인으로 하는 법률관계에 관한 소송, 그 밖에 공법상의 법률관계에 관한 소송으로서 그 법률관계의 한쪽 당사자를 피고로 하는 소송을「당사자소송」이라고 한다. 처분에 대하여 직접 다투는 항고소송의 경우「행정청」이 피고가 되는 것과 달리,「당사자소송」에서는「국가·공공단체 그 밖의 권리주체」가 피고가 된다(행정소송법 제39조). 즉, 당사자소송은 당해 처분을 한 행정청(= 처분청)이 아니라, 처분의 효과가 귀속되는 행정주체를 피고로 하는 것이다. 예를 들어, 대법원은 납세의무부존재확인의 소는「공법상의 법률관계」그 자체를 다투는 소송으로서「당사자소송」이라고 하면서, 그 법률관계의 한쪽 당사자인「국가·공공단체 그 밖의 권리주체」가 피고적격을 가진다고 본다(대법원 2000. 9. 8. 99두2765).

③ (O) 부작위위법확인소송의 제소기간을 정리하면 다음과 같다.

행정심판을 거친 경우	재결처분이 존재하므로 재결서의 정본을 송달받은 날부터 90일 이내, 재결이 있은 날부터 1년 이내에 제기해야 한다(행정소송법 제20조).
행정심판을 거치지 않은 경우	처분 등이 없기 때문에 처분 등을 기준으로 하는 행정소송법 제20조는 적용할 수 없다.

이와 관련하여 대법원은「행정심판을 거치지 않은 경우」에는 부작위상태가 계속되는 한 제소기간의 제한을 받지 않는다고 본다. 반면,「행정심판을 거친 경우」에는 행정소송법 제20조에서 정한 제소기간 내에 부작위위법확인소송을 제기해야 한다고 본다(대법원 2009. 7. 23. 2008두10560).

④ (O) 행정소송법은 취소소송과 관련하여「취소판결의 기속력」을 규정하면서(제30조), 이를「무효등확인소송」의 경우에도 준용하고 있다(제38조 제1항). 그러나「거부처분취소판결의 간접강제」에 대한 규정(제34조)은「무효등확인소송」의 경우에 준용하고 있지 않다. 따라서 거부처분에 대하여「무효확인판결」이 확정된 경우 무효확인판결의 기속력에 의해 처분을 행한 행정청은 판결의 취지에 따른 재처분의무를 부담하지만, 그에 대하여 간접강제까지 허용되지는 않는다.

이와 관련하여 대법원도 행정처분에 대하여「무효확인판결」이 내려진 경우에는 그 행정처분이「거부처분」인 경우에도 행정청에 판결의 취지에 따른 재처분의무가 인정될 뿐이며, 그에 대하여 간접강제까지 허용되는 것은 아니라고 본다(대법원 1998. 12. 24. 자 98무37). 참고로 간접강제란 행정청이 확정된 거부처분 취소판결의 취지에 따라 처분을 하지 않는 때(= 재처분의무 미이행)에 제1심 수소법원이 당사자의 신청에 의한 결정으로써 상당한 기간을 정하고 행정청이 그 기간 내에 이행하지 아니하는 때에는 그 지연기간에 따라 일정한 배상을 할 것을 명하거나 즉시 손해배상을 할 것을 명하는 것으로서 재처분의무의 실효성을 확보하기 위한 제도이다.

14 답 ③

출제단원 Part 02 행정작용 및 절차법
출제영역 행정행위의 하자

① (O) 대법원은 환경영향평가를 거쳐야 할 대상사업에 대하여 환경영향평가를 거치지 아니하였음에도 불구하고 승인 등 처분이 이루어진다면, 환경파괴를 미연에 방지하고 쾌적한 환경을 유지·조성하기 위하여 환경영향평가제도를 둔 입법취지를 달성할 수 없게 되는 결과를 초래하며, 환경영향평가대상지역 안의 주민들의 직접적이고 개별적인 이익을 근본적으로 침해하게 된다고 본다. 따라서 환경영향평가의 대상사업임에도 환경영향평가를 거치지 않고 행해진 사업승인처분의 하자는 법규의 중요한 부분을 위반한 중대한 것이고 객관적으로도 명백한 것이므로 이러한 행정처분은 당연무효라고 본다(대법원 2006. 6. 30. 2005두14363).

② (O) 정당한 권한이 없는 행정기관에 의한 행위는 주체에 하자가 있는 행정행위로서 원칙적으로는 무효이다. 다만, 무효와 취소의 구별기준에 대하여 중대명백설을 취하고 있는 대법원은 구체적인 상황하에서 하자의 정도를 파악하여 취소사유로 판단하는 경우도 있다. 예를 들어, 대법원은 적법한 권한위임 없이 세관출장소장에 의하여 행하여진 관세부과처분의 효력과 관련하여, 세관출장소장도 세관장과 마찬가지로 관세부과처분권한이 있는 것처럼 취급되고 있는 점, 그동안 세관출장소장에게 관세부과처분에 관한 권한이 있는지 여부에 관하여 아무런 이의제기가 없었던 점 등을 고려할 때 세관출장소장에게 관세부과처분을 할 권한이 있다고 객관적으로 오인할 여지가 다분하다고 판단하였다. 즉, 하자가 중대하기는 하지만 명백한 것은 아니므로 적법한 권한위임 없이 행해진 세관출장소장에 의한 관세부과처분이 당연무효는 아니라는 것이다(대법원 2004. 11. 26. 2003두2403).

③ (X) ①번 환경영향평가와 관련한 판례와 비교해야 할 판례이다. 대법원은 교통영향평가는 환경영향평가와 그 취지 및 내용, 대상사업의 범위, 사전 주민의견수렴절차 생략 여부 등에 차이가 있고, 행정청은 교통영향평가를 배제한 것이 아니라 '건축허가 전까지 교통영향평가 심의필증을 교부받을 것'을 부관으로 하여 실시계획변경 및 공사시행변경인가처분을 한 점 등에 비추어, 행정청이 사전에 교통영향평가를 거치지 아니한 채 위와 같은 부관을 붙여서 한 위 처분에 중대하고 명백한 흠이 있다고 할 수 없으므로 이를 무효로 보기는 어렵다고 본다(대법원 2010. 2. 25. 2009두102).

④ (O) 성립 당시에 흠이 있는 행정행위가 사후에 이를 보완하거나 그 흠이 취소사유가 되지 않을 정도로 경미해진 경우에 성립 당시의 흠에도 불구하고 하자 없는 적법한 행위로 그 효력을 유지시키는 것을「하자의 치유」라고 한다. 그런데 무효인 행정행위의 경우에는 하자의 치유가 인정되지 않는다고 본다. 무효인 행정행위를 치유의 대상으로 하면 오히려 이해관계인의 신뢰 및 법적 안정성을 해치는 결과가 될 것이기 때문이다. 대법원도 징계처분이 중대하고 명백한 흠 때문에 당연무효의 것이라면 징계처분을 받은 자가 이를 용인하였다 하여 그 흠이 치유되는 것은 아니라고 본다(대법원 1989. 12. 12. 88누8869).

15 답 ③

출제단원 Part 07 행정상 손실보상
출제영역 손실보상의 기준과 내용, 손실보상청구권의 성질, 보상합의의 성격, 손실보상청구권의 성립요건

① (X) 동일한 토지소유자에게 속하는 일단의 토지의 일부가 협의에 의해 매수되거나 수용됨으로 인해 남게 되는 토지를「잔여지」라고 한다. 이러한 잔여지를 종래의 목적에 사용하는 것이 현저히 곤란할 때에는 해당 토지소유자는 사업인정 이후라면 관할 토지수용위원회에 수용을 청구할 수 있다. 이와 관련하여 대법원은 잔여지수용청구권은 요건을 구비한 때에 잔여지를 수용하는 토지수용위원회의 재결이 없더라도 그 청구에 의하여 수용의 효과가 발생하는 형성권적 성질을 가진다고 본다. 형성권적 성질이라는 것은 토지소유자의 청구가 있으면 토지수용위원회의 특별한 조치「없이」도 수용의 효과가 발생한다는 것을 말한다. 그런데 만약 토지수용위원회가 잔여지수용청구를 받아들이지 않는 재결(= 잔여지수용거부재결)을 한 경우 토지소유자가 취소소송을 제기하여야 하는지, 아니면 보상금증감청구소송을 제기해야 하는지가 문제된다. 이에 대해 대법원은 잔여지수용청구를 받아들이지 않은 토지수용위원회의 재결에 대하여 토지소유자가 불복하여 제기하는 소송은「보상금의 증감에 관한 소송」에 해당하여 사업시행자를 피고로 해야 한다고 본다(대법원 2010. 8. 19. 2008두822). 앞서 살펴본 바와 같이 잔여지수용청구권은 형성권이다. 따라서 토지소유자의 잔여지수용청구만으로 잔여지에 대한 수용의 효과는 발생한다. 따라서 토지수용위원회가 잔여지수용거부재결을 한 경우 이는 결국 잔여지수용 여부의 문제가 아니라, 궁극적으로는 토지소유자가 받을 수 있는 보상금의 증감의 문제라고 볼 수 있기 때문이다. 참고로 보상금증감청구소송은 형식적으로는 법률관계의 당사자인 토지소유자 또는 관계인과 사업시행자가 각각 원고·피고로 되어 제기하는 소송이므로 당사자소송에 속한다. 그러나 내용적으로는 토지수용위원회의 수용재결(행정청의 처분)을 다투는 것이므로 실질적으로는 항고소송의 성질도 갖는다. 따라서 보상금증감청구소송은「형식적 당사자소송」에 해당한다. 형식적 당사자소송이란 형식적으로는 당사자소송이지만, 실질적으로는 행정청의 처분을 다투는 소송을 말한다.

② (X) 손실보상청구권의 법적 성질에 대해서는 공권설과 사권설의 대립이 있으며, 판례도 전통적 판례와 최근 판례가 나뉘어 있다. 이에 대한 대법원 판례를 정리하면 다음과 같다.

전통적 판례 (사법상 권리)	「수산업법」상 손실보상청구권(97다46450)
	·「하천법상」하천구역 편입토지 보상에 대한 손실보상청구권(2004다6207 전합)

최근 판례 (공법상 권리)	• 「공익사업을 위한 토지 등의 취득 및 보상에 관한 법률」에 따른 사업폐지 등에 대한 손실보상청구권(2010다23210) • 「공익사업을 위한 토지 등의 취득 및 보상에 관한 법률」에 따른 농업손실보상청구권(2009다43461) • 「공익사업을 위한 토지 등의 취득 및 보상에 관한 법률」에 따른 주거이전비보상청구권(2007다8129)

즉, 대법원은 「공익사업을 위한 토지 등의 취득 및 보상에 관한 법률」에 따른 사업폐지 등에 대한 보상청구권은 공익사업의 시행 등 적법한 공권력의 행사에 의한 재산상 특별한 희생에 대하여 전체적인 공평부담의 견지에서 공익사업의 주체가 손실을 보상하여 주는 손실보상의 일종으로 공법상 권리임이 분명하므로 그에 관한 쟁송은 민사소송이 아닌 「행정소송절차」에 의하여야 한다고 본다(대법원 2012. 10. 11. 2010다23210).

③ (O) 대법원은 공익사업을 위한 토지 등의 취득 및 보상에 관한 법률에 의한 보상합의는 공공기관이 사경제주체로서 행하는 「사법상 계약」의 실질을 가지는 것으로 본다(대법원 2013. 8. 22. 2012다3517).

④ (X) 대법원은 공유수면매립면허의 고시가 있다고 하여 반드시 그 사업이 시행되고 그로 인하여 손실이 발생한다고 할 수 없으므로, 매립면허고시 이후 매립공사가 실행되어 관행어업권자에게 「실질적이고 현실적인 피해가 발생한 경우에만」 공유수면매립법에서 정하는 손실보상청구권이 발생한다고 본다(대법원 2010. 12. 9. 2007두6571). 즉, 대법원은 실질적이고 현실적인 피해가 발생한 경우에만 손실보상청구권이 발생한다고 본다.

16 답 ④

출제단원	Part 04 행정소송법
출제영역	행정소송의 당사자

① (O) 행정청(A)의 권한의 전부 또는 일부를 다른 행정기관(B)이 대신 행사하고, 그 행위가 피대리행정청(A)의 행위로서 효력을 발생하는 것을 '권한의 대리'라고 한다. 대리자(B)는 피대리행정청(A)과의 대리관계임을 표시하여 대리권을 행사해야 한다. 이 경우 피고는 피대리행정청(A)이 된다. 대법원도 대리기관이 대리관계를 표시하고 피대리행정청을 대리하여 행정처분을 한 때에는 피대리행정청이 피고로 되어야 한다고 본다(대법원 2018. 10. 25. 2018두43095). 참고로 대리의 경우 피고적격을 정리하면 다음과 같다.

대리관계임을 밝힌 경우		피대리행정청 (= 대리를 하도록 시킨 행정청)
대리관계임을 밝히지 않은 경우	원칙	처분명의자
	예외	처분명의자의 대리의사 명백 + 상대방도 대리행위라는 것을 알고서 받아들인 경우 → 피대리행정청

② (O) 국가공무원법에서는 국가공무원법에 따른 처분, 그 밖에 본인의 의사에 반한 불리한 처분이나 부작위에 관해 행정소송을 제기할 때에 대통령의 처분 또는 부작위의 경우에는 소속 장관을 피고로 한다고 규정하고 있다(제16조 제2항). 예를 들어, 대통령의 검사임용거부처분에 대한 취소소송의 피고는 검사가 속한 법무부의 장관이 된다.

③ (O) 원고적격이란 행정소송에서 원고가 될 수 있는 자격을 의미한다. 행정소송법 제12조에서 '취소소송은 처분 등의 취소를 구할 「법률상 이익」이 있는 자가 제기할 수 있다.'고 하여 원고적격을 규정하고 있다. 이와 관련하여 대법원은 약제를 제조·공급하는 「제약회사」는 자신이 제조·공급하는 약제에 대하여 국민건강보험법령 등 약제상한금액고시의 근거법령에 의하여 보호되는 직접적이고 구체적인 이익을 향유한다고 본다. 그런데 고시로 인하여 약제의 상한금액이 인하됨에 따라 근거법령에 의하여 보호되는 법률상 이익을 침해당하였다고 할 것이므로, 고시 중 약제의 상한금액 인하 부분에 대하여 그 취소를 구할 원고적격이 있다고 본다(대법원 2006. 12. 21. 2005두16161).

④ (X) 항고소송을 제기하기 위해서는 '권리보호의 필요(협의의 소의 이익)'가 요구된다. '권리보호의 필요'란 원고의 청구가 소송을 통하여 분쟁을 해결할 만한 현실적인 필요성을 말한다. 이와 관련하여 대법원은 개발제한구역 안에서의 「공장설립을 승인한 처분(A)」이 위법하다는 이유로 쟁송취소되었다고 하더라도 그 승인처분에 기초한 「공장건축허가처분(B)」이 잔존하는 이상, 「공장설립승인처분(A)」이 취소되었다는 사정만으로 인근주민들의 환경상 이익이 침해되는 상태나 침해될 위험이 종료되었다거나 이를 시정할 수 있는 단계가 지나버렸다고 단정할 수는 없다고 본다. 따라서 인근주민들은 여전히 「공장건축허가처분(B)」의 취소를 구할 법률상 이익이 있다고 본다(대법원 2018. 7. 12. 2015두3485).

17 답 ①

출제단원	Part 03 행정의 실효성 확보수단
출제영역	이행강제금

이행강제금(= 집행벌)이란 작위의무·부작위의무·수인의무의 불이행 시에 일정액수의 금전이 부과될 것임을 의무자에게 미리 경고함으로써 의무이행의 확보를 도모하는 강제수단을 말한다.

① (X) 대법원은 건축법상의 이행강제금은 시정명령의 불이행이라는 과거의 위반행위에 대한 제재가 아니라, 의무자에게 시정명령을 받은 의무의 이행을 명하고 그 이행기간 안에 의무를 이행하지 않으면 이행강제금이 부과된다는 사실을 고지함으로써 의무자에게 심리적 압박을 주어 의무의 이행을 간접적으로 강제하는 행정상의 간접강제수단에 해당한다고 본다. 이러한 이행강제금의 본질상 시정명령을 받은 의무자가 이행강제금이 부과되기 전에 그 의무를 이행한 경우에는 비록 시정명령에서 정한 기간을 지나서 이행한 경우라도 이행강제금을 부과할 수 없다고 본다(대법원 2018. 1. 25. 2015두35116).

② (O) 허가권자의 계고처분과 관련하여 건축법 제80조 제3항에서는 '허가권자는 이행강제금을 부과하기 전에 이행강제금을 부과·징수한다는 뜻을 미리 「문서」로써 계고하여야 한다.'고 규정하고 있다.

③ (O) 이행강제금 부과처분을 받은 자가 이행강제금을 납부기한 내에 납부하지 않으면 납부를 독촉하고, 이에 불응시 체납절차에 따라 이행강제금을 징수할 수 있다. 대법원은 이러한 강제징수절차에서 이행강제금 납부의 최초 독촉은 징수처분으로서 항고소송의 대상이 되는 행정처분이라고 본다(대법원 2009. 12. 24. 2009두14507).

④ (O) 헌법재판소는 전통적으로 '행정대집행'은 대체적 작위의무에 대한 강제집행수단으로, '이행강제금'은 부작위의무나 비대체적 작위의무에 대한 강제집행수단으로 이해되어 왔지만, 이는 이행강제금제도의 본질에서 오는 제약은 아니라고 본다. 즉, 대체적 작위의무의 위반에 대해서도 이행강제금을 부과할 수 있다고 본다(헌재 2004. 2. 26. 2001헌바80).

18 ④

출제단원 Part 08 행정정보공개·개인정보 보호·행정조사
출제영역 「공공기관의 정보공개에 관한 법률」상 비공개대상정보

① (X) 공공기관의 정보공개에 관한 법률에서는 비공개대상정보 중 하나로서 「해당 정보에 포함되어 있는 성명·주민등록번호 등 개인에 관한 사항으로서 공개될 경우 사생활의 비밀 또는 자유를 침해할 우려가 있다고 인정되는 정보」를 규정하고 있다(제9조 제1항 6호). 다만, 이러한 개인관련정보라도 공개할 수 있는 몇 가지 예외를 규정하고 있는데, 「공공기관이 작성하거나 취득한 정보로서 공개하는 것이 공익이나 개인의 권리구제를 위하여 필요하다고 인정되는 정보」도 그중 하나이다(제9조 제1항 6호 다목). 이와 관련하여 대법원은 지방자치단체의 업무추진비 세부항목별 집행내역 및 그에 관한 증빙서류에 포함된 개인에 관한 정보는 '공개하는 것이 공익을 위하여 필요하다고 인정되는 정보'에 해당하지 않는다고 본다(대법원 2003. 3. 11. 2001두6425). 즉, 이러한 정보는 비공개대상정보이므로 공개할 수 없다는 것이다.

② (X) 공공기관의 정보공개에 관한 법률에서는 비공개대상정보 중 하나로서 「의사결정과정에 있는 사항으로서 공개될 경우 업무의 공정한 수행에 현저한 지장을 초래한다고 인정할 만한 상당한 이유가 있는 정보」를 규정하고 있다(제9조 제1항 5호). 이와 관련하여 대법원은 학교환경위생구역 내 금지행위(숙박시설) 해제결정에 관한 학교환경위생정화위원회의 「회의록에 기재된 발언내용에 대한 해당 발언자의 인적 사항」 부분은 그것이 공개될 경우 위원들이 자신의 발언내용이 공개되는 것에 대한 부담으로 인해 심리적 압박을 받아 심의절차에서 솔직하고 자유로운 의사교환을 할 수 없게 되는 등의 문제가 생길 수 있고, 이로 인해 위원회의 심의업무의 공정한 수행에 현저한 지장을 초래한다고 인정할 만한 상당한 이유가 있다고 보아 비공개대상정보에 해당한다고 본다(대법원 2003. 8. 22. 2002두12946).

③ (X) 공공기관의 정보공개에 관한 법률에서는 비공개대상정보를 규정하고 있다(제9조 제1항). 이와 관련하여 대법원은 보안관찰법 소정의 보안관찰 관련 통계자료는 「국가안전보장·국방·통일·외교관계 등에 관한 사항으로서 공개될 경우 국가의 중대한 이익을 현저히 해칠 우려가 있다고 인정되는 정보(2호)」 또는 「공개될 경우 국민의 생명·신체 및 재산의 보호에 현저한 지장을 초래할 우려가 있다고 인정되는 정보(3호)」로서 비공개대상정보에 해당한다고 본다(대법원 2004. 3. 18. 2001두8254).

④ (O) 공공기관의 정보공개에 관한 법률에서는 비공개대상정보 중 하나로서 「다른 법률 또는 법률에서 위임한 명령에 따라 비밀이나 비공개 사항으로 규정된 정보」를 규정하고 있다(제9조 제1항 1호). 이와 관련하여 대법원은 「학교폭력예방 및 대책에 관한 법률 및 시행령」의 내용 등에 비추어 학교폭력대책자치위원회의 회의록은 공공기관의 정보공개에 관한 법률 제9조 제1항 1호에 정한 비공개대상정보에 해당한다고 본다(대법원 2010. 6. 10. 2010두2913).

19 ②

출제단원 Part 04 행정소송법
출제영역 항고소송의 대상

항고소송의 대상이 되는 처분이란 「행정청이 행하는 구체적 사실에 관한 법집행으로서의 공권력의 행사 또는 그 거부와 그 밖에 이에 준하는 행정작용」을 말한다(행정소송법 제2조 제1항 1호).

① (O) 민원처리에 관한 법률에서는 「사전심사청구제도」를 규정하고 있다. 이에 의하면 민원인은 법정민원 중 신청에 경제적으로 많은 비용이 수반되는 민원 등에 대하여는 행정기관의 장에게 정식으로 민원을 신청하기 전에 미리 약식의 사전심사를 청구할 수 있다. 이와 관련하여 대법원은 사전심사결과 불가능하다는 통보가 민원인의 권리·의무에 직접적 영향을 미친다고 볼 수 없고, 통보로 인하여 민원인에게 어떠한 법적 불이익이 발생할 가능성도 없는 점 등을 고려할 때 사전심사결과 통보는 항고소송의 대상이 되는 행정처분에 해당하지 아니한다고 본다(대법원 2014. 4. 24. 2013두7834).

② (X) 대법원은 교육공무원법상 승진후보자명부에 의한 「승진심사방식」으로 행해지는 승진임용에서 승진후보자명부에 포함되어 있던 후보자를 승진임용인사발령에서 제외하는 행위는 불이익처분으로서 항고소송의 대상인 처분에 해당한다고 본다(대법원 2018. 3. 27. 2015두47492). 참고로 「승진심사방식」에 의한 이 판례와 비교해야 할 판례로 「승진시험방식」에 관한 판례가 있다. 정리하면 다음과 같다.

승진「심사」방식	교육공무원 승진후보자명부에 포함되어 있던 후보자를 「승진임용인사발령」에서 제외하는 행위(2015두47492) → 항고소송의 대상인 처분 O
승진「시험」방식	경찰공무원 「시험승진후보자명부」에서 삭제하는 행위(97누7325) → 항고소송의 대상인 처분 X ∵ 경찰공무원 「시험」승진후보자명부에서의 삭제행위는 명부에 등재된 자에 대한 승진 여부를 결정하기 위한 행정청 내부의 준비과정에 불과

③ (O) 대법원은 건축주(B)가 토지소유자(A)로부터 「토지사용승낙서」를 받아 그 토지 위에 건축물을 건축하는 건축허가를 받았다가 착공(= 공사 시공자가 공사에 착수하는 것)에 앞서 건축주(B)의 귀책사유로 해당 토지를 사용할 권리를 상실한 경우, 건축주(B)에 대한 건축허가의 존재로 말미암아 토지에 대한 소유권 행사에 지장을 받을 수 있는 토지소유자(A)로서는 건축허가의 철회를 신청할 수 있다고 보아야 하므로 토지소유자(A)의 건축허가 철회신청을 거부한 행위는 항고소송의 대상이 된다고 본다(대법원 2017. 3. 15. 2014두41190).

④ (O) 구 「지적법」에서는 공공사업 등으로 인하여 학교용지·도로·철도용지 등의 지목으로 되는 토지의 경우에 그 사업시행자는 이 법에 의해 토지소유자가 하여야 하는 신청을 대위(= 제3자가 타인의 법률상의 지위에 대신하여, 그가 가진 권리를 취득하거나 행사하는 것)할 수 있다고 규정하고 있었다. 이와 관련하여 대법원은 고속도로건설공사 사업시행자인 한국도로공사가 구 지적법에 따라 토지소유자들을 대위하여 토지면적등록 정정신청을 하였으나 화성시장이 이를 반려한 사안에서, 반려처분은 공공사업의 원활한 수행을 위하여 부여된 사업시행자의 관계법령상 권리 또는 이익에 영향을 미치는 공권력의 행사 또는 그 거부에 해당하는 것으로서 항고소송 대상이 되는

행정처분에 해당한다고 본다(대법원 2011. 8. 25. 2011두3371).

20 답 ①

출제단원 Part 06 행정상 손해배상
출제영역 공무원의 위법한 직무행위로 인한 손해배상의 요건

행정상 손해배상이란 위법한 국가작용에 의하여 발생된 손해에 대한 구제수단으로서 '국가배상'이라고도 한다.

ㄱ. (O) 국가배상법 제2조 제1항에서 공무원의 위법한 직무행위로 인한 국가나 지방자치단체의 배상책임을 명시하고 있다. 국가배상법 제2조의 책임이 인정되기 위한 요건 중 「직무행위」에는 사법(司法)작용도 포함된다. 이와 관련하여 대법원은 부당한 재판으로 인하여 불이익 내지 손해를 입었으나 불복절차 내지 시정절차 자체가 없는 경우에는 국가배상 이외의 방법으로는 자신의 권리 내지 이익을 회복할 방법이 없으므로 배상책임의 요건이 충족되는 한 국가배상책임을 인정할 수 있다고 본다. 이에 따라 헌법재판소 재판관이 청구기간 내에 제기된 헌법소원심판 청구사건에서 청구기간을 오인하여 각하결정을 한 경우, 이에 대한 불복절차 내지 시정절차가 없는 때에는 국가배상책임(위법성)을 인정할 수 있다고 본다(대법원 2003. 7. 11. 99다24218).

ㄴ. (O) 국가배상법 제2조의 책임이 인정되기 위해서는 공무원의 「고의 또는 과실」이 인정되어야 한다. 그런데 직무집행의 근거가 된 법률이 사후에 위헌으로 선고된 경우라도 공무원에게 과실이 있다고 보기는 어렵다. 공무원에게는 법령심사권이 없으므로 해당 법령이 명백히 무효인 경우가 아니라면 공무원으로서는 법률을 적용할 수밖에 없기 때문이다. 이와 관련하여 대법원은 형벌에 관한 법령이 헌법재판소의 위헌결정으로 소급하여 효력을 상실하였거나 법원에서 위헌·무효로 선언된 경우, 그 법령이 위헌으로 선언되기 전에 그 법령에 기초하여 수사가 개시되어 공소가 제기되고 유죄판결이 선고되었더라도 그러한 사정만으로 수사기관의 직무행위나 법관의 재판상 직무행위가 국가배상법 제2조 제1항에서 말하는 공무원의 고의 또는 과실에 의한 불법행위에 해당하여 국가의 손해배상책임이 발생한다고 볼 수는 없다고 본다(대법원 2014. 10. 27. 2013다217962).

ㄷ. (X) 국가배상법 제2조의 책임이 인정되기 위해서는 「공무원」의 행위가 인정되어야 한다. 이와 관련하여 대법원은 한국토지공사는 법령의 위탁에 의하여 대집행을 수권받은 자로서 공무인 대집행을 실시함에 따르는 권리·의무 및 책임이 귀속되는 「행정주체」의 지위에 있다고 볼 것이며, 지방자치단체 등의 기관으로서 국가배상법 제2조 소정의 공무원에 해당한다고 볼 것은 아니라고 본다(대법원 2010. 1. 28. 2007다82950).

ㄹ. (X) 국가배상법 제2조의 책임이 인정되기 위해서는 해당 행위의 「위법성」이 인정되어야 할 뿐만 아니라, 해당 행위가 공무원의 「고의 또는 과실」로 인한 것이어야 한다. 이와 관련하여 대법원은 어떠한 행정처분이 후에 항고소송에서 위법성이 인정되어 취소되었다고 할지라도 당해 행정처분이 곧바로 공무원의 고의 또는 과실로 인한 것으로서 불법행위를 구성한다고 단정할 수는 없다고 본다(대법원 2000. 5. 12. 99다70600). 이는 「위법성」과 「고의 또는 과실」은 별개의 개념이기 때문이다.

2018년 지방직 9급
행정법총론

문제편 p.93

| 01 ① | 02 ③ | 03 ④ | 04 ② | 05 ④ | 06 ② | 07 ④ | 08 ③ | 09 ② | 10 ④ |
| 11 ④ | 12 ③ | 13 ③ | 14 ① | 15 ① | 16 ③ | 17 ② | 18 ① | 19 ④ | 20 ③ |

01 답 ①

출제단원 Part 01 행정법 서설
출제영역 신뢰보호원칙

신뢰보호원칙이란 행정기관의 말 또는 행동에 대하여 국민이 신뢰를 갖고 행위를 한 경우에, 국민의 신뢰가 보호할 가치가 있는 경우라면 이러한 신뢰를 보호해 주어야 한다는 원칙을 말한다.

① (X) 행정처분의 신청시와 처분시 사이에 법령이 변경된 경우 행정청은 어떤 법령을 적용하여 처분을 해야 하는지 문제된다. 이와 관련하여 대법원은 건축허가기준에 관한 관계법령이 개정된 경우에, 새로이 개정된 법령의 「경과규정에서 달리 정함이 없는 한」 「처분 당시」에 시행되는 개정법령에서 정한 기준에 의하여 건축허가 여부를 결정하는 것이 원칙이라고 본다. 다만, 「개정 전 법령의 존속에 대한 국민의 신뢰」가 「개정 후 법령의 적용에 관한 공익상의 요구」보다 더 보호가치가 있다고 인정되는 경우에 국민의 신뢰를 보호하기 위하여 개정 후 법령의 적용이 제한될 수 있다고 본다(대법원 2007. 11. 16. 2005두8092).

② (O) 다음과 같이 행정절차법과 국세기본법에서는 신뢰보호원칙을 규정하고 있다.

> **+ 참고**
>
> · **행정절차법 제4조** ② 행정청은 법령 등의 해석 또는 행정청의 관행이 일반적으로 국민들에게 받아들여졌을 때에는 공익 또는 제3자의 정당한 이익을 현저히 해칠 우려가 있는 경우를 제외하고는 새로운 해석 또는 관행에 따라 소급하여 불리하게 처리하여서는 아니 된다.
>
> · **국세기본법 제18조** ③ 세법의 해석이나 국세행정의 관행이 일반적으로 납세자에게 받아들여진 후에는 그 해석이나 관행에 의한 행위 또는 계산은 정당한 것으로 보며, 새로운 해석이나 관행에 의하여 소급하여 과세되지 아니한다.

③ (O) 신뢰보호원칙을 적용하기 위해서는 행정청의 선행조치에 대한 「보호가치 있는 사인의 신뢰」가 있어야 한다. 즉, 상대방 등 관계인에게 귀책사유가 없어야 한다. 이와 관련하여 대법원은 귀책사유라 함은 행정청의 견해표명의 하자가 부정행위에 기인한 것이거나 그러한 부정행위가 없다고 하더라도 하자가 있음을 알았거나 「중대한 과실」로 알지 못한 경우 등을 의미한다고 본다. 이때 귀책사유의 유무는 상대방과 그로부터 신청행위를 위임받은 수임인 등 관계자 모두를 기준으로 판단하여야 한다고 본다(대법원 2002. 11. 8. 2001두1512).

④ (O) 신뢰보호원칙이 적용되기 위해서는 신뢰의 대상이 되는 「행정청의 선행조치」가 있어야 한다. 이와 관련하여 대법원은 선행조치를 '공적인 견해표명'으로 한정한다. 즉, 공적인 견해표명이 아니라면 신뢰의 대상이 되는 행정청의 선행조치로 볼 수 없다는 것이다. 예를 들

어, 대법원은 병무청 담당부서의 담당 공무원에게 공적 견해의 표명을 구하는 정식의 서면질의 등을 하지 아니한 채, 총무과 민원팀장에 불과한 공무원이 민원봉사차원에서 상담에 응하여 안내한 것을 신뢰한 경우라면 신뢰보호원칙이 적용되지 않는다고 본다(대법원 2003. 12. 26. 2003두1875). 이는 병무청 총무과 민원팀장이 법령의 내용을 숙지하지 못한 상태에서 원고 측의 상담에 응하여 민원봉사차원에서 안내하였다고 하여 그것이 병무청의 공적인 견해표명이라고 하기는 어렵기 때문이다.

02 답 ③

출제단원 Part 02 행정작용 및 절차법
출제영역 행정행위의 부관

부관이란 행정행위의 효과를 제한 또는 보충하기 위하여 행정기관에 의하여 주된 행정행위에 부가된 종된 규율을 말한다(다수설).

① (O) 법령에서 직접 행정행위의 조건을 정하고 있는 경우와 같이 법령의 규정에 의해 직접 부가된 부관을 「법정부관」이라고 한다. 법정부관은 외형상 부관처럼 보이지만, 행정기관에 의해 부가된 것이 아니므로 본래 의미에서의 행정행위 부관은 아니다. 행정행위의 부관은 행정기관에 의하여 부가된 것을 말하기 때문이다.

② (O) 대법원은 재량행위의 경우에 처분청으로서는 법령상의 제한에 근거한 것이 아니라고 하더라도 공익상 필요 등에 의하여 필요한 범위 내에서 여러 조건(부담)을 부과할 수 있다고 본다(대법원 2007. 7. 12. 2007두6663). 즉, 재량행위의 경우에는 법령에 명시적 근거가 없더라도 부관을 붙일 수 있다는 것이다. 반면, 기속행위의 경우에는 법령에 명시적 근거가 없으면 부관을 붙일 수 없다고 본다(대법원 1993. 7. 27. 92누13998).

③ (X) 대법원은 허가에 붙은 기한이 그 허가된 사업의 성질상 부당하게 짧은 경우에는 이를 「허가 자체의 존속기간」이 아니라, 「허가조건의 존속기간」으로 본다. 따라서 그 기한이 도래하면 허가에 붙은 조건의 개정을 고려한다(= 허가에 붙은 조건을 다시 정한다)는 것이다(대법원 2007. 10. 11. 2005두12404). 참고로 「허가 자체의 존속기간」과 「허가조건의 존속기간」의 의미를 비교하면 다음과 같다.

허가 자체의 존속기간	허가가 효력을 유지하는 기간
허가조건의 존속기간	허가를 할 때 붙인 조건이 효력을 유지하는 기간

④ (O) 부담이란 행정행위의 주된 내용에 부가하여 그 행정행위의 상대방에게 작위(일정한 행위를 하는 것), 부작위(일정한 행위를 하지 않는 것), 급부(금전이나 물건의 교부 등), 수인(참는 것) 등의 의무를 부과하는 부관을 말한다. 부담은 다른 부관과 달리 주된 행정행위의 일부가 아니라 그 자체로 독립한 행정행위이다. 따라서 부담에서 부과하고 있는 의무의 이행이 없더라도 부담이 붙은 행정행위는 처음부터 효력이 발생한다. 즉, 부담이 붙은 행정행위는 부담의 이행 여부를 불문하고 효력이 발생하는 것이다. 또한 부담은 독립하여 항고소송의 대상이 될 수 있다. 대법원도 부관 중 부담만은 독립하여 행정쟁송의 대상이 될 수 있다고 본다. 반면, 부담 이외의 부관은 독립하여 행정쟁송의 대상이 될 수 없다고 본다(대법원 1992. 1. 21. 91누1264).

03 답 ④

출제단원 Part 03 행정의 실효성 확보수단
출제영역 과징금

과징금이란 행정법상의 의무위반에 대하여 행정청이 그 의무자에게 부과·징수하는 금전적 제재를 말한다.

① (X) 대법원은 과징금부과처분은 제재적 행정처분으로서 행정목적의 달성을 위하여 행정법규 위반이라는 객관적 사실에 착안하여 가하는 제재라고 본다. 따라서 반드시 현실적인 행위자가 아니라고 하더라도 법령상 책임자로 규정된 자에게 부과되고, 원칙적으로 위반자의 고의·과실을 요하지 아니한다고 본다. 다만, 위반자의 의무 해태를 탓할 수 없는 정당한 사유가 있는 등의 특별한 사정이 있는 경우에는 이를 부과할 수 없다고 본다(대법원 2014. 10. 15. 2013두5005).

② (X) 영업허가의 취소 또는 정지, 과징금 부과 등과 같은 제재적 처분을 어떤 기준에 의해 부과할 것인지 정해 놓은 것을 「제재적 처분기준」이라고 한다. 대법원은 부령(= 시행규칙)형식으로 제재적 처분기준을 정한 경우 국민이나 법원을 기속하지 않는 「행정규칙」의 성질을 갖는다고 본다. 반면, 대통령령(= 시행령)형식으로 제재적 처분기준을 정한 경우 국민이나 법원을 기속하는 「법규명령」의 성질을 갖는다고 본다. 예를 들어, 대법원은 「대통령령」인 '청소년 보호법 시행령'에서 정한 제재적 처분기준을 「법규명령」이라고 판단하였다. 다만, 여기에 규정되어 있는 금액은 고정적으로 정해진 액수가 아니라, 최고한도를 설정하고 있는 최고한도액이라고 본다(대법원 2001. 3. 9. 99두5207). 따라서 관할관청은 최고한도액의 범위 안에서 구체적 상황을 고려하여 적정한 액수의 과징금을 부과할 수 있게 되는 것이다.

③ (X) 대법원은 과징금은 법이 규정한 범위 내에서 그 부과처분 당시까지 부과관청이 확인한 사실을 기초로 일의적으로 확정되어야 한다고 본다. 따라서 부과관청이 과징금을 부과하면서 추후에 부과금 산정기준이 되는 새로운 자료가 나올 경우에는 과징금액이 변경될 수도 있다고 유보한다든지, 실제로 추후에 새로운 자료가 나왔다고 하여 새로운 부과처분을 할 수는 없다는 것이다. 왜냐하면 과징금의 부과와 같이 재산권의 직접적인 침해를 가져오는 처분을 변경하려면 법령에 그 요건 및 절차가 명백히 규정되어 있어야 할 것인데, 위와 같은 변경처분에 대한 법령상의 근거규정이 없고, 이를 인정하여야 할 합리적인 이유 또한 찾아볼 수 없기 때문이다(대법원 1999. 5. 28. 99두1571).

④ (O) 대법원은 행정청에는 행정제재수단으로 사업정지를 명할 것인지, 과징금을 부과할 것인지, 과징금을 부과하기로 한다면 그 금액은 얼마로 할 것인지에 관하여 재량권이 부여되어 있다고 본다. 따라서 과징금부과처분이 법이 정한 한도액을 초과하여 위법할 경우 「법원」으로서는 그 「전부」를 취소하여야 하며, 법원이 법이 정한 한도액을 초과한 부분이나 법원이 적정하다고 인정되는 부분을 초과한 부분만을 취소할 수는 없다고 본다(대법원 1998. 4. 10. 98두2270). 즉, 법원이 과징금부과처분 전부를 취소하면, 행정청이 새롭게 재량을 행사하여 과징금 액수를 정해야 한다는 것이다.

04 답 ②

출제단원	Part 08 행정정보공개·개인정보 보호·행정조사
출제영역	공공기관의 정보공개에 관한 법률

① (O) 공공기관의 정보공개에 관한 법률 제9조 제1항에서는 비공개대상정보에 대하여 규정하고 있다. 이 중 8호에서는 「공개될 경우 부동산투기, 매점매석 등으로 특정인에게 이익 또는 불이익을 줄 우려가 있다고 인정되는 정보」를 비공개대상정보로 규정하고 있다.

② (X) 항고소송을 제기하기 위해서는 '협의의 소의 이익(= 권리보호의 필요)'이 요구된다. 협의의 소의 이익이란 원고의 청구가 소송을 통하여 분쟁을 해결할 만한 현실적인 필요성을 말한다. 이와 관련하여 대법원은 공개청구의 대상이 되는 정보가 이미 다른 사람에게 공개되어 널리 알려져 있다거나 인터넷 등을 통하여 공개되어 인터넷검색 등을 통하여 쉽게 알 수 있다는 사정만으로는 소의 이익이 없다거나 비공개결정이 정당화될 수 없다고 본다(대법원 2010. 12. 23. 2008두13101). 즉, 이미 공개되어 있는 정보라도 공개청구의 대상에 해당할 수 있다는 것이다.

③ (O) 공공기관의 정보공개에 관한 법률은 1998년부터 시행되다가, 2004년에 전부 개정된 바 있다. 이 중 현행법 제9조 제1항 6호에서 규정하고 있는 비공개대상정보 중 하나에 대한 내용을 살펴보면 다음과 같다.

개정 전 공공기관의 정보공개에 관한 법률(A) 제7조 제1항 6호 본문	2004년 전부 개정된 공공기관의 정보공개에 관한 법률(B) 제9조 제1항 6호 본문
당해 정보에 포함되어 있는 이름·주민등록번호 등에 의하여 특정인을 식별할 수 있는 개인에 관한 정보	당해 정보에 포함되어 있는 이름·주민등록번호 등 개인에 관한 사항으로서 공개될 경우 개인의 사생활의 비밀 또는 자유를 침해할 우려가 있다고 인정되는 정보

이와 관련하여 대법원은 「공공기관의 정보공개에 관한 법률(B)」 제9조 제1항 6호 본문의 규정에 따라 비공개대상이 되는 정보에는 구 「공공기관의 정보공개에 관한 법률(A)」의 이름·주민등록번호 등 정보 형식이나 유형을 기준으로 비공개대상정보에 해당하는지를 판단하는 '개인식별정보'뿐만 아니라 그 외에 정보의 내용을 구체적으로 살펴 '개인에 관한 사항의 공개로 개인의 내밀한 내용의 비밀 등이 알려지게 되고, 그 결과 인격적·정신적 내면생활에 지장을 초래하거나 자유로운 사생활을 영위할 수 없게 될 위험성이 있는 정보'도 포함된다고 본다. 따라서 불기소처분 기록 중 피의자신문조서 등에 기재된 피의자 등의 인적사항 이외의 진술내용 역시 개인의 사생활의 비밀 또는 자유를 침해할 우려가 인정되는 경우 제9조 제1항 6호 본문 소정의 비공개대상에 해당한다고 판단하였다(대법원 2012. 6. 18. 2011두2361).

④ (O) 공공기관의 정보공개에 관한 법률에서는 '공개청구한 정보가 비공개대상정보에 해당하는 부분과 공개 가능한 부분이 혼합되어 있는 경우로서 공개청구의 취지에 어긋나지 아니하는 범위에서 두 부분을 분리할 수 있는 경우에는 비공개대상정보에 해당하는 부분을 제외하고 공개하여야 한다.'고 규정하고 있다(제14조). 이와 관련하여 대법원은 법원이 행정기관의 정보공개거부처분의 위법 여부를 심리한 결과 공개를 거부한 정보에 비공개대상정보에 해당하는 부분과 공개가 가능한 부분이 혼합되어 있고 공개청구의 취지에 어긋나지 않는 범위 안에서 두 부분을 분리할 수 있음을 인정할 수 있을 때에는 「청구취지(= 재판을 통해 원고가 구하는 내용)의 변경이 없더라도」 공개가 가능한 정보에 관한 부분만의 일부취소를 명할 수 있다고 본다. 이때 공개청구의 취지에 어긋나지 않는 범위 안에서 비공개대상정보에 해당하는 부분과 공개가 가능한 부분을 분리할 수 있다고 함은, 이 두 부분이 물리적으로 분리 가능한 경우를 의미하는 것이 아니고, 당해 정보의 공개방법 및 절차에 비추어 당해 정보에서 비공개대상정보에 관련된 기술 등을 제외 내지 삭제하고 그 나머지 정보만을 공개하는 것이 가능하고 나머지 부분의 정보만으로도 공개의 가치가 있는 경우를 의미한다고 본다(대법원 2004. 12. 9. 2003두12707).

05 답 ④

출제단원	Part 02 행정작용 및 절차법
출제영역	행정행위의 직권취소, 철회

행정행위의 직권취소와 철회의 개념을 정리하면 다음과 같다.

행정행위의 직권취소	행정행위의 철회
일단 유효하게 성립한 행정행위를 처분청이 「성립 당시의 하자」를 이유로 직권으로 그 효력을 소멸시키는 것	아무런 하자 없이 적법하게 성립된 행정행위의 효력을 「성립 이후에 발생된 새로운 사정」에 의하여 더 이상 존속시킬 수 없는 경우에 장래에 향하여 그 효력을 소멸시키는 것

ㄱ. (X) 대법원은 행정행위를 한 처분청은 비록 처분 당시에 별다른 하자가 없었고, 또 별도의 법적 근거가 없다 하더라도 원래의 처분을 존속시킬 필요가 없게 된 사정변경이 생겼거나 중대한 공익상의 필요가 발생한 경우에는 철회할 수 있다고 본다(대법원 2004. 11. 26. 2003두10251, 10268). 참고로 최근 제정된 행정기본법은 제19조 제1항에서 「법령 등의 변경이나 사정변경으로 처분을 더 이상 존속시킬 필요가 없게 된 경우」(2호) 등의 경우에 적법한 처분의 전부 또는 일부를 장래에 향하여 철회할 수 있다고 규정하고 있다.

ㄴ. (X) 「행정행위ⓐ」를 「직권취소ⓑ」한 이후에 처분청의 「직권취소 행위ⓑ」 자체에 하자가 있어 「직권취소행위ⓑ」를 다시 「직권취소ⓒ」함으로써 원래의 「행정행위ⓐ」를 회복시킬 수 있는지가 문제된다. 이와 관련하여 대법원은 애초에 직권취소의 대상인 행정행위의 성질에 따라 다음과 같이 판단하고 있다.

침익적 행정행위의 직권취소 (= 상대방에게 유리)의 직권취소 (= 상대방에게 불리)		직권취소의 직권취소 「불가능」
수익적 행정행위의 직권취소 (= 상대방에게 불리)의 직권취소 (= 상대방에게 유리)	원칙	직권취소의 직권취소 「가능」
	예외	수익적 행정행위의 직권취소 후 새로운 이해관계인이 생긴 경우 → 직권취소의 직권취소 「불가능」

예를 들어, 대법원은 국세기본법에서 과세관청이 한 과세처분(= 침익적 행정행위)의 직권취소에 하자가 있는 경우에 이에 대한 직권취소의 직권취소에 대하여 법률이 명문으로 그 취소요건이나 그에 대한 불복절차에 대하여 따로 규정을 둔 바도 없으므로, 설사 과세처분의 직권취소에 위법사유가 있다고 하더라도 그 「하자로 인해 과세처분의 직권취소가 당연무효가 되는 것이 아닌 한」, 일단 직권취소는 유효하게 성립하여 과세처분을 확정적으로 상실시킨다고 본다. 따

라서 과세관청은 과세처분의 직권취소를 다시 직권취소함으로써 이미 소멸된 과세처분을 소생시킬 수는 없다고 하였다. 만약 납세의무자에게 종전의 과세대상에 대한 납부의무를 지우려면 다시 법률에서 정한 세금부과절차에 좇아 동일한 내용의 새로운 처분을 하는 수밖에 없다고 본다(대법원 1995. 3. 10. 94누7027).

ㄷ. (O) 대법원은 한 사람이 여러 종류의 자동차운전면허를 취득하는 경우뿐 아니라 이를 취소 또는 정지하는 경우에도 서로 별개의 것으로 취급하는 것이 원칙이고, 다만 취소사유가 특정 면허에 관한 것이 아니고 다른 면허와 공통된 것이거나 운전면허를 받은 사람에 관한 것일 경우에는 여러 면허를 전부 취소할 수도 있다고 본다(대법원 2012. 5. 24. 2012두1891). 참고로 2016년 1월 27일 개정된 개정 도로교통법 제93조에서는 복수운전면허소지자에 대한 면허취소·정지시 그 소지면허 전부를 대상으로 한다는 점을 보다 명확하게 규정하고 있다.

ㄹ. (O) 「쟁송취소」는 원칙적으로 소급효가 인정된다. 반면, 「직권취소」의 경우 구체적인 사건마다 이익형량의 결과에 따라 소급효와 장래효가 결정된다. 최근 제정된 행정기본법도 '행정청은 위법 또는 부당한 처분의 전부나 일부를 소급하여 취소할 수 있다. 다만, 당사자의 신뢰를 보호할 가치가 있는 등 정당한 사유가 있는 경우에는 장래를 향하여 취소할 수 있다.'고 규정하여 이익형량에 따라 소급효와 장래효가 결정됨을 규정하고 있다(제18조 제1항). 이와 관련하여 대법원은 침익적 행정행위의 직권취소는 원칙상 '소급효'가 있는 것으로 본다. 예를 들어, 대법원은 국세감액결정처분은 이미 부과된 과세처분에 하자가 있음을 이유로 사후에 이를 일부취소하는 처분이므로, 취소의 효력은 그 취소된 국세 부과처분이 있었을 당시에 소급하여 발생하는 것이고, 이는 판결 등에 의한 취소(= 쟁송취소)이거나 과세관청의 직권에 의한 취소(= 직권취소)이거나에 따라 차이가 있는 것이 아니라고 본다(대법원 1995. 9. 15. 94다16045).

06

답 ②

| 출제단원 | Part 02 행정작용 및 절차법 |
| 출제영역 | 위헌법률에 근거한 행정처분의 효력 |

① (O) 헌법재판소법 제47조 제2항에서는 「위헌으로 결정된 법률 또는 법률의 조항은 그 결정이 있는 날부터 효력을 상실한다.」고 규정하고 있다. 이처럼 헌법재판소의 위헌결정은 헌법재판소법 제47조 제2항에 따라 원칙적으로 장래효(= 법적 효력이 장래를 향하여 발생하는 것)이다. 다만, 예외적으로 소급효(= 법적 효력이 과거로 거슬러 올라가 발생하는 것)가 인정될 수 있는데, 그 범위가 어디까지인지 문제된다. 이와 관련하여 대법원은 원칙적으로 당해사건·동종사건·병행사건뿐만 아니라 일반사건에도 위헌결정의 소급효가 미친다고 본다. 다만, 일반사건 중 「㉠ 취소소송의 제기기간을 경과하여 확정력(= 불가쟁력)이 발생한 행정처분」이나 「㉡ 법적 안정성과 신뢰보호의 요청이 현저한 경우」에는 위헌결정의 소급효가 인정되지 않는다고 본다. 이때 ㉠에 대한 내용이 바로 ①번 선택지의 내용이다. 즉, 대법원은 「위헌인 법률에 근거한 행정처분이 당연무효인지의 여부」는 「위헌결정의 소급효」와는 「별개」의 문제로서, 위헌결정의 소급효가 인정된다고 하여 위헌인 법률에 근거한 행정처분이 당연무효가 된다고는 할 수 없고, 오히려 이미 취소소송의 제기기간을 경과하여 확정력이 발생한 행정처분에는 위헌결정의 소급효가 미치지 않는다고 본다(대법원 1994. 10. 28. 92누9463).

② (X) [상황: 행정처분 → 헌법재판소의 법률에 대한 위헌결정 → 행정처분의 집행] 행정처분이 먼저 행해진 후에 처분의 근거법률이 헌법재판소에서 위헌결정을 받았고, 처분의 상대방이 아직 처분으로 부과된 의무를 이행하지 않고 있는 경우에 강제집행을 할 수 있는지가 문제된다. 대법원은 행정처분이 있은 후에 처분의 근거법률이 위헌으로 결정된 경우 이러한 처분의 집행이나 집행력을 유지하기 위한 행위는 위헌결정의 기속력에 반하여 허용되지 않는다고 본다. 따라서 위헌결정 「이전」에 이미 「부담금 부과처분과 압류처분 및 이에 기한 압류등기」가 이루어지고 이러한 처분이 확정되었다고 하여도, 위헌결정 「이후」에는 별도의 행정처분인 「매각처분, 분배처분 등 후속 체납처분절차」를 진행할 수 없으며, 특별한 사정이 없는 한 기존의 압류등기나 교부청구만으로는 다른 사람에 의하여 개시된 경매절차에서 배당을 받을 수도 없다고 본다(대법원 2002. 8. 23. 2001두2959).

③ (O) 무효확인소송이 제기되었는데 하자의 정도가 단순위법에 불과하여 취소사유에 해당할 경우에 법원이 어떤 판결을 해야 하는지 문제된다. 이에 대해서는 취소소송의 제기요건(예 제소기간의 준수 등)을 구비했는지에 따라 다음과 같이 판단한다.

| 취소소송의 제기요건을 구비한 경우 | 원고가 그 처분의 취소를 구하지 아니한다고 밝히지 않은 이상 법원은 「취소판결」을 할 수 있다. |
| 취소소송의 제기요건을 구비하지 못한 경우 | 청구「기각판결」을 한다. |

[상황: 행정처분 → 헌법재판소의 법률에 대한 위헌결정] 예를 들어, 행정처분이 먼저 행해진 「후」에 처분의 근거법률이 헌법재판소에서 위헌결정을 받은 경우에 앞서 행해진 행정처분의 하자는 취소사유에 불과하다. 이때 행정처분에 대한 취소소송의 제기기간이 이미 경과한 상태에서 무효확인소송이 제기된 경우에 법원이 어떤 판결을 해야 하는지가 문제되는데, 대법원은 어느 행정처분에 대하여 그 행정처분의 근거가 된 법률이 위헌이라는 이유로 무효확인청구의 소가 제기된 경우에는 다른 특별한 사정이 없는 한 법원으로서는 그 법률이 위헌인지 여부에 대하여는 판단할 필요 없이 그 무효확인청구를 기각하여야 한다고 본다(대법원 1994. 10. 28. 92누9463). 즉, 무효확인소송의 소송요건은 갖추었으므로 각하판결을 할 수는 없으며, 본안판결(= 원고의 청구가 이유 있는지에 대한 판단)을 해야 하는데, 취소판결을 하기 위해 필요한 취소소송의 제기요건을 구비하지 못했으므로 결국 원고의 청구를 기각하는 판결을 해야 한다는 것이다.

④ (O) [상황: 행정처분 → 헌법재판소의 법률에 대한 위헌결정] 헌법재판소는 대법원과 마찬가지로 법률에 근거하여 행정처분이 발하여진 「후」에 헌법재판소가 행정처분의 근거법률을 위헌으로 결정하였다면 이러한 하자는 원칙적으로 행정처분의 「취소사유」일 뿐이라고 본다. 다만, 행정처분을 무효로 하더라도 법적 안정성을 크게 해치지 않는 반면에 하자가 중대하여 상대방을 구제할 필요가 있는 경우에는 예외적으로 행정처분을 「당연무효」로 볼 수 있다고 본다. 예를 들어, 헌법재판소는 「행정처분 자체의 효력이 쟁송기간 경과 후에도 계속 존속 중인 경우, 특히 위헌법률에 근거한 행정처분의 목적달성을 위해 후행 행정처분이 필요하고 이러한 후행 행정처분이 아직 이루어지지 않은 경우」와 같이 그 행정처분을 무효로 하더라도 법적 안정성을 크게 해치지 않는 반면에 그 하자가 중대하여 그 구제가 필요한 경

우에 대하여서는 그 예외를 인정하여 이를 당연무효사유로 보아서 쟁송기간 경과 후에라도 무효확인을 구할 수 있다고 본다(헌재 1994. 6. 30. 92헌바23). 참고로 「행정처분 이후 처분의 근거법률에 대한 헌법재판소의 위헌결정」이 있는 경우에 해당 행정처분의 효력에 대한 대법원과 헌법재판소 판례의 차이를 정리하면 다음과 같다.

상황	행정처분의 효력		
행정처분 → 처분의 근거 법률에 대한 헌법재판소의 위헌결정	대법원		취소사유
	헌법 재판소	원칙	취소사유
		예외	행정처분을 무효로 하더라도 법적 안정성을 크게 해치지 않는 반면에 하자가 중대하여 상대방을 구제할 필요가 있는 경우 → 당연무효

07   답 ④

출제단원 Part 04 행정소송법
출제영역 원고적격, 대상적격, 간접강제

① (X) 행정처분에 관한 취소소송을 제기하기 위해서는 행정처분의 취소를 구할 법률상 이익이 있어야 하는데, 그 법률상 이익은 당해 처분의 근거법률에 의하여 보호되는 직접적이고 구체적인 이익이 있는 경우를 말하고, 간접적·사실적·경제적 이해관계를 가지는 데 불과한 경우는 여기에 해당되지 않는다. 이와 관련하여 대법원은 개발제한구역 중 일부 취락(A토지)을 개발제한구역에서 해제하는 내용의 도시관리계획변경결정에 대하여, 개발제한구역 해제대상에서 누락된 토지(B토지)의 소유자는 위 결정(A토지를 개발제한구역에서 해제하는 결정)의 취소를 구할 법률상 이익이 없다고 본다(대법원 2008. 7. 10. 2007두10242). 원고(B토지의 소유자)의 청구취지와 같이 도시관리계획변경결정 중 A토지 부분이 취소된다 하더라도 그 결과 제3자 소유의 토지(A토지)가 종전과 같이 개발제한구역으로 남게 되는 결과가 될 뿐, 원고 소유의 B토지가 개발제한구역에서 해제되는 것도 아니기 때문에 원고에게 제3자 소유의 A토지에 관한 도시관리계획변경결정의 취소를 구할 직접적이고 구체적인 이익이 있다고 할 수 없기 때문이다.

② (X) 항고소송의 대상이 되는 처분이란 「행정청이 행하는 구체적 사실에 관한 법집행으로서의 공권력의 행사 또는 그 거부와 그 밖에 이에 준하는 행정작용」을 말한다(행정소송법 제2조 제1항 1호). 이와 관련하여 대법원은 금융기관의 임원에 대한 금융감독원장의 문책경고는 그 상대방에 대한 직업선택의 자유를 직접 제한하는 효과를 발생하게 하는 등 상대방의 권리·의무에 직접 영향을 미치는 행위로서 항고소송의 대상이 되는 행정처분에 해당한다고 본다(대법원 2005. 2. 17. 2003두14765).

③ (X) 납세의무자가 자기의 세액을 스스로 산정하여 자진 신고하고 이를 근거로 발부된 납세고지서에 의해 세금을 납부하게 되는 방식을 「신고납세방식」이라고 한다. 그런데 신고납세방식의 조세인 부가가치세에 관하여 매출액 등이 과다신고된 경우에 납세의무자가 이를 다투기 위해 그 부분에 관하여 감액경정청구절차를 밟아야 하는지, 아니면 과세관청의 부과처분에 대한 취소소송에서 이러한 과다신고사유를 함께 주장할 수도 있는지가 문제된다. 이와 관련하여 대법원은 납세의무자로 하여금 과다신고사유에 대하여는 경정청구로써, 과세관청의 증액경정사유(= 당초 과세처분을 증액하게 된 사유)에 대하여는 항고소송으로써 각각 다투게 하는 것은 납세의무자의 권익보호나 소송경제에도 부합하지 않는 점 등에 비추어 보면, 납세의무자는 증액경정처분의 취소를 구하는 항고소송에서 과세관청의 증액경정사유뿐만 아니라 당초 신고에 관한 과다신고사유도 함께 주장하여 다툴 수 있다고 판단하였다(대법원 2013. 4. 18. 2010두11733).

④ (O) 행정청이 「거부처분의 취소판결의 취지에 따라 처분을 하지 않을 때」에는 제1심 수소법원은 당사자의 신청에 의해 결정으로써 상당한 기간을 정하고 행정청이 그 기간 내에 이행하지 않을 때에는 그 지연기간에 따라 일정한 배상을 할 것을 명하거나 즉시 손해배상을 할 것을 명할 수 있는데 이를 「간접강제」라고 한다(행정소송법 제34조). 이때 간접강제를 할 수 있는 상황인 「거부처분의 취소판결의 취지에 따라 처분을 하지 않을 때」의 의미와 관련하여 대법원은 거부처분에 대한 취소의 확정판결이 있음에도 「행정청이 아무런 재처분을 하지 않은 경우」뿐만 아니라 「재처분을 하였다 하더라도 종전 거부처분에 대한 취소확정판결의 기속력에 반하는 등으로 당연무효인 경우」도 아무런 재처분을 하지 않을 때와 마찬가지라고 본다. 즉, 「재처분을 하였다 하더라도 종전 거부처분에 대한 취소확정판결의 기속력에 반하는 등으로 당연무효인 경우」에도 간접강제신청에 필요한 요건을 갖춘 것으로 보아야 한다는 것이다(대법원 2002. 12. 11. 자 2002무22).

08   답 ③

출제단원 Part 02 행정작용 및 절차법, Part 04 행정소송법
출제영역 특허, 불가쟁력, 부관에 대한 행정쟁송, 기속력의 범위

① (X) 하천점용허가는 상대방에게 「권리를 설정」해 주는 것으로서 강학상 「특허」에 해당한다. 또한 특허는 원칙상 「재량행위」이다. 따라서 '일반적 금지의 해제(= 허가)'라는 설명과 일정한 요건을 갖춘 경우 '기속적'으로 판단하여야 한다는 설명은 강학상 특허인 하천점용허가에 대한 설명으로 옳지 않다. 참고로 허가와 특허의 개념을 비교하면 다음과 같다.

구분	허가	특허
개념	질서유지·위험의 방지 등을 목적으로 법령에 의해 일반적으로 금지하였던 행위를 특정한 경우에 해제하여 적법하게 일정한 행위를 할 수 있도록 하는 행정행위	특정인을 위하여 새로운 권리를 설정하는 행위, 능력을 설정하는 행위, 포괄적인 법률관계를 설정하는 행위(= 설권행위)
법적 성질	· 기속행위 성격 강함 · 명령적 행위 : 인간이 본래 가지고 있는 자연적 자유를 회복시켜 주는 행위	· 재량행위 성격 강함 · 형성적 행위 : 상대방이 본래 가지고 있지 않았던 권리 등을 새롭게 설정하여 주는 행위

② (X) 하자 있는 행정행위라 할지라도 불복기간이 경과하거나, 쟁송수단을 모두 다 거친 이후에는 「상대방 또는 이해관계인」이 더 이상 행정행위의 효력을 쟁송절차를 통해 다툴 수 없게 되는 힘을 「불가쟁력」이라고 한다. 따라서 행정행위의 「상대방」이나 「이해관계인」은 불가쟁력이 발생한 행정행위의 효력에 대해 더 이상 다툴 수 없다. 반면, 행정행위를 한 「행정청」은 불가쟁력이 발생한 행정행위라고 하더라도 직권으로 취소할 수 있다.

③ (O) 부관이란 행정행위의 효과를 제한 또는 보충하기 위하여 행정기관에 의하여 주된 행정행위에 부가된 종된 규율을 말한다(다수설). 부관에 대한 독립쟁송가능성과 관련하여 대법원은 부관 중 「부담」만이 독립하여 취소소송의 대상이 될 수 있으며, 「그 이외의 부관」은 독립하여 취소소송의 대상이 될 수 없다고 본다. 따라서 하천점용허가에 「조건」인 부관이 부가된 경우에 「조건」은 독립하여 취소소송의 대상이 될 수 없다.

④ (X) 처분 등을 취소하는 확정판결(= 인용판결)은 그 사건에 관하여 당사자인 행정청과 그 밖의 관계행정청을 기속하는데, 이를 「기속력」이라고 한다. 대법원은 취소소송에서 처분 등을 취소하는 확정판결의 기속력은 주로 판결의 실효성 확보를 위하여 인정되는 효력으로서 판결의 「주문」뿐만 아니라 그 전제가 되는 처분 등의 구체적 위법사유에 관한 「이유 중의 판단」에 대하여도 인정된다고 본다(대법원 2001. 3. 23. 99두5238).

09 답 ②

출제단원 Part 02 행정작용 및 절차법, Part 04 행정소송법
출제영역 행정행위의 하자, 일부취소판결

① (O) 대법원은 '갑'을 「친일반민족행위자로 결정한 친일반민족행위 진상규명위원회의 최종발표(선행처분)」에 따라 지방보훈지청장이 독립유공자 예우에 관한 법률 적용대상자로 보상금 등의 예우를 받던 '갑'의 유가족 '을'에 대하여 「독립유공자 예우에 관한 법률 적용배제자결정(후행처분)」을 한 사안에서, 「친일반민족행위자결정」과 「독립유공자 예우에 관한 법률에 의한 법적용배제결정」은 서로 「독립」하여 「별개」의 법률효과를 목적으로 하는 것이라고 판단하였다. 이러한 판단을 전제로 대법원은 을이 선행처분의 하자를 이유로 후행처분의 효력을 다툴 수 없게 하는 것은 을에게 수인한도(= 참고 받아들여야 하는 한도)를 넘는 불이익을 주고 그 결과가 을에게 예측가능한 것이라고 할 수 없다고 보아 「친일반민족행위자결정」과 「독립유공자 예우에 관한 법률에 의한 법적용배제결정」은 서로 「독립」하여 「별개」의 법률효과를 목적으로 하는 것이지만 예외적으로 하자의 승계를 긍정하였다(대법원 2013. 3. 14. 2012두6964). 참고로 하자의 승계에 대한 대법원 판례를 정리하면 다음과 같다.

구분	하자의 승계 여부	
선·후의 행정행위가 결합, 하나의 법적 효과 목적	긍정	
선·후의 행정행위가 독립, 별개의 법적 효과 목적	원칙	부정
	예외	수인한도를 넘고, 예측가능성 없는 경우 → 긍정

② (X) 정당한 권한이 없는 행정기관에 의한 행위는 주체에 하자가 있는 행정행위가 된다. 이와 관련하여 대법원은 행정청의 권한에는 사무의 성질 및 내용에 따르는 제약이 있고, 지역적·대인적으로 한계가 있으므로 이러한 권한의 범위를 넘어서는 권한유월의 행위는 무권한 행위로서 원칙적으로 무효라고 본다. 다만, 행정청의 공무원에 대한 의원면직처분(= 공무원 자신의 사의표시에 의하여 공무원관계를 소멸시키는 행위)은 공무원의 사직의사를 수리하는 소극적 행정행위에 불과하고, 당해 공무원의 사직의사를 확인하는 확인적 행정행위의 성격이 강하며 재량의 여지가 거의 없기 때문에 의원면직처분에서의 행정청의 권한유월행위를 다른 일반적인 행정행위에서의 그것과 반드시 같이 보아야 할 것은 아니라고 본다. 따라서 5급 이상의 국가정보원 직원에 대한 의원면직처분이 임면권자인 대통령이 아닌 국가정보원장에 의해 행해진 것으로 위법하다 하더라도 그러한 하자가 중대한 것이라고 볼 수는 없으므로 당연무효는 아니라고 판단하였다(대법원 2007. 7. 26. 2005두15748).

③ (O) 외형상 하나의 행정처분이라 하더라도 가분성이 있거나 그 처분대상의 일부가 특정될 수 있다면 그 일부만의 취소도 가능하다고 본다. 이와 관련하여 대법원은 국가유공자 등 예우 및 지원에 관한 법률 등 관련법령의 해석상, 여러 개의 상이(= 부상을 당함)에 대한 국가유공자요건 비해당결정처분에 대한 취소소송에서 그중 일부 상이에 대해서만 국가유공자요건이 인정될 경우에는 비해당결정처분 중 요건이 인정되는 상이에 대한 부분만을 취소하여야 하고, 비해당결정처분 전부를 취소할 것은 아니라고 본다(대법원 2016. 8. 30. 2014두46034).

④ (O) 적법하게 구성되지 않은 합의제행정기관의 행위는 주체에 하자가 있는 행정행위가 된다. 합의제행정기관은 법규가 요구하고 있는 일정한 구성을 갖출 것을 전제로 하여 일정한 행정행위를 할 수 있는 권한이 부여된 행정기관이기 때문이다. 이와 관련하여 대법원은 구 「폐기물처리시설 설치촉진 및 주변지역 지원 등에 관한 법률」에 정한 입지선정위원회가 그 구성방법 및 절차에 관한 동법 시행령의 규정에 위배하여 군수와 주민대표가 선정·추천한 전문가를 포함시키지 않은 채 임의로 구성되어 의결을 한 경우, 그에 터 잡아 이루어진 폐기물처리시설 입지결정처분의 하자는 중대한 것이고 객관적으로도 명백하므로 무효사유에 해당한다고 본다(대법원 2007. 4. 12. 2006두20150).

10 답 ④

출제단원 Part 06 행정상 손해배상
출제영역 영조물의 설치·관리의 하자로 인한 손해배상의 요건

행정상 손해배상이란 위법한 국가작용에 의하여 발생된 손해에 대한 구제수단으로서 '국가배상'이라고도 한다. 이와 관련하여 국가배상법 제2조 제1항에서는 「공무원의 위법한 직무행위로 인한 국가나 지방자치단체의 배상책임」을, 제5조 제1항에서는 「영조물의 설치·관리의 하자로 인한 국가나 지방자치단체의 배상책임」을 명시하고 있다. 제시된 (가), (나) 사례는 국도의 설치·관리의 하자로 인한 손해와 관련된 것이므로 국가배상법 제5조 제1항의 책임이 인정될 수 있는지가 문제되는 사례이다.

① (X) 대법원은 국가배상법 제5조 제1항에 규정된 '영조물 설치·관리상의 하자'는 공공의 목적에 공여된 영조물이 그 용도에 따라 「통상 갖추어야 할 안전성」을 갖추지 못한 상태에 있음을 말한다고 본다. 그리고 이러한 안전성의 구비 여부는 영조물의 설치자 또는 관리자가 그 영조물의 위험성에 비례하여 사회통념상 일반적으로 요구되는 정도의 방호조치의무를 다하였는지를 기준으로 판단하여야 하고, 아울러 그 설치자 또는 관리자의 재정적·인적·물적 제약 등도 고려하여야 한다고 본다. 따라서 영조물인 도로의 경우도 그 설치 및 관리에 있어 완전무결한 상태를 유지할 정도의 고도의 안전성을 갖추지 아니하였다고 하여 하자가 있다고 단정할 수는 없고, 그것을 이용하는 자의 상식적이고 질서 있는 이용방법을 기대한 「상대적인 안전성」을 갖추는 것으로 족하다고 본다(대법원 2013. 10. 24. 2013다208074). 따라서

(가)와 (나) 사례에서 국가가 甲과 乙에게 손해배상책임을 부담할 것인지 여부는 위 도로들이 모든 가능한 경우를 예상하여 고도의 안전성을 갖추었는지 여부에 따라 결정될 것은 아니다.

② (X) ①번 해설에서 살펴본 바와 같이 대법원은 영조물인 도로의 경우에는 그것을 이용하는 자의 상식적이고 질서 있는 이용방법을 기대한 상대적인 안전성을 갖추는 것으로 족하다고 본다. 이에 따라 대법원은 '갑'이 차량을 운전하여 「편도 1차로를 진행하던 중 커브길에서 중앙선을 침범」하여 반대편 도로를 벗어나 도로 옆 계곡으로 떨어져 동승자인 '을'이 사망한 사안에서, 좌로 굽은 도로에서 운전자가 무리하게 앞지르기를 시도하여 중앙선을 침범하여 반대편 도로로 미끄러질 경우까지 대비하여 도로관리자인 지방자치단체가 차량용 방호울타리를 설치하지 않았다고 하여 도로에 통상 갖추어야 할 안전성이 결여된 설치·관리상의 하자가 있다고 보기 어렵다고 판단하였다(대법원 2013. 10. 24. 2013다208074).

③ (X) 대법원은 적설지대에 속하는 지역의 도로라든가 최저속도의 제한이 있는 고속도로 등 특수 목적을 갖고 있는 도로가 아닌 「일반 보통의 도로」까지도 도로관리자에게 완전한 인적, 물적 설비를 갖추고 제설작업을 하여 도로통행상의 위험을 즉시 배제하여 그 안전성을 확보하도록 하는 관리의무를 부과하는 것은 도로의 안전성의 성질에 비추어 적당하지 않고, 오히려 그러한 경우의 도로통행의 안전성은 그와 같은 위험에 대면하여 도로를 이용하는 통행자 개인의 책임으로 확보하여야 한다고 본다. 따라서 겨울철 산간지역에 위치한 도로에 강설로 생긴 빙판을 그대로 방치하고 도로상황에 대한 경고나 위험표지판을 설치하지 않았다는 사정만으로 도로관리상의 하자가 있다고 볼 수 없다고 본다(대법원 2000. 4. 25. 99다54998).

④ (O) 다른 자연적 사실이나 제3자 또는 피해자의 행위와 경합하여 발생한 손해도 영조물의 설치·관리상의 하자에 의해 발생한 것으로 볼 것인지 여부와 관련하여 대법원은 영조물의 설치 또는 관리상의 하자로 인한 사고라 함은 영조물의 설치 또는 관리상의 하자만이 손해발생의 원인이 되는 경우만을 말하는 것이 아니고, 다른 자연적 사실이나 제3자의 행위 또는 피해자의 행위와 경합하여 손해가 발생하더라도 영조물의 설치 또는 관리상의 하자가 공동원인의 하나가 되는 이상 그 손해는 영조물의 설치 또는 관리상의 하자에 의하여 발생한 것이라고 해석함이 상당하다고 본다(대법원 1994. 11. 22. 94다32924). 따라서 (가)와 (나)에서 도로의 관리상 하자가 인정되는 경우라면 비록 그 사고의 원인에 제3자의 행위가 개입되었더라도 甲과 乙은 국가에 대하여 손해배상책임을 물을 수 있는 것이다.

11 답 ④

| 출제단원 | Part 01 행정법 서설 |
| 출제영역 | 공법관계와 사법관계 |

행정활동을 기초로 하여 맺어지는 법률관계를 「행정상 법률관계」라고 한다. 행정상 법률관계에는 행정법에 의하여 규율되는 관계인 「공법관계」와 사법에 의하여 규율되는 관계인 「사법관계」가 있다. 이때 공법관계에 관한 소송은 행정소송으로 제기해야 하고, 사법관계에 관한 소송은 민사소송으로 제기해야 한다.

① (O) 대법원은 국유재산 등의 관리청이 하는 행정재산의 사용·수익에 대한 허가는 순전히 사경제주체로서 행하는 사법상의 행위가 아니라 관리청이 공권력을 가진 우월적 지위에서 행하는 행정처분으로서 특정인에게 행정재산을 사용할 수 있는 권리를 설정하여 주는 강학상 「특허」에 해당한다고 본다. 또한 국유재산 등의 관리청이 하는 행정재산의 사용·수익허가에 따른 사용료에 대하여는 국유재산법에 의하여 국세징수법에서 규정하고 있는 가산금과 중가산금을 징수할 수 있는데, 이는 사용료가 납부기한까지 납부되지 않은 경우 미납분에 관한 지연이자의 의미로 부과되는 부대세의 일종이라고 본다. 따라서 이를 다투기 위해서는 행정쟁송절차를 통하여 권리관계를 다투어야 할 것이지, 민사소송으로 위 지급의무의 부존재확인을 구할 수는 없다고 본다(대법원 2006. 3. 9. 2004다31074).

② (O) 국세징수법에 의한 강제징수는 '독촉 → 재산의 압류 → 압류재산의 매각 → 청산'으로 이루어진다. 강제징수의 절차 중 「재산의 압류, 압류재산의 매각 및 청산」을 「체납처분」이라고 한다. 이러한 체납처분이 위법할 경우 행정소송을 통하여 그 취소 또는 변경을 청구할 수 있다. 참고로 2021. 1. 1. 시행된 개정 국세징수법은 '체납처분'이라는 표현을 '강제징수'로 변경하였으나, 이를 준용하는 국유재산법에서는 여전히 '국세징수법상 체납처분에 관한 규정을 준용하여 징수할 수 있다.'라는 표현을 사용하고 있다.

③ (O) 대법원은 국가나 지방자치단체에 근무하는 청원경찰은 국가공무원법이나 지방공무원법상의 공무원은 아니지만, 다른 청원경찰과는 달리 임용권자가 행정기관의 장이고, 국가나 지방자치단체로부터 보수를 받으며, 직무상의 불법행위에 대하여도 민법이 아닌 국가배상법이 적용되는 점 등을 종합하여 볼 때, 그 근무관계를 사법상의 고용계약관계로 보기는 어렵다고 본다. 즉, 국가나 지방자치단체에 근무하는 청원경찰의 근무관계는 공법관계라고 본다. 따라서 그에 대한 징계처분의 시정을 구하는 소는 행정소송의 대상이지 민사소송의 대상이 아니라고 본다(대법원 1993. 7. 13. 92다47564).

④ (X) 부당이득으로 손해를 입은 자는 이득을 본 자를 상대로 부당이득반환청구권을 행사할 수 있다. 이때 공법상 원인에 의한 부당이득반환청구권의 법적 성질이 문제된다. 이에 대하여 대법원은 공법상 원인에 의한 부당이득반환청구는 민사상의 부당이득반환청구로서 민사소송절차에 따라야 한다고 본다(= 사권설). 따라서 개발부담금부과처분이 취소된 이상 그 후의 부당이득으로서의 과오납금 반환에 관한 법률관계는 단순한 민사관계에 불과한 것이고, 행정소송절차에 따라야 하는 관계로 볼 수 없다고 본다(대법원 1995. 12. 22. 94다51253).

12 답 ③

| 출제단원 | Part 04 행정소송법 |
| 출제영역 | 취소소송의 피고적격 |

피고적격이란 소송의 피고가 될 수 있는 자격을 말한다. 취소소송은 「다른 법률에 특별한 규정이 없는 한」 그 처분 등을 행한 「행정청」을 피고로 한다(행정소송법 제13조 제1항). 이때 처분 등을 행한 행정청이란 행정처분을 외부적으로 그의 이름으로 행한 행정청을 말한다.

ㄱ. (O) 국가공무원법에서는 공무원에 대한 징계, 기타 불이익처분의 처분청이 대통령인 경우에는 소속장관을 피고로 한다고 규정하고 있다(제16조 제2항). 따라서 대통령의 검사임용거부처분에 대한 취소소송의 피고는 검사가 속한 법무부의 장관이 된다. 대법원도 검사임용거부처분에 대한 취소소송의 피고는 법무부장관으로 함이 상당하다고

본다(대법원 1990. 3. 14. 자 90두4).

> **+참고**
> 원본 문제의 ㄱ.은 '검사임용처분'이라고 표기되어 있다. 그러나 국가공무원법 제16조 제2항 및 관련 판례(90두4)를 고려할 때 이 사례는 검사임용신청을 하였으나 임용대상에서 제외된 자가 대통령의 검사임용거부처분을 다투는 소송과 관련하여 피고적격을 묻는 문제이다. 따라서 '검사임용거부처분'으로 수정하였다.

ㄴ. (X) 내부위임이란 행정청이 보조기관 또는 하급행정기관에게 내부적으로 일정한 사항의 결정권을 위임하여 수임기관(= 권한을 위임받은 기관)이 위임청(= 권한을 위임한 행정청)의 이름으로 그의 권한을 사실상 대리행사하도록 하는 것을 말한다. 내부위임이 있는 경우에는 수임기관은 위임청의 이름으로 권한을 행사할 수 있을 뿐이며, 자기의 이름으로는 권한을 행사할 수 없다. 이와 관련하여 대법원은 내부위임의 경우 피고적격에 대해서 다음과 같이 구분하여 판단하고 있다.

적법하게 위임기관의 명의로 처분한 경우	위임기관이 피고
위법하게 수임기관이 자신의 명의로 처분한 경우	수임기관이 피고

즉, 국토교통부장관으로부터 권한을 내부위임받은 국토교통부차관이 적법하게 국토교통부장관의 명의로 처분을 한 것이라면 그에 대한 취소소송의 피고는 위임기관인 국토교통부장관이 되지만, 위법하게 자신(국토교통부차관)의 명의로 처분을 한 것이라면 그에 대한 취소소송의 피고는 수임기관인 국토교통부차관이 된다. 따라서 누구의 명의로 처분을 한 것인지가 제시되어 있지 않은 상황에서 일률적으로 국토교통부차관이 피고라고 단정할 수 없으므로 옳지 않은 설명이다.

ㄷ. (O) 헌법재판소법에서는 헌법재판소장이 한 처분에 대한 행정소송의 피고는 헌법재판소 사무처장으로 한다고 규정하고 있다(제17조 제5항).

ㄹ. (O) 행정소송법에서는 '이 법을 적용함에 있어서 행정청에는 법령에 의하여 행정권한의 위임 또는 위탁을 받은 행정기관, 공공단체 및 그 기관 또는 사인이 포함된다.'고 규정하고 있다(제2조 제2항). 즉, 행정권한의 위임이 있는 경우에는 ㄴ.에서 살펴본 「내부위임과 달리」, 권한이 수임청(= 권한을 위임받은 행정청)에게 넘어가기 때문에 수임청이 피고가 되는 것이다. 따라서 환경부장관(= 위임청)의 권한을 위임받은 서울특별시장(= 수임청)이 내린 처분에 대한 취소소송의 피고는 수임청인 서울특별시장이 된다.

13

답 ③

출제단원 종합
출제영역 영업자지위승계신고, 원고적격, 권리보호의 필요

① (O) 대법원은 구 식품위생법에 의하여 영업양도에 따른 지위승계신고를 수리하는 허가관청의 행위는, 단순히 양도·양수인 사이에 이미 발생한 사법상의 사업양도의 법률효과에 의하여 양수인이 그 영업을 승계하였다는 사실의 신고를 접수하는 행위에 그치는 것이 아니라, 실질에 있어서 「양도자(甲)」의 사업허가를 취소함과 아울러 「양수자(乙)」에게 적법히 사업을 할 수 있는 권리를 설정하여 주는 행위로서 사업허가자의 변경이라는 법률효과를 발생시키는 행위라고 판단하였다(대법원 2001. 2. 9. 2000도2050).

② (O) 대법원은 사업양도·양수에 따른 허가관청의 지위승계신고의 수리는 적법한 사업의 양도·양수가 있었음을 전제로 하는 것이므로, 수리대상인 사업양도·양수가 존재하지 않거나 무효인 때에는 수리를 하였다 하더라도 그 수리는 유효한 대상이 없는 것으로서 당연히 무효라고 본다(대법원 2005. 12. 23. 2005도3554).

③ (X) 행정소송법 제12조는 '취소소송은 처분 등의 취소를 구할 법률상 이익이 있는 자가 제기할 수 있다.'고 하여 원고적격을 규정하고 있다. 따라서 행정처분 등의 직접 상대방이 아니더라도 처분 등의 취소를 구할 법률상 이익이 있는 자(= 제3자)도 원고적격이 인정될 수 있다. 이와 관련하여 「영업양도 후 영업자지위승계신고의 수리 이전」에 「양도인(甲)에게 영업허가취소처분」이 이루어졌다면, 영업허가취소처분의 상대방이 아닌 「양수인(乙)」이 「양도인(甲)에 대한 영업허가취소처분」에 대한 취소소송을 제기할 원고적격이 인정되는지가 문제된다. 이 경우 양수인(乙)은 영업허가취소처분의 상대방은 아니지만, 양도인(甲)에 대한 영업허가의 취소로 인해 영업양도를 받을 수 없게 되는 불이익을 입었으므로 「양도인(甲)에 대한 영업허가취소처분」에 대한 취소소송을 제기할 원고적격이 인정된다고 본다. 대법원도 「채석허가(= 건축용·토목용 등으로 사용할 가치가 있는 암석을 채취할 수 있는 허가)를 받은 자」에 대한 관할 행정청의 「채석허가 취소처분」에 대하여 수허가자(= 허가를 받은 자)의 지위를 양수한 「양수인」에게 채석허가 취소처분의 취소를 구할 법률상 이익이 있는지와 관련하여, 관할 행정청이 「양도인」에 대하여 「채석허가를 취소하는 처분」을 하였다면 이는 양수인의 지위에 대한 직접적 침해가 된다고 할 것이므로 「양수인」은 「양도인에 대한 채석허가를 취소하는 처분」의 취소소송을 제기할 법률상 이익을 가진다고 판단하였다(대법원 2003. 7. 11. 2001두6289).

> **+참고**
> 원본 문제의 ③번 선택지에서는 「~ 乙이 甲에 대한 「영업허가처분」의 취소를 구하는 소송을 제기할 법률상 이익은 없다.」라고 표현하고 있다. 그런데 출제자의 출제의도를 고려할 때, 「甲에 대한 영업허가처분」이라는 표현은 「甲에 대한 영업허가「취소」처분」이라고 표현했어야 한다. 즉, 표현상 오류로 인한 출제오류로 판단된다. 이에 ③번 선택지의 해당 표현을 「甲에 대한 영업허가「취소」처분」이라고 수정하였다.

④ (O) ②번 해설에서 살펴본 바와 같이, 대법원은 사업양도·양수에 따른 허가관청의 지위승계신고의 수리와 관련하여 수리대상인 사업양도·양수가 무효인 때에는 수리를 하였다 하더라도 그 수리는 유효한 대상이 없는 것으로서 당연히 무효라고 본다. 이때 사업의 양도행위가 무효라고 주장하는 양도자(甲)는 민사쟁송으로 양도·양수행위의 무효를 구함이 없이, 막바로 허가관청을 상대로 하여 행정소송으로 위 신고수리처분의 무효확인을 구할 법률상 이익이 있다고 본다(대법원 2005. 12. 23. 2005두3554).

14

답 ①

출제단원 Part 08 행정정보공개·개인정보 보호·행정조사
출제영역 행정조사기본법

행정조사란 행정기관이 사인으로부터 행정상 필요한 자료나 정보를 수집하기 위하여 행하는 일체의 행정작용을 말한다. 「행정조사기본법」은

행정조사에 관한 기본원칙·행정조사의 방법 및 절차 등에 관한 공통적인 사항을 규정함으로써 행정의 공정성·투명성 및 효율성을 높이고, 국민의 권익을 보호함을 목적으로 하여 제정된 법이다.

① (O) 행정조사기본법에서는 '행정기관이란 법령 및 조례·규칙에 따라 행정권한이 있는 기관과 그 권한을 위임 또는 위탁받은 법인·단체 또는 그 기관이나 개인을 말한다.'고 규정하고 있다(제2조 2호).

② (X) 행정조사기본법에서는 '행정기관은 법령 등에서 행정조사를 규정하고 있는 경우에 한하여 행정조사를 실시할 수 있다. 다만, 조사대상자의 자발적인 협조를 얻어 실시하는 행정조사의 경우에는 그러하지 아니하다.'고 규정하고 있다(제5조). 따라서 조사대상자의 자발적인 협조를 얻어 실시하는 행정조사가 아니라면, 다른 법령 등에서 따로 행정조사를 규정하고 있지 않은 경우에 행정조사기본법만을 근거로 행정조사를 실시할 수는 없다.

③ (X) 행정조사기본법에서는 '조사대상자는 조사대상 선정기준에 대한 열람을 행정기관의 장에게 신청할 수 있다.'고 규정하고 있다(제8조 제2항). 조사대상 선정기준에 대한 열람신청을 받은 행정기관의 장은 「행정기관이 당해 행정조사업무를 수행할 수 없을 정도로 조사활동에 지장을 초래하는 경우」 또는 「내부고발자 등 제3자에 대한 보호가 필요한 경우」에 해당하는 경우를 「제외」하고는 신청인이 조사대상 선정기준을 열람할 수 있도록 하여야 한다(제8조 제3항). 따라서 행정기관은 그 열람이 당해 행정조사업무를 수행할 수 없을 정도로 조사활동에 지장을 초래하는 경우 조사대상 선정기준에 대한 열람을 거부할 수 있다.

④ (X) 행정조사기본법에서는 '정기조사 또는 수시조사를 실시한 행정기관의 장은 동일한 사안에 대하여 동일한 조사대상자를 재조사하여서는 아니 된다. 다만, 당해 행정기관이 이미 조사를 받은 조사대상자에 대하여 위법행위가 의심되는 새로운 증거를 확보한 경우에는 그러하지 아니하다.'고 규정하고 있다(제15조 제1항). 따라서 「이미 조사를 받은 조사대상자에 대하여 위법행위가 의심되는 새로운 증거를 확보한 경우」에는 조사대상자의 자발적인 협조를 얻어 실시하는 경우가 아니더라도 동일한 사안에 대하여 동일한 조사대상자를 재조사할 수 있다.

15 답 ①

출제단원 Part 02 행정작용 및 절차법, Part 04 행정소송법
출제영역 처분사유의 추가·변경, 절차상 하자의 치유, 처분의 이유제시, 취소판결의 효력(기속력)

① (X) 「처분 당시에 존재」하였지만 행정청이 처분의 근거로 「제시하지 않았던」 사유를 이후 「행정쟁송단계」에서 추가하거나 변경하는 것을 「처분사유의 추가·변경」이라고 한다. 처분의 상대방은 행정소송 과정에서 당초 처분시에 행정청이 제시했던 처분사유를 기초로 하여 공격·방어를 하게 될 것이다. 그런데 아무런 제한 없이 행정청이 처분사유를 추가·변경하는 것을 허용한다면, 처분의 상대방은 전혀 예상하지 못한 처분사유에 대해서 공격·방어를 해야 하는 상황이 생길 수 있다. 즉, 처분의 상대방에게 예기치 못한 불이익을 줄 수 있는 것이다. 이에 대법원은 당초의 처분사유와 「기본적 사실관계가 동일하다고 인정되는 한도 내」에서만 다른 처분사유를 새로 추가하거나 변경할 수 있다고 본다. 그런데 당초 처분의 근거로 제시한 사유가 실질적인 내용이 없는 경우에는 추가한 처분사유는 그와 기본적 사실관계가 동일한지 여부를 판단할 대상조차 없는 것이 된다. 따라서 이러한 경우에는 행정소송단계에서 처분사유를 추가하여 주장할 수 없다고 본다(대법원 2017. 8. 29. 2016두44186).

② (O) 성립 당시에 흠이 있는 행정행위가 사후에 이를 보완하거나 그 흠이 취소사유가 되지 않을 정도로 경미해진 경우에 성립 당시의 흠에도 불구하고 하자 없는 적법한 행위로 그 효력을 유지시키는 것을 「하자의 치유」라고 한다. 대법원은 하자의 치유를 허용하려면 늦어도 「처분에 대한 불복 여부의 결정 및 불복신청에 편의를 줄 수 있는 상당한 기간 내」에 하여야 한다고 본다(대법원 1984. 4. 10. 83누393). 즉, 「행정쟁송제기 이전」까지만 하자의 치유가 가능하다는 것이다. 따라서 소가 제기된 이후에는 하자의 치유가 인정될 수 없다.

③ (O) 행정청은 처분을 할 때에는 당사자에게 그 근거와 이유를 제시하여야 한다(= 처분의 이유제시의무). 이와 관련하여 대법원은 일반적으로 당사자가 근거규정 등을 명시하여 신청하는 인·허가 등을 거부하는 처분을 함에 있어 당사자가 그 근거를 알 수 있을 정도로 상당한 이유를 제시한 경우에는 당해 처분의 근거 및 이유를 구체적 조항 및 내용까지 명시하지 않았더라도 그로 말미암아 그 처분이 위법한 것이 된다고 할 수는 없다고 본다(대법원 2002. 5. 17. 2000두8912).

④ (O) 처분 등을 취소하는 확정판결은 그 사건에 관하여 당사자인 행정청과 그 밖의 관계행정청을 기속하는데, 이를 기속력이라고 한다(행정소송법 제30조). 기속력은 기각판결에는 인정되지 않고, 인용판결(= 원고의 청구를 받아들이는)에만 인정된다. 대법원은 「절차 내지 형식의 위법을 이유로」 과세처분을 취소하는 판결이 확정된 경우에 기판력(= 기속력의 의미로 사용된 표현이다)은 확정판결에 적시된 절차 내지 형식의 위법사유에 한하여 미친다고 본다. 따라서 과세처분권자가 절차 내지 형식의 위법사유를 「보완」하여 행한 「새로운 과세처분」은 종전의 과세처분과는 별개의 처분으로서 확정판결의 기판력(= 기속력의 의미로 사용된 표현이다)에 저촉되는 것은 아니라고 본다(대법원 1986. 11. 11. 85누231).

> **+참고**
> ④번 선택지에 제시된 판례에서는 기판력이라는 용어가 사용되고 있다. 그러나 이 판례에서 사용된 기판력이라는 용어는 기속력의 의미로 사용된 것이다. 기속력이란 처분 등을 취소하는 확정판결이 그 사건에 관하여 당사자인 행정청과 그 밖의 관계행정청을 기속하는 효력을 말한다. 이와 같이 대법원은 기판력과 기속력이라는 용어를 혼용하여 사용하기도 한다.
> ◐ 시험에서는 판례 원문 그대로 출제되므로, 판례에서 사용된 표현을 그대로 기억하면 된다.

16 답 ③

출제단원 종합
출제영역 행정심판의 고지제도, 제3자의 소송참가, 제3자에 의한 재심청구, 제3자의 의견제출

ㄱ. (X) 행정청이 처분을 행하면서 상대방에게 당해 처분에 대하여 행정심판을 제기할 경우에 필요한 사항을 아울러 고지할 의무를 지우는 제도를 「행정심판의 고지제도」라고 한다. 행정심판의 고지는 「직권에 의한 고지」와 「청구에 의한 고지」로 나뉜다(행정심판법 제58조).

구분	직권에 의한 고지	청구에 의한 고지
상대방	처분의 상대방	이해관계인
신청이 필요한지 여부	신청 불요	신청 필요
고지할 내용	· 해당 처분에 대하여 행정심판을 청구할 수 있는지 · 행정심판을 청구하는 경우의 심판청구절차 및 심판청구기간	· 해당 처분이 행정심판의 대상이 되는 처분인지 · 행정심판의 대상이 되는 경우 소관위원회 및 심판청구기간

따라서 행정청이 처분을 할 때에는 「처분의 상대방」에게 「해당 처분에 대하여 행정심판을 청구할 수 있는지」, 「행정심판을 청구하는 경우의 심판청구절차 및 심판청구기간」을 알려야 하지만(행정심판법 제58조 제1항), 행정청이 제3자에게까지 이를 직접 알려야 하는 것은 아니다. 다만, 행정청은 「이해관계인이 요구」하면 「해당 처분이 행정심판의 대상이 되는 처분인지」, 「행정심판의 대상이 되는 경우 소관위원회 및 심판청구기간」을 지체 없이 알려 주어야 할 뿐이다(제58조 제2항).

ㄴ. (O) 甲이 乙에 대한 건축허가에 대하여 취소소송을 제기한 경우의 乙과 같이, 소송의 결과에 의하여 권리 또는 이익의 침해를 받을 제3자가 있는 경우에 당사자 또는 제3자의 신청 또는 법원의 직권에 의해 그 제3자를 소송에 참가시키는 제도를 「제3자의 소송참가」라고 한다(행정소송법 제16조). 이때 참가인은 현실적으로 소송행위를 하였는지 여부에 관계없이 참가한 소송의 판결의 효력을 받는다.

ㄷ. (O) 확정된 종국판결에 대해서는 불복을 할 수 없지만, 법에서 정한 일정한 사유(= 재심사유)가 있는 경우에 예외적으로 불복할 수 있는 제도를 재심이라고 한다. 재심은 소송의 당사자가 제기하는 것이 일반적이지만, 행정소송법에서는 제3자에 의한 재심청구에 대하여도 규정하고 있다. 즉, 처분 등을 취소하는 판결에 의하여 권리 또는 이익의 침해를 받은 제3자는 「자기에게 책임 없는 사유로 소송에 참가하지 못함으로써」 판결의 결과에 영향을 미칠 공격 또는 방어방법을 제출하지 못한 때에는 이를 이유로 확정된 종국판결에 대하여 재심의 청구를 할 수 있다(제31조 제1항). ㄴ. 해설에서 살펴본 바와 같이 제3자는 예측하지 못한 손해를 입지 않기 위해 소송참가를 할 수 있으나, 귀책사유 없이 소송참가를 하지 못한 경우에 이러한 제3자의 불이익을 구제하기 위하여 제3자에 의한 재심청구를 규정하고 있는 것이다.

ㄹ. (O) 행정절차법에서는 '당사자 등은 처분 전에 그 처분의 관할 행정청에 서면이나 말로 또는 정보통신망을 이용하여 의견제출을 할 수 있다.'고 규정하고 있다(제27조 제1항). 이때 「당사자 등」이란 「행정청의 처분에 대하여 직접 그 상대가 되는 당사자」와 「행정청이 직권으로 또는 신청에 따라 행정절차에 참여하게 한 이해관계인」을 말한다(제2조 4호). 따라서 이해관계가 있는 제3자는 자신의 신청 또는 행정청의 직권에 의하여 행정절차에 참여하여 처분 전에 그 처분의 관할 행정청에 서면이나 말로 또는 정보통신망을 이용하여 의견제출을 할 수 있다.

17 ②

출제단원 Part 03 행정의 실효성 확보수단
출제영역 행정벌

행정벌이란 행정의 상대방이 행정법상 의무를 위반한 경우에 국가 또는 지방자치단체가 행정의 상대방에게 과하는 행정법상의 제재로서의 처벌을 말하며, 행정형벌과 행정질서벌(= 과태료)이 있다.

① (X) 대법원은 행정법상의 질서벌인 과태료의 부과처분과 형사처벌은 그 성질이나 목적을 달리하는 별개의 것이므로 행정법상의 질서벌인 과태료를 납부한 후에 형사처벌을 한다고 하여 일사부재리의 원칙에 반하는 것은 아니라고 본다(대법원 1996. 4. 12. 96도158). 즉, 과태료 부과처분을 받고 이를 납부하였다고 하더라도 형사처벌의 대상이 될 수 있다는 것이다. 참고로 일사부재리의 원칙이란 어떤 사건에 대하여 일단 판결이 내려지고 확정이 되면 다시 심리·재판하지 않는다는 원칙을 말한다.

② (O) 대법원은 행정범의 경우 과실행위를 처벌한다는 「명문의 규정」이 있는 경우뿐만 아니라 명문의 규정이 없더라도 관련 행정형벌법규의 「해석」에 의하여 과실행위도 처벌한다는 뜻이 도출되는 경우에는 과실행위도 처벌된다고 본다(대법원 1993. 9. 10. 92도1136). 따라서 과실행위를 처벌한다는 명문의 규정이 없더라도 관련 행정형벌법규의 해석에 의하여 과실행위도 처벌한다는 뜻이 도출되는 경우에는 과실로 행정법규를 위반한 乙을 처벌할 수 있다.

> **참고**
> 원본 문제의 ②번 선택지는 「행위자 외에 사업주를 처벌한다는 명문의 규정이 없더라도 관계규정의 해석에 의해 과실 있는 사업주도 벌할 뜻이 명확한 경우에는 乙 외에 甲도 처벌할 수 있다.」고 되어 있다. 그런데 행위자 이외의 자(甲)를 처벌하기 위해서는 죄형법정주의의 원칙상 법적 근거가 있어야 한다고 보는 것이 일반적 설명이며, 이와 반대되는 입장의 판례는 확인되지 않는다. 따라서 명확한 판례가 존재하는 쟁점으로 선택지 내용을 수정하였다.

③ (X) 실제 행위자인 「종업원」의 위반행위에 대하여 실제 행위를 하지 않은 「사업주」도 처벌하는 것으로 규정하는 경우와 같이 「범죄행위자」와 「행위자 이외의 자」를 함께 처벌하는 규정을 「양벌규정」이라고 한다. 이와 관련하여 대법원은 양벌규정에 의한 영업주(= 행위자 이외의 자)의 처벌은 금지위반행위자인 종업원의 처벌에 종속하는 것이 아니라, 독립하여 그 자신의 종업원에 대한 선임감독상의 과실로 인하여 처벌되는 것이므로 종업원의 범죄성립이나 처벌이 영업주 처벌의 전제조건이 될 필요는 없다고 본다(대법원 2006. 2. 24. 2005도7673). 따라서 실제 행위자인 종업원 乙이 처벌을 받지 않는 경우에도 사업주인 甲을 처벌할 수 있다.

④ (X) 「질서위반행위규제법」에서 행정질서벌의 성립요건과 부과절차 등에 관해 규정하고 있다. 동법 제8조에서는 '자신의 행위가 위법하지 아니한 것으로 오인하고 행한 질서위반행위는 그 「오인에 정당한 이유가 있는 때에 한하여」 과태료를 부과하지 아니한다.'고 규정하고 있다. 즉, 위법성의 착오가 있는 경우에 언제나 과태료를 부과할 수 없는 것이 아니라, 오인에 정당한 이유가 있는 때에 한하여 과태료를 부과하지 않는 것이다.

18

출제단원	Part 03 행정의 실효성 확보수단
출제영역	행정강제

답 ②

행정목적의 실현을 확보하기 위하여 사람의 신체 또는 재산에 실력을 가함으로써 행정상 필요한 상태를 실현하는 권력적 행위를 「행정강제」라고 한다. 행정강제에는 「행정상 강제집행(= 대집행, 이행강제금, 직접강제, 행정상 강제징수)」과 「행정상 즉시강제」가 있다.

① (O) 대집행·이행강제금·직접강제·행정상 강제징수와 같은 「행정상 강제집행」은 법원 및 국가의 집행기관의 도움 없이 행정청이 자력에 의하여 집행한다는 점에서 「민사상 강제집행」과 다르다. 대법원은 행정상 강제집행이 인정되는 경우에 민사상 강제집행이 인정될 수 있는지에 대하여 행정대집행의 절차가 인정되는 경우에는 따로 민사소송의 방법으로 공작물의 철거, 수거 등을 구할 수는 없다고 본다(대법원 2000. 5. 12. 99다18909).

② (X) 공매란 국가기관에 의해 이루어지는 공적(公的) 경매를 뜻한다. 국세징수법에서는 세무서장이 압류된 재산의 공매를 공고한 때에는 즉시 그 내용을 체납자 등에게 통지하도록 하고 있다. 이와 관련하여 대법원은 체납자 등에 대한 「공매통지」는 국가의 강제력에 의하여 진행되는 「공매」에서 체납자 등의 권리 내지 재산상의 이익을 보호하기 위하여 법률로 규정한 절차적 요건이라고 보아야 하며, 「공매」처분을 하면서 체납자 등에게 「공매통지」를 하지 않았거나 공매통지를 하였더라도 그것이 적법하지 아니한 경우에는 「절차상의 흠」이 있어 그 「공매」처분이 위법하게 된다고 본다(대법원 2011. 3. 24. 2010두25527). 참고로 이 경우 항고소송의 대상이 무엇인지와 관련하여 「공매」와 「공매통지」의 법적 성질은 구분해야 한다. 즉, 대법원은 과세관청이 체납처분으로서 행하는 「공매」는 우월한 공권력의 행사로서 행정소송의 대상이 되는 공법상의 행정처분이라고 본다(대법원 1984. 9. 25. 84누201). 반면, 「공매통지」자체는 상대방인 체납자 등의 법적 지위나 권리·의무에 직접적인 영향을 주는 행정처분이 아니라고 본다. 따라서 특별한 사정이 없는 한 체납자 등은 「공매통지」의 결여나 위법을 들어 「공매」처분의 취소 등을 구할 수 있는 것이지, 「공매통지」자체를 항고소송의 대상으로 삼아 그 취소 등을 구할 수는 없다고 본다(대법원 2011. 3. 24. 2010두25527).

③ (O) 이행강제금이란 작위의무·부작위의무·수인의무의 불이행시에 일정액수의 금전이 부과될 것임을 의무자에게 미리 경고함으로써 의무이행의 확보를 도모하는 강제수단을 말한다. 대법원은 건축법상 이행강제금 납부의무는 상속인 기타의 사람에게 승계될 수 없는 일신전속적인 성질의 것이라고 본다. 따라서 이미 사망한 사람에게 이행강제금을 부과하는 내용의 처분이나 결정은 당연무효라고 본다(대법원 2006. 12. 8. 자 2006마470).

④ (O) 행정대집행이란 공법상 대체적 작위의무(건물의 철거, 물건의 파기 등과 같이 타인이 대신하여 행할 수 있는 의무)의 불이행이 있는 경우에 당해 행정청이 스스로 의무자가 행할 행위를 하거나 제3자로 하여금 이를 행하게 하고 그 비용을 의무자로부터 징수하는 것을 말한다. 이와 관련하여 대법원은 행정청이 행정대집행의 방법으로 건물철거의무의 이행을 실현할 수 있는 경우에는 건물철거 대집행 과정에서 부수적으로 건물의 점유자들에 대한 퇴거조치(= 있던 곳에서 떠나도록 하는 것)를 할 수 있다고 본다. 또한 점유자들이 적법한 행정대집행을 위력을 행사하여 방해하는 경우에는 형법상 공무집행방해죄가 성립하므로, 필요한 경우에는 「경찰관 직무집행법」에 근거한 위험발생 방지조치 또는 형법상 공무집행방해죄의 범행방지 내지 현행범체포의 차원에서 경찰의 도움을 받을 수도 있다고 본다(대법원 2017. 4. 28. 2016다213916).

19

출제단원	Part 04 행정소송법
출제영역	협의의 소의 이익

답 ④

항고소송을 제기하기 위해서는 '협의의 소의 이익(= 권리보호의 필요)'이 요구된다. 협의의 소의 이익이란 원고의 청구가 소송을 통하여 분쟁을 해결할 만한 현실적인 필요성을 말한다.

① (X) 임원취임승인취소처분에 의해 취임승인이 취소된 학교법인의 정식이사들에 대하여 원래 정해져 있던 임기가 만료되었다면, 임원취임승인취소처분에 대한 취소소송에서 해당 처분이 취소된다고 하더라도 이미 임기가 만료된 정식이사들이 다시 이사가 될 수는 없으므로 임원취임승인취소처분에 대한 취소소송을 제기하기 위한 협의의 소의 이익이 부정되는 것은 아닌지 문제된다. 이에 대해 대법원은 임원취임승인취소처분에 의해 취임승인이 취소된 학교법인의 정식이사들에 대하여 원래 정해져 있던 임기가 만료되더라도 그 임원취임승인취소처분이 위법하다고 판명되어 취소되면, 그 정식이사들은 「후임이사의 선임시까지 직무수행에 관한 긴급처리권을 가지게 되므로」, 원래 정해져 있던 임기가 만료되었다고 하더라도 임원취임승인취소처분의 취소를 구할 소의 이익이 있다고 판단하였다(대법원 2007. 7. 19. 2006두19297).

② (X) 소음·진동배출시설에 대한 설치허가가 취소된 후 그 배출시설이 철거된 경우에 설치허가취소처분에 대한 취소를 구할 소의 이익이 있는지 문제된다. 이에 대해 대법원은 소음·진동배출시설에 대한 설치허가가 취소된 후 그 배출시설이 철거되어 다시 복구 등을 통하여 배출시설을 가동할 수 없는 상태라면, 이러한 시설은 배출시설 설치허가의 대상이 되지 않으므로 외형상 설치허가취소행위가 잔존하고 있다고 하여도 특단의 사정이 없는 한 이제 와서 굳이 위 처분의 취소를 구할 법률상의 이익이 없다고 본다. 따라서 배출시설이 철거되어 다시 복구 등을 통하여 배출시설을 가동할 수 없는 상태라면 설령 원고가 설치허가취소처분이 위법하다는 점에 대한 판결을 받아 처분청에 대한 손해배상청구소송에서 이를 원용할 수 있다고 하더라도 이러한 이익은 사실적·경제적 이익에 불과하여 이 사건 처분의 취소를 구할 법률상 이익에 해당하지 않는다고 판단하였다(대법원 2002. 1. 11. 2000두2457).

③ (X) 건물의 사용검사처분은 건축허가를 받아 건축된 건물이 건축허가사항대로 건축행정목적에 적합한지 여부를 확인하고, 사용검사필증을 교부하여 줌으로써 허가받은 사람으로 하여금 건축한 건물을 사용·수익할 수 있게 하는 법률효과를 발생시키는 것이다. 이와 관련하여 대법원은 건축물에 대한 사용검사처분의 무효확인을 받거나 처분이 취소된다고 하더라도 사용검사 전의 상태로 돌아가 건축물을 사용할 수 없게 되는 것에 그칠 뿐 곧바로 건축물의 하자상태 등이 제거되거나 보완되는 것도 아니라고 본다. 그리고 입주자나 입주예정자들은 사용검사처분의 무효확인을 받거나 처분을 취소하지 않고도

민사소송 등을 통하여 사업주체 등으로부터 하자의 제거·보완 등에 관한 권리구제를 받을 수 있으므로 사용검사처분의 무효확인 또는 취소 여부에 의하여 법률적인 지위가 달라진다고 할 수 없다고 본다. 따라서 구 주택법상 입주자나 입주예정자는 사용검사처분의 무효확인 또는 취소를 구할 법률상 이익이 없다고 판단하였다(대법원 2015. 1. 29. 2013두24976).

④ (O) 대법원은 구 「도시 및 주거환경정비법」상 「조합설립추진위원회 구성승인처분」은 조합의 설립을 위한 주체인 조합설립추진위원회의 구성행위를 보충하여 그 효력을 부여하는 처분으로서 조합설립이라는 종국적 목적을 달성하기 위한 중간단계의 처분에 해당한다고 본다. 다만, 「조합설립추진위원회 구성승인처분」은 「조합설립인가처분」과는 다른 독립적인 처분이기 때문에, 「조합설립추진위원회 구성승인처분」에 대한 취소 또는 무효확인 판결의 확정만으로는 이미 「조합설립인가를 받은 조합」에 의한 정비사업의 진행을 저지할 수 없다고 본다. 따라서 「조합설립추진위원회 구성승인처분」을 다투는 소송 계속 중에 「조합설립인가처분」이 이루어진 경우에는, 조합설립추진위원회 구성승인처분에 위법이 존재하여 조합설립인가 신청행위가 무효라는 점 등을 이유로 하여 직접 「조합설립인가처분」을 다툼으로써 정비사업의 진행을 저지하여야 하며, 이와 별도로 「조합설립추진위원회 구성승인처분」에 대하여 취소 또는 무효확인을 구할 법률상의 이익은 없다고 판단하였다(대법원 2013. 1. 31. 2011두11112, 2011두11129).

20 답 ③

출제단원 Part 04 행정소송법

출제영역 취소소송의 소송물, 처분권주의, 직권탐지주의, 부작위위법확인소송의 대상

① (X) 소송물이란 소송에서 법원의 심판대상을 말한다. 취소소송의 소송물을 무엇으로 볼 것인지와 관련하여 다음과 같은 견해대립이 있다.

구분	처분의 위법성 일반이라고 보는 견해(다수설, 판례)	개개의 위법사유라고 보는 견해
내용	개개의 위법사유가 취소소송의 소송물이 아니라, 「모든 위법사유(= 위법성 일반)」가 하나의 소송물이라는 견해이다.	「개개의 위법사유」마다 소송물을 달리한다는 견해이다.
기판력이 미치는 범위	처분의 위법 또는 적법 「일반」에 대하여 미친다. → 청구기각판결을 받은 경우에 원고는 다른 위법사유를 들어 새로운 취소소송을 제기할 수 「없다」.	「개개의 위법사유」에 한정하여 미친다. → 청구기각판결을 받은 경우에 원고는 다른 위법사유를 들어 새로운 취소소송을 제기할 수 「있다」.

즉, 취소소송의 소송물을 「처분의 위법성 일반」이라고 보는 통설과 판례에 의하면 취소소송의 기판력은 다툼의 대상이 된 「처분의 위법성 일반」에 대하여 발생하기 때문에, 취소소송에서 청구기각판결을 받은 원고는 다른 위법사유를 들어 동일한 처분에 대하여 새로운 취소소송을 제기할 수 없다. 참고로 기판력이란 「판결」이 확정되면 그 후의 절차에서 동일한 사항이 문제되는 경우에도 당사자와 승계인은 기존 판결에 반하는 주장을 할 수 없고, 법원도 그것에 반하는 판단을 할 수 없는 구속을 받게 되는 효력을 말한다.

② (X) 법원이 판결을 하기 위하여 기초가 되는 소송자료(= 사실 및 증거)를 수집하는 것을 「소송의 심리」라고 한다. 심리에 관한 원칙을 정리하면 다음과 같다.

당사자 주의		소송절차에서 당사자에게 주도권을 부여하는 원칙으로서, 처분권주의와 변론주의를 내용으로 한다.
	처분권 주의	소송의 개시·종료·범위의 결정을 소송당사자의 의사에 맡기는 것을 말한다.
	변론 주의	재판의 기초가 되는 자료의 수집·제출을 당사자의 권능과 책임으로 하는 것을 말한다.
직권주의		소송절차에서 법원의 주도권을 인정하는 원칙이다.

행정소송은 민사소송과 마찬가지로 당사자주의가 기본적인 소송원칙으로 적용된다. 따라서 당사자주의의 한 내용인 처분권주의도 취소소송에 적용된다. 다만, 행정소송의 공익성에 비추어 직권주의가 민사소송에 비하여 보다 널리 적용되고 있다. 예를 들어, 행정소송법은 '법원은 필요하다고 인정할 때에는 직권으로 증거조사를 할 수 있고, 당사자가 주장하지 아니한 사실에 대하여도 판단할 수 있다.'고 하여 직권심리주의를 보충적인 소송원칙으로 규정하고 있다(제26조).

③ (O) 직권탐지주의란 법원이 판결에 중요한 사실을 당사자의 신청 여부와 관계없이 직접 조사할 수 있는 원칙을 말한다. 이에 반대되는 원칙은 변론주의이다. 변론주의란 판결에 기초가 되는 사실과 증거의 수집·제출의 책임을 당사자에게 지우고, 당사자가 수집·제출한 소송자료만을 재판의 기초로 삼는 것을 말한다. 행정소송은 직권탐지주의가 아니라 변론주의를 원칙으로 한다. 다만, ②번 해설에서 살펴본 바와 같이 행정소송법은 제26조에서 직권심리주의를 보충적인 소송원칙으로 규정하여 변론주의를 보충하고 있다. 따라서 취소소송의 심리에 있어서 주장책임은 직권탐지주의를 보충적으로 인정하고 있는 한도 내에서 그 의미가 완화된다고 할 수 있다. 즉, 당사자가 변론에서 주장하지 않은 경우라도 일정한 경우에는 행정소송법 제26조에 의해 법원이 판단할 수 있기 때문이다. 참고로 주장책임이란 당사자가 자기에게 유리한 주요 사실을 변론에서 주장하지 않으면 그 사실이 존재하지 않는 것으로 다루어져 불이익한 재판을 받게 되는 불이익을 말한다.

④ (X) 부작위위법확인소송의 대상은 행정청의 「부작위」이다. 대법원은 부작위위법확인소송의 대상인 「부작위」가 성립하기 위해서는 거부처분에 있어서와 마찬가지로 「법규상 또는 조리상 신청권」이 있어야 한다고 본다(대법원 1990. 5. 25. 89누5768). 다음으로 원고적격을 살펴보면, 행정소송법에서는 '부작위위법확인소송은 처분의 신청을 한 자로서 부작위의 위법의 확인을 구할 법률상 이익이 있는 자만이 제기할 수 있다'고 하여 부작위위법확인소송의 원고적격에 대하여 규정하고 있다(행정소송법 제36조). 이와 관련하여 부작위위법확인소송의 원고적격은 신청을 한 모든 자에게 인정되는 것이 아니라, 「법규상 또는 조리상 신청권이 인정된 자」에게 인정된다는 견해가 다수설과 판례이다(대법원 2000. 2. 25. 99두11455). 따라서 부작위위법확인소송에서 사인의 신청권의 존재 여부는 부작위위법확인소송의 대상인 「부작위의 성립」과 관련할 뿐만 아니라 「원고적격」의 문제와도 관련이 있다.

2017년 지방직(하반기) 9급

행정법총론

문제편 p.99

| 01 | ③ | 02 | ② | 03 | ④ | 04 | ② | 05 | ① | 06 | ① | 07 | ④ | 08 | ③ | 09 | ① | 10 | ② |
| 11 | ② | 12 | ② | 13 | ③ | 14 | ① | 15 | ④ | 16 | ③ | 17 | ② | 18 | ② | 19 | ④ | 20 | ① |

01

답 ③

출제단원 Part 02 행정작용 및 절차법
출제영역 행정절차법

- 「공청회」란 행정청이 공개적인 토론을 통하여 어떠한 행정작용에 대하여 당사자 등, 전문지식과 경험을 가진 사람, 그 밖의 일반인으로부터 의견을 널리 수렴하는 절차를 말한다. 행정청은 「공청회」 개최 ㉠ 14일 전까지 제목, 일시 및 장소, 주요 내용 등 법에서 규정하고 있는 사항을 당사자 등에게 통지하고 관보, 공보, 인터넷 홈페이지 또는 일간신문 등에 공고하는 등의 방법으로 널리 알려야 한다. 다만, 공청회 개최를 알린 후 예정대로 개최하지 못하여 새로 일시 및 장소 등을 정한 경우에는 공청회 개최 7일 전까지 알려야 한다(행정절차법 제38조).

- 법령 등을 제정·개정 또는 폐지하려는 경우에는 해당 입법안을 마련한 행정청이 이를 예고하여야 하는데, 이를 「행정상 입법예고」라고 한다. 「입법예고」기간은 예고할 때 정하되, 특별한 사정이 없으면 ㉡ 40일(자치법규는 ㉢ 20일) 이상으로 한다(행정절차법 제43조).

- 행정청은 정책, 제도 및 계획을 수립·시행하거나 변경하려는 경우에는 이를 예고하여야 하는데, 이를 「행정예고」라고 한다. 「행정예고」기간은 예고내용의 성격 등을 고려하여 정하되, ㉣ 20일 이상으로 한다(행정절차법 제46조 제3항). 단, 행정목적을 달성하기 위하여 긴급한 필요가 있는 경우에는 행정예고기간을 단축할 수 있다. 이 경우 단축된 행정예고기간은 10일 이상으로 한다(동조 제4항).

> **➕ 참고**
> 2022. 7. 12. 시행된 개정 행정절차법 제46조는 행정예고기간을 원칙적인 경우(제3항)와 예외적인 경우(제4항)로 구분하여 규정하고 있다. 이에 개정법에 맞게 제시문의 내용을 수정하였다.

02

답 ②

출제단원 Part 02 행정작용 및 절차법
출제영역 재량행위

① (O) 대법원은 개발제한구역법 및 액화석유가스법 등의 관련법규에 의하면, 개발제한구역에서의 자동차용 액화석유가스충전사업허가는 그 기준 내지 요건이 불확정개념으로 규정되어 있으므로 그 허가 여부를 판단함에 있어서 행정청에 재량권이 부여되어 있다고 본다(대법원 2016. 1. 28. 2015두52432). 이 판례는 대법원이 판단여지와 재량권을 구별하지 않고 판단여지가 인정될 수 있는 경우에도 재량행위이론으로 판단하고 있음을 보여주는 판례라고 평가된다. 즉, 대법원은 판단여지라는 개념을 인정하지 않고, 이를 재량개념에 의해 통일적으로 해결하고 있다. 참고로 「판단여지」란 법원이 불확정개념에 대하여 사법심사를 할 수 있다고 하더라도, 행정의 전문적·정책적 판단이 최종적인 것으로 존중되어야 하는 일정한 영역에서는 법원의 사법심사가 제한되는데, 이러한 영역을 '판단여지'라고 한다. 성적평가, 공무원 근무평정 등 행정청의 주관적 판단개입이 불가피한 영역, 미래예측적 성질을 가지는 행정결정, 전문적인 중립적 기관의 판단 등이 판단여지가 인정되는 영역이라고 본다.

② (X) 대법원은 기속행위와 재량행위의 사법심사방식을 구분하고 있다. 즉, 기속행위를 심사함에 있어서는 법원이 주어진 사실관계에 관련법규를 해석·적용함으로써 독자적인 결론을 도출한 후, 이러한 법원의 판단과 행정청의 판단을 비교하여 행정청의 판단이 법원의 판단과 다를 경우에 행정청의 행위를 위법한 것으로 판단한다. 기속행위는 요건에 해당할 경우 법에서 정하고 있는 대로 행정행위를 해야 하므로 법에서 정하고 있는 대로 행정행위가 이루어지지 않았다면 바로 위법한 행위라고 판단할 수 있기 때문이다. 반면, 재량행위를 심사함에 있어서는 법원이 독자적인 결론을 도출함이 없이 행정청의 행위에 재량권의 일탈·남용이 있는지 여부만을 심사하는 방식으로 위법성을 판단한다. 이는 재량행위는 요건에 해당할 경우 어떠한 행정행위를 할 것인지에 대하여 행정청에 재량이 인정되므로, 법원의 독자적인 판단과 단순히 비교하여 위법 여부를 판단할 수는 없기 때문이다(대법원 2001. 2. 9. 98두17593). 선택지의 내용은 기속행위의 사법심사방식에 대한 설명이므로 옳지 않다.

③ (O) 대법원은 구 자동차운수사업법 등의 관련규정을 살펴보면 마을버스운송사업면허의 허용 여부는 운수행정을 통한 공익실현과 아울러 합목적성을 추구하기 위하여 보다 구체적 타당성에 적합한 기준에 의하여야 할 것이므로 그 범위 내에서는 법령이 특별히 규정한 바가 없으면 행정청의 재량에 속하는 것이라고 본다. 또한 마을버스 한정면허시 확정되는 마을버스노선을 정함에 있어서도 기존 일반노선버스의 노선과의 중복 허용 정도에 대한 판단도 이와 마찬가지로 행정청의 재량에 속한다고 본다(대법원 2001. 1. 19. 99두3812). 이 판례는 대법원이 경우에 따라 공익성을 기속행위와 재량행위의 구별기준으로 활용하고 있음을 보여주는 판례이다.

④ (O) 대법원은 야생동·식물보호법에 의한 용도변경승인은 특정인에게만 용도 외의 사용을 허용해 주는 권리나 이익을 부여하는 이른바 수익적 행정행위로서 법령에 특별한 규정이 없는 한 재량행위에 해당한다고 본다(대법원 2011. 1. 27. 2010두23033). 이 판례는 대법원이 기속행위와 재량행위의 구별기준과 관련하여 행정행위의 법적 효과를 기준으로 구별하는 견해인 효과재량설을 보충적인 기준으로 활용하고 있음을 보여주는 판례이다. 참고로 효과재량설이란 수익적 행정행위는 재량행위, 침익적 행정행위는 기속행위라고 보는 견해이다.

03

답 ④

출제단원 Part 04 행정소송법
출제영역 처분

① (O) 대법원은 국유재산의 관리청이 그 「무단점유자에 대하여 하는 변상금부과처분」은 순전히 사경제주체로서 행하는 사법상의 법률행위라 할 수 없고 이는 관리청이 공권력을 가진 우월적 지위에서 행한 것으로서 행정소송의 대상이 되는 행정처분이라고 본다(대법원 1988. 2. 23. 87누1046, 1047). 반면, 「국유잡종재산(= 현행법의 일반재산)을 대

부(= 돌려받기로 하고 어떤 물건을 빌려주어 사용·수익을 허락하는 것)하는 행위」는 국가가 사경제주체로서 상대방과 대등한 위치에서 행하는 사법상의 계약이지 행정처분이라고 볼 수 없고,「국유잡종재산에 관한 사용료의 납입고지」역시 사법상의 이행청구에 해당하는 것으로서 항고소송의 대상이 되는 행정처분이라고 할 수 없다고 본다(대법원 1995. 5. 12. 94누5281).

② (O) 대법원은 행정대집행법상의 건물철거의무는 제1차 철거명령 및 계고처분으로서 발생하였고 제2차·제3차의 계고처분은 새로운 철거의무를 부과한 것이 아니고 다만 대집행기한의 연기통지에 불과하므로 행정처분이 아니라고 본다(대법원 1994. 10. 28. 94누5144). 또한 대법원은 거부처분은 행정청이 국민의 처분신청에 대하여 거절의 의사표시를 함으로써 성립되고, 그 이후 동일한 내용의 신청에 대하여 다시 거절의 의사표시를 명백히 한 경우에는 새로운 처분이 있는 것으로 보아야 할 것이라고 본다(대법원 1992. 12. 8. 92누7542).

③ (O) 대법원은 부관 중「부담」만은 독립하여 행정쟁송의 대상이 될 수 있지만,「부담 이외의 부관」은 독립하여 행정쟁송의 대상이 될 수 없다고 본다(대법원 1992. 1. 21. 91누1264).

④ (X) 대법원은 병역법상 신체등위판정은 행정청이라고 볼 수 없는 군의관이 하도록 되어 있으며, 그 자체만으로 바로 병역법상의 권리·의무가 정하여지는 것이 아니라 그에 따라 지방병무청장이 병역처분을 함으로써 비로소 병역의무의 종류가 정하여지는 것이므로 항고소송의 대상이 되는 행정처분이 아니라고 본다(대법원 1993. 8. 27. 93누3356). 반면, 산업재해보상보험법상 장해보상금 결정의 기준이 되는 장해등급결정은 처분이라고 본다(대법원 1995. 2. 14. 94누12982). 따라서 지문의 앞과 뒤의 결론이 반대로 서술되어 있으므로 옳지 않다.

04

답 ③

출제단원 Part 02 행정작용 및 절차법
출제영역 공증행위

공증이란 특정의 사실 또는 법률관계의 존재 여부를 공적으로 증명하는 행정행위를 말한다. 공증은 의문 또는 다툼이 없는 사항을 대상으로 한다는 점에서 확인과 다르다.

ㄱ. (확인) 행정심판의 재결은 행정심판의 청구에 대하여 행정심판위원회가 행하는 판단을 말한다. 이는 행정심판위원회가 행정청의 처분 등을 심사하여 위법·부당 여부를 공권적으로 확인해 주는 것이므로 강학상 '확인'에 해당한다. 참고로 확인이란 특정의 사실 또는 법률관계의 존재 여부(존부) 또는 옳고 그름(정부(正否))에 관하여 의문 또는 다툼이 있는 경우에 행정청이 이를 공권적으로 확인하는 행정행위를 말한다.

ㄴ. (공증) 대법원은 서울특별시장 또는 도지사의 의료유사업자 자격증 갱신발급행위는 유사의료업자의 자격을 부여 내지 확인하는 것이 아니라, 특정한 사실 또는 법률관계의 존부를 공적으로 증명하는 강학상 공증행위라고 본다(대법원 1977. 5. 24. 76누295).

ㄷ. (공증) 대법원은 특허청장의 상표사용권 설정등록행위는 사인간의 법률관계의 존부를 공적으로 증명하는 준법률행위적 행정행위로서 강학상 공증행위라고 본다(대법원 1991. 8. 13. 90누9414). 참고로 준법률행위적 행정행위란 법적 효과가 행정청의 의사표시에 따른 것이 아니라, 법률의 규정에 의해 발생하는 행정행위를 말하는데, 준법률행위적 행정행위에는 확인·공증·통지·수리가 있다.

ㄹ. (공증) 대법원은 건설업면허증 및 건설업면허수첩의 재교부는 그 면허증 등의 분실, 헐어 못쓰게 된 때, 건설업의 면허이전 등 면허증 및 면허수첩 그 자체의 관리상의 문제로 인하여 종전의 면허증 및 면허수첩과 동일한 내용의 면허증 및 면허수첩을 새로이 또는 교체하여 발급하여 주는 것으로서, 건설업의 면허를 받았다고 하는 특정사실에 대하여 형식적으로 그것을 증명하고 공적인 증거력을 부여하는 행정행위라고 본다. 즉, 강학상의 공증행위라는 것이다(대법원 1994. 10. 25. 93누21231).

ㅁ. (통지) 특허출원의 공고는 특허출원에 대하여 심사관이 심사한 결과 거절할 이유를 발견할 수 없는 경우에 그 발명이 특허하는 데 충분하다는 것을 일반인들에게 고지하는 동시에 특허를 해서는 안 된다고 주장하는 자에게 이의신청을 할 수 있도록 알리는 것이다. 즉, 강학상「통지」에 해당한다. 통지란 특정인 또는 불특정 다수인에게 어떠한 사실을 알리는 행위로서 일정한 법적 효과를 발생시키는 것이다. 참고로 현재 특허출원 공고제도는 특허심사기간을 단축하기 위하여 폐지되었다.

05

답 ①

출제단원 Part 02 행정작용 및 절차법
출제영역 행정행위의 하자

ㄱ. (O) 행정행위의 무효와 취소의 구별기준에 대하여 통설·판례인 중대명백설은 무효의 기준으로 하자의 중대성과 명백성을 모두 요구하는 견해이다. 즉, 하자가 중대하고 명백한 경우에 한하여 무효라는 견해이다. 무효의 범위를 가장 좁게 보는 견해이다. 반면, 명백성 보충요건설(= 명백성보충요건설)은 무효의 기준으로 원칙적으로 하자의 중대성 요건만을 요구하여 중대한 하자를 가진 처분을 무효로 보지만, 제3자나 공공의 신뢰보호의 필요가 있는 경우에 한하여 보충적으로 명백성 요건을 요구하는 견해이다. 따라서 명백성 보충요건설은 무효의 기준으로 언제나 중대성과 명백성을 모두 요구하는 중대명백설에 비해 무효를 넓게 인정한다.

ㄴ. (X) 선행 행정행위에 무효사유에 해당하는 하자가 있다면 선행 행정행위의 하자가 당연히 후행 행정행위에 승계되기 때문에 후행 행정행위도 무효가 된다. 선행 행정행위가 무효인 경우에는 이를 전제로 하여 행해지는 후행 행정행위는 존립근거를 잃어 후행 행정행위 역시 무효가 되는 것이다. 따라서 선행 행정행위인 조세부과처분이 무효라면 후행 행정행위인 체납처분도 당연히 무효이므로 압류 등 체납처분의 효력을 다툴 수 있다.

ㄷ. (X) 대법원은 행정청이 구 학교보건법 소정의 학교환경위생정화구역 내에서 일정한 행정처분을 함에 있어 학교환경위생정화위원회의 심의를 거치도록 한 취지와 기타 여러 사정을 종합해 보면, 절차상 위원회의 심의를 누락한 흠이 하자의 정도가 경미하여 행정처분의 효력에 아무런 영향을 주지 않는다고는 볼 수는 없다고 본다. 즉 위법한 행정처분으로서 취소사유에 해당한다는 것이다(대법원 2007. 3. 15. 2006두15806).

ㄹ. (X) 하자의 승계란 행정이 여러 단계의 행정행위를 거쳐 행해지는 경우에 선행 행정행위의 위법을 이유로 적법한 후행 행정행위의 위법을 주장할 수 있는 것을 말한다. 따라서 후행 행정행위의 하자를 이유

로 선행 행정행위를 다투는 것은 하자의 승계문제가 아니다.

06 답 ①

| 출제단원 | Part 01 행정법 서설 |
| 출제영역 | 포괄적 위임의 금지, 법률유보의 원칙 |

법률유보의 원칙이란 일정한 행정작용은 법에 근거해야 한다는 원칙을 말한다.

① (X) 대법원과 헌법재판소는 '조례'와 공법상 단체의 '정관'의 경우에는 포괄적 위임이 허용된다고 본다. 예를 들어, 대법원은 「사업시행자인 조합이」 사업시행인가를 신청할 때 필요한 토지 등 소유자의 동의요건은 자치법적 사항이므로 도시 및 주거환경정비법에서 이러한 동의요건을 조합의 정관에 포괄적으로 위임하고 있다고 하더라도 포괄위임입법금지의 원칙이 적용되지 않는다고 본다. 즉, 포괄적인 위임이 가능하다는 것이다. 또한 「조합의」 사업시행인가 신청시 필요한 토지 등 소유자의 동의요건은 토지 등 「소유자의 재산상 권리·의무에 관한 기본적이고 본질적인 사항이라고 볼 수 없으므로」 법률유보 내지 의회유보의 원칙이 반드시 지켜져야 하는 영역이라고 할 수 없다고 본다(대법원 2007. 10. 12. 2006두14476). 참고로 이와 구분해서 기억해야 할 헌법재판소 판례가 있다. 헌법재판소는 「토지 등 소유자가」 도시환경정비사업을 시행하는 경우 사업시행인가 신청시 필요한 토지 등 소유자의 동의요건을 정하는 것은 「국민의 권리와 의무의 형성에 관한 기본적이고 본질적인 사항이므로」 국회가 스스로 행하여야 하는 사항에 속한다고 본다. 따라서 사업시행인가 신청에 필요한 동의 정족수를 토지 등 소유자가 자치적으로 정하여 운영하는 규약에 정하도록 한 것은 법률유보원칙에 위반된다고 본다(헌재 2012. 4. 24. 2010헌바1). 이 두 판례를 정리하면 다음과 같다.

대법원	「조합」이 사업시행자인 경우의 사례이다. → 사업시행인가 신청시 필요한 토지 등 소유자의 동의요건을 정하는 것은 국민의 권리·의무에 관한 기본적·본질적 사항 X ∴ 법률유보 내지 의회유보의 원칙 적용 X → 국회가 스스로 정해야 하는 사항 X
헌법재판소	「토지소유자」가 사업시행자인 경우의 사례이다. → 사업시행인가 신청시 필요한 토지 등 소유자의 동의요건을 정하는 것은 국민의 권리·의무에 관한 기본적·본질적 사항 O ∴ 법률유보 내지 의회유보의 원칙 적용 O → 국회가 스스로 정해야 하는 사항 O

② (O) 헌법재판소는 법률유보의 원칙은 법률에 '의한' 규율만을 의미하는 것이 아니라, 법률에 '근거한' 규율을 의미하는 것이라고 본다. 즉, 법률에서 구체적이고 명확하게 대통령령 등으로 위임을 하였다면, 이러한 위임에 근거하여 법률 이외의 형식으로 기본권을 제한할 수 있다는 것이다(헌재 2005. 2. 24. 2003헌마289).

③ (O) 헌법재판소는 「중학교 의무교육의 실시 여부 자체라든가 그 연한」은 교육제도의 수립에 있어서 본질적 내용으로서 국회입법에 유보되어 있어서 반드시 형식적 의미의 법률로 규정되어야 할 기본적 사항이라고 본다. 반면, 그 「실시의 시기·범위 등 구체적인 실시에 필요한 세부사항」에 관하여는 국회 스스로 결정하여야 할 기본적인 사항은 아니고 행정부에 위임하여도 무방한 사항이라고 본다. 왜냐하면 이러한 사항은 실정에 밝은 집행기관인 행정부에 의한 기민한 정책결정이 불가피하므로 의회입법사항이 되기에 부적합하다는 점을 고려한 것이다(헌재 1991. 2. 11. 90헌가27).

④ (O) 대법원은 법률유보의 원칙이 적용되는 행정범위가 어디까지인지에 대하여 중요사항유보설의 입장에서 판단한다. 중요사항유보설이란 공동체나 시민에게 중요한 행정권의 조치는 법률의 근거를 요하며, 중요성의 정도에 비례하여 보다 구체적인 규율을 해야 한다는 견해이다. 예를 들어, 대법원은 지방의회의원에 대하여 유급보좌인력을 두는 것은 지방의회의원의 신분·지위 및 그 처우에 관한 현행 법률상의 제도에 중대한 변경을 초래하는 것으로서, 이는 개별 지방의회의 조례로써 규정할 사항이 아니라 국회의 법률로써 규정하여야 할 입법사항이라고 본다(대법원 2013. 1. 16. 2012추84).

07 답 ④

| 출제단원 | Part 02 행정작용 및 절차법 |
| 출제영역 | 행정입법 |

① (O) 제재적 처분기준이란 영업허가의 취소 또는 정지, 과징금 부과 등과 같은 제재적 처분의 기준을 말한다. 이와 관련하여 대법원은 부령(= 시행규칙)형식으로 제재적 처분기준을 정한 경우 이를 「행정규칙」의 성질을 갖는다고 보지만, 대통령령(= 시행령)형식으로 제재적 처분기준을 정한 경우 이를 「법규명령」의 성질을 갖는다고 본다. 법규명령을 위반한 행정처분은 위법한 처분이지만, 행정규칙을 위반한 행정처분은 그것만으로 바로 위법한 처분이 되는 것은 아니다. 행정규칙은 대외적으로 국민이나 법원을 기속하지 않기 때문이다. 이에 따라 대법원은 행정청의 행정처분이 적법한 것인지 여부는 「행정규칙의 성질」을 갖는 「제재적 처분기준을 정한 부령」에 적합한 것인지에 따라 판단할 것이 아니라, 「근거법」의 규정 및 취지에 적합한 것인지에 따라 판단해야 한다고 본다. 즉, 행정청의 행정처분이 '부령형식의 제재적 처분기준'에 부합한다고 하여 당해 처분이 적법한 것이라고 단정할 수 없으며, 또한 이에 위반한다고 하여 당해 처분이 위법한 것이라고 단정할 수 없는 것이다(대법원 1995. 3. 28. 94누6925).

② (O) 대법원은 「대통령령」인 '청소년 보호법 시행령'에서 정한 제재적 처분기준을 「법규명령」이라고 본다. 다만, 여기에 규정되어 있는 금액은 고정적으로 정해진 액수가 아니라, 최고한도를 설정하고 있는 최고한도액이라고 판단하였다(대법원 2001. 3. 9. 99두5207).

③ (O) 대법원은 법규명령의 규정이 근거법률에 위반되는지 여부가 명백하지 않을 경우에는 근거법률과 법규명령의 다른 규정, 입법취지, 연혁 등을 종합적으로 살펴야 한다고 본다. 그 결과 근거법률에 합치된다는 해석이 가능한 경우라면 해당 법규명령을 근거법률에 위반되어 무효라고 선언해서는 안 된다고 본다(대법원 2001. 8. 24. 2000두2716). 즉, 법률합치적 해석을 해야 한다는 것이다.

④ (X) 국회에서 법률로 치과전문의시험 실시를 위한 세부사항을 행정부에서 정하도록 위임을 했음에도 행정부에서 이를 정하지 않은 경우라면 치과전문의시험 실시를 위한 시행규칙 규정의 제정 미비는 행정입법부작위에 해당한다. '행정입법부작위'란 행정권에게 법규명령을 제정·개정 또는 폐지할 법적 의무(작위의무)가 있음에도 합리적인 이유 없이 이러한 의무를 이행하지 않음으로써 법규명령을 제정·개정 또는 폐지하지 않는 것(부작위)을 말한다. 이와 관련하여 행정입법부작위에 대하여 항고소송 중 부작위위법확인소송을 통하여 구제받을 수 있는지가 문제된다. 대법원은 부작위위법확인소송의 대

상이 되기 위해서는 구체적 권리·의무에 관한 분쟁이어야 하므로, 추상적인 법령의 제정 여부 등은 그 자체만으로 국민의 권리·의무에 직접적인 변동을 초래하는 것이 아니므로 부작위위법확인소송의 대상이 될 수 없다고 본다(대법원 1992. 5. 8. 91누11261). 따라서 치과전문의시험 실시를 위한 시행규칙 규정의 제정 미비로 인해 치과전문의 자격을 갖지 못한 사람은 부작위위법확인소송을 통하여 구제를 받을 수는 없다.

08

답 ③

출제단원 종합
출제영역 특허, 신고, 처분의 사전통지, 행정행위의 효력발생요건

① (O) 대법원은 출입국관리법 등 관련법령에 비추어 볼 때, 체류자격 변경허가는 신청인에게 당초의 체류자격과 다른 체류자격에 해당하는 활동을 할 수 있는 권한을 부여하는 것으로서 일종의 설권적 처분이라고 본다. 즉, 강학상 특허라는 것이다. 이때 허가권자는 신청인이 관계법령에서 정한 요건을 충족하였더라도, 신청인의 적격성, 체류목적, 공익상의 영향 등을 참작하여 허가 여부를 결정할 수 있는 재량을 가진다고 본다(대법원 2016. 7. 14. 2015두48846).

② (O) 건축법상 일반적인 건축신고는 수리를 요하지 않는 신고(= 자기완결적 신고)이다. 반면, 건축법에는 건축신고를 한 경우 다른 법령상의 인·허가까지 받은 것으로 보는 규정(제14조 제2항)이 있는데, 이와 관련하여 대법원은 인·허가의제를 수반하는 건축신고는 행정청이 의제되는 인·허가의 실질적인 요건까지 심사해야 하기 때문에 일반적인 건축법상 신고와는 달리 수리를 요하는 신고(= 행위요건적 신고)라고 본다(대법원 2011. 1. 20. 2010두14954).

③ (X) 처분의 사전통지란 행정청이 당사자에게 의무를 부과하거나 권익을 제한하는 처분을 하기 전에 처분의 제목, 당사자의 성명 또는 명칭과 주소, 처분하려는 원인이 되는 사실과 처분의 내용 및 법적 근거 등 일정사실을 당사자 등에게 통지하는 것을 말한다. 이와 관련하여 대법원은 행정청이 영업자지위승계신고를 수리하게 되면 종전 영업자에 대한 허가는 효력을 잃게 되므로 영업자지위승계신고를 수리하는 처분은 종전 영업자의 권익을 제한하는 처분이라고 본다. 따라서 종전 영업자는 영업자지위승계신고 수리처분의 직접 상대방으로서 '당사자'에 해당하므로 종전 영업자에게 사전통지를 하고 영업자지위승계신고 수리처분을 하여야 한다고 본다(대법원 2012. 12. 13. 2011두29144).

④ (O) 대법원은 망인에게 수여된 서훈을 취소하는 것은 망인에 대한 처분이라고 본다. 따라서 유족이 망인을 대신하여 훈장 등을 교부받아 보관할 수 있다고 하더라도, 유족이 서훈취소의 상대방이 되는 것은 아니라는 것이다. 따라서 유족에 대하여 서훈취소를 통지하였다고 하여 서훈취소의 효력이 발생하는 것은 아니며, 서훈취소의 결정이 대외적으로 표시되어야만 행정행위로서 성립하여 효력이 발생한다고 본다(대법원 2014. 9. 26. 2013두2518). 참고로 '서훈'이란 대한민국에 공로가 뚜렷한 사람에게 훈장을 수여하는 것을 말한다.

09

답 ①

출제단원 Part 07 행정상 손실보상
출제영역 공법상 부당이득, 「공익사업을 위한 토지 등의 취득 및 보상에 관한 법률」상 불복절차

행정상 손실보상이란 적법한 공권력의 행사에 의해 개인에게 재산상의 특별한 손해가 발생한 경우, 재산권 보장과 공평부담의 차원에서 행정주체가 행하는 조절적인 재산적 보상을 말한다.

① (X) 대법원은 행정주체의 지위에 있는 농지개량사업 시행자가 토지 등 소유자로부터 토지사용에 관한 승낙을 받았다고 하더라도, 그에 대해 보상을 할 의무가 있다고 본다. 따라서 행정주체가 보상 없이 사인의 토지를 무단으로 점유·사용하는 경우에는 행정주체의 부당이득에 해당하게 된다(대법원 2016. 6. 23. 2016다206369).

② (O) 특정사업이 그 사업에 필요한 토지를 수용 또는 사용할 수 있는 공익사업이라는 것을 인정하고, 사업시행자에게 일정한 절차를 거쳐 그 사업에 필요한 토지를 수용 또는 사용하는 권리를 설정하여 주는 것을 '사업인정'이라고 한다. 사업인정을 받은 사업시행자는 보상에 관하여 토지소유자 및 관계인과 협의하여야 하는데, 협의가 성립되지 않거나 협의를 할 수 없을 때에는 사업시행자는 관할 토지수용위원회에 재결을 신청할 수 있으며, 이에 따른 재결을 「수용재결」이라고 한다. 만약 수용재결에 이의가 있는 자는 중앙토지수용위원회에 이의를 신청할 수 있다(= 임의적 절차). 중앙토지수용위원회는 이의신청을 받은 경우 수용재결이 위법하거나 부당하다고 인정할 때에는 그 재결의 전부 또는 일부를 취소하거나 보상액을 변경할 수 있는데, 이에 따른 재결을 「이의재결」이라고 한다. 이와 관련하여 대법원은 토지수용위원회의 수용재결에 대한 이의절차는 실질적으로 「행정심판」의 성질을 갖는 것이므로 토지수용법(현행 공익사업을 위한 토지 등의 취득 및 보상에 관한 법률)에 특별한 규정이 있는 것을 제외하고는 행정심판법의 규정이 적용된다고 본다(대법원 1992. 6. 9. 92누565).

③ (O) 「공익사업을 위한 토지 등의 취득 및 보상에 관한 법률」 제88조에서는 '처분효력의 부정지'에 대하여 규정하고 있다. 즉, 동법에 따른 이의의 신청이나 행정소송의 제기는 사업의 진행 및 토지의 수용 또는 사용을 정지시키지 않는다.

④ (O) 동일한 토지소유자에게 속하는 일단의 토지의 일부가 협의에 의해 매수되거나 수용됨으로 인해 남게 되는 토지를 「잔여지」라고 한다. 이러한 잔여지를 종래의 목적에 사용하는 것이 현저히 곤란할 때에는 해당 토지소유자는 사업인정 이후라면 관할 토지수용위원회에 수용을 청구할 수 있다. 이와 관련하여 대법원은 잔여지수용청구권은 요건을 구비한 때에 잔여지를 수용하는 토지수용위원회의 재결이 없더라도 그 청구에 의하여 수용의 효과가 발생하는 형성권적 성질을 가진다고 본다. 형성권적 성질이라는 것은 토지소유자의 청구가 있으면 토지수용위원회의 특별한 조치 「없이」도 수용의 효과가 발생한다는 것을 말한다. 그런데 만약 토지수용위원회가 잔여지수용청구를 받아들이지 않는 재결(= 잔여지수용거부재결)을 한 경우 토지소유자가 취소소송을 제기하여야 하는지, 아니면 보상금증감청구소송을 제기해야 하는지가 문제된다. 이에 대해 대법원은 잔여지수용청구를 받아들이지 않은 토지수용위원회의 재결에 대하여 토지소유자가 불복하여 제기하는 소송은 '보상금의 증감에 관한 소송'에 해당하여 사업시행자를 피고로 해야 한다고 본다(대법원 2010. 8. 19. 2008두822).

앞서 살펴본 바와 같이 잔여지수용청구권은 형성권이다. 따라서 토지소유자의 잔여지수용청구만으로 잔여지에 대한 수용의 효과는 발생한다. 따라서 토지수용위원회가 잔여지수용거부재결을 한 경우 이는 결국 잔여지수용 여부의 문제가 아니라, 궁극적으로는 토지소유자가 받을 수 있는 보상금의 증감의 문제라고 볼 수 있기 때문이다.

10 답 ③

| 출제단원 | Part 02 행정작용 및 절차법 |
| 출제영역 | 행정지도 |

행정지도란 행정기관이 그 소관사무의 범위에서 일정한 행정목적을 실현하기 위하여 특정인에게 일정한 행위를 하거나 하지 아니하도록 지도, 권고, 조언 등을 하는 행정작용을 말한다(행정절차법 제2조 3호).

ㄱ. (O) 행정지도는 상대방의 임의적인 협력에 의한 것이다. 따라서 위법한 행정지도에 따른 행위라고 하더라도 상대방이 스스로 행위한 것이므로 법령에서 명시적으로 위법성이 조각된다고 규정하는 경우가 아닌 한 위법성이 소멸(= 조각)되는 것은 아니다. 이와 관련하여 대법원은 행정관청이 국토이용관리법상 토지거래계약신고에 관하여 공시된 기준시가를 기준으로 매매가격을 신고하도록 행정지도를 하여 그에 따라 허위신고를 한 것이라고 하더라도, 이러한 행정지도는 법에 어긋나는 것(= 위법한 행정지도)으로서 그와 같은 행정지도나 관행에 따라 허위신고행위에 이르렀다고 하여 그 범법행위가 정당화될 수는 없다고 본다(대법원 1994. 6. 14. 93도3247). 즉, 사인의 위법행위가 위법한 행정지도에 따른 것이라고 하여 정당화될 수는 없다는 것이다.

ㄴ. (X) 헌법재판소는 교육인적자원부장관의 대학총장들에 대한 학칙시정 요구의 법적 성격은 대학총장의 임의적인 협력을 필요로 하는 행정지도로 보았다. 다만, 이에 따르지 않을 경우 일정한 불이익조치를 예정하고 있어 사실상 상대방에게 강제적인 효과를 발생하는 것이므로 헌법소원의 대상인 공권력 행사에 해당한다고 보았다(헌재 2003. 6. 26. 2002헌마337). 참고로 헌법소원이란 공권력의 행사 또는 불행사로 인하여 헌법상 보장된 기본권을 침해받은 자가 헌법재판소에 권리구제를 청구하는 것이다. 따라서 헌법소원의 대상이 되기 위해서는 '공권력의 행사 또는 불행사'에 해당하여야 한다.

ㄷ. (O) 헌법재판소는 노동부장관이 행한 단체협약의 불합리한 요소에 대한 개선 요구는 그 자체로 일정한 법적 효과의 발생을 목적으로 하는 것은 아니고, 각 해당 공공기관의 장의 임의적 협력을 통하여 사실상의 효과를 발생시키고자 하는 것이므로, 그 법적 성질은 행정지도라고 보았다. 다만, 개선 요구를 따르지 않을 경우의 불이익을 명시적으로 예정하고 있지 않으며, 이를 강제하는 내용도 없으므로 이러한 개선 요구가 행정지도로서의 한계를 넘어 규제적·구속적 성격을 강하게 갖는다고 보기 어렵다고 하였다. 즉, 헌법소원의 대상이 되는 공권력의 행사에는 해당하지 않는다는 것이다(헌재 2011. 12. 29. 2009헌마330).

ㄹ. (X) 행정지도가 공무원의 직무상 불법행위에 대한 손해배상청구권을 규정하고 있는 국가배상법 제2조 제1항의 요건을 충족시키면 피해자인 상대방은 국가 등을 상대로 손해배상을 청구할 수 있다. 이때 손해배상액의 산정과 관련하여 대법원은 피해자가 어업권을 매도하여 얻은 매매대금 상당의 이득은 손해배상책임의 원인이 되는 행위(= 위법한 행정지도)로 인하여 얻은 이익이 아니므로 이를 손해액에서 공제할 수는 없다고 본다(대법원 2008. 9. 25. 2006다18228). 즉, 피해자가 손해를 입은 동시에 이익을 얻은 경우에는 손해배상액에서 그 이익에 상당하는 금액을 공제하는 손익상계가 허용되지만, 피해자가 어업권을 매도하여 얻은 매매대금 상당의 이득이 「위법한 행정지도로 인하여 얻은 이익이 아니기 때문에」 이러한 이익을 손해배상액에서 공제할 수는 없다는 것이다.

11 답 ②

| 출제단원 | Part 02 행정작용 및 절차법 |
| 출제영역 | 행정행위의 부관 |

최근 다수설은 부관을 행정행위의 효과를 제한 또는 보충하기 위하여 행정기관에 의하여 주된 행정행위에 부가된 종된 규율이라고 정의한다.

① (O) 법령이 직접 행정행위의 조건을 정한 경우는 법정부관에 해당한다. 법정부관이란 법령의 규정에 의해 직접 부가된 부관을 의미한다. 이는 외형상 부관처럼 보이지만, 행정기관에 의한 것이 아니므로 본래 의미에서의 행정행위 부관은 아니다. 이러한 법정부관은 법령의 한 부분을 구성하므로 법정부관이 위법한 경우 법정부관을 규정하고 있는 해당 법률 또는 법규명령의 위법성을 다투게 된다.

② (X) 부담이란 행정행위의 주된 내용에 부가하여 그 행정행위의 상대방에게 작위(일정한 행위를 하는 것), 부작위(일정한 행위를 하지 않는 것), 급부(금전이나 물건의 교부 등), 수인(참는 것) 등의 의무를 부과하는 부관을 말한다. 대법원은 부담은 행정청이 행정처분을 하면서 일방적으로 부가할 수도 있고, 미리 상대방과 협의하여 부담의 내용을 정한 다음 행정처분을 하면서 이를 부가할 수도 있다고 본다(대법원 2009. 2. 12. 2005다65500).

③ (O) 철회권의 유보란 행정행위를 함에 있어 일정한 경우에 행정행위를 철회할 수 있음을 정한 부관을 말한다. 철회권이 유보된 경우에도 철회의 제한이론인 「이익형량의 원칙」은 적용된다. 즉, 철회를 할 공익상 필요와 상대방에게 가해지는 불이익을 형량하여 철회를 할 공익상 필요가 큰 경우이어야만 철회가 가능하다. 그러나 철회권이 유보된 경우에는 행정행위가 철회될 가능성이 있다는 것이 이미 당사자에게 알려져 있는 것이므로, 행정행위가 철회되지 않고 계속될 것이라는 상대방의 신뢰는 보호되지 않는다. 즉, 철회권이 유보된 경우 「신뢰보호의 원칙」은 적용되지 않는다.

④ (O) 대법원은 허가처분에 기간이 정해진 경우에 허가는 기간의 경과로 인해 그 효력이 소멸하는 것이 원칙이라고 본다. 즉, 이때의 기간은 「허가 자체」의 존속기간이라는 것이다. 그러나 그 기간이 허가된 사업의 성질상 부당하게 짧은 경우에는 「허가조건」의 존속기간을 정한 것으로서, 그 기간이 도래하면 허가에 붙은 조건의 개정을 고려한다(= 허가에 붙은 조건을 다시 정한다)고 본다(대법원 2007. 10. 11. 2005두12404).

12 답 ②

| 출제단원 | Part 04 행정소송법 |
| 출제영역 | 취소소송의 대상, 피고적격 |

ㄱ. (1,000만 원으로 감액된 1. 10.자 부담금부과처분) 대법원은 감액경정처분의 경우 소송의 대상은 「감액되고 남은 당초처분」이라고 본다(대법원 2008. 2. 15. 2006두3957). 즉, 행정청이 영업자에게 행정제재처분을

한 후 그 처분을 영업자에게 유리하게 변경하는 처분을 한 경우, 변경처분에 의하여 유리하게 변경된 행정제재 역시 위법하다 하여 그 취소를 구하는 경우 그 취소소송의 대상은 「변경된 내용의 당초처분」이라는 것이다. 따라서 甲은 유리하게 변경된 내용의 당초처분인 「1,000만 원으로 감액(= 유리하게 변경된 내용)된 1. 10.자 부담금부과처분(= 당초처분)」을 대상으로 취소소송을 제기해야 한다.

ⓒ (Y) 내부위임이 있는 경우의 피고적격이 문제된다. 내부위임이란 행정청이 보조기관 또는 하급행정기관에게 내부적으로 일정한 사항의 결정권을 위임하여 수임기관(= 권한을 위임받은 기관)이 위임청(= 권한을 위임한 행정청)의 이름으로 그의 권한을 사실상 대리행사하도록 하는 것을 말한다. 내부위임이 있는 경우에는 수임기관은 위임청의 이름으로 권한을 행사할 수 있을 뿐이며, 자기의 이름으로는 권한을 행사할 수 없다. 이와 관련하여 대법원은 내부위임의 경우 피고적격에 대해서 다음과 같이 구분하여 판단한다.

적법하게 위임기관의 명의로 처분한 경우	위임기관이 피고
위법하게 수임기관이 자신의 명의로 처분한 경우	수임기관이 피고

이러한 기준에 따라 대법원은 행정처분을 행할 적법한 권한 있는 상급행정청(X)으로부터 내부위임을 받은 데 불과한 하급행정청(Y)이 권한 없이 자신의 명의로 행정처분을 한 경우에는 실제로 그 처분을 행한 하급행정청(Y)을 피고로 하여야 한다고 본다(대법원 1994. 8. 12. 94누2763).

13

답 ③

출제단원 **Part 08 행정정보공개·개인정보 보호·행정조사**
출제영역 **정보공개제도**

① (X) 대법원은 공개청구의 대상이 되는 문서는 공공기관이 직무상 작성 또는 취득하여 현재 보유·관리하고 있는 문서에 한정되지만, 반드시 원본일 필요는 없다고 본다(대법원 2006. 5. 25. 2006두3049). 또한 대법원은 전자적 형태로 보유·관리되는 정보의 경우에는, 그 정보가 청구인이 구하는 대로는 되어 있지 않다고 하더라도 공개청구를 받은 공공기관이 공개청구대상정보의 기초자료를 전자적 형태로 보유·관리하고 있고, 당해 기관에서 그 기초자료를 검색하여 청구인이 구하는 대로 편집할 수 있으며, 그러한 작업이 당해 기관의 컴퓨터 시스템 운용에 별다른 지장을 초래하지 않는다면, 그 공공기관이 공개청구대상정보를 보유·관리하고 있는 것으로 볼 수 있고, 이러한 경우에 기초자료를 검색·편집하는 것은 새로운 정보의 생산 또는 가공에 해당한다고 할 수 없다고 본다(대법원 2010. 2. 11. 2009두6001). 이에 의하면, 공공기관이 전자적 형태로 보유·관리하는 정보가 청구인이 구하는 대로 되어 있지 않은 경우에 공공기관이 보유하고 있는 자료를 검색하여 청구인이 구하는 대로 편집하는 것이 공공기관의 업무수행에 별다른 지장을 주지 않는다면 이를 검색·편집하여 제공하여야 한다.

② (X) 공공기관의 정보공개에 관한 법률에서는 비공개대상정보 중 하나로서 「다른 법률 또는 법률에서 위임한 명령에 따라 비밀이나 비공개 사항으로 규정된 정보」를 규정하고 있다(제9조 제1항 1호). 이와 관련하여 대법원은 공공기관의 정보공개에 관한 법률 제9조 제1항 제1호에서 말하는 '법률이 위임한 명령'은 정보의 공개에 관하여 법률의 구체적인 위임 아래 제정된 법규명령(위임명령)을 의미한다고 본다. 그런데 검찰보존사무규칙에서 불기소사건기록 등의 열람·등사에 대하여 제한하고 있는 부분은 위임근거가 없어 행정기관 내부의 「행정규칙」에 불과하다고 본다. 따라서 검찰보존사무규칙에 의하여 열람·등사를 제한하는 것이 비공개대상정보인 「다른 법률 또는 법률에 의한 명령」에 의하여 비공개사항으로 규정된 경우에 해당한다고 볼 수 「없다」고 본다(대법원 2004. 9. 23. 2003두1370).

③ (O) 대법원은 독립유공자 서훈 공적심사위원회의 심사에는 심사위원들의 전문적·주관적 판단이 상당 부분 개입될 수밖에 없는 심사의 본질에 비추어 공개를 염두에 두지 않은 상태에서의 심사가 그렇지 않은 경우보다 더 자유롭고 활발한 토의를 거쳐 객관적이고 공정한 심사결과에 이를 개연성이 크다고 본다. 따라서 이 회의록은 '공개될 경우 업무의 공정한 수행에 현저한 지장을 초래한다고 인정할 만한 상당한 이유가 있는 정보'에 해당한다고 본다(대법원 2014. 7. 24. 2013두20301).

④ (X) 대법원은 국민의 정보공개청구는 정보공개법상 비공개대상정보에 해당하지 않는 한 원칙적으로 폭넓게 허용되어야 하지만, 권리의 남용에 해당하는 것이 명백한 경우에는 정보공개청구권의 행사를 허용하지 않아야 한다고 본다. 예를 들어, 「실제로는 해당 정보를 취득 또는 활용할 의사가 전혀 없이 정보공개제도를 이용하여 사회통념상 용인될 수 없는 부당한 이득을 얻으려 하거나」, 「오로지 공공기관의 담당공무원을 괴롭힐 목적으로 정보공개청구를 하는 경우」가 권리남용에 해당한다고 본다(대법원 2014. 12. 24. 2014두9349).

14

답 ①

출제단원 **Part 04 행정소송법**
출제영역 **항고소송의 협의의 소의 이익, 당사자소송의 대상**

① (X) 대법원은 입주자나 입주예정자들은 사용검사처분의 무효확인을 받거나 처분을 취소하지 않고도 민사소송 등을 통하여 분양계약에 따른 법률관계 및 하자 등을 주장·증명함으로써 사업주체 등으로부터 하자의 제거·보완 등에 관한 권리구제를 받을 수 있다고 본다. 따라서 사용검사처분의 무효확인 또는 취소 여부에 의하여 법률적인 지위가 달라진다고 할 수 없다는 것이다. 또한 일부 입주자나 입주예정자가 사업주체와의 개별적 분쟁 등을 이유로 사용검사처분의 무효확인 또는 취소를 구하게 되면, 처분을 신뢰한 다수의 이익에 반하게 되는 상황이 발생할 수 있으므로 구 주택법상 입주자나 입주예정자는 사용검사처분의 무효확인 또는 취소를 구할 법률상 이익이 없다고 본다(대법원 2015. 1. 29. 2013두24976).

② (O) 명예퇴직수당 지급대상자로 결정된 법관에 대하여 지급할 수당액은 명예퇴직수당규칙에 산정기준이 정해져 있다. 대법원은 법관이 이미 수령한 수당액이 산정기준에서 정한 정당한 명예퇴직수당액에 미치지 못한다고 주장하며 차액의 지급을 신청한 경우에 법원행정처장이 거부하는 의사를 표시했더라도, 그 의사표시는 명예퇴직수당액을 형성·확정하는 행정처분이 아니라 공법상의 법률관계의 한쪽 당사자로서 지급의무의 존부 및 범위에 관하여 자신의 의견을 밝힌 것에 불과하므로 행정처분으로 볼 수 없다고 본다. 따라서 그 지급을 구하는 소송은 행정소송법의 당사자소송에 해당하며, 그 법률관계의 당사자인 국가를 상대로 제기하여야 한다고 본다(대법원 2016. 5. 24. 2013두14863). 참고로 당사자소송이란 행정청의 처분 등을 원인으로 하는 법률관계에 관한 소송 그 밖에 공법상의 법률관계에 관한 소송으로

서 그 법률관계의 한쪽 당사자를 피고로 하는 소송을 말한다.

③ (O) 대법원은 납세의무자에 대한 국가의 부가가치세 환급세액 지급의무의 법적 성질은 정의와 공평의 관념에서 수익자와 손실자 사이의 재산상태 조정을 위해 인정되는 부당이득 반환의무가 아니라, 부가가치세법령에 의하여 그 존부나 범위가 구체적으로 확정되고 조세정책적 관점에서 특별히 인정되는 「공법상 의무」라고 본다. 따라서 납세의무자에 대한 국가의 부가가치세 환급세액 지급의무에 대응하는 국가에 대한 납세의무자의 부가가치세 환급세액 지급청구는 민사소송이 아니라 행정소송법에서 규정하고 있는 「당사자소송」의 절차에 따라야 한다는 것이다(대법원 2013. 3. 21. 2011다95564).

④ (O) 대법원은 현행 실정법이 지방전문직공무원 채용계약해지의 의사표시를 일반공무원에 대한 징계처분과는 달리 항고소송의 대상이 되는 처분 등의 성격을 가진 것으로 인정하지 아니하고, 지방자치단체가 채용계약관계의 한쪽 당사자로서 대등한 지위에서 행하는 의사표시로 취급하고 있는 것으로 본다. 따라서 지방전문직공무원 채용계약해지의 의사표시에 대하여는 대등한 당사자 간의 소송형식인 당사자소송으로 그 의사표시의 무효확인을 청구할 수 있다는 것이다(대법원 1993. 9. 14. 92누4611).

15

답 ④

| 출제단원 | Part 06 행정상 손해배상 |
| 출제영역 | 공무원 개인의 배상책임, 공무원의 위법한 직무행위로 인한 손해배상의 요건, 배상책임자 |

ㄱ. (O) 대법원은 국가가 소멸시효의 완성 전에 피해자의 권리행사나 시효중단을 불가능 또는 현저히 곤란하게 한 것과 같이 국가의 잘못이 있는 경우에는 국가가 피해자의 국가배상청구권의 소멸시효가 완성되었음을 주장하여 손해배상책임을 면하는 것은 권리남용으로서 허용될 수 없다고 본다. 이와 같이 국가가 소멸시효 완성을 주장하는 것이 권리남용에 해당하여 허용되지 않음으로 인해 국가가 피해자에게 배상책임을 이행한 것이라면, 특별한 사정이 없는 한 국가가 공무원에게 구상권을 행사하여 국가가 피해자에게 지급한 손해배상금을 돌려받을 수는 없다고 본다. 국가가 이러한 잘못을 하지 않았다면 국가는 소멸시효가 완성되었음을 주장하여 배상책임을 면할 수 있었을 것이고, 그렇다면 국가가 공무원에게 구상하는 일도 없었을 것인데, 국가의 잘못으로 소멸시효를 주장할 수 없게 된 것이므로 이러한 경우에는 공무원에게 구상할 수 없다는 것이다. 다만, 이러한 국가의 잘못을 해당 공무원이 적극적으로 주도하였다는 등의 특별한 사정이 있는 경우라면 국가가 해당 공무원에게 구상권을 행사할 수 있다고 본다(대법원 2016. 6. 10. 2015다217843).

ㄴ. (O) 대법원은 경찰은 범죄의 예방, 진압 및 수사와 함께 국민의 생명, 신체 및 재산의 보호 기타 공공의 안녕과 질서유지를 직무로 하고 있고, 직무의 원활한 수행을 위하여 관계법령에 의하여 여러 가지 권한이 부여되어 있으므로, 경찰관은 제반상황에 대응하여 자신에게 부여된 여러 가지 권한을 적절하게 행사하여 필요한 조치를 할 수 있고, 이러한 권한은 일반적으로 경찰관의 전문적 판단에 기한 합리적인 재량에 위임되어 있다고 본다. 그러나 구체적인 사정에 따라 경찰관이 권한을 행사하여 필요한 조치를 하지 않은 것이 현저하게 불합리하다고 인정되는 경우에는 권한의 불행사는 직무상 의무를 위반한 것이 되어 위법하게 된다고 본다(대법원 2016. 4. 15. 2013다20427).

ㄷ. (O) 국가배상법에서는 「국가나 지방자치단체가 손해를 배상할 책임이 있는 경우에 공무원의 선임·감독자와 공무원의 봉급·급여, 그 밖의 비용을 부담하는 자가 동일하지 아니하면 그 비용을 부담하는 자도 손해를 배상하여야 한다.」고 규정하고 있다(제6조 제1항). 따라서 피해자는 양자에 대하여 선택적으로 손해배상을 청구할 수 있다. 이때 '공무원의 선임·감독자'란 '사무의 귀속주체'를 의미하고, '비용부담자'란 '공무원의 봉급·급여, 그 밖의 비용을 부담하는 자'를 말한다. 그런데 비용부담자와 관련하여 구체적으로 누구를 말하는 것인지에 대하여 견해가 대립한다. 이와 관련하여 대법원은 지방자치단체의 장이 국가로부터 기관위임된 사무를 처리하는 경우 소요되는 경비의 실질적·궁극적 부담자는 국가라고 보면서도, 당해 지방자치단체는 국가로부터 내부적으로 교부된 금원으로 그 사무에 필요한 경비를 대외적으로 지출하는 자이므로, 지방자치단체는 국가배상법 제6조 제1항 소정의 비용부담자로서 공무원의 불법행위로 인한 손해를 배상할 책임이 있다고 본다(대법원 1994. 12. 9. 94다38137). 즉, 위임받은 지방자치단체의 장이 속한 지방자치단체는 「형식적 비용부담자(= 대외적으로 비용을 부담하는 자)」에 해당하므로 국가배상법 제6조 제1항의 비용부담자에 해당한다는 것이다. 이 판례를 통해 대법원이 피해자 보호의 관점에서 「형식적 비용부담자」와 「실질적 비용부담자」 모두 비용부담자에 포함된다고 보는 견해인 「병합설」을 취하고 있음을 알 수 있다. 참고로 기관위임사무란 「국가」 또는 「지방자치단체」 등으로부터 지방자치단체의 집행기관인 「지방자치단체의 장」에게 위임된 사무를 말한다. 이러한 기관위임사무는 위임을 받은 지방자치단체 장이 속한 해당 지방자치단체의 사무가 아니라, 「위임을 한 국가 또는 지방자치단체」의 사무이다. 예를 들어, 「A광역지방자치단체」가 「B기초지방자치단체의 장」에게 위임한 사무는 B기초지방자치단체의 사무가 아니라, 「A광역지방자치단체」의 사무이다.

16

답 ③

| 출제단원 | Part 04 행정소송법 |
| 출제영역 | 처분, 제소기간, 협의의 소의 이익 |

① (O) 대법원은 구 건축법상 건축협의의 실질은 협의라는 표현에도 불구하고 지방자치단체 등에 대한 건축허가와 다르지 않으므로, 지방자치단체 등이 건축물을 건축하려는 경우 등에는 미리 건축물의 소재지를 관할하는 허가권자인 지방자치단체의 장과 건축협의를 하지 않으면, 지방자치단체라 하더라도 건축물을 건축할 수 없다고 본다. 따라서 건축협의 취소는 상대방이 다른 지방자치단체 등 행정주체라 하더라도 '행정청이 행하는 구체적 사실에 관한 법집행으로서의 공권력 행사'로서 처분에 해당한다고 본다. 그러므로 지방자치단체인 원고는 건축물 소재지 관할 허가권자인 지방자치단체의 장을 상대로 항고소송을 통해 건축협의 취소의 취소를 구할 수 있다는 것이다(대법원 2014. 2. 27. 2012두22980).

② (O) 취소소송의 제소기간은 「처분 등이 있음을 안 날부터 90일 이내」와 「처분 등이 있은 날부터 1년 이내」의 두 가지가 있다. 이와 관련하여 대법원은 「고시 또는 공고에 의하여 행정처분을 하는 경우」에는 그 처분의 상대방이 불특정 다수인이고 그 처분의 효력이 불특정 다수인에게 일률적으로 적용되는 것이므로, 「처분 등이 있음을 안

날부터 90일 이내」의 기산일은 「고시 또는 공고의 효력발생일」이라고 본다. 따라서 이때부터 90일 이내에 취소소송을 제기해야 한다는 것이다. 이러한 경우 행정처분에 이해관계를 갖는 자가 고시 또는 공고가 있었다는 사실을 몰랐다고 하더라도 마찬가지라고 본다(대법원 2007. 6. 14. 2004두619). 즉, 행정처분에 이해관계를 갖는 자가 고시 또는 공고가 있었다는 사실을 현실적으로 알았는지 여부에 관계없이 고시가 효력을 발생하는 날 행정처분이 있음을 알았다고 보아야 한다는 것이다.

③ (X) '피고경정'이란 소송의 계속 중에 피고로 지정된 자를 다른 자로 변경하거나 추가하는 것을 말한다. 행정소송법에서는 '피고경정에 대한 법원의 허가결정이 있을 때에는 새로운 피고에 대한 소송은 「처음에 소를 제기한 때」에 제기된 것으로 본다.'고 규정하고 있다(제14조 제4항). 따라서 피고경정의 경우 제소기간의 준수 여부는 「처음 소를 제기한 때」를 기준으로 판단한다.

④ (O) 항고소송을 제기하기 위해서는 '권리보호의 필요(협의의 소의 이익)'가 요구된다. '권리보호의 필요'란 원고의 청구가 소송을 통하여 분쟁을 해결할 만한 현실적인 필요성을 말한다. 이와 관련하여 대법원은 조합설립추진위원회 「구성승인처분」에 대한 취소 또는 무효확인 판결의 확정만으로는 이미 조합설립인가를 받은 조합에 의한 정비사업의 진행을 저지할 수 없다고 본다. 따라서 조합설립추진위원회 「구성승인처분」을 다투는 소송 계속 중에 「조합설립인가처분」이 이루어진 경우에는, 조합설립추진위원회 구성승인처분에 위법이 존재하여 조합설립인가 신청행위가 무효라는 점 등을 들어 직접 「조합설립인가처분」을 다툼으로써 정비사업의 진행을 저지하여야 하며, 이와 별도로 조합설립추진위원회 「구성승인처분」에 대하여 취소 또는 무효확인을 구할 법률상의 이익은 없다고 본다(대법원 2013. 1. 31. 2011두11112, 2011두11129).

17

답 ②

출제단원 Part 04 행정소송법
출제영역 항고소송의 대상

항고소송의 대상이 되는 처분이란 「행정청이 행하는 구체적 사실에 관한 법집행으로서의 공권력의 행사 또는 그 거부와 그 밖에 이에 준하는 행정작용」을 말한다(행정소송법 제2조 제1항 1호).

ㄱ. (O) 헌법재판소는 수형자의 서신을 교도소장이 검열하는 행위는 권력적 사실행위로서 행정심판이나 행정소송의 대상이 되는 행정처분이라고 본다(헌재 1998. 8. 27. 96헌마398).

ㄴ. (O) 대법원은 구청장의 시정지시에 따른 사회복지법인의 시정조치가 선행되지 않으면 사회복지법인이 시정결과에 대한 보고명령을 이행하기 어려우므로 시정지시를 받은 사회복지법인으로서는 보고명령을 이행하기 위해 시정지시에 따른 시정조치의 이행이 사실상 강제되어 있다고 본다. 만일 구청장의 이러한 명령을 이행하지 않는 경우 시정명령을 받거나 법인설립허가가 취소될 수 있는 등 불이익을 받을 위험이 있으므로, 구청장의 시정지시는 단순한 권고적 효력만을 가지는 비권력적 사실행위에 불과하다고 볼 수는 없다고 본다. 즉, 구청장의 시정지시는 사회복지법인에 대하여 의무의 부담을 명하거나 기타 법률상 효과를 발생하게 하는 것으로서 항고소송의 대상이 되는 행정처분에 해당한다는 것이다(대법원 2008. 4. 24. 2008두3500).

ㄷ. (X) 대법원은 건설부장관이 행한 국립공원지정처분은 그 결정 및 첨부된 도면의 공고로써 그 경계가 확정되는 것이라고 본다. 즉, 시장이 행한 경계측량 및 표지의 설치 등은 공원관리청이 공원구역의 효율적인 보호, 관리를 위하여 이미 확정된 경계를 인식, 파악하는 사실상의 행위일 뿐이므로 이를 공권력 행사로서의 행정처분의 일부라고 볼 수 없다고 본다(대법원 1992. 10. 13. 92누2325).

18

답 ②

출제단원 Part 03 행정의 실효성 확보수단
출제영역 이행강제금

이행강제금이란 작위의무·부작위의무·수인의무의 불이행시에 일정액수의 금전이 부과될 것임을 의무자에게 미리 경고함으로써 의무이행의 확보를 도모하는 강제수단을 말한다. 이행강제금을 '집행벌'이라고 표현하기도 한다. 「건축법」상 이행강제금 부과절차를 살펴보면 다음과 같다.

허가권자의 시정명령 → 건축주 등의 시정명령 불이행 → 허가권자의 상당한 이행기한의 통지 → 건축주 등의 이행기한 내 시정명령의 불이행 → 허가권자의 계고처분 → 허가권자의 이행강제금 부과 → 허가권자의 이행강제금의 반복 부과

① (O) 건축법 제80조 제6항에서는 '허가권자는 제79조 제1항에 따라 시정명령을 받은 자가 이를 이행하면 새로운 이행강제금의 부과를 즉시 중지하되, 「이미 부과된」 이행강제금은 징수하여야 한다.'고 규정하고 있다.

② (X) 대법원은 건축주 등이 장기간 시정명령을 이행하지 아니하였고, 그 기간 중 시정명령의 이행기회가 제공되지 아니하였다가 뒤늦게 시정명령의 이행기회가 제공된 경우라면, 시정명령의 이행기회 제공을 전제로 한 1회분의 이행강제금만을 부과할 수 있다고 본다. 즉, 시정명령의 이행기회가 제공되지 아니한 것은 이행강제금 부과절차를 제대로 이행하지 않은 것이므로 이러한 기간에 대한 이행강제금까지 한꺼번에 부과할 수는 없다는 것이다(대법원 2016. 7. 14. 2015두46598).

③ (O) 근로기준법 등 관련법령에서는 이행강제금을 부과함에 있어 「이행강제금 부과예고서」에 따라 이행강제금 부과예고를 하게 되어 있는데, 여기에는 '불이행 내용'을 기재하게 되어 있다. 이러한 이행강제금 부과예고는 '계고'에 해당한다. 대법원은 이행강제금 부과예고를 함에 있어 '불이행 내용'에 사용자가 이행해야 할 의무의 내용을 「초과」하여 기재하였다면, 이행강제금 부과예고 및 이에 따른 이행강제금 부과처분은 모두 위법하다고 보았다. 다만, 초과한 정도가 근소하다는 등의 특별한 사정이 있는 경우에는 예외를 인정하였다(대법원 2015. 6. 24. 2011두2170).

④ (O) 이행강제금 부과처분을 받은 자가 이행강제금을 납부기한 내에 납부하지 않으면 납부를 독촉하고, 이에 불응시 체납절차에 따라 이행강제금을 징수할 수 있다. 대법원은 이러한 강제징수절차에서 이행강제금 납부의 최초 독촉은 징수처분으로서 항고소송의 대상이 되는 행정처분이라고 보았다(대법원 2009. 12. 24. 2009두14507).

19

답 ④

출제단원 Part 03 행정의 실효성 확보수단
출제영역 행정대집행

① (X) 계고란 상당한 기간 내에 의무의 이행을 하지 않으면 대집행을

한다는 의사를 사전에 통지하는 행위를 말한다. 이러한 계고는 대집행의 요건이 충족된 경우에「의무의 내용을 구체적으로 특정」하여,「문서」로써,「상당한 이행기간」을 정하여 해야 한다. 이와 관련하여 대법원은 상당한 의무이행기한이 부여되지 아니한 대집행계고처분은 대집행의 적법절차에 위배한 것으로 위법한 처분이며, 계고처분 후 대집행영장으로써 대집행의 시기가 늦추어졌다고 하여도 적법한 처분이 되는 것은 아니라고 본다(대법원 1990. 9. 14. 90누2048).

② (X) 대집행의 비용은 의무자가 부담하여야 한다. 의무자가 비용을 납부하지 않으면 당해 행정청은 대집행비용을 국세징수법의 예에 의하여 강제징수할 수 있다(행정대집행법 제6조 제1항). 이와 관련하여 대집행비용을 국세징수법의 예에 의해서가 아니라 민사소송절차를 통해 청구할 수는 없는지 문제된다. 대법원은 행정대집행법에서 대집행에 요한 비용은 국세징수법의 예에 의하여 징수할 수 있다고 하여 간이하고 경제적인 특별구제절차를 마련하고 있으므로 민사소송절차로 대집행비용의 상환을 구할 수는 없다고 본다(대법원 2011. 9. 8. 2010다48240).

③ (X) 행정법상의 의무 불이행이 있는 경우에 행정청이 의무자의 신체 또는 재산에 실력을 가하여 불이행된 의무를 이행시키거나 이행한 것과 동일한 상태를 실현시키는 것을 '행정상 강제집행'이라고 한다. '행정상 강제집행'의 종류로는 대집행, 이행강제금, 직접강제, 행정상 강제징수가 있다. '행정상 강제집행'은 '민사상 강제집행'과 다음과 같이 차이가 있다.

행정상 강제집행	민사상 강제집행
행정권 스스로의 판단과 수단에 의해 강제집행	민사소송 → 판결 → 국가의 집행기관에 의한 강제집행

즉, 행정상 강제집행은 법원 및 국가의 집행기관의 도움 없이 자력에 의하여 집행한다는 점에서 민사상 강제집행과 다르다. 이와 관련하여 행정상 강제집행이 인정되는 경우에 민사상 강제집행이 인정될 수 있는지가 문제된다. 이에 대하여 대법원은 관련규정에 따라 지방자치단체장이 행정대집행의 방법으로 공유재산에 설치한 시설물을 철거할 수 있는 경우에는 민사소송의 방법으로 시설물의 철거를 구하는 것은 허용되지 않는다고 본다(대법원 2017. 4. 13. 2013다207941). 즉, 행정상 강제집행이 인정되는 경우에는 별도로 민사상 강제집행은 인정될 수 없다는 것이다.

④ (O) 대집행은 「공법상」의 대체적 작위의무의 불이행을 대상으로 한다. 이와 관련하여 대법원은 「구 공공용지의 취득 및 손실보상에 관한 특례법」에 따른 토지 등의 「협의취득」은 공공사업에 필요한 토지 등을 그 소유자와의 협의에 의하여 취득하는 것으로서 공공기관이 사경제주체로서 행하는 사법상 매매 내지 사법상 계약의 실질을 가지는 것으로 본다. 따라서 협의취득시 건물소유자가 건물의 철거의무를 부담하겠다는 약정을 하였다고 하더라도 이러한 의무는 사법상의 의무에 해당하여 행정대집행의 대상이 아니라고 본다(대법원 2006. 10. 13. 2006두7096).

20 답 ①

| 출제단원 | Part 02 행정작용 및 절차법 |
| 출제영역 | 행정계획 |

① (X) 대법원은 이미 고시된 실시계획에 포함된 상세계획은 대외적으로 「구속력이 있는 계획」이라는 전제하에, 상세계획으로 관리되는 토지 위의 건물용도를 상세계획 승인권자의 변경승인 없이 임의로 판매시설에서 일반목욕장으로 변경하는 것은 허용될 수 없다고 본다. 따라서 행정청이 일반목욕장 영업신고를 수리하지 않고 영업소를 폐쇄한 처분은 적법하다고 본다(대법원 2008. 3. 27. 2006두3742, 3759).

② (O) 행정계획을 수립·변경함에 있어서 행정청에게 인정되는 광범위한 형성의 자유를 계획재량이라고 한다. 이러한 계획재량에 대한 통제를 위해 형성된 이론을 「형량명령」이라고 하는데, 계획수립주체가 계획재량권을 행사함에 있어서 공익 상호 간, 사익 상호 간, 공익과 사익 상호 간에 정당한 형량을 하여야 한다는 원칙을 의미한다. 따라서 이익형량을 전혀 행하지 아니하거나 이익형량의 고려대상에 마땅히 포함시켜야 할 사항을 누락하는 등 형량에 하자가 있는 행정계획은 위법하다.

③ (O) 계획이 확정된 후 사정변경 등을 이유로 하여 기존계획의 변경을 청구할 수 있는 권리를 계획변경청구권이라고 한다. 계획법규는 원칙상 공익의 보호를 목적으로 하는 것이어서 사익의 보호를 목적으로 하는 계획변경청구권은 원칙적으로 인정될 수 없다. 다만, 대법원은 예외적으로 법규상 또는 조리상 계획변경청구권이 인정되는 경우가 있다고 본다. 예를 들어, 대법원은 도시계획구역 내 토지 등을 소유하고 있는 사람과 같이 당해 도시계획시설결정에 이해관계가 있는 주민으로서는 도시시설계획의 입안자 내지 결정권자에게 도시시설계획의 입안(= 도시시설계획안을 만드는 것) 내지 변경을 요구할 수 있는 법규상 또는 조리상의 신청권이 있다고 본다. 따라서 이러한 신청에 대한 거부행위는 항고소송의 대상이 되는 행정처분에 해당하게 된다(대법원 2015. 3. 26. 2014두42742).

④ (O) 행정계획이 헌법소원의 대상이 되기 위해서는 공권력주체에 의한 행위로서 국민의 권리·의무에 직접적인 영향을 미치는 행위인 「공권력 행사」에 해당해야 한다. 이와 관련하여 국민의 권리·의무에 법적 효과를 미치지 않는 비구속적 행정계획이나 행정지침이 헌법소원의 대상인지를 살펴보면 다음과 같다.

원칙	공권력의 행사 X → 헌법소원 대상 X
예외	국민의 기본권에 직접적 영향 + 그대로 실시될 것이 틀림없을 것으로 예상 → 헌법소원의 대상인 공권력의 행사 O

즉, 헌법재판소는 비구속적 행정계획안이나 행정지침은 원칙적으로 헌법소원의 대상이 되는 공권력 행사라고 볼 수 없지만, 국민의 기본권에 직접적 영향을 끼치고, 법령의 뒷받침에 의해 그대로 실시될 것이 틀림없을 것으로 예상될 경우에 한하여 예외적으로 공권력 행사에 해당하여 헌법소원의 대상이 될 수 있다고 판단하였다(헌재 2000. 6. 1. 99헌마538).

2017년 지방직 9급
행정법총론

문제편 p.105

| 01 ③ | 02 ② | 03 ④ | 04 ② | 05 ③ | 06 ② | 07 ① | 08 ② | 09 ① | 10 ④ |
| 11 ① | 12 ③ | 13 ① | 14 ④ | 15 ① | 16 ④ | 17 ① | 18 ② | 19 ① | 20 ④ |

01
정답 ③

출제단원 Part 01 행정법 서설
출제영역 통치행위

'통치행위'란 정치적 성격이 강하기 때문에 법에 의해 규율되거나 사법심사의 대상이 되는 것이 적당하지 않은 행위를 말한다.

① (O) 남북정상회담과 관련하여 사법심사대상에 해당하는지 여부에 대한 대법원 판례는 다음과 같이 구분해서 기억해야 한다. 즉, 대법원은 「남북정상회담의 개최」는 고도의 정치적 성격을 지니고 있는 행위라 할 것이므로 특별한 사정이 없는 한 그 당부를 심판하는 것은 사법권의 내재적·본질적 한계를 넘어서는 것이 되어 적절하지 못하다고 본다. 즉, 남북정상회담의 개최는 통치행위에 해당하므로 사법심사의 대상이 아니라는 것이다. 반면, 남북정상회담의 개최과정에서 재정경제부장관에게 신고하지 아니하거나 통일부장관의 협력사업승인을 얻지 아니한 채 「북한 측에 사업권의 대가명목으로 송금한 행위」 자체는 사법심사의 대상이 된다고 본다(대법원 2004. 3. 26. 2003도7878).

② (O) 대법원은 사법자제설을 바탕으로 통치행위를 인정하면서도 과도한 사법심사의 자제가 기본권을 보장하고 법치주의 이념을 구현하여야 할 법원의 책무를 태만히 하거나 포기하는 것이 되지 않도록 그 인정을 지극히 신중하게 하여야 한다고 본다. 이러한 기준에 따라 대법원은 국가긴급권에 관한 대통령의 결단은 가급적 존중되어야 하지만, 기본권 보장의 최후 보루인 법원으로서는 마땅히 긴급조치 제1호에 규정된 형벌법규에 대하여 사법심사권을 행사함으로써, 대통령의 긴급조치권 행사로 인하여 국민의 기본권이 침해되고 헌법의 근본이념인 자유민주적 기본질서가 부정되는 사태가 발생하지 않도록 그 책무를 다하여야 한다고 하였다(대법원 2010. 12. 16. 2010도5986).

③ (X) 헌법재판소는 「신행정수도건설이나 수도이전문제」가 정치적 성격을 가지고 있는 것은 인정할 수 있지만, 그 자체로 고도의 정치적 결단을 요하여 사법심사의 대상으로 하기에는 부적절한 문제라고까지는 할 수 없다고 본다(㉠). 반면, '신행정수도건설이나 수도이전문제' 자체가 아니라, 「이러한 문제를 '국민투표에 붙일지 여부에 관한 대통령의 의사결정」은 고도의 정치적 결단을 요하는 문제여서 사법심사를 자제함이 바람직하다고 본다(㉡). 다만, 대통령의 이러한 의사결정이 국민의 기본권 침해와 직접 관련되는 경우에는 헌법재판소의 심판대상이 될 수 있다고 본다(㉢)(헌재 2004. 10. 21. 2004헌마554). 따라서 「신행정수도건설이나 수도이전문제」는 그 자체로 고도의 정치적 결단을 요하여 사법심사의 대상으로 하기에는 부적절한 문제라고까지는 할 수 없다(㉠)는 면에서 선택지의 앞부분은 옳지 않다. 또한 헌법재판소는 고도의 정치적 결단을 요하는 문제여서 사법심사를 자제함이 바람직한 경우라고 하더라도 국민의 기본권침해와 직접 관련되는 경우에는 헌법재판소의 심판대상이 될 수 있다(㉢)고 하였으므로 뒷부분도 옳지 않다.

④ (O) 헌법재판소는 사법자제설을 근거로 통치행위 개념을 인정한다. 즉, 헌법재판소는 외국에의 국군의 파견결정은 그 성격상 국방 및 외교에 관련된 고도의 정치적 결단을 요하는 문제로서, 헌법과 법률이 정한 절차를 지켜 이루어진 것임이 명백하므로, 대통령과 국회의 판단은 존중되어야 하고 헌법재판소가 사법적 기준만으로 이를 심판하는 것은 자제되어야 한다고 본다(헌재 2004. 4. 29. 2003헌마814).

02
정답 ②

출제단원 Part 01 행정법 서설
출제영역 공법상 부당이득

부당이득이란 법률상 원인 없이 타인의 재산 또는 노무로 인하여 이익을 얻고 이로 인하여 타인에게 손해를 가하는 것을 말한다. 이러한 부당이득은 일반법원리적인 것이므로 공법관계에서도 부당이득이 인정된다는 것이 일반적인 견해이다.

① (O) 공법상 부당이득에 관한 일반법이 없다. 따라서 특별한 규정이 없는 한 민법의 부당이득에 관한 규정이 준용된다.

② (X) 대법원은 부가가치세법령의 내용 등에 비추어 보면, 납세의무자에 대한 국가의 부가가치세 환급세액 지급의무는 그 납세의무자로부터 과다하게 거래징수된 세액 상당을 국가가 실제로 납부받았는지와 관계없이 부가가치세법령의 규정에 의하여 직접 발생하는 것이라고 본다. 따라서 그 법적 성질은 부당이득 반환의무가 아니라, 「부가가치세법령에 의하여 구체적으로 확정」되고 조세정책적 관점에서 특별히 인정되는 「공법상 의무」라는 것이다. 그렇다면 국가에 대한 납세의무자의 부가가치세 환급세액 지급청구는 민사소송이 아니라 행정소송법상 당사자소송의 절차에 따라야 한다고 본다. 즉, 대법원은 '부가가치세 환급세액의 반환청구'는 부당이득 반환청구가 아니라고 하면서, 이는 당사자소송의 절차에 따라야 한다고 본다(대법원 2013. 3. 21. 2011다95564 전합). 참고로 이 판례는 공법상 원인에 의한 부당이득반환청구는 민사상의 부당이득반환청구로서 민사소송절차에 따라야 한다는 기존 판례(대법원 1991. 2. 6. 90프2)와 모순되는 것은 아니다. 즉, 대법원 판례에 의할 때 공법상 부당이득에 해당한다면 그 반환은 민사소송의 대상인 것은 맞다. 그런데 선택지의 내용은 「부가가치세 환급세액의 반환」이 공법상 부당이득반환이 아니기 때문에 옳지 않은 것이다.

③ (O) 수익적 행정행위가 소급적으로 직권취소되면 특별한 규정이 없는 한 이미 받은 이익은 부당이득이 되는 것이므로 부당이득반환청구가 가능한 것으로 볼 수 있다. 그런데 개별법률에서 잘못 지급된 보상금 등 급부의 환수를 위해서 별도의 「환수처분」을 하여야 하는 것으로 규정하고 있는 경우가 있다. 이때 환수처분을 하기 위한 요건은 어떠한지 문제된다. 이와 관련하여 대법원은 잘못 지급된 보상금 등을 돌려받기 위해 별도의 '환수처분'을 하도록 법률로 규정하고 있는 경우에도 무조건 환수처분을 할 수 있는 것이 아니라, 일정한 요건을 충족해야만 환수처분을 할 수 있다고 본다. 즉, '환수처분을 해야 할 공익상의 필요'와 그로 인해 '당사자가 입게 될 불이익'을 비교·교량하여 공익상 필요가 당사자가 입게 될 불이익을 정당화할 만큼 강한 경우

에 한하여 환수처분을 하여야 한다고 본다(대법원 2014. 10. 27. 2012두17186).
④ (O) 공법상 부당이득은 행정주체가 부당이득을 취한 경우뿐만 아니라, 사인이 부당이득을 취한 경우도 포함된다. 예를 들어, 행정행위에 의해 사인에게 이득이 생겼으나, 그 후 행정행위가 무효임이 판명되거나, 하자를 이유로 취소된 경우 사인이 부당이득을 취한 것이 된다. 이때 행정주체는 사인에게 부당이득을 반환할 것을 요청할 수 있다.

03 ④

| 출제단원 | Part 01 행정법 서설 |
| 출제영역 | 주소, 행정법관계에서 민법의 적용, 신고 |

행정활동을 기초로 하여 맺어지는 법률관계를 '행정상 법률관계'라고 한다. 행정상 법률관계는 행정법에 의하여 규율되는 '공법관계'와 사인 상호 간의 관계와 마찬가지로 사법에 의하여 규율되는 '사법관계'가 있다.

① (O) 주민등록법에서는 '다른 법률에 특별한 규정이 없으면 이 법에 따른 주민등록지를 공법관계에서의 주소로 한다.'고 규정하여 공법상 자연인의 주소에 관해 일반적 규정을 두고 있다. 이에 의할 때 공법관계에서 자연인의 주소는 주민등록지가 된다. 또한 주민등록법에서는 이중등록을 금지하고 있으므로 공법상의 주소는 1개소에 한정된다.

② (O) 공법규정에 흠결이 있는 경우에 민법과 같은 사법규정을 적용할 수 있다는 견해가 일반적이다. 이때 어떤 범위에서 사법규정이 적용되는지와 관련하여 공법관계의 성질(권력관계인지 관리관계인지 여부)과 적용할 사법규정의 성질(법의 일반원칙에 관한 규정인지 아닌지 여부)에 따라 다음과 같이 판단하는 것이 일반적이다. 참고로 「권력관계」란 공권력주체로서 행정주체가 「우월적인 지위」에서 국민에 대하여 일방적인 조치를 취하는 관계를 말한다. 반면, 「관리관계」란 행정주체가 「사인과 대등한 관계에서 공익목적을 달성」하기 위해 사업을 수행하거나 재산을 관리함에 있어 국민과 맺는 관계를 말한다. 「사법관계」란 행정주체가 「사인과 같은 지위」에서 국민과 맺는 관계를 말한다.

행정상 법률관계의 종류 사법규정의 유형	권력관계	관리관계	사법관계
법의 일반원칙에 관한 규정	적용	적용	적용
법기술적 규정	적용	적용	적용
이해조절적 규정	X	유추적용	적용

예를 들어, 민법의 여러 규정 중 의사표시의 효력발생시기, 대리행위의 효력, 조건과 기한의 효력 등의 규정은 「법의 일반원칙에 관한 규정」, 「법기술적 규정」이라고 볼 수 있다. 이러한 규정은 행정행위(권력관계)에도 적용된다고 본다.

③ (O) 신고는 신고의 요건을 갖춘 신고만 하면 신고의무를 이행한 것이 되어 법적 효과가 발생하는 「자기완결적 신고(= 수리를 요하지 않는 신고)」와 신고가 수리되어야 신고의 법적 효과가 발생하는 「행위요건적 신고(= 수리를 요하는 신고)」로 구분된다. 이와 관련하여 대법원은 주민등록의 신고는 행정청에 도달하기만 하면 신고로서의 효력이 발생하는 것이 아니라 행정청이 수리한 경우에 비로소 신고의 효력이 발생한다고 본다(대법원 2009. 1. 30. 2006다17850). 즉, 주민등록의 신고는 수리를 요하는 신고라는 것이다.

④ (X) 행위요건적 신고(= 수리를 요하는 신고)의 경우 신고만으로 법적 효과가 발생하지는 않으며, 행정청이 수리를 해야만 법적 효과가 발생한다. 따라서 행정청의 수리거부는 처분에 해당한다. 반면, 자기완결적 신고(= 수리를 요하지 않는 신고)의 수리거부는 원칙적으로 처분이 아니다. 자기완결적 신고의 경우 행정청의 수리 없이도 신고 자체로 신고의 법적 효과가 발생하므로 행정청의 수리거부행위는 아무런 법적 의미를 갖지 않는다고 보기 때문이다. 그런데 대법원은 몇 가지 경우에 「예외적」으로 「자기완결적 신고의 수리거부」의 처분성을 인정하고 있다. 대법원은 행정청의 착공신고 반려행위가 항고소송의 대상이 되는지 여부에 대하여, 건축주 등으로서는 착공신고가 반려될 경우, 이를 무시하고 당해 건축물의 착공을 개시하면 시정명령, 이행강제금, 벌금의 대상이 되거나 당해 건축물을 사용하여 행할 행위의 허가가 거부될 우려가 있어 불안정한 지위에 놓이게 된다고 본다. 따라서 착공신고 반려행위가 이루어진 단계에서 반려행위의 적법성을 다투어 법적 불안을 해소한 다음 건축행위에 나아가도록 함으로써 장차 있을지도 모를 위험에서 미리 벗어날 수 있도록 길을 열어줄 필요가 있다고 본다. 또한 이렇게 함으로써 위법한 건축물의 양산과 철거를 둘러싼 분쟁을 조기에 근본적으로 해결할 수 있게 하는 것이 법치행정의 원리에 부합한다고 본다. 즉, 대법원은 자기완결적 신고의 성격을 갖는 건축물착공신고의 반려행위도 항고소송의 대상이 되는 처분이라고 본다(대법원 2011. 6. 10. 2010두7321).

04 ②

| 출제단원 | Part 02 행정작용 및 절차법 |
| 출제영역 | 행정행위의 부관 |

최근 다수설은 부관을 행정행위의 효과를 제한 또는 보충하기 위하여 행정기관에 의하여 주된 행정행위에 부가된 종된 규율이라고 정의한다.

① (X) 부담은 행정행위의 주된 내용에 부가하여 그 행정행위의 상대방에게 작위(일정한 행위를 하는 것), 부작위(일정한 행위를 하지 않는 것), 급부(금전이나 물건의 교부 등), 수인(참는 것) 등의 의무를 부과하는 부관을 뜻한다. 부담은 다른 부관과 달리 주된 행정행위의 일부가 아니라 그 자체로 독립한 행정행위이다. 따라서 부담에서 부과하고 있는 의무의 이행이 없더라도 부담이 붙은 행정행위는 처음부터 효력이 발생한다.

② (O) 부관의 하자가 중대하고 명백하여 「부관」이 무효인 경우에 「주된 행정행위」의 효력은 어떻게 되는지 문제된다. 이와 관련하여 대법원은 기부채납 받은 행정재산의 사용·수익허가에서 그 허가기간은 허가의 본질적 요소에 해당하므로 부관인 허가기간에 위법사유가 있다면 허가 전부가 위법하게 된다고 본다(대법원 2001. 6. 15. 99두509). 즉, 「부관」이 「주된 행정행위」의 본질적 요소에 해당한다면 「부관」의 하자로 인해 「주된 행정행위」 전부가 위법하게 된다고 본 것이다. 참고로 '기부채납'이란 국가 이외의 자가 재산의 소유권을 무상으로 국가에 이전하여 국가가 이를 취득하는 것을 말한다.

③ (X) 수정부담이란 행정행위에 부가하여 새로운 의무를 부과하는 것이 아니라, 상대방이 신청한 내용과 다르게 행정행위의 내용을 정하는 것이다. 신청한 노선과는 다른 노선의 자동차운수사업면허를 하는 것, 3층 주택의 건축허가신청에 대하여 2층 주택의 건축허가를 하

는 것 등을 예로 들 수 있다. 부관과 수정부담은 다음과 같은 차이가 있다.

부관	상대방이 행정청에 A를 신청 → 행정청은 A를 행하면서 그 법적 효과를 제한 또는 보충함
수정부담	상대방이 행정청에 A를 신청 → 행정청은 B를 행함

이와 같이 수정부담은 부관처럼 신청된 내용의 행정행위를 하면서 그 법적 효과를 제한 또는 보충하는 것이 아니라, 신청된 행정행위의 내용을 변경하여 새로운 행정행위를 하는 것이므로 부관이 아니라는 것이 다수설이다. 즉, 다수설은 수정부담을 새로운 행정행위로 본다.

④ (X) 대법원은 재량행위의 경우 법령에 명시적 근거가 없더라도 부관을 붙일 수 있다고 본다(대법원 2007. 7. 12. 2007두6663). 반면, 기속행위의 경우에는 법령에 명시적 근거가 없으면 부관을 붙일 수 없다고 본다(대법원 1993. 7. 27. 92누13998). 또한 이러한 대법원의 입장에 따라 행정기본법에서는 '행정청은 처분에 재량이 있는 경우에는 부관(조건, 기한, 부담, 철회권의 유보 등을 말한다. 이하 이 조에서 같다)을 붙일 수 있다.'고 규정하였다(제17조 제1항). 따라서 행정기본법 규정과 대법원 판례에 의할 때 재량행위의 경우에는 법령에 명시적 근거가 없더라도 부관을 붙일 수 있으므로, 행정행위의 부관은 법령에 명시적 근거가 있는 경우에만 부가할 수 있는 것은 아니다.

05 답 ③

출제단원 Part 02 행정작용 및 절차법
출제영역 행정입법

① (O) 어떠한 행위가 범죄가 되며, 이에 대해 어떠한 형벌이 부과되는지를 미리 성문의 법률에 규정해 두어야 한다는 것을 '죄형법정주의의 원칙'이라고 한다. 이와 관련하여 처벌규정을 법률이 아닌 명령으로 규정하도록 위임하는 것이 가능한지 문제된다. 이와 관련하여 대법원은 엄격한 요건하에 처벌규정의 위임이 가능하다고 보는데, 법률의 시행령이 형사처벌에 관한 사항을 규정하면서 법률의 명시적인 위임범위를 벗어나 처벌의 대상을 확장하는 것은 죄형법정주의의 원칙에도 어긋나는 것이므로, 그러한 시행령은 위임입법의 한계를 벗어난 것으로서 무효라고 본다(대법원 2017. 2. 16. 2015도16014).

② (O) 법률에서 위임명령에 규정될 사항을 위임함에 있어서는 구체적으로 범위를 정하여 위임해야 하며, 포괄적으로 위임해서는 안 된다는 것을 '포괄적 위임의 금지'라고 한다. 이때 위임의 구체성·명확성의 정도는 규율대상의 종류나 성격에 따라 달라질 수 있다. 일반적으로 기본권 침해영역에서는 구체성이 강화되고, 급부영역에서는 구체성이 약화될 수 있다고 본다. 이와 관련하여 헌법재판소는 위임의 구체성·명확성의 요구 정도는 규율대상의 종류나 성격에 따라 다음과 같이 달라질 수 있다고 본다(헌재 1997. 10. 30. 96헌바92).

구분	구체성·명확성의 정도
처벌법규·조세법규	강화
급부행정법규	완화
규율대상이 지극히 다양하거나 수시로 변화하는 성질인 경우	완화

따라서 규율대상이 지극히 다양하거나 수시로 변화하는 성질의 것일 때에는 위임의 구체성·명확성의 요건이 완화되어야 한다는 설명은 옳다. 참고로 위 표에서 급부행정이란 사회복지국가의 이념하에 국민의 생활에 필수적인 재화와 서비스를 적극적으로 제공하는 행정을 말한다.

③ (X) '행정입법부작위'란 행정권에게 법규명령을 제정·개정 또는 폐지할 법적 의무(작위의무)가 있음에도 합리적인 이유 없이 이러한 의무를 이행하지 않음으로써 법규명령을 제정·개정 또는 폐지하지 않는 것(부작위)을 말한다. 이와 관련하여 행정입법부작위에 대하여 항고소송 중 부작위위법확인소송을 통하여 구제받을 수 있는지가 문제된다. 행정소송법에서 부작위위법확인소송의 대상인 행정청의 '부작위'에 대하여 '행정청이 당사자의 신청에 대하여 상당한 기간 내에 일정한「처분」을 하여야 할 법률상 의무가 있음에도 불구하고 이를 하지 아니하는 것'이라고 규정하고 있다. 즉, 부작위위법확인소송은 행정청의 '처분'의 부작위를 다투는 소송인 것이지, '행정입법'의 부작위를 다투는 소송은 아니다. 이러한 이유로 행정입법부작위는 부작위위법확인소송의 대상이 되지 않는다는 것이 일반적인 견해이다. 대법원도 부작위위법확인소송의 대상이 되기 위해서는 구체적 권리·의무에 관한 분쟁이어야 하는데, 추상적인 법령의 제정 여부 등은 그 자체만으로 국민의 권리·의무에 직접적인 변동을 초래하는 것이 아니므로 부작위위법확인소송의 대상이 될 수 없다고 본다(대법원 1992. 5. 8. 91누11261). 따라서 당사자의 신청이 있는지 여부와 무관하게 행정입법부작위를 대상으로 부작위위법확인소송을 제기할 수는 없다.

④ (O) 법률에서 위임명령에 규정될 사항을 위임함에 있어서는 구체적으로 범위를 정하여 위임해야 하며, 포괄적으로 위임해서는 안 된다(포괄적 위임의 금지). 다만, 대법원과 헌법재판소는 「조례」와 「공법상 단체의 정관」의 경우에는 포괄적 위임이 허용된다고 보아 예외를 인정하고 있다. 따라서 조례에 대한 법률의 위임은 법규명령에 대한 법률의 위임과 같이 반드시 구체적으로 범위를 정하여 할 필요는 없으며, 포괄적인 것으로 족하다고 본다. 이는 조례의 제정권자인 지방의회는 선거를 통해서 그 지역적인 민주적 정당성을 지니고 있는 주민의 대표기관이라는 점이 고려된 것이다.

06 답 ②

출제단원 Part 02 행정작용 및 절차법
출제영역 행정계획

① (O) 헌법소원이란 공권력의 행사 또는 불행사로 인하여 헌법상 보장된 기본권을 침해받은 자가 헌법재판소에 권리구제를 청구하는 것이다. 따라서 헌법소원의 대상이 되기 위해서는 '공권력의 행사 또는 불행사'에 해당하여야 한다. 행정계획 중 국민의 권리·의무에 법적 효과를 미치는 「구속적 행정계획」은 공권력의 행사에는 해당한다. 다만, 헌법재판소에 헌법소원을 제기하기 위해서는 '다른 법률에 구제절차가 있는 경우에는 그 절차를 모두 거친 후가 아니면 청구할 수 없다.'는 제한이 있다(= 보충성의 원칙). 이와 관련하여 헌법재판소는 개발제한구역의 지정행위(= 도시계획결정)는 처분에 해당하여 행정심판·행정소송을 통해 권리구제를 받을 수 있으므로, 이러한 구제절차를 거치지 않고 헌법소원을 청구하는 것은 부적법하다고 본다(헌재 1991. 6. 3. 89헌마46).

② (X) 국민의 권리·의무에 법적 효과를 미치지 않는 「비구속적 행정계획」이나 행정지침이 헌법소원의 대상인지를 살펴보면 다음과 같다.

원칙	공권력의 행사 X → 헌법소원 대상 X
예외	국민의 기본권에 직접적 영향 + 그대로 실시될 것이 틀림없을 것으로 예상 → 헌법소원의 대상인 공권력의 행사 O

이와 관련하여 헌법재판소는 2013년도 대학교육역량강화사업 기본계획 중 「총장직선제 개선규정을 유지하지 않는 경우 지원금 전액을 삭감 또는 환수하도록 규정한 부분」에 대하여, 계획 자체만으로는 대학의 구성원인 청구인들의 법적 지위나 권리·의무에 어떠한 영향도 미친다고 보기 어렵다는 등의 이유로 「비구속적 행정계획」이라고 판단하였다. 따라서 헌법소원의 대상이 되는 공권력 행사에 해당하지는 않는다고 본다(헌재 2016. 10. 27. 2013헌마576).

③ (O) 계획이 확정된 후 사정변경 등을 이유로 하여 기존계획의 변경을 청구할 수 있는 권리를 「계획변경청구권」이라고 한다. 이와 관련하여 대법원은 계획변경청구권을 원칙적으로 부정하면서도, 일정한 경우에 예외를 인정하여 계획변경청구권을 인정하기도 한다. 예를 들어, 대법원은 국토이용계획과 관련하여, 원칙적으로는 국토이용계획이 일단 확정된 후에는 사정의 변동이 있다고 하여 지역주민이나 일반 이해관계인에게 그 계획의 변경을 신청할 권리를 인정하여 줄 수는 없다고 본다. 계획법규는 원칙상 공익의 보호를 목적으로 하는 것이며 사익의 보호를 목적으로 하지 않기 때문에 계획변경청구권은 원칙적으로 인정될 수 없는 것이다. 다만, 장래 일정한 기간 내에 관계법령이 규정하는 시설 등을 갖추어 일정한 행정처분을 구하는 신청을 할 수 있는 법률상 지위에 있는 자의 국토이용계획변경신청을 거부하는 것이 실질적으로 당해 행정처분 자체를 거부하는 결과가 되는 경우에는 예외적으로 그 신청인에게 국토이용계획변경을 신청할 권리가 인정된다고 본다(대법원 2003. 9. 23. 2001두10936).

④ (O) 행정계획이 취소소송의 대상이 되기 위해서는 국민의 권리·의무에 구체적·개별적인 영향을 미치는 행정계획으로서 처분성이 인정되어야 한다. 이와 관련하여 대법원은 구 「도시계획법」상 도시기본계획은 도시계획입안의 지침이 되는 것으로서 일반 국민에 대한 직접적 구속력이 없다고 본다(대법원 2002. 10. 11. 2000두8226). 즉, 처분이 아니므로 위법한 도시기본계획은 취소소송의 대상이 될 수 없다. 참고로 행정계획의 처분성 인정 여부에 대한 대표적인 대법원 판례를 정리하면 다음과 같다.

처분성 「인정」되는 행정계획	처분성 「부정」되는 행정계획
· 구 도시계획법상 도시계획결정 · 현행 국토의 계획 및 이용에 관한 법률상 도시관리계획	· 구 도시계획법상 도시기본계획 · 현행 국토의 계획 및 이용에 관한 법률상 도시기본계획

07 ①

출제단원 Part 02 행정작용 및 절차법
출제영역 하자의 승계

하자의 승계란 행정이 여러 단계의 행정행위를 거쳐 행해지는 경우에 선행 행정행위의 위법을 이유로 적법한 후행 행정행위의 위법을 주장할 수 있는 것을 말한다.

① (X) 하자의 승계가 논의되기 위해서는 선행 행정행위에 취소사유에 해당하는 하자가 있어야 한다. 만약 선행 행정행위가 무효라면 이를 전제로 하여 행해지는 후행 행정행위는 존립근거를 잃어 당연히 무효이므로 별도로 하자의 승계가 인정되는지 여부를 검토할 필요가 없다. 즉, 하자의 승계가 인정되는지 여부에 대한 논의는 선행 행정행위에 무효사유가 아니라 취소사유에 해당하는 하자가 존재하는 경우를 전제로 한다.

② (O) 행정행위의 하자는 당해 행정행위별로 판단해야 하므로 행정행위의 상대방 등은 선행 행정행위의 위법을 선행 행정행위에서만 다툴 수 있는 것이 원칙이다. 그런데 제소기간이 경과하여 선행 행정행위에 불가쟁력이 발생하게 되면 상대방 등은 더 이상 선행 행정행위의 위법을 다툴 수 없게 된다. 따라서 국민의 권리를 보호하기 위해 일정한 경우에 하자의 승계를 인정할 필요가 있는 것이다. 즉, 하자의 승계를 인정하면 국민의 권리를 보호하고 구제하는 범위가 더 넓어지는 것이다.

③ (O) 불가쟁력이란 하자 있는 행정행위라 할지라도 불복기간이 경과하거나, 쟁송수단을 모두 다 거친 이후에는 상대방 또는 이해관계인이 더 이상 행정행위의 효력을 쟁송절차를 통해 다툴 수 없게 되는 힘을 말한다. 하자의 승계가 인정되기 위해서는 「선행 행정행위」에 불가쟁력이 발생하였을 것을 전제조건으로 한다. 만약 선행 행정행위에 불가쟁력이 발생하지 않았다면 선행 행정행위 자체를 다투어 권리구제를 받을 수 있기 때문에 별도로 하자의 승계를 논의할 이유가 없다. 또한 대법원은 선·후의 행정행위가 서로 독립하여 별개의 법적 효과를 목적으로 하는 경우에는 원칙적으로 하자의 승계를 부정한다. 따라서 이러한 경우에는 선행 행정행위의 하자를 이유로 후행 행정행위의 효력을 다툴 수 없다.

④ (O) ③번 해설에서 살펴본 바와 같이 대법원은 선행처분과 후행처분이 서로 독립하여 별개의 법률효과를 목적으로 하는 때에는 원칙적으로 하자의 승계를 부정한다. 다만, 선·후행 행정행위가 서로 독립하여 별개의 법률효과를 목적으로 하는 경우라도 선행 행정행위의 불가쟁력이나 구속력으로 인하여 선행 행정행위의 하자를 후행 행정행위에서 다투지 못하게 하는 것이 그로 인하여 불이익을 입게 되는 자에게 수인한도를 넘는 가혹함을 가져오며, 이러한 결과가 당사자에게 예측가능한 것이 아닌 경우에는 예외적으로 하자의 승계를 긍정한다. 즉, 예외적으로 선행 행정행위의 하자를 이유로 후행 행정행위의 효력을 다툴 수 있게 된다고 본다(대법원 1994. 1. 25. 93누8542). 하자의 승계에 대한 대법원 판례를 정리하면 다음과 같다.

구분		하자의 승계 여부
선·후의 행정행위가 결합, 하나의 법적 효과 목적		긍정
선·후의 행정행위가 독립, 별개의 법적 효과 목적	원칙	부정
	예외	수인한도를 넘고, 예측가능성 없는 경우 → 긍정

08

답 ②

출제단원 Part 02 행정작용 및 절차법, Part 04 행정소송법
출제영역 특허, 부관, 거부처분에 대한 집행정지, 제재처분사유의 승계

① (X) 대법원은 개인택시운송사업의 면허는 특정인에게 권리나 이익을 부여하는 것(= 권리설정행위)이라고 본다(대법원 2007. 6. 1. 2006두17987). 즉, 강학상 특허라는 것이다. 참고로 특허란 특정인을 위하여 새로운 권리를 설정하는 행위, 능력을 설정하는 행위, 포괄적인 법률관계를 설정하는 행위를 뜻하며 「설권행위」라고 부른다.

② (O) 대법원은 개인택시운송사업면허는 특정인에게 권리나 이익을 부여하는 행정청의 재량행위라고 본다(대법원 2007. 6. 1. 2006두17987). 또한 대법원은 재량행위의 경우 법령에 명시적 근거가 없더라도 부관을 붙일 수 있다고 본다(대법원 2007. 7. 12. 2007두6663). 따라서 법적 근거가 없더라도 개인택시운송사업면허를 하면서 부관을 붙일 수 있다.

③ (X) 행정소송법은 '취소소송의 제기는 처분 등의 효력이나 그 집행 또는 절차의 속행에 영향을 주지 아니한다.'고 하여 집행부정지의 원칙을 규정하고 있다(제23조 제1항). 다만, 일정한 요건하에 예외적으로 집행정지를 인정한다(제23조 제2항). 그런데 거부처분에 대하여도 집행정지가 가능한지 문제된다. 이에 대하여 대법원은 신청에 대한 거부처분의 효력을 정지하더라도 거부처분이 없었던 것과 같은 상태, 즉 거부처분이 있기 전의 신청시의 상태로 되돌아가는 데에 불과하다고 본다. 즉, 행정청에게 신청에 따른 처분을 하여야 할 의무가 생기는 것이 아니므로, 거부처분의 효력정지는 그 거부처분으로 인하여 신청인에게 생길 손해를 방지하는 데 아무런 보탬이 되지 않으므로 거부처분에 대해서는 집행정지가 인정되지 않는다고 본다(대법원 1995. 6. 21. 자 95두26). 따라서 관할 행정청에 개인택시운송사업면허를 신청하였다가 거부된 갑이 「거부처분」에 대해 집행정지를 신청을 하더라도 법원에 의해 허용되지 않는다.

④ (X) 영업양도란 영업재산 일체를 영업의 동일성을 유지하면서 양도인(현재의 영업자)이 양수인에게 이전하는 것을 말한다. 이러한 영업양도가 있을 때, 그 효과로서 「양도인의 위법행위」라는 「제재처분의 사유(= 제재처분이 부과된 원인)」가 「양수인」에게 승계되는지가 문제된다. 이에 대해 대법원은 개인택시운송사업을 양도받은 양수인은 양도인의 운송사업자로서의 지위를 승계하는 것이므로 양도 이전에 있었던 「양도인(갑)」에 대한 운송사업면허 취소사유를 근거로 「양수인(을)」의 운송사업면허를 취소할 수 있다고 본다(대법원 2010. 4. 8. 2009두17018). 이는 영업양도로 양수인에게 승계되는 양도인의 지위에는 양도인의 위법행위로 인한 제재사유가 포함된다는 것을 의미한다.

09

답 ④

출제단원 종합
출제영역 기속행위 vs 재량행위

기속행위와 재량행위의 의미를 살펴보면 다음과 같다.

기속행위	법규에서 정하고 있는 요건이 충족되면 그 효과로서 행정청이 반드시 어떠한 행위를 하거나 하지 말아야 하는 행정행위를 말한다.
재량행위	법규에서 정하고 있는 요건이 충족되면 그 효과로서 행정청이 여러 선택사항 중에서 하나를 선택할 수 있을 때 이에 따른 행정행위를 말한다.

① (X) 행정행위에 실체상의 하자는 없고 절차상의 하자만 있는 경우에 절차상의 하자만을 이유로 해당 행정행위가 위법하다고 할 수 있는지가 문제된다. 이에 대해 대법원은 재량행위인 시정조치 또는 과징금납부명령의 경우뿐만 아니라(대법원 2001. 5. 8. 2000두10212) 기속행위인 조세부과처분의 경우에도 절차상 하자로 인해 해당 행정행위는 위법하게 된다고 본다(대법원 1984. 5. 9. 84누116). 즉, 재량행위와 기속행위 모두 절차상 하자를 독자적 위법사유로 인정하고 있다.

② (X) 처분사유의 추가·변경이란 「처분 당시에 존재」하였지만 행정청이 처분의 근거로 「제시하지 않았던」 사유를 이후 「행정쟁송단계」에서 추가하거나 변경하는 것을 말한다. 일부 견해의 경우 기속행위의 경우 처분사유의 추가·변경이 폭넓게 허용되는 반면, 재량행위의 경우 처분사유의 추가·변경이 허용되지 않는다는 견해가 있다. 그러나 대법원은 당초의 처분사유와 기본적 사실관계가 동일하다고 인정되는 한도 내에서 다른 처분사유를 새로 추가하거나 변경할 수 있다고 보고 있으며(대법원 2008. 2. 28. 2007두13791, 13807), 별도로 기속행위와 재량행위를 구분하여 처분사유의 추가·변경의 허용 여부를 판단하지는 않는다.

③ (X) 행정소송법 제30조 제2항은 「판결에 의하여 취소되는 처분이 당사자의 신청을 거부하는 것을 내용으로 하는 경우에는 그 처분을 행한 행정청은 판결의 취지에 따라 다시 이전의 신청에 대한 처분을 하여야 한다.」고 하여 재처분의무를 규정하고 있다. 만약 거부처분이 '실체적 하자를 이유로 취소'되었다면 당사자가 신청한 처분의 종류에 따라 재처분의무의 내용은 다음과 같이 다를 수 있다. 즉, 당사자가 신청한 처분이 「기속행위」이거나 재량행위라도 「재량이 영으로 수축된 경우」라면 행정청은 판결의 취지에 따라 당사자의 신청을 받아들이는 처분을 해야 한다. 반면, 당사자가 신청한 처분이 「재량행위」라면 행정청은 재량의 하자가 없는 재처분을 하면 될 뿐이다. 그 결과 재처분은 상대방의 신청을 받아들이는 처분일 수도 있고, 거부하는 처분일 수도 있다. 따라서 당사자가 신청한 처분이 「재량행위」인 경우에는 원고의 신청을 인용하여야 할 의무가 발생하는 것은 아니라는 점에서 선택지의 내용은 옳지 않다.

④ (O) 대법원은 처분을 할 것인지 여부와 처분의 정도에 관하여 재량이 인정되는 과징금납부명령에 대하여 그 명령이 재량권을 일탈하였을 경우, 법원으로서는 재량권의 일탈 여부만 판단할 수 있을 뿐이라고 본다. 즉, 재량권의 범위 내에서 어느 정도가 적정한 것인지에 관하여는 판단할 수 없다는 것이다. 따라서 그 전부를 취소할 수밖에 없고, 법원이 적정하다고 인정하는 부분을 초과한 부분만 취소할 수는 없다고 본다(대법원 2009. 6. 23. 2007두18062). 즉, 어느 정도가 적정한 과징금인지를 법원이 독자적으로 판단하고, 이를 기초로 법원이 판단한 부분을 초과한 부분만을 취소할 수는 없다는 것이다. 이는 법원은 문제된 과징금부과처분 전부를 취소하는 것으로 역할을 다한 것이고, 이후 처분청이 재량권을 행사하여 다시 적정한 처분을 하도록 하여야 한다는 것이다.

10

답 ④

출제단원	Part 02 행정작용 및 절차법
출제영역	행정절차법

① (O) 행정청에 처분을 구하는 신청은 문서로 하여야 한다. 다만, 다른 법령 등에 특별한 규정이 있는 경우와 행정청이 미리 다른 방법을 정하여 공시한 경우에는 예외가 인정된다(행정절차법 제17조 제1항). 행정청은 신청에 필요한 구비서류, 접수기관, 처리기간, 그 밖에 필요한 사항을 게시(인터넷 등을 통한 게시를 포함한다)하거나 이에 대한 편람을 갖추어 두고 누구나 열람할 수 있도록 하여야 한다(동법 제17조 제3항).

② (O) 행정절차법 제46조에서 규정하고 있는 행정예고의 원칙과 예외를 정리하면 다음과 같다.

원칙	행정청은 정책, 제도 및 계획을 수립·시행하거나 변경하려는 경우에는 이를 예고하여야 한다.
예외	다음의 어느 하나에 해당하는 경우에는 예고를 하지 않을 수 있다. 1. 신속하게 국민의 권리를 보호하여야 하거나 예측이 어려운 특별한 사정이 발생하는 등 긴급한 사유로 예고가 현저히 곤란한 경우 2. 법령 등의 단순한 집행을 위한 경우 3. 정책 등의 내용이 국민의 권리·의무 또는 일상생활과 관련이 없는 경우 4. 정책 등의 예고가 공공의 안전 또는 복리를 현저히 해칠 우려가 상당한 경우

선택지의 내용은 행정예고의 원칙과 예외에 대한 옳은 설명이다.

+참고
개정 전 행정절차법 제46조는 본문에서 행정예고를 해야 하는 「일정한 경우」를 규정하고, 단서에서 '예고로 인하여 공공의 안전 또는 복리를 현저히 해칠 우려가 있거나 그 밖에 예고하기 곤란한 특별한 사유가 있는 경우에는 예고하지 아니할 수 있다.'는 예외를 규정하고 있었다. 그러나 2020년 6월 11일 시행된 개정 행정절차법 제46조는 본문에서 정책, 제도 및 계획을 수립·시행하거나 변경하려는 경우에는 원칙적으로 「모두」 행정예고를 하도록 규정하고, 단서에서 행정예고를 하지 않을 수 있는 예외를 열거하여 규정하였다. 이러한 취지를 반영하여 ②번 선택지의 내용을 수정하였다.

③ (O) 행정절차법에서는 행정기관은 행정지도의 상대방이 행정지도에 따르지 아니하였다는 것을 이유로 불이익한 조치를 하여서는 아니 된다고 하여 불이익조치금지원칙을 규정하고 있다(행정절차법 제48조 제2항). 또한 행정절차법에서는 행정지도의 상대방은 해당 행정지도의 방식·내용 등에 관하여 행정기관에 의견제출을 할 수 있다고 하여 행정지도의 상대방의 의견제출권을 인정하고 있다(동법 제50조).

④ (X) ②번 해설에서 살펴본 바와 같이 행정계획도 행정예고의 대상이다. 행정예고의 방법과 관련하여 행정절차법 제47조 제1항은 '정책 등(= 정책, 제도 및 계획) 안(案)의 취지, 주요 내용 등을 관보·공보나 인터넷·신문·방송 등을 통하여 공고하여야 한다.'고 규정하고 있다(제47조 제1항). 따라서 앞부분은 옳다. 그러나 「행정상 입법예고」와 관련하여 대통령령을 입법예고하는 경우 국회 소관상임위원회에 이를 제출하여야 하는 것과 달리 「행정예고」의 경우에는 국회 소관상임위원회에 이를 제출하는 절차는 없다. 또한 「행정상 입법예고」의 기간이 40일(자치법규는 20일) 이상인 것과 달리, 「행정예고」의 기간은 원칙적으로 20일 이상이다. 따라서 뒷부분은 옳지 않다.

+참고
개정 전 행정절차법은 행정예고의 방법 등에 관해 명시적으로 규정하지 않고 다른 규정을 준용하는 형태로 규정하고 있었다. 그러나 2020년 6월 11일 시행된 개정 행정절차법 제47조는 행정예고의 방법을 명확히 규정하면서 준용해야 할 규정을 보다 세밀하게 규정하였다. 이러한 취지를 반영하여 ④번 선택지의 내용을 수정하였다.

11

답 ①

출제단원	Part 08 행정정보공개·개인정보 보호·행정조사
출제영역	정보공개의무자

공공기관의 정보공개에 관한 법률에 의한 정보공개의무자는 「공공기관」이다.

① (X) 공공기관의 정보공개에 관한 법률 시행령에서는 「유아교육법」, 「초·중등교육법」, 「고등교육법」에 따른 각급 학교 또는 그 밖의 다른 법률에 따라 설치된 학교를 공공기관이라고 규정하고 있다. 이때 학교를 국·공립학교에 한정하고 있지 않으므로 사립학교도 포함된다. 이와 관련하여 대법원은 공공기관은 국가기관에 한정되는 것이 아니라 공동체 전체의 이익에 중요한 역할이나 기능을 수행하는 기관도 포함되는 것으로 해석한다. 여기에 정보공개의 목적, 교육의 공공성 및 공·사립학교의 동질성, 사립대학교에 대한 국가의 재정지원 및 보조 등 여러 사정을 고려할 때, 비록 사립대학교에 대한 국비지원이 한정적·일시적이라고 하더라도 시행령에서 공공기관의 하나로 사립대학교를 들고 있는 것이 법률의 위임범위를 벗어난 것은 아니라고 본다. 또한 사립대학교가 국비의 지원을 받는 범위 내에서만 공공기관의 성격을 가진다고도 볼 수 없다고 하였다(대법원 2006. 8. 24. 2004두2783).

② (O) 공공기관의 정보공개에 관한 법률 시행령에서는 특별법에 따라 설립된 특수법인을 정보를 공개할 의무가 있는 공공기관이라고 규정하고 있다. 이와 관련하여 대법원은 '특별법에 의하여 설립된 특수법인'이라는 점만으로 정보공개의무가 인정되는 것은 아니며, 개별적으로 정보공개의무를 지는 공공기관에 해당하는지 여부를 판단해야 한다고 본다. 이에 따라 대법원은 방송법이라는 특별법에 의하여 설립 운영되는 한국방송공사(KBS)는 '특별법에 의하여 설립된 특수법인'으로서 정보공개의무가 있는 '공공기관'에 해당한다고 판단하였다(대법원 2010. 12. 23. 2008두13101).

③ (O) 공공기관의 정보공개에 관한 법률 시행령에서는 특별법에 따라 설립된 특수법인을 공공기관이라고 규정하고 있다. 이와 관련하여 대법원은 '한국증권업협회'는 그 업무가 국가기관 등에 준할 정도로 공동체 전체의 이익에 중요한 역할이나 기능에 해당하는 공공성을 갖는다고 볼 수 없는 점 등에 비추어, 정보를 공개할 의무가 있는 '특별법에 의하여 설립된 특수법인'에 해당한다고 보기 어렵다고 하였다(대법원 2010. 4. 29. 2008두5643).

④ (O) 대법원은 「교육기관의 정보공개에 관한 특례법」은 공공기관의 정보 가운데 교육관련기관의 정보공개에 대하여 특별히 규율하는 법이므로, 학교에 대하여 「교육기관의 정보공개에 관한 특례법」이 적용된다고 하여 「공공기관의 정보공개에 관한 법률」을 적용할 수 없는 것은 아니라고(= 적용할 수 있다고) 본다(대법원 2013. 11. 28. 2011두

5049). 「교육기관의 정보공개에 관한 특례법」 제4조에서 '정보의 공개 등에 관하여 이 법에서 규정하지 아니한 사항에 대하여는 「공공기관의 정보공개에 관한 법률」을 적용한다.'고 규정하고 있음을 그 이유로 들고 있다.

12

답 ③

출제단원 Part 03 행정의 실효성 확보수단, Part 04 행정소송법
출제영역 이행강제금, 통고처분, 대상적격, 집행력

① (X) 이행강제금이란 작위의무·부작위의무·수인의무의 불이행시에 일정액수의 금전이 부과될 것임을 의무자에게 미리 경고함으로써 의무이행의 확보를 도모하는 강제수단을 말한다. 이행강제금을 '집행벌'이라고 표현하기도 한다. 이러한 이행강제금에 대한 불복에 대하여 개별법에서 특별한 불복절차를 규정하고 있다면 해당 절차에 의하여야 한다. 반면, 별도로 이러한 절차를 규정하고 있지 않다면 항고소송을 제기하여 불복할 수 있다. 개정 전 건축법에서는 이행강제금의 이의절차에 관하여 비송사건절차법에 의하도록 규정하고 있었다. 그러나 2005년 건축법 개정시 이 규정을 삭제함으로써 현재는 건축법에 별도로 이행강제금에 대한 불복절차가 규정되어 있지 않다. 따라서 현행 건축법에 의할 때 이행강제금에 대한 불복은 비송사건절차법에 따른 재판이 아니라, 항고소송을 통해 할 수 있다.

② (X) 통고처분이란 행정범을 범한 자에 대하여 형사절차에 의한 형벌을 과하기 전에 행정청이 형벌을 대신하여 금전적 제재인 범칙금을 과하여 범칙금을 납부하면 형사처벌을 하지 않고, 만일 범칙금을 납부하지 않으면 형사소송절차에 따라 형벌을 과하는 절차를 말한다. 이와 관련하여 대법원은 통고처분은 행정처분이 「아니므로」 통고처분의 취소를 구하는 행정소송을 제기할 수는 없다고 본다(대법원 1995. 6. 29. 95누4674). 따라서 통고처분에 불복하는 자는 통고처분에 대하여 취소소송을 제기할 것이 아니라, 통고처분에 따라 부과된 범칙금을 납부하지 「않음」으로써 통고처분의 효력을 상실시킬 수 있고, 이후 경찰서장이 즉결심판청구를 하게 되면 형사소송절차가 시작되어 법원의 심판을 받을 수 있는 것이다.

③ (O) 항고소송의 대상이 되는 처분이란 「행정청이 행하는 구체적 사실에 관한 법집행으로서의 공권력의 행사 또는 그 거부와 그 밖에 이에 준하는 행정작용」을 말한다(행정소송법 제2조 제1항 1호). 이와 관련하여 대법원은 세무조사를 하겠다는 과세관청의 결정(= 세무조사결정)은 납세의무자의 권리·의무에 직접 영향을 미치는 공권력의 행사로서 항고소송의 대상이 된다고 본다(대법원 2011. 3. 10. 2009두23617, 23624).

④ (X) 행정처분이 먼저 행해진 후에 처분의 근거법률이 헌법재판소에서 위헌결정을 받았고, 처분의 상대방이 아직 처분으로 부과된 의무를 이행하지 않고 있는 경우에 강제집행을 할 수 있는지 문제된다. 이에 대해 대법원은 행정처분(= 과세처분)이 있은 후에 집행단계에서 행정처분(= 과세처분)의 근거법률이 위헌으로 결정된 경우 행정처분의 집행이나 집행력을 유지하기 위한 행위(= 체납처분)는 위헌결정의 효력에 위반되어 허용될 수 없다고 본다. 이때 위헌법률에 근거한 행정처분의 집행행위(= 체납처분)는 하자가 중대하고 명백하여 당연무효라고 본다(대법원 2012. 2. 16. 2010두10907).

13

답 ③

출제단원 Part 04 행정소송법
출제영역 행정심판전치주의의 예외(완화)

행정소송법 제18조 제1항 본문에서는 「취소소송은 법령의 규정에 의하여 당해 처분에 대한 행정심판을 제기할 수 있는 경우에도 이를 거치지 아니하고 제기할 수 있다.」고 규정하고 있다(= 원칙적 행정심판임의주의). 다만, 단서에서 '다른 법률에 당해 처분에 대한 행정심판의 재결을 거치지 아니하면 취소소송을 제기할 수 없다는 규정이 있는 때'에는 예외적으로 행정심판을 필수적으로 거치도록 하고 있다(= 예외적 행정심판전치주의). 그런데 이와 같이 개별법률의 규정에 의해 행정심판전치주의가 적용되는 경우라고 하더라도 행정소송법에서는 「행정심판을 제기하되 재결까지 거칠 필요는 없는 경우(= 제18조 제2항)」와 「행정심판을 제기할 필요도 없는 경우(= 제18조 제3항)」라는 예외를 규정하고 있다. 이 문제는 행정심판전치주의가 적용되는 사안에서, 행정심판을 청구해야 하지만 재결까지는 받지 않아도 되는 경우를 고르라고 했으므로 제18조 제2항에 해당하는 경우를 고르는 문제이다.

① (X) 행정소송법 제18조 제3항에서 정하고 있는 「행정심판을 제기할 필요도 없는 경우」에 대한 설명이다(1호). 즉, 「동종사건에 관하여 이미 행정심판의 기각재결이 있은 때」에는 다른 법률에 당해 처분에 대한 행정심판의 재결을 거치지 아니하면 취소소송을 제기할 수 없다는 규정이 있다고 하더라도 행정심판 자체를 제기할 필요가 없이 바로 취소소송을 제기할 수 있다.

② (X) 행정소송법 제18조 제3항에서 정하고 있는 「행정심판을 제기할 필요도 없는 경우」에 대한 설명이다(2호). 즉, 「서로 내용상 관련되는 처분 또는 같은 목적을 위하여 단계적으로 진행되는 처분 중 어느 하나가 이미 행정심판의 재결을 거친 때」에는 다른 법률에 당해 처분에 대한 행정심판의 재결을 거치지 아니하면 취소소송을 제기할 수 없다는 규정이 있다고 하더라도 행정심판 자체를 제기할 필요가 없이 바로 취소소송을 제기할 수 있다.

③ (O) 행정소송법 제18조 제2항에서 정하고 있는 「행정심판을 제기하되 재결까지 거칠 필요는 없는 경우」에 대한 설명이다(2호). 즉, 「처분의 집행 또는 절차의 속행으로 생길 중대한 손해를 예방하여야 할 긴급한 필요가 있는 때」에는 다른 법률에 당해 처분에 대한 행정심판의 재결을 거치지 아니하면 취소소송을 제기할 수 없다는 규정이 있다고 하더라도 행정심판을 제기하기만 했다면 행정심판위원회의 재결을 거치지 않았더라도 취소소송을 제기할 수 있다.

④ (X) 행정소송법 제18조 제3항에서 정하고 있는 「행정심판을 제기할 필요도 없는 경우」에 대한 설명이다(4호). 즉, 「처분을 행한 행정청이 행정심판을 거칠 필요가 없다고 잘못 알린 때」에는 다른 법률에 당해 처분에 대한 행정심판의 재결을 거치지 아니하면 취소소송을 제기할 수 없다는 규정이 있다고 하더라도 행정심판 자체를 제기할 필요가 없이 바로 취소소송을 제기할 수 있다.

14

답 ④

출제단원 Part 04 행정소송법
출제영역 협의의 소의 이익

항고소송을 제기하기 위해서는 '협의의 소의 이익(= 권리보호의 필요)'

이 요구된다. 협의의 소의 이익이란 원고의 청구가 소송을 통하여 분쟁을 해결할 만한 현실적인 필요성을 말한다.

① (X) 임원취임승인취소처분에 의해 취임승인이 취소된 학교법인의 정식이사들에 대하여 원래 정해져 있던 임기가 만료되었다면, 임원취임승인취소처분에 대한 취소소송에서 해당 처분이 취소된다고 하더라도 이미 임기가 만료된 정식이사들이 다시 이사가 될 수는 없으므로 취소소송을 제기하기 위한 협의의 소의 이익이 부정되는 것은 아닌지 문제된다. 이에 대해 대법원은 임원취임승인취소처분에 의해 취임승인이 취소된 학교법인의 정식이사들에 대하여 원래 정해져 있던 임기가 만료되더라도 그 임원취임승인취소처분이 위법하다고 판명되어 취소되면, 그 정식이사들은 「후임이사의 선임시까지 직무수행에 관한 긴급처리권을 가지게 되므로」 원래 정해져 있던 임기가 만료되었다고 하더라도 임원취임승인취소처분의 취소를 구할 소의 이익이 있다고 본다(대법원 2007. 7. 19. 2006두19297).

② (X) 지방의회의원의 제명의결 취소소송 계속 중 임기만료로 지방의원으로서의 지위를 회복할 수 없는 자는 제명의결의 취소를 구할 협의의 소의 이익이 부정되는 것은 아닌지 문제된다. 이에 대해 대법원은 지방의회의원에 대한 제명의결 취소소송 계속 중 의원의 임기가 만료되어 제명의결의 취소로 의원의 지위를 회복할 수는 없다 하더라도 「제명의결시부터 임기만료일까지의 기간에 대한 월정수당의 지급을 구할 수 있는 경우」에는 제명의결의 취소를 구할 법률상 이익이 있다고 본다(대법원 2009. 1. 30. 2007두13487).

③ (X) 수형자의 영치품에 대한 사용신청 불허처분 후 수형자가 다른 교도소로 이송된 경우에 영치품에 대한 사용신청 불허처분의 취소를 구할 협의의 소의 이익이 부정되는 것은 아닌지 문제된다. 이에 대해 대법원은 영치품에 대한 사용신청 불허처분 이후 이루어진 다른 교도소로의 이송이라는 사정에 의하여 원고의 권리와 이익의 침해 등이 해소되지 않았고, 원고의 형기가 만료되기까지는 아직 상당한 기간이 남아 있으며, 원고가 수감되어 있었던 진주교도소가 의료교도소인 사정을 감안할 때 원고의 진주교도소로의 「재이송 가능성이 소멸하였다고 단정하기 어려우므로」 이 사건 처분의 취소를 구할 이익이 있다고 판단하였다(대법원 2008. 2. 14. 2007두13203).

④ (O) 취소소송에서 협의의 소의 이익은 처분의 취소를 구할 현실적인 법률상 이익이 있는지 여부를 기준으로 판단한다. 이와 관련하여 대법원은 불이익을 미치는 처분이 아니라면 그 취소를 구할 소의 이익이 없다고 본다. 즉, 과세관청이 직권으로 상대방에 대한 소득처분을 경정하면서 일부 항목에 대한 증액과 다른 항목에 대한 감액을 동시에 한 결과 「전체로서 소득처분금액이 감소된 경우」에는 그에 따른 소득금액변동통지가 납세자인 당해 법인에 불이익을 미치는 처분이 아니므로 당해 법인은 그 소득금액변동통지의 취소를 구할 이익이 없다고 본다(대법원 2012. 4. 13. 2009두5510).

15   답 ③

출제단원 Part 06 행정상 손해배상
출제영역 영조물의 설치·관리의 하자로 인한 손해배상

국가배상법 제5조 제1항에서 영조물의 설치·관리의 하자로 인한 국가나 지방자치단체의 배상책임을 명시하고 있다.

① (O) 국가배상법 제5조에서 말하는 '공공의 영조물'이란 본래 학문상의 영조물을 뜻하는 것이 아니라, 학문상의 공물을 뜻한다는 것이 통설 및 판례이다. 학문상의 '공물'이란 공적 목적에 제공된 물건 등을 의미한다. 이러한 '공물'에는 도로와 같이 직접 일반 공중의 사용을 위하여 제공되어 있는 물건인 공공용물, 정부종합청사와 같이 국가나 지방자치단체의 사용을 위하여 제공된 물건인 공용물이 있다. 또한 도로와 같은 인공공물뿐만 아니라 하천 등 자연공물도 포함된다고 본다.

② (O) 대법원은 영조물 설치의 '하자'란 영조물의 축조에 불완전한 점이 있어 이 때문에 영조물 자체가 통상 갖추어야 할 완전성을 갖추지 못한 상태에 있음을 말한다고 본다. 따라서 영조물의 하자 유무는 객관적 입장에서 본 안전성의 문제라는 것이다. 이때 설치자의 재정사정은 안전성을 요구하는 데 대한 정도 문제로서 참작사유에는 해당할 수 있겠지만, 안전성을 결정지을 절대적 요건에는 해당하지 않는다고 본다(대법원 1967. 2. 21. 66다1723). 따라서 국가의 예산 부족으로 인해 영조물의 설치·관리에 하자가 생긴 경우 국가가 면책되는 것은 아니다.

③ (X) 대법원은 고속도로의 관리상 하자가 인정되는 경우에 고속도로의 점유관리자가 책임을 면하기 위해서는 해당 하자가 불가항력에 의한 것이라는 점을 주장·입증하거나, 자신이 손해의 방지에 필요한 주의를 해태하지 않았음을 주장·입증해야 한다고 본다(대법원 2008. 3. 13. 2007다29287). 즉, 손해의 방지에 필요한 주의의무를 해태하였다는 것을 피해자가 주장·입증해야 하는 것이 아니다. 「피해자」는 「하자가 존재한다는 점」을 입증하면 되는 것이며, 이 경우 「가해자인 고속도로 점유관리자」는 하자가 존재할지라도 자신은 손해의 방지에 필요한 주의의무를 「해태하지 않았다」는 것을 입증함으로써 책임을 면할 수 있게 되는 것이다.

④ (O) 피해자에게 과실이 있었던 경우에 이로 인해 확대된 손해의 한도 내에서 국가의 책임이 감면될 수 있는지 문제된다. 이에 대해 대법원은 소음 등을 포함한 공해 등의 위험지역으로 이주하여 들어가서 거주하는 경우와 같이 위험의 존재를 인식하면서 그로 인한 피해를 용인하며 접근한 것으로 볼 수 있는 경우에는 특별한 사정이 없는 한 가해자의 면책을 인정하여야 하는 경우도 있다고 본다. 특히 소음 등의 공해로 인한 법적 쟁송이 제기되거나 그 피해에 대한 보상이 실시되는 등 피해지역임이 구체적으로 드러나고 또한 이러한 사실이 그 지역에 널리 알려진 이후에 이주하여 오는 경우라면 가해자의 면책 여부를 보다 적극적으로 인정할 여지가 있다고 본다(대법원 2010. 11. 25. 2007다74560).

16   답 ④

출제단원 Part 07 행정상 손실보상
출제영역 손실보상의 근거, 손실보상청구권의 성질

행정상 손실보상이란 적법한 공권력의 행사에 의해 개인에게 재산상의 특별한 손해가 발생한 경우, 재산권 보장과 공평부담의 차원에서 행정주체가 행하는 조절적인 재산적 보상을 말한다.

① (O) 헌법 제23조의 내용은 다음과 같다.

> 헌법 제23조 ① 모든 국민의 재산권은 보장된다. 그 내용과 한계는 법률로 정한다.
> ② 재산권의 행사는 공공복리에 적합하도록 하여야 한다.
> ③ 공공필요에 의한 재산권의 수용·사용 또는 제한 및 그에 대한 보상은 법률로써 하되, 정당한 보상을 지급하여야 한다.

이때 헌법 제23조 제1항은 재산권 그 자체의「존속」을 보장하는 의미를 갖는다. 존속보장이란 재산권을「보유」하면서 이를 사용·수익·처분하는 것을 보장한다는 의미이다. 반면, 제23조 제3항은 재산권의 수용·사용·제한 등으로 인해 더 이상 재산권이 존속할 수 없는 경우에는 재산권의「가치」를 보장해 주어야 한다는 의미를 갖는다. 즉, 헌법 제23조 제3항의 '재산권 수용·사용·제한'의 경우에는 재산권 보장의 내용이 존속보장에서 가치보장으로 바뀌게 되는 것이다. 가치보장이란 재산권의 가치를 보장하기 위해 보상 등의 조치를 취하는 것을 말한다.

② (O) 손실보상의 이론적 근거에 대한 통설과 판례인「특별희생설」은 공익을 위하여 개인에게 부과된 특별한 희생은 이를 전체의 부담으로 하여 보상하는 것이 정의·공평의 요구에 합치되는 것이라는 견해이다. 즉, 공공필요에 따라 개인의 재산권에 가해진 특별한 손해를 해당 개인의 부담으로만 하는 것은 정의·공평의 관점에서 타당하지 않으며,「재산권 보장 및 공적 부담 앞의 평등원칙」에도 반하기 때문에 이러한 개인의 손실은 전체의 부담으로 하여 보상하여야 한다는 것이다. 따라서 '공적 부담 앞의 평등'은 손실보상의 이론적 근거가 될 수 있다.

③ (O) '불가분조항'이란 내용상 분리할 수 없는 사항을 함께 규정해야 한다는 조항을 말한다. 헌법 제23조 제3항을 불가분조항으로 볼 경우 수용규정과 보상규정이 하나의「동일한 법률에」규정되어야 한다. 따라서 수용법률에서 보상규정을 두지 않을 경우에 이러한 법률은 헌법에 위반된다고 본다. 참고로 이와 같이 헌법 제23조 제3항을 불가분조항으로 보는 견해는「위헌무효설」이다.

④ (X) 대법원은 하천법 및 하천구역 편입토지 보상에 관한 특별조치법상의 손실보상청구권을「공법상 권리」로 보아 행정소송법상「당사자소송」의 대상이 된다고 본다(대법원 2006. 5. 18. 2004다6207). 참고로 손실보상청구권의 법적 성질에 대한 대법원 판례를 정리하면 다음과 같다.

전통적 판례 (사법상 권리)	「수산업법」상 손실보상청구권(97다46450)
최근 판례 (공법상 권리)	·「하천법」및「하천구역 편입토지 보상에 관한 특별조치법」상 하천구역 편입토지 보상에 대한 손실보상청구권(2004다6207 전합) ·「공익사업을 위한 토지 등의 취득 및 보상에 관한 법률」에 따른 사업폐지 등에 대한 손실보상청구권(2010다23210) ·「공익사업을 위한 토지 등의 취득 및 보상에 관한 법률」에 따른 농업손실보상청구권(2009다43461) ·「공익사업을 위한 토지 등의 취득 및 보상에 관한 법률」에 따른 주거이전비보상청구권(2007다8129)

17 답 ①

출제단원 Part 04 행정소송법
출제영역 항고소송의 대상

항고소송의 대상이 되는 처분이란「행정청이 행하는 구체적 사실에 관한 법집행으로서의 공권력의 행사 또는 그 거부와 그 밖에 이에 준하는 행정작용」을 말한다(행정소송법 제2조 제1항 1호).

① (X) 대법원은 중소기업 정보화지원사업에 따른 지원금 출연을 위하여 중소기업청장이 체결하는 협약은 공법상 대등한 당사자 사이의 의사표시의 합치로 성립하는 공법상 계약에 해당하는 점, 지원금 환수에 관한 구체적인 법령상 근거가 없는 점 등을 이유로 협약의 해지 및 그에 따른 환수통보는 공법상 계약에 따라 행정청이 대등한 당사자의 지위에서 하는 의사표시로 보아야 한다고 본다. 즉, 이를 행정청이 우월한 지위에서 행하는 공권력의 행사로서 행정처분에 해당한다고 볼 수는 없다는 것이다(대법원 2015. 8. 27. 2015두41449).

② (O) 대법원은 재단법인 한국연구재단이 갑 대학교 총장에게 을에 대한 대학 자체 징계를 요구한 것은 법률상 구속력이 없는 권유 또는 사실상의 통지로서 을의 권리, 의무 등 법률상 지위에 직접적인 법률적 변동을 일으키지 않는 행위에 해당하므로, 항고소송의 대상인 행정처분에 해당하지 않는다고 본다(대법원 2014. 12. 11. 2012두28704).

③ (O) 대법원은 구 건축법상 건축협의의 실질은 협의라는 표현에도 불구하고 지방자치단체 등에 대한 건축허가와 다르지 않으므로, 지방자치단체 등이 건축물을 건축하려는 경우 등에는 미리 건축물의 소재지를 관할하는 허가권자인 지방자치단체의 장과 건축협의를 하지 않으면, 지방자치단체라 하더라도 건축물을 건축할 수 없다고 본다. 따라서 건축협의 취소는 상대방이 다른 지방자치단체 등 행정주체라 하더라도 '행정청이 행하는 구체적 사실에 관한 법집행으로서의 공권력 행사'로서 처분에 해당한다고 본다. 그러므로 지방자치단체인 원고는 건축물 소재지 관할 허가권자인 지방자치단체의 장을 상대로 항고소송을 통해 건축협의 취소의 취소를 구할 수 있다는 것이다(대법원 2014. 2. 27. 2012두22980).

④ (O) 대법원은 감사원의 징계요구 자체만으로는 징계요구대상 공무원의 권리·의무에 직접적인 변동을 초래하지 않으므로 감사원의 징계요구와 재심의결정은 항고소송의 대상이 되는 행정처분이라고 할 수 없다고 본다(대법원 2016. 12. 27. 2014두5637).

18 답 ②

출제단원 Part 01 행정법 서설, Part 04 행정소송법
출제영역 개인적 공권, 항고소송의 원고적격

① (X) 개인적 공권이란 개인이 자기의 이익을 추구하기 위해 국가 등 행정주체에 대하여 일정한 행위를 요구할 수 있는 법적인 힘을 말한다. 개인적 공권은 헌법규정에 의해서도 성립될 수 있다. 다만, 헌법상 기본권 유형에 따라 다음과 같은 차이가 있다.

구분	개인적 공권 성립 여부
구체적 기본권 (예 자유권)	기본권 자체가 구체적인 내용을 갖고 있어 법률에 의해 구체화되지 않아도 직접 적용될 수 있는 경우로서, 헌법상 기본권 규정만을 근거로 개인적 공권이 성립할 수 있다.
추상적 기본권 (예 사회적 기본권)	기본권 규정만으로는 구체적인 내용을 담고 있지 않아, 이를 구체화하는 법률이 제정되어야만 적용될 수 있는 경우로서, 헌법상 기본권 규정만을 근거로 개인적 공권이 성립할 수 없다.

따라서 추상적 기본권인 사회적 기본권은 헌법상 기본권 규정만을 근거로 개인적 공권이 성립할 수는 없다.

② (O) ①번 해설에서 살펴본 바와 같이 구체적 기본권인 자유권적 기본권은 헌법상 기본권 규정만을 근거로 개인적 공권이 성립할 수 있다.

③ (X) 경쟁관계에 있는 수인의 신청을 받아 일부에 대하여만 인·허가를 할 수밖에 없는 경우에 인·허가를 받지 못한 자가 타방이 받은

인·허가에 대하여 제기하는 소송을 「경원자소송」이라고 한다. 이와 관련하여 대법원은 인·허가 등 수익적 처분을 신청한 여러 사람이 상호경쟁관계에 있는 경원자관계에서는 「인·허가 등의 처분을 받지 못한 자」는 인·허가 등 처분의 상대방은 아니지만 처분의 취소를 구할 원고적격이 인정된다고 본다. 자신의 권익을 구제하기 위해서는 허가를 받은 타인에 대한 처분의 취소를 구할 법률상 이익이 인정되기 때문이다(대법원 1992. 5. 8. 91누13274).

④ (X) 대법원은 헌법상 환경권에 관한 규정만으로는 그 권리의 주체·대상·내용·행사방법 등이 구체적으로 정립되어 있다고 볼 수 없고, 환경정책기본법 제6조도 그 규정내용 등에 비추어 국민에게 구체적인 권리를 부여한 것으로 볼 수 없으므로 환경영향평가 대상지역 「밖」에 거주하는 주민에게 헌법상의 환경권 또는 환경정책기본법에 근거하여 공유수면매립면허처분과 농지개량사업 시행인가처분의 무효확인을 구할 원고적격이 없다고 본다. 다만, 환경영향평가 대상지역 밖의 주민이라 할지라도 공유수면매립면허처분 등으로 인하여 그 처분 전과 비교하여 수인한도를 넘는 환경피해를 받거나 받을 우려가 있는 경우에는, 공유수면매립면허처분 등으로 인하여 환경상 이익에 대한 침해 또는 침해 우려가 있다는 것을 「입증함으로써」 그 처분 등의 무효확인을 구할 원고적격을 인정받을 수 있다고 본다(대법원 2006. 3. 16. 2006두330).

19 답 ①

출제단원 Part 04 행정소송법
출제영역 행정소송법상 제소기간

① (O) 취소소송은 처분 등이 있음을 안 날부터 90일 이내에 제기하여야 하고, 처분 등이 있은 날부터 1년을 경과하면 제기하지 못한다(행정소송법 제20조 제1항, 제2항). 이와 관련하여 대법원은 청구취지를 변경하여 구 소가 취하되고 새로운 소가 제기된 것으로 변경되었을 때에 새로운 소에 대한 제소기간의 준수 등은 원칙적으로 「소의 변경이 있은 때」를 기준으로 하여야 한다고 본다(대법원 2004. 11. 25. 2004두7023). 참고로 소장에 기재된 내용 중 '~라는 판결을 구한다.'라고 기재한 부분이 '청구취지'이다. 즉, '청구취지'란 재판을 통해 원고가 구하는 내용을 말한다.

② (X) 조세심판에서의 재결청의 재조사결정이 있는 경우에 행정소송의 제소기간의 기산점이 언제인지 문제된다. 이의신청 등에 대한 결정의 한 유형으로 행해지고 있는 재조사결정은 처분청으로 하여금 당해 결정에서 지적된 사항을 재조사하여 그 결과에 따라 후속 처분을 하도록 하는 결정을 말한다. 따라서 재조사결정을 통지받은 이의신청인 등은 그에 따른 후속 처분의 통지를 받은 후에야 비로소 다음 단계의 쟁송절차에서 불복할 대상과 범위를 구체적으로 특정할 수 있게 된다. 대법원은 재조사결정의 이러한 형식과 취지 등을 고려하여, 재결청의 재조사결정에 따른 행정소송의 제소기간의 기산점은 재조사결정 이후 「후속 처분의 통지를 받은 날」부터 기산된다고 본다(대법원 2010. 6. 25. 2007두12514).

③ (X) 행정소송법 제20조 제1항 단서는 「행정청이 행정심판청구를 할 수 있다고 잘못 알린 경우에 행정심판청구가 있은 때의 기간은 재결서의 정본을 송달받은 날부터 기산한다.」고 규정하고 있다. 대법원은 이 규정의 취지는 불가쟁력이 발생하지 「않아」 적법하게 불복청구를 할 수 있었던 처분 상대방에 대하여 행정청이 법령상 행정심판청구가 허용되지 않음에도 행정심판청구를 할 수 있다고 잘못 알린 경우에, 잘못된 안내를 신뢰하여 부적법한 행정심판을 거치느라 본래 제소기간 내에 취소소송을 제기하지 못한 자를 구제하려는 데에 있다고 본다. 따라서 이미 제소기간이 지남으로써 불가쟁력이 「발생」하여 더 이상 불복청구를 할 수 없는 경우라면 그 이후에 행정청의 잘못된 안내가 있었다고 하여 이 규정을 적용하여 행정심판 재결서 정본을 송달받은 날부터 다시 취소소송의 제소기간을 부여할 수는 없다는 것이다(대법원 2012. 9. 27. 2011두27247).

④ (X) 대법원은 감액경정처분의 경우 소송의 대상은 「감액되고 남은 당초처분」이라고 본다. 이에 따라 대법원은 감액처분으로도 아직 취소되지 않고 남아 있는 부분이 위법하다 하여 다투고자 하는 경우에는 감액처분을 항고소송의 대상으로 할 수는 없고, 「당초 징수결정 중 감액처분에 의하여 취소되지 않고 남은 부분(= 감액되고 남은 당초처분)」을 항고소송의 대상으로 할 수 있을 뿐이라고 본다. 그 결과 제소기간의 준수 여부도 감액처분이 아닌 당초처분을 기준으로 판단해야 한다고 본다(대법원 2012. 9. 27. 2011두27247).

20 답 ④

출제단원 종합
출제영역 특허, 취소소송의 원고적격, 협의의 소의 이익

① (O) 대법원은 도시 및 주거환경정비법상 행정청의 조합설립인가처분은 주택재개발사업의 추진위원회에게 정비사업을 시행할 수 있는 권한을 갖는 행정주체로서의 지위를 부여하는 것으로서 '특허'라고 본다(대법원 2010. 12. 9. 2009두4555). 이 판례는 설립인가를 받은 조합이 수립한 사업시행계획에 대한 인가가 강학상 '인가'라는 판례와 구별해야 한다.

② (O) 대법원은 교육부장관이 사학분쟁조정위원회의 심의를 거쳐 학교법인의 이사와 임시이사를 선임한 데 대하여 대학교 교수협의회와 총학생회 등이 이사선임처분의 취소를 구하는 소송을 제기한 경우, 관련법령 등은 대학교 교수협의회와 총학생회의 학교운영참여권을 구체화하여 이를 보호하고 있다고 해석되므로, 「대학교 교수협의회와 총학생회」는 이사선임처분을 다툴 법률상 이익이 있다고 본다(대법원 2015. 7. 23. 2012두19496, 19502).

③ (O) 건축사법에서는 업무정지처분을 연 2회 이상 받는 등 일정한 요건을 충족해야만 가중된 제재처분을 하도록 되어 있다. 따라서 대법원은 업무정지처분을 받은 후 새로운 업무정지처분을 받음이 없이 1년이 경과하여 실제로 가중된 제재처분을 받을 우려가 없어졌다면 위 처분에서 정한 정지기간이 경과한 이상 특별한 사정이 없는 한 그 처분의 취소를 구할 법률상 이익이 없다고 본다(대법원 2000. 4. 21. 98두10080).

④ (X) 영업허가의 취소·정지, 과징금 부과 등과 같은 제재적 처분의 기준을 정한 것을 「제재적 처분기준」이라고 한다. 대법원은 대통령령(= 시행령)형식으로 제재적 처분기준을 정한 경우 이를 「법규명령」의 성질을 갖는다고 보지만, 부령(= 시행규칙)형식으로 정한 경우 이를 「행정규칙」의 성질을 갖는다고 본다. 이와 관련하여, 제재적 행정처분(A)이 그 처분에서 정한 제재기간의 경과로 인하여 그 효과가 소멸되었으나, 부령인 시행규칙의 형식으로 정한 처분기준에서 선행

처분인 제재적 행정처분(A)을 받은 것을 「가중사유」로 삼아 장래의 제재적 행정처분(후행처분)을 하도록 정하고 있는 경우에, 선행처분인 제재적 행정처분(A)을 받은 상대방이 제재기간이 경과하였다 하더라도 그 처분(A)의 취소를 구할 법률상 이익이 있는지가 문제된다. 이와 관련하여 대법원은 제재적 처분의 가중사유가 「부령(= 시행규칙)」의 형식으로 되어 있다고 하더라도, 법령에 근거를 두고 있는 이상 그 「법적 성질이 법규명령인지 여부와는 상관없이」 관할 행정청이나 담당공무원은 이를 준수할 의무가 있고, 국민은 영향을 받을 수밖에 없다고 본다. 따라서 부령(= 시행규칙)에서 정한 바에 따라 선행처분(A)을 받은 상대방으로서는 선행처분인 제재적 행정처분(A)이 제재기간의 경과로 그 효과가 소멸되었다고 하더라도 선행처분(A)에 대한 취소소송을 통하여 그 불이익을 제거할 필요가 있다고 본다 (대법원 2006. 6. 22. 2003두1684).

2016년 지방직 9급
행정법총론

문제편 p.110

01 ④ 02 ① 03 ② 04 ① 05 ② 06 ③ 07 ① 08 ② 09 ① 10 ④
11 ② 12 ② 13 ④ 14 ③ 15 ③ 16 ③ 17 ③ 18 ③ 19 ① 20 ③

01
답 ④

출제단원 Part 01 행정법 서설
출제영역 공법관계 vs 사법관계

① (O) 대법원은 국유잡종재산(= 현행 국유일반재산)을 대부하는 행위는 국가가 사경제주체로서 상대방과 대등한 위치에서 행하는 것으로서 사법상의 계약이라고 본다(대법원 2000. 2. 11. 99다61675). 참고로 국유재산이란 국가의 부담, 기부채납이나 법령 또는 조약에 따라 국가소유로 된 재산을 말한다. 그 종류는 다음과 같다.

행정재산	공용 재산	국가가 직접 사무용·사업용 등으로 사용하는 재산(예 청사)
	공공용 재산	국가가 직접 공공용으로 사용하는 재산(예 도로)
	기업용 재산	정부기업이 직접 사무용·사업용 등으로 사용하는 재산
	보존용 재산	국가가 보존하는 재산(예 문화재)
일반재산	행정재산 외의 모든 국유재산	

② (O) 대법원은 공유재산의 관리청이 행정재산의 사용·수익에 대한 허가는 관리청이 공권력을 가진 우월적 지위에서 행하는 행정처분으로서, 특정인에게 행정재산을 사용할 수 있는 권리를 설정하여 주는 것이므로 강학상 특허라고 본다. 즉, 순전히 사경제주체로서 행하는 사법상의 행위가 아니라는 것이다(대법원 1998. 2. 27. 97누1105). 참고로 특허란 특정인을 위하여 새로운 권리를 설정하는 행위, 능력을 설정하는 행위, 포괄적인 법률관계를 설정하는 행위를 뜻하며, 설권행위라고 부른다.

③ (O) 대법원은 하천법 및 하천구역 편입토지 보상에 관한 특별조치법상의 손실보상청구권을 「공법상 권리」로 보아 행정소송법상 「당사자소송」의 대상이 된다고 본다(대법원 2006. 5. 18. 2004다6207). 참고로 손실보상청구권의 법적 성질에 대한 대법원 판례를 정리하면 다음과 같다.

전통적 판례 (사법상 권리)	「수산업법」상 손실보상청구권(97다46450)
최근 판례 (공법상 권리)	· 「하천법」 및 「하천구역 편입토지 보상에 관한 특별조치법」상 하천구역 편입토지 보상에 대한 손실보상청구권(2004다6207 전합) · 「공익사업을 위한 토지 등의 취득 및 보상에 관한 법률」에 따른 사업폐지 등에 대한 손실보상청구권(2010다23210) · 「공익사업을 위한 토지 등의 취득 및 보상에 관한 법률」에 따른 농업손실보상청구권(2009다43461) · 「공익사업을 위한 토지 등의 취득 및 보상에 관한 법률」에 따른 주거이전비보상청구권(2007다8129)

④ (X) 공익사업을 위해 토지를 취득하는 방법으로는 토지의 소유자의 의사에 반하는 강제취득인 「공용수용」과 공용수용의 주체와 토지소유자 사이의 협의에 의한 취득인 「협의취득」이 있다. 이와 관련하여 대법원은 공익사업을 위한 토지 등의 취득 및 보상에 관한 법률에 의한 「협의취득」은 사법상의 법률행위라고 본다(대법원 2012. 2. 23. 2010다91206). 즉, 당사자 사이의 자유로운 의사에 의한 매매계약이라는 것이다.

02   답 ①

출제단원	Part 01 행정법 서설
출제영역	행정법의 일반원칙

① (O) 행정기관의 말 또는 행동에 대하여 국민이 신뢰를 갖고 행위를 한 경우에, 국민의 신뢰가 보호할 가치가 있는 경우라면 이러한 신뢰를 보호해 주어야 한다는 원칙을 「신뢰보호원칙」이라고 한다. 신뢰보호원칙을 적용하기 위해서는 행정청의 선행조치에 대한 사인의 신뢰가 보호할 만한 것이어야 한다(= 보호가치 있는 사인의 신뢰). 이와 관련하여 헌법재판소는 개인의 신뢰이익에 대한 보호가치는 법령에 따른 개인의 행위가 국가에 의하여 일정방향으로 유인된 신뢰의 행사인지, 아니면 단지 법률이 부여한 기회를 활용한 것으로서 원칙적으로 사적 위험부담의 범위에 속하는 것인지에 따라 달리 판단한다. 만약 법률에 따른 개인의 행위가 단지 법률이 반사적으로 부여하는 기회의 활용을 넘어서 국가에 의하여 일정방향으로 유인된 것이라면 특별히 보호가치가 있는 신뢰이익이 인정될 수 있다는 것이다. 따라서 이러한 경우에는 국가의 법률개정이익에 우선하여 개인의 신뢰를 보호해 줄 필요가 있다고 본다(헌재 2002. 11. 28. 2002헌바45).

② (X) 신뢰보호원칙을 적용하기 위해서는 신뢰의 대상이 되는 「행정청의 선행조치」가 있어야 한다. 이와 관련하여 대법원은 행정청 내부의 사무처리준칙에 해당하는 지침의 공표만으로는 지침에 명시된 요건을 충족할 경우 사업자로 선정되어 지원 등의 혜택을 받을 수 있다는 보호가치 있는 신뢰를 가지게 되었다고 보기 어렵다고 본다(대법원 2009. 12. 24. 2009두7967). 즉, 재량준칙의 공표만으로는 신청인이 보호가치 있는 신뢰를 갖게 되었다고 볼 수 없다는 것이다. 참고로 재량준칙이란 재량권 행사의 기준을 정하는 행정규칙을 말한다.

③ (X) 신뢰보호원칙을 적용하기 위한 요건 중 앞서 살펴본 「행정청의 선행조치」와 관련하여 대법원은 선행조치를 '공적인 견해표명'으로 한정한다. 또한 대법원은 행정청의 공적 견해표명이 있었는지의 여부는 행정조직상의 형식적인 권한분장에 구애될 것은 아니고, 담당자의 조직상의 지위와 임무, 당해 언동을 하게 된 구체적인 경위 및 그에 대한 상대방의 신뢰가능성에 비추어 실질에 의하여 판단해야 한다고 본다(대법원 1997. 9. 12. 96누18380).

④ (X) 행정관행이 성립된 경우 행정청은 특별한 사정이 없는 한 동종 사안에서 행정관행과 같은 결정을 하여야 한다는 원칙을 「행정의 자기구속의 원칙」이라고 한다. 만약 행정관행이 위법한 경우에도 행정의 자기구속의 원칙이 인정될 수 있는지 문제된다. 이에 대해 통설과 대법원은 행정의 자기구속의 원칙은 행정관행이 위법한 경우에는 적용되지 않는다고 본다. 위법한 행정관행도 평등하게 적용되어야 한다고 보면 위법한 선례가 법률적합성원칙보다 우월한 것이 되어 법치행정의 원리에 반하게 되기 때문이다. 참고로 위법한 선행조치에 대해서도 '신뢰보호원칙'은 적용될 수 있다는 것을 비교하여 기억해야 한다.

03   답 ②

출제단원	Part 02 행정작용 및 절차법
출제영역	행정계획

① (O) 행정계획이 헌법소원의 대상이 되기 위해서는 공권력주체에 의한 행위로서 국민의 권리·의무에 직접적인 영향을 미치는 행위인 「공권력 행사」에 해당해야 한다. 이와 관련하여 국민의 권리·의무에 법적 효과를 미치지 않는 비구속적 행정계획이나 행정지침이 헌법소원의 대상인지를 살펴보면 다음과 같다.

원칙	공권력의 행사 X → 헌법소원 대상 X
예외	국민의 기본권에 직접적 영향 + 그대로 실시될 것이 틀림없을 것으로 예상 → 헌법소원의 대상인 공권력의 행사 O

즉, 헌법재판소는 비구속적 행정계획안이나 행정지침은 원칙적으로 헌법소원의 대상이 되는 공권력 행사라고 볼 수 없지만, 국민의 기본권에 직접적 영향을 끼치고, 법령의 뒷받침에 의해 그대로 실시될 것이 틀림없을 것으로 예상될 경우에 한하여 예외적으로 공권력 행사에 해당하여 헌법소원의 대상이 될 수 있다고 본다(헌재 2000. 6. 1. 99헌마538).

② (X) 계획이 확정된 후 사정변경 등을 이유로 하여 기존계획의 변경을 청구할 수 있는 권리를 계획변경청구권이라고 한다. 계획법규는 원칙상 공익의 보호를 목적으로 하는 것이어서 사익의 보호를 목적으로 하는 계획변경청구권은 원칙적으로 인정될 수 없다. 다만, 대법원은 예외적으로 법규상 또는 조리상 계획변경청구권이 인정되는 경우가 있다고 본다. 예를 들어, 대법원은 도시계획구역 내 토지 등을 소유하고 있는 주민에게는 계획입안권자에게 도시계획입안(= 도시계획안을 만드는 것)을 요구할 수 있는 법규상 또는 조리상의 신청권이 있다고 보았다. 따라서 이에 대한 거부행위는 항고소송의 대상이 되는 행정처분에 해당한다는 것이다(대법원 2004. 4. 28. 2003두1806).

③ (O) 대법원은 구 「도시계획법」상 도시기본계획은 도시계획입안의 지침이 되는 것으로서 일반국민에 대한 직접적 구속력이 없다고 본다(대법원 2002. 10. 11. 2000두8226). 참고로 행정계획의 처분성 인정 여부에 대한 대표적인 대법원 판례를 정리하면 다음과 같다.

처분성 「인정」되는 행정계획	처분성 「부정」되는 행정계획
· 구 도시계획법상 도시계획결정 · 현행 국토의 계획 및 이용에 관한 법률상 도시관리계획	· 구 도시계획법상 도시기본계획 · 현행 국토의 계획 및 이용에 관한 법률상 도시기본계획

④ (O) 도시계획이 이미 결정되어 고시된 경우라도 도시계획의 결정·변경에 관한 「권한을 갖고 있는 행정청」은 이와 다른 내용의 도시계획을 결정·고시할 수 있다. 반면, 선행 도시계획의 결정·변경 등에 관한 「권한을 갖고 있지 않은」 행정청은 선행 도시계획과 다른 내용의 도시계획을 결정·고시할 수는 없다. 이와 관련하여 대법원은 만약 선행 도시계획의 결정·변경 등에 관한 「권한을 가지고 있지 않은」 행정청이 선행 도시계획과는 서로 양립할 수 「없는」 내용이 포함된 후행 도시계획결정을 하면, 후행 도시계획결정은 무효라고 본다(대법원 2000. 9. 8. 99두11257).

04

정답 ①

출제단원 Part 02 행정작용 및 절차법
출제영역 행정입법

① (X) '행정입법부작위'란 행정권에게 법규명령을 제정·개정 또는 폐지할 법적 의무(작위의무)가 있음에도 합리적인 이유 없이 이러한 의무를 이행하지 않음으로써 법규명령을 제정·개정 또는 폐지하지 않는 것(부작위)을 말한다. 이와 관련하여 헌법재판소는 헌법적 의무인 행정부의 행정입법 제정의무가 인정되기 위해서는 국회가 제정한 법률의 집행을 위해서 행정부의 행정입법 제정이 반드시 필요한 경우이어야 한다고 본다. 만약 행정부의 행정입법 제정이 없이 법률의 규정만으로도 법률의 집행이 가능한 경우라면 행정부에게 행정입법 제정의무가 인정되지는 않는다는 것이다(헌재 2005. 12. 22. 2004헌마66). 정리하면 다음과 같다.

구분	판단
법규명령의 제정이 있어야만 법률의 집행이 가능한 경우	행정입법 제정의무 있음
법규명령의 제정 없이 법률의 집행이 가능한 경우	행정입법 제정의무 없음

② (O) 법령의 위임관계를 명확하게 하기 위해서는 위임명령(하위법령)에서 위임의 근거가 된 근거법령(상위법령)의 해당 조항을 구체적으로 명시하는 것이 바람직하다. 다만, 대법원은 법령의 위임관계는 반드시 하위법령의 개별조항에서 위임의 근거가 되는 상위법령의 해당 조항을 구체적으로 명시하고 있어야만 하는 것은 아니라고 본다(대법원 1999. 12. 24. 99두5658).

③ (O) 대법원은 국회에서 법률을 제정하여 특정사항을 행정부에서 정하도록 위임한 경우에 행정부가 정당한 이유 없이 이를 이행하지 않으면 위법하면서 동시에 위헌적이라고 본다(대법원 2007. 11. 29. 2006다3561). 이때 대법원은 행정입법부작위가 위법·위헌이라는 판단의 근거로 권력분립의 원칙과 법치국가 내지 법치행정의 원칙 위반을 들고 있다. 권력분립의 원칙상 행정부는 법률을 집행할 권한과 동시에 법률을 집행할 의무가 있으며, 법치행정의 원칙상 행정부는 법에 따라서 행정권을 행사하여야 할 의무가 있는데 법규명령의 제정을 게을리함으로써 이러한 의무를 위반한 것이 되기 때문이다.

④ (O) 대법원은 법령의 위임에 의해 법령을 보충하는 법규사항을 정하는 행정규칙(= 법령보충규칙)은 상위법령의 「위임한계를 벗어나지 않는 한」 법령과 결합하여 대외적인 구속력이 있는 법규명령으로서의 효력을 갖는다고 본다. 따라서 법령에서 세부사항 등을 「시행규칙이라는 방식으로 정하도록 위임」했음에도 이와 달리 「고시와 같은 행정규칙」으로 정했다면, 상위법령의 위임범위를 벗어난 것이므로 이러한 행정규칙에는 대외적 구속력이 인정되지 않는다고 본다(대법원 2012. 7. 5. 2010다72076). 즉, 법규명령으로서의 효력을 인정할 수 없다는 것이다. 참고로 법규명령이란 행정권이 정립하는 일반적·추상적 규정으로서 법규의 성질을 가지는 것을 말한다. 법규란 국민과 행정권을 구속하고, 재판규범이 되는 법규범을 의미한다.

05

정답 ②

출제단원 Part 02 행정작용 및 절차법
출제영역 강학상 인가

인가란 제3자의 법률행위를 보충하여 그 법률적 효력을 완성시켜 주는 행정행위를 의미한다.

ㄱ. (인가) 대법원은 민법에서 말하는 재단법인 정관변경의 허가는 '허가'라는 표현에도 불구하고, 일반적 금지의 해제를 뜻하는 강학상 허가가 아니라고 본다. 이때의 허가는 재단법인의 정관변경이라는 법률행위의 효력을 보충해 주는 '인가'에 해당한다는 것이다(대법원 1996. 5. 16. 95누4810 전합).

ㄴ. (특허) 대법원은 도시 및 주거환경정비법상 행정청의 조합설립인가처분은 주택재개발사업의 추진위원회에게 정비사업을 시행할 수 있는 권한을 갖는 행정주체로서의 지위를 부여하는 것으로서 '특허'라고 본다(대법원 2010. 12. 9. 2009두4555). 이 판례는 설립인가를 받은 조합이 수립한 사업시행계획에 대한 인가가 강학상 '인가'라는 판례와 구별해야 한다. 정리하면 다음과 같다.

구분	법적 성격
조합설립에 대한 인가	강학상 특허
설립인가를 받은 조합이 수립한 사업시행계획에 대한 인가	강학상 인가

ㄷ. (확인) 대법원은 준공검사처분은 건축허가를 받아 건축한 건물이 건축허가사항에 맞게 건축된 것인지를 확인하는 것이라고 본다. 즉, 준공검사처분은 강학상 확인의 성격을 갖는다는 것이다(대법원 1992. 4. 10. 91누5358). 참고로 '확인'이란 특정의 사실 또는 법률관계의 존재 여부(존부) 또는 옳고 그름(정부(正否))에 관하여 의문 또는 다툼이 있는 경우에 행정청이 이를 공권적으로 확인하는 행정행위를 말한다.

ㄹ. (인가) 'ㄴ'해설에서 살펴본 바와 같이, 대법원은 「도시 및 주거환경정비법」상 행정청의 조합설립인가를 받아 「행정주체로서의 지위를 얻은 조합」이 사업시행계획을 수립하고, 이에 대하여 행정청이 하는 인가는 강학상 '인가'에 해당한다고 본다(대법원 2010. 12. 9. 2010두1248). 즉, 이때의 인가는 조합이 수립한 사업시행계획에 대한 법률상의 효력을 완성시켜 주는 보충행위에 해당한다는 것이다. 참고로 이 판례는 「토지 등 소유자들」이 조합을 따로 설립하지 않고 직접 시행하는 도시환경정비사업에서 토지 등 소유자에 대한 사업시행인가처분은 단순히 사업시행계획에 대한 보충행위로서의 성질을 가지는 것이 아니라, 구 도시정비법상 정비사업을 시행할 수 있는 권한을 가지는 행정주체로서의 지위를 부여하는 일종의 설권적 처분의 성격을 가진다는 판례(대법원 2013. 6. 13. 2011두19994)와 구별해야 한다.

구분	법적 성격
설립인가를 받은 「조합」이 수립한 사업시행계획에 대한 인가	강학상 인가
조합설립 없이 「토지 등 소유자들」이 직접 시행하는 도시환경정비사업에서 사업시행인가처분	강학상 특허

06 정답 ③

- 출제단원: Part 02 행정작용 및 절차법
- 출제영역: 행정지도, 처리기간의 설정·공표, 온라인공청회, 청문

① (O) 행정지도란 행정기관이 그 소관사무의 범위에서 일정한 행정목적을 실현하기 위하여 특정인에게 일정한 행위를 하거나 하지 아니하도록 지도, 권고, 조언 등을 하는 행정작용을 말한다(행정절차법 제2조 3호). 이러한 행정지도는 말로 할 수 있다. 다만, 상대방이 행정지도의 취지 및 내용과 신분을 적은 서면의 교부를 요구하면 직무수행에 특별한 지장이 없는 한 이를 교부하여야 한다(행정절차법 제49조).

② (O) 행정청은 신청인의 편의를 위하여 처분의 처리기간을 종류별로 미리 정하여 공표하여야 하는데, 행정청은 부득이한 사유로 공표한 처리기간 내에 처분을 처리하기 곤란한 경우에는 해당 처분의 처리기간의 범위에서 한 번만 그 기간을 연장할 수 있다(행정절차법 제19조).

③ (X) 공청회란 행정청이 공개적인 토론을 통하여 어떠한 행정작용에 대하여 「당사자 등, 전문지식과 경험을 가진 사람, 그 밖의 일반인」으로부터 의견을 널리 수렴하는 절차를 말한다(행정절차법 제2조 6호). 이러한 공청회 중 정보통신망을 이용한 공청회(온라인공청회)는 원칙적으로 공청회와 「병행하여」 실시할 수 있다(행정절차법 제38조의2). 따라서 공청회를 실시할 수 없는 불가피한 상황에서만 온라인공청회를 실시할 수 있는 것은 아니다.

+ 참고
2022. 7. 12. 시행된 개정 행정절차법에서는 '전자공청회'를 '온라인공청회'로 표현을 변경하였다. 이에 선택지의 표현을 수정하였다.

④ (O) 청문은 당사자가 공개를 신청하거나 청문주재자가 필요하다고 인정하는 경우 공개할 수 있다. 다만, 공익 또는 제3자의 정당한 이익을 현저히 해칠 우려가 있는 경우에는 공개하여서는 안 된다(행정절차법 제30조).

07 정답 ①

- 출제단원: Part 08 행정정보공개·개인정보 보호·행정조사
- 출제영역: 개인정보 단체소송

개인정보 보호법 제51조 이하에서는 개인정보 단체소송에 대하여 규정하고 있다. 개인정보 단체소송이란 일정한 단체가 자신의 고유한 권리침해나 그 구성원의 권리침해를 다투는 것이 아니라, 일반적인 정보주체의 권리침해를 다투는 소송을 말한다.

① (O) 개인정보처리자가 집단분쟁조정을 거부하거나 집단분쟁조정의 결과를 수락하지 않는 경우에 법원의 소송허가를 받아 단체소송을 제기할 수 있다(제51조, 제54조). 참고로 '개인정보처리자'란 업무를 목적으로 개인정보파일을 운용하기 위하여 스스로 또는 다른 사람을 통하여 개인정보를 처리하는 공공기관, 법인, 단체 및 개인 등을 말한다.

② (X) 단체소송을 제기하는 단체는 소장과 함께 소송허가신청서를 법원에 제출하여야 한다(제54조 제1항). 법원은 소송허가요건을 살펴 단체소송 허가 여부를 결정하게 되는데, 이때 단체소송을 허가하거나 불허가하는 법원의 결정에 대하여는 즉시항고할 수 있다(제55조 제2항). 따라서 단체소송을 허가하거나 불허가하는 법원의 결정에 대하여 소송으로 다툴 수 있다.

③ (X) 개인정보 보호법에서는 「단체소송에 관하여 이 법에 특별한 규정이 없는 경우에는 민사소송법을 적용한다.」고 규정하고 있다(제57조 제1항).

④ (X) 개인정보 보호법상 단체소송을 제기할 수 있는 단체를 정리하면 다음과 같다.

구분	필요요건
공정거래위원회에 등록한 소비자단체	· 정관에 따라 상시적으로 정보주체의 권익증진을 주된 목적으로 하는 단체일 것 · 단체의 정회원수가 「1천 명 이상」일 것 · 공정거래위원회에 등록 후 「3년」이 경과하였을 것
비영리 민간단체	· 법률상 또는 사실상 동일한 침해를 입은 「100명 이상」의 정보주체로부터 단체소송의 제기를 요청받을 것 · 정관에 개인정보 보호를 단체의 목적으로 명시한 후 최근 「3년 이상」 이를 위한 활동실적이 있을 것 · 단체의 상시 구성원수가 「5천 명 이상」일 것 · 중앙행정기관에 등록되어 있을 것

즉, 개인정보 보호법상 개인정보 단체소송을 제기할 수 있는 단체인 공정거래위원회에 등록한 소비자단체는 단체의 정회원수가 「1천 명」 이상이어야 한다(제51조 1호).

08 정답 ②

- 출제단원: Part 01 행정법 서설
- 출제영역: 행정법상 시효제도

시효란 일정한 사실관계가 일정기간 계속되면, 그 사실관계가 진실한 법률관계에 부합하는가를 묻지 않고 해당 사실관계를 진실한 법률관계로 보는 것을 말한다. 시효에는 소멸시효와 취득시효가 있다.

① (X) 취득시효란 어떤 사람이 권리자인 것과 같이 권리를 행사하고 있는 상태가 일정기간 계속되는 경우에 그 사람이 권리자인 것으로 인정하는 제도이다. 이와 관련하여 국유재산법 등 관련법에서 「행정재산」은 민법 규정에도 불구하고 취득시효의 대상이 되지 않는다고 규정하고 있다. 반면, 행정재산이 아닌 「일반재산(잡종재산)」은 취득시효의 대상이 된다. 참고로 국유재산이란 국가의 부담, 기부채납이나 법령 또는 조약에 따라 국가소유로 된 재산을 말하며 행정재산(공용재산, 공공용 재산, 기업용 재산, 보존용 재산)과 일반재산이 있다.

② (O) 소멸시효란 권리자가 권리를 행사할 수 있음에도 불구하고 일정기간 동안 권리를 행사하지 않는 경우에 그 권리를 소멸시키는 제도이다. 민법상 금전채권의 소멸시효기간은 원칙적으로 10년이다. 그러나 국가재정법은 소멸시효기간을 민법 규정과 달리 '다른 법률에 특별한 규정이 없는 한' 5년이라고 규정하고 있다(제96조). 국가재정법에 의해 5년의 소멸시효가 적용되는 금전채권이란 「금전의 급부를 목적으로 하는 국가의 권리(= 국가의 국민에 대한 금전채권)」와 「금전의 급부를 목적으로 하는 국가에 대한 권리(= 국민의 국가에 대한 금전채권)」를 말한다. 이와 관련하여 대법원은 이러한 「금전의 급부를 목적으로 하는 국가의 권리(= 국가의 국민에 대한 금전채권)」라 함은 금전의 급부를 목적으로 하는 권리인 이상 금전급부의 발생원인에 관하여는 아무런 제한이 없으므로 국가의 공권력의 발동으로 하는 행위는 물론 국가의 사법상의 행위에서 발생한 국가에 대한 금전채무도 포함된다고 본다(대법원 1967. 7. 4. 67다751).

③ (X) 대법원은 조세채권의 소멸시효의 완성으로 과세관청의 부과권이 소멸되었음에도 행한 과세처분은 과세관청이 권한 없이 행한 처분으로서 위법하다고 본다. 이때 이러한 하자는 중대명백설의 입장에서 중대하고도 명백한 하자이므로 무효라고 본다(대법원 1988. 3. 22. 87누1018).

④ (X) 「소멸시효의 중단」은 권리의 행사라고 볼 수 있는 사실이 생긴 경우 소멸시효의 진행을 중단시키는 제도이다. 국가가 납입고지(= 채권자인 국가가 채무자에게 채무의 이행을 촉구하는 것)를 한 것은 국가가 가지고 있는 권리를 행사한 것이므로 권리의 불행사가 계속되는 것이라고 할 수 없다. 따라서 국가가 납입고지를 하면 소멸시효가 중단된다. 이와 관련하여 대법원은 납입고지 이후 납입고지에 의한 부과처분이 취소되었다고 하여 이미 발생한 소멸시효 중단 효력이 상실되는 것은 아니라고 본다(대법원 2000. 9. 8. 98두19933). 납입고지에 의한 부과처분이 취소되었다고 하여 국가가 권리를 행사했었다는 사실 자체가 사라지는 것은 아니기 때문이다.

09

답 ①

출제단원 Part 03 행정의 실효성 확보수단
출제영역 행정상 강제징수, 신고, 이행강제금

① (X) '공매'란 국가기관에 의해 이루어지는 공적(公的) 경매를 뜻한다. 대법원은 과세관청이 체납처분으로서 행하는 공매는 우월한 공권력의 행사로서 행정소송의 대상이 되는 공법상의 행정처분이라고 본다. 또한 「공매에 의하여 재산을 매수한 자」는 그 공매처분이 취소된 경우에 그 취소처분의 위법을 주장하여 행정소송을 제기할 법률상 이익이 있다고 본다. 공매에 의해 재산을 매수한 자는 공매처분이 취소됨으로써 공매로 획득한 재산의 소유권을 상실하게 되는 법률상 불이익을 입었으므로 「공매처분에 대한 취소처분」의 위법을 주장하여 행정소송을 제기할 법률상 이익이 있는 것이다(대법원 1984. 9. 25. 84누201). 따라서 선택지의 전단은 옳으나, 후단은 옳지 않다.

② (O) 근거법률이 규정하는 신고의 요건만 구비하면 적법한 것인지, 아니면 다른 법률에서 정하는 요건까지 구비하여야 적법한 것인지 문제된다. 이에 대하여 대법원은 다른 법률에서 정하는 요건을 충족시키지 못하는 한 적법한 신고를 할 수 없다고 본다. 예를 들어, 대법원은 식품위생법과 건축법은 그 입법목적, 규정사항, 적용범위 등을 서로 달리하고 있어 식품접객업에 관하여 식품위생법이 건축법에 우선하여 배타적으로 적용되는 관계에 있다고는 해석되지 않는다고 본다. 따라서 식품위생법에 따른 식품접객업의 영업신고의 요건을 갖춘 자라고 하더라도, 그 영업신고를 한 당해 건축물이 건축법 소정의 허가를 받지 않은 무허가건물이라면 적법한 신고를 할 수 없다고 본다(대법원 2009. 4. 23. 2008도6829).

③ (O) 국세징수법에서는 세무서장이 압류된 재산의 공매를 공고한 때에는 즉시 그 내용을 체납자 등에게 통지하도록 하고 있다. 대법원은 이러한 체납자 등에 대한 공매통지는 국가의 강제력에 의하여 진행되는 공매절차에서 체납자 등의 권리 내지 재산상 이익을 보호하기 위하여 법률로 규정한 절차적 요건에 해당한다고 보면서도, 그 통지를 하지 않은 채 공매처분을 하였다 하여도 그 공매처분이 당연무효로 되는 것은 아니라고 본다(대법원 2012. 7. 26. 2010다50625).

④ (O) 헌법 제13조 제1항에서는 '모든 국민은 … 동일한 범죄에 대하여 거듭 처벌받지 아니한다.'고 하여 이중처벌금지의 원칙을 규정하고 있다. 이와 관련하여 헌법재판소는 '이중처벌금지의 원칙'에서의 '처벌'은 범죄에 대한 국가의 형벌권 실행으로서의 과벌을 의미한다고 본다. 그런데 이행강제금은 장래의 의무이행의 확보를 위한 강제수단일 뿐, 범죄에 대하여 국가가 형벌권을 실행한다고 하는 과벌에 해당하지 않으므로 이중처벌금지의 원칙이 적용될 여지가 없다고 본다(헌재 2011. 10. 25. 2009헌바40).

10

답 ④

출제단원 Part 04 행정소송법
출제영역 항고소송의 원고적격

원고적격이란 행정소송에서 원고가 될 수 있는 자격을 의미한다. 취소소송은 처분 등의 취소를 구할 법률상 이익이 있는 자(행정소송법 제12조 1문), 무효등확인소송은 처분 등의 효력 유무 또는 존재 여부의 확인을 구할 법률상 이익이 있는 자(동법 제35조), 부작위위법확인소송은 처분의 신청을 한 자로서 부작위의 위법의 확인을 구할 법률상 이익이 있는 자만이 제기할 수 있다(동법 제36조).

① (O) 서로 경쟁관계에 있는 자들 사이에서 특정인에게 주어지는 수익적 행위가 제3자에게는 법률상 불이익을 초래하는 경우에 그 제3자가 자기의 법률상 이익의 침해를 이유로 수익을 받은 특정인에 대한 행정행위를 다툴 수 있는지 문제된다. 이와 관련하여 대법원은 「직행형 시외버스운송사업자」에 대한 사업계획변경인가처분으로 인하여 기존의 「고속형 시외버스운송사업자」인 A의 노선 및 운행계통과 직행형 시외버스운송사업자들의 노선 및 운행계통이 일부 중복되게 되고 기존업자인 A의 수익감소가 예상된다면, 기존의 고속형 시외버스운송사업자인 A와 직행형 시외버스운송사업자들은 「경업관계」에 있으며, 기존의 고속형 시외버스운송사업자인 A는 직행형 시외버스운송사업자에 대한 사업계획변경인가처분의 취소를 구할 법률상의 이익이 있다고 본다(대법원 2010. 11. 11. 2010두4179).

② (O) 대법원은 관할청(= 행정청)이 학교법인(= 처분의 상대방)의 임원취임승인신청에 대하여 이를 반려하거나 거부하는 경우 학교법인에 의하여 임원으로 선임된 사람(= 제3자 B)은 학교법인의 임원으로 취임할 수 없게 되는 불이익을 입게 되는데, 이러한 불이익은 직접적·구체적인 법률상의 불이익이라고 본다. 따라서 학교법인에 의하여 임원으로 선임된 B는 관할청의 임원취임승인신청 반려처분을 다툴 수 있는 원고적격이 있다(대법원 2007. 12. 27. 2005두9651).

③ (O) 대법원은 행정처분으로서의 통보에 대하여 그 직접 상대방이 아닌 제3자라도 그 취소를 구할 법률상의 이익이 있는 경우에는 원고적격이 인정된다고 본다. 예탁금회원제 골프장에 있어서, 체육시설업자 등이 회원모집계획서를 제출하면서 허위의 자료를 첨부하거나 예정인원을 초과하여 회원을 모집하는 내용의 회원모집계획서를 제출하여 그에 대한 시·도지사 등의 검토결과 통보를 받는다면 기존회원의 골프장에 대한 법률상의 지위에 영향을 미치게 되므로 기존회원인 C는 회원모집계획서에 대한 시·도지사의 검토결과 통보의 취소를 구할 법률상의 이익이 있다고 본다(대법원 2009. 2. 26. 2006두16243).

④ (X) 대법원은 공유수면매립목적 변경승인처분으로 D수녀원에 소속된 「수녀」 등이 쾌적한 환경에서 생활할 수 있는 환경상 이익을 침해받는다고 하더라도 곧바로 「D수녀원」의 법률상 이익이 침해된다고

볼 수 없고, 자연인이 아닌 「D수녀원」은 쾌적한 환경에서 생활할 수 있는 이익을 향수할 수 있는 주체가 아니므로 처분으로 생활상의 이익이 직접적으로 침해되는 관계에 있다고 볼 수도 없으므로 「D수녀원」에 처분의 무효확인을 구할 원고적격이 없다고 본다(대법원 2012. 6. 28. 2010두2005).

11 답 ②

| 출제단원 | Part 02 행정작용 및 절차법 |
| 출제영역 | 행정행위의 부관, 허가의 갱신 |

최근 다수설은 부관을 행정행위의 효과를 제한 또는 보충하기 위하여 행정기관에 의하여 주된 행정행위에 부가된 종된 규율이라고 정의한다.
① (O) 부담은 행정행위의 주된 내용에 부가하여 그 행정행위의 상대방에게 작위(일정한 행위를 하는 것), 부작위(일정한 행위를 하지 않는 것), 급부(금전이나 물건의 교부 등), 수인(참는 것) 등의 의무를 부과하는 부관을 뜻한다. 이러한 부담의 사후변경이 가능한지는 사후부관이 허용되는지에 대한 문제이다. 사후부관이란 행정행위를 한 이후에 새로운 부관을 부가(= 부관의 사후부가)하거나, 또는 이미 행정행위에 부가되어 있던 부관을 사후에 변경(= 부관의 사후변경)하는 것을 말한다. 이와 관련하여 대법원은 행정처분에 이미 부담이 부가되어 있는 상태에서 그 의무의 범위 또는 내용 등을 변경하는 부관의 사후변경은, 원칙적으로 법률에 명문의 규정이 있거나 그 변경이 미리 유보되어 있는 경우 또는 상대방의 동의가 있는 경우에 한하여 허용되는 것이지만, 사정변경으로 인하여 당초에 부담을 부가한 목적을 달성할 수 없게 된 경우에도 그 목적달성에 필요한 범위 내에서 예외적으로 부관의 사후변경이 허용된다고 본다(대법원 1997. 5. 30. 97누2627). 참고로 행정기본법도 '사정이 변경되어 종전의 부관을 변경하지 아니하면 해당 처분의 목적을 달성할 수 없다고 인정되는 경우'에는 처분을 한 후에도 종전의 부관을 변경할 수 있음을 규정하고 있다(제17조 제3항 제3호).
② (X) 대법원은 종전의 허가는 기한의 경과로 효력을 상실하므로, 기한 경과 후에 이루어진 기간연장신청(= 갱신신청)은 종전의 허가처분과는 별도의 새로운 허가처분을 구하는 것이라고 본다. 따라서 허가권자는 이를 신규허가의 신청으로 보아 허가요건의 적합 여부를 새롭게 판단하여 허가 여부를 결정할 수 있다는 것이다(대법원 1995. 11. 10. 94누11866). 즉, 허가의 유효기간이 지난 후에 그 허가의 기간연장이 신청된 경우에 허가권자가 유효기간을 연장해 주어야만 하는 것은 아니다.
③ (O) 대법원은 부관 중 부담만은 독립하여 행정쟁송의 대상이 될 수 있지만, 부담 이외의 부관은 독립하여 행정쟁송의 대상이 될 수 없다고 본다. 만약 부담 이외의 부관에 대하여 부관만의 취소를 구하는 소송이 제기된 경우 「각하」판결을 해야 한다고 본다(대법원 2001. 6. 15. 99두509).
④ (O) 대법원은 부담이 무효인 경우, 부담의 이행행위로 한 「사법상 법률행위」가 당연히 무효로 되는 것은 아니라고 본다. 즉, 부담의 이행행위로 한 「사법상 법률행위」는 일단 유효하며, 다만 민법상 취소사유에 해당할 경우에 「사법상 법률행위」를 취소할 수는 있다는 것이다. 즉, 대법원은 「부담」과 부담의 이행행위로 한 「사법상 법률행위」를 별개로 취급하고 있다(대법원 2009. 6. 25. 2006다18174).

12 답 ②

| 출제단원 | Part 04 행정소송법 |
| 출제영역 | 가구제제도 |

행정소송에서 가구제란 본안판결의 실효성을 확보하기 위하여 본안판결이 확정될 때까지 잠정적으로 권리구제를 도모하는 수단을 말한다.
① (O) 행정소송법 제23조 제1항에서는 '취소소송의 제기는 처분 등의 효력이나 그 집행 또는 절차의 속행에 영향을 주지 아니한다.'고 하여 집행부정지의 원칙을 규정하고 있다. 이 규정은 '무효등확인소송'의 경우에 준용한다(행정소송법 제38조 제1항).
② (X) 가처분이란 금전 이외의 급부를 목적으로 하는 청구권의 집행을 보전하거나 다툼이 있는 법률관계에 관하여 임시의 지위를 보전하는 것을 내용으로 하는 가구제제도이다. 행정소송법에는 집행정지와 달리 가처분에 관한 명문의 규정이 없다. 이에 민사집행법상의 가처분을 준용할 수 있는지 문제된다. 이와 관련하여 대법원은 민사집행법상의 가처분은 민사판결절차에 의하여 보호받을 수 있는 권리에 관한 것이므로, 항고소송에서 민사집행법상의 가처분을 인정하지 않는다(대법원 1992. 7. 6. 자 92마54).
③ (O) 행정소송법은 일정한 요건하에 예외적으로 집행정지를 인정하고 있다(제23조 제2항). 집행정지결정에는 처분의 「효력」이나 「집행」 또는 「절차의 속행」의 전부 또는 일부의 정지가 있다(제23조 제2항). 이 중 처분의 효력정지란 처분의 효력(공정력, 구속력, 집행력 등)을 잠정적으로 정지시킴으로써 처분이 존재하지 않는 상태에 두는 것을 말하는데, 거부처분에 대하여 처분의 효력정지와 같은 집행정지가 가능한지 문제된다. 이에 대하여 대법원은 신청에 대한 거부처분의 효력을 정지하더라도 거부처분이 없었던 것과 같은 상태, 즉 거부처분이 있기 전의 신청시의 상태로 되돌아가는 데에 불과하다고 본다. 즉, 행정청에게 신청에 따른 처분을 하여야 할 의무가 생기는 것이 아니므로, 거부처분의 효력정지는 그 거부처분으로 인하여 신청인에게 생길 손해를 방지하는 데 아무런 보탬이 되지 않으므로 그 효력정지를 구할 이익이 없다는 것이다. 따라서 거부처분에 대해서는 집행정지가 인정되지 않는다고 본다(대법원 1995. 6. 21. 자 95두26).
④ (O) 집행정지결정에는 처분의 「효력」이나 「집행」 또는 「절차의 속행」의 전부 또는 일부의 정지가 있다. 다만, 처분의 효력정지는 처분 등의 집행 또는 절차의 속행을 정지함으로써 목적을 달성할 수 있는 경우에는 허용되지 않는다(행정소송법 제23조 제2항 단서).

13 답 ④

| 출제단원 | Part 03 행정의 실효성 확보수단 |
| 출제영역 | 행정상 대집행 |

대집행이란 공법상 대체적 작위의무의 불이행이 있는 경우에 당해 행정청이 스스로 의무자가 행할 행위를 하거나 제3자로 하여금 이를 행하게 하고 그 비용을 의무자로부터 징수하는 것을 말한다. '대체적 작위의무'란 건물의 철거, 물건의 파기 등과 같이 타인이 대신하여 이행할 수 있는 의무를 말한다.
① (O) 대집행의 비용은 원칙상 의무자가 부담하여야 한다. 행정대집행법 제6조 제1항에서는 '대집행에 요한 비용은 국세징수법의 예에 의하여 징수할 수 있다.'고 규정하고 있다.

② (O) 대집행은 '계고 → 대집행영장에 의한 통지 → 대집행의 실행 → 비용징수'라는 절차를 거친다. 이와 관련하여 계고란 상당한 기간 내에 의무의 이행을 하지 않으면 대집행을 한다는 의사를 사전에 통지하는 행위를 의미하는데, 계고가 항고소송의 대상이 되는 처분인지 살펴보면 다음과 같다.

원칙	항고소송의 대상이 되는 처분이다.
예외 (판례)	반복된 계고의 경우에는 1차 계고가 처분이며, 2차·3차 계고는 처분이 아니다.

즉, 대법원은 반복된 계고의 경우 1차 계고가 처분이며, 그 이후의 2차·3차 계고는 새로운 철거의무를 부과한 것이 아니라, 대집행기한의 연기통지에 불과하여 행정처분이 아니라고 본다(대법원 1994. 10. 28. 94누5144).

③ (O) 대법원은 대집행의 계고를 함에 있어서 의무자가 이행하여야 할 행위와 그 의무 불이행시 대집행할 행위의 내용 및 범위는 반드시 대집행계고서에 의하여서만 특정되어야 하는 것은 아니라고 본다. 즉, 계고처분 전후에 송달된 문서나 기타 사정을 종합하여 이를 특정할 수 있으면 족하다는 것이다(대법원 1992. 3. 10. 91누4140).

④ (X) 대법원은 상대방에게 공법상 의무를 발생시키는 행정청의 「철거명령」과 의무를 이행하지 않으면 대집행을 한다는 의사를 알리는 「계고처분」을 1장의 문서로 동시에 행할 수 있다고 본다. 즉, 계고서라는 명칭의 1장의 문서로 위법건축물의 자진철거를 명함과 동시에 기한 내에 자진철거를 하지 않을 때에는 대집행할 뜻을 미리 계고한 경우라도 철거명령과 행정대집행법에 의한 계고처분은 독립하여 있는 것으로서 각 그 요건이 충족되었다고 본다(대법원 1992. 6. 12. 91누13564).

14 답 ③

출제단원 Part 02 행정작용 및 절차법
출제영역 하자의 치유

하자의 치유란 성립 당시에 흠이 있는 행정행위가 사후에 이를 보완하거나 그 흠이 취소사유가 되지 않을 정도로 경미해진 경우에 성립 당시의 흠에도 불구하고 하자 없는 적법한 행위로 그 효력을 유지시키는 것을 말한다. 대법원은 하자 있는 행정행위의 치유는 원칙적으로 허용될 수 없으며 예외적으로 허용된다고 본다. 다만, 이때 하자의 치유가 인정되는 범위는 무제한적인 것은 아니고, 국민의 권리나 이익을 침해하지 않는 범위 내라고 본다(대법원 2010. 8. 26. 2010두2579).

① (X) 대법원은 행정행위에 하자가 있는지 여부는 「처분시」를 기준으로 판단한다. 따라서 처분청이 처분 이후에 새로운 사유를 추가하였다고 하여 처분 당시의 하자가 치유되는 것은 아니라고 본다(대법원 1996. 12. 20. 96누9799).

② (X) 무효인 행정행위의 경우 하자의 치유는 인정되지 않는다고 본다. 무효인 행정행위를 치유의 대상으로 하면 오히려 이해관계인의 신뢰 및 법적 안정성을 해치는 결과가 될 것이기 때문이다. 이와 관련하여 대법원은 징계처분이 중대하고 명백한 흠 때문에 당연무효의 것이라면 징계처분을 받은 자가 이를 용인하였다 하여 그 흠이 치유되는 것은 아니라고 본다(대법원 1989. 12. 12. 88누8869).

③ (O) 대법원은 행정청이 청문절차를 이행함에 있어 청문서 도달기간을 지키지 않았다면 청문의 절차적 요건을 준수하지 않은 것이므로 이를 바탕으로 한 행정처분은 일단 위법하다고 본다. 다만, 청문제도의 취지는 처분의 상대방에게 미리 변명과 유리한 자료를 제출할 기회를 부여함으로써 부당한 권리침해를 예방하려는 데에 있는 것이므로, 처분의 상대방이 이의하지 않고 청문일에 스스로 출석하여 방어의 기회를 충분히 가졌다면 청문서 도달기간을 다소 어겼다 하여도 이러한 하자는 치유된다고 본다(대법원 1992. 10. 23. 92누2844).

④ (X) 대법원은 조합설립인가처분시 필요한 토지 또는 건축물 소유자의 동의율요건을 충족하지 못한 조합설립인가처분의 하자는 조합설립인가처분 후 동의서가 추가로 제출됨으로써 치유되지 않는다고 본다. 대법원은 하자의 치유는 원칙적으로 허용되지 않고, 예외적으로만 허용될 뿐인데, 이 경우에도 국민의 권리와 이익을 침해하지 않는 범위에서만 하자의 치유가 인정된다고 본다. 이 사안의 경우 하자의 치유를 인정할 경우 토지 또는 건축물 소유자에게 손해가 발생하지 않는다고 단정할 수 없으므로 하자의 치유를 허용하지 않은 것이다(대법원 2014. 5. 16. 2011두13736).

15 답 ③

출제단원 Part 04 행정소송법, Part 05 행정심판법
출제영역 의무이행심판, 부작위위법확인소송, 의무이행소송의 허용 여부

① (X) 의무이행심판이란 당사자의 신청에 대한 행정청의 위법 또는 부당한 거부처분이나 부작위에 대하여 일정한 처분을 하도록 하는 행정심판을 말한다. 또한 인용재결이란 행정심판에 대한 본안심리의 결과 청구인의 심판청구가 이유 있다고 판단하여 이를 받아들이는 재결을 말한다. 참고로 의무이행심판에서 인용재결의 의미를 정리하면 다음과 같다.

심판대상이 기속행위인 경우	인용재결은 청구인의 청구내용대로의 처분을 하거나, 이를 할 것을 명하는 재결을 하는 것을 의미한다.
심판대상이 재량행위인 경우	인용재결은 다시 하자 없는 재량을 행사하여 결정을 하라는 의미이다. ⚠ 반드시 청구인의 청구내용대로 처분을 하라는 의미는 아니다.

제시된 사례와 관련하여, 도로점용허가는 상대방에게 권리를 설정해 주는 것으로서 강학상 「특허」에 해당하고, 특허는 원칙상 「재량행위」이다. 심판대상이 재량행위인 경우에 행정심판위원회의 인용재결은 행정청은 하자 없는 재량을 행사하여 이에 대한 결정을 하라는 의미이며, 반드시 청구인의 청구내용대로 처분을 하라는 의미는 아니다. 따라서 심판대상이 재량행위인 경우에 의무이행심판의 인용재결이 있을 경우 乙은 하자 없는 재량을 행사하여 발급 여부를 결정하면 되는 것이며, 甲에게 반드시 도로점용허가를 발급해 주어야만 하는 것은 아니다.

② (X) 행정소송법은 부작위위법확인소송을 '행정청의 부작위가 위법하다는 것을 확인하는 소송'이라고 정의하고 있다. 따라서 법원이 행정청의 부작위의 위법성만을 심리해야 하는지, 아니면 당사자가 신청한 처분의 실체적인 내용도 심리할 수 있는지가 문제된다. 이에 대해 대법원은 부작위위법확인소송에서 법원의 심리범위는 부작위의 위법 여부만이라고 본다(대법원 2002. 6. 28. 2000두4750). 즉, 부작위가 위법임을 확인하는 데 그칠 뿐, 행정청이 행할 처분의 구체적 내용까지는 심리할 수는 없다는 것이다. 따라서 법원은 도로관리청 乙이 도로

점용허가 신청에 대해 아무런 응답을 하지 않는 부작위가 위법한 것인지 여부만을 심리할 수 있을 뿐이며, 乙이 도로점용허가를 내어 주어야 하는지에 대해서는 심리할 수 없다.

③ (O) 부작위위법확인소송에서의 인용판결(= 본안심리의 결과 원고의 청구가 이유 있다고 인정하는 판결)의 기속력으로 인하여 행정청이 신청인이 신청한 특정의 처분을 해야 하는 것인지 문제된다. 이에 대해 대법원은 부작위위법확인소송에서 인용판결이 있을 경우 행정청은 신청인의 신청에 대해 가부 간의 응답만 하면 되는 것이며, 신청인의 신청을 받아들이는 처분을 하여야 할 의무가 있는 것은 아니라고 본다. 따라서 甲이 제기한 부작위위법확인소송에서 법원의 인용판결이 있는 경우 乙은 도로점용허가를 내어 주는 처분이든 아니면 이를 거부하는 처분이든 응답을 하면 되는 것이다. 따라서 乙은 甲에 대하여 도로점용허가신청을 거부하는 처분을 할 수도 있다.

④ (X) 의무이행소송이란 사인이 일정한 행정행위를 청구한 경우에 행정청이 거부처분 또는 부작위로 대응하는 경우에 행정청에게 일정한 행정행위를 해줄 것을 청구하는 내용의 소송을 말한다. 그러나 현행 행정소송법에서는 의무이행소송을 인정하고 있지 않으며, 대법원도 의무이행소송을 인정하지 않는다(대법원 1995. 3. 10. 94누14018). 따라서 甲은 의무이행소송을 제기하여 권리구제를 받을 수는 없다.

16 답 ③

출제단원 Part 06 행정상 손해배상
출제영역 공무원의 위법한 직무행위로 인한 손해배상의 요건

① (O) 국가배상법 제2조 제1항에서 공무원의 위법한 직무행위로 인한 국가나 지방자치단체의 배상책임을 명시하고 있다. 국가배상법 제2조의 책임이 인정되기 위한 요건 중 「직무행위」에는 행정작용뿐만 아니라 입법작용, 사법작용 등이 모두 포함된다. 이와 관련하여 대법원은 입법내용이 헌법의 문언에 명백히 위배됨에도 불구하고 국회가 굳이 당해 입법을 한 것과 같은 특수한 경우가 아닌 한 국가배상법 제2조 제1항 소정의 위법행위에 해당한다고 볼 수 없다고 본다(대법원 2008. 5. 29. 2004다33469).

② (O) 국가배상법 제2조의 책임이 인정되기 위한 요건 중 「고의 또는 과실」과 관련하여 어떠한 경우에 공무원의 법령해석에서의 과실이 인정될 수 있는지 문제된다. 이에 대하여 대법원은 「법령에 대한 해석이 복잡·미묘하여 워낙 어렵고, 이에 대한 학설·판례조차 하나로 정립되어 있지 않는 등의 특별한 사정이 없는 한」 일반적으로 공무원이 관계법규를 알지 못하거나 필요한 지식을 갖추지 못하고 법규의 해석을 그르쳐 행정처분을 하였다면 그가 법률전문가가 아닌 행정직 공무원이라고 하여 과실이 없는 것은 아니라고 본다. 즉, 과실이 인정된다는 것이다(대법원 1981. 8. 25. 80다1598).

③ (X) 국가배상법 제2조의 책임이 인정되기 위한 요건 중 「직무행위」에는 사법(司法)작용도 포함된다. 이와 관련하여 대법원은 법관의 재판에 법령의 규정을 따르지 아니한 잘못이 있다 하더라도 바로 위법한 행위로 되어 국가의 손해배상책임이 발생하는 것은 아니라고 본다. 즉, 국가배상책임이 인정되려면 법관이 그에게 부여된 권한의 취지에 명백히 어긋나게 이를 행사하였다고 인정할 만한 「특별한 사정」이 있어야 한다는 것이다(대법원 2003. 7. 11. 99다24218).

④ (O) 국가배상법 제2조의 책임이 인정되기 위한 요건 중 「고의 또는 과실」과 관련하여 대법원은 처분이 당시 시행되던 행정규칙에 정하여진 행정처분의 기준에 따른 이상 그 후에 재량권을 일탈한 위법한 처분임이 판명된 경우에도 처분을 한 공무원에게 과실이 있다고 할 수는 없다고 본다(대법원 1994. 11. 8. 94다26141).

17 답 ③

출제단원 종합
출제영역 위헌인 법률에 근거한 처분의 집행력, 행정소송의 대상, 자기완결적 신고, 행정절차

① (O) [상황 : 행정처분 → 헌법재판소의 법률에 대한 위헌결정 → 행정처분의 집행] 행정처분이 먼저 행해진 후에 처분의 근거법률이 헌법재판소에서 위헌결정을 받았고, 처분의 상대방이 아직 처분으로 부과된 의무를 이행하지 않고 있는 경우에 강제집행을 할 수 있는지 문제된다. 이에 대해 대법원은 행정처분(= 과세처분)이 있은 후에 집행단계에서 행정처분(= 과세처분)의 근거법률이 위헌으로 결정된 경우 행정처분의 집행이나 집행력을 유지하기 위한 행위(= 체납처분)는 위헌결정의 효력에 위반되어 허용될 수 없다고 본다. 이때 위헌법률에 근거한 행정처분의 집행행위(= 체납처분)는 하자가 중대하고 명백하여 당연무효라고 본다(대법원 2012. 2. 16. 2010두10907).

② (O) 특정사업이 그 사업에 필요한 토지를 수용 또는 사용할 수 있는 공익사업이라는 것을 인정하고, 사업시행자에게 일정한 절차를 거쳐 그 사업에 필요한 토지를 수용 또는 사용하는 권리를 설정하여 주는 것을 '사업인정'이라고 한다. 사업인정을 받은 사업시행자는 보상에 관하여 토지소유자 및 관계인과 협의하여야 하는데, 협의가 성립되지 않거나 협의를 할 수 없을 때에는 사업시행자는 관할 토지수용위원회에 재결을 신청할 수 있다. 이에 따른 재결을 「수용재결」이라고 한다. 만약 수용재결에 이의가 있는 자는 중앙토지수용위원회에 이의를 신청할 수 있다(임의적 절차). 중앙토지수용위원회는 이의신청을 받은 경우 수용재결이 위법하거나 부당하다고 인정할 때에는 그 재결의 전부 또는 일부를 취소하거나 보상액을 변경할 수 있다. 이에 따른 재결을 「이의재결」이라고 한다. 이와 관련하여 대법원은 「토지수용위원회의 수용재결에 불복하여 취소소송을 제기하는 경우」에 이의신청을 거친 경우에도 피고는 「수용재결을 한 해당 토지수용위원회」이며, 취소소송의 대상은 「수용재결」이라고 본다. 즉, 이의신청을 거쳤다고 하여 「이의재결」이 소송의 대상이 되는 것은 아니라는 것이다. 다만, 이의재결 자체에 고유한 위법이 있음을 이유로 하는 경우에는 이의재결이 소송의 대상이 된다고 본다(대법원 2010. 1. 28. 2008두1504).

③ (X) 대법원은 정보통신매체를 이용하여 불특정 다수인에게 학습비를 받고 원격평생교육을 실시하는 경우 신고가 필요하며, 이때 신고서 기재사항에 흠결이 없고, 정해진 서류가 구비된 경우 행정청은 신고를 수리해야 한다고 본다. 즉, 형식적 요건을 모두 갖추었음에도 공익적 기준에 적합하지 않는다는 등의 실체적 사유를 들어 신고수리를 거부할 수는 없다고 본다(대법원 2011. 7. 28. 2005두11784).

④ (O) 대법원은 적법절차의 원칙이 과세처분에도 적용된다고 본다. 따라서 개별세법에 납세고지의 방법에 관한 별도의 규정이 없더라도 하나의 납세고지서에 의하여 복수의 과세처분을 하는 경우에는 「과세처분별로」 세액과 산출근거 등을 구분하여 기재하여야 한다고 본다(대법원 2012. 10. 18. 2010두12347).

18 ③

출제단원 Part 04 행정소송법
출제영역 무효등확인소송에서의 입증책임, 취소소송 대상적격, 무효등확인소송의 보충성 인정 여부, 부작위위법확인소송의 제소기간

① (X) 대법원은 행정처분의 당연무효를 주장하여 그 무효확인을 구하는 행정소송에 있어서는 「원고」에게 그 행정처분이 무효인 사유를 주장·입증할 책임이 있다고 본다. 즉, 피고행정청이 행정처분에 중대·명백한 하자가 없음을 주장·입증하는 것이 아니라, 원고가 행정처분에 중대·명백한 하자가 있음을 주장·입증해야 하는 것이다(대법원 2010. 5. 13. 2009두3460).

② (X) 재결이란 행정심판의 청구에 대해 행정심판위원회가 행하는 판단을 말한다. 행정소송법상 재결에 대한 취소소송(= 재결소송)은 재결 자체에 고유한 위법이 있음을 이유로 하는 경우에 한한다(제19조 단서). 따라서 취소소송은 원칙적으로 원처분을 대상으로 하며, 재결은 예외적으로 재결 자체에 고유한 위법이 있을 경우에 한하여 취소소송의 대상이 될 수 있다. 이때 재결 자체의 고유한 위법이란 재결 자체에 「주체·절차·형식」의 위법뿐만 아니라, 「내용」상의 위법이 있는 경우도 포함된다는 것이 다수설 및 대법원 판례이다.

③ (O) 무효등확인소송이란 행정청의 처분 등의 효력 유무 또는 존재 여부를 확인하는 소송을 말한다. 이와 관련하여 무효확인소송에 보충성이 요구되는지 문제된다. 민사소송에서 확인의 소는 권리·법률관계의 확인만을 구하려는 것인데, 이를 아무런 제한 없이 허용하면 수많은 현상에 대해서 확인을 구할 것이므로 법원의 부담이 가중된다. 따라서 민사소송에서 확인의 소는 확인의 이익이 인정되는 경우에만 인정된다. 민사소송에서 확인의 이익은 원고의 권리 또는 법률상 지위에 현존하는 불안·위험이 있고, 그 불안·위험을 제거함에 확인판결을 받는 것이 가장 유효적절한 수단일 때에 한하여 인정된다고 본다. 예를 들어 채권자인 원고가 채무자에게 채무를 이행할 것을 소송으로 청구할 수 있는 경우에는, 원고(채권자)가 피고(채무자)에게 채권을 가지고 있음을 확인하는 확인의 소를 허용할 수는 없다. 직접적으로 채무를 이행할 것을 소송으로 청구할 수 있음에도, 이를 하지 않고 채권의 확인만을 구할 수는 없다는 것이다. 이와 관련하여 항고소송 중 무효등확인소송에서도 민사소송에서의 확인소송과 마찬가지로 확인의 이익이 요구되는지 문제된다. 대법원은 행정소송은 민사소송과는 목적·취지 및 기능 등을 달리하며, 무효확인소송에서는 확정판결의 기속력에 의해 무효확인판결만으로도 실효성 확보가 가능하다는 등의 이유로 무효확인소송에서는 보충성이 요구되지 않는 것으로 판례를 변경하였다. 즉, 행정처분의 근거법률에 의하여 보호되는 직접적이고 구체적인 이익이 있는 경우에는 '무효확인을 구할 법률상 이익'이 있으므로 무효등확인소송을 제기할 수 있는 것이며, 이와 별도로 무효확인소송의 보충성이 요구되지 않으므로 행정처분의 무효를 전제로 한 이행소송 등과 같은 직접적인 구제수단이 있는지 여부를 별도로 따질 필요가 없다는 것이다(대법원 2008. 3. 20. 2007두6342 전합). 따라서 무효인 과세처분에 의해 조세를 납부한 자가 과세처분이 무효임을 전제로 하여 이미 납부한 세금을 바로 돌려받을 수 있는 「부당이득반환청구소송(= 직접적인 구제수단)」을 제기할 수 있는 경우라고 하더라도 과세처분에 대한 무효확인소송을 제기할 수 있다.

④ (X) 부작위위법확인의 소의 제소기간과 관련하여 대법원은 「행정심판을 거치지 않은 경우」에는 부작위상태가 계속되는 한 제소기간의 제한을 받지 않지만, 「행정심판을 거친 경우」에는 행정소송법 제20조에서 정한 제소기간 내에 부작위위법확인소송을 제기해야 한다고 본다(대법원 2009. 7. 23. 2008두10560). 부작위위법확인소송의 제소기간은 다음과 같이 정리할 수 있다.

행정심판을 거친 경우	재결처분이 존재하므로 재결서의 정본을 송달받은 날부터 90일 이내, 재결이 있은 날부터 1년 이내에 제기해야 한다(행정소송법 제20조).
행정심판을 거치지 않은 경우	처분 등이 없기 때문에 처분 등을 기준으로 제소기간을 규정하고 있는 행정소송법 제20조는 적용할 수 없다. → 부작위상태가 계속되는 한 제소기간의 제한 없음

19 ①

출제단원 Part 04 행정소송법
출제영역 항고소송의 제기요건

① (X) 피고적격이란 소송의 피고가 될 수 있는 자격을 의미한다. 취소소송은 다른 법률에 특별한 규정이 없는 한 그 처분 등을 행한 행정청을 피고로 한다(행정소송법 제13조 제1항). 이때 처분 등을 행한 행정청이란 행정처분 등을 외부적으로 그의 이름으로 행한 행정청을 말한다. 이와 관련하여 처분을 행한 처분청과 이를 통지한 자가 다른 경우에 누가 피고가 되는지가 문제된다. 이에 대해 대법원은 「처분청」과 「통지한 자」가 다른 경우에는 「처분청」이 피고가 된다고 본다. 즉, 국가보훈처장이 행한 독립유공자 서훈취소결정 통보행위 자체는 대통령의 서훈취소결정이 있었음을 알리는 것에 불과하므로 독립유공자 서훈취소결정에 대한 취소소송에서의 피고적격이 있는 자는 처분을 통보한 국가보훈처장이 아니라, 「처분을 행한 대통령」이라고 본다(대법원 2014. 9. 26. 2013두2518).

② (O) 항고소송의 대상이 되는 처분이란 「행정청이 행하는 구체적 사실에 관한 법집행으로서의 공권력의 행사 또는 그 거부와 그 밖에 이에 준하는 행정작용」을 말한다(행정소송법 제2조 제1항 1호). 이와 관련하여 대법원은 구 예산회계법(현행 국가를 당사자로 하는 계약에 관한 법률)에 따라 체결되는 계약은 사법상의 계약이라고 할 것이고 동법상 입찰보증금은 낙찰자의 계약체결의무 이행의 확보를 목적으로 하여 그 불이행시에 이를 국고에 귀속시켜 국가의 손해를 전보하는 「사법상의 손해배상 예정」으로서의 성질을 갖는 것이라고 본다. 따라서 입찰보증금의 국고귀속조치는 국가가 사법상의 재산권의 주체로서 행위하는 것이지 공권력을 행사하는 것이거나 공권력작용과 일체성을 가진 것이 아니라 할 것이므로 이에 관한 분쟁은 행정소송이 아닌 「민사소송」의 대상이라고 본다(대법원 1983. 12. 27. 81누366).

③ (O) 취소소송의 제소기간은 「처분 등이 있음을 안 날부터 90일 이내」와 「처분 등이 있은 날부터 1년 이내」의 두 가지가 있다. 이와 관련하여 대법원은 「고시 또는 공고에 의하여 행정처분을 하는 경우」에는 그 처분의 상대방이 불특정 다수인이고 그 처분의 효력이 불특정 다수인에게 일률적으로 적용되는 것이므로, 「처분 등이 있음을 안 날부터 90일 이내」의 기산일은 「고시 또는 공고의 효력발생일」이라고 본다. 따라서 이때부터 90일 이내에 취소소송을 제기해야 한다는 것이다. 이러한 경우 행정처분에 이해관계를 갖는 자가 고시 또는 공

고가 있었다는 사실을 몰랐다고 하더라도 마찬가지라고 본다(대법원 2007. 6. 14. 2004두619). 즉, 행정처분에 이해관계를 갖는 자가 고시 또는 공고가 있었다는 사실을 현실적으로 알았는지 여부에 관계없이 고시가 효력을 발생하는 날 행정처분이 있음을 알았다고 보아야 한다는 것이다.

④ (O) 항고소송을 제기하기 위해서는 '권리보호의 필요(협의의 소의 이익)'가 요구된다. '권리보호의 필요'란 원고의 청구가 소송을 통하여 분쟁을 해결할 만한 현실적인 필요성을 말한다. 이와 관련하여 대법원은 한국방송공사 사장에 대한 해임처분 무효확인 또는 취소소송 계속 중 사장의 임기가 만료됨으로써 해임처분의 무효확인 또는 취소로 「사장 지위를 회복할 수는 없게 되었다고 하더라도(㉠)」, 해임처분의 무효확인 또는 취소로 「해임처분일부터 임기만료일까지의 기간에 대한 보수지급을 구할 수 있는 경우(㉡)」에는 해임처분의 무효확인 또는 취소를 구할 법률상 이익이 있다고 본다(대법원 2012. 2. 23. 2011두5001). 위법한 처분을 취소한다 하더라도 ㉠과 같이 원상회복이 불가능한 경우에는 원칙적으로 권리보호의 필요가 인정되지 않지만, 이러한 경우에도 ㉡과 같이 회복되는 부수적 이익이 있는 경우에는 권리보호의 필요가 인정될 수 있다는 것이다.

20 답 ③

출제단원 Part 05 행정심판법
출제영역 행정심판의 청구, 행정심판의 심리, 재결의 효력, 행정심판 재청구의 금지

① (X) 행정심판은 원칙적으로 처분이 있음을 안 날로부터 90일 이내, 처분이 있었던 날부터 180일 이내에 제기하여야 한다. 그런데 처분청이 행정심판청구기간을 상대방에게 알리지 않은 경우(= 불고지)에는 당사자가 처분이 있음을 알았다고 하더라도 심판청구기간은 처분이 있었던 날부터 180일 이내가 된다(행정심판법 제27조 제6항). 따라서 행정청이 처분시에 심판청구기간을 알리지 아니하였다면 당사자가 처분이 있음을 알게 된 날부터 90일이 경과하더라도 「처분이 있었던 날부터 180일 이내」라면 행정심판위원회는 본안심리를 해야 한다. 즉, 본안심리를 거절하는 각하재결을 할 수 없다.

② (X) 행정심판법 제39조에서 행정심판위원회는 필요하면 당사자가 주장하지 아니한 사실에 대하여도 심리할 수 있다고 규정하여 직권심리주의를 채택하고 있다.

③ (O) 재결의 기속력이란 처분청(= 피청구인) 및 관계행정청이 재결의 취지에 따르도록 처분청 및 관계행정청을 구속하는 효력을 말한다. 재결의 기속력은 심판청구를 인용하는 재결(= 인용재결)에 인정된다. 의무이행심판에 대한 인용재결로 행정심판위원회는 '처분재결'과 '처분명령재결'을 할 수 있다. 즉, 행정심판위원회는 의무이행심판의 청구가 이유 있다고 인정하면 지체 없이 신청에 따른 처분을 직접 하거나(= 처분재결) 처분을 할 것을 피청구인에게 명한다(= 처분명령재결). 이러한 의무이행심판에서의 인용재결 중 당사자의 신청을 거부하거나 부작위로 방치한 처분의 이행을 명하는 재결(= 처분명령재결)이 있으면 행정청은 지체 없이 이전의 신청에 대하여 재결의 취지에 따른 처분을 해야 한다(행정심판법 제49조 제3항).

④ (X) 행정심판법에서는 '심판청구에 대한 재결이 있으면 그 재결 및 같은 처분 또는 부작위에 대하여 다시 행정심판을 청구할 수 없다.'고 규정하고 있다(제51조). 따라서 재결에 불복이 있으면 「행정소송」을 제기할 수 있는 것이며, 다시 상급 행정심판위원회에 행정심판을 청구할 수 있는 것은 아니다.

2019년 서울시 9급
행정법총론

문제편 p.116

| 01 ③ | 02 ② | 03 ① | 04 ④ | 05 ① | 06 ② | 07 ② | 08 ③ | 09 ② | 10 ① |
| 11 ③ | 12 ② | 13 ④ | 14 ③ | 15 ④ | 16 ① | 17 ② | 18 ④ | 19 ④ | 20 ② |

01

답 ③

출제단원 Part 01 행정법 서설
출제영역 행정법의 법원(法源)

행정법의 법원(法源)이란 정부나 지방자치단체가 행정을 행함에 있어 따르고 집행하여야 할 법의 종류를 의미하는 것으로서, 문자로 기록된 성문법원(헌법, 법률, 명령, 조례, 규칙, 조약 및 국제법규)과 문자로 기록되지 않은 불문법원(관습법, 조리 등)이 있다.

① (X) 헌법은 국내에서 최고의 효력을 갖는 기본법이다. 헌법에는 행정권을 구속하는 기본권규정, 행정조직의 기본원칙이나 법규명령의 근거와 한계, 지방자치제도 등이 규정되어 있으므로 성문법원 중 하나이다.

② (X) 헌법에서는 「헌법에 의하여 체결·공포된 조약」과 「일반적으로 승인된 국제법규」는 「국내법」과 같은 효력을 가진다.'고 규정하고 있다(제6조 제1항). 따라서 일정한 조약이나 국제법규는 성문법원이 될 수 있다. 다만, 「국가와 국가 사이 또는 국가와 국제기구 사이」의 법적 구속력이 있는 합의를 뜻하는 「조약」이 「사인(私人)」에게 직접 효력이 미치는지 여부에 대하여 대법원은 사인에게는 WTO협정의 효력이 직접 미치지는 않으므로, WTO협정 회원국 정부의 반덤핑부과처분이 WTO협정 위반이라는 이유만으로 사인이 직접 국내법원에 회원국 정부를 상대로 그 처분의 취소를 구하는 소를 제기할 수는 없다고 본다(대법원 2009. 1. 30. 2008두17936).

③ (O) '신뢰보호원칙'이란 행정기관의 말 또는 행동에 대하여 국민이 신뢰를 갖고 행위를 한 경우에, 국민의 신뢰가 보호할 가치가 있는 경우라면 이러한 신뢰를 보호해 주어야 한다는 것이다. 신뢰보호원칙이 적용되기 위해서는 행정청의 선행조치가 있어야 하는데, 위법한 선행조치에 대해서도 「신뢰보호원칙」이 적용될 수 있다고 본다. 다만, 무효인 행정행위는 신뢰보호원칙이 적용될 수 없다. 참고로 위법한 행정관행에 대해서는 「행정의 자기구속의 원칙」은 인정되지 않는다는 것을 비교하여 기억해야 한다.

④ (X) '행정의 자기구속의 원칙'이란 행정관행이 성립된 경우 행정청은 특별한 사정이 없는 한 동종사안에서 행정관행과 같은 결정을 하여야 한다는 원칙을 말한다. 행정의 자기구속의 원칙은 동일한 「처분청」에 적용된다. 기존의 법적 상황을 만들어내는 데 관여하지 않은 행정청에게까지 행정의 자기구속의 원칙이 적용되는 것은 아니다.

02

답 ②

출제단원 Part 02 행정작용 및 절차법
출제영역 행정입법

행정입법이란 행정권이 일반적·추상적 규범을 정립하는 작용을 말한다.

행정입법은 법규성(= 국민에 대한 구속성)이 인정되는 법규명령과 법규성이 인정되지 않는 행정규칙으로 나눌 수 있다.

① (O) 헌법 제75조에서 대통령령에 대해, 제95조에서 총리령 또는 부령에 대하여 규정하고 있다. 이와 같이 헌법에서 일정한 형식(대통령령, 총리령, 부령)에 의한 법규명령에 대하여 규정하고 있지만, 헌법재판소는 헌법이 인정하고 있는 이러한 위임입법의 형식은 예시적인 것이라고 본다. 따라서 헌법에서 고시와 같은 행정규칙형식의 법규명령을 규정하고 있지는 않지만, 전문적·기술적 사항이나 경미한 사항으로서 업무의 성질상 위임이 불가피한 경우에 구체적·개별적으로 법률의 위임이 있다면 행정규칙형식의 법규명령도 허용될 수 있다고 본다(헌재 2006. 12. 28. 2005헌바59).

② (X) 법규명령은 제정권자가 누구인지를 기준으로 대통령령, 총리령, 부령 등으로 구분할 수 있다. 대통령령은 대통령이 제정하는 법규명령으로서 시행령이라고도 표현한다. 총리령은 총리가 제정하는 법규명령, 부령은 행정각부의 장관이 제정하는 법규명령이며, 총리령과 부령은 시행규칙이라고도 표현한다. 국민안전처장이나 인사혁신처장과 같은 국무총리 직속기관은 행정각부의 장관은 아니다. 따라서 행정각부의 장관이 제정하는 법규명령인 부령을 제정할 수 있는 권한이 없다.

③ (O) 법률에서 규정한 내용을 구체화할 필요가 있어 법령의 위임을 받아 그 구체적인 내용을 훈령이나 고시와 같은 행정규칙의 형식으로 정하는 경우를 「법령보충적 행정규칙(= 법령보충규칙)」이라고 한다. 즉, 「행정규칙의 형식」을 취하고 있지만, 그 내용이 「법규명령의 실질」을 가지는 것으로서 「행정규칙형식의 법규명령」을 말한다. 이와 관련하여 대법원은 법령보충규칙은 상위법령의 위임한계를 벗어나지 않는 한 법령과 결합하여 대외적인 구속력이 있는 법규명령으로서의 효력을 갖는다고 본다(대법원 1987. 9. 29. 86누484).

④ (O) 재량준칙이란 재량권 행사의 기준을 정하는 「행정규칙」을 말한다. 이러한 재량준칙은 그 자체가 직접적으로 법규성이 있는 것은 아니다. 다만, 재량준칙이 되풀이 시행되어 행정관행이 성립한 경우에 평등의 원칙이나 자기구속의 원칙을 매개로 하여 간접적으로 대외적인 구속력을 갖는다.

03

답 ①

출제단원 Part 01 행정법 서설
출제영역 법률유보원칙

법률유보원칙이란 일정한 행정작용은 법에 근거해야 한다는 원칙을 말한다.

① (O) 헌법재판소는 법률유보의 원칙은 법률이라는 형식에 '의한' 규율만을 의미하는 것이 아니라, 법률에 '근거한' 규율을 의미하는 것이라고 본다. 즉, 법률에서 구체적이고 명확하게 대통령령 등으로 위임을 하였다면, 이러한 위임에 근거하여 법률 이외의 형식으로 기본권을 제한할 수 있다고 본다(헌재 2005. 2. 24. 2003헌마289).

② (X) 「행정상 즉시강제」란 급박한 행정상의 장해를 제거할 필요가 있지만 미리 의무를 명할 시간적 여유가 없을 때 또는 급박하지는 않지만 성질상 의무를 명해서는 목적달성이 곤란할 때에 즉시 개인의 신체·재산에 실력을 가하여 행정상의 필요한 상태를 실현하는 행정작용을 말한다. 이와 관련하여 헌법재판소는 기본권 침해의 소지가 큰

권력작용인 「행정상 즉시강제」는 예외적인 강제수단이라고 하면서, 행정상 즉시강제는 엄격한 실정법상의 근거를 필요로 한다고 본다(헌재 2002. 10. 31. 2000헌가12).

③ (X) 법률에서 위임명령에 규정될 사항을 위임함에 있어서는 구체적으로 범위를 정하여 위임해야 하며 포괄적으로 위임해서는 안 된다는 원칙을 '포괄적 위임의 금지'라고 한다. 이와 관련하여 헌법재판소는 법률이 「정관」에 자치법적 사항을 위임한 경우에는 헌법 제75조, 제95조가 정하는 포괄적인 위임입법의 금지는 원칙적으로 적용되지 않는다고 본다. 다만, 그 사항이 「국민의 권리·의무에 관련되는 것일 경우」에는 적어도 국민의 권리와 의무의 형성에 관한 사항을 비롯하여 국가의 통치조직과 작용에 관한 기본적이고 본질적인 사항은 반드시 국회가 정하여야 한다고 본다(헌재 2006. 3. 30. 2005헌바31). 따라서 법률이 공법적 단체 등의 정관에 자치법적 사항을 위임하는 경우라도 그 사항이 국민의 권리·의무에 관련되는 것일 경우에는 의회유보원칙이 적용된다.

④ (X) 법률유보의 원칙에서의 '법률'이란 국회에서 제정한 형식적 의미의 법률을 의미하며, 관습법이나 예산은 이에 해당하지 않는다. 헌법재판소도 「예산」은 일종의 법규범이고 법률과 마찬가지로 국회의 의결을 거쳐 제정되기는 하지만, 법률과 달리 국가기관만을 구속할 뿐 일반국민을 구속하지는 않는다고 본다(헌재 2006. 4. 25. 2006헌마409).

04 답 ④

| 출제단원 | Part 02 행정작용 및 절차법 |
| 출제영역 | 행정절차법 |

① (O) 행정절차에 관한 일반법으로 「행정절차법」이 있다. 동법 제3조 제1항에서 '처분, 신고, 행정상 입법예고, 행정예고 및 행정지도의 절차에 관하여 다른 법률에 특별한 규정이 있는 경우를 제외하고는 이 법에서 정하는 바에 따른다.'고 규정하고 있다. 다만, 제2항에서 「국회 또는 지방의회의 의결을 거치거나 동의 또는 승인을 받아 행하는 사항」, 「법원 또는 군사법원의 재판에 의하거나 그 집행으로 행하는 사항」 등 9가지 사항에 대해서는 행정절차법이 적용되지 않음을 규정하여 예외를 인정하고 있다.

② (O) 행정청이 당사자에게 의무를 부과하거나 권익을 제한하는 처분을 할 때에 청문을 실시하거나 공청회를 개최하는 경우 외에는 「당사자 등」에게 의견제출의 기회를 주어야 한다(행정절차법 제22조 제3항). 이와 관련하여 대법원은 행정절차법상 의견제출의 기회를 주어야 하는 '당사자'는 행정청의 「처분에 대하여 직접 그 상대가 되는 당사자」를 의미한다고 본다. 그런데 '고시'의 방법으로 「불특정 다수인」을 상대로 의무를 부과하거나 권익을 제한하는 처분은 성질상 상대방을 특정할 수 없으므로, 이러한 경우에는 상대방에게 의견제출의 기회를 주어야 하는 것은 아니라고 본다(대법원 2014. 10. 27. 2012두7745).

③ (O) 행정청이 당사자에게 「의무를 부과하거나 권익을 제한하는 처분」을 하기 전에 처분의 제목, 처분하려는 원인이 되는 사실과 처분의 내용 및 법적 근거 등 일정사실을 당사자 등에게 통지하는 것을 「처분의 사전통지」라고 한다. 이때 「거부처분」이 사전통지의 대상이 되는 처분인지 문제된다. 대법원은 사전통지의 대상이 되기 위해서는 당사자의 권익을 제한하는 처분이어야 하는데, 신청에 따른 처분이 이루어지지 않은 상황에서는 아직 신청한 자에게 권익이 부여되지 않았으므로 제한할 권익도 존재하지 않으므로 거부처분은 당사자의 권익을 제한하는 처분이 아니라고 본다. 즉, 거부처분은 사전통지의 대상이 아니라고 본다(대법원 2003. 11. 28. 2003두674).

④ (X) 청문이란 행정청이 어떠한 처분을 하기 전에 당사자 등의 의견을 직접 듣고 증거를 조사하는 절차를 말한다. 행정절차법에서는 '행정청이 처분을 할 때 다음의 어느 하나에 해당하는 경우에는 청문을 한다.'고 규정하고 있다(제22조 제1항).

- 다른 법령 등에서 청문을 하도록 규정하고 있는 경우(제1호)
- 행정청이 필요하다고 인정하는 경우(제2호)
- 인·허가 등의 취소, 신분·자격의 박탈, 법인이나 조합 등의 설립 허가의 취소를 하는 경우(제3호)

따라서 행정청이 「인·허가 등을 취소」하는 경우에 개별법령상 청문을 하도록 하는 근거규정이 없어 행정절차법 제22조 제1항 1호에서 정한 청문의 실시사유에는 해당하지 않더라도, 제3호에서 정한 사유에 해당하므로 당사자의 신청과 무관하게 청문을 한다. 즉, 당사자의 신청이 있어야만 청문을 하는 것이 아니다.

> **+참고**
> 원본 문제의 ④번 선택지는 「인·허가 등을 취소하는 경우에는 개별법령상 청문을 하도록 하는 근거규정이 없고 의견제출기한 내에 당사자 등의 신청이 없는 경우에도 청문을 하여야 한다.」라고 표기되어 있다. 개정 전 행정절차법에서는 제22조 제1항 제3호의 경우 당사자 등의 신청이 있는 경우에 청문을 하도록 규정하고 있었으나, 2022. 7. 12. 시행된 개정 행정절차법에서는 제3호의 경우 신청이 없더라도 청문을 하도록 규정하였다. 따라서 ④번 선택지는 2019년 출제 당시의 행정절차법에 의하면 옳지 않은 선택지이지만, 2022. 7. 12. 시행된 개정 행정절차법에 의하면 옳은 선택지가 된다. 이에 개정법 내용에 따라 선택지를 수정하여 옳지 않은 선택지로 구성하였다.

05 답 ①

| 출제단원 | 종합 |
| 출제영역 | 영업자지위승계신고 |

① (X) 대법원은 사업양도·양수에 따른 허가관청의 지위승계신고의 수리는 적법한 사업의 양도·양수가 있었음을 전제로 하는 것이므로, 수리대상인 사업양도·양수가 존재하지 않거나 무효인 때에는 수리를 하였다 하더라도 그 수리는 유효한 대상이 없는 것으로서 당연히 무효라고 본다(대법원 2005. 12. 23. 2005두3554).

② (O) 대법원은 식품위생법에 의한 영업양도에 따른 지위승계신고를 수리하는 허가관청의 행위는 단순히 양도·양수인 사이에 이미 발생한 사법상의 사업양도의 법률효과에 의하여 양수인이 그 영업을 승계하였다는 사실의 신고를 접수하는 행위에 그치는 것이 아니라, 영업허가자의 변경이라는 법률효과를 발생시키는 행위라고 본다(대법원 1995. 2. 24. 94누9146). 즉, 식품위생법에 의한 영업양도의 지위승계신고는 「수리를 요하는 신고(= 행위요건적 신고)」에 해당한다. 수리를 요하는 신고의 경우 신고만으로 법적 효과가 발생하지는 않으며, 행정청이 수리를 해야만 법적 효과가 발생한다. 따라서 행정청의 「수리거부」는 처분에 해당하며, 행정청 A가 을의 지위승계신고의 수리를 거부한 경우 을은 처분인 수리거부에 대해 취소소송으로 다툴 수 있다.

> **참고**
> 원본 문제와 ②번 선택지는 양도인인 갑(甲)이 영업자지위승계신고를 한 것을 전제로 출제되어 있었다. 그러나 영업자지위승계신고시 양도인과 양수인이 함께 방문하여 신고하는 경우도 있지만, 관련법률과 제출하는 서류상 신고인은 '양수인'으로 되어 있다. 따라서 이에 맞게 문제의 내용을 보완하고, ②번 선택지의 내용을 수정하였다.

③ (O) 행정소송법 제12조는 '취소소송은 처분 등의 취소를 구할 법률상 이익이 있는 자가 제기할 수 있다.'고 하여 원고적격을 규정하고 있다. 따라서 행정처분 등의 직접 상대방이 아니더라도 처분 등의 취소를 구할 법률상 이익이 있는 자(= 제3자)도 원고적격이 인정될 수 있다. 이와 관련하여 「영업양도 후 영업자지위승계신고의 수리 이전」에 「양도인(甲)에게 영업허가취소처분」이 이루어졌다면, 영업허가취소처분의 상대방이 아닌 「양수인(乙)」이 「양도인(甲)에 대한 영업허가취소처분」에 대한 취소소송을 제기할 원고적격이 인정되는지가 문제된다. 이 경우 양수인(乙)은 영업허가취소처분의 상대방은 아니지만, 양도인(甲)에 대한 영업허가의 취소로 인해 영업양도를 받을 수 없게 되는 불이익을 입었으므로 「양도인(甲)에 대한 영업허가취소처분」에 대한 취소소송을 제기할 원고적격이 인정된다고 본다. 대법원도 「채석허가(= 건축용·토목용 등으로 사용할 가치가 있는 암석을 채취할 수 있는 허가)를 받은 자」에 대한 관할 행정청의 「채석허가 취소처분」에 대하여 수허가자(= 허가를 받은 자)의 지위를 양수한 「양수인」에게 채석허가 취소처분의 취소를 구할 법률상 이익이 있는지와 관련하여, 관할 행정청이 「양도인」에 대하여 「채석허가를 취소하는 처분」을 하였다면 이는 양수인의 지위에 대한 직접적 침해가 된다고 할 것이므로 「양수인」은 「양도인에 대한 채석허가를 취소하는 처분」의 취소소송을 제기할 법률상 이익을 가진다고 판단하였다 (대법원 2003. 7. 11. 2001두6289).

④ (O) ②번 해설에서 살펴본 바와 같이 대법원은 식품위생법에 의한 영업양도에 따른 지위승계신고를 수리하는 허가관청의 행위는 「영업허가자의 변경」이라는 법률효과를 발생시키는 행위라고 본다. 따라서 사실상 영업이 양도·양수되었지만 아직 승계신고 및 그 수리처분이 있기 「이전」에는 여전히 「종전의 영업자」인 양도인이 영업허가자이고, 양수인은 영업허가자가 되지 못한다고 본다(대법원 1995. 2. 24. 94누9146). 즉, 식품위생법에 의한 영업양도의 지위승계신고는 「수리를 요하는 신고」에 해당하므로, 적법한 신고가 있었다고 하더라도 수리처분이 없다면 영업허가자의 변경이라는 법률효과가 발생하지 않는다.

06

답 ②

| 출제단원 | 종합 |
| 출제영역 | 제3자효 행정행위 |

「제3자효 행정행위」란 상대방에게는 이익을 주고 제3자에게 불이익을 주는 행정행위(예 건축허가)나 상대방에게는 불이익을 주고 제3자에게는 이익을 주는 행정행위(예 공해배출시설 조업 중지명령)를 말한다.

① (O) 행정행위는 상대방에 대한 통지로서 성립하며 행정청은 원칙상 제3자인 이해관계인에 대한 통지의무를 지지 않는다. 다만, 개별법에서 통지의무를 부과하고 있는 경우가 있다. 참고로 행정절차법에서 규정하고 있는 「처분의 사전통지」는 행정청이 당사자에게 의무를 부과하거나 권익을 제한하는 처분을 하기 전에 법에서 정하고 있는 일정한 사실을 「당사자 등」에게 통지하는 것을 말한다. 이때 「당사자 등」이란 「행정청의 처분에 대하여 직접 그 상대가 되는 당사자」나 「행정청이 직권으로 또는 신청에 따라 행정절차에 참여하게 한 이해관계인」을 말한다(행정절차법 제2조 4호). 따라서 불이익처분의 직접 상대방인 당사자도 아니고 행정청이 참여하게 한 이해관계인도 아닌 제3자에 대해서는 행정절차법상 사전통지에 관한 규정이 적용되지 않는다.

② (X) 행정절차법에서는 의견청취절차로 청문, 공청회, 의견제출절차를 규정하고 있다. 청문, 공청회, 의견제출절차에 참가할 수 있는 「당사자 등」이란 「행정청의 처분에 대하여 직접 그 상대가 되는 당사자」와 「행정청이 직권으로 또는 신청에 따라 행정절차에 참여하게 한 이해관계인」을 말한다(행정절차법 제2조 4호). 따라서 제3자인 이해관계인은 법원이 참가결정을 해야 하는 것이 아니라, 「행정청」이 행정절차에 참여하도록 「결정」한 경우에 한하여 행정절차법상 「당사자 등」에 해당하여 의견청취절차에 참가할 수 있다.

③ (O) 행정심판법 제27조와 행정소송법 제20조에서 규정하고 있는 행정심판의 청구기간과 취소소송 제소기간을 살펴보면 다음과 같다.

기산점	행정심판법	행정소송법(취소소송)
처분이 있음을 안 날로부터	90일 이내	90일 이내
처분이 있었던 날부터	180일 이내 → 정당한 사유가 있는 경우 예외 인정	1년 이내 → 정당한 사유가 있는 경우 예외 인정

따라서 제3자가 어떠한 방법에 의하든지 행정처분이 있었음을 「안 경우」에는 안 날로부터 90일 이내에 행정심판이나 행정소송을 제기해야 한다. 참고로 ①번 해설에서 살펴본 바와 같이 현행법상 행정처분은 제3자에게 통지되지 않으므로 제3자는 특별한 사정이 없는 한 행정행위가 있음을 알았다고 할 수 없다. 제3자가 행정처분이 있었음을 「알지 못한 경우」에는 불복을 제기할 수 없으므로 처분이 있었던 날부터 법에서 정한 일정한 기간 내에 행정심판이나 행정소송을 제기하지 못한 것은 「정당한 사유」가 있는 경우에 해당할 수 있다.

④ (O) 행정소송법은 일정한 요건하에 예외적으로 「집행정지」를 인정하고 있다(제23조 제2항). 따라서 갑에 대한 건축허가에 의하여 법률상 이익을 침해받은 인근주민 을과 같이 제3자효 행정행위에 의해 법률상 이익을 침해받은 제3자는 취소소송을 제기한 경우 「소송당사자」로서 당연히 행정소송법 제23조에 근거하여 그가 다투는 행정행위(갑에 대한 건축허가)의 집행정지를 신청할 수 있다.

07

답 ②

| 출제단원 | Part 02 행정작용 및 절차법 |
| 출제영역 | 강학상 특허 |

강학상 특허란 특정인을 위하여 새로운 권리를 설정하는 행위, 능력을 설정하는 행위, 포괄적인 법률관계를 설정하는 행위를 뜻하며 「설권행위」라고 부른다.

ㄱ. (인가) 대법원은 학교법인의 이사 등 임원의 선임에 대한 관할청의 「임원취임승인」은 학교법인의 임원선임행위의 법률상 효력을 완성시켜 주는 보충적 법률행위(= 강학상 인가)라고 본다(대법원 2007. 12. 27.

2005두9651). 참고로 강학상 인가란 제3자의 법률행위(= 기본행위)를 보충하여 그 법률적 효력을 완성시켜 주는 행정행위(= 인가행위)를 의미한다.
ㄴ. (특허) 대법원은 출입국관리법 등의 문언, 내용 및 형식, 체계 등에 비추어 보면, 체류자격 변경허가는 신청인에게 당초의 체류자격과 다른 체류자격에 해당하는 활동을 할 수 있는 권한을 부여하는 일종의 설권적 처분의 성격(= 강학상 특허)을 가진다고 본다(대법원 2016. 7. 14. 2015두48846).
ㄷ. (특허) 대법원은 구「수도권대기환경특별법」에서 정한 대기오염물질 총량관리사업장 설치의 허가 또는 변경허가는 특정인에게 수도권대기관리권역에서 총량관리대상 오염물질을 일정량을 초과하여 배출할 수 있는 특정한 권리를 설정하여 주는 행위(= 강학상 특허)로서 그 처분의 여부 및 내용의 결정은 행정청의 재량에 속한다고 본다(대법원 2013. 5. 9. 2012두22799).
ㄹ. (허가)「운전면허」는 사람의 능력・지식 등 주관적 요소를 심사대상으로 하는 것으로서 강학상「허가」에 해당한다. 참고로 강학상 허가란 질서유지・위험의 방지 등을 목적으로 법령에 의해 일반적으로 금지하였던 행위를 특정한 경우에 해제하여 적법하게 일정한 행위를 할 수 있도록 하는 행정행위를 의미한다.
ㅁ. (특허) 대법원은 지구개발사업(= 개발촉진지구 안에서 시행되는 지역개발사업)에 관한 지정권자(= 광역시장・도지사 또는 시장・군수・구청장 등)의 실시계획승인처분은 단순히 시행자가 작성한 실시계획에 대한 법률상의 효력을 완성시키는 보충행위에 불과한 것이 아니라 법령상의 요건을 갖춘 경우 법이 규정하고 있는 지구개발사업을 시행할 수 있는 지위를 시행자에게 부여하는 일종의 설권적 처분(= 강학상 특허)으로서의 성격을 가진 독립된 행정처분으로 본다(대법원 2014. 9. 26. 2012두5602).

08

답 ③

| 출제단원 Part 04 행정소송법
| 출제영역 행정소송의 판결의 효력

① (X)「처분 등을 취소하는 확정판결」은 그 사건에 관하여 당사자인 행정청과 그 밖의 관계행정청을 기속하는데 이를 기속력이라고 한다(행정소송법 제30조). 기속력은 기각판결(= 원고의 청구가 이유 없다고 배척하는 판결)에는 인정되지 않고, 인용판결(= 원고의 청구를 받아들이는 판결)에만 인정된다.
② (X) 행정소송법 제29조 제1항에서 '처분 등을 취소하는 확정판결은 제3자에 대하여도 효력이 있다.'고 규정하고 있으며, 이 규정은 무효등확인소송의 경우에도 준용하고 있다(제38조 제1항). 따라서 처분 등의 무효를 확인하는 확정판결은 소송당사자 이외의 제3자에 대하여도 효력이 있다.
③ (O) 사정판결이란 원고의 청구가 이유 있다고 인정하는 경우에도, 즉 처분 등이 위법한 경우에도 처분 등을 취소하는 것이 현저히 공공복리에 적합하지 아니하다고 인정하는 때에 법원이 원고의 청구를 기각하는 판결을 말한다. 사정판결시 법원은 그 판결의「주문」에서 그 처분 등이 위법함을 명시하여야 한다(행정소송법 제28조 제1항). 그런데 확정판결의 기판력은 그 판결의「주문」에 포함된 것에 발생한다. 따라서 사정판결 확정시「처분 등의 위법성」에 대하여 기판력이 발생한다. 이를 통해 후행의 손해배상청구소송에서 행위의 위법성 입증에 대한 분쟁을 미연에 방지할 수 있게 된다. 참고로 기판력이란 판결이 확정되면 그 후의 절차에서 동일한 사항이 문제되는 경우에도 당사자와 승계인은 기존 판결에 반하는 주장을 할 수 없고, 법원도 그것에 반하는 판단을 할 수 없는 구속을 받게 되는 효력을 말한다.
④ (X) 기판력의 주관적 범위와 관련하여 대법원은 과세처분취소소송의 피고는 '처분청'이므로 행정청을 피고로 하는 취소소송에 있어서의 기판력은 당해처분이 귀속하는 '국가' 또는 '공공단체'에 미친다고 본다(대법원 1998. 7. 24. 98다10854). 따라서 처분청인 '세무서장'을 피고로 하는 취소소송의 기판력이 '국가'를 피고로 하는 과오납금반환청구소송에도 미친다. 또한 기판력의 객관적 범위와 관련하여 과세처분취소소송에서 원고가 패소하여 그 판결(= 기각판결)이 확정되면 '과세처분이 적법하다는 점'에 관하여 기판력이 생긴다. 따라서 원고가 이와 달리 처분이 위법하여 무효임을 전제로 이미 납부한 세금을 돌려 달라는 과오납금반환청구소송을 제기하는 것은 기판력의 객관적 범위에 반하여 허용되지 않는다.

09

답 ②

| 출제단원 Part 02 행정작용 및 절차법
| 출제영역 행정행위의 부관

부관이란 행정행위의 효과를 제한 또는 보충하기 위하여 행정기관에 의하여 주된 행정행위에 부가된 종된 규율을 말한다(다수설).
① (O) 부담이란 행정행위의 주된 내용에 부가하여 그 행정행위의 상대방에게 작위(일정한 행위를 하는 것), 부작위(일정한 행위를 하지 않는 것), 급부(금전이나 물건의 교부 등), 수인(참는 것) 등의 의무를 부과하는 부관을 말한다. 대법원은 부담은 행정청이 행정처분을 하면서 일방적으로 부가할 수도 있고, 미리 상대방과 협의하여 부담의 내용을 정한 다음 행정처분을 하면서 이를 부가할 수도 있다고 본다(대법원 2009. 2. 12. 2005다65500).
② (X) 대법원은 행정청이 수익적 행정처분을 하면서 부가한 부담의 위법 여부는「처분 당시 법령을 기준」으로 판단하여야 한다고 본다. 따라서 부담이 처분 당시 법령을 기준으로 적법하다면 처분 후 부담의 전제가 된 주된 행정처분의 근거법령이 개정됨으로써 행정청이 더 이상 부관을 붙일 수 없게 되었다 하더라도 곧바로 부담이 위법하게 되거나 그 효력이 소멸하게 되는 것은 아니라고 본다(대법원 2009. 2. 12. 2005다65500).
③ (O) 부제소특약(= 부제소합의)이란 당사자 간에 소송을 제기하지 않기로 약정하는 것을 말한다. 이와 관련하여 대법원은 지방자치단체장이 도매시장법인 지정처분을 하면서 지정조건으로 '일체 소송이나 손실보상을 청구할 수 없다.'라는 부관을 붙였으나, 그중 부제소특약에 관한 부분은 당사자가 임의로 처분할 수 없는 공법상의 권리관계를 대상으로 하여 사인의 국가에 대한 공권인 소권(= 법원에 소송을 제기할 수 있는 권리)을 당사자의 합의로 포기하는 것으로서 허용될 수 없다고 본다(대법원 1998. 8. 21. 98두8919).
④ (O) 부관을 붙일 수 있는 경우라고 하더라도 무제한하게 허용되는 것은 아니며, 일정한 한계 내에서만 부관을 붙일 수 있다. 예를 들어, 부관은 비례의 원칙이나 부당결부금지의 원칙과 같은 행정법의 일반원칙에 위반되어서는 안 된다. 이와 관련하여 대법원은 부관이 주된 행

정행위와 실제적 관련성이 없어서 「부당결부금지의 원칙」에 위반됨에도, 이를 회피하기 위해 상대방과 사법상 계약을 체결하는 형식으로 이러한 내용의 부관을 붙였다면, 이는 법치행정의 원리에 반하는 것으로서 위법하다고 본다(대법원 2009. 12. 10. 2007다63966). 참고로 부당결부금지의 원칙이란 행정기관이 행정권을 행사함에 있어서 그것과 실질적인 관련이 없는 반대급부를 결부시켜서는 안 된다는 원칙을 말한다.

10

답 ①

출제단원 Part 04 행정소송법
출제영역 항고소송의 대상

항고소송의 대상이 되는 처분이란 「행정청이 행하는 구체적 사실에 관한 법집행으로서의 공권력의 행사 또는 그 거부와 그 밖에 이에 준하는 행정작용」을 말한다(행정소송법 제2조 제1항 1호). 이와 관련하여 대법원은 항고소송의 대상이 되는 행정처분은 행정청의 공법상 행위로서 특정 사항에 대하여 법규에 의한 권리의 설정 또는 의무의 부담을 명하거나, 기타 법률상 효과를 발생하게 하는 등 국민의 권리·의무에 직접 관계가 있는 행위를 가리키는 것이고, 상대방 또는 기타 관계자들의 법률상 지위에 직접적인 법률적 변동을 일으키지 아니하는 행위는 항고소송의 대상이 되는 행정처분이 아니라고 본다(대법원 2002. 5. 17. 2001두10578).

① (O) 공정거래위원회의 '표준약관 사용권장행위'는 그 통지를 받은 해당 사업자 등에게 표준약관과 다른 약관을 사용할 경우 표준약관과 다르게 정한 주요 내용을 고객이 알기 쉽게 표시하여야 할 의무를 부과하고, 그 불이행에 대해서는 과태료에 처하도록 되어 있다. 이에 대법원은 공정거래위원회의 '표준약관 사용권장행위'는 사업자 등의 권리·의무에 직접 영향을 미치는 행정처분으로서 항고소송의 대상이 된다고 본다(대법원 2010. 10. 14. 2008두23184).

② (X) 토지와 같은 부동산의 소유권이 이전되기 위해서는 등기부에 소유권이전등기를 해야 한다. 즉, 토지대장(= 토지의 위치·지번·지목·면적, 소유자의 주소·주민등록번호·성명 또는 명칭 등을 등록하여 토지의 상황을 명확하게 하는 장부)에 소유자명의가 변경된다고 하여 토지의 소유권이 이전되지는 않는다. 이와 관련하여 대법원은 토지대장상의 소유자명의가 변경된다고 하여도 이로 인하여 당해 토지에 대한 소유권과 같은 실체상의 권리관계에 변동을 가져올 수 없으므로 소관청이 토지대장상의 소유자명의변경신청을 거부한 행위는 항고소송의 대상이 되는 행정처분이라고 할 수 없다고 본다(대법원 2012. 1. 12. 2010두12354).

③ (X) 대법원은 국세기본법에 따른 세무서장의 국세환급금에 대한 결정은 이미 확정된 국세환급금에 대하여 내부적인 사무처리절차로서 과세관청의 환급절차를 규정한 것에 지나지 않는다고 본다. 즉, 세무서장의 국세환급금의 결정에 의하여 비로소 환급청구권이 확정되는 것이 아니므로, 국세환급금결정이나 그 결정을 구하는 신청에 대한 환급거부결정 등은 항고소송의 대상이 되는 처분이라고 볼 수 없다고 본다(대법원 1994. 12. 2. 92누14250).

④ (X) 대법원은 「국가균형발전 특별법」에서 혁신도시입지 후보지에 관련된 지역주민 등의 권리·의무에 직접 영향을 미치는 규정을 두고 있지 않으므로, 동법에 따라 도지사가 도 내 특정시를 공공기관이 이전할 혁신도시 최종입지로 선정한 행위는 항고소송의 대상이 되는 행정처분이 아니라고 본다(대법원 2007. 11. 15. 2007두10198).

11

답 ③

출제단원 Part 08 행정정보공개·개인정보 보호·행정조사
출제영역 공공기관의 정보공개에 관한 법률

① (X) 모든 국민은 정보의 공개를 청구할 권리를 가진다(공공기관의 정보공개에 관한 법률 제5조 제1항). 이와 관련하여 대법원은 정보공개청구권자인 '국민'에는 자연인, 법인, 권리능력 없는 사단·재단이 모두 포함된다고 본다. 특히 법인, 권리능력 없는 사단·재단의 경우에는 설립목적과 무관하게 모두 정보공개청구권자에 해당한다고 본다(대법원 2003. 12. 12. 2003두8050). 그러나 지방자치단체는 정보공개청구권자로부터 정보공개청구가 있을 경우 해당 정보를 공개해야 할 의무가 있는 정보공개기관일 뿐이며, 정보공개청구권자인 국민에 해당하지는 않는다.

② (X) 항고소송을 제기하기 위해서는 '협의의 소의 이익(= 권리보호의 필요)'이 요구된다. 협의의 소의 이익이란 원고의 청구가 소송을 통하여 분쟁을 해결할 만한 현실적인 필요성을 말한다. 이와 관련하여 대법원은 공개청구의 대상이 되는 정보가 이미 다른 사람에게 공개되어 널리 알려져 있다거나 인터넷 등을 통하여 공개되어 인터넷검색 등을 통하여 쉽게 알 수 있다는 사정만으로는 소의 이익이 없다거나 비공개결정이 정당화될 수 없다고 본다(대법원 2010. 12. 23. 2008두13101). 즉, 이미 공개되어 있는 정보라도 공개청구의 대상에 해당할 수 있다는 것이다.

③ (O) 대법원은 국민의 정보공개청구는 정보공개법에서 정한 비공개대상정보에 해당하지 않는 한 원칙적으로 폭넓게 허용되어야 한다고 본다. 다만, 실제로는 해당 정보를 취득 또는 활용할 의사가 전혀 없이 정보공개제도를 이용하여 사회통념상 용인될 수 없는 부당한 이득을 얻으려 하거나, 오로지 공공기관의 담당공무원을 괴롭힐 목적으로 정보공개청구를 하는 경우처럼 「권리의 남용」에 해당하는 것이 명백한 경우에는 정보공개청구권의 행사를 허용하지 않는 것이 옳다고 본다(대법원 2014. 12. 24. 2014두9349).

④ (X) 「공공기관의 정보공개에 관한 법률」에 의하면 공공기관은 공개청구된 공개대상정보의 전부 또는 일부가 제3자와 관련이 있다고 인정할 때에는 그 사실을 제3자에게 지체 없이 「통지하여야 하며」, 필요한 경우에는 그의 「의견을 들을 수 있다」(제11조 제3항). 이에 따라 공개청구된 사실을 통지받은 제3자는 그 통지를 받은 날부터 3일 이내에 해당 공공기관에 대하여 자신과 관련된 정보를 공개하지 아니할 것을 요청할 수 있다(제21조 제1항). 즉, 공개청구된 정보가 제3자와 관련이 있는 경우 행정청은 제3자에게 통지하여야 하고 의견을 들을 수 있으며, 통지받은 제3자는 해당 공공기관에 비공개를 요청할 권리를 갖는다.

12 답 ②

출제단원 Part 05 행정심판법
출제영역 사정재결, 직접 처분, 행정심판의 청구, 행정심판위원회

① (O) 사정재결이란 심판청구가 이유 있다고 인정되는 경우에도 이를 인용하는 것(= 받아들이는 것)이 공공복리에 크게 위배된다고 인정하는 때에 그 심판청구를 기각하는 재결을 말한다. 사정재결은 취소심판 및 의무이행심판에 인정되고, 무효등확인심판에는 인정되지 않는다.

② (X) 행정심판법에서 행정심판위원회는 피청구인이 「처분의 이행을 명하는 재결」에도 불구하고 처분을 하지 않는 경우에 당사자가 신청하면 기간을 정하여 서면으로 시정을 명하고 그 기간에 이행하지 않으면 「직접 처분」을 할 수 있다고 규정하고 있다(제50조 제1항). 즉, 행정심판위원회가 직접처분을 하기 위해서는 피청구인(= 행정심판청구의 상대방)이 행정심판위원회의 「처분명령재결(= 처분의 이행을 명하는 재결)」이 있음에도 처분을 하지 않는 경우이어야 한다. 「처분명령재결」이란 「의무이행심판」의 청구가 이유가 있다고 인정하여 지체 없이 신청에 따른 처분을 할 것을 피청구인에게 명하는 재결을 말한다. 따라서 「거부처분에 대한 취소심판이나 무효등확인심판」에서 인용재결(= 취소재결, 무효등확인재결)이 있는 경우는 행정심판위원회의 직접 처분이 가능한 경우가 아니다.

③ (O) 행정심판은 원칙적으로 처분이 있음을 안 날로부터 90일 이내, 처분이 있었던 날부터 180일 이내에 제기하여야 한다. 그런데 처분청이 행정심판청구기간을 상대방에게 알리지 않은 경우(= 불고지)에는 당사자가 처분이 있음을 알았다고 하더라도 심판청구기간은 처분이 있었던 날부터 180일 이내가 된다(행정심판법 제27조 제6항).

④ (O) 행정심판법 제6조 제3항에서는 시·도의 관할구역에 있는 「시·군·자치구의 장」의 처분 또는 부작위에 대한 행정심판의 청구는 「시·도지사 소속의 행정심판위원회」에서 심리·재결한다고 규정하고 있다. 따라서 서울특별시의 관할구역에 있는 「자치구의 장」인 「종로구청장」의 처분이나 부작위에 대한 행정심판청구는 「서울특별시 행정심판위원회」에서 심리·재결하여야 한다.

13 답 ④

출제단원 Part 03 행정의 실효성 확보수단
출제영역 질서위반행위규제법

「질서위반행위규제법」에서는 행정질서벌의 성립요건과 부과절차 등에 관해 규정하고 있다. 행정질서벌이란 행정법규 위반에 대하여 과태료가 과하여지는 행정벌을 말한다.

① (X) 질서위반행위규제법 제2조 1호에서는 '「질서위반행위」란 법률(지방자치단체의 조례 포함)상의 의무를 위반하여 과태료를 부과하는 행위를 말한다.'고 규정하면서, 대통령령으로 정하는 사법(私法)상·소송법상 의무를 위반하여 과태료를 부과하는 행위는 제외하고 있다. 이에 따라 동법 시행령에서는 민법상의 의무를 위반하여 과태료를 부과하는 행위를 질서위반행위에서 제외하고 있다(제2조 제1항).

② (X) 질서위반행위규제법 제13조 제1항에서는 '하나의 행위가 2 이상의 질서위반행위에 해당하는 경우에는 각 질서위반행위에 대하여 정한 과태료 중 「가장 중한 과태료」를 부과한다.'고 규정하고 있다.

③ (X) 질서위반행위규제법 제15조 제1항에서는 '과태료는 행정청의 과태료부과처분이나 법원의 과태료재판이 확정된 후 「5년간」 징수하지 아니하거나 집행하지 아니하면 시효로 인하여 소멸한다.'고 규정하고 있다.

④ (O) 질서위반행위규제법 제25조에서는 '과태료사건은 다른 법령에 특별한 규정이 있는 경우를 제외하고는 「당사자의 주소지」의 지방법원 또는 그 지원의 관할로 한다.'고 규정하고 있다. 이때의 「당사자」란 질서위반행위를 한 자연인 또는 법인을 말한다(질서위반행위규제법 제2조 3호).

14 답 ③

출제단원 Part 02 행정작용 및 절차법, Part 04 행정소송법
출제영역 행정행위의 효력, 무효확인소송의 보충성

ㄱ. (O) 하자 있는 행정행위라 할지라도 불복기간이 경과하거나, 쟁송수단을 모두 다 거친 이후에는 상대방 또는 이해관계인이 더 이상 행정행위의 효력을 쟁송절차를 통해 다툴 수 없게 되는데 이를 「불가쟁력」이라고 한다. 그런데 「국가배상청구소송」은 처분의 효력을 다투는 것이 아니라, 「처분의 위법성」을 다투는 것이므로 불가쟁력이 발생한 행정행위로 손해를 입은 국민은 국가배상청구소송을 제기할 수 있다.

ㄴ. (X) 행정행위에 하자가 있다고 하더라도, 「하자가 중대하고 명백하여 당연히 무효로 인정되는 경우를 제외」하고는 「권한 있는 기관에 의해 취소되기 전」까지 유효한 것으로 통용되는 힘을 「공정력」이라고 한다. 이때 행정행위를 취소할 수 있는 「권한 있는 기관」이란 처분청, 감독청, 행정심판위원회, 수소법원(= 취소소송 청구를 받은 법원)을 말한다. 이와 관련하여 대법원은 과세처분의 하자가 취소할 수 있는 정도에 불과한 때에는 「과세관청이 스스로 과세처분을 취소」하거나, 「항고소송절차에서 과세처분이 취소」되기 전까지는 과세처분이 여전히 유효하므로 이미 납부 받은 세금은 법률상 원인이 없는 것이 아니므로 부당이득이 되지 않는다고 본다(대법원 1994. 11. 11. 94다28000). 이는 민사법원에서 취소사유 있는 과세처분의 효력을 부인한 후 과세관청이 이미 납부 받은 세금을 부당이득에 해당한다고 보아 반환을 명할 수는 없다는 것이다. 따라서 취소사유 있는 과세처분에 의하여 세금을 납부한 자는 과세처분취소소송을 제기하지 않은 채 곧바로 부당이득반환청구소송을 제기하여 납부한 금액을 반환받을 수는 없다.

ㄷ. (O) 행정처분은 「공정력」으로 인해 하자가 있더라도 당연무효가 아닌 한 「권한 있는 기관」에 의해 취소되기 전까지는 유효한 것으로 취급된다. 따라서 파면처분을 당한 공무원은 그 처분에 단순위법인 하자(= 취소사유)가 있는 경우에는 「파면처분취소소송」을 제기하여 처분의 효력을 다투어야 하며, 「공무원지위확인소송(= 당사자소송)」과 같은 취소소송 이외의 소송으로 처분의 효력을 부정할 수는 없다.

ㄹ. (O) 「민사소송에서 확인의 소」는 권리·법률관계의 확인만을 구하려는 것인데, 이를 아무런 제한 없이 허용하면 수많은 현상에 대해서 확인을 구할 것이므로 법원의 부담이 가중된다. 따라서 민사소송에서 확인의 소는 확인의 이익이 인정되는 경우에만 인정된다. 예를 들어, 채권자인 원고가 채무자에게 채무를 이행할 것을 소송으로 청구(= 이행의 소)할 수 있는 경우에는, 원고(채권자)가 피고(채무자)에게 채권을 가지고 있음을 확인하는 소송(= 확인의 소)을 허용할 수는 없다.

이를 확인의 소의 「보충성」이라고 한다. 이와 관련하여 「항고소송 중 무효등확인소송」에서도 「민사소송에서의 확인소송」과 마찬가지로 보충성이 요구되는지가 문제된다. 이에 대해 대법원은 행정소송은 민사소송과는 목적·취지 및 기능 등을 달리하며, 무효확인소송에는 무효확인판결만으로도 실효성 확보가 가능하다는 등의 이유로 무효확인소송에서는 보충성이 요구되지 않는 것으로 판례를 변경하였다. 즉, 행정처분의 근거법률에 의하여 보호되는 직접적이고 구체적인 이익이 있는 경우에는 '무효확인을 구할 법률상 이익'이 있으므로 무효등확인소송을 제기할 수 있는 것이며, 이와 별도로 무효확인소송의 보충성이 요구되지 않으므로 행정처분의 무효를 전제로 한 이행소송 등과 같은 직접적인 구제수단이 있는지 여부를 따질 필요가 없다는 것이다(대법원 2008. 3. 20. 2007두6342). 따라서 무효인 과세처분에 의해 조세를 납부한 자가 과세처분이 무효임을 전제로 하여 이미 납부한 세금을 바로 돌려받을 수 있는 「부당이득반환청구소송(= 직접적인 구제수단)」을 제기할 수 있는 경우라고 하더라도 「과세처분에 대한 무효확인소송」을 제기할 수 있다.

15 ④

출제단원 Part 06 행정상 손해배상
출제영역 공무원의 위법한 직무행위로 인한 손해배상의 요건, 국가배상법, 공무원 개인의 배상책임, 이중배상금지

행정상 손해배상이란 위법한 국가작용에 의하여 발생된 손해에 대한 구제수단으로서 '국가배상'이라고도 한다.

① (O) 국가배상법 제2조 제1항에서는 「공무원의 위법한 직무행위로 인한 국가나 지방자치단체의 배상책임」을 명시하고 있다. 국가배상법 제2조의 책임이 인정되기 위해서는 「공무원의 직무상 의무위반」과 「손해」 사이에 「상당인과관계」가 인정되어야 한다. 이와 관련하여 대법원은 주점에서 발생한 화재로 사망한 갑 등의 유족들이 광역시를 상대로 손해배상을 구한 사안에서, 소방공무원들이 업주들에 대하여 필요한 지도·감독을 제대로 수행하였더라면 화재 당시 손님들에 대한 대피조치가 보다 신속히 이루어지고 피난통로 안내가 적절히 이루어지는 등으로 갑 등이 대피할 수 있었을 것이고, 갑 등이 대피방향을 찾지 못하다가 사망하게 되는 결과는 피할 수 있었을 것인 점 등에 비추어 소방공무원들의 직무상 의무위반과 갑 등의 사망 사이에 상당인과관계가 인정된다고 본다(대법원 2016. 8. 25. 2014다225083).

② (O) 국가배상법 제7조에서 '이 법은 외국인이 피해자인 경우에는 해당 국가와 상호보증이 있을 때에만 적용한다.'고 규정하고 있다. 이때 '상호보증'이란, 만약 미국인이 한국에서 피해를 입어 한국을 상대로 국가배상청구를 할 수 있으려면, 한국인이 미국에서 피해를 입었을 때 미국의 관련법령상 한국인이 미국을 상대로 국가배상청구를 할 수 있는 경우이어야 한다는 것을 말한다. 이와 관련하여 대법원은 우리나라와 외국 사이에 국가배상청구권의 발생요건이 현저히 균형을 상실하지 아니하고 외국에서 정한 요건이 우리나라에서 정한 그것보다 전체로서 과중하지 아니하여 중요한 점에서 실질적으로 거의 차이가 없는 정도라면 국가배상법 제7조가 정하는 상호보증의 요건을 구비하였다고 본다. 이에 따라 「일본 국가배상법」이 국가배상청구권의 발생요건 및 상호보증에 관하여 「우리나라 국가배상법」과 동일한 내용을 규정하고 있는 점 등에 비추어 우리나라와 일본 사이에 국가배상법 제7조가 정하는 상호보증이 있다고 본다(대법원 2015. 6. 11. 2013다208388).

③ (O) 대법원은 국가가 소멸시효의 완성 전에 피해자의 권리행사나 시효중단을 불가능 또는 현저히 곤란하게 한 것과 같이 국가의 잘못이 있는 경우에는 국가가 피해자의 국가배상청구권의 소멸시효가 완성되었음을 주장하여 손해배상책임을 면하는 것은 권리남용으로서 허용될 수 없다고 본다. 이와 같이 국가가 소멸시효 완성을 주장하는 것이 권리남용에 해당하여 허용되지 않음으로 인해 국가가 피해자에게 배상책임을 이행한 것이라면, 「특별한 사정이 없는 한」, 국가가 공무원에게 구상권을 행사하여 국가가 피해자에게 지급한 손해배상금을 돌려받을 수는 「없다」고 본다. 국가가 이러한 잘못을 하지 않았다면 국가는 소멸시효가 완성되었음을 주장하여 배상책임을 면할 수 있었을 것이고, 그렇다면 국가가 공무원에게 구상하는 일도 없었을 것인데, 국가의 잘못으로 소멸시효를 주장할 수 없게 된 것이므로 이러한 경우에는 공무원에게 구상할 수 없다는 것이다. 다만, 이러한 국가의 잘못을 해당 공무원이 적극적으로 주도하였다는 등의 「특별한 사정이 있는 경우」라면 국가가 해당 공무원에게 구상권을 행사할 수 「있다」고 본다(대법원 2016. 6. 10. 2015다217843).

④ (X) 국가배상법 제2조 제1항 단서에서는 '군인·군무원·경찰공무원 또는 예비군대원이 전투·훈련 등 직무집행과 관련하여 전사·순직하거나 공상을 입은 경우에 본인이나 그 유족이 다른 법령에 따라 재해보상금·유족연금·상이연금 등의 보상을 지급받을 수 있을 때에는 이 법 및 「민법」에 따른 손해배상을 청구할 수 없다.'고 규정하고 있다. 이는 군인·군무원 등 특별한 신분을 가진 공무원이 피해자가 되는 경우에 일정한 요건하에 국가배상청구권을 배제하고 있는 것이다(이중배상금지). 이와 관련하여 대법원은 군인 등이 전투·훈련 등 직무집행과 관련하여 공상을 입는 등의 이유로 「보훈보상대상자 지원에 관한 법률(이하 '보훈보상자법'이라 함)」에 따라 보상금 등 보훈급여금을 지급받을 수 있을 때에는 국가배상법 제2조 제1항 단서에 따라 국가를 상대로 국가배상을 청구할 수 없다고 본다. 반면, 이와 달리 먼저 국가배상법에 따라 손해배상금을 지급받은 다음 보훈보상자법이 정한 보상금 등 보훈급여금의 지급을 청구하는 경우에는 국가배상법에 따라 손해배상을 받았다는 사정을 들어 보상금 등 보훈급여금의 지급을 거부할 수 없다고 본다(대법원 2017. 2. 3. 2015두60075). 이는 보훈보상자법은 「국가배상법과 달리」 국가배상법에 따른 손해배상금을 지급받은 자를 보상금 등 보훈급여금의 지급대상에서 제외하도록 하는 규정을 두고 있지 않은 점 등을 고려한 것이다. 정리하면 다음과 같다.

상황	판단
보훈보상자법상 보훈급여금을 지급받을 수 있음에도 국가배상을 청구한 경우	국가배상 청구 불가 ∵ 국가배상법 제2조 제1항 단서(이중배상금지) 적용
국가배상을 청구하여 배상금을 받은 다음 보훈보상자법상 보훈급여금을 청구한 경우	보훈급여금 청구 가능 ∵ 보훈보상자법상 국가배상을 받았다는 이유로 보훈급여금 지급을 거부할 수 있는 규정이 없음

16 ①

| 출제단원 | Part 03 행정의 실효성 확보수단 |
| 출제영역 | 과징금 |

〈보기〉의 「여객자동차 운수사업법」을 살펴보면, 「사업정지처분」을 하여야 하는 경우에 사업정지처분이 여객자동차 운수사업을 이용하는 사람들에게 심한 불편을 주거나 공익을 해칠 우려가 있는 때에는 「사업정지처분을 갈음」하여 「과징금」을 부과할 수 있도록 하고 있다. 이와 같이 다수 국민이 이용하는 사업이나 국가·사회에 중대한 영향을 미치는 사업에 있어서 사업정지를 명할 일정한 위법사유가 있음에도 불구하고 공익의 보호 등을 이유로 사업 자체는 계속하게 하고 그에 따른 이익을 박탈하는 내용의 행정제재금을 부과하는 것을 「변형된 과징금」이라고 한다.

① (X) 대법원은 과징금부과처분은 제재적 행정처분으로서 행정목적의 달성을 위하여 행정법규 위반이라는 객관적 사실에 착안하여 가하는 제재라고 본다. 따라서 반드시 현실적인 행위자가 아니라고 하더라도 법령상 책임자로 규정된 자에게 부과되고, 원칙적으로 위반자의 고의·과실을 요하지 아니한다고 본다. 다만, 위반자의 의무해태를 탓할 수 없는 정당한 사유가 있는 등의 특별한 사정이 있는 경우에는 이를 부과할 수 없다고 본다(대법원 2014. 10. 15. 2013두5005).

② (O) 〈보기〉의 「여객자동차 운수사업법」을 살펴보면 '… 사업정지처분을 갈음하여 … 과징금을 부과·징수「할 수 있다」.'고 규정하고 있다. 일반적으로 변형된 과징금의 경우 사업정지처분을 할 것인지, 아니면 이에 갈음하여 과징금을 부과할 것인지는 행정청의 재량에 속한다고 본다. 대법원도 자동차운수사업면허조건 등을 위반한 사업자에 대하여 행정청이 행정제재수단으로 사업정지를 명할 것인지, 과징금을 부과할 것인지, 과징금을 부과키로 한다면 그 금액은 얼마로 할 것인지에 관하여 재량권이 부여되었다 할 것이라고 본다(대법원 1998. 4. 10. 98두2270).

③ (O) 행정절차법 제3조에서 「처분」, 신고, 확약, 위반사실 등의 공표, 행정계획, 행정상 입법예고, 행정예고 및 행정지도의 절차에 관하여 다른 법률에 특별한 규정이 있는 경우를 제외하고는 이 법에서 정하는 바에 따른다.'고 규정하고 있다. 따라서 「처분」에 해당하는 「과징금부과처분」에도 원칙적으로 행정절차법이 적용된다.

④ (O) ①번 해설 참조

17 ③

| 출제단원 | Part 03 행정의 실효성 확보수단 |
| 출제영역 | 행정벌 |

행정벌이란 행정의 상대방이 행정법상 의무를 위반한 경우에 국가 또는 지방자치단체가 행정의 상대방에게 과하는 행정법상의 제재로서의 처벌을 말한다. 행정벌에는 행정형벌과 행정질서벌(과태료)이 있다.

① (O) 법인의 대표자 또는 법인의 종업원이 그 법인의 업무와 관련하여 행정범(= 행정법규의 위반으로 성립되는 범죄)을 범한 경우에 행위자뿐만 아니라 법인도 아울러 처벌한다는 규정(= 양벌규정)을 두는 경우가 있다. 이와 관련하여 헌법재판소는 종업원 등의 범죄행위에 대하여 법인에게 과실이 있는지 여부를 묻지 않고, 단순히 법인이 고용한 종업원이 업무에 관하여 범죄행위를 하였다는 이유만으로 법인에 대하여 형사처벌을 과하고 있는 규정은 다른 사람의 범죄에 대하여 그 책임 유무를 묻지 않고 형벌을 부과하는 것으로써 책임주의원칙에 반하여 헌법에 위반된다는 결정을 하였다(헌재 2010. 7. 29. 2009헌가18).

② (O) 「죄형법정주의의 원칙」이란 어떠한 행위가 「범죄」가 되며, 이에 대해 어떠한 「형벌」이 부과되는지를 미리 성문의 법률에 규정해 두어야 한다는 것을 말한다. 그런데 「행정형벌」이란 행정법규 위반에 대하여 과하여지는 「형벌」을 말한다. 따라서 죄형법정주의원칙 등 형벌법규의 해석원리는 행정형벌에 관한 규정을 해석할 때에도 적용된다. 참고로 이와 비교하여 헌법재판소는 「과태료」는 행정상의 질서유지를 위한 행정질서벌에 해당할 뿐 형벌이라고 할 수 없어 죄형법정주의의 규율대상에 해당하지 아니한다고 본다(헌재 1998. 5. 28. 96헌바83)는 것을 비교하여 정리해야 한다.

구분	죄형법정주의원칙 적용 여부
행정형벌	적용 O
행정질서벌(= 과태료)	적용 X

③ (X) 대법원은 양벌규정에 의한 「영업주(= 행위자 이외의 자)」의 처벌은 금지위반행위자인 「종업원(= 실제 행위자)」의 처벌에 종속하는 것이 아니라, 독립하여 그 자신의 종업원에 대한 선임감독상의 과실로 인하여 처벌되는 것이므로 종업원의 범죄성립이나 처벌이 영업주 처벌의 전제조건이 될 필요는 없다고 본다(대법원 2006. 2. 24. 2005도7673).

④ (O) 대법원은 지방자치단체가 그 고유의 「자치사무」를 처리하는 경우에는 지방자치단체는 국가기관의 일부가 아니라 국가기관과는 별도의 「독립한 공법인」이라고 본다. 따라서 지방자치단체 소속 공무원이 지방자치단체 고유의 「자치사무」를 수행하던 중 도로법 위반행위를 한 경우에는 「지방자치단체」는 도로법의 양벌규정에 따라 처벌대상이 되는 법인에 해당한다고 본다(대법원 2005. 11. 10. 2004도2657).

18 ④

| 출제단원 | Part 04 행정소송법 |
| 출제영역 | 행정소송의 대상 |

행정소송법 제3조에서 행정소송의 종류로 항고소송, 당사자소송, 민중소송, 기관소송을 규정하고 있다.

ㄱ. (민사소송) 대법원은 「예산회계법 또는 지방재정법에 따라 지방자치단체가 당사자가 되어 체결하는 계약」은 「사법상의 계약」일 뿐, 공권력을 행사하는 것이거나 공권력작용과 일체성을 가진 것은 아니라고 할 것이므로 이에 관한 분쟁은 행정소송의 대상이 될 수 없다고 본다(대법원 1996. 12. 20. 96누14708). 따라서 「지방재정법」에 따라 지방자치단체가 체결한 계약에 있어 지방자치단체의 계약보증금(= 계약을 체결할 때 계약금액의 일부로 지급한 금액)의 귀속조치도 민사소송의 대상일 뿐이며, 행정소송의 대상은 아니다.

ㄴ. (행정소송 중 항고소송) 대법원은 국유재산의 관리청이 그 「무단점유자에 대하여 하는 변상금부과처분」은 순전히 사경제주체로서 행하는 사법상의 법률행위라 할 수 없고 이는 관리청이 공권력을 가진 우월적 지위에서 행한 것으로서 행정소송의 대상이 되는 행정처분이라고 본다(대법원 1988. 2. 23. 87누1046, 1047).

ㄷ. (행정소송 중 당사자소송) 대법원은 서울특별시립무용단 단원의 위촉은 공법상의 계약이라고 할 것이고, 단원의 해촉(위촉했던 직책이

나 자리에서 물러나게 하는 것)에 대하여는 공법상의 당사자소송으로 그 무효확인을 청구할 수 있다고 본다(대법원 1995. 12. 22. 95누4636).

ㄹ. (행정소송 중 항고소송) 대법원은 공유재산의 관리청이 행하는 행정재산의 사용·수익에 대한 허가는 사법상의 행위가 아니라 관리청이 공권력을 가진 우월적 지위에서 행하는 행정처분으로서 특정인에게 행정재산을 사용할 수 있는 권리를 설정하여 주는 강학상 특허에 해당한다고 본다. 또한 관리청이 행정재산의 사용·수익에 대한 허가신청을 거부한 행위 역시 행정처분에 해당한다고 본다(대법원 1998. 2. 27. 97누1105).

19 ④

출제단원 Part 03 행정의 실효성 확보수단
출제영역 행정대집행

대집행이란 공법상 「대체적 작위의무」의 불이행이 있는 경우에 당해 행정청이 스스로 의무자가 행할 행위를 하거나 제3자로 하여금 이를 행하게 하고 그 비용을 의무자로부터 징수하는 것을 말한다.

① (O) 행정청이 A에게 일정한 기간을 정하여 공유수면(바다, 바닷가, 하천, 호소(湖沼, 늪과 호수), 구거(溝渠, 도랑) 기타 공공용으로 사용되는 수면으로서 국가 소유인 것) 사용허가를 하였고, A는 해당 공유수면에 건물을 신축하였다. 이후 공유수면 사용기간이 만료되자 행정청은 A에게 원상회복명령을 하였으나 A는 이를 이행하지 않았다. 이에 행정청은 A에게 공유수면에 지어진 건물을 철거하라면서 원상회복명령의 이행을 촉구하였고, 기한 내 이행하지 않을 경우 행정대집행을 실시할 예정임을 통보하였다. 이러한 사안에서 대법원은 행정청의 명령에 의한 A의 건물철거의무에는 A의 퇴거의무도 포함되어 있는 것이므로, 별도로 퇴거를 명하는 집행권원이 필요하지는 않다고 본다(대법원 2017. 4. 28. 2016다213916). 참고로 '집행권원'이란 확정된 판결과 같이 강제집행을 할 수 있는 근거를 말한다.

② (O) 대집행의 대상이 되는 「대체적 작위의무」란 건물의 철거, 물건의 파기 등과 같이 타인이 대신하여 이행할 수 있는 의무를 말한다. 반면, 토지나 건물의 명도(= 건물, 토지 등을 인도하여 남에게 주거나 맡기는 것)의무는 토지나 건물을 점유하고 있는 자가 직접 이행해야 하는 것이며, 점유하고 있지 않은 타인이 대신 이행할 수 있는 의무가 아니다. 따라서 대집행의 대상이 될 수 없다. 대법원도 피수용자 등이 기업자(= 공익사업을 시행하는 자인 사업시행자)에 대하여 부담하는 수용대상토지의 명도의무는 그것을 강제적으로 실현하면서 직접적인 실력행사가 필요한 것이지, 대체적 작위의무라고 볼 수 없으므로 특별한 사정이 없는 한 행정대집행법에 의한 대집행의 대상이 될 수 없다고 본다(대법원 2005. 8. 19. 2004다2809).

③ (O) 행정대집행법은 '대집행에 요한 비용은 국세징수법의 예에 의하여 징수할 수 있다.'고 규정하고 있다. 대법원은 이처럼 간이하고 경제적인 특별구제절차(= 국세징수법의 예에 의한 징수)가 마련되어 있으므로 민사소송절차로 대집행비용의 상환을 구할 수는 없다고 본다(대법원 2011. 9. 8. 2010다48240).

④ (X) 행정대집행법 제4조 제1항에서 대집행 실행에 있어 시간상 제한에 대해 규정하고 있다.

	원칙	불가
해 뜨기 전이나 해 진 후 대집행 가능 여부	예외	다음의 경우에 한해 가능 · 의무자가 동의한 경우 · 해 지기 전에 대집행을 착수한 경우 · 해 뜬 후부터 해 지기 전까지 대집행을 하는 경우 대집행의 목적달성이 불가능한 경우 · 비상시 또는 위험이 절박한 경우

따라서 해가 지기 전에 대집행에 착수한 경우라면 해가 진 후에도 대집행을 할 수 있다.

20 ②

출제단원 Part 04 행정소송법
출제영역 일부취소판결

취소소송에서 인용판결시 외형상 하나의 행정처분이라 하더라도 처분이 가분성이 있거나 그 처분의 일부가 특정될 수 있다면 일부취소도 가능하다.

① (X) 대법원은 행정청에는 행정제재수단으로 사업정지를 명할 것인지, 과징금을 부과할 것인지, 과징금을 부과하기로 한다면 그 금액은 얼마로 할 것인지에 관하여 재량권이 부여되어 있다고 본다. 따라서 과징금부과처분이 법이 정한 한도액을 초과하여 위법할 경우 「법원」으로서는 그 「전부」를 취소하여야 하며, 법원이 법이 정한 한도액을 초과한 부분이나 법원이 적정하다고 인정되는 부분을 초과한 부분만을 취소할 수는 없다고 본다(대법원 1998. 4. 10. 98두2270). 즉, 「법원」이 과징금부과처분 전부를 취소하면, 「행정청」이 새롭게 재량을 행사하여 과징금액수를 정해야 한다는 것이다.

② (O) 대법원은 외형상 하나의 행정처분이라 하더라도 「가분성」이 있거나 그 「처분대상의 일부가 특정」될 수 있다면 일부만의 취소도 가능하고 그 일부의 취소는 당해 취소부분에 관하여만 효력이 생기는 것이라고 본다. 따라서 공정거래위원회가 사업자에 대하여 행한 법위반사실 공표명령은 비록 하나의 조항으로 이루어진 것이라고 하여도 그 대상이 된 사업자의 「광고행위」와 「표시행위」로 인한 각 법위반사실은 별개로 특정될 수 있어 위 각 법위반사실에 대한 독립적인 공표명령이 경합된 것으로 보아야 할 것이므로, 이 중 「표시행위」에 대한 법위반사실이 인정되지 아니하는 경우에 그 부분에 대한 공표명령의 효력만을 취소할 수 있을 뿐, 공표명령 전부를 취소할 수 있는 것은 아니라고 본다(대법원 2000. 12. 12. 99두12243).

③ (X) 대법원은 개발부담금부과처분 취소소송에 있어 당사자가 제출한 자료에 의하여 적법하게 부과될 「정당한 부과금액을 산출할 수 없을 경우」에는 부과처분 「전부」를 취소할 수밖에 없으나, 「정당한 부과금액을 산출할 수 있을 경우」에는 그 정당한 금액을 「초과하는 부분만」 취소하여야 한다고 본다(대법원 2004. 7. 22. 2002두868).

④ (X) 대법원은 공정거래위원회가 위반행위에 대한 과징금을 부과하면서 여러 개의 위반행위에 대하여 외형상 하나의 과징금납부명령을 하였으나 여러 개의 위반행위 중 「일부의 위반행위에 대한 과징금부과만이 위법」하고 소송상 그 「일부의 위반행위를 기초로 한 과징금액을 산정할 수 있는 자료가 있는 경우」에는, 하나의 과징금납부명령일지라도 그 일부의 위반행위에 대한 과징금액에 해당하는 부분만을 취소하여야 한다고 본다(대법원 2019. 1. 31. 2013두14726).

2019년 서울시(사회복지직) 9급
행정법총론

문제편 p.121

| 01 ② | 02 ③ | 03 ① | 04 ③ | 05 ③ | 06 ③ | 07 ④ | 08 ① | 09 ① | 10 ④ |
| 11 ③ | 12 ③ | 13 ④ | 14 ③ | 15 ② | 16 ① | 17 ② | 18 ② | 19 ④ | 20 ④ |

01
정답 ②

출제단원 Part 01 행정법 서설
출제영역 법치행정의 원리

법치행정의 원칙이란 의회가 제정한 법률에 행정이 기속되며, 법률에 의한 행정을 보장하기 위해 행정작용에 대한 사법심사가 허용됨을 의미한다. 구체적으로 법률의 법규창조력, 법률우위의 원칙, 법률유보의 원칙을 들 수 있다.

① (O) 국가작용 중 법규를 정립하는 입법은 의회가 행하여야 한다는 원칙을 '법률의 법규창조력'이라고 한다. 즉, 의회에서 제정한 법률만이 법규(= 국민과 행정권을 구속하고, 재판규범이 되는 법규범)를 창설할 수 있다는 것이다.

② (X) 행정권의 발동에는 법적 근거가 있어야 한다는 것을 '법률유보의 원칙'이라고 한다. 이때 '법률유보의 원칙'이 적용되는 행정의 범위가 어디까지인지에 대하여 견해가 대립하는데, 대법원과 헌법재판소는 사항의 중요도에 따라 법률유보의 정도를 달리 판단하고 있다(중요사항유보설). 예를 들어, 헌법재판소는 텔레비전방송수신료는 국민의 기본권 실현에 관련된 영역에 속하고, 수신료금액의 결정은 납부의무자의 범위 등과 함께 수신료에 관한 본질적인 중요한 사항이므로 국회가 스스로 행하여야 하는 사항에 속한다고 본다(헌재 1999. 5. 27. 98헌바70).

③ (O) 헌법재판소는 수신료징수업무를 한국방송공사가 직접 수행할 것인지 아니면 제3자에게 위탁할 것인지, 위탁한다면 누구에게 위탁하도록 할 것인지, 위탁받은 자가 자신의 고유업무와 결합하여 징수업무를 할 수 있는지는 징수업무처리의 효율성 등을 감안하여 결정할 수 있는 사항으로서 국민의 기본권 제한에 관한 본질적인 사항이 아니라고 본다(헌재 2008. 2. 28. 2006헌바70).

④ (O) 헌법재판소는 오늘날 법률유보원칙은 단순히 행정작용이 법률에 근거를 두기만 하면 충분한 것이 아니라, 국가공동체와 그 구성원에게 기본적이고도 중요한 의미를 갖는 영역, 특히 국민의 기본권 실현과 관련된 영역에 있어서는 국민의 대표자인 입법자가 그 본질적 사항에 대해서 스스로 결정하여야 한다는 요구까지 내포하고 있다고 본다(헌재 1999. 5. 27. 98헌바70). 이는 헌법재판소가 중요사항유보설에 포함된 이론인 의회유보설을 인정한 것이라고 본다.

02
정답 ③

출제단원 Part 02 행정작용 및 절차법
출제영역 행정절차의 하자, 행정절차법 적용배제사항

① (O) 행정절차법에는 당사자 등은 변호사를 대리인으로 선임할 수 있고, 대리인으로 선임된 변호사는 당사자 등을 위하여 행정절차에 관한 모든 행위를 할 수 있다고 규정되어 있다(제12조, 제11조). 대법원은 이러한 행정절차법령의 규정과 취지, 헌법상 법치국가원리와 적법절차원칙에 비추어 징계와 같은 불이익처분절차에서 징계심의대상자에게 변호사를 통한 방어권의 행사를 보장하는 것이 필요하고, 징계심의대상자가 선임한 변호사가 징계위원회에 출석하여 징계심의대상자를 위하여 필요한 의견을 진술하는 것은 방어권 행사의 본질적 내용에 해당하므로, 행정청은 특별한 사정이 없는 한 이를 거부할 수 없다고 본다(대법원 2018. 3. 13. 2016두33339).

② (O) 행정절차법에서는 행정절차법의 적용이 배제되는 몇 가지 사항 중 한 가지로 「⟨㉠ ··· 공무원 인사관계법령에 따른 징계와 그 밖의 처분 ··· 등⟩ 해당 행정작용의 ⟨㉡ 성질상 행정절차를 거치기 곤란하거나 거칠 필요가 없다고 인정되는 사항⟩과 ⟨㉢ 행정절차에 준하는 절차를 거친 사항으로서 대통령령으로 정하는 사항⟩」을 규정하고 있다(제3조 제2항 9호). 이 규정의 해석과 관련하여 대법원은 ㉠에 해당하는 사항 전부가 아니라, 이 중 ㉡이나 ㉢에 해당하는 경우에만 행정절차법의 적용이 배제되는 것이라고 해석한다. 즉, 대법원은 공무원 인사관계법령에 의한 처분에 관한 사항이라 하더라도 전부에 대하여 행정절차법의 적용이 배제되는 것이 아니라, 성질상 행정절차를 거치기 곤란하거나 불필요하다고 인정되는 처분이나 행정절차에 준하는 절차를 거치도록 하고 있는 처분의 경우에만 행정절차법의 적용이 배제되는 것이라고 본다(대법원 2013. 1. 16. 2011두30687).

③ (X) 대법원은 국가공무원법상 직위해제처분은 당해 행정작용의 성질상 행정절차를 거치기 곤란하거나 불필요하다고 인정되는 사항 또는 행정절차에 준하는 절차를 거친 사항에 해당하므로, 처분의 사전통지 및 의견청취 등에 관한 행정절차법의 규정이 별도로 적용되지 않는다고 본다(대법원 2014. 5. 16. 2012두26180). 국가공무원법에서 직위해제를 할 때에는 처분사유를 적은 설명서를 교부하도록 하고, 공무원이 불복할 경우 소청심사청구를 할 수 있도록 하는 등 해당 공무원에게 방어의 준비 및 불복의 기회를 보장하고 있으므로 별도로 행정절차법을 적용할 필요는 없다는 것이다.

④ (O) 대법원은 민원사무를 처리하는 행정기관이 민원사항의 심의·조정 등을 위한 민원조정위원회를 개최하면서 민원인에게 회의일정 등을 사전에 통지하지 아니하였다 하더라도, 이러한 사정만으로 곧바로 민원사항에 대한 행정기관의 장의 거부처분에 취소사유에 이를 정도의 흠이 존재한다고 보기는 어렵다고 본다. 다만 행정기관의 장의 거부처분이 재량행위인 경우에, 이러한 사전통지의 흠결로 민원인에게 의견진술의 기회를 주지 않은 결과 민원조정위원회의 심의 과정에서 고려대상에 마땅히 포함시켜야 할 사항을 누락하는 등 재량권의 불행사 또는 해태로 볼 수 있는 구체적 사정이 있다면, 이때의 거부처분은 재량권을 일탈·남용한 것으로서 위법하다고 본다(대법원 2015. 8. 27. 2013두1560).

03
정답 ①

출제단원 Part 02 행정작용 및 절차법
출제영역 허가·특허·인가

① (X) 허가가 기속행위인지 아니면 재량행위인지와 관련하여 대법원은 법령에 특별한 규정이 없는 한 원칙상 기속행위라고 보면서도, 예외적으로 명문의 규정이 없더라도 중대한 공익(환경보호 등)의 고려

가 필요하여 이익형량이 요구되는 경우의 허가는 재량행위라고 본다. 예를 들어, 대법원은 법령이 규정하는 산림훼손 금지 또는 제한 지역에 해당하는 경우는 물론 금지 또는 제한 지역에 해당하지 않더라도 허가관청은 산림훼손허가신청 대상토지의 현상과 위치 및 주위의 상황 등을 고려하여 국토 및 자연의 유지와 환경의 보전 등 중대한 공익상 필요가 있다고 인정될 때에는 허가를 거부할 수 있고, 그 경우 법규에 명문의 근거가 없더라도 거부처분을 할 수 있는 것이며, 이는 산림훼손기간을 연장하는 경우에도 마찬가지라고 본다(대법원 1997. 8. 29. 96누15213).

② (O) 허가란 법령에 의해 개인의 자유가 제한되고 있는 경우에 그 제한을 해제하여 자유를 적법하게 행사할 수 있도록 회복하여 주는 행정행위를 말한다. 즉, 허가는 상대적 금지를 해제하여 주는 것일 뿐, 허가를 받은 자에게 새로운 권리나 능력을 부여하는 것이 아니다. 대법원도 건축허가는 허가를 받은 자에게 새로운 권리나 능력을 부여하는 것은 아니라고 본다(대법원 2009. 3. 12. 2006다28454).

③ (O) 대법원은 출입국관리법상 체류자격 변경허가는 신청인에게 당초의 체류자격과 다른 체류자격에 해당하는 활동을 할 수 있는 권한을 부여하는 일종의 설권적 처분의 성격을 가진다고 보아 「특허」라고 본다(대법원 2016. 7. 14. 2015두48846). 특허란 특정인을 위하여 새로운 권리를 설정하는 행위, 능력을 설정하는 행위, 포괄적인 법률관계를 설정하는 행위를 뜻하며, 설권행위라고 부른다.

④ (O) 학교법인의 임원에 대한 감독청의 취임승인은 강학상 인가에 해당한다. 인가란 제3자의 법률행위(= 기본행위)를 보충하여 그 법률적 효력을 완성시켜 주는 행정행위(= 인가행위)를 의미한다. 인가의 경우 쟁송의 대상이 무엇인지에 대하여 대법원은 기본행위와 인가행위 중 어디에 하자가 있는지에 따라 다음과 같이 판단한다.

기본행위에 하자 X + 인가행위에 하자 O	「인가처분」의 무효나 취소를 구할 수 있다.
기본행위에 하자 O + 인가행위에 하자 X	「기본행위」만이 쟁송의 대상이 된다.

즉, 대법원은 기본행위인 이사선임결의가 적법·유효하고 보충행위인 승인처분(= 인가) 자체에만 하자가 있다면 그 승인처분의 무효확인이나 그 취소를 주장할 수 있다고 본다. 반면, 기본행위인 이사선임결의에 하자가 있다면 민사쟁송으로 기본행위에 해당하는 이사선임결의의 무효확인을 구하는 방법으로 분쟁을 해결할 것이지, 승인처분(= 인가)의 무효확인이나 그 취소를 구하는 것은 분쟁해결의 유효적절한 수단이라 할 수 없어 임원취임승인처분(= 인가처분)의 무효확인이나 그 취소를 구할 법률상 이익이 없다고 본다(대법원 2002. 5. 24. 2000두3641).

04

답 ③

출제단원 Part 02 행정작용 및 절차법
출제영역 국가를 당사자로 하는 계약에 관한 법률

「국가를 당사자로 하는 계약에 관한 법률」은 국가를 당사자로 하는 계약에 관한 기본적인 사항을 정함으로써 계약업무를 원활하게 수행할 수 있도록 함을 목적으로 제정된 법률이다.

① (X) 대법원은 국가계약의 본질적인 내용은 사인 간의 계약과 다를 바가 없어 법령에 특별한 규정이 있는 경우를 제외하고는 사법의 규정 내지 법원리가 그대로 적용된다고 본다(대법원 2016. 6. 10. 2014다200763).

② (X) 「국가를 당사자로 하는 계약에 관한 법률」 제11조에서는 계약담당공무원은 계약을 체결할 때 계약서를 작성하여야 한다고 규정하고 있다. 또한 계약서를 작성하는 경우에는 담당공무원과 계약상대자가 계약서에 기명하고 날인하거나 서명함으로써 계약이 확정된다고 규정하고 있다. 이와 관련하여 대법원은 국가를 당사자로 하는 계약에 관한 법률상 계약의 체결은 「계약서의 작성」을 「성립요건」으로 하는 요식행위(= 일정한 방식을 필요로 하는 행위)로 정하고 있으므로, 이 경우 「낙찰자의 결정」으로 바로 계약이 성립된다고 볼 수는 없어 「낙찰자」는 상대방(국가)에 대하여 「계약을 체결하여 줄 것을 청구할 수 있는 권리」를 갖는 데 그치고, 이러한 점에서 위 법률에 따른 「낙찰자 결정」의 법적 성질은 입찰과 낙찰행위가 있은 후에 더 나아가 「본계약」을 따로 체결한다는 취지로서 계약의 「편무예약」에 해당한다고 본다(대법원 2006. 6. 29. 2005다41603). 즉, 예약은 장차 본계약을 체결할 것을 약속하는 「사법상 계약」이므로 행정소송법상 처분에 해당하지 않는다. 참고로 편무예약이란 당사자의 한쪽만이 본계약 체결을 요구할 수 있는 권리를 갖고, 상대방은 승낙의무를 부담하는 경우를 말한다.

③ (O) 대법원은 국가가 사인과 계약을 체결할 때에는 「국가를 당사자로 하는 계약에 관한 법률」에 따른 계약서를 따로 작성하는 등 요건과 절차를 이행하여야 한다고 본다. 만약 국가와 사인 사이에 계약이 체결되었더라도 이러한 법령상 요건과 절차를 거치지 아니한 계약은 효력이 없다고 본다(대법원 2015. 1. 15. 2013다215133).

④ (X) ③번 해설 참조

05

답 ③

출제단원 Part 03 행정의 실효성 확보수단
출제영역 직접강제 vs 행정상 즉시강제

「직접강제」란 의무자가 의무를 이행하지 않는 경우에 의무자의 신체·재산에 직접 실력을 가함으로써 의무이행이 있었던 것과 같은 상태를 실현시키는 작용을 말한다. 반면, 「행정상 즉시강제」란 급박한 행정상의 장해를 제거할 필요가 있지만 미리 의무를 명할 시간적 여유가 없을 때 또는 급박하지는 않지만 성질상 의무를 명해서는 목적달성이 곤란할 때에 즉시 개인의 신체·재산에 실력을 가하여 행정상의 필요한 상태를 실현하는 행정작용을 말한다.

① (O) 직접강제와 행정상 즉시강제는 모두 권력적 사실행위로서 항고소송의 대상이 되는 처분에 해당한다. 참고로 권력적 사실행위란 공권력의 행사로서 일반적으로 법령 또는 행정행위를 집행하기 위한 사실행위를 말한다.

② (O) 행정상 즉시강제의 실체법상 한계 중 상당성원칙(= 협의의 비례원칙)에 대한 설명이다. 즉, 행정상 즉시강제를 통하여 추구하는 공익과 침해되는 상대방의 권익 사이에는 비례관계가 유지되어야 한다.

③ (X) 행정목적의 실현을 확보하기 위하여 사람의 신체 또는 재산에 실력을 가함으로써 행정상 필요한 상태를 실현하는 권력적 행위를 「행정강제」라고 한다. 행정강제에는 「행정상 강제집행(= 대집행, 이행강제금, 직접강제, 행정상 강제징수)」과 「행정상 즉시강제」가 있다. 이 중 「행정상 강제집행」은 구체적인 의무부과 후 이를 불이행한 경우를 전제로 한다. 반면, 「행정상 즉시강제」는 구체적인 의무부과를

전제로 하지 않는다. 따라서 상대방의 예측가능성의 측면에서 구체적인 의무부과를 전제로 하지 않는 「행정상 즉시강제」가 「행정상 강제집행」보다 상대방의 권익을 더 침해하는 수단이다. 이러한 차이로 인해 헌법재판소는 행정강제는 상대방의 권익을 덜 침해하는 「행정상 강제집행」을 「원칙」으로 하고, 상대방의 권익을 더 침해하는 「행정상 즉시강제」는 「예외적」인 강제수단이라고 본다. 그런데 불법게임물을 발견한 경우 관계공무원으로 하여금 이를 수거·폐기(= 행정상 즉시강제)하게 할 수 있도록 한 구 「음반·비디오물 및 게임물에 관한 법률」과 관련하여 헌법재판소는 불법게임물은 불법현장에서 이를 즉시 수거하지 않으면 증거인멸의 가능성이 있는 등 불법게임물에 대하여 관계당사자에게 수거·폐기를 명한 후 그 불이행을 기다려 직접강제 등 행정상 강제집행으로 나아가는 원칙적인 방법으로는 목적달성이 곤란하다고 본다. 따라서 이 법률에서 행정상 강제집행이 아니라 행정상 즉시강제를 인정한 것은 급박한 상황에 대처하기 위한 것이므로 그 불가피성과 정당성이 인정된다고 판단하였다(헌재 2002. 10. 31. 2000헌가12).

④ (O) 앞서 살펴본 바와 같이 헌법재판소는 행정강제는 행정상 강제집행을 원칙으로 하며, 법치국가적 요청인 예측가능성과 법적 안정성에 반하고, 기본권 침해의 소지가 큰 권력작용인 행정상 즉시강제는 어디까지나 예외적인 강제수단이라고 본다. 따라서 행정상 즉시강제는 엄격한 실정법상의 근거를 필요로 하며, 그 발동에 있어서는 법규의 범위 안에서도 다시 행정상의 장해가 목전에 급박하고, 다른 수단으로는 행정목적을 달성할 수 없는 경우이어야 하며, 이러한 경우에도 그 행사는 필요 최소한도에 그쳐야 함을 내용으로 하는 조리상의 한계에 기속된다고 본다(헌재 2002. 10. 31. 2000헌가2).

06 답 ③

출제단원 Part 02 행정작용 및 절차법
출제영역 행정행위의 하자

ㄱ. (O) 대법원은 행정처분의 위법 여부 판단의 기준시점은 「처분시」라고 본다. 즉, 행정소송에서 행정처분의 위법 여부는 행정처분이 행하여졌을 때의 법령과 사실상태를 기준으로 하여 판단하여야 하고, 처분 후 법령의 개폐나 사실상태의 변동에 의하여 영향을 받지는 않는다고 본다(대법원 2007. 5. 11. 2007두1811).

ㄴ. (O) 대법원은 하자 있는 행정처분이 당연무효가 되기 위해서는 하자가 중대할 뿐만 아니라 객관적으로도 명백해야 한다고 본다(= 중대명백설).

ㄷ. (O) 행정행위의 무효와 취소의 구별기준과 관련하여, 원칙적으로 하자의 중대성 요건만을 요구하여 중대한 하자를 가진 처분을 무효로 보면서도, 제3자나 공공의 신뢰보호의 필요가 있는 경우에 한하여 보충적으로 명백성 요건까지 요구하는 견해도 존재한다(명백성보충요건설). 참고로 'ㄴ'에서 살펴본 바와 같이 대법원은 중대명백설을 취하지만, 소수의 대법관은 명백성보충요건설을 주장한 경우도 있다.

ㄹ. (X) 헌법재판소는 대법원과 마찬가지로 원칙적으로 중대명백설에 따라 무효 여부를 판단한다. 다만, 예외적으로 하자의 중대성만으로 무효를 인정한 경우도 있다. 예를 들어, 행정처분이 행해진 후 처분의 근거법률이 헌법재판소에 의해 위헌으로 결정된 경우에 이러한 하자는 객관적으로 명백한 것이라고는 할 수 없어 취소사유라고 보면서도, 행정처분을 무효로 하더라도 법적 안정성을 크게 해치지 않는 반면에 하자가 중대하여 상대방을 구제할 필요가 있는 경우에는 예외적으로 행정처분을 무효로 볼 수 있다고 판단한 바 있다(헌재 1994. 6. 30. 92헌바23).

07 답 ④

출제단원 Part 02 행정작용 및 절차법
출제영역 법규명령

① (O) 헌법 제75조에서 대통령이 발하는 대통령령에 대해, 제95조에서 총리가 발하는 총리령과 행정각부의 장이 발하는 부령에 대하여 규정하고 있다. 이와 같이 헌법에서 일정한 형식(대통령령, 총리령, 부령)에 의한 법규명령에 대하여 규정하고 있지만, 헌법재판소는 헌법이 인정하고 있는 이러한 위임입법의 형식은 예시적인 것이라고 본다(헌재 2006. 12. 28. 2005헌바59).

② (O) 대법원은 구법에 위임의 근거가 없어 법규명령이 무효였더라도 사후에 법개정으로 위임의 근거가 부여되면 그때부터는 유효한 법규명령이 된다고 본다. 반면, 이와는 반대로 구법의 위임에 의한 유효한 법규명령이 법개정으로 위임의 근거가 없어지게 되면 그때부터 무효인 법규명령이 된다고 본다(대법원 1995. 6. 30. 93추83).

③ (O) 대법원은 법령에서 행정처분의 요건 중 일부 사항을 부령으로 정할 것을 위임한 데 따라 시행규칙 등 부령에서 이를 정한 경우에 그 부령의 규정은 국민에 대해서도 구속력이 있는 법규명령에 해당한다고 본다. 반면, 법령의 위임이 없음에도 법령에 규정된 처분요건에 해당하는 사항을 부령에서 변경하여 규정한 경우에는 그 부령의 규정은 행정청 내부의 사무처리기준 등을 정한 것으로서 행정조직 내에서 적용되는 행정명령(= 행정규칙)의 성격을 지닐 뿐 국민에 대한 대외적 구속력은 없다고 본다(대법원 2013. 9. 12. 2011두10584).

④ (X) 의회유보의 원칙이란 공동체에 매우 중요한 사항 및 국민의 권리·의무에 관한 기본적이고 본질적인 사항은 국민의 대표기관인 의회에서 직접 법률로 정해야 한다는 것이다. 즉, 의회유보사항에 대해서는 행정부에 위임하여 정하도록 할 수는 없다는 것이다. 따라서 위임명령의 한계를 검토할 때 의회유보사항을 행정부에 위임한 것은 아닌지도 검토하게 되므로 의회유보의 원칙이 위임명령의 한계와 무관한 것은 아니다.

08 답 ①

출제단원 Part 04 행정소송법
출제영역 가구제 - 집행정지

① (X) 행정소송법 제23조 제1항에서 '취소소송의 제기는 처분 등의 효력이나 그 집행 또는 절차의 속행에 영향을 주지 아니한다.'고 하여 집행부정지의 원칙을 규정하고 있다. 즉, 취소소송이 제기되더라도 일단 처분의 집행은 계속되도록 함으로써 집행정지를 목적으로 무분별하게 소송을 제기하는 폐단을 방지하고, 행정의 신속성과 효율성 등을 보장하고자 하는 것이다. 법규정에서 알 수 있듯이 취소소송이 제기된 경우에 처분의 효력이나 집행뿐만 아니라 절차의 속행도 정지되지 않는다.

② (O) 행정소송법 제23조 제2항에서 일정한 경우에 한하여 예외적으

로 집행정지를 인정하고 있다. 집행정지결정에는 처분의 「효력」이나 「집행」 또는 「절차의 속행」의 전부 또는 일부의 정지가 있다. 이 가운데 처분의 「효력」정지는 처분 등의 「집행」 또는 「절차의 속행」을 정지함으로써 목적을 달성할 수 있는 경우에는 허용되지 않는다는 제한이 있다(행정소송법 제23조 제2항 단서).

③ (O) 행정소송법 제23조 제3항에서 '집행정지는 공공복리에 중대한 영향을 미칠 우려가 있을 때에는 허용되지 아니한다.'는 소극적 요건을 규정하고 있다. 참고로 소극적 요건이란 집행정지결정을 위하여 존재하여서는 안 되는 요건을 말한다.

④ (O) 행정소송법 제23조 제5항에서는 '집행정지의 결정 또는 기각의 결정에 대하여는 즉시항고할 수 있다.'고 규정하고 있다. 참고로 「즉시항고」란 법원의 '결정·명령'에 대한 불복절차인 '항고'의 한 종류로서, 재판의 성질상 특히 신속히 확정지을 필요가 있는 경우의 항고를 말한다.

09

답 ①

출제단원 Part 04 행정소송법
출제영역 항고소송 대상적격

① (X) 거부처분이란 행정행위의 신청이 있는 경우에 신청에 따르는 행정행위를 할 것을 거부하는 내용의 행정행위를 말한다. 이와 관련하여 대법원은 행정청이 국민의 신청에 대하여 한 거부행위가 항고소송의 대상이 되는 행정처분에 해당하려면, 행정청의 행위를 요구할 「법규상」 또는 「조리상」의 신청권이 그 국민에게 있어야 한다고 본다(대법원 2005. 2. 25. 2004두4031). 이에 따라 대법원은 피해자의 의사와 무관하게 주민등록번호가 유출된 경우에는 「조리상」 주민등록번호의 변경을 요구할 신청권을 인정함이 타당하고, 구청장의 주민등록번호 변경신청 거부행위는 항고소송의 대상이 되는 행정처분에 해당한다고 판단하였다(대법원 2017. 6. 15. 2013두2945).

② (O) 대법원은 거부처분의 처분성을 인정하기 위한 전제요건이 되는 신청권의 존부는 구체적 사건에서 신청인이 누구인가를 고려하여 판단하는 것이 아니라, 관계법규의 해석에 의하여 일반국민에게 그러한 신청권을 인정하고 있는가를 살펴 추상적으로 결정되는 것이라고 본다. 또한 이러한 신청권은 신청인이 그 신청에 따른 단순한 응답을 받을 권리를 넘어서 신청의 인용(= 신청한 내용이 받아들여지는 것)이라는 만족적 결과를 얻을 권리를 의미하는 것은 아니라고 본다(대법원 1996. 6. 11. 95누12460).

③ (O) 계획이 확정된 후 사정변경 등을 이유로 하여 기존계획의 변경을 청구할 수 있는 권리를 계획변경청구권이라고 한다. 계획법규는 원칙상 공익의 보호를 목적으로 하는 것이어서 사익의 보호를 목적으로 하는 계획변경청구권은 원칙적으로 인정될 수 없다. 다만, 대법원은 예외적으로 법규상 또는 조리상 계획변경청구권이 인정되는 경우가 있다고 본다. 예를 들어, 대법원은 도시계획구역 내 토지 등을 소유하고 있는 사람과 같이 당해 도시계획시설결정에 이해관계가 있는 주민으로서는 도시시설계획의 입안권자 내지 결정권자에게 도시시설계획의 입안(= 도시시설계획안을 만드는 것) 내지 변경을 요구할 수 있는 법규상 또는 조리상의 신청권이 있다고 본다. 따라서 이러한 신청에 대한 거부행위는 항고소송의 대상이 되는 행정처분에 해당하게 된다(대법원 2015. 3. 26. 2014두42742).

④ (O) 불가쟁력이란 하자 있는 행정행위라 할지라도 불복기간이 경과하거나, 쟁송수단을 모두 다 거친 이후에는 상대방 또는 이해관계인이 더 이상 행정행위의 효력을 쟁송절차를 통해 다툴 수 없게 되는 힘을 말한다. 이와 관련하여 대법원은 제소기간이 이미 도과하여 불가쟁력이 생긴 행정처분에 대하여는 개별법규에서 그 변경을 요구할 신청권을 규정하고 있거나 관계법령의 해석상 그러한 신청권이 인정될 수 있는 등 특별한 사정이 없는 한 국민에게 그 행정처분의 변경을 구할 신청권이 인정되지는 않는다고 본다(대법원 2007. 4. 26. 2005두11104).

10

답 ④

출제단원 Part 06 행정상 손해배상
출제영역 손실보상청구권의 성립요건, 손실보상의 기준

① (O) 손실보상의 헌법적 근거인 헌법 제23조 제3항에서는 '공공필요에 의한 재산권의 수용·사용 또는 제한 및 그에 대한 보상은 법률로써 하되, 정당한 보상을 지급하여야 한다.'고 규정하고 있다. 이와 관련하여 헌법재판소는 헌법 제23조 제3항은 정당한 보상을 전제로 하여 재산권의 수용 등에 관한 가능성을 규정하고 있지만, 재산권 수용의 주체를 한정하지 않고 있다고 본다. 따라서 수용 등의 주체를 국가 등의 공적 기관에 한정하여 해석할 이유가 없으며, 국가 등의 공적 기관의 최종적인 판단과 승인결정하에 민간기업을 수용의 주체로 규정하더라도 위헌이라고 할 수는 없다고 본다(헌재 2009. 9. 24. 2007헌바114).

② (O) 손실보상의 요건이 충족되기 위해서는 재산권의 침해를 통하여 개인에게 「특별한 희생」이 발생되어야 한다. '특별한 희생'이란 재산권의 '사회적 제약'을 넘어서는 손실을 의미한다. 만약 재산권에 대한 제한이 사회적 제약에 해당한다면 헌법 제23조 「제2항」에 의해 재산권자가 수인해야 하며, 보상이 필요 없다. 반면, 특별한 희생에 해당한다면 헌법 제23조 「제3항」에 의해 보상이 필요하다. 이와 관련하여 헌법재판소는 토지재산권의 사회적 제약의 한계를 정하는 기준에 대하여 다음과 같이 판단하고 있다(헌재 1998. 12. 24. 89헌마214).

개발제한구역 지정으로 인한 영향의 정도	사회적 제약의 한계 내인지 여부
종래의 목적으로 토지사용 불가, 법적으로 허용된 토지이용방법이 없는 경우	사회적 제약의 한계를 넘음 → 토지소유자가 수인 X
개발가능성의 소멸과 그에 따른 지가의 하락, 지가상승률의 상대적 감소	사회적 제약의 범주에 속함 → 토지소유자가 수인 O

즉, 헌법재판소는 개발제한구역 지정으로 인하여 토지를 종래의 목적으로도 사용할 수 없는 경우에는 토지소유자가 수인해야 하는 사회적 제약의 한계를 넘는 것이라고 본다. 즉, 이러한 경우에는 보상이 필요하다는 것이다.

③ (O) 헌법 제23조 제3항에서 정하고 있는 「정당한 보상」이 무엇을 의미하는지에 대하여 헌법재판소는 '정당한 보상'이란 원칙적으로 피수용재산(= 수용되는 재산)의 객관적인 재산가치를 완전하게 보상하는 것이어야 한다는 완전보상을 의미한다고 본다(= 완전보상설)(헌재 1995. 4. 20. 93헌바20).

④ (X) 공익사업으로 인해 사업시행지 「밖」의 재산권자에게 가해지는 손실 중 공익사업으로 인해 필연적으로 발생하는 손실을 간접손실이라고 한다. 만약 간접손실이 재산권에 내재하는 사회적 제약에 해당한다면 손실보상의 대상이 되지 않지만, 특별한 희생에 해당할 경우

에는 손실보상의 대상이 된다. 예를 들어, 수산업협동조합이 수산물 위탁판매장을 운영하면서 위탁판매수수료를 지급받아 왔고, 그 운영에 대하여 관련법령에 의해 독점적 지위가 부여되어 있었다고 하자. 그런데 공유수면매립사업(= 공익사업)의 시행으로 인해 사업대상지역에서 어업활동을 하던 조합원들의 조업이 불가능하게 되고, 이에 따라 위탁판매장에서의 위탁판매사업을 중단하게 될 경우 수산업협동조합은 위탁판매수수료 수입을 상실하게 된다. 이에 대해 대법원은 이러한 위탁판매수수료 수입은 사업시행자의 매립사업으로 인한 직접적인 영업손실이 아니고 「간접적인 영업손실」이라고 하더라도 피침해자인 수산업협동조합이 공공의 이익을 위하여 당연히 수인하여야 할 재산권에 대한 제한의 범위를 넘어 수산업협동조합의 위탁판매사업으로 얻고 있는 영업상의 재산이익을 본질적으로 침해하는 「특별한 희생」에 해당한다고 판단하였다(대법원 1999. 10. 8. 99다27231).

11   답 ③

| 출제단원 | Part 02 행정작용 및 절차법 |
| 출제영역 | 행정지도 |

ㄱ. (O) 행정절차법에서는 행정지도의 원칙으로 '행정지도는 그 목적달성에 필요한 최소한도에 그쳐야 하며(= 비례의 원칙), 행정지도의 상대방의 의사에 반하여 부당하게 강요하여서는 아니 된다(= 임의성의 원칙).'고 규정하고 있다(제48조 제1항).

ㄴ. (X) 위법한 국가작용에 의하여 발생된 손해에 대한 구제수단을 「행정상 손해배상」이라고 하며, 「국가배상」이라고도 한다. 이와 관련하여 국가배상법 제2조 제1항에서 공무원의 위법한 직무행위로 인한 국가나 지방자치단체의 배상책임을 명시하고 있다. 국가배상법 제2조의 책임이 인정되기 위한 요건 중 「직무행위일 것」과 관련하여 대법원은 행정목적을 달성하기 위한 비권력적 사실행위인 행정지도도 국가배상법상 '공무원의 직무'에 포함된다고 본다(대법원 1998. 7. 10. 96다38971).

ㄷ. (O) 행정절차법에서는 '행정지도의 상대방은 해당 행정지도의 방식·내용 등에 관하여 행정기관에 의견제출을 할 수 있다.'고 하여 상대방의 의견제출권을 규정하고 있다(제50조).

12   답 ③

| 출제단원 | Part 01 행정법 서설 |
| 출제영역 | 사인의 공법행위로서의 신고 |

① (O) 대법원은 주민등록의 신고는 행정청에 도달하기만 하면 신고로서의 효력이 발생하는 것이 아니라 행정청이 수리한 경우에 비로소 신고의 효력이 발생한다고 본다(대법원 2009. 1. 30. 2006다17850). 즉, 주민등록의 신고는 '수리를 요하는 신고'라는 것이다.

② (O) 대법원은 납골당설치 신고가 요건에 맞는 적법한 신고라 하더라도 신고인은 곧바로 납골당을 설치할 수는 없고, 행정청의 수리처분이 있어야만 신고한 대로 납골당을 설치할 수 있다고 본다. 즉, 납골당설치 신고는 '수리를 요하는 신고'라는 것이다(대법원 2011. 9. 8. 2009두6766).

③ (X) 대법원은 「수리」란 신고를 유효한 것으로 판단하고 법령에 의하여 처리할 의사로 이를 수령하는 「수동적 행위」이므로 수리행위에 신고필증 교부 등 행위가 꼭 필요한 것은 아니라고 본다(대법원 2011. 9. 8. 2009두6766).

④ (O) 대법원은 수산업법 및 구 수산업법 시행령의 규정취지에 비추어 볼 때, 수산업법 제44조 소정의 어업의 신고는 행정청의 수리에 의하여 비로소 그 효과가 발생하는 이른바 '수리를 요하는 신고'라고 본다(대법원 2000. 5. 26. 99다37382).

13   답 ④

| 출제단원 | Part 02 행정작용 및 절차법 |
| 출제영역 | 재량행위 |

① (O) 허가가 기속행위인지 아니면 재량행위인지에 대하여 대법원은 법령에 특별한 규정이 없는 한 원칙상 기속행위라고 본다. 다만, 허가를 재량행위로 볼 수 있는 몇 가지 예외를 인정하고 있는데, 기속행위인 허가가 재량행위인 허가를 포함하는 경우도 이에 해당한다. 예를 들어, 대법원은 「국토의 계획 및 이용에 관한 법률」에서 정한 도시지역 안에서 토지의 형질변경행위를 수반하는 건축허가는 「건축법」에 의한 건축허가와 「국토의 계획 및 이용에 관한 법률」에 의한 토지의 형질변경허가의 성질을 아울러 갖는 것으로 보아야 할 것이고, 토지의 형질변경허가는 그 금지요건이 불확정개념으로 규정되어 있어 그 금지요건에 해당하는지 여부를 판단함에 있어서 행정청에게 재량권이 부여되어 있다고 할 것이므로, 지정된 도시지역 안에서 토지의 형질변경행위를 수반하는 건축허가는 결국 재량행위에 속한다고 본다(대법원 2005. 7. 14. 2004두6181). 즉, 건축법상 건축허가는 원칙적으로 기속행위이지만, 재량행위인 '토지의 형질변경허가'를 포함하는 건축허가의 경우에는 건축허가를 하기 위해 토지의 형질변경허가의 금지요건에 해당하지 않는 것인지에 대한 판단이 필요하고, 이에 대해서는 행정청에 재량권이 인정되므로, 이러한 한도 내에서는 건축허가도 재량행위가 된다는 것이다.

② (O) 개발제한구역 내의 건축허가는 일반적으로 허용되지 않는 행위를 극히 예외적으로 승인(허가)하여 주는 것으로서 강학상 「예외적 승인(= 예외적 허가)」이라고 본다. 예외적 승인이란 사회적으로 바람직하지 않은 일정한 행위를 법령상 원칙적으로 금지하고, 예외적인 경우에 이러한 금지를 해제하여 당해 행위를 적법하게 할 수 있게 하여 주는 행위를 말한다. 이러한 예외적 승인은 공익목적이 강하므로 일반적으로 재량행위의 성질을 갖는다고 본다. 대법원도 개발제한구역 내에서는 구역지정의 목적상 건축물의 건축, 공작물의 설치, 토지의 형질변경 등의 행위는 원칙적으로 금지되고, 다만 구체적인 경우에 위와 같은 구역지정의 목적에 위배되지 아니할 경우 예외적으로 허가에 의하여 그러한 행위를 할 수 있게 되는 것이라고 보면서, 개발제한구역 내에서의 건축물의 건축 등에 대한 예외적 허가는 재량행위에 속한다고 본다(대법원 2004. 7. 22. 2003두7606).

③ (O) ①번 해설에서 살펴본 바와 같이 대법원은 「토지의 형질변경허가」는 그 금지요건이 불확정개념으로 규정되어 있어 그 금지요건에 해당하는지 여부를 판단함에 있어서 행정청에게 재량권이 부여되어 있다고 본다(대법원 2005. 7. 14. 2004두6181). 즉, 대법원은 「토지형질변경허가」를 재량행위로 해석하고 있다.

④ (X) 대법원은 건축허가권자는 건축허가신청이 관계법규에서 정하는 제한에 배치되지 않는 이상 당연히 건축허가를 하여야 하고, 중대한 공익상의 필요가 「없는데도」 관계법령에서 정하는 제한사유 이외의 사유를 들어 허가를 거부할 수는 없다고 본다(대법원 2009. 9. 24. 2009두8946). 즉, 중대한 공익상의 필요가 「있다면」, 법령에서 정하는 제한사유 이외의 사유를 들어 허가를 거부할 수도 있다는 것이다. 이는 건축허가를 원칙적으로 기속행위로 보면서도 예외적으로 중대한 공익상 필요가 있는 경우에는 그 한도 내에서 재량권이 인정된다는 것이다.

14 ③

출제단원 Part 04 행정소송법
출제영역 취소소송 판결의 효력 - 기속력

① (O) 행정소송법 제30조 제2항은 「판결에 의하여 취소되는 처분이 당사자의 신청을 거부하는 것을 내용으로 하는 경우에는 그 처분을 행한 행정청은 판결의 취지에 따라 다시 이전의 신청에 대한 처분을 하여야 한다.」고 하여 재처분의무를 규정하고 있다. 이에 따른 행정청의 재처분의 내용은 「판결의 취지」를 존중하는 것이면 된다. 즉, 반드시 원고가 신청한 내용대로 처분을 해야 하는 것은 아니다.

② (O) 취소소송의 대상이 되는 처분이 위법한지 여부를 판단하기 위한 기준시점이 언제인지에 대해서는 다음과 같은 견해대립이 있다.

판결시설	처분의 위법 여부의 판단은 「판결시(= '사실심 구두변론 종결시'라고도 표현한다)」의 사실 및 법률상태를 기준으로 행해야 한다는 견해이다.
처분시설 (통설·판례)	처분의 위법 여부의 판단은 「처분시」의 사실 및 법률상태를 기준으로 행해야 한다는 견해이다.

통설과 판례인 「처분시설」에 의하면 처분의 위법 여부의 판단시점은 「처분시」이므로 판결의 기속력은 「처분시」를 기준으로 그때까지 존재하던 처분사유에만 미치고, 그 이후에 생긴 사유에는 미치지 않는다. 따라서 처분시 이후에 생긴 사유(법령의 변경 또는 사실상황의 변경 등)를 바탕으로 동일인에게 동일한 처분을 하더라도 기속력에 반하지 않는다. 대법원도 행정처분의 적법 여부는 그 행정처분이 행하여진 때의 법령과 사실을 기준으로 하여 판단하는 것이므로 거부처분 「후」에 법령이 개정·시행된 경우에는 개정된 법령 및 허가기준을 새로운 사유로 들어 다시 이전의 신청에 대한 거부처분을 할 수 있으며 그러한 처분도 행정소송법 제30조 제2항에 규정된 재처분에 해당된다고 본다(대법원 1998. 1. 7. 자 97두22).

③ (X) 만약 위법판단의 기준시에 대해 「판결시설」을 취하면, 처분의 위법 여부의 판단시점은 「판결시(= 사실심 구두변론 종결시)」이므로 판결의 기속력은 「판결시(= 사실심 구두변론 종결시)」를 기준으로 그때까지 존재하던 처분사유에 미치는 것으로 보게 된다. 따라서 「판결시설」을 취하면 판결시(= 사실심 구두변론 종결시) 「이전」의 사유를 내세워 다시 거부처분을 할 수는 「없다」는 결론이 된다. 판결시(= 사실심 구두변론 종결시) 이전의 사유에는 판결의 기속력이 미치기 때문이다.

④ (O) 행정소송법은 취소소송과 관련하여 취소판결의 기속력을 규정하면서(제30조), 이를 「무효등확인소송」의 경우에도 준용하고 있다(제38조 제1항). 그러나 거부처분취소판결의 간접강제에 대한 규정(제34조)은 「무효등확인소송」의 경우에 준용하고 있지 않다. 이에 따라 대법원은 행정처분에 대하여 무효확인판결이 내려진 경우에는 그 행정처분이 거부처분인 경우에도 행정청에 판결의 취지에 따른 재처분의무가 인정될 뿐이며, 그에 대하여 간접강제까지 허용되는 것은 아니라고 본다(대법원 1998. 12. 24. 자 98무37). 참고로 간접강제란 행정청이 확정된 거부처분 취소판결의 취지에 따라 처분을 하지 않는 때(= 재처분의무 미이행)에 제1심 수소법원이 당사자의 신청에 의한 결정으로써 상당한 기간을 정하고 행정청이 그 기간 내에 이행하지 아니하는 때에는 그 지연기간에 따라 일정한 배상을 할 것을 명하거나 즉시 손해배상을 할 것을 명하는 것으로서 재처분의무의 실효성을 확보하기 위한 제도이다.

15 ②

출제단원 Part 06 행정상 손해배상
출제영역 공무원의 위법한 직무행위로 인한 손해배상의 요건

① (O) 국가배상법상 공무원이란 행정조직법상 의미의 공무원만을 뜻하는 것이 아니라, 그것을 포함하는 기능적 의미의 공무원을 말한다고 본다. 따라서 국가공무원법이나 지방공무원법에 의하여 공무원으로서의 신분을 가진 자에 국한하지 않고, 널리 공무를 위탁받아 실질적으로 공무에 종사하고 있는 일체의 자를 가리키는 것이다(대법원 2001. 1. 5. 98다39060).

② (X) 국가배상법 제2조의 책임이 인정되기 위해서는 공무원의 행위가 「직무행위」에 해당해야 한다. 직무행위의 범위가 어디까지인지에 대하여 대법원은 국가배상법 제2조 제1항의 공무원의 직무에는 권력적 작용뿐만 아니라 비권력적 작용도 포함되지만, 행정주체가 사경제주체로서 하는 활동은 직무행위에 해당하지 않는다고 본다(대법원 1999. 11. 26. 98다47245).

③ (O) 국가배상법 제2조의 책임이 인정되기 위한 요건 중 「고의 또는 과실」에서 '고의'란 어떠한 위법행위의 발생가능성을 인식하고 그 결과를 인용하는 것을 의미하고, '과실'이란 부주의로 인해 어떠한 위법의 결과를 초래하는 것을 의미한다. 이때 '과실'개념과 관련하여, 근래에는 국가배상법 제2조의 '과실'개념을 「객관화」하여 국가배상책임의 성립을 용이하게 함으로써 되도록 피해자에 대한 구제의 폭을 넓히려는 추세에 있다. 만약 과실개념을 주관적으로만 파악하여 공무원 개인의 주의능력을 기준으로만 과실 유무를 판단한다면 과실의 증명이 너무 어렵기 때문에 국민의 권리구제측면에서 문제가 있다는 점을 고려한 것이다.

④ (O) 국가배상법 제2조의 책임이 인정되기 위한 요건 중 「직무행위」에는 입법작용도 포함된다. 이와 관련하여 국회가 특정법률을 제정하지 않는 것이 불법행위가 될 수 있는지에 대하여 대법원은 국가가 일정한 사항에 관하여 헌법에 의하여 부과되는 구체적인 입법의무를 부담하고 있음에도 불구하고 그 입법에 필요한 상당한 기간이 경과하도록 고의 또는 과실로 입법의무를 이행하지 않는 등 극히 예외적인 사정이 인정되는 사안에 한정하여 국가배상법 소정의 배상책임이 인정될 수 있다고 본다. 따라서 구체적인 입법의무 자체가 인정되지 않는 경우라면 애당초 부작위(= 입법의무가 있음에도 입법을 하지 않는 것)로 인한 불법행위가 성립할 여지가 없다는 것이다(대법원 2008. 5. 29. 2004다33469).

16

출제단원 Part 03 행정의 실효성 확보수단
출제영역 대집행

답 ①

① (X) 대집행·이행강제금·직접강제·행정상 강제징수와 같은 행정상 강제집행은 법원 및 국가의 집행기관의 도움 없이 행정청이 자력에 의하여 집행한다는 점에서 민사상 강제집행과 다르다. 이와 관련하여 대법원은 관계법령상 행정대집행의 절차가 인정되어 행정청이 행정대집행의 방법으로 건물의 철거 등 대체적 작위의무의 이행을 실현할 수 있는 경우에는 따로 민사소송의 방법으로 그 의무의 이행을 구할 수 없다고 본다(대법원 2017. 4. 28. 2016다213916).

② (O) 행정청이 A에게 일정한 기간을 정하여 공유수면(바다, 바닷가, 하천, 호소(湖沼, 늪과 호수), 구거(溝渠, 도랑) 기타 공공용으로 사용되는 수면으로서 국가소유인 것) 사용허가를 하였고, A는 해당 공유수면에 건물을 신축하였다. 이후 공유수면 사용기간이 만료하자 행정청은 A에게 원상회복명령을 하였으나 A는 이를 이행하지 않았다. 이에 행정청은 A에게 공유수면에 지어진 건물을 철거하라면서 원상회복명령의 이행을 촉구하였고, 기한 내 이행하지 않을 경우 행정대집행을 실시할 예정임을 통보하였다. 이러한 사안에서 대법원은 행정청의 명령에 의한 A의 건물철거의무에는 A의 퇴거의무도 포함되어 있는 것이므로, 별도로 퇴거를 명하는 집행권원이 필요하지는 않다고 보았다(대법원 2017. 4. 28. 2016다213916). 참고로 '집행권원'이란 확정된 판결과 같이 강제집행을 할 수 있는 근거를 말한다.

③ (O) 대법원은 행정청이 행정대집행의 방법으로 건물철거의무의 이행을 실현할 수 있는 경우에는 건물철거대집행 과정에서 부수적으로 건물의 점유자들에 대한 퇴거조치(= 있던 곳에서 떠나도록 하는 것)를 할 수 있다고 본다(대법원 2017. 4. 28. 2016다213916).

④ (O) 대집행의 실행에 대하여 의무자가 저항하는 경우에 실력으로 그 저항을 배제하는 것이 「대집행의 일부로서」 인정되는지 문제된다. 이와 관련하여 「대집행의 일부로서」 실력행사가 가능한지에 대한 명시적 판례는 없다. 다만, 대법원은 점유자들이 적법한 행정대집행을 위력을 행사하여 방해하는 경우 형법상 공무집행방해죄가 성립하므로, 필요한 경우에는 「경찰관 직무집행법에 근거」한 위험발생 방지조치 또는 형법상 공무집행방해죄의 범행방지 내지 현행범체포의 차원에서 경찰의 도움을 받을 수도 있다고 판단한 바 있다(대법원 2017. 4. 28. 2016다213916).

17

출제단원 Part 02 행정작용 및 절차법
출제영역 위헌법률에 근거한 행정처분의 효력

답 ②

① (X) [상황 : 행정처분 → 헌법재판소의 법률에 대한 위헌결정 또는 대법원의 시행령에 대한 위헌·위법결정] 행정처분이 먼저 행해진 후에 처분의 근거법률이 헌법재판소에서 위헌결정을 받거나 또는 근거 시행령이 대법원에서 위헌·위법결정을 받은 경우에 앞서 행해진 행정처분의 효력이 어떻게 되는지 문제된다. 대법원은 무효와 취소의 구별기준에 대한 중대명백설의 입장에서 일반적으로 법률이 헌법에 위반된다는 사정은 헌법재판소의 법률에 대한 위헌결정이 있기 '전'에는 객관적으로 명백한 것이라고 할 수 없다고 본다. 또한 이와 마찬가지로 시행령이 헌법이나 법률에 위반된다는 사정은 대법원의 시행령에 대한 위헌·위법결정이 있기 '전'에는 객관적으로 명백한 것이라고 할 수 없다고 본다. 따라서 법률에 근거하여 행정처분이 발하여진 후에 헌법재판소가 근거법률에 대해 위헌결정을 하거나, 시행령에 근거하여 행정처분이 발하여진 후에 대법원이 근거 시행령에 대해 위헌·위법결정을 하였다면 특별한 사정이 없는 한 행정처분의 취소사유일 뿐이라고 본다(대법원 1994. 10. 28. 92누9463, 대법원 2007. 6. 14. 2004두619).

② (O) 헌법재판소법 제47조 제2항에서는 「위헌으로 결정된 법률 또는 법률의 조항은 그 결정이 있는 날부터 효력을 상실한다.」고 규정하고 있다. 이처럼 헌법재판소의 위헌결정은 헌법재판소법 제47조 제2항에 따라 원칙적으로 장래효(= 법적 효력이 장래를 향하여 발생하는 것)이다. 다만, 예외적으로 소급효(= 법적 효력이 과거로 거슬러 올라가 발생하는 것)가 인정될 수 있는데, 그 범위가 어디까지인지 문제된다. 이와 관련하여 대법원은 원칙적으로 당해사건·동종사건·병행사건뿐만 아니라 일반사건에도 위헌결정의 소급효가 미친다고 본다. 다만, 일반사건 중 「취소소송의 제기기간을 경과하여 확정력(불가쟁력)이 발생한 행정처분」이나 「법적 안정성과 신뢰보호의 요청이 현저한 경우」에는 위헌결정의 소급효가 인정되지 않는다고 본다. 참고로 당해사건·동종사건·병행사건·일반사건의 개념을 정리하면 다음과 같다.

당해사건	헌법재판소에 법률의 위헌결정을 위한 계기를 부여한 당해사건
동종사건	위헌결정이 있기 전에 이와 동종의 위헌 여부에 관하여 헌법재판소에 위헌여부심판제청을 하였거나 법원에 위헌여부심판제청신청을 한 사건 ※ 이 또한 '당해사건'이라고 표현하기도 한다.
병행사건	따로 위헌제청신청은 안했지만 당해 법률 또는 법률의 조항이 재판의 전제가 되어 법원에 계속 중인 사건
일반사건	위헌결정 이후에 같은 이유로 제소된 사건

위헌제청신청은 아니하였지만 당해 법률 또는 법률의 조항이 재판의 전제가 되어 법원에 계속 중인 사건은 「병행사건」이다. 앞서 살펴본 바와 같이 병행사건의 경우에도 위헌결정의 소급효가 미친다.

③ (X) 직무집행의 근거가 된 법률이 사후에 위헌으로 결정·선고된 경우라도 공무원에게 과실이 있다고 보기는 어렵다. 공무원에게는 법령심사권이 없으므로 명백히 무효가 아니라면 공무원으로서는 해당 법률을 적용할 수밖에 없기 때문이다. 헌법재판소도 법률에 근거한 행정처분이 사후에 그 처분의 근거가 되는 법률에 대한 헌법재판소의 위헌결정으로 결과적으로 위법하게 집행된 처분이 될지라도, 이에 이르는 과정에 있어서 공무원의 고의, 과실을 인정할 수는 없다고 본다(헌재 2008. 4. 24. 2006헌바72).

④ (X) [상황 : 행정처분 → 헌법재판소의 법률에 대한 위헌결정 → 행정처분의 집행] 행정처분이 먼저 행해진 후에 처분의 근거법률이 헌법재판소에서 위헌결정을 받았고, 처분의 상대방이 아직 처분으로 부과된 의무를 이행하지 않고 있는 경우에 강제집행을 할 수 있는지 문제된다. 대법원은 행정처분(= 과세처분)이 있은 후에 집행단계에서 행정처분(= 과세처분)의 근거법률이 위헌으로 결정된 경우 행정처분의 집행이나 집행력을 유지하기 위한 행위(= 체납처분)는 위헌결정의 효력에 위반되어 허용될 수 없다고 본다(대법원 2012. 2. 16. 2010두10907).

18 답 ②

출제단원 Part 08 행정정보공개·개인정보 보호·행정조사
출제영역 공공기관의 정보공개에 관한 법률

① (X) 공공기관의 정보공개에 관한 법률에서는 '모든 국민은 정보의 공개를 청구할 권리를 가진다.'고 규정하고 있다(제5조 제1항). 이와 관련하여 대법원은 정보공개청구권자인 '국민'에는 자연인, 법인, 권리능력 없는 사단·재단이 모두 포함된다고 본다. 특히 법인, 권리능력 없는 사단·재단의 경우에는 설립목적과 무관하게 모두 정보공개청구권자에 해당한다고 본다(대법원 2003. 12. 12. 2003두8050).

② (O) 공공기관의 정보공개에 관한 법률 제9조 제1항 단서에서는 법에서 정한 비공개대상정보는 공개하지 「아니할 수 있다」고 규정하고 있다. 즉, 비공개대상정보에 해당한다고 하여 자동적으로 정보공개가 거부되는 것이 아니라, 행정기관이 당해 정보의 공개로 달성될 수 있는 공익 및 사익과 비공개로 하여야 할 공익 및 사익을 이익형량하여 공개 여부를 결정할 수 있는 것이다. 즉, 비공개대상정보의 공개 여부에 대한 결정은 공공기관의 재량행위에 속한다.

③ (X) 공공기관의 정보공개에 관한 법률 제9조 제1항 6호에서는 「성명·주민등록번호 등 개인에 관한 사항으로서 공개될 경우 사생활의 비밀 또는 자유를 침해할 우려가 있다고 인정되는 정보」를 비공개대상정보로 규정하고 있다. 다만, 개인관련정보라도 「법령에서 정하는 바에 따라 열람할 수 있는 정보」, 「직무를 수행한 공무원의 성명·직위」 등 몇 가지의 경우에는 예외를 인정하여 공개대상정보로 규정하고 있다.

④ (X) 공공기관의 정보공개에 관한 법률에서는 「비공개결정에 대한 청구인의 불복절차」로 '이의신청', '행정심판', '행정소송'을 규정하고 있다. 이때 정보공개청구인은 이의신청절차를 거치지 아니하고 행정심판을 청구할 수 있다. 즉, 이의신청은 임의적 절차에 불과하다.

19 답 ④

출제단원 Part 05 행정심판법
출제영역 행정심판 - 가구제, 심리, 재결

① (O) 갑은 구청장 병의 영업정지처분에 대하여 불복할 경우 취소심판을 청구할 수 있다. 그런데 행정심판법상 행정심판청구는 처분의 효력이나 그 집행 또는 절차의 속행에 영향을 주지 않는다(= 집행부정지의 원칙)(제30조 제1항). 다만, 행정심판법상 일정한 요건이 충족될 경우 처분에 대한 집행정지가 가능하므로 갑은 행정심판법상 요건 충족시 행정심판위원회인 C에 집행정지를 신청할 수 있다.

② (O) 행정심판법 제39조에서는 '위원회는 필요하면 당사자가 주장하지 아니한 사실에 대하여도 심리할 수 있다.'고 하여 직권심리에 대하여 규정하고 있다.

③ (O) 행정심판위원회는 취소심판의 청구가 이유가 있다고 인정하면 처분을 취소(= 취소재결) 또는 다른 처분으로 변경(= 변경재결)하거나 처분을 다른 처분으로 변경할 것을 피청구인에게 명한다(= 변경명령재결)(행정심판법 제43조 제3항). 따라서 행정심판위원회인 C는 갑의 취소심판청구가 이유 있다고 판단할 경우 2개월의 영업정지처분을 직접 1개월의 영업정지처분으로 변경하는 재결(= 일부취소재결)을 할 수 있다.

④ (X) 행정심판위원회의 재결은 피청구인 또는 위원회가 심판청구서를 받은 날부터 60일 이내에 하여야 한다. 다만, 부득이한 사정이 있는 경우에는 위원장이 직권으로 30일을 연장할 수 있다(제45조). 따라서 부득이한 사정이 있는 경우인지에 대한 판단 없이 바로 심판청구를 받은 날로부터 90일 이내에 재결을 해야 한다고 말할 수는 없다.

20 답 ④

출제단원 Part 02 행정작용 및 절차법
출제영역 공법상 계약

ㄱ. (X) 행정주체가 체결하는 계약은 사법의 적용을 받는 사법상 계약일 수도 있고, 공법적 규율을 받는 공법상 계약일 수도 있다. 즉, 행정주체가 체결하는 계약이 모두 공법상 계약이라고 할 수는 없다. 공법상 계약이란 「공법적 효과의 발생을 목적」으로 하여 복수당사자 사이에 서로 반대방향의 의사표시가 합치됨으로써 성립하는 공법행위를 말한다.

ㄴ. (X) 대법원은 광주광역시문화예술회관장의 단원위촉은 광주광역시문화예술회관장이 행정청으로서 공권력을 행사하여 행하는 행정처분이 아니라, 공법상의 근무관계의 설정을 목적으로 하여 광주광역시와 단원이 되고자 하는 자 사이에 대등한 지위에서 의사가 합치되어 성립하는 공법상 근로계약에 해당한다고 본다(대법원 2001. 12. 11. 2001두7794).

ㄷ. (O) 대법원은 계약직공무원 채용계약해지의 의사표시는 행정처분이 아니라, 국가 또는 지방자치단체가 채용계약관계의 한쪽 당사자로서 대등한 지위에서 행하는 의사표시에 해당한다고 본다(대법원 2002. 11. 26. 2002두5948).

ㄹ. (O) 행정기본법 제27조 제1항은 '행정청은 법령 등을 위반하지 아니하는 범위에서 행정목적을 달성하기 위하여 필요한 경우에는 공법상 법률관계에 관한 계약(이하 '공법상 계약'이라 한다)을 체결할 수 있다. 이 경우 계약의 목적 및 내용을 명확하게 적은 계약서를 작성하여야 한다.'고 규정하고 있고, 동조 제2항은 '행정청은 공법상 계약의 상대방을 선정하고 계약내용을 정할 때 공법상 계약의 공공성과 제3자의 이해관계를 고려하여야 한다.'고 규정하고 있다. 즉, 최근 제정된 행정기본법은 「공법상 계약의 체결」에 대해 규정하고 있다.

> **+ 참고**
> 원본 문제의 〈보기〉 'ㄹ'은 「공법상 계약에 관한 통칙적 규정은 없다.」로 되어 있었다. 그러나 2021. 3. 23. 제정된 행정기본법에서 '공법상 계약의 체결'에 관한 규정을 두고 있으므로 이를 반영하여 'ㄹ'의 내용을 수정하였다.

2018년 서울시 9급
행정법총론

문제편 p.126

| 01 ③ | 02 ① | 03 ① | 04 ② | 05 ② | 06 ① | 07 ① | 08 ④ | 09 ① | 10 ① |
| 11 ① | 12 ② | 13 ④ | 14 ④ | 15 ② | 16 ① | 17 ③ | 18 ③ | 19 ③ | 20 ④ |

01
답 ③

출제단원 Part 01 행정법 서설
출제영역 행정법의 규율대상이 되는 행정

① (O) 「입법작용」은 법을 「정립」하는(= 만드는) 작용이다. 반면, 「행정과 사법작용」은 정립된 법을 「집행」하는 작용이라는 점에서는 공통된다. 다만, 행정작용과 사법작용은 다음과 같은 차이가 있다.

행정작용	사법작용
행정목적을 달성하기 위해 사회질서 및 국민생활을 장래에 향하여 적극적으로 구체적으로 형성하여 가는 국가활동	법적 분쟁을 전제로 소송이 제기된 경우에 소극적으로 법을 선언하여 분쟁을 해결하는 재판작용

따라서 행정은 적극적 미래지향적 형성작용에 해당한다.

② (O) 행정은 주체·대상·성질·수단 등 여러 가지 기준에 따라 분류할 수 있다. 예를 들어, 행정은 「주체」를 기준으로 국가행정·자치행정·위임행정 등으로 분류할 수 있다.

국가행정	국가가 직접 그 기관을 통해 행하는 행정
자치행정	지방자치단체 기타 공공단체가 주체로 되어 행하는 행정
위임행정	국가나 공공단체가 자기의 사무를 다른 공공단체나 그 기관 또는 사인에게 위임하여 처리하는 행정

③ (X) 형식적 의미의 행정과 실질적 의미의 행정개념을 정리하면 다음과 같다.

형식적 의미의 행정	「행정기관에 의하여」 행해지는 모든 활동을 말한다. → 행정의 내용이나 기능과 상관없이 실정법에 의해 행정부의 권한으로 부여되어 있는 작용을 모두 행정이라고 본다. 따라서 행정부가 하는 「실질적 의미의 입법(법규명령의 제정 등)」과 「실질적 의미의 사법(행정심판의 재결 등)」도 「형식적 의미의 행정」에 해당한다.
실질적 의미의 행정	행정의 고유한 「성질」과 「기능」을 중심으로 파악하는 행정개념이다. → 어떤 기관에 의해 행해지는 것인지와 무관하다. 따라서 사법부도 「실질적 의미의 행정(대법원의 소속공무원 임명 등)」을 할 수 있고, 입법부도 「실질적 의미의 행정(국회사무총장의 소속직원 임명 등)」을 할 수 있다.

행정법에서는 법규명령의 제정(= 실질적 의미의 입법)이나 행정심판의 재결(= 실질적 의미의 사법)과 같은 형식적 의미의 행정도 다룬다. 따라서 행정법의 대상이 되는 행정이 실질적 의미의 행정에 한하는 것은 아니다.

④ (O) 행정은 「법형식」을 기준으로 공법상 행정과 사법상 행정으로 분류할 수 있다.

공법상 행정	공법에 따라 이루어지는 행정을 말한다. → 국가와 사인 간의 관계에서 국가의 우월적 지위를 특징으로 하며, 권력행정(명령·강제 등의 수단을 사용하여 행해지는 행정)과 비권력행정(강제없이 수행되는 공법상 행정)으로 구분된다.
사법상 행정	사법에 따라 이루어지는 행정을 말한다. → 국가와 사인 간의 관계가 대등한 것을 특징으로 한다.

02
답 ①

출제단원 Part 01 행정법 서설
출제영역 법률유보원칙

법률유보원칙이란 일정한 행정작용은 법에 근거해야 한다는 원칙을 말한다.

① (X) 조례란 지방의회에서 만드는 자치법규를 말한다. 지방자치단체의 자치입법은 행정의 한 부분이다. 따라서 조례도 법률우위의 원칙에 반할 수 없다. 헌법 제117조 제1항은 '지방자치단체는 … 법령의 범위 안에서 자치에 관한 규정을 제정할 수 있다.'고 하여 법률우위의 원칙이 조례에도 적용됨을 규정하고 있다. 따라서 법령(= 법률과 명령)의 규정보다 더욱 침익적인 내용을 정하고 있는 조례는 「법률우위의 원칙」에 위반되어 위법하며 무효이다. 즉, 법률유보의 원칙에 위반되는 것은 아니다. 참고로 법률유보의 원칙과 법률우위의 원칙은 다음과 같이 구분된다.

구분	법률유보	법률우위
의의	일정한 행정작용은 법에 근거해야 한다.	모든 행정작용은 법에 위반해서는 안 된다.
성격	적극적 성격의 원칙	소극적 성격의 원칙
적용범위	학설 대립	행정의 모든 분야

② (O) 헌법 제96조에서는 '행정각부의 설치·조직과 직무범위는 법률로 정한다.'고 규정하여 행정조직법정주의를 채택하고 있다. 행정조직법정주의란 행정조직에 관한 사항은 기본적으로 법률로 정해야 한다는 원칙을 말한다. 이와 같이 「조직법적 근거」는 모든 행정권 행사에 있어서 당연히 요구된다. 따라서 법률유보의 원칙에서 문제되는 법적 근거는 「작용법적 근거」를 말한다. 작용법적 근거란 행정주체가 행정목적을 달성하기 위해 행하는 일체의 법률적·사실적 작용에 대한 법적 근거를 말한다.

③ (O) 대법원은 법률유보의 원칙이 적용되는 행정범위가 어디까지인지에 대하여 중요사항유보설의 입장에서 판단한다. 중요사항유보설이란 공동체나 시민에게 중요한 행정권의 조치는 법률의 근거를 요하며, 중요성의 정도에 비례하여 보다 구체적인 규율을 해야 한다는 견해이다. 예를 들어, 대법원은 지방의회의원에 대하여 유급보좌인력을 두는 것은 지방의회의원의 신분·지위 및 그 처우에 관한 현행 법령상의 제도에 중대한 변경을 초래하는 것으로서, 이는 개별 지방의회의 조례로써 규정할 사항이 아니라 국회의 법률로써 규정하여야 할 입법사항이라고 본다(대법원 2013. 1. 16. 2012추84).

④ (O) 헌법재판소는 법률유보의 원칙의 적용범위에 대하여 '중요사항유보설'에 포함된 이론인 '의회유보설'의 입장에서 판단하고 있다. 즉, 오늘날 법률유보원칙은 단순히 행정작용이 법률에 근거를 두기만 하

면 충분한 것이 아니라, 국민의 기본권 실현과 관련된 영역에 있어서는 국민의 대표자인 입법자(= 의회)가 그 본질적 사항에 대해서 스스로 결정하여야 한다는 요구까지 포함하고 있다고 본다(= 의회유보원칙). 예를 들어, 헌법재판소는 「토지 등 소유자」가 도시환경정비사업을 시행하는 경우 사업시행인가 신청시 필요한 토지 등 소유자의 동의요건을 정하는 것은 「국민의 권리와 의무의 형성에 관한 기본적이고 본질적인 사항이므로」 국회가 스스로 행하여야 하는 사항에 속한다고 본다. 따라서 사업시행인가 신청에 필요한 동의정족수를 토지 등 소유자가 자치적으로 정하여 운영하는 규약에 정하도록 한 것은 법률유보원칙에 위반된다고 본다(헌재 2012. 4. 24. 2010헌바1). 참고로 이와 비교해야 할 대법원 판례가 있다. 대법원은 「조합」의 사업시행인가 신청시 필요한 토지 등 소유자의 동의요건은 토지 등 「소유자의 재산상 권리·의무에 관한 기본적이고 본질적인 사항이라고 볼 수 없으므로」, 법률유보 내지 의회유보의 원칙이 반드시 지켜져야 하는 영역이라고 할 수 없다고 본다(대법원 2007. 10. 12. 2006두14476). 이 두 판례를 정리하면 다음과 같다.

대법원	「조합」이 사업시행자인 경우의 사례이다. → 사업시행인가 신청시 필요한 토지 등 소유자의 동의요건을 정하는 것은 국민의 권리·의무에 관한 기본적·본질적인 사항 X ∴ 법률유보 내지 의회유보의 원칙 적용 X → 국회가 스스로 정해야 하는 사항 X
헌법재판소	「토지소유자」가 사업시행자인 경우의 사례이다. → 사업시행인가 신청시 필요한 토지 등 소유자의 동의요건을 정하는 것은 국민의 권리·의무에 관한 기본적·본질적인 사항 O ∴ 법률유보 내지 의회유보의 원칙 적용 O → 국회가 스스로 정해야 하는 사항 O

03 답 ①

출제단원 Part 02 행정작용 및 절차법
출제영역 허가, 특허, 인가

① (X) 대법원은 「한의사면허」는 질서유지·위험예방을 목적으로 금지(= 경찰금지)하였던 것을 일정한 경우에 해제하는 것으로 강학상 「허가」라고 본다(대법원 1998. 3. 10. 97누4289). '허가'란 질서유지·위험의 방지 등을 목적으로 법령에 의해 일반적으로 금지하였던 행위를 특정한 경우에 해제하여 적법하게 일정한 행위를 할 수 있도록 하는 행정행위이다. 따라서 한의사면허가 '진료행위를 할 수 있는 능력을 설정하는 설권행위'라는 설명은 옳지 않다. 참고로 설권행위란 강학상 특허를 의미한다.

② (O) 대법원은 국유재산 등의 관리청이 하는 「행정재산의 사용·수익에 대한 허가」는 순전히 사경제주체로서 행하는 사법상의 행위가 아니라, 관리청이 공권력을 가진 우월적 지위에서 행하는 행정처분으로서 특정인에게 행정재산을 사용할 수 있는 권리를 설정하여 주는 강학상 「특허」라고 본다(대법원 2006. 3. 9. 2004다31074). 특허란 특정인을 위하여 새로운 권리를 설정하는 행위, 능력을 설정하는 행위, 포괄적인 법률관계를 설정하는 행위를 뜻하며, 강학상 특허를 설권행위라고도 한다.

③ (O) 대법원은 재개발조합설립 인가신청에 대한 행정청의 「조합설립인가처분」은 법령상 일정한 요건을 갖출 경우 주택재개발사업의 추진위원회에게 행정주체로서의 지위를 부여하는 일종의 설권적 처분의 성격을 갖는다고 본다(대법원 2010. 12. 9. 2009두4555). 즉, 강학상 「특허」에 해당한다. 참고로 이 판례는 설립인가를 받은 조합이 수립한 「사업시행계획에 대한 인가」가 강학상 「인가」라는 판례(대법원 2010. 12. 9. 2010두1248)와 구별해야 한다.

구분	법적 성격
조합설립에 대한 인가	강학상 특허
설립인가를 받은 조합이 수립한 사업시행계획에 대한 인가	강학상 인가

④ (O) ③번 해설의 마지막 부분에서 확인한 바와 같이, 대법원은 구 「도시 및 주거환경정비법」에 기초하여 도시환경정비사업「조합」이 수립한 사업시행계획은 그것이 인가·고시를 통해 확정되면 이해관계인에 대한 구속적 행정계획으로서 독립된 행정처분에 해당하므로, 사업시행계획을 인가하는 행정청의 행위는 도시환경정비사업조합의 사업시행계획에 대한 법률상의 효력을 완성시키는 보충행위에 해당한다고 본다(대법원 2010. 12. 9. 2010두1248). 즉, 강학상 「인가」라는 것이다. 인가란 제3자의 법률행위를 보충하여 그 법률적 효력을 완성시켜 주는 행정행위를 말한다. 참고로 이 판례는 「토지 등 소유자들」이 조합을 따로 설립하지 않고 직접 시행하는 도시환경정비사업에서 토지 등 소유자에 대한 사업시행인가처분은 단순히 사업시행계획에 대한 보충행위로서의 성질을 가지는 것이 아니라, 구 도시정비법상 정비사업을 시행할 수 있는 권한을 가지는 행정주체로서의 지위를 부여하는 일종의 설권적 처분의 성격을 가진다는 판례(대법원 2013. 6. 13. 2011두19994)와 구별해야 한다.

구분	법적 성격
설립인가를 받은 「조합」이 수립한 사업시행계획에 대한 인가	강학상 인가
조합설립 없이 「토지 등 소유자들」이 직접 시행하는 도시환경정비사업에서 사업시행인가처분	강학상 특허

04 답 ②

출제단원 Part 07 행정상 손실보상
출제영역 손실보상청구권의 성립요건

행정상 손실보상이란 적법한 공권력의 행사에 의해 개인에게 재산상의 특별한 손해가 발생한 경우, 재산권 보장과 공평부담의 차원에서 행정주체가 행하는 조절적인 재산적 보상을 말한다.

① (X) 헌법 제23조 제3항에서는 '공공필요에 의한 재산권의 수용·사용 또는 제한 및 그에 대한 보상은 법률로써 하되, 정당한 보상을 지급하여야 한다.'고 규정하고 있다. 그런데 어떠한 법률에서 재산권의 수용·사용·제한에 대한 규정은 두고 있으나, 보상에 관한 규정을 두고 있지 않은 경우에 개인이 어떻게 구제를 받을 수 있는지 문제된다. 이에 대한 대법원과 헌법재판소 판례를 정리하면 다음과 같다.

대법원	공용침해로 인한 특별한 손해에 대한 보상규정이 없는 경우에 「관련 보상규정」을 유추적용하여 보상하려는 경향이 있다(대법원 1999. 11. 23. 98다11529).
헌법재판소	법률에 보상규정을 두지 않은 것에 위헌성이 있으며, 보상의 구체적 기준과 방법은 입법자가 입법정책적으로 정할 사항이라고 본다(헌재 1998. 12. 24. 89헌마214).

즉, 공용침해로 인한 특별한 손해에 대한 보상규정이 없는 경우에 관련 보상규정을 유추적용하여 보상하려는 경향은 헌법재판소가 아니

라,「대법원」의 입장이다.
② (O) 공적 목적에 제공된 물건인 공물을 특별한 요건을 충족할 필요 없이 자유로이 그 본래의 용법에 따라 사용하는 것을 공물의「일반사용」이라고 한다. 도로에서의 통행이나, 공원에서의 산책 등을 일반사용의 예로 들 수 있다. 이와 관련하여 대법원은 일반공중의 이용에 제공되는 공공용물에 대하여 특허 또는 허가를 받지 않고 사용하는 일반사용은 다른 개인의 자유이용과 국가 또는 지방자치단체 등의 공공목적을 위한 개발 또는 관리·보존행위를 방해하지 않는 범위 내에서만 허용된다고 본다. 따라서 공공용물에 관하여 적법한 개발행위 등이 이루어짐으로 말미암아 이에 대한 일정범위의 사람들의 일반사용이 종전에 비하여 제한받게 되었다 하더라도 특별한 사정이 없는 한 그로 인한 불이익은 손실보상의 대상이 되는 특별한 손실에 해당한다고 할 수 없다고 본다(대법원 2002. 2. 26. 99다35300). 참고로 공물은 여러 기준에 의해 분류되는데, 공물의 목적에 따라 공공용물, 공용물 등으로 분류할 수 있다.「공공용물」이란 도로와 같이 직접 일반공중의 사용을 위하여 제공되어 있는 물건을 말하고,「공용물」이란 정부종합청사와 같이 국가나 지방자치단체의 사용을 위하여 제공된 물건을 말한다.

③ (X) 대법원은 산림 내에서의 토석채취허가는 허가권자가 신청지 내의 임황과 지황 등의 사항 등에 비추어 국토 및 자연의 보전 등의 중대한 공익상 필요가 있을 때에는 재량으로 그 허가를 거부할 수 있다고 본다. 따라서 그 자체로 중대한 공익상의 필요가 있는 공익사업이 시행되어 토석채취허가를 연장받지 못하게 되었다고 하더라도 토석채취허가가 연장되지 않게 됨으로 인한 손실과 공익사업 사이에 상당인과관계가 있다고 할 수 없을 뿐 아니라, 특별한 사정이 없는 한 그러한 손실이 적법한 공권력의 행사로 가하여진 재산상의 특별한 희생으로서 손실보상의 대상이 된다고 볼 수도 없다고 본다(대법원 2009. 6. 23. 2009두2672).

④ (X) 손실보상의 요건이 충족되기 위해서는 재산권의 침해를 통하여 개인에게「특별한 희생」이 발생되어야 한다.'특별한 희생'이란 재산권의 '사회적 제약'을 넘어서는 손실을 의미한다. 사회적 제약과 특별한 희생을 비교하면 다음과 같다.

사회적 제약	헌법 제23조「제2항」에 의해 재산권자가 수인해야 하며, 보상이 필요 없다. → 헌법 제23조 ② 재산권의 행사는 공공복리에 적합하도록 하여야 한다.
특별한 희생	헌법 제23조「제3항」에 의해 보상이 필요하다. → 헌법 제23조 ③ 공공필요에 의한 재산권의 수용·사용 또는 제한 및 그에 대한 보상은 법률로써 하되, 정당한 보상을 지급하여야 한다.

이와 관련하여 헌법재판소는 토지재산권의 사회적 제약의 한계를 정하는 기준에 대하여 다음과 같이 판단한 바 있다(헌재 1998. 12. 24. 89헌마214).

개발제한구역 지정으로 인한 영향의 정도	사회적 제약의 한계 내인지 여부
종래의 목적으로 토지사용 불가, 법적으로 허용된 토지이용방법이 없는 경우	사회적 제약의 한계를 넘음 → 토지소유자가 수인 X
개발가능성의 소멸과 그에 따른 지가의 하락, 지가상승률의 상대적 감소	사회적 제약의 범주에 속함 → 토지소유자가 수인 O

따라서 지가의 하락이 20% 이상으로 과도한 경우라고 하더라도,「개발제한구역 지정으로 인하여 토지를 종래의 목적으로도 사용할 수 없거나」또는「더 이상 법적으로 허용된 토지이용의 방법이 없기 때문에 실질적으로 토지의 사용·수익의 길이 없는 경우」가 아니므로 이를 특별한 희생이라고는 볼 수 없다.

05   답 ②

출제단원 Part 04 행정소송법
출제영역 재결취소소송

재결이란 행정심판의 청구에 대해 행정심판위원회가 행하는 판단을 말한다. 행정소송법상 재결에 대한 취소소송(= 재결소송)은 재결 자체에 고유한 위법이 있음을 이유로 하는 경우에 한한다(제19조 단서). 즉, 취소소송은 원칙적으로「원처분」을 대상으로 하며,「재결」은 예외적으로 재결 자체에 고유한 위법이 있을 경우에 한하여 취소소송의 대상이 될 수 있는 것이다. 이를「원처분주의」라고 한다.

① (O)「교원의 지위 향상 및 교육활동 보호를 위한 특별법」에 의하면 각급학교 교원이 징계처분과 그 밖에 그 의사에 반하는 불리한 처분에 대하여 불복할 때에는 교육부의 교원소청심사위원회에 소청심사를 청구할 수 있다(제9조 제1항). 만약 교원소청심사위원회의 결정에 대하여도 불복하는 교원은 행정소송을 제기할 수 있다(제10조 제4항). 징계 및 이에 대한 불복 절차의 성격을 살펴보면 다음과 같다.

구분 절차	국·공립학교 교원	사립학교 교원
징계권자의 징계	공권력 행사 O ∴ 처분 O	공권력 행사 X ∴ 처분 X
↓ 불복		
교원소청심사위원회의 결정	처분에 대한 행정심판위원회의 결정 ∴ 행정심판의 재결 O	교원소청심사위원회의 결정은 공권력 행사 O ∴ 처분 O
↓ 불복		
항고소송	· 원칙 :「징계처분」을 대상으로 항고소송 제기 · 예외 : 교원소청심사위원회의 결정에 고유한 위법이 있는 경우에 한하여「교원소청심사위원회의 결정」을 대상으로 항고소송 제기	「교원소청심사위원회의 결정」을 대상으로 항고소송 제기

위 표에서 확인할 수 있듯이, 징계권자의 징계처분에 대해 행정소송을 제기하고자 하는「국·공립학교 교원」은 원칙적으로「원처분」에 해당하는「징계처분」을 대상으로 취소소송을 제기해야 한다.「사립학교 교원」은 처분이 아닌 사립학교장의 징계를 대상으로 취소소송을 제기할 수는 없으며,「원처분」에 해당하는「교원소청심사위원회의 결정」을 대상으로 취소소송을 제기해야 한다. 결국, 교원징계처분에 대한 교원소청심사위원회의 결정에 불복하여 취소소송을 제기하는 경우 국·공립학교 교원이나 사립학교 교원 모두 원칙적으로「원처분」을 대상으로 소송을 제기해야 한다. 다만, 원처분에 해당하는 구체적인 처분이 무엇인지에 차이가 있다.

> **+ 참고**
> 원본 문제의 ①번 선택지는 「교원징계처분에 대해 취소소송을 제기하는 경우 사립학교 교원이나 국·공립학교 교원 모두 원처분주의가 적용된다.」라고 되어 있었다. 이때 '원처분주의'는 '원처분'과 '재결' 중 '원처분'을 대상으로 소송을 제기하는 것이 원칙이라는 것으로서 「원처분과 재결」이 모두 존재하는 상황을 전제로 한다. 그런데 사립학교 교원의 징계처분의 경우에는 교원소청심사위원회의 결정 자체가 처분(= 원처분)이며, 별도로 재결이 존재하는 상황이 아니다. 따라서 사립학교 교원의 경우에 '원처분주의가 적용된다.'는 표현은 정확하지 않다. 이에 출제의도에 맞게 선택지의 표현을 수정하였다.

② (X) 앞서 살펴본 바와 같이 「원처분주의」란 취소소송은 원칙적으로 원처분을 대상으로 하며, 재결은 예외적으로 재결 자체에 고유한 위법이 있을 경우에 한하여 취소소송의 대상이 될 수 있다는 것이다. 따라서 국·공립학교 교원의 경우 원처분주의에 따라 원칙적으로 「원처분인 징계처분」을 소의 대상으로 하지만, 「행정심판의 재결에 해당하는 교원소청심사위원회의 결정」에 고유한 위법이 있는 경우에는 「교원소청심사위원회의 결정」 자체가 소의 대상이 될 수도 있다. 따라서 이러한 예외적인 상황에 대한 언급 없이 국·공립학교 교원의 경우에 원처분주의에 따라 원처분「만」이 소의 대상이 된다는 설명은 옳지 않다.

③ (O) 항고소송의 대상이 되는 처분이란 「행정청이 행하는 구체적 사실에 관한 법집행으로서의 공권력의 행사 또는 그 거부와 그 밖에 이에 준하는 행정작용」을 말한다(행정소송법 제2조 제1항 1호). 그런데 사립학교 교원과 사립학교 법인의 관계는 공법상의 권력관계라고 볼 수 없다. 따라서 사립학교 교원에 대한 학교법인의 징계는 공권력의 행사에 해당하지 않으므로 항고소송의 대상이 되는 처분이 아니다.

④ (O) ③번 해설에서 살펴본 바와 같이, 사립학교 교원에 대한 학교법인의 징계는 처분이 아니다. 다만, 이에 불복하는 사립학교 교원은 「교원의 지위 향상 및 교육활동 보호를 위한 특별법」에 의해 교육부의 교원소청심사위원회에 소청심사를 청구할 수 있는데, 이에 대한 교원소청심사위원회의 결정이 원처분이 된다. 교원소청심사위원회의 결정은 행정청이 행하는 공권력의 행사로 볼 수 있기 때문이다.

06 답 ①

출제단원 Part 02 행정작용 및 절차법
출제영역 행정행위의 종류

① (예외적 승인) 「학교환경위생정화구역에서의 금지행위해제」는 학교환경위생정화구역 안에서 사회적으로 바람직하지 않은 일정한 행위를 원칙적으로 금지하고, 예외적인 경우에 이러한 금지를 해제하여 당해 행위를 적법하게 할 수 있게 하여 주는 것으로서 「예외적 승인(= 예외적 허가)」에 해당한다. 예외적 승인이란 사회적으로 바람직하지 않은 일정한 행위를 법령상 원칙적으로 금지하고, 예외적인 경우에 이러한 금지를 해제하여 당해 행위를 적법하게 할 수 있게 하여 주는 행위를 의미한다. 그 예로는 개발제한구역 내의 건축허가, 개발제한구역 내의 용도변경허가, 사행행위 영업허가, 학교환경위생정화구역 내의 유흥주점허가, 치료목적의 마약류 사용허가 등이 있다. 예외적 승인의 법적 성질과 관련하여 허가의 일종으로 보는 견해, 특허의 일종으로 보는 견해, 면제로 보는 견해, 독립된 법개념으로 보는 견해 등이 대립한다.

② (인가) 「토지거래계약허가제」에 있어서 허가가 의미하는 것이 토지거래를 원천적으로 금지하였다가 사후에 이를 해제하는 것(= 허가)을 의미하는지, 아니면 사인 간의 토지거래를 국가가 후견적으로 돕는 것(= 인가)을 의미하는지 문제된다. 대법원은 토지거래허가제에 있어서 허가가 규제지역 내의 모든 국민에게 전반적으로 토지거래의 자유를 금지하고 일정한 요건을 갖춘 경우에만 금지를 해제하여 계약체결의 자유를 회복시켜 주는 성질의 것이라고 보는 것은 법의 입법취지를 넘어선 지나친 해석이라고 본다. 따라서 규제지역 내에서도 토지거래의 자유가 인정되지만, 토지거래허가를 받음으로써 허가 전의 유동적 무효상태에 있는 법률행위(= 토지거래계약)의 효력이 완성된다고 보아 이때의 허가를 인가적 성질을 띤 것이라고 본다(대법원 1991. 12. 24. 90다12243). 즉, 대법원은 토지거래허가제에 있어서의 허가는 강학상 「인가」라고 본다. 참고로 「인가」란 제3자의 법률행위를 보충하여 그 법률적 효력을 완성시켜 주는 행정행위이다.

③ (인가) 대법원은 민법에서 말하는 재단법인 「정관변경의 허가」는 '허가'라는 표현에도 불구하고, 일반적 금지의 해제를 뜻하는 강학상 허가가 아니라, 재단법인의 정관변경이라는 법률행위의 효력을 보충해 주는 '인가'에 해당한다고 본다(대법원 1996. 5. 16. 95누4810 전합).

④ (인가) 대법원은 자동차관리법상 자동차관리사업자로 구성하는 사업자단체인 조합 등의 설립인가처분은 시·도지사 등이 자동차관리사업자들의 단체결성행위를 보충하여 효력을 완성시키는 처분에 해당한다고 본다(대법원 2015. 5. 29. 2013두635). 즉, 대법원은 자동차관리사업자단체의 조합설립인가를 강학상 「인가」라고 본다.

07 답 ①

출제단원 Part 03 행정의 실효성 확보수단
출제영역 행정대집행

① (X) 대집행은 공법상 의무의 불이행을 대상으로 한다. 이때 공법상 의무의 발생근거가 문제되는데, 행정대집행법 제2조는 대집행의 대상이 되는 공법상 의무는 「법령에 직접 규정」되어 있는 경우도 있고, 「법령에 근거한 행정청의 행정행위」에 의해 발생하는 경우도 있음을 규정하고 있다.

② (O) 대집행은 공법상의 「대체적 작위의무」의 불이행을 대상으로 한다. 따라서 부작위의무(예 시설설치 금지의무)가 불이행된 경우에는 원칙적으로 대집행을 할 수 없다. 다만, 이러한 부작위의무는 '철거명령' 등을 통해 작위의무로 전환시킨 후에 이러한 작위의무를 위반하게 되면 대집행의 대상이 될 수 있다. 이와 관련하여 대법원은 부작위의무를 작위의무로 전환시키기 위해서는 별도의 법적 근거가 있어야 한다고 본다. 즉, 이러한 법적 근거가 없다면 부작위의무(= 무엇을 하지 말아야 하는 의무)로부터 작위의무(= 부작위의무 위반의 결과를 시정해야 하는 의무)를 당연히 도출할 수는 없다고 본다. 또한 부작위의무를 정하고 있는 금지규정(= 무엇을 하지 말 것을 정하고 있는 규정)으로부터 부작위의무 위반으로 인한 결과의 시정을 명하는 권한(= 작위의무명령권)이 당연히 추론되는 것도 아니라고 본다(대법원 1996. 6. 28. 96누4374).

③ (O) ②번 해설에서 살펴본 바와 같이 대집행은 공법상의 「대체적 작위의무」의 불이행을 대상으로 한다. 따라서 장례식장 사용중지의무와 같은 부작위의무의 불이행의 경우에는 대집행의 대상이 될 수 없다. 대법원도 '장례식장 사용중지의무'는 의무위반 당사자 이외의 타

인이 대신할 수도 없고, 타인이 대신하여 행할 수 있는 행위라고도 할 수 없는 「비대체적 부작위의무」에 해당하므로, 장례식장 영업을 하고 있는 자의 장례식장 사용중지의무는 행정대집행법에 의한 대집행의 대상이 아니라고 본다(대법원 2005. 9. 28. 2005두7464).

④ (O) 대집행은 「공법상」의 대체적 작위의무의 불이행을 대상으로 한다. 이와 관련하여 대법원은 「구 공공용지의 취득 및 손실보상에 관한 특례법」에 따른 토지 등의 「협의취득」은 공공사업에 필요한 토지 등을 그 소유자와의 협의에 의하여 취득하는 것으로서 공공기관이 사경제주체로서 행하는 사법상 매매 내지 사법상 계약의 실질을 가지는 것으로 본다. 따라서 협의취득시 건물소유자가 건물의 철거의무를 부담하겠다는 약정을 하였다고 하더라도 이러한 의무는 사법상의 의무에 해당하여 행정대집행의 대상이 아니라고 본다(대법원 2006. 10. 13. 2006두7096).

08 답 ④

출제단원 Part 02 행정작용 및 절차법
출제영역 행정행위의 직권취소와 철회

행정행위의 「직권취소」란 일단 유효하게 성립한 행정행위를 처분청이 「성립 당시의 하자」를 이유로 직권으로 그 효력을 소멸시키는 것을 말한다. 반면, 행정행위의 「철회」란 아무런 하자 없이 적법하게 성립된 행정행위의 효력을 「성립 이후에 발생된 새로운 사정」에 의하여 더 이상 존속시킬 수 없는 경우에 장래에 향하여 그 효력을 소멸시키는 것을 말한다. 이를 비교하면 다음과 같다.

구분	직권취소	철회
대상	위법·부당한 행위	적법한 행위
사유	행정행위 성립 당시 발생한 하자	행정행위 성립 이후 발생한 사정

① (O) 대법원은 한 사람이 여러 종류의 자동차운전면허를 취득하는 경우뿐 아니라 이를 취소 또는 정지하는 경우에도 서로 별개의 것으로 취급하는 것이 원칙이고, 다만 취소사유가 특정 면허에 관한 것이 아니고 다른 면허와 공통된 것이거나 운전면허를 받은 사람에 관한 것일 경우에는 여러 면허를 전부 취소할 수도 있다고 본다(대법원 2012. 5. 24. 2012두1891). 참고로 2016년 1월 27일 개정된 개정 도로교통법 제93조에서는 복수운전면허소지자에 대한 면허취소·정지시 그 소지면허 전부를 대상으로 한다는 점을 보다 명확하게 규정하고 있다.

② (O) 대법원은 행정처분을 한 처분청은 처분의 성립에 하자가 있는 경우 이를 취소할 별도의 법적 근거가 없다고 하더라도 직권으로 취소할 수 있다고 본다(대법원 2002. 5. 28. 2001두9653).

③ (O) 대법원은 수익적 행정행위의 철회는 그 처분 당시 별다른 하자가 없었음에도 불구하고 사후적으로 그 효력을 상실케 하는 행정행위이므로, 법령에 명시적인 규정이 있거나 행정행위의 부관으로 그 철회권이 유보되어 있는 등의 경우가 아니라면, 원래의 행정행위를 존속시킬 필요가 없게 된 사정변경이 생겼거나 또는 중대한 공익상의 필요가 발생한 경우 등의 예외적인 경우에만 허용된다고 본다(대법원 2005. 4. 29. 2004두11954). 즉, 대법원은 「법령에 철회사유가 규정」되어 있는 경우나 「부관으로 철회권이 유보」되어 있는 경우뿐만 아니라, 「사정변경」이 있는 경우, 「중대한 공익상의 필요가 발생」한 경우 등에도 철회가 허용된다고 보는 것이다.

④ (X) 행정행위의 철회는 그 자체가 원래의 행정행위(= 철회의 대상)와는 독립된 별개의 행정행위이다. 따라서 철회 역시 행정절차법의 적용을 받는다. 예를 들어, 수익적 행정행위의 철회는 '권익을 제한하는 처분'에 해당하므로 행정절차법상 사전통지절차, 의견제출절차 등을 거쳐야 한다. 또한 철회도 행정행위이므로 철회를 함에 있어 신뢰보호원칙이나 비례원칙과 같은 행정법의 일반원칙도 준수해야 한다.

09 답 ①

출제단원 Part 04 행정소송법
출제영역 행정소송의 피고적격

① (X) 조례란 지방의회에서 만드는 자치법규를 말한다. 항고소송의 대상이 되는 처분이 되기 위해서는 '구체적 사실에 관한 행위'이어야 하는데, 조례가 이에 해당하는지 문제된다. 그런데 조례는 특정사람이나 특정사건만을 대상으로 규정되는 것이 아니므로, 즉 일반적·추상적 규범이므로 원칙적으로 처분성을 인정할 수 없다. 따라서 항고소송의 대상이 아니다. 다만, 처분적 조례(= 형식은 조례이나, 규율대상이 개별적·구체적인 경우)의 경우 구체적인 집행행위 없이도 처분적 조례 그 자체만으로 국민의 구체적인 권리·의무에 변동을 초래하게 되므로 처분에 해당한다고 본다. 이와 관련하여 처분적 조례에 대한 항고소송에서 피고적격이 있는 「처분 등을 행한 행정청」이 누구인지와 관련하여 대법원은 지방자치단체의 의사를 외부에 표시한 권한이 없는 지방의회가 아니라, 지방자치단체의 집행기관으로서 조례로서의 효력을 발생시키는 공포권이 있는 「지방자치단체의 장」이라고 본다(대법원 1996. 9. 20. 95누8003).

② (O) 행정청(A)의 권한의 전부 또는 일부를 다른 행정기관(B)이 대신 행사하고, 그 행위가 피대리행정청(A)의 행위로서 효력을 발생하는 것을 '권한의 대리'라고 한다. 대리자(B)는 피대리관청(A)과의 대리관계임을 표시하여 대리권을 행사해야 한다. 이 경우 피고는 피대리관청(A)이 된다. 만약 대리자가 대리관계임을 표시하지 않고 그 자신의 명의로 행정처분을 한 경우 피고적격이 누구에게 인정되는지 문제된다. 이와 관련하여 대법원은 대리권을 수여받은 데 불과하여 그 자신의 명의로는 행정처분을 할 권한이 없는 행정청(B)의 경우 대리관계를 밝힘이 없이 그 자신(B)의 명의로 행정처분을 하였다면 그에 대하여는 처분명의자인 당해 행정청(B)이 항고소송의 피고가 되어야 하는 것이 원칙이라고 본다. 다만, 비록 대리관계를 명시적으로 밝히지는 아니하였다 하더라도 처분명의자(B)가 피대리행정청(A) 산하의 행정기관으로서 실제로 피대리행정청(A)으로부터 대리권한을 수여받아 피대리행정청(A)을 대리한다는 의사로 행정처분을 하였고, 처분명의자(B)는 물론 그 상대방도 그 행정처분이 피대리행정청(A)을 대리하여 한 것임을 알고서 이를 받아들인 예외적인 경우에는 피대리행정청(A)이 피고가 되어야 한다고 본다(대법원 2006. 2. 23. 자 2005부4). 대리의 경우 피고적격을 정리하면 다음과 같다.

대리관계임을 밝힌 경우		피대리행정청 (= 대리를 하도록 시킨 행정청)
대리관계임을 밝히지 않은 경우	원칙	처분명의자
	예외	처분명의자의 대리의사 명백 + 상대방도 대리행위라는 것을 알고서 받아들인 경우 → 피대리행정청

③ (O) 취소소송과 같은 「항고소송」에 있어서는 처분 등을 행한 「행정청」이 피고가 된다(행정소송법 제13조 제1항). 논리상 피고는 권리주체인 국가나 지방자치단체가 되어야 하지만, 행정소송 수행의 편의상 행정소송법은 행정청을 피고로 규정하고 있는 것이다. 반면, 「당사자소송」에 있어서는 「국가·공공단체 그 밖의 권리주체」가 피고가 된다(행정소송법 제39조). 즉, 당사자소송은 당해 처분을 한 처분청(= 행정청)이 아니라, 처분의 효과가 귀속되는 행정주체를 피고로 한다.

④ (O) 국가공무원법에서는 국가공무원법에 따른 처분, 그 밖에 본인의 의사에 반한 불리한 처분이나 부작위에 관해 행정소송을 제기할 때에 대통령의 처분 또는 부작위의 경우에는 소속장관을 피고로 한다고 규정하고 있다(제16조 제2항). 예를 들어, 대통령의 검사임용거부처분에 대한 취소소송의 피고는 검사가 속한 법무부의 장관이 된다.

10

답 ①

출제단원 Part 02 행정작용 및 절차법
출제영역 행정절차법상 처분절차

① (X) 청문이란 행정청이 어떠한 처분을 하기 전에 당사자 등의 의견을 직접 듣고 증거를 조사하는 절차를 말한다.
행정절차법에서는 '행정청이 처분을 할 때 다음의 어느 하나에 해당하는 경우에는 청문을 한다.'고 규정하고 있다(제22조 제1항).
- 다른 법령 등에서 청문을 하도록 규정하고 있는 경우(제1호)
- 행정청이 필요하다고 인정하는 경우(제2호)
- 인·허가 등의 취소, 신분·자격의 박탈, 법인이나 조합 등의 설립허가의 취소를 하는 경우(제3호)

따라서 행정청이 법인이나 조합 등의 설립허가취소처분을 할 때에는 당사자 등의 신청이 없는 경우에도 청문을 해야 하는 것이지, 당사자 등의 신청이 있는 경우에 한하여 청문을 해야 하는 것은 아니다(행정절차법 제22조 제1항 제3호).

> **+참고**
> 원본 문제의 ①번 선택지는 「행정청이 법인이나 조합 등의 설립허가취소처분을 할 때에는 청문을 해야 한다.」라고 표기되어 있다. 개정 전 행정절차법에서는 제22조 제1항 제3호의 경우 당사자 등의 신청이 있는 경우에 청문을 하도록 규정하고 있었으나, 2022. 7. 12. 시행된 개정 행정절차법에서는 제3호의 경우 신청이 없더라도 청문을 하도록 규정하였다. 따라서 ①번 선택지는 2018년 출제 당시의 행정절차법에 의하면 옳지 않은 선택지이지만, 2022. 7. 12. 시행된 개정 행정절차법에 의하면 옳은 선택지가 된다. 이에 개정법 내용에 따라 선택지를 수정하여 옳지 않은 선택지로 구성하였다.

② (O) 행정청에 처분을 구하는 신청은 문서로 하여야 한다. 다만, 다른 법령 등에 특별한 규정이 있는 경우와 행정청이 미리 다른 방법을 정하여 공시한 경우에는 예외가 인정된다(행정절차법 제17조 제1항). 만약 처분을 신청할 때 「전자문서」로 하는 경우에는 「행정청의 컴퓨터」 등에 입력된 때에 신청한 것으로 본다(동법 제17조 제2항). 신청인의 컴퓨터 등에 입력된 때에 신청한 것으로 보는 것이 아님을 주의해야 한다.

③ (O) 의견청취절차란 불이익 처분시 행정처분의 상대방 또는 이해관계인에게 자신의 의견을 진술하며 스스로를 방어할 수 있는 기회를 부여하는 절차(청문, 공청회, 의견제출)를 말한다. 다만, 「㉠ 공공의 안전 또는 복리를 위하여 긴급히 처분을 할 필요가 있는 경우, ㉡ 법령 등에서 요구된 자격이 없거나 없어지게 되면 반드시 일정한 처분을 하여야 하는 경우에 그 자격이 없거나 없어지게 된 사실이 법원의 재판 등에 의하여 객관적으로 증명된 경우, ㉢ 해당 처분의 성질상 의견청취가 현저히 곤란하거나 명백히 불필요하다고 인정될 만한 상당한 이유가 있는 경우, ㉣ 당사자가 의견진술의 기회를 포기한다는 뜻을 명백히 표시한 경우」에는 의견청취를 하지 아니할 수 있다(행정절차법 제22조 제4항). 참고로 ④번 해설에서 확인할 수 있듯이 ㉠~㉢은 「처분의 사전통지의무」가 면제되는 사유와 동일하다(동법 제21조 제4항).

④ (O) 처분의 사전통지란 행정청이 당사자에게 의무를 부과하거나 권익을 제한하는 처분을 하기 전에 처분의 제목, 당사자의 성명 또는 명칭과 주소, 처분하려는 원인이 되는 사실과 처분의 내용 및 법적 근거 등 법에서 정하고 있는 일정한 사실을 당사자 등에게 통지하는 것을 말한다(행정절차법 제21조 제1항). 다만, 「㉠ 공공의 안전 또는 복리를 위하여 긴급히 처분을 할 필요가 있는 경우, ㉡ 법령 등에서 요구된 자격이 없거나 없어지게 되면 반드시 일정한 처분을 하여야 하는 경우에 그 자격이 없거나 없어지게 된 사실이 법원의 재판 등에 의하여 객관적으로 증명된 경우, ㉢ 해당 처분의 성질상 의견청취가 현저히 곤란하거나 명백히 불필요하다고 인정될 만한 상당한 이유가 있는 경우」에는 처분의 사전통지의무가 면제된다(동법 제21조 제4항). 이와 관련하여 행정절차법에서는 '처분의 전제가 되는 사실이 법원의 재판 등에 의하여 객관적으로 증명된 경우 등 행정절차법 제21조 제4항에 따른 사전통지를 하지 아니할 수 있는 구체적인 사항은 대통령령으로 정한다.'고 규정하여 처분의 사전통지 생략사유를 대통령령에서 좀 더 구체화할 수 있도록 하고 있다(동법 제21조 제5항). 이에 따라 행정절차법 시행령에서는 「법원의 재판 또는 준사법적 절차를 거치는 행정기관의 결정 등에 따라 처분의 전제가 되는 사실이 객관적으로 증명되어 처분에 따른 의견청취가 불필요하다고 인정되는 경우」 등 몇 가지 사유를 처분의 사전통지 생략사유로 구체화하고 있다(행정절차법 시행령 제13조).

11

답 ①

출제단원 Part 02 행정작용 및 절차법
출제영역 행정규칙

행정규칙이란 행정조직 내부에서 행정의 사무처리기준으로서 제정된 일반적·추상적 규범을 말한다. 행정규칙은 일반적·추상적인 명령인 점에서 법규명령과 같으나, 원칙적으로 국민을 구속하는 성질을 갖지 않는다는 점에서 법규명령과 다르다.

① (O) 법률에서 규정한 내용을 구체화할 필요가 있어 법령의 위임을 받아 그 구체적인 내용을 훈령이나 고시, 예규와 같은 행정규칙의 형식으로 정하는 경우를 법령보충적 행정규칙(= 법령보충규칙)이라고 한다. 이와 관련하여 대법원은 행정각부의 장이 정하는 고시라도 법령의 규정에서 특정 행정기관에 법령내용의 구체적 사항을 정할 수 있는 권한을 부여함으로써 법령내용을 보충하는 기능을 가질 경우에는 형식과 상관없이 근거법령규정과 결합하여 대외적으로 구속이 있는 법규명령으로서의 효력을 가진다고 본다. 다만, 이러한 효력은 어디까지나 예외적으로 인정되는 효력이므로 특정고시가 비록 법령에 근거를 둔 것이더라도 규정내용이 법령의 위임범위를 벗어난 것일

경우에는 법규명령으로서의 대외적 구속력을 인정할 수 없다고 본다(대법원 2016. 8. 17. 2015두51132).

② (X) 대법원은 구 「지방공무원 보수업무 등 처리지침」이 정한 민간근무경력의 호봉 산정에 관한 부분은 관련법률과 대통령령의 위임에 따라 행정자치부장관이 행정규칙의 형식으로 법령의 내용이 될 사항을 구체적으로 정한 것이라고 판단하였다(= 법령보충규칙). 그런데 구 「시방공무원 보수업무 등 처리지침」이 상위법령의 내용·취지에 저촉된다거나 위임한계를 벗어났다고 보기 어려우므로, 비록 형식은 행정규칙의 형식일지라도 상위법령과 결합하여 대외적인 구속력이 있는 법규명령으로서의 효력을 갖게 된다고 본다(대법원 2016. 1. 28. 2015두53121).

③ (X) ①번 해설에서 살펴본 바와 같이, 대법원은 법령보충규칙이라고 하더라도 규정내용이 법령의 위임범위를 벗어난 것일 경우에는 법규명령으로서의 대외적 구속력을 인정할 수 없다고 본다(대법원 2016. 8. 17. 2015두51132).

④ (X) 대법원은 「2014년도 건물 및 기타물건 시가표준액 조정기준」의 각 규정들은 일정한 유형의 위반건축물에 대한 이행강제금의 산정기준이 되는 시가표준액에 관하여 행정자치부장관으로 하여금 정하도록 한 법령(건축법 및 지방세법령)의 위임에 따른 것으로서 법령규정의 내용을 보충하고 있으므로(= 법령보충규칙), 법령규정과 결합하여 대외적인 구속력이 있는 법규명령으로서의 효력을 가진다고 본다(대법원 2017. 5. 31. 2017두30764).

12 ②

출제단원 Part 02 행정작용 및 절차법
출제영역 행정행위의 부관

부관이란 행정행위의 효과를 제한 또는 보충하기 위하여 행정기관에 의하여 주된 행정행위에 부가된 종된 규율을 말한다(다수설).

① (O) 부담이란 행정행위의 주된 내용에 부가하여 그 행정행위의 상대방에게 작위(일정한 행위를 하는 것), 부작위(일정한 행위를 하지 않는 것), 급부(금전이나 물건의 교부 등), 수인(참는 것) 등의 의무를 부과하는 부관을 말한다. 대법원은 부담은 행정청이 행정처분을 하면서 일방적으로 부가할 수도 있고, 미리 상대방과 협의하여 부담의 내용을 정한 다음 행정처분을 하면서 이를 부가할 수도 있다고 본다(대법원 2009. 2. 12. 2005다65500).

② (X) 대법원은 행정청이 수익적 행정처분을 하면서 부가한 부담의 위법 여부는 「처분 당시 법령을 기준」으로 판단하여야 한다고 본다. 따라서 부담이 처분 당시 법령을 기준으로 적법하다면 처분 후 부담의 전제가 된 주된 행정처분의 근거법령이 개정됨으로써 행정청이 더 이상 부관을 붙일 수 없게 되었다 하더라도 곧바로 부담이 위법하게 되거나 그 효력이 소멸하게 되는 것은 아니라고 본다. 그러므로 행정처분의 상대방이 수익적 행정처분을 얻기 위하여 행정청과 사이에 행정처분에 부가할 부담에 관한 협약을 체결하고, 이에 따라 행정청이 수익적 행정처분을 하면서 협약상의 의무를 부담으로 부가한 경우에, 후에 부담의 전제가 된 주된 행정처분의 근거법령이 개정됨으로써 행정청이 더 이상 부관을 붙일 수 없게 된 경우에도 곧바로 이러한 협약의 효력이 소멸하는 것은 아니라고 본다(대법원 2009. 2. 12. 2005다65500).

③ (O) 행정청이 행정행위를 해주거나, 이를 거부할 수 있는 권한만을 갖는 경우에는 상황에 따른 탄력적인 행정을 하지 못하고 행정이 경직될 수 있다. 반면, 행정청이 부관을 활용할 수 있다면 상황에 따른 탄력적인 행정을 할 수도 있다. 예를 들어, 허가의 요건을 충족하지 않은 신청이 있는 경우에 행정청은 허가를 거부하는 대신, 미비된 허가요건을 충족할 것을 조건(조건은 부관 중 하나이다)으로 하여 허가를 함으로써 불필요하게 행정이 반복되는 것을 방지할 수 있다. 이처럼 부관은 행정의 탄력성을 보장하는 순기능을 갖고 있다.

④ (O) 대법원은 부관 중 부담만은 독립하여 행정쟁송의 대상이 될 수 있다고 본다. 반면, 부담 이외의 부관은 독립하여 행정쟁송의 대상이 될 수 없다고 본다(대법원 1992. 1. 21. 91누1264).

13 ④

출제단원 Part 05 행정심판법
출제영역 행정심판의 청구, 가구제, 재결의 효력

① (O) 행정심판법에서는 '심판청구는 서면으로 하여야 한다.'고 규정하고 있다(제28조 제1항). 이와 관련하여 대법원은 행정심판청구는 엄격한 형식을 요하지 않는 서면행위라고 본다. 따라서 행정청의 위법·부당한 처분 등으로 인하여 권리나 이익을 침해당한 자로부터 그 처분의 취소나 변경을 구하는 서면이 제출되었을 때에는 그 표제와 제출기관의 여하를 불문하고 이를 행정심판의 청구로 보고 심리와 재결을 해야 한다고 본다. 또한 불비된 사항이 있더라도 보정이 가능하면 보정을 명하고, 보정이 불가능한 때에만 각하하여야 하며, 제출된 서면의 취지가 불명확한 경우라도 행정청으로서는 그 서면을 가능한 한 제출자의 이익이 되도록 해석하고 처리하여야 한다고 본다(대법원 1995. 11. 10. 94누12852).

② (O) 행정심판은 원칙적으로 처분이 있음을 안 날로부터 90일 이내, 처분이 있었던 날부터 180일 이내에 제기하여야 한다(행정심판법 제27조 제1항, 제3항). 상대방이 있는 행정처분의 경우 행정처분이 있은 날의 의미에 대하여, 대법원은 건축허가처분과 같이 상대방이 있는 행정처분에 있어서는 달리 특별한 규정이 없는 한 그 처분을 하였음을 상대방에게 고지하여야 그 효력이 발생한다고 할 것이어서, 행정처분이 있은 날이라 함은 행정처분의 효력이 발생한 날을 말한다고 본다(대법원 1977. 11. 22. 77누195).

③ (O) 본안판결의 실효성을 확보하기 위해 본안판결이 확정될 때까지 잠정적으로 권리구제를 도모하는 것을 「가구제」라고 한다. 행정심판법에서는 가구제수단으로 「집행정지제도」와 「임시처분」에 대하여 규정하고 있다(제30조, 제31조). 다만, 임시처분은 집행정지로 목적을 달성할 수 있는 경우에는 허용되지 않는 제한은 있다(제31조 제3항). 반면, 행정소송법에서는 가구제수단으로 「집행정지제도」에 대해서만 규정하고 있으며(제23조), 임시처분에 대해서는 규정하고 있지 않다.

④ (X) 재결의 효력 중 기속력이란 처분청(= 피청구인) 및 관계행정청이 재결의 취지에 따르도록 처분청 및 관계행정청을 구속하는 효력을 말한다. 행정심판법 제49조 제1항에서는 '심판청구를 「인용하는 재결」은 피청구인과 그 밖의 관계행정청을 기속한다.'고 하여 재결의 기속력을 명문으로 규정하고 있다. 즉, 재결의 기속력은 심판청구를 인용하는 재결(= 인용재결)에만 인정되며, 각하재결이나 기각재결에는 인정되지 않는다.

14 답 ④

출제단원 Part 03 행정의 실효성 확보수단
출제영역 행정상 즉시강제, 행정상 강제징수, 대집행 등

제시된 사례에서 갑(甲)은 시청 청사에서 퇴거할 의무가 있음에도 이를 이행하지 않고 불법적으로 점유하고 있다. 시청 청사는 지방자치단체 소유로 된 부동산으로서 「공유재산」에 해당한다. 공유재산이란 지방자치단체의 부담, 기부채납(재산의 소유권을 무상으로 국가나 지방자치단체 등에 이전하는 것)이나 법령에 따라 지방자치단체 소유로 된 재산을 말한다.

① (X) 행정상 즉시강제란 소방활동에 방해가 되는 물건 등에 대한 강제처분, 승인을 받지 못한 마약류에 대한 폐기 등과 같이 「급박한 행정상의 장해를 제거할 필요가 있지만 미리 의무를 명할 시간적 여유가 없을 때」 또는 급박하지는 않지만 「성질상 의무를 명해서는 목적달성이 곤란할 때」에 즉시 개인의 신체·재산에 실력을 가하여 행정상의 필요한 상태를 실현하는 행정작용을 말한다. 이처럼 행정상 즉시강제를 하기 위해서는 위험이 목전에 급박하여 미리 의무를 명할 시간적 여유가 없거나, 성질상 의무를 명하여서는 목적달성이 곤란한 경우이어야 한다. 그런데 갑(甲)의 퇴거의무 불이행이 행정상 즉시강제를 할 만한 급박한 상황이라고는 볼 수 없다. 따라서 A시장은 즉시강제를 통하여 갑(甲)이 불법점유하고 있는 공간을 확보할 수는 없다.

② (X) 행정상 강제징수란 사인이 국가 등 행정주체에 대하여 부담하고 있는 「공법상의 금전급부의무」를 이행하지 않은 경우에 행정청이 의무자의 재산에 실력을 가하여 의무가 이행된 것과 동일한 상태를 실현하는 행정상 강제집행수단을 말한다. 그런데 갑(甲)은 퇴거의무를 불이행하고 있는 것일 뿐이며, 공법상 금전급부의무를 불이행하고 있는 것은 아니다. 따라서 A시장이 갑(甲)에게 퇴거와 공간반환을 독촉한 후 강제징수절차를 밟을 수는 없다.

③ (X) 대집행이란 「공법상 대체적 작위의무」의 불이행이 있는 경우에 당해 행정청이 스스로 의무자가 행할 행위를 하거나 제3자로 하여금 이를 행하게 하고 그 비용을 의무자로부터 징수하는 것을 말한다. 이때 대집행의 대상이 되는 대체적 작위의무란 건물의 철거, 물건의 파기 등과 같이 타인이 대신하여 이행할 수 있는 의무를 말한다. 반면, 토지나 건물의 인도의무는 토지나 건물을 점유하고 있는 자가 직접 이행해야 하는 것이며, 점유하고 있지 않은 타인이 대신 이행할 수 있는 의무가 아니므로 대집행의 대상이 될 수 없다. 갑(甲)이 불이행하고 있는 퇴거의무는 점유하고 있는 갑(甲)이 직접 이행해야만 하는 의무로서 대체적 작위의무가 아니므로, 이를 불이행했다고 하여 A시장이 대집행을 실시할 수는 없다.

④ (O) A시장이 공유재산에 대한 무단점유자인 갑(甲)을 상대로 취할 수 있는 수단을 살펴보면 다음과 같다.

- 변상금부과처분 : 사용허가나 대부(= 돌려받기로 하고 어떤 물건을 빌려주어 사용·수익을 허락하는 것)계약 없이 국유재산 또는 공유재산을 사용·수익하거나 점유한 자에게 부과하는 금액을 「변상금」이라고 한다. 이와 관련하여 「공유재산 및 물품 관리법」에서는 공유재산을 무단점유한 자에 대하여 지방자치단체의 장은 공유재산에 대한 사용료 또는 대부료의 100분의 120에 해당하는 금액을 변상금으로서 징수한다고 규정하고 있다(제81조 제1항). 따라서 A시장은 갑(甲)에게 변상금을 부과·징수할 수 있다.

- 원상복구명령 등 : 「공유재산 및 물품 관리법」에 의하면 정당한 사유 없이 공유재산을 점유하거나 공유재산에 시설물을 설치한 경우에 지방자치단체의 장은 원상복구 또는 시설물의 철거 등을 명하거나 이에 필요한 조치를 할 수 있다(제83조 제1항). 또한 원상복구명령이나 시설물철거명령을 받은 자가 그 명령을 이행하지 아니할 때에는 「행정대집행법」에 따라 원상복구 또는 시설물의 철거 등을 하고 그 비용을 징수할 수 있다(제83조 제2항). 따라서 A시장은 갑(甲)에게 시청 청사 1층의 휴게공간을 원상대로 복구할 것을 명령할 수 있다.

- 점유이전을 구하는 민사소송 : 대법원은 행정대집행이 인정되는 경우에는 별도로 민사상 강제집행은 인정될 수 없다고 본다(대법원 2017. 4. 13. 2013다207941). 그런데 ③번 해설에서 살펴본 바와 같이 퇴거의무는 대체적 작위의무가 아니므로 행정대집행의 대상이 아니다. 따라서 A시장은 시청 청사에 대한 A시의 소유권에 근거하여 불법점유자인 갑(甲)을 상대로 점유의 이전을 구하는 민사소송을 제기하고, 이 판결을 근거로 민사상 강제집행을 할 수 있다.

15 답 ②

출제단원 Part 04 행정소송법
출제영역 행정소송의 대상

ㄱ. (민사소송) 부당이득으로 손해를 입은 자는 이득을 본 자를 상대로 부당이득반환청구권을 행사할 수 있다. 이때 공법상 원인에 의한 부당이득반환청구권의 법적 성질이 문제된다. 대법원은 공법상 원인에 의한 부당이득반환청구는 민사상의 부당이득반환청구로서 민사소송절차에 따라야 한다고 본다(= 사권설). 따라서 개발부담금 부과처분이 취소된 이상 그 후의 부당이득으로서의 과오납금 반환에 관한 법률관계는 단순한 민사관계에 불과한 것이고, 행정소송 절차에 따라야 하는 관계로 볼 수 없다고 본다(대법원 1995. 12. 22. 94다51253). 참고로 과오납이란 과납(過納)과 오납(誤納)을 말한다. 과납이란 납부해야 할 세금을 초과하여 납부한 것을 말하고, 오납이란 착오에 의해 납세의무가 없는 세금을 납부한 것을 말한다.

ㄴ. (행정소송) 대법원은 교육부장관의 권한을 재위임 받은 공립교육기관의 장에 의하여 공립유치원의 임용기간을 정한 전임강사로 임용되고, 지방자치단체로부터 보수를 지급받으면서 공무원복무규정을 적용받고 사실상 유치원교사의 업무를 담당하여 온 유치원교사의 자격이 있는 자(= 공립유치권 전임강사)는 교육공무원에 준하여 신분보장을 받는 정원 외의 임시직공무원으로 봄이 상당하다고 판단하였다. 따라서 그에 대한 해임처분의 시정 및 수령 지체된 보수의 지급을 구하는 소송은 행정소송의 대상이지 민사소송의 대상이 아니라고 본다(대법원 1991. 5. 10. 90다10766).

ㄷ. (행정소송) 관리처분계획이란 재개발·재건축사업 등의 공사가 완료된 후에 재개발·재건축조합이 행할 분양처분 및 청산 등에 관한 계획을 말한다. 관리처분계획이 효력을 발생하기 위한 절차는 다음과 같다.

> 재개발·재건축조합이 관리처분계획안 마련 → 조합총회의 의결 → 행정청의 인가·고시 → 관리처분계획의 효력 발생(= 구속적 행정계획으로서 독립된 행정처분에 해당)

이때 관리처분계획안에 대한 조합총회결의의 효력을 다투는 방법에 대한 대법원 판례는 관리처분계획안에 대한 행정청의 「인가·고시」 시점을 기준으로 다음과 같이 구별해서 기억해야 한다(대법원 2009. 9. 17. 2007다2428).

행정청의 「인가·고시」 있기 「전」	행정처분에 이르는 절차적 요건의 존부나 효력 유무에 관한 소송으로서 그 소송결과에 따라 행정처분의 위법 여부에 직접 영향을 미치는 공법상 법률관계에 관한 것이므로 → 당사자소송
행정청의 「인가·고시」 있은 「후」	행정청의 인가·고시까지 있게 되면 관리처분계획은 행정처분으로서 효력이 발생하게 되므로, 총회결의의 하자를 이유로 하여 행정처분의 효력을 다투어야 하므로 → 항고소송

[보기 ㄷ]의 경우 행정청의 인가·고시가 있다는 별도의 언급이 없으므로 행정청의 인가·고시가 있기 전임을 전제로 판단하면 된다. 따라서 이에 대해서는 당사자소송으로 다투어야 한다. 대법원도 도시 및 주거환경정비법상 행정주체인 주택재건축정비사업조합을 상대로 관리처분계획안에 대한 조합총회결의의 효력 등을 다투는 소송은 행정처분에 이르는 절차적 요건의 존부나 효력 유무에 관한 소송으로서 그 소송결과에 따라 행정처분의 위법 여부에 직접 영향을 미치는 공법상 법률관계에 관한 것이므로 행정소송법상 당사자소송에 해당한다고 판단하였다(대법원 2009. 9. 17. 2007다2428).

ㄹ. (민사소송) 국가배상청구권의 성질에 대하여는 다음과 같은 견해대립이 있다.

공법설 (다수설)	국가배상청구권을 공권으로 보며, 국가배상소송은 당사자소송, 관할법원은 행정법원으로 본다.
사법설 (판례)	국가배상청구권을 사권으로 보며, 국가배상소송은 민사소송, 관할법원은 민사법원으로 본다(69다701).

따라서 국가배상청구권을 사권(私權)으로 보는 대법원 판례에 따르면 국가배상소송은 민사소송으로서 민사법원에 제기해야 한다.

ㅁ. (행정소송) 대법원은 하천법 및 하천구역 편입토지 보상에 관한 특별조치법상의 손실보상청구권을 「공법상 권리」로 보아 행정소송법상 「당사자소송」의 대상이 된다고 본다(대법원 2006. 5. 18. 2004다6207). 참고로 손실보상청구권의 법적 성질에 대한 대법원 판례를 정리하면 다음과 같다.

전통적 판례 (사법상 권리)	「수산업법」상 손실보상청구권(97다46450)
최근 판례 (공법상 권리)	· 「하천법상」, 하천구역 편입토지 보상에 대한 손실보상청구권(2004다6207 전합) · 「공익사업을 위한 토지 등의 취득 및 보상에 관한 법률」에 따른 사업폐지 등에 대한 손실보상청구권(2010다23210) · 「공익사업을 위한 토지 등의 취득 및 보상에 관한 법률」에 따른 농업손실보상청구권(2009다43461) · 「공익사업을 위한 토지 등의 취득 및 보상에 관한 법률」에 따른 주거이전비보상청구권(2007다8129)

16 답 ④

출제단원 Part 02 행정작용 및 절차법
출제영역 하자의 승계

하자의 승계란 행정이 여러 단계의 행정행위를 거쳐 행해지는 경우에 「선행 행정행위」의 위법을 이유로 적법한 「후행 행정행위」의 위법을 주장할 수 있는 것을 말한다. 하자의 승계 여부에 대한 대법원 판례를 정리하면 다음과 같다.

구분		하자의 승계 여부
선·후의 행정행위가 「결합」, 「하나」의 법적 효과 목적		긍정(ⓐ)
선·후의 행정행위가 「독립」, 「별개」의 법적 효과 목적	원칙	부정(ⓑ)
	예외	수인한도를 넘고, 예측가능성 없는 경우 → 긍정(ⓒ)

① (O) [ⓒ유형] 대법원은 선·후의 행정행위가 서로 「독립」하여 「별개의」 법적 효과를 목적으로 하는 경우에는 「선행처분의 하자가 중대하고 명백하여 당연무효인 경우를 제외」하고는 선행처분의 하자를 이유로 후행처분의 효력을 다툴 수 없는 것이 원칙이라고 본다. 즉, 원칙적으로 하자의 승계를 부정한다. 다만, 선행 행정행위의 하자를 후행 행정행위에서 다투지 못하게 하는 것이 그로 인하여 불이익을 입게 되는 자에게 「수인한도를 넘는 가혹함」을 가져오며, 당사자에게 「예측가능한 것이 아닌 경우」에는 예외적으로 하자의 승계를 긍정한다. 예를 들어, 대법원은 「개별공시지가결정」과 이를 기초로 한 「과세처분」은 서로 독립하여 별개의 법률효과를 목적으로 하는 것으로 본다. 다만, 후행 행정행위인 과세처분에서 선행 행정행위인 개별공시지가결정의 위법을 주장할 수 없도록 하는 것은 수인한도를 넘는 불이익을 강요하는 것이라고 본다. 따라서 「개별공시지가결정」과 「과세처분」은 서로 「독립」하여 「별개」의 법률효과를 목적으로 하는 것이지만 예외적으로 하자의 승계를 긍정한다(대법원 1994. 1. 25. 93누8542). 참고로 '개별공시지가'란 시장·군수·구청장이 각종 세금의 부과 등과 같은 목적을 위한 지가산정을 위하여 표준지공시지가를 기준으로 산정한 개별토지의 단위면적당 가격을 말한다.

② (O) [ⓑ유형] 대법원은 선행 행정행위인 「사업시행계획」과 후행 행정행위인 「관리처분계획」은 서로 「독립」하여 「별개」의 법적 효과를 발생시키는 것으로서 사업시행계획의 수립에 관한 취소사유인 하자가 관리처분계획에 승계되지 않으므로, 선행처분인 사업시행계획의 취소사유를 들어 관리처분계획의 적법 여부를 다툴 수는 없다고 본다(대법원 2012. 8. 23. 2010두13463). 참고로 관리처분계획이란 재개발·재건축사업 등의 공사가 완료된 후에 재개발·재건축조합이 행할 분양처분 및 청산 등에 관한 계획을 말한다.

③ (O) [ⓐ유형] 대법원은 「계고, 통지, 실행, 비용납부명령」과 같이 행정대집행을 구성하는 각 행위들은 행정대집행이라는 「하나」의 법적 효과를 목적으로 하는 행위로서 이들 사이에는 하자의 승계를 긍정한다(대법원 1996. 2. 9. 95누12507).

④ (X) ①번 해설에서 살펴본 바와 같이, 대법원은 선행처분과 후행처분이 서로 「독립」하여 「별개」의 법률효과를 목적으로 하는 때에는 「선행처분의 하자가 중대하고 명백하여 당연무효인 경우를 제외」하고는 선행처분의 하자를 이유로 후행처분의 효력을 다툴 수 없는 것이 원칙이라고 본다(대법원 1994. 1. 25. 93누8542). 그런데 선행 행정행위가 무효인 경우에는 이를 전제로 하여 행해지는 후행 행정행위는 존립근거를 잃어 후행 행정행위 역시 무효가 된다. 따라서 선행행위에 무효의 하자가 존재한다면 선행행위와 후행행위가 결합하여 하나의 법적 효과를 목적으로 하는지, 아니면 서로 독립하여 별개의 법률효과를

목적으로 하는지와 무관하게 당연히 후행 행정행위도 무효가 되므로 선행처분의 무효의 하자를 이유로 후행처분의 효력을 다툴 수 있다. 이와 관련하여 대법원은 선행처분과 후행처분이 서로 독립하여 별개의 법률효과를 목적으로 하는 때에도 선행처분이 당연무효이면 선행처분의 하자를 이유로 후행처분의 효력을 다툴 수 있다고 본다(대법원 2017. 7. 11. 2016두35120).

17 답 ③

출제단원 Part 02 행정작용 및 절차법
출제영역 처분의 사전통지, 의견제출

행정청이 당사자에게 「의무를 부과하거나 권익을 제한하는 처분」을 하는 경우에는 미리 처분의 제목, 당사자의 성명 또는 명칭과 주소, 처분하려는 원인이 되는 사실과 처분의 내용 및 법적 근거 등 행정절차법에서 정하고 있는 일정한 사항을 당사자 등에게 통지하여야 한다(행정절차법 제21조 제1항). 또한 행정청이 당사자에게 「의무를 부과하거나 권익을 제한하는 처분」을 할 때에 청문을 실시하거나 공청회를 개최하는 경우 외에는 당사자 등에게 의견제출의 기회를 주어야 한다(행정절차법 제22조 제3항).

① (O) 행정절차법에서는 행정절차법의 적용이 배제되는 사항 중 하나로 「㉠〈공무원 인사관계법령에 따른 처분 등〉해당 행정작용의 ㉡〈성질상 행정절차를 거치기 곤란하거나 거칠 필요가 없다고 인정되는 사항〉과 ㉢〈행정절차에 준하는 절차를 거친 사항〉으로서 대통령령으로 정하는 사항」을 규정하고 있다(제3조 제2항 9호). 이 규정의 해석과 관련하여 대법원은 공무원 인사관계법령에 의한 처분(㉠)에 관한 사항 전부에 대하여 행정절차법의 적용이 배제되는 것이 아니라, 성질상 행정절차를 거치기 곤란하거나 불필요하다고 인정되는 처분(㉡)이나 행정절차에 준하는 절차를 거치도록 하고 있는 처분(㉢)의 경우만 행정절차법의 적용이 배제되는 것으로 보아야 한다고 본다. 즉, 대법원은 이 규정을 ㉠에 해당하는 사항 중 ㉡이나 ㉢에 해당하는 경우에만 행정절차법의 적용이 배제되는 것이라고 해석하는 것이다. 그런데 정규임용취소처분은 상대방의 이익을 침해하는 처분이라 할 것이고, 이러한 처분이 성질상 행정절차를 거치기 곤란하거나 불필요하다고 인정되는 처분이라고는 볼 수 없으므로 행정절차법의 적용이 배제되는 경우에 해당한다고 할 수 없다고 본다. 따라서 상대방의 권익을 제한하는 처분(= 불이익 처분)인 정규임용취소처분을 하면서 사전통지를 하고 의견제출의 기회를 부여했어야 할 것이므로 이를 하지 않은 것은 위법하다고 판단하였다(대법원 2009. 1. 30. 2008두16155). 즉, 사전통지 및 의견제출의 기회를 부여할 사항이라는 것이다.

② (O) 행정절차법에서는 당해 처분의 성질상 의견청취가 현저히 곤란하거나 명백히 불필요하다고 인정될 만한 상당한 이유가 있는 경우 등 일정한 경우에 처분의 사전통지나 의견청취를 하지 않을 수 있는 예외를 인정하고 있다(제21조 제4항, 제22조 제4항). 이와 관련하여 대법원은 건축법상의 공사중지명령에 대한 사전통지를 하고 의견제출의 기회를 준다면 공사중지명령의 상대방이 많은 액수의 손실보상금을 기대하여 공사를 강행할 우려가 있다는 사정은 사전통지 및 의견제출절차를 생략할 수 있는 예외사유에 해당하지 않는다고 판단하였다(대법원 2004. 5. 28. 2004두1254). 즉, 사전통지 및 의견제출의 기회를 부여할 사항이라는 것이다.

③ (X) 대법원은 사전통지의 대상이 되기 위해서는 「당사자의 권익을 제한하는 처분」이어야 하는데, 신청에 따른 처분이 이루어지지 않은 상황에서는 아직 신청한 자에게 권익이 부여되지 않았으므로 제한할 권익도 존재하지 않으므로 거부처분은 당사자의 권익을 제한하는 처분이 아니라고 본다. 따라서 사전통지의 대상이 아니라는 것이다(대법원 2003. 11. 28. 2003두674). 참고로 거부처분과 관련한 행정절차를 정리하면 다음과 같다.

구분	거부처분시 적용 여부
이유제시	적용 O
사전통지	적용 X

④ (O) 행정청이 무단으로 용도변경된 건물에 대해 건물주에게 시정명령을 하는 것은 행정청이 건물주에게 의무를 부과하는 처분을 하는 것이므로 행정절차법상 처분의 사전통지나 의견제출의 기회를 부여해야 한다. 참고로 대법원은 무단으로 용도변경된 건물에 대해 건물주에게 시정명령이 있을 것과 불이행시 이행강제금이 부과될 것이라는 점을 설명한 후, 다음날 시정명령을 한 사안에서, 현장조사 당시 무단용도변경 등 건축법 위반경위에 관하여 처분의 상대방에게 의견진술기회를 부여하였다 하더라도, 시정명령이 현장조사 바로 다음날 이루어진 것이라면 의견제출에 필요한 상당한 기간을 고려하여 의견제출기한이 부여된 것으로 볼 수 없다고 판단하였다(대법원 2016. 10. 27. 2016두41811). 즉, 시정명령은 불이익 처분이므로 처분의 사전통지나 의견제출의 기회를 부여해야 할 사항임을 전제로 이 사례의 경우 의견제출기한이 부여된 것으로 볼 수 없다고 판단한 것이다.

18 답 ③

출제단원 Part 06 행정상 손해배상
출제영역 공무원의 위법한 직무행위로 인한 손해배상의 요건

국가배상(= 행정상 손해배상)이란 국가가 자신의 사무수행과 관련하여 위법하게 타인에게 손해를 가한 경우에 국가가 피해자에게 손해를 배상해 주는 제도를 말한다.

① (O) 국가배상법 제2조 제1항에서 공무원의 위법한 직무행위로 인한 국가나 지방자치단체의 배상책임을 명시하고 있다. 국가배상법 제2조의 책임이 인정되기 위해서는 「위법할 것(= 법령위반)」이 요구된다. 이와 관련하여 대법원은 국가배상법상 '법령위반'이란 엄격한 의미의 법령위반뿐만 아니라 인권존중, 권력남용금지, 신의성실, 공서양속 등의 위반도 포함하여 널리 그 행위가 객관적인 정당성을 결여하고 있음을 의미한다고 본다(대법원 2009. 12. 24. 2009다70180).

② (O) 갑은 보훈지청에 국가유공자에 대한 주택구입대부제도에 관하여 전화로 문의하고 대부신청서까지 제출하였으나, 담당공무원으로부터 지급보증서제도에 관한 안내를 받지 못하여 대부제도 이용을 포기하였다. 갑은 대신 시중은행에서 대출을 받아 주택을 구입함으로써 결과적으로 더 많은 이자를 부담하게 되었다고 주장하며 국가를 상대로 정신적 손해에 대한 국가배상을 청구하였다. 이와 관련하여 대법원은 담당공무원이 갑에게 주택구입대부제도에 관한 전화상 문의에 응답하면서 지급보증서제도에 관하여 알려주지 아니한 조치가 객관적 정당성을 결여하여 현저하게 불합리한 것으로 볼 수 없다고 판단하였다(대법원 2012. 7. 26. 2010다95666). 즉, 담당공무원이 지급보증

서제도에 관하여 안내를 해주지 않은 것이 '법령위반'에 해당하지는 않는다고 본 것이다.
③ (X) 국가배상책임의 성립요건으로서의 법령위반의 의미와 관련하여 대법원은 공무원의 직무집행이 법령이 정한 요건과 절차에 따라 이루어진 것이라면 특별한 사정이 없는 한 법령에 적합한 것이고, 그 과정에서 개인의 권리가 침해되는 일이 생긴다고 하여 법령적합성이 곧바로 부정되어 위법하게 되는 것은 아니라고 본다(대법원 1997. 7. 25. 94다2480).
④ (O) 대법원은 관련법령의 문언·체제·취지 등에 비추어 알 수 있는 제반사정에 비추어 보면, 구 공무원수당 등에 관한 규정이 정한 성과상여금 지급대상 교육공무원에는 호봉 승급에 따른 급여체계의 적용을 받는 정규교원만을 의미하고, 기간제교원은 포함되지 않는다고 해석하였다. 따라서 교육부장관이 국·공립학교 기간제교원을 성과상여금 지급대상에서 제외하는 내용의 '교육공무원 성과상여금 지급지침'을 발표한 사례에서, 교육부장관이 기간제교원을 성과상여금 지급대상에서 제외한 것은 구 공무원수당 등에 관한 규정의 해석에 관한 법리에 따른 것이므로, 국가가 이에 대해 국가배상책임을 진다고 볼 수 없다고 판단하였다(대법원 2017. 2. 9. 2013다205778).

19 답 ③

| 출제단원 | Part 08 행정정보공개·개인정보 보호·행정조사 |
| 출제영역 | 공공기관의 정보공개에 관한 법률 |

① (O) 대법원은 공공기관의 정보공개에 관한 법률상 공개청구의 대상이 되는 정보란 공공기관이 직무상 작성 또는 취득하여 현재 보유·관리하고 있는 문서에 한정되는 것이기는 하지만, 그 문서가 반드시 원본일 필요는 없다고 본다(대법원 2006. 5. 25. 2006두3049). 따라서 사본도 정보공개의 대상이 될 수 있다.
② (O) 공공기관의 정보공개에 관한 법률에서는 비공개대상정보 중 하나로서 「해당 정보에 포함되어 있는 성명·주민등록번호 등 개인에 관한 사항으로서 공개될 경우 사생활의 비밀 또는 자유를 침해할 우려가 있다고 인정되는 정보」를 규정하고 있다(제9조 제1항 6호). 다만, 이러한 개인관련정보라도 공개할 수 있는 몇 가지 예외를 규정하고 있는데, 「공공기관이 작성하거나 취득한 정보로서 공개하는 것이 공익이나 개인의 권리구제를 위하여 필요하다고 인정되는 정보」도 그중 하나이다(제9조 제1항 6호 다목). 이와 관련하여 대법원은 지방자치단체의 업무추진비 세부항목별 집행내역 및 그에 관한 증빙서류에 포함된 개인에 관한 정보는 '공개하는 것이 공익을 위하여 필요하다고 인정되는 정보'에 해당하지 않는다고 보았다(대법원 2003. 3. 11. 2001두6425). 즉, 이러한 정보는 비공개대상정보이므로 공개할 수 없다는 것이다.
③ (X) 모든 국민은 정보의 공개를 청구할 권리를 가진다(공공기관의 정보공개에 관한 법률 제5조 제1항). 이와 관련하여 대법원은 정보공개청구권자인 '국민'에는 자연인, 법인, 권리능력 없는 사단·재단이 모두 포함된다고 본다. 특히 법인, 권리능력 없는 사단·재단의 경우에는 설립목적과 무관하게 모두 정보공개청구권자에 해당한다고 본다(대법원 2003. 12. 12. 2003두8050). 그러나 지방자치단체는 정보공개청구자로부터 정보공개청구가 있을 경우 해당 정보를 공개해야 할 의무가 있는 정보공개기관일 뿐이며, 정보공개청구권자인 국민에 해당하지는 않는다.
④ (O) 항고소송을 제기하기 위해서는 '협의의 소의 이익(= 권리보호의 필요)'이 요구된다. 협의의 소의 이익이란 원고의 청구가 소송을 통하여 분쟁을 해결할 만한 현실적인 필요성을 말한다. 이와 관련하여 대법원은 공개청구의 대상이 되는 정보가 이미 다른 사람에게 공개되어 널리 알려져 있다거나 인터넷 등을 통하여 공개되어 인터넷검색 등을 통하여 쉽게 알 수 있다는 사정만으로는 소의 이익이 없다거나 비공개결정이 정당화될 수 없다고 본다(대법원 2010. 12. 23. 2008두13101). 즉, 이미 공개되어 있는 정보라도 공개청구의 대상에 해당할 수 있다는 것이다.

20 답 ④

| 출제단원 | Part 04 행정소송법 |
| 출제영역 | 소의 종류의 변경 |

취소소송의 원고는 당해 소송의 사실심의 변론이 종결될 때까지 청구의 기초에 변경이 없는 범위 안에서 법원의 허가를 받아 당해 「취소소송」을 다른 「항고소송」 또는 「당사자소송」으로 변경할 수 있다(행정소송법 제21조 제1항). 이를 「소의 종류의 변경」이라고 한다.
ㄱ. (X) 행정소송법 제21조 제1항에서 법원은 「원고의 신청」에 의하여 소의 변경을 허가할 수 있다고 규정하고 있다. 따라서 원고의 신청이 없음에도 법원이 직권으로 소의 종류의 변경을 할 수는 없다.
ㄴ. (O) 행정소송법 제21조 제1항에서 소의 종류의 변경은 「사실심의 변론종결시까지」 원고의 신청이 있어야 한다고 규정하고 있다. 3심제를 채택하고 있는 우리나라의 경우 사실관계를 확정하여 법률을 적용하는 1심과 2심을 '사실심'이라고 한다. 따라서 1심 법원의 판결이 있었다고 하더라도 당사자가 불복하여 2심(= 항소심)을 진행하고 있다면 2심(= 항소심)에서도 원고의 신청에 의해 소의 종류의 변경이 가능하다. 참고로 1심 법원의 판결에 대하여 2심 법원에 다시 재판을 청구하는 것을 '항소', 2심 법원의 판결에 대하여 3심 법원에 다시 재판을 청구하는 것을 '상고'라고 한다. 이에 따라 2심 법원의 재판을 '항소심', 3심 법원의 재판을 '상고심'이라고도 표현한다.
ㄷ. (X) 행정소송법 제42조에서는 「소의 종류의 변경」에 대해 규정하고 있는 행정소송법 제21조의 규정은 당사자소송을 항고소송으로 변경하는 경우에 준용한다고 규정하고 있다. 따라서 당사자소송을 항고소송으로 변경하는 것도 허용된다.
ㄹ. (O) 행정소송법에서는 행정소송의 종류로 항고소송, 당사자소송, 민중소송, 기관소송을 규정하고 있다. 이 중 항고소송이란 '행정청의 처분 등이나 부작위에 대하여 제기하는 소송'을 말한다. 항고소송에는 취소소송, 무효등확인소송, 부작위위법확인소송이 있다. 당사자소송이란 행정청의 처분 등을 원인으로 하는 법률관계에 관한 소송, 그 밖에 공법상의 법률관계에 관한 소송으로서 그 법률관계의 한쪽 당사자를 피고로 하는 소송을 말한다. '면직처분취소소송'은 취소소송으로서 항고소송에 해당한다. 반면, 공법상 금전지급청구를 위한 소송인 '공무원보수지급청구소송'은 공법상 법률관계에 관한 소송으로서 당사자소송에 해당한다. 따라서 행정소송법 제21조에서 규정하고 있는 소의 종류의 변경의 요건을 갖춘 경우라면 항고소송인 '면직처분취소소송'을 당사자소송인 '공무원보수지급청구소송'으로 변경하는 것이 가능하다.

2017년 서울시 9급
행정법총론

문제편 p.130

| 01 ③ | 02 ① | 03 ④ | 04 ④ | 05 ④ | 06 ③ | 07 ② | 08 ③ | 09 ④ | 10 ② |
| 11 ③ | 12 ③ | 13 ① | 14 ① | 15 ④ | 16 ② | 17 ④ | 18 ① | 19 ② | 20 ① |

01

답 ③

출제단원 Part 02 행정작용 및 절차법
출제영역 행정행위의 효력발생요건

① (O) 행정행위는 상대방에게 통지되어 도달되어야 효력을 발생한다(= 도달주의 원칙). 행정절차법에서도 송달은 다른 법령 등에 특별한 규정이 있는 경우를 제외하고는 해당 문서가 송달받을 자에게 도달됨으로써 그 효력이 발생한다고 규정하고 있다(제15조 제1항). 이와 관련하여 대법원은 행정처분의 효력발생요건으로서의 '도달'이란 상대방이 알 수 있는 상태에 두어진 것을 말하고, 상대방이 현실적으로 그 내용을 알 것까지를 의미하는 것은 아니라고 본다(대법원 2017. 3. 9. 2016두60577).

② (O) 교부송달은 수령확인서를 받고 문서를 교부함으로써 하는 송달이다. 만약 송달하는 장소에서 송달받을 자를 만나지 못한 경우에는 그 사무원·피용자 또는 동거인으로서 사리를 분별할 지능이 있는 사람에게 문서를 교부할 수 있다. 다만, 문서를 송달받을 자 또는 그 사무원 등이 정당한 사유 없이 송달받기를 거부하는 때에는 그 사실을 수령확인서에 적고, 문서를 송달할 장소에 놓아둘 수 있는데 이를 '유치송달'이라고 한다(행정절차법 제14조 제2항).

③ (X) 정보통신망을 이용한 송달은 송달받을 자가 동의하는 경우에만 한다. 이 경우 송달받을 자는 송달받을 전자우편주소 등을 지정하여야 한다(행정절차법 제14조 제3항).

④ (O) 우편에 의한 송달은 등기우편을 이용하는 경우와 보통우편을 이용하는 경우가 있다. 이와 관련하여 대법원은 내용증명우편이나 등기우편은 특별한 사정이 없는 한 그 무렵 수취인에게 배달되었다고 추정한다. 반면, 보통우편의 경우에는 보통우편의 방법으로 발송되었다는 사실만으로 그 우편물이 상당한 기간 내에 도달하였다고 추정할 수 없다고 본다. 따라서 보통우편으로 송달한 경우에는 송달의 효력을 주장하는 측에서 증거에 의하여 이를 입증하여야 한다는 것이다(대법원 2002. 7. 26. 2000다25002).

02

답 ①

출제단원 Part 04 행정소송법
출제영역 취소판결의 효력 - 기속력

처분 등을 취소하는 확정판결은 그 사건에 관하여 당사자인 행정청과 그 밖의 관계행정청을 기속하는데, 이를 기속력이라고 한다(행정소송법 제30조). 기속력은 기각판결에는 인정되지 않고, 인용판결에만 인정된다. 기속력은 반복금지효, 재처분의무, 결과제거의무를 그 내용으로 한다.

① (X) 원고가 피고(처분청)에게 특정 광구(= 광업권이 설정되는 일정한 구역)에 불석(= 비료 만들 때 함유하는 광물)에 관한 광업권설정을 출원(= 신청)하였는데 피고는 원고가 출원한 광구 내에서의 불석채굴이 공익을 해한다는 이유로 광업권설정 불허가처분을 하였다. 이에 원고는 불허가처분에 대한 취소소송을 제기하였다. 피고는 「원고가 출원한 불석광은 광업권이 이미 설정되어 있는 고령토광과 동일 광상(= 유용한 광물이 지각 내에 집적되어 있는 부분)에 부존(= 賦存, 천부적으로 존재함)하고 있어 불허가대상이라는 주장」(= A주장)도 하였지만, 법원은 이러한 주장은 피고가 한 처분사유로 볼 수 없다고 보아 판단대상에서 제외하였다. 결국 법원은 원고가 출원한 광구 내에서의 불석채굴이 공익을 해한다고 보기 어렵다는 이유로 피고의 불허가처분을 취소하였고, 이 판결은 확정되었다. 이후 피고는 다시 원고의 출원에 대하여 광업법 규정상 출원의 각하사유에 해당함을 이유로 각하처분을 하였다. 이에 원고는 피고의 각하처분을 문제 삼아 다시 소송을 제기하였고, 피고는 자신이 한 각하처분이 적법하다는 이유로 「A주장」을 하였다. 이와 관련하여 대법원은 「A주장」은 앞선 판결의 판단대상에서 제외되었던 부분이므로, 피고가 새로이 한 각하처분의 적법성과 관련하여 다시 「A주장」을 하더라도 앞선 확정판결의 기판력에 저촉된다고 할 수 없다고 하였다(대법원 1991. 8. 9. 90누7326).

> **+ 참고**
> ①번 선택지에 제시된 판례에서 기판력이라는 용어가 사용되었다. 그러나 행정법 교수님들은 이 판례에서 사용된 기판력이라는 용어는 '기속력'의 의미로 사용되었다고 평가하고 있다. 이와 같이 대법원은 기판력과 기속력이라는 용어를 혼용하여 사용하기도 한다.
> ● 시험에서는 판례 원문 그대로 출제되므로, 판례에서 사용된 표현을 그대로 기억하면 된다.

② (O) 취소판결이 확정되면 처분청 및 관계행정청은 판결의 취지에 저촉되는 처분을 해서는 안 되는데 이를 기속력의 내용 중 '반복금지효'라고 한다. 기속력은 판결주문의 내용 및 판결이유에 기재된 처분 등의 구체적 위법사유의 내용에 미친다. 따라서 판결의 이유에서 제시된 위법사유를 처분청이 다시 반복하는 것은 취소된 처분과 동일한 처분이 아닌 경우에도 기속력에 반한다. 예를 들어, 피고(처분청)가 원고의 A법규와 B법규 위반을 이유로 영업허가취소처분을 하였고, 법원은 「A법규 위반은 인정되지만, B법규 위반은 인정되지 않는다.」라고 판단하면서, A법규 위반사실만으로 「영업허가취소처분」을 한 것은 과하다고 보아 비례의 원칙 위반을 이유로 「영업허가취소처분」을 취소하는 판결을 하였다. 이러한 판결의 기속력은 원고가 B법규를 위반하지 않았다는 점에도 미친다. 따라서 취소판결 이후에 피고(처분청)가 원고의 「B법규 위반」을 이유로 「영업정지」처분을 하였다면, 비록 「영업허가취소처분」을 영업정지처분으로 변경하였기 때문에 비례의 원칙 위반이라는 취소판결의 기속력에는 반하지 않았지만, B법규를 위반하지 않았다는 법원의 판단에 반하여 다시 B법규 위반을 이유로 처분을 하였다는 점에서는 기속력의 내용 중 반복금지효에 반하게 된다.

③ (O) 취소판결이 확정되면 행정청은 취소된 처분에 의해 초래된 위법상태를 제거하여 원상회복할 의무를 지는데 이를 기속력의 내용 중 '결과제거의무'라고 한다. 따라서 파면처분에 대한 취소판결이 확정되면 처분청은 기속력의 내용 중 결과제거의무에 따라 파면되었던

원고를 복직시켜야 한다.

④ (O) 피고(처분청)가 원고의 A법규 위반을 이유로 영업허가취소처분을 하였고, 법원은 A법규 위반은 인정되지만, A법규 위반사실만으로 「영업허가취소처분」을 한 것은 과하다고 보아 비례의 원칙 위반을 이유로 영업허가취소처분을 취소하는 판결을 하였다. 취소판결 이후에 피고(처분청)가 원고의 A법규 위반을 이유로 「영업정지」처분을 하였다면, 「영업허가취소처분」을 그보다 약한 「영업정지처분」으로 변경하였기 때문에 취소판결의 기속력에 반하지 않는다. 즉, 법규 위반을 이유로 내린 영업허가취소처분이 비례의 원칙 위반으로 취소된 경우에 동일한 법규 위반을 이유로 영업정지처분을 내리는 것은 기속력에 반하지 않는다.

03 답 ④

출제단원 Part 08 행정정보공개·개인정보 보호·행정조사
출제영역 공공기관의 정보공개에 관한 법률

① (O) 「행정절차법」에서는 청문·의견제출과 관련하여 「당사자 등」에게 문서열람권을 인정하고 있다(제37조 제1항). 이때 '당사자 등'이란 '행정청의 처분의 직접 상대방'과 '행정청이 행정절차에 참여하게 한 이해관계인'을 말한다. 반면, 공공기관의 정보공개에 관한 법률에서는 '모든 국민은 정보의 공개를 청구할 권리를 가진다.'고 규정하여 「모든 국민」에게 정보공개청구권을 인정하고 있다(제5조 제1항).

② (O) 우리 헌법은 알 권리에 관하여 명문의 규정을 두고 있지는 않다. 그러나 헌법재판소는 알 권리는 표현의 자유와 표리일체의 관계에 있다고 하면서 헌법 제21조에서 규정하고 있는 언론·출판의 자유, 즉 표현의 자유를 근거로 알 권리를 인정하고 있다(헌재 1991. 5. 13. 90헌마133).

③ (O) 공공기관의 정보공개에 관한 법률 제9조 제1항 단서에서 '비공개대상정보'에 대하여 규정하고 있다. 「법인 등의 경영상·영업상 비밀에 관한 사항으로서 공개될 경우 법인 등의 정당한 이익을 현저히 해칠 우려가 있다고 인정되는 정보」도 동법에서 규정하고 있는 비공개대상정보에 포함된다. 이와 관련하여 대법원은 아파트재건축주택조합의 조합원들에게 제공될 무상보상평수의 사업수익성 등을 검토한 자료가 공개될 경우 재건축아파트의 분양 등 업무를 추진하는 것이 곤란해진다고 보기 어려울 뿐만 아니라, 이러한 정보가 공개되면 조합원들에게 제공될 무상보상평수의 산출근거를 알 수 있게 되어 조합원들의 알 권리를 충족시키는 점 등 여러 사정들을 감안할 때, 이러한 정보가 비공개대상정보인 경영상·영업상 비밀 관련 정보에 해당한다고 볼 수 없다고 하였다(대법원 2006. 1. 13. 2003두9459).

④ (X) 공공기관의 정보공개에 관한 법률에서 규정하고 있는 정보공개의무자는 「공공기관」이다. 이때 '공공기관'이란 국가기관, 지방자치단체뿐만 아니라, 공공기관의 운영에 관한 법률 제2조에 따른 공공기관과 그 밖에 대통령령으로 정하는 기관이 포함된다(제2조 3호). 이때 대통령령으로 정하는 기관에는 각급학교, 지방공사 및 지방공단, 「특별법에 따라 설립된 특수법인」 등이 포함된다. 이와 관련하여 대법원은 정보를 공개할 의무가 인정되는 '특별법에 의하여 설립된 특수법인'에 해당하는지 여부는 공공기관의 정보공개에 관한 법률의 입법목적, 해당 법인의 업무의 성격, 업무수행으로 인한 이익이 공익적 성격을 갖는지 여부를 중심으로 개별적으로 판단한다고 보았다. 즉, '특별법에 의하여 설립된 특수법인'이라는 점만으로 정보공개의무가 인정되는 것은 아니며, 개별적으로 정보공개의무를 지는 공공기관에 해당하는지 여부를 판단해야 한다는 것이다(대법원 2010. 12. 23. 2008두13101).

04 답 ④

출제단원 Part 07 행정상 손실보상
출제영역 손실보상의 원칙

① (O) 공익사업을 위한 토지 등의 취득 및 보상에 관한 법률(이하 약칭인 '토지보상법'으로 표기한다) 제65조에서 '사업시행자는 동일한 사업지역에 보상시기를 달리하는 동일인 소유의 토지 등이 여러 개 있는 경우 토지소유자나 관계인이 요구할 때에는 한꺼번에 보상금을 지급하도록 하여야 한다.'고 하여 「일괄보상」에 대하여 규정하고 있다.

② (O) 토지보상법 제61조에서 '공익사업에 필요한 토지 등의 취득 또는 사용으로 인하여 토지소유자나 관계인이 입은 손실은 사업시행자가 보상하여야 한다.'고 하여 「사업시행자 보상의 원칙」을 규정하고 있다.

③ (O) 토지보상법 제67조 제1항에서 '보상액의 산정은 협의에 의한 경우에는 협의의 성립 당시의 가격을, 재결에 의한 경우에는 수용 또는 사용의 재결 당시의 가격을 기준으로 한다.'고 하여 보상액 산정 기준시점에 대하여 규정하고 있다.

④ (X) 토지보상법 제67조 제2항에서 '보상액을 산정할 경우에 해당 공익사업으로 인하여 토지 등의 가격이 변동되었을 때에는 이를 고려하지 아니한다.'고 하여 보상액 산정시 해당 공익사업으로 인한 가격 변동을 배제하고 있다.

05 답 ④

출제단원 Part 04 행정소송법
출제영역 항고소송의 대상

항고소송의 대상이 되는 처분이란 「행정청이 행하는 구체적 사실에 관한 법집행으로서의 공권력의 행사 또는 그 거부와 그 밖에 이에 준하는 행정작용」을 말한다(행정소송법 제2조 제1항 1호).

ㄱ. (O) 대법원은 종로구청장이 한 단수처분은 항고소송의 대상이 된다고 본다(대법원 1979. 12. 28. 79누218).

ㄴ. (X) 대법원은 건축법의 규정에 비추어 볼 때, 행정청이 위법건축물에 대한 시정명령을 하였음에도 위반자가 이를 이행하지 아니하여 전기·전화의 공급자에게 그 위법건축물에 대한 전기·전화공급을 하지 말아 줄 것을 요청한 행위는 권고적 성격의 행위에 불과한 것으로 보았다. 따라서 전기·전화공급자나 특정인의 법률상 지위에 직접적인 변동을 가져오는 것은 아니므로 전기·전화의 공급자에게 위법건축물에 대한 단전 또는 전화통화 단절조치의 요청행위는 항고소송의 대상이 되는 행정처분이라고 볼 수 없다고 판단하였다(대법원 1996. 3. 22. 96누433).

ㄷ. (X) 대법원은 국가공무원법에서 공무원이 국가공무원법에서 정하고 있는 일정한 사유에 해당할 때에는 당연히 퇴직한다고 규정하고 있으므로, 국가공무원법상 당연퇴직은 결격사유가 있을 때 법률상 당연히 퇴직하는 것이라고 본다. 즉, 공무원관계를 소멸시키기 위한 별도의 행정처분을 요하는 것이 아니라는 것이다. 따라서 당연퇴직의

인사발령은 법률상 당연히 발생하는 퇴직사유를 공적으로 확인하여 알려주는 이른바 관념의 통지에 불과하고 공무원의 신분을 상실시키는 새로운 형성적 행위가 아니므로 행정소송의 대상이 되는 독립한 행정처분이라고 할 수 없다고 본다(대법원 1995. 11. 14. 95누2036).

ㄹ. (X) 대법원은 병역법상 신체등위판정은 행정청이라고 볼 수 없는 군의관이 하도록 되어 있으며, 그 자체만으로 바로 병역법상의 권리·의무가 정하여지는 것이 아니라 그에 따라 지방병무청장이 병역처분을 함으로써 비로소 병역의무의 종류가 정하여지는 것이므로 병역법상 신체등위판정은 항고소송의 대상이 되는 행정처분이 아니라고 본다(대법원 1993. 8. 27. 93누3356).

ㅁ. (X) 대법원은 교육부장관이 내신성적 산정기준의 통일을 기하기 위해 내신성적 산정기준에 관한 시행지침을 마련하여 시·도 교육감에게 통보한 것은 행정조직 내부에서 내신성적 평가에 관한 내부적 심사기준을 시달한 것에 불과하다고 본다. 비록 장차 일부 수험생들이 위 지침으로 인해 어떤 불이익을 입을 개연성이 없지는 않으나, 그러한 사정만으로 이러한 지침에 의해 곧바로 개별적이고 구체적인 권리의 침해를 받은 것으로는 인정할 수 없으므로, 그것만으로는 현실적으로 특정인의 구체적인 권리·의무에 직접적으로 변동을 초래케 하는 것은 아니라는 것이다. 따라서 내신성적 산정지침을 항고소송의 대상이 되는 행정처분으로 볼 수 없다고 본다(대법원 1994. 9. 10. 94두33).

06 답 ③

출제단원 Part 08 행정정보공개·개인정보 보호·행정조사
출제영역 행정조사

행정조사란 행정기관이 사인으로부터 행정상 필요한 자료나 정보를 수집하기 위하여 행하는 일체의 행정작용을 말한다. 행정조사에 관한 기본원칙·행정조사의 방법 및 절차 등에 관한 공통적인 사항을 규정함으로써 행정의 공정성·투명성 및 효율성을 높이고, 국민의 권익을 보호함을 목적으로 하여 「행정조사기본법」이 제정되어 있다.

① (X) 행정조사의 법적 성질은 다음과 같이 행정행위의 성질을 가지는 것과 사실행위의 성질을 가지는 것이 있다.

행정행위의 성질을 가진 행정조사	보고서요구명령, 장부서류제출명령, 출두명령 등
사실행위의 성질을 가진 행정조사	질문, 출입검사, 실시조사, 진찰, 검진 등

따라서 행정조사는 사실행위의 형식뿐만 아니라 행정행위의 형식으로도 가능하다.

② (X) 행정기관은 원칙적으로 법령 등에서 행정조사를 규정하고 있는 경우에 한하여 행정조사를 실시할 수 있다. 다만, 조사대상자의 자발적인 협조를 얻어 실시하는 행정조사의 경우에는 예외가 인정되어 법령 등에서 행정조사를 규정하고 있지 않다고 하더라도 행정조사를 실시할 수 있다(행정조사기본법 제5조).

③ (O) 조사원이 가택·사무실 또는 사업장 등에 출입하여 하는 현장조사는 원칙적으로 해가 뜨기 전이나 해가 진 뒤에는 할 수 없다. 다만, 「조사대상자가 동의한 경우」, 「사무실 또는 사업장 등의 업무시간에 행정조사를 실시하는 경우」, 「해가 뜬 후부터 해가 지기 전까지 행정조사를 실시한다면 조사목적의 달성이 불가능하거나 증거인멸로 인하여 조사대상자의 법령 등의 위반 여부를 확인할 수 없는 경우」에는 예외가 인정되어 해가 뜨기 전이나 해가 진 뒤에도 현장조사를 실시할 수 있다(행정조사기본법 제11조 제2항).

④ (X) 자발적인 협조에 따라 실시하는 행정조사에 대하여 조사대상자가 조사에 응할 것인지에 대한 응답을 하지 아니하는 경우에는 법령 등에 특별한 규정이 없는 한 그 조사를 「거부」한 것으로 본다(행정조사기본법 제20조 제2항). 즉, 조사대상자의 무응답은 조사에 대한 동의로 보는 것이 아니라, 조사에 대한 거부로 보는 것이다.

07 답 ②

출제단원 Part 02 행정작용 및 절차법
출제영역 행정절차법

① (O) 행정절차에 관한 일반법으로 「행정절차법」이 있다. 동법 제3조 제1항에서 '처분, 신고, 확약, 위반사실 등의 공표, 행정계획, 행정상 입법예고, 행정예고 및 행정지도의 절차에 관하여 다른 법률에 특별한 규정이 있는 경우를 제외하고는 이 법에서 정하는 바에 따른다.'고 규정하고 있다. 다만, 제2항에서 「국회 또는 지방의회의 의결을 거치거나 동의 또는 승인을 받아 행하는 사항」, 「법원 또는 군사법원의 재판에 의하거나 그 집행으로 행하는 사항」 등 9가지 사항에 대해서는 행정절차법이 적용되지 않음을 규정하여 예외를 인정하고 있다.

② (X) ①에서 설명한 행정절차법 적용이 배제되는 9가지 사항에는 「⟨㉠ 병역법에 따른 징집·소집, 외국인의 출입국·난민인정·귀화, 공무원 인사관계법령에 따른 징계와 그 밖의 처분, 이해 조정을 목적으로 하는 법령에 따른 알선·조정·중재·재정 또는 그 밖의 처분 등⟩ 해당 행정작용의 ⟨㉡ 성질상 행정절차를 거치기 곤란하거나 거칠 필요가 없다고 인정되는 사항⟩과 ⟨㉢ 행정절차에 준하는 절차를 거친 사항으로서 대통령령으로 정하는 사항⟩」도 포함되어 있다(제3조 제2항 9호). 이 규정의 해석과 관련하여 대법원은 ㉠에 해당하는 사항 중 ㉡이나 ㉢에 해당하는 경우에만 행정절차법의 적용이 배제되는 것이라고 해석하고 있다. 즉, 대법원은 공무원 인사관계법령에 의한 처분에 관한 사항이라 하더라도 전부에 대하여 행정절차법의 적용이 배제되는 것이 아니라, 성질상 행정절차를 거치기 곤란하거나 불필요하다고 인정되는 처분이나 행정절차에 준하는 절차를 거치도록 하고 있는 처분의 경우에만 행정절차법의 적용이 배제되는 것으로 보아야 한다고 하였다(대법원 2013. 1. 16. 2011두30687). 따라서 공무원 인사관계법령에 의한 처분에 관한 사항에 대하여 「행정절차법」의 적용이 배제된다고 단정적으로 말할 수는 없다.

③ (O) 행정절차법의 위임을 받아 행정절차법 적용배제사항을 규정하고 있는 동법 시행령에서는 「공정거래위원회의 의결·결정을 거쳐 행하는 사항」을 행정절차법 적용배제사항으로 규정하고 있다. 이와 관련하여 대법원은 행정절차법 및 시행령에 의하면 공정거래위원회의 의결·결정을 거쳐 행하는 사항에는 행정절차법의 적용이 제외되게 되어 있으므로, 설사 공정거래위원회의 시정조치 및 과징금납부명령에 행정절차법에서 규정하고 있는 의견청취절차 생략사유가 존재한다고 하더라도, 공정거래위원회는 행정절차법을 다시 적용하여 의견청취절차(= 독점규제 및 공정거래에 관한 법률상 의견청취절차)를 생략할 수는 없다고 본다(대법원 2001. 5. 8. 2000두10212). 즉, 행정절차

법 적용이 배제되는 경우에 다시 행정절차법을 적용할 수는 없다는 것이다.
④ (O) 행정절차법 제4조 제1항에서 '행정청은 직무를 수행할 때 신의에 따라 성실히 하여야 한다.'고 하여 「행정청」에 대해 신의성실의 원칙에 따를 것을 규정하고 있다. 반면, 국세기본법 제15조에서 '납세자가 그 의무를 이행할 때에는 신의에 따라 성실하게 하여야 한다. 세무공무원이 직무를 수행할 때에도 또한 같다.'고 하여 「납세자와 세무공무원」 모두에 대해 신의성실의 원칙에 따를 것을 규정하고 있다.

08 답 ③

출제단원 Part 02 행정작용 및 절차법
출제영역 행정규칙형식의 법규명령, 법규명령형식의 행정규칙

① (O) [행정규칙(고시)형식의 법규명령] 법률에서 규정한 내용을 구체화할 필요가 있어 법령의 위임을 받아 그 구체적인 내용을 훈령이나 고시와 같은 행정규칙의 형식으로 정하는 경우를 법령보충적 행정규칙(= 법령보충규칙)이라고 한다. 이와 관련하여 대법원은 행정각부의 장이 정하는 고시라도 법령의 규정에서 특정 행정기관에 법령내용의 구체적 사항을 정할 수 있는 권한을 부여함으로써 법령내용을 보충하는 기능을 가질 경우에는 형식과 상관없이 근거법령 규정과 결합하여 대외적으로 구속력이 있는 법규명령으로서의 효력을 가진다고 본다. 다만, 예외적으로 인정되는 효력이므로 특정고시가 비록 법령에 근거를 둔 것이더라도 규정내용이 법령의 위임범위를 벗어난 것일 경우에는 법규명령으로서의 대외적 구속력을 인정할 수 없다고 본다. 만약 법률의 위임규정 자체가 의미내용을 정확하게 알 수 있는 용어를 사용하여 위임의 한계를 분명히 하고 있는데도 고시에서 문언적 의미의 한계를 벗어났다든지, 위임규정에서 사용하고 있는 용어의 의미를 넘어 범위를 확장하거나 축소함으로써 위임내용을 구체화하는 단계를 벗어나 새로운 입법을 한 것으로 평가되는 경우라면, 이는 위임의 한계를 일탈한 것으로서 허용되지 않는다고 본다(대법원 2016. 8. 17. 2015두51132).

② (O) [행정규칙(고시)형식의 법규명령] 헌법에서 일정한 형식(대통령령, 총리령, 부령)에 의한 법규명령에 대하여 규정하고 있지만, 헌법재판소는 헌법이 인정하고 있는 이러한 위임입법의 형식은 예시적인 것이라고 본다. 다만, 기본권을 제한하는 내용의 입법을 위임할 때에는 법규명령에 위임하는 것이 원칙이고, 고시와 같은 형식으로 입법위임을 할 때에는 법령이 「전문적·기술적 사항」이나 「경미한 사항」으로서 「업무의 성질상 위임이 불가피한 사항」에 한정된다고 본다. 이러한 기준에 의할 때 조세의 감면 또는 중과 등 특례에 관한 사항은 국민의 권리·의무에 직접적으로 영향을 미치는 입법사항이므로, 업종의 분류에 관한 사항은 대통령령이나 총리령, 부령 등 법규명령에 위임하는 것이 바람직하다고 본다. 그러나 한 국가 내의 모든 업종을 분류하는 작업에는 고도의 전문적·기술적 지식이 요구되고, 막대한 인력과 시간이 소요되며, 분류되는 업종의 범위 역시 방대하다는 문제가 있다. 그런데 한국표준산업분류는 우리나라의 산업구조를 가장 잘 반영하고 있고, 업종의 분류에 관하여 가장 공신력 있는 자료로 평가받고 있는 점 등을 고려하면, 업종의 분류에 관하여 판단자료와 전문성의 한계가 있는 대통령이나 행정각부의 장에게 위임하기보다는 통계청장이 고시하는 한국표준산업분류에 위임할 필요성이 인정된다고 판단하였다(헌재 2014. 7. 24. 2013헌바183).

③ (X) [행정규칙(고시)형식의 법규명령] ①번 해설에서 살펴본 바와 같이, 행정각부의 장이 정하는 고시가 비록 법령에 근거를 둔 것이라고 하더라도 그 규정내용이 법령의 위임범위를 벗어난 것일 경우에는 법규명령으로서의 대외적 구속력을 인정할 수 없다. 이와 관련하여 대법원은 농수산물품질관리법 시행규칙은 "가공품의 원산지표시에 있어서 그 「표시의 위치, 글자의 크기·색도 등 표시방법」에 관하여 필요한 사항은 농림부장관 또는 해양수산부장관이 정하여 고시한다."고 정하고 있는데, 이는 원산지표시의 위치, 글자의 크기·색도 등과 같은 「표시방법에 관한 기술적이고 세부적인 사항」만을 정하도록 위임한 것일 뿐, 「원산지표시를 하여야 할 대상」을 정하도록 위임한 것은 아니라고 본다. 따라서 고시인 「농산물원산지 표시요령」에서 "가공품의 원료로 가공품이 사용될 경우 원산지표시는 원료로 사용된 가공품의 원료농산물의 원산지를 표시하여야 한다."고 규정하고 있더라도 이는 원산지표시 방법에 관한 기술적인 사항이 아니라 원산지표시를 하여야 할 대상(= 원료로 가공품이 사용된 가공품)에 관한 것이어서 시행규칙에 의해 고시로써 정하도록 위임된 사항에 해당한다고 할 수 없으므로 법규명령으로서의 대외적 구속력을 가질 수 없다고 본다(대법원 2006. 4. 28. 자 2003마715).

④ (O) [법규명령(시행규칙)형식의 행정규칙] 법규명령(= 대통령령·총리령·부령)의 형식을 취하고 있지만, 규율하고 있는 내용은 행정규칙의 실질을 가지는 것을 「법규명령형식의 행정규칙」이라고 한다. 법규명령형식의 행정규칙의 법적 성질에 대하여 대법원은 부령(= 시행규칙)형식으로 정해진 제재적 처분기준은 「행정규칙」의 성질을 가진다고 본다. 반면, 대통령령(= 시행령)형식으로 정해진 제재적 처분기준은 「법규명령」의 성질을 가진다고 본다. 예를 들어, 대법원은 「공공기관의 운영에 관한 법률」에 따라 입찰참가자격 제한기준(= 제재적 처분기준)을 정하고 있는 「구 공기업·준정부기관 계약사무규칙」, 「국가를 당사자로 하는 계약에 관한 법률 시행규칙」은 비록 부령(= 시행규칙)의 형식으로 되어 있으나 규정의 성질과 내용이 공기업·준정부기관이 행하는 입찰참가자격 제한처분에 관한 행정청 내부의 재량준칙을 정한 것에 지나지 아니하여 대외적으로 국민이나 법원을 기속하는 효력이 없다고 본다(대법원 2014. 11. 27. 2013두18964). 즉, 부령형식으로 제재적 처분기준을 정한 경우에 그 효력은 대외적으로 국민이나 법원을 기속하지 않는 「행정규칙」이라는 것이다.

09 답 ④

출제단원 Part 02 행정작용 및 절차법
출제영역 단계적 행정결정

① (O) 행정기관의 말 또는 행동에 대하여 국민이 신뢰를 갖고 행위를 한 경우에, 국민의 신뢰가 보호할 가치가 있는 경우라면 이러한 신뢰를 보호해 주어야 한다는 것을 '신뢰보호원칙'이라고 한다. 신뢰보호원칙이 적용되기 위해서는 신뢰의 대상이 되는 '행정청의 선행조치'가 있어야 한다. 이와 관련하여 대법원은 폐기물처리업에 대하여 관할관청의 「사전 적정통보」를 받고 막대한 비용을 들여 「허가요건을 갖춘 다음」, 허가신청을 하였음에도 청소업자의 난립으로 효율적인 청소업무의 수행에 지장이 있다는 이유로 한 「불허가처분」이 신뢰보호의 원칙에 반하여 재량권을 남용한 위법한 처분이라고 본다(대법원

1998. 5. 8. 98두4061). 즉, 관할관청의 폐기물처리업 사전 적정통보가 행정청의 선행조치에 해당한다고 본 것이다.

② (O) ①번 판례와 구분해서 기억해야 하는 판례이다. 대법원은 폐기물관리법령에 의한 폐기물처리업 사업계획에 대한 적정통보와 국토이용관리법령에 의한 국토이용계획변경은 각기 그 제도적 취지와 결정단계에서 고려해야 할 사항들이 다르므로, 「폐기물처리업 사업계획에 대하여 적정통보」를 한 것만으로 그 사업부지토지에 대한 「국토이용계획변경신청을 승인」하여 주겠다는 취지의 공적인 견해표명을 한 것으로 볼 수 없다고 하였다(대법원 2005. 4. 28. 2004두8828). 즉, 폐기물관리법령에 의한 폐기물처리업 적정통보가 국토이용관리법령에 의한 국토이용계획변경신청 승인과의 관계에서는 행정청의 선행조치에 해당하지 않는다는 것이다.

③ (O) 행정실무상 사용되는 용어인 내인가는 본 인·허가의 전단계로서 행해지는 인·허가의 발급약속을 말한다. 즉, 내인가는 확약의 일종이라고 할 수 있다. 참고로 확약이란 장래 일정한 행정행위를 하거나 하지 않을 것을 약속하는 행정청의 의사표시를 말한다. 이와 관련하여 대법원은 자동차운송사업 양도양수인가신청에 대하여 피고 시장이 내인가를 한 후, 내인가에 기하여 원고의 본인가 신청이 있었으나 피고 시장이 내인가를 취소한 경우에, 위 내인가의 법적 성질이 행정행위의 일종으로 볼 수 있든 아니든 그것이 행정청의 상대방에 대한 의사표시임이 분명하고, 피고가 위 내인가를 취소함으로써 다시 본인가에 대하여 따로이 인가 여부의 처분을 한다는 사정이 보이지 않는다면 위 내인가취소를 인가신청을 거부하는 처분으로 보아야 할 것이라고 본다(대법원 1991. 6. 28. 90누4402). 즉, 대법원은 내인가의 법적 성질이 행정행위인지 여부에 대해서는 명확하게 판단하지 않았지만, 내인가의 취소가 인가신청에 대한 거부처분으로 볼 수 있다는 점은 인정한 것이다.

④ (X) 최종적인 행정행위를 하기 전에 종국적인 행정행위의 요건 중 일부에 대한 종국적인 판단으로서 내려지는 결정을 '사전결정'이라고 한다. 그 예로 건축법상의 사전결정, 폐기물관리법상의 폐기물처리 사업계획에 대한 적정·부적정 결정을 들 수 있다. 이러한 사전결정이 본결정에 구속력을 미치는지에 대하여 대법원은 사전결정의 구속력을 긍정한 경우도 있고, 부정한 경우도 있다. 대법원은 폐기물처리 사업계획에 대한 적정통보 후 본결정(= 폐기물처리업 허가) 단계에서는 이미 심사한 사업계획서에 대한 내용을 제외한 나머지 허가요건만을 심사하면 된다고 보는데(대법원 1998. 4. 28. 97누21086) 이는 사전결정(= 사업계획에 대한 적정통보)의 구속력을 긍정하는 사례이다. 반면, 주택건설사업에 대한 사전결정을 하였다고 하더라도 본결정(= 사업승인)단계에서 사전결정에 구속되지 않고 다시 승인 여부를 결정할 수 있다고 보는데(대법원 1999. 5. 25. 99두1052) 이는 사전결정의 구속력을 부정하는 사례이다.

10

답 ②

| 출제단원 | Part 02 행정작용 및 절차법
| 출제영역 | 영업양도와 제재처분효과의 승계·제재처분사유의 승계

영업양도란 영업재산 일체를 영업의 동일성을 유지하면서 양도인이 양수인에게 이전하는 것을 말한다. 이러한 영업양도가 있을 때, 그 효과로서 양도인에 대한 제재처분(예 허가취소, 영업정지처분, 과징금부과처분 등)의 효과가 양수인에게 승계되는지(= 제재처분「효과」의 승계 여부), 그리고 양도인의 위법행위라는 제재처분의 사유(= 제재처분이 부과된 원인)가 양수인에게 승계되는지(= 제재처분「사유」의 승계 여부)가 문제된다.

① (O) 양도인의 위법행위로 양도인에게 이미 제재처분이 내려진 경우에 이러한 제재처분의 효과가 양수인에게 승계되는지는 「제재처분 효과의 승계」의 문제이다. 양도인의 위법행위로 양도인에게 이미 제재처분이 내려진 경우라면 그 제재처분의 효과는 양도인의 영업자의 지위에 포함된 것이므로 양수인에게 당연히 이전된다는 것이 일반적인 견해이다.

② (X) 대법원은 사실상 내지 사법상으로 주택건설사업 등이 양도·양수되었을지라도 아직 행정청으로부터 사업주체 변경승인을 받기 이전에는 그 주택건설사업계획을 승인받은 자(= 피승인자)는 여전히 종전의 사업주체인 양도인이라고 본다. 따라서 주택건설사업계획에 대한 승인취소사유가 있다고 하여 행하는 주택건설사업계획에 대한 승인취소처분은 양수인이 아니라, 「양도인」에 대하여 행하여져야 한다는 것이다. 그러므로 행정청으로부터 사업주체 변경승인을 받기 이전에 행정청이 「양수인」에 대하여 양도인에 대한 주택건설사업계획에 대한 승인처분을 취소하였다는 사실을 통지하였다고 하여도 「양수인」의 법률상 지위에 어떠한 변동을 일으키는 것은 아니므로 이러한 통지는 항고소송의 대상이 되는 행정처분이라고 할 수는 없다고 본다(대법원 2000. 9. 26. 99두646).

③ (O) 대법원은 회사분할로 인해 설립되는 신설회사 또는 존속회사가 승계하는 것은 분할하는 회사의 권리와 의무라고 본다. 그런데 분할하는 회사의 분할 전 법위반행위를 이유로 아직 과징금이 부과되기 「전」이라면 법위반행위라는 단순한 사실행위만 존재할 뿐이며, 과징금납부의무와 같이 분할하는 회사에게 승계의 대상이 되는 어떠한 의무가 있다고 할 수 없다고 본다. 따라서 특별한 규정이 없는 한 신설회사에 대하여 분할하는 회사의 분할「전」법위반행위를 이유로 과징금을 부과하는 것은 허용되지 않는다고 본다(대법원 2007. 11. 29. 2006두18928). 참고로 대법원은 회사분할과 유사한 구조인 영업양도와 관련하여, 영업양도로 양수인에게 승계되는 양도인의 지위에는 양도인의 위법행위로 인한 제재사유가 포함된다고 보아, 영업양도 이전에 있었던 양도인에 대한 제재사유를 근거로 양수인에게 제재처분을 할 수 있다고 본다(대법원 2010. 4. 8. 2009두17018). 즉, 「제재처분사유의 승계」의 문제에서 영업양도시 양도인의 제재사유가 양수인에게 승계된다고 보는 것이다. 이와 관련하여 앞서 살펴본 회사분할시 분할 전 회사에 대한 제재사유가 신설회사에 대해 승계되지 않는다는 판례의 결론은, 영업양도시 제재사유의 승계를 인정하는 판례의 결론과 모순되는 것은 아닌지 검토가 필요하다는 비판이 있다.

④ (O) 양도인이 「위법행위를 한 후 제재처분이 내려지기 전」에 영업양도를 한 경우, 「양도인의 위법행위」를 이유로 「양수인」에게 제재처분을 할 수 있는지가 「제재처분사유의 승계」의 문제이다. 이때 명문 규정이 있을 때에는 양도인의 위법행위를 이유로 양수인에게 제재처분을 할 수 있다. 반면, 제재처분사유의 승계에 관한 명문의 규정이 없는 경우에도 양수인에게 제재처분을 할 수 있는지가 문제된다. 이와 관련하여 다음과 같이 긍정설과 부정설의 견해 대립이 있다.

긍정설	양도인의 위법행위를 이유로 양수인에게 제재처분을 할 수 있다는 견해이다. 논거는 다음과 같다. · 영업양도로 양도인의 법적 지위가 양수인에게 승계되는데, 제재처분사유는 승계되는 양도인의 법적 지위에 포함된다. · 영업양도가 제재처분의 회피수단으로 악용되는 것을 방지하기 위해서는 제재처분사유의 승계를 인정해야 한다.
부정설	양도인의 위법행위를 이유로 양수인에게 제재처분을 할 수 없다는 견해이다. 논거는 다음과 같다. · 양도인의 위법행위라는 제재사유는 양도인이라는 개인에게만 속하는 인적 사유이므로 명문의 규정이 없는 한 양수인에게 이전될 수는 없다. · 양도인의 위법행위로 인한 제재는 경찰책임 중 행위책임에 해당하므로 명문의 규정이 없는 한 양수인에게 승계되지 않는다.

따라서 제재사유의 승계에 관하여 명문의 규정이 없는 경우, 위법행위로 인한 제재사유는 항상 인적 사유이고 경찰책임 중 행위책임의 문제라는 논거는 승계부정설의 논거가 맞다. 참고로 「행위책임」이란 사람의 행위로 인해 야기되는 위험에 대하여 부담하는 경찰책임(= 공공의 안녕이나 질서를 침해하지 말아야 하는 의무)을 말한다. 예를 들어, 술 취한 사람이 도로 위에 누워 있는 경우에 경찰은 도로상 위험을 제거하기 위해 그 사람에게 도로에서 떠날 것을 명할 수 있다. 이때 술 취한 사람이 부담하는 책임이 행위책임이다.

11 답 ③

출제단원 Part 06 행정상 손해배상
출제영역 공무원의 위법한 직무행위로 인한 손해배상의 요건, 공무원 개인의 배상책임

① (O) 국가배상법 제2조 제1항에서 공무원의 위법한 직무행위로 인한 국가나 지방자치단체의 배상책임을 명시하고 있다. 계약직공무원인 공중보건의 甲 역시 국가배상법상의 공무원에 해당한다. 참고로 국가배상법 제2조 소정의 '공무원'이라 함은 국가공무원법이나 지방공무원법에 의하여 공무원으로서의 신분을 가진 자에 국한하지 않고, 널리 공무를 위탁받아 실질적으로 공무에 종사하고 있는 일체의 자를 가리킨다고 본다.

② (O) 국가배상법 제2조의 요건을 충족하여 「국가 또는 지방자치단체」의 배상책임이 인정되는 경우에 피해자가 「공무원 개인」에 대하여도 손해배상을 청구할 수 있는지가 문제된다. 대법원은 공무원이 직무수행 중 불법행위로 타인에게 손해를 입힌 경우에 공무원에게 「고의」 또는 「중과실」이 있는 경우에는 국가 등이 국가배상책임을 부담하는 외에 공무원 개인도 불법행위로 인한 손해배상책임을 진다고 본다. 반면, 공무원에게 「경과실」뿐인 경우에는 공무원 개인은 손해배상책임을 부담하지 않는다고 본다(대법원 1996. 2. 15. 95다38677 전합).

③ (X) 공무원이 직무수행 중 불법행위로 타인에게 손해를 입혔고, 이에 가해 공무원이 직접 피해자에게 손해를 배상한 경우 「공무원」이 「국가」에 대하여 구상(대신 변제한 것을 돌려받는 것)할 수 있는지가 문제된다. 대법원은 피해자에게 손해를 직접 배상한 「경과실」이 있는 공무원은 특별한 사정이 없는 한 국가에 대하여 국가의 피해자에 대한 손해배상책임의 범위 내에서 공무원이 변제한 금액에 관하여 구상권을 취득한다고 본다(대법원 2014. 8. 20. 2012다54478). 이는 ②번 해설에서 살펴본 바와 같이 대법원은 공무원에게 경과실이 있는 경우에는 국가만 책임을 지며, 공무원 개인은 손해배상책임을 부담하지 않는다고 보기 때문에, 경과실이 있는 공무원이 피해자에게 손해를 배상하였다면 손해배상책임을 부담하지 않는 공무원이 국가의 채무를 대신 변제한 경우에 해당한다고 보기 때문이다. 따라서 乙의 유족에게 손해를 배상한 경과실이 있는 공중보건의 甲은 국가에 대하여 구상권을 취득할 수 있다.

④ (O) 국가배상법에는 공무원의 직무수행 중 불법행위로 인한 배상과 관련하여, 피해자가 공무원에 대해 직접적으로 손해배상을 청구할 수 있는지 여부에 대하여 규정하고 있지 않다. 따라서 견해가 대립하는 것이며, 대법원은 ②번 해설에서 살펴본 바와 같이 공무원에게 고의 또는 중과실이 인정되는지 여부에 따라 달리 판단하고 있는 것이다.

12 답 ③

출제단원 Part 02 행정작용 및 절차법
출제영역 부관

① (O) 대법원은 부관 중 「부담」만은 독립하여 행정쟁송의 대상이 될 수 있다고 본다. 반면, 「부담 이외의 부관」은 독립하여 행정쟁송의 대상이 될 수 없다고 본다(대법원 1992. 1. 21. 91누1264). 따라서 「부담이 아닌 부관」의 취소를 구하는 소송에 대하여는 소송요건 흠결을 이유로 각하 판결을 하여야 한다.

② (O) 부관에 대한 쟁송형태로는 형식상·내용상 모두 부관만의 취소를 구하는 「진정일부취소소송」과 형식상 부관이 붙은 주된 행정행위 전체를 소송의 대상으로 하면서도 내용상 부관만의 취소를 구하는 「부진정일부취소소송」이 있다. 이와 관련하여 대법원은 부관 중 「부담」은 주된 행정행위로부터 독립하여 취소소송의 대상이 될 수 있다고 본다. 따라서 진정일부취소소송이 가능하다는 것이다. 반면, 「부담 이외의 부관」은 독립하여 취소소송의 대상이 될 수 없다고 본다. 즉, 진정일부취소소송이 불가능하다는 것이다. 뿐만 아니라 형식상 부관이 붙은 주된 행정행위 전체를 소송의 대상으로 하면서도 내용상 부관만의 취소를 구하는 부진정일부취소소송도 불가능하다고 본다. 결국 대법원은 「부담 이외의 부관」으로 인해 권리를 침해받은 자는 다음과 같은 방법으로 권리구제를 받을 수 있다고 본다.

방법 ⓐ	주된 행정행위를 대상으로 소송을 제기하여 주된 행정행위 전체의 취소를 청구하는 방법
방법 ⓑ	행정청에 부관을 붙이지 않는 행정행위로 변경해 줄 것과 같이 부관부행정행위의 변경을 청구한 다음, 이에 대해 행정청이 거부하면 거부처분을 대상으로 취소소송을 제기하는 방법

따라서 위법한 부관에 대하여 신청인이 부관을 붙이지 않는 행정행위로 부관부 행정행위의 변경을 청구하고, 행정청이 이를 거부한 경우 동 거부처분의 취소를 구하는 소송을 제기할 수 있다(방법 ⓑ).

③ (X) ①번 해설에서 살펴본 바와 같이 대법원은 행정행위의 부관은 부담인 경우를 제외하고는 독립하여 행정쟁송의 대상이 될 수 없다고 본다. 따라서 기부채납 받은 행정재산에 대한 사용·수익허가에서 공유재산의 관리청이 정한 「사용·수익허가의 기간」은 부담이 아니므로 이에 대해서는 독립하여 행정소송을 제기할 수 없다고 본다(대법원 2001. 6. 15. 99두509).

④ (O) 민법에서는 '의사표시는 법률행위의 내용의 중요부분에 착오가 있는 때에는 취소할 수 있다.'고 규정하고 있다(제109조 제1항). 이와

관련하여 대법원은 토지소유자가 토지형질변경행위허가에 붙은 기부채납의 부관에 따라 토지를 국가나 지방자치단체에 기부채납(증여)한 경우에, 기부채납의 부관이 당연무효이거나 취소되지 아니한 이상 토지소유자는 위 부관으로 인하여 증여계약의 중요부분에 착오가 있음을 이유로 증여계약을 취소할 수 없다고 본다(대법원 1999. 5. 25. 98다53134). 부관이 아직 유효하게 존재하므로 법률행위의 내용의 중요부분에 착오가 있다고 볼 수 없기 때문이다.

13

출제단원 Part 01 행정법 서설
출제영역 행정법관계의 당사자

정답 ①

① (O) 항고소송의 경우 처분 등을 행한 「행정청」이 피고가 되는 것과 달리(행정소송법 제13조), 당사자소송의 경우 「국가·공공단체 그 밖의 권리주체」가 피고가 된다(동법 제39조). 즉, 당사자소송은 당해 처분을 한 처분청이 아니라, 처분의 효과가 귀속되는 행정주체를 피고로 하는 것이다. 또한 국가배상법에서는 「국가나 지방자치단체」를 국가배상책임의 주체로 규정하고 있다(국가배상법 제2조·제5조). 따라서 국가나 지방자치단체(행정소송법 제39조의 공공단체에 해당)는 당사자소송의 당사자가 될 수 있고, 국가배상책임의 주체가 될 수 있다.

② (X) 공무수탁사인이란 공행정사무를 위탁받아 자신의 이름으로 처리하는 권한을 갖고 있는 행정주체인 사인을 말한다. 공무수탁사인은 자연인일 수도 있고, 사법인 또는 법인격 없는 단체일 수도 있다.

③ (X) 행정주체란 자신의 이름으로 행정을 행할 권리와 의무를 가진 행정법관계의 당사자를 말한다. 행정주체에는 국가, 지방자치단체, 협의의 공공단체(공법상 사단법인, 공법상 재단법인, 영조물법인), 공무수탁사인이 있다. 이와 관련하여 대법원은 도시 및 주거환경정비법에 따른 주택재건축정비사업조합은 관할 행정청의 감독 아래 도시정비법상 주택재건축사업을 시행하는 공법인으로서, 그 목적범위 내에서 법령이 정하는 바에 따라 일정한 행정작용을 행하는 행정주체의 지위를 갖는다고 본다(대법원 2009. 10. 15. 2008다93001). 즉, 공법상 사단법인(= 공공조합)인 도시 및 주거환경정비법상 주택재건축정비사업조합을 행정주체라고 판단하였다.

④ (X) 민영교도소 등의 설치·운영에 관한 법률에서 '법무부장관은 필요하다고 인정하면 이 법에서 정하는 바에 따라 교정업무를 공공단체 외의 법인·단체 또는 그 기관이나 개인에게 위탁할 수 있다.'고 규정하고 있다(제3조 제1항). 이에 따라 교정업무를 위탁받은 민영교도소는 공무수탁사인으로서 행정주체에 해당한다. 참고로 행정보조인(행정보조자)이란 순수한 기술적인 집행만을 하는 사인을 말한다. 행정보조인은 행정임무를 자기책임하에 수행하는 것은 아니므로 행정주체인 공무수탁사인과는 다르다.

14

출제단원 Part 02 행정작용 및 절차법
출제영역 하자의 승계

정답 ①

하자의 승계에 대한 대법원 판례를 정리하면 다음과 같다.

구분		하자의 승계 여부
선·후의 행정행위가 「결합」, 「하나」의 법적 효과 목적		긍정(ⓐ)
선·후의 행정행위가 「독립」, 「별개」의 법적 효과 목적	원칙	부정(ⓑ)
	예외	수인한도를 넘고, 예측가능성 없는 경우 → 긍정(ⓒ)

ㄱ. (O) [ⓐ유형] 대법원은 선·후의 행정행위가 「결합」하여 「하나의」 법적 효과를 목적으로 하는 경우에는 하자의 승계를 긍정한다. 예를 들어, 「계고, 통지, 실행, 비용납부명령」과 같이 강제집행행위를 구성하는 각 행위들은 강제집행이라는 하나의 법적 효과를 목적으로 하는 행위로서 이들 사이에는 하자의 승계를 긍정한다. 이에 따라 「대집행계고처분」과 「대집행영장발부통보처분」 사이에는 하자의 승계가 인정된다(대법원 1996. 2. 9. 95누12507).

ㄴ. (O) [ⓐ유형] 대법원은 국립보건원장이 안경사 국가시험의 합격을 무효로 하는 처분을 함에 따라 보건사회부장관이 안경사면허를 취소하는 처분을 한 경우「합격무효처분」과「면허취소처분」은 안경사 국가시험에 합격한 자에게 주었던 안경사면허를 박탈한다는 「하나」의 법률효과를 발생시키기 위하여 서로「결합」된 선행처분과 후행처분의 관계에 있다고 보아 하자의 승계를 인정한다(대법원 1993. 2. 9. 92누4567).

ㄷ. (O) [ⓒ유형] 대법원은 선·후의 행정행위가 서로「독립」하여「별개의」 법적 효과를 목적으로 하는 경우에는 원칙적으로 하자의 승계를 부정한다. 다만, 선행 행정행위의 하자를 후행 행정행위에서 다투지 못하게 하는 것이 그로 인하여 불이익을 입게 되는 자에게「수인한도를 넘는 가혹함」을 가져오며, 당사자에게「예측가능한 것이 아닌 경우」에는 예외적으로 하자의 승계를 긍정한다. 예를 들어, 대법원은「개별공시지가결정」과 이를 기초로 한「과세처분」은 서로 독립하여 별개의 법률효과를 목적으로 하는 것으로 본다. 다만, 후행 행정행위인 과세처분에서 선행 행정행위인 개별공시지가결정의 위법을 주장할 수 없도록 하는 것은 수인한도를 넘는 불이익을 강요하는 것이라고 본다. 따라서「개별공시지가결정」과「과세처분」은 서로「독립」하여「별개」의 법률효과를 목적으로 하는 것이지만 예외적으로 하자의 승계를 긍정한다(대법원 1994. 1. 25. 93누8542).

ㄹ. (O) [ⓒ유형] 대법원은 '갑'을 친일반민족행위자로 결정한「친일반민족행위 진상규명위원회의 최종발표(선행처분)」에 따라 지방보훈지청장이 독립유공자 예우에 관한 법률적용 대상자로 보상금 등의 예우를 받던 갑의 유가족 '을'에 대하여「독립유공자 예우에 관한 법률 적용 배제자결정(후행처분)」을 한 사안에서, 을이 선행처분의 하자를 이유로 후행처분의 효력을 다툴 수 없게 하는 것은 을에게 수인한도를 넘는 불이익을 주고 그 결과가 을에게 예측가능한 것이라고 할 수 없다고 보아「친일반민족행위자 결정」과「독립유공자 예우에 관한 법률에 의한 법적용 배제결정」은 서로「독립」하여「별개」의 법률효과를 목적으로 하는 것이지만 예외적으로 하자의 승계를 긍정한다(대법원 2013. 3. 14. 2012두6964).

ㅁ. (X) [ⓑ유형] 대법원은 선·후의 행정행위가 서로「독립」하여「별개의」 법적 효과를 목적으로 하는 경우에는 원칙적으로 하자의 승계를 부정한다. 예를 들어,「직위해제처분」과「면직처분」은 후자가 전자의 처분을 전제로 한 것이기는 하나 각각 단계적으로「별개」의 법률효과를 발생하는 행정처분이어서 선행「직위해제처분」의 위법사유

가「면직처분」에는 승계되지 않는다고 할 것이므로 선행된 직위해제처분의 위법사유를 들어 면직처분의 효력을 다툴 수는 없다고 본다(대법원 1984. 9. 11. 84누191).

ㅂ. (X) [ⓑ유형] 대법원은「공법상 의무를 부과하는 처분(= 하명처분)」과 공법상 의무불이행에 대한「강제집행행위」는 서로「독립」하여「별개」의 법적 효과를 발생시키는 행위이므로 하명처분과 강제집행행위 사이에는 하자의 승계를 부정한다. 이에 따라 하명처분인「건물철거명령」과 강제집행행위인「대집행계고처분」사이에는 하자의 승계가 부정된다(대법원 1998. 9. 8. 97누20502).

ㅅ. (X) [ⓑ유형] 대법원은「조세의 부과처분」과「압류 등의 체납처분」은「별개」의 행정처분으로서「독립」성을 가진다고 본다. 따라서「조세의 부과처분(= 과세처분)」과「체납처분」사이에는 하자의 승계가 부정된다고 본다(대법원 1987. 9. 22. 87누383).

15   답 ④

| 출제단원 | Part 05 행정심판법
| 출제영역 | 재결의 종류, 행정심판의 종류, 재결의 효력

① (X) 행정심판법 제43조 제3항에서는 취소심판의 인용재결로 취소재결(= 처분을 취소하는 재결), 변경재결(= 처분을 다른 처분으로 변경하는 재결), 변경명령재결(= 처분을 다른 처분으로 변경할 것을 피청구인에게 명하는 재결)을 규정하고 있다. 그러나 취소명령재결(= 처분을 취소할 것을 피청구인에게 명하는 재결)에 대해서는 규정하고 있지 않다.

② (X) 행정소송의 경우 의무이행소송이 인정되지 않지만, 행정심판의 경우 의무이행심판이 인정된다. 의무이행심판이란 당사자의 신청에 대한 행정청의 위법 또는 부당한 거부처분이나 부작위에 대하여 일정한 처분을 하도록 하는 행정심판을 말한다(행정심판법 제5조 3호). 따라서 거부처분의 상대방은 거부처분을 대상으로 취소심판만 청구할 수 있는 것은 아니며, 의무이행심판을 청구할 수도 있다. 물론 거부처분의 하자의 정도가 무효일 경우라면 무효등확인심판의 청구도 가능하다.

③ (X) 취소심판에서 행정심판위원회가 처분을 취소하는 재결(= 취소재결)을 하거나 변경하는 재결(= 변경재결)을 하면 당해 처분은「행정청의 별도의 처분이 없더라도」, 처분시에 소급하여 효력이 소멸되거나 변경되는데 이를 재결의「형성력」이라고 한다. 따라서 행정심판위원회가 처분을 취소하거나 변경하는 재결을 하면 재결의 기속력이 아니라「형성력」에 의해 당해 처분은 처분시에 소급하여 소멸되거나 변경되는 것이며, 별도로 행정청이 처분을 취소·변경해야 하는 것은 아니다. 참고로「취소재결」이나「변경재결」에 형성력이 인정되는 것과 달리,「변경명령재결」에는 형성력이 인정되지 않는다. 변경명령재결은 행정심판위원회가 직접 처분을 변경하는 것이 아니라, 처분을 다른 처분으로 변경할 것을 처분청에게 명령하는 것이기 때문이다. 변경명령재결에는 재결의 형성력이 아니라 기속력이 발생한다. 기속력이란 처분청 및 관계행정청이 재결의 취지에 따르도록 처분청 및 관계행정청을 구속하는 효력이므로, 변경명령재결의 취지에 따라 처분청은 해당 처분을 변경해야 한다.

④ (O) 2017년 4월 18일 행정심판법 일부개정시 '재결에 의하여 취소되거나 무효 또는 부존재로 확인되는 처분이 당사자의 신청을 거부하는 것을 내용으로 하는 경우에는 그 처분을 한 행정청은 재결의 취지에 따라 다시 이전의 신청에 대한 처분을 하여야 한다.'는 규정이 신설되었다(제49조 제2항). 따라서 거부처분에 대한 취소심판에서 취소재결이 있으면 처분을 한 행정청은 재결의 취지에 따라 다시 이전의 신청에 대한 처분을 하여야 하며, 행정청이 그 재결의 취지에 따른 처분을 하지 아니하고 그 처분과는 양립할 수 없는 다른 처분을 하는 것은 재결의 기속력에 반하여 위법하게 된다.

16   답 ②

| 출제단원 | Part 03 행정의 실효성 확보수단
| 출제영역 | 행정질서벌

「질서위반행위규제법」에서는 행정질서벌의 성립요건과 부과절차 등에 관해 규정하고 있다. 행정질서벌이란 행정법규 위반에 대하여 과태료가 과하여지는 행정벌을 말한다.

① (X) 질서위반행위규제법 제5조에서는 '과태료의 부과·징수, 재판 및 집행 등의 절차에 관한 다른 법률의 규정 중 이 법의 규정에 저촉되는 것은 이 법으로 정하는 바에 따른다.'고 하여 다른 법률과의 관계에서 질서위반행위규제법이 우선적으로 적용됨을 규정하고 있다.

② (O) 질서위반행위규제법 제13조 제1항에서는 '하나의 행위가 2 이상의 질서위반행위에 해당하는 경우에는 각 질서위반행위에 대하여 정한 과태료 중 가장 중한 과태료를 부과한다.'고 규정하고 있다.

③ (X) 질서위반행위규제법 제7조에서는 '고의 또는 과실이 없는 질서위반행위는 과태료를 부과하지 아니한다.'고 규정하고 있다. 즉, 질서위반행위규제법은 과태료가 부과되는 질서위반행위의 성립요건으로 고의 또는 과실을 요구하고 있다.

④ (X) 질서위반행위규제법 제15조 제1항에서는 '과태료는 행정청의 과태료부과처분이나 법원의 과태료재판이 확정된 후 5년간 징수하지 아니하거나 집행하지 아니하면 시효로 인하여 소멸한다.'고 하여 과태료의 시효를 규정하고 있다. 즉, 과태료에는 5년의 소멸시효가 규정되어 있다.

17   답 ④

| 출제단원 | Part 04 행정소송법
| 출제영역 | 처분사유의 추가·변경

처분사유의 추가·변경이란「처분 당시에 존재」하였지만 행정청이 처분의 근거로「제시하지 않았던」사유를 이후「행정쟁송단계」에서 추가하거나 변경하는 것을 말한다.

① (O) 대법원은 처분사유의 추가·변경이 허용되는 객관적 범위와 관련하여 처분사유의 추가·변경은 기본적 사실관계의 동일성이 인정되는 범위 내에서 인정된다고 본다. 이와 관련하여 대법원은 처분사유의 추가·변경이 인정되기 위한 기본적 사실관계의 동일성 여부는 처분사유의 기초를 이루는 사회적 사실관계가 기본적인 점에서 동일한지 여부에 따라 결정되어야 하는 것이지, 추가 또는 변경된 사유가 처분 당시에 그 사유를 명기하지 않았을 뿐 이미 존재하고 있었고 당사자도 그 사실을 알고 있었다는 사정만으로 당초의 처분사유와 동일성이 인정되어 처분사유의 추가·변경이 허용되는 것으로 볼 수는 없다고 본다(대법원 2003. 12. 11. 2001두8827).

② (O) 대법원은 처분사유의 추가·변경이 허용되는 시간적 범위와 관련하여 사실심 변론종결시까지만 처분사유의 추가·변경이 허용된다고 본다(대법원 1999. 8. 20. 98두17043). 참고로 3심제를 채택하고 있는 우리나라의 경우 사실관계를 확정하여 법률을 적용하는 1심과 2심을 '사실심'이라고 한다.

③ (O) 대법원은 당초의 처분사유인 「중기(= 중량이 큰 기계)취득세의 체납」과 그 후 추가된 처분사유인 「자동차세의 체납」은 각 세목, 과세연도, 납세의무자의 지위 및 체납액 등을 달리하고 있어 기본적 사실관계가 동일하다고 볼 수 없다고 본다(대법원 1989. 6. 27. 88누6160). 따라서 자동차세의 체납을 당초의 처분사유인 중기취득세의 체납과 더불어 추가처분사유로 주장할 수는 없다.

④ (X) 주류면허증에는 일정한 사유에 해당할 경우 주류면허를 취소하도록 하는 조건이 정해져 있다. 이를 주류면허에 붙은 지정조건이라고 한다. 이 조건 중 2호에는 「무면허 판매업자에 대한 주류판매」, 6호에는 「무자료 주류판매(= 부가가치세의 근거자료가 되는 세금계산서를 주고받지 않고 거래가 이루어지는 것) 및 위장거래」가 규정되어 있다. 이와 관련하여 대법원은 원고가 지정조건 제6호(무자료 주류판매 및 위장거래)에 해당한다는 이유로 피고가 원고의 주류면허를 취소한 경우에, 피고가 소송에서 주류면허의 취소사유로 새롭게 지정조건 제2호(무면허 판매업자에 대한 주류판매)를 내세우는 것은 당초 주류면허 취소처분의 근거로 삼은 사유인 제6호와 기본적 사실관계가 다른 사유이므로 피고는 제2호를 위 면허취소처분의 근거로 새롭게 추가하여 주장할 수 없다고 본다(대법원 1996. 9. 6. 96누7427).

18   답 ①

출제단원 Part 01 행정법 서설
출제영역 사인의 공법행위로서의 신고

① (X) 행위요건적 신고(= 수리를 요하는 신고)의 경우 신고만으로 법적 효과가 발생하지는 않으며, 행정청이 수리를 해야만 법적 효과가 발생한다. 따라서 행정청의 수리거부는 처분에 해당한다. 반면, 자기완결적 신고의 수리거부는 원칙적으로 처분이 아니다. 자기완결적 신고(= 수리를 요하지 않는 신고)의 경우 행정청의 수리 없이도 신고 자체로 신고의 법적 효과가 발생하므로 행정청의 수리거부행위는 아무런 법적 의미를 갖지 않는다고 보기 때문이다. 그러나 대법원은 「행정청의 건축신고 반려행위」(대법원 2010. 11. 18. 2008두167 전합)나 「행정청의 착공신고 반려행위」(대법원 2011. 6. 10. 2010두7321)의 경우 신고가 거부(반려)될 경우 당해 신고의 대상이 되는 행위를 하면 법적 불이익(예 시정명령, 이행강제금, 벌금)을 받을 위험이 있는 경우라면, 이때의 수리거부행위는 처분이라고 보아 예외를 인정하고 있다. 신고가 거부된 단계에서 거부행위의 적법성을 다투어 신고인이 받을 수 있는 법적 불이익을 제거할 필요가 있기 때문이다.

② (O) ①번 해설 참조

③ (O) 건축법에는 건축신고를 한 경우 다른 법령상의 인·허가까지 받은 것으로 보는 규정(제14조 제2항)이 있다. 대법원은 이와 같이 인·허가의제효를 수반하는 건축신고는 행정청이 의제되는 인·허가의 실질적인 요건까지 심사해야 하기 때문에 일반적인 건축법상 신고와는 달리 '수리를 요하는 신고'라고 본다(대법원 2011. 1. 20. 2010두14954 전합). 건축법상 건축신고의 성질을 정리하면 다음과 같다.

일반적인 건축신고 (건축법 제14조 제1항)	인·허가의제효를 수반하는 건축신고 (건축법 제14조 제2항)
자기완결적 신고 → 수리를 요하지 않는 신고	행위요건적 신고 → 수리를 요하는 신고

④ (O) 대법원은 수산업법 및 구 수산업법 시행령의 규정취지에 비추어 볼 때, 수산업법 제44조 소정의 어업의 신고는 행정청의 수리에 의하여 비로소 그 효과가 발생하는 이른바 '수리를 요하는 신고'라고 본다(대법원 2000. 5. 26. 99다37382).

19   답 ②

출제단원 Part 04 행정소송법
출제영역 협의의 소의 이익

항고소송을 제기하기 위해서는 '협의의 소의 이익(= 권리보호의 필요)'이 요구된다. 협의의 소의 이익이란 원고의 청구가 소송을 통하여 분쟁을 해결할 만한 현실적인 필요성을 말한다.

① (O) 위법한 처분을 취소한다 하더라도 원상회복이 불가능한 경우에는 그 소의 이익이 없지만, 원상회복이 가능한 경우에는 소의 이익이 인정된다. 이와 관련하여 대법원은 현역입영대상자로서는 현실적으로 입영을 하였다고 하더라도, 입영 이후의 법률관계에 영향을 미치고 있는 현역병입영통지처분 등을 한 관할지방병무청장을 상대로 현역병입영통지처분의 위법을 주장하여 그 취소를 구할 소송상의 이익이 있다고 본다(대법원 2003. 12. 26. 2003두1875). 현역입영대상자가 입영한 후에도 현역입영통지처분이 취소되면 원상회복이 가능하므로 현역입영통지처분의 취소를 구할 소의 이익이 있다는 것이다.

② (X) 대법원은 행정처분이 취소되면 그 처분은 취소로 인하여 그 효력이 상실되어 더 이상 존재하지 않는 것이므로, 존재하지 않는 행정처분을 대상으로 한 취소소송은 소의 이익이 없어 부적법하다고 본다. 따라서 행정청이 분뇨 등 관련영업허가신청 반려처분(= A처분)의 취소를 구하는 소송이 진행되는 중에, 사정변경을 이유로 위 반려처분(= A처분)을 직권취소함과 동시에 위 분뇨 등 관련영업허가신청을 재반려하는 내용의 재처분(= B처분)을 한 경우에, 당초의 반려처분(= A처분)의 취소를 구하는 소는 더 이상 소의 이익이 없게 된다고 본다(대법원 2006. 9. 28. 2004두5317).

③ (O) 기본적인 권리회복은 불가능하다 하더라도 당해 처분이 소급적으로 취소되게 됨으로써 원고의 법률상 이익에 해당하는 부수적인 이익이 구제될 수 있는 경우에는 소의 이익이 인정된다고 본다. 이와 관련하여 대법원은 도시개발사업의 시행에 따른 「도시계획변경결정처분」과 「도시개발구역지정처분」 및 「도시개발사업 실시계획인가처분」이 유효하게 존재하는 것을 전제로 하여 당해 도시개발사업에 따른 일련의 절차 및 처분이 행해지기 때문에 이러한 각 처분이 취소된다면 위 처분이 유효하게 존재하는 것을 전제로 하여 이루어진 각종의 처분이나 공공시설의 귀속 등에 관한 법적 효력은 영향을 받게 되므로, 도시개발사업의 공사 등이 완료되고 원상회복이 사회통념상 불가능하게 되었더라도 위 각 처분의 취소를 구할 법률상 이익이 있다고 본다(대법원 2005. 9. 9. 2003두5402, 5419).

④ (O) 제재적 처분의 기간이 경과하여 해당 처분이 소멸한 경우라도, 그 처분이 후행처분의 가중요건으로 규정된 경우라면 이미 소멸한

제재적 처분의 취소를 구할 소의 이익이 인정되는 것인지 문제된다. 이에 대한 대법원 판례를 정리하면 다음과 같다.

가중요건이 규정된 규범	협의의 소의 이익 인정 여부
법률 또는 대통령령 (시행령)	인정
부령 (시행규칙)	인정 → 종래 부정하였으나, 2006년 전원합의체 판결을 통해 인정되는 것으로 변경함

따라서 대법원은 행정처분의 효력기간이 경과하였다고 하더라도 그 처분을 받은 전력이 장래에 불이익하게 취급되는 것으로 「법정(법률)」상 가중요건으로 되어 있고, 이에 따라 새로운 제재적인 행정처분이 가해지고 있는 경우라면 선행 행정처분의 잔존으로 인하여 법률상의 이익이 침해되고 있다고 볼 만한 특별한 사정이 있는 경우에 해당하므로 선행 행정처분의 취소 또는 무효확인을 구할 법률상의 이익이 있다고 본다(대법원 2005. 3. 25. 2004두14106). 참고로 이 판례와 비교해서 기억해야 할 판례가 있다. 즉, 대법원은 이러한 경우에도 실제상 제재처분을 받을 우려가 없다면 법률상 이익이 없다고 본다. 예를 들어, 건축사법에서는 업무정지처분을 「연 2회 이상」 받는 등 일정한 요건을 충족해야만 가중된 제재처분을 하도록 되어 있다. 따라서 업무정지처분을 받은 후 새로운 업무정지처분을 받음이 없이 1년이 경과하여 실제로 가중된 제재처분을 받을 우려가 없어졌다면 위 처분에서 정한 정지기간이 경과한 이상 특별한 사정이 없는 한 그 처분의 취소를 구할 법률상 이익이 없다고 본다(대법원 2000. 4. 21. 98두10080).

20 답 ①

출제단원 Part 01 행정법 서설
출제영역 행정법의 일반원칙

① (O) '비례의 원칙'이란 행정의 목적과 그 목적을 실현하기 위한 수단의 관계에서 적절한 비례관계가 있어야 한다는 원칙을 말한다. 행정규제기본법 제5조 제3항에서는 '규제의 대상과 수단은 규제의 「목적 실현에 필요한 최소한의 범위에서」 … 설정되어야 한다.'고 하여 행정규제의 원칙으로 비례의 원칙을 규정하고 있다. 행정절차법 제48조 제1항에서도 '행정지도는 그 「목적달성에 필요한 최소한도에 그쳐야 하며 …'라고 규정하여 행정지도의 원칙으로 비례의 원칙을 규정하고 있다.

② (X) '행정의 자기구속의 원칙'이란 행정관행이 성립된 경우 행정청은 특별한 사정이 없는 한 동종 사안에서 행정관행과 같은 결정을 하여야 한다는 원칙을 말한다. 이와 관련하여 행정관행이 위법한 경우에도 행정의 자기구속의 원칙이 인정되는지 문제된다. 이에 대해 통설과 대법원 판례에 의하면 행정의 자기구속의 원칙은 행정관행이 위법한 경우에는 적용되지 않는다고 본다. 만약 위법한 행정관행도 평등하게 적용되어야 한다고 보면 위법한 선례가 법률적합성 원칙보다 우월한 것이 되어 법치행정의 원리에 반하게 되기 때문이다. 참고로 이러한 내용은 위법한 선행조치에 대해서도 '신뢰보호원칙'은 적용될 수 있다는 것을 비교하여 기억해야 한다.

③ (X) '신뢰보호원칙'이란 행정기관의 말 또는 행동에 대하여 국민이 신뢰를 갖고 행위를 한 경우에, 국민의 신뢰가 보호할 가치가 있는 경우라면 이러한 신뢰를 보호해 주어야 한다는 것이다. 이때 행정청의 선행조치에 대한 사인의 신뢰는 보호할 만한 것이어야 한다. 이와 관련하여 대법원은 행정청의 견해표명의 하자가 상대방 등 관계자의 사실은폐나 기타 사위의 방법에 의한 신청행위 등 부정행위에 기인한 것인 경우에는 행정청의 선행조치에 대한 사인의 신뢰는 보호될 수 없다고 본다(대법원 2008. 1. 17. 2006두10931).

④ (X) 대법원은 지방의회의 감사 또는 조사를 위하여 출석요구를 받은 증인이 5급 이상 공무원인지 여부, 기관(법인)의 대표나 임원인지 여부 등 증인의 사회적 신분에 따라 미리부터 과태료의 액수에 차등을 두고 있는 조례안은 증인의 불출석이나 증언거부에 대하여 과태료를 부과하는 목적에 비추어 볼 때 그 합리성을 인정할 수 없으며, 지위의 높고 낮음만을 기준으로 한 부당한 차별대우라고 할 것이어서 헌법에 규정된 평등의 원칙에 위배되어 무효라고 본다(대법원 1997. 2. 25. 96추213).

2017년 서울시(사회복지직) 9급 행정법총론

문제편 p.135

01 ④ 02 ② 03 ③ 04 ① 05 ④ 06 ① 07 ③ 08 ④ 09 ② 10 ③
11 ④ 12 ③ 13 ① 14 ④ 15 ① 16 ② 17 ② 18 ① 19 ② 20 ③

01
답 ④

출제단원 Part 01 행정법 서설
출제영역 행정법 관계의 당사자(행정주체와 행정객체)

① (O) 행정주체란 자신의 이름으로 행정을 행할 권리와 의무를 가진 행정법관계의 당사자를 말한다. 행정주체에는 국가, 지방자치단체, 협의의 공공단체(공법상 사단법인, 공법상 재단법인, 영조물 법인), 공무수탁사인이 있다. 이와 관련하여 대법원은 도시 및 주거환경정비법에 따른 주택재건축정비사업조합은 관할 행정청의 감독 아래 도시정비법상의 주택재건축사업을 시행하는 공법인으로서, 그 목적범위 내에서 법령이 정하는 바에 따라 일정한 행정작용을 행하는 행정주체의 지위를 갖는다고 본다(대법원 2009. 10. 15. 2008다93001). 즉, 공법상 사단법인(= 공공조합)인 도시 및 주거환경정비법상 주택재건축정비사업조합을 행정주체라고 판단하였다.

② (O) 공무수탁사인이란 공행정사무를 위탁받아 자신의 이름으로 처리하는 권한을 갖고 있는 사인(私人)으로서 행정주체에 해당한다. 공무수탁사인은 자연인일 수도 있고, 사법인 또는 법인격 없는 단체일 수도 있다. 행정청이란 행정주체의 의사를 내부적으로 결정하고, 이를 외부적으로 표시할 수 있는 권한을 가진 행정기관을 말하는데, 행정절차법이나 행정소송법에서는 행정권한의 위임 또는 위탁을 받은 사인(= 공무수탁사인)을 행정청의 하나로 규정하고 있다.

③ (O) 경찰과의 계약에 의해 주차위반차량을 견인하는 민간사업자와 같이 사법상 계약에 의하여 단순히 경영위탁을 받은 사인은 공무수탁사인이 아니다. 이들은 위탁계약의 범위 안에서 독립적으로 활동하지만, 차량의 견인이 공법적인 성질의 것이 아니라 사법적인 것이기 때문이다.

④ (X) 행정객체란 행정주체에 의한 공권력 행사의 상대방을 말한다. 사인이 행정객체가 되는 것이 일반적이나, 지방자치단체 등의 공공단체도 국가나 다른 공공단체에 대한 관계에서 행정객체가 될 수 있다. 따라서 지방자치단체는 행정주체이면서 행정객체도 될 수 있다.

02
답 ②

출제단원 Part 06 행정상 손해배상
출제영역 공무원의 위법한 직무행위로 인한 손해배상의 요건

국가배상(= 행정상 손해배상)이란 국가가 자신의 사무수행과 관련하여 위법하게 타인에게 손해를 가한 경우에 국가가 피해자에게 손해를 배상해 주는 제도를 말한다.

① (X) 국가배상법 제2조 제1항에서 공무원의 위법한 직무행위로 인한 국가나 지방자치단체의 배상책임을 명시하고 있다. 국가배상법 제2조의 책임이 인정되기 위해서는 「손해」가 발생하였을 것이 요구된다. 이때 손해란 가해행위로부터 발생한 일체의 손해를 말한다. 즉, 재산상의 손해인가 또는 생명·신체·정신상의 손해인가를 가리지 않는다.

② (O) 국가배상법 제2조의 책임이 인정되기 위해서는 「위법할 것(= 법령 위반)」이 요구된다. 이와 관련하여 대법원은 국가배상법상 '법령 위반'이란 엄격한 의미의 법령위반뿐만 아니라 인권존중, 권력남용금지, 신의성실, 공서양속 등의 위반도 포함하여 널리 그 행위가 객관적인 정당성을 결여하고 있음을 의미한다고 본다(대법원 2009. 12. 24. 2009다70180).

③ (X) 국가배상법 제2조의 책임이 인정되기 위해서는 공무원의 행위가 「직무행위」에 해당해야 한다. 직무행위의 범위가 어디까지인지에 대한 대법원 판례를 정리하면 다음과 같다.

구분	판단
권력적 작용	O
비권력적 작용	O
사경제주체로서 하는 활동	X

즉, 국가배상법 제2조 제1항의 공무원의 직무에는 권력적 작용뿐만 아니라 비권력적 작용도 포함되지만, 행정주체가 사경제주체로서 하는 활동은 직무행위에 해당하지 않는다.

④ (X) 공무원의 작위뿐만 아니라 부작위(= 해야 하는 것을 하지 않는 것)로 인해서도 국가배상책임이 인정될 수 있다. 부작위가 위법하기 위해서는 작위의무가 인정되어야 한다. 해야 할 의무(= 작위의무)가 있음에도 이를 하지 않은 경우에 부작위가 위법하다고 할 수 있기 때문이다. 이와 관련하여 작위의무를 인정하는 명문의 근거가 없는 경우에도 헌법 및 행정법의 일반원칙 등을 근거로 작위의무를 인정할 수 있는지가 문제된다. 대법원은 '법령에 위반하여'라고 하는 것은 엄격하게 형식적 의미의 법령에 명시적으로 공무원의 작위의무가 규정되어 있음에도 이를 위반하는 경우만을 의미하는 것은 아니며, 국민의 생명·신체·재산 등에 대하여 절박하고 중대한 위험상태가 발생하였거나 발생할 우려가 있어서 국가가 위험배제에 나서지 않으면 이를 보호할 수 없는 경우에는 형식적 의미의 법령에 근거가 없더라도 국가나 관련 공무원에 대하여 위험을 배제할 작위의무를 인정할 수 있을 것이라고 본다(대법원 2004. 6. 25. 2003다69652). 즉, 일정한 경우에는 형식적 의미의 법령에 명시적으로 작위의무가 규정되어 있지 않더라도 작위의무를 인정할 수 있다는 것이다.

03
답 ③

출제단원 Part 02 행정작용 및 절차법
출제영역 행정절차법

① (O) 처분의 사전통지란 행정청이 당사자에게 의무를 부과하거나 권익을 제한하는 처분을 하기 전에 처분의 제목, 처분하려는 원인이 되는 사실과 처분의 내용 및 법적 근거 등 일정사실을 당사자 등에게 통지하는 것을 말한다. 이때 거부처분이 사전통지의 대상이 되는 처분인지 문제된다. 대법원은 사전통지의 대상이 되기 위해서는 당사자의 권익을 제한하는 처분이어야 하는데, 신청에 따른 처분이 이루어지지 않은 상황에서는 아직 신청한 자에게 권익이 부여되지 않았으므로 제한할 권익도 존재하지 않으므로 거부처분은 당사자의 권익을

제한하는 처분이 아니라고 본다. 따라서 사전통지의 대상이 아니라는 것이다(대법원 2003. 11. 28. 2003두674). 참고로 거부처분과 관련한 행정절차를 정리하면 다음과 같다.

구분	거부처분시 적용 여부
이유제시	적용 O
사전통지	적용 X

② (O) 대통령의 한국방송공사 사장 해임에 행정절차법이 적용되는지와 관련하여 대법원은 대통령의 한국방송공사 사장의 해임절차에 관하여 방송법이나 관련법령에도 별도의 규정을 두지 않고 있고, 행정절차법의 입법목적과 행정절차법 적용 예외사유를 규정하고 있는 제3조 제2항 제9호와 관련 시행령의 규정내용 등에 비추어 보면, 이 사건 해임처분이 행정절차법과 그 시행령에서 열거적으로 규정한 예외사유에 해당한다고 볼 수 없으므로 이 사건 해임처분에도 행정절차법이 적용된다고 판단하였다(대법원 2012. 2. 23. 2011두5001).

③ (X) 행정청이 당사자에게 의무를 부과하거나 권익을 제한하는 처분을 할 때에 청문을 실시하거나 공청회를 개최하는 경우 외에는 「당사자 등」에게 의견제출의 기회를 주어야 한다(행정절차법 제22조 제3항). 이와 관련하여 대법원은 행정절차법상 의견제출의 기회를 주어야 하는 '당사자'는 행정청의 「처분에 대하여 직접 그 상대가 되는 당사자」를 의미한다고 본다. 그런데 '고시'의 방법으로 「불특정 다수인」을 상대로 의무를 부과하거나 권익을 제한하는 처분은 성질상 상대방을 특정할 수 없으므로, 이러한 경우에는 상대방에게 의견제출의 기회를 주어야 하는 것은 아니라고 본다(대법원 2014. 10. 27. 2012두7745).

④ (O) ①번 해설에서 살펴본 바와 같이 처분의 사전통지는 행정청이 당사자에게 의무를 부과하거나 권익을 제한하는 처분을 하기 전에 법에서 정하고 있는 일정한 사실을 「당사자 등」에게 통지하는 것을 말한다. 이때 「당사자 등」이란 「행정청의 처분에 대하여 직접 그 상대가 되는 당사자」나 「행정청이 직권으로 또는 신청에 따라 행정절차에 참여하게 한 이해관계인」을 말한다(행정절차법 제2조 4호). 따라서 불이익처분의 직접 상대방인 당사자도 아니고 행정청이 참여하게 한 이해관계인도 아닌 제3자에 대해서는 사전통지에 관한 규정이 적용되지 않는다.

04

정답 ①

출제단원 Part 08 행정정보공개·개인정보 보호·행정조사
출제영역 개인정보 보호법

① (O) 개인정보 보호법에서는 개인정보처리자가 이 법을 위반함으로 인해 손해를 입은 정보주체는 개인정보처리자에게 손해배상을 청구할 수 있음을 규정하고 있다. 이 경우 손해배상청구를 당한 개인정보처리자는 스스로 고의 또는 과실이 없음을 입증하지 않으면 책임을 면할 수 없다(제39조 제1항). 참고로 개인정보처리자란 업무를 목적으로 개인정보파일을 운용하기 위하여 스스로 또는 다른 사람을 통하여 개인정보를 처리하는 공공기관, 법인, 단체 및 개인 등을 말한다.

② (X) 개인정보 보호법의 보호대상인 '개인정보'란 「살아 있는 개인」에 관한 정보로서 성명, 주민등록번호 및 영상 등을 통하여 개인을 알아볼 수 있는 정보를 말한다. 또한 해당 정보만으로는 특정 개인을 알아볼 수 없더라도 다른 정보와 쉽게 결합하여 알아볼 수 있는 것도 포함한다. 뿐만 아니라 이러한 정보들을 가명처리함으로써 원래의 상태로 복원하기 위한 추가 정보의 사용·결합 없이는 특정 개인을 알아볼 수 없는 정보(= 가명정보)도 개인정보 보호법에서 말하는 개인정보에 포함한다(동법 제2조 1호). 따라서 사망자나 법인의 정보는 살아 있는 개인에 관한 정보가 아니므로 동법에서 보호하는 개인정보에 포함되지 않는다.

③ (X) 개인정보 보호법은 개인정보처리자에 의해 처리되는 개인정보를 보호하는 법이다. ①번 해설에서 살펴본 바와 같이 개인정보처리자란 업무를 목적으로 개인정보파일을 운용하기 위하여 스스로 또는 다른 사람을 통하여 개인정보를 처리하는 공공기관, 법인, 단체 및 개인 등을 말한다. 즉, 개인정보처리자에는 공공기관, 법인, 단체 및 개인 등이 포함되므로, 개인에 의해서 처리되는 정보도 개인정보 보호법의 보호대상에 포함된다. 개인정보 보호법의 대상 여부를 정리하면 다음과 같다.

구분	개인정보 보호법 대상 여부
사자(死者)의 정보	X
법인의 정보	X
공공기관에 의해 처리되는 정보	O
사인(민간)에 의해 처리되는 정보	O

④ (X) 개인정보 보호법 제34조에서는 개인정보가 분실·도난·유출되었을 경우의 처리절차를 규정하고 있다. 이에 의하면, 개인정보처리자는 개인정보가 유출되었음을 알게 되었을 때에는 지체 없이 「해당 정보주체」에게 유출된 개인정보의 항목, 유출된 시점과 그 경위 등 법에서 정한 일정한 사실을 알려야 한다(개인정보 보호법 제34조 제1항). 개인정보처리자는 개인정보의 유출 등이 있음을 알게 되었을 때에는 개인정보의 유형, 유출 등의 경로 및 규모 등을 고려하여 대통령령으로 정하는 바에 따라 지체 없이 개인정보보호위원회 또는 대통령령으로 정하는 전문기관에 신고하여야 한다(동조 제3항). 따라서 개인정보처리자가 개인정보가 유출되었음을 알게 되었을 때에 지체 없이 방송통신위원회 위원장에게 신고하여야 하는 것은 아니다.

05

정답 ④

출제단원 Part 02 행정작용 및 절차법
출제영역 강학상 특허

특허란 특정인을 위하여 새로운 권리를 설정하는 행위, 능력을 설정하는 행위, 포괄적인 법률관계를 설정하는 행위를 말하며, 이를 설권행위라고도 부른다.

ㄱ. (O) 대법원은 「공유수면매립면허」는 설권행위인 특허의 성질을 갖는 것이므로 원칙적으로 행정청의 자유재량에 속한다고 본다(대법원 1989. 9. 12. 88누9206).

ㄴ. (O) 대법원은 「도시 및 주거환경정비법」상 행정청의 조합설립인가처분은 주택재개발사업의 추진위원회에게 정비사업을 시행할 수 있는 권한을 갖는 행정주체로서의 지위를 부여하는 것으로서 일종의 설권적 처분의 성격을 갖는다고 본다. 즉, 행정청의 「조합설립인가처분」은 강학상 특허에 해당한다는 것이다(대법원 2010. 12. 9. 2009두4555). 참고로 이 판례는 설립인가를 받은 조합이 수립한 사업시행계획에 대한 인가가 강학상 「인가」라는 판례와 구별해야 한다. 정리하면 다

음과 같다.

구분	법적 성격
조합설립인가	특허
설립인가를 받은 조합이 수립한 사업시행계획에 대한 인가	인가

ㄷ. (X) 질서유지·위험의 방지 등을 목적으로 법령에 의해 일반적으로 금지하였던 행위를 특정한 경우에 해제하여 적법하게 일정한 행위를 할 수 있도록 하는 행정행위를 「허가」라고 한다. 「운전면허」는 사람의 능력·지식 등 주관적 요소를 심사대상으로 하는 것으로서 '허가'에 해당한다.

ㄹ. (O) 대법원은 「개인택시운송사업의 면허」는 특정인에게 권리나 이익을 부여하는 것으로서 특허라고 보면서 행정청의 재량행위에 해당한다고 본다(대법원 2007. 6. 1. 2006두17987).

ㅁ. (O) 대법원은 「귀화허가」는 외국인에게 대한민국 국적을 부여함으로써 국민으로서의 법적 지위를 포괄적으로 설정하는 행위에 해당한다고 보아 특허라고 본다(대법원 2010. 7. 15. 2009두19069).

ㅂ. (X) 대법원은 민법에서 말하는 「재단법인 정관변경의 허가」는 '허가'라는 표현에도 불구하고 강학상 허가가 아니며, 재단법인의 정관변경이라는 법률행위의 효력을 보충해 주는 '인가'라고 본다(대법원 1996. 5. 16. 95누4810 전합). 참고로 인가란 제3자의 법률행위를 보충하여 그 법률적 효력을 완성시켜 주는 행정행위를 말한다.

ㅅ. (X) 대법원은 학교법인의 이사 등 임원의 선임에 대한 관할청의 「임원취임승인」은 학교법인의 임원선임행위의 법률상 효력을 완성시켜 주는 보충적 법률행위라고 본다. 즉, 관할청의 임원취임승인은 강학상 '인가'에 해당한다는 것이다(대법원 2007. 12. 27. 2005두9651).

06
답 ①

출제단원 Part 02 행정작용 및 절차법
출제영역 선결문제

민사 또는 형사사건에 대한 재판절차에서 해당 사건에 대한 판단을 하기 위해서는 특정 행정행위의 효력 유무나 존재 여부 또는 위법 여부가 먼저 해결되어야 할 때 이러한 문제를 '선결문제'라고 한다. 이에 대한 대법원 판례를 정리하면 다음과 같다.

구분	민사법원	형사법원
행정행위의 효력 부인(= 취소사유)	판단 불가	판단 불가
행정행위의 무효 확인(= 무효사유)	판단 가능	판단 가능
행정행위의 위법성 확인	판단 가능	판단 가능

① (X) [민사법원 - 위법성 확인] 대법원은 계고처분 또는 행정대집행 영장에 의한 통지와 같은 행정처분이 위법한 경우에는 취소소송을 제기할 수 있지만, 만약 행정대집행이 이미 완료된 후라면 처분의 취소를 구할 소의 이익이 인정되지 않는다고 본다. 위법한 행정대집행이 이미 완료된 상황이라면 항고소송을 통해 처분을 취소하더라도 회복할 수 있는 법률상 이익이 없기 때문이다. 하지만 그렇다고 하여 행정처분의 취소판결이 있어야만 손해배상청구를 할 수 있는 것은 아니라고 본다(대법원 1972. 4. 28. 72다337). 즉, 대법원은 행정행위에 대한 취소판결이 없더라도 민사법원에서 행정행위의 위법 여부를 직접 판단할 수 있다고 보는 것이다.

② (O) [민사법원 - 취소사유] 대법원은 과세처분의 하자가 취소할 수 있는 정도에 불과한 때에는 '과세관청이 스스로 과세처분을 취소하거나, 항고소송절차에서 과세처분이 취소되기 전'까지는 과세처분이 여전히 유효하므로 이미 납부받은 세금은 법률상 원인이 없는 것이 아니므로 부당이득이 되지 않는다고 본다. 이는 민사법원에서 취소사유 있는 과세처분의 효력을 부인하여 이미 납부받은 세금을 과세관청의 부당이득에 해당한다고 판단할 수는 없다는 것이다(대법원 1994. 11. 11. 94다28000).

③ (O) [형사법원 - 취소사유] 대법원은 연령미달의 결격자가 타인의 이름으로 운전면허시험에 응시한 후 합격하여 교부받은 운전면허는 당연무효가 아니고 도로교통법상 면허의 취소사유에 불과하다고 본다. 따라서 운전면허가 취소되지 않는 한 여전히 유효한 것이므로 피고인의 운전행위는 무면허운전에 해당하지 않는다고 본다(대법원 1982. 6. 8. 80도2646). 이는 형사법원에서 취소사유 있는 행정행위의 효력을 부인한 후 범죄가 성립된다고 판단할 수는 없다는 것이다.

④ (O) [민사법원 - 무효사유] 행정행위가 무효이고, 이것이 민사소송에서 선결문제가 된 경우에 민사법원이 무효인 행정행위를 확인한 후 이를 전제로 민사재판을 진행할 수 있는지가 문제된다. 행정소송법 제11조에서는 처분 등의 무효 또는 부존재에 대해서는 민사법원이 선결문제로 심리할 수 있음을 규정하고 있다. 또한 대법원도 행정처분이 당연무효인 경우에는 민사법원에서 이를 판단하여 해당 행정처분이 당연무효임을 전제로 민사재판을 진행할 수 있다고 본다. 즉, 행정행위의 무효확인을 위해 별도로 행정소송 등의 절차를 거칠 필요가 없다는 것이다(대법원 2010. 4. 8. 2009다90092).

07
답 ③

출제단원 Part 02 행정작용 및 절차법
출제영역 허가의 기간, 행정행위의 부관

① (X) 대법원은 허가에 붙은 기한이 그 허가된 사업의 성질상 부당하게 짧은 경우에는 이를 「허가 자체의 존속기간」이 아니라, 「허가조건의 존속기간」으로 본다. 따라서 그 기한이 도래하면 허가에 붙은 조건의 개정을 고려한다(= 허가에 붙은 조건을 다시 정한다)는 것이다. 다만, 이러한 경우에도 허가기간이 연장되기(= 허가 자체의 효력이 유지되기) 위해서는 허가기간이 만료되기 전에「허가기간의 연장에 관한 신청」이 있어야 하며, 만일 연장신청이 없는 상태에서 허가기간이 만료하였다면 허가의 효력은 상실된다고 본다(대법원 2007. 10. 11. 2005두12404). 참고로 「허가 자체의 존속기간」과 「허가조건의 존속기간」의 의미를 비교하면 다음과 같다.

허가 자체의 존속기간	허가가 효력을 유지하는 기간
허가조건의 존속기간	허가를 할 때 붙인 조건이 효력을 유지하는 기간

② (X) 부담은 행정행위의 주된 내용에 부가하여 그 행정행위의 상대방에게 작위(일정한 행위를 하는 것), 부작위(일정한 행위를 하지 않는 것), 급부(금전이나 물건의 교부 등), 수인(참는 것) 등의 의무를 부과하는 부관을 말한다. 이러한 부담의 사후변경이 가능한지는 사후부관이 허용되는지에 대한 문제이다. 사후부관이란 행정행위를 한 이후에 새로운 부관을 부가(= 부관의 사후부가)하거나, 또는 이미 행정행위에 부가되어 있던 부관을 사후에 변경(= 부관의 사후변경)하는

것을 말한다. 대법원은 원칙적으로는 법률에 명문의 규정이 있는 경우, 변경이 미리 유보된 경우, 상대방의 동의가 있는 경우에 사후부관이 허용되고, 예외적으로 사정변경이 있는 경우에 목적달성에 필요한 범위 내에서 사후부관이 허용된다고 본다(대법원 1997. 5. 30. 97누2627). 참고로 행정기본법도 '사정이 변경되어 종전의 부관을 변경하지 아니하면 해당 처분의 목적을 달성할 수 없다고 인정되는 경우'에는 처분을 한 후에도 종전의 부관을 변경할 수 있음을 규정하고 있다(제17조 제3항 3호).

③ (O) 대법원은 부담이 무효인 경우, 부담의 이행행위로 한 사법상 법률행위가 당연히 무효로 되는 것은 아니라고 본다. 즉, 부담의 이행행위로 한 사법상 법률행위는 일단 유효하며, 다만 민법상 취소사유에 해당할 경우에 취소가 가능하다는 것이다. 즉, 대법원은 「부담」과 부담의 이행행위로 한 「사법상 법률행위」를 별개로 취급하고 있다(대법원 2009. 6. 25. 2006다18174).

④ (X) 부관에 대한 쟁송형태로는 형식상·내용상 모두 부관만의 취소를 구하는 「진정일부취소소송」과 형식상 부관이 붙은 주된 행정행위 전체를 소송의 대상으로 하면서도 내용상 부관만의 취소를 구하는 「부진정일부취소소송」이 있다. 이와 관련하여 대법원은 부관 중 「부담」은 주된 행정행위로부터 독립하여 취소소송의 대상이 될 수 있다고 본다. 따라서 진정일부취소소송이 가능하다는 것이다. 반면, 「부담 이외의 부관」은 독립하여 취소소송의 대상이 될 수 없다고 본다. 즉, 진정일부취소소송이 불가능하다는 것이다. 뿐만 아니라 형식상 부관이 붙은 주된 행정행위 전체를 소송의 대상으로 하면서도 내용상 부관만의 취소를 구하는 부진정일부취소소송도 불가능하다고 본다. 결국 대법원은 「부담 이외의 부관」으로 인해 권리를 침해받은 자는 다음과 같은 방법으로 권리구제를 받을 수 있다고 본다.

방법 ⓐ	주된 행정행위를 대상으로 소송을 제기하여 주된 행정행위 전체의 취소를 청구하는 방법
방법 ⓑ	행정청에 부관을 붙이지 않는 행정행위로 변경해 줄 것과 같이 부관부행정행위의 변경을 청구한 다음, 이에 대해 행정청이 거부하면 거부처분을 대상으로 취소소송을 제기하는 방법

따라서 행정행위에 부가된 허가「기간」은 「부담 이외의 부관」이므로 그 자체로서 항고소송의 대상이 될 수 없다는 설명은 옳다. 그러나 기간의 제한이 없는 허가로의 변경 또는 기간의 연장신청 후 이를 거부하면 그 거부처분을 대상으로 항고소송을 제기할 수는 있으므로(방법ⓑ) 기간의 연장신청의 거부에 대하여 항고소송을 청구할 수 없다는 설명은 옳지 않다.

08 답 ④

출제단원	Part 02 행정작용 및 절차법
출제영역	행정규칙, 행정의 자기구속의 원칙

① (O) 재량권 행사의 기준을 정하는 행정규칙을 재량준칙이라고 한다. 대법원은 「여객자동차 운수사업법」에 의한 개인택시운송사업면허는 특정인에게 권리나 이익을 부여하는 행정행위로서 법령에 특별한 규정이 없는 한 재량행위이고, 법과 시행규칙의 범위 내에서 면허를 위하여 필요한 기준을 정하는 것 역시 행정청의 재량에 속하는 것이므로, 설정된 기준(= 재량준칙)이 객관적으로 보아 합리적이 아니라거나 타당하지 않다고 볼 만한 다른 특별한 사정이 없는 이상 행정청의 의사는 가능한 한 존중되어야 한다고 본다(대법원 2009. 7. 9. 2008두11983).

② (O) 법규명령(= 대통령령·총리령·부령)의 형식을 취하고 있지만, 규율하고 있는 내용은 행정규칙의 실질을 가지는 것을 「법규명령형식의 행정규칙」이라고 한다. 법규명령형식의 행정규칙의 법적 성질과 관련하여 대법원은 부령(= 시행규칙)형식으로 정해진 제재적 처분기준은 「행정규칙」의 성질을 가진다고 본다. 반면, 대통령령(= 시행령)형식으로 정해진 제재적 처분기준은 「법규명령」의 성질을 가진다고 본다. 예를 들어, 대법원은 「공공기관의 운영에 관한 법률」에 따라 입찰참가자격 제한기준(= 제재적 처분기준)을 정하고 있는 '구 공기업·준정부기관 계약사무규칙', '국가를 당사자로 하는 계약에 관한 법률 시행규칙'은 비록 부령(= 시행규칙)의 형식으로 되어 있으나 규정의 성질과 내용이 공기업·준정부기관이 행하는 입찰참가자격 제한처분에 관한 행정청 내부의 재량준칙을 정한 것에 지나지 아니하여 대외적으로 국민이나 법원을 기속하는 효력이 없다고 본다(대법원 2014. 11. 27. 2013두18964). 즉, 부령형식으로 제재적 처분기준을 정한 경우에 그 효력은 「행정규칙」이라는 것이다.

③ (O) 대법원은 '행정규칙이나 내부지침'은 일반적으로 행정조직 내부에서만 효력을 가질 뿐 대외적인 구속력을 갖는 것은 아니므로 행정처분이 그에 위반하였다고 하여 곧바로 위법하게 되는 것은 아니라고 본다. 다만, 재량권 행사의 준칙인 행정규칙(= 재량준칙)이 그 정한 바에 따라 되풀이 시행되어 행정관행이 이루어지게 되면 평등의 원칙이나 신뢰보호의 원칙에 따라 행정기관은 그 상대방에 대한 관계에서 그 규칙에 따라야 할 자기구속을 받게 된다고 본다. 따라서 이러한 경우에는 특별한 사정이 없는 한 그를 위반하는 처분은 평등의 원칙이나 신뢰보호의 원칙에 위배되어 재량권을 일탈·남용한 위법한 처분이 된다고 본다(대법원 2009. 12. 24. 2009두7967).

④ (X) ②번 해설에서 살펴본 바와 같이 대법원은 부령(= 시행규칙) 형식으로 제재적 처분기준을 정한 경우 국민이나 법원을 기속하지 않는 「행정규칙」의 성질을 갖는다고 본다. 반면, 대통령령(= 시행령)형식으로 제재적 처분기준을 정한 경우 국민이나 법원을 기속하는 「법규명령」의 성질을 갖는다고 본다. 예를 들어, 대법원은 「대통령령」인 '청소년 보호법 시행령'에서 정한 제재적 처분기준을 「법규명령」이라고 본다. 다만, 여기에 규정되어 있는 금액은 고정적으로 정해진 액수가 아니라, 최고한도를 설정하고 있는 최고한도액(= 상한)이라고 본다(대법원 2001. 3. 9. 99두5207). 따라서 관할관청은 최고한도액의 범위 안에서 구체적 상황을 고려하여 적정한 액수의 과징금을 부과할 수 있게 되는 것이다.

09 답 ②

출제단원	Part 03 행정의 실효성 확보수단
출제영역	행정상 강제징수

① (O) 행정상 강제징수란 사인이 국가 등 행정주체에 대하여 부담하고 있는 공법상의 금전급부의무를 이행하지 않은 경우에 행정청이 의무자의 재산에 실력을 가하여 의무가 이행된 것과 동일한 상태를 실현하는 행정상 강제집행 수단을 말한다.

② (X) 국세징수법에 의한 강제징수는 '독촉 → 재산의 압류 → 압류재산의 매각 → 청산'으로 이루어진다. 이때 독촉이란 납세의무자에게

납세의무의 이행을 최고하고 최고기한까지 납부하지 않을 때에는 강제징수를 하겠다는 것을 예고하는 통지행위이다. 독촉은 국세징수권의 소멸시효가 진행되는 것을 중단시키는 효력이 있다. 참고로 소멸시효란 권리자가 권리를 행사할 수 있음에도 불구하고 일정기간 동안 권리를 행사하지 않는 경우에 그 권리를 소멸시키는 제도이며, 소멸시효의 중단이란 법에서 정한 일정한 사유가 발생한 경우에 그동안 진행되던 소멸시효기간을 중단시켜 그동안의 시효기간을 0으로 만드는 것을 말한다.

③ (O) '압류재산의 매각'이란 압류재산을 금전으로 바꾸는 것을 말한다. 국세징수법은 매각방법과 관련하여 제65조 제1항에서 '압류재산은 공매 또는 수의계약으로 매각한다.'고 규정하면서, 제67조에서 수의계약으로 매각할 수 있는 경우로 '공매가 공익을 위하여 적절하지 아니한 경우' 등 일정한 사유를 규정하고 있다. 이와 같이 매각은 원칙적으로 공매의 방법으로 하나, 예외적으로 수의계약으로도 할 수 있다. 참고로 '공매'란 국가기관에 의해 이루어지는 공적(公的) 경매를 말하고, '수의계약'이란 경쟁계약에 의하지 않고 임의로 적당한 상대자를 선정하여 체결하는 계약을 말한다.

④ (O) 대법원은 과세관청이 체납처분으로서 행하는 공매는 우월한 공권력의 행사로서 행정소송의 대상이 되는 공법상의 행정처분이라고 본다(대법원 1984. 9. 25. 84누201).

10

답 ③

출제단원 Part 04 행정소송법
출제영역 항고소송의 대상

항고소송의 대상이 되는 처분이란 「행정청이 행하는 구체적 사실에 관한 법집행으로서의 공권력의 행사 또는 그 거부와 그 밖에 이에 준하는 행정작용」을 말한다(행정소송법 제2조 제1항 1호).

① (X) 대법원은 국유잡종재산(= 현행 국유일반재산)을 대부(= 돌려받기로 하고 어떤 물건을 빌려주어 사용·수익을 허락하는 것)하는 행위는 국가가 사경제주체로서 상대방과 대등한 위치에서 행하는 사법상의 계약이라고 본다. 따라서 국유잡종재산(= 국유일반재산)에 관한 대부료의 납부고지 역시 사법상의 이행청구에 해당하며, 이를 행정처분이라고 할 수는 없다고 본다(대법원 2000. 2. 11. 99다61675). 참고로 국유재산이란 국가의 부담, 기부채납이나 법령 또는 조약에 따라 국가소유로 된 재산을 말한다. 그 종류는 다음과 같다.

행정재산	공용재산	국가가 직접 사무용·사업용 등으로 사용하는 재산 (예 청사)
	공공용재산	국가가 직접 공공용으로 사용하는 재산(예 도로)
	기업용재산	정부기업이 직접 사무용·사업용 등으로 사용하는 재산
	보존용재산	국가가 보존하는 재산(예 문화재)
일반재산		행정재산 외의 모든 국유재산

② (X) 대법원은 국유재산의 관리청이 행정재산의 사용·수익을 허가한 다음 그 사용·수익하는 자에 대하여 하는 사용료 부과는 순전히 사경제주체로서 행하는 사법상의 이행청구라 할 수는 없으며, 이는 관리청이 공권력을 가진 우월적 지위에서 행한 것으로서 항고소송의 대상이 되는 행정처분이라고 본다(대법원 1996. 2. 13. 95누11023). 이는 앞서 살펴본 국유잡종재산(일반재산)에 대한 판례와 비교해야 한다.

③ (O) 대법원은 농지개량조합과 그 직원과의 관계는 사법상의 근로계약관계가 아닌 공법상의 특별권력관계라고 본다. 따라서 농지개량조합의 직원에 대한 징계처분의 취소를 구하는 소송은 행정소송사항에 속한다고 본다(대법원 1995. 6. 9. 94누10870).

④ (X) 대법원은 한국마사회가 조교사 또는 기수의 면허를 부여하거나 취소하는 것은 일반 사법상의 법률관계에서 이루어지는 자격의 부여나 단체 내부에서의 징계 내지 제재처분이라고 본다. 즉, 한국마사회의 기수면허 부여 및 그 취소 결정은 국가 기타 행정기관으로부터 위탁받은 행정권한의 행사가 아니므로 이를 행정처분이라고 볼 수 없다는 것이다(대법원 2008. 1. 31. 2005두8269).

11

답 ④

출제단원 Part 02 행정작용 및 절차법
출제영역 행정입법

ㄱ. (O) 법령보충적 행정규칙(= 법령보충규칙)이란 법률에서 규정한 내용을 구체화할 필요가 있어 법령의 위임을 받아 그 구체적인 내용을 훈령이나 고시와 같은 행정규칙의 형식으로 정하는 경우를 말한다. 즉, 행정규칙의 형식을 취하고 있지만, 그 내용이 법규명령의 실질을 가지는 것으로서 '행정규칙형식의 법규명령'을 말한다. 이와 관련하여 헌법재판소는 법령의 직접적인 위임에 따라 위임행정기관이 그 법령을 시행하는 데 필요한 구체적 사항을 정한 것이면, 그 제정형식은 비록 법규명령이 아닌 고시, 훈령, 예규 등과 같은 행정규칙이더라도 그것이 상위법령의 위임한계를 벗어나지 아니하는 한, 상위법령과 결합하여 대외적인 구속력을 갖는 법규명령으로서 기능하게 된다고 본다(헌재 1992. 6. 26. 91헌마25). 즉, 법령보충적 행정규칙은 대외적 구속력이 인정되지 않는 일반적인 행정규칙과 달리 법령규정과 결합하여 대외적으로 구속력이 있는 법규명령으로서의 효력을 가진다는 것이다.

ㄴ. (X) 대법원도 헌법재판소와 마찬가지로 법령의 위임에 의해 법령을 보충하는 법규사항을 정하는 행정규칙(= 법령보충규칙)은 상위법령의 「위임한계를 벗어나지 않는 한」 법령과 결합하여 대외적인 구속력이 있는 법규명령으로서의 효력을 갖는다고 본다. 따라서 법령에서 세부사항 등을 「시행규칙이라는 방식으로 정하도록 위임」했음에도 이와 달리 「고시와 같은 행정규칙」으로 정했다면, 상위법령의 위임범위를 벗어난 것이므로 이러한 행정규칙에는 대외적 구속력이 인정되지 않는다고 본다(대법원 2012. 7. 5. 2010다72076).

ㄷ. (O) 제재적 처분기준이란 영업허가의 취소·정지, 과징금부과 등과 같은 제재적 처분의 기준을 말한다. 대법원은 부령(= 시행규칙)형식으로 제재적 처분기준을 정한 경우 국민이나 법원을 기속하지 않는 「행정규칙」의 성질을 갖는다고 본다. 반면, 대통령령(= 시행령)형식으로 제재적 처분기준을 정한 경우 국민이나 법원을 기속하는 「법규명령」의 성질을 갖는다고 본다.

ㄹ. (O) 대법원은 법규명령의 규정이 근거법률에 위반되는지 여부가 명백하지 않을 경우에는 근거법률과 법규명령의 다른 규정, 입법취지, 연혁 등을 종합적으로 살펴야 한다고 본다. 그 결과 근거법률에 합치된다는 해석도 가능한 경우라면 해당 법규명령을 근거법률에 위반

되어 무효라고 선언해서는 안 된다고 본다(대법원 2001. 8. 24. 2000두2716). 즉, 법규명령의 해석을 함에 있어「법률합치적 해석」을 해야 한다는 것이다.

12 ③

출제단원 Part 03 행정의 실효성 확보수단
출제영역 대집행, 이행강제금, 행정상 강제징수

① (X) 공법상 대체적 작위의무의 불이행이 있는 경우에 당해 행정청이 스스로 의무자가 행할 행위를 하거나 제3자로 하여금 이를 행하게 하고 그 비용을 의무자로부터 징수하는 것을「대집행」이라고 한다. 대집행의 대상이 되는「대체적 작위의무」란 건물의 철거, 물건의 파기 등과 같이 타인이 대신하여 이행할 수 있는 의무를 말한다. 반면, 토지나 건물의 명도(= 건물, 토지 등을 인도하여 남에게 주거나 맡기는 것)의무는 토지나 건물을 점유하고 있는 자가 직접 이행해야 하는 것이며, 점유하고 있지 않은 타인이 대신 이행할 수 있는 의무가 아니다. 따라서 대집행의 대상이 될 수 없다. 대법원도 피수용자 등이 기업자(= 공익사업을 시행하는 자인 사업시행자)에 대하여 부담하는 수용대상토지의 명도의무는 그것을 강제적으로 실현하면서 직접적인 실력행사가 필요한 것이지, 대체적 작위의무라고 볼 수 없으므로 특별한 사정이 없는 한 행정대집행법에 의한 대집행의 대상이 될 수 없다고 본다(대법원 2005. 8. 19. 2004다2809).

② (X) 대집행은 '계고 → 대집행영장에 의한 통지 → 대집행의 실행 → 비용징수'라는 절차를 거친다. 이때 계고란 상당한 기간 내에 의무의 이행을 하지 않으면 대집행을 한다는 의사를 사전에 통지하는 행위를 말한다. 이와 관련하여 대법원은 반복된 계고의 경우 1차 계고가 처분이며, 그 이후의 2차·3차 계고는 새로운 철거의무를 부과한 것이 아니라, 대집행기한의 연기통지에 불과하여 행정처분이 아니라고 본다(대법원 1994. 10. 28. 94누5144). 따라서 1차 계고처분을 대상으로 항고소송을 제기해야 한다.

③ (O) 작위의무·부작위의무·수인의무의 불이행시에 일정액수의 금전이 부과될 것임을 의무자에게 미리 경고함으로써 의무이행의 확보를 도모하는 강제수단을「이행강제금」이라고 한다. 대법원은 건축법상 이행강제금 납부의무는 상속인 기타의 사람에게 승계될 수 없는 일신전속적인 성질의 것이라고 본다. 따라서 이미 사망한 사람에게 이행강제금을 부과하는 내용의 처분이나 결정은 당연무효라고 본다. 또한 이행강제금을 부과받은 사람이 이의를 제기하여 비송사건절차법에 의하여 재판절차가 개시된 후에 이의를 제기한 사람이 사망한 때에는 재판절차는 종료된다고 본다(대법원 2006. 12. 8. 자 2006마470).

④ (X) 사인이 국가 등 행정주체에 대하여 부담하고 있는 공법상의 금전급부의무를 이행하지 않은 경우에 행정청이 의무자의 재산에 실력을 가하여 의무가 이행된 것과 동일한 상태를 실현하는 행정상 강제집행수단을 '행정상 강제징수'라고 한다. 국세징수법에 의한 강제징수는 '독촉 → 재산의 압류 → 압류재산의 매각 → 청산'으로 이루어지는데, 이때 '압류재산의 매각'이란 압류재산을 금전으로 바꾸는 것을 말한다. 매각은 원칙적으로 공매의 방법으로 한다. 이와 관련하여 대법원은 체납자 등에 대한「공매통지」는 국가의 강력력에 의하여 진행되는「공매」에서 체납자 등의 권리 내지 재산상의 이익을 보호하기 위하여 법률로 규정한 절차적 요건이라고 본다. 따라서「공매처분」을 하면서 체납자 등에게「공매통지」를 하지 않았거나「공매통지」를 하였더라도 그것이 적법하지 않은 경우에는 절차상의 흠이 있어 그「공매처분」은 위법하다고 본다(대법원 2008. 11. 20. 2007두18154).

13 ①

출제단원 Part 02 행정작용 및 절차법
출제영역 행정행위의 종류

① (O) 대법원은 '한의사 면허'는 강학상「허가」라고 본다. '허가'란 질서유지·위험의 방지 등을 목적으로 법령에 의해 일반적으로 금지(= 경찰금지)하였던 행위를 특정한 경우에 해제하여 적법하게 일정한 행위를 할 수 있도록 하는 행정행위이다. 이와 관련하여 대법원은 약사에게 한약조제권을 인정함으로써 한의사들이 독점적으로 한약조제를 함으로써 누리던 영업상 이익이 감소되었다고 하더라도, 이러한 이익은 한의사들의「사실상의 이익」에 불과하므로 한의사들이 약사들에 대한 한약조제시험 합격처분을 다툴 수는 없다고 본다(대법원 1998. 3. 10. 97누4289). 취소소송을 제기하기 위해서는 처분 등의 취소를 구할「법률상 이익」이 있는 자가 제기할 수 있기 때문이다(행정소송법 제12조).

② (X) 일반적 금지에 대한 해제란 강학상「허가」를 말한다. 그런데 대법원은 '개인택시운송사업의 면허'는 특정인에게 권리나 이익을 부여하는 것으로서 강학상「특허」라고 본다(대법원 2007. 6. 1. 2006두17987). '특허'란 특정인을 위하여 새로운 권리를 설정하는 행위, 능력을 설정하는 행위, 포괄적인 법률관계를 설정하는 행위를 뜻하며, 설권행위라고 부른다. 따라서 개인택시운송사업면허가 일반적 금지에 대한 해제(= 강학상 허가)라는 설명은 옳지 않다.

③ (X) 대법원은 재량행위의 경우 법령에 명시적 근거가 없더라도 부관을 붙일 수 있다고 본다(대법원 2007. 7. 12. 2007두6663). 예를 들어, 대법원은 사회복지법인의「정관변경을 허가할 것인지의 여부」는 주무관청의 정책적 판단에 따른「재량」에 맡겨져 있으며, 주무관청이 정관변경허가를 함에 있어서 비례의 원칙 및 평등의 원칙에 적합하고 행정처분의 본질적 효력을 해하지 않는 한도 내에서는 부관을 붙일 수 있다고 본다(대법원 2002. 9. 24. 2000두5661).

④ (X) 대법원은「친일반민족행위자 재산의 국가귀속에 관한 특별법」에 정한 친일재산은 친일반민족행위자재산조사위원회가 국가귀속결정을 하여야 비로소 국가의 소유로 되는 것이 아니라 특별법의 시행에 따라 그 취득·증여 등 원인행위시에 소급하여 당연히 국가의 소유로 된다고 본다. 따라서 위원회의 국가귀속결정은 당해 재산이 친일재산에 해당한다는 사실을「확인」하는 이른바「준법률행위적 행정행위」의 성격을 가진다고 본다(대법원 2008. 11. 13. 2008두13491). 따라서「법률행위적 행정행위」의 한 종류인 '형성적 행위'에 해당한다는 설명은 옳지 않다. 참고로「법률행위적 행정행위」란 행정청의 의사대로 법률효과가 발생하는 행정행위를 말하며, 명령적 행위(= 하명·허가·면제)와 형성적 행위(= 특허·인가·공법상 대리행위)가 있다. 반면,「준법률행위적 행정행위」란 법적 효과가 행정청의 의사표시에 따른 것이 아니라, 법률의 규정에 의해 발생하는 행정행위를 말하며, 확인·공증·통지·수리가 이에 해당한다.

14

출제단원 Part 04 행정소송법
출제영역 당사자소송

당사자소송이란 행정청의 「처분 등을 원인으로 하는 법률관계에 관한 소송」, 「그 밖에 공법상의 법률관계에 관한 소송」으로서 그 법률관계의 한쪽 당사자를 피고로 하는 소송을 말한다. 구체적인 의미는 다음과 같다.

처분 등을 원인으로 하는 법률관계에 관한 소송	행정청의 처분 등에 의하여 발생·변경·소멸된 공법상의 법률관계를 말한다.
그 밖에 공법상의 법률관계에 관한 소송	처분 등을 원인으로 하지 않는 그 밖에 공법이 규율하는 법률관계를 말한다. 공법상의 신분이나 지위의 확인소송, 공법상의 금전지급청구소송, 공법상 계약에 관한 소송 등이 이에 해당한다.

① (O) 대법원은 구 도시재개발법에 의한 재개발조합은 조합원에 대한 법률관계에서 특수한 행정주체로서 공법상의 권리·의무관계에 서 있다고 본다. 따라서 조합원의 자격인정 여부에 관하여 다툼이 있는 경우에는 공법상의 당사자소송에 의하여 그 조합원 자격의 확인을 구할 수 있다고 본다(대법원 1996. 2. 15. 94다31235). 즉, 공법상 신분 또는 지위 등의 확인소송으로서 공법상 당사자소송에 해당한다는 것이다.

② (O) 대법원은 석탄가격안정지원금 지급청구권은 석탄사업법령에 의하여 정책적으로 당연히 부여되는 공법상의 권리이므로, 석탄광업자가 석탄산업합리화사업단을 상대로 석탄산업법령 등에 의하여 지원금의 지급을 구하는 소송은 공법상의 법률관계에 관한 소송인 공법상의 당사자소송에 해당한다고 본다(대법원 1997. 5. 30. 95다28960). 즉, 공법상의 금전지급청구소송으로서 공법상 당사자소송에 해당한다는 것이다.

③ (O) 대법원은 납세의무자에 대한 국가의 부가가치세 환급세액 지급의무의 법적 성질은 부가가치세법령에 의하여 그 존부나 범위가 구체적으로 확정되고 조세정책적 관점에서 특별히 인정되는 「공법상 의무」라고 본다. 따라서 「납세의무자에 대한 국가의 부가가치세 환급세액 지급의무」에 대응하는 「국가에 대한 납세의무자의 부가가치세 환급세액 지급청구」는 「당사자소송」의 절차에 따라야 한다고 본다(대법원 2013. 3. 21. 2011다95564). 즉, 공법상의 금전지급청구소송으로서 공법상 당사자소송에 해당한다는 것이다.

④ (X) 대법원은 구 공익사업을 위한 토지 등의 취득 및 보상에 관한 법률에 규정된 환매권은 법에서 정한 기간 내에 행사하면 매매의 효력이 생기는 권리로서, 이러한 환매권의 존부에 관한 확인을 구하는 소송 및 환매금액의 증감을 구하는 소송은 민사소송에 해당한다고 본다(대법원 2013. 2. 28. 2010두22368). 참고로 행정법에서 말하는 환매권이란 국가 등에 의해 수용당한 재물을 예전 소유자가 일정한 요건하에 다시 매수하여 소유권을 회복할 수 있는 권리를 말한다.

15

출제단원 Part 02 행정작용 및 절차법, Part 04 행정소송법
출제영역 대상적격, 제소기간, 행정절차법

① (O) 항고소송의 대상이 되는 행정처분은 행정청의 공법상의 행위로서 특정사항에 대하여 법규에 의한 권리의 설정 또는 의무의 부담을 명하거나 기타 법률상의 효과를 직접 발생케 하는 등 국민의 구체적인 권리·의무에 직접 관계가 있는 행위를 말한다. 이와 관련하여 대법원은 상급행정기관의 하급행정기관에 대한 승인·동의·지시 등은 행정기관 상호 간의 내부행위로서 국민의 권리·의무에 직접 영향을 미치는 것이 아니므로 항고소송의 대상이 되는 행정처분에 해당한다고 볼 수 없다고 본다(대법원 1997. 9. 26. 97누8540).

② (X) 취소소송의 제소기간은 「처분 등이 있음을 안 날부터 90일 이내」와 「처분 등이 있은 날부터 1년 이내」의 두 가지가 있다. 이와 관련하여 대법원은 통상 「고시 또는 공고에 의하여 행정처분을 하는 경우」에는 그 처분의 상대방이 불특정 다수인이고 그 처분의 효력이 불특정 다수인에게 일률적으로 적용되는 것이므로, 「처분 등이 있음을 안 날부터 90일 이내」의 기산일은 「고시 또는 공고의 효력발생일」이라고 본다. 따라서 이때부터 90일 이내에 취소소송을 제기해야 하며, 행정처분에 이해관계를 갖는 자가 고시 또는 공고가 있었다는 사실을 몰랐다고 하더라도 마찬가지라고 본다(대법원 2007. 6. 14. 2004두619).

③ (X) 대법원은 지방경찰청장이 횡단보도를 설치하여 보행자 통행방법 등을 규제하는 것은 행정청이 특정사항에 대하여 부담을 명하는 행위이고, 이는 국민의 권리·의무에 직접 관계가 있는 행위로서 행정처분이라고 본다(대법원 2000. 10. 27. 98두8964). 참고로 이러한 행정행위를 '물적 행정행위'라고 한다. 물적 행정행위란 행정행위의 직접적 규율대상이 물건이고, 사람에 대해서는 물건과의 관계를 통해 간접적으로 규율하는 행정행위를 말한다.

④ (X) 행정절차법에 의하면 행정청이 당사자에게 의무를 과하거나 권익을 제한하는 처분을 함에 있어서는 「당사자 등」에게 처분의 사전통지를 하고, 의견제출의 기회를 주어야 한다. 여기에서 '당사자 등'이란 「행정청의 처분에 대하여 직접 그 상대가 되는 당사자」나 「행정청이 직권으로 또는 신청에 따라 행정절차에 참여하게 한 이해관계인」을 말한다. 이와 관련하여 대법원은 도로법에서 도로구역을 결정하거나 변경할 경우 이를 고시에 의하도록 하면서, 그 도면을 일반인이 열람할 수 있도록 한 점 등을 고려할 때, 도로구역변경결정은 행정절차법상 사전통지나 의견청취의 대상이 되는 처분이 아니라고 본다(대법원 2008. 6. 12. 2007두1767). 이는 도로구역변경결정이 성질상 상대방을 특정할 수 없는 처분이라는 점을 고려한 것이다.

16

출제단원 Part 01 행정법 서설, Part 04 행정소송법
출제영역 신고

① (X) 대법원은 주민등록전입신고에 대하여 행정청이 그 수리 여부를 심사할 수는 있다고 본다. 다만, 심사범위는 주민등록법의 입법목적 범위 내에서 제한적이라고 본다. 따라서 전입신고자가 거주의 목적 이외에 다른 이해관계에 관한 의도를 가지고 있는지 여부 등은 주민등록 전입신고의 수리 여부를 심사하는 단계에서는 고려대상이 될 수 없다고 본다(대법원 2009. 6. 18. 2008두10997 전합).

② (O) 건축법에는 건축신고를 한 경우 다른 법령상의 인·허가까지 받은 것으로 보는 규정(제14조 제2항)이 있다. 이와 관련하여 대법원은 「인·허가의제효과를 수반하는 건축신고」는 「일반적인 건축신고」와는 달리, 특별한 사정이 없는 한 행정청이 그 실체적 요건에 관한 심사를 한 후 수리하여야 하는 이른바 '수리를 요하는 신고'라고 본다(대법원 2011. 1. 20. 2010두14954). 참고로 건축법상 건축신고의 성질을 정리

하면 다음과 같다.

일반적인 건축신고 (건축법 제14조 제1항)	인·허가의제효를 수반하는 건축신고 (건축법 제14조 제2항)
자기완결적 신고 → 수리를 요하지 않는 신고	행위요건적 신고 → 수리를 요하는 신고

③ (X) 대법원은 사업양도·양수에 따른 허가관청의 지위승계신고의 수리는 적법한 사업의 양도·양수가 있었음을 전제로 하는 것이므로 그 수리대상인 사업양도·양수가 존재하지 않거나 무효인 때에는 허가관청이 지위승계신고를 수리하였다 하더라도 그 수리는 당연히 무효라고 본다. 따라서 사업의 양도행위가 무효라고 주장하는 양도자는 허가관청을 상대로 하여 행정소송으로 위 지위승계신고 수리처분의 무효확인을 구할 법률상 이익이 있다고 본다(대법원 2005. 12. 23. 2005두3554).

④ (X) 대법원은 식품위생법에 의한 영업양도에 따른 지위승계신고를 수리하는 허가관청의 행위는 「영업허가자의 변경」이라는 법률효과를 발생시키는 행위라고 본다. 즉, 단순히 양도·양수인 사이에 이미 발생한 사법상 사업양도의 법률효과에 의하여 양수인이 그 영업을 승계하였다는 사실의 신고를 접수하는 행위에 그치는 것은 아니라는 것이다(대법원 1995. 2. 24. 94누9146).

17 ②

출제단원 Part 07 행정상 손실보상
출제영역 공익사업을 위한 토지 등의 취득 및 보상에 관한 법률

① (X) 손실보상청구권의 법적 성질에 대해서는 공권설과 사권설의 대립이 있으며, 판례도 전통적 판례와 최근 판례가 나뉘어 있다. 공권설(통설)은 손실보상의 원인행위가 공법적인 것이므로, 그 효과로서 손실보상 역시 공법적이라는 것으로서, 손실보상에 관한 소송은 행정소송인 당사자소송에 의한다고 본다. 반면, 사권설은 손실보상의 원인은 공법적이나 그 효과로서의 손실보상은 사법적이라는 것으로서 손실보상에 관한 소송은 민사소송에 의한다고 본다. 이에 대한 대법원 판례를 정리하면 다음과 같다.

전통적 판례 (사법상 권리)	「수산업법」상 손실보상청구권(97다46450)
최근 판례 (공법상 권리)	· 「하천법상」 하천구역 편입토지 보상에 대한 손실보상청구권(2004다6207 전합) · 「공익사업을 위한 토지 등의 취득 및 보상에 관한 법률」에 따른 사업폐지 등에 대한 손실보상청구권(2010다23210) · 「공익사업을 위한 토지 등의 취득 및 보상에 관한 법률」에 따른 농업손실보상청구권(2009다43461) · 「공익사업을 위한 토지 등의 취득 및 보상에 관한 법률」에 따른 주거이전비보상청구권(2007다8129)

즉, 대법원은 공익사업을 위한 토지 등의 취득 및 보상에 관한 법률에 따른 사업폐지 등에 대한 보상청구권은 공익사업의 시행 등 적법한 공권력의 행사에 의한 재산상 특별한 희생에 대하여 전체적인 공평부담의 견지에서 공익사업의 주체가 손해를 보상하여 주는 손실보상의 일종으로 공법상 권리임이 분명하므로 그에 관한 쟁송은 민사소송이 아닌 행정소송절차에 의하여야 한다고 본다(대법원 2012. 10. 11. 2010다23210).

② (O) 대법원은 앞서 살펴본 판례에서와 동일한 이유로 공익사업을 위한 토지 등의 취득 및 보상에 관한 법률에 따른 농업손실보상청구권은 공법상의 권리임이 분명하므로 그에 관한 쟁송은 민사소송이 아닌 행정소송절차에 의하여야 한다고 본다(대법원 2011. 10. 13. 2009다43461). 이때 소송형태는 공법상 「당사자소송」에 의하게 될 것이다.

③ (X) 특정사업이 그 사업에 필요한 토지를 수용 또는 사용할 수 있는 공익사업이라는 것을 인정하고, 사업시행자에게 일정한 절차를 거쳐 그 사업에 필요한 토지를 수용 또는 사용하는 권리를 설정하여 주는 것을 '사업인정'이라고 한다. 사업인정을 받은 사업시행자는 보상에 관하여 토지소유자 및 관계인과 협의하여야 하는데, 협의가 성립되지 않거나 협의를 할 수 없을 때에는 사업시행자는 「관할 토지수용위원회」에 재결을 신청할 수 있으며, 이에 따른 재결을 「수용재결」이라고 한다. 만약 수용재결에 이의가 있는 자는 「중앙토지수용위원회」에 이의를 신청할 수 있다(임의적 절차). 중앙토지수용위원회는 이의신청을 받은 경우 수용재결이 위법하거나 부당하다고 인정할 때에는 그 재결의 전부 또는 일부를 취소하거나 보상액을 변경할 수 있는데, 이에 따른 재결을 「이의재결」이라고 한다. 이와 관련하여 대법원은 「토지수용위원회의 수용재결에 불복하여 취소소송을 제기하는 경우」에 이의신청을 거친 경우에도 피고는 「수용재결을 한 해당 토지수용위원회」이며, 취소소송의 대상은 「수용재결」이라고 본다. 즉, 이의신청을 거쳤다고 하여 「이의재결」이 소송의 대상이 되는 것은 아니라는 것이다. 다만, 이의재결 자체에 고유한 위법이 있음을 이유로 하는 경우에는 이의재결이 소송의 대상이 된다고 본다(대법원 2010. 1. 28. 2008두1504).

④ (X) 동일한 토지소유자에게 속하는 일단의 토지의 일부가 협의에 의해 매수되거나 수용됨으로 인해 남게 되는 토지를 「잔여지」라고 한다. 이러한 잔여지를 종래의 목적에 사용하는 것이 현저히 곤란할 때에는 해당 토지소유자는 사업인정 이후라면 관할 토지수용위원회에 수용을 청구할 수 있다. 이와 관련하여 대법원은 잔여지수용청구권은 요건을 구비한 때에 「잔여지를 수용하는 토지수용위원회의 재결이 없더라도」 그 청구에 의하여 수용의 효과가 발생하는 형성권적 성질을 가진다고 본다. 형성권적 성질이라는 것은 토지수용위원회의 특별한 조치 「없이」 수용의 효과가 발생한다는 것을 말한다. 그런데 만약 토지수용위원회가 잔여지수용청구를 받아들이지 않는 재결(= 잔여지수용거부재결)을 한 경우 토지소유자가 취소소송을 제기하여야 하는지, 아니면 보상금증감청구소송을 제기해야 하는지가 문제된다. 이에 대해 대법원은 잔여지수용청구를 받아들이지 않은 토지수용위원회의 재결에 대하여 토지소유자가 불복하여 제기하는 소송은 「보상금의 증감에 관한 소송」에 해당하여 사업시행자를 피고로 해야 한다고 본다(대법원 2010. 8. 19. 2008두822). 앞서 살펴본 바와 같이 잔여지수용청구권은 형성권이므로 토지소유자의 잔여지수용청구만으로 잔여지에 대한 수용의 효과는 발생한다. 따라서 토지수용위원회가 잔여지수용거부재결을 한 경우 이는 결국 「잔여지수용 여부」의 문제가 아니라, 궁극적으로는 토지소유자가 받을 수 있는 「보상금 증감」의 문제라고 볼 수 있기 때문이다. 참고로 보상금증감청구소송은 형식적으로는 법률관계의 당사자인 토지소유자 또는 관계인과 사업시행자가 각각 원고·피고로 되어 제기하는 소송이므로 당사자소송에 속한다. 그러나 내용적으로는 토지수용위원회의 수용재결(행정청의 처분)을 다투는 것이므로 실질적으로는 항고소송의 성질도 갖는다.

따라서 보상금증감청구소송은 「형식적 당사자소송」에 해당한다. 형식적 당사자소송이란 형식적으로는 당사자소송이지만, 실질적으로는 행정청의 처분을 다투는 소송을 말한다.

18 답 ①

출제단원 Part 05 행정심판법
출제영역 재결의 효력, 사정재결, 행정심판의 심리

① (X) 재결의 효력 중 기속력이란 처분청(= 피청구인) 및 관계행정청이 재결의 취지에 따르도록 처분청 및 관계행정청을 구속하는 효력을 말한다. 행정심판법 제49조 제4항에서는 「절차의 위법 또는 부당을 이유로 한」 취소재결의 경우에 「재결의 취지」에 따라 다시 이전의 신청에 대한 처분을 하여야 한다고 규정하고 있다. 즉, 절차를 문제 삼은 것이므로 재결의 취지에 따라 「적법한 절차를 거친 후」 신청에 따른 처분을 하거나 신청을 기각하는 처분을 해야 하는 것이다. 그러므로 처분의 절차적 위법을 이유로 인용재결이 있는 경우에 행정청이 절차적 위법사유를 시정하여 적법한 절차를 거쳤다면 종전과 같은 처분을 하더라도 재결의 기속력에 반하는 것은 아니다.

② (O) 사정재결이란 심판청구가 이유 있다고 인정되는 경우에도 이를 인용하는 것(= 받아들이는 것)이 공공복리에 크게 위배된다고 인정하는 때에 그 심판청구를 기각하는 재결을 말한다. 사정재결은 취소심판 및 의무이행심판에 인정되고, 무효등확인심판에는 인정되지 않는다.

③ (O) 행정심판법 제49조 제3항에서 기속력의 내용으로서, '의무이행재결의 취지에 따른 처분의무'를 규정하고 있다. 즉, 당사자의 신청을 거부하거나 부작위로 방치한 처분의 이행을 명하는 재결(= 의무이행재결)이 있으면 행정청은 지체 없이 이전의 신청에 대하여 재결의 취지에 따라 처분을 하여야 한다.

④ (O) 행정심판법 제39조에서는 '위원회는 필요하면 당사자가 주장하지 아니한 사실에 대하여도 심리할 수 있다.'고 하여 직권심리에 대하여 규정하고 있다.

19 답 ②

출제단원 Part 04 행정소송법
출제영역 행정소송에 대한 법적용례

① (O) 대법원은 행정소송사건에서 민사소송법상 보조참가의 요건을 갖춘 경우 민사소송법상 보조참가가 허용된다고 본다(대법원 2013. 3. 28. 2011두13729). 참고로 민사소송법상 보조참가란 소송결과에 이해관계가 있는 제3자가 한쪽 당사자(원고 또는 피고)를 돕기 위하여 법원에 계속 중인 소송에 참가하는 것을 말한다.

② (X) 가처분이란 금전 이외의 급부를 목적으로 하는 청구권의 집행을 보전하거나 다툼이 있는 법률관계에 관하여 임시의 지위를 보전하는 것을 내용으로 하는 가구제제도이다. 행정소송법에는 가처분에 관한 명문의 규정이 없다. 이에 민사집행법상의 가처분을 준용할 수 있는지 문제된다. 이와 관련하여 대법원은 「항고소송」의 대상이 되는 행정처분의 효력이나 집행 혹은 절차속행 등의 정지를 구하는 신청은 행정소송법상 집행정지신청의 방법으로서만 가능할 뿐 민사소송법(= 현행 민사집행법)상 가처분의 방법으로는 허용될 수 없다고 본다(대법원 2009. 11. 2. 자 2009마596).

③ (O) 대법원은 「당사자소송」에 대하여는 행정소송법 제23조 제2항에서 규정하고 있는 집행정지에 관한 규정이 준용되지 않으므로, 행정소송에 관하여 행정소송법에 특별한 규정이 없는 사항은 법원조직법·민사소송법·민사집행법의 규정을 준용하도록 하고 있는 행정소송법 제8조 제2항에 따라 민사집행법상 가처분에 관한 규정이 준용되어야 한다고 본다(대법원 2015. 8. 21. 자 2015무26). 이 판례는 ②번에서 살펴본 항고소송에서의 가처분불허에 대한 판례와 구분하여 정리해야 한다.

④ (O) 민사소송법 제34조 제1항에서는 '법원은 소송의 전부 또는 일부에 대하여 관할권이 없다고 인정하는 경우에는 결정으로 이를 관할법원에 이송한다.'고 규정하고 있다. 그리고 행정소송법 제7조에서는 민사소송법 제34조 제1항의 규정은 원고의 고의 또는 중대한 과실 없이 행정소송이 「심급을 달리하는 법원에 잘못 제기된 경우」에도 적용한다고 규정하고 있다. 그런데 행정소송법 제7조에서 규정하고 있는 경우(= 행정소송이 심급을 달리하는 법원에 잘못 제기된 경우) 「이외」의 「관할위반의 경우」에도 행정소송법 제8조 제2항(= 행정소송법에 특별한 규정이 없는 사항은 법원조직법·민사소송법·민사집행법의 규정을 준용)에 따라 민사소송법 제34조가 준용된다고 본다. 대법원도 행정소송과 관련하여 행정소송법 제7조에서 규정하고 있는 경우 이외에도 관할위반으로 인한 이송을 인정하고 있다. 예를 들어, 원고가 고의 또는 중대한 과실 없이 「행정소송으로 제기하여야 할 사건을 민사소송으로 잘못 제기한 경우」에, 해당 법원이 행정소송에 대한 관할도 동시에 가지고 있다면 이를 행정소송으로 심리·판단하여야 하고, 행정소송에 대한 관할을 가지고 있지 않다면 행정소송으로서의 소송요건을 결하고 있음이 명백하여 행정소송으로 제기되었더라도 어차피 부적법하게 되는 경우가 아닌 이상 이를 부적법한 소라고 하여 각하할 것이 아니라 관할법원에 이송하여야 한다고 본다(대법원 1997. 5. 30. 95다28960).

20 답 ③

출제단원 Part 04 행정소송법
출제영역 취소소송

① (X) 대법원은 행정처분의 「위법 여부 판단의 기준시점」과 「참고할 수 있는 자료의 범위」에 대하여 다음과 같이 판단하고 있다(대법원 1993. 5. 27. 92누19033).

처분의 위법 여부 판단 기준시점	처분시
참고자료의 범위	처분 당시 행정청이 알고 있었던 자료뿐만 아니라, 사실심 변론종결 당시까지 제출된 모든 자료

즉, 과세처분취소소송에서 과세처분의 위법성 판단시점은 처분시가 맞다. 그러나 법원이 이를 판단하기 위한 참고자료는 처분 당시 행정청이 알고 있었던 자료뿐만 아니라, 사실심 변론종결 당시까지 제출된 모든 자료가 포함된다.

② (X) 제재적 처분기준이란 영업허가의 취소·정지, 과징금부과 등과 같은 제재적 처분의 기준을 말한다. 대법원은 대통령령(= 시행령)형식으로 제재적 처분기준을 정한 경우 이를 「법규명령」의 성질을 갖는다고 보지만, 부령(= 시행규칙)형식으로 정한 경우 이를 「행정규

칙」의 성질을 갖는다고 본다. 이때 제재적 처분의 기간이 경과하여 해당 처분이 소멸한 경우라도, 그 처분이 후행처분의 가중요건으로 규정된 경우라면 이미 소멸한 제재적 처분의 취소를 구할 소의 이익이 인정되는지 문제된다. 대법원은 제재적 처분기준이 「법률 또는 대통령령(시행령)에 규정된 경우」에는 취소를 구할 법률상 이익이 있다고 본다. 반면, 종래 대법원은 제재적 처분기준이 「부령인 시행규칙에 규정된 경우」에는 취소를 구할 법률상 이익이 없다고 보았었다. 그러나 이후 입장을 변경하여 제재적 처분기준이 부령인 시행규칙에 규정되어 있다고 하더라도 처분의 취소를 구할 법률상 이익이 있다고 본다. 즉, 제재적 처분(= 선행처분)이 그 처분에서 정한 제재기간의 경과로 인하여 그 효과가 소멸되었으나, 「부령의 형식으로 정한 제재적 처분기준」에서 「제재적 처분(= 선행처분)을 받은 것을 가중사유나 전제요건으로 삼아 장래의 제재적 처분(= 후행처분)을 하도록 정하고 있는 경우」에, 부령이 정한 바에 따라 선행처분을 받은 상대방은 선행처분의 취소소송을 통하여 그 불이익을 제거할 필요가 있다는 것이다. 「부령의 형식으로 정한 제재적 처분기준의 법적 성질이 대외적 구속력을 갖는 법규명령인지 여부와는 상관없이」 제재적 처분의 가중사유가 부령의 형식으로 되어 있다고 하더라도 관할 행정청이나 담당공무원은 이를 준수할 의무가 있으므로 상대방인 국민으로서는 부령의 영향을 받을 수밖에 없기 때문이다(대법원 2006. 6. 22. 2003두1684).

③ (O) 내부위임이 있는 경우의 피고적격이 문제된다. 내부위임이란 행정청이 보조기관 또는 하급행정기관에게 내부적으로 일정한 사항의 결정권을 위임하여 수임기관(= 권한을 위임받은 기관)이 위임청(= 권한을 위임한 행정청)의 이름으로 그의 권한을 사실상 대리행사하도록 하는 것을 말한다. 내부위임이 있는 경우에는 수임기관은 위임청의 이름으로 권한을 행사할 수 있을 뿐이며, 자기의 이름으로는 권한을 행사할 수 없다. 이와 관련하여 대법원은 내부위임의 경우 피고적격에 대해서 다음과 같이 구분하여 판단한다.

적법하게 위임기관의 명의로 처분한 경우	위임기관이 피고
위법하게 수임기관이 자신의 명의로 처분을 한 경우	수임기관이 피고

이러한 기준에 따라 대법원은 행정처분을 행할 적법한 권한 있는 상급행정청으로부터 내부위임을 받은 데 불과한 하급행정청이 권한 없이 자신의 명의로 행정처분을 한 경우에는 실제로 그 처분을 행한 하급행정청을 피고로 하여야 한다고 본다(대법원 1994. 8. 12. 94누2763).

④ (X) 거부처분이란 행정행위의 신청이 있는 경우에 신청에 따르는 행정행위를 할 것을 거부하는 내용의 행정행위를 말한다. 이와 관련하여 대법원은 행정청이 국민의 신청에 대하여 한 거부행위가 항고소송의 대상이 되는 행정처분에 해당하려면, 행정청의 행위를 요구할 「법규상」 또는 「조리상」의 신청권이 그 국민에게 있어야 한다고 본다(대법원 2005. 2. 25. 2004두4031). 또한 이러한 신청권의 존부는 구체적 사건에서 신청인이 누구인가를 고려하지 않고 관계법규의 해석에 의해 일반국민에게 그러한 신청권을 인정하고 있는가를 살펴 추상적으로 결정되는 것일 뿐이며, 신청인이 그 신청에 따른 단순한 응답을 받을 권리를 넘어서 신청의 인용(= 신청한 내용이 받아들여지는 것)이라는 만족적 결과를 얻을 권리를 의미하는 것은 아니라고 본다(대법원 1996. 6. 11. 95누12460).

2016년 서울시 9급
행정법총론

문제편
p.139

01 ④ 02 ③ 03 ① 04 ② 05 ① 06 ③ 07 ② 08 ④ 09 ④ 10 ③
11 ③ 12 ④ 13 ① 14 ② 15 ① 16 ② 17 ④ 18 ② 19 ② 20 ②

01 ④

출제단원 Part 01 행정법 서설
출제영역 행정법의 법원(法源)

행정법의 법원(法源)이란 정부나 지방자치단체가 행정을 행함에 있어 따르고 집행하여야 할 법의 종류를 의미한다. 법원에는 문자로 기록된 성문법원(헌법, 법률, 명령, 조례, 규칙, 조약 및 국제법규)과 문자로 기록되지 않은 불문법원(관습법, 조리 등)이 있다.

① (X) 감사원규칙은 헌법에 근거가 없고, 법률(감사원법)에 근거가 있다. 따라서 헌법에 근거하지 않고 제정된 감사원규칙을 국민과 행정권을 구속하고, 재판규범이 될 수 있는 법규인 법규명령으로 볼 수 있는지가 문제된다. 이에 대해서는 행정규칙설과 법규명령설(다수설)이 대립한다. 헌법재판소는 헌법에서 일정한 형식(대통령령, 총리령, 부령)에 의한 법규명령에 대하여 규정하고 있지만, 헌법이 인정하고 있는 이러한 위임입법의 형식은 예시적인 것이라고 본다(헌재 2006. 12. 28. 2005헌바59). 이러한 헌법재판소의 결정에 따르면 감사원규칙도 일정한 요건하에 위임입법의 한 형식으로서 법규명령의 성격을 갖는다고 할 수 있다.

② (X) 헌법은 국가의 기본법으로서 행정권의 조직과 작용에 관하여도 규정하고 있다. 헌법은 행정을 함에 있어 기준이 되거나 직접 적용되기 때문에 헌법은 행정법의 법원이다.

③ (X) 일정한 사실들이 장기간 반복되고, 국민들이 장기간 반복되는 사실에 대하여 법적 확신을 가지게 되었을 때, 이러한 사실을 관습법이라고 한다. 관습법은 성문법이 존재하지 않거나 불완전한 경우에만 적용된다고 보는 보충적 효력설이 통설과 판례의 입장이다. 따라서 관습법이 성문법령의 흠결을 보충한다는 선택지 전단의 내용은 맞다. 그러나 일정한 행정작용은 법에 근거해야 한다는 원칙인 「법률유보의 원칙」에서 '법률'은 국회에서 제정한 형식적 의미의 '법률'을 의미하며, '관습법'은 포함되지 않는다. 따라서 선택지 후단의 내용은 옳지 않다. 참고로 모든 행정작용은 법에 위반해서는 안 된다는 「법률우위의 원칙」에서의 '법률'에는 국회에서 제정한 형식적 의미의 '법률'뿐만 아니라 '관습법'도 포함되므로 구분해서 기억해야 한다.

④ (O) 행정법의 일반원칙이란 행정법의 전 영역에 적용되는 원칙으로서 비례의 원칙, 신뢰보호의 원칙, 평등의 원칙, 신의성실의 원칙, 부당결부금지의 원칙 등을 말한다. 비례의 원칙이나 평등의 원칙 등 일부 원칙은 헌법적 효력을 갖는다고 본다.

02

출제단원 Part 02 행정작용 및 절차법
출제영역 행정행위

답 ③

① (X) 행정행위의 개념은 최광의·광의·협의·최협의로 구분되는데, 통설은 최협의의 개념으로 사용한다. 그런데 ①번 선지에서는 행정행위의 개념 중 어떤 개념으로 선지의 정오를 판단하라는 전제조건이 주어져 있지 않다. 이러한 경우에는 통설인 최협의의 개념으로 판단해야 한다. 이에 따르면 행정행위란 '행정청이 법 아래에서 구체적 사실에 대한 법집행으로서 행하는 권력적 단독행위로서 공법행위'를 말한다. 따라서 권력적 단독행위가 아닌 공법상 계약이나 공법상 합동행위는 행정행위가 아니다. 참고로 공법상 계약이란 공법적 효과의 발생을 목적으로 하여 복수당사자 사이에 서로 반대방향의 의사표시가 합치됨으로써 성립하는 공법행위를 말한다. 공법상 합동행위란 공법적 효과의 발생을 목적으로 하여 복수당사자 사이에 서로 동일방향의 의사표시가 합치됨으로써 성립하는 공법행위를 말한다.

② (X) 규율하는 사건이 특정되어 있는지(= 구체적) 아니면 특정되어 있지 않은지(= 추상적), 수범자(= 따라야 하는 자)가 특정되어 있는지(= 개별적) 아니면 특정되어 있지 않은지(= 일반적)에 따라 다음과 같이 행정행위에 해당하는지 여부를 판단할 수 있다.

수범자 범위 \ 규율사건	구체적	추상적
개별적	① 행정행위 (예) A는 소득세 1억 원을 납부하라.	③ 행정행위 (예) A는 집 앞 도로에 눈이 쌓일 때마다 눈을 치워라.
일반적	② 행정행위(일반처분) (예) ○○지역에 대한 출입을 금지한다.	④ 법규범 (예) 운전면허 없이 운전하지 말라.

구체적 사실을 규율하면서 불특정 다수인을 상대방으로 하는 처분은 「일반처분」으로서 행정행위에 해당한다.

③ (O) 사전결정(예비결정)이란 최종적인 행정행위를 하기 전에 종국적인 행정행위의 요건 중 일부에 대한 종국적인 판단으로서 내리는 결정을 말한다. 그 예로 건축법상의 사전결정, 폐기물관리법상의 폐기물처리사업계획에 대한 적정·부적정결정을 들 수 있다. 이러한 사전결정은 그 결정에서 정해진 부분에만 제한적인 효력을 갖는 것이지만, 그 자체로서 상대방의 권리·의무에 영향을 주기 때문에 하나의 완결된 행정행위라고 본다.

④ (X) 부분허가란 단계적 행정절차에서 사인이 원하는 특정부분에 대해서만 우선 허가하는 행위이다. 그 예로 원자력안전법상의 부지사전승인을 들 수 있다. 부분허가권은 허가권한에 포함되는 것이므로 허가에 대한 권한을 가진 행정청은 부분허가에 대한 별도의 법적 근거가 없더라도 부분허가를 할 수 있다고 본다.

03

출제단원 Part 01 행정법 서설
출제영역 행정주체

답 ①

행정주체란 자신의 이름으로 행정을 행할 권리와 의무를 가진 행정법관계의 당사자를 말한다. 행정주체에는 국가, 지방자치단체, 협의의 공공단체(공법상 사단법인, 공법상 재단법인, 영조물법인), 공무수탁사인이 있다.

① (X) 행정주체는 자연인인 공무수탁사인을 제외하고는 법인이다. 따라서 행정주체가 현실적으로 행정을 수행하기 위해서는 행정주체를 위해 실제로 행정을 행할 기관이 필요하다. 이와 같이 행정을 실제로 수행하는 자를 행정기관이라고 한다. 행정기관의 예로는 대통령, 국무총리, 장관, 차관, 차관보, 국장, 과장, 계장 등이 있다. 따라서 법무부장관은 행정기관일 뿐이며, 행정주체가 아니다.

② (O) 농지개량조합은 공법상 사단법인(= 공공조합)으로서 행정주체이다. 공법상 사단법인이란 법에서 정한 자격을 가진 조합원으로 구성된 공법상의 사단법인을 말한다.

③ (O) 서울대학교는 영조물법인으로서 행정주체이다. 영조물법인이란 행정법상의 영조물(= 특정한 행정목적에 제공된 인적·물적 종합시설)에 독립된 법인격이 부여된 경우이다. 서울대학교는 2011년 12월 28일부터 시행된 '국립대학법인 서울대학교 설립·운영에 관한 법률'에 의해 법인격이 부여되었다.

④ (O) 대구광역시는 지방자치단체로서 행정주체이다. 지방자치단체란 국가의 영토 내에서 일정한 지역 및 그 지역의 주민으로 구성되며 그 지역 내에서 일정한 통치권을 행사하는 법인격을 갖는 공공단체이다.

04

출제단원 Part 02 행정작용 및 절차법
출제영역 확약

답 ②

확약이란 장래 일정한 행정행위를 하거나 하지 않을 것을 약속하는 행정청의 의사표시를 말한다.

① (O) 과거 확약에 관하여 규정하고 있는 일반법이 없어 확약의 법리는 이론과 판례에 맡겨져 있었다. 그러나 2022년 행정절차법 개정시 '확약'에 관한 규정이 마련되었다(행정절차법 제40조의2). 이에 의하면, 법령 등에서 당사자가 신청할 수 있는 처분을 규정하고 있는 경우 행정청은 당사자의 신청에 따라 장래에 어떤 처분을 하거나 하지 아니할 것을 내용으로 하는 의사표시(= 확약)를 할 수 있다(동조 제1항).

> **+ 참고**
> 원본 문제의 ①번 선택지는 「행정절차법은 확약에 관한 명문규정을 두고 있지 않다.」로 되어 있었다. 그러나 2022. 7. 12. 시행된 개정 행정절차법 제40조의2에서 확약에 관한 규정이 신설되었으므로 이에 맞게 선택지의 내용을 수정하였다.

② (X) 대법원은 어업권면허에 선행하는 우선순위결정은 행정청이 우선권자로 결정된 자의 신청이 있으면 어업권면허처분을 하겠다는 것을 약속하는 행위로서 강학상 확약에 불과하고, 행정처분은 아니라고 본다(대법원 1995. 1. 20. 94누6529).

③ (O) 확약을 한 행정청은 확약의 내용인 행위를 해야 할 법적 의무가 있다. 따라서 확약의 상대방은 행정청에 대해 확약내용을 이행할 것을 청구할 수 있는 권리를 갖게 된다.

④ (O) 대법원은 행정청이 상대방에게 장차 어떤 처분을 하겠다고 확약 또는 공적인 의사표명을 한 경우에, 확약 또는 공적인 의사표명이 있은 후에 사실적·법률적 상태가 변경되었다면, 그와 같은 확약 또는 공적인 의사표명은 행정청의 별다른 의사표시를 기다리지 않고 실효

된다고 본다(대법원 1996. 8. 20. 95누10877).

05 답 ①

| 출제단원 | Part 02 행정작용 및 절차법 |
| 출제영역 | 허가의 갱신, 행정행위의 부관 |

부관이란 행정행위의 효과를 제한 또는 보충하기 위하여 행정기관에 의하여 주된 행정행위에 부가된 종된 규율을 말한다(다수설).

① (O) 대법원은 허가의 갱신은 종전 허가취득자에게 종전 허가의 효력을 지속시키는 효력이 있을 뿐이며, 허가의 갱신이 있었다고 하여 갱신 전에 이루어진 법위반사항에 대해 아무런 책임을 묻지 않겠다는 행정청의 별도의 행위가 있는 것은 아니라고 본다. 따라서 갱신이 있었다고 하여도 그 전의 법위반사실을 근거로 갱신해 준 허가를 다시 취소할 수 있다고 본다(대법원 1982. 7. 27. 81누174).

② (X) 부담이란 행정행위의 주된 내용에 부가하여 그 행정행위의 상대방에게 작위(일정한 행위를 하는 것), 부작위(일정한 행위를 하지 않는 것), 급부(금전이나 물건의 교부 등), 수인(참는 것) 등의 의무를 부과하는 부관을 말한다. 이와 관련하여 대법원은 상대방이 부담에 의해 부과된 의무를 불이행하더라도 부담이 붙어 있는 주된 행정행위의 효력이 당연히 소멸하는 것은 아니라고 본다. 다만, 부담의 불이행을 이유로 주된 행정행위를 취소(철회)할 수는 있다고 본다(대법원 1989. 10. 24. 89누2431)(참고로 이 판례에서는 '취소'라는 용어가 철회라는 용어와 함께 사용되었지만, 여기서의 취소는 철회의 의미이다. 행정행위 성립 당시에 있던 하자(= 취소사유)가 문제되는 것이 아니라, 행정행위 이후 새롭게 생긴 사유(= 철회사유)가 문제되는 경우이기 때문이다). 이때에도 일반적인 철회의 경우와 마찬가지로 이익형량에 따른 철회의 제한이 적용된다. 따라서 철회권의 행사는 기득권의 침해를 정당화할 만한 중대한 공익상의 필요 또는 제3자의 이익보호의 필요가 있는 때에 한하여 상대방이 받는 불이익과 비교·교량하여 결정하여야 한다(대법원 2004. 11. 26. 2003두10251).

③ (X) 부관에 대한 쟁송형태로는 형식상·내용상 모두 부관만의 취소를 구하는 「진정일부취소소송」과 형식상 부관이 붙은 주된 행정행위 전체를 소송의 대상으로 하면서도 내용상 부관만의 취소를 구하는 「부진정일부취소소송」이 있다. 그런데 위법한 부관만을 취소소송으로 다툴 수 있는지(= 부관의 독립쟁송가능성)와 관련하여 대법원은 부관 중 「부담」은 주된 행정행위로부터 독립하여 취소소송의 대상이 될 수 있다고 본다. 따라서 진정일부취소소송이 가능하다는 것이다. 반면, 「부담 이외의 부관」은 독립하여 취소소송의 대상이 될 수 없다고 본다. 즉, 진정일부취소소송이 불가능하다는 것이다. 뿐만 아니라 형식상 부관이 붙은 주된 행정행위 전체를 소송의 대상으로 하면서도 내용상 부관만의 취소를 구하는 부진정일부취소소송도 불가능하다고 본다. 또한 법원이 부관의 위법성을 인정한 경우에 '위법한 부관만'을 취소할 수 있는지(= 부관의 독립취소가능성)와 관련하여서도 대법원은 독립쟁송이 가능한 「부담」만 독립하여 취소될 수 있고, 「그 이외의 부관」은 독립하여 취소의 대상이 되지 않는다고 본다.

④ (X) 부담이 붙은 행정행위의 상대방은 부담의 내용에 따라 일정한 법률행위를 하게 된다. 이때 「부담」이 위법할 경우, 부담의 내용에 따라 상대방이 행한 「사법상 법률행위」의 효력은 어떻게 되는지가 문제된다. 이와 관련하여 대법원은 「부담」과 부담의 이행행위로 한 「사법상 법률행위」를 별개로 취급한다. 즉, 부담이 위법하여 무효이거나 취소되어 효력을 상실한 경우에 부담의 이행행위로 한 사법상 법률행위까지 당연히 무효로 되는 것은 아니라는 것이다. 따라서 부담의 이행행위로 한 사법상 법률행위는 일단 유효하며, 민법에서 정한 취소사유에 해당할 경우에 한하여 이러한 사법상 법률행위를 별도로 취소할 수 있는 경우가 있을 뿐이다(대법원 2009. 6. 25. 2006다18174). 예를 들어, 기부채납이라는 부담이 붙은 허가를 받은 개인이, 기부채납의 이행을 위해 사법상 법률행위인 증여계약의 형태로 국가에 특정재산의 소유권을 이전해 준 경우에, 부담이 위법하여 취소됨으로써 그 효력을 상실하더라도 기부채납을 이행하기 위해 한 사법상 증여계약까지 당연히 무효가 되는 것은 아니다. 따라서 기부채납이라는 부담이 위법하여 취소되었다고 하여 곧바로 기부채납을 받은 국가가 부당이득을 한 것이 되는 것은 아니다. 즉, 기부채납 이행을 위한 사법상 법률행위인 증여계약이 별도로 취소되지 않는 한 증여계약은 여전히 유효하게 존재하고 있으므로 기부채납의 부담이 취소되었다고 하여 곧바로 기부채납의 이행(= 증여계약)으로 특정재산의 소유권을 이전받은 국가가 법률상 원인 없이 부당이득을 한 것은 아니다. 기부채납을 한 개인은 국가를 상대로 증여계약을 취소함으로써 해당 재산의 소유권을 다시 돌려받을 수 있게 되는 것이다. 참고로 기부채납이란 국가 이외의 자가 재산의 소유권을 무상으로 국가에 이전하여 국가가 이를 취득하는 것을 말한다.

06 답 ③

| 출제단원 | Part 06 행정상 손해배상 |
| 출제영역 | 국가배상법, 공무원 개인의 배상책임, 배상책임자 |

① (X) 국가배상청구권의 성질에 대하여는 다음과 같은 견해대립이 있다.

| 공법설 (다수설) | 국가배상청구권을 공권으로 보며, 국가배상소송은 당사자소송, 관할법원은 행정법원으로 본다. |
| 사법설 (판례) | 국가배상청구권을 사권으로 보며, 국가배상소송은 민사소송, 관할법원은 민사법원으로 본다(69다701). |

따라서 국가배상청구권을 사권(私權)으로 보는 대법원 판례에 따르면 국가배상소송은 민사소송으로서 민사법원에 제기해야 한다.

② (X) 국가배상법 제7조에서 '이 법은 외국인이 피해자인 경우에는 해당 국가와 상호보증이 있을 때에만 적용한다.'고 규정하고 있다. 이때 '상호보증'이란, 만약 미국인이 한국에서 피해를 입어 한국을 상대로 국가배상청구를 할 수 있으려면, 한국인이 미국에서 피해를 입었을 때 미국의 관련법령상 한국인이 미국을 상대로 국가배상청구를 할 수 있는 경우이어야 한다는 것을 말한다. 즉, 우리나라만이 입을 수 있는 불이익을 방지하고 국제관계에서 형평을 도모하기 위하여 외국인의 국가배상청구권의 발생요건으로 상호보증을 요구하고 있는 것이다. 따라서 외국인이 대한민국 구역 내에 있다는 사실만으로 곧바로 국가배상청구권이 인정되는 것은 아니며, 상호보증이 있어야만 한다.

③ (O) 국가배상법 제2조 제1항에서 공무원의 위법한 직무행위로 인한 국가나 지방자치단체의 배상책임을 명시하고 있다. 국가배상법 제2조의 요건을 충족하여 국가 또는 지방자치단체의 배상책임이 인정되는 경우에 피해자가 공무원 개인에 대하여도 손해배상을 청구할 수 있는지가 문제된다. 이와 관련하여 대법원은 공무원이 직무수행 중 불법행위로 타인에게 손해를 입힌 경우에 공무원에게 「고의」 또는

「중과실」이 있는 경우에는 국가 등이 국가배상책임을 부담하는 외에 공무원 개인도 불법행위로 인한 손해배상책임을 진다고 본다. 반면, 공무원에게 「경과실」뿐인 경우에는 공무원 개인은 손해배상책임을 부담하지 않는다고 본다(대법원 1996. 2. 15. 95다38677 전합).

④ (X) 국가배상법에서는 「국가나 지방자치단체가 손해를 배상할 책임이 있는 경우에 공무원의 선임·감독 또는 영조물의 설치·관리를 맡은 자와 공무원의 봉급·급여, 그 밖의 비용 또는 영조물의 설치·관리 비용을 부담하는 자가 동일하지 아니하면 그 비용을 부담하는 자도 손해를 배상하여야 한다.」고 규정하고 있다(제6조 제1항). 따라서 피해자는 사무귀속주체(= 공무원의 선임·감독을 맡은 자)와 비용부담주체(= 공무원의 봉급·급여, 그 밖의 비용을 부담하는 자)가 동일하지 않은 경우에는 양자에 대하여 선택적으로 손해배상을 청구할 수 있다. 즉, 사무귀속주체가 손해를 우선적으로 배상하여야 하는 것은 아니다.

07   답 ②

출제단원 Part 01 행정법 서설
출제영역 사인의 공법행위

사인의 공법행위란 공법적 효과의 발생을 목적으로 하는 사인의 법적 행위를 말한다. 공법행위란 점에서 사법행위와 구별되고, 법적 행위인 점에서 사실행위와 구별된다.

① (O) 사인의 공법행위에 관한 전반적인 사항을 규율하는 일반법은 없다. 따라서 특별한 규정이 없는 경우 민법상의 규정을 적용한다. 다만, 사인의 공법행위와 사법행위의 성질상 차이가 있는 경우에는 그 한도 내에서 민법을 적용할 수 없거나, 수정하여 적용하게 된다. 이와 관련하여 민법상 행위능력에 관한 규정은 사인의 공법행위에 원칙적으로 적용되지만, 특별한 규정이 있는 경우에는 적용되지 않는다고 본다. 정리하면 다음과 같다.

원칙	민법상 행위능력에 관한 규정 적용 O
예외	우편법·도로교통법 등 특별한 규정이 있는 경우에는 적용 X → 이 경우 제한능력자도 단독으로 공법행위를 할 수 있다. 즉, 미성년자도 단독으로 우편물의 발송·수취가 가능하며, 18세 이상이면 미성년자도 운전면허 발급이 가능하다.

참고로 행위능력이란 단독으로 완전하고 유효한 법률행위를 할 수 있는 능력을 말한다. 민법상 행위능력이 제한되는 자(= 제한능력자) 중 하나인 미성년자가 단독으로 한 법률행위는 취소할 수 있다.

② (X) 민법 제107조 제1항에서 '의사표시는 표의자(= 의사표시를 하는 자)가 진의 아님을 알고 한 것(= 비진의의사표시)이라도 그 효력이 있다. 그러나 상대방이 표의자의 진의 아님을 알았거나 알 수 있었을 경우에는 무효로 한다.'고 규정하고 있다. 이때 비진의의사표시의 무효에 관한 규정(민법 제107조 제1항 2문)이 사인의 공법행위에도 적용되는지 문제된다. 대법원은 민법의 법률행위에 관한 규정은 대등한 당사자 간의 거래를 대상으로 하여 서로의 이해를 조정함을 목적으로 하는 규정이므로, 형식적 확실성·행위의 격식화를 특색으로 하는 공법행위에는 민법의 법률행위에 관한 규정이 당연히 적용된다고는 할 수 없다고 하였다. 따라서 공법행위인 「영업재개업신고」에 비진의의사표시에 관한 민법 제107조는 적용될 수 없다고 본다(대법원 1978. 7. 25. 76누276). 또한 공무원이 사직의 의사를 표시하여 의원면직처분을 하는 경우에 그 사직의 의사표시는 그 법률관계의 특수성에 비추어 외부적·객관적으로 표시된 바를 존중하여야 할 것이라고 본다. 즉, 공법행위인 「공무원의 사직의 의사표시」에도 비진의의사표시에 관한 민법 제107조는 적용될 수 없다는 것이다(대법원 1997. 12. 12. 97누13962). 결국 대법원은 민법상 비진의의사표시의 무효에 관한 규정은 성질상 영업재개신고나 사직의 의사표시와 같은 사인의 공법행위에는 적용되지 않는다고 보는 것이다.

③ (O) 사인의 공법행위에 하자가 있는 경우에 그에 따라 행해진 행정행위에 어떠한 영향을 주는지가 문제된다. 이는 사인의 공법행위의 성격에 따라 다음과 같이 판단하는 것이 일반적이다.

사인의 공법행위	행정행위에 미치는 영향
행정행위의 「단순동기」인 경우	행정행위의 효력에 영향을 미치지 않는다. 즉, 그에 따른 행정행위는 유효이다.
행정행위의 「전제요건」인 경우	· 사인의 공법행위가 무효인 경우 → 그에 따른 행정행위는 무효 · 사인의 공법행위에 취소사유가 있는 경우 → 그에 따른 행정행위는 유효

따라서 사인의 공법행위가 행정행위의 단순한 동기에 불과한 경우에는 그 하자는 행정행위의 효력에 아무런 영향을 미치지 않는다는 것이 일반적인 견해라는 설명은 옳다.

④ (O) 민법상 계약의 청약은 상대방에게 도달한 후에는 철회할 수 없는 것이 원칙이다. 이러한 원칙이 사인의 공법행위에도 적용되는지 문제된다. 그러나 사인의 공법행위의 경우에는 명문으로 금지되거나 성질상 불가능한 경우가 아닌 한, 사인의 공법행위가 상대방에게 도달되었다고 하더라도 「그에 따른 행정행위가 행하여질 때까지」는 자유롭게 철회할 수 있다고 본다. 대법원도 공무원이 한 사직의사표시의 철회나 취소는 그에 터 잡은 의원면직처분이 있을 때까지는 할 수 있는 것이고, 일단 면직처분이 있고 난 이후에는 철회나 취소를 할 수 없다고 하였다(대법원 2001. 8. 24. 99두9971).

08   답 ④

출제단원 Part 07 행정상 손실보상
출제영역 손실보상청구권의 성립요건, 공익사업을 위한 토지 등의 취득 및 보상에 관한 법률

① (O) 손실보상의 헌법적 근거인 헌법 제23조 제3항에서는 '공공필요에 의한 재산권의 수용·사용 또는 제한 및 그에 대한 보상은 법률로써 하되, 정당한 보상을 지급하여야 한다.'고 규정하고 있다. 이와 관련하여 헌법재판소는 헌법 제23조 제3항은 정당한 보상을 전제로 하여 재산권의 수용 등에 관한 가능성을 규정하고 있지만, 재산권 수용의 주체를 한정하지 않고 있다고 본다. 따라서 수용 등의 주체를 국가 등의 공적 기관에 한정하여 해석할 이유가 없으며, 국가 등의 공적 기관의 최종적인 판단과 승인결정하에 민간기업을 수용의 주체로 규정하더라도 위헌이라고 할 수는 없다고 하였다(헌재 2009. 9. 24. 2007헌바114).

② (O) 헌법 제23조 제3항에서는 「정당한 보상」을 지급하여야 한다고 규정하고 있다. 이와 관련하여 대법원은 토지수용보상액은 토지수용법(= 현행 공익사업을 위한 토지 등의 취득 및 보상에 관한 법률) 등 관계법령에서 규정한 바에 따라 산정하여야 하는 것으로서, 개별

공시지가를 기준으로 하여 산정하여야 하는 것은 아니라고 본다. 따라서 관계법령에 따라 보상액을 산정한 결과 그 보상액이 당해 토지의 개별공시지가를 기준으로 하여 산정한 지가보다 저렴하게 되었다는 사정만으로 그 보상액 산정이 잘못되어 위법한 것이라고 할 수는 없다고 하였다(대법원 2002. 3. 29. 2000두10106). 참고로 개별공시지가란 시장·군수·구청장이 각종 세금의 부과 등과 같은 목적을 위한 지가산정을 위하여 표준지공시지가(= 국토교통부장관이 조사·평가하여 공시한 표준지의 단위면적당 가격)를 기준으로 산정한 개별토지의 단위면적당 가격을 말한다.

③ (O) 헌법 제23조 제3항에서 정하고 있는 「정당한 보상」이 무엇을 의미하는지에 대하여 헌법재판소는 '정당한 보상'이란 원칙적으로 피수용재산(= 수용되는 재산)의 객관적인 재산가치를 완전하게 보상하는 것이어야 한다는 완전보상을 의미한다고 본다(= 완전보상설). 그러나 개발이익은 그 성질상 완전보상의 범위에 포함되지 않는다고 하였다(헌재 1995. 4. 20. 93헌바20). 따라서 공익사업의 시행으로 지가가 상승하여 발생한 개발이익을 손실보상금액에 포함시키지 않더라도 헌법이 규정한 정당보상의 원리에 어긋나는 것은 아니다.

④ (X) 공익사업을 위한 토지 등의 취득 및 보상에 관한 법률 제85조 제2항에서는 '행정소송이 보상금의 증감에 관한 소송인 경우 그 소송을 제기하는 자가 토지소유자 또는 관계인일 때에는 사업시행자를, 사업시행자일 때에는 토지소유자 또는 관계인을 각각 피고로 한다.'고 규정하고 있다. 따라서 토지소유자가 손실보상금의 액수를 다투고자 할 경우에는 「사업시행자」를 상대로 보상금의 증액을 구하는 소송을 제기하여야 한다. 이러한 소송은 형식적으로는 법률관계의 당사자인 토지소유자 또는 관계인과 사업시행자가 각각 원고·피고로 되어 제기하는 소송이므로 당사자소송에 속한다. 그러나 내용적으로는 토지수용위원회의 수용재결(행정청의 처분)을 다투는 것이므로 실질적으로는 항고소송의 성질도 갖는다. 따라서 보상금증감청구소송은 「형식적 당사자소송」에 해당한다고 본다. '형식적 당사자소송'이란 형식적으로는 당사자소송이지만, 실질적으로는 행정청의 처분을 다투는 소송을 말한다.

09   답 ④

출제단원 Part 04 행정소송법
출제영역 행정심판전치주의의 예외(완화)

행정소송법 제18조 제1항 본문에서는 「취소소송은 법령의 규정에 의하여 당해 처분에 대한 행정심판을 제기할 수 있는 경우에도 이를 거치지 아니하고 제기할 수 있다.」고 규정하고 있다(= 원칙적 행정심판임의주의). 다만, 단서에서 '다른 법률에 당해 처분에 대한 행정심판의 재결을 거치지 아니하면 취소소송을 제기할 수 없다는 규정이 있는 때'에는 예외적으로 행정심판을 필수적으로 거치도록 하고 있다(= 예외적 행정심판전치주의). 그런데 이와 같이 개별법률의 규정에 의해 행정심판전치주의가 적용되는 경우라고 하더라도 행정소송법에서는 「행정심판을 제기하되 재결까지 거칠 필요는 없는 경우(= 제18조 제2항)」와 「행정심판을 제기할 필요도 없는 경우(= 제18조 제3항)」라는 예외를 규정하고 있다. 이 문제는 행정심판전치주의가 적용되는 사안에서, 행정심판을 제기할 필요도 없는 경우(= 제18조 제3항)가 아닌 것을 고르는 문제이다.

① (O) 행정소송법 제18조 제3항에서 정하고 있는 「행정심판을 제기할 필요도 없는 경우」에 대한 설명이다(1호). 즉, 「동종사건에 관하여 이미 행정심판의 기각재결이 있는 때」에는 다른 법률에 당해 처분에 대한 행정심판의 재결을 거치지 아니하면 취소소송을 제기할 수 없다는 규정이 있다고 하더라도 행정심판 자체를 제기할 필요가 없이 바로 취소소송을 제기할 수 있다.

② (O) 행정소송법 제18조 제3항에서 정하고 있는 「행정심판을 제기할 필요도 없는 경우」에 대한 설명이다(2호). 즉, 「서로 내용상 관련되는 처분 또는 같은 목적을 위하여 단계적으로 진행되는 처분 중 어느 하나가 이미 행정심판의 재결을 거친 때」에는 다른 법률에 당해 처분에 대한 행정심판의 재결을 거치지 아니하면 취소소송을 제기할 수 없다는 규정이 있다고 하더라도 행정심판 자체를 제기할 필요가 없이 바로 취소소송을 제기할 수 있다.

③ (O) 행정소송법 제18조 제3항에서 정하고 있는 「행정심판을 제기할 필요도 없는 경우」에 대한 설명이다(3호). 즉, 「행정청이 사실심의 변론종결 후 소송의 대상인 처분을 변경하여 당해 변경된 처분에 관하여 소를 제기하는 때」에는 다른 법률에 당해 처분에 대한 행정심판의 재결을 거치지 아니하면 취소소송을 제기할 수 없다는 규정이 있다고 하더라도 행정심판 자체를 제기할 필요가 없이 바로 취소소송을 제기할 수 있다.

④ (X) 행정소송법 제18조 제2항에서 정하고 있는 「행정심판을 제기하되 재결까지 거칠 필요는 없는 경우」에 대한 설명이다(3호). 즉, 「법령의 규정에 의한 행정심판기관이 의결 또는 재결을 하지 못할 사유가 있는 때」에는 다른 법률에 당해 처분에 대한 행정심판의 재결을 거치지 아니하면 취소소송을 제기할 수 없다는 규정이 있다고 하더라도 행정심판을 제기하기만 했다면 행정심판위원회의 재결을 거치지 않았더라도 취소소송을 제기할 수 있다. 즉, 이 경우에는 행정심판을 제기하기는 해야 하므로 행정심판을 거칠 필요가 없는 경우에 해당하지 않는다.

10   답 ③

출제단원 Part 02 행정작용 및 절차법
출제영역 행정규칙

행정규칙이란 행정조직 내부에서 행정의 사무처리기준으로서 제정된 일반적·추상적 규범을 말한다. 행정규칙은 일반적·추상적인 명령인 점에서 법규명령과 같으나, 원칙적으로 국민을 구속하는 성질을 갖지 않는다는 점에서 법규명령과 다르다.

① (O) 법령보충적 행정규칙(= 법령보충규칙)이란 법률에서 규정한 내용을 구체화할 필요가 있어 법령의 위임을 받아 그 구체적인 내용을 훈령이나 고시와 같은 행정규칙의 형식으로 정하는 경우를 뜻한다. 즉, 행정규칙의 형식을 취하고 있지만, 그 내용이 법규명령의 실질을 가지는 것으로서 「행정규칙형식의 법규명령」을 말한다. 이와 관련하여 대법원은 법령보충규칙은 상위법령의 위임한계를 벗어나지 않는 한 법령과 결합하여 대외적인 구속력이 있는 법규명령으로서의 효력을 갖는다고 본다(대법원 1987. 9. 29. 86누484). 즉, 대외적인 구속력이 인정되지 않는 일반적인 행정규칙과 달리 행정기관에 법령의 구체적 내용을 보충할 권한을 부여하고 있는 법령 규정의 효력에 근거하여 예외를 인정하고 있는 것이다.

② (O) 법령보충규칙은 근거법령의 위임범위 내에서 제정되어야 한다.

따라서 법령보충규칙이 법령의 위임범위를 벗어난 경우에는 대외적 구속력이 인정되지 않는다. 대법원 판례도 이와 같다(①번 해설 참조).

③ (X) 헌법 제75조에서 대통령령에 대해, 제95조에서 총리령 또는 부령에 대하여 규정하고 있다. 이와 같이 헌법에서 일정한 형식(대통령령, 총리령, 부령)에 의한 법규명령에 대하여 규정하고 있지만, 헌법재판소는 헌법이 인정하고 있는 이러한 위임입법의 형식은 예시적인 것이라고 본다. 따라서 헌법에서 고시와 같은 행정규칙형식의 법규명령을 규정하고 있지는 않지만, 전문적·기술적 사항이나 경미한 사항으로서 업무의 성질상 위임이 불가피한 경우에 구체적·개별적으로 법률의 위임이 있다면 고시와 같은 「행정규칙형식의 법규명령」도 허용될 수 있다고 본다(헌재 2006. 12. 28. 2005헌바59).

④ (O) 헌법소원의 대상이 되기 위해서는 공권력주체에 의한 행위로서 국민의 권리·의무에 직접적인 영향을 미치는 행위인 「공권력 행사」에 해당해야 한다. 행정규칙이 헌법소원의 대상이 될 수 있는지는 다음과 같이 구분하여 정리해야 한다.

원칙	행정규칙은 원칙적으로 행정 내부의 행위로서 국민에게 직접적인 효력이 인정되지 않는다. → 헌법소원의 대상 X
예외	법령보충규칙: 상위법령과 결합하여 대외적인 구속력을 갖는 법규명령으로서 기능한다. → 헌법소원의 대상 O
	재량준칙: 재량준칙이 되풀이 시행되어 행정관행을 이루게 되어 행정기관이 그 규칙에 따라야 할 자기구속을 당하게 되는 경우에는 대외적인 구속력을 갖는다. → 헌법소원의 대상 O

헌법재판소도 재량준칙이 그 정한 바에 따라 되풀이 시행되어 행정관행이 이룩되게 되면 평등의 원칙이나 신뢰보호의 원칙에 따라 행정기관은 상대방에 대한 관계에서 그 규칙에 따라야 할 자기구속을 당하게 되어 대외적인 구속력을 갖는다고 본다. 따라서 이러한 경우에는 헌법소원의 대상이 될 수도 있다고 본다(헌재 1990. 9. 3. 90헌마13). 참고로 재량준칙이란 재량권 행사의 기준을 정하는 행정규칙을 말한다.

11   답 ③

출제단원 Part 02 행정작용 및 절차법
출제영역 행정계획

행정계획이란 행정주체가 장래 일정기간 내에 도달하고자 하는 목표를 설정하고, 이를 달성하기 위하여 필요한 수단들을 조정하고 통합하는 작용, 또는 이러한 과정을 거쳐 설정된 활동기준을 말한다.

① (X) 계획보장청구권이란 행정계획에 대한 관계 국민의 신뢰를 보호하기 위해 관계국민에게 인정되는 행정계획주체에 대한 권리를 총칭하는 개념이다. 그런데 행정계획은 확정 당시에는 예상할 수 없었던 상황의 변화로 인하여 변화할 가능성이 내재되어 있다. 이와 같은 행정계획의 가변성으로 인해 계획보장청구권은 원칙적으로 인정되기 어렵다고 본다.

② (X) 행정청은 행정계획을 수립·변경함에 있어서 광범위한 형성의 자유를 갖는데 이를 계획재량이라고 한다. 이러한 계획재량에 대한 통제를 위해 형성된 이론을 「형량명령」이라고 하는데, 계획수립주체가 계획재량권을 행사함에 있어서 공익 상호 간, 사익 상호 간, 공익과 사익 상호 간에 정당한 형량을 하여야 한다는 원칙을 말한다. 행정계획의 결정이 형량명령의 내용에 반하는 경우에는 형량에 하자가 있게 되는데 그 유형은 다음과 같다.

조사의 결함	관련 이익에 대한 조사의무를 이행하지 않은 하자
형량의 해태	형량이 전혀 없는 경우
형량의 흠결 (누락)	형량을 했으나 형량에서 반드시 고려되어야 할 특정이익이 고려되지 않은 경우
오형량	형량을 했으나 객관성·비례성이 결여된 상태에서 이익형량을 한 경우

따라서 이익형량을 전혀 하지 않은 경우(= 형량의 해태)뿐만 아니라, 이익형량의 고려사항을 일부 누락(= 형량의 흠결)하였거나 이익형량에 있어 정당성이 결여(= 오형량)된 경우도 위법하다고 볼 수 있다.

③ (O) 행정청은 행정계획을 수립·변경함에 있어서 일반적인 행정행위에 비하여 광범위한 형성의 자유를 갖는다. 앞서 살핀 바와 같이 이를 '계획재량'이라고 한다.

④ (X) 행정계획은 법률의 형식, 법규명령의 형식, 조례의 형식과 같이 특정의 법적 형식에 의해 수립되는 경우도 있고, 특정의 행위형식을 취하지 않고 수립되는 경우도 있다. 이와 같이 행정계획은 종류와 내용이 매우 다양하며 그 형식도 다양한 형태로 존재하므로 행정계획의 법적 성질은 개별적으로 검토해야 한다는 견해(개별검토설)가 다수설이다. 따라서 직접 국민의 권리·의무에 변동을 가져오는지 여부, 즉 처분성이 인정되는지 여부도 개별적인 검토를 필요로 한다. 대법원이 행정계획의 처분성 인정 여부에 대해 판단한 내용을 정리해 보면 다음과 같다.

처분성 「인정」되는 행정계획	처분성 「부정」되는 행정계획
· 구 도시계획법상 도시계획결정 · 현행 국토의 계획 및 이용에 관한 법률상 도시관리계획	· 구 도시계획법상 도시기본계획 · 현행 국토의 계획 및 이용에 관한 법률상 도시기본계획

그러므로 행정계획은 처분성이 인정되는 경우와 부정되는 경우가 각각 존재하므로 행정계획은 항고소송의 대상이 될 수 없다고 단정적으로 말할 수는 없다.

12   답 ④

출제단원 Part 03 행정의 실효성 확보수단
출제영역 대집행, 이행강제금

① (X) 대집행·이행강제금·직접강제·행정상 강제징수와 같은 행정상 강제집행은 법원 및 국가의 집행기관의 도움 없이 자력에 의하여 집행한다는 점에서 민사상 강제집행과 다르다. 이와 관련하여 대법원은 행정대집행의 절차가 인정되는 경우에는 따로 민사소송의 방법으로 공작물의 철거, 수거 등을 구할 수는 없다고 본다(대법원 2000. 5. 12. 99다18909). 즉, 행정상 강제집행이 인정되는 경우에는 별도로 민사상 강제집행은 인정될 수 없다는 것이다.

② (X) 대집행은 공법상의 「대체적 작위의무」의 불이행을 대상으로 한다. 대체적 작위의무란 건물의 철거, 물건의 파기 등과 같이 타인이 대신하여 행할 수 있는 의무를 말한다. 그러므로 시설설치 금지의무와 같은 부작위의무가 불이행된 경우에는 원칙적으로 대집행을 할 수 없다. 다만, 이러한 부작위의무는 '철거명령' 등을 통해 작위의무로 전환시킨 후에 이러한 작위의무를 위반하게 되면 대집행의 대상이

될 수 있다. 이와 관련하여 대법원은 부작위의무를 작위의무로 전환시키기 위해서는 별도의 법적 근거가 있어야 한다고 본다. 즉, 이러한 법적 근거가 없다면 부작위의무(= 무엇을 하지 말아야 하는 의무)로부터 작위의무(= 부작위의무 위반의 결과를 시정해야 하는 의무)를 당연히 도출할 수는 없다고 본다. 또한 부작위의무를 정하고 있는 금지규정(= 무엇을 하지 말 것을 정하고 있는 규정)으로부터 부작위의무 위반으로 인한 결과의 시정을 명하는 권한이 당연히 추론되는 것도 아니라고 본다(대법원 1996. 6. 28. 96누4374).

③ (X) 대집행은 공법상의 「대체적 작위의무」의 불이행을 대상으로 한다. 그런데 토지나 건물의 명도(= 건물, 토지 등을 인도하여 남에게 주거나 맡기는 것)의무는 토지나 건물을 점유하고 있는 자가 직접 이행해야 하는 것이며, 점유하고 있지 않은 타인이 대신 이행할 수 있는 의무가 아니다. 따라서 대체적 작위의무가 아닌 건물의 명도의무는 대집행의 대상이 될 수 없다.

④ (O) 이행강제금이란 작위의무·부작위의무·수인의무의 불이행시에 일정액수의 금전이 부과될 것임을 의무자에게 미리 경고함으로써 의무이행의 확보를 도모하는 강제수단을 말한다. 이행강제금을 '집행벌'이라고 표현하기도 한다. 이러한 이행강제금에 대한 불복에 대하여 개별법에서 특별한 불복절차를 규정하고 있다면 해당 절차에 의하여야 한다. 반면, 별도로 이러한 절차를 규정하고 있지 않다면 항고소송을 제기하여 불복할 수 있다. 개정 전 건축법에서는 이행강제금의 이의절차에 관하여 비송사건절차법에 의하도록 규정하고 있었다. 그러나 2005년 건축법 개정시 이 규정을 삭제함으로써 현재는 건축법에 별도로 이행강제금에 대한 불복절차가 규정되어 있지 않다. 따라서 현행 건축법에 의할 때 이행강제금에 대한 불복은 항고소송을 통해 할 수 있다.

13 답 ①

| 출제단원 | Part 02 행정작용 및 절차법 |
| 출제영역 | 행정절차법 |

① (O) 행정절차법 제17조 제7항에서 '행정청은 신청인의 편의를 위하여 다른 행정청에 신청을 접수하게 할 수 있다. 이 경우 행정청은 다른 행정청에 접수할 수 있는 신청의 종류를 미리 정하여 공시해야 한다.'고 하여 신청인의 편의를 위한 조치를 규정하고 있다.

② (X) 행정절차법 제17조 제1항에서 '행정청에 처분을 구하는 신청은 문서로 하여야 한다. 다만, 다른 법령 등에 특별한 규정이 있는 경우와 행정청이 미리 다른 방법을 정하여 공시한 경우에는 그러하지 아니하다.'고 하여 예외를 인정하고 있다. 따라서 일정한 경우(= 특별한 규정이 있는 경우, 행정청이 미리 다른 방법을 정해 공시한 경우)에는 예외가 인정되므로 행정청에 처분을 구하는 신청을 문서로만 할 수 있는 것은 아니다.

③ (X) 처분을 신청할 때 전자문서로 하는 경우에는 「행정청」의 컴퓨터 등에 입력된 때에 신청한 것으로 본다(행정절차법 제17조 제2항). 즉, 신청인의 컴퓨터 등에 입력된 때에 신청한 것으로 보는 것이 아니다.

④ (X) 행정절차법 제17조 제5항과 제6항에 의할 때, 신청에 구비서류의 미비 등 흠이 있는 경우 행정청은 다음과 같은 순서로 처리한다.

| 보완요구 | 보완에 필요한 상당한 기간을 정하여 지체 없이 신청인에게 보완을 요구하여야 한다. |
| 접수된 신청반려 | 만약 신청인이 기간 내에 보완을 하지 아니하였을 때에는 행정청은 그 이유를 구체적으로 밝혀 접수된 신청을 되돌려 보낼 수 있다. |

즉, 행정청은 신청에 흠이 있는 경우 바로 접수된 신청을 되돌려 보낼 수 있는 것이 아니며, 보완요구가 선행되어야 한다.

14 답 ②

| 출제단원 | Part 02 행정작용 및 절차법 |
| 출제영역 | 행정행위의 직권취소와 철회 |

① (X) 직권취소란 일단 유효하게 성립한 행정행위를 처분청이 성립 당시의 하자를 이유로 직권으로 그 효력을 소멸시키는 것을 말한다. 부담적 행정행위의 직권취소는 처분의 상대방에게 이익이 된다. 따라서 부담적 행정행위는 처분청이 자유롭게 직권취소할 수 있다. 반면, 수익적 행정행위의 직권취소는 처분의 상대방에게 불이익이 된다. 따라서 상대방의 신뢰를 보호하기 위해 직권취소가 제한될 수 있다.

② (O) 철회권의 유보란 행정행위를 함에 있어 일정한 경우에 행정행위를 철회할 수 있음을 정한 부관을 말한다. 철회권이 유보된 경우에는 행정행위가 철회될 가능성이 있다는 것이 이미 당사자에게 알려져 있는 것이므로, 행정행위가 철회되지 않고 계속될 것이라는 상대방의 신뢰는 보호되지 않는다. 즉, 철회권이 유보된 경우 신뢰보호의 원칙은 적용되지 않는다. 참고로 철회권이 유보된 경우에도 철회의 제한이론인 이익형량의 원칙은 적용된다. 즉, 철회를 할 공익상 필요와 상대방에게 가해지는 불이익을 형량하여 철회를 할 공익상 필요가 큰 경우이어야만 철회가 가능하다.

③ (X) 철회사유가 법령에 규정되어 있는 경우, 부관으로 철회권이 유보되어 있는 경우, 부담을 불이행한 경우, 사실관계의 변화, 법적 상황의 변화, 기타 중대한 공익상의 필요가 있는 경우 등에 철회가 가능하다고 본다. 따라서 철회권이 유보되어 있는 경우라면 별도로 법적 근거가 없다고 하더라도 철회가 가능하다.

④ (X) 불가쟁력이란 하자 있는 행정행위라 할지라도 불복기간이 경과하거나, 쟁송수단을 모두 다 거친 이후에는 상대방 또는 이해관계인이 더 이상 행정행위의 효력을 쟁송절차를 통해 다툴 수 없게 되는 힘을 말한다. 이와 관련하여 대법원은 제소기간이 이미 도과하여 불가쟁력이 생긴 행정처분에 대하여는 개별법규에서 그 변경을 요구할 신청권을 규정하고 있거나 관계법령의 해석상 그러한 신청권이 인정될 수 있는 등 특별한 사정이 없는 한 국민에게 그 행정처분의 변경을 구할 신청권이 인정되지는 않는다고 본다(대법원 2007. 4. 26. 2005두11104).

15 답 ①

| 출제단원 | Part 04 행정소송법 |
| 출제영역 | 항고소송의 대상 |

항고소송의 대상이 되는 처분이란 「행정청이 행하는 구체적 사실에 관한 법집행으로서의 공권력의 행사 또는 그 거부와 그 밖에 이에 준하는 행정작용」을 말한다(행정소송법 제2조 제1항 1호).

ㄱ. (O) 대법원은 국가인권위원회의 성희롱결정과 시정조치의 권고는 성희롱 행위자로 결정된 자의 인격권에 영향을 미치며 동시에 공공기관의 장 또는 사용자에게 일정한 법률상의 의무를 부담시키는 것이므로 국가인권위원회의 성희롱결정 및 시정조치권고는 행정소송의 대상이 되는 행정처분에 해당한다고 본다(대법원 2005. 7. 8. 2005두487).

ㄴ. (O) 대법원은 지목은 토지행정의 기초로서 공법상의 법률관계에 영향을 미치고, 토지소유자는 지목을 토대로 토지의 사용·수익·처분에 일정한 제한을 받게 되는 점 등을 고려하면, 지목은 토지소유권을 제대로 행사하기 위한 전제요건으로서 토지소유자의 실체적 권리관계에 밀접하게 관련되어 있다고 본다. 따라서 지적공부 소관청의 지목변경신청 반려행위는 국민의 권리관계에 영향을 미치는 것으로서 항고소송의 대상이 되는 행정처분에 해당한다고 본다(대법원 2004. 4. 22. 2003두9015 전합).

ㄷ. (X) 대집행은 '계고 → 대집행영장에 의한 통지 → 대집행의 실행 → 비용징수'라는 절차를 거친다. 이때 계고란 상당한 기간 내에 의무의 이행을 하지 않으면 대집행을 한다는 의사를 사전에 통지하는 행위를 말한다. 이와 관련하여 대법원은 반복된 계고의 경우 1차 계고가 처분이며, 그 이후의 2차·3차 계고는 새로운 철거의무를 부과한 것이 아니라, 대집행기한의 연기통지에 불과하여 행정처분이 아니라고 본다(대법원 1994. 10. 28. 94누5144).

ㄹ. (X) 대법원은 국세기본법에 따른 세무서장의 국세환급금에 대한 결정은 이미 확정된 국세환급금에 대하여 내부적인 사무처리절차로서 과세관청의 환급절차를 규정한 것에 지나지 않는다고 본다. 즉, 세무서장의 국세환급금의 결정에 의하여 비로소 환급청구권이 확정되는 것이 아니므로, 국세환급금결정이나 그 결정을 구하는 신청에 대한 환급거부결정 등은 항고소송의 대상이 되는 처분이라고 볼 수 없다고 본다(대법원 1994. 12. 2. 92누14250).

ㅁ. (O) 대법원은 지방계약직공무원에 대한 보수의 삭감은 이를 당하는 공무원의 입장에서는 징계처분의 일종인 감봉과 다를 바 없다고 본다. 따라서 지방계약직공무원에 대하여 지방공무원법 등에서 정한 징계절차에 의하지 않고서는 보수를 삭감할 수 없다고 하였다(대법원 2008. 6. 12. 2006두16328). 즉, 지방계약직공무원에 대한 보수의 삭감은 처분에 해당한다는 것이다.

16 답 ②

출제단원 Part 03 행정의 실효성 확보수단
출제영역 행정질서벌

① (O) 행정질서벌이란 행정법규 위반에 대하여 과태료가 과하여지는 행정벌을 말한다. 참고로 행정벌이란 행정의 상대방이 행정법상 의무를 위반한 경우에 국가 또는 지방자치단체가 행정의 상대방에게 과하는 행정법상의 제재로서의 처벌을 말하며, 행정벌에는 행정형벌과 행정질서벌(과태료)이 있다.

② (X) 「질서위반행위규제법」에서 행정질서벌의 성립요건과 부과절차 등에 관해 규정하고 있다. 동법 제13조 제1항에서는 '하나의 행위가 2 이상의 질서위반행위에 해당하는 경우에는 각 질서위반행위에 대하여 정한 과태료 중 가장 중한 과태료를 부과한다.'고 규정하고 있다.

③ (O) 질서위반행위규제법 제8조에서는 '자신의 행위가 위법하지 아니한 것으로 오인하고 행한 질서위반행위는 그 오인에 정당한 이유가 있는 때에 한하여 과태료를 부과하지 아니한다.'고 규정하고 있다. 즉, 위법성의 착오가 있는 경우에는 정당한 이유가 있는 때에 한하여 과태료를 부과하지 않는다는 것이다.

④ (O) 질서위반행위규제법 제12조 제2항에서는 '신분에 의하여 성립하는 질서위반행위에 신분이 없는 자가 가담한 때에는 신분이 없는 자에 대하여도 질서위반행위가 성립한다.'고 규정하고 있다.

17 답 ④

출제단원 Part 04 행정소송법
출제영역 사정판결

원고의 청구가 이유 있다고 인정하는 경우에도, 즉 처분 등이 위법한 경우에 처분 등을 취소하는 것이 현저히 공공복리에 적합하지 아니하다고 인정하는 때에는 법원은 원고의 청구를 기각할 수 있는데 이를 「사정판결」이라고 한다.

① (O) 사정판결은 해당 처분 등의 위법성을 인정하면서도 원고의 청구를 기각하는 판결이다. 따라서 사정판결이 있더라도 원고는 손해배상청구를 할 수 있어야 하고, 위법한 처분 등의 존재를 전제로 한 행정청의 후속 처분을 저지할 필요도 있다. 따라서 사정판결의 대상인 처분 등이 위법한 것임을 법적으로 확정할 필요가 있다. 이에 행정소송법에서는 '사정판결을 하는 경우 법원은 판결의 주문에서 그 처분 등이 위법함을 명시해야 한다.'고 규정하여 해당 처분이 위법함을 밝히도록 하는 것이다(제28조 제1항 2문).

② (O) 앞에서 설명한 바와 같이 사정판결에 대한 옳은 설명이다.

③ (O) 법원이 사정판결을 함에 있어서는 미리 원고가 그로 인하여 입게 될 손해의 정도와 배상방법 그 밖의 사정을 조사하여야 한다(행정소송법 제28조 제2항). 이는 원고가 입게 될 손해를 조사하여 사정판결을 하기 위한 이익형량의 기준으로 삼기 위한 것이라고 할 수 있다.

④ (X) 사정판결은 처분 등이 위법함에도 불구하고 공공복리를 고려하여 해당 처분의 효력만을 유지시키는 것이다. 따라서 원고가 해당 처분 등으로 인해 입은 손해는 국가배상법에 따라 배상이 이루어져야 하고, 손해의 발생 내지 확대를 막기 위한 구제방법이 있다면 이를 청구할 수 있도록 해야 할 것이다. 이에 행정소송법에서는 '원고는 피고인 행정청이 속하는 국가 또는 공공단체를 상대로 손해배상, 제해(除害)시설(= 손해의 발생 및 확대를 제거할 수 있는 시설)의 설치 그 밖에 적당한 구제방법의 청구를 당해 취소소송 등이 계속된 법원에 병합하여 제기할 수 있다.'고 하여 원고의 권익구제의 측면을 고려하고 있다(제28조 제3항).

18 답 ②

출제단원 Part 02 행정작용 및 절차법
출제영역 인·허가의제제도

제시된 건축법 제11조 제5항을 보면 건축허가를 받으면 다른 허가 등을 받거나 신고를 한 것으로 보도록 하고 있다. 이와 같이 「주된 인·허가」를 신청하여 이에 대한 인·허가를 받으면 관련법률의 규정에 따라 「다른 인·허가」까지도 받은 것으로 보는 것과 같이 하나의 인·허가를 받으면 다른 허가, 인가, 특허, 신고 또는 등록을 받은 것으로 보는 것을 인·허가의제제도라고 한다.

① (X) 인·허가의제의 절차와 관련하여 주무행정청은 주된 인·허가에 요구되는 절차만을 준수하면 되는지, 아니면 의제되는 인·허가에 요구되는 절차까지 아울러 준수하여야 하는지가 문제된다. 이에 대하여 대법원은 주된 인·허가에 요구되는 절차만을 거치면 되고 의제되는 인·허가의 절차를 거칠 필요는 없다고 본다(대법원 1992. 11. 10. 92누1162). 이러한 대법원의 입장을 '절차집중설'이라고 한다. 절차가 집중되므로 주된 인·허가에 요구되는 절차만을 거치면 된다는 의미이다. 따라서 주무행정청인 서울시장은 건축허가를 하는 경우에 의제되는 농지전용허가에 대한 절차까지 준수할 필요는 없다.

② (O) 인·허가의제제도에서 다른 인·허가기관의 인·허가를 받지 않는 대신 해당 기관의 협의를 거치도록 하는 것이 보통이다. 이때 의제되는 인·허가기관의 협의의 의미와 관련하여 견해가 대립한다. 즉, 이때의 협의는 단순히 협의일 뿐이므로 주무행정청은 관계기관의 협의의견을 고려하여 독자적으로 판단할 수 있다는 견해(협의설)와 협의를 실질상 동의로 보아야 하므로 주무행정청은 관계기관과의 협의 결과에 따라야 한다는 견해(동의설)가 대립한다. 대법원의 입장은 명확하지는 않지만 동의설을 취한 것으로 보아야 한다는 평가가 많다. 따라서 동의설에 의할 때 관계기관인 농림축산식품부장관과의 협의에서 의제되는 인·허가인 농지전용허가를 하지 않기로 결정하였다면 주무행정청인 서울시장은 주된 인·허가인 건축허가를 할 수 없다.

③ (X) 대법원은 허가권자가 「주된 인·허가 신청에 대한 거부처분」을 하면서 그 사유로 「의제되는 인·허가의 요건이 구비되지 않았음」을 들고 있다고 하여 「주된 인·허가 신청에 대한 거부처분」 외에 별개로 「의제되는 인·허가에 대한 거부처분」이 존재하는 것은 아니라고 본다. 따라서 인·허가 신청인은 「주된 인·허가 신청에 대한 거부처분」에 관한 쟁송에서 허가권자가 불허가사유로 제시한 「의제되는 인·허가의 요건이 구비되지 않았음」에 대하여 다투어야 한다고 본다. 즉, 존재하지도 않는 「의제되는 인·허가에 대한 거부처분」에 관해서는 별도로 쟁송을 제기할 수는 없다는 것이다(대법원 2001. 1. 16. 99두10988). 따라서 서울시장이 의제되는 인·허가인 「농지전용허가의 요건 불비」를 이유로 주된 인·허가인 「건축허가에 대한 불허가처분」을 한 때에는 주된 인·허가신청에 대한 거부처분인 건축불허가처분에 대하여 취소소송을 제기하여야 하는 것이며, 존재하지도 않는 농지전용허가 거부처분에 대하여 취소소송을 제기할 수는 없다.

④ (X) ①번 해설에서 살펴본 바와 같이 「인·허가의제의 절차」와 관련해서는 절차가 집중되므로 주된 인·허가에 관해 규정된 절차만 거치면 된다는 절차집중설이 대법원의 입장이다. 이와 비교하여, 주무행정청이 주된 인·허가를 하기 위해 주된 인·허가의 실체적 요건만을 충족하면 되는 것인지, 아니면 의제되는 인·허가의 실체적 요건까지도 충족해야 하는지 문제된다. 이와 관련하여 대법원은 주무행정청은 의제되는 인·허가의 실체적 요건까지 모두 충족하여야만 주된 인·허가를 할 수 있다고 본다(대법원 2016. 8. 24. 2016두35762). 이러한 대법원의 입장을 '실체집중부정설'이라고 한다. 실체적 측면은 집중되지 않으므로 주무행정청은 주된 인허가의 요건뿐만 아니라 의제되는 인·허가의 요건까지 충족해야만 주된 인·허가를 할 수 있다는 것이다. 참고로 '실체집중설'이란 실체적 측면이 집중되므로 주된 인·허가의 실체적 요건만을 충족하면 되고, 의제되는 인·허가의 실체적 요건은 충족할 필요가 없다는 견해이다.

19

답 ②

| 출제단원 | Part 04 행정소송법 |
| 출제영역 | 집행정지 |

행정소송법 제23조 제1항에서 '취소소송의 제기는 처분 등의 효력이나 그 집행 또는 절차의 속행에 영향을 주지 아니한다.'고 하여 「집행부정지의 원칙」을 규정하고 있다. 다만, 제2항에서 일정한 요건하에 「예외적으로 집행정지」를 인정하고 있다.

① (O) 집행정지를 하기 위해서는 적법한 본안소송이 법원에 계속되어 있어야 한다. 행정소송법 제23조 제2항에서 「'취소소송이 제기된 경우에」 처분 등이나 그 집행 또는 절차의 속행으로 인하여 생길 회복하기 어려운 손해를 예방하기 위하여 긴급한 필요가 있다고 인정할 때에는 「본안이 계속되고 있는 법원」은 당사자의 신청 또는 직권에 의하여 처분 등의 효력이나 그 집행 또는 절차의 속행의 전부 또는 일부의 정지를 결정할 수 있다.'고 규정하고 있다. 이 규정에서 「취소소송이 제기된 경우에」라거나 「본안이 계속되고 있는 법원」이라는 표현은 본안소송이 법원에 계속 중일 것을 집행정지의 요건의 하나로 규정하고 있음을 말해 주는 것이다.

② (X) 대법원은 집행정지결정을 하려면 이에 대한 본안소송이 법원에 제기되어 계속 중임을 요건으로 하는 것이므로 집행정지결정을 한 후에라도 본안소송이 취하되어 소송이 계속하지 않은 것으로 되면 집행정지결정은 당연히 그 효력이 소멸되는 것이고 별도의 취소조치를 필요로 하는 것이 아니라고 본다(대법원 2007. 6. 28. 자 2005무75).

③ (O) 행정소송법 제24조 제1항에서는 '집행정지의 결정이 확정된 후 집행정지가 공공복리에 중대한 영향을 미치거나 그 정지사유가 없어진 때에는 당사자의 신청 또는 직권에 의하여 결정으로써 집행정지의 결정을 취소할 수 있다.'고 하여 집행정지의 취소에 대하여 규정하고 있다.

④ (O) 집행정지의 요건을 정리하면 다음과 같다.

적극적 요건	법원이 집행정지결정을 하기 위해 적극적으로 존재할 것이 요구되는 요건 → 적법한 본안소송이 계속 중일 것, 처분 등이 존재할 것, 회복하기 어려운 손해를 예방하기 위한 것일 것, 긴급한 필요가 있을 것
소극적 요건	집행정지결정을 위하여 존재하여서는 안 되는 요건 → 공공복리에 중대한 영향이 없을 것, 본안청구의 이유 없음이 명백하지 않을 것

이러한 요건들에 대하여 소송에서 누구에게 주장·소명책임이 있는지에 대하여 대법원은 다음과 같이 판단하고 있다.

적극적 요건	원칙적으로 신청인 측에 있다.
소극적 요건	행정청에 있다.

따라서 집행정지의 소극적 요건에 대한 주장·소명책임은 행정청에 있다는 설명은 옳다.

20

답 ②

| 출제단원 | Part 04 행정소송법 |
| 출제영역 | 취소판결의 효력 - 기속력 |

처분 등을 취소하는 확정판결은 그 사건에 관하여 당사자인 행정청과 그 밖의 관계행정청을 기속하는데, 이를 기속력이라고 한다(행정소송법 제

30조). 문제에서 갑(甲)이 제기한 거부처분취소소송에서 갑의 청구를 인용하는 인용판결이 내려졌으므로 기속력이 발생한다. 기속력은 기각판결에는 인정되지 않고, 인용판결에만 인정된다. 기속력은 반복금지효, 재처분의무, 결과제거의무를 그 내용으로 한다.

① (O) 행정소송법 제30조 제2항에서 '판결에 의하여 취소되는 처분이 당사자의 신청을 거부하는 것을 내용으로 하는 경우에는 그 처분을 행한 행정청은 판결의 취지에 따라 다시 이전의 신청에 대한 처분을 하여야 한다.'고 규정하고 있다. 이에 의해 취소판결이 있을 경우 행정청은 판결의 취지에 따른 처분을 하여야 하는데 이를 '재처분의무'라고 한다. 이때 거부처분이 「절차상 하자를 이유로 취소된 경우」에는 절차에 잘못이 있다는 것일 뿐이므로, 처분청은 절차상 하자를 보완하여 적법한 절차를 거쳐 이전과 동일하게 거부처분을 할 수도 있다.

② (X) ①과 달리 거부처분이 「실체적 하자를 이유로 취소된 경우」에 처분청의 재처분의무의 내용은 다음과 같이 구분하여 판단한다.

당사자가 신청한 처분의 종류	처분청의 재처분의무의 내용
기속행위 · 재량이 영으로 수축된 경우	행정청은 당사자의 신청을 받아들이는 처분을 해야 한다.
재량행위	행정청은 재량의 하자 없는 재처분을 하면 된다. 그 결과 재처분은 상대방의 신청을 받아들이는 처분일 수도 있고, 거부하는 처분일 수도 있다.

따라서 거부처분이 실체적 위법을 이유로 취소된 경우라도 당사자가 신청한 처분이 재량행위라면 행정청은 하자 없는 재량을 행사하여 다시 상대방의 신청을 거부하는 처분을 할 수도 있으므로 A행정청이 취소판결의 기속력에 의해 갑에게 다시 거부처분을 할 수 없다고 단정적으로 말할 수는 없다. 또한 취소판결의 기속력은 처분 당시를 기준으로 그때까지 존재하던 처분사유에만 미치기 때문에 A처분청이 처분 이후에 생긴 새로운 사유를 내세워 다시 갑에게 거부처분을 할 수도 있다.

③ (O) 대법원은 기속력에 위반하여 한 행정청의 행위는 그 하자가 중대하고 명백하여 무효라고 본다(대법원 1990. 12. 11. 90누3560). 따라서 A행정청이 기속력에 반하는 재처분을 한 경우, 그 처분은 당연무효이다.

④ (O) 행정청이 「거부처분의 취소판결의 취지에 따라 처분을 하지 않을 때」에는 제1심 수소법원은 당사자의 신청에 의해 결정으로써 상당한 기간을 정하고 행정청이 그 기간 내에 이행하지 않을 때에는 그 지연기간에 따라 일정한 배상을 할 것을 명하거나, 즉시 손해배상을 할 것을 명할 수 있는데 이를 간접강제라고 한다(행정소송법 제34조). 이때 간접강제를 할 수 있는 상황인 「거부처분의 취소판결의 취지에 따라 처분을 하지 않을 때」의 의미와 관련하여 대법원은 거부처분에 대한 취소의 확정판결이 있음에도 「행정청이 아무런 재처분을 하지 않은 경우」뿐만 아니라 「재처분을 하였다 하더라도 종전 거부처분에 대한 취소의 확정판결의 기속력에 반하는 등으로 당연무효인 경우」도 아무런 재처분을 하지 않을 때와 마찬가지라 할 것이므로 이러한 경우에는 간접강제신청에 필요한 요건을 갖춘 것으로 보아야 한다고 본다(대법원 2002. 12. 11. 자 2002무22). 따라서 A행정청이 재처분을 하였더라도 기속력에 위반되어 당연무효인 경우에는 간접강제의 대상이 된다.

2018년 교육행정직 9급
행정법총론

문제편 p.146

01 ① 02 ② 03 ① 04 ② 05 ③ 06 ② 07 ④ 08 ① 09 ③ 10 ④
11 ③ 12 ① 13 ④ 14 ③ 15 ④ 16 ④ 17 ④ 18 ① 19 ④ 20 ②

01

답 ①

출제단원 Part 01 행정법 서설
출제영역 법치행정의 원칙

① (X) 일정한 행정작용은 법에 근거해야 한다는 원칙을 「법률유보의 원칙」이라고 한다. 대법원은 법률유보의 원칙이 적용되는 행정범위가 어디까지인지에 대하여 중요사항유보설의 입장에서 판단한다. 중요사항유보설이란 공동체나 시민에게 중요한 행정권의 조치는 법률의 근거를 요하며, 중요성의 정도에 비례하여 보다 구체적인 규율을 해야 한다는 견해이다. 예를 들어, 대법원은 지방의회의원에 대하여 유급보좌인력을 두는 것은 지방의회의원의 신분 · 지위 및 그 처우에 관한 현행 법령상의 제도에 중대한 변경을 초래하는 것으로서, 이는 개별 지방의회의 조례로써 규정할 사항이 아니라 국회의 법률로써 규정하여야 할 입법사항이라고 본다(대법원 2013. 1. 16. 2012추84).

② (O) 헌법 제96조에서는 '행정각부의 설치 · 조직과 직무범위는 법률로 정한다.'고 규정하여 행정조직법정주의를 채택하고 있다. 행정조직법정주의란 행정조직에 관한 사항은 기본적으로 법률로 정해야 한다는 원칙을 말한다. 이와 같이 「조직법적 근거」는 모든 행정권 행사에 있어서 당연히 요구된다. 따라서 법률유보의 원칙에서 문제되는 법적 근거는 「작용법적 근거」를 말한다. 작용법적 근거란 행정주체가 행정목적을 달성하기 위해 행하는 일체의 법률적 · 사실적 작용에 대한 법적 근거를 말한다.

③ (O) '법률우위의 원칙'이란 모든 행정작용은 법에 위반해서는 안 된다는 원칙을 말한다. 이 원칙은 행정의 전 영역에 적용된다. 즉, 수익적 행위인가, 침익적(= 침해적) 행위인가를 가리지 않는다. 반면, 일정한 행정작용은 법에 근거해야 한다는 '법률유보의 원칙'의 적용범위에 대해서는 견해가 대립하며, '중요사항유보설'이 대법원과 헌법재판소의 입장이다.

④ (O) 국가의 행정작용이 위헌적 절차에 따라 제정된 법률에 구속되는 것은 아니다. 따라서 국가의 행정작용이 법률에 위반되어서는 안 된다는 원칙인 법률우위의 원칙에서 국가의 행정작용의 기준이 되는 법률은 합헌적 절차에 따라 제정된 것이어야 한다.

02

답 ②

출제단원 Part 01 행정법 서설
출제영역 행정법의 법원(法源)

행정법의 법원(法源)이란 정부나 지방자치단체가 행정을 행함에 있어 따르고 집행하여야 할 법의 종류를 의미하는 것으로서, 문자로 기록된 성문법원과 문자로 기록되지 않은 불문법원이 있다.

① (O) 「처분적 법률」이란 국회에서 제정된 법률이 행정부의 집행행위

없이도 법률 그 자체로서 직접 국민에게 권리·의무를 발생시킬 수 있는 법률을 말한다. 처분적 법률은 행정부가 해야 할 법률집행을 입법부가 행한다는 점에서 권력분립의 원리와 충돌하는 것은 아닌지 문제되지만, 처분적 법률이라고 하여 곧바로 위헌인 것은 아니며, 합리적인 이유로 정당화될 수 있는 경우에는 합헌적일 수 있다고 본다. 그런데 이러한 처분적 법률도 헌법에서 정해진 절차에 따라 국회에서 제정되는 것이므로 「형식적 의미의 법률」에 해당한다. 참고로 「형식적 의미의 법률」이란 헌법에서 정해진 절차에 따라 국회에서 제정된 법규범을 말한다.

② (X) 일정한 사실들이 장기간 반복되고, 국민들이 장기간 반복되는 사실에 대하여 법적 확신을 가지게 되었을 때, 이러한 사실을 「관습법」이라고 한다. 관습법은 성문법이 존재하지 않거나 불완전한 경우에만 적용된다고 보는 「보충적 효력설」이 통설과 판례의 입장이다. 따라서 관습법이 이미 존재하는 성문법을 고치거나 폐지하는 효력(= 개폐적 효력)을 가지는 것은 아니다.

③ (O) 행정규칙이란 행정조직 내부에서 행정의 사무처리기준으로서 제정된 일반적·추상적 규범을 말한다. 행정규칙은 일반적·추상적인 명령인 점에서는 법규명령과 같으나, 원칙적으로 국민을 구속하는 성질(= 법규성)을 갖지 않는다는 점에서 법규명령과 다르다. 이와 같이 원칙적으로 법규성이 인정되지 않는 행정규칙이 법원(法源)에 포함되는지에 대하여 다음과 같이 견해가 대립한다.

협의설	외부적으로 구속력을 갖는 법규만을 행정법의 법원으로 보는 견해 → 행정규칙의 법원성 부정
광의설 (다수설)	외부적으로 구속력을 갖는 법규 외에 행정사무처리기준(= 행정규칙)까지 법원으로 보는 견해 → 행정규칙의 법원성 긍정

다만, 어느 견해에 의하더라도 법령보충규칙과 같이 예외적으로 법규성이 인정되는 행정규칙의 경우에는 법원성을 인정할 수 있다. 참고로 법령보충규칙(= 법령보충적 행정규칙)이란 법률에서 규정한 내용을 구체화할 필요가 있어 법령의 위임을 받아 그 구체적인 내용을 훈령이나 고시와 같은 행정규칙의 형식으로 정하는 경우를 말한다.

④ (O) 조리란 「사물의 본질적 법칙」 또는 「일반사회의 정의감에 비추어 반드시 그러하여야 할 것이라고 인정되는 것」을 의미한다. 재판을 담당하는 법원(法院)은 어떠한 사건에 적용할 법이 없다는 이유로 재판을 거부할 수 없는데, 이러한 경우에 조리에 따라 재판을 하게 된다. 즉, 조리는 보충적인 법원(法源)으로서 기능한다.

03 답 ①

| 출제단원 | Part 01 행정법 서설 |
| 출제영역 | 공법관계와 사법관계 |

행정활동을 기초로 하여 맺어지는 법률관계를 「행정상 법률관계」라고 한다. 행정상 법률관계에는 행정법에 의하여 규율되는 관계인 「공법관계」와 사법에 의하여 규율되는 관계인 「사법관계」가 있다.

ㄱ. (O) 공법관계와 사법관계는 1차적으로 「관련법규정」을 기준으로 구별한다. 예를 들어, 어떤 법규에서 행정상 강제집행 등 권력적 행위를 규율대상으로 하고 있다면 그 법규는 공법이며, 그 법규의 대상이 되는 법률관계는 공법관계가 되는 것이다. 만약 관련법규에 의해서도 명확하게 구별되지 않는 경우에는 2차적으로 해당 「법률관계의 성질」을 기준으로 공법관계와 사법관계를 구별하게 된다. 이때 구별기준에 대하여 견해의 대립이 있는데, 어느 학설도 완벽하지 못하므로 여러 기준들을 종합적으로 고려해야 한다는 종합설이 통설이다.

ㄴ. (O) 공법관계에 관한 소송은 행정소송으로 제기해야 하고, 사법관계에 관한 소송은 민사소송으로 제기해야 한다. 참고로 공법관계와 사법관계를 구별하는 실익을 정리하면 다음과 같다.

구분	공법관계	사법관계
적용 법원리	공익실현을 중심으로 하는 공법원리 적용	사적 자치를 중심으로 하는 사법원리 적용
관련 소송법	행정소송법 적용	민사소송법 적용
손해배상	공무원의 직무상 불법행위 → 국가배상법 적용	사인의 불법행위 → 민법 적용

ㄷ. (X) 대법원은 중학교 의무교육의 위탁관계는 초·중등교육법 등 관련법령에 의하여 정해지는 공법적 관계라고 본다. 따라서 대등한 당사자 사이의 자유로운 의사를 전제로 사익 상호 간의 조정을 목적으로 하는 민법의 규정이 그대로 준용된다고 보기 어렵다고 판단하였다(대법원 2015. 1. 29. 2012두7387).

ㄹ. (X) 행정사법관계란 행정주체가 사법형식에 의해 공적 임무(= 공행정)를 수행함에 있어서 국민과 맺는 법률관계를 말한다. 오늘날 행정주체는 공법규정에서의 여러 부담과 제약에서 벗어나 행정을 효율적으로 수행하기 위해 일정한 경우에 사법형식에 의해 공행정을 수행하는 경우가 있다. 철도사업, 전기·가스 등 공급사업 등을 예로 들 수 있다. 이러한 행정사법관계는 공법형식의 제약에서 벗어나 사법형식에 의해 규율되는 법률관계이므로 기본적으로 사법관계이며 사법에 의해 규율된다. 다만, 그 실질은 공행정이므로 일정한 공법원리(= 평등의 원칙, 비례의 원칙 등)는 적용된다.

04 답 ②

| 출제단원 | Part 01 행정법 서설 |
| 출제영역 | 개인적 공권 |

개인적 공권이란 개인이 자기의 이익을 추구하기 위해 국가 등 행정주체에 대하여 일정한 행위를 요구할 수 있는 법적인 힘을 말한다. 법률에 의한 개인적 공권이 성립하기 위해서는 법률의 「강행법규성(= 행정권에 대한 의무의 부과)」과 「사익보호성(= 사익보호 목적의 존재)」이 인정되어야 한다(= 공권의 2요소론).

① (X) 처분의 상대방이 아닌 제3자에게도 개인적 공권이 성립할 수 있는지 문제된다. 이와 관련하여 경업자관계와 경원자관계에서 개인적 공권이 인정되는지 살펴보면 다음과 같다.

구분	경업자(競業者)관계	경원자(競願者)관계
의의	특허 등을 받아 사업을 영위하고 있는 기존업자(= 제3자)와 신규로 특허 등을 받아 서로 경쟁관계에 있게 된 자(= 처분의 상대방)와의 관계	경쟁관계에 있는 수인의 신청을 받아 일부에 대하여만 인·허가를 할 수밖에 없는 경우에 인·허가를 받지 못한 자(= 제3자)와 인·허가를 받은 자(= 처분의 상대방)와의 관계

	개인적 공권 인정 여부	대법원은 일반적으로 특허로 받는 기존업자의 이익은 법률상 이익(= 개인적 공권)으로 본다. 반면, 허가로 받는 기존업자의 이익은 법률상 이익이 아니라 사실상 이익(= 반사적 이익)에 불과하다고 본다. 다만, 예외적으로 허가로 받는 기존업자의 이익을 법률상 이익으로 본 경우도 있다.	대법원은 경원자관계에서 「인·허가 등의 처분을 받지 못한 자」는 인·허가 등 처분의 상대방은 아니지만 처분의 취소를 구할 법률상 이익(= 개인적 공권)이 인정된다고 본다.

즉, 대법원은 「경업자관계」에서 기존업자가 특허로 영업상 이익을 얻고 있는 경우에는 법률상 이익을 인정하여 개인적 공권이 성립된다고 보는 반면, 기존업자가 허가로 영업상 이익을 얻고 있는 경우에는 법률상 이익을 부정하여 개인적 공권이 성립되지 않는다고 본다. 「경원자관계」에서는 인·허가를 받지 못한 자가 상대방에게 내려진 인·허가를 다툴 수 있는 법률상 이익을 인정하여 개인적 공권이 성립된다고 본다.

② (O) 무하자재량행사청구권이란 행정청에게 재량권이 부여되어 있는 경우에 행정청에 대하여 재량권을 흠 없이 행사하여 줄 것을 청구할 수 있는 권리를 말한다. 즉, 특정한 내용의 처분을 하여 줄 것을 청구하는 권리가 아니고, 재량권을 흠 없이 행사하여 줄 것을 청구하는 권리라는 점에서 형식적 권리에 해당한다. 무하자재량행사청구권은 재량권이 인정되는 모든 행정권의 행사에 인정될 수 있으며, 「특허처분이나 공직임용」과 같은 「수익적 행정행위」뿐만 아니라, 「제재처분이나 허가의 취소나 정지처분」과 같은 「부담적 행정행위」에도 인정된다.

③ (X) 경찰권이란 사회공공의 안녕질서를 유지하기 위하여 일반통치권에 의거하여 개인에게 명령·강제하는 권한으로서 개인적 공권이 아니라 국가적 공권에 해당한다. 국가적 공권이란 국가, 공공단체 등 행정주체가 우월한 의사주체로서 상대방인 사인에 대하여 가지는 권리를 말한다. 참고로 경찰권은 구체적인 상황에 따라 탄력적으로 대응할 수 있도록 하기 위해 통상 재량행위로 규정되어 있다. 경찰권의 행사에 재량권이 인정되는 경우에도 재량권은 하자 없이 행사되어야 한다. 따라서 이에 대응하여 법률상 이익이 있는 개인은 무하자재량행사청구권을 갖는다. 그런데 사람의 생명·신체 및 재산 등 중요한 법익에 대한 급박하고 중대한 위험이 존재하고, 이러한 위험이 경찰권의 발동에 의해 제거될 수 있는 경우에는 재량권이 영으로 수축된다. 재량권이 영으로 수축되는 경우에는 경찰기관이 경찰권 발동 여부에 관하여 재량을 행사할 수는 없고, 경찰기관은 경찰권을 발동할 의무를 지게 된다. 즉, 재량권이 영으로 수축되는 경우에는 「무하자재량행사청구권」이 특정한 내용의 처분을 하여 줄 것을 청구할 수 있는 「행정개입청구권」으로 전환되는 것이다. 다만, 이러한 권리가 자치경찰제의 도입까지 요구할 수 있는 권리를 의미하지는 않는다.

④ (X) 행정청이 주거지역 내에서 도시계획법과 건축법상 제한면적을 초과하는 연탄공장에 대한 건축허가처분을 한 경우에, 이로 인해 불이익을 받고 있는 거주자가 건축허가처분에 대한 취소를 구할 법률상 자격이 있는지 문제된다. 이와 관련하여 대법원은 주거지역 내에 거주하는 사람이 받게 되는 보호이익은 법률에 의하여 보호되는 이익이라고 본다. 따라서 주거지역 내에서 법상 규정하고 있는 제한면적을 초과한 연탄공장에 대한 건축허가처분이 있을 경우에, 이로 인해 불이익을 받고 있는 거주자는 비록 당해 처분의 상대방이 아니라고 하더라도 행정처분으로 말미암아 법률에 의하여 보호되는 이익을 침해받고 있으므로 당해 처분의 취소를 구할 법률상의 자격이 있다고 본다(대법원 1975. 5. 13. 73누96, 97).

05 답 ③

출제단원 Part 02 행정작용 및 절차법
출제영역 행정행위의 종류

행정행위는 행정행위의 법적 효과를 발생시키는 「원인」이 무엇인지를 기준으로 하여 다음과 같이 나눌 수 있다.

구분	법적 효과의 발생원인	종류
법률행위적 행정행위	행정청의 의사	· 명령적 행위 : 하명, 허가, 면제 · 형성적 행위 : 특허, 인가, 공법상 대리행위
준법률행위적 행정행위	법규범의 내용	확인, 공증, 통지, 수리

① (X) 대법원은 「친일반민족행위자 재산의 국가귀속에 관한 특별법」의 취지와 내용에 비추어 보면, 동법에서 정한 친일재산은 친일반민족행위자 재산조사위원회가 국가귀속결정을 하여야 비로소 국가의 소유로 되는 것이 아니라, 특별법의 시행에 따라 그 취득·증여 등 원인행위시에 소급하여 당연히 국가의 소유로 된다고 본다. 따라서 위원회의 국가귀속결정은 당해 재산이 친일재산에 해당한다는 사실을 「확인」하는 이른바 「준법률행위적 행정행위」의 성격을 가진다고 본다(대법원 2008. 11. 13. 2008두13491). 즉, 대법원은 친일반민족행위자 재산조사위원회의 친일재산 국가귀속결정은 강학상 「확인」이라고 본다. 「확인」이란 특정의 사실 또는 법률관계의 존재 여부(= 존부) 또는 옳고 그름(= 정부(正否))에 관하여 의문 또는 다툼이 있는 경우에 행정청이 이를 공권적으로 확인하는 행정행위로서 「준법률행위적 행정행위」 중 하나이다.

② (X) 대법원은 의료법 등에 의한 서울특별시장 또는 도지사의 의료유사업자 자격증 갱신발급행위는 유사의료업자의 자격을 부여 내지 확인하는 것이 아니라, 특정한 사실 또는 법률관계의 존부를 공적으로 증명하는 「공증」행위에 해당한다고 본다(대법원 1977. 5. 24. 76누295). 「공증」이란 특정의 사실 또는 법률관계의 존재 여부를 공적으로 증명하는 행정행위로서 「준법률행위적 행정행위」 중 하나이다. 공증은 의문 또는 다툼이 없는 사항을 대상으로 한다는 점에서 확인과는 다르다.

③ (O) 대법원은 국가공무원법에 의해 공무원이 정년에 달하면 그 사실에 대한 효과로서 공무담임권이 소멸되어 당연히 퇴직되는 것이며, 따로 그에 대한 행정처분이 행하여져야만 비로소 퇴직되는 것은 아니라고 본다. 따라서 정년에 달한 공무원에 대한 정년퇴직발령은 정년퇴직사실을 알리는 이른바 「관념의 통지」에 불과하므로 행정소송의 대상이 되지 않는다고 본다(대법원 1983. 2. 8. 81누263). 참고로 당연퇴직의 통보와 같은 「단순한 사실행위로서의 통지」는 「준법률행위적 행정행위로서의 통지」와 구별해야 한다.

준법률행위적 행정행위로서의 통지	특정인 또는 불특정 다수인에게 어떠한 사실을 알리는 행위로서 「일정한 법적 효과를 발생」시키는 것
단순한 사실행위로서의 통지	일정한 사실을 알리는 행위로서 「법적 효과가 따르지 않는」 것

④ (X) 토지거래계약허가제에 있어서 허가가 의미하는 것이 토지거래를 원천적으로 금지하였다가 사후에 이를 해제하는 것(= 허가)을 의미하는지, 아니면 사인 간의 토지거래를 국가가 후견적으로 돕는 것(= 인가)을 의미하는지 문제된다. 대법원은 토지거래허가제에 있어서 허가가 규제지역 내의 모든 국민에게 전반적으로 토지거래의 자유를 금지하고 일정한 요건을 갖춘 경우에만 금지를 해제하여 계약체결의 자유를 회복시켜 주는 성질의 것이라고 보는 것은 법의 입법취지를 넘어선 지나친 해석이라고 본다. 따라서 규제지역 내에서도 토지거래의 자유가 인정되지만, 토지거래허가를 받음으로써 허가 전의 유동적 무효상태에 있는 법률행위(= 토지거래계약)의 효력이 완성된다고 보아 이때의 허가를 인가적 성질을 띤 것이라고 판단한다(대법원 1991. 12. 24. 90다12243). 즉, 대법원은 토지거래허가제에 있어서의 허가는 강학상 「인가」라고 본다. 「인가」란 제3자의 법률행위를 보충하여 그 법률적 효력을 완성시켜 주는 행정행위로서 「법률행위적 행정행위」 중 하나이다.

06 답 ②

출제단원 Part 02 행정작용 및 절차법
출제영역 행정행위의 효력발생요건

① (O) 송달은 우편, 교부 또는 정보통신망 이용 등의 방법으로 할 수 있다(행정절차법 제14조 제1항). 다만, 정보통신망을 이용한 송달은 송달받을 자가 동의하는 경우에만 한다(제14조 제3항).
② (X) 「송달받을 자의 주소 등을 통상적인 방법으로 확인할 수 없는 경우」 또는 「송달이 불가능한 경우」에는 송달받을 자가 알기 쉽도록 관보, 공보, 게시판, 일간신문 중 하나 이상에 공고하고 「인터넷에도」 공고하여야 한다(행정절차법 제14조 제4항). 즉, 행정절차법의 규정상 인터넷에는 다른 수단들과 함께 추가로 공고하는 것이며, 다른 수단들과 선택적으로 공고할 수 있는 것은 아니다.
③ (O) 우편에 의한 송달은 등기우편을 이용하는 경우와 보통우편을 이용하는 경우가 있다. 대법원은 「내용증명우편」이나 「등기우편」은 특별한 사정이 없는 한 그 무렵 수취인에게 배달되었다고 추정한다. 반면, 「보통우편」의 경우에는 보통우편의 방법으로 발송되었다는 사실만으로 그 우편물이 상당한 기간 내에 도달하였다고 추정할 수 없다고 본다. 따라서 보통우편으로 송달한 경우에는 송달의 효력을 주장하는 측에서 증거에 의하여 이를 입증하여야 한다(대법원 2002. 7. 26. 2000다25002).
④ (O) 송달은 다른 법령 등에 특별한 규정이 있는 경우를 제외하고는 해당 문서가 송달받을 자에게 도달됨으로써 그 효력이 발생한다(행정절차법 제15조 제1항). 이를 「도달주의 원칙」이라고 한다. 다만, ①번에서 살펴본 바와 같이 송달받을 자가 동의하여 정보통신망을 이용해 전자문서로 송달하는 경우에는 「송달받을 자가 지정한 컴퓨터 등에 입력된 때」에 도달된 것으로 본다(제15조 제2항).

07 답 ④

출제단원 Part 02 행정작용 및 절차법
출제영역 행정행위의 효력

① (O) 민사 또는 형사사건에 대한 재판절차에서 해당 사건에 대한 판단을 하기 위해 특정 행정행위의 「효력 유무」나 「존재 여부」 또는 「위법 여부」가 먼저 해결되어야 할 때 이러한 문제를 '선결문제'라고 한다. 이에 대한 대법원 판례를 정리하면 다음과 같다.

구분	민사법원	형사법원
행정행위의 효력 부인 (= 취소사유)	판단 불가	판단 불가
행정행위의 무효 확인 (= 무효사유)	판단 가능	판단 가능
행정행위의 위법성 확인	판단 가능	판단 가능

이 중 ①번 선택지는 [형사법원 - 무효사유]에 해당하는 내용이다. 대법원은 행정행위가 당연무효라면 형사법원이 선결문제로서 해당 행정행위의 효력을 부인하여 이를 전제로 형사재판을 진행할 수 있다고 본다(대법원 2011. 11. 10. 2011도11109).
② (O) 불가쟁력이란 하자 있는 행정행위라 할지라도 불복기간이 경과하거나, 쟁송수단을 모두 다 거친 이후에는 「상대방 또는 이해관계인」이 더 이상 행정행위의 효력을 쟁송절차를 통해 다툴 수 없게 되는 힘을 말한다.
③ (O) [민사법원 - 무효사유]에 해당하는 내용이다. 행정소송법 제11조에서는 처분 등의 무효 또는 부존재에 대해서는 민사법원이 선결문제로 심리할 수 있음을 규정하고 있다. 대법원도 행정처분이 당연무효인 경우에는 민사법원에서 직접 이를 판단하여 해당 행정처분이 당연무효임을 전제로 민사재판을 진행할 수 있다고 본다(대법원 2010. 4. 8. 2009다90092).
④ (X) [민사법원 - 위법성 확인]에 해당하는 내용이다. 대법원은 행정처분의 취소판결이 있어야만 손해배상청구를 할 수 있는 것은 아니라고 본다(대법원 1972. 4. 28. 72다337). 즉, 행정행위에 대한 취소판결이 없더라도 민사법원에서 직접 행정행위의 위법 여부를 판단할 수 있다는 것이다.

08 답 ①

출제단원 Part 02 행정작용 및 절차법, Part 04 행정소송법
출제영역 하자의 치유, 하자의 승계, 사정판결, 무효선언적 의미의 취소판결

① (O) 하자의 치유란 성립 당시에 흠이 있는 행정행위가 사후에 이를 보완하거나 그 흠이 취소사유가 되지 않을 정도로 경미해진 경우에 성립 당시의 흠에도 불구하고 하자 없는 적법한 행위로 그 효력을 유지시키는 것을 말한다. 그런데 무효인 행정행위의 경우에는 하자의 치유가 인정되지 않는다고 본다. 무효인 행정행위를 치유의 대상으로 하면 오히려 이해관계인의 신뢰 및 법적 안정성을 해치는 결과가 될 것이기 때문이다. 대법원도 징계처분이 중대하고 명백한 흠 때문에 당연무효의 것이라면 징계처분을 받은 자가 이를 용인하였다 하여 그 흠이 치유되는 것은 아니라고 본다(대법원 1989. 12. 12. 88누8869).
② (X) 하자의 승계란 행정이 여러 단계의 행정행위를 거쳐 행해지는 경우에 「선행 행정행위의 위법」을 이유로 「적법한 후행 행정행위」의 위법을 주장할 수 있는 것을 말한다. 하자의 승계가 논의되기 위해서는 선행 행정행위에 취소사유에 해당하는 하자가 있어야 한다. 만약 선행 행정행위에 무효사유에 해당하는 하자가 있다면 선행 행정행위

의 하자가 당연히 후행 행정행위에 승계되기 때문에 후행 행정행위도 무효가 되어 별도로 하자의 승계를 논의할 이유가 없게 된다. 선행 행정행위가 무효인 경우에는 이를 전제로 하여 행해지는 후행 행정행위는 존립근거를 잃어 후행 행정행위 역시 무효가 되기 때문이다.

③ (X) 사정판결이란 원고의 청구가 이유 있다고 인정하는 경우에도, 즉 처분 등이 위법한 경우에도 처분 등을 취소하는 것이 현저히 공공복리에 적합하지 아니하다고 인정하는 때에 법원이 원고의 청구를 기각하는 판결을 말한다. 사정판결에 대해서는 행정소송법 제28조에서 취소소송과 관련하여 규정하고 있다. 그러나 무효등확인소송과 관련하여서는 이 규정을 준용하고 있지 않다. 따라서 무효등확인소송에서는 사정판결이 인정되지 않는다. 대법원도 당연무효의 행정처분을 대상으로 하는 행정소송에서는 존치시킬 효력이 있는 행정행위가 없기 때문에 행정소송법 제28조 소정의 사정판결을 할 수 없다고 본다(대법원 1996. 3. 22. 95누5509).

④ (X) 무효인 행정행위를 대상으로 취소소송을 제기하는 것이 허용되는지 문제된다. 이에 대해 통설과 판례는 무효사유에 해당하는 처분에 대해 취소소송이 제기된 경우에 소를 각하할 것이 아니라, 「무효선언적 의미의 취소판결」을 해야 한다고 본다. 즉, 무효인 행정행위는 당연무효를 선언하는 의미에서 그 취소를 구하는 형식의 소(= 취소소송)를 제기할 수 있다는 것이다. 다만, 형식은 취소소송이므로 제소기간의 준수 등 취소소송의 소송요건을 준수해야 한다고 본다(대법원 1984. 5. 29. 84누175).

09 답 ③

출제단원 Part 02 행정작용 및 절차법
출제영역 행정계획

ㄱ. (O) 행정계획 중 국민의 권리·의무에 구체적·개별적인 영향을 미치는 행정계획은 처분성이 인정된다. 대법원은 구 「도시계획법」상 「도시기본계획」은 도시계획입안의 지침이 되는 것으로서 일반국민에 대한 직접적 구속력이 없다고 본다(대법원 2002. 10. 11. 2000두8226). 참고로 행정계획의 처분성 인정 여부에 대한 대표적인 대법원 판례를 정리하면 다음과 같다.

처분성 「인정」되는 행정계획	처분성 「부정」되는 행정계획
· 구 도시계획법상 도시계획결정 · 현행 국토의 계획 및 이용에 관한 법률상 도시관리계획	· 구 도시계획법상 도시기본계획 · 현행 국토의 계획 및 이용에 관한 법률상 도시기본계획

ㄴ. (O) 대법원은 구 「도시 및 주거환경정비법」에 따른 「주택재건축정비사업조합」은 관할 행정청의 감독 아래 주택재건축사업을 시행하는 공법인으로서, 그 목적범위 내에서 법령이 정하는 바에 따라 일정한 행정작용을 행하는 행정주체의 지위를 가진다고 본다. 이처럼 행정주체의 지위에 있는 재건축정비사업조합이 수립한 사업시행계획은 인가·고시를 통해 확정되면 이해관계인에 대한 구속적 행정계획으로서 독립된 행정처분에 해당하므로, 사업시행계획이 확정된 후에는 항고소송의 방법으로 사업시행계획의 취소 또는 무효확인을 구할 수 있다고 본다(대법원 2009. 11. 2. 자 2009마596).

ㄷ. (X) 행정계획을 수립·변경함에 있어서 행정청에게 인정되는 광범위한 형성의 자유를 계획재량이라고 한다. 계획수립주체는 계획재량권을 행사함에 있어서 공익 상호 간, 사익 상호 간, 공익과 사익 상호 간에 정당한 형량을 하여야 하는데 이를 「형량명령」이라고 한다. 만약 행정계획의 결정이 형량명령의 내용에 반하게 되면 형량에 하자가 있어 위법하게 된다. 형량하자의 유형으로는 형량의 해태, 형량의 흠결(누락), 오형량이 있다. 이와 관련하여 대법원은 행정주체가 행정계획을 입안·결정하면서 이익형량을 전혀 행하지 않거나(= 형량의 해태) 이익형량의 고려대상에 마땅히 포함시켜야 할 사항을 빠뜨린 경우(= 형량의 흠결) 또는 이익형량을 하였으나 정당성과 객관성이 결여된 경우(= 오형량)에는 행정계획결정은 형량에 하자가 있어 위법하게 된다고 보면서, 이와 같은 형량하자의 법리는 행정주체가 법률에 의한 주민의 도시관리계획 입안제안을 받아들여 「도시관리계획결정을 할 것인지를 결정할 때」에도 마찬가지이고, 나아가 도시계획시설구역 내 토지 등을 소유하고 있는 주민이 장기간 집행되지 아니한 도시계획시설의 결정권자에게 도시계획시설의 변경을 신청하고, 결정권자가 이러한 신청을 받아들여 「도시계획시설을 변경할 것인지를 결정하는 경우」에도 동일하게 적용된다고 판단하였다(대법원 2012. 1. 12. 2010두5806).

ㄹ. (O) 대법원은 도시계획법에서 도시계획의 입안에 있어 해당 도시계획안의 내용을 공고 및 공람하게 한 것은 다수 이해관계자의 이익을 합리적으로 조정하여 국민의 권리·자유에 대한 부당한 침해를 방지하고 행정의 민주화와 신뢰를 확보하기 위하여 국민의 의사를 그 과정에 반영시키는 데 있는 것이므로, 공고 및 공람 절차에 하자가 있는 도시계획결정은 위법하다고 본다(대법원 2000. 3. 23. 98두2768).

10 답 ④

출제단원 Part 02 행정작용 및 절차법
출제영역 공법상 계약

① (X) 공법상 계약이란 「공법적 효과」의 발생을 목적으로 하여 복수당사자 사이에 서로 반대방향의 의사표시가 합치됨으로써 성립하는 공법행위를 말한다. 즉, 공법상 계약이 공법의 영역에서 이루어지는 계약이기는 하지만, 그렇다고 하여 사법상 효과의 발생을 목적으로 하는 것은 아니며, 공법상 권리·의무의 발생·변경·소멸과 같은 공법상 효과의 발생을 목적으로 하는 것이다.

② (X) 대법원은 국립의료원 부설 주차장에 관한 위탁관리용역운영계약은 계약의 형식을 취하고 있지만, 그 실질은 행정재산인 부설 주차장에 대한 국유재산법에 의한 사용·수익허가로서 이루어진 것으로서, 국립의료원이 상대방의 신청에 의해 공권력을 가진 우월적 지위에서 행한 행정처분으로서 특정인에게 행정재산을 사용할 수 있는 권리를 설정하여 주는 강학상 「특허」에 해당한다고 본다(대법원 2006. 3. 9. 2004다31074).

③ (X) 행정절차법은 그 적용범위를 '처분, 신고, 확약, 위반사실 등의 공표, 행정계획, 행정상 입법예고, 행정예고 및 행정지도의 절차'에 한정하고 있으며, 공법상 계약에 관한 규정을 두고 있지 않다. 참고로 행정절차법에서 규정하고 있는 사항과 규정하고 있지 않은 사항을 정리하면 다음과 같다.

규정하고 있는 사항	처분, 신고, 확약, 위반사실 등의 공표, 행정계획, 행정상 입법예고, 행정예고, 행정지도 절차
규정하고 있지 않은 사항	공법상 계약, 행정계획의 확정절차, 행정조사절차

④ (O) 대법원은 전문직공무원인 공중보건의사의 채용계약해지의 의사표시는 일반공무원에 대한 징계처분과는 달라서 항고소송의 대상이 되는 처분 등의 성격을 가진 것으로 인정되지 아니하고, 일정한 사유가 있을 때에 관할도지사가 채용계약관계의 한쪽 당사자로서 대등한 지위에서 행하는 의사표시(= 공법상 계약)로 이해한다. 따라서 공중보건의사 채용계약해지의 의사표시에 대하여는 대등한 당사자 간의 소송형식인 공법상의 당사자소송으로 그 의사표시의 무효확인을 청구할 수 있는 것이며, 취소를 구하는 항고소송을 제기할 수는 없다고 본다(대법원 1996. 5. 31. 95누10617).

11 답 ③

| 출제단원 | Part 02 행정작용 및 절차법
| 출제영역 | 행정지도

행정지도란 행정기관이 그 소관사무의 범위에서 일정한 행정목적을 실현하기 위하여 특정인에게 일정한 행위를 하거나 하지 아니하도록 지도, 권고, 조언 등을 하는 행정작용을 말한다(행정절차법 제2조 3호).

① (X) 행정지도는 일정한 법적 효과의 발생을 목적으로 하는 의사표시가 아니며, 단지 상대방의 임의적인 협력을 통해 사실상의 효과를 기대하는 「사실행위」일 뿐이다. 이러한 점에서 행정행위나 공법상 계약과 같은 법적 행위와는 구분된다.

② (X) 행정지도에 따를 것인지의 여부가 상대방인 국민의 임의적 결정에 달려 있으므로 행정지도에는 법률의 근거가 없어도 된다는 것이 다수설적 견해이다. 또한 행정지도는 행정작용의 하나이므로 비례의 원칙과 같은 행정법의 일반원칙을 준수해야 한다.

③ (O) 위법한 행정지도에 따른 사인의 행위가 정당화될 수 있는지 문제된다. 대법원은 행정관청이 국토이용관리법상 토지거래계약신고에 관하여 공시된 기준시가를 기준으로 매매가격을 신고하도록 행정지도를 하여 그에 따라 허위신고를 한 것이라고 하더라도, 이러한 행정지도는 법에 어긋나는 것으로서 그와 같은 행정지도나 관행에 따라 허위신고행위에 이르렀다고 하여 그 범법행위가 정당화될 수는 없다고 본다(대법원 1994. 6. 14. 93도3247).

④ (X) 위법한 행정지도로 손해가 발생한 경우에 국가배상책임의 요건을 충족하는 한 국가배상책임이 인정된다. 특히 행정지도로 인한 손해에 대해 국가배상책임이 인정되기 위해서는 행정지도의 위법성이 인정되어야 하는데, 행정지도가 통상의 한계를 넘어 법적 근거 없이 사실상 강제성을 갖고 국민의 권익을 침해하는 경우에는 행정지도가 위법하다고 보아야 한다. 대법원도 행정지도가 강제성을 띠지 않은 비권력적 작용으로서 「행정지도의 한계를 일탈하지 아니하였다면」, 그로 인하여 상대방에게 어떤 손해가 발생하였다 하더라도 행정기관은 그에 대한 손해배상책임이 없다고 본다(대법원 2008. 9. 25. 2006다18228). 즉, 행정지도에 따를 의사가 없는 자에게 이를 부당하게 강요하는 것으로서 행정지도의 한계를 일탈한 경우에는 위법한 행정지도에 해당하여 불법행위를 구성한다는 것이다.

12 답 ①

| 출제단원 | Part 02 행정작용 및 절차법
| 출제영역 | 행정입법

행정입법이란 행정권이 일반적·추상적 규범을 정립하는 작용을 말한다. 행정입법은 법규성(= 국민에 대한 구속성)이 인정되는지에 따라 법규명령과 행정규칙으로 구분할 수 있다. 행정입법을 위임입법이라고도 한다.

① (O) 헌법 제75조에서 대통령이 발하는 대통령령에 대해, 제95조에서 총리가 발하는 총리령과 행정각부의 장이 발하는 부령에 대하여 규정하고 있다. 이와 같이 헌법에서 일정한 형식(대통령령, 총리령, 부령)에 의한 법규명령에 대하여 규정하고 있지만, 헌법재판소는 헌법이 인정하고 있는 이러한 위임입법의 형식은 예시적인 것이라고 본다(헌재 2006. 12. 28. 2005헌바59).

② (X) 법률에서 대통령령의 형식으로 어떤 사항을 규정하도록 위임하고 있음에도 불구하고 이를 부령의 형식으로 정한 경우에, 이러한 부령의 효력이 문제된다. 이와 관련하여 대법원은 행정 각부의 장관이 부령으로 제정할 수 있는 범위는 「법률 또는 대통령령이 위임한 사항」이나 또는 「법률 또는 대통령령을 실시하기 위하여 필요한 사항」에 한정되므로 「법률 또는 대통령령으로 규정할 사항」을 「부령」으로 규정하면 이러한 부령은 무효라고 본다(대법원 1962. 1. 25. 61다9).

③ (X) 법률에서 위임명령에 규정될 사항을 위임함에 있어서는 구체적으로 범위를 정하여 위임해야 하며, 포괄적으로 위임해서는 안 된다(포괄적 위임의 금지). 다만, 대법원과 헌법재판소는 「조례」와 「공법상 단체의 정관」의 경우에는 포괄적 위임이 허용된다고 보아 예외를 인정하고 있다. 따라서 조례에 대한 법률의 위임은 법규명령에 대한 법률의 위임과 같이 반드시 구체적으로 범위를 정하여 할 필요는 없으며, 포괄적인 것으로 족하다고 본다. 이는 조례의 제정권자인 지방의회는 선거를 통해서 그 지역적인 민주적 정당성을 지니고 있는 주민의 대표기관이라는 점이 고려된 것이다.

④ (X) ①번 해설에서 살펴본 바와 같이, 헌법재판소는 헌법이 인정하고 있는 위임입법의 형식(대통령령, 총리령, 부령)은 예시적인 것이라고 본다. 따라서 헌법에서 고시와 같은 「행정규칙형식의 법규명령」을 규정하고 있지는 않지만, 다음과 같은 일정한 요건하에 행정규칙형식의 법규명령도 허용될 수 있다고 본다. 즉, 행정규칙은 법규명령과 같은 엄격한 제정 및 개정절차를 요하지 않으므로, 기본권을 제한하는 작용을 하는 법률에서 입법위임을 할 때에는 대통령령·총리령·부령 등 법규명령에 위임함이 바람직하지만, 「전문적·기술적 사항이나 경미한 사항으로서 업무의 성질상 위임이 불가피한 사항의 경우」에는 예외적으로 고시와 같은 행정규칙형식으로 입법위임을 할 수 있다고 본다(헌재 2006. 12. 28. 2005헌바59).

13 답 ③

| 출제단원 | Part 02 행정작용 및 절차법
| 출제영역 | 행정절차, 인·허가의제제도

① (X) 신고에는 신고의 요건을 갖춘 신고만 하면 신고의무를 이행한 것이 되어 법적 효과가 발생하는 「자기완결적 신고(= 수리를 요하지 않는 신고)」와 신고가 수리되어야 신고의 법적 효과가 발생하는 「행위

요건적 신고(= 수리를 요하는 신고)가 있다. 수리를 요하는 신고인 행위요건적 신고는 실정법상 등록이라고 표현하기도 한다. 대법원은 「건축법상 인·허가의제효를 수반하는 건축신고」, 「수산업법 제44조의 어업의 신고」, 「유통산업발전법상 대규모점포개설등록」 등을 수리를 요하는 신고라고 본 바 있다.

② (X) 법원은 취소소송의 대상이 된 처분이 「절차상 위법」한 경우에 「실체법상 적법」함에도 불구하고 「절차상의 위법」만을 이유로 취소 또는 무효확인을 할 수 있는지 문제된다. 이와 관련하여 대법원은 법에서 정하고 있는 절차적 요건을 갖추지 못한 공정거래위원회의 시정조치 또는 과징금납부명령은 설령 실체법적 사유를 갖추고 있다고 하더라도 위법하여 취소를 면할 수 없다고 본다(대법원 2001. 5. 8. 2000두10212). 즉, 대법원은 실체법상 적법한 경우에도 절차상 하자만을 이유로 행정처분을 취소하거나 무효확인을 할 수 있다고 본다. 따라서 대법원 판례에 의하면, 어떠한 처분이 절차상 하자가 있어 위법하다면 실체적 하자가 없다고 하더라도 법원은 절차의 중요도에 따라 해당 행정처분을 취소하거나 무효확인을 할 수 있다.

③ (O) 인·허가의제제도란 「주된 인·허가(A)」를 신청하여 이에 대한 인·허가를 받으면 관련법률의 규정에 따라 「다른 인·허가(B)」까지도 받은 것으로 보는 것을 말한다. 즉, 하나의 「인·허가(A)」를 받으면 다른 「허가·인가·특허·신고 또는 등록(B)」을 받은 것으로 보는 것을 말한다. 이때 「의제되는 인·허가(B)」에 대한 심사는 본래 권한을 갖는 행정기관(= B에 대한 권한이 있는 기관)이 아니라, 「주된 인·허가(A)」를 담당하는 기관(= 주무행정청)이 담당하게 된다. 이처럼 인·허가의제를 통해 행정기관의 권한에 변경을 가져오게 되므로 인·허가의제를 위해서는 법률에 명시적인 근거가 있어야 한다. 행정기본법에서도 인·허가의제는 법률의 근거가 있는 경우에 인정되는 것임을 규정하고 있다(제24조 제1항).

④ (X) 행정절차법에 의하면, 행정청은 처분을 할 때에는 당사자에게 그 근거와 이유를 제시하여야 한다(= 처분의 이유제시의무). 다만, ㉠ 신청내용을 모두 그대로 인정하는 처분인 경우, ㉡ 단순·반복적인 처분 또는 경미한 처분으로서 당사자가 그 이유를 명백히 알 수 있는 경우, ㉢ 긴급히 처분을 할 필요가 있는 경우에는 처분의 이유제시의무가 면제된다. 다만, ㉡, ㉢의 경우에는 처분 후 당사자가 요청하는 경우에는 그 근거와 이유를 제시하여야 한다(행정절차법 제23조).

14 ③

출제단원 Part 03 행정의 실효성 확보수단
출제영역 새로운 실효성 확보수단

행정의 실효성을 확보하기 위한 전통적 수단으로 행정강제와 행정벌이 있다. 그런데 이러한 전통적 수단만으로는 행정의 실효성을 확보하는 데 불충분하고 효과적이지 못한 경우가 있다. 이에 새로운 실효성 확보수단이 등장하고 있다. 행정의 실효성 확보수단을 정리하면 다음과 같다.

전통적 수단	행정강제	행정상 강제집행(대집행, 이행강제금, 직접강제, 행정상 강제징수), 행정상 즉시강제
	행정벌	행정형벌, 행정질서벌(과태료)
새로운 수단		과징금, 공급거부, 명단공표, 관허사업의 제한 등

① (X) 과징금이란 행정법상의 의무위반에 대하여 행정청이 그 의무자에게 부과·징수하는 금전적 제재를 말한다. 행정법규위반에 대하여 벌금 이외에 과징금을 함께 부과할 경우에 이중처벌금지원칙에 위반되는 것은 아닌지 문제된다. 헌법 제13조 제1항에서는 '모든 국민은 … 동일한 범죄에 대하여 거듭 처벌받지 아니한다.'고 하여 이중처벌금지의 원칙을 규정하고 있다. 이와 관련하여 대법원은 구 「독점규제 및 공정거래에 관한 법률」 소정의 부당지원행위를 한 지원주체에 대한 「과징금」은 부당지원행위의 억지라는 행정목적을 실현하기 위하여 그 위반행위에 대하여 제재를 가하는 「행정상의 제재금」으로서의 기본적 성격에 「부당이득환수적 요소」도 부가되어 있는 것이므로 헌법 제13조 제1항에서 금지하는 「국가형벌권 행사로서의 처벌」에 해당한다고 할 수 없다고 본다. 따라서 구 「독점규제 및 공정거래에 관한 법률」에서 형사처벌과 아울러 과징금의 부과처분을 할 수 있도록 규정하고 있다 하더라도 이중처벌금지원칙에 위반된다고 볼 수는 없다는 것이다(대법원 2004. 4. 9. 2001두6197). 이러한 결론은 이중처벌금지원칙에서 말하는 「처벌」은 원칙적으로 「범죄에 대한 국가의 형벌권 실행으로서의 과벌」을 의미하는 것으로 보기 때문에 그렇다. 즉, 「행정상 제재금인 과징금」은 범죄에 대한 국가의 형벌권 실행으로서의 과벌이 아니므로, 벌금 이외에 과징금을 부과하더라도 이중처벌금지원칙에 반하지 않는다는 것이다.

② (X) 명단공표란 행정법상 의무위반 또는 의무불이행이 있는 경우에 의무위반자 또는 불이행자의 명단과 위반 또는 불이행한 사실을 공중이 알 수 있도록 알리는 것을 말한다. 명단공표로 인해 상대방의 인격권이나 프라이버시권을 침해할 수 있다. 따라서 일반적인 견해는 명단공표는 법률의 근거를 필요로 한다고 본다. 종전에는 명단공표에 관해 개별법률에서 규정하고 있을 뿐, 공표시 필요한 공통절차를 규정한 법률은 없었다. 그러나 2022년 7월 12일 시행된 개정 「행정절차법」에서는 행정청이 법령에 따른 의무를 위반한 자의 성명·법인명, 위반사실 등을 공표하는 경우에 필요한 공통절차를 규정하고 있다(제40조의3).

+ 참고

원본 문제의 ②번 선택지는 「법령상 의무를 위반한 자의 명단을 공표하는 조치는 행정절차법상의 근거규정에 따라 행하여진다.」고 되어 있다. 개정 전 행정절차법에서는 명단공표에 관한 규정이 없었으나, 2022. 7. 12. 시행된 개정 행정절차법에서는 명단공표시 필요한 공통절차 등 명단공표에 관한 규정이 신설되었다. 이에 개정법 내용에 따라 선택지를 수정하였다.

③ (O) 시정명령(= 시정조치)이란 행정법령의 위반행위로 초래된 위법상태의 제거 내지 시정을 명하는 행정행위를 말한다. 대법원은 시정명령제도를 둔 취지에 비추어 시정명령의 내용은 과거의 위반행위에 대한 중지는 물론 가까운 장래에 반복될 우려가 있는 동일한 유형의 행위의 반복금지까지 명할 수는 있는 것으로 해석함이 상당하다고 본다(대법원 2003. 2. 20. 2001두5347).

④ (X) 「가산금」은 행정법상의 「금전급부의무의 불이행(= 세금을 납부기한까지 완납하지 않는 것)」에 대하여 과하여지는 금전상의 제재를 말한다. 반면, 「가산세」란 「국세기본법 및 세법에서 규정하는 의무(= 신고의무, 납세의무 등)」의 성실한 이행을 확보하기 위해 세법에 따라 산출된 세액에 가산하여 징수하는 금액을 말한다. 따라서 과세표준확정신고(= 납세의무 있는 자가 세금을 부과함에 있어 기준이 되는 자기의 과세표준과 세액을 스스로 과세관청에 신고하는 것)의

불이행·불성실신고 등에 대하여 「세법상 의무의 성실한 이행확보를 위하여」 부과하는 금전상 제재는 가산금이 아니라 「가산세」에 대한 설명이다.

> **+ 참고** 구 국세징수법상 가산금·중가산금
>
> 2018. 12. 31. 국세기본법과 국세징수법의 개정으로 2020. 1. 1.부터 국세징수법상 가산금·중가산금 제도를 폐지하고 국세기본법상의 '납부지연가산세'로 통합되었다. 이는 비슷한 제도를 중첩적으로 운영하여 발생하는 납세자의 혼란을 완화하기 위한 것이다. 구 국세징수법상 가산금·중가산금에 대해 살펴보면 다음과 같다.
>
> | 의의 | 가산금 | 행정법상의 금전급부의무의 불이행에 대하여 과하여지는 금전상 제재 |
> |---|---|---|
> | | 중가산금 | 납부기한이 지난 후 일정기한까지 납부하지 아니한 경우에 그 금액에 다시 가산하여 징수하는 금액 |
> | 법적 성질 | | 대법원은 가산금과 중가산금은 미납분에 관한 「지연이자의 의미」로 부과되는 부대세(= 본래의 조세에 부수되어 부가되는 세금)의 일종으로 본다(대법원 2006. 3. 9. 2004다31074). |
> | 처분성 인정 여부 | | 대법원은 가산금 또는 중가산금의 고지는 과세관청의 특별한 절차 없이 법률규정에 의해 당연히 발생하는 것이므로 항고소송의 대상이 되는 처분이 아니라고 본다(대법원 2005. 6. 10. 2005다15482). |

15   답 ③

출제단원 Part 08 행정정보공개·개인정보 보호·행정조사
출제영역 공공기관의 정보공개에 관한 법률

ㄱ. (X) 공공기관의 정보공개에 관한 법률에서는 '모든 국민은 정보의 공개를 청구할 권리를 가진다.'고 규정하고 있다(제5조 제1항). 즉, 정보공개청구권은 법률상 보호되는 구체적인 권리이므로 정보공개청구인이 정보의 공개를 청구하기 위해 정보의 공개를 구할 법률상 이익이 있음을 별도로 입증해야 하는 것은 아니다.

ㄴ. (O) 대법원은 국민의 정보공개청구는 정보공개법에서 정한 비공개 대상 정보에 해당하지 않는 한 원칙적으로 폭넓게 허용되어야 한다고 본다. 다만, 실제로는 해당 정보를 취득 또는 활용할 의사가 전혀 없이 정보공개제도를 이용하여 사회통념상 용인될 수 없는 부당한 이득을 얻으려 하거나, 오로지 공공기관의 담당공무원을 괴롭힐 목적으로 정보공개청구를 하는 경우처럼 「권리의 남용」에 해당하는 것이 명백한 경우에는 정보공개청구권의 행사를 허용하지 않는 것이 옳다고 본다(대법원 2014. 12. 24. 2014두9349).

ㄷ. (O) 대법원은 신청에 대한 행정청의 「거부행위」가 항고소송의 대상이 되는 처분이 되기 위해서는 신청한 자에게 행정행위를 해 줄 것을 요구할 수 있는 「법규상 또는 조리상 신청권」이 인정되어야 한다고 본다. 즉, 이러한 신청권이 없는 자가 행정청에 어떠한 행정행위를 신청하고, 행정청이 이를 거부한 경우에는 항고소송으로 다툴 수 없다는 것이다. 그런데 공공기관의 정보공개에 관한 법률에서는 모든 국민에게 정보공개청구권을 명시적으로 인정하고 있다. 즉, 법규상 신청권이 인정되는 것이다. 따라서 정보공개청구에 대한 공공기관의 거부행위는 공권력 행사의 거부에 해당하여 취소소송의 대상이 된다.

ㄹ. (X) 공공기관은 공개청구된 공개대상정보의 전부 또는 일부가 제3자와 관련이 있다고 인정할 때에는 그 사실을 제3자에게 지체 없이 「통지하여야 하며」, 필요한 경우에는 그의 「의견을 들을 수 있다」(공공기관의 정보공개에 관한 법률 제11조 제3항). 즉, 공개대상정보가 제3자와 관련이 있다고 인정되는 경우에 공공기관은 제3자에게 이를 통지할 의무가 있다. 반면, 의견청취는 임의적인 절차에 해당한다.

16   답 ④

출제단원 Part 03 행정의 실효성 확보수단
출제영역 행정상 즉시강제

행정목적의 실현을 확보하기 위하여 사람의 신체 또는 재산에 실력을 가함으로써 행정상 필요한 상태를 실현하는 권력적 행위를 「행정강제」라고 한다. 행정강제에는 「행정상 강제집행(= 대집행, 이행강제금, 직접강제, 행정상 강제징수)」과 「행정상 즉시강제」가 있다. 이 중 「행정상 즉시강제」란 급박한 행정상의 장해를 제거할 필요가 있지만 미리 의무를 명할 시간적 여유가 없을 때 또는 급박하지는 않지만 성질상 의무를 명해서는 목적달성이 곤란할 때에 즉시 개인의 신체·재산에 실력을 가하여 행정상의 필요한 상태를 실현하는 행정작용을 말한다.

① (X) 대체적 작위의무의 불이행이 있는 경우에 행정청이 스스로 의무자가 행할 행위를 대신 수행하는 조치는 「대집행」에 대한 설명이다. 참고로 대체적 작위의무란 건물의 철거, 물건의 파기 등과 같이 타인이 대신하여 행할 수 있는 의무를 말한다.

② (X) 법률의 규정에 의해 일정한 요건하에 행정상 즉시강제가 허용될 수 있다. 「경찰관 직무집행법」상의 보호조치, 「감염병의 예방 및 관리에 관한 법률」상 강제격리와 강제건강진단 및 예방접종 등은 대인적 강제로서 사람의 신체에 실력을 가하여 행정상 필요한 상태를 실현하는 강제작용이다.

③ (X) 행정상 즉시강제는 권력적 사실행위(= 공권력의 행사로서 법령 또는 행정행위를 집행하기 위한 사실행위)로서 행정소송의 대상인 「처분」에 해당한다. 행정소송인 항고소송을 제기하기 위해서는 「권리보호의 필요(= 협의의 소의 이익)」가 요구된다. '권리보호의 필요'란 원고의 청구가 소송을 통하여 분쟁을 해결할 만한 현실적인 필요성을 말한다. 그런데 행정상 즉시강제는 단시간에 종료되는 경우가 일반적이다. 만약 행정상 즉시강제가 이미 실행되어 「종료」된 상황이라면 항고소송을 제기하여 분쟁을 해결할 만한 필요성이 인정되지 않는다. 즉, 권리보호의 필요가 인정되지 않는 것이다. 이 경우에는 행정상 손해배상 등을 통하여 권리구제를 받을 수밖에 없다. 그러나 전염병환자의 강제격리와 같이 행정상 즉시강제가 「계속」되고 있는 경우에는 권리보호의 필요가 인정되어 취소소송과 같은 항고소송으로 다툴 수 있다.

④ (O) 행정상 즉시강제의 목적과 이로 인해 침해되는 상대방의 권익 사이에는 비례관계가 유지되어야 한다(= 협의의 비례원칙). 예를 들어, 타인의 재산에 대한 위해를 제거하기 위해 타인의 신체를 구속하는 것은 비례의 원칙에 반한다. 신체의 권리는 재산권보다 우월한 가치를 갖는다고 보아야 하기 때문이다.

17 답 ④

출제단원 Part 07 행정상 손실보상
출제영역 분리이론과 경계이론, 손실보상의 기준, 「공익사업을 위한 토지 등의 취득 및 보상에 관한 법률」상 불복절차

행정상 손실보상이란 적법한 공권력의 행사에 의해 개인에게 재산상의 특별한 손해가 발생한 경우, 재산권 보장과 공평부담의 차원에서 행정주체가 행하는 조절적인 재산적 보상을 말한다.

① (O) 재산권에 대하여 규정하고 있는 헌법 제23조의 내용 및 그 의미를 살펴보면 다음과 같다.

헌법 제23조			내용 및 의미
제1항	재산권 내용 규정 (사회적 제약 규정) ↓ 보상 X	규정 내용	모든 국민의 재산권은 보장된다. 그 내용과 한계는 법률로 정한다.
		의미	재산권 그 자체의 「존속」을 보장하는 의미를 갖는다. → 존속보장이란 재산권을 「보유」하면서 이를 사용·수익·처분하는 것을 보장한다는 의미이다.
제2항		규정 내용	재산권의 행사는 공공복리에 적합하도록 하여야 한다.
		의미	재산권의 사회적 제약에 관한 규정이다. → 이에 해당할 경우 재산권자가 수인해야 하며 별도로 보상이 필요하지 않다.
제3항	공용 침해 규정 ↓ 보상 O	규정 내용	공공필요에 의한 재산권의 수용·사용 또는 제한 및 그에 대한 보상은 법률로써 하되, 정당한 보상을 지급하여야 한다.
		의미	재산권의 수용·사용·제한 등으로 인해 더 이상 재산권이 존속할 수 없는 경우에는 재산권의 「가치」를 보장해 주어야 한다는 의미를 갖는다. → 가치보장이란 재산권의 가치를 보장하기 위해 보상 등의 조치를 취하는 것을 말한다.

경계이론과 분리이론은 헌법 제23조 「제1항·제2항(= 재산권 내용규정)」과 「제3항(= 공용침해 규정)」의 관계를 어떻게 보는지와 관련하여 다음과 같은 차이가 있다.

경계이론	「재산권 내용규정」과 「공용침해」는 별개의 제도가 아니고, 정도의 차이가 있을 뿐이라고 본다. → 보상의무가 없는 「재산권 내용규정」이 일정한 경계를 벗어나면 보상의무가 있는 「공용침해」로 전환된다고 본다.
분리이론	「재산권 내용규정」과 「공용침해」는 서로 분리된 별개의 제도로서 법을 제정하는 입법자의 의사에 따라 「재산권 내용규정」과 「공용침해」로 구분된다고 본다. → 「재산권 내용규정」이 헌법적 한계를 넘어 개인의 기본권을 침해하는 경우에 별개의 제도인 「공용침해」로 전환되어 보상의무가 인정되는 것이 아니라고 본다. 즉, 이 경우에는 경과규정을 두거나, 예외를 인정하는 등 비금전적 방법으로 구제를 해 주어야 하며, 이러한 구제조치가 어려울 경우에 2차적으로 손실보상과 같은 금전적 보상이 주어져야 한다고 본다.

즉, 보상이 필요 없는 「재산권의 내용·한계설정(= 헌법 제23조 제1항·제2항)」과 보상이 필요한 「공용침해(= 헌법 제23조 제3항)」를 보다 합리적으로 구분하기 위한 이론이 경계이론과 분리이론이다.

② (O) 헌법 제23조 제3항에서 '공공필요에 의한 재산권의 수용·사용 또는 제한 및 그에 대한 보상은 법률로써 하되, 정당한 보상을 지급하여야 한다.'고 규정하고 있다. 대법원은 헌법 제23조 제3항은 보상청구권의 근거에 관하여서뿐만 아니라 보상의 기준과 방법에 관하여서도 법률의 규정에 유보하고 있다고 본다(대법원 1993. 7. 13. 93누2131).

③ (O) 특정 사업이 그 사업에 필요한 토지를 수용 또는 사용할 수 있는 공익사업이라는 것을 인정하고, 사업시행자에게 일정한 절차를 거쳐 그 사업에 필요한 토지를 수용 또는 사용하는 권리를 설정하여 주는 것을 '사업인정'이라고 한다. 사업인정을 받은 사업시행자는 보상에 관하여 토지소유자 및 관계인과 협의하여야 하는데, 협의가 성립되지 않거나 협의를 할 수 없을 때에는 사업시행자는 「관할 토지수용위원회」에 재결을 신청할 수 있으며, 이에 따른 재결을 「수용재결」이라고 한다. 이에 대한 불복절차는 다음과 같다(공익사업을 위한 토지 등의 취득 및 보상에 관한 법률 제83조, 제85조).

이의신청 (임의적 절차)	「수용재결 재결서」의 정본을 받은 날부터 「30일 이내」에 중앙토지수용위원회에 이의를 신청할 수 있다. → 이의신청을 받은 중앙토지수용위원회는 수용재결의 전부 또는 일부를 취소하거나 보상액을 변경할 수 있는데, 이에 따른 재결을 「이의재결」이라고 한다.
행정소송	이의신청을 거친 경우: 「이의재결 재결서」를 받은 날부터 「60일 이내」에 행정소송을 제기할 수 있다.
	이의신청을 거치지 않은 경우: 「수용재결 재결서」를 받은 날부터 「90일 이내」에 행정소송을 제기할 수 있다.

따라서 수용재결에 대한 이의신청절차에서 이루어진 중앙토지수용위원회의 판단(= 이의재결)에 대한 행정소송은 이의재결 재결서를 받은 날부터 60일 이내에 제기해야 한다는 설명은 옳다.

+참고
원본 문제의 ③번 선택지는 「30일 이내」라고 표기되어 있었다. 그런데 2018. 12. 31. 「공익사업을 위한 토지 등의 취득 및 보상에 관한 법률」 제85조 제1항의 개정으로 제소기간이 늘어났다. 이에 개정법 내용에 따라 선택지의 내용을 「60일 이내」로 수정하였다.

④ (X) 이주대책이란 공익사업의 시행으로 인하여 주거용 건축물을 제공함에 따라 생활의 근거를 상실하게 되는 자를 다른 지역으로 이주시키는 방법을 말한다. 이와 관련하여 헌법재판소는 이주대책은 헌법 제23조 제3항에 규정된 정당한 보상에 포함되는 것이라기보다는, 국가의 정책적인 배려에 의하여 마련된 제도라고 본다. 따라서 이주대책의 실시 여부는 입법자의 입법정책적 재량에 속하므로 이주대책의 대상자에서 세입자를 제외하고 있는 것이 세입자의 재산권을 침해하는 것이라 볼 수 없다고 본다(헌재 2006. 2. 23. 2004헌마19). 즉, 헌법재판소는 헌법 제23조 제3항의 정당한 보상에 세입자의 이주대책까지 포함된다고 보지는 않는다.

18 답 ①

출제단원 Part 05 행정심판법
출제영역 행정심판위원회

① (O) 행정심판위원회의 종류는 다음과 같다.

일반행정 심판위원회	행정심판법에 의해 설치되는 행정심판위원회 → 독립기관 등 소속 행정심판위원회, 중앙행정심판위원회, 시· 도행정심판위원회, 직근 상급행정기관 소속 행정심판위원회
특별행정 심판위원회	개별법에 의해 설치되는 특별행정심판을 담당하는 행정심판위 원회 → 소청심사위원회, 조세심판원, 중앙토지수용위원회 등

이러한 행정심판위원회는 모두 심판청구사건을 심리·재결하는 기관이다. 즉, 심판청구사건의 「심리권」과 「재결권」이 행정심판위원회의 주된 권한이다. 참고로 재결이란 행정심판의 청구에 대해 행정심판위원회가 행하는 판단을 말한다.

② (X) 중앙행정심판위원회는 지위·성격의 독립성과 특수성이 인정되는 행정청 외의 국가행정기관의 장, 시·도지사 또는 시·도의 의회 등의 처분 또는 부작위에 대한 행정심판에 대한 심리·재결을 담당하는 곳으로서, 국민권익위원회에 설치한다. 「중앙행정심판위원회」의 구성을 정리하면 다음과 같다(행정심판법 제8조).

구성원	· 위원장 1명을 포함하여 70명 이내의 위원 · 위원 중 상임위원은 4명 이내
위원장	위원장은 국민권익위원회의 부위원장 중 1명이 됨
위원장 직무대행	위원장이 없거나 부득이한 사유로 직무를 수행할 수 없거나 위원장이 필요하다고 인정하는 경우에는 상임위원(상임으로 재직한 기간이 긴 위원 순서 → 재직기간이 같은 경우에는 연장자 순서)이 위원장의 직무대행

③ (X) 행정심판법에서는 '위원회는 심판청구의 대상이 되는 처분보다 청구인에게 불리한 재결을 하지 못한다.'고 규정하고 있다(제47조 제2항). 이를 '불이익변경금지의 원칙'이라고 한다.

④ (X) 중앙행정심판위원회를 제외한 「나머지 행정심판위원회」의 구성을 정리하면 다음과 같다(행정심판법 제7조).

구성원	위원장 1명을 포함하여 50명 이내의 위원
위원장	· 위원장은 해당 행정심판위원회가 소속된 행정청이 됨 · 예외 : 시·도행정심판위원회의 경우에는 해당 지방자치단체의 조례로 정하는 바에 따라 공무원이 아닌 위원을 위원장으로 정할 수 있다. 이 경우 위원장은 「비상임」으로 한다.
위원장 직무대행	위원장이 없거나 부득이한 사유로 직무를 수행할 수 없거나 위원장이 필요하다고 인정하는 경우에는 「위원장이 사전에 지명한 위원」 → 행정심판위원회 위원 중 「공무원인 위원」의 순서(직급이 높은 위원 순서 → 직급이 같은 경우에는 재직기간이 긴 순서 → 재직기간도 같은 경우에는 연장자 순서)로 위원장의 직무대행

19 답 ④

출제단원 Part 04 행정소송법
출제영역 당사자소송, 무효선언을 구하는 의미의 취소소송, 기관소송, 예방적 금지소송

① (O) 대법원은 납세의무자에 대한 국가의 부가가치세 환급세액 지급의무는 그 납세의무자로부터 과다하게 거래징수된 세액 상당을 국가가 실제로 납부받았는지와 관계없이 부가가치세법령의 규정에 의하여 직접 발생하는 것이라고 본다. 따라서 그 법적 성질은 부당이득 반환의무가 아니라, 「부가가치세법령에 의하여 구체적으로 확정」되고 조세정책적 관점에서 특별히 인정되는 「공법상 의무」라는 것이다.

따라서 납세의무자의 국가에 대한 부가가치세 환급세액 지급청구는 민사소송이 아니라 행정소송법상 당사자소송의 절차에 따라야 한다고 본다(대법원 2013. 3. 21. 2011다95564). 참고로 당사자소송이란 행정청의 처분 등을 원인으로 하는 법률관계에 관한 소송, 그 밖에 공법상의 법률관계에 관한 소송으로서 그 법률관계의 한쪽 당사자를 피고로 하는 소송을 말한다.

② (O) 통설과 판례는 무효사유에 해당하는 처분에 대해 취소소송이 제기된 경우에 소를 각하할 것이 아니라, 「무효선언적 의미의 취소판결」을 해야 한다고 본다. 다만, 소송의 형식은 취소소송이므로 행정처분의 당연무효를 선언하는 의미에서 그 취소를 청구하는 행정소송을 제기하는 경우에도 제소기간의 준수 등 취소소송의 소송요건을 준수해야 한다고 본다(대법원 1984. 5. 29. 84누175).

③ (O) 행정소송의 한 종류인 기관소송이란 국가 또는 공공단체의 기관 상호 간에 있어서의 권한의 존부 또는 그 행사에 관한 다툼이 있을 때에 이에 대하여 제기하는 소송을 말한다(행정소송법 제3조 4호). 기관소송은 법률이 정한 경우에 법률에 정한 자에 한하여 제기할 수 있다(행정소송법 제45조). 예를 들어, 지방자치법 제120조에서는 다음과 같이 지방의회의 재의결에 대해 지방자치단체장이 대법원에 제소할 수 있는 경우를 규정하고 있다.

> **참고** 지방자치법상 기관소송의 예
> 지방자치단체의 장은 지방의회의 의결이 「월권」이거나 「법령에 위반」되거나 「공익을 현저히 해친다고 인정」되면 지방의회에 재의를 요구할 수 있다. → 지방의회에서 재적의원 과반수의 출석과 출석의원 3분의 2 이상의 찬성으로 전과 같은 의결을 하면 그 의결사항은 확정된다. → 지방자치단체의 장은 재의결된 사항이 「법령에 위반」된다고 인정되면 「대법원」에 제소할 수 있다.

이와 같이 지방자치법상 지방의회재의결에 대해 지방자치단체장이 대법원에 제기하는 소송은 기관소송의 대표적인 예에 해당한다.

④ (X) 행정청의 공권력 행사에 의해 국민의 권익이 침해될 것이 예상되는 경우에 미리 그 예상되는 침익적 처분을 저지하는 것을 목적으로 하여 제기되는 소송을 「예방적 금지소송(예방적 부작위소송)」이라고 한다. 예방적 금지소송은 행정소송법에서 규정하고 있지 않다. 이와 관련하여 대법원은 신축건물의 준공처분을 하여서는 안 된다는 내용의 부작위를 구하는 청구는 행정소송에서 허용되지 않는 것이므로 부적법하다고 본다(대법원 1987. 3. 24. 86누182). 즉, 예방적 금지소송을 인정하지 않는다.

20 답 ②

출제단원 Part 04 행정소송법
출제영역 행정소송의 제기

① (O) 당사자소송은 국가·공공단체 그 밖의 권리주체를 피고로 한다(행정소송법 제39조). 당사자소송의 제1심 관할법원은 「피고의 소재지」를 관할하는 행정법원으로 한다. 다만, 「국가 또는 공공단체가 피고인 경우」에는 「관계행정청의 소재지」를 피고의 소재지로 본다(동법 제40조). 즉, 국가 또는 공공단체가 당사자소송의 피고인 때에는 당해 소송과 구체적인 관계가 있는 관계행정청의 소재지를 피고의 소재지로 의제하여 그 행정청의 소재지를 관할하는 행정법원을 관할법원으로 하는 것이다.

② (X) 본안판결의 실효성을 확보하기 위해 본안판결이 확정될 때까지 잠정적으로 권리구제를 도모하는 것을 「가구제」라고 한다. 「행정심판법」에서는 가구제수단으로 「집행정지제도」와 「임시처분」에 대하여 규정하고 있다(제30조, 제31조). 다만, 임시처분은 집행정지로 목적을 달성할 수 있는 경우에는 허용되지 않는 제한은 있다(제31조 제3항). 반면, 「행정소송법」에서는 가구제수단으로 「집행정지제도」에 대해서만 규정하고 있으며(제23조), 임시처분에 대해서는 규정하고 있지 않다.

③ (O) 민사소송에서 확인의 소는 권리·법률관계의 확인만을 구하려는 것인데, 이를 아무런 제한 없이 허용하면 수많은 현상에 대해서 확인을 구할 것이므로 법원의 부담이 가중된다. 따라서 민사소송에서 확인의 소는 확인의 이익이 인정되는 경우에만 인정된다. 예를 들어 채권자인 원고가 채무자에게 채무를 이행할 것을 소송으로 청구(= 이행의 소)할 수 있는 경우에는, 원고(채권자)가 피고(채무자)에게 채권을 가지고 있음을 확인하는 소송(= 확인의 소)을 허용할 수는 없다. 이를 확인의 소의 「보충성」이라고 한다. 이와 관련하여 항고소송 중 무효등확인소송에서도 민사소송에서의 확인소송과 마찬가지로 보충성이 요구되는지가 문제된다. 이에 대해 대법원은 행정소송은 민사소송과는 목적·취지 및 기능 등을 달리하며, 무효확인소송에는 무효확인판결만으로도 실효성 확보가 가능하다는 등의 이유로 무효확인소송에서는 보충성이 요구되지 않는 것으로 판례를 변경하였다. 즉, 행정처분의 근거법률에 의하여 보호되는 직접적이고 구체적인 이익이 있는 경우에는 '무효확인을 구할 법률상 이익'이 있으므로 무효등확인소송을 제기할 수 있는 것이며, 이와 별도로 무효확인소송의 보충성이 요구되지 않으므로 행정처분의 무효를 전제로 한 이행소송 등과 같은 직접적인 구제수단이 있는지 여부를 따질 필요가 없다는 것이다(대법원 2008. 3. 20. 2007두6342).

④ (O) 행정소송의 한 종류인 민중소송이란 국가 또는 공공단체의 기관이 법률에 위반되는 행위를 한 때에 직접 자기의 법률상 이익과 관계없이 그 시정을 구하기 위하여 제기하는 소송을 말한다(행정소송법 제3조 제3호). 민중소송은 기관소송과 함께 「객관소송(= 개인의 권리·이익이 아니라 행정법규의 적정한 보장을 주된 내용으로 하는 행정소송)」에 해당한다. 행정소송법에서는 「객관소송」인 민중소송 또는 기관소송에 「주관소송(= 개인의 권리의 구제를 주된 내용으로 하는 행정소송)」인 항고소송이나 당사자소송에 관한 규정을 준용하고 있다(제46조). 예를 들어, 「민중소송 또는 기관소송으로서 처분 등의 취소를 구하는 소송」에는 그 성질에 반하지 아니하는 한 「취소소송」에 관한 규정을 준용한다(제46조 제1항). 참고로 민중소송 또는 기관소송에 준용되는 규정을 정리하면 다음과 같다.

㉠ 민중소송 또는 기관소송으로서 처분 등의 취소를 구하는 소송	그 성질에 반하지 아니하는 한 취소소송에 관한 규정을 준용
㉡ 민중소송 또는 기관소송으로서 처분 등의 효력 유무 또는 존재 여부나 부작위의 위법의 확인을 구하는 소송	그 성질에 반하지 아니하는 한 각각 무효등확인소송 또는 부작위법확인소송에 관한 규정을 준용
㉢ 민중소송 또는 기관소송으로서 ㉠ 및 ㉡ 이외의 소송	그 성질에 반하지 아니하는 한 당사자소송에 관한 규정을 준용

2017년 교육행정직 9급
행정법총론

문제편 p.150

01 ① 02 ④ 03 ① 04 ② 05 ① 06 ③ 07 ① 08 ④ 09 ④ 10 ②
11 ③ 12 ① 13 ② 14 ③ 15 ④ 16 ③ 17 ③ 18 ③ 19 ③ 20 ④

01
답 ①

출제단원 Part 01 행정법 서설
출제영역 법치행정의 원칙

① (X) '법률우위의 원칙'이란 모든 행정작용은 법에 위반해서는 안 된다는 원칙을 말한다. 이 원칙은 행정의 전 영역에 적용된다. 즉, 수익적 행위인가, 침익적(= 침해적) 행위인가를 가리지 않는다. 반면, 일정한 행정작용은 법에 근거해야 한다는 '법률유보의 원칙'의 적용범위에 대해서는 견해가 대립하며, '중요사항유보설'이 대법원과 헌법재판소의 입장이다.

② (O) '법률유보의 원칙'은 일정한 행정작용은 법에 근거해야 한다는 원칙을 말한다. 이에 반하는 행정작용, 즉 법에 근거가 필요함에도 이러한 근거 없이 이루어진 행정작용은 위법한 행정작용이 된다. 참고로 법률유보원칙에 반하는 행정작용의 효과는 행정작용의 종류에 따라 다른데, 법률유보의 원칙에 반하는 「행정행위」는 무효 또는 취소할 수 있는 행위가 되고, 법률유보의 원칙에 반하는 「법규명령」은 무효가 된다.

③ (O) 헌법 제37조 제2항은 '국민의 모든 자유와 권리는 국가안전보장·질서유지 또는 공공복리를 위하여 필요한 경우에 한하여 「법률로써」 제한할 수 있으며, …'라고 규정하고 있다. 이때 「법률로써」의 의미에 대하여 헌법재판소는 법률유보의 원칙은 법률에 의한 규율만을 뜻하는 것이 아니라 「법률에 근거한」 규율을 요청하는 것이므로 기본권 제한의 형식이 반드시 법률의 형식일 필요는 없다고 본다. 즉, 법률에 근거를 두면서 위임의 구체성과 명확성을 구비하기만 하면 법률의 형식이 아닌 위임입법에 의하여도 기본권을 제한할 수 있다는 것이다(헌재 2005. 2. 24. 2003헌마289). 따라서 요건을 갖추어 법률에 근거를 두고 있는 경우라면 기본권 제한의 형식이 반드시 법률의 형식일 필요는 없다는 것이다.

④ (O) 법률유보의 원칙의 적용범위에 대하여 헌법재판소는 '중요사항유보설'에 포함된 이론인 '의회유보설'의 입장에서 판단하고 있다. 즉, 오늘날 법률유보원칙은 단순히 행정작용이 법률에 근거를 두기만 하면 충분한 것이 아니라, 국민의 기본권 실현과 관련된 영역에 있어서는 국민의 대표자인 입법자(= 의회)가 그 본질적 사항에 대해서 스스로 결정하여야 한다는 요구까지 포함하고 있다고 본다(= 의회유보원칙). 이러한 기준에 의할 때 텔레비전방송수신료금액의 결정은 납부의무자의 범위 등과 함께 수신료에 관한 본질적인 중요한 사항이므로 국회가 스스로 행하여야 하는 사항에 속한다는 것이다. 따라서 국회의 결정이나 관여를 배제한 채 한국방송공사로 하여금 수신료금액을 결정해서 문화관광부장관의 승인을 얻도록 한 한국방송공사법의 관련조항은 법률유보원칙에 위반된다고 판단하였다(헌재 1999. 5. 27. 98헌바70).

02

출제단원 Part 01 행정법 서설
출제영역 행정법의 법원(法源)

답 ④

행정법의 법원(法源)이란 정부나 지방자치단체가 행정을 행함에 있어 따르고 집행하여야 할 법의 종류를 의미하는 것으로서, 문자로 기록된 성문법원과 문자로 기록되지 않은 불문법원이 있다.

① (O) '신뢰보호의 원칙'이란 행정법의 일반원칙 중 한 가지로서 행정기관의 말 또는 행동에 대하여 국민이 신뢰를 갖고 행위를 한 경우에, 국민의 신뢰가 보호할 가치가 있는 경우라면 이러한 신뢰를 보호해주어야 한다는 원칙을 말한다. 신뢰보호원칙은 「행정기본법」, 「행정절차법」이나 「국세기본법」 등에서 명문으로 규정하고 있다.

② (O) 행정법의 법원 중 성문법원에는 헌법, 법률, 명령, 자치법규(조례, 규칙), 조약 및 국제법규가 있다. 이 중 '명령'이란 행정권에 의해 만들어지는 법규를 말한다. 명령에는 대통령이 발하는 긴급명령과 긴급재정·경제명령 및 대통령령, 국무총리가 발하는 총리령, 행정각부의 장이 발하는 부령, 중앙선거관리위원회규칙 등이 포함된다. 일반적으로 명령은 국회가 제정하는 법률보다 하위의 효력을 갖지만, 대통령의 긴급명령과 긴급재정·경제명령은 헌법에 의하여 법률과 동일한 효력을 갖는다.

③ (O) '조약'은 성문법원 중 한 가지로서, 명칭을 불문하고 국가와 국가 사이 또는 국가와 국제기구 사이의 법적 구속력이 있는 합의를 말한다. 헌법은 '헌법에 의하여 체결·공포된 조약과 일반적으로 승인된 국제법규는 국내법과 같은 효력을 가진다.'고 규정하여 조약이 법원(法源)에 해당함을 규정하고 있다(제6조 제1항). 조약 중 국회의 동의를 받은 조약은 법률과 동일한 효력이 인정되고, 국회의 동의를 받지 않은 조약은 명령과 동일한 효력이 인정된다. 이와 관련하여 대법원은 '1994년 관세 및 무역에 관한 일반협정'(GATT)은 국회의 동의를 얻어 대통령의 비준을 거쳐 공포되고 시행된 조약인 '세계무역기구(WTO) 설립을 위한 마라케쉬협정'의 부속협정으로서 법률과 동일한 효력을 가진다고 본다. 따라서 지방자치단체가 제정한 조례가 법률의 효력을 갖는 이러한 조약에 위반되는 경우에는 그 효력이 없다고 본다(대법원 2005. 9. 9. 2004추10).

④ (X) '조약'은 명칭을 불문하고 국가와 국가 사이 또는 국가와 국제기구 사이의 「법적 구속력」이 있는 합의를 말한다. 이와 관련하여 대법원은 '남북 사이의 화해와 불가침 및 교류협력에 관한 합의서'는 남북한 당국이 「정치적인 책임」을 지고 상호 간에 그 성의 있는 이행을 약속한 것일 뿐이며, 법적 구속력이 있는 것은 아니라고 보았다. 즉, 이를 국가 간의 조약 또는 이에 준하는 것으로 볼 수는 없다는 것이다 (대법원 1999. 7. 23. 98두14525).

03

출제단원 Part 01 행정법 서설
출제영역 공법관계

답 ①

행정활동을 기초로 하여 맺어지는 법률관계를 '행정상 법률관계'라고 한다. 행정상 법률관계는 행정법에 의하여 규율되는 '공법관계'와 사인 상호 간의 관계와 마찬가지로 사법에 의하여 규율되는 '사법관계'가 있다.

① (O) 대법원은 국유재산 등의 관리청이 하는 「행정재산의 사용·수익에 대한 허가」는 순전히 사경제주체로서 행하는 사법상의 행위가 아니며, 관리청이 공권력을 가진 우월적 지위에서 행하는 행정처분으로서 특정인에게 행정재산을 사용할 수 있는 권리를 설정하여 주는 「강학상 특허」라고 본다. 즉, 대법원은 행정재산의 사용·수익에 대한 허가를 「공법관계」로 본다(대법원 2006. 3. 9. 2004다31074). 참고로 국유재산이란 국가의 부담, 기부채납이나 법령 또는 조약에 따라 국가소유로 된 재산을 말한다. 그 종류는 다음과 같다.

행정재산	공용재산	국가가 직접 사무용·사업용 등으로 사용하는 재산 (예) 청사)
	공공용재산	국가가 직접 공공용으로 사용하는 재산(예) 도로)
	기업용재산	정부기업이 직접 사무용·사업용 등으로 사용하는 재산
	보존용재산	국가가 보존하는 재산(예) 문화재)
일반재산		행정재산 외의 모든 국유재산

② (X) 대법원은 「국유잡종재산(= 현행 국유일반재산)을 대부(= 돌려받기로 하고 어떤 물건을 빌려주어 사용·수익을 허락하는 것)하는 행위」는 국가가 사경제주체로서 상대방과 대등한 위치에서 행하는 「사법상의 계약」이라고 본다. 따라서 「국유잡종재산(= 국유일반재산)에 관한 대부료의 납부고지」 역시 「사법상의 이행청구」에 해당하며, 이를 행정처분이라고 할 수는 없다고 본다(대법원 2000. 2. 11. 99다61675).

③ (X) 대법원은 구 예산회계법(현행 국가를 당사자로 하는 계약에 관한 법률)에 따라 체결되는 계약은 사법상의 계약이며, 이 법률에 의한 입찰보증금은 낙찰자가 계약체결의무를 불이행한 경우 이 금액을 국고에 귀속시켜 국가의 손해를 전보하는 「사법상의 손해배상 예정」으로서의 성질을 갖는 것이라고 본다. 따라서 「입찰보증금의 국고귀속조치」는 국가가 사법상의 재산권의 주체로서 행위하는 것이므로 이를 「사법관계」로 판단한다(대법원 1983. 12. 27. 81누366).

④ (X) 대법원은 「서울특별시지하철공사의 임원과 직원의 근무관계」의 성질은 「사법관계」에 속한다고 본다. 따라서 지하철공사의 사장이 인사규정에 의거하여 소속직원에 대한 징계처분을 한 경우 사장이 공권력발동의 주체로서 징계처분을 행한 것으로 볼 수 없다고 본다(대법원 1989. 9. 12. 89누2103).

04

출제단원 Part 01 행정법 서설
출제영역 개인적 공권

답 ②

'개인적 공권'이란 개인이 자기의 이익을 추구하기 위해 국가 등 행정주체에 대하여 일정한 행위를 요구할 수 있는 법적인 힘을 말한다.

① (X) 개인적 공권은 법률의 규정으로부터 성립되는 것이 일반적이다. 다만, 헌법규정이나 관습법, 공법상 계약, 조리, 법규명령을 통해서도 성립될 수 있다. 반면, 행정규칙에 의해서는 개인적 공권이 성립될 수 없다. 행정규칙은 일반국민의 권리나 의무와 직접 관련이 없으므로 행정규칙을 근거로 개인적 공권이 성립하기 어려운 것이다.

② (O) 재량행위의 영역에서는 개인적 공권으로 행정청에 대하여 재량권을 흠 없이 행사하여 줄 것을 청구할 수 있는 권리인 「무하자재량행사청구권」이 인정된다. 다만, 무하자재량행사청구권은 특정한 내

용의 처분을 하여 줄 것을 청구하는 권리가 아니고, 재량권을 흠 없이 행사하여 줄 것을 청구하는 권리일 뿐이다. 그런데 「재량권이 영(0)으로 수축하는 경우」에는 무하자재량행사청구권이 특정한 내용의 처분을 하여 줄 것을 청구할 수 있는 권리인 「행정개입청구권」으로 전환되게 된다. 재량권이 영(0)으로 수축된다는 것은 재량행위임에도 불구하고 행정청이 선택의 여지없이 하나의 결정만을 하여야 하는 특수한 경우가 된다는 것을 의미한다. 「행정개입청구권」은 사인이 자기의 이익을 위해 행정청에 대하여 제3자에게 일정한 행위를 발동해 줄 것을 청구하는 권리를 말하는데, 이는 기속행위의 경우에 인정되는 것이 원칙이다. 기속행위의 경우에는 특정한 행위를 해야 할 의무가 행정청에 있으므로 사인이 이를 청구할 수 있는 권리가 인정될 수 있기 때문이다. 이와 같이 재량권이 영(0)으로 수축하는 경우에는 기속행위의 경우에 인정되는 행정개입청구권이 재량행위의 경우에도 인정되는 효과를 가져오게 된다. 따라서 재량권의 영(0)으로의 수축이론은 개인적 공권을 확대하는 이론이라고 할 수 있다.

③ (X) 개인적 공권은 일반적인 사권과 달리 단순히 개인의 이익만을 위한 것이 아니라 공익적 관점에서 이를 인정하는 것이므로 임의로 개인이 포기할 수 없다고 본다.

④ (X) 헌법규정에 의해서도 개인적 공권이 성립될 수 있다. 다만, 헌법상 기본권 유형에 따라 다음과 같은 차이가 있다.

구분	개인적 공권 성립 여부
구체적 기본권 (예 자유권)	기본권 자체가 구체적인 내용을 갖고 있어 법률에 의해 구체화되지 않아도 직접 적용될 수 있는 경우로서, 헌법상 기본권 규정만을 근거로 개인적 공권이 성립할 수 있다.
추상적 기본권 (예 사회적 기본권)	기본권 규정만으로는 구체적인 내용을 담고 있지 않아, 이를 구체화하는 법률이 제정되어야만 적용될 수 있는 경우로서, 헌법상 기본권 규정만을 근거로 개인적 공권이 성립할 수 없다.

따라서 자유권과 같은 구체적 기본권의 경우에는 헌법상의 기본권 규정으로부터 개인적 공권이 바로 도출될 수 있다.

05

답 ①

출제단원 Part 02 행정작용 및 절차법
출제영역 강학상 특허

특허란 특정인을 위하여 새로운 권리를 설정하는 행위, 능력을 설정하는 행위, 포괄적인 법률관계를 설정하는 행위를 뜻하며 「설권행위」라고 부른다.

ㄱ. (특허) 대법원은 도시 및 주거환경정비법상 행정청의 조합설립인가처분은 주택재개발사업의 추진위원회에게 정비사업을 시행할 수 있는 권한을 갖는 행정주체로서의 지위를 부여하는 것으로서 「특허」라고 보았다(대법원 2010. 12. 9. 2009두4555).

ㄴ. (특허) 대법원은 출입국관리법 등의 문언, 내용 및 형식, 체계 등에 비추어 보면, 체류자격 변경허가는 신청인에게 당초의 체류자격과 다른 체류자격에 해당하는 활동을 할 수 있는 권한을 부여하는 일종의 설권적 처분의 성격을 가진다고 보아 「특허」라고 판단하였다(대법원 2016. 7. 14. 2015두48846).

ㄷ. (인가) 대법원은 학교법인의 이사 등 임원의 선임에 대한 관할청의 임원취임승인은 학교법인의 임원선임행위의 법률상 효력을 완성시켜 주는 보충적 법률행위라고 판단하였다. 즉, 관할청의 임원취임승인은 강학상「인가」에 해당한다는 것이다. 참고로 '인가'란 제3자의 법률행위를 보충하여 그 법률적 효력을 완성시켜 주는 행정행위를 의미한다.

ㄹ. (공증) 대법원은 의료법 등에 의한 서울특별시장 또는 도지사의 의료유사업자 자격증 갱신발급행위는 유사의료업자의 자격을 부여 내지 확인하는 것이 아니라, 특정한 사실 또는 법률관계의 존부를 공적으로 증명하는 「공증」행위에 해당한다고 본다(대법원 1977. 5. 24. 76누295). 참고로 '공증'이란 특정의 사실 또는 법률관계의 존재 여부를 공적으로 증명하는 행정행위를 말한다. 공증은 의문 또는 다툼이 없는 사항을 대상으로 한다는 점에서 확인과는 다르다.

06

답 ③

출제단원 Part 02 행정작용 및 절차법
출제영역 강학상 허가

허가란 질서유지ㆍ위험의 방지 등을 목적으로 법령에 의해 일반적으로 금지하였던 행위를 특정한 경우에 해제하여 적법하게 일정한 행위를 할 수 있도록 하는 행정행위이다. 즉,「예방적 금지의 해제」를 의미한다.

① (X) 개발제한구역 내의 건축허가는 일반적으로 허용되지 않는 행위를 극히 예외적으로 승인(허가)하여 주는 행위로서「예외적 승인(예외적 허가)」에 해당한다. 예외적 승인은 허가의 일종으로 보는 견해, 특허의 일종으로 보는 견해, 면제로 보는 견해, 독립된 법개념으로 보는 견해 등이 대립하고 있다. 재량행위인지와 관련하여 예외적 승인은 사회적으로 바람직하지 않은 일정한 행위를 공익상 원칙적으로 금지하고, 예외적으로 이를 허용하는 것으로서 공익목적이 강하므로 일반적으로 재량행위의 성질을 갖는다. 대법원도 개발제한구역 내에서의 건축물의 건축 등에 대한 예외적 허가는 그 상대방에게 수익적인 것으로서 재량행위에 속한다고 판단하였다(대법원 2004. 7. 22. 2003두7606).

② (X) 허가는 원칙적으로 신청시가 아니라「허가처분시」의 법령에 따라 처리되어야 한다. 이에 따라 허가의「신청 후」, 허가의「발급 전」에 법령의 개정에 따라 허가기준이 변경되면, 허가는 원칙적으로 개정법령에 따라야 한다. 대법원도 행정행위는「처분 당시」에 시행 중인 법령과 허가기준에 의하여 하는 것이 원칙이고, 인ㆍ허가신청 후 처분 전에 관계법령이 개정되어 시행된 경우 별도의 규정(시행 전에 이미 허가신청이 있는 때에는 종전의 규정에 의한다는 취지의 경과규정)을 두지 아니한 이상 당연히 허가신청 당시의 법령에 의하여 허가 여부를 판단하여야 하는 것은 아니라고 본다(대법원 2005. 7. 29. 2003두3550).

③ (O) 대법원은 허가의 갱신은 종전 허가취득자에게 종전 허가의 효력을 지속시키는 효력이 있을 뿐이며, 허가의 갱신이 있었다고 하여 갱신 전에 이루어진 법위반사항에 대해 아무런 책임을 묻지 않겠다는 행정청의 별도의 행위가 있는 것은 아니라고 보았다. 따라서 갱신이 있었다고 하여도 그 전의 법위반사실을 근거로 하여 갱신해 준 허가를 다시 취소할 수 있다고 본다(대법원 1982. 7. 27. 81누174).

④ (X) 허가가 있다고 하여 다른 법률에 의한 금지까지 해제되는 것은 아니다. 즉, 공무원이 영업허가를 받았다고 하여 공무원법상의 영리업무금지까지 해제되는 것은 아니다.

07 ①

출제단원 Part 02 행정작용 및 절차법
출제영역 행정행위

① (O) 어떠한 사실이 존재하는지 안하는지에 대한 판단에는 행정청의 재량이 인정될 수 없다. 예를 들어 비위를 저지르지 않은 공무원을 비위를 저지른 것으로 오인하여 한 징계처분은 위법하다. 즉, 사실을 오인하여 재량권을 행사한 경우는 재량권의 남용에 해당하여 위법한 것이 된다. 참고로 재량권의 남용이란 법령상 주어진 재량권의 범위 내에서 재량이 이루어졌으나, 잘못된 방향으로 재량행사가 이루어진 경우를 말한다.

② (X) 대법원은 어업권면허처분에 선행하는 우선순위결정은 강학상 「확약」이며, 행정처분은 아니므로 행정행위에 인정되는 효력인 공정력이나 불가쟁력이 인정되지 않는다고 본다. 따라서 종전의 어업권면허처분이 취소되면 행정청은 종전의 우선순위결정에 구속됨이 없이 다시 우선순위를 결정한 다음 이에 기하여 새롭게 어업권면허를 할 수 있게 된다(대법원 1995. 1. 20. 94누6529). 참고로 '확약'이란 장래 일정한 행정행위를 하거나 하지 않을 것을 약속하는 행정청의 의사표시를 말한다.

③ (X) 대법원은 교부송달(수령확인서를 받고 문서를 교부) 및 우편송달(등기우편이나 보통우편에 의한 송달)은 현실적인 수령행위를 전제로 하며, 송달받을 자가 이미 그 내용을 알고 있다고 하더라도 송달이 필요하다고 본다(대법원 2004. 4. 9. 2003두13908).

④ (X) 「법률행위적 행정행위」란 「행정청의 의사」대로 법률효과가 발생하는 행정행위를 말한다. 반면, 「준법률행위적 행정행위」란 법적 효과가 행정청의 의사표시에 따른 것이 아니라, 「법률의 규정」에 의해 발생하는 행정행위를 말한다. 대법원은 특별법의 취지와 내용에 비추어 보면, 친일재산은 친일반민족행위자 재산조사위원회가 국가귀속결정을 하여야 비로소 국가의 소유로 되는 것이 아니라고 본다. 즉, 특별법이 시행되면 법률의 규정에 따라 곧바로 해당 재산의 취득·증여 등 원인행위시에 소급하여 당연히 국가의 소유로 되는 것이며, 위원회의 국가귀속결정이 있어야만 해당 재산이 국가의 소유로 되는 것은 아니라는 것이다. 따라서 위원회의 국가귀속결정은 해당 재산이 친일재산에 해당한다는 사실을 확인하는 이른바 「준법률행위적 행정행위」의 성격을 가지는 데 불과하다고 본다(대법원 2008. 11. 13. 2008두13491).

08 ④

출제단원 Part 02 행정작용 및 절차법
출제영역 행정행위의 하자

① (X) 행정행위의 효력 중 「공정력」이란 행정행위에 하자가 있다고 하더라도, 하자가 중대하고 명백하여 당연히 무효로 인정되는 경우를 제외하고는 권한 있는 기관에 의해 취소되기 전까지 유효한 것으로 통용되는 힘을 말한다. 개념 자체에서 알 수 있듯이 무효인 행정행위의 경우에는 공정력이 인정되지 않는다. 다음으로 「불가쟁력」이란 하자 있는 행정행위라 할지라도 불복기간이 경과하거나, 쟁송수단을 모두 다 거친 이후에는 상대방 또는 이해관계인이 더 이상 행정행위의 효력을 쟁송절차를 통해 다툴 수 없게 되는 힘을 말한다. 취소할 수 있는 행정행위와 달리 무효인 행정행위의 경우에는 쟁송제기기간의 제한이 없으므로 불가쟁력이 발생하지 않는다.

② (X) 대법원은 당연무효인 징계처분의 하자는 당사자가 이를 용인했다고 하더라도 그 흠이 치유되는 것은 아니라고 본다(대법원 1989. 12. 12. 88누8869).

③ (X) 대법원은 세관출장소장도 세관장과 마찬가지로 관세부과처분 권한이 있는 것처럼 취급되고 있는 점, 그동안 세관출장소장에게 관세부과처분에 관한 권한이 있는지 여부에 관하여 아무런 이의제기가 없었던 점 등에 비추어 보면, 세관출장소장에게 관세부과처분을 할 권한이 있다고 객관적으로 오인할 여지가 다분하다고 판단하였다. 즉, 하자가 중대하지만 명백한 것은 아니라는 것이다. 이에 대법원은 중대명백설의 입장에서 적법한 권한위임 없이 행해진 세관출장소장에 의한 관세부과처분은 당연무효는 아니라고 판단하였다(대법원 2004. 11. 26. 2003두2403).

④ (O) 헌법재판소법 제47조 제2항에서는 「위헌으로 결정된 법률 또는 법률의 조항은 그 결정이 있는 날부터 효력을 상실한다.」고 규정하고 있다. 이처럼 헌법재판소의 위헌결정은 헌법재판소법 제47조 제2항에 따라 원칙적으로 장래효(= 법적 효력이 장래를 향하여 발생하는 것)이다. 다만, 예외적으로 소급효(= 법적 효력이 과거로 거슬러 올라가 발생하는 것)가 인정될 수 있는데, 그 범위가 어디까지인지 문제된다. 이와 관련하여 대법원은 원칙적으로 당해사건·동종사건·병행사건뿐만 아니라 일반사건에도 위헌결정의 소급효가 미치지만, 일반사건 중 「취소소송의 제기기간을 경과하여 확정력(불가쟁력)이 발생한 행정처분」이나 「법적 안정성과 신뢰보호의 요청이 현저한 경우」에는 위헌결정의 소급효가 인정되지 않는다고 본다. 참고로 당해사건·동종사건·병행사건·일반사건의 개념을 정리하면 다음과 같다.

당해사건	헌법재판소에 법률의 위헌결정을 위한 계기를 부여한 당해사건
동종사건	위헌결정이 있기 전에 이와 동종의 위헌 여부에 관하여 헌법재판소에 위헌여부심판제청을 하였거나 법원에 위헌여부심판제청신청을 한 사건 ※ 이 또한 '당해사건'이라고 표현하기도 한다.
병행사건	따로 위헌제청신청은 안 했지만 당해 법률 또는 법률의 조항이 재판의 전제가 되어 법원에 계속 중인 사건
일반사건	위헌결정 이후에 같은 이유로 제소된 사건

09 ④

출제단원 Part 02 행정작용 및 절차법
출제영역 행정계획

행정계획이란 행정주체가 장래 일정기간 내에 도달하고자 하는 목표를 설정하고, 이를 달성하기 위하여 필요한 수단들을 조정하고 통합하는 작용, 또는 이러한 과정을 거쳐 설정된 활동기준을 말한다.

① (X) 행정절차법에서 행정청이 국민의 권리·의무에 직접 영향을 미치는 계획을 수립하거나 변경·폐지할 때에는 이익형량(형량명령)이 필요함을 규정하고 있고(제40조의4), 행정계획을 수립·시행하거나 변경하려는 경우에 행정예고의 대상이 됨을 규정하고 있으나(제46조), 행정계획의 확정절차에 대해서는 규정하고 있지 않다. 즉, 행정절차법이 계획확정절차에 관한 일반법은 아니다.

② (X) 행정계획은 종류와 내용이 매우 다양하며 그 형식도 다양한 형태로 존재하므로 행정계획의 법적 성질은 개별적으로 검토해야 한다는 견해(개별검토설)가 다수설이다. 이와 관련하여 대법원은 국토해양부, 환경부, 문화체육관광부, 농림수산, 식품부가 합동으로 발표한 '4대강 살리기 마스터플랜' 등은 행정기관 내부에서 사업의 기본방향을 제시하는 것일 뿐, 국민의 권리·의무에 직접 영향을 미치는 것이 아니어서 행정처분에 해당하지 않는다고 본다(대법원 2011. 4. 21. 자 2010무111).

③ (X) 행정청은 행정목표의 설정이나 수단의 선택에 있어서 독자적인 판단에 따라 행동할 형성의 자유를 갖는데, 이를 계획재량이라고 한다.

④ (O) 대법원은 도시계획법 등의 규정을 종합하여 보면 도시계획의 입안에 있어 해당 도시계획안의 내용을 공고 및 공람하게 한 것은 다수 이해관계자의 이익을 합리적으로 조정하여 국민의 권리·자유에 대한 부당한 침해를 방지하고 행정의 민주화와 신뢰를 확보하기 위하여 국민의 의사를 그 과정에 반영시키는 데 있는 것이므로 이러한 공고 및 공람절차에 하자가 있는 도시계획결정은 위법하다고 본다(대법원 2000. 3. 23. 98두2768).

10
답 ②

출제단원 Part 02 행정작용 및 절차법
출제영역 공법상 계약

① (X) 행정심판법·행정소송법에서는 '행정청이 행하는 구체적 사실에 관한 법집행으로서의 공권력의 행사 또는 그 거부와 그 밖에 이에 준하는 행정작용'을 「행정처분」이라고 정의하고 있다.

② (O) 「공법상 계약」이란 공법적 효과의 발생을 목적으로 하는 복수당사자 사이의 반대방향의 의사표시의 합치에 의해 성립되는 공법행위를 말한다.

③ (X) 「사법상 계약」이란 사법상의 일정한 법률효과의 발생을 목적으로 하는 당사자 간의 합의를 말한다.

④ (X) 「공법상 합동행위」란 공법적 효과의 발생을 목적으로 하는 복수당사자 사이의 서로 동일방향의 의사표시의 합치에 의해 성립되는 공법행위를 말한다.

11
답 ③

출제단원 Part 02 행정작용 및 절차법
출제영역 행정지도

행정지도란 행정기관이 그 소관사무의 범위에서 일정한 행정목적을 실현하기 위하여 특정인에게 일정한 행위를 하거나 하지 아니하도록 지도, 권고, 조언 등을 하는 행정작용을 말한다(행정절차법 제2조 3호).

① (X) 행정지도는 말로 할 수 있다. 다만, 상대방이 행정지도의 취지 및 내용과 신분을 적은 서면의 교부를 요구하면 직무수행에 특별한 지장이 없는 한 이를 교부하여야 한다(행정절차법 제49조).

② (X) 행정기관은 행정지도의 상대방이 행정지도에 따르지 아니하였다는 것을 이유로 불이익한 조치를 해서는 안 된다(행정절차법 제48조).

③ (O) 행정지도를 하는 자는 행정지도의 취지 및 내용과 신분을 밝혀야 한다(행정절차법 제49조).

④ (X) 공권력의 행사 또는 불행사로 인하여 헌법상 보장된 기본권을 침해받은 자가 헌법재판소에 권리구제를 청구하는 것을 '헌법소원'이라고 한다. 즉, 헌법소원의 대상이 되기 위해서는 '공권력의 행사 또는 불행사'에 해당하여야 한다. 헌법재판소는 교육인적자원부장관의 대학총장들에 대한 학칙시정요구의 법적 성격은 대학총장의 임의적인 협력을 필요로 하는 행정지도로 보았다. 다만, 이에 따르지 않을 경우 일정한 불이익조치를 예정하고 있어 사실상 상대방에게 강제적인 효과를 발생하는 것이므로 헌법소원의 대상인 「공권력 행사」에 해당한다고 보았다(헌재 2003. 6. 26. 2002헌마337).

12
답 ①

출제단원 Part 02 행정작용 및 절차법
출제영역 행정입법

① (O) '행정입법부작위'란 행정권에게 법규명령을 제정·개정 또는 폐지할 법적 의무(작위의무)가 있음에도 합리적인 이유 없이 이러한 의무를 이행하지 않음으로써 법규명령을 제정·개정 또는 폐지하지 않는 것(부작위)을 말한다. 이와 관련하여 행정입법부작위에 대하여 항고소송 중 부작위위법확인소송을 통하여 구제받을 수 있는지가 문제된다. 행정소송법에서는 부작위위법확인소송의 대상인 행정청의 '부작위'에 대하여 '행정청이 당사자의 신청에 대하여 상당한 기간 내에 일정한 「처분」을 하여야 할 법률상 의무가 있음에도 불구하고 이를 하지 아니하는 것'이라고 규정하고 있다. 즉, 부작위위법확인소송은 행정청의 '처분'의 부작위를 다투는 소송인 것이지, '행정입법'의 부작위를 다투는 소송은 아니다. 이러한 이유로 행정입법부작위는 부작위위법확인소송의 대상이 되지 않는다는 것이 일반적인 견해이다.

② (X) 위법한 「법규명령」의 효력과 위법한 「행정행위」의 효력은 구분된다. 즉, 위법한 법규명령의 효력에 대하여 통설과 판례는 무효라고 본다. 반면, 위법한 행정행위의 효력에 대하여 통설과 판례는 중대·명백설에 따라 하자가 중대하고 명백하면 무효, 그 이외의 경우에는 취소사유 있는 행정행위라고 본다.

③ (X) 법규명령이란 행정권이 정립하는 일반적·추상적 규정으로서 법규의 성질을 가지는 것을 말한다. 법규란 국민과 행정권을 구속하고, 재판규범이 되는 법규범을 의미한다. 반면, 행정규칙이란 행정조직 내부에서 행정의 사무처리기준으로서 제정된 일반적·추상적 규범을 말한다. 행정규칙은 일반적·추상적인 명령인 점에서 법규명령과 같으나, 원칙적으로 국민을 구속하는 성질을 갖지 않는다는 점에서 법규명령과 다르다. 이와 관련하여 대법원은 2006년 교육공무원 보수업무 등 편람은 교육인적자원부(현 교육부)에서 관련 행정기관 및 그 직원을 위한 업무처리지침 내지 참고사항을 정리해 둔 것에 불과하고 법규명령의 성질을 가진 것이라고는 볼 수 없다고 보았다(대법원 2010. 12. 9. 2010두16349).

④ (X) 영업허가의 취소 또는 정지, 과징금부과 등과 같은 제재적 처분의 기준을 제재적 처분기준이라고 한다. 대법원은 제재적 처분기준의 법적 성질에 대하여 부령(시행규칙)의 형식과 대통령령(시행령)의 형식을 구분하여 판단하고 있다. 부령(= 시행규칙)형식으로 제재적 처분기준을 정한 경우에는 이를 「행정규칙」의 성질을 갖는다고 본다. 즉, 대외적으로 국민이나 법원을 기속하지 않는다는 것이다(대법원 1995. 3. 28. 94누6925). 반면, 대통령령(= 시행령)형식으로 제재적 처분기준을 정한 경우에는 이를 「법규명령」의 성질을 갖는다고 본다.

즉, 대외적으로 국민이나 법원을 기속한다는 것이다(대법원 1997. 12. 26. 97누15418). 따라서 「식품위생법 시행규칙」에서 정한 제재적 처분기준은 행정규칙의 성질을 갖는 것으로 본다.

13 답 ②

| 출제단원 | Part 02 행정작용 및 절차법 |
| 출제영역 | 행정절차 |

① (X) 「행정절차법」은 행정절차에 관한 일반법이다. 행정절차법에서 규정하고 있는 사항과 규정하고 있지 않은 사항을 정리하면 다음과 같다.

규정하고 있는 사항	처분, 신고, 확약, 위반사실 등의 공표, 행정계획, 행정상 입법예고, 행정예고, 행정지도의 절차
규정하고 있지 않은 사항	공법상 계약, 행정계획의 확정절차, 행정조사절차

즉, 행정절차법에서 행정예고에 대해서는 규정하고 있으나, 공법상 계약에 관해서는 규정하고 있지 않다.

② (O) 처분의 사전통지란 행정청이 당사자에게 의무를 부과하거나 권익을 제한하는 처분을 하기 전에 처분의 제목, 당사자의 성명 또는 명칭과 주소, 처분하려는 원인이 되는 사실과 처분의 내용 및 법적 근거 등 일정사실을 당사자 등에게 통지하는 것을 말한다. 이와 관련하여 거부처분이 사전통지의 대상처분인지가 문제된다. 대법원은 사전통지의 대상이 되기 위해서는 당사자의 권익을 제한하는 처분이어야 하는데, 신청에 따른 처분이 이루어지지 않은 상황에서는 아직 신청한 자에게 권익이 부여되지 않은 것이고 제한할 권익도 존재하지 않으므로 거부처분은 당사자의 권익을 제한하는 처분이 아니라고 본다. 즉, 사전통지의 대상이 아니라는 것이다(대법원 2003. 11. 28. 2003두674).

③ (X) 대법원은 행정처분의 상대방이 통지된 청문일시에 불출석하였다고 하여 행정청이 관계법령상 요구되는 청문을 실시하지 않은 채 침해적 행정처분을 할 수는 없다고 본다. 따라서 청문통지서가 반송되었다거나, 상대방이 청문일시에 불출석하였다는 이유로 청문을 실시하지 아니하고 한 침해적 행정처분은 위법하다(대법원 2001. 4. 13. 2000두3337).

④ (X) 대법원은 행정절차법의 목적 및 청문제도의 취지 등에 비추어 볼 때, 행정청과 당사자의 협약으로 관계법령 및 행정절차법에 규정된 청문의 실시 등 의견청취절차를 배제하는 조항을 두었더라도 청문의 실시에 관한 규정의 적용이 배제되거나 청문을 실시하지 않아도 되는 예외적인 경우에 해당하는 것은 아니라고 본다. 즉, 행정청과 당사자의 협약으로 의견청취절차를 배제할 수는 없다는 것이다(대법원 2004. 7. 8. 2002두8350).

14 답 ③

| 출제단원 | Part 08 행정정보공개·개인정보 보호·행정조사 |
| 출제영역 | 공공기관의 정보공개에 관한 법률 |

① (X) 모든 국민은 정보의 공개를 청구할 권리를 가진다. 반면, 외국인의 경우에는 국내에 일정한 주소를 두고 거주하거나 학술·연구를 위하여 일시적으로 체류하는 사람, 국내에 사무소를 두고 있는 법인 또는 단체에 한하여 정보공개를 청구할 수 있다(공공기관의 정보공개에 관한 법률 제5조). 따라서 외국인의 경우에도 일정한 경우에 정보공개청구권이 인정될 여지가 있다.

② (X) 대법원은 공공기관의 정보공개에 관한 법률상 공개청구의 대상이 되는 정보란 공공기관이 직무상 작성 또는 취득하여 현재 보유·관리하고 있는 문서에 한정되는 것이기는 하지만, 그 문서가 반드시 원본일 필요는 없다고 본다(대법원 2006. 5. 25. 2006두3049).

③ (O) 대법원은 정보공개청구권자인 '국민'에는 자연인, 법인, 권리능력 없는 사단·재단이 모두 포함된다고 본다. 특히 법인, 권리능력 없는 사단·재단의 경우에는 설립목적과 무관하게 모두 정보공개청구권자에 해당한다고 본다(대법원 2003. 12. 12. 2003두8050).

④ (X) 취소소송은 처분 등의 취소를 구할 법률상의 이익이 있는 자가 제기할 수 있다. 대법원은 청구인이 정보공개를 청구했다가 거부처분을 받은 것 자체가 법률상 이익의 침해에 해당한다고 보아 다른 구체적 이익을 입증할 필요 없이 원고적격을 인정하고 있다(대법원 2003. 12. 12. 2003두8050).

15 답 ④

| 출제단원 | Part 03 행정의 실효성 확보수단 |
| 출제영역 | 이행강제금 |

이행강제금이란 작위의무·부작위의무·수인의무의 불이행시에 일정액수의 금전이 부과될 것임을 의무자에게 미리 경고함으로써 의무이행의 확보를 도모하는 강제수단을 말한다. 이행강제금을 '집행벌'이라고 표현하기도 한다.

① (O) 헌법 제13조 제1항에서는 '모든 국민은 … 동일한 범죄에 대하여 거듭 처벌받지 아니한다.'고 하여 이중처벌금지의 원칙을 규정하고 있다. 이와 관련하여 헌법재판소는 형사처벌과 이행강제금의 부과는 그 보호법익과 목적에서도 차이가 있으므로 헌법 제13조 제1항이 금지하는 이중처벌에 해당한다고 할 수 없다고 본다(헌재 2004. 2. 26. 2001헌바80).

② (O) 「이행강제금」은 「장래의 의무이행」을 확보하기 위한 강제수단이다. 참고로 행정의 상대방이 행정법상 의무를 위반한 경우에 국가 또는 지방자치단체가 행정의 상대방에게 과하는 행정법상의 제재로서의 처벌인 「행정벌」은 「과거의 의무위반」에 대한 제재이다. 이와 같이 양자는 규제목적을 달리하므로 병행하여 부과될 수 있다고 본다.

③ (O) 대법원은 건축법상 이행강제금 납부의무는 일신전속적인 성격을 갖기 때문에 상속인에게 승계될 수 없다고 본다. 만약 이미 사망한 사람에게 이행강제금을 부과하였다면 이러한 처분은 당연무효라고 본다(대법원 2006. 12. 8. 자 2006마470).

④ (X) 대법원은 부동산의 소유권이전을 내용으로 하는 계약을 체결하고 소유권이전등기를 신청하지 아니한 등기권리자 등(= 장기미등기자)에 대하여 부과되는 이행강제금은 장기미등기자에게 등기신청의무를 이행하지 않으면 이행강제금이 부과된다는 심리적 압박을 주어 의무의 이행을 간접적으로 강제하는 행정상의 간접강제수단이라고 본다. 따라서 장기미등기자가 이행강제금 부과 전에 등기신청의무를 이행하였다면 이행강제금의 부과로써 이행을 확보하고자 하는 목적은 이미 실현된 것이므로 법에 규정된 기간이 지나서 등기신청의무를 이행한 경우라 하더라도 이행강제금을 부과할 수는 없다고 본다(대법원 2016. 6. 23. 2015두36454).

16 답 ③

출제단원 Part 03 행정의 실효성 확보수단
출제영역 질서위반행위규제법

「질서위반행위규제법」에서는 행정질서벌의 성립요건과 부과절차 등에 관해 규정하고 있다. 행정질서벌이란 행정법규 위반에 대하여 과태료가 과하여지는 행정벌을 말한다.

① (O) 질서위반행위규제법에서는 '2인 이상이 질서위반행위에 가담한 때에는 각자가 질서위반행위를 한 것으로 본다.'고 규정하고 있다(제12조 제1항).

② (O) 질서위반행위규제법에서는 '법률에 따르지 아니하고는 어떤 행위도 질서위반행위로 과태료를 부과하지 아니한다.'고 규정하고 있다(제6조). 이를 「질서위반행위 법정주의」라고 한다.

③ (X) 질서위반행위규제법에 의할 때 행정질서벌은 1차적으로 행정청이 직접 부과·징수하되, 부과처분을 받은 자가 이의제기를 하는 경우에는 행정청이 관할 지방법원에 그 사실을 통보함으로써 법원이 과태료재판을 하도록 하고 있다. 과태료재판에 대해서는 당사자와 검사는 즉시항고를 하여 불복할 수 있다. 이와 관련하여 질서위반행위규제법에서는 '당사자와 검사는 과태료재판에 대하여 즉시항고를 할 수 있다. 이 경우 항고는 집행정지의 효력이 있다.'고 규정하고 있다(제38조 제1항).

④ (O) 과태료는 행정청의 과태료부과처분이나 법원의 과태료재판이 확정된 후 5년간 징수하지 않거나 집행하지 않으면 시효로 인하여 소멸한다(질서위반행위규제법 제15조).

17 답 ②

출제단원 Part 06 행정상 손해배상
출제영역 공무원의 위법한 직무행위로 인한 손해배상의 요건

위법한 국가작용에 의하여 발생된 손해에 대한 구제수단을 행정상 손해배상이라고 하며, '국가배상'이라고도 한다.

① (O) 국가배상법 제2조 제1항에서 공무원의 위법한 직무행위로 인한 국가나 지방자치단체의 배상책임을 명시하고 있다. 국가배상법 제2조의 책임이 인정되기 위한 요건 중 「공무원의 행위일 것」과 관련하여 대법원은 국가배상법 제2조 소정의 '공무원'이라 함은 국가공무원법이나 지방공무원법에 의하여 공무원으로서의 신분을 가진 자에 국한하지 않고, 널리 공무를 위탁받아 실질적으로 공무에 종사하고 있는 일체의 자를 가리키는 것으로서, 공무의 위탁이 일시적이고 한정적인 사항에 관한 활동을 위한 것이어도 공무원에 해당한다고 본다 (대법원 2001. 1. 5. 98다39060).

② (X) 국가배상청구권의 성질에 대하여 다음과 같이 견해가 대립한다.

공법설 (다수설)	국가배상청구권을 공권으로 보며, 국가배상소송은 당사자소송, 관할법원은 행정법원으로 본다.
사법설 (판례)	국가배상청구권을 사권으로 보며, 국가배상소송은 민사소송, 관할법원은 민사법원으로 본다(69다701).

즉, 대법원은 국가배상청구소송은 민사소송으로 제기해야 한다고 본다.

③ (O) 국가배상법 제2조의 책임이 인정되기 위한 요건 중 「직무행위일 것」과 관련하여 직무행위의 범위가 어디까지인지 문제된다. 이와 관련한 대법원 판례를 정리하면 다음과 같다.

구분	판단
권력적 작용	O
비권력적 작용	O
사경제주체로서 하는 활동	X

즉, 대법원은 행정주체가 사경제주체로서 하는 활동은 직무행위에 해당하지 않는다고 본다.

④ (O) 국가배상법 제2조의 책임이 인정되기 위해서는 공무원의 직무상 의무위반과 손해 사이에 상당인과관계가 인정되어야 한다.

18 답 ③

출제단원 Part 05 행정심판법
출제영역 사정재결, 임시처분, 행정심판 재청구의 금지, 행정심판위원회의 직접 처분

① (O) 사정재결이란 심판청구가 이유 있다고 인정되는 경우에도 이를 인용하는 것(= 받아들이는 것)이 공공복리에 크게 위배된다고 인정하는 때에 그 심판청구를 기각하는 재결을 말한다. 사정재결은 취소심판 및 의무이행심판에 인정되고, 무효등확인심판에는 인정되지 않는다.

② (O) 행정심판에서 잠정적 권리보호제도인 가구제수단으로 「집행정지」와 「임시처분」이 있다. 이 중 임시처분이란 처분 또는 부작위가 위법·부당하다고 상당히 의심되는 경우로서 처분 또는 부작위 때문에 당사자가 받을 우려가 있는 중대한 불이익이나 당사자에게 생길 급박한 위험을 막기 위하여 임시지위를 정하여야 할 필요가 있는 경우에 행정심판위원회가 발할 수 있는 가구제수단을 말한다. 임시처분은 집행정지만으로 목적을 달성할 수 있는 경우에는 허용되지 않는데, 이를 '보충성'이라고 한다. 참고로 집행정지란 행정심판위원회가 처분, 처분의 집행 또는 절차의 속행 때문에 중대한 손해가 생기는 것을 예방할 필요성이 긴급하다고 인정할 때에 직권으로 또는 당사자의 신청에 의하여 처분의 효력, 처분의 집행 또는 절차의 속행의 전부 또는 일부의 정지를 결정할 수 있는 가구제수단을 말한다.

③ (X) 행정심판법 제51조에서 행정심판 재청구의 금지에 대하여 규정하고 있다. 즉, 심판청구에 대한 재결이 있으면 그 재결 및 같은 처분 또는 부작위에 대하여 다시 행정심판을 청구할 수 없다.

④ (O) 행정심판법에서는 행정심판위원회의 직접 처분에 대하여 규정하고 있다. 행정심판위원회가 직접 처분을 할 수 있는 요건은 다음과 같다(제50조 제1항).

| 직접 처분 요건 | · 피청구인(= 행정심판청구의 상대방)이 행정심판위원회의 처분명령재결(= 의무이행심판의 청구가 이유가 있다고 인정하여 지체 없이 신청에 따른 처분을 할 것을 피청구인에게 명하는 재결)이 있음에도 처분을 하지 않을 것
· 당사자의 신청이 있을 것
· 행정심판위원회가 기간을 정하여 서면으로 시정을 명하였을 것
· 시정명령기간 내에 시정이 없을 것
· 직접 처분이 불가한 경우가 아닐 것 |

19 답 ③

출제단원 Part 04 행정소송법
출제영역 행정심판전치주의, 소의 변경, 제3자효, 위법성 판단의 기준시

① (X) 행정소송법 제18조 제1항에서는 행정심판은 원칙적으로 임의적인 절차로 규정하고 있으며(= 행정심판임의주의), 예외적으로 개별법률에서 정하는 경우에만 필수적으로 거치도록 규정하고 있다(= 예외적 행정심판전치주의). 개별법률에서 행정심판을 필수적으로 거치도록 규정하고 있는 예는 다음과 같다.

국세기본법	국세처분에 대한 심사청구 또는 심판청구
국가공무원법, 지방공무원법	공무원의 의사에 반하는 불이익처분이나 부작위에 대한 소청심사청구
도로교통법	처분에 대한 행정심판청구

따라서 국세부과처분 취소소송을 제기하기 위해서는 필수적으로 행정심판을 거쳐야 한다.

② (X) 법원은 취소소송을 당해 처분 등에 관계되는 사무가 귀속하는 국가 또는 공공단체에 대한 당사자소송 또는 취소소송 외의 항고소송으로 변경하는 것이 상당하다고 인정할 때에는 청구의 기초에 변경이 없는 한 사실심의 변론종결시까지 원고의 신청에 의하여 결정으로써 소의 변경을 허가할 수 있는데 이를 「소의 종류의 변경」이라고 한다(행정소송법 제21조). 이 규정은 당사자소송을 항고소송으로 변경하는 경우에도 준용하고 있다(행정소송법 제42조). 따라서 당사자소송 계속 중 법원의 허가를 얻어 취소소송으로 변경할 수 있다.

③ (O) 처분 등을 취소하는 확정판결은 제3자에 대하여도 효력이 있다(행정소송법 제29조 제1항). 이를 취소판결의 대세효(제3자효)라고 한다. 제3자에 대하여 효력이 있다는 것은 취소판결의 존재와 그 판결에 의해 형성되는 법률관계를 제3자도 인정해야 함을 뜻한다. 대세효(제3자효)는 취소소송뿐만 아니라 무효등확인소송이나 부작위법확인소송의 경우에도 준용되지만, 당사자소송에는 준용하는 규정이 없다.

④ (X) 대법원은 행정처분의 위법 여부 판단의 기준시점은 「처분시」라고 본다. 즉, 행정소송에서 행정처분의 위법 여부는 행정처분이 행하여졌을 때의 법령과 사실상태를 기준으로 하여 판단하여야 하고, 처분 후 법령의 개폐나 사실상태의 변동에 의하여 영향을 받지는 않는다고 본다(대법원 2007. 5. 11. 2007두1811).

20 답 ④

출제단원 Part 04 행정소송법
출제영역 행정소송 제소기간

① (X) 취소소송의 제소기간에 대해 규정하고 있는 행정소송법 제20조는 부작위법확인소송의 경우에 준용한다(행정소송법 제38조 제2항). 이와 관련하여 대법원은 행정심판을 거치지 않은 경우에는 부작위상태가 계속되는 한 제소기간의 제한을 받지 않는다고 본다. 반면, 행정심판을 거친 경우에는 행정소송법 제20조에서 정한 제소기간 내에 부작위법확인소송을 제기해야 한다고 본다(대법원 2009. 7. 23. 2008두10560). 이에 의하면 부작위법확인소송의 제소기간은 다음과 같이 정리할 수 있다.

행정심판을 거친 경우	재결처분이 존재하므로 재결서의 정본을 송달받은 날부터 90일 이내, 재결이 있은 날부터 1년 이내에 제기해야 한다(행정소송법 제20조).
행정심판을 거치지 않은 경우	처분 등이 없기 때문에 처분 등을 기준으로 하는 행정소송법 제20조를 적용할 수 없다.

즉, 부작위법확인소송의 경우 행정심판을 거쳤는지 여부에 따라 제소기간의 제한이 있는지에 차이가 있으므로 일률적으로 제소기간의 제한이 있다고 말할 수는 없다.

② (X) 행정소송법에서 규정하고 있는 취소소송의 제소기간을 정리하면 다음과 같다(제20조).

행정심판을 거치지 않은 경우	· 처분 등이 있음을 안 날부터 90일 이내 → 불변기간 O · 처분 등이 있은 날부터 1년 이내 → 불변기간 X
행정심판을 거친 경우	· 재결서의 정본을 송달받은 날부터 90일 이내 → 불변기간 O · 재결이 있은 날부터 1년 이내 → 불변기간 X

여기서 '불변기간'이란 법원이 늘리거나 줄일 수 없는 기간을 말한다. 다만, 법원은 불변기간에 대하여 주소 또는 거소가 멀리 떨어진 곳에 있는 사람을 위하여 부가기간(= 특별히 부가하는 기간)을 정할 수 있다. 또한 당사자가 책임질 수 없는 사유로 인해 불변기간을 지킬 수 없었던 경우에는 해당 사유가 없어진 날부터 2주 이내에 게을리한 소송행위를 보완할 수 있다. 따라서 불변기간으로 규정하고 있는 「90일 이내」와 불변기간으로 규정하고 있지 않은 「1년 이내」를 구분하지 않고 일률적으로 '제소기간이 불변기간이라는 선택지의 내용'은 옳지 않다. 또한 불변기간은 일정한 경우 소송행위의 보완을 허용하므로 '불변기간이므로 소송행위의 보완이 허용되지 않는다는 선택지의 내용'도 옳지 않다.

③ (X) 제소기간의 준수 여부는 소송요건이다. 소송요건이란 소송을 제기하여 법원으로부터 본안에 관한 승소판결을 받기 위해 갖춰야 할 요건을 말하는데, 소송요건은 법원의 직권조사사항이라고 본다.

④ (O) ②번 해설에서 살펴본 바와 같이 90일 이내라는 제소기간은 행정심판을 거친 경우라면 재결서의 정본을 송달받은 날부터 기산한다.

2016년 교육행정직 9급
행정법총론

문제편 p.153

| 01 ② | 02 ④ | 03 ① | 04 ③ | 05 ① | 06 ③ | 07 ③ | 08 ④ | 09 ③ | 10 ① |
| 11 ③ | 12 ④ | 13 ② | 14 ③ | 15 ① | 16 ④ | 17 ③ | 18 ④ | 19 ② | 20 ① |

01
답 ②

출제단원 Part 01 행정법 서설
출제영역 통치행위

'통치행위'란 정치적 성격이 강하기 때문에 법에 의해 규율되거나 사법심사의 대상이 되는 것이 적당하지 않은 행위를 말한다.

① (O) 헌법재판소는 대통령의 사면은 형의 선고의 효력 또는 공소권을 상실시키거나, 형의 집행을 면제시키는 국가원수의 고유한 권한을 의미하며, 사법부의 판단을 변경하는 제도로서 권력분립의 원리에 대한 예외가 된다고 보아 대통령의 사면권행사를 통치행위로 보고 있다(헌재 2000. 6. 1. 97헌바74).

② (X) 대법원은 「서훈취소」는 서훈수여의 경우와는 달리 이미 발생된 서훈대상자 등의 권리 등에 영향을 미치는 행위로서 관련 당사자에게 미치는 불이익의 내용과 정도 등을 고려하면 사법심사의 필요성이 크다고 본다. 따라서 기본권의 보장 및 법치주의의 이념에 비추어 보면, 비록 서훈취소가 대통령이 국가원수로서 행하는 행위라고 하더라도 법원이 사법심사를 자제하여야 할 고도의 정치성을 띤 행위라고 볼 수는 없다고 본다. 즉, 대통령의 서훈취소는 통치행위에 해당하지 않는다는 것이다(대법원 2015. 4. 23. 2012두26920).

③ (O) 대법원은 「남북정상회담의 개최」는 고도의 정치적 성격을 지니고 있는 행위라 할 것이므로 특별한 사정이 없는 한 그 당부를 심판하는 것은 사법권의 내재적·본질적 한계를 넘어서는 것이 되어 적절하지 못하다고 본다. 즉, 남북정상회담의 개최는 통치행위에 해당한다는 것이다(대법원 2004. 3. 26. 2003도7878). 반면, 남북정상회담의 개최과정에서 재정경제부장관에게 신고하지 아니하거나 통일부장관의 협력사업승인을 얻지 아니한 채 「북한 측에 사업권의 대가명목으로 송금한 행위」자체는 사법심사의 대상이 된다고 본다.

④ (O) 헌법재판소는 대통령의 긴급재정·경제명령은 국가긴급권의 일종으로서 고도의 정치적 결단에 의하여 발동되는 행위이고 그 결단을 존중하여야 할 필요성이 있는 행위라는 의미에서 통치행위에 속한다고 본다(헌재 1996. 2. 29. 93헌마186).

02
답 ④

출제단원 Part 02 행정작용 및 절차법
출제영역 계획재량

계획재량이란 행정계획을 수립·변경함에 있어서 행정청에게 인정되는 광범위한 형성의 자유를 의미한다. 행정청은 행정목표의 설정이나 수단의 선택에 있어서 독자적인 판단에 따라 행동할 형성의 자유를 갖는다. 이러한 계획재량에 대한 통제를 위해 형성된 이론을 「형량명령」이라고 하는데, 계획수립주체가 계획재량권을 행사함에 있어서 공익 상호 간, 사익 상호 간, 공익과 사익 상호 간에 정당한 형량을 하여야 한다는 원칙을 의미한다. 이와 관련하여 행정계획의 결정이 형량명령의 내용에 반하는 경우에 형량하자가 있게 되는데 그 유형은 다음과 같다.

조사의 결함	관련 이익에 대한 조사의무를 이행하지 않은 하자
형량의 해태	형량이 전혀 없는 경우
형량의 흠결 (누락)	형량을 했으나 형량에서 반드시 고려되어야 할 특정이익이 고려되지 않은 경우
오형량	형량을 했으나 객관성·비례성이 결여된 상태에서 이익형량을 한 경우

ㄱ. (O) 형량의 해태에 해당하여 계획재량의 행사가 위법한 경우이다.
ㄴ. (O) 형량의 흠결에 해당하여 계획재량의 행사가 위법한 경우이다.
ㄷ. (O) 오형량에 해당하여 계획재량의 행사가 위법한 경우이다.

03
답 ①

출제단원 Part 02 행정작용 및 절차법
출제영역 행정입법

① (O) 위법한 '법규명령'의 효력과 위법한 '행정행위'의 효력은 구분된다. 즉, 위법한 법규명령의 효력에 대하여 통설과 판례는 무효라고 본다. 반면, 위법한 행정행위의 효력에 대하여 통설과 판례는 중대·명백설에 따라 하자가 중대하고 명백하면 무효, 그 이외의 경우에는 취소사유 있는 행정행위라고 본다.

② (X) 총리령은 총리가 제정하는 법규명령이며, 부령은 행정각부의 장관이 제정하는 법규명령이다. 총리령과 부령의 우열에 대해서는 다음과 같이 견해가 대립한다.

동위설	총리령 = 부령
총리령우위설(다수설)	총리령 > 부령

헌법 제95조에서 '국무총리 또는 행정각부의 장은 소관사무에 관하여 법률이나 대통령령의 위임 또는 직권으로 총리령 또는 부령을 발할 수 있다.'고 규정하고 있을 뿐, 총리령과 부령간의 효력 차이에 대하여 어떠한 규정을 두고 있지 않다. 만약 총리령우위설에 의한다면 부령은 총리령의 위임범위 내에서 제정되어야 하겠지만, 동위설에 의하면 그렇지 않다. 따라서 이와 관련한 대법원 판례가 없는 상황에서 부령이 총리령의 위임범위 내에서 제정되어야 한다고 단정할 수는 없다.

③ (X) 영업허가의 취소 또는 정지, 과징금부과 등과 같은 제재적 처분의 기준을 제재적 처분기준이라고 한다. 대법원은 제재적 처분기준의 법적 성질에 대하여 부령(시행규칙)의 형식과 대통령령(시행령)의 형식을 구분하여 판단하고 있다. 부령(= 시행규칙)형식으로 제재적 처분기준을 정한 경우에는 이를 「행정규칙」의 성질을 갖는다고 본다. 즉, 대외적으로 국민이나 법원을 기속하지 않는다는 것이다(대법원 1995. 3. 28. 94누6925). 반면, 대통령령(= 시행령)형식으로 제재적 처분기준을 정한 경우에는 이를 「법규명령」의 성질을 갖는다고 본다. 즉, 대외적으로 국민이나 법원을 기속한다는 것이다(대법원 1997. 12. 26. 97누15418).

④ (X) 항고소송이란 '행정청의 처분 등이나 부작위에 대하여 제기하는 소송'을 말한다. 이때 법규명령이 항고소송의 대상인 '처분'에 해당하는지가 문제된다. '처분'이 되기 위해서는 그 자체가 직접 국민에 대

하여 권리설정 또는 의무의 부담을 명하거나 기타 법률상의 효과를 발생하게 하는 것이어야 한다. 이에 대해서는 일반적 법규명령과 처분적 법규명령을 구분하여 검토해야 한다.

일반적 법규명령	법규명령에서 일반적·추상적인 형태로 규율을 하면, 이에 근거하여 이루어지는 행정청의 행정행위를 통해 국민에게 권리를 설정하거나 의무를 부담시키게 된다. 따라서 일반적 법규명령 자체는 처분이 아니며, 따라서 항고소송의 대상이 될 수 없다.
처분적 법규명령	행정청의 행정행위의 개입 없이 법규명령 그 자체만으로 국민에게 권리를 설정하거나 의무의 부담을 명하는 형태의 법규명령을 처분적 법규명령이라고 한다. 처분적 법규명령은 일반적 법규명령과 달리 처분이라고 보며, 항고소송의 대상이 될 수 있다.

따라서 법규명령이 그에 따른 처분 없이 직접 국민의 권리를 제한하는 경우에는 「처분적 법규명령」에 해당하여 항고소송의 대상이 될 수 있다.

04 답 ③

출제단원 Part 01 행정법 서설
출제영역 행정법의 법원(法源)

행정법의 법원(法源)이란 정부나 지방자치단체가 행정을 행함에 있어 따르고 집행하여야 할 법의 종류를 의미하는 것으로서, 문자로 기록된 성문법원(헌법, 법률, 명령, 조례, 규칙, 조약 및 국제법규)과 문자로 기록되지 않은 불문법원(관습법, 조리 등)이 있다.

① (X) 대법원 확정판결이 성문법보다 우선하기 위해서는 대법원 판례의 법원성이 인정되어야 한다. 그러나 우리나라는 이론상 판례의 법원성을 인정하고 있지 않다. 따라서 대법원 확정판결의 효력이 성문법보다 우선하는 것은 아니다.

② (X) 중앙선거관리위원회 규칙은 중앙선거관리위원회가 헌법규정에 의해 선거관리·국민투표관리 등에 관하여 제정하는 법규명령을 말한다. 비록 '규칙'이라고 표현하고 있으나, 행정규칙이 아니라 '법규명령'의 성질을 갖는다. 따라서 중앙선거관리위원회 규칙은 행정법의 법원(法源) 중 성문법원인 '명령'에 해당한다.

③ (O) 조례는 지방의회에서 만드는 자치법규로서 성문법원에 해당한다. 따라서 지방자치단체의 학생인권조례는 행정법의 법원이 된다.

④ (X) '행정의 자기구속의 원칙'이란 행정관행이 성립된 경우 행정청은 특별한 사정이 없는 한 동종 사안에서 행정관행과 같은 결정을 하여야 한다는 원칙을 말한다. 이와 관련하여 행정관행이 위법한 경우에도 행정의 자기구속의 원칙이 인정되는지 문제된다. 이에 대해 통설과 대법원 판례에 의하면 행정의 자기구속의 원칙은 행정관행이 위법한 경우에는 적용되지 않는다고 본다. 만약 위법한 행정관행도 평등하게 적용되어야 한다고 보면 위법한 선례가 법률적합성원칙보다 우월한 것이 되어 법치행정의 원리에 반하게 되기 때문이다. 참고로 위법한 선행조치에 대해서도 '신뢰보호원칙'은 적용될 수 있다는 것을 비교하여 기억해야 한다. 신뢰보호원칙이란 행정기관의 말 또는 행동에 대하여 국민이 신뢰를 갖고 행위를 한 경우에, 국민의 신뢰가 보호할 가치가 있는 경우라면 이러한 신뢰를 보호해 주어야 한다는 것이다.

05 답 ①

출제단원 Part 01 행정법 서설
출제영역 행정법의 효력

① (X) 일반적으로 국회에서 제정한 법률이나 중앙행정관청이 제정한 법규명령은 전국에 효력을 미치고, 지방자치단체의 조례나 규칙은 당해 지방자치단체의 구역 내에서만 효력을 미친다. 그러나 국회에서 제정한 법률이라도 일부지역에만 효력을 갖는 경우도 있다. 제주도개발특별법, 수출자유지역설치법 등이 그 예이다. 따라서 특정 지역만을 규율대상으로 하는 법률이 무효인 것은 아니다.

② (O) 행정법규는 속지주의원칙에 따라 영토 또는 구역 내의 모든 사람에게 적용된다. 즉, 행정법규는 국적과 무관하게 영토 또는 구역 내의 모든 자연인과 법인, 내국인과 외국인에게 효력을 미친다.

③ (O) 행정법의 효력발생시기는 다음과 같이 정리할 수 있다.

구분		효력발생시기
시행일 규정 O		시행일로부터 효력 발생
시행일 규정 X	원칙	공포일부터 20일을 경과함으로써 효력 발생
	예외	국민의 권리제한 또는 의무부과와 직접 관련되는 법령 → 특별한 사유가 있는 경우를 제외하고는 공포일부터 적어도 30일이 경과한 날부터 시행

따라서 대통령령은 특별한 규정이 없으면 공포한 날부터 20일이 경과함으로써 효력을 발생하는 것이 맞다.

④ (O) 소급입법에는 이미 종료된 과거의 사항을 규율대상으로 하는 소급입법인 「진정소급입법」과 과거에 발생하여 현재까지 지속되고 있는 사항을 규율대상으로 하는 소급입법인 「부진정소급입법」이 있다. 이와 관련하여 진정소급입법은 과거에 완성된 사실이나 법률관계가 변경되어 개인의 권리가 침해될 수 있으므로 원칙적으로 금지하지만, 진정소급입법을 허용할 공익적 필요성이 있는 경우에는 예외적으로 허용될 수 있다고 본다. 헌법재판소는 일반적으로 「ⓐ 국민이 소급입법을 예상할 수 있었거나 법적 상태가 불확실하고 혼란스러워 보호할 만한 신뢰이익이 적은 경우」와 「ⓑ 소급입법에 의한 당사자의 손실이 없거나 아주 경미한 경우」 그리고 「ⓒ 신뢰보호의 요청에 우선하는 심히 중대한 공익상의 사유가 소급입법을 정당화하는 경우」 등에는 예외적으로 진정소급입법이 허용될 수 있다고 본다(헌재 1999. 7. 22. 97헌바76). 참고로 부진정소급입법은 현재 진행 중인 법률관계를 사회의 변화에 따라 변경하는 것은 당연하므로 원칙적으로 허용된다고 보지만, 소급효를 요구하는 공익상의 사유와 기존 법령에 대한 국민의 신뢰보호의 요청을 비교하여 신뢰보호의 요청이 더 클 경우에는 부진정소급입법이 제한된다고 본다. 정리하면 다음과 같다.

구분		진정소급입법	부진정소급입법
의의		이미 종료된 과거의 사항을 규율하는 것	과거에 발생하여 현재까지 지속되고 있는 사항을 규율하는 것
허용 여부	원칙	금지	허용
	예외	허용	금지

06

출제단원 Part 01 행정법 서설
출제영역 행정법상의 사건(기간, 시효, 주소)

답 ③

① (X) 민법상 기간의 계산방법에 관한 규정(제156조~제161조)은 특별한 규정이 없는 한 행정법에도 적용된다. 최근 제정된 행정기본법은 제6조 제1항에서 '행정에 관한 기간의 계산에 관하여는 행정기본법 또는 다른 법령 등에 특별한 규정이 있는 경우를 제외하고는 「민법」을 준용한다.'고 규정하여 이를 명확히 하고 있다. 민법에 의하면, 기간을 계산할 때에는 기간을 시·분·초로 정한 경우라면 즉시 기산하지만, 기간을 일·주·월·연으로 정한 경우에는 초일불산입의 원칙에 따라 기간의 초일은 산입하지 않고, 다음날(= 익일)부터 기산하게 된다. 단, 기간이 오전 0시부터 시작하는 때에는 초일을 산입한다.

② (X) 시효란 일정한 사실관계가 일정기간 계속되면, 그 사실관계가 진실한 법률관계에 부합하는가를 묻지 않고 해당 사실관계를 진실한 법률관계로 보는 것을 말하며, 「소멸시효」와 「취득시효」가 있다. 이 중 취득시효란 어떤 사람이 권리자인 것과 같이 권리를 행사하고 있는 상태가 일정기간 계속되는 경우에 그 사람이 권리자인 것으로 인정하는 제도이다. 이와 관련하여 국유재산법 등 관련법에서 행정재산은 민법규정에도 불구하고 취득시효의 대상이 되지 않는다고 규정하고 있다. 반면, 행정재산이 아닌 일반재산(잡종재산)은 취득시효의 대상이 된다. 참고로 국유재산이란 국가의 부담, 기부채납이나 법령 또는 조약에 따라 국가소유로 된 재산을 말하며, 그 종류는 다음과 같다.

	구분	내용
행정재산	공용 재산	국가가 직접 사무용·사업용 등으로 사용하는 재산 (예) 청사)
	공공용 재산	국가가 직접 공공용으로 사용하는 재산(예) 도로)
	기업용 재산	정부기업이 직접 사무용·사업용 등으로 사용하는 재산
	보존용 재산	국가가 보존하는 재산(예) 문화재)
일반재산		행정재산 외의 모든 국유재산

③ (O) 민법상 주소와 행정법상 주소를 비교하면 다음과 같다.

구분	민법상 주소	행정법상 주소
의의	생활의 근거되는 곳	주민등록법에 따른 주민등록지
수	동시에 두 곳 이상 있을 수 있음	이중등록 금지 → 1개 주소에 한정

따라서 자연인의 공법상 주소지(행정법상 주소지)는 다른 법률에 특별한 규정이 없는 한 1개소에 한정하는 것이 맞다.

④ (X) 소멸시효란 권리자가 권리를 행사할 수 있음에도 불구하고 일정기간 동안 권리를 행사하지 않는 경우에 그 권리를 소멸시키는 제도이다. 민법상 금전채권의 소멸시효기간은 원칙적으로 10년이다. 그러나 국가재정법은 소멸시효기간을 민법규정과 달리 '다른 법률에 특별한 규정이 없는 한' 5년이라고 규정하고 있다(제96조). 국가재정법에 의해 5년의 소멸시효가 적용되는 금전채권이란 「금전의 급부를 목적으로 하는 국가의 권리(= 국가의 국민에 대한 금전채권)」와 「금전의 급부를 목적으로 하는 국가에 대한 권리(= 국민의 국가에 대한 금전채권)」를 말한다.

07

출제단원 Part 02 행정작용 및 절차법
출제영역 재량의 한계, 확약, 행정행위의 효력발생요건, 준법률행위적 행정행위

답 ③

① (O) 재량권이 주어진 목적과 한계를 벗어나서 행사된 경우에 재량의 하자가 있게 되어 위법하게 되고, 사법심사의 대상이 된다. 재량하자의 유형으로는 법령상 주어진 재량의 범위를 벗어나는 경우인 「재량권의 일탈」, 법령상 주어진 재량권의 범위 내에서 재량이 이루어졌으나, 잘못된 방향으로 재량행사가 이루어진 경우인 「재량권의 남용」, 행정청이 자신에게 부여된 재량권을 행사하지 않은 경우인 「재량권의 불행사」가 있다. 따라서 재량하자 중 하나인 「재량권의 일탈」이나 「재량권의 남용」이 있으면 해당 행정행위는 위법한 것이 된다.

② (O) 대법원은 구 주택건설촉진법에 의한 주택건설사업계획의 승인은 상대방에게 권리나 이익을 부여하는 효과를 수반하는 이른바 수익적 행정처분으로서 법령에 행정처분의 요건에 관하여 일의적으로 규정되어 있지 아니한 이상 행정청의 재량행위에 속한다고 본다(대법원 2007. 5. 10. 2005두13315).

③ (X) 기속행위의 경우에는 법에 정해진 요건 충족시 행정청은 반드시 법에 정해진 효과를 부여해야 한다. 반면, 재량행위의 경우에는 법에 정해진 요건이 충족되었다고 하더라도 공익과의 이익형량을 통해 법에 정해진 효과를 부여하지 않을 수도 있다. 일반건축물의 건축허가는 원칙적으로 기속행위이다. 그러나 건축법 제11조 제4항과 같이 법령에서 명시적으로 행정청의 재량을 인정하고 있는 경우의 허가는 재량행위이다.

> **참고**
> 건축법 제11조 제4항에서는 위락시설이나 숙박시설에 해당하는 건축물의 건축을 허가하는 경우에는 주거환경이나 교육환경 등 주변환경을 고려하여 허가권자가 허가를 하지 아니할 수 있다고 규정하고 있다.

따라서 숙박용 건물의 건축허가는 재량행위이므로 중대한 공익상의 이유가 있는 경우 허가를 거부할 수 있다.

④ (O) 어떠한 사실이 존재하는지 안하는지에 대한 판단에는 행정청의 재량이 인정될 수 없다. 예를 들어 비위를 저지르지 않은 공무원을 비위를 저지른 것으로 오인하여 한 징계처분은 위법하다. 즉, 사실을 오인하여 재량권을 행사한 경우는 재량권의 남용에 해당하여 위법한 것이 된다.

08

출제단원 Part 02 행정작용 및 절차법
출제영역 부관

답 ④

최근 다수설은 부관을 행정행위의 효과를 제한 또는 보충하기 위하여 행정기관에 의하여 주된 행정행위에 부가된 종된 규율이라고 정의한다.

① (X) 부담은 행정행위의 주된 내용에 부가하여 그 행정행위의 상대방에게 작위(일정한 행위를 하는 것), 부작위(일정한 행위를 하지 않는 것), 급부(금전이나 물건의 교부 등), 수인(참는 것) 등의 의무를 부과하는 부관을 뜻한다. 이러한 부담의 사후변경이 가능한지는 사후부관이 허용되는지에 대한 문제이다. 사후부관이란 행정행위를 한 이후에 새로운 부관을 부가(= 부관의 사후부가)하거나, 또는 이미 행

정행위에 부가되어 있던 부관을 사후에 변경(= 부관의 사후변경)하는 것을 말한다. 이와 관련하여 대법원은 원칙적으로는 법률에 명문의 규정이 있는 경우, 변경이 미리 유보된 경우, 상대방의 동의가 있는 경우에 사후부관이 허용되고, 예외적으로 사정변경이 있는 경우에 목적달성에 필요한 범위 내에서 사후부관이 허용된다고 본다(대법원 1997. 5. 30. 97누2627). 따라서 부담의 사후변경은 일정한 요건하에 허용된다. 참고로 행정기본법에서도 「법률에 근거가 있는 경우」, 「당사자의 동의가 있는 경우」, 「사정이 변경되어 부관을 새로 붙이거나 종전의 부관을 변경하지 아니하면 해당 처분의 목적을 달성할 수 없다고 인정되는 경우」에는 처분을 한 후에도 부관을 새로 붙이거나(= 부관의 사후부가) 종전의 부관을 변경(= 부관의 사후변경)할 수 있다고 규정하여 사후부관을 인정하고 있다(제17조 제3항).

② (X) 대법원은 부담이 무효인 경우, 부담의 이행행위로 한 사법상 법률행위가 당연히 무효로 되는 것은 아니라고 본다. 즉, 부담의 이행행위로 한 사법상 법률행위는 일단 유효하며, 다만 민법상 취소사유에 해당할 경우에 취소가 가능하다고 본다(대법원 2009. 6. 25. 2006다81174). 즉, 대법원은 「부담」과 부담의 이행행위로 한 「사법상 법률행위」를 별개로 취급하고 있다.

③ (X) 행정행위에 부관을 붙일 수 있는 경우에도 무제한하게 허용되는 것은 아니다. 즉, 일정한 한계 내에서만 적법하게 부관을 붙일 수 있다. 이 중 부당결부금지의 원칙에 의한 한계도 존재한다. 즉, 부관은 주된 행정행위와 실질적 관련성이 인정되어야만 붙일 수 있다. 예를 들어, 주택단지건설사업계획의 승인시 주택단지의 건설과 전혀 관계없는 토지의 기부채납을 부담으로 붙인 경우 부당결부금지의 원칙에 반한다. 또한 이러한 한계에는 목적에 의한 한계도 포함된다. 즉, 부관은 주된 행정행위의 목적에 위배하여 붙일 수는 없다. 예를 들어 주택건축허가를 하면서 영업목적으로만 사용할 것을 정한 부관은 위법하다.

④ (O) 대법원은 부담은 행정청이 행정처분을 하면서 일방적으로 부가할 수도 있고, 미리 상대방과 협의하여 부담의 내용을 정한 다음 행정처분을 하면서 이를 부가할 수도 있다고 본다(대법원 2009. 2. 12. 2005다65500).

09 답 ③

| 출제단원 | Part 02 행정작용 및 절차법 |
| 출제영역 | 하자의 승계 |

하자의 승계란 행정이 여러 단계의 행정행위를 거쳐 행해지는 경우에 선행 행정행위의 위법을 이유로 적법한 후행 행정행위의 위법을 주장할 수 있는 것을 말한다.

① (O) 대법원은 선·후의 행정행위가 「결합」하여 「하나의」 법적 효과를 목적으로 하는 경우에는 하자의 승계를 긍정한다. 예를 들어 「계고, 통지, 실행, 비용납부명령」과 같이 강제집행을 구성하는 각 행위들은 강제집행이라는 하나의 법적 효과를 목적으로 하는 행위로서 이들 사이에는 하자의 승계를 긍정한다. 이에 따라 대집행계고처분과 대집행영장발부통보처분 사이에는 하자의 승계가 인정된다(대법원 1996. 2. 9. 95누12507). 하자의 승계에 대한 대법원 판례를 정리하면 다음과 같다.

구분	하자의 승계 여부	
선·후의 행정행위가 결합, 하나의 법적 효과 목적	긍정	
선·후의 행정행위가 독립, 별개의 법적 효과 목적	원칙	부정
	예외	수인한도를 넘고, 예측가능성 없는 경우 → 긍정

② (O) 대법원은 선·후의 행정행위가 서로 「독립」하여 「별개의」 법적 효과를 목적으로 하는 경우에는 원칙적으로 하자의 승계를 부정한다. 예를 들어 「공법상 의무를 부과하는 처분(= 하명처분)」과 공법상 의무불이행에 대한 「강제집행행위」는 서로 독립하여 별개의 법적 효과를 발생시키는 행위로서 하명처분과 강제집행행위 사이에는 하자의 승계를 부정한다. 따라서 하명처분인 광고물에 대한 자진철거명령과 강제집행행위인 대집행영장발부통보처분 사이에는 하자의 승계가 부정된다.

③ (X) 불가쟁력이란 하자 있는 행정행위라 할지라도 불복기간이 경과하거나, 쟁송수단을 모두 다 거친 이후에는 상대방 또는 이해관계인이 더 이상 행정행위의 효력을 쟁송절차를 통해 다툴 수 없게 되는 힘을 말한다. 하자의 승계가 인정되기 위해서는 「선행 행정행위」에 불가쟁력이 발생하였을 것을 전제조건으로 한다. 만약 선행 행정행위에 불가쟁력이 발생하지 않았다면 선행 행정행위 자체를 다투어 권리구제를 받을 수 있기 때문에 별도로 하자의 승계를 논의할 이유가 없기 때문이다. 다만, 후행 행정행위에는 불가쟁력이 발생하지 않아야 한다. 만약 후행 행정행위에도 불가쟁력이 발생하였다면 후행 행정행위도 다툴 수 없기 때문에 하자의 승계를 논의할 수 없다.

④ (O) 하자의 승계가 인정되기 위해서는 선행 행정행위와 후행 행정행위 모두 처분이어야 한다. 만약 선행 행정행위가 행정소송의 대상이 되는 처분이 아니라면 애초에 행정소송으로 선행 행정행위의 위법을 다툴 수 없다. 또한 후행 행정행위가 처분이 아니라면 후행 행정행위 자체가 행정소송의 대상이 되지 않으므로 하자의 승계를 논의할 이유가 없다.

10 답 ①

| 출제단원 | Part 02 행정작용 및 절차법 |
| 출제영역 | 행정행위의 하자 |

ㄱ. (O) 대법원은 처분의 근거법령에서 청문을 실시하도록 규정하고 있음에도 청문절차를 결여한 처분은 위법한 처분으로서 취소사유에 해당한다고 본다(대법원 2007. 11. 16. 2005두15700).

ㄴ. (O) 헌법재판소법 제47조 제2항에서는 「위헌으로 결정된 법률 또는 법률의 조항은 그 결정이 있는 날부터 효력을 상실한다.」고 규정하고 있다. 이처럼 헌법재판소의 위헌결정은 헌법재판소법 제47조 제2항에 따라 원칙적으로 장래효(= 법적 효력이 장래를 향하여 발생하는 것)이다. 다만, 예외적으로 소급효(= 법적 효력이 과거로 거슬러 올라가 발생하는 것)가 인정될 수 있는데, 그 범위가 어디까지인지 문제된다. 이와 관련하여 대법원은 원칙적으로 당해사건·동종사건·병행사건뿐만 아니라 일반사건에도 위헌결정의 소급효가 미치지만, 일반사건 중 「취소소송의 제기기간을 경과하여 확정력(불가쟁력)이 발생한 행정처분」이나 「법적 안정성과 신뢰보호의 요청이 현저한 경우」

에는 위헌결정의 소급효가 인정되지 않는다고 본다.

ㄷ. (X) 행정처분이 먼저 행해진 후에 처분의 근거법률이 헌법재판소에서 위헌결정을 받았고, 처분의 상대방이 아직 처분으로 부과된 의무를 이행하지 않고 있는 경우에 강제집행을 할 수 있는지 문제된다. 이에 대해 대법원은 행정처분(= 과세처분)이 있은 후에 집행단계에서 행정처분(= 과세처분)의 근거법률이 위헌으로 결정된 경우 행정처분의 집행이나 집행력을 유지하기 위한 행위(= 체납처분)는 위헌결정의 효력에 위반되어 허용될 수 없다고 본다. 이때 위헌법률에 근거한 행정처분의 집행행위(= 체납처분)는 하자가 중대하고 명백하여 당연무효라고 본다(대법원 2012. 2. 16. 2010두10907).

11 답 ③

출제단원 Part 02 행정작용 및 절차법
출제영역 공법상 계약

공법상 계약이란 공법적 효과의 발생을 목적으로 하는 복수당사자 사이의 반대방향의 의사표시의 합치에 의해 성립되는 공법행위를 말한다.

① (O) 대법원은 공중보건의사의 채용계약해지의 의사표시는 항고소송의 대상이 되는 처분 등의 성격을 가진 것으로 인정되지 않으며, 일정한 사유가 있을 때에 관할도지사가 채용계약관계의 한쪽 당사자로서 대등한 지위에서 행하는 의사표시라고 판단하였다(대법원 1996. 5. 31. 95누10617). 즉, 공중보건의사 채용계약은 관할도지사가 채용계약관계의 한쪽 당사자로서 대등한 지위에서 행하는 공법상 계약이라는 전제하에, 이를 해지하는 의사표시도 항고소송의 대상이 되는 처분이 아니라고 본 것이다.

② (O) 대법원은 지방전문직공무원 채용계약해지의 의사표시를 일반공무원에 대한 징계처분과는 달리 항고소송의 대상이 되는 처분 등의 성격을 가진 것으로 인정하지 아니하고, 지방자치단체가 채용계약관계의 한쪽 당사자로서 대등한 지위에서 행하는 의사표시로 취급하고 있는 것으로 본다(대법원 1993. 9. 14. 92누4611). 즉, 지방전문직공무원 채용계약은 지방자치단체가 채용계약관계의 한쪽 당사자로서 대등한 지위에서 행하는 공법상 계약이라는 전제하에, 이를 해지하는 의사표시도 항고소송의 대상이 되는 처분이 아니라고 본 것이다.

③ (X) 공익사업을 위해 토지를 취득하는 방법으로는 토지의 소유자의 의사에 반하는 강제취득인 「공용수용」과 공용수용의 주체와 토지소유자 사이의 협의에 의한 취득인 「협의취득」이 있다. 이와 관련하여 대법원은 공익사업을 위한 토지 등의 취득 및 보상에 관한 법률에 의한 「협의취득」은 사법상의 법률행위라고 본다(대법원 2012. 2. 23. 2010다91206). 즉, 당사자 사이의 자유로운 의사에 의한 매매계약이라는 것이다.

④ (O) 대법원은 중소기업 정보화지원사업에 따른 지원금 출연을 위하여 중소기업청장이 체결하는 협약은 공법상 대등한 당사자 사이의 의사표시의 합치로 성립하는 공법상 계약에 해당한다고 본다(대법원 2015. 8. 27. 2015두41449).

12 답 ④

출제단원 Part 02 행정작용 및 절차법
출제영역 행정지도

① (O) 행정지도란 행정기관이 그 「소관사무의 범위에서」 일정한 행정목적을 실현하기 위하여 특정인에게 일정한 행위를 하거나 하지 아니하도록 지도, 권고, 조언 등을 하는 행정작용을 말한다(행정절차법 제2조 3호). 따라서 행정지도는 당해 행정기관의 소관사무의 범위 내에서 행해져야 한다.

② (O) 행정지도는 말로 할 수 있다. 다만, 상대방이 행정지도의 취지 및 내용과 신분을 적은 서면의 교부를 요구하면 직무수행에 특별한 지장이 없는 한 이를 교부하여야 한다(행정절차법 제49조).

③ (O) 행정지도의 상대방은 해당 행정지도의 방식·내용 등에 관하여 행정기관에 의견제출을 할 수 있다(행정절차법 제50조).

④ (X) 대법원은 세무당국이 주류회사에게 특정인과의 주류거래를 일정한 기간 동안 중지하여 줄 것을 요청한 행위는 권고적 성격의 행위에 불과하다고 보아 처분성을 부인하였다. 따라서 항고소송으로 다툴 수 없다(대법원 1980. 10. 27. 80누395).

13 답 ②

출제단원 Part 03 행정의 실효성 확보수단
출제영역 행정상 강제징수

행정상 강제징수란 사인이 국가 등 행정주체에 대하여 부담하고 있는 공법상의 금전급부의무를 이행하지 않은 경우에 행정청이 의무자의 재산에 실력을 가하여 의무가 이행된 것과 동일한 상태를 실현하는 행정상 강제집행 수단을 말한다.

① (O) 2021. 1. 1. 시행된 개정 국세징수법은 '재산의 압류, 압류재산의 매각, 청산'을 강제징수라고 표현하고 있다.

+ 참고
개정 전 국세징수법은 '재산압류, 압류재산의 매각, 청산'의 3단계를 '체납처분'이라고 표현했었지만, 2021. 1. 1. 시행된 개정 국세징수법은 이를 '강제징수'라는 표현으로 변경하였다. 이에 따라 ①번 선택지의 내용을 수정하였다.

② (X) 압류란 의무자의 재산에 대하여 사실상·법률상의 처분을 금지하고, 의무자의 재산을 확보하는 강제적인 보전행위를 말한다. 압류된 재산에 대하여는 사실상·법률상의 처분이 금지된다. 따라서 체납자는 압류된 재산에 대하여 법률상의 처분을 할 수 없다.

③ (O) 청산이란 압류재산의 매각대금 등 체납처분에 의해 취득한 금전을 배분순위에 따라 배분하고 잔액이 있으면 체납자에게 지급하는 절차를 말한다.

④ (O) 행정상 강제징수에 대한 불복에 대하여는 「국세기본법」에서 다음과 같이 규정하고 있다.

이의신청	국세부과와 징수처분에 대해 이의가 있는 자는 심사청구 또는 심판청구에 앞서 세무서장 등에게 이의신청을 할 수 있다. → 임의적 절차이다.
심사청구	세무서장을 거쳐 국세청장에게 하여야 한다.
심판청구	세무서장이나 조세심판원장에게 하여야 한다.
행정소송	심사청구 또는 심판청구와 그에 대한 결정을 거쳐야만 행정소송을 제기할 수 있다.

「행정소송법」의 행정심판임의주의와 달리 「국세기본법」에서는 행정심판전치주의를 규정하고 있다. 따라서 강제징수절차에 불복하는 당사자는 심사청구 또는 심판청구를 거친 후 행정소송을 제기하여야 한다. 참고로 '행정심판임의주의'는 행정심판을 거치지 않고도 행정

14 답 ①

출제단원: Part 02 행정작용 및 절차법
출제영역: 행정절차

① (X) 청문 주재자는 행정청이 소속 직원 또는 대통령령으로 정하는 자격을 가진 사람 중에서 선정하도록 되어 있다(행정절차법 제28조 제1항). 즉, 별도로 당사자의 신청을 받아 선정하는 것이 아니다.

② (O) 행정절차법 제29조에서 청문 주재자의 제척·기피·회피에 관하여 규정하고 있다. 「제척」이란 법에서 정한 일정한 사유가 있는 경우에 당연히 청문 주재자에서 배제되는 것을 말하고, 「기피」란 청문 주재자에게 공정한 청문 진행을 할 수 없는 사정이 있는 경우에 당사자의 신청에 의해 청문 주재자를 교체하는 것을 말하며, 「회피」란 청문 주재자가 제척·기피사유에 해당하는 것을 알게 되었을 때 스스로 청문 주재자에서 물러나는 것을 말한다.

③ (O) 청문은 당사자가 공개를 신청하거나 청문 주재자가 필요하다고 인정하는 경우 공개할 수 있다. 다만, 공익 또는 제3자의 정당한 이익을 현저히 해칠 우려가 있는 경우에는 공개하여서는 안 된다(행정절차법 제30조).

④ (O) 의견청취절차란 사전통지 된 내용에 따라 행정처분의 상대방 또는 이해관계인에게 자신의 의견을 진술하며 스스로를 방어할 수 있는 기회를 부여하는 절차를 말한다. 의견청취절차의 종류로는 청문, 공청회, 의견제출이 있다. 이와 관련하여 행정절차법 제22조 제4항에서 의견청취절차를 생략할 수 있는 사유를 다음과 같이 규정하고 있다.
ⅰ) 공공의 안전 또는 복리를 위하여 긴급히 처분을 할 필요가 있는 경우
ⅱ) 법령 등에서 요구된 자격이 없거나 없어지게 되면 반드시 일정한 처분을 하여야 하는 경우에 그 자격이 없거나 없어지게 된 사실이 법원의 재판 등에 의하여 객관적으로 증명된 경우
ⅲ) 해당 처분의 성질상 의견청취가 현저히 곤란하거나 명백히 불필요하다고 인정될 만한 상당한 이유가 있는 경우
ⅳ) 당사자가 의견진술의 기회를 포기한다는 뜻을 명백히 표시한 경우
따라서 행정청은 법령상 청문실시의 사유가 있는 경우에도 당사자가 의견진술의 기회를 포기한다는 뜻을 명백히 표시한 경우에는 의견청취를 하지 않을 수 있다.

15 답 ②

출제단원: Part 08 행정정보공개·개인정보 보호·행정조사
출제영역: 개인정보 보호법

① (O) 개인정보 보호법 제23조에서는 민감정보의 처리 제한에 대하여 규정하고 있다. 사상·신념, 노동조합·정당의 가입·탈퇴, 정치적 견해, 건강, 성생활 등에 관한 정보, 그 밖에 정보주체의 사생활을 현저히 침해할 우려가 있는 개인정보로서 대통령령으로 정하는 정보를 '민감정보'라고 하는데, 개인정보처리자는 원칙적으로 민감정보를 처리해서는 안 된다.

② (X) 헌법재판소는 개인의 고유성, 동일성을 나타내는 지문은 그 정보주체를 타인으로부터 식별가능하게 하는 것으로서 개인정보라고 본다(헌재 2015. 5. 28. 2011헌마731).

③ (O) 개인정보에 관한 분쟁의 조정을 위하여 개인정보 분쟁조정위원회를 두고 있다(개인정보 보호법 제40조). 개인정보와 관련한 분쟁의 조정을 원하는 자는 분쟁조정위원회에 분쟁조정을 신청할 수 있다(개인정보 보호법 제43조).

④ (O) 개인정보 보호법 제51조 이하에서는 개인정보 단체소송에 대하여 규정하고 있다. 개인정보 단체소송이란 일정한 단체가 자신의 고유한 권리침해나 그 구성원의 권리침해를 다투는 것이 아니라, 일반적인 정보주체의 권리침해를 다투는 소송을 의미한다.

16 답 ④

출제단원: Part 08 행정정보공개·개인정보 보호·행정조사
출제영역: 공공기관의 정보공개에 관한 법률

① (O) 모든 국민은 정보의 공개를 청구할 권리를 가진다(공공기관의 정보공개에 관한 법률 제5조 제1항). 이와 관련하여 대법원은 정보공개청구권자인 '국민'에는 자연인, 법인, 권리능력 없는 사단·재단이 모두 포함된다고 본다. 특히 법인, 권리능력 없는 사단·재단의 경우에는 설립목적과 무관하게 모두 정보공개청구권자에 해당한다고 본다(대법원 2003. 12. 12. 2003두8050).

② (O) 공공기관의 정보공개에 관한 법률 제9조 제1항에서는 비공개대상정보에 대하여 규정하고 있다. 이 중 4호에서는 「진행 중인 재판에 관련된 정보와 범죄의 예방, 수사, 공소의 제기 및 유지, 형의 집행, 교정, 보안처분에 관한 사항으로서 공개될 경우 그 직무수행을 현저히 곤란하게 하거나 형사피고인의 공정한 재판을 받을 권리를 침해한다고 인정할 만한 상당한 이유가 있는 정보」를 비공개대상정보로 규정하고 있다.

③ (O) 공공기관은 정보공개의 청구를 받으면 그 청구를 받은 날부터 10일 이내에 공개 여부를 결정하여야 한다(공공기관의 정보공개에 관한 법률 제11조 제1항). 그러나 부득이한 사유로 기간 이내에 공개 여부를 결정할 수 없을 때에는 그 기간이 끝나는 날의 다음 날부터 기산하여 10일의 범위에서 공개 여부 결정기간을 연장할 수 있다(동법 제11조 제2항).

④ (X) 공공기관의 정보공개에 관한 법률에서는 「비공개결정에 대한 청구인의 불복절차」로 '이의신청', '행정심판', '행정소송'을 규정하고 있다. 이때 청구인은 이의신청절차를 거치지 아니하고 행정심판을 청구할 수 있다. 즉, 이의신청은 임의적 절차에 불과하다.

17 답 ③

출제단원: Part 06 행정상 손해배상
출제영역: 행정상 손해배상의 요건

ㄱ. (X) 국가배상법 제2조 제1항에서 공무원의 위법한 직무행위로 인한 국가나 지방자치단체의 배상책임을 명시하고 있다. 국가배상법 제2조의 책임이 인정되기 위한 요건 중 「위법할 것」과 관련하여 대법원은 국가배상법상 '법령위반'이란 엄격한 의미의 법령위반뿐만 아니라 인권존중, 권력남용금지, 신의성실, 공서양속 등의 위반도 포함하

여 널리 그 행위가 객관적인 정당성을 결여하고 있음을 의미한다고 하였다(대법원 2009. 12. 24. 2009다70180).

ㄴ. (O) 국가배상법 제5조 제1항에서 영조물의 설치·관리의 하자로 인한 국가나 지방자치단체의 배상책임을 명시하고 있다. 국가배상법 제5조의 책임이 인정되기 위한 요건 중 「도로·하천 기타 공공의 영조물일 것」과 관련하여 대법원은 국가배상법 제5조 제1항 소정의 '공공의 영조물'이라 함은 국가 또는 지방자치단체에 의하여 특정 공공의 목적에 공여된 유체물 내지 물적 설비를 말한다고 본다(대법원 1998. 10. 23. 98다17381). 즉, '영조물'이라는 표현에도 불구하고 「강학상 공물」에 해당한다고 본다. 참고로 학문상의 '영조물'이란 공적 목적을 위한 인적·물적 종합시설을 말한다. 반면, 학문상의 '공물'이란 공적 목적에 제공된 물건 등을 의미한다.

ㄷ. (O) 헌법 제29조 제1항에서 「공무원의 직무상 불법행위로 손해를 받은 국민은 법률이 정하는 바에 의하여 국가 또는 공공단체에 정당한 배상을 청구할 수 있다.」고 규정하여 「공무원의 위법한 직무행위로 인한 국가 등의 배상책임」에 대하여 규정하고 있다. 반면, 「영조물의 설치·관리의 하자로 인한 국가 등의 배상책임」에 대하여는 헌법상 규정을 하고 있지 않으며, 국가배상법 제5조에서만 규정하고 있다.

ㄹ. (X) 대법원은 입법내용이 헌법의 문언에 명백히 위배됨에도 불구하고 국회가 굳이 당해 입법을 한 것과 같은 「특수한 경우가 아닌 한」, 국가배상법 제2조 제1항 소정의 위법행위에 해당한다고 볼 수 없다고 본다(대법원 2008. 5. 29. 2004다33469). 따라서 국회가 제정한 법률이 헌법재판소에 의해 위헌결정을 받았다고 하여 그 사실만으로 국회가 그에 대해 국가배상책임을 지는 것은 아니다.

18 답 ④

| 출제단원 | Part 05 행정심판법 |
| 출제영역 | 행정심판의 재결 |

행정심판의 재결이란 행정심판의 청구에 대하여 행정심판위원회가 행하는 판단을 의미한다.

① (X) 재결의 기속력이란 처분청(= 피청구인) 및 관계행정청이 재결의 취지에 따르도록 처분청 및 관계행정청을 구속하는 효력을 말한다. 재결의 기속력은 심판청구를 인용하는 재결에 인정된다. 이때 기속력의 범위와 관련하여 대법원은 재결의 기속력은 재결의 「주문」 및 그 전제가 된 요건사실의 인정과 판단, 즉 「처분 등의 구체적 위법사유」에 관한 판단에만 미친다고 하였다(대법원 2005. 12. 9. 2003두7705). 따라서 재결의 기속력이 당해 처분에 관한 재결주문에만 미치는 것은 아니다.

② (X) 위원회는 심판청구의 대상이 되는 처분 또는 부작위 외의 사항에 대하여는 재결하지 못한다(행정심판법 제47조 제1항). 이를 '불고불리의 원칙'이라고 한다.

③ (X) 행정심판법 제51조에서 행정심판 재청구의 금지에 대하여 규정하고 있다. 이에 의하면 심판청구에 대한 재결이 있으면 그 재결 및 같은 처분 또는 부작위에 대하여 다시 행정심판을 청구할 수 없다. 따라서 재결 자체의 고유한 위법이 있는 경우에는 행정소송을 제기해야 하는 것이며, 다시 행정심판을 청구할 수는 없다.

④ (O) 법령의 규정에 따라 공고하거나 고시한 처분이 재결로써 취소되거나 변경되면 처분을 한 행정청은 지체 없이 그 처분이 취소 또는 변경되었다는 것을 공고하거나 고시하여야 한다(행정심판법 제49조 제5항).

19 답 ②

| 출제단원 | Part 04 행정소송법 |
| 출제영역 | 취소소송 |

① (O) 행정소송법 제18조 제1항에서는 행정심판은 원칙적으로 임의적인 절차로 규정하고 있으며(= 행정심판임의주의), 예외적으로 개별 법률에서 정하는 경우에만 필수적으로 거치도록 규정하고 있다(= 예외적 행정심판전치주의).

② (X) 행정소송법은 '취소소송의 제기는 처분 등의 효력이나 그 집행 또는 절차의 속행에 영향을 주지 아니한다.'고 하여 「집행부정지의 원칙」을 규정하고 있다(제23조 제1항).

③ (O) 원고의 청구가 이유 있다고 인정하는 경우에도, 즉 처분 등이 위법한 경우에 처분 등을 취소하는 것이 현저히 공공복리에 적합하지 아니하다고 인정하는 때에는 법원은 원고의 청구를 기각할 수 있는데 이를 「사정판결」이라고 한다.

④ (O) 처분 등을 취소하는 확정판결은 그 사건에 관하여 당사자인 행정청과 그 밖의 관계행정청을 기속하는데, 이를 기속력이라고 한다(행정소송법 제30조 제1항). 만약 판결에 의하여 취소되는 처분이 당사자의 신청을 거부하는 것을 내용으로 하는 경우(= 거부처분취소판결)에는 그 처분을 행한 행정청은 「판결의 취지에 따라」 다시 이전의 신청에 대한 처분을 하여야 한다(동법 제30조 제2항). 참고로 취소판결의 이유에 따라 행정청의 재처분의무의 구체적인 내용을 정리하면 다음과 같다.

실체적 하자로 취소된 경우	기속행위, 재량이 영으로 수축된 경우	행정청은 당사자의 신청을 받아들이는 처분을 해야 한다.
	재량행위	행정청은 재량의 하자 없는 재처분을 하면 된다. 따라서 행정청이 하자 없는 재량을 행사하여 판단한 결과 상대방의 신청을 받아들이는 처분을 할 수도 있고, 이를 거부하는 처분을 할 수도 있다.
절차상 하자로 취소된 경우		처분청은 절차상 하자를 보완한 후 동일하게 거부처분을 할 수도 있다.

20 답 ①

| 출제단원 | Part 04 행정소송법 |
| 출제영역 | 당사자소송 |

① (O) 당사자소송이란 행정청의 처분 등을 원인으로 하는 법률관계에 관한 소송 그 밖에 공법상의 법률관계에 관한 소송으로서 그 법률관계의 한쪽 당사자를 피고로 하는 소송을 말한다. 이와 관련하여 대법원은 텔레비전방송수신료 부과행위는 공권력의 행사에 해당하므로, 텔레비전방송수신료를 징수할 권한이 있는지 여부를 다투는 소송은 민사소송이 아니라 공법상의 법률관계를 대상으로 하는 것으로서 당사자소송에 의하여야 한다고 본다(대법원 2008. 7. 24. 2007다25261).

② (X) 법원은 「취소소송」을 당해 처분 등에 관계되는 사무가 귀속하는

국가 또는 공공단체에 대한 「당사자소송」 또는 「취소소송 외의 항고소송」으로 변경하는 것이 상당하다고 인정할 때에는 「청구의 기초에 변경이 없는 한」, 「사실심의 변론종결시」까지 「원고의 신청」에 의하여 결정으로써 소의 변경을 허가할 수 있는데 이를 「소의 종류의 변경」이라고 한다(행정소송법 제21조). 이 규정은 「당사자소송」을 「항고소송」으로 변경하는 경우에도 준용하고 있다(행정소송법 제42조). 따라서 당사자소송 계속 중 법원의 허가를 얻어 항고소송으로 변경할 수 있다.

③ (X) 대법원은 서울특별시립무용단 단원의 위촉은 공법상의 계약이라고 할 것이고, 단원의 해촉(위촉했던 직책이나 자리에서 물러나게 하는 것)에 대하여는 공법상의 당사자소송으로 그 무효확인을 청구할 수 있다고 본다(대법원 1995. 12. 22. 95누4636).

④ (X) 원고적격이란 행정소송에서 원고가 될 수 있는 자격을 의미한다. 행정소송법 제12조에서 '취소소송은 처분 등의 취소를 구할 법률상 이익이 있는 자가 제기할 수 있다.'고 하여 원고적격을 규정하고 있다. 그러나 당사자소송에 대해서는 원고적격에 관해 별도의 규정을 두고 있지 않으며, 취소소송의 원고적격에 대한 행정소송법 제12조를 준용하고 있지도 않다.

2016년 사회복지직 9급
행정법총론

문제편 p.156

01 ③ 02 ④ 03 ② 04 ③ 05 ④ 06 ③ 07 ④ 08 ② 09 ① 10 ③
11 ② 12 ② 13 ④ 14 ① 15 ③ 16 ① 17 ② 18 ③ 19 ④ 20 ①

01   답 ③

출제단원 Part 02 행정작용 및 절차법
출제영역 하자의 승계

① (O) 하자의 승계가 논의되기 위해서는 선행 행정행위에 취소사유에 해당하는 하자가 있어야 한다. 만약 선행 행정행위에 무효사유에 해당하는 하자가 있다면 선행 행정행위의 하자가 당연히 후행 행정행위에 승계되기 때문에 후행 행정행위도 무효가 되어 별도로 하자의 승계를 논의할 이유가 없게 된다. 선행 행정행위가 무효인 경우에는 이를 전제로 하여 행해지는 후행 행정행위는 존립근거를 잃어 후행 행정행위 역시 무효가 되기 때문이다.

② (O) 대법원은 선·후의 행정행위가 「결합」하여 「하나의」 법적 효과를 목적으로 하는 경우에는 하자의 승계를 긍정한다. 반면, 선·후의 행정행위가 서로 「독립」하여 「별개의」 법적 효과를 목적으로 하는 경우에는 원칙적으로 하자의 승계를 부정한다. 다만, 선행 행정행위의 하자를 후행 행정행위에서 다투지 못하게 하는 것이 그로 인하여 불이익을 입게 되는 자에게 「수인한도를 넘는 가혹함」을 가져오며, 당사자에게 「예측가능한 것이 아닌 경우」에는 예외적으로 하자의 승계를 긍정한다.

③ (X) 불가쟁력이란 하자 있는 행정행위라 할지라도 불복기간이 경과하거나, 쟁송수단을 모두 다 거친 이후에는 상대방 또는 이해관계인이 더 이상 행정행위의 효력을 쟁송절차를 통해 다툴 수 없게 되는 힘을 말한다. 선행 행정행위에 불가쟁력이 발생했다면 행정행위의 상대방은 선행 행정행위가 위법하다고 다툴 수 없으므로, 그 대신 위법한 선행 행정행위의 하자가 적법한 후행 행정행위에 승계되었다고 주장하며 후행 행정행위를 다투게 되는 것이다. 즉, 제소기간이 경과하여 선행 행정행위에 불가쟁력이 발생한 경우에 비로소 하자의 승계가 문제된다. 만약 선행 행정행위에 불가쟁력이 발생하지 않았다면 행정행위의 상대방은 선행 행정행위 자체를 다툴 수 있기 때문에 별도로 하자의 승계를 논의할 이유가 없다.

④ (O) 대법원은 「조세의 부과처분」과 「압류 등의 체납처분」은 「별개」의 행정처분으로서 「독립」성을 가진다고 본다. 따라서 「조세의 부과처분(= 과세처분)」과 「체납처분」 사이에는 하자의 승계가 부정된다고 본다(대법원 1987. 9. 22. 87누383).

02   답 ④

출제단원 Part 02 행정작용 및 절차법
출제영역 행정행위의 효력

① (X) 구속력이란 행정행위가 성립요건 및 효력발생요건을 갖추면 「법률행위적 행정행위」는 행정청이 표시한 「의사」에 따라, 「준법률행위

적 행정행위」는 「법령이 정하고 있는 바」에 따라 일정한 법적 효과가 발생하고 당사자를 구속하게 되는 힘을 말한다. ①번 선택지는 반대로 서술하고 있으므로 옳지 않다.

② (X) 공정력이란 행정행위에 하자가 있다고 하더라도, 하자가 중대하고 명백하여 당연히 무효로 인정되는 경우를 제외하고는 권한 있는 기관에 의해 취소되기 전까지 유효한 것으로 통용되는 힘을 말한다. 이러한 공정력은 행정행위에서 인정되는 효력이며, 비권력적 공법작용이나 사실행위, 사법행위에서 인정지지는 않는다.

③ (X) 불가변력이란 일정한 행정행위의 성질상 행정행위를 한 행정청 자신도 직권으로 이를 변경(= 취소·철회)할 수 없는 효력을 말한다. 즉, 불가변력이 발생한 경우 행정청은 당해 행정행위를 직권으로 취소할 수 없을 뿐만 아니라, 철회도 불가능하다. 참고로 불가변력은 행정심판의 재결과 같은 준사법적 행정행위(= 법원의 재판과 같은 사법적 행위에 준하는 행정행위)와 같이 일부 행정행위에 인정되는 효력이다.

④ (O) 대법원은 계고처분 또는 행정대집행 영장에 의한 통지와 같은 행정처분이 위법한 경우에는 취소소송을 제기할 수 있지만, 만약 행정대집행이 이미 완료된 후라면 처분의 취소를 구할 소의 이익이 인정되지 않는다고 본다. 위법한 행정대집행이 이미 완료된 상황이라면 항고소송을 통해 처분을 취소하더라도 회복할 수 있는 법률상의 이익이 없기 때문이다. 하지만 그렇다고 하여 행정처분의 취소판결이 있어야만 손해배상청구를 할 수 있는 것은 아니라고 본다(대법원 1972. 4. 28. 72다337). 즉, 대법원은 행정행위에 대한 취소판결이 없더라도 민사법원에서 행정행위의 위법 여부를 직접 판단할 수 있다고 보는 것이다.

03

답 ②

출제단원 Part 08 행정정보공개·개인정보 보호·행정조사
출제영역 행정조사

행정조사란 행정기관이 사인으로부터 행정상 필요한 자료나 정보를 수집하기 위하여 행하는 일체의 행정작용을 말한다.

① (O) 적법절차의 원칙이란 개인의 권익을 제한하는 모든 국가작용은 적법절차에 따라 행해져야 한다는 원칙을 말한다. 적법절차의 원칙은 행정조사에도 적용되므로 행정조사에 관한 사전통지나 이유제시를 해야 한다. 다만, 긴급한 경우 또는 사전통지나 이유제시를 하면 조사의 목적을 달성할 수 없는 경우에는 예외가 인정된다.

② (X) 행정절차에 관한 일반법인 행정절차법에서는 행정조사에 관하여 명문의 규정을 두고 있지 않다. 다만, 「행정조사가 처분에 해당하는 경우」에는 행정절차법상의 처분절차에 관한 규정이 행정조사에도 적용된다. 참고로 행정절차법에서 규정하고 있는 사항과 규정하고 있지 않은 사항을 정리하면 다음과 같다.

규정하고 있는 사항	처분, 신고, 확약, 위반사실 등의 공표, 행정계획, 행정상 입법예고, 행정예고, 행정지도 절차
규정하고 있지 않은 사항	공법상 계약, 행정계획의 확정절차, 행정조사절차

③ (O) 압수·수색을 수반하는 행정조사에 법원이 발부한 영장이 필요한 것인지 문제된다. 이와 관련하여 대법원은 우편물 통관검사절차에서 이루어지는 우편물의 개봉, 시료채취, 성분분석 등의 검사는 수출입물품에 대한 적정한 통관 등을 목적으로 한 행정조사의 성격을 가지는 것이며, 수사기관의 강제처분이라고 할 수 없다고 본다. 따라서 압수·수색영장 없이 우편물의 개봉, 시료채취, 성분분석 등 검사가 진행되었다고 하더라도 특별한 사정이 없는 한 위법하다고 볼 수 없다고 본다(대법원 2013. 9. 26. 2013도7718). 즉, 대법원은 수사기관의 강제처분이 아닌 행정조사의 성격을 가지는 한 영장은 요구되지 않는다는 것이다.

④ (O) 행정조사가 실체법상 또는 절차법상 한계를 넘어 위법한 경우에 이러한 행정조사에 근거하여 이루어진 행정결정도 위법하게 되는 것인지 문제된다. 이와 관련하여 대법원은 종전의 부가가치세 경정조사와 같은 세목 및 같은 과세기간에 대하여 중복하여 실시된 위법한 세무조사에 기초하여 이루어진 납세자에 대한 부가가치세 부과처분은 위법하다고 본다(대법원 2006. 6. 2. 2004두12070). 즉, 행정조사가 위법한 경우에 이러한 행정조사를 기초로 한 행정결정 역시 위법하다는 것이다.

04

답 ③

출제단원 Part 01 행정법 서설
출제영역 신뢰보호원칙, 행정의 자기구속의 원칙

① (X) 행정의 자기구속의 원칙이란 행정관행이 성립된 경우 행정청은 특별한 사정이 없는 한 동종 사안에서 행정관행과 같은 결정을 하여야 한다는 원칙을 말한다. 행정의 자기구속의 원칙이 적용되기 위해서는 행정관행이 존재해야 하는데, 재량준칙(= 재량권 행사의 기준을 정하는 행정규칙)이 존재하는 경우에도 행정선례가 필요한지 문제된다. 이와 관련하여 대법원은 재량준칙이 공표된 것만으로는 자기구속의 원칙이 적용될 수 없고, 재량준칙이 되풀이 시행되어 행정관행이 성립한 경우에 자기구속의 원칙이 적용될 수 있다고 본다(대법원 2009. 12. 24. 2009두7967).

② (X) 신뢰보호원칙이란 행정기관의 말 또는 행동에 대하여 국민이 신뢰를 갖고 행위를 한 경우에 국민의 신뢰가 보호할 가치가 있는 경우라면 이러한 신뢰를 보호해 주어야 한다는 원칙을 말한다. 신뢰보호원칙이 적용되기 위해서는 공익 또는 제3자의 정당한 이익을 현저히 해할 우려가 있는 경우가 아니어야 한다. 이와 관련하여 대법원은 신뢰보호의 이익과 공익 또는 제3자의 이익이 상호 충돌하는 경우에는 이들 상호 간에 이익형량을 하여야 한다고 본다(대법원 2002. 11. 8. 2001두1512). 즉, 상호 간 이익형량 없이 언제나 신뢰보호의 이익이 우선한다고 할 수는 없다.

③ (O) 행정관행이 위법한 경우에도 행정의 자기구속의 원칙이 인정될 수 있는지 문제된다. 이에 대해 통설과 대법원 판례는 행정의 자기구속의 원칙은 행정관행이 위법한 경우에는 적용되지 않는다고 본다. 만약 위법한 행정관행도 평등하게 적용되어야 한다고 보면 위법한 선례가 법률적합성원칙보다 우월한 것이 되어 법치행정의 원리에 반하게 되기 때문이다. 참고로 위법한 선행조치에 대해서도 '신뢰보호원칙'은 적용될 수 있다는 것을 비교하여 기억해야 한다.

④ (X) 신뢰보호원칙을 적용하기 위해서는 신뢰의 대상이 되는 행정청의 선행조치가 있어야 한다. 이와 관련하여 대법원은 선행조치를 '공적인 견해표명'으로 한정한다. 또한 대법원은 행정청의 공적 견해표명이 있었는지의 여부는 행정조직상의 형식적인 권한분장(= 권한을 나누어 맡아 처리함)에 구애될 것은 아니고, 담당자의 조직상의 지

위와 임무, 당해 언동을 하게 된 구체적인 경위 및 그에 대한 상대방의 신뢰가능성에 비추어 실질에 의하여 판단해야 한다고 본다(대법원 1997. 9. 12. 96누18380).

05 답 ④

| 출제단원 | Part 01 행정법 서설 |
| 출제영역 | 법률유보의 원칙 |

법률유보의 원칙이란 일정한 행정작용은 법에 근거해야 한다는 원칙을 말한다.

① (O) 법률유보의 원칙의 적용범위에 대하여 헌법재판소는 '중요사항유보설'에 포함된 이론인 '의회유보설'의 입장에서 판단하고 있다. 즉, 오늘날 법률유보원칙은 단순히 행정작용이 법률에 근거를 두기만 하면 충분한 것이 아니라, 국민의 기본권 실현과 관련된 영역에 있어서는 국민의 대표자인 입법자(= 의회)가 그 본질적 사항에 대해서 스스로 결정하여야 한다는 요구까지 포함하고 있다고 본다(= 의회유보원칙). 이러한 기준에 의할 때 텔레비전방송수신료금액의 결정은 납부의무자의 범위 등과 함께 수신료에 관한 본질적인 중요한 사항이므로 국회가 스스로 행하여야 하는 사항에 속한다는 것이다. 따라서 국회의 결정이나 관여를 배제한 채 한국방송공사로 하여금 수신료금액을 결정해서 문화관광부장관의 승인을 얻도록 한 한국방송공사법의 관련조항은 법률유보원칙에 위반된다고 판단하였다(헌재 1999. 5. 27. 98헌바70).

② (O) 헌법 제75조에서 위임명령과 관련하여, 대통령은 법률에서 구체적으로 범위를 정하여 위임받은 사항에 관하여 대통령령을 발할 수 있음을 규정하고 있다. 이와 관련하여 헌법재판소는 헌법 제75조는 입법의 위임은 구체적으로 범위를 정하여 해야 한다는 한계를 제시하고 있는바, 적어도 국민의 헌법상 기본권 및 기본의무와 관련된 중요한 사항 내지 본질적인 내용에 대한 정책형성기능만큼은 입법부가 담당하여 법률의 형식으로써 수행해야 하며, 행정부나 사법부에 그 기능을 넘겨서는 안 된다고 본다(헌재 2004. 3. 25. 2001헌마882).

③ (O) 헌법재판소는 토지초과이득세법상의 기준시가(= 세금 부과시 기준이 되는 가격)는 국민의 납세의무의 성립 여부 및 범위와 직접적인 관계를 가지고 있는 중요한 사항이라고 본다. 그러므로 이를 하위법규에 백지위임해서는 안 되며, 그 대강이라도 토지초과이득세법 자체에서 직접 규정해 두어야만 한다고 본다. 따라서 토지초과이득세법에서 그 기준시가를 전적으로 대통령령에 맡겨 두고 있는 것은 헌법상의 조세법률주의 혹은 위임입법의 범위를 구체적으로 정하도록 한 헌법 제75조의 취지에 위반된다고 판단하였다(헌재 1994. 7. 29. 92헌바49).

④ (X) 오늘날과 같은 실질적 법치국가에서는 법률의 근거를 요하는 행정작용의 범위가 점차 확대되고 있다. 또한 ①번 해설에서 살펴본 바와 같이 법률유보의 원칙이 적용되는 행정의 범위가 어디까지인지에 대하여 헌법재판소는 '중요사항유보설'에 포함된 이론인 '의회유보설'의 입장에서 판단하고 있다.

06 답 ③

| 출제단원 | Part 03 행정의 실효성 확보수단 |
| 출제영역 | 행정상 대집행 |

대집행이란 공법상 대체적 작위의무의 불이행이 있는 경우에 당해 행정청이 스스로 의무자가 행할 행위를 하거나 제3자로 하여금 이를 행하게 하고 그 비용을 의무자로부터 징수하는 것을 말한다.

① (O) 대집행의 대상이 되는 대체적 작위의무란 건물의 철거, 물건의 파기 등과 같이 타인이 대신하여 이행할 수 있는 의무를 말한다. 반면, 토지나 건물의 인도의무는 토지나 건물을 점유하고 있는 자가 직접 이행해야 하는 것이며, 점유하고 있지 않은 타인이 대신 이행할 수 있는 의무가 아니므로 대집행의 대상이 될 수 없다.

② (O) 대집행은 '계고 → 대집행영장에 의한 통지 → 대집행의 실행 → 비용징수'라는 절차를 거친다. 이때 계고란 상당한 기간 내에 의무의 이행을 하지 않으면 대집행을 한다는 의사를 사전에 통지하는 행위를 말한다. 이와 관련하여 대법원은 철거명령과 계고처분을 1장의 문서로 동시에 할 수 있다고 본다. 즉, 계고서라는 명칭의 1장의 문서로 위법건축물의 자진철거를 명함과 동시에 기한 내에 자진철거를 하지 않을 때에는 대집행할 뜻을 미리 계고한 경우라도 철거명령과 행정대집행법에 의한 계고처분은 독립하여 있는 것으로서 각 그 요건이 충족되었다고 본다(대법원 1992. 6. 12. 91누13564).

③ (X) 대집행의 비용은 의무자가 부담하여야 한다. 의무자가 비용을 납부하지 않으면 당해 행정청은 대집행비용을 국세징수법의 예에 의하여 강제징수할 수 있다(행정대집행법 제6조 제1항). 이때 대집행비용을 국세징수법의 예에 의해서가 아니라 민사소송절차를 통해 청구할 수는 없는지 문제된다. 이에 대하여 대법원은 행정대집행법에서 대집행비용은 국세징수법의 예에 의하여 징수할 수 있다고 규정하여 간이하고 경제적인 특별구제절차를 마련하고 있으므로 민사소송절차로 대집행비용의 상환을 구할 수는 없다고 본다(대법원 2011. 9. 8. 2010다48240).

④ (O) 대법원은 건물의 공유자 중 1인인 X에게만 계고처분을 하고, 다른 공유자인 Y에게는 계고처분을 하지 않은 사안에서, 위법한 건물의 공유자 1인(X)에 대한 계고처분은 다른 공유자(Y)에 대하여는 그 효력이 없다고 판단하였다(대법원 1994. 10. 28. 94누5144).

07 답 ④

| 출제단원 | Part 02 행정작용 및 절차법 |
| 출제영역 | 행정계획 |

① (O) 대법원은 이미 고시된 실시계획에 포함된 상세계획은 대외적으로 구속력이 있는 계획이라는 전제하에, 기존에 승인된 상세계획을 변경승인하는 절차를 거치지 않은 이상 임의로 상세계획에 반하는 토지 및 그 지상건축물의 용도를 변경할 수는 없다고 본다. 따라서 판매시설인 건물을 일반목욕장의 용도로 변경하기 위해서는 상세계획 승인권자의 변경승인이 필요한데, 이러한 변경승인이 없는 이상 원고의 목욕장영업신고를 수리하지 않고 영업소를 폐쇄한 처분은 적법하다고 본다(대법원 2008. 3. 27. 2006두3742, 3759).

② (O) 행정계획을 수립·변경함에 있어서 행정청에게 인정되는 광범위한 형성의 자유를 계획재량이라고 한다. 이러한 계획재량에 대한 통

제를 위해 형성된 이론을 「형량명령」이라고 하는데, 계획수립주체가 계획재량권을 행사함에 있어서 공익 상호 간, 사익 상호 간, 공익과 사익 상호 간에 정당한 형량을 하여야 한다는 원칙을 의미한다. 만약 행정계획의 결정이 형량명령의 내용에 반하는 경우에는 형량에 하자가 있다고 보는데, 그 유형은 다음과 같다.

조사의 결함	관련이익에 대한 조사의무를 이행하지 않은 하자
형량의 해태	형량이 전혀 없는 경우
형량의 흠결(누락)	형량을 했으나 형량에서 반드시 고려되어야 할 특정 이익이 고려되지 않은 경우
오형량	형량을 했으나 객관성·비례성이 결여된 상태에서 이익형량을 한 경우

대법원도 행정주체가 행정계획을 입안·결정함에 있어서 이익형량을 전혀 행하지 아니하거나(= 형량의 해태) 이익형량의 고려대상에 마땅히 포함시켜야 할 사항을 누락한 경우(= 형량의 흠결) 또는 이익형량을 하였으나 정당성과 객관성이 결여된 경우(= 오형량)에는 위법하다고 하여 형량하자의 법리를 인정하고 있다(대법원 2006. 9. 8. 2003두5426).

③ (O) 행정계획이 헌법소원의 대상이 되기 위해서는 공권력주체에 의한 행위로서 국민의 권리·의무에 직접적인 영향을 미치는 행위인 「공권력 행사」에 해당해야 한다. 헌법재판소는 건설교통부장관이 발표한 개발제한구역제도 개선방안은 일반적인 기준을 제시하고, 국가의 기본방침을 천명하는 정책계획안으로서 대외적 효력이 없는 비구속적 행정계획안에 불과하므로 공권력행사가 될 수 없다고 본다. 따라서 원칙적으로는 헌법소원의 대상이 될 수 없다고 본다. 다만, 비구속적 행정계획안이나 행정지침이라도 국민의 기본권에 직접적 영향을 끼치고, 법령의 뒷받침에 의해 그대로 실시될 것이 틀림없을 것으로 예상될 수 있을 때에는 공권력행위로서 예외적으로 헌법소원의 대상이 될 수 있다고 본다(헌재 2000. 6. 1. 99헌마538). 그렇다면 이 사건 개선방안이 이러한 요건을 충족하는지 문제되는데, 헌법재판소는 이 사건 개선방안은 추상적이고 일반적인 기준들만을 담고 있을 뿐이어서 청구인들의 기본권에 직접적으로 영향을 끼친다고 할 수 없고, 개선방안의 내용이 그대로 실시될 것이 틀림없다고 예상되는 경우도 아니기 때문에 예외적으로 헌법소원의 대상이 되는 공권력의 행사에는 해당하지 않는다고 보았다. 비구속적 행정계획이나 행정지침이 헌법소원의 대상인지 여부에 대해 정리하면 다음과 같다.

원칙	공권력의 행사 X → 헌법소원 대상 X
예외	국민의 기본권에 직접적 영향 + 그대로 실시될 것이 틀림없을 것으로 예상 → 헌법소원의 대상인 공권력의 행사 O

④ (X) 계획이 확정된 후 사정변경 등을 이유로 하여 기존계획의 변경을 청구할 수 있는 권리를 '계획변경청구권'이라고 한다. 계획법규는 원칙상 공익의 보호를 목적으로 하는 것이어서 사익의 보호를 목적으로 하는 계획변경청구권은 원칙적으로 인정될 수 없다. 다만, 대법원은 예외적으로 법규상 또는 조리상 계획변경을 신청할 권리가 인정되는 경우가 있고, 이러한 경우에는 계획변경청구권이 인정된다고 본다. 예를 들어, 대법원은 문화재보호구역 내의 토지소유자에게는 문화재보호구역의 지정해제를 요구할 수 있는 법규상 또는 조리상 신청권이 있다고 본다. 따라서 이러한 신청에 대한 거부행위는 항고소송의 대상이 되는 행정처분에 해당한다고 판단하였다(대법원 2004. 4. 27. 2003두8821). 참고로 대법원은 행정청의 거부행위가 항고소송의 대상이 되는 행정처분에 해당하려면, 행정청의 행위를 요구할 수 있는 법규상 또는 조리상의 신청권이 상대방에게 인정되어야 한다고 본다.

08 답 ②

출제단원 Part 02 행정작용 및 절차법
출제영역 행정입법

① (X) 행정권에게 법규명령을 제정·개정 또는 폐지할 법적 의무(= 작위 의무)가 있음에도 합리적인 이유 없이 이러한 의무를 이행하지 않음으로써 법규명령을 제정·개정 또는 폐지하지 않는 것(= 부작위)을 「행정입법부작위」라고 한다. 행정입법부작위의 종류는 다음과 같다.

진정 행정입법 부작위	행정부에 행정입법 제정의무가 인정됨에도 상당한 기간이 경과하도록 행정입법을 제정·개정하지 않는 것을 말한다. → 행정입법행위의 「흠결」
부진정 행정입법 부작위	행정입법이 제정 또는 개정은 되었지만, 그 내용이 불충분한 경우를 말한다. → 행정입법행위의 「결함」

이러한 행정입법부작위에 대하여 헌법소원이 가능한지가 문제된다. 헌법소원이란 '공권력의 행사 또는 불행사로 인하여 헌법상 보장된 기본권을 침해받은 자가 헌법재판소에 권리구제를 청구하는 것'을 말한다. 「진정행정입법부작위」는 「공권력의 불행사」에 해당하므로 행정입법의 「부작위」를 대상으로 헌법소원을 제기할 수 있다. 반면, 「부진정행정입법부작위」는 내용이 불충분하다고 하더라도 행정입법이 제정 또는 개정은 된 것이므로 공권력의 불행사는 아니다. 따라서 행정입법의 「부작위」 자체를 대상으로 헌법소원을 제기할 수는 없다. 다만, 내용상 불충분하더라도 행정부가 법규명령을 제정·개정은 한 것이므로 행정부의 공권력 행사에는 해당한다. 따라서 부진정행정입법부작위의 경우에는 공권력의 행사인 「제정·개정된 법규명령」을 대상으로 헌법소원을 제기할 수 있다.

② (O) 법률에서 위임명령에 규정될 사항을 위임함에 있어서는 구체적으로 범위를 정하여 위임해야 하며, 포괄적으로 위임해서는 안 된다는 원칙을 '포괄적 위임의 금지'라고 한다. 이와 관련하여 대법원은 법률이 공법적 단체 등의 정관에 자치법적 사항을 위임한 경우에는 헌법 제75조가 정하는 포괄적인 위임입법의 금지는 원칙적으로 적용되지 않는다고 본다. 다만, 그렇다고 하더라도 그 사항이 국민의 권리·의무에 관련되는 것일 경우에는 적어도 국민의 권리·의무에 관한 기본적이고 본질적인 사항은 국회가 정해야 한다고 본다(대법원 2007. 10. 12. 2006두14476).

③ (X) 법률에서 규정한 내용을 구체화할 필요가 있어 법령의 위임을 받아 그 구체적인 내용을 훈령이나 고시와 같은 행정규칙의 형식으로 정한 것을 「법령보충적 행정규칙(= 법령보충규칙)」이라고 한다. 즉, 행정규칙의 형식을 취하고 있지만, 그 내용이 법규명령의 실질을 가지는 것으로서 '행정규칙형식의 법규명령'을 말한다. 이와 관련하여 대법원은 법령보충규칙은 상위법령의 위임한계를 벗어나지 않는 한 법령과 결합하여 대외적인 구속력이 있는 법규명령으로서의 효력을 갖는다고 본다(대법원 1987. 9. 29. 86누484).

④ (X) 대법원은 위임의 근거가 없어 무효였던 법규명령이라도 사후에 근거법령의 개정으로 위임의 근거가 부여되면 그때부터는 유효인 법규명령이 된다고 본다(대법원 1995. 6. 30. 93추83).

09 답 ①

▍출제단원 Part 03 행정의 실효성 확보수단
▍출제영역 행정벌

행정벌이란 행정의 상대방이 행정법상 의무를 위반한 경우에 국가 또는 지방자치단체가 행정의 상대방에게 과하는 행정법상의 제재로서의 처벌을 말하며, 행정형벌과 행정질서벌(= 과태료)이 있다.

① (X) 양벌규정이란 실제 행위자인 「종업원의 위반행위」에 대하여 실제 행위를 하지 않은 「사업주」도 처벌하는 것으로 규정하는 경우와 같이 「범죄행위자」와 「행위자 이외의 자」를 함께 처벌하는 규정을 말한다. 행정범(= 행정법규의 위반으로 성립되는 범죄)에서는 이와 같이 범죄행위자 이외의 자를 벌하는 것으로 규정하는 경우가 있다. 이와 관련하여 대법원은 지방자치단체가 그 고유의 「자치사무」를 처리하는 경우에는 지방자치단체는 국가기관의 일부가 아니라 국가기관과는 별도의 독립한 공법인이라고 본다. 따라서 지방자치단체 소속 공무원이 지방자치단체 고유의 「자치사무」를 수행하던 중 도로법 위반행위를 한 경우에 「지방자치단체」는 도로법의 양벌규정에 따라 처벌대상이 되는 법인에 해당한다고 본다(대법원 2005. 11. 10. 2004도2657).

② (O) 행정질서벌의 성립요건과 부과절차 등에 관해 규정하고 있는 법률로 「질서위반행위규제법」이 있다. 동법 제3조에서는 이 법 적용의 시간적 범위에 대하여 규정하고 있는데, 정리하면 다음과 같다.

원칙	질서위반행위의 성립과 과태료처분은 「행위 시의 법률」에 따른다.	
예외	행위 후 법률이 변경되어 질서위반행위에 해당하지 않게 되거나 과태료가 가볍게 된 때	법률에 특별한 규정이 없는 한 「변경된 법률」 적용
	과태료처분·재판이 확정된 후 법률이 변경되어 질서위반행위에 해당하지 않게 된 때	「변경된 법률」에 특별한 규정이 없는 한 과태료의 징수 또는 집행 면제

따라서 질서위반행위가 있은 후 법률이 변경되어 그 행위가 질서위반행위에 해당하지 않게 된 경우에는 법률에 특별한 규정이 없는 한 변경된 법률을 적용하므로 과태료를 부과할 수 없다.

③ (O) 질서위반행위규제법 제19조에서 과태료부과의 제척기간에 대하여 규정하고 있다. 이에 의하면 행정청은 질서위반행위가 종료된 날(다수인이 질서위반행위에 가담한 경우에는 최종행위가 종료된 날)부터 5년이 경과한 경우에는 해당 질서위반행위에 대하여 과태료를 부과할 수 없다(제1항). 참고로 제척기간이란 일정한 권리에 관하여 법률이 미리 정하고 있는 해당 권리의 존속기간을 말한다.

④ (O) 행정질서벌의 과벌절차는 다음과 같다. 1차적으로 행정청이 직접 과태료를 부과한다. 과태료부과에 불복하는 당사자는 과태료부과통지를 받은 날로부터 60일 이내에 해당 행정청에 이의제기를 할 수 있다. 이러한 이의제기가 있는 경우에 행정청의 과태료부과처분은 그 효력을 상실한다. 이의제기를 받은 행정청은 14일 이내에 관할 지방법원에 그 사실을 통보하여야 한다. 이러한 통보가 있는 경우에 법원은 과태료재판을 하게 된다.

10 답 ③

▍출제단원 Part 02 행정작용 및 절차법
▍출제영역 행정행위의 부관

부관이란 행정행위의 효과를 제한 또는 보충하기 위하여 행정기관에 의하여 주된 행정행위에 부가된 종된 규율을 말한다(다수설).

① (O) 부담이란 행정행위의 주된 내용에 부가하여 그 행정행위의 상대방에게 작위(일정한 행위를 하는 것), 부작위(일정한 행위를 하지 않는 것), 급부(금전이나 물건의 교부 등), 수인(참는 것) 등의 의무를 부과하는 부관을 말한다. 대법원은 부관 중 「부담」만이 독립하여 취소소송의 대상이 될 수 있으며, 「그 이외의 부관」은 독립하여 취소소송의 대상이 될 수 없다고 본다.

② (O) 부관에 대한 쟁송형태로는 형식상·내용상 모두 부관만의 취소를 구하는 「진정일부취소소송」과 형식상 부관이 붙은 주된 행정행위 전체를 소송의 대상으로 하면서도 내용상 부관만의 취소를 구하는 「부진정일부취소소송」이 있다. 이와 관련하여 대법원은 부관 중 「부담」은 주된 행정행위로부터 독립하여 취소소송의 대상이 될 수 있다고 본다. 즉, 진정일부취소소송이 가능하다는 것이다. 반면, 「부담 이외의 부관」은 독립하여 취소소송의 대상이 될 수 없다고 본다. 즉, 진정일부취소소송이 불가능하다는 것이다. 뿐만 아니라 형식상 부관이 붙은 주된 행정행위 전체를 소송의 대상으로 하면서도 내용상 부관만의 취소를 구하는 부진정일부취소소송도 불가능하다고 본다. 결국 대법원은 「부담 이외의 부관」으로 인해 권리를 침해받은 자는 다음과 같은 방법으로 권리 구제를 받을 수 있다고 본다.

방법 ⓐ	주된 행정행위를 대상으로 소송을 제기하여 주된 행정행위 전체의 취소를 청구하는 방법
방법 ⓑ	행정청에 부관을 붙이지 않는 행정행위로 변경해 줄 것과 같이 부관부행정행위의 변경을 청구한 다음, 이에 대해 행정청이 거부하면 거부처분을 대상으로 취소소송을 제기하는 방법

따라서 「부담을 제외한 나머지 부관」에 대해서는 부관이 붙은 행정행위 전체의 취소를 통하여 부관을 다툴 수 있을 뿐(방법 ⓐ), 부관만의 취소를 구할 수는 없다(= 진정·부진정일부취소소송 불가).

③ (X) ②번 해설에서 살펴본 바와 같이 「부담 아닌 부관」이 위법할 경우 신청인이 부관부행정행위의 변경을 청구하고, 행정청이 이를 거부할 경우 동 거부처분의 취소를 구하는 소송을 제기할 수 있다(방법 ⓑ).

④ (O) 부관의 하자가 중대하고 명백하여 부관이 무효인 경우에 주된 행정행위의 효력은 어떻게 되는지 문제된다. 이와 관련하여 대법원은 기부채납 받은 행정재산의 사용·수익허가에서 그 허가기간은 허가의 본질적 요소에 해당하므로 부관인 허가기간에 위법사유가 있다면 허가 전부가 위법하게 된다고 본다(대법원 2001. 6. 15. 99두509). 즉, 부관이 주된 행정행위의 본질적 요소에 해당한다면 부관의 하자로 인해 주된 행정행위 전부가 위법하게 된다고 본 것이다. 참고로 '기부채납'이란 국가 이외의 자가 재산의 소유권을 무상으로 국가에 이전하여 국가가 이를 취득하는 것을 말한다.

11 답 ②

출제단원 Part 02 행정작용 및 절차법
출제영역 행정의 자동결정

행정의 자동결정이란 미리 입력된 프로그램에 따라 행정결정이 자동으로 행해지는 것을 말한다.

① (O) 행정의 자동결정의 예로 신호등에 의한 교통신호, 컴퓨터를 통한 중·고등학생의 학교배정, 세금 및 기타 공과금의 결정, 연금결정, 객관식시험의 채점과 합격자결정 등을 들 수 있다.

② (X) 행정의 자동결정은 내용적으로는 공무원이 작성하여 입력한 프로그램에 따라 행해진다. 즉, 행정의 자동결정도 공무원이 기계를 사용하여 행하는 결정으로서 공무원이 직접 행하는 행정결정과 본질적인 차이는 없다고 본다. 따라서 행정의 자동결정도 행정행위의 징표(= 행정청이 법 아래에서 구체적 사실에 대한 법집행으로서 행하는 권력적 단독행위로서의 공법행위)를 갖고 있는 한 행정행위로 볼 수 있다는 것이 일반적인 견해이다.

③ (O) 행정의 자동결정의 기준이 되는 프로그램의 법적 성질은 행정규칙이라고 본다.

④ (O) 행정의 자동결정도 행정행위로 보는 이상, 행정행위에 관한 일반원칙이 적용되는 것이 당연하다. 따라서 행정의 자동결정도 법률적합성의 원칙(= 행정은 합헌적 법률에 따라 수행되어야 한다는 것)에 위반되어서는 안 되며, 비례의 원칙·신뢰보호의 원칙·평등의 원칙·신의성실의 원칙·부당결부금지의 원칙과 같은 행정법의 일반원칙에 위반되어서도 안 된다.

12 답 ②

출제단원 Part 04 행정소송법
출제영역 무효등확인소송

행정소송법에서는 항고소송 중 취소소송에 대하여 규정하면서 이 규정 중 일부 규정을 무효등확인소송이나 부작위법확인소송에 준용하고 있다.

① (X) 「취소소송과 행정심판과의 관계」를 규정하고 있는 행정소송법 제18조의 규정은 무효등확인소송의 경우에 준용하고 있지 않다.

② (O) 행정소송법 제19조는 「취소소송의 대상」을 '처분 등'이라고 규정하고 있다. 이 규정은 무효등확인소송의 경우에도 준용하고 있다(제38조 제1항).

③ (X) 「취소소송의 제소기간」에 대하여 규정하고 있는 행정소송법 제20조의 규정은 무효등확인소송의 경우에 준용하고 있지 않다. 무효인 처분의 경우에는 언제든지 무효를 주장할 수 있으므로 별도로 제소기간의 제한이 없다.

④ (X) 처분 등이 위법한 경우에 처분 등을 취소하는 것이 현저히 공공복리에 적합하지 아니하다고 인정하는 때에는 법원은 원고의 청구를 기각할 수 있는데 이를 「사정판결」이라고 한다. 취소소송에서 사정판결에 대해 규정하고 있는 행정소송법 제28조의 규정은 무효등확인소송의 경우에 준용하고 있지 않다.

13 답 ④

출제단원 Part 04 행정소송법
출제영역 항고소송의 대상

① (O) 대법원은 처분의 근거가 행정규칙에 규정되어 있다고 하더라도, 그 처분이 상대방에게 권리의 설정 또는 의무의 부담을 명하거나 법적인 효과를 발생하게 하는 등으로 상대방의 권리·의무에 직접 영향을 미치는 행위라면 항고소송의 대상이 되는 행정처분에 해당한다고 본다. 따라서 행정규칙인 건설교통부 내부지침에 근거한 항공노선에 대한 운수권배분처분은 상대방에게 권리의 설정 또는 의무의 부담을 명하거나 법적 효과를 발생하게 하는 등으로 상대방의 권리·의무에 직접 영향을 미치는 행위이므로 항고소송의 대상이 되는 행정처분에 해당한다고 본다(대법원 2004. 11. 26. 2003두10251, 10268).

② (O) 소송요건이란 법원의 본안판결을 받기 위하여 필요한 전제요건을 말한다. 취소소송의 소송요건은 다음과 같다. 즉, 「처분 등이 존재」하고, 「관할법원」에 「원고」가 「피고」를 상대로 「일정한 기간 내」에 「소장을 제출」하여야 하고, 「일정한 경우에는 행정심판전치」를 거쳐야 하며, 원고에게는 처분 등의 취소 또는 변경을 구할 이익(= 「권리보호의 필요」)이 있어야 한다. 소송요건이 결여된 경우에는 부적법한 소송이 되어 법원은 본안에 대하여 심리함이 없이 「각하」판결을 하게 된다. 반면, 소송요건이 충족된 경우에는 적법한 소송이 되어 법원은 본안심리(= 원고가 청구한 내용에 대하여 판단하는 것)로 넘어가게 된다. 본안심리에서는 처분의 위법 여부를 살피게 되는데, 처분이 위법하다면 원고의 청구를 「인용」하는 판결을, 처분이 적법하다면 원고의 청구를 「기각」하는 판결을 하게 된다. 즉, 「처분의 위법성」은 소송요건이 아니라, 본안판단의 문제이다.

③ (O) 대법원은 병역법상 신체등위판정은 행정청이라고 볼 수 없는 군의관이 하도록 되어 있으며, 그 자체만으로 바로 병역법상의 권리·의무가 정하여지는 것이 아니라 그에 따라 지방병무청장이 병역처분을 함으로써 비로소 병역의무의 종류가 정하여지는 것이므로 항고소송의 대상이 되는 행정처분이 아니라고 본다(대법원 1993. 8. 27. 93누3356). 즉, 군의관의 신체등위판정은 처분이 아니지만, 신체등위판정에 따른 지방병무청장의 병역처분은 처분에 해당한다는 것이다.

④ (X) 갑이 제기한 X처분에 대한 행정심판에서 행정심판위원회가 X처분을 Y처분으로 변경하라고 명하는 재결(= 변경명령재결)을 하였고, 행정청이 이에 따라 X처분을 Y처분으로 변경하는 변경처분을 한 경우에, Y처분에 대해서도 불복하는 갑이 어떤 처분을 대상으로 취소소송을 제기해야 하는지 문제된다. 대법원은 행정청이 영업자에게 행정제재처분(= X처분)을 한 후 그 처분을 영업자에게 유리하게 변경하는 처분(= Y처분)을 한 경우에, 변경처분에 의해 유리하게 변경된 내용의 행정제재(= Y처분)가 위법하다 하여 그 취소를 구하는 경우 취소소송의 대상은 「유리하게 변경된 내용으로 존재하는」 당초처분(= X처분)이지, 변경처분(= Y처분)은 아니라고 본다. 따라서 제소기간의 준수 여부도 변경처분(= Y처분)이 아닌 유리하게 변경된 내용의 당초처분(= X처분)을 기준으로 판단하여야 한다고 본다. 이는 변경처분(= Y처분)에 의하여 당초처분(= X처분)은 소멸하는 것이 아니고 당초부터 유리하게 변경된 내용의 처분으로 존재하는 것으로 보기 때문이다(대법원 2007. 4. 27. 2004두9302).

14 답 ①

- **출제단원** Part 02 행정작용 및 절차법
- **출제영역** 법규명령형식의 행정규칙, 행정계획, 행정행위의 효력발생요건, 허가의 효과

① (X) 영업허가의 취소 또는 정지, 과징금부과 등과 같은 제재적 처분을 어떤 기준에 의해 부과할 것인지 정해 놓은 것을 「제재적 처분기준」이라고 한다. 대법원은 부령(= 시행규칙)형식으로 제재적 처분기준을 정한 경우 국민이나 법원을 기속하지 않는 「행정규칙」의 성질을 갖는다고 본다. 반면, 대통령령(= 시행령)형식으로 제재적 처분기준을 정한 경우 국민이나 법원을 기속하는 「법규명령」의 성질을 갖는다고 본다. 예를 들어 대법원은 「대통령령」인 '청소년 보호법 시행령'에서 정한 제재적 처분기준을 「법규명령」이라고 판단하였다. 다만, 여기에 규정되어 있는 금액은 고정적으로 정해진 액수가 아니라, 최고한도를 설정하고 있는 최고한도액이라고 본다(대법원 2001. 3. 9. 99두5207). 따라서 관할관청은 최고한도액의 범위 안에서 구체적 상황을 고려하여 적정한 액수의 과징금을 부과할 수 있다.

② (O) 행정계획 중 국민의 권리·의무에 구체적·개별적인 영향을 미치는 행정계획은 처분성이 인정된다. 이와 관련하여 대법원은 개발제한구역지정처분은 건설부장관이 법령의 범위 내에서 도시의 무질서한 확산 방지 등을 목적으로 전문적·기술적 판단에 기초하여 행하는 일종의 행정계획으로서 그 입안·결정에 관하여 광범위한 형성의 자유를 가지는 계획재량처분이라고 본다(대법원 1997. 6. 24. 96누1313). 즉, 개발제한구역지정처분은 처분성이 인정되는 행정계획이라는 것이다.

③ (O) 우편에 의한 송달은 등기우편을 이용하는 경우와 보통우편을 이용하는 경우가 있다. 이와 관련하여 대법원은 내용증명우편이나 등기우편은 특별한 사정이 없는 한 그 무렵 수취인에게 배달되었다고 추정한다. 반면, 보통우편의 경우에는 보통우편의 방법으로 발송되었다는 사실만으로 그 우편물이 상당한 기간 내에 도달하였다고 추정할 수 없다고 본다. 따라서 보통우편으로 송달한 경우에는 송달의 효력을 주장하는 측에서 증거에 의하여 이를 입증하여야 한다는 것이다(대법원 2002. 7. 26. 2000다25002).

④ (O) 구 담배사업법 등 관계규정에서는 담배소매인을 일반소매인과 구내소매인으로 구분하여, 「구내소매인과 일반소매인 사이」에서는 영업소 간에 거리제한을 두고 있지 않았다. 반면, 「일반소매인 사이」에서는 그 영업소 간에 일정한 거리를 유지하도록 규정하고 있었다. 대법원은 이러한 규정의 차이를 고려하여 기존업자의 영업상 이익의 성격 및 기존업자의 원고적격 인정 여부에 대하여 다음과 같이 달리 판단하였다.

기존 「일반소매인」 vs 신규 「구내소매인」 (2008두402)	거리제한 규정 X, 사익보호성 X ∴ 반사적 이익 → 원고적격 X
기존 「일반소매인」 vs 신규 「일반소매인」 (2007두23811)	거리제한 규정 O, 사익보호성 O ∴ 법률상 이익 → 원고적격 O

따라서 「일반소매인」으로 지정되어 영업을 하고 있는 기존업자의 「신규 일반소매인」에 대한 이익은 법률상 보호되는 이익이라는 것이 대법원의 판단이다(대법원 2008. 3. 27. 2007두23811).

15 답 ③

- **출제단원** Part 08 행정정보공개·개인정보 보호·행정조사
- **출제영역** 공공기관의 정보공개에 관한 법률

① (O) 공공기관의 정보공개에 관한 법률에 의한 정보공개의무자는 「공공기관」이다. 이때 '공공기관'이란 국가기관, 지방자치단체, 「공공기관의 운영에 관한 법률」제2조에 따른 공공기관과 그 밖에 대통령령으로 정하는 기관이 포함된다(제2조 3호). 이에 따라 동법 시행령에서는 특별법에 따라 설립된 특수법인을 공공기관 중 하나로 규정하고 있다. 이와 관련하여 대법원은 '특별법에 의하여 설립된 특수법인'이라는 점만으로 정보공개의무가 인정되는 것은 아니며, 개별적으로 정보공개의무를 지는 공공기관에 해당하는지 여부를 판단해야 한다고 보면서 방송법이라는 특별법에 의하여 설립·운영되는 한국방송공사(KBS)는 '특별법에 의하여 설립된 특수법인'으로서 정보공개의무가 있는 '공공기관'에 해당한다고 판단하였다(대법원 2010. 12. 23. 2008두13101).

② (O) 모든 국민은 정보의 공개를 청구할 권리를 가진다(공공기관의 정보공개에 관한 법률 제5조 제1항). 이와 관련하여 대법원은 정보공개청구권자인 '국민'에는 자연인, 법인, 권리능력 없는 사단·재단이 모두 포함된다고 본다. 특히 법인, 권리능력 없는 사단·재단의 경우에는 설립목적과 무관하게 모두 정보공개청구권자에 해당한다고 본다. 이에 따라 충주환경운동연합(권리능력 없는 사단)과 같은 시민단체의 경우에도 정보의 공개를 청구할 권리를 가지는 '국민'에 해당한다고 보았다(대법원 2003. 12. 12. 2003두8050).

③ (X) 공공기관의 정보공개에 관한 법률에서는 비공개대상정보 중 하나로서 「시험에 관한 사항으로서 공개될 경우 업무의 공정한 수행에 현저한 지장을 초래한다고 인정할 만한 상당한 이유가 있는 정보」를 규정하고 있다(제9조 제1항 5호). 이와 관련하여 대법원은 「2002년도 및 2003년도 국가 수준 학업성취도평가자료」는 표본조사 방식으로 이루어졌을 뿐만 아니라 학교식별정보 등도 포함되어 있어서 원자료 전부가 그대로 공개될 경우 학업성취도평가업무의 공정한 수행이 객관적으로 현저하게 지장을 받을 것이라는 고도의 개연성이 존재한다고 볼 여지가 있어 동법 제9조 제1항 5호에서 정한 비공개대상정보에 해당하는 부분이 있다고 판단하였다. 반면, 「2002학년도부터 2005학년도까지의 대학수학능력시험 원데이터」는 연구목적으로 그 정보의 공개를 청구하는 경우, 공개로 인해 초래될 부작용이 공개로 얻을 수 있는 이익보다 더 클 것이라고 단정하기 어려우므로 그 공개로 대학수학능력시험 업무의 공정한 수행이 객관적으로 현저하게 지장을 받을 것이라는 고도의 개연성이 존재한다고 볼 수 없어 비공개대상정보에 해당하지 않는다고 판단하였다(대법원 2010. 2. 25. 2007두9877).

④ (O) 공공기관의 정보공개에 관한 법률에서는 비공개대상정보 중 하나로서 「의사결정과정에 있는 사항으로서 공개될 경우 업무의 공정한 수행에 현저한 지장을 초래한다고 인정할 만한 상당한 이유가 있는 정보」를 규정하고 있다(제9조 제1항 5호). 이와 관련하여 대법원은 의사결정과정에 제공된 회의 관련 자료나 회의록 등은 의사가 결정된 상태에서는 더 이상 의사결정과정에 있는 사항이라고는 할 수 없지만, 「의사결정과정에 있는 사항에 준하는 사항」으로서 비공개대상정보에 포함될 수 있다고 보았다. 이에 따라 '회의록에 기재된 발언내용에 대한 해당 발언자의 인적사항' 부분은 그것이 공개될 경우 위

원들이 자신의 발언내용이 공개되는 것에 대한 부담으로 인해 심리적 압박을 받아 심의절차에서 솔직하고 자유로운 의사교환을 할 수 없게 되는 등의 문제가 생길 수 있고, 이로 인해 위원회의 심의업무의 공정한 수행에 현저한 지장을 초래한다고 인정할 만한 상당한 이유가 있다고 보아 비공개대상정보에 해당한다고 판단하였다(대법원 2003. 8. 22. 2002두12946).

16
답 ①

출제단원 종합
출제영역 행정행위의 하자, 행정절차법

① (O) 국가공무원법에서는 공무원을 신규채용하는 경우에 일정기간 시보(試補)로 임용하고 그 기간의 근무성적·교육훈련성적과 공무원으로서의 자질을 고려하여 정규공무원으로 임용하도록 하고 있다. 이와 관련하여 대법원은 임용 당시 공무원 임용결격사유가 있었다면 비록 국가의 과실에 의해 임용결격자임을 밝혀내지 못하였다 하더라도 그 임용행위는 당연무효라고 본다(대법원 1987. 4. 14. 86누459). 따라서 임용결격사유가 있는 자를 시보로 임용한 임용권자의 시보임용처분은 당연무효이다.

② (X) 대법원은 공무원 임용결격사유가 있어 당연무효인「시보임용처분」과는 달리, 이후 임용결격사유가 없어진 후에 행해진「정규공무원임용처분」은 당연무효는 아니라고 본다(대법원 2009. 1. 30. 2008두16155). 즉, 정규공무원임용 당시에는 임용결격사유가 없으므로 이를 당연무효로는 볼 수 없다는 것이다. 다만, 앞서 이루어진 시보임용처분의 무효로 인하여 정규공무원으로서 임용되기 위해 필요한 시보공무원으로서의 경력을 갖추지 못한 것(= 경력요건 결여)이므로 정규공무원임용처분이 위법한 것은 맞다.

③ (X) 대법원은 시보임용처분과 정규공무원임용처분은 별개의 처분으로 본다(대법원 2009. 1. 30. 2008두16155). 따라서 이와 같은 별개의 처분을 각각 취소하는 처분들 역시 별개의 처분이며, 단계적으로 이루어지는 하나의 처분은 아니다.

④ (X) 행정절차법 제3조 제2항에서 행정절차법의 적용이 배제되는 사항 중 하나로 '㉠ 〈공무원 인사관계법령에 따른 처분 등〉 해당 행정작용의 ㉡ 〈성질상 행정절차를 거치기 곤란하거나 거칠 필요가 없다고 인정되는 사항〉과 ㉢ 〈행정절차에 준하는 절차를 거친 사항〉으로서 대통령령으로 정하는 사항'을 규정하고 있다. 이와 관련하여 대법원은 공무원 인사관계법령에 의한 처분(㉠)에 관한 사항 전부에 대하여 행정절차법의 적용이 배제되는 것이 아니라, 성질상 행정절차를 거치기 곤란하거나 불필요하다고 인정되는 처분(㉡)이나 행정절차에 준하는 절차를 거치도록 하고 있는 처분(㉢)의 경우에만 행정절차법의 적용이 배제되는 것으로 보아야 한다고 판단하였다. 즉, 대법원은 이 규정을 ㉠에 해당하는 사항 중 ㉡이나 ㉢에 해당하는 경우에만 행정절차법의 적용이 배제되는 것이라고 해석하는 것이다. 그런데 정규임용취소처분은 상대방의 이익을 침해하는 처분이라 할 것이고, 이러한 처분이 성질상 행정절차를 거치기 곤란하거나 불필요하다고 인정되는 처분이라고는 볼 수 없으므로 행정절차법의 적용이 배제되는 경우에 해당한다고 할 수 없다고 하였다(대법원 2009. 1. 30. 2008두16155).

17
답 ②

출제단원 Part 02 행정작용 및 절차법
출제영역 행정행위의 하자

① (O) 헌법재판소법 제47조 제2항에서 '위헌으로 결정된 법률 또는 법률의 조항은「그 결정이 있는 날부터」효력을 상실한다.'고 규정하고 있다. 즉, 헌법재판소의 위헌결정은 원칙적으로 장래효(= 법적 효력이 장래를 향하여 발생하는 것)이다. 다만, 대법원과 헌법재판소는 예외적으로 소급효(= 법적 효력이 과거로 거슬러 올라가 발생하는 것)가 인정될 수 있다고 본다. 예외적으로 소급효가 인정되는 범위와 관련하여 대법원은 당해사건과 동종사건, 병행사건뿐 아니라 일반사건에 대해서도 위헌결정의 소급효가 인정된다고 본다. 다만, 일반사건 중「취소소송의 제기기간을 경과하여 불가쟁력이 발생한 행정처분(2001두3181)」이나「법적 안정성과 신뢰보호의 요청이 현저한 경우(2005두5628)」에는 위헌결정의 소급효가 부정된다고 본다. 참고로 당해사건·동종사건·병행사건·일반사건의 개념을 정리하면 다음과 같다.

당해사건	헌법재판소에 법률의 위헌결정을 위한 계기를 부여한 당해사건
동종사건	위헌결정이 있기 전에 이와 동종의 위헌 여부에 관하여 헌법재판소에 위헌여부심판제청을 하였거나 법원에 위헌여부심제청신청을 한 사건 ※ 이 또한 '당해사건'이라고 표현하기도 한다.
병행사건	따로 위헌제청신청은 안했지만 당해 법률 또는 법률의 조항이 재판의 전제가 되어 법원에 계속 중인 사건
일반사건	위헌결정 이후에 같은 이유로 제소된 사건

② (X) [상황 : 행정처분 → 헌법재판소의 법률에 대한 위헌결정 → 행정처분의 집행] 행정처분이 먼저 행해진 후에 처분의 근거법률이 헌법재판소에서 위헌결정을 받았고, 처분의 상대방이 아직 처분으로 부과된 의무를 이행하지 않고 있는 경우에 강제집행을 할 수 있는지 문제된다. 대법원은 행정처분(= 과세처분)이 있은 후에 집행단계에서 행정처분(= 과세처분)의 근거법률이 위헌으로 결정된 경우 행정처분의 집행이나 집행력을 유지하기 위한 행위(= 체납처분)는 위헌결정의 효력에 위반되어 허용될 수 없다고 본다(대법원 2012. 2. 16. 2010두10907).

③ (O) [상황 : 행정처분 → 헌법재판소의 법률에 대한 위헌결정] 행정처분이 먼저 행해진 후에 처분의 근거법률이 헌법재판소에서 위헌결정을 받거나 또는 근거시행령이 대법원에서 위헌·위법결정을 받은 경우에 앞서 행해진 행정처분의 효력이 어떻게 되는지 문제된다. 대법원은 무효와 취소의 구별기준에 대한 중대명백설의 입장에서 일반적으로 법률이 헌법에 위반된다는 사정은 헌법재판소의 법률에 대한 위헌결정이 있기 '전'에는 객관적으로 명백한 것이라고 할 수 없다고 본다. 또한 이와 마찬가지로 시행령이 헌법이나 법률에 위반된다는 사정은 대법원의 시행령에 대한 위헌·위법결정이 있기 '전'에는 객관적으로 명백한 것이라고 할 수 없다고 본다. 따라서 법률에 근거하여 행정처분이 발하여진 후에 헌법재판소가 근거법률에 대해 위헌결정을 하거나, 시행령에 근거하여 행정처분이 발하여진 후에 대법원이 근거시행령에 대해 위헌·위법결정을 하였다면 특별한 사정이 없는 한 행정처분의 취소사유일 뿐이라고 본다(대법원 1994. 10. 28. 92누9463, 대법원 2007. 6. 14. 2004두619).

④ (O) [상황 : 행정처분 → 헌법재판소의 법률에 대한 위헌결정] 앞서 살펴본 바와 같이, 행정처분이 먼저 행해진 후에 처분의 근거법률이 헌법재판소에서 위헌결정을 받은 경우에 행정처분의 효력에 대하여 대법원은 특별한 사정이 없는 한 취소사유라고 본다. 헌법재판소도 대법원과 마찬가지로 이러한 경우의 하자는 취소사유일 뿐이라고 본다. 다만, 헌법재판소는 행정처분을 무효로 하더라도 법적 안정성을 크게 해치지 않는 반면에 하자가 중대하여 상대방을 구제할 필요가 있는 경우에는 예외적으로 행정처분을 당연무효로 볼 수 있다고 판단하였다(헌재 1994. 6. 30. 92헌바23). 참고로 ③, ④번 해설에서 정리한 대법원과 헌법재판소 판례를 정리하면 다음과 같다.

상황	행정처분의 효력		
행정처분 이후 처분의 근거 법률에 대한 헌법재판소의 위헌결정	대법원		취소사유
	헌법 재판소	원칙	취소사유
		예외	행정처분을 무효로 하더라도 법적 안정성을 크게 해치지 않는 반면에 하자가 중대하여 상대방을 구제할 필요가 있는 경우 → 당연무효

18 ③

출제단원 Part 02 행정작용 및 절차법
출제영역 행정절차법

① (X) 행정절차법에서는 행정청이 당사자에게 의무를 과하거나 권익을 제한하는 처분을 하는 경우에는 미리 처분하고자 하는 원인이 되는 사실과 처분의 내용 및 법적 근거 등 일정한 사항을 당사자 등에게 통지하도록 하고 있으며(= 처분의 사전통지), 청문 또는 공청회를 하는 경우 외에는 당사자 등에게 의견제출의 기회를 주도록 하고 있다(= 의견제출절차). 다만, 당해 처분의 성질상 의견청취가 현저히 곤란하거나 명백히 불필요하다고 인정될 만한 상당한 이유가 있는 경우 등에는 처분의 사전통지나 의견청취를 하지 않을 수 있는 예외를 인정하고 있다. 이와 관련하여 대법원은 행정청이 침해적 행정처분을 함에 있어서 당사자에게 사전통지를 하거나 의견제출의 기회를 주지 않았다면 사전통지를 하지 않거나 의견제출의 기회를 주지 않아도 되는 예외적인 경우에 해당하지 않는 한 그 처분은 위법하며, 하자의 정도는 취소사유라고 판단하였다(대법원 2004. 5. 28. 2004두1254).

② (X) 대법원은 행정절차법의 목적 및 청문제도의 취지 등에 비추어 볼 때, 행정청과 당사자의 협약으로 관계법령 및 행정절차법에 규정된 청문의 실시 등 의견청취절차를 배제하는 조항을 두었더라도 청문의 실시에 관한 규정의 적용이 배제되거나 청문을 실시하지 않아도 되는 예외적인 경우에 해당하는 것은 아니라고 본다. 즉, 행정청과 당사자의 협약으로 의견청취절차를 배제할 수는 없다고 본다(대법원 2004. 7. 8. 2002두8350).

③ (O) 대법원은 행정청이 청문절차를 이행함에 있어 청문서 도달기간을 지키지 않았다면 청문의 절차적 요건을 준수하지 않은 것이므로 이를 바탕으로 한 행정처분은 일단 위법하다고 본다. 다만, 청문제도의 취지는 처분의 상대방에게 미리 변명과 유리한 자료를 제출할 기회를 부여함으로써 부당한 권리침해를 예방하려는 데에 있는 것이므로, 처분의 상대방이 이의하지 않고 청문일에 스스로 출석하여 방어의 기회를 충분히 가졌다면 청문서 도달기간을 다소 어겼다 하여도 이러한 하자는 치유된다고 본다(대법원 1992. 10. 23. 92누2844).

④ (X) 행정절차법 제3조 제2항에서 행정절차법의 적용이 배제되는 사항 중 하나로 '공무원 인사관계법령에 따른 처분 등 해당 「행정작용의 성질상 행정절차를 거치기 곤란하거나 거칠 필요가 없다고 인정되는 사항」과 「행정절차에 준하는 절차를 거친 사항」'으로서 대통령령으로 정하는 사항'을 규정하고 있다. 이와 관련하여 대법원은 국가공무원법상 직위해제처분은 당해 행정작용의 성질상 행정절차를 거치기 곤란하거나 불필요하다고 인정되는 사항 또는 행정절차에 준하는 절차를 거친 사항에 해당하므로, 처분의 사전통지 및 의견청취 등에 관한 행정절차법의 규정이 별도로 적용되지 않는다고 본다(대법원 2014. 5. 16. 2012두26180). 국가공무원법에서 직위해제를 할 때에는 처분사유를 적은 설명서를 교부하도록 하고, 공무원이 불복할 경우 소청심사청구를 할 수 있도록 하는 등 해당 공무원에게 방어의 준비 및 불복의 기회를 보장하고 있으므로 별도로 행정절차법을 적용할 필요는 없다는 것이다.

19 ④

출제단원 Part 06 행정상 손해배상
출제영역 공무원의 위법한 직무행위로 인한 손해배상의 요건

① (O) 국가배상법 제2조 제1항에서 공무원의 위법한 직무행위로 인한 국가나 지방자치단체의 배상책임을 명시하고 있다. 국가배상법 제2조의 책임이 인정되기 위한 요건 중 「공무원의 행위일 것」과 관련하여 대법원은 국가배상법 제2조 소정의 '공무원'이라 함은 국가공무원법이나 지방공무원법에 의하여 공무원으로서의 신분을 가진 자에 국한하지 않고, 널리 공무를 위탁받아 실질적으로 공무에 종사하고 있는 일체의 자를 가리키는 것으로서, 공무의 위탁이 일시적이고 한정적인 사항에 관한 활동을 위한 것이어도 공무원에 해당한다고 본다(대법원 2001. 1. 5. 98다39060).

② (O) 국가배상법 제2조의 책임이 인정되기 위한 요건 중 「직무행위」에는 입법작용도 포함된다. 이와 관련하여 국회가 특정법률을 제정하지 않는 것이 불법행위가 될 수 있는지에 대하여 대법원은 국가가 일정한 사항에 관하여 헌법에 의하여 부과되는 구체적인 입법의무를 부담하고 있음에도 불구하고 그 입법에 필요한 상당한 기간이 경과하도록 고의 또는 과실로 입법의무를 이행하지 않는 등 극히 예외적인 사정이 인정되는 사안에 한정하여 국가배상법 소정의 배상책임이 인정될 수 있다고 본다. 따라서 구체적인 입법의무 자체가 인정되지 않는 경우라면 애당초 부작위(= 입법의무가 있음에도 입법을 하지 않는 것)로 인한 불법행위가 성립할 여지가 없다는 것이다(대법원 2008. 5. 29. 2004다33469).

③ (O) 대법원은 국가배상법 제2조의 책임이 성립하기 위한 요건 중 「직무관련성」에 대하여 「외형설」을 취하고 있다. 즉, 실질적으로 직무집행행위가 아니더라도 외형상 직무행위로 보여질 때에는 직무관련성이 인정된다고 본다. 따라서 당해 행위가 현실적으로 정당한 권한 내의 것인지를 묻지 않는다.

④ (X) 국가배상법 제2조의 책임이 인정되기 위한 요건 중 「직무행위」에는 사법(司法)작용도 포함된다. 이와 관련하여 대법원은 헌법재판소 재판관이 청구기간 내에 제기된 헌법소원심판청구사건에서 청구

기간을 오인하여 각하결정을 한 경우에 국가배상책임을 인정할 수 있다고 본다. 헌법소원심판을 청구한 자는 헌법재판소 재판관이 일자 계산을 정확하게 하여 본안판단을 할 것으로 기대하는 것이 당연하므로 헌법재판소 재판관의 위법한 직무집행의 결과 잘못된 각하결정을 함으로써 본안판단을 받을 기회를 상실하게 하였다면, 설령 본안판단을 하였더라도 어차피 청구가 기각되었을 것이라는 사정이 있다고 하더라도 국가배상책임은 인정될 수 있다고 본다(대법원 2003. 7. 11. 99다24218).

20 ①

출제단원 Part 04 행정소송법
출제영역 행정쟁송의 가구제

가구제란 본안판결의 실효성을 확보하기 위해 본안판결이 확정될 때까지 잠정적으로 권리구제를 도모하는 것을 말한다. 행정심판법에서는 가구제수단으로 「집행정지제도」와 「임시처분」에 대하여 규정하고 있다 (제30조, 제31조). 다만, 임시처분은 집행정지로 목적을 달성할 수 있는 경우에는 허용되지 않는 제한은 있다(제31조 제3항). 반면, 행정소송법에서는 가구제수단으로 「집행정지제도」에 대해서만 규정하고 있으며(제23조), 임시처분에 대해서는 규정하고 있지 않다.

① (X) 행정심판의 청구나 취소소송의 제기는 처분(등)의 효력이나 그 집행 또는 절차의 속행에 영향을 주지 않는다. 이를 집행부정지의 원칙이라고 한다. 그런데 행정심판법과 행정소송법에서는 이에 대한 예외로 일정한 요건하에 집행정지를 인정하고 있다. 집행정지의 적극적 요건과 소극적 요건을 살펴보면 다음과 같다. 참고로 적극적 요건이란 집행정지결정을 하기 위해 적극적으로 존재할 것이 요구되는 요건이며, 소극적 요건이란 집행정지결정을 위하여 존재하여서는 안 되는 요건을 말한다.

구분	행정심판법 제30조	행정소송법 제23조
적극적 요건	처분의 존재, 심판청구의 계속, 중대한 손해의 발생 가능성, 긴급한 필요의 존재	처분 등의 존재, 본안소송의 계속, 회복하기 어려운 손해의 발생 가능성, 긴급한 필요의 존재
소극적 요건	공공복리에 중대한 영향을 미칠 우려가 없을 것	공공복리에 중대한 영향을 미칠 우려가 없을 것, 본안청구가 이유 없음이 명백하지 않을 것 (판례상 인정되는 요건)

개정 전 행정심판법에서는 행정소송법과 마찬가지로 집행정지의 적극적 요건으로 「회복하기 어려운 손해를 예방하기 위하여」라고 규정하고 있었다. 그러나 2010년 행정심판법 개정시 이를 「중대한 손해가 생기는 것을 예방할 필요성」이라고 변경함으로써 그 요건을 완화시켰다. 따라서 현행법을 기준으로 집행정지의 적극적 요건으로 '회복하기 어려운 손해를 예방하기 위하여 긴급한 필요가 있다고 인정할 때'를 요구하고 있는 것은 「행정소송법」이며, 행정심판법은 이와 다르게 규정하고 있다.

② (O) ①번 해설에서 확인한 바와 같이 행정소송에서 집행정지의 신청은 「본안소송이 계속 중일 것」을 요한다. 따라서 집행정지신청은 본안소송의 제기 후에 하거나, 적어도 본안소송의 제기와 동시에 해야 한다.

③ (O) 대법원은 행정처분 집행정지결정의 효력시한과 관련하여 행정소송법에 의한 집행정지결정의 효력은 결정주문에서 정한 시기까지 존속하며 그 시기의 도래와 동시에 효력이 당연히 소멸한다고 본다 (대법원 1999. 2. 23. 98두14471).

④ (O) 집행정지의 결정 또는 기각의 결정에 대하여는 즉시항고로 불복할 수 있다. 이와 관련하여 행정소송법 제23조 제5항에서는 집행정지의 결정에 대한 즉시항고에는 결정의 집행을 정지하는 효력이 없다고 규정하고 있다. 따라서 법원의 집행정지결정에 대하여 행정청이 불복하여 즉시항고를 하더라도 법원이 한 집행정지결정은 일단은 효력을 유지하게 되는 것이다. 참고로 즉시항고란 법원의 '결정·명령'에 대한 불복절차인 '항고'의 한 종류로서, 재판의 성질상 특히 신속히 확정지을 필요가 있는 경우의 항고를 말한다.

2025 민준호
독학 행정법 시행처별
— 기출문제집 정답과 해설 —

2024 ▶▶▶▶ 2016

- 최근 9개년 행정법총론 기출 600문항 수록
- 독학을 위한 풍부하고 친절한 해설 가득
- 최신 제·개정법령 완벽 반영
- 실력자의 빠른 풀이를 위한 핵심내용 밑줄 쫙~!
- 빠른 정답표 및 연습용 OCR 답안지 수록